סידור קורן מאיר עיניים • נוסח אשכנז

מהדורת לובל

קורן ירושלים

סידור קורן מאיר עיניים

מהדורת לובל

מוגה ומבואר בידי

הרב דוד פוקס

•

הוצאת קורֵן ירושלים

סידור קורן

מהדורת לובל

מוקדשת להמונים המתפללים מסידור זה יום־יום.
יהי רצון שתפילותיכם חיש יעלו וייענו לרצון
ויהיו מקור ברכה לכל אחד מכם
למשפחותיכם ולכלל ישראל

יהודית ודוד לובל ומשפחתם

ניו יורק

סידור קורן מאיר עיניים
מהדורה ראשונה © תשפ״ד (2024)
הוצאת קורן ירושלים
ת״ד 4044 ירושלים 9104001
www.korenpub.co.il

אשכנז, מהדורת בית כנסת, כריכה קשה, מסת״ב: 978-965-7813-60-7

Printed in Israel

סאמע1

תוכן עניינים

עזרי מעם ה'...

"ותהי יראתם אותי מצוַת אנשים מלֻמדה" (ישעיה כט, יג) – קובל הנביא על ההרגל והשגרה, המטביעים חותמם על חיי האדם, עד כי גם בבואו לעמוד בתפילה לפני הקב"ה הוא בבחינת "בפיו ובשפתיו כבדוני, ולבו רִחק ממני" (ישעיה, שם). וזהו מה שהזהירו חכמינו ז"ל מפניו, באמרם: "וכשאתה מתפלל, אל תעש תפילתך קבע, אלא רחמים ותחנונים לפני המקום" (אבות ב, יח); ופירשו המפרשים: "כאדם שיש עליו חובה דבר קבוע, ואומר: אימתי אפרוק מעלי חוב זה" (ר"ע מברטנורה, שם). כי אמנם זה דרכם של דברים הנעשים יום יום: משנעשו לשגרה ולהרגל, הרי הם מאבדים מתוכנם המקורי; השגרה וכוונת הלב אינן הולכות בד בבד.

התפילה שבפינו, הכתובה בסידור – אותן מילים, אותם פסוקים שאנו חוזרים עליהם יום יום, ופעמים אחדות ביום – נהפכת בפינו להרגל ולמלמול שגרתי, "כצפצוף הזרזיר", והיא חסרה את הכוונה שבלב ואת ההרגשה החיה "לפני מי אתה עומד".

עובדה מצערת – וטבעית – זו הייתה הדחף לטרוח ולהגיש לציבור המתפללים כלי שיש בו כדי למשוך ולקשור את המתפלל לא אל מילות התפילה בלבד, אלא גם אל תוכנה ואל הכוונה שהייתה לנוכח עיניהם של רבותינו, שטבעו לנו מטבע של התפילה, ושל חכמי הדורות, שקבעו את נוסחאות התפילה. לשם כך שמנו לפנינו את היעד להביא את דברי

התפילה לא בלבוש של חולין, היינו בצורה של ספר רגיל, אלא בלבוש קודש, שאף הצורה הגשמית שלו תוכל לשמש כמקור השראה של רגשות כבוד, קדושה ויראה.

לשם כך טבענו תבנית מקורית של האות הנדפסת וצורה מיוחדת להגשת מילות התפילה בהתאמה לתוכנן, שורה שורה, ועמוד עמוד. ובשל כך תוכן התפילה נתון לפני המתפלל מבחינה חזותית באופן המונע אותו מן השגרה ומן החָפזה, וגורם ומסייע לו שיתן דעתו ולבו על הכתוב ועל היוצא מן הפה.

אחד הליקויים המכאיבים הפוגמים ביופיה ובזַכותה של התפילה הוא הרישול בהגיית תיבותיה. התעלמות מדקדוקן ודיוקן, זלזול – או חוסר ידיעה – בכללי הדגש והרפה, השוא הנע והשוא הנח, ועוד כיוצא באלו, שחכמינו, בעלי המסורה וחכמי הלשון ופוסקי ההלכה ואנשי תורת הקבלה, כל כך הקפידו עליהם והידרו בהם, ובחלקים מסוימים של התפילה (כגון בקריאת שמע ובברכת כהנים) ראו בהם עניין של חובה ממש.

כדי לאפשר למתפלל ולהקל עליו בפרטים אלו – שלא יצטרך להתאמץ ולהרהר בתפילתו, מה טיבו של הדגש או השוא או הקמץ (אם "קמץ גדול" אם "קמץ קטן") – עשינו בהוצאה של הסידור הזה [חוץ מפרקי המקרא, שצולמו מתוך התנ"ך שבהוצאתנו] הבחנה בצורתם של שני השואים (שוא נע עבה, "שמן" יותר, והוא סימן למתפלל שעליו לבטאו כתנועת סגול חטופה; שוא נח דק וזעיר, והוא סימן ל"אפס

תנועה״) וכן בצורתם של שני הקמצים (״הקמץ הקטן״ רגלו ארוכה).

ההידור בהגייתן הברורה של התיבות הוא מהידורי התפילה, ורמז מצאו חכמים לכך בלשון הכתוב ״צֹהַר תעשה לתבה״ – שתהא מצהירה ומאירה. וראוי לנו שיהא דיבורנו לפני המקום ברוך הוא צח וברור ונאה.

בסידור זה ״נוסח אשכנז״ הבאנו את התפילה בנוסח שיסודו בראשוני חכמי אשכנז, ובתיקונים שנתקבלו בארץ־ישראל ע״י תלמידיו של הגר״א מווילנא, וכפי שהוא מקובל ונהוג בבתי הכנסת האשכנזיים בארץ־ישראל.

לסייע למתפלל לכוון יפה אל תוכן התפילה ולהביע כראוי את מילות התפילה – זו הייתה מגמתנו: כבוד שמים, כפי שנתכוונו לו רבותינו מסדרי התפילה.

ההוצאה למעשה של כל הנזכר לא הייתה אפשרית בלי עזרתו והדרכתו של ידידי ר׳ מאיר מדן הי״ו, אשר טרח למטרה זו בידיעותיו המרובות ובבדיקת נוסחאות, כדי שיהא סידור תפילה זה מושלם עד כמה שהיד מגעת.

אסיר תודה אני גם למגיהים המעולים שמואל וקסלר ואברהם פרנקל, שהתגברו על העבודה הקשה הזאת, וכן לאסתר באר, אשר עשתה בחכמת לב את העימוד הקשה של סידור תפילה זה.

ויהי נֹעַם ה׳ אלהינו עלינו, ומעשה ידינו כוננה עלינו ומעשה ידינו כוננהו.

אליהו קוֹרֵן

״דור לדור ישבח מעשיך״

כעשור חלף מאז שהוצאנו לאור מבחר סידורי קורן באנגלית בחסותו ובהכוונתו של רבנו וחברנו הרב לורד יונתן זקס זצ״ל. עם הזמן, התברר שישנו צורך גדל והולך בסידור המודפס בגופן גדול יותר עבור מתפללים משני קַצוות קשת הגילים. סידור כזה הוא שימושי ובעל ערך רב לילדים הלומדים להתפלל וכן למתפללים מבוגרים (כמו כותב שורות אלו!). אנו שמחים להציג לפניכם את מהדורת לובל של סידור קורן מאיר עיניים בגופנים גדולים יותר ובעימוד מרווח.

לסידור זה תכונות ייחודיות בדומה לכל הסידורים והמחזורים שלנו.

- שני גופנים בעיצובו של אליהו קורן: ׳גופן תנ״ך קורן׳ לפסוקים מהתנ״ך (למעט מקרים שבהם הם מוטמעים בקטעי תפילה), ו׳גופן סידור קורן׳ לקטעי תפילה, בהתאם לתפיסתו של מר קורן כי הצגת הטקסט של התנ״ך צריכה להיות ייחודית.
- עימוד המבחין בין שירה לפרוזה ומאפשר לטקסט ׳לנשום׳. פיתחנו סגנון דומה גם לטקסט באנגלית שמאזן את המשקל של העברית ומציג את הטקסטים ״בסגנון שאינו מדרבן למהירות והרגל, אלא מעודד את המתפלל לשקוע בדעתו ובליבו לתוך התפילה״, כפי שכיוון מר קורן.
- הנחיות תמציתיות, המשולבות לאורך הטקסט של התפילה.

- תפילות למבקרים בישראל, המשקפות את הקשר היסודי והאינטגרלי בין העם היהודי בישראל ובין העם היהודי בעולם כולו, ואת המרכזיות של ירושלים עבור כולנו.

כתמיד זכות גדולה היא לנו לשתף פעולה בפרויקט כזה עם אנשים החולקים עימנו את המחויבות וההתלהבות להראות את היופי של התפילה. אנו אסירי תודה ליהודית ודוד לובל על תמיכתם, וגאים ששמם מעטר את המהדורה הזאת. הצעותיו המעשיות של מר לובל הועילו מאוד בשלב תכנון המהדורה. בשם החוקרים, העורכים והמעצבים של הסידור הזה, אנו מודים לכם; בשם המשתמשים בסידור הזה, אנו אסירי תודה לנצח.

עמיתיי, הרב אבישי מגנצא, אסתר באר, וקרן מלץ היו משמעותיים ביותר ביצירת סידור זה.

נוכל רק לקוות שהצלחנו להרחיב את החזון של אליהו קורן למשתמשים חדשים, צעירים ומבוגרים כאחד, ולקדם את עבודת השם של יהודים בארץ ובעולם.

מאיר מילר, מוציא לאור
ירושלים, תשפ״ד (2024)

דברי פתיחה

״אהוב את הבריות, והוי דן את כל האדם לכף זכות - וזהו שאמרה תורה: ׳בצדק תשפט עמיתך׳ (ויקרא יט, טו), ותהי שפל בפני כל יעסוק בתורה התמימה והנקיה והישרה. ואל תחזיק טובה לעצמך, כי לכך נוצרת״ (׳ספר חסידים׳, לא).

תחילה אבקש מקהל הקוראים שידונו אותי לכף זכות. יודע אני כי קיבלתי על עצמי אחריות עצומה מכפי מידותיי. לא בלב קל קיבלתי אותה, אך הריני מחויב כלפי שמיא וכלפי בעלי הוצאת קורן להוציא מתחת ידיי דבר מתוקן כל צורכו. לשם כך נבחר צוות מגיהים מנוסה, שיברר מחדש את נוסח התפילה ואת לשונה. בכל מקום שעלה בו ספק, לא הכרענו מדעתנו אלא השארנו את המצוי בסידורים שר׳ אליהו קורן הדפיס בחייו, והערנו על הבולטות בשאלות אלה במדריך להלכות התפילה.

מדריך זה מושתת על המדריך שחיבר הרב אלי קלארק נר״ו לסידור קורן בתרגום לאנגלית. המגמה בהנחיות המופיעות בסידור ובמדריך, לא הייתה לפסוק הלכה, אלא לאפשר למתפלל להתמצא בבית הכנסת גם במקומות שבהם סדר התפילה או נוסחה אינו כפי שהוא רגיל בו; ולהציג לפניו את המקורות לאותם מנהגים שראה את אביו נוהג בהם, ושלמד מרבו ומסביבתו, ומעולם לא ידע מה יסודם. השתדלנו להציג את המקורות לכל שיטה, כדי שהמתפלל המעוניין יוכל

להרחיב ולעיין. אך מובן שאיני עומד במדרגה הרוממה, המתוארת ב'אמונה ובטחון' פ"ג, ל; אין אני מתכחש כלל לאפשרות שישנה הטיה בבחירת המקורות, בסידור העניינים ובהצגתם. על המקומות שבהם ישנה כזו, אני מבקש מחילה מראש מכל מתפלל ומתפלל.

על זאת אני מצר, שלא הבאתי כאן יותר מדבריהם של רבותיי, הרב יהודה עמיטל הכ"מ והרב אהרן ליכטנשטיין שליט"א. איני רואה עצמי ראוי להיות 'בעל שמועות' (ראה רש"י, חגיגה יד ע"א), אך יש בכך גם מענוותנותם של שניהם, שמעולם לא השימו עצמם מורי הלכה לרבים, וגם כאשר פניתי אליהם בשאלות, העדיפו להנחות אותי בדרך האמת ולא להכתיב את דעתם. במקומות שבהם הוצאתי דבר מתוקן, הקורא רשאי להניח ששלהם הוא, אך את השגיאות יש להלין לפתחי.

נעזרנו בספרי ליקוטים מבני דורנו, בספריהם של חוקרי המנהגים ובמאמרים רבים הנמצאים במרשתת, אך השתדלנו לבדוק את הדברים כפי שנכתבו במקורם, בספרי הראשונים, המקובלים והפוסקים. רשימת ספרים אלו וביבליוגרפיה של המקורות שהובאו בסידור ובמדריך, תועלה אי"ה לאתר ההוצאה. הדברים המובאים משמו של הרב זקס שליט"א, מקורם בפירושו לסידור קורן המתורגם לאנגלית. אחדים מהדברים המובאים בשם הרי"ד סולובייצ'יק ז"ל, יובאו על מקורותיהם בסידור עם פירושו, שיראה אור אי"ה בקרוב;

את רובם שמעתי לראשונה מפי תלמידי הגאון ז״ל שלמדו ושלימדו בישיבת ׳הר עציון׳, ובראשם מורי הרב ליכטנשטיין שליט״א.

אני מודה מקרב לב לידידי הרב חנן בניהו נר״ו, על שעבר על כל מילה שכתבתי והעיר הערות רבות ומחכימות בטוב טעם, על שהצילני משגיאות רבות, ועל העידוד והתמיכה הבלתי־נלאים שהעניק לי. תודה גם לאפרת גרוס תחי׳ על העריכה הלשונית של הסידור ושל המדריך, ובצדה בקשת מחילה על העבודה הרבה בלוח זמנים לחוץ שהנחתי לפתחה. תודה לרפאל פרימן יצ״ו ולכל העורכים והמגיהים ועובדי הוצאת קורן בעבר ובהווה. תודה מיוחדת למר מאיר מילר יצ״ו על החזון ועל הנכונות להשקיע בסידור זה, גם כאשר העבודה עליו התארכה יותר מהמשוער. ותודה לכל בני משפחתי, שבזכותם יכולתי להתפנות ראשי ורובי למלאכה.

בימים אלה, שבהם תלמידי חכמים רבים ומוכשרים אינם מוצאים כדי מחייתם – מקצתם כורעים תחת נטל של עבודות דחק, ורבים עוזבים את עולם התורה ומוצאים את פרנסתם בתחומים אחרים – אני עומד משתאה לנוכח חסדו של הקב״ה, שזיכה אותי לעסוק בתורה בהרווחה ובכבוד. משתאה, וחרד; כמדומני שח״ו אמצא אוכל עולמי בחיי. על כן אודה מקרב לב לכל מי שישתמש בסידור זה, יתפלל בו ויעיין; ויה״ר שמעט מזכויות המתפללים יגיעו גם אליי. במיוחד אודה לכל מי שיעיר על שגיאה שנפלה בו.

"אחינו בית ישראל! על זה נאה לבכות, על זה נאה להתאבל... על זה נאמר (מיכה ז, ב): 'אבד חסיד מן הארץ'" (אבל רבתי פ"ג מ"ג). בין הגהה למסירה אבד מן העולם הרב יהודה עמיטל הכ"מ. אף שאין אני ראוי להיקרא תלמידו, התאמצתי להביא לידי ביטוי בדברים שכתבתי, שלושה עניינים שהוא ביטא בחייו להלכה ולמעשה: החיבה והעניין שהוא גילה בעולמו הרוחני של כל יהודי; אהבתו ודאגתו לאדם הפשוט, המבקש לעבוד את ה' ואין בידו הכלים המתאימים; ויותר מכל, התפילה - בכל רגע בחייו עמד לפני הקב"ה בכנות ובענווה אך גם בחדווה על הזכות לשפוך את לבו לפני בורא העולמות: "היש שמחה גדולה מזו? מישהו שומע, מוכן להקשיב" ('והארץ נתן לבני אדם', עמ' 90).

מישהו מוכן להקשיב! האם יש לנו מה לומר? הוצאת קורן עשתה כמיטב יכולתה לשפר ולשכלל את הכלי שבו מוגשת התפילה, אך התוכן תלוי אך ורק ביחיד המתפלל.

דוד פוקס

ירושלים, מנחם־אב ה'תש"ע

מדריך למתפלל

מהדורה חדשה זו של סידור קורן ממשיכה את המסורת של קורן ומגישה למתפלל סידור שעיצובן המיוחד של מילות התפילה בו מקל על המתפלל ומעצים את חוויית התפילה שלו. אחד המאפיינים הייחודיים בסידור הוא שבירת המשפטים לפי העניין במקום השימוש בפיסקה כגוש אחד, זאת כדי לסייע למתפלל להפסיק במקומות הנכונים.

עזרי הגייה

- רוב המילים בעברית מוטעמות בהטעמת מלרע, כלומר טעמן נמצא בהברה האחרונה במילה. במילים המוטעמות בהטעמת מלעיל, כלומר שטעמן נמצא בהברה שלפני האחרונה, מופיע מתג, קו אנכי קצר, מתחת לאותה הברה כדי לעזור לקורא להגות את המילה כראוי, למשל, מֶ֫לֶךְ. בקריאת שמע ובקריאת התורה מתג כזה אינו מופיע, מכיוון שכבר מופיעים בהן טעמי המקרא.
- הבדלנו בין הקמץ הרגיל (הנהָגה a) לקמץ הקטן (הנהָגה o) באמצעות סימן גדול לקמץ הקטן, למשל, חָכְמָה. באותו אופן הבדלנו בין השווא הנע (שווא הנהגה כתנועה חטופה, כיום כסֶגול) לשווא הנח (הנהגה כעיצור), וסימַנו את השווא הנע בסימן בולט יותר, למשל, נַפְשְׁךָ.
- לפי המסורת של הוצאת קורן, הפתח הגנוב מופיע לימין האות ולא באמצעה, להורות שהתנועה נהגית לפני העיצור ולא אחריה, למשל, המילה פּוֹתֵחַ נהגית כמו פּוֹתֵאַח.

חץ קטן בצבע שחור (◂) מורה לשליח הציבור היכן עליו להתחיל לקרוא בקול רם. מכל מקום זוהי הצעה בלבד, ואם מנהג המקום שונה, שליח הציבור ינהג לפי מנהג המקום.

בתוך הסידור מופיעות הנחיות תמציתיות למתפלל.

ישנם שני סוגי אותיות בנוסח התפילה: באחד משתמשים לתנ״ך בלבד ובאחר לסידור. חלקים מן הסידור שבהם מופיעים פרקים שלמים מן התנ״ך, כמו פסוקי דזמרה, נדפסו באות התנ״ך. לעומת זאת פסוקים מהתנ״ך המצוטטים בתוך חלקי תפילה, נדפסו באות הסידור כדי לשמור על מראה אחיד. בנוסף על כך כל הפסוקים מן התנ״ך מסתיימים בנקודתיים (:) לציון סוף פסוק להבדיל מהנקודתיים הרגילות (:).

אנחנו מקווים שחידושים אלה יהפכו את התפילה לחוויה מעמיקה יותר ומרוממת יותר.

רפאל פרימן, עורך ראשי
ירושלים ה׳תש״ע

ימי חול

שחרית

"ה' בֹּקֶר תִּשְׁמַע קוֹלִי, בֹּקֶר אֶעֱרָךְ־לְךָ וַאֲצַפֶּה" (תהלים ה, ד).

השכמת הבוקר

"יתגבר כארי לעמוד בבוקר לעבודת בוראו" (שו"ע א, א).

מיד כשמתעורר אדם משנתו, עוד בטרם נוטל את ידיו,
כשעדיין אינו יכול לברך או לומר פסוקים, אומר:

מוֹדֶה/ נשים אומרות: מוֹדָה/ אֲנִי לְפָנֶיךָ
מֶלֶךְ חַי וְקַיָּם
שֶׁהֶחֱזַרְתָּ בִּי נִשְׁמָתִי בְּחֶמְלָה
רַבָּה אֱמוּנָתֶךָ.

אחרי שנטל את ידיו, מברך:

בָּרוּךְ אַתָּה יהוה אֱלֹהֵינוּ מֶלֶךְ הָעוֹלָם
אֲשֶׁר קִדְּשָׁנוּ בְּמִצְוֹתָיו
וְצִוָּנוּ עַל נְטִילַת יָדָיִם.

בָּרוּךְ אַתָּה יהוה אֱלֹהֵינוּ מֶלֶךְ הָעוֹלָם
אֲשֶׁר יָצַר אֶת הָאָדָם בְּחָכְמָה
וּבָרָא בוֹ נְקָבִים נְקָבִים, חֲלוּלִים חֲלוּלִים.

גָּלוּי וְיָדוּעַ לִפְנֵי כִסֵּא כְבוֹדֶךָ
שֶׁאִם יִפָּתֵחַ אֶחָד מֵהֶם
אוֹ יִסָּתֵם אֶחָד מֵהֶם
אִי אֶפְשָׁר לְהִתְקַיֵּם וְלַעֲמֹד לְפָנֶיךָ.
בָּרוּךְ אַתָּה יהוה
רוֹפֵא כָל בָּשָׂר וּמַפְלִיא לַעֲשׂוֹת.

הגמרא בברכות ס ע״ב מזכירה ברכה זו שצריך לאומרה מיד כשמתעורר. הגאונים תיקנו לאומרה אחרי ברכת ׳אֲשֶׁר יָצַר׳, כיוון שאינה פותחת ב׳בָּרוּךְ אַתָּה ה׳׳ (רב נטרונאי גאון).

אֱלֹהַי
נְשָׁמָה שֶׁנָּתַתָּ בִּי טְהוֹרָה הִיא.
אַתָּה בְרָאתָהּ
אַתָּה יְצַרְתָּהּ
אַתָּה נְפַחְתָּהּ בִּי
וְאַתָּה מְשַׁמְּרָהּ בְּקִרְבִּי
וְאַתָּה עָתִיד לִטְּלָהּ מִמֶּנִּי
וּלְהַחֲזִירָהּ בִּי לֶעָתִיד לָבוֹא.
כָּל זְמַן שֶׁהַנְּשָׁמָה בְקִרְבִּי

מוֹדֶה/ נשים אומרות: מוֹדָה/ אֲנִי לְפָנֶיךָ
יהוה אֱלֹהַי וֵאלֹהֵי אֲבוֹתַי
רִבּוֹן כָּל הַמַּעֲשִׂים
אֲדוֹן כָּל הַנְּשָׁמוֹת.
בָּרוּךְ אַתָּה יהוה
הַמַּחֲזִיר נְשָׁמוֹת לִפְגָרִים מֵתִים.

לבישת ציצית

לפני שלובש טלית קטן, מברך 'עַל מִצְוַת צִיצִית'.
ואם תכף יתעטף בטלית, לא יברך.

בָּרוּךְ אַתָּה יהוה אֱלֹהֵינוּ מֶלֶךְ הָעוֹלָם
אֲשֶׁר קִדְּשָׁנוּ בְּמִצְוֹתָיו
וְצִוָּנוּ עַל מִצְוַת צִיצִית.

אחרי שלבש, אומר:

יְהִי רָצוֹן מִלְּפָנֶיךָ, יהוה אֱלֹהַי וֵאלֹהֵי אֲבוֹתַי
שֶׁתְּהֵא חֲשׁוּבָה מִצְוַת צִיצִית לְפָנֶיךָ
כְּאִלּוּ קִיַּמְתִּיהָ בְּכָל פְּרָטֶיהָ וְדִקְדּוּקֶיהָ וְכַוָּנוֹתֶיהָ
וְתַרְיַ"ג מִצְוֹת הַתְּלוּיוֹת בָּהּ
אָמֵן סֶלָה.

ברכות התורה

"ברכת התורה צריך להזהר בה מאד" (שו"ע מז, א).

בָּרוּךְ אַתָּה יהוה אֱלֹהֵינוּ מֶלֶךְ הָעוֹלָם
אֲשֶׁר קִדְּשָׁנוּ בְּמִצְוֹתָיו
וְצִוָּנוּ לַעֲסֹק בְּדִבְרֵי תוֹרָה.
וְהַעֲרֶב נָא יהוה אֱלֹהֵינוּ אֶת דִּבְרֵי תוֹרָתְךָ
בְּפִינוּ וּבְפִי עַמְּךָ בֵּית יִשְׂרָאֵל
וְנִהְיֶה אֲנַחְנוּ וְצֶאֱצָאֵינוּ (וְצֶאֱצָאֵי צֶאֱצָאֵינוּ)
וְצֶאֱצָאֵי עַמְּךָ בֵּית יִשְׂרָאֵל
כֻּלָּנוּ יוֹדְעֵי שְׁמֶךָ וְלוֹמְדֵי תוֹרָתְךָ לִשְׁמָהּ.
בָּרוּךְ אַתָּה יהוה
הַמְלַמֵּד תּוֹרָה לְעַמּוֹ יִשְׂרָאֵל.

בָּרוּךְ אַתָּה יהוה אֱלֹהֵינוּ מֶלֶךְ הָעוֹלָם
אֲשֶׁר בָּחַר בָּנוּ מִכָּל הָעַמִּים
וְנָתַן לָנוּ אֶת תּוֹרָתוֹ.
בָּרוּךְ אַתָּה יהוה
נוֹתֵן הַתּוֹרָה.

במדבר ו

יְבָרֶכְךָ יהוה וְיִשְׁמְרֶךָ:
יָאֵר יהוה פָּנָיו אֵלֶיךָ וִיחֻנֶּךָּ:
יִשָּׂא יהוה פָּנָיו אֵלֶיךָ וְיָשֵׂם לְךָ שָׁלוֹם:

משנה פאה א, א

אֵלּוּ דְבָרִים שֶׁאֵין לָהֶם שִׁעוּר
הַפֵּאָה וְהַבִּכּוּרִים וְהָרֵאָיוֹן
וּגְמִילוּת חֲסָדִים וְתַלְמוּד תּוֹרָה.

שבת קכז.

אֵלּוּ דְבָרִים
שֶׁאָדָם אוֹכֵל פֵּרוֹתֵיהֶם בָּעוֹלָם הַזֶּה
וְהַקֶּרֶן קַיֶּמֶת לוֹ לָעוֹלָם הַבָּא
וְאֵלּוּ הֵן
כִּבּוּד אָב וָאֵם, וּגְמִילוּת חֲסָדִים
וְהַשְׁכָּמַת בֵּית הַמִּדְרָשׁ שַׁחֲרִית וְעַרְבִית
וְהַכְנָסַת אוֹרְחִים, וּבִקּוּר חוֹלִים
וְהַכְנָסַת כַּלָּה, וּלְוָיַת הַמֵּת
וְעִיּוּן תְּפִלָּה
וַהֲבָאַת שָׁלוֹם בֵּין אָדָם לַחֲבֵרוֹ
וְתַלְמוּד תּוֹרָה כְּנֶגֶד כֻּלָּם.

עטיפת טלית

לפני עטיפה בטלית גדול נוהגים לומר:

תהלים קד
בָּרְכִי נַפְשִׁי אֶת־יהוה, יהוה אֱלֹהַי גָּדַלְתָּ מְּאֹד, הוֹד וְהָדָר לָבָשְׁתָּ: עֹטֶה־אוֹר כַּשַּׂלְמָה, נוֹטֶה שָׁמַיִם כַּיְרִיעָה:

יש אומרים:

לְשֵׁם יִחוּד קֻדְשָׁא בְּרִיךְ הוּא וּשְׁכִינְתֵּהּ בִּדְחִילוּ וּרְחִימוּ, לְיַחֵד שֵׁם י״ה בו״ה בְּיִחוּדָא שְׁלִים בְּשֵׁם כָּל יִשְׂרָאֵל.

הֲרֵינִי מִתְעַטֵּף בְּצִיצִית. כֵּן תִּתְעַטֵּף נִשְׁמָתִי וּרְמַ״ח אֵבָרַי וּשְׁסָ״ה גִידַי בְּאוֹר הַצִּיצִית הָעוֹלָה תַּרְיַ״ג. וּכְשֵׁם שֶׁאֲנִי מִתְכַּסֶּה בְּטַלִּית בָּעוֹלָם הַזֶּה, כָּךְ אֶזְכֶּה לַחֲלוּקָא דְּרַבָּנָן וּלְטַלִּית נָאָה לָעוֹלָם הַבָּא בְּגַן עֵדֶן. וְעַל יְדֵי מִצְוַת צִיצִית תִּנָּצֵל נַפְשִׁי רוּחִי וְנִשְׁמָתִי וּתְפִלָּתִי מִן הַחִיצוֹנִים. וְהַטַּלִּית תִּפְרֹשׂ כְּנָפֶיהָ עֲלֵיהֶם וְתַצִּילֵם, כְּנֶשֶׁר יָעִיר קִנּוֹ עַל־גּוֹזָלָיו יְרַחֵף: דברים לב וּתְהֵא חֲשׁוּבָה מִצְוַת צִיצִית לִפְנֵי הַקָּדוֹשׁ בָּרוּךְ הוּא, כְּאִלּוּ קִיַּמְתִּיהָ בְּכָל פְּרָטֶיהָ וְדִקְדּוּקֶיהָ וְכַוָּנוֹתֶיהָ וְתַרְיַ״ג מִצְוֹת הַתְּלוּיוֹת בָּהּ, אָמֵן סֶלָה.

עומד ומברך:

בָּרוּךְ אַתָּה יהוה אֱלֹהֵינוּ מֶלֶךְ הָעוֹלָם
אֲשֶׁר קִדְּשָׁנוּ בְּמִצְוֹתָיו
וְצִוָּנוּ לְהִתְעַטֵּף בְּצִיצִית.

נוהגים להתעטף בטלית אחר הברכה.

מתעטף ואומר (סידור השל"ה):

מַה־יָּקָר חַסְדְּךָ אֱלֹהִים, וּבְנֵי אָדָם בְּצֵל כְּנָפֶיךָ יֶחֱסָיוּן: יִרְוְיֻן מִדֶּשֶׁן בֵּיתֶךָ, וְנַחַל עֲדָנֶיךָ תַשְׁקֵם: כִּי־עִמְּךָ מְקוֹר חַיִּים, בְּאוֹרְךָ נִרְאֶה־אוֹר: מְשֹׁךְ חַסְדְּךָ לְיֹדְעֶיךָ, וְצִדְקָתְךָ לְיִשְׁרֵי־לֵב: תהלים לו

הנחת תפילין

לפני הנחת תפילין יש אומרים:

לְשֵׁם יִחוּד קֻדְשָׁא בְּרִיךְ הוּא וּשְׁכִינְתֵהּ בִּדְחִילוּ וּרְחִימוּ, לְיַחֵד שֵׁם י"ה בו"ה בְּיִחוּדָא שְׁלִים בְּשֵׁם כָּל יִשְׂרָאֵל.

הִנְנִי מְכַוֵּן בַּהֲנָחַת תְּפִלִּין לְקַיֵּם מִצְוַת בּוֹרְאִי, שֶׁצִּוָּנוּ לְהָנִיחַ תְּפִלִּין, כַּכָּתוּב בְּתוֹרָתוֹ: וּקְשַׁרְתָּם לְאוֹת עַל־יָדֶךָ, וְהָיוּ לְטֹטָפֹת בֵּין עֵינֶיךָ: וְהֵן אַרְבַּע פָּרָשִׁיּוֹת אֵלּוּ, שְׁמַע, וְהָיָה אִם שָׁמֹעַ, קַדֶּשׁ לִי, וְהָיָה כִּי יְבִאֲךָ, שֶׁיֵּשׁ בָּהֶם יִחוּדוֹ וְאַחְדוּתוֹ יִתְבָּרַךְ שְׁמוֹ בָּעוֹלָם, וְשֶׁנִּזְכֹּר נִסִּים וְנִפְלָאוֹת שֶׁעָשָׂה עִמָּנוּ בְּהוֹצִיאוֹ אוֹתָנוּ מִמִּצְרַיִם, וַאֲשֶׁר לוֹ הַכֹּחַ וְהַמֶּמְשָׁלָה בָּעֶלְיוֹנִים וּבַתַּחְתּוֹנִים לַעֲשׂוֹת בָּהֶם כִּרְצוֹנוֹ. וְצִוָּנוּ לְהָנִיחַ עַל הַיָּד לְזִכְרוֹן זְרוֹעַ הַנְּטוּיָה, וְשֶׁהִיא נֶגֶד הַלֵּב, לְשַׁעְבֵּד בָּזֶה תַּאֲווֹת וּמַחְשְׁבוֹת לִבֵּנוּ לַעֲבוֹדָתוֹ יִתְבָּרַךְ שְׁמוֹ. וְעַל הָרֹאשׁ נֶגֶד הַמֹּחַ, שֶׁהַנְּשָׁמָה שֶׁבְּמֹחִי עִם שְׁאָר חוּשַׁי וְכֹחוֹתַי כֻּלָּם יִהְיוּ מְשֻׁעְבָּדִים לַעֲבוֹדָתוֹ

דברים ו

יִתְבָּרַךְ שְׁמוֹ. וּמִשֶּׁפַע מִצְוַת תְּפִלִּין יִתְמַשֵּׁךְ עָלַי לִהְיוֹת לִי חַיִּים אֲרוּכִים וְשֶׁפַע קֹדֶשׁ וּמַחֲשָׁבוֹת קְדוֹשׁוֹת בְּלִי הִרְהוּר חֵטְא וְעָוֹן כְּלָל, וְשֶׁלֹּא יְפַתֵּנוּ וְלֹא יִתְגָּרֶה בָּנוּ יֵצֶר הָרָע, וְיַנִּיחֵנוּ לַעֲבֹד אֶת יהוה כַּאֲשֶׁר עִם לְבָבֵנוּ.

וִיהִי רָצוֹן מִלְּפָנֶיךָ, יהוה אֱלֹהֵינוּ וֵאלֹהֵי אֲבוֹתֵינוּ, שֶׁתְּהֵא חֲשׁוּבָה מִצְוַת הֲנָחַת תְּפִלִּין לִפְנֵי הַקָּדוֹשׁ בָּרוּךְ הוּא, כְּאִלּוּ קִיַּמְתִּיהָ בְּכָל פְּרָטֶיהָ וְדִקְדּוּקֶיהָ וְכַוָּנוֹתֶיהָ וְתַרְיַ״ג מִצְוֹת הַתְּלוּיוֹת בָּהּ, אָמֵן סֶלָה.

עומד, מניח תפילין של יד על השריר העליון של הזרוע השמאלית (איטר מניחן על זרועו הימנית) ומברך:

בָּרוּךְ אַתָּה יהוה אֱלֹהֵינוּ מֶלֶךְ הָעוֹלָם
אֲשֶׁר קִדְּשָׁנוּ בְּמִצְוֹתָיו
וְצִוָּנוּ לְהָנִיחַ תְּפִלִּין.

מהדק את הרצועה, כורך אותה שבע פעמים סביב זרועו, ומיד מניח תפילין של ראש. מקום תפילין של ראש הוא מעל עיקרי השערות שבמרכז המצח.

מניח ומברך:

בָּרוּךְ אַתָּה יהוה אֱלֹהֵינוּ מֶלֶךְ הָעוֹלָם
אֲשֶׁר קִדְּשָׁנוּ בְּמִצְוֹתָיו
וְצִוָּנוּ עַל מִצְוַת תְּפִלִּין.

מהדק את הרצועה ואומר:

בָּרוּךְ שֵׁם כְּבוֹד מַלְכוּתוֹ לְעוֹלָם וָעֶד.

יש אומרים: וּמֵחָכְמָתְךָ אֵל עֶלְיוֹן תַּאֲצִיל עָלַי, וּמִבִּינָתְךָ תְּבִינֵנִי,
וּבְחַסְדְּךָ תַּגְדִּיל עָלַי, וּבִגְבוּרָתְךָ תַּצְמִית אוֹיְבַי וְקָמַי.
וְשֶׁמֶן הַטּוֹב תָּרִיק עַל שִׁבְעָה קְנֵי הַמְּנוֹרָה, לְהַשְׁפִּיעַ
טוּבְךָ לִבְרִיּוֹתֶיךָ. פּוֹתֵחַ אֶת־יָדֶךָ וּמַשְׂבִּיעַ לְכָל־חַי תהלים קמה
רָצוֹן:

כורך ברצועה של יד שלוש כריכות סביב האצבע האמצעית ואומר:

וְאֵרַשְׂתִּיךְ לִי לְעוֹלָם הושע ב
וְאֵרַשְׂתִּיךְ לִי בְּצֶדֶק וּבְמִשְׁפָּט
וּבְחֶסֶד וּבְרַחֲמִים:
וְאֵרַשְׂתִּיךְ לִי בֶּאֱמוּנָה, וְיָדַעַתְּ אֶת־יהוה:

לאחר הנחת התפילין נוהגים לומר שתי פרשות אלה, שנזכרת בהן מצוות הנחת תפילין:

וַיְדַבֵּר יהוה אֶל־מֹשֶׁה לֵּאמֹר: קַדֶּשׁ־לִי כָל־בְּכוֹר, שמות יג
פֶּטֶר כָּל־רֶחֶם בִּבְנֵי יִשְׂרָאֵל, בָּאָדָם וּבַבְּהֵמָה, לִי
הוּא: וַיֹּאמֶר מֹשֶׁה אֶל־הָעָם, זָכוֹר אֶת־הַיּוֹם הַזֶּה,
אֲשֶׁר יְצָאתֶם מִמִּצְרַיִם מִבֵּית עֲבָדִים, כִּי בְּחֹזֶק יָד
הוֹצִיא יהוה אֶתְכֶם מִזֶּה, וְלֹא יֵאָכֵל חָמֵץ: הַיּוֹם
אַתֶּם יֹצְאִים, בְּחֹדֶשׁ הָאָבִיב: וְהָיָה כִי־יְבִיאֲךָ יהוה
אֶל־אֶרֶץ הַכְּנַעֲנִי וְהַחִתִּי וְהָאֱמֹרִי וְהַחִוִּי וְהַיְבוּסִי,
אֲשֶׁר נִשְׁבַּע לַאֲבֹתֶיךָ לָתֶת לָךְ, אֶרֶץ זָבַת חָלָב
וּדְבָשׁ, וְעָבַדְתָּ אֶת־הָעֲבֹדָה הַזֹּאת בַּחֹדֶשׁ הַזֶּה:

שִׁבְעַת יָמִים תֹּאכַל מַצֹּת, וּבַיּוֹם הַשְּׁבִיעִי חַג לַיהוה:
מַצּוֹת יֵאָכֵל אֵת שִׁבְעַת הַיָּמִים, וְלֹא־יֵרָאֶה לְךָ
חָמֵץ וְלֹא־יֵרָאֶה לְךָ שְׂאֹר, בְּכָל־גְּבֻלֶךָ: וְהִגַּדְתָּ
לְבִנְךָ בַּיּוֹם הַהוּא לֵאמֹר, בַּעֲבוּר זֶה עָשָׂה יהוה לִי
בְּצֵאתִי מִמִּצְרָיִם: וְהָיָה לְךָ לְאוֹת עַל־יָדְךָ וּלְזִכָּרוֹן
בֵּין עֵינֶיךָ, לְמַעַן תִּהְיֶה תּוֹרַת יהוה בְּפִיךָ, כִּי בְּיָד
חֲזָקָה הוֹצִאֲךָ יהוה מִמִּצְרָיִם: וְשָׁמַרְתָּ אֶת־הַחֻקָּה
הַזֹּאת לְמוֹעֲדָהּ, מִיָּמִים יָמִימָה:

וְהָיָה כִּי־יְבִאֲךָ יהוה אֶל־אֶרֶץ הַכְּנַעֲנִי כַּאֲשֶׁר נִשְׁבַּע
לְךָ וְלַאֲבֹתֶיךָ, וּנְתָנָהּ לָךְ: וְהַעֲבַרְתָּ כָל־פֶּטֶר־רֶחֶם
לַיהוה, וְכָל־פֶּטֶר שֶׁגֶר בְּהֵמָה אֲשֶׁר יִהְיֶה לְךָ הַזְּכָרִים,
לַיהוה: וְכָל־פֶּטֶר חֲמֹר תִּפְדֶּה בְשֶׂה, וְאִם־לֹא תִפְדֶּה
וַעֲרַפְתּוֹ, וְכֹל בְּכוֹר אָדָם בְּבָנֶיךָ תִּפְדֶּה: וְהָיָה כִּי־
יִשְׁאָלְךָ בִנְךָ מָחָר, לֵאמֹר מַה־זֹּאת, וְאָמַרְתָּ אֵלָיו,
בְּחֹזֶק יָד הוֹצִיאָנוּ יהוה מִמִּצְרַיִם מִבֵּית עֲבָדִים: וַיְהִי
כִּי־הִקְשָׁה פַרְעֹה לְשַׁלְּחֵנוּ, וַיַּהֲרֹג יהוה כָּל־בְּכוֹר
בְּאֶרֶץ מִצְרַיִם, מִבְּכֹר אָדָם וְעַד־בְּכוֹר בְּהֵמָה, עַל־כֵּן
אֲנִי זֹבֵחַ לַיהוה כָּל־פֶּטֶר רֶחֶם הַזְּכָרִים, וְכָל־בְּכוֹר
בָּנַי אֶפְדֶּה: וְהָיָה לְאוֹת עַל־יָדְכָה וּלְטוֹטָפֹת בֵּין
עֵינֶיךָ, כִּי בְּחֹזֶק יָד הוֹצִיאָנוּ יהוה מִמִּצְרָיִם:

הכנה לתפילה

״יכנס שיעור שני פתחים ואחר כך יתפלל״ (שו״ע צ, כ).
כאשר נכנס לבית הכנסת אומר:

במדבר כד
מַה־טֹּבוּ

אֹהָלֶיךָ יַעֲקֹב, מִשְׁכְּנֹתֶיךָ יִשְׂרָאֵל:

תהלים ה
וַאֲנִי בְּרֹב חַסְדְּךָ אָבוֹא בֵיתֶךָ
אֶשְׁתַּחֲוֶה אֶל־הֵיכַל־קָדְשְׁךָ
בְּיִרְאָתֶךָ:

תהלים כו
יהוה אָהַבְתִּי מְעוֹן בֵּיתֶךָ
וּמְקוֹם מִשְׁכַּן כְּבוֹדֶךָ:

וַאֲנִי אֶשְׁתַּחֲוֶה
וְאֶכְרָעָה
אֶבְרְכָה לִפְנֵי יהוה עֹשִׂי.

תהלים סט
וַאֲנִי תְפִלָּתִי־לְךָ יהוה
עֵת רָצוֹן
אֱלֹהִים בְּרָב־חַסְדֶּךָ
עֲנֵנִי בֶּאֱמֶת יִשְׁעֶךָ:

"לְהַגִּיד בַּבֹּקֶר חַסְדֶּךָ וֶאֱמוּנָתְךָ בַּלֵּילוֹת" (תהלים צב, ג).

פיוט עתיק זה מיוחס לר' שלמה אבן גבירול (ויש המקדימים את זמנו לתקופת הגאונים). רבים נוהגים לאומרו פעמיים ביום: לפני תפילת שחרית ובקריאת שמע שעל המיטה.

אֲדוֹן עוֹלָם

אֲשֶׁר מָלַךְ בְּטֶרֶם כָּל־יְצִיר נִבְרָא.

לְעֵת נַעֲשָׂה בְחֶפְצוֹ כֹּל אֲזַי מֶלֶךְ שְׁמוֹ נִקְרָא.

וְאַחֲרֵי כִּכְלוֹת הַכֹּל לְבַדּוֹ יִמְלֹךְ נוֹרָא.

וְהוּא הָיָה וְהוּא הֹוֶה וְהוּא יִהְיֶה בְּתִפְאָרָה.

וְהוּא אֶחָד וְאֵין שֵׁנִי לְהַמְשִׁיל לוֹ לְהַחְבִּירָה.

בְּלִי רֵאשִׁית בְּלִי תַכְלִית וְלוֹ הָעֹז וְהַמִּשְׂרָה.

וְהוּא אֵלִי וְחַי גּוֹאֲלִי וְצוּר חֶבְלִי בְּעֵת צָרָה.

וְהוּא נִסִּי וּמָנוֹס לִי מְנָת כּוֹסִי בְּיוֹם אֶקְרָא.

בְּיָדוֹ אַפְקִיד רוּחִי בְּעֵת אִישַׁן וְאָעִירָה.

וְעִם רוּחִי גְּוִיָּתִי יהוה לִי וְלֹא אִירָא.

׳יִגְדַּל׳ מיוסד על שלושה עשר עיקרי האמונה שמָנה הרמב״ם.

יִגְדַּל

אֱלֹהִים חַי וְיִשְׁתַּבַּח, נִמְצָא וְאֵין עֵת אֶל מְצִיאוּתוֹ.

אֶחָד וְאֵין יָחִיד כְּיִחוּדוֹ, נֶעְלָם וְגַם אֵין סוֹף לְאַחְדוּתוֹ.

אֵין לוֹ דְּמוּת הַגּוּף וְאֵינוֹ גוּף, לֹא נַעֲרֹךְ אֵלָיו קְדֻשָּׁתוֹ.

קַדְמוֹן לְכָל דָּבָר אֲשֶׁר נִבְרָא, רִאשׁוֹן וְאֵין רֵאשִׁית לְרֵאשִׁיתוֹ.

הִנּוֹ אֲדוֹן עוֹלָם, וְכָל נוֹצָר יוֹרֶה גְדֻלָּתוֹ וּמַלְכוּתוֹ.

שֶׁפַע נְבוּאָתוֹ נְתָנוֹ אֶל־אַנְשֵׁי סְגֻלָּתוֹ וְתִפְאַרְתּוֹ.

לֹא קָם בְּיִשְׂרָאֵל כְּמֹשֶׁה עוֹד נָבִיא וּמַבִּיט אֶת תְּמוּנָתוֹ.

תּוֹרַת אֱמֶת נָתַן לְעַמּוֹ אֵל עַל יַד נְבִיאוֹ נֶאֱמַן בֵּיתוֹ.

לֹא יַחֲלִיף הָאֵל וְלֹא יָמִיר דָּתוֹ לְעוֹלָמִים לְזוּלָתוֹ.

צוֹפֶה וְיוֹדֵעַ סְתָרֵינוּ, מַבִּיט לְסוֹף דָּבָר בְּקַדְמָתוֹ.

גּוֹמֵל לְאִישׁ חֶסֶד כְּמִפְעָלוֹ, נוֹתֵן לְרָשָׁע רָע כְּרִשְׁעָתוֹ.

יִשְׁלַח לְקֵץ יָמִין מְשִׁיחֵנוּ לִפְדּוֹת מְחַכֵּי קֵץ יְשׁוּעָתוֹ.

מֵתִים יְחַיֶּה אֵל בְּרֹב חַסְדּוֹ, בָּרוּךְ עֲדֵי עַד שֵׁם תְּהִלָּתוֹ.

ברכות השחר

ברכות השחר נתקנו כדי שהאדם יאמרן במקביל למעשיו הראשונים כשמתעורר בבוקר (ברכות ס ע״ב). אך כבר בימי הראשונים נהגו שהציבור כולו אומרן יחד בבית הכנסת (פתיחה לסידור רב עמרם גאון).

בבתי כנסת רבים שליח הציבור מתחיל כאן. ויש מקומות שנוהגים ששליח הציבור מתחיל בברייתא דרבי ישמעאל (עמ׳ 36) או במזמור שלפני פסוקי דזמרה (עמ׳ 42).

בָּרוּךְ אַתָּה יהוה אֱלֹהֵינוּ מֶלֶךְ הָעוֹלָם
אֲשֶׁר נָתַן לַשֶּׂכְוִי בִינָה
לְהַבְחִין בֵּין יוֹם וּבֵין לָיְלָה.

בָּרוּךְ אַתָּה יהוה אֱלֹהֵינוּ מֶלֶךְ הָעוֹלָם
שֶׁלֹּא עָשַׂנִי גּוֹי.

בָּרוּךְ אַתָּה יהוה אֱלֹהֵינוּ מֶלֶךְ הָעוֹלָם
שֶׁלֹּא עָשַׂנִי עָבֶד.

בָּרוּךְ אַתָּה יהוה אֱלֹהֵינוּ מֶלֶךְ הָעוֹלָם
גברים: שֶׁלֹּא עָשַׂנִי אִשָּׁה. / נשים: שֶׁעָשַׂנִי כִּרְצוֹנוֹ.

בָּרוּךְ אַתָּה יהוה אֱלֹהֵינוּ מֶלֶךְ הָעוֹלָם
פּוֹקֵחַ עִוְרִים.

בָּרוּךְ אַתָּה יהוה אֱלֹהֵינוּ מֶלֶךְ הָעוֹלָם
מַלְבִּישׁ עֲרֻמִּים.

בָּרוּךְ אַתָּה יהוה אֱלֹהֵינוּ מֶלֶךְ הָעוֹלָם
מַתִּיר אֲסוּרִים.

בָּרוּךְ אַתָּה יהוה אֱלֹהֵינוּ מֶלֶךְ הָעוֹלָם
זוֹקֵף כְּפוּפִים.

בָּרוּךְ אַתָּה יהוה אֱלֹהֵינוּ מֶלֶךְ הָעוֹלָם
רוֹקַע הָאָרֶץ עַל הַמָּיִם.

בָּרוּךְ אַתָּה יהוה אֱלֹהֵינוּ מֶלֶךְ הָעוֹלָם
שֶׁעָשָׂה לִי כָּל צָרְכִּי.

בָּרוּךְ אַתָּה יהוה אֱלֹהֵינוּ מֶלֶךְ הָעוֹלָם
הַמֵּכִין מִצְעֲדֵי גָבֶר.

בָּרוּךְ אַתָּה יהוה אֱלֹהֵינוּ מֶלֶךְ הָעוֹלָם
אוֹזֵר יִשְׂרָאֵל בִּגְבוּרָה.

בָּרוּךְ אַתָּה יהוה אֱלֹהֵינוּ מֶלֶךְ הָעוֹלָם
עוֹטֵר יִשְׂרָאֵל בְּתִפְאָרָה.

בָּרוּךְ אַתָּה יהוה אֱלֹהֵינוּ מֶלֶךְ הָעוֹלָם
הַנּוֹתֵן לַיָּעֵף כֹּחַ.

בָּרוּךְ אַתָּה יהוה אֱלֹהֵינוּ מֶלֶךְ הָעוֹלָם
הַמַּעֲבִיר שֵׁנָה מֵעֵינַי וּתְנוּמָה מֵעַפְעַפָּי.
וִיהִי רָצוֹן מִלְּפָנֶיךָ יהוה אֱלֹהֵינוּ וֵאלֹהֵי אֲבוֹתֵינוּ
שֶׁתַּרְגִּילֵנוּ בְּתוֹרָתֶךָ, וְדַבְּקֵנוּ בְּמִצְוֹתֶיךָ
וְאַל תְּבִיאֵנוּ לֹא לִידֵי חֵטְא, וְלֹא לִידֵי עֲבֵרָה וְעָוֹן
וְלֹא לִידֵי נִסָּיוֹן וְלֹא לִידֵי בִזָּיוֹן
וְאַל תַּשְׁלֶט בָּנוּ יֵצֶר הָרָע
וְהַרְחִיקֵנוּ מֵאָדָם רָע וּמֵחָבֵר רָע
וְדַבְּקֵנוּ בְּיֵצֶר הַטּוֹב וּבְמַעֲשִׂים טוֹבִים
וְכֹף אֶת יִצְרֵנוּ לְהִשְׁתַּעְבֶּד לָךְ
וּתְנֵנוּ הַיּוֹם וּבְכָל יוֹם לְחֵן וּלְחֶסֶד וּלְרַחֲמִים
בְּעֵינֶיךָ, וּבְעֵינֵי כָל רוֹאֵינוּ
וְתִגְמְלֵנוּ חֲסָדִים טוֹבִים.
בָּרוּךְ אַתָּה יהוה
גּוֹמֵל חֲסָדִים טוֹבִים לְעַמּוֹ יִשְׂרָאֵל.

יְהִי רָצוֹן מִלְּפָנֶיךָ יהוה אֱלֹהַי וֵאלֹהֵי אֲבוֹתַי, שֶׁתַּצִּילֵנִי הַיּוֹם וּבְכָל יוֹם מֵעַזֵּי פָנִים וּמֵעַזּוּת פָּנִים, מֵאָדָם רָע, וּמֵחָבֵר רָע, וּמִשָּׁכֵן רָע, וּמִפֶּגַע רָע, וּמִשָּׂטָן הַמַּשְׁחִית, מִדִּין קָשֶׁה, וּמִבַּעַל דִּין קָשֶׁה בֵּין שֶׁהוּא בֶן בְּרִית וּבֵין שֶׁאֵינוֹ בֶן בְּרִית. ברכות טז:

פרשת העקדה

עקדת יצחק הייתה הניסיון העיקרי שעמדו בו אבותינו.

רבים נוהגים לקרוא בכל בוקר את פרשת העקדה
כדי לזכור את מסירות הנפש של האבות ולהזכיר את זכותם.

לפני פרשה זו ואחריה נוהגים לומר תחינה המבוססת על ברכת 'זכרונות' בתפילת
מוסף לראש השנה. ולדעת רוב הפוסקים, אין אומרים אותה בשבת וביום טוב.

אֱלֹהֵינוּ וֵאלֹהֵי אֲבוֹתֵינוּ, זָכְרֵנוּ בְּזִכְרוֹן טוֹב לְפָנֶיךָ, וּפָקְדֵנוּ בִּפְקֻדַּת יְשׁוּעָה וְרַחֲמִים מִשְּׁמֵי שְׁמֵי קֶדֶם, וּזְכָר לָנוּ יהוה אֱלֹהֵינוּ, אַהֲבַת הַקַּדְמוֹנִים אַבְרָהָם יִצְחָק וְיִשְׂרָאֵל עֲבָדֶיךָ, אֶת הַבְּרִית וְאֶת הַחֶסֶד וְאֶת הַשְּׁבוּעָה שֶׁנִּשְׁבַּעְתָּ לְאַבְרָהָם אָבִינוּ בְּהַר הַמּוֹרִיָּה, וְאֶת הָעֲקֵדָה שֶׁעָקַד אֶת יִצְחָק בְּנוֹ עַל גַּבֵּי הַמִּזְבֵּחַ, כַּכָּתוּב בְּתוֹרָתֶךָ:

וַיְהִי אַחַר הַדְּבָרִים הָאֵלֶּה, וְהָאֱלֹהִים נִסָּה אֶת־ בראשית כב
אַבְרָהָם, וַיֹּאמֶר אֵלָיו אַבְרָהָם, וַיֹּאמֶר הִנֵּנִי:
וַיֹּאמֶר קַח־נָא אֶת־בִּנְךָ אֶת־יְחִידְךָ אֲשֶׁר־
אָהַבְתָּ, אֶת־יִצְחָק, וְלֶךְ־לְךָ אֶל־אֶרֶץ הַמֹּרִיָּה,
וְהַעֲלֵהוּ שָׁם לְעֹלָה עַל אַחַד הֶהָרִים אֲשֶׁר אֹמַר
אֵלֶיךָ: וַיַּשְׁכֵּם אַבְרָהָם בַּבֹּקֶר, וַיַּחֲבֹשׁ אֶת־חֲמֹרוֹ,
וַיִּקַּח אֶת־שְׁנֵי נְעָרָיו אִתּוֹ וְאֵת יִצְחָק בְּנוֹ, וַיְבַקַּע
עֲצֵי עֹלָה, וַיָּקָם וַיֵּלֶךְ אֶל־הַמָּקוֹם אֲשֶׁר־אָמַר־לוֹ
הָאֱלֹהִים: בַּיּוֹם הַשְּׁלִישִׁי וַיִּשָּׂא אַבְרָהָם אֶת־
עֵינָיו וַיַּרְא אֶת־הַמָּקוֹם מֵרָחֹק: וַיֹּאמֶר אַבְרָהָם

אֶל־נְעָרָיו, שְׁבוּ־לָכֶם פֹּה עִם־הַחֲמוֹר, וַאֲנִי וְהַנַּעַר
נֵלְכָה עַד־כֹּה, וְנִשְׁתַּחֲוֶה וְנָשׁוּבָה אֲלֵיכֶם: וַיִּקַּח
אַבְרָהָם אֶת־עֲצֵי הָעֹלָה וַיָּשֶׂם עַל־יִצְחָק בְּנוֹ,
וַיִּקַּח בְּיָדוֹ אֶת־הָאֵשׁ וְאֶת־הַמַּאֲכֶלֶת, וַיֵּלְכוּ
שְׁנֵיהֶם יַחְדָּו: וַיֹּאמֶר יִצְחָק אֶל־אַבְרָהָם אָבִיו,
וַיֹּאמֶר אָבִי, וַיֹּאמֶר הִנֶּנִּי בְנִי, וַיֹּאמֶר, הִנֵּה הָאֵשׁ
וְהָעֵצִים, וְאַיֵּה הַשֶּׂה לְעֹלָה: וַיֹּאמֶר אַבְרָהָם,
אֱלֹהִים יִרְאֶה־לּוֹ הַשֶּׂה לְעֹלָה, בְּנִי, וַיֵּלְכוּ שְׁנֵיהֶם
יַחְדָּו: וַיָּבֹאוּ אֶל־הַמָּקוֹם אֲשֶׁר אָמַר־לוֹ הָאֱלֹהִים,
וַיִּבֶן שָׁם אַבְרָהָם אֶת־הַמִּזְבֵּחַ וַיַּעֲרֹךְ אֶת־הָעֵצִים,
וַיַּעֲקֹד אֶת־יִצְחָק בְּנוֹ, וַיָּשֶׂם אֹתוֹ עַל־הַמִּזְבֵּחַ
מִמַּעַל לָעֵצִים: וַיִּשְׁלַח אַבְרָהָם אֶת־יָדוֹ, וַיִּקַּח
אֶת־הַמַּאֲכֶלֶת, לִשְׁחֹט אֶת־בְּנוֹ: וַיִּקְרָא אֵלָיו
מַלְאַךְ יהוה מִן־הַשָּׁמַיִם, וַיֹּאמֶר אַבְרָהָם אַבְרָהָם,
וַיֹּאמֶר הִנֵּנִי: וַיֹּאמֶר אַל־תִּשְׁלַח יָדְךָ אֶל־הַנַּעַר,
וְאַל־תַּעַשׂ לוֹ מְאוּמָה, כִּי עַתָּה יָדַעְתִּי כִּי־יְרֵא
אֱלֹהִים אַתָּה, וְלֹא חָשַׂכְתָּ אֶת־בִּנְךָ אֶת־יְחִידְךָ
מִמֶּנִּי: וַיִּשָּׂא אַבְרָהָם אֶת־עֵינָיו, וַיַּרְא וְהִנֵּה־אַיִל,
אַחַר נֶאֱחַז בַּסְּבַךְ בְּקַרְנָיו, וַיֵּלֶךְ אַבְרָהָם וַיִּקַּח

אֶת־הָאַיִל, וַיַּעֲלֵהוּ לְעֹלָה תַּחַת בְּנוֹ: וַיִּקְרָא אַבְרָהָם שֵׁם־הַמָּקוֹם הַהוּא יהוה יִרְאֶה, אֲשֶׁר יֵאָמֵר הַיּוֹם בְּהַר יהוה יֵרָאֶה: וַיִּקְרָא מַלְאַךְ יהוה אֶל־אַבְרָהָם שֵׁנִית מִן־הַשָּׁמָיִם: וַיֹּאמֶר, בִּי נִשְׁבַּעְתִּי נְאֻם־יהוה, כִּי יַעַן אֲשֶׁר עָשִׂיתָ אֶת־הַדָּבָר הַזֶּה, וְלֹא חָשַׂכְתָּ אֶת־בִּנְךָ אֶת־יְחִידֶךָ: כִּי־בָרֵךְ אֲבָרֶכְךָ, וְהַרְבָּה אַרְבֶּה אֶת־זַרְעֲךָ כְּכוֹכְבֵי הַשָּׁמַיִם, וְכַחוֹל אֲשֶׁר עַל־שְׂפַת הַיָּם, וְיִרַשׁ זַרְעֲךָ אֵת שַׁעַר אֹיְבָיו: וְהִתְבָּרְכוּ בְזַרְעֲךָ כֹּל גּוֹיֵי הָאָרֶץ, עֵקֶב אֲשֶׁר שָׁמַעְתָּ בְּקֹלִי: וַיָּשָׁב אַבְרָהָם אֶל־נְעָרָיו, וַיָּקֻמוּ וַיֵּלְכוּ יַחְדָּו אֶל־בְּאֵר שָׁבַע, וַיֵּשֶׁב אַבְרָהָם בִּבְאֵר שָׁבַע:

רִבּוֹנוֹ שֶׁל עוֹלָם, כְּמוֹ שֶׁכָּבַשׁ אַבְרָהָם אָבִינוּ אֶת רַחֲמָיו לַעֲשׂוֹת רְצוֹנְךָ בְּלֵבָב שָׁלֵם, כֵּן יִכְבְּשׁוּ רַחֲמֶיךָ אֶת כַּעַסְךָ מֵעָלֵינוּ וְיִגֹּלּוּ רַחֲמֶיךָ עַל מִדּוֹתֶיךָ. וְתִתְנַהֵג עִמָּנוּ יהוה אֱלֹהֵינוּ בְּמִדַּת הַחֶסֶד וּבְמִדַּת הָרַחֲמִים, וּבְטוּבְךָ הַגָּדוֹל יָשׁוּב חֲרוֹן אַפְּךָ מֵעַמְּךָ וּמֵעִירְךָ וּמֵאַרְצְךָ וּמִנַּחֲלָתֶךָ. וְקַיֶּם לָנוּ יהוה אֱלֹהֵינוּ אֶת הַדָּבָר שֶׁהִבְטַחְתָּנוּ בְּתוֹרָתֶךָ עַל יְדֵי מֹשֶׁה עַבְדֶּךָ, כָּאָמוּר: וְזָכַרְתִּי אֶת־בְּרִיתִי יַעֲקוֹב וְאַף אֶת־בְּרִיתִי יִצְחָק, וְאַף אֶת־בְּרִיתִי אַבְרָהָם אֶזְכֹּר, וְהָאָרֶץ אֶזְכֹּר: ויקרא כו

קבלת עול מלכות שמים

תפילה לאומית, הפותחת בחולשת ההווה, ממשיכה בקריאת שמע
ומסיימת בתפילה לגאולה ובהכרה כלל עולמית במלכות ה׳ (רש״ר הירש).
תפילה זו נזכרה כבר ב׳תנא דבי אליהו׳ יט, ו. ככל הנראה נקבעה בתקופת הרדיפות,
כאשר היה אסור לקרוא קריאת שמע בציבור (ספר הפרדס, ׳שיבולי הלקט׳).

לְעוֹלָם יְהֵא אָדָם יְרֵא שָׁמַיִם בְּסֵתֶר וּבְגָלוּי
וּמוֹדֶה עַל הָאֱמֶת, וְדוֹבֵר אֱמֶת בִּלְבָבוֹ
וְיַשְׁכֵּם וְיֹאמַר

רִבּוֹן כָּל הָעוֹלָמִים, לֹא עַל־צִדְקוֹתֵינוּ דניאל ט
אֲנַחְנוּ מַפִּילִים תַּחֲנוּנֵינוּ לְפָנֶיךָ
כִּי עַל־רַחֲמֶיךָ הָרַבִּים:
מָה אָנוּ, מֶה חַיֵּינוּ, מֶה חַסְדֵּנוּ
מַה צִּדְקוֹתֵינוּ, מַה יְּשׁוּעָתֵנוּ, מַה כֹּחֵנוּ
מַה גְּבוּרָתֵנוּ, מַה נֹּאמַר לְפָנֶיךָ
יהוה אֱלֹהֵינוּ וֵאלֹהֵי אֲבוֹתֵינוּ
הֲלֹא כָּל הַגִּבּוֹרִים כְּאַיִן לְפָנֶיךָ
וְאַנְשֵׁי הַשֵּׁם כְּלֹא הָיוּ
וַחֲכָמִים כִּבְלִי מַדָּע, וּנְבוֹנִים כִּבְלִי הַשְׂכֵּל
כִּי רֹב מַעֲשֵׂיהֶם תֹּהוּ, וִימֵי חַיֵּיהֶם הֶבֶל לְפָנֶיךָ
וּמוֹתַר הָאָדָם מִן־הַבְּהֵמָה אָיִן, כִּי הַכֹּל הָבֶל: קהלת ג

אֲבָל אֲנַֽחְנוּ עַמְּךָ בְּנֵי בְרִיתֶֽךָ
בְּנֵי אַבְרָהָם אֹהַבְךָ
שֶׁנִּשְׁבַּֽעְתָּ לּוֹ בְּהַר הַמּוֹרִיָּה
זֶֽרַע יִצְחָק יְחִידוֹ שֶׁנֶּעֱקַד עַל גַּבֵּי הַמִּזְבֵּֽחַ
עֲדַת יַעֲקֹב בִּנְךָ בְּכוֹרֶֽךָ
שֶׁמֵּאַהֲבָתְךָ שֶׁאָהַֽבְתָּ אוֹתוֹ
וּמִשִּׂמְחָתְךָ שֶׁשָּׂמַֽחְתָּ בּוֹ
קָרָֽאתָ אֶת שְׁמוֹ יִשְׂרָאֵל וִישֻׁרוּן.

לְפִיכָךְ אֲנַֽחְנוּ חַיָּבִים
לְהוֹדוֹת לְךָ וּלְשַׁבֵּחֲךָ וּלְפָאֶרְךָ
וּלְבָרֵךְ וּלְקַדֵּשׁ וְלָתֵת שֶֽׁבַח וְהוֹדָיָה לִשְׁמֶֽךָ.
אַשְׁרֵֽינוּ
מַה טּוֹב חֶלְקֵֽנוּ
וּמַה נָּעִים גּוֹרָלֵֽנוּ, וּמַה יָּפָה יְרֻשָּׁתֵֽנוּ.

◂ אַשְׁרֵֽינוּ
שֶׁאֲנַֽחְנוּ מַשְׁכִּימִים וּמַעֲרִיבִים עֶֽרֶב וָבֹֽקֶר
וְאוֹמְרִים פַּעֲמַֽיִם בְּכָל יוֹם

דברים ו
שְׁמַע יִשְׂרָאֵל, יהוה אֱלֹהֵינוּ, יהוה אֶחָד:

בלחש: בָּרוּךְ שֵׁם כְּבוֹד מַלְכוּתוֹ לְעוֹלָם וָעֶד.

יש הקוראים כאן את הפרשה הראשונה בקריאת שמע (מהרש״ל),
והמנהג הנפוץ הוא להמשיך ׳אַתָּה הוּא עַד שֶׁלֹּא נִבְרָא הָעוֹלָם׳.
אם חושש שיעבור זמן קריאת שמע, קורא את כל שלוש הפרשות (עמ׳ 68).

וְאָהַבְתָּ אֵת יהוה אֱלֹהֶיךָ, בְּכָל־לְבָבְךָ, וּבְכָל־נַפְשְׁךָ, וּבְכָל־מְאֹדֶךָ: וְהָיוּ הַדְּבָרִים הָאֵלֶּה, אֲשֶׁר אָנֹכִי מְצַוְּךָ הַיּוֹם, עַל־לְבָבֶךָ: וְשִׁנַּנְתָּם לְבָנֶיךָ, וְדִבַּרְתָּ בָּם, בְּשִׁבְתְּךָ בְּבֵיתֶךָ וּבְלֶכְתְּךָ בַדֶּרֶךְ, וּבְשָׁכְבְּךָ וּבְקוּמֶךָ: וּקְשַׁרְתָּם לְאוֹת עַל־יָדֶךָ וְהָיוּ לְטֹטָפֹת בֵּין עֵינֶיךָ: וּכְתַבְתָּם עַל־מְזֻזוֹת בֵּיתֶךָ וּבִשְׁעָרֶיךָ:

אַתָּה הוּא עַד שֶׁלֹּא נִבְרָא הָעוֹלָם
אַתָּה הוּא מִשֶּׁנִּבְרָא הָעוֹלָם.
אַתָּה הוּא בָּעוֹלָם הַזֶּה
וְאַתָּה הוּא לָעוֹלָם הַבָּא.

◄ קַדֵּשׁ אֶת שִׁמְךָ עַל מַקְדִּישֵׁי שְׁמֶךָ
וְקַדֵּשׁ אֶת שִׁמְךָ בְּעוֹלָמֶךָ
וּבִישׁוּעָתְךָ תָּרוּם וְתַגְבִּיהַּ קַרְנֵנוּ.
בָּרוּךְ אַתָּה יהוה, הַמְקַדֵּשׁ אֶת שְׁמוֹ בָּרַבִּים.

אַתָּה הוּא יהוה אֱלֹהֵינוּ
בַּשָּׁמַיִם וּבָאָרֶץ וּבִשְׁמֵי הַשָּׁמַיִם הָעֶלְיוֹנִים.

אֱמֶת, אַתָּה הוּא רִאשׁוֹן, וְאַתָּה הוּא אַחֲרוֹן
וּמִבַּלְעָדֶיךָ אֵין אֱלֹהִים.
קַבֵּץ קֹוֶיךָ מֵאַרְבַּע כַּנְפוֹת הָאָרֶץ.
יַכִּירוּ וְיֵדְעוּ כָּל בָּאֵי עוֹלָם
כִּי אַתָּה־הוּא הָאֱלֹהִים לְבַדְּךָ מלכים ב׳ יט
לְכֹל מַמְלְכוֹת הָאָרֶץ
אַתָּה עָשִׂיתָ אֶת־הַשָּׁמַיִם וְאֶת־הָאָרֶץ:
אֶת־הַיָּם וְאֶת־כָּל־אֲשֶׁר־בָּם: שמות כ
וּמִי בְּכָל מַעֲשֵׂי יָדֶיךָ בָּעֶלְיוֹנִים אוֹ בַתַּחְתּוֹנִים
שֶׁיֹּאמַר לְךָ מַה תַּעֲשֶׂה.

אָבִינוּ שֶׁבַּשָּׁמַיִם, עֲשֵׂה עִמָּנוּ חֶסֶד
בַּעֲבוּר שִׁמְךָ הַגָּדוֹל שֶׁנִּקְרָא עָלֵינוּ
וְקַיֶּם לָנוּ יהוה אֱלֹהֵינוּ
מַה שֶּׁכָּתוּב:

בָּעֵת הַהִיא אָבִיא אֶתְכֶם, וּבָעֵת קַבְּצִי צפניה ג
אֶתְכֶם, כִּי־אֶתֵּן אֶתְכֶם לְשֵׁם וְלִתְהִלָּה
בְּכֹל עַמֵּי הָאָרֶץ, בְּשׁוּבִי אֶת־שְׁבוּתֵיכֶם
לְעֵינֵיכֶם, אָמַר יהוה:

סדר הקרבנות

"אמר אברהם: רבונו של עולם! שמא ישראל חוטאין לפניך... בזמן שאין בית המקדש קיים, מה תהא עליהם? – אמר לו: כבר תקנתי להם סדר קרבנות, בזמן שקוראין בהן לפני – מעלה אני עליהם כאילו הקריבום לפני, ואני מוחל להם על כל עונותיהם" (תענית כז ע"ב).

יש לומר את פרשת קרבן התמיד (בעמוד הבא) בכל יום.

ונוהגים לומר לפניה את פרשות הכיור ותרומת הדשן, ולאחריה את פרשת הקטורת (שו"ע א, ט).

פרשת הכיור

שמות ל

וַיְדַבֵּר יהוה אֶל־מֹשֶׁה לֵּאמֹר: וְעָשִׂיתָ כִּיּוֹר נְחֹשֶׁת וְכַנּוֹ נְחֹשֶׁת לְרָחְצָה, וְנָתַתָּ אֹתוֹ בֵּין־אֹהֶל מוֹעֵד וּבֵין הַמִּזְבֵּחַ, וְנָתַתָּ שָׁמָּה מָיִם: וְרָחֲצוּ אַהֲרֹן וּבָנָיו מִמֶּנּוּ אֶת־יְדֵיהֶם וְאֶת־רַגְלֵיהֶם: בְּבֹאָם אֶל־אֹהֶל מוֹעֵד יִרְחֲצוּ־מַיִם, וְלֹא יָמֻתוּ, אוֹ בְגִשְׁתָּם אֶל־הַמִּזְבֵּחַ לְשָׁרֵת, לְהַקְטִיר אִשֶּׁה לַיהוה: וְרָחֲצוּ יְדֵיהֶם וְרַגְלֵיהֶם וְלֹא יָמֻתוּ, וְהָיְתָה לָהֶם חָק־עוֹלָם, לוֹ וּלְזַרְעוֹ לְדֹרֹתָם:

פרשת תרומת הדשן

ויקרא ו

וַיְדַבֵּר יהוה אֶל־מֹשֶׁה לֵּאמֹר: צַו אֶת־אַהֲרֹן וְאֶת־בָּנָיו לֵאמֹר, זֹאת תּוֹרַת הָעֹלָה, הִוא הָעֹלָה עַל מוֹקְדָה עַל־הַמִּזְבֵּחַ כָּל־הַלַּיְלָה עַד־הַבֹּקֶר, וְאֵשׁ הַמִּזְבֵּחַ תּוּקַד בּוֹ: וְלָבַשׁ הַכֹּהֵן מִדּוֹ בַד, וּמִכְנְסֵי־בַד יִלְבַּשׁ עַל־בְּשָׂרוֹ, וְהֵרִים אֶת־הַדֶּשֶׁן אֲשֶׁר תֹּאכַל הָאֵשׁ אֶת־הָעֹלָה, עַל־הַמִּזְבֵּחַ, וְשָׂמוֹ אֵצֶל הַמִּזְבֵּחַ: וּפָשַׁט אֶת־בְּגָדָיו, וְלָבַשׁ בְּגָדִים אֲחֵרִים, וְהוֹצִיא אֶת־הַדֶּשֶׁן אֶל־מִחוּץ לַמַּחֲנֶה,

אֶל־מָקוֹם טָהוֹר: וְהָאֵשׁ עַל־הַמִּזְבֵּחַ תּוּקַד־בּוֹ, לֹא תִכְבֶּה, וּבִעֵר עָלֶיהָ הַכֹּהֵן עֵצִים בַּבֹּקֶר בַּבֹּקֶר, וְעָרַךְ עָלֶיהָ הָעֹלָה, וְהִקְטִיר עָלֶיהָ חֶלְבֵי הַשְּׁלָמִים: אֵשׁ, תָּמִיד תּוּקַד עַל־הַמִּזְבֵּחַ, לֹא תִכְבֶּה:

בשבת וביום טוב מדלגים על הפיסקה הבאה.

יְהִי רָצוֹן מִלְּפָנֶיךָ יהוה אֱלֹהֵינוּ וֵאלֹהֵי אֲבוֹתֵינוּ, שֶׁתְּרַחֵם עָלֵינוּ, וְתִמְחֹל לָנוּ עַל כָּל חַטֹּאתֵינוּ וּתְכַפֵּר לָנוּ עַל כָּל עֲוֹנוֹתֵינוּ וְתִסְלַח לָנוּ עַל כָּל פְּשָׁעֵינוּ, וְתִבְנֶה בֵּית הַמִּקְדָּשׁ בִּמְהֵרָה בְיָמֵינוּ, וְנַקְרִיב לְפָנֶיךָ קָרְבַּן הַתָּמִיד שֶׁיְּכַפֵּר בַּעֲדֵנוּ, כְּמוֹ שֶׁכָּתַבְתָּ עָלֵינוּ בְּתוֹרָתֶךָ עַל יְדֵי מֹשֶׁה עַבְדֶּךָ מִפִּי כְבוֹדֶךָ, כָּאָמוּר

פרשת קרבן התמיד

וַיְדַבֵּר יהוה אֶל־מֹשֶׁה לֵּאמֹר: צַו אֶת־בְּנֵי יִשְׂרָאֵל וְאָמַרְתָּ אֲלֵהֶם, אֶת־קָרְבָּנִי לַחְמִי לְאִשַּׁי, רֵיחַ נִיחֹחִי, תִּשְׁמְרוּ לְהַקְרִיב לִי בְּמוֹעֲדוֹ: וְאָמַרְתָּ לָהֶם, זֶה הָאִשֶּׁה אֲשֶׁר תַּקְרִיבוּ לַיהוה, כְּבָשִׂים בְּנֵי־שָׁנָה תְמִימִם שְׁנַיִם לַיּוֹם, עֹלָה תָמִיד: אֶת־הַכֶּבֶשׂ אֶחָד תַּעֲשֶׂה בַבֹּקֶר, וְאֵת הַכֶּבֶשׂ הַשֵּׁנִי תַּעֲשֶׂה בֵּין הָעַרְבָּיִם: וַעֲשִׂירִית הָאֵיפָה סֹלֶת לְמִנְחָה, בְּלוּלָה בְּשֶׁמֶן כָּתִית רְבִיעִת הַהִין: עֹלַת תָּמִיד, הָעֲשֻׂיָה בְּהַר סִינַי, לְרֵיחַ נִיחֹחַ במדבר כח

אִשֵּׁה לַיהוה: וְנִסְכּוֹ רְבִיעִת הַהִין לַכֶּבֶשׂ הָאֶחָד, בַּקֹּדֶשׁ הַסֵּךְ נֶסֶךְ שֵׁכָר לַיהוה: וְאֵת הַכֶּבֶשׂ הַשֵּׁנִי תַּעֲשֶׂה בֵּין הָעַרְבָּיִם, כְּמִנְחַת הַבֹּקֶר וּכְנִסְכּוֹ תַּעֲשֶׂה, אִשֵּׁה רֵיחַ נִיחֹחַ לַיהוה:

ויקרא א
וְשָׁחַט אֹתוֹ עַל יֶרֶךְ הַמִּזְבֵּחַ צָפֹנָה לִפְנֵי יהוה, וְזָרְקוּ בְּנֵי אַהֲרֹן הַכֹּהֲנִים אֶת־דָּמוֹ עַל־הַמִּזְבֵּחַ, סָבִיב:

יְהִי רָצוֹן מִלְּפָנֶיךָ, יהוה אֱלֹהֵינוּ וֵאלֹהֵי אֲבוֹתֵינוּ שֶׁתְּהֵא אֲמִירָה זוֹ חֲשׁוּבָה וּמְקֻבֶּלֶת וּמְרֻצָּה לְפָנֶיךָ כְּאִלּוּ הִקְרַבְנוּ קָרְבַּן הַתָּמִיד בְּמוֹעֲדוֹ וּבִמְקוֹמוֹ וּכְהִלְכָתוֹ.

אַתָּה הוּא יהוה אֱלֹהֵינוּ שֶׁהִקְטִירוּ אֲבוֹתֵינוּ לְפָנֶיךָ אֶת קְטֹרֶת הַסַּמִּים בִּזְמַן שֶׁבֵּית הַמִּקְדָּשׁ הָיָה קַיָּם, כַּאֲשֶׁר צִוִּיתָ אוֹתָם עַל יְדֵי מֹשֶׁה נְבִיאֶךָ, כַּכָּתוּב בְּתוֹרָתֶךָ:

פרשת הקטורת

שמות ל
וַיֹּאמֶר יהוה אֶל־מֹשֶׁה, קַח־לְךָ סַמִּים נָטָף וּשְׁחֵלֶת וְחֶלְבְּנָה, סַמִּים וּלְבֹנָה זַכָּה, בַּד בְּבַד יִהְיֶה: וְעָשִׂיתָ אֹתָהּ קְטֹרֶת, רֹקַח מַעֲשֵׂה רוֹקֵחַ, מְמֻלָּח, טָהוֹר קֹדֶשׁ: וְשָׁחַקְתָּ מִמֶּנָּה הָדֵק, וְנָתַתָּה מִמֶּנָּה לִפְנֵי הָעֵדֻת בְּאֹהֶל מוֹעֵד אֲשֶׁר אִוָּעֵד לְךָ שָׁמָּה, קֹדֶשׁ קָדָשִׁים תִּהְיֶה לָכֶם:

וְנֶאֱמַר

וְהִקְטִיר עָלָיו אַהֲרֹן קְטֹרֶת סַמִּים, בַּבֹּקֶר בַּבֹּקֶר בְּהֵיטִיבוֹ אֶת־הַנֵּרֹת יַקְטִירֶנָּה: וּבְהַעֲלֹת אַהֲרֹן אֶת־הַנֵּרֹת בֵּין הָעַרְבַּיִם יַקְטִירֶנָּה, קְטֹרֶת תָּמִיד לִפְנֵי יהוה לְדֹרֹתֵיכֶם:

כריתות ו. תָּנוּ רַבָּנָן: פִּטּוּם הַקְּטֹרֶת כֵּיצַד, שְׁלֹשׁ מֵאוֹת וְשִׁשִּׁים וּשְׁמוֹנָה מָנִים הָיוּ בָהּ. שְׁלֹשׁ מֵאוֹת וְשִׁשִּׁים וַחֲמִשָּׁה כְּמִנְיַן יְמוֹת הַחַמָּה, מָנֶה לְכָל יוֹם, פְּרָס בְּשַׁחֲרִית וּפְרָס בֵּין הָעַרְבַּיִם, וּשְׁלֹשָׁה מָנִים יְתֵרִים שֶׁמֵּהֶם מַכְנִיס כֹּהֵן גָּדוֹל מְלֹא חָפְנָיו בְּיוֹם הַכִּפּוּרִים, וּמַחֲזִירָן לְמַכְתֶּשֶׁת בְּעֶרֶב יוֹם הַכִּפּוּרִים וְשׁוֹחֲקָן יָפֶה יָפֶה, כְּדֵי שֶׁתְּהֵא דַקָּה מִן הַדַּקָּה. וְאַחַד עָשָׂר סַמָּנִים הָיוּ בָהּ, וְאֵלּוּ הֵן: הַצֳּרִי, וְהַצִּפֹּרֶן, וְהַחֶלְבְּנָה, וְהַלְּבוֹנָה מִשְׁקַל שִׁבְעִים שִׁבְעִים מָנֶה, מֹר, וּקְצִיעָה, שִׁבֹּלֶת נֵרְדְּ, וְכַרְכֹּם מִשְׁקַל שִׁשָּׁה עָשָׂר שִׁשָּׁה עָשָׂר מָנֶה, הַקֹּשְׁטְ שְׁנֵים עָשָׂר, קִלּוּפָה שְׁלֹשָׁה וְקִנָּמוֹן תִּשְׁעָה, בֹּרִית כַּרְשִׁינָה תִּשְׁעָה קַבִּין, יֵין קַפְרִיסִין סְאִין תְּלָת וְקַבִּין תְּלָתָא, וְאִם אֵין לוֹ יֵין קַפְרִיסִין, מֵבִיא חֲמַר חִוַּרְיָן עַתִּיק. מֶלַח סְדוֹמִית רֹבַע, מַעֲלֶה עָשָׁן כָּל שֶׁהוּא. רַבִּי נָתָן הַבַּבְלִי אוֹמֵר: אַף כִּפַּת הַיַּרְדֵּן כָּל שֶׁהוּא, וְאִם נָתַן בָּהּ דְּבַשׁ פְּסָלָהּ, וְאִם חִסַּר אֶחָד מִכָּל סַמָּנֶיהָ, חַיָּב מִיתָה.

רַבָּן שִׁמְעוֹן בֶּן גַּמְלִיאֵל אוֹמֵר: הַצֳּרִי אֵינוֹ אֶלָּא שְׂרָף הַנּוֹטֵף מֵעֲצֵי הַקְּטָף. בֹּרִית כַּרְשִׁינָה שֶׁשָּׁפִין בָּהּ אֶת הַצִּפֹּרֶן כְּדֵי

שֶׁתְּהֵא נָאָה, יֵין קַפְרִיסִין שֶׁשּׁוֹרִין בּוֹ אֶת הַצִּפֹּרֶן כְּדֵי שֶׁתְּהֵא עַזָּה, וַהֲלֹא מֵי רַגְלַיִם יָפִין לָהּ, אֶלָּא שֶׁאֵין מַכְנִיסִין מֵי רַגְלַיִם בַּמִּקְדָּשׁ מִפְּנֵי הַכָּבוֹד.

תַּנְיָא, רַבִּי נָתָן אוֹמֵר: כְּשֶׁהוּא שׁוֹחֵק אוֹמֵר, הָדֵק הֵיטֵב הֵיטֵב הָדֵק, מִפְּנֵי שֶׁהַקּוֹל יָפֶה לַבְּשָׂמִים. פִּטְּמָהּ לַחֲצָאִין כְּשֵׁרָה, לִשְׁלִישׁ וְלִרְבִיעַ לֹא שָׁמַעְנוּ. אָמַר רַבִּי יְהוּדָה: זֶה הַכְּלָל, אִם כְּמִדָּתָהּ כְּשֵׁרָה לַחֲצָאִין, וְאִם חִסַּר אֶחָד מִכָּל סַמָּנֶיהָ חַיָּב מִיתָה.

ירושלמי יומא ד, הלכה ה
תַּנְיָא, בַּר קַפָּרָא אוֹמֵר: אַחַת לְשִׁשִּׁים אוֹ לְשִׁבְעִים שָׁנָה הָיְתָה בָאָה שֶׁל שִׁירַיִם לַחֲצָאִין. וְעוֹד תָּנֵי בַּר קַפָּרָא: אִלּוּ הָיָה נוֹתֵן בָּהּ קוֹרְטוֹב שֶׁל דְּבַשׁ אֵין אָדָם יָכוֹל לַעֲמֹד מִפְּנֵי רֵיחָהּ, וְלָמָּה אֵין מְעָרְבִין בָּהּ דְּבַשׁ, מִפְּנֵי שֶׁהַתּוֹרָה
ויקרא ב
אָמְרָה: כִּי כָל־שְׂאֹר וְכָל־דְּבַשׁ לֹא־תַקְטִירוּ מִמֶּנּוּ אִשֶּׁה לַיהוה:

נוהגים לומר שלושה פסוקים אלה אחרי פרשת הקטורת (׳שער הכוונות׳, על פי הירושלמי במסכת ברכות). והשל״ה כתב לומר כל פסוק שלוש פעמים.

תהלים מו
יהוה צְבָאוֹת עִמָּנוּ, מִשְׂגָּב לָנוּ אֱלֹהֵי יַעֲקֹב סֶלָה:

תהלים פד
יהוה צְבָאוֹת, אַשְׁרֵי אָדָם בֹּטֵחַ בָּךְ:

תהלים כ
יהוה הוֹשִׁיעָה, הַמֶּלֶךְ יַעֲנֵנוּ בְיוֹם־קָרְאֵנוּ:

תהלים לב
אַתָּה סֵתֶר לִי, מִצַּר תִּצְּרֵנִי, רָנֵּי פַלֵּט תְּסוֹבְבֵנִי סֶלָה:

מלאכי ג
וְעָרְבָה לַיהוה מִנְחַת יְהוּדָה וִירוּשָׁלָםִ
כִּימֵי עוֹלָם וּכְשָׁנִים קַדְמֹנִיּוֹת:

סדר המערכה

יומא לג. אַבַּיֵי הֲוָה מְסַדֵּר סֵדֶר הַמַּעֲרָכָה מִשְּׁמָא דִגְמָרָא, וְאַלִּבָּא דְאַבָּא שָׁאוּל: מַעֲרָכָה גְדוֹלָה קוֹדֶמֶת לְמַעֲרָכָה שְׁנִיָּה שֶׁל קְטֹרֶת, וּמַעֲרָכָה שְׁנִיָּה שֶׁל קְטֹרֶת קוֹדֶמֶת לְסִדּוּר שְׁנֵי גִזְרֵי עֵצִים, וְסִדּוּר שְׁנֵי גִזְרֵי עֵצִים קוֹדֵם לְדִשּׁוּן מִזְבֵּחַ הַפְּנִימִי, וְדִשּׁוּן מִזְבֵּחַ הַפְּנִימִי קוֹדֵם לַהֲטָבַת חָמֵשׁ נֵרוֹת, וַהֲטָבַת חָמֵשׁ נֵרוֹת קוֹדֶמֶת לְדַם הַתָּמִיד, וְדַם הַתָּמִיד קוֹדֵם לַהֲטָבַת שְׁתֵּי נֵרוֹת, וַהֲטָבַת שְׁתֵּי נֵרוֹת קוֹדֶמֶת לִקְטֹרֶת, וּקְטֹרֶת קוֹדֶמֶת לְאֵבָרִים, וְאֵבָרִים לְמִנְחָה, וּמִנְחָה לַחֲבִתִּין, וַחֲבִתִּין לִנְסָכִין, וּנְסָכִין לְמוּסָפִין, וּמוּסָפִין לְבָזִיכִין, וּבָזִיכִין קוֹדְמִין לְתָמִיד שֶׁל בֵּין הָעַרְבַּיִם. ויקרא ו שֶׁנֶּאֱמַר: וְעָרַךְ עָלֶיהָ הָעֹלָה, וְהִקְטִיר עָלֶיהָ חֶלְבֵי הַשְּׁלָמִים: עָלֶיהָ הַשְׁלֵם כָּל הַקָּרְבָּנוֹת כֻּלָּם.

המקובלים הנהיגו לומר פיוט עתיק זה המיוחס לתנא ר׳ נחוניה בן הקנה, כהכנה לתפילה (שער הכוונות).

אָנָּא, בְּכֹחַ גְּדֻלַּת יְמִינְךָ, תַּתִּיר צְרוּרָה.\
קַבֵּל רִנַּת עַמְּךָ, שַׂגְּבֵנוּ, טַהֲרֵנוּ, נוֹרָא.\
נָא גִבּוֹר, דּוֹרְשֵׁי יִחוּדְךָ כְּבָבַת שָׁמְרֵם.\
בָּרְכֵם, טַהֲרֵם, רַחֲמֵם, צִדְקָתְךָ תָּמִיד גָּמְלֵם.\
חֲסִין קָדוֹשׁ, בְּרֹב טוּבְךָ נַהֵל עֲדָתֶךָ.\
יָחִיד גֵּאֶה, לְעַמְּךָ פְּנֵה, זוֹכְרֵי קְדֻשָּׁתֶךָ.\
שַׁוְעָתֵנוּ קַבֵּל וּשְׁמַע צַעֲקָתֵנוּ, יוֹדֵעַ תַּעֲלוּמוֹת.\
בָּרוּךְ שֵׁם כְּבוֹד מַלְכוּתוֹ לְעוֹלָם וָעֶד.

בשבת וביום טוב יש המדלגים על התחינה הבאה.

רִבּוֹן הָעוֹלָמִים, אַתָּה צִוִּיתָנוּ לְהַקְרִיב קָרְבַּן הַתָּמִיד בְּמוֹעֲדוֹ וְלִהְיוֹת כֹּהֲנִים בַּעֲבוֹדָתָם וּלְוִיִּם בְּדוּכָנָם וְיִשְׂרָאֵל בְּמַעֲמָדָם, וְעַתָּה בַּעֲוֹנוֹתֵינוּ חָרַב בֵּית הַמִּקְדָּשׁ וּבָטַל הַתָּמִיד וְאֵין לָנוּ לֹא כֹהֵן בַּעֲבוֹדָתוֹ וְלֹא לֵוִי בְּדוּכָנוֹ וְלֹא יִשְׂרָאֵל בְּמַעֲמָדוֹ, וְאַתָּה אָמַרְתָּ: וּנְשַׁלְּמָה פָרִים שְׂפָתֵינוּ: לָכֵן יְהִי הושע יד
רָצוֹן מִלְּפָנֶיךָ יהוה אֱלֹהֵינוּ וֵאלֹהֵי אֲבוֹתֵינוּ, שֶׁיְּהֵא שִׂיחַ שִׂפְתוֹתֵינוּ חָשׁוּב וּמְקֻבָּל וּמְרֻצֶּה לְפָנֶיךָ, כְּאִלּוּ הִקְרַבְנוּ קָרְבַּן הַתָּמִיד בְּמוֹעֲדוֹ וּבִמְקוֹמוֹ וּכְהִלְכָתוֹ.

בשבת ובראש חודש מוסיפים את פסוקי מוסף היום
כהשלמה לפסוקי התמיד (אך לא ביום טוב – שו״ע ורמ״א מח, א).

בשבת:

וּבְיוֹם הַשַּׁבָּת, שְׁנֵי־כְבָשִׂים בְּנֵי־שָׁנָה תְּמִימִם, וּשְׁנֵי במדבר כח
עֶשְׂרֹנִים סֹלֶת מִנְחָה בְּלוּלָה בַשֶּׁמֶן, וְנִסְכּוֹ: עֹלַת שַׁבַּת בְּשַׁבַּתּוֹ, עַל־עֹלַת הַתָּמִיד וְנִסְכָּהּ:

בראש חודש:

וּבְרָאשֵׁי חָדְשֵׁיכֶם תַּקְרִיבוּ עֹלָה לַיהוה, פָּרִים במדבר כח
בְּנֵי־בָקָר שְׁנַיִם, וְאַיִל אֶחָד, כְּבָשִׂים בְּנֵי־שָׁנָה שִׁבְעָה, תְּמִימִם: וּשְׁלֹשָׁה עֶשְׂרֹנִים סֹלֶת מִנְחָה בְּלוּלָה בַשֶּׁמֶן לַפָּר הָאֶחָד, וּשְׁנֵי עֶשְׂרֹנִים סֹלֶת מִנְחָה בְּלוּלָה בַשֶּׁמֶן לָאַיִל הָאֶחָד: וְעִשָּׂרֹן עִשָּׂרוֹן

סֹלֶת מִנְחָה בְּלוּלָה בַשֶּׁמֶן לַכֶּבֶשׂ הָאֶחָד, עֹלָה רֵיחַ נִיחֹחַ, אִשֶּׁה לַיהוה: וְנִסְכֵּיהֶם, חֲצִי הַהִין יִהְיֶה לַפָּר, וּשְׁלִישִׁת הַהִין לָאַיִל, וּרְבִיעִת הַהִין לַכֶּבֶשׂ, יָיִן, זֹאת עֹלַת חֹדֶשׁ בְּחָדְשׁוֹ לְחָדְשֵׁי הַשָּׁנָה: וּשְׂעִיר עִזִּים אֶחָד לְחַטָּאת לַיהוה, עַל־עֹלַת הַתָּמִיד יֵעָשֶׂה, וְנִסְכּוֹ:

לאחר פסוקי הקרבנות אומרים פרק משנה ואת הברייתא הפותחת את מדרש תורת כוהנים כדי ללמוד בכל יום מקרא, משנה וגמרא (תוספות, קידושין ל ע״א).
חכמים בחרו את פרק ה במסכת זבחים,
כיוון שכולו הלכה פסוקה בלי מחלוקת (משנ״ב נ, ב).

דיני זבחים

אֵיזֶהוּ מְקוֹמָן שֶׁל זְבָחִים. קָדְשֵׁי קָדָשִׁים שְׁחִיטָתָן בַּצָּפוֹן. פָּר וְשָׂעִיר שֶׁל יוֹם הַכִּפּוּרִים, שְׁחִיטָתָן בַּצָּפוֹן, וְקִבּוּל דָּמָן בִּכְלֵי שָׁרֵת בַּצָּפוֹן, וְדָמָן טָעוּן הַזָּיָה עַל בֵּין הַבַּדִּים, וְעַל הַפָּרֹכֶת, וְעַל מִזְבַּח הַזָּהָב. מַתָּנָה אַחַת מֵהֶן מְעַכָּבֶת. שְׁיָרֵי הַדָּם הָיָה שׁוֹפֵךְ עַל יְסוֹד מַעֲרָבִי שֶׁל מִזְבֵּחַ הַחִיצוֹן, אִם לֹא נָתַן לֹא עִכֵּב. זבחים פרק ה

פָּרִים הַנִּשְׂרָפִים וּשְׂעִירִים הַנִּשְׂרָפִים, שְׁחִיטָתָן בַּצָּפוֹן, וְקִבּוּל דָּמָן בִּכְלֵי שָׁרֵת בַּצָּפוֹן, וְדָמָן טָעוּן הַזָּיָה עַל הַפָּרֹכֶת וְעַל מִזְבַּח הַזָּהָב. מַתָּנָה אַחַת מֵהֶן מְעַכָּבֶת. שְׁיָרֵי הַדָּם הָיָה שׁוֹפֵךְ עַל יְסוֹד מַעֲרָבִי שֶׁל מִזְבֵּחַ

הַחִיצוֹן, אִם לֹא נָתַן לֹא עִכֵּב. אֵלּוּ וָאֵלּוּ נִשְׂרָפִין בְּבֵית הַדָּשֶׁן.

חַטֹּאת הַצִּבּוּר וְהַיָּחִיד. אֵלּוּ הֵן חַטֹּאת הַצִּבּוּר: שְׂעִירֵי רָאשֵׁי חֳדָשִׁים וְשֶׁל מוֹעֲדוֹת. שְׁחִיטָתָן בַּצָּפוֹן, וְקִבּוּל דָּמָן בִּכְלִי שָׁרֵת בַּצָּפוֹן, וְדָמָן טָעוּן אַרְבַּע מַתָּנוֹת עַל אַרְבַּע קְרָנוֹת. כֵּיצַד, עָלָה בַכֶּבֶשׁ, וּפָנָה לַסּוֹבֵב, וּבָא לוֹ לְקֶרֶן דְּרוֹמִית מִזְרָחִית, מִזְרָחִית צְפוֹנִית, צְפוֹנִית מַעֲרָבִית, מַעֲרָבִית דְּרוֹמִית. שְׁיָרֵי הַדָּם הָיָה שׁוֹפֵךְ עַל יְסוֹד דְּרוֹמִי. וְנֶאֱכָלִין לִפְנִים מִן הַקְּלָעִים, לְזִכְרֵי כְהֻנָּה, בְּכָל מַאֲכָל, לְיוֹם וָלַיְלָה עַד חֲצוֹת.

הָעוֹלָה קֹדֶשׁ קָדָשִׁים. שְׁחִיטָתָהּ בַּצָּפוֹן, וְקִבּוּל דָּמָהּ בִּכְלִי שָׁרֵת בַּצָּפוֹן, וְדָמָהּ טָעוּן שְׁתֵּי מַתָּנוֹת שֶׁהֵן אַרְבַּע, וּטְעוּנָה הֶפְשֵׁט וְנִתּוּחַ, וְכָלִיל לָאִשִּׁים.

זִבְחֵי שַׁלְמֵי צִבּוּר וַאֲשָׁמוֹת. אֵלּוּ הֵן אֲשָׁמוֹת: אֲשַׁם גְּזֵלוֹת, אֲשַׁם מְעִילוֹת, אֲשַׁם שִׁפְחָה חֲרוּפָה, אֲשַׁם נָזִיר, אֲשַׁם מְצֹרָע, אָשָׁם תָּלוּי. שְׁחִיטָתָן בַּצָּפוֹן, וְקִבּוּל דָּמָן בִּכְלִי שָׁרֵת בַּצָּפוֹן, וְדָמָן טָעוּן שְׁתֵּי מַתָּנוֹת שֶׁהֵן אַרְבַּע. וְנֶאֱכָלִין לִפְנִים מִן הַקְּלָעִים, לְזִכְרֵי כְהֻנָּה, בְּכָל מַאֲכָל, לְיוֹם וָלַיְלָה עַד חֲצוֹת.

הַתּוֹדָה וְאֵיל נָזִיר קָדָשִׁים קַלִּים. שְׁחִיטָתָן בְּכָל מָקוֹם בָּעֲזָרָה, וְדָמָן טָעוּן שְׁתֵּי מַתָּנוֹת שֶׁהֵן אַרְבַּע, וְנֶאֱכָלִין בְּכָל הָעִיר, לְכָל אָדָם, בְּכָל מַאֲכָל, לְיוֹם וָלַיְלָה עַד חֲצוֹת. הַמּוּרָם מֵהֶם כַּיּוֹצֵא בָהֶם, אֶלָּא שֶׁהַמּוּרָם נֶאֱכָל לַכֹּהֲנִים, לִנְשֵׁיהֶם, וְלִבְנֵיהֶם וּלְעַבְדֵיהֶם.

שְׁלָמִים קָדָשִׁים קַלִּים. שְׁחִיטָתָן בְּכָל מָקוֹם בָּעֲזָרָה, וְדָמָן טָעוּן שְׁתֵּי מַתָּנוֹת שֶׁהֵן אַרְבַּע, וְנֶאֱכָלִין בְּכָל הָעִיר, לְכָל אָדָם, בְּכָל מַאֲכָל, לִשְׁנֵי יָמִים וְלַיְלָה אֶחָד. הַמּוּרָם מֵהֶם כַּיּוֹצֵא בָהֶם, אֶלָּא שֶׁהַמּוּרָם נֶאֱכָל לַכֹּהֲנִים, לִנְשֵׁיהֶם, וְלִבְנֵיהֶם וּלְעַבְדֵיהֶם.

הַבְּכוֹר וְהַמַּעֲשֵׂר וְהַפֶּסַח קָדָשִׁים קַלִּים. שְׁחִיטָתָן בְּכָל מָקוֹם בָּעֲזָרָה, וְדָמָן טָעוּן מַתָּנָה אֶחָת, וּבִלְבָד שֶׁיִּתֵּן כְּנֶגֶד הַיְסוֹד. שִׁנָּה בַאֲכִילָתָן, הַבְּכוֹר נֶאֱכָל לַכֹּהֲנִים וְהַמַּעֲשֵׂר לְכָל אָדָם, וְנֶאֱכָלִין בְּכָל הָעִיר, בְּכָל מַאֲכָל, לִשְׁנֵי יָמִים וְלַיְלָה אֶחָד. הַפֶּסַח אֵינוֹ נֶאֱכָל אֶלָּא בַלַּיְלָה, וְאֵינוֹ נֶאֱכָל אֶלָּא עַד חֲצוֹת, וְאֵינוֹ נֶאֱכָל אֶלָּא לִמְנוּיָו, וְאֵינוֹ נֶאֱכָל אֶלָּא צָלִי.

יש בתי כנסת המתחילים את התפילה בציבור כאן.

ברייתא דרבי ישמעאל

רַבִּי יִשְׁמָעֵאל אוֹמֵר:

בִּשְׁלֹשׁ עֶשְׂרֵה מִדּוֹת הַתּוֹרָה נִדְרֶשֶׁת

א מִקַּל וָחֹמֶר

ב וּמִגְּזֵרָה שָׁוָה

ג מִבִּנְיַן אָב מִכָּתוּב אֶחָד

וּמִבִּנְיַן אָב מִשְּׁנֵי כְתוּבִים

ד מִכְּלָל וּפְרָט

ה מִפְּרָט וּכְלָל

ו כְּלָל וּפְרָט וּכְלָל, אִי אַתָּה דָן אֶלָּא כְּעֵין הַפְּרָט

ז מִכְּלָל שֶׁהוּא צָרִיךְ לִפְרָט

וּמִפְּרָט שֶׁהוּא צָרִיךְ לִכְלָל

ח כָּל דָּבָר שֶׁהָיָה בִּכְלָל

וְיָצָא מִן הַכְּלָל לְלַמֵּד

לֹא לְלַמֵּד עַל עַצְמוֹ יָצָא

אֶלָּא לְלַמֵּד עַל הַכְּלָל כֻּלּוֹ יָצָא

ט כָּל דָּבָר שֶׁהָיָה בִּכְלָל
וְיָצָא לִטְעֹן טֹעַן אֶחָד שֶׁהוּא כְעִנְיָנוֹ
יָצָא לְהָקֵל וְלֹא לְהַחֲמִיר

י כָּל דָּבָר שֶׁהָיָה בִּכְלָל
וְיָצָא לִטְעֹן טֹעַן אַחֵר שֶׁלֹּא כְעִנְיָנוֹ
יָצָא לְהָקֵל וּלְהַחֲמִיר

יא כָּל דָּבָר שֶׁהָיָה בִּכְלָל
וְיָצָא לִדּוֹן בַּדָּבָר הֶחָדָשׁ
אִי אַתָּה יָכוֹל לְהַחֲזִירוֹ לִכְלָלוֹ
עַד שֶׁיַּחֲזִירֶנּוּ הַכָּתוּב לִכְלָלוֹ בְּפֵרוּשׁ

◂ יב דָּבָר הַלָּמֵד מֵעִנְיָנוֹ, וְדָבָר הַלָּמֵד מִסּוֹפוֹ

יג וְכֵן שְׁנֵי כְתוּבִים הַמַּכְחִישִׁים זֶה אֶת זֶה
עַד שֶׁיָּבוֹא הַכָּתוּב הַשְּׁלִישִׁי וְיַכְרִיעַ בֵּינֵיהֶם.

יְהִי רָצוֹן מִלְּפָנֶיךָ, יהוה אֱלֹהֵינוּ וֵאלֹהֵי אֲבוֹתֵינוּ, שֶׁיִּבָּנֶה בֵּית הַמִּקְדָּשׁ בִּמְהֵרָה בְיָמֵינוּ, וְתֵן חֶלְקֵנוּ בְּתוֹרָתֶךָ, וְשָׁם נַעֲבָדְךָ בְּיִרְאָה כִּימֵי עוֹלָם וּכְשָׁנִים קַדְמוֹנִיּוֹת.

קדיש דרבנן

אם יש מניין, האבלים עומדים ואומרים קדיש דרבנן.

אבל: יִתְגַּדַּל וְיִתְקַדַּשׁ שְׁמֵהּ רַבָּא (קהל: אָמֵן)
בְּעָלְמָא דִּי בְרָא כִרְעוּתֵהּ
וְיַמְלִיךְ מַלְכוּתֵהּ
בְּחַיֵּיכוֹן וּבְיוֹמֵיכוֹן וּבְחַיֵּי דְכָל בֵּית יִשְׂרָאֵל
בַּעֲגָלָא וּבִזְמַן קָרִיב
וְאִמְרוּ אָמֵן. (קהל: אָמֵן)

קהל ואבל: יְהֵא שְׁמֵהּ רַבָּא מְבָרַךְ
לְעָלַם וּלְעָלְמֵי עָלְמַיָּא.

אבל: יִתְבָּרַךְ וְיִשְׁתַּבַּח וְיִתְפָּאַר
וְיִתְרוֹמַם וְיִתְנַשֵּׂא
וְיִתְהַדָּר וְיִתְעַלֶּה וְיִתְהַלָּל
שְׁמֵהּ דְּקֻדְשָׁא בְּרִיךְ הוּא (קהל: בְּרִיךְ הוּא)
לְעֵלָּא מִן כָּל בִּרְכָתָא
/ בעשרת ימי תשובה: לְעֵלָּא לְעֵלָּא מִכָּל בִּרְכָתָא/
וְשִׁירָתָא, תֻּשְׁבְּחָתָא וְנֶחֱמָתָא
דַּאֲמִירָן בְּעָלְמָא
וְאִמְרוּ אָמֵן. (קהל: אָמֵן)

עַל יִשְׂרָאֵל וְעַל רַבָּנָן
וְעַל תַּלְמִידֵיהוֹן וְעַל כָּל תַּלְמִידֵי תַלְמִידֵיהוֹן
וְעַל כָּל מָאן דְּעָסְקִין בְּאוֹרַיְתָא
דִּי בְּאַתְרָא קַדִּישָׁא הָדֵין
וְדִי בְכָל אֲתַר וַאֲתַר
יְהֵא לְהוֹן וּלְכוֹן שְׁלָמָא רַבָּא
חִנָּא וְחִסְדָּא, וְרַחֲמֵי, וְחַיֵּי אֲרִיכֵי, וּמְזוֹנֵי רְוִיחֵי
וּפֻרְקָנָא מִן קֳדָם אֲבוּהוֹן דִּי בִשְׁמַיָּא
וְאִמְרוּ אָמֵן. (קהל: אָמֵן)

יְהֵא שְׁלָמָא רַבָּא מִן שְׁמַיָּא
וְחַיִּים (טוֹבִים) עָלֵינוּ וְעַל כָּל יִשְׂרָאֵל
וְאִמְרוּ אָמֵן. (קהל: אָמֵן)

כורע ופוסע שלוש פסיעות לאחור. קד לשמאל, לימין ולפנים באמירת:

עֹשֶׂה שָׁלוֹם/ *בעשרת ימי תשובה:* הַשָּׁלוֹם/ בִּמְרוֹמָיו
הוּא יַעֲשֶׂה בְרַחֲמָיו שָׁלוֹם
עָלֵינוּ וְעַל כָּל יִשְׂרָאֵל
וְאִמְרוּ אָמֵן. (קהל: אָמֵן)

בשבת, ביום טוב, בהושענא רבה, ביום העצמאות וביום ירושלים
ממשיכים בשחרית לשבת וליום טוב (עמ׳ 299).

מזמור לפני פסוקי דזמרה

דוד לא זכה לבנות את בית המקדש, אך מכיוון שנתן את נפשו
על המקדש, נקרא על שמו (במדבר רבה יב, ט).
בסידורי ספרד העתיקים פרק זה נאמר לפני פסוקי דזמרה.
בדורות האחרונים גם קהילות אשכנז אימצו את המנהג והוסיפו
אחריו קדיש, כיוון שאינו חלק מפסוקי דזמרה.

בבתי כנסת המתפללים בנוסח ספרד, הסדר הוא: ׳הוֹדוּ לַיהוה קִרְאוּ בִשְׁמוֹ׳ (עמ׳ 43), ׳מִזְמוֹר שִׁיר־חֲנֻכַּת הַבַּיִת לְדָוִד׳ (ואין אומרים קדיש אחריו), פסוקי ייחוד ה׳, ׳לַמְנַצֵּחַ בִּנְגִינֹת, מִזְמוֹר שִׁיר׳ (עמ׳ 522), ׳בָּרוּךְ שֶׁאָמַר׳ (עמ׳ 42), ׳מִזְמוֹר לְתוֹדָה׳ (עמ׳ 47), וממשיכים כרגיל.

תהלים ל מִזְמוֹר שִׁיר־חֲנֻכַּת הַבַּיִת לְדָוִד: אֲרוֹמִמְךָ יהוה כִּי דִלִּיתָנִי, וְלֹא־שִׂמַּחְתָּ אֹיְבַי לִי: יהוה אֱלֹהָי, שִׁוַּעְתִּי אֵלֶיךָ וַתִּרְפָּאֵנִי: יהוה, הֶעֱלִיתָ מִן־שְׁאוֹל נַפְשִׁי, חִיִּיתַנִי מִיָּרְדִי־בוֹר: זַמְּרוּ לַיהוה חֲסִידָיו, וְהוֹדוּ לְזֵכֶר קָדְשׁוֹ: כִּי רֶגַע בְּאַפּוֹ, חַיִּים בִּרְצוֹנוֹ, בָּעֶרֶב יָלִין בֶּכִי וְלַבֹּקֶר רִנָּה: וַאֲנִי אָמַרְתִּי בְשַׁלְוִי, בַּל־אֶמּוֹט לְעוֹלָם: יהוה, בִּרְצוֹנְךָ הֶעֱמַדְתָּה לְהַרְרִי עֹז, הִסְתַּרְתָּ פָנֶיךָ הָיִיתִי נִבְהָל: אֵלֶיךָ יהוה אֶקְרָא, וְאֶל־אֲדֹנָי אֶתְחַנָּן: מַה־בֶּצַע בְּדָמִי, בְּרִדְתִּי אֶל שָׁחַת, הֲיוֹדְךָ עָפָר, הֲיַגִּיד אֲמִתֶּךָ: שְׁמַע־יהוה וְחָנֵּנִי, יהוה הֱיֵה־עֹזֵר לִי: ◂ הָפַכְתָּ מִסְפְּדִי לְמָחוֹל לִי, פִּתַּחְתָּ שַׂקִּי, וַתְּאַזְּרֵנִי שִׂמְחָה: לְמַעַן יְזַמֶּרְךָ כָבוֹד וְלֹא יִדֹּם, יהוה אֱלֹהַי, לְעוֹלָם אוֹדֶךָּ:

קדיש יתום

אם יש מניין, האבלים עומדים ואומרים קדיש יתום.

אבל: **יִתְגַּדַּל וְיִתְקַדַּשׁ שְׁמֵהּ רַבָּא** (קהל: **אָמֵן**)

בְּעָלְמָא דִּי בְרָא כִרְעוּתֵהּ, וְיַמְלִיךְ מַלְכוּתֵהּ

בְּחַיֵּיכוֹן וּבְיוֹמֵיכוֹן וּבְחַיֵּי דְכָל בֵּית יִשְׂרָאֵל

בַּעֲגָלָא וּבִזְמַן קָרִיב, וְאִמְרוּ אָמֵן. (קהל: **אָמֵן**)

קהל ואבל: **יְהֵא שְׁמֵהּ רַבָּא מְבָרַךְ לְעָלַם וּלְעָלְמֵי עָלְמַיָּא.**

אבל: **יִתְבָּרַךְ וְיִשְׁתַּבַּח וְיִתְפָּאַר וְיִתְרוֹמַם וְיִתְנַשֵּׂא**

וְיִתְהַדָּר וְיִתְעַלֶּה וְיִתְהַלָּל

שְׁמֵהּ דְּקֻדְשָׁא בְּרִיךְ הוּא (קהל: **בְּרִיךְ הוּא**)

לְעֵלָּא מִן כָּל בִּרְכָתָא

/ בעשרת ימי תשובה: **לְעֵלָּא לְעֵלָּא מִכָּל בִּרְכָתָא**/

וְשִׁירָתָא, תֻּשְׁבְּחָתָא וְנֶחֱמָתָא

דַּאֲמִירָן בְּעָלְמָא, וְאִמְרוּ אָמֵן. (קהל: **אָמֵן**)

יְהֵא שְׁלָמָא רַבָּא מִן שְׁמַיָּא, וְחַיִּים

עָלֵינוּ וְעַל כָּל יִשְׂרָאֵל, וְאִמְרוּ אָמֵן. (קהל: **אָמֵן**)

כורע ופוסע שלוש פסיעות לאחור. קד לשמאל, לימין ולפנים באמירת:

עֹשֶׂה שָׁלוֹם/ בעשרת ימי תשובה: **הַשָּׁלוֹם**/ **בִּמְרוֹמָיו**

הוּא יַעֲשֶׂה שָׁלוֹם

עָלֵינוּ וְעַל כָּל יִשְׂרָאֵל, וְאִמְרוּ אָמֵן. (קהל: **אָמֵן**)

פסוקי דזמרה

לפני פסוקי דזמרה אומרים את ברכת ׳בָּרוּךְ שֶׁאָמַר׳
(שמקורה בספר היכלות), ואחריהם את ברכת ׳יִשְׁתַּבַּח׳.
מ׳בָּרוּךְ שֶׁאָמַר׳ ואילך אסור לדבר בדברי חול עד סוף התפילה.
נהוג לומר ׳בָּרוּךְ שֶׁאָמַר׳ בעמידה, והמתפלל אוחז שתי ציציות לפניו (משנ״ב נא, א).

יש אומרים: הֲרֵינִי מְזַמֵּן אֶת פִּי לְהוֹדוֹת וּלְהַלֵּל וּלְשַׁבֵּחַ אֶת בּוֹרְאִי, לְשֵׁם יִחוּד קֻדְשָׁא בְּרִיךְ הוּא וּשְׁכִינְתֵּהּ עַל יְדֵי הַהוּא טָמִיר וְנֶעְלָם בְּשֵׁם כָּל יִשְׂרָאֵל.

בָּרוּךְ שֶׁאָמַר וְהָיָה הָעוֹלָם, בָּרוּךְ הוּא.

בָּרוּךְ עוֹשֶׂה בְרֵאשִׁית
בָּרוּךְ אוֹמֵר וְעוֹשֶׂה
בָּרוּךְ גּוֹזֵר וּמְקַיֵּם
בָּרוּךְ מְרַחֵם עַל הָאָרֶץ
בָּרוּךְ מְרַחֵם עַל הַבְּרִיּוֹת
בָּרוּךְ מְשַׁלֵּם שָׂכָר טוֹב לִירֵאָיו
בָּרוּךְ חַי לָעַד וְקַיָּם לָנֶצַח
בָּרוּךְ פּוֹדֶה וּמַצִּיל
בָּרוּךְ שְׁמוֹ

בָּרוּךְ אַתָּה יהוה אֱלֹהֵינוּ מֶלֶךְ הָעוֹלָם
הָאֵל הָאָב הָרַחֲמָן הַמְהֻלָּל בְּפִי עַמּוֹ
מְשֻׁבָּח וּמְפֹאָר בִּלְשׁוֹן חֲסִידָיו וַעֲבָדָיו
וּבְשִׁירֵי דָוִד עַבְדֶּךָ
נְהַלֶּלְךָ יהוה אֱלֹהֵינוּ.
בִּשְׁבָחוֹת וּבִזְמִירוֹת
נְגַדֶּלְךָ וּנְשַׁבֵּחֲךָ וּנְפָאֶרְךָ
וְנַזְכִּיר שִׁמְךָ וְנַמְלִיכְךָ
מַלְכֵּנוּ אֱלֹהֵינוּ, ◂ יָחִיד חֵי הָעוֹלָמִים
מֶלֶךְ, מְשֻׁבָּח וּמְפֹאָר עֲדֵי עַד שְׁמוֹ הַגָּדוֹל
בָּרוּךְ אַתָּה יהוה, מֶלֶךְ מְהֻלָּל בַּתִּשְׁבָּחוֹת.

בשעה שהעלו את ארון ה׳ לירושלים, אמרו הלוויים מזמור זה (רד״ק).

ב׳סדר עולם רבה׳ מסופר, שקודם לבניית המקדש אמרו הלוויים לפני ארון ה׳ את חלקו הראשון של מזמור זה מ׳הודוּ לַיהוה׳ עד ׳וּבִנְבִיאַי אַל־תָּרֵעוּ׳ בעת הקרבת תמיד של שחר.

בשעת הקרבת תמיד של בין הערביים אמרו מ׳שִׁירוּ לַיהוה כָּל־הָאָרֶץ׳ עד ׳אָמֵן, וְהַלֵּל לַיהוה׳.

אחרי המזמור מדברי הימים נהגו להוסיף פסוקים המזכירים את חסדי ה׳ (ספר האשכול).

הוֹדוּ לַיהוה קִרְאוּ בִשְׁמוֹ, הוֹדִיעוּ בָעַמִּים דברי הימים א׳ טז
עֲלִילֹתָיו: שִׁירוּ לוֹ, זַמְּרוּ־לוֹ, שִׂיחוּ בְּכָל־
נִפְלְאוֹתָיו: הִתְהַלְלוּ בְּשֵׁם קָדְשׁוֹ, יִשְׂמַח לֵב
מְבַקְשֵׁי יהוה: דִּרְשׁוּ יהוה וְעֻזּוֹ, בַּקְּשׁוּ פָנָיו

תָּמִיד: זִכְרוּ נִפְלְאֹתָיו אֲשֶׁר עָשָׂה, מֹפְתָיו
וּמִשְׁפְּטֵי־פִיהוּ: זֶרַע יִשְׂרָאֵל עַבְדּוֹ, בְּנֵי יַעֲקֹב
בְּחִירָיו: הוּא יהוה אֱלֹהֵינוּ בְּכָל־הָאָרֶץ
מִשְׁפָּטָיו: זִכְרוּ לְעוֹלָם בְּרִיתוֹ, דָּבָר צִוָּה
לְאֶלֶף דּוֹר: אֲשֶׁר כָּרַת אֶת־אַבְרָהָם, וּשְׁבוּעָתוֹ
לְיִצְחָק: וַיַּעֲמִידֶהָ לְיַעֲקֹב לְחֹק, לְיִשְׂרָאֵל
בְּרִית עוֹלָם: לֵאמֹר, לְךָ אֶתֵּן אֶרֶץ־כְּנָעַן, חֶבֶל
נַחֲלַתְכֶם: בִּהְיוֹתְכֶם מְתֵי מִסְפָּר, כִּמְעַט וְגָרִים
בָּהּ: וַיִּתְהַלְּכוּ מִגּוֹי אֶל־גּוֹי, וּמִמַּמְלָכָה אֶל־
עַם אַחֵר: לֹא־הִנִּיחַ לְאִישׁ לְעָשְׁקָם, וַיּוֹכַח
עֲלֵיהֶם מְלָכִים: אַל־תִּגְּעוּ בִּמְשִׁיחָי, וּבִנְבִיאַי
אַל־תָּרֵעוּ: שִׁירוּ לַיהוה כָּל־הָאָרֶץ, בַּשְּׂרוּ
מִיּוֹם־אֶל־יוֹם יְשׁוּעָתוֹ: סַפְּרוּ בַגּוֹיִם אֶת־
כְּבוֹדוֹ, בְּכָל־הָעַמִּים נִפְלְאֹתָיו: כִּי גָדוֹל יהוה
וּמְהֻלָּל מְאֹד, וְנוֹרָא הוּא עַל־כָּל־אֱלֹהִים: ◂ כִּי
כָּל־אֱלֹהֵי הָעַמִּים אֱלִילִים, וַיהוה שָׁמַיִם עָשָׂה:

הוֹד וְהָדָר לְפָנָיו, עֹז וְחֶדְוָה בִּמְקֹמוֹ: הָבוּ
לַיהוה מִשְׁפְּחוֹת עַמִּים, הָבוּ לַיהוה כָּבוֹד וָעֹז:

הָבוּ לַיהוה כְּבוֹד שְׁמוֹ, שְׂאוּ מִנְחָה וּבֹאוּ לְפָנָיו, הִשְׁתַּחֲווּ לַיהוה בְּהַדְרַת־קֹדֶשׁ: חִילוּ מִלְּפָנָיו כָּל־הָאָרֶץ, אַף־תִּכּוֹן תֵּבֵל בַּל־תִּמּוֹט: יִשְׂמְחוּ הַשָּׁמַיִם וְתָגֵל הָאָרֶץ, וְיֹאמְרוּ בַגּוֹיִם יהוה מָלָךְ: יִרְעַם הַיָּם וּמְלוֹאוֹ, יַעֲלֹץ הַשָּׂדֶה וְכָל־אֲשֶׁר־בּוֹ: אָז יְרַנְּנוּ עֲצֵי הַיָּעַר, מִלִּפְנֵי יהוה, כִּי־בָא לִשְׁפּוֹט אֶת־הָאָרֶץ: הוֹדוּ לַיהוה כִּי טוֹב, כִּי לְעוֹלָם חַסְדּוֹ: וְאִמְרוּ, הוֹשִׁיעֵנוּ אֱלֹהֵי יִשְׁעֵנוּ, וְקַבְּצֵנוּ וְהַצִּילֵנוּ מִן־הַגּוֹיִם, לְהֹדוֹת לְשֵׁם קָדְשֶׁךָ, לְהִשְׁתַּבֵּחַ בִּתְהִלָּתֶךָ: בָּרוּךְ יהוה אֱלֹהֵי יִשְׂרָאֵל מִן־הָעוֹלָם וְעַד־הָעֹלָם, וַיֹּאמְרוּ כָל־הָעָם אָמֵן, וְהַלֵּל לַיהוה:

‣ רוֹמְמוּ יהוה אֱלֹהֵינוּ וְהִשְׁתַּחֲווּ לַהֲדֹם תהלים צט
רַגְלָיו, קָדוֹשׁ הוּא: רוֹמְמוּ יהוה אֱלֹהֵינוּ
וְהִשְׁתַּחֲווּ לְהַר קָדְשׁוֹ, כִּי־קָדוֹשׁ יהוה אֱלֹהֵינוּ:

וְהוּא רַחוּם, יְכַפֵּר עָוֹן וְלֹא־יַשְׁחִית, וְהִרְבָּה תהלים עח
לְהָשִׁיב אַפּוֹ, וְלֹא־יָעִיר כָּל־חֲמָתוֹ: אַתָּה יהוה תהלים מ
לֹא־תִכְלָא רַחֲמֶיךָ מִמֶּנִּי, חַסְדְּךָ וַאֲמִתְּךָ תָּמִיד

יִצְּרוּנִי: זְכֹר־רַחֲמֶיךָ יהוה וַחֲסָדֶיךָ, כִּי מֵעוֹלָם תהלים כה
הֵמָּה: תְּנוּ עֹז לֵאלֹהִים, עַל־יִשְׂרָאֵל גַּאֲוָתוֹ, תהלים סח
וְעֻזּוֹ בַּשְּׁחָקִים: נוֹרָא אֱלֹהִים מִמִּקְדָּשֶׁיךָ, אֵל
יִשְׂרָאֵל הוּא נֹתֵן עֹז וְתַעֲצֻמוֹת לָעָם, בָּרוּךְ
אֱלֹהִים: אֵל־נְקָמוֹת יהוה, אֵל נְקָמוֹת הוֹפִיעַ: תהלים צד
הִנָּשֵׂא שֹׁפֵט הָאָרֶץ, הָשֵׁב גְּמוּל עַל־גֵּאִים:
לַיהוה הַיְשׁוּעָה, עַל־עַמְּךָ בִרְכָתֶךָ סֶּלָה: תהלים ג
◂ יהוה צְבָאוֹת עִמָּנוּ, מִשְׂגָּב לָנוּ אֱלֹהֵי יַעֲקֹב תהלים מו
סֶלָה: יהוה צְבָאוֹת, אַשְׁרֵי אָדָם בֹּטֵחַ בָּךְ: תהלים פד
יהוה הוֹשִׁיעָה, הַמֶּלֶךְ יַעֲנֵנוּ בְיוֹם־קָרְאֵנוּ: תהלים כ
הוֹשִׁיעָה אֶת־עַמֶּךָ, וּבָרֵךְ אֶת־נַחֲלָתֶךָ, תהלים כח
וּרְעֵם וְנַשְּׂאֵם עַד־הָעוֹלָם: נַפְשֵׁנוּ חִכְּתָה תהלים לג
לַיהוה, עֶזְרֵנוּ וּמָגִנֵּנוּ הוּא: כִּי־בוֹ יִשְׂמַח לִבֵּנוּ,
כִּי בְשֵׁם קָדְשׁוֹ בָטָחְנוּ: יְהִי־חַסְדְּךָ יהוה עָלֵינוּ,
כַּאֲשֶׁר יִחַלְנוּ לָךְ: הַרְאֵנוּ יהוה חַסְדֶּךָ, וְיֶשְׁעֲךָ תהלים פה
תִּתֶּן־לָנוּ: קוּמָה עֶזְרָתָה לָּנוּ, וּפְדֵנוּ לְמַעַן תהלים מד
חַסְדֶּךָ: אָנֹכִי יהוה אֱלֹהֶיךָ הַמַּעַלְךָ מֵאֶרֶץ תהלים פא
מִצְרָיִם, הַרְחֶב־פִּיךָ וַאֲמַלְאֵהוּ: ◂ אַשְׁרֵי הָעָם תהלים קמד

שֶׁכָּכָה לּוֹ, אַשְׁרֵי הָעָם שֶׁיהוה אֱלֹהָיו: וַאֲנִי בְּחַסְדְּךָ בָטַחְתִּי, יָגֵל לִבִּי בִּישׁוּעָתֶךָ, אָשִׁירָה לַיהוה, כִּי גָמַל עָלָי: תהלים יג

מזמור זה נאמר בכינור ובנבלים בשעת קידוש ירושלים (׳מלאה הארץ דעה׳, על פי רש״י, שבועות טו ע״ב). אין אומרים ׳מִזְמוֹר לְתוֹדָה׳ בימים שאין מקריבים בהם קרבן תודה: לא בשבתות ובימים טובים, שאין מקריבים בהם קרבנות של יחיד; ולא בערב יום הכיפורים, בערב פסח או בחול המועד פסח, כיוון שצריך להשאיר יום ולילה לאכילתו (סידור רש״י).

נחלקו המקובלים אם מוטב לאומרו בישיבה או בעמידה,
והמנהג הנפוץ לאומרו בעמידה.

מִזְמוֹר לְתוֹדָה, הָרִיעוּ לַיהוה כָּל־הָאָרֶץ: עִבְדוּ אֶת־יהוה בְּשִׂמְחָה, בֹּאוּ לְפָנָיו בִּרְנָנָה: דְּעוּ כִּי־יהוה הוּא אֱלֹהִים, הוּא עָשָׂנוּ וְלוֹ אֲנַחְנוּ, עַמּוֹ וְצֹאן מַרְעִיתוֹ: בֹּאוּ שְׁעָרָיו בְּתוֹדָה, חֲצֵרֹתָיו בִּתְהִלָּה, הוֹדוּ לוֹ, בָּרְכוּ שְׁמוֹ: › כִּי־טוֹב יהוה, לְעוֹלָם חַסְדּוֹ, וְעַד־דֹּר וָדֹר אֱמוּנָתוֹ: תהלים ק

במדרש מתואר כיצד בכל בוקר עומד מלאך ברקיע ואומר ״ה׳ מלך, ה׳ מלך, ה׳ ימלך לעולם ועד״ (שיבולי הלקט). וכבר מימות הגאונים נתקן לאומרו בתוך לקט פסוקים על גדולת ה׳ ועל השבחים שהבריאה כולה משבחת אותו.

יְהִי כְבוֹד יהוה לְעוֹלָם, יִשְׂמַח יהוה בְּמַעֲשָׂיו: תהלים קד

יְהִי שֵׁם יהוה מְבֹרָךְ, מֵעַתָּה וְעַד־עוֹלָם: תהלים קיג

מִמִּזְרַח־שֶׁמֶשׁ עַד־מְבוֹאוֹ, מְהֻלָּל שֵׁם יהוה:
רָם עַל־כָּל־גּוֹיִם יהוה, עַל הַשָּׁמַיִם כְּבוֹדוֹ:
יהוה שִׁמְךָ לְעוֹלָם, יהוה זִכְרְךָ לְדֹר־וָדֹר: יהוה תהלים קלה תהלים קג
בַּשָּׁמַיִם הֵכִין כִּסְאוֹ, וּמַלְכוּתוֹ בַּכֹּל מָשָׁלָה:
יִשְׂמְחוּ הַשָּׁמַיִם וְתָגֵל הָאָרֶץ, וְיֹאמְרוּ בַגּוֹיִם דברי הימים א׳ טז
יהוה מָלָךְ: יהוה מֶלֶךְ, יהוה מָלָךְ, יהוה
יִמְלֹךְ לְעוֹלָם וָעֶד. יהוה מֶלֶךְ עוֹלָם וָעֶד, תהלים י
אָבְדוּ גוֹיִם מֵאַרְצוֹ: יהוה הֵפִיר עֲצַת־גּוֹיִם, תהלים לג
הֵנִיא מַחְשְׁבוֹת עַמִּים: רַבּוֹת מַחֲשָׁבוֹת בְּלֶב־ משלי יט
אִישׁ, וַעֲצַת יהוה הִיא תָקוּם: עֲצַת יהוה תהלים לג
לְעוֹלָם תַּעֲמֹד, מַחְשְׁבוֹת לִבּוֹ לְדֹר וָדֹר: כִּי
הוּא אָמַר וַיֶּהִי, הוּא־צִוָּה וַיַּעֲמֹד: כִּי־בָחַר תהלים קלב
יהוה בְּצִיּוֹן, אִוָּהּ לְמוֹשָׁב לוֹ: כִּי־יַעֲקֹב בָּחַר תהלים קלה
לוֹ יָהּ, יִשְׂרָאֵל לִסְגֻלָּתוֹ: כִּי לֹא־יִטֹּשׁ יהוה תהלים צד
עַמּוֹ, וְנַחֲלָתוֹ לֹא יַעֲזֹב: ◂ וְהוּא רַחוּם, יְכַפֵּר תהלים עח
עָוֹן וְלֹא־יַשְׁחִית, וְהִרְבָּה לְהָשִׁיב אַפּוֹ, וְלֹא־
יָעִיר כָּל־חֲמָתוֹ: יהוה הוֹשִׁיעָה, הַמֶּלֶךְ יַעֲנֵנוּ תהלים כ
בְיוֹם־קָרְאֵנוּ:

"אמר ר' יוסי: יהי חלקי מגומרי הלל בכל יום" (שבת קיח ע"ב), והכוונה לששת המזמורים האחרונים בספר תהלים. הראשון שבהם פותח ב'תְּהִלָּה לְדָוִד', וכל מזמור אחר כך פותח ומסיים ב'הַלְלוּיָהּ' (רי"ף).

"כל האומר 'תְּהִלָּה לְדָוִד' בכל יום שלש פעמים – מובטח לו שהוא בן העולם הבא... משום דאית ביה 'פּוֹתֵחַ אֶת־יָדֶךָ'" (ברכות ד ע"ב), משום כך יש לכוון במיוחד בפסוק זה, ואם לא התכוון צריך לחזור ולאומרו שנית (תלמידי ר' יונה, ברכות כג ע"א).

יש הנוהגים למשמש בתפילין של יד במקום המסומן ב°, ובתפילין של ראש במקום המסומן ב°°.

אַשְׁרֵי יוֹשְׁבֵי בֵיתֶךָ, עוֹד יְהַלְלוּךָ סֶּלָה: תהלים פד

אַשְׁרֵי הָעָם שֶׁכָּכָה לּוֹ תהלים קמד

אַשְׁרֵי הָעָם שֶׁיהוה אֱלֹהָיו:

תְּהִלָּה לְדָוִד תהלים קמה

א אֲרוֹמִמְךָ אֱלוֹהַי הַמֶּלֶךְ, וַאֲבָרְכָה שִׁמְךָ לְעוֹלָם וָעֶד:

ב בְּכָל־יוֹם אֲבָרְכֶךָּ, וַאֲהַלְלָה שִׁמְךָ לְעוֹלָם וָעֶד:

ג גָּדוֹל יהוה וּמְהֻלָּל מְאֹד, וְלִגְדֻלָּתוֹ אֵין חֵקֶר:

ד דּוֹר לְדוֹר יְשַׁבַּח מַעֲשֶׂיךָ, וּגְבוּרֹתֶיךָ יַגִּידוּ:

ה הֲדַר כְּבוֹד הוֹדֶךָ, וְדִבְרֵי נִפְלְאֹתֶיךָ אָשִׂיחָה:

ו וֶעֱזוּז נוֹרְאֹתֶיךָ יֹאמֵרוּ, וּגְדוּלָּתְךָ אֲסַפְּרֶנָּה:

ז זֵכֶר רַב־טוּבְךָ יַבִּיעוּ, וְצִדְקָתְךָ יְרַנֵּנוּ:

ח חַנּוּן וְרַחוּם יהוה, אֶרֶךְ אַפַּיִם וּגְדָל־חָסֶד:

ט טוֹב־יהוה לַכֹּל, וְרַחֲמָיו עַל־כָּל־מַעֲשָׂיו:

י יוֹדוּךָ יהוה כָּל־מַעֲשֶׂיךָ, וַחֲסִידֶיךָ יְבָרְכוּכָה:

כ כְּבוֹד מַלְכוּתְךָ יֹאמֵרוּ, וּגְבוּרָתְךָ יְדַבֵּרוּ:

ל לְהוֹדִיעַ לִבְנֵי הָאָדָם גְּבוּרֹתָיו, וּכְבוֹד הֲדַר מַלְכוּתוֹ:

מ מַלְכוּתְךָ מַלְכוּת כָּל־עֹלָמִים, וּמֶמְשַׁלְתְּךָ בְּכָל־דּוֹר וָדֹר:

ס סוֹמֵךְ יהוה לְכָל־הַנֹּפְלִים, וְזוֹקֵף לְכָל־הַכְּפוּפִים:

ע עֵינֵי־כֹל אֵלֶיךָ יְשַׂבֵּרוּ, וְאַתָּה נוֹתֵן־לָהֶם אֶת־אָכְלָם בְּעִתּוֹ:

פ °פּוֹתֵחַ אֶת־יָדֶךָ, °°וּמַשְׂבִּיעַ לְכָל־חַי רָצוֹן:

צ צַדִּיק יהוה בְּכָל־דְּרָכָיו, וְחָסִיד בְּכָל־מַעֲשָׂיו:

ק קָרוֹב יהוה לְכָל־קֹרְאָיו, לְכֹל אֲשֶׁר יִקְרָאֻהוּ בֶאֱמֶת:

ר רְצוֹן־יְרֵאָיו יַעֲשֶׂה, וְאֶת־שַׁוְעָתָם יִשְׁמַע וְיוֹשִׁיעֵם:

ש שׁוֹמֵר יהוה אֶת־כָּל־אֹהֲבָיו, וְאֵת כָּל־הָרְשָׁעִים יַשְׁמִיד:

◂ ת תְּהִלַּת יהוה יְדַבֶּר פִּי, וִיבָרֵךְ כָּל־בָּשָׂר שֵׁם קָדְשׁוֹ לְעוֹלָם וָעֶד:

תהלים קטו וַאֲנַחְנוּ נְבָרֵךְ יָהּ מֵעַתָּה וְעַד־עוֹלָם, הַלְלוּיָהּ:

תהלים קמו הַלְלוּיָהּ, הַלְלִי נַפְשִׁי אֶת־יהוה: אֲהַלְלָה יהוה בְּחַיָּי, אֲזַמְּרָה לֵאלֹהַי בְּעוֹדִי: אַל־תִּבְטְחוּ בִנְדִיבִים, בְּבֶן־אָדָם שֶׁאֵין לוֹ תְשׁוּעָה: תֵּצֵא רוּחוֹ, יָשֻׁב לְאַדְמָתוֹ, בַּיּוֹם הַהוּא אָבְדוּ עֶשְׁתֹּנֹתָיו: אַשְׁרֵי שֶׁאֵל יַעֲקֹב בְּעֶזְרוֹ, שִׂבְרוֹ עַל־יהוה אֱלֹהָיו: עֹשֶׂה שָׁמַיִם וָאָרֶץ, אֶת־הַיָּם וְאֶת־כָּל־אֲשֶׁר־בָּם, הַשֹּׁמֵר אֱמֶת לְעוֹלָם: עֹשֶׂה מִשְׁפָּט לַעֲשׁוּקִים, נֹתֵן לֶחֶם לָרְעֵבִים, יהוה מַתִּיר אֲסוּרִים: יהוה פֹּקֵחַ עִוְרִים, יהוה זֹקֵף כְּפוּפִים, יהוה אֹהֵב צַדִּיקִים: ◂ יהוה שֹׁמֵר אֶת־גֵּרִים, יָתוֹם וְאַלְמָנָה יְעוֹדֵד, וְדֶרֶךְ רְשָׁעִים יְעַוֵּת: יִמְלֹךְ יהוה לְעוֹלָם, אֱלֹהַיִךְ צִיּוֹן לְדֹר וָדֹר, הַלְלוּיָהּ:

תהלים קמז הַלְלוּיָהּ, כִּי־טוֹב זַמְּרָה אֱלֹהֵינוּ, כִּי־נָעִים נָאוָה

תְהִלָּה: בּוֹנֵה יְרוּשָׁלַםִ יהוה, נִדְחֵי יִשְׂרָאֵל יְכַנֵּס: הָרוֹפֵא לִשְׁבוּרֵי לֵב, וּמְחַבֵּשׁ לְעַצְּבוֹתָם: מוֹנֶה מִסְפָּר לַכּוֹכָבִים, לְכֻלָּם שֵׁמוֹת יִקְרָא: גָּדוֹל אֲדוֹנֵינוּ וְרַב־כֹּחַ, לִתְבוּנָתוֹ אֵין מִסְפָּר: מְעוֹדֵד עֲנָוִים יהוה, מַשְׁפִּיל רְשָׁעִים עֲדֵי־אָרֶץ: עֱנוּ לַיהוה בְּתוֹדָה, זַמְּרוּ לֵאלֹהֵינוּ בְכִנּוֹר: הַמְכַסֶּה שָׁמַיִם בְּעָבִים, הַמֵּכִין לָאָרֶץ מָטָר, הַמַּצְמִיחַ הָרִים חָצִיר: נוֹתֵן לִבְהֵמָה לַחְמָהּ, לִבְנֵי עֹרֵב אֲשֶׁר יִקְרָאוּ: לֹא בִגְבוּרַת הַסּוּס יֶחְפָּץ, לֹא־בְשׁוֹקֵי הָאִישׁ יִרְצֶה: רוֹצֶה יהוה אֶת־יְרֵאָיו, אֶת־הַמְיַחֲלִים לְחַסְדּוֹ: שַׁבְּחִי יְרוּשָׁלַםִ אֶת־יהוה, הַלְלִי אֱלֹהַיִךְ צִיּוֹן: כִּי־חִזַּק בְּרִיחֵי שְׁעָרָיִךְ, בֵּרַךְ בָּנַיִךְ בְּקִרְבֵּךְ: הַשָּׂם־גְּבוּלֵךְ שָׁלוֹם, חֵלֶב חִטִּים יַשְׂבִּיעֵךְ: הַשֹּׁלֵחַ אִמְרָתוֹ אָרֶץ, עַד־מְהֵרָה יָרוּץ דְּבָרוֹ: הַנֹּתֵן שֶׁלֶג כַּצָּמֶר, כְּפוֹר כָּאֵפֶר יְפַזֵּר: מַשְׁלִיךְ קַרְחוֹ כְפִתִּים, לִפְנֵי קָרָתוֹ מִי יַעֲמֹד: יִשְׁלַח דְּבָרוֹ וְיַמְסֵם, יַשֵּׁב רוּחוֹ יִזְּלוּ־מָיִם: ◂ מַגִּיד דְּבָרָו לְיַעֲקֹב, חֻקָּיו וּמִשְׁפָּטָיו לְיִשְׂרָאֵל:

לֹא עָשָׂה כֵן לְכָל־גּוֹי, וּמִשְׁפָּטִים בַּל־יְדָעוּם, הַלְלוּיָהּ:

תהלים קמח הַלְלוּיָהּ, הַלְלוּ אֶת־יהוה מִן־הַשָּׁמַיִם, הַלְלוּהוּ בַּמְּרוֹמִים: הַלְלוּהוּ כָל־מַלְאָכָיו, הַלְלוּהוּ כָּל־צְבָאָו: הַלְלוּהוּ שֶׁמֶשׁ וְיָרֵחַ, הַלְלוּהוּ כָּל־כּוֹכְבֵי אוֹר: הַלְלוּהוּ שְׁמֵי הַשָּׁמָיִם, וְהַמַּיִם אֲשֶׁר מֵעַל הַשָּׁמָיִם: יְהַלְלוּ אֶת־שֵׁם יהוה, כִּי הוּא צִוָּה וְנִבְרָאוּ: וַיַּעֲמִידֵם לָעַד לְעוֹלָם, חָק־נָתַן וְלֹא יַעֲבוֹר: הַלְלוּ אֶת־יהוה מִן־הָאָרֶץ, תַּנִּינִים וְכָל־תְּהוֹמוֹת: אֵשׁ וּבָרָד שֶׁלֶג וְקִיטוֹר, רוּחַ סְעָרָה עֹשָׂה דְבָרוֹ: הֶהָרִים וְכָל־גְּבָעוֹת, עֵץ פְּרִי וְכָל־אֲרָזִים: הַחַיָּה וְכָל־בְּהֵמָה, רֶמֶשׂ וְצִפּוֹר כָּנָף: מַלְכֵי־אֶרֶץ וְכָל־לְאֻמִּים, שָׂרִים וְכָל־שֹׁפְטֵי אָרֶץ: בַּחוּרִים וְגַם־בְּתוּלוֹת, זְקֵנִים עִם־נְעָרִים: ◂ יְהַלְלוּ אֶת־שֵׁם יהוה, כִּי־נִשְׂגָּב שְׁמוֹ לְבַדּוֹ, הוֹדוֹ עַל־אֶרֶץ וְשָׁמָיִם: וַיָּרֶם קֶרֶן לְעַמּוֹ, תְּהִלָּה לְכָל־חֲסִידָיו, לִבְנֵי יִשְׂרָאֵל עַם קְרֹבוֹ, הַלְלוּיָהּ:

תהלים קמט הַלְלוּיָהּ, שִׁירוּ לַיהוה שִׁיר חָדָשׁ, תְּהִלָּתוֹ
בִּקְהַל חֲסִידִים: יִשְׂמַח יִשְׂרָאֵל בְּעֹשָׂיו, בְּנֵי־
צִיּוֹן יָגִילוּ בְמַלְכָּם: יְהַלְלוּ שְׁמוֹ בְמָחוֹל, בְּתֹף
וְכִנּוֹר יְזַמְּרוּ־לוֹ: כִּי־רוֹצֶה יהוה בְּעַמּוֹ, יְפָאֵר
עֲנָוִים בִּישׁוּעָה: יַעְלְזוּ חֲסִידִים בְּכָבוֹד, יְרַנְּנוּ
עַל־מִשְׁכְּבוֹתָם: רוֹמְמוֹת אֵל בִּגְרוֹנָם, וְחֶרֶב
פִּיפִיּוֹת בְּיָדָם: לַעֲשׂוֹת נְקָמָה בַּגּוֹיִם, תּוֹכֵחוֹת
בַּלְאֻמִּים: ‣ לֶאְסֹר מַלְכֵיהֶם בְּזִקִּים, וְנִכְבְּדֵיהֶם
בְּכַבְלֵי בַרְזֶל: לַעֲשׂוֹת בָּהֶם מִשְׁפָּט כָּתוּב, הָדָר
הוּא לְכָל־חֲסִידָיו, הַלְלוּיָהּ:

חוזרים על הפסוק האחרון פעמיים, מפני שהוא סוף ה׳הלל שבכל יום׳ (סידור רש״י).

תהלים קנ הַלְלוּיָהּ, הַלְלוּ־אֵל בְּקָדְשׁוֹ, הַלְלוּהוּ בִּרְקִיעַ
עֻזּוֹ: הַלְלוּהוּ בִגְבוּרֹתָיו, הַלְלוּהוּ כְּרֹב גֻּדְלוֹ:
הַלְלוּהוּ בְּתֵקַע שׁוֹפָר, הַלְלוּהוּ בְּנֵבֶל וְכִנּוֹר:
הַלְלוּהוּ בְתֹף וּמָחוֹל, הַלְלוּהוּ בְּמִנִּים וְעֻגָב:
‣ הַלְלוּהוּ בְצִלְצְלֵי־שָׁמַע, הַלְלוּהוּ בְּצִלְצְלֵי
תְרוּעָה: כֹּל הַנְּשָׁמָה תְּהַלֵּל יָהּ, הַלְלוּיָהּ:
כֹּל הַנְּשָׁמָה תְּהַלֵּל יָהּ, הַלְלוּיָהּ:

ספר תהלים נחלק לחמישה ספרים כנגד חמישה חומשי תורה (מדרש שוחר טוב). לאחר סיום הספר החמישי חוזרים ואומרים את פסוקי הסיום של שאר ספרי תהלים פרט לספר הראשון והרביעי, כיוון שהם נאמרו כברכות במקדש (סידור יעב״ץ).

בָּרוּךְ יהוה לְעוֹלָם, אָמֵן וְאָמֵן: תהלים פט

בָּרוּךְ יהוה מִצִּיּוֹן, שֹׁכֵן יְרוּשָׁלָםִ, הַלְלוּיָהּ: תהלים קלה

בָּרוּךְ יהוה אֱלֹהִים אֱלֹהֵי יִשְׂרָאֵל תהלים עב

עֹשֵׂה נִפְלָאוֹת לְבַדּוֹ:

◂ וּבָרוּךְ שֵׁם כְּבוֹדוֹ לְעוֹלָם

וְיִמָּלֵא כְבוֹדוֹ אֶת־כָּל־הָאָרֶץ, אָמֵן וְאָמֵן:

פסוקי דזמרה מסתיימים בשלושה מעמדות מרכזיים בחיי העם: ברכת דוד כאשר נאספו הנדבות לבניין המקדש, הברית שכרתו עולי הגולה בימי עזרא ונחמיה, ושירת הים (הרב זקס).

נוהגים לומר פרשות אלה בעמידה (׳דרך החיים׳, קיצור שו״ע), וכן נוהגים לתת צדקה באמירת ׳וְאַתָּה מוֹשֵׁל בַּכֹּל׳ (שער הכוונות).

וַיְבָרֶךְ דָּוִיד אֶת־יהוה לְעֵינֵי כָּל־הַקָּהָל, וַיֹּאמֶר דברי הימים א׳ כט
דָּוִיד, בָּרוּךְ אַתָּה יהוה, אֱלֹהֵי יִשְׂרָאֵל אָבִינוּ,
מֵעוֹלָם וְעַד־עוֹלָם: לְךָ יהוה הַגְּדֻלָּה וְהַגְּבוּרָה
וְהַתִּפְאֶרֶת וְהַנֵּצַח וְהַהוֹד, כִּי־כֹל בַּשָּׁמַיִם
וּבָאָרֶץ, לְךָ יהוה הַמַּמְלָכָה וְהַמִּתְנַשֵּׂא לְכֹל
לְרֹאשׁ: וְהָעֹשֶׁר וְהַכָּבוֹד מִלְּפָנֶיךָ, וְאַתָּה מוֹשֵׁל
בַּכֹּל, וּבְיָדְךָ כֹּחַ וּגְבוּרָה, וּבְיָדְךָ לְגַדֵּל וּלְחַזֵּק

לְכֹל: וְעַתָּה אֱלֹהֵינוּ מוֹדִים אֲנַחְנוּ לָךְ, וּמְהַלְלִים
לְשֵׁם תִּפְאַרְתֶּךָ: אַתָּה־הוּא יהוה נחמיה ט
לְבַדֶּךָ, אַתְּ עָשִׂיתָ אֶת־הַשָּׁמַיִם, שְׁמֵי הַשָּׁמַיִם
וְכָל־צְבָאָם, הָאָרֶץ וְכָל־אֲשֶׁר עָלֶיהָ, הַיַּמִּים
וְכָל־אֲשֶׁר בָּהֶם, וְאַתָּה מְחַיֶּה אֶת־כֻּלָּם, וּצְבָא
הַשָּׁמַיִם לְךָ מִשְׁתַּחֲוִים: ‹ אַתָּה הוּא יהוה
הָאֱלֹהִים אֲשֶׁר בָּחַרְתָּ בְּאַבְרָם, וְהוֹצֵאתוֹ מֵאוּר
כַּשְׂדִּים, וְשַׂמְתָּ שְּׁמוֹ אַבְרָהָם: וּמָצָאתָ אֶת־
לְבָבוֹ נֶאֱמָן לְפָנֶיךָ, ‹ וְכָרוֹת עִמּוֹ הַבְּרִית לָתֵת
אֶת־אֶרֶץ הַכְּנַעֲנִי הַחִתִּי הָאֱמֹרִי וְהַפְּרִזִּי וְהַיְבוּסִי
וְהַגִּרְגָּשִׁי, לָתֵת לְזַרְעוֹ, וַתָּקֶם אֶת־דְּבָרֶיךָ, כִּי
צַדִּיק אָתָּה: וַתֵּרֶא אֶת־עֳנִי אֲבֹתֵינוּ בְּמִצְרָיִם,
וְאֶת־זַעֲקָתָם שָׁמַעְתָּ עַל־יַם־סוּף: וַתִּתֵּן אֹתֹת
וּמֹפְתִים בְּפַרְעֹה וּבְכָל־עֲבָדָיו וּבְכָל־עַם אַרְצוֹ,
כִּי יָדַעְתָּ כִּי הֵזִידוּ עֲלֵיהֶם, וַתַּעַשׂ־לְךָ שֵׁם כְּהַיּוֹם
הַזֶּה: ‹ וְהַיָּם בָּקַעְתָּ לִפְנֵיהֶם, וַיַּעַבְרוּ בְתוֹךְ־
הַיָּם בַּיַּבָּשָׁה, וְאֶת־רֹדְפֵיהֶם הִשְׁלַכְתָּ בִמְצוֹלֹת
כְּמוֹ־אֶבֶן, בְּמַיִם עַזִּים:

״והראשונים תיקנו לומר השירה בכל יום אחר פסוקי דזמרה כדי להזכיר נסים ונפלאות שעשה עמנו בעבור שמו הגדול ומתחילין מ׳וַיּוֹשַׁע׳ שמשם עיקר הנס״ (ספר הפרדס).

וַיּ֨וֹשַׁע יְהֹוָ֜ה בַּיּ֥וֹם הַה֛וּא אֶת־יִשְׂרָאֵ֖ל מִיַּ֣ד מִצְרָ֑יִם וַיַּ֤רְא יִשְׂרָאֵל֙ אֶת־מִצְרַ֔יִם מֵ֖ת עַל־שְׂפַ֥ת הַיָּֽם׃ ◂ וַיַּ֨רְא יִשְׂרָאֵ֜ל אֶת־הַיָּ֣ד הַגְּדֹלָ֗ה אֲשֶׁ֨ר עָשָׂ֤ה יְהֹוָה֙ בְּמִצְרַ֔יִם וַיִּֽירְא֥וּ הָעָ֖ם אֶת־יְהֹוָ֑ה וַיַּֽאֲמִ֙ינוּ֙ בַּֽיהֹוָ֔ה וּבְמֹשֶׁ֖ה עַבְדּֽוֹ׃ שמות יד

הפסוק ׳ה׳ יִמְלֹךְ לְעֹלָם וָעֶד׳ מסכם את פסוקי דזמרה, ולכן חוזרים עליו פעמיים (אבודרהם). האר״י נהג לומר גם את התרגום לפסוק, ובקהילות אשכנז רבות אימצו מנהג זה.

אחרי השירה מוסיפים שלושה פסוקים מפסוקי מלכויות במוסף לראש השנה, כדי לחתום במלכות ה׳ על העולם כולו (סידור חסידי אשכנז).

אָ֣ז יָשִֽׁיר־מֹשֶׁה֩ וּבְנֵ֨י יִשְׂרָאֵ֜ל אֶת־ שמות טו
הַשִּׁירָ֤ה הַזֹּאת֙ לַֽיהֹוָ֔ה וַיֹּֽאמְר֖וּ
לֵאמֹ֑ר אָשִׁ֤ירָה לַֽיהֹוָה֙ כִּֽי־גָאֹ֣ה גָּאָ֔ה סוּ֥ס
וְרֹכְב֖וֹ רָמָ֥ה בַיָּֽם׃ עָזִּ֤י וְזִמְרָת֙ יָ֔הּ וַֽיְהִי־לִ֖י
לִֽישׁוּעָ֑ה זֶ֤ה אֵלִי֙ וְאַנְוֵ֔הוּ אֱלֹהֵ֥י
אָבִ֖י וַאֲרֹמְמֶֽנְהוּ׃ יְהֹוָ֖ה אִ֣ישׁ מִלְחָמָ֑ה יְהֹוָ֖ה
שְׁמֽוֹ׃ מַרְכְּבֹ֥ת פַּרְעֹ֛ה וְחֵיל֖וֹ יָרָ֣ה בַיָּ֑ם וּמִבְחַ֣ר
שָֽׁלִשָׁ֔יו טֻבְּע֖וּ בְיַם־סֽוּף׃
תְּהֹמֹ֖ת יְכַסְיֻ֑מוּ יָרְד֥וּ בִמְצוֹלֹ֖ת כְּמוֹ־
אָֽבֶן׃ יְמִֽינְךָ֣ יְהֹוָ֔ה נֶאְדָּרִ֖י בַּכֹּ֑חַ יְמִֽינְךָ֥

יְהֹוָ֖ה תִּרְעַ֥ץ אוֹיֵֽב׃ וּבְרֹ֥ב גְּאוֹנְךָ֖ תַּהֲרֹ֣ס
קָמֶ֑יךָ תְּשַׁלַּח֙ חֲרֹ֣נְךָ֔ יֹאכְלֵ֖מוֹ כַּקַּֽשׁ׃ וּבְר֤וּחַ
אַפֶּ֙יךָ֙ נֶ֣עֶרְמוּ מַ֔יִם נִצְּב֥וּ כְמוֹ־נֵ֖ד
נֹזְלִ֑ים קָֽפְא֥וּ תְהֹמֹ֖ת בְּלֶב־יָֽם׃ אָמַ֥ר
אוֹיֵ֛ב אֶרְדֹּ֥ף אַשִּׂ֖יג אֲחַלֵּ֣ק שָׁלָ֑ל תִּמְלָאֵ֣מוֹ
נַפְשִׁ֔י אָרִ֣יק חַרְבִּ֔י תּוֹרִישֵׁ֖מוֹ יָדִֽי׃ נָשַׁ֥פְתָּ
בְרוּחֲךָ֖ כִּסָּ֣מוֹ יָ֑ם צָֽלְלוּ֙ כַּֽעוֹפֶ֔רֶת בְּמַ֖יִם
אַדִּירִֽים׃ מִֽי־כָמֹ֤כָה בָּֽאֵלִם֙ יְהֹוָ֔ה מִ֥י
כָּמֹ֖כָה נֶאְדָּ֣ר בַּקֹּ֑דֶשׁ נוֹרָ֥א תְהִלֹּ֖ת עֹ֥שֵׂה
פֶֽלֶא׃ נָטִ֙יתָ֙ יְמִ֣ינְךָ֔ תִּבְלָעֵ֖מוֹ אָֽרֶץ׃ נָחִ֥יתָ
בְחַסְדְּךָ֖ עַם־ז֣וּ גָּאָ֑לְתָּ נֵהַ֥לְתָּ בְעָזְּךָ֖ אֶל־נְוֵ֥ה
קָדְשֶֽׁךָ׃ שָֽׁמְע֥וּ עַמִּ֖ים יִרְגָּז֑וּן חִ֣יל
אָחַ֔ז יֹשְׁבֵ֖י פְּלָֽשֶׁת׃ אָ֤ז נִבְהֲלוּ֙ אַלּ֣וּפֵ֣י
אֱד֔וֹם אֵילֵ֣י מוֹאָ֔ב יֹֽאחֲזֵ֖מוֹ רָ֑עַד נָמֹ֕גוּ
כֹּ֖ל יֹשְׁבֵ֥י כְנָֽעַן׃ תִּפֹּ֨ל עֲלֵיהֶ֤ם אֵימָ֙תָה֙
וָפַ֔חַד בִּגְדֹ֥ל זְרוֹעֲךָ֖ יִדְּמ֣וּ כָּאָ֑בֶן עַד־
יַעֲבֹ֤ר עַמְּךָ֙ יְהֹוָ֔ה עַד־יַעֲבֹ֖ר עַם־ז֥וּ
קָנִֽיתָ׃ תְּבִאֵ֗מוֹ וְתִטָּעֵ֙מוֹ֙ בְּהַ֣ר נַחֲלָֽתְךָ֔ מָכ֥וֹן

לְשִׁבְתְּךָ פָּעַלְתָּ יְהֹוָה, מִקְּדָשׁ אֲדֹנָי כּוֹנְנוּ

יָדֶיךָ: יְהֹוָה ׀ יִמְלֹךְ לְעֹלָם וָעֶד:

יהוה יִמְלֹךְ לְעֹלָם וָעֶד.

יהוה מַלְכוּתֵהּ קָאֵם לְעָלַם וּלְעָלְמֵי עָלְמַיָּא.

כִּי

בָא סוּס פַּרְעֹה בְּרִכְבּוֹ וּבְפָרָשָׁיו בַּיָּם,

וַיָּשֶׁב יְהֹוָה עֲלֵהֶם אֶת־מֵי

הַיָּם, וּבְנֵי יִשְׂרָאֵל הָלְכוּ בַיַּבָּשָׁה בְּתוֹךְ הַיָּם:

◂ כִּי לַיהוה הַמְּלוּכָה וּמֹשֵׁל בַּגּוֹיִם: תהלים כב

וְעָלוּ מוֹשִׁעִים בְּהַר צִיּוֹן עובדיה א

לִשְׁפֹּט אֶת־הַר עֵשָׂו

וְהָיְתָה לַיהוה הַמְּלוּכָה:

וְהָיָה יהוה לְמֶלֶךְ עַל־כָּל־הָאָרֶץ זכריה יד

בַּיּוֹם הַהוּא יִהְיֶה יהוה אֶחָד וּשְׁמוֹ אֶחָד:

(וּבְתוֹרָתְךָ כָּתוּב לֵאמֹר

שְׁמַע יִשְׂרָאֵל, יהוה אֱלֹהֵינוּ יהוה אֶחָד:) דברים ו

יִשְׁתַּבַּח שִׁמְךָ לָעַד, מַלְכֵּנוּ
הָאֵל הַמֶּלֶךְ הַגָּדוֹל וְהַקָּדוֹשׁ בַּשָּׁמַיִם וּבָאָרֶץ
כִּי לְךָ נָאֶה, יהוה אֱלֹהֵינוּ וֵאלֹהֵי אֲבוֹתֵינוּ
שִׁיר וּשְׁבָחָה, הַלֵּל וְזִמְרָה
עֹז וּמֶמְשָׁלָה, נֶצַח, גְּדֻלָּה וּגְבוּרָה
תְּהִלָּה וְתִפְאֶרֶת, קְדֻשָּׁה וּמַלְכוּת
◂ בְּרָכוֹת וְהוֹדָאוֹת, מֵעַתָּה וְעַד עוֹלָם.
בָּרוּךְ אַתָּה יהוה, אֵל מֶלֶךְ גָּדוֹל בַּתִּשְׁבָּחוֹת
אֵל הַהוֹדָאוֹת, אֲדוֹן הַנִּפְלָאוֹת
הַבּוֹחֵר בְּשִׁירֵי זִמְרָה, מֶלֶךְ, אֵל, חֵי הָעוֹלָמִים.

בעשרת ימי תשובה רבים נוהגים לפתוח את ארון הקודש,
ושליח הציבור והקהל אומרים פסוק פסוק (נוכר במג״א נד, ב).
יש אומרים גם בהושענא רבה.

שִׁיר הַמַּעֲלוֹת, מִמַּעֲמַקִּים קְרָאתִיךָ יהוה: אֲדֹנָי שִׁמְעָה תהלים קל
בְקוֹלִי, תִּהְיֶינָה אָזְנֶיךָ קַשֻּׁבוֹת לְקוֹל תַּחֲנוּנָי: אִם־עֲוֹנוֹת
תִּשְׁמָר־יָהּ, אֲדֹנָי מִי יַעֲמֹד: כִּי־עִמְּךָ הַסְּלִיחָה, לְמַעַן
תִּוָּרֵא: קִוִּיתִי יהוה קִוְּתָה נַפְשִׁי, וְלִדְבָרוֹ הוֹחָלְתִּי: נַפְשִׁי
לַאדֹנָי, מִשֹּׁמְרִים לַבֹּקֶר, שֹׁמְרִים לַבֹּקֶר: יַחֵל יִשְׂרָאֵל
אֶל־יהוה, כִּי־עִם־יהוה הַחֶסֶד, וְהַרְבֵּה עִמּוֹ פְדוּת: וְהוּא
יִפְדֶּה אֶת־יִשְׂרָאֵל, מִכֹּל עֲוֹנוֹתָיו:

חצי קדיש

ש״ץ: יִתְגַּדַּל וְיִתְקַדַּשׁ שְׁמֵהּ רַבָּא (קהל: אָמֵן)
בְּעָלְמָא דִּי בְרָא כִרְעוּתֵהּ
וְיַמְלִיךְ מַלְכוּתֵהּ
בְּחַיֵּיכוֹן וּבְיוֹמֵיכוֹן
וּבְחַיֵּי דְכָל בֵּית יִשְׂרָאֵל
בַּעֲגָלָא וּבִזְמַן קָרִיב
וְאִמְרוּ אָמֵן. (קהל: אָמֵן)

קהל וש״ץ: יְהֵא שְׁמֵהּ רַבָּא מְבָרַךְ
לְעָלַם וּלְעָלְמֵי עָלְמַיָּא.

ש״ץ: יִתְבָּרַךְ וְיִשְׁתַּבַּח וְיִתְפָּאַר
וְיִתְרוֹמַם וְיִתְנַשֵּׂא וְיִתְהַדָּר וְיִתְעַלֶּה וְיִתְהַלָּל
שְׁמֵהּ דְּקֻדְשָׁא בְּרִיךְ הוּא (קהל: בְּרִיךְ הוּא)
לְעֵלָּא מִן כָּל בִּרְכָתָא
/ בעשרת ימי תשובה: לְעֵלָּא לְעֵלָּא מִכָּל בִּרְכָתָא/
וְשִׁירָתָא, תֻּשְׁבְּחָתָא וְנֶחֱמָתָא
דַּאֲמִירָן בְּעָלְמָא
וְאִמְרוּ אָמֵן. (קהל: אָמֵן)

קריאת שמע וברכותיה

בתפילה במניין שליח הציבור אומר 'בָּרְכוּ'
כדי לקרוא לציבור להתפלל עמו (ראב"ן).

שליח הציבור כורע בתיבת 'בָּרְכוּ' וזוקף בשם (כלבו).
הקהל כורע בתיבת 'בָּרוּךְ' וזוקף בשם (מקור חיים),
ושליח הציבור כורע שוב כאשר הוא חוזר אחריהם.

ש"ץ: **בָּרְכוּ**

אֶת יהוה הַמְבֹרָךְ.

קהל: **בָּרוּךְ יהוה הַמְבֹרָךְ לְעוֹלָם וָעֶד.**

ש"ץ: **בָּרוּךְ יהוה הַמְבֹרָךְ לְעוֹלָם וָעֶד.**

"בשחר מברך שתים לפניה ואחת לאחריה" (משנה, ברכות יא ע"א).
הברכה הראשונה היא על האור, שהוא תחילת הבריאה, עם זאת מזכירים גם את בריאת החושך להודיע שבורא אחד ברא הכול (תלמידי רבינו יונה, ברכות יא ע"ב) ומטיל שלום ביניהם, שכן "אם אין שלום אין כלום" (רש"י, ויקרא כו, ו).
נוהגים לשבת בקריאת שמע וברכותיה (זוהר חדש תרומה, ח"א סט ע"ב).
אין להפסיק בדיבור מ'בָּרְכוּ' ועד סוף תפילת העמידה פרט לדברים שבקדושה.

בָּרוּךְ אַתָּה יהוה אֱלֹהֵינוּ מֶלֶךְ הָעוֹלָם
יוֹצֵר אוֹר וּבוֹרֵא חֹשֶׁךְ
עֹשֶׂה שָׁלוֹם וּבוֹרֵא אֶת הַכֹּל.

הַמֵּאִיר לָאָרֶץ וְלַדָּרִים עָלֶיהָ בְּרַחֲמִים
וּבְטוּבוֹ מְחַדֵּשׁ בְּכָל יוֹם תָּמִיד
מַעֲשֵׂה בְרֵאשִׁית.
מָה־רַבּוּ מַעֲשֶׂיךָ יהוה, כֻּלָּם בְּחָכְמָה עָשִׂיתָ תהלים קד
מָלְאָה הָאָרֶץ קִנְיָנֶךָ:
הַמֶּלֶךְ הַמְרוֹמָם לְבַדּוֹ מֵאָז
הַמְשֻׁבָּח וְהַמְפֹאָר וְהַמִּתְנַשֵּׂא מִימוֹת עוֹלָם.
אֱלֹהֵי עוֹלָם
בְּרַחֲמֶיךָ הָרַבִּים רַחֵם עָלֵינוּ
אֲדוֹן עֻזֵּנוּ, צוּר מִשְׂגַּבֵּנוּ
מָגֵן יִשְׁעֵנוּ, מִשְׂגָּב בַּעֲדֵנוּ.
אֵל בָּרוּךְ גְּדוֹל דֵּעָה
הֵכִין וּפָעַל זָהֳרֵי חַמָּה
טוֹב יָצַר כָּבוֹד לִשְׁמוֹ
מְאוֹרוֹת נָתַן סְבִיבוֹת עֻזּוֹ
פִּנּוֹת צְבָאָיו קְדוֹשִׁים, רוֹמְמֵי שַׁדַּי
תָּמִיד מְסַפְּרִים כְּבוֹד אֵל וּקְדֻשָּׁתוֹ.
תִּתְבָּרַךְ יהוה אֱלֹהֵינוּ, עַל שֶׁבַח מַעֲשֵׂה יָדֶיךָ
וְעַל מְאוֹרֵי אוֹר שֶׁעָשִׂיתָ, יְפָאֲרוּךָ סֶּלָה.

תִּתְבָּרַךְ
צוּרֵנוּ מַלְכֵּנוּ וְגוֹאֲלֵנוּ
בּוֹרֵא קְדוֹשִׁים
יִשְׁתַּבַּח שִׁמְךָ לָעַד
מַלְכֵּנוּ, יוֹצֵר מְשָׁרְתִים
וַאֲשֶׁר מְשָׁרְתָיו כֻּלָּם עוֹמְדִים בְּרוּם עוֹלָם
וּמַשְׁמִיעִים בְּיִרְאָה יַחַד בְּקוֹל
דִּבְרֵי אֱלֹהִים חַיִּים וּמֶלֶךְ עוֹלָם.
כֻּלָּם אֲהוּבִים, כֻּלָּם בְּרוּרִים, כֻּלָּם גִּבּוֹרִים
וְכֻלָּם עוֹשִׂים בְּאֵימָה וּבְיִרְאָה רְצוֹן קוֹנָם
◂ וְכֻלָּם פּוֹתְחִים אֶת פִּיהֶם
בִּקְדֻשָּׁה וּבְטָהֳרָה
בְּשִׁירָה וּבְזִמְרָה
וּמְבָרְכִים וּמְשַׁבְּחִים וּמְפָאֲרִים
◂ וּמַעֲרִיצִים וּמַקְדִּישִׁים וּמַמְלִיכִים
אֶת שֵׁם הָאֵל הַמֶּלֶךְ הַגָּדוֹל, הַגִּבּוֹר וְהַנּוֹרָא
קָדוֹשׁ הוּא.

◂ וְכֻלָּם מְקַבְּלִים עֲלֵיהֶם
עֹל מַלְכוּת שָׁמַיִם זֶה מִזֶּה
וְנוֹתְנִים רְשׁוּת זֶה לָזֶה
לְהַקְדִּישׁ לְיוֹצְרָם בְּנַחַת רוּחַ
בְּשָׂפָה בְרוּרָה וּבִנְעִימָה
קְדֻשָּׁה כֻּלָּם כְּאֶחָד
עוֹנִים וְאוֹמְרִים בְּיִרְאָה

יש פוסקים הסבורים שיחיד אינו אומר את הפסוקים ׳קָדוֹשׁ׳ ו׳בָרוּךְ׳ אלא רק ציבור (רס״ג), ולכן ראוי שיחיד יאמר אותם בטעמים (שו״ע נט, ג; משנ״ב שם, יא).

הקהל עונה יחד בקול רם (׳אליה רבה׳ נט, ד):

קָדוֹשׁ ׀ קָדוֹשׁ, קָדוֹשׁ יְהוָה צְבָאוֹת ישעיה ו
מְלֹא כָל־הָאָרֶץ כְּבוֹדוֹ׃

◂ וְהָאוֹפַנִּים וְחַיּוֹת הַקֹּדֶשׁ
בְּרַעַשׁ גָּדוֹל מִתְנַשְּׂאִים לְעֻמַּת שְׂרָפִים
לְעֻמָּתָם מְשַׁבְּחִים וְאוֹמְרִים

הקהל עונה יחד בקול רם (שם):

בָּרוּךְ כְּבוֹד־יְהוָה מִמְּקוֹמוֹ׃ יחזקאל ג

לְאֵל בָּרוּךְ נְעִימוֹת יִתֵּנוּ
לְמֶלֶךְ אֵל חַי וְקַיָּם
זְמִירוֹת יֹאמֵרוּ וְתִשְׁבָּחוֹת יַשְׁמִיעוּ
כִּי הוּא לְבַדּוֹ
פּוֹעֵל גְּבוּרוֹת
עוֹשֶׂה חֲדָשׁוֹת
בַּעַל מִלְחָמוֹת
זוֹרֵעַ צְדָקוֹת
מַצְמִיחַ יְשׁוּעוֹת
בּוֹרֵא רְפוּאוֹת
נוֹרָא תְהִלּוֹת
אֲדוֹן הַנִּפְלָאוֹת
הַמְחַדֵּשׁ בְּטוּבוֹ בְּכָל יוֹם תָּמִיד
מַעֲשֵׂה בְרֵאשִׁית
כָּאָמוּר
לְעֹשֵׂה אוֹרִים גְּדֹלִים, כִּי לְעוֹלָם חַסְדּוֹ: תהלים קלו
◂ אוֹר חָדָשׁ עַל צִיּוֹן תָּאִיר
וְנִזְכֶּה כֻלָּנוּ מְהֵרָה לְאוֹרוֹ.
בָּרוּךְ אַתָּה יהוה, יוֹצֵר הַמְּאוֹרוֹת.

בברכות יא ע״ב נחלקו התנאים, אם נוסח הברכה השנייה לפני קריאת שמע הוא ׳אַהֲבָה רַבָּה׳ או ׳אַהֲבַת עוֹלָם׳. מנהג אשכנז לומר ׳אַהֲבָה רַבָּה׳ בשחרית ו׳אַהֲבַת עוֹלָם׳ בערבית (ראבי״ה ח״א, לד), כיוון שבבוקר האדם מודה על החסדים שה׳ גמל עמו, ובערב מתפלל על החסדים שיעשה עמו בעתיד (צל״ח ברכות שם).

אַהֲבָה רַבָּה אֲהַבְתָּנוּ, יהוה אֱלֹהֵינוּ
חֶמְלָה גְדוֹלָה וִיתֵרָה חָמַלְתָּ עָלֵינוּ.
אָבִינוּ מַלְכֵּנוּ, בַּעֲבוּר אֲבוֹתֵינוּ שֶׁבָּטְחוּ בְךָ
וַתְּלַמְּדֵם חֻקֵּי חַיִּים, כֵּן תְּחָנֵּנוּ וּתְלַמְּדֵנוּ.
אָבִינוּ, הָאָב הָרַחֲמָן, הַמְרַחֵם
רַחֵם עָלֵינוּ, וְתֵן בְּלִבֵּנוּ לְהָבִין וּלְהַשְׂכִּיל
לִשְׁמֹעַ, לִלְמֹד וּלְלַמֵּד, לִשְׁמֹר וְלַעֲשׂוֹת, וּלְקַיֵּם
אֶת כָּל דִּבְרֵי תַלְמוּד תּוֹרָתֶךָ בְּאַהֲבָה.
וְהָאֵר עֵינֵינוּ בְּתוֹרָתֶךָ, וְדַבֵּק לִבֵּנוּ בְּמִצְוֹתֶיךָ
וְיַחֵד לְבָבֵנוּ לְאַהֲבָה וּלְיִרְאָה אֶת שְׁמֶךָ
וְלֹא נֵבוֹשׁ לְעוֹלָם וָעֶד.
כִּי בְשֵׁם קָדְשְׁךָ הַגָּדוֹל וְהַנּוֹרָא בָּטָחְנוּ
נָגִילָה וְנִשְׂמְחָה בִּישׁוּעָתֶךָ.

״מצוה לאחוז הציצית ביד שמאלית כנגד לבו בשעת קריאת שמע״ (שו״ע כד, ב), ולדעת האר״י, יש לאוספן ולאוחזן בין קמיצה לזרת כשמגיע ל׳וַהֲבִיאֵנוּ׳. יש נוהגים לאחוז את ארבעתן, ויש נוהגים לאחוז רק שתיים כדי להישאר מסובב במצוות.

וַהֲבִיאֵנוּ לְשָׁלוֹם מֵאַרְבַּע כַּנְפוֹת הָאָרֶץ
וְתוֹלִיכֵנוּ קוֹמְמִיּוּת לְאַרְצֵנוּ.

◂ כִּי אֵל פּוֹעֵל יְשׁוּעוֹת אָתָּה
וּבָנוּ בָחַרְתָּ מִכָּל עַם וְלָשׁוֹן
וְקֵרַבְתָּנוּ לְשִׁמְךָ הַגָּדוֹל סֶלָה, בֶּאֱמֶת
לְהוֹדוֹת לְךָ וּלְיַחֶדְךָ בְּאַהֲבָה.
בָּרוּךְ אַתָּה יהוה
הַבּוֹחֵר בְּעַמּוֹ יִשְׂרָאֵל בְּאַהֲבָה.

"יקרא קריאת שמע בכוונה – באימה, ביראה, ברתת וזיע" (שו"ע סא, א).
קריאת שמע צריכה כוונה מיוחדת בכל שלוש פרשיותיה. מי שאינו יכול לכוון בכולן חייב לכוון לפחות בפסוק הראשון, ואם לא התכוון צריך לחזור ולקרוא שוב (שו"ע סג, ד).

בקריאת שמע שלוש פרשיות: 'שְׁמַע', שעניינה קבלת עול מלכות שמים; 'וְהָיָה אִם־שָׁמֹעַ', שעניינה קבלת עול מצוות; 'ציצית', שיש בה הזכרת יציאת מצרים ובחירת ה' בעם ישראל (משנה, ברכות יג ע"א).

במקום המסומן ב° ימשש בתפילין של יד,
ובמקום המסומן ב°° ימשש בתפילין של ראש (דרך החיים).

המתפלל ביחידות אומר (רמ"א סא, ג על פי ספר חסידים):

אֵל מֶלֶךְ נֶאֱמָן

מכסה את עיניו בידו ואומר בכוונה ובקול רם:

דברים ו שְׁמַע יִשְׂרָאֵל, יהוה אֱלֹהֵינוּ, יהוה ׀ אֶחָד:

בלחש: בָּרוּךְ שֵׁם כְּבוֹד מַלְכוּתוֹ לְעוֹלָם וָעֶד.

דברים ו וְאָהַבְתָּ אֵת יהוה אֱלֹהֶיךָ, בְּכָל־לְבָבְךָ וּבְכָל־
נַפְשְׁךָ וּבְכָל־מְאֹדֶךָ: וְהָיוּ הַדְּבָרִים הָאֵלֶּה, אֲשֶׁר
אָנֹכִי מְצַוְּךָ הַיּוֹם, עַל־לְבָבֶךָ: וְשִׁנַּנְתָּם לְבָנֶיךָ

וְדִבַּרְתָּ בָּם, בְּשִׁבְתְּךָ בְּבֵיתֶךָ וּבְלֶכְתְּךָ בַדֶּרֶךְ,
וּבְשָׁכְבְּךָ וּבְקוּמֶךָ: °וּקְשַׁרְתָּם לְאוֹת עַל־יָדֶךָ
°°וְהָיוּ לְטֹטָפֹת בֵּין עֵינֶיךָ: וּכְתַבְתָּם עַל־מְזֻזוֹת
בֵּיתֶךָ וּבִשְׁעָרֶיךָ:

וְהָיָה אִם־שָׁמֹעַ תִּשְׁמְעוּ אֶל־מִצְוֺתַי אֲשֶׁר אָנֹכִי דברים יא
מְצַוֶּה אֶתְכֶם הַיּוֹם, לְאַהֲבָה אֶת־יְהוָה אֱלֹהֵיכֶם
וּלְעָבְדוֹ, בְּכָל־לְבַבְכֶם וּבְכָל־נַפְשְׁכֶם: וְנָתַתִּי
מְטַר־אַרְצְכֶם בְּעִתּוֹ, יוֹרֶה וּמַלְקוֹשׁ, וְאָסַפְתָּ
דְגָנֶךָ וְתִירֹשְׁךָ וְיִצְהָרֶךָ: וְנָתַתִּי עֵשֶׂב בְּשָׂדְךָ
לִבְהֶמְתֶּךָ, וְאָכַלְתָּ וְשָׂבָעְתָּ: הִשָּׁמְרוּ לָכֶם פֶּן־
יִפְתֶּה לְבַבְכֶם, וְסַרְתֶּם וַעֲבַדְתֶּם אֱלֹהִים אֲחֵרִים
וְהִשְׁתַּחֲוִיתֶם לָהֶם: וְחָרָה אַף־יְהוָה בָּכֶם, וְעָצַר
אֶת־הַשָּׁמַיִם וְלֹא־יִהְיֶה מָטָר, וְהָאֲדָמָה לֹא תִתֵּן
אֶת־יְבוּלָהּ, וַאֲבַדְתֶּם מְהֵרָה מֵעַל הָאָרֶץ הַטֹּבָה
אֲשֶׁר יְהוָה נֹתֵן לָכֶם: וְשַׂמְתֶּם אֶת־דְּבָרַי אֵלֶּה
עַל־לְבַבְכֶם וְעַל־נַפְשְׁכֶם, °וּקְשַׁרְתֶּם אֹתָם לְאוֹת
עַל־יֶדְכֶם, °°וְהָיוּ לְטוֹטָפֹת בֵּין עֵינֵיכֶם: וְלִמַּדְתֶּם
אֹתָם אֶת־בְּנֵיכֶם לְדַבֵּר בָּם, בְּשִׁבְתְּךָ בְּבֵיתֶךָ

וּבְלֶכְתְּךָ בַדֶּרֶךְ, וּבְשָׁכְבְּךָ וּבְקוּמֶךָ: וּכְתַבְתָּם עַל־מְזֻזוֹת בֵּיתֶךָ וּבִשְׁעָרֶיךָ: לְמַעַן יִרְבּוּ יְמֵיכֶם וִימֵי בְנֵיכֶם עַל הָאֲדָמָה אֲשֶׁר נִשְׁבַּע יְהוָה לַאֲבֹתֵיכֶם לָתֵת לָהֶם, כִּימֵי הַשָּׁמַיִם עַל־הָאָרֶץ:

נוהגים להעביר את הציציות ליד ימין ולנשקן במקומות המסומנים ב° (קיצור שו״ע יז, ז).

במדבר טו

וַיֹּאמֶר יְהוָה אֶל־מֹשֶׁה לֵּאמֹר: דַּבֵּר אֶל־בְּנֵי יִשְׂרָאֵל וְאָמַרְתָּ אֲלֵהֶם, וְעָשׂוּ לָהֶם °צִיצִת עַל־כַּנְפֵי בִגְדֵיהֶם לְדֹרֹתָם, וְנָתְנוּ °עַל־צִיצִת הַכָּנָף פְּתִיל תְּכֵלֶת: וְהָיָה לָכֶם °לְצִיצִת, וּרְאִיתֶם אֹתוֹ וּזְכַרְתֶּם אֶת־כָּל־מִצְוֹת יְהוָה וַעֲשִׂיתֶם אֹתָם, וְלֹא תָתֻרוּ אַחֲרֵי לְבַבְכֶם וְאַחֲרֵי עֵינֵיכֶם, אֲשֶׁר־אַתֶּם זֹנִים אַחֲרֵיהֶם: לְמַעַן תִּזְכְּרוּ וַעֲשִׂיתֶם אֶת־כָּל־מִצְוֹתָי, וִהְיִיתֶם קְדשִׁים לֵאלֹהֵיכֶם: אֲנִי יְהוָה אֱלֹהֵיכֶם, אֲשֶׁר הוֹצֵאתִי אֶתְכֶם מֵאֶרֶץ מִצְרַיִם, לִהְיוֹת לָכֶם לֵאלֹהִים, אֲנִי יְהוָה אֱלֹהֵיכֶם:

°אֱמֶת

שליח הציבור חוזר ואומר (שו״ע סא, ג על פי הזוהר):

◂ יְהוָה אֱלֹהֵיכֶם אֱמֶת

וְיַצִּיב, וְנָכוֹן וְקַיָּם, וְיָשָׁר וְנֶאֱמָן
וְאָהוּב וְחָבִיב, וְנֶחְמָד וְנָעִים
וְנוֹרָא וְאַדִּיר, וּמְתֻקָּן וּמְקֻבָּל, וְטוֹב וְיָפֶה
הַדָּבָר הַזֶּה עָלֵינוּ לְעוֹלָם וָעֶד.

אֱמֶת אֱלֹהֵי עוֹלָם מַלְכֵּנוּ
צוּר יַעֲקֹב מָגֵן יִשְׁעֵנוּ
לְדוֹר וָדוֹר הוּא קַיָּם וּשְׁמוֹ קַיָּם
וְכִסְאוֹ נָכוֹן
וּמַלְכוּתוֹ וֶאֱמוּנָתוֹ לָעַד קַיֶּמֶת.

במקום המסומן ב°, מנשק את הציציות ומניחן (קיצוש״ע יז, ז על פי שער הכוונות).

וּדְבָרָיו חָיִים וְקַיָּמִים
נֶאֱמָנִים וְנֶחֱמָדִים
°לָעַד וּלְעוֹלְמֵי עוֹלָמִים
◂ עַל אֲבוֹתֵינוּ וְעָלֵינוּ
עַל בָּנֵינוּ וְעַל דּוֹרוֹתֵינוּ
וְעַל כָּל דּוֹרוֹת זֶרַע יִשְׂרָאֵל עֲבָדֶיךָ. ◂

עַל הָרִאשׁוֹנִים וְעַל הָאַחֲרוֹנִים
דָּבָר טוֹב וְקַיָּם לְעוֹלָם וָעֶד

אֱמֶת וֶאֱמוּנָה, חֹק וְלֹא יַעֲבֹר.

אֱמֶת שָׁאַתָּה הוּא יהוה
אֱלֹהֵינוּ וֵאלֹהֵי אֲבוֹתֵינוּ
‹ מַלְכֵּנוּ מֶלֶךְ אֲבוֹתֵינוּ
גּוֹאֲלֵנוּ גּוֹאֵל אֲבוֹתֵינוּ
יוֹצְרֵנוּ צוּר יְשׁוּעָתֵנוּ
פּוֹדֵנוּ וּמַצִּילֵנוּ מֵעוֹלָם שְׁמֶךָ
אֵין אֱלֹהִים זוּלָתֶךָ.

עֶזְרַת אֲבוֹתֵינוּ אַתָּה הוּא מֵעוֹלָם
מָגֵן וּמוֹשִׁיעַ לִבְנֵיהֶם אַחֲרֵיהֶם
בְּכָל דּוֹר וָדוֹר.
בְּרוּם עוֹלָם מוֹשָׁבֶךָ
וּמִשְׁפָּטֶיךָ וְצִדְקָתְךָ עַד אַפְסֵי אָרֶץ.

אַשְׁרֵי אִישׁ שֶׁיִּשְׁמַע לְמִצְוֹתֶיךָ
וְתוֹרָתְךָ וּדְבָרְךָ יָשִׂים עַל לִבּוֹ.

אֱמֶת אַתָּה הוּא אָדוֹן לְעַמֶּךָ
וּמֶלֶךְ גִּבּוֹר לָרִיב רִיבָם.

אֱמֶת אַתָּה הוּא רִאשׁוֹן וְאַתָּה הוּא אַחֲרוֹן
וּמִבַּלְעָדֶיךָ אֵין לָנוּ מֶלֶךְ גּוֹאֵל וּמוֹשִׁיעַ.
מִמִּצְרַיִם גְּאַלְתָּנוּ, יהוה אֱלֹהֵינוּ
וּמִבֵּית עֲבָדִים פְּדִיתָנוּ
כָּל בְּכוֹרֵיהֶם הָרָגְתָּ
וּבְכוֹרְךָ גָּאָלְתָּ
וְיַם סוּף בָּקַעְתָּ
וְזֵדִים טִבַּעְתָּ
וִידִידִים הֶעֱבַרְתָּ
וַיְכַסּוּ־מַיִם צָרֵיהֶם תהלים קו
אֶחָד מֵהֶם לֹא נוֹתָר:

עַל זֹאת שִׁבְּחוּ אֲהוּבִים, וְרוֹמְמוּ אֵל
וְנָתְנוּ יְדִידִים זְמִירוֹת, שִׁירוֹת וְתִשְׁבָּחוֹת
בְּרָכוֹת וְהוֹדָאוֹת לְמֶלֶךְ אֵל חַי וְקַיָּם
רָם וְנִשָּׂא, גָּדוֹל וְנוֹרָא
מַשְׁפִּיל גֵּאִים וּמַגְבִּיהַּ שְׁפָלִים
מוֹצִיא אֲסִירִים, וּפוֹדֶה עֲנָוִים וְעוֹזֵר דַּלִּים
וְעוֹנֶה לְעַמּוֹ בְּעֵת שַׁוְּעָם אֵלָיו.

כאן נוהגים לעמוד כהכנה לתפילת העמידה (׳דרך החיים׳ על פי מהרי״ל)
ולפסוע שלוש פסיעות לאחור (׳אליה רבה׳ סו, ט בשם ׳פרי עץ חיים׳).

◄ תְּהִלּוֹת לְאֵל עֶלְיוֹן, בָּרוּךְ הוּא וּמְבֹרָךְ
מֹשֶׁה וּבְנֵי יִשְׂרָאֵל, לְךָ עָנוּ שִׁירָה
בְּשִׂמְחָה רַבָּה, וְאָמְרוּ כֻלָּם

מִי־כָמֹכָה בָּאֵלִם, יהוה שמות טו
מִי כָּמֹכָה נֶאְדָּר בַּקֹּדֶשׁ
נוֹרָא תְהִלֹּת, עֹשֵׂה פֶלֶא:

◄ שִׁירָה חֲדָשָׁה שִׁבְּחוּ גְאוּלִים
לְשִׁמְךָ עַל שְׂפַת הַיָּם
יַחַד כֻּלָּם הוֹדוּ וְהִמְלִיכוּ, וְאָמְרוּ

יהוה יִמְלֹךְ לְעֹלָם וָעֶד: שמות טו

נחלקו הפוסקים אם יש לענות אמן אחר ברכת ׳גָּאַל יִשְׂרָאֵל׳.
רבים נוהגים לסיים את הברכה עם שליח הציבור
כדי לצאת מהמחלוקת (מג״א סו, יא).

◄ צוּר יִשְׂרָאֵל, קוּמָה בְּעֶזְרַת יִשְׂרָאֵל
וּפְדֵה כִנְאֻמֶךָ יְהוּדָה וְיִשְׂרָאֵל.

גֹּאֲלֵנוּ יהוה צְבָאוֹת שְׁמוֹ ישעיה מז
קְדוֹשׁ יִשְׂרָאֵל:

בָּרוּךְ אַתָּה יהוה, גָּאַל יִשְׂרָאֵל.

עמידה

"המתפלל צריך שיכוין בלבו פירוש המלות שמוציא בשפתיו;
ויחשוב כאלו שכינה כנגדו ויסיר כל המחשבות הטורדות אותו עד
שתשאר מחשבתו וכוונתו זכה בתפלתו" (שו"ע צח, א).

פוסע שלוש פסיעות לפנים כמי שנכנס לפני המלך (רמ"א צה, א בשם הרוקח).

עומד ומתפלל בלחש מכאן ועד 'וּכְשָׁנִים קַדְמֹנִיּוֹת' בעמ' 93.

כורע במקומות המסומנים ב°, קד לפנים ב'אַתָּה' וזוקף בשם (סידור השל"ה).

אֲדֹנָי, שְׂפָתַי תִּפְתָּח, וּפִי יַגִּיד תְּהִלָּתֶךָ: תהלים נא

אבות

°בָּרוּךְ אַתָּה יהוה, אֱלֹהֵינוּ וֵאלֹהֵי אֲבוֹתֵינוּ
אֱלֹהֵי אַבְרָהָם, אֱלֹהֵי יִצְחָק, וֵאלֹהֵי יַעֲקֹב
הָאֵל הַגָּדוֹל הַגִּבּוֹר וְהַנּוֹרָא, אֵל עֶלְיוֹן
גּוֹמֵל חֲסָדִים טוֹבִים, וְקוֹנֵה הַכֹּל
וְזוֹכֵר חַסְדֵי אָבוֹת
וּמֵבִיא גוֹאֵל לִבְנֵי בְנֵיהֶם
לְמַעַן שְׁמוֹ בְּאַהֲבָה.

בעשרת ימי תשובה: זָכְרֵנוּ לְחַיִּים, מֶלֶךְ חָפֵץ בַּחַיִּים
וְכָתְבֵנוּ בְּסֵפֶר הַחַיִּים
לְמַעַנְךָ אֱלֹהִים חַיִּים.

מֶלֶךְ עוֹזֵר וּמוֹשִׁיעַ וּמָגֵן.
°בָּרוּךְ אַתָּה יהוה, מָגֵן אַבְרָהָם.

גבורות

אַתָּה גִּבּוֹר לְעוֹלָם, אֲדֹנָי
מְחַיֵּה מֵתִים אַתָּה, רַב לְהוֹשִׁיעַ

אומרים 'מַשִּׁיב הָרְוּחַ וּמוֹרִיד הַגֶּשֶׁם' משמיני עצרת ועד יום טוב ראשון של פסח, ו'מוֹרִיד הַטָּל' מחול המועד פסח ועד הושענא רבה.

בחורף: מַשִּׁיב הָרְוּחַ וּמוֹרִיד הַגֶּשֶׁם
בקיץ: מוֹרִיד הַטָּל

מְכַלְכֵּל חַיִּים בְּחֶסֶד
מְחַיֵּה מֵתִים בְּרַחֲמִים רַבִּים
סוֹמֵךְ נוֹפְלִים, וְרוֹפֵא חוֹלִים, וּמַתִּיר אֲסוּרִים
וּמְקַיֵּם אֱמוּנָתוֹ לִישֵׁנֵי עָפָר.
מִי כָמְוֹךָ, בַּעַל גְּבוּרוֹת
וּמִי דּוֹמֶה לָּךְ
מֶלֶךְ, מֵמִית וּמְחַיֶּה וּמַצְמִיחַ יְשׁוּעָה.

בעשרת ימי תשובה: מִי כָמְוֹךָ אַב הָרַחֲמִים
זוֹכֵר יְצוּרָיו לְחַיִּים בְּרַחֲמִים.

וְנֶאֱמָן אַתָּה לְהַחֲיוֹת מֵתִים.
בָּרוּךְ אַתָּה יהוה, מְחַיֵּה הַמֵּתִים.

בתפילת לחש ממשיך 'אַתָּה קָדוֹשׁ' בעמ' 78.

קדושה

בחזרת הש״ץ הקהל עומד ואומר קדושה.

במקומות המסומנים ב־*, המתפלל מתרומם על קצות אצבעותיו

קהל ואחריו שליח הציבור:

נְקַדֵּשׁ אֶת שִׁמְךָ בָּעוֹלָם, כְּשֵׁם שֶׁמַּקְדִּישִׁים אוֹתוֹ
בִּשְׁמֵי מָרוֹם, כַּכָּתוּב עַל יַד נְבִיאֶךָ
וְקָרָא זֶה אֶל־זֶה וְאָמַר ישעיה ו

קהל ואחריו שליח הציבור:

*קָדוֹשׁ, *קָדוֹשׁ, *קָדוֹשׁ, יהוה צְבָאוֹת
מְלֹא כָל־הָאָרֶץ כְּבוֹדוֹ:
לְעֻמָּתָם בָּרוּךְ יֹאמֵרוּ

קהל ואחריו שליח הציבור:

*בָּרוּךְ כְּבוֹד־יהוה מִמְּקוֹמוֹ: יחזקאל ג
וּבְדִבְרֵי קָדְשְׁךָ כָּתוּב לֵאמֹר

קהל ואחריו שליח הציבור:

*יִמְלֹךְ יהוה לְעוֹלָם, אֱלֹהַיִךְ צִיּוֹן לְדֹר וָדֹר, הַלְלוּיָהּ: תהלים קמו

שליח הציבור:

לְדוֹר וָדוֹר נַגִּיד גָּדְלֶךָ, וּלְנֵצַח נְצָחִים קְדֻשָּׁתְךָ נַקְדִּישׁ
וְשִׁבְחֲךָ אֱלֹהֵינוּ מִפִּינוּ לֹא יָמוּשׁ לְעוֹלָם וָעֶד
כִּי אֵל מֶלֶךְ גָּדוֹל וְקָדוֹשׁ אָתָּה.
בָּרוּךְ אַתָּה יהוה
הָאֵל הַקָּדוֹשׁ. / בעשרת ימי תשובה: הַמֶּלֶךְ הַקָּדוֹשׁ. /

שליח הציבור ממשיך ׳אַתָּה חוֹנֵן׳ בעמוד הבא.

קדושת השם

אַתָּה קָדוֹשׁ וְשִׁמְךָ קָדוֹשׁ
וּקְדוֹשִׁים בְּכָל יוֹם יְהַלְלוּךָ סֶּלָה.
בָּרוּךְ אַתָּה יהוה
הָאֵל הַקָּדוֹשׁ. / בעשרת ימי תשובה: הַמֶּלֶךְ הַקָּדוֹשׁ./
אם שכח חוזר לראש התפילה.

דעת

אַתָּה חוֹנֵן לְאָדָם דַּעַת
וּמְלַמֵּד לֶאֱנוֹשׁ בִּינָה.
חָנֵּנוּ מֵאִתְּךָ דֵּעָה בִּינָה וְהַשְׂכֵּל.
בָּרוּךְ אַתָּה יהוה
חוֹנֵן הַדָּעַת.

תשובה

הֲשִׁיבֵנוּ אָבִינוּ לְתוֹרָתֶךָ
וְקָרְבֵנוּ מַלְכֵּנוּ לַעֲבוֹדָתֶךָ
וְהַחֲזִירֵנוּ בִּתְשׁוּבָה שְׁלֵמָה לְפָנֶיךָ.
בָּרוּךְ אַתָּה יהוה
הָרוֹצֶה בִּתְשׁוּבָה.

סליחה

נוהגים להכות כנגד הלב במקומות המסומנים ב° (סידור יעב"ץ בשם של"ה).

סְלַח לָנוּ אָבִינוּ כִּי °חָטָאנוּ
מְחַל לָנוּ מַלְכֵּנוּ כִּי °פָשָׁעְנוּ
כִּי מוֹחֵל וְסוֹלֵחַ אָתָּה.
בָּרוּךְ אַתָּה יהוה
חַנּוּן הַמַּרְבֶּה לִסְלֹחַ.

גאולה

רְאֵה בְעָנְיֵנוּ, וְרִיבָה רִיבֵנוּ
וּגְאָלֵנוּ מְהֵרָה לְמַעַן שְׁמֶךָ
כִּי גוֹאֵל חָזָק אָתָּה.
בָּרוּךְ אַתָּה יהוה
גּוֹאֵל יִשְׂרָאֵל.

בתענית ציבור שליח הציבור מוסיף:

עֲנֵנוּ יהוה עֲנֵנוּ בְּיוֹם צוֹם תַּעֲנִיתֵנוּ, כִּי בְצָרָה גְדוֹלָה אֲנָחְנוּ. אַל תֵּפֶן אֶל רִשְׁעֵנוּ, וְאַל תַּסְתֵּר פָּנֶיךָ מִמֶּנּוּ, וְאַל תִּתְעַלַּם מִתְּחִנָּתֵנוּ. הֱיֵה נָא קָרוֹב לְשַׁוְעָתֵנוּ, יְהִי נָא חַסְדְּךָ לְנַחֲמֵנוּ, טֶרֶם

ישעיה סה

נִקְרָא אֵלֶיךָ עֲנֵנוּ, כַּדָּבָר שֶׁנֶּאֱמַר: וְהָיָה טֶרֶם יִקְרָאוּ וַאֲנִי אֶעֱנֶה, עוֹד הֵם מְדַבְּרִים וַאֲנִי אֶשְׁמָע: כִּי אַתָּה יהוה הָעוֹנֶה בְּעֵת צָרָה, פּוֹדֶה וּמַצִּיל בְּכָל עֵת צָרָה וְצוּקָה. בָּרוּךְ אַתָּה יהוה, הָעוֹנֶה בְּעֵת צָרָה.

רפואה

רְפָאֵנוּ יהוה וְנֵרָפֵא
הוֹשִׁיעֵנוּ וְנִוָּשֵׁעָה
כִּי תְהִלָּתֵנוּ אָתָּה
וְהַעֲלֵה רְפוּאָה שְׁלֵמָה לְכָל מַכּוֹתֵינוּ

המתפלל על חולה מוסיף:

יְהִי רָצוֹן מִלְּפָנֶיךָ יהוה אֱלֹהַי וֵאלֹהֵי אֲבוֹתַי, שֶׁתִּשְׁלַח מְהֵרָה רְפוּאָה שְׁלֵמָה מִן הַשָּׁמַיִם, רְפוּאַת הַנֶּפֶשׁ וּרְפוּאַת הַגּוּף, לַחוֹלֶה פלוני בֶּן פלונית/ לַחוֹלָה פלונית בַּת פלונית בְּתוֹךְ שְׁאָר חוֹלֵי יִשְׂרָאֵל

כִּי אֵל מֶלֶךְ רוֹפֵא נֶאֱמָן וְרַחֲמָן אָתָּה.
בָּרוּךְ אַתָּה יהוה
רוֹפֵא חוֹלֵי עַמּוֹ יִשְׂרָאֵל.

ברכת השנים

אומרים 'טַל וּמָטָר לִבְרָכָה' מז' במרחשוון ועד ערב פסח.

בָּרֵךְ עָלֵינוּ יהוה אֱלֹהֵינוּ אֶת הַשָּׁנָה הַזֹּאת
וְאֶת כָּל מִינֵי תְבוּאָתָהּ, לְטוֹבָה

בחורף: וְתֵן טַל וּמָטָר לִבְרָכָה

בקיץ: וְתֵן בְּרָכָה

עַל פְּנֵי הָאֲדָמָה, וְשַׂבְּעֵנוּ מִטּוּבָהּ
וּבָרֵךְ שְׁנָתֵנוּ כַּשָּׁנִים הַטּוֹבוֹת.
בָּרוּךְ אַתָּה יהוה
מְבָרֵךְ הַשָּׁנִים.

קיבוץ גלויות

תְּקַע בְּשׁוֹפָר גָּדוֹל לְחֵרוּתֵנוּ
וְשָׂא נֵס לְקַבֵּץ גָּלֻיּוֹתֵינוּ
וְקַבְּצֵנוּ יַחַד מֵאַרְבַּע כַּנְפוֹת הָאָרֶץ.
בָּרוּךְ אַתָּה יהוה
מְקַבֵּץ נִדְחֵי עַמּוֹ יִשְׂרָאֵל.

השבת המשפט

הָשִׁיבָה שׁוֹפְטֵינוּ כְּבָרִאשׁוֹנָה
וְיוֹעֲצֵינוּ כְּבַתְּחִלָּה
וְהָסֵר מִמֶּנּוּ יָגוֹן וַאֲנָחָה
וּמְלֹךְ עָלֵינוּ אַתָּה יהוה לְבַדְּךָ
בְּחֶסֶד וּבְרַחֲמִים
וְצַדְּקֵנוּ בַּמִּשְׁפָּט.
בָּרוּךְ אַתָּה יהוה
מֶלֶךְ אוֹהֵב צְדָקָה וּמִשְׁפָּט.
/ בעשרת ימי תשובה: הַמֶּלֶךְ הַמִּשְׁפָּט./

ברכת המינים

וְלַמַּלְשִׁינִים אַל תְּהִי תִקְוָה
וְכָל הָרִשְׁעָה כְּרֶגַע תֹּאבֵד
וְכָל אוֹיְבֵי עַמְּךָ מְהֵרָה יִכָּרֵתוּ
וְהַזֵּדִים מְהֵרָה תְעַקֵּר וּתְשַׁבֵּר וּתְמַגֵּר וְתַכְנִיעַ
בִּמְהֵרָה בְיָמֵינוּ.
בָּרוּךְ אַתָּה יהוה
שׁוֹבֵר אוֹיְבִים וּמַכְנִיעַ זֵדִים.

על הצדיקים

עַל הַצַּדִּיקִים וְעַל הַחֲסִידִים
וְעַל זִקְנֵי עַמְּךָ בֵּית יִשְׂרָאֵל
וְעַל פְּלֵיטַת סוֹפְרֵיהֶם
וְעַל גֵּרֵי הַצֶּדֶק, וְעָלֵינוּ
יֶהֱמוּ רַחֲמֶיךָ יהוה אֱלֹהֵינוּ
וְתֵן שָׂכָר טוֹב לְכָל הַבּוֹטְחִים בְּשִׁמְךָ בֶּאֱמֶת
וְשִׂים חֶלְקֵנוּ עִמָּהֶם
וּלְעוֹלָם לֹא נֵבוֹשׁ כִּי בְךָ בָטָחְנוּ.
בָּרוּךְ אַתָּה יהוה
מִשְׁעָן וּמִבְטָח לַצַּדִּיקִים.

בניין ירושלים

וְלִירוּשָׁלַיִם עִירְךָ בְּרַחֲמִים תָּשׁוּב
וְתִשְׁכֹּן בְּתוֹכָהּ כַּאֲשֶׁר דִּבַּרְתָּ
וּבְנֵה אוֹתָהּ בְּקָרוֹב בְּיָמֵינוּ בִּנְיַן עוֹלָם
וְכִסֵּא דָוִד מְהֵרָה לְתוֹכָהּ תָּכִין.
בָּרוּךְ אַתָּה יהוה
בּוֹנֵה יְרוּשָׁלָיִם.

מלכות בית דוד

אֶת צֶֽמַח דָּוִד עַבְדְּךָ מְהֵרָה תַצְמִֽיחַ
וְקַרְנוֹ תָּרוּם בִּישׁוּעָתֶֽךָ
כִּי לִישׁוּעָתְךָ קִוִּֽינוּ כָּל הַיּוֹם.
בָּרוּךְ אַתָּה יהוה, מַצְמִֽיחַ קֶֽרֶן יְשׁוּעָה.

שומע תפילה

שְׁמַע קוֹלֵֽנוּ יהוה אֱלֹהֵֽינוּ, חוּס וְרַחֵם עָלֵֽינוּ,
וְקַבֵּל בְּרַחֲמִים וּבְרָצוֹן אֶת תְּפִלָּתֵֽנוּ
כִּי אֵל שׁוֹמֵֽעַ תְּפִלּוֹת וְתַחֲנוּנִים אָֽתָּה
וּמִלְּפָנֶֽיךָ מַלְכֵּֽנוּ רֵיקָם אַל תְּשִׁיבֵֽנוּ*

---

*בזמן עצירת גשמים (טור, תקעט):

וַעֲנֵֽנוּ בּוֹרֵא עוֹלָם בְּמִדַּת הָרַחֲמִים, בּוֹחֵר בְּעַמּוֹ יִשְׂרָאֵל לְהוֹדִיעַ גָּדְלוֹ וְהַדְרַת כְּבוֹדוֹ. שׁוֹמֵֽעַ תְּפִלָּה, תֵּן טַל וּמָטָר עַל פְּנֵי הָאֲדָמָה, וְתַשְׂבִּֽיעַ אֶת הָעוֹלָם כֻּלּוֹ מִטּוּבֶֽךָ, וּמַלֵּא יָדֵֽינוּ מִבִּרְכוֹתֶֽיךָ וּמֵעֹֽשֶׁר מַתְּנַת יָדֶֽךָ. שְׁמֹר וְהַצֵּל שָׁנָה זוֹ מִכָּל דָּבָר רָע, וּמִכָּל מִינֵי מַשְׁחִית וּמִכָּל מִינֵי פֻרְעָנִיּוֹת, וַעֲשֵׂה לָהּ תִּקְוָה וְאַחֲרִית שָׁלוֹם. חוּס וְרַחֵם עָלֵֽינוּ וְעַל כָּל תְּבוּאָתֵֽנוּ וּפֵרוֹתֵֽינוּ, וּבָרְכֵֽנוּ בְּגִשְׁמֵי בְרָכָה, וְנִזְכֶּה לְחַיִּים

וְשֹׂבַע וְשָׁלוֹם כַּשָּׁנִים הַטּוֹבוֹת. וְהָסֵר מִמֶּנּוּ דֶּבֶר וְחֶרֶב וְרָעָב, וְחַיָּה רָעָה וּשְׁבִי וּבִזָּה, וְיֵצֶר הָרָע וְחֳלָיִים רָעִים וְקָשִׁים וּמְאֹרָעוֹת רָעִים וְקָשִׁים. וּגְזֹר עָלֵינוּ גְּזֵרוֹת טוֹבוֹת מִלְּפָנֶיךָ, וְיִגֹּלּוּ רַחֲמֶיךָ עַל מִדּוֹתֶיךָ, וְתִתְנַהֵג עִם בָּנֶיךָ בְּמִדַּת הָרַחֲמִים, וְקַבֵּל בְּרַחֲמִים וּבְרָצוֹן אֶת תְּפִלָּתֵנוּ. וממשיכים 'כִּי אַתָּה שׁוֹמֵעַ'.

כִּי אַתָּה שׁוֹמֵעַ תְּפִלַּת עַמְּךָ יִשְׂרָאֵל בְּרַחֲמִים.
בָּרוּךְ אַתָּה יהוה, שׁוֹמֵעַ תְּפִלָּה.

עבודה

רְצֵה יהוה אֱלֹהֵינוּ בְּעַמְּךָ יִשְׂרָאֵל וּבִתְפִלָּתָם
וְהָשֵׁב אֶת הָעֲבוֹדָה לִדְבִיר בֵּיתֶךָ
וְאִשֵּׁי יִשְׂרָאֵל וּתְפִלָּתָם
בְּאַהֲבָה תְקַבֵּל בְּרָצוֹן
וּתְהִי לְרָצוֹן תָּמִיד עֲבוֹדַת יִשְׂרָאֵל עַמֶּךָ.

בראש חודש ובחול המועד:

אֱלֹהֵינוּ וֵאלֹהֵי אֲבוֹתֵינוּ, יַעֲלֶה וְיָבוֹא וְיַגִּיעַ, וְיֵרָאֶה וְיֵרָצֶה וְיִשָּׁמַע, וְיִפָּקֵד וְיִזָּכֵר זִכְרוֹנֵנוּ וּפִקְדוֹנֵנוּ וְזִכְרוֹן אֲבוֹתֵינוּ, וְזִכְרוֹן מָשִׁיחַ בֶּן דָּוִד עַבְדֶּךָ, וְזִכְרוֹן

יְרוּשָׁלַיִם עִיר קָדְשֶׁךָ, וְזִכְרוֹן כָּל עַמְּךָ בֵּית יִשְׂרָאֵל, לְפָנֶיךָ, לִפְלֵיטָה לְטוֹבָה, לְחֵן וּלְחֶסֶד וּלְרַחֲמִים, לְחַיִּים וּלְשָׁלוֹם בְּיוֹם

בראש חודש: רֹאשׁ הַחֹדֶשׁ

בפסח: חַג הַמַּצּוֹת

בסוכות: חַג הַסֻּכּוֹת

הַזֶּה. זָכְרֵנוּ יהוה אֱלֹהֵינוּ בּוֹ לְטוֹבָה, וּפָקְדֵנוּ בוֹ לִבְרָכָה, וְהוֹשִׁיעֵנוּ בוֹ לְחַיִּים. וּבִדְבַר יְשׁוּעָה וְרַחֲמִים, חוּס וְחָנֵּנוּ וְרַחֵם עָלֵינוּ וְהוֹשִׁיעֵנוּ, כִּי אֵלֶיךָ עֵינֵינוּ, כִּי אֵל מֶלֶךְ חַנּוּן וְרַחוּם אָתָּה.

וְתֶחֱזֶינָה עֵינֵינוּ בְּשׁוּבְךָ לְצִיּוֹן בְּרַחֲמִים.
בָּרוּךְ אַתָּה יהוה, הַמַּחֲזִיר שְׁכִינָתוֹ לְצִיּוֹן.

בחזרת הש״ץ הקהל אומר ׳מודים׳ מתחת לקו בעמוד הבא.
בתפילת הלחש הקהל ממשיך כאן.

הודאה

כורע ב׳מודים׳ ואינו זוקף עד אמירת השם (סידור השל״ה).

מוֹדִים אֲנַחְנוּ לָךְ
שָׁאַתָּה הוּא יהוה אֱלֹהֵינוּ וֵאלֹהֵי אֲבוֹתֵינוּ
לְעוֹלָם וָעֶד.

צוּר חַיֵּינוּ, מָגֵן יִשְׁעֵנוּ
אַתָּה הוּא לְדוֹר וָדוֹר.
נוֹדֶה לְּךָ וּנְסַפֵּר תְּהִלָּתֶךָ
עַל חַיֵּינוּ הַמְּסוּרִים בְּיָדֶךָ
וְעַל נִשְׁמוֹתֵינוּ הַפְּקוּדוֹת לָךְ
וְעַל נִסֶּיךָ שֶׁבְּכָל יוֹם עִמָּנוּ
וְעַל נִפְלְאוֹתֶיךָ וְטוֹבוֹתֶיךָ
שֶׁבְּכָל עֵת, עֶרֶב וָבֹקֶר וְצָהֳרָיִם.
הַטּוֹב, כִּי לֹא כָלוּ רַחֲמֶיךָ
וְהַמְרַחֵם, כִּי לֹא תַמּוּ חֲסָדֶיךָ
מֵעוֹלָם קִוִּינוּ לָךְ.

כשהש״ץ אומר ׳מודים׳, הקהל אומר בלחש (סוטה מ ע״א):

מוֹדִים אֲנַחְנוּ לָךְ, שָׁאַתָּה הוּא יהוה אֱלֹהֵינוּ וֵאלֹהֵי אֲבוֹתֵינוּ, אֱלֹהֵי כָל בָּשָׂר, יוֹצְרֵנוּ, יוֹצֵר בְּרֵאשִׁית. בְּרָכוֹת וְהוֹדָאוֹת, לְשִׁמְךָ הַגָּדוֹל וְהַקָּדוֹשׁ, עַל שֶׁהֶחֱיִיתָנוּ וְקִיַּמְתָּנוּ. כֵּן תְּחַיֵּנוּ וּתְקַיְּמֵנוּ, וְתֶאֱסֹף גָּלֻיּוֹתֵינוּ, לְחַצְרוֹת קָדְשֶׁךָ, לִשְׁמֹר חֻקֶּיךָ וְלַעֲשׂוֹת רְצוֹנֶךָ וּלְעָבְדְּךָ בְּלֵבָב שָׁלֵם, עַל שֶׁאֲנַחְנוּ מוֹדִים לָךְ. בָּרוּךְ אֵל הַהוֹדָאוֹת.

בחנוכה:

עַל הַנִּסִּים וְעַל הַפֻּרְקָן וְעַל הַגְּבוּרוֹת וְעַל הַתְּשׁוּעוֹת וְעַל הַמִּלְחָמוֹת שֶׁעָשִׂיתָ לַאֲבוֹתֵינוּ בַּיָּמִים הָהֵם בַּזְּמַן הַזֶּה.

בִּימֵי מַתִּתְיָהוּ בֶּן יוֹחָנָן כֹּהֵן גָּדוֹל חַשְׁמוֹנַאי וּבָנָיו, כְּשֶׁעָמְדָה מַלְכוּת יָוָן הָרְשָׁעָה עַל עַמְּךָ יִשְׂרָאֵל לְהַשְׁכִּיחָם תּוֹרָתֶךָ וּלְהַעֲבִירָם מֵחֻקֵּי רְצוֹנֶךָ, וְאַתָּה בְּרַחֲמֶיךָ הָרַבִּים עָמַדְתָּ לָהֶם בְּעֵת צָרָתָם, רַבְתָּ אֶת רִיבָם, דַּנְתָּ אֶת דִּינָם, נָקַמְתָּ אֶת נִקְמָתָם, מָסַרְתָּ גִבּוֹרִים בְּיַד חַלָּשִׁים, וְרַבִּים בְּיַד מְעַטִּים, וּטְמֵאִים בְּיַד טְהוֹרִים, וּרְשָׁעִים בְּיַד צַדִּיקִים, וְזֵדִים בְּיַד עוֹסְקֵי תוֹרָתֶךָ, וּלְךָ עָשִׂיתָ שֵׁם גָּדוֹל וְקָדוֹשׁ בְּעוֹלָמֶךָ, וּלְעַמְּךָ יִשְׂרָאֵל עָשִׂיתָ תְּשׁוּעָה גְדוֹלָה וּפֻרְקָן כְּהַיּוֹם הַזֶּה. וְאַחַר כֵּן בָּאוּ בָנֶיךָ לִדְבִיר בֵּיתֶךָ, וּפִנּוּ אֶת הֵיכָלֶךָ, וְטִהֲרוּ אֶת מִקְדָּשֶׁךָ, וְהִדְלִיקוּ נֵרוֹת בְּחַצְרוֹת קָדְשֶׁךָ, וְקָבְעוּ שְׁמוֹנַת יְמֵי חֲנֻכָּה אֵלּוּ, לְהוֹדוֹת וּלְהַלֵּל לְשִׁמְךָ הַגָּדוֹל.

וממשיך 'וְעַל כֻּלָּם'.

בפורים:

עַל הַנִּסִּים וְעַל הַפֻּרְקָן וְעַל הַגְּבוּרוֹת וְעַל הַתְּשׁוּעוֹת וְעַל הַמִּלְחָמוֹת שֶׁעָשִׂיתָ לַאֲבוֹתֵינוּ בַּיָּמִים הָהֵם בַּזְּמַן הַזֶּה.

בִּימֵי מׇרְדְּכַי וְאֶסְתֵּר בְּשׁוּשַׁן הַבִּירָה, כְּשֶׁעָמַד
עֲלֵיהֶם הָמָן הָרָשָׁע, בִּקֵּשׁ לְהַשְׁמִיד לַהֲרֹג וּלְאַבֵּד אסתר ג
אֶת־כׇּל־הַיְּהוּדִים מִנַּעַר וְעַד־זָקֵן טַף וְנָשִׁים
בְּיוֹם אֶחָד, בִּשְׁלוֹשָׁה עָשָׂר לְחֹדֶשׁ שְׁנֵים־עָשָׂר,
הוּא־חֹדֶשׁ אֲדָר, וּשְׁלָלָם לָבוֹז: וְאַתָּה בְּרַחֲמֶיךָ
הָרַבִּים הֵפַרְתָּ אֶת עֲצָתוֹ, וְקִלְקַלְתָּ אֶת מַחֲשַׁבְתּוֹ,
וַהֲשֵׁבוֹתָ לוֹ גְּמוּלוֹ בְּרֹאשׁוֹ, וְתָלוּ אוֹתוֹ וְאֶת בָּנָיו
עַל הָעֵץ.

וממשיך ׳וְעַל כֻּלָּם׳.

וְעַל כֻּלָּם יִתְבָּרַךְ וְיִתְרוֹמַם שִׁמְךָ מַלְכֵּנוּ
תָּמִיד לְעוֹלָם וָעֶד.

בעשרת ימי תשובה: וּכְתֹב לְחַיִּים טוֹבִים
כׇּל בְּנֵי בְרִיתֶךָ.

וְכֹל הַחַיִּים יוֹדְוּךָ סֶּלָה
וִיהַלְלוּ אֶת שִׁמְךָ בֶּאֱמֶת
הָאֵל יְשׁוּעָתֵנוּ וְעֶזְרָתֵנוּ סֶלָה.
בָּרוּךְ אַתָּה יהוה
הַטּוֹב שִׁמְךָ וּלְךָ נָאֶה לְהוֹדוֹת.

אם יותר מכוהן אחד עולה לדוכן, הגבאי קורא:

כֹּהֲנִים

הכוהנים מברכים:

בָּרוּךְ אַתָּה יהוה אֱלֹהֵינוּ מֶלֶךְ הָעוֹלָם, אֲשֶׁר קִדְּשָׁנוּ בִּקְדֻשָּׁתוֹ שֶׁל אַהֲרֹן, וְצִוָּנוּ לְבָרֵךְ אֶת עַמּוֹ יִשְׂרָאֵל בְּאַהֲבָה.

הש״ץ מקריא מילה במילה, והכוהנים אחריו:

במדבר ו יְבָרֶכְךָ יהוה וְיִשְׁמְרֶךָ: קהל: אָמֵן

יָאֵר יהוה פָּנָיו אֵלֶיךָ וִיחֻנֶּךָּ: קהל: אָמֵן

יִשָּׂא יהוה פָּנָיו אֵלֶיךָ וְיָשֵׂם לְךָ שָׁלוֹם: קהל: אָמֵן

שליח הציבור ממשיך ׳שִׂים שָׁלוֹם׳.

הכוהנים אומרים: רִבּוֹנוֹ שֶׁל עוֹלָם, עָשִׂינוּ מַה שֶּׁגָּזַרְתָּ עָלֵינוּ, אַף אַתָּה
דברים כו עֲשֵׂה עִמָּנוּ כְּמוֹ שֶׁהִבְטַחְתָּנוּ. הַשְׁקִיפָה מִמְּעוֹן קָדְשְׁךָ מִן־הַשָּׁמַיִם, וּבָרֵךְ אֶת־עַמְּךָ אֶת־יִשְׂרָאֵל, וְאֵת הָאֲדָמָה אֲשֶׁר נָתַתָּה לָנוּ, כַּאֲשֶׁר נִשְׁבַּעְתָּ לַאֲבֹתֵינוּ, אֶרֶץ זָבַת חָלָב וּדְבָשׁ:

הקהל אומר: אַדִּיר בַּמָּרוֹם שׁוֹכֵן בִּגְבוּרָה, אַתָּה שָׁלוֹם וְשִׁמְךָ שָׁלוֹם. יְהִי רָצוֹן שֶׁתָּשִׂים עָלֵינוּ וְעַל כָּל עַמְּךָ בֵּית יִשְׂרָאֵל חַיִּים וּבְרָכָה לְמִשְׁמֶרֶת שָׁלוֹם.

אם אין כוהנים העולים לדוכן, שליח הציבור אומר:

אֱלֹהֵינוּ וֵאלֹהֵי אֲבוֹתֵינוּ, בָּרְכֵנוּ בַּבְּרָכָה הַמְשֻׁלֶּשֶׁת בַּתּוֹרָה, הַכְּתוּבָה עַל יְדֵי מֹשֶׁה עַבְדֶּךָ, הָאֲמוּרָה מִפִּי אַהֲרֹן וּבָנָיו כֹּהֲנִים עַם קְדוֹשֶׁיךָ, כָּאָמוּר

במדבר ו

יְבָרֶכְךָ יהוה וְיִשְׁמְרֶךָ: קהל: כֵּן יְהִי רָצוֹן

יָאֵר יהוה פָּנָיו אֵלֶיךָ וִיחֻנֶּךָּ: קהל: כֵּן יְהִי רָצוֹן

יִשָּׂא יהוה פָּנָיו אֵלֶיךָ וְיָשֵׂם לְךָ שָׁלוֹם: קהל: כֵּן יְהִי רָצוֹן

שלום

שִׂים שָׁלוֹם טוֹבָה וּבְרָכָה

חֵן וָחֶסֶד וְרַחֲמִים עָלֵינוּ וְעַל כָּל יִשְׂרָאֵל עַמֶּךָ.

בָּרְכֵנוּ אָבִינוּ כֻּלָּנוּ כְּאֶחָד בְּאוֹר פָּנֶיךָ

כִּי בְאוֹר פָּנֶיךָ נָתַתָּ לָנוּ יהוה אֱלֹהֵינוּ

תּוֹרַת חַיִּים וְאַהֲבַת חֶסֶד, וּצְדָקָה וּבְרָכָה

וְרַחֲמִים וְחַיִּים וְשָׁלוֹם.

וְטוֹב בְּעֵינֶיךָ לְבָרֵךְ אֶת עַמְּךָ יִשְׂרָאֵל

בְּכָל עֵת וּבְכָל שָׁעָה בִּשְׁלוֹמֶךָ.

בעשרת ימי תשובה: בְּסֵפֶר חַיִּים, בְּרָכָה וְשָׁלוֹם, וּפַרְנָסָה טוֹבָה

נִזָּכֵר וְנִכָּתֵב לְפָנֶיךָ

אֲנַחְנוּ וְכָל עַמְּךָ בֵּית יִשְׂרָאֵל

לְחַיִּים טוֹבִים וּלְשָׁלוֹם.

בני חוץ לארץ מסיימים: בָּרוּךְ אַתָּה יהוה, עוֹשֵׂה הַשָּׁלוֹם.

בָּרוּךְ אַתָּה יהוה

הַמְבָרֵךְ אֶת עַמּוֹ יִשְׂרָאֵל בַּשָּׁלוֹם.

שליח הציבור מסיים באמירת הפסוק הבא בלחש (מג״א קכג, יד).
יש הנוהגים לאומרו גם בסוף תפילת לחש של יחיד.

יִהְיוּ לְרָצוֹן אִמְרֵי־פִי וְהֶגְיוֹן לִבִּי לְפָנֶיךָ, יהוה צוּרִי וְגֹאֲלִי: תהלים יט

אֱלֹהַי ברכות יז.
נְצֹר לְשׁוֹנִי מֵרָע וּשְׂפָתַי מִדַּבֵּר מִרְמָה
וְלִמְקַלְלַי נַפְשִׁי תִדֹּם
וְנַפְשִׁי כֶּעָפָר לַכֹּל תִּהְיֶה.
פְּתַח לִבִּי בְּתוֹרָתֶךָ
וּבְמִצְוֹתֶיךָ תִּרְדֹּף נַפְשִׁי.
וְכָל הַחוֹשְׁבִים עָלַי רָעָה
מְהֵרָה הָפֵר עֲצָתָם וְקַלְקֵל מַחֲשַׁבְתָּם.
עֲשֵׂה לְמַעַן שְׁמֶךָ
עֲשֵׂה לְמַעַן יְמִינֶךָ
עֲשֵׂה לְמַעַן קְדֻשָּׁתֶךָ
עֲשֵׂה לְמַעַן תּוֹרָתֶךָ.
לְמַעַן יֵחָלְצוּן יְדִידֶיךָ, הוֹשִׁיעָה יְמִינְךָ וַעֲנֵנִי: תהלים ס
יִהְיוּ לְרָצוֹן אִמְרֵי־פִי וְהֶגְיוֹן לִבִּי לְפָנֶיךָ תהלים יט
יהוה צוּרִי וְגֹאֲלִי:

כורע ופוסע שלוש פסיעות לאחור. קד לשמאל, לימין ולפנים באמירת:

עֹשֶׂה שָׁלוֹם/ בעשרת ימי תשובה: **הַשָּׁלוֹם/ בִּמְרוֹמָיו הוּא יַעֲשֶׂה שָׁלוֹם עָלֵינוּ וְעַל כָּל יִשְׂרָאֵל וְאִמְרוּ אָמֵן.**

יְהִי רָצוֹן מִלְּפָנֶיךָ יהוה אֱלֹהֵינוּ וֵאלֹהֵי אֲבוֹתֵינוּ
שֶׁיִּבָּנֶה בֵּית הַמִּקְדָּשׁ בִּמְהֵרָה בְיָמֵינוּ
וְתֵן חֶלְקֵנוּ בְּתוֹרָתֶךָ
וְשָׁם נַעֲבָדְךָ בְּיִרְאָה כִּימֵי עוֹלָם וּכְשָׁנִים קַדְמֹנִיּוֹת.
וְעָרְבָה לַיהוה מִנְחַת יְהוּדָה וִירוּשָׁלָםִ מלאכי ג
כִּימֵי עוֹלָם וּכְשָׁנִים קַדְמֹנִיּוֹת:

שליח הציבור חוזר על התפילה בקול רם.

בראש חודש, בחנוכה, בחול המועד, ביום העצמאות
וביום חירות ירושלים אומרים אחרי חזרת שליח הציבור הלל (עמ׳ 576).
בשאר ימים שאין אומרים בהם תחנון (ראה רשימה בעמוד הבא),
שליח הציבור אומר חצי קדיש (עמ׳ 110).

בתענית ציבור אומרים כאן סליחות (לעשרה בטבת בעמ׳ 776,
לתענית אסתר בעמ׳ 786 ולי״ז בתמוז בעמ׳ 796)
ואחריהן ׳אָבִינוּ מַלְכֵּנוּ׳ (עמ׳ 96).

"ולאחר שיסיים ש"ץ חזרת תפלה, נופלים על פניהם ומתחננין" (טור, קלא).

בעשרת ימי תשובה ובתענית ציבור אומרים לפני נפילת אפיים 'אָבִינוּ מַלְכֵּנוּ' (עמ' 96).

בשני ובחמישי אומרים לפני נפילת אפיים 'וְהוּא רַחוּם' (עמ' 100),
ולמנהג ספרד אומרים אותו אחרי נפילת אפיים.

בשאר הימים שאומרים בהם תחנון, מתחילים 'וַיֹּאמֶר דָּוִד' (עמ' 106).

למנהג ספרד, אומרים וידוי וי"ג מידות לפני תחנון, ויש מקהילות אשכנז שאימצו מנהג זה, חלקם בשני ובחמישי חלקם בכל יום.

הימים שאין אומרים בהם תחנון (לפי המנהג המקובל בארץ ישראל), הם: ראש חודש, כל חודש ניסן, יום העצמאות, פסח שני, לג בעומר, יום ירושלים, מראש חודש סיוון עד יב בחודש, תשעה באב, טו באב, ערב ראש השנה, מערב יום הכיפורים עד ראש חודש מרחשוון, חנוכה, טו בשבט, יד-טו באדר א', פורים ושושן פורים.

כמו כן אין אומרים תחנון בבית כנסת ביום שעתידה להתקיים בו ברית מילה,
או שאחד מבעלי הברית (אבי הבן, המוהל או הסנדק) מתפללים בו,
או שחתן בשבעת ימי המשתה מתפלל בו, וגם לא בבית האבל.

וידוי

אֱלֹהֵינוּ וֵאלֹהֵי אֲבוֹתֵינוּ, תָּבוֹא לְפָנֶיךָ תְּפִלָּתֵנוּ, וְאַל תִּתְעַלַּם מִתְּחִנָּתֵנוּ, שֶׁאֵין אֲנַחְנוּ עַזֵּי פָנִים וּקְשֵׁי עֹרֶף לוֹמַר לְפָנֶיךָ, יהוה אֱלֹהֵינוּ וֵאלֹהֵי אֲבוֹתֵינוּ, צַדִּיקִים אֲנַחְנוּ וְלֹא חָטָאנוּ, אֲבָל אֲנַחְנוּ וַאֲבוֹתֵינוּ חָטָאנוּ

כשמתוודה, מכה באגרופו על החזה כנגד הלב (מג"א תרז, ג, בשם מדרש קהלת).

אָשַׁמְנוּ, בָּגַדְנוּ, גָּזַלְנוּ, דִּבַּרְנוּ דֹפִי, הֶעֱוִינוּ, וְהִרְשַׁעְנוּ, זַדְנוּ, חָמַסְנוּ, טָפַלְנוּ שֶׁקֶר, יָעַצְנוּ רָע, כִּזַּבְנוּ, לַצְנוּ, מָרַדְנוּ, נִאַצְנוּ, סָרַרְנוּ, עָוִינוּ, פָּשַׁעְנוּ, צָרַרְנוּ, קִשִּׁינוּ עֹרֶף, רָשַׁעְנוּ, שִׁחַתְנוּ, תִּעַבְנוּ, תָּעִינוּ, תִּעְתָּעְנוּ.

סַרְנוּ מִמִּצְוֹתֶיךָ וּמִמִּשְׁפָּטֶיךָ הַטּוֹבִים, וְלֹא שָׁוָה לָנוּ. וְאַתָּה צַדִּיק עַל כָּל־הַבָּא עָלֵינוּ, כִּי־אֱמֶת עָשִׂיתָ, וַאֲנַחְנוּ הִרְשָׁעְנוּ: נחמיה ט

מי שמתפלל בלא מניין, אינו אומר י״ג מידות (שו״ע תקסה, ה), אבל יכול לקרוא בטעמים כקורא בתורה (משנ״ב שם, יב; י״ג מידות בטעמי המקרא בעמ׳ 974).

י״ג מידות

אֵל אֶרֶךְ אַפַּיִם אַתָּה, וּבַעַל הָרַחֲמִים נִקְרֵאתָ, וְדֶרֶךְ תְּשׁוּבָה הוֹרֵיתָ. גְּדֻלַּת רַחֲמֶיךָ וַחֲסָדֶיךָ, תִּזְכֹּר הַיּוֹם וּבְכָל יוֹם לְזֶרַע יְדִידֶיךָ. תֵּפֶן אֵלֵינוּ בְּרַחֲמִים, כִּי אַתָּה הוּא בַּעַל הָרַחֲמִים. בְּתַחֲנוּן וּבִתְפִלָּה פָּנֶיךָ נְקַדֵּם, כְּהוֹדַעְתָּ לֶעָנָו מִקֶּדֶם. מֵחֲרוֹן אַפְּךָ שׁוּב, כְּמוֹ בְּתוֹרָתְךָ כָּתוּב. וּבְצֵל כְּנָפֶיךָ נֶחֱסֶה וְנִתְלוֹנָן, כְּיוֹם וַיֵּרֶד יהוה בֶּעָנָן. • תַּעֲבֹר עַל פֶּשַׁע וְתִמְחֶה אָשָׁם, כְּיוֹם וַיִּתְיַצֵּב עִמּוֹ שָׁם. תַּאֲזִין שַׁוְעָתֵנוּ וְתַקְשִׁיב מֶנּוּ מַאֲמָר, כְּיוֹם וַיִּקְרָא בְשֵׁם יהוה, וְשָׁם נֶאֱמַר:

הקהל עונה:

וַיַּעֲבֹר יהוה עַל־פָּנָיו וַיִּקְרָא שמות לד

יהוה, יהוה, אֵל רַחוּם וְחַנּוּן, אֶרֶךְ אַפַּיִם וְרַב־חֶסֶד וֶאֱמֶת: נֹצֵר חֶסֶד לָאֲלָפִים, נֹשֵׂא עָוֹן וָפֶשַׁע וְחַטָּאָה, וְנַקֵּה:

וְסָלַחְתָּ לַעֲוֺנֵנוּ וּלְחַטָּאתֵנוּ, וּנְחַלְתָּנוּ: סְלַח לָנוּ אָבִינוּ כִּי חָטָאנוּ, מְחַל לָנוּ מַלְכֵּנוּ כִּי פָשָׁעְנוּ, כִּי־אַתָּה אֲדֹנָי טוֹב וְסַלָּח וְרַב־חֶסֶד לְכָל־קֹרְאֶיךָ: תהלים פו

בימי שני וחמישי ממשיכים ׳וְהוּא רַחוּם׳ בעמ׳ 100.

בשאר הימים ממשיכים ׳וַיֹּאמֶר דָּוִד׳ בעמ׳ 106.

אבינו מלכנו

בתעניות ציבור ובעשרת ימי תשובה אומרים 'אָבִינוּ מַלְכֵּנוּ'.

פותחים את ארון הקודש.

אָבִינוּ מַלְכֵּנוּ, חָטָאנוּ לְפָנֶיךָ.

אָבִינוּ מַלְכֵּנוּ, אֵין לָנוּ מֶלֶךְ אֶלָּא אָתָּה.

אָבִינוּ מַלְכֵּנוּ, עֲשֵׂה עִמָּנוּ לְמַעַן שְׁמֶךָ.

אָבִינוּ מַלְכֵּנוּ, בָּרֵךְ/ בעשרת ימי תשובה: חַדֵּשׁ/ עָלֵינוּ שָׁנָה טוֹבָה.

אָבִינוּ מַלְכֵּנוּ, בַּטֵּל מֵעָלֵינוּ כָּל גְּזֵרוֹת קָשׁוֹת.

אָבִינוּ מַלְכֵּנוּ, בַּטֵּל מַחְשְׁבוֹת שׂוֹנְאֵינוּ.

אָבִינוּ מַלְכֵּנוּ, הָפֵר עֲצַת אוֹיְבֵינוּ.

אָבִינוּ מַלְכֵּנוּ, כַּלֵּה כָּל צַר וּמַשְׂטִין מֵעָלֵינוּ.

אָבִינוּ מַלְכֵּנוּ, סְתֹם פִּיּוֹת מַשְׂטִינֵנוּ וּמְקַטְרְגֵינוּ.

אָבִינוּ מַלְכֵּנוּ, כַּלֵּה דֶּבֶר וְחֶרֶב וְרָעָב וּשְׁבִי וּמַשְׁחִית וְעָוֹן וּשְׁמַד, מִבְּנֵי בְרִיתֶךָ.

אָבִינוּ מַלְכֵּנוּ, מְנַע מַגֵּפָה מִנַּחֲלָתֶךָ.

אָבִינוּ מַלְכֵּנוּ, סְלַח וּמְחַל לְכָל עֲוֹנוֹתֵינוּ.

אָבִינוּ מַלְכֵּנוּ, מְחֵה וְהַעֲבֵר פְּשָׁעֵינוּ וְחַטֹּאתֵינוּ מִנֶּגֶד עֵינֶיךָ.

אָבִינוּ מַלְכֵּנוּ, מְחֹק בְּרַחֲמֶיךָ הָרַבִּים כָּל שִׁטְרֵי חוֹבוֹתֵינוּ.

מכאן עד 'לסליחה ומחילה' שליח הציבור אומר כל משפט בקול רם, והקהל אחריו:

אָבִינוּ מַלְכֵּנוּ, הַחֲזִירֵנוּ בִּתְשׁוּבָה שְׁלֵמָה לְפָנֶיךָ.

אָבִינוּ מַלְכֵּנוּ, שְׁלַח רְפוּאָה שְׁלֵמָה לְחוֹלֵי עַמֶּךָ.

אָבִינוּ מַלְכֵּנוּ, קְרַע רֹעַ גְּזַר דִּינֵנוּ.

אָבִינוּ מַלְכֵּנוּ, זָכְרֵנוּ בְּזִכָּרוֹן טוֹב לְפָנֶיךָ.

בעשרת ימי תשובה:

אָבִינוּ מַלְכֵּנוּ, כָּתְבֵנוּ בְּסֵפֶר חַיִּים טוֹבִים.

אָבִינוּ מַלְכֵּנוּ, כָּתְבֵנוּ בְּסֵפֶר גְּאֻלָּה וִישׁוּעָה.

אָבִינוּ מַלְכֵּנוּ, כָּתְבֵנוּ בְּסֵפֶר פַּרְנָסָה וְכַלְכָּלָה.

אָבִינוּ מַלְכֵּנוּ, כָּתְבֵנוּ בְּסֵפֶר זְכֻיּוֹת.

אָבִינוּ מַלְכֵּנוּ, כָּתְבֵנוּ בְּסֵפֶר סְלִיחָה וּמְחִילָה.

בתעניות ציבור:

אָבִינוּ מַלְכֵּנוּ, זָכְרֵנוּ לְחַיִּים טוֹבִים.

אָבִינוּ מַלְכֵּנוּ, זָכְרֵנוּ לִגְאֻלָּה וִישׁוּעָה.

אָבִינוּ מַלְכֵּנוּ, זָכְרֵנוּ לְפַרְנָסָה וְכַלְכָּלָה.

אָבִינוּ מַלְכֵּנוּ, זָכְרֵנוּ לִזְכֻיּוֹת.

אָבִינוּ מַלְכֵּנוּ, זָכְרֵנוּ לִסְלִיחָה וּמְחִילָה.

אָבִֽינוּ מַלְכֵּֽנוּ, הַצְמַח לָֽנוּ יְשׁוּעָה בְּקָרוֹב.

אָבִֽינוּ מַלְכֵּֽנוּ, הָרֵם קֶֽרֶן יִשְׂרָאֵל עַמֶּֽךָ.

אָבִֽינוּ מַלְכֵּֽנוּ, הָרֵם קֶֽרֶן מְשִׁיחֶֽךָ.

אָבִֽינוּ מַלְכֵּֽנוּ, מַלֵּא יָדֵֽינוּ מִבִּרְכוֹתֶֽיךָ.

אָבִֽינוּ מַלְכֵּֽנוּ, מַלֵּא אֲסָמֵֽינוּ שָׂבָע.

אָבִֽינוּ מַלְכֵּֽנוּ, שְׁמַע קוֹלֵֽנוּ, חוּס וְרַחֵם עָלֵֽינוּ.

אָבִֽינוּ מַלְכֵּֽנוּ, קַבֵּל בְּרַחֲמִים וּבְרָצוֹן אֶת תְּפִלָּתֵֽנוּ.

אָבִֽינוּ מַלְכֵּֽנוּ, פְּתַח שַׁעֲרֵי שָׁמַֽיִם לִתְפִלָּתֵֽנוּ.

אָבִֽינוּ מַלְכֵּֽנוּ, זְכֹר כִּי עָפָר אֲנָֽחְנוּ.

אָבִֽינוּ מַלְכֵּֽנוּ, נָא אַל תְּשִׁיבֵֽנוּ רֵיקָם מִלְּפָנֶֽיךָ.

אָבִֽינוּ מַלְכֵּֽנוּ, תְּהֵא הַשָּׁעָה הַזֹּאת שְׁעַת רַחֲמִים וְעֵת רָצוֹן מִלְּפָנֶֽיךָ.

אָבִֽינוּ מַלְכֵּֽנוּ, חֲמֹל עָלֵֽינוּ וְעַל עוֹלָלֵֽינוּ וְטַפֵּֽנוּ.

אָבִֽינוּ מַלְכֵּֽנוּ, עֲשֵׂה לְמַֽעַן הֲרוּגִים עַל שֵׁם קָדְשֶֽׁךָ.

אָבִֽינוּ מַלְכֵּֽנוּ, עֲשֵׂה לְמַֽעַן טְבוּחִים עַל יִחוּדֶֽךָ.

אָבִֽינוּ מַלְכֵּֽנוּ, עֲשֵׂה לְמַֽעַן בָּאֵי בָאֵשׁ וּבַמַּֽיִם עַל קִדּוּשׁ שְׁמֶֽךָ.

אָבִינוּ מַלְכֵּנוּ, נְקֹם לְעֵינֵינוּ נִקְמַת דַּם עֲבָדֶיךָ הַשָּׁפוּךְ.

אָבִינוּ מַלְכֵּנוּ, עֲשֵׂה לְמַעַנְךָ אִם לֹא לְמַעֲנֵנוּ.

אָבִינוּ מַלְכֵּנוּ, עֲשֵׂה לְמַעַנְךָ וְהוֹשִׁיעֵנוּ.

אָבִינוּ מַלְכֵּנוּ, עֲשֵׂה לְמַעַן רַחֲמֶיךָ הָרַבִּים.

אָבִינוּ מַלְכֵּנוּ, עֲשֵׂה לְמַעַן שִׁמְךָ הַגָּדוֹל הַגִּבּוֹר וְהַנּוֹרָא, שֶׁנִּקְרָא עָלֵינוּ.

◂ אָבִינוּ מַלְכֵּנוּ, חָנֵּנוּ וַעֲנֵנוּ, כִּי אֵין בָּנוּ מַעֲשִׂים עֲשֵׂה עִמָּנוּ צְדָקָה וָחֶסֶד וְהוֹשִׁיעֵנוּ.

סוגרים את ארון הקודש.

בשני ובחמישי ממשיכים ׳וְהוּא רַחוּם׳ בעמוד הבא.
בשאר הימים ממשיכים ׳וַיֹּאמֶר דָּוִד׳ בעמ׳ 106.
במנחה ממשיכים ׳וַיֹּאמֶר דָּוִד׳ בעמ׳ 176.

סדר תחנון

"בשני וחמישי אחר שמונה עשרה נהגו בכל מקומות ישראל להרבות בתפילה ובתחנונים לפי שבית דין של מעלה ושל מטה שוין והם ימי רחמים דכתיב (ישעיה נה, ו): 'דִּרְשׁוּ ה' בְּהִמָּצְאוֹ'" ('כלבו', יח וספר המנהיג סט). אומרים בעמידה עד 'וַיֹּאמֶר דָּוִד' בעמ' 106.

תהלים עח וְהוּא רַחוּם, יְכַפֵּר עָוֹן וְלֹא־יַשְׁחִית, וְהִרְבָּה לְהָשִׁיב
אַפּוֹ וְלֹא־יָעִיר כָּל־חֲמָתוֹ: אַתָּה יהוה לֹא־תִכְלָא
רַחֲמֶיךָ מִמֶּנּוּ, חַסְדְּךָ וַאֲמִתְּךָ תָּמִיד יִצְּרוּנוּ.
תהלים קו הוֹשִׁיעֵנוּ יהוה אֱלֹהֵינוּ וְקַבְּצֵנוּ מִן־הַגּוֹיִם, לְהוֹדוֹת
תהלים קל לְשֵׁם קָדְשֶׁךָ, לְהִשְׁתַּבֵּחַ בִּתְהִלָּתֶךָ: אִם־עֲוֺנוֹת
תִּשְׁמָר־יָהּ, אֲדֹנָי מִי יַעֲמֹד: כִּי־עִמְּךָ הַסְּלִיחָה לְמַעַן
תִּוָּרֵא: לֹא כַחֲטָאֵינוּ תַּעֲשֶׂה לָּנוּ, וְלֹא כַעֲוֺנוֹתֵינוּ
ירמיה יד תִּגְמֹל עָלֵינוּ. אִם־עֲוֺנֵינוּ עָנוּ בָנוּ, יהוה עֲשֵׂה לְמַעַן
תהלים כה שְׁמֶךָ: זְכֹר־רַחֲמֶיךָ יהוה וַחֲסָדֶיךָ, כִּי מֵעוֹלָם הֵמָּה:
יַעֲנֵנוּ יהוה בְּיוֹם צָרָה, יְשַׂגְּבֵנוּ שֵׁם אֱלֹהֵי יַעֲקֹב.
תהלים כ יהוה הוֹשִׁיעָה, הַמֶּלֶךְ יַעֲנֵנוּ בְיוֹם־קָרְאֵנוּ: אָבִינוּ
מַלְכֵּנוּ, חָנֵּנוּ וַעֲנֵנוּ, כִּי אֵין בָּנוּ מַעֲשִׂים, צְדָקָה
עֲשֵׂה עִמָּנוּ לְמַעַן שְׁמֶךָ. אֲדוֹנֵינוּ אֱלֹהֵינוּ, שְׁמַע קוֹל
תַּחֲנוּנֵינוּ, וּזְכָר לָנוּ אֶת בְּרִית אֲבוֹתֵינוּ וְהוֹשִׁיעֵנוּ
לְמַעַן שְׁמֶךָ.

וְעַתָּה אֲדֹנָי אֱלֹהֵינוּ, אֲשֶׁר הוֹצֵאתָ אֶת־עַמְּךָ דניאל ט
מֵאֶרֶץ מִצְרַיִם בְּיָד חֲזָקָה וַתַּעַשׂ־לְךָ שֵׁם כַּיּוֹם הַזֶּה,
חָטָאנוּ רָשָׁעְנוּ: אֲדֹנָי, כְּכָל־צִדְקֹתֶךָ יָשָׁב־נָא אַפְּךָ
וַחֲמָתְךָ, מֵעִירְךָ יְרוּשָׁלַיִם הַר־קָדְשֶׁךָ, כִּי בַחֲטָאֵינוּ
וּבַעֲוֹנוֹת אֲבֹתֵינוּ, יְרוּשָׁלַיִם וְעַמְּךָ לְחֶרְפָּה לְכָל־
סְבִיבֹתֵינוּ: וְעַתָּה שְׁמַע אֱלֹהֵינוּ אֶל־תְּפִלַּת עַבְדְּךָ
וְאֶל־תַּחֲנוּנָיו, וְהָאֵר פָּנֶיךָ עַל־מִקְדָּשְׁךָ הַשָּׁמֵם,
לְמַעַן אֲדֹנָי: הַטֵּה אֱלֹהַי אָזְנְךָ וּשְׁמָע, פְּקַח עֵינֶיךָ
וּרְאֵה שֹׁמְמֹתֵינוּ וְהָעִיר אֲשֶׁר־נִקְרָא שִׁמְךָ עָלֶיהָ,
כִּי לֹא עַל־צִדְקֹתֵינוּ אֲנַחְנוּ מַפִּילִים תַּחֲנוּנֵינוּ
לְפָנֶיךָ, כִּי עַל־רַחֲמֶיךָ הָרַבִּים: אֲדֹנָי שְׁמָעָה, אֲדֹנָי
סְלָחָה, אֲדֹנָי הַקְשִׁיבָה וַעֲשֵׂה אַל־תְּאַחַר, לְמַעַנְךָ
אֱלֹהַי, כִּי־שִׁמְךָ נִקְרָא עַל־עִירְךָ וְעַל־עַמֶּךָ:

אָבִינוּ הָאָב הָרַחֲמָן, הַרְאֵנוּ אוֹת לְטוֹבָה וְקַבֵּץ
נְפוּצוֹתֵינוּ מֵאַרְבַּע כַּנְפוֹת הָאָרֶץ. יַכִּירוּ וְיֵדְעוּ
כָּל הַגּוֹיִם כִּי אַתָּה יהוה אֱלֹהֵינוּ. וְעַתָּה יהוה ישעיה סד
אָבִינוּ אָתָּה, אֲנַחְנוּ הַחֹמֶר וְאַתָּה יֹצְרֵנוּ וּמַעֲשֵׂה
יָדְךָ כֻּלָּנוּ: הוֹשִׁיעֵנוּ לְמַעַן שְׁמֶךָ, צוּרֵנוּ מַלְכֵּנוּ

וְגוֹאֲלֵנוּ. חוּסָה יהוה עַל־עַמֶּךָ, וְאַל־תִּתֵּן נַחֲלָתְךָ יואל ב
לְחֶרְפָּה לִמְשָׁל־בָּם גּוֹיִם, לָמָּה יֹאמְרוּ בָעַמִּים אַיֵּה
אֱלֹהֵיהֶם: יָדַעְנוּ כִּי חָטָאנוּ וְאֵין מִי יַעֲמֹד בַּעֲדֵנוּ,
שִׁמְךָ הַגָּדוֹל יַעֲמָד לָנוּ בְּעֵת צָרָה. יָדַעְנוּ כִּי אֵין
בָּנוּ מַעֲשִׂים, צְדָקָה עֲשֵׂה עִמָּנוּ לְמַעַן שְׁמֶךָ. כְּרַחֵם
אָב עַל בָּנִים כֵּן תְּרַחֵם יהוה עָלֵינוּ, וְהוֹשִׁיעֵנוּ
לְמַעַן שְׁמֶךָ. חֲמֹל עַל עַמֶּךָ, רַחֵם עַל נַחֲלָתֶךָ, חוּסָה
נָּא כְּרֹב רַחֲמֶיךָ, חָנֵּנוּ וַעֲנֵנוּ. כִּי לְךָ יהוה הַצְּדָקָה,
עֹשֵׂה נִפְלָאוֹת בְּכָל עֵת.

הַבֶּט נָא, רַחֶם נָא עַל עַמְּךָ מְהֵרָה לְמַעַן שְׁמֶךָ
בְּרַחֲמֶיךָ הָרַבִּים יהוה אֱלֹהֵינוּ. חוּס וְרַחֵם
וְהוֹשִׁיעָה צֹאן מַרְעִיתֶךָ, וְאַל יִמְשָׁל בָּנוּ קֶצֶף,
כִּי לְךָ עֵינֵינוּ תְלוּיוֹת. הוֹשִׁיעֵנוּ לְמַעַן שְׁמֶךָ. רַחֵם
עָלֵינוּ לְמַעַן בְּרִיתֶךָ. הַבִּיטָה וַעֲנֵנוּ בְּעֵת צָרָה, כִּי
לְךָ יהוה הַיְשׁוּעָה. בְּךָ תוֹחַלְתֵּנוּ אֱלוֹהַּ סְלִיחוֹת,
אָנָּא סְלַח נָא אֵל טוֹב וְסַלָּח, כִּי אֵל מֶלֶךְ חַנּוּן
וְרַחוּם אָתָּה.

אָנָּא מֶלֶךְ חַנּוּן וְרַחוּם, זְכֹר וְהַבֵּט לִבְרִית בֵּין
הַבְּתָרִים, וְתֵרָאֶה לְפָנֶיךָ עֲקֵדַת יָחִיד לְמַעַן

יִשְׂרָאֵל. אָבִינוּ מַלְכֵּנוּ, חָנֵּנוּ וַעֲנֵנוּ, כִּי שִׁמְךָ הַגָּדוֹל נִקְרָא עָלֵינוּ. עֹשֵׂה נִפְלָאוֹת בְּכָל עֵת, עֲשֵׂה עִמָּנוּ כְּחַסְדֶּךָ. חַנּוּן וְרַחוּם, הַבִּיטָה וַעֲנֵנוּ בְּעֵת צָרָה, כִּי לְךָ יהוה הַיְשׁוּעָה. אָבִינוּ מַלְכֵּנוּ מַחְסֵנוּ, אַל תַּעַשׂ עִמָּנוּ כְּרֹעַ מַעֲלָלֵינוּ. זְכֹר רַחֲמֶיךָ יהוה וַחֲסָדֶיךָ, וּכְרֹב טוּבְךָ הוֹשִׁיעֵנוּ, וַחֲמָל נָא עָלֵינוּ, כִּי אֵין לָנוּ אֱלוֹהַ אַחֵר מִבַּלְעָדֶיךָ צוּרֵנוּ. אַל תַּעַזְבֵנוּ יהוה אֱלֹהֵינוּ אַל תִּרְחַק מִמֶּנּוּ. כִּי נַפְשֵׁנוּ קְצָרָה, מֵחֶרֶב וּמִשְּׁבִי וּמִדֶּבֶר וּמִמַּגֵּפָה. וּמִכָּל צָרָה וְיָגוֹן הַצִּילֵנוּ, כִּי לְךָ קִוִּינוּ. וְאַל תַּכְלִימֵנוּ יהוה אֱלֹהֵינוּ, וְהָאֵר פָּנֶיךָ בָּנוּ, וּזְכָר לָנוּ אֶת בְּרִית אֲבוֹתֵינוּ וְהוֹשִׁיעֵנוּ לְמַעַן שְׁמֶךָ. רְאֵה בְצָרוֹתֵינוּ, וּשְׁמַע קוֹל תְּפִלָּתֵנוּ, כִּי אַתָּה שׁוֹמֵעַ תְּפִלַּת כָּל פֶּה.

אֵל רַחוּם וְחַנּוּן, רַחֵם עָלֵינוּ וְעַל כָּל מַעֲשֶׂיךָ, כִּי אֵין כָּמוֹךָ יהוה אֱלֹהֵינוּ. אָנָּא שָׂא נָא פְשָׁעֵינוּ, אָבִינוּ מַלְכֵּנוּ צוּרֵנוּ וְגוֹאֲלֵנוּ, אֵל חַי וְקַיָּם הַחֲסִין בַּכֹּחַ, חָסִיד וָטוֹב עַל כָּל מַעֲשֶׂיךָ, כִּי אַתָּה הוּא יהוה אֱלֹהֵינוּ. אֵל אֶרֶךְ אַפַּיִם וּמָלֵא רַחֲמִים, עֲשֵׂה עִמָּנוּ כְּרֹב רַחֲמֶיךָ, וְהוֹשִׁיעֵנוּ לְמַעַן שְׁמֶךָ.

שְׁמַע מַלְכֵּנוּ תְּפִלָּתֵנוּ, וּמִיַּד אוֹיְבֵינוּ הַצִּילֵנוּ. שְׁמַע מַלְכֵּנוּ תְּפִלָּתֵנוּ, וּמִכָּל צָרָה וְיָגוֹן הַצִּילֵנוּ. אָבִינוּ מַלְכֵּנוּ אָתָּה, וְשִׁמְךָ עָלֵינוּ נִקְרָא. אַל תַּנִּיחֵנוּ, אַל תַּעַזְבֵנוּ אָבִינוּ וְאַל תִּטְּשֵׁנוּ בּוֹרְאֵנוּ וְאַל תִּשְׁכָּחֵנוּ יוֹצְרֵנוּ, כִּי אֵל מֶלֶךְ חַנּוּן וְרַחוּם אָתָּה.

אֵין כָּמְוֹךָ חַנּוּן וְרַחוּם יהוה אֱלֹהֵינוּ, אֵין כָּמְוֹךָ אֵל אֶרֶךְ אַפַּיִם וְרַב חֶסֶד וֶאֱמֶת. הוֹשִׁיעֵנוּ בְּרַחֲמֶיךָ הָרַבִּים, מֵרַעַשׁ וּמֵרֹגֶז הַצִּילֵנוּ. זְכֹר לַעֲבָדֶיךָ לְאַבְרָהָם לְיִצְחָק וּלְיַעֲקֹב, אַל תֵּפֶן אֶל קָשְׁיֵנוּ וְאֶל
שמות לב רִשְׁעֵנוּ וְאֶל חַטָּאתֵנוּ. שׁוּב מֵחֲרוֹן אַפֶּךָ, וְהִנָּחֵם
עַל־הָרָעָה לְעַמֶּךָ: וְהָסֵר מִמֶּנּוּ מַכַּת הַמָּוֶת כִּי רַחוּם אָתָּה, כִּי כֵן דַּרְכֶּךָ, עֹשֶׂה חֶסֶד חִנָּם בְּכָל דּוֹר וָדוֹר. חוּסָה יהוה עַל עַמֶּךָ וְהַצִּילֵנוּ מִזַּעְמֶךָ, וְהָסֵר מִמֶּנּוּ מַכַּת הַמַּגֵּפָה וּגְזֵרָה קָשָׁה, כִּי אַתָּה שׁוֹמֵר
דניאל ט יִשְׂרָאֵל. לְךָ אֲדֹנָי הַצְּדָקָה וְלָנוּ בֹּשֶׁת הַפָּנִים: מַה
נִּתְאוֹנֵן, מַה נֹּאמַר, מַה נְּדַבֵּר וּמַה נִּצְטַדָּק. נַחְפְּשָׂה דְרָכֵינוּ וְנַחְקֹרָה וְנָשׁוּבָה אֵלֶיךָ, כִּי יְמִינְךָ פְשׁוּטָה
תהלים קיח לְקַבֵּל שָׁבִים. אָנָּא יהוה הוֹשִׁיעָה נָּא, אָנָּא יהוה
הַצְלִיחָה נָא: אָנָּא יהוה עֲנֵנוּ בְיוֹם קָרְאֵנוּ. לְךָ

יהוה חִכִּינוּ, לְךָ יהוה קִוִּינוּ, לְךָ יהוה נְיַחֵל. אַל תֶּחֱשֶׁה וּתְעַנֵּנוּ, כִּי נָאֲמוּ גוֹיִם, אָבְדָה תִקְוָתָם. כָּל בֶּרֶךְ וְכָל קוֹמָה, לְךָ לְבַד תִּשְׁתַּחֲוֶה.

הַפּוֹתֵחַ יָד בִּתְשׁוּבָה לְקַבֵּל פּוֹשְׁעִים וְחַטָּאִים, נִבְהֲלָה נַפְשֵׁנוּ מֵרֹב עִצְבוֹנֵנוּ. אַל תִּשְׁכָּחֵנוּ נֶצַח, קוּמָה וְהוֹשִׁיעֵנוּ כִּי חָסִינוּ בָךְ. אָבִינוּ מַלְכֵּנוּ, אִם אֵין בָּנוּ צְדָקָה וּמַעֲשִׂים טוֹבִים, זְכָר לָנוּ אֶת בְּרִית אֲבוֹתֵינוּ וְעֵדוֹתֵינוּ בְּכָל יוֹם יהוה אֶחָד. הַבִּיטָה בְעָנְיֵנוּ, כִּי רַבּוּ מַכְאוֹבֵינוּ וְצָרוֹת לְבָבֵנוּ. חוּסָה יהוה עָלֵינוּ בְּאֶרֶץ שִׁבְיֵנוּ, וְאַל תִּשְׁפֹּךְ חֲרוֹנְךָ עָלֵינוּ, כִּי אֲנַחְנוּ עַמְּךָ בְּנֵי בְרִיתֶךָ. אֵל, הַבִּיטָה, דַּל כְּבוֹדֵנוּ בַּגּוֹיִם וְשִׁקְּצוּנוּ כְּטֻמְאַת הַנִּדָּה. עַד מָתַי עֻזְּךָ בַּשְּׁבִי, וְתִפְאַרְתְּךָ בְּיַד צָר. עוֹרְרָה גְבוּרָתְךָ וְקִנְאָתְךָ עַל אוֹיְבֶיךָ. הֵם יֵבֹשׁוּ וְיֵחַתּוּ מִגְּבוּרָתָם. וְאַל יִמְעֲטוּ לְפָנֶיךָ תְּלָאוֹתֵינוּ, מַהֵר יְקַדְּמוּנוּ רַחֲמֶיךָ בְּיוֹם צָרָתֵנוּ. וְאִם לֹא לְמַעֲנֵנוּ, לְמַעַנְךָ פְעַל, וְאַל תַּשְׁחִית זֵכֶר שְׁאֵרִיתֵנוּ, וְחֹן אם הַמְיַחֲדִים שִׁמְךָ פַּעֲמַיִם בְּכָל יוֹם תָּמִיד בְּאַהֲבָה, וְאוֹמְרִים,

דברים ו שְׁמַע יִשְׂרָאֵל, יהוה אֱלֹהֵינוּ, יהוה אֶחָד:

נפילת אפיים

יושבים, ובמקום שיש בו ספר תורה, נופלים אפיים: משעינים את הראש על היד שאין בה תפילין (רקנטי, במדבר טז, כא) ומכסים את הפנים (ספר מהרי״ל, סב).

ב׳קיצור של״ה׳ כתוב לומר את הפסוק ׳וַיֹּאמֶר דָּוִד אֶל־גָּד׳, והגר״א נהג שלא לאומרו (׳מעשה רב׳ מט).

וַיֹּאמֶר דָּוִד אֶל־גָּד, צַר־לִי מְאֹד שמואל ב׳ כד
נִפְּלָה־נָּא בְיַד־יהוה, כִּי־רַבִּים רַחֲמָו
וּבְיַד־אָדָם אַל־אֶפֹּלָה:

רַחוּם וְחַנּוּן, חָטָאתִי לְפָנֶיךָ.
יהוה מָלֵא רַחֲמִים, רַחֵם עָלַי וְקַבֵּל תַּחֲנוּנָי.

יהוה, אַל־בְּאַפְּךָ תוֹכִיחֵנִי, וְאַל־בַּחֲמָתְךָ תְיַסְּרֵנִי: תהלים ו
חָנֵּנִי יהוה, כִּי אֻמְלַל אָנִי, רְפָאֵנִי יהוה, כִּי נִבְהֲלוּ
עֲצָמָי: וְנַפְשִׁי נִבְהֲלָה מְאֹד, וְאַתָּה יהוה, עַד־מָתָי:
שׁוּבָה יהוה, חַלְּצָה נַפְשִׁי, הוֹשִׁיעֵנִי לְמַעַן חַסְדֶּךָ:
כִּי אֵין בַּמָּוֶת זִכְרֶךָ, בִּשְׁאוֹל מִי יוֹדֶה־לָּךְ: יָגַעְתִּי
בְּאַנְחָתִי, אַשְׂחֶה בְכָל־לַיְלָה מִטָּתִי, בְּדִמְעָתִי
עַרְשִׂי אַמְסֶה: עָשְׁשָׁה מִכַּעַס עֵינִי, עָתְקָה בְּכָל־
צוֹרְרָי: סוּרוּ מִמֶּנִּי כָּל־פֹּעֲלֵי אָוֶן, כִּי שָׁמַע יהוה קוֹל
בִּכְיִי: שָׁמַע יהוה תְּחִנָּתִי, יהוה תְּפִלָּתִי יִקָּח: יֵבֹשׁוּ
וְיִבָּהֲלוּ מְאֹד כָּל־אֹיְבָי, יָשֻׁבוּ יֵבֹשׁוּ רָגַע:

כאן מרימים את הראש.

בשני ובחמישי ממשיכים ׳יהוה אֱלֹהֵי יִשְׂרָאֵל׳ ובשאר הימים ׳שׁוֹמֵר יִשְׂרָאֵל׳ (בעמ׳ 109). תפילה זו מובאת לראשונה במחזור ויטרי. על פי המסורת, חזקיהו המלך חיבר תפילה זו כשצר סנחריב על ירושלים (סידור ׳מלאה הארץ דעה׳; ׳אליה רבה׳ קלד, ג בשם ר׳ יהודה החסיד).

יהוה אֱלֹהֵי יִשְׂרָאֵל

שׁוּב מֵחֲרוֹן אַפֶּךָ וְהִנָּחֵם עַל־הָרָעָה לְעַמֶּךָ: שמות לב

הַבֵּט מִשָּׁמַיִם וּרְאֵה
כִּי הָיִינוּ לַעַג וָקֶלֶס בַּגּוֹיִם
נֶחְשַׁבְנוּ כַּצֹּאן לַטֶּבַח יוּבָל
לַהֲרֹג וּלְאַבֵּד וּלְמַכָּה וּלְחֶרְפָּה.
וּבְכָל זֹאת שִׁמְךָ לֹא שָׁכָחְנוּ, נָא אַל תִּשְׁכָּחֵנוּ.

יהוה אֱלֹהֵי יִשְׂרָאֵל
שׁוּב מֵחֲרוֹן אַפֶּךָ וְהִנָּחֵם עַל הָרָעָה לְעַמֶּךָ.

זָרִים אוֹמְרִים אֵין תּוֹחֶלֶת וְתִקְוָה
חֹן אֹם לְשִׁמְךָ מְקַוֶּה
טָהוֹר יְשׁוּעָתֵנוּ קָרְבָה
יָגַעְנוּ וְלֹא הוּנַח לָנוּ
רַחֲמֶיךָ יִכְבְּשׁוּ אֶת כַּעַסְךָ מֵעָלֵינוּ.
אָנָּא שׁוּב מֵחֲרוֹנְךָ וְרַחֵם סְגֻלָּה אֲשֶׁר בָּחָרְתָּ.

יהוה אֱלֹהֵי יִשְׂרָאֵל
שׁוּב מֵחֲרוֹן אַפֶּךָ וְהִנָּחֵם עַל הָרָעָה לְעַמֶּךָ.

חוּסָה יהוה עָלֵינוּ בְּרַחֲמֶיךָ
וְאַל תִּתְּנֵנוּ בִּידֵי אַכְזָרִים.
לָמָּה יֹאמְרוּ הַגּוֹיִם אַיֵּה נָא אֱלֹהֵיהֶם
לְמַעַנְךָ עֲשֵׂה עִמָּנוּ חֶסֶד וְאַל תְּאַחַר.
אָנָּא שׁוּב מֵחֲרוֹנְךָ וְרַחֵם סְגֻלָּה אֲשֶׁר בָּחָרְתָּ.
יהוה אֱלֹהֵי יִשְׂרָאֵל
שׁוּב מֵחֲרוֹן אַפֶּךָ וְהִנָּחֵם עַל הָרָעָה לְעַמֶּךָ.

קוֹלֵנוּ תִשְׁמַע וְתָחֹן
וְאַל תִּטְּשֵׁנוּ בְּיַד אֹיְבֵינוּ לִמְחוֹת אֶת שְׁמֵנוּ.
זְכֹר אֲשֶׁר נִשְׁבַּעְתָּ לַאֲבוֹתֵינוּ
כְּכוֹכְבֵי הַשָּׁמַיִם אַרְבֶּה אֶת זַרְעֲכֶם
וְעַתָּה נִשְׁאַרְנוּ מְעַט מֵהַרְבֵּה.
וּבְכָל זֹאת שִׁמְךָ לֹא שָׁכָחְנוּ, נָא אַל תִּשְׁכָּחֵנוּ.
יהוה אֱלֹהֵי יִשְׂרָאֵל
שׁוּב מֵחֲרוֹן אַפֶּךָ וְהִנָּחֵם עַל הָרָעָה לְעַמֶּךָ.

תהלים עט
עָזְרֵנוּ אֱלֹהֵי יִשְׁעֵנוּ עַל־דְּבַר כְּבוֹד־שְׁמֶךָ
וְהַצִּילֵנוּ וְכַפֵּר עַל־חַטֹּאתֵינוּ לְמַעַן שְׁמֶךָ:
יהוה אֱלֹהֵי יִשְׂרָאֵל
שׁוּב מֵחֲרוֹן אַפֶּךָ וְהִנָּחֵם עַל הָרָעָה לְעַמֶּךָ.

הפיוט ׳שׁוֹמֵר יִשְׂרָאֵל׳ חותם את הסליחות בחודש אלול ובעשי״ת.
בסידורים ישנים כתוב להוסיפו גם בתעניות ציבור (וכן דעת יעב״ץ והגר״א),
בסידור ׳דרך שיח השדה׳ כתוב לאומרו בכל יום, וכן נהוג היום.

שׁוֹמֵר יִשְׂרָאֵל, שְׁמֹר שְׁאֵרִית יִשְׂרָאֵל
וְאַל יֹאבַד יִשְׂרָאֵל, הָאוֹמְרִים שְׁמַע יִשְׂרָאֵל.
שׁוֹמֵר גּוֹי אֶחָד, שְׁמֹר שְׁאֵרִית עַם אֶחָד
וְאַל יֹאבַד גּוֹי אֶחָד
הַמְיַחֲדִים שִׁמְךָ, יהוה אֱלֹהֵינוּ יהוה אֶחָד.
שׁוֹמֵר גּוֹי קָדוֹשׁ, שְׁמֹר שְׁאֵרִית עַם קָדוֹשׁ
וְאַל יֹאבַד גּוֹי קָדוֹשׁ
הַמְשַׁלְּשִׁים בְּשָׁלֹשׁ קְדֻשּׁוֹת לְקָדוֹשׁ.
מִתְרַצֶּה בְּרַחֲמִים וּמִתְפַּיֵּס בְּתַחֲנוּנִים
הִתְרַצֵּה וְהִתְפַּיֵּס לְדוֹר עָנִי
כִּי אֵין עוֹזֵר.
אָבִינוּ מַלְכֵּנוּ, חָנֵּנוּ וַעֲנֵנוּ, כִּי אֵין בָּנוּ מַעֲשִׂים
עֲשֵׂה עִמָּנוּ צְדָקָה וָחֶסֶד וְהוֹשִׁיעֵנוּ.

לקט הפסוקים מסדר רב עמרם גאון מבטא את תחושתו של האדם, שלאחר שהתפלל בכל אופן שהוא מכיר, בישיבה, בעמידה ובנפילת אפיים, מוסר את דינו לשמים (טור, קלא).

עומדים במקום המסומן בּ׳ (מג״א קלא, ד בשם השל״ה).

וַאֲנַחְנוּ לֹא נֵדַע ׳מַה־נַּעֲשֶׂה, כִּי עָלֶיךָ עֵינֵינוּ: דברי הימים ב׳ כ
זְכֹר־רַחֲמֶיךָ יהוה וַחֲסָדֶיךָ, כִּי מֵעוֹלָם הֵמָּה: יְהִי־ תהלים כה תהלים לג
חַסְדְּךָ יהוה עָלֵינוּ, כַּאֲשֶׁר יִחַלְנוּ לָךְ: אַל־תִּזְכָּר־ תהלים עט

לָנוּ עֲוֹנֹת רִאשֹׁנִים, מַהֵר יְקַדְּמוּנוּ רַחֲמֶיךָ, כִּי דַלּוֹנוּ
תהלים קכג חבקוק ג מְאֹד: חָנֵּנוּ יהוה חָנֵּנוּ, כִּי־רַב שָׂבַעְנוּ בוּז: בְּרֹגֶז רַחֵם
תהלים קג תִּזְכּוֹר: כִּי־הוּא יָדַע יִצְרֵנוּ, זָכוּר כִּי־עָפָר אֲנָחְנוּ:
תהלים עט ‹ עָזְרֵנוּ אֱלֹהֵי יִשְׁעֵנוּ עַל־דְּבַר כְּבוֹד־שְׁמֶךָ, וְהַצִּילֵנוּ
וְכַפֵּר עַל־חַטֹּאתֵינוּ לְמַעַן שְׁמֶךָ:

חצי קדיש

ש״ץ: יִתְגַּדַּל וְיִתְקַדַּשׁ שְׁמֵהּ רַבָּא (קהל: אָמֵן)
בְּעָלְמָא דִּי בְרָא כִרְעוּתֵהּ
וְיַמְלִיךְ מַלְכוּתֵהּ
בְּחַיֵּיכוֹן וּבְיוֹמֵיכוֹן וּבְחַיֵּי דְכָל בֵּית יִשְׂרָאֵל
בַּעֲגָלָא וּבִזְמַן קָרִיב, וְאִמְרוּ אָמֵן. (קהל: אָמֵן)

קהל וש״ץ: יְהֵא שְׁמֵהּ רַבָּא מְבָרַךְ לְעָלַם וּלְעָלְמֵי עָלְמַיָּא.

ש״ץ: יִתְבָּרַךְ וְיִשְׁתַּבַּח וְיִתְפָּאַר
וְיִתְרוֹמַם וְיִתְנַשֵּׂא וְיִתְהַדָּר וְיִתְעַלֶּה וְיִתְהַלָּל
שְׁמֵהּ דְּקֻדְשָׁא בְּרִיךְ הוּא (קהל: בְּרִיךְ הוּא)
לְעֵלָּא מִן כָּל בִּרְכָתָא
/בעשרת ימי תשובה: לְעֵלָּא לְעֵלָּא מִכָּל בִּרְכָתָא/
וְשִׁירָתָא, תֻּשְׁבְּחָתָא וְנֶחֱמָתָא
דַּאֲמִירָן בְּעָלְמָא, וְאִמְרוּ אָמֵן. (קהל: אָמֵן)

הוצאת ספר תורה

ביום חמישי עלה משה להר סיני לקבל את הלוחות השניים, וביום שני הוריד אותם. משום כך נקבעו ימים אלה לקריאה בתורה בציבור, ומשום כך תיקנו להרבות בהם תחנונים (בבא קמא פב ע"א ותוספות שם).

כמו כן קוראים בתורה בראש חודש, בחול המועד, בחנוכה, בפורים ובתעניות ציבור. בימים שאין קוראים בהם בתורה, אומרים כאן 'אַשְׁרֵי' (עמ' 120).

בשני ובחמישי עומדים ואומרים 'אֵל אֶרֶךְ אַפַּיִם' לפני הוצאת ספר התורה. לפי המנהג המקורי אמר שליח הציבור את הנוסח מימין, ואחריו הקהל את הנוסח משמאל (מחזור ויטרי, צג). היום נוהגים שכל יחיד אומר את שני הנוסחים (אבודרהם, וכן כתב יעב"ץ), ויש שנהגו לומר רק את הנוסח מימין (על פי סידור הרוקח; שני המנהגים מובאים ב'לבוש', קלד).

אין אומרים 'אֵל אֶרֶךְ אַפַּיִם' בראש חודש, חול המועד, ערב פסח, אסרו חג, יום העצמאות, יום ירושלים, תשעה באב, חנוכה, יד–טו באדר א', פורים ושושן פורים וגם לא בבית האבל.

אֵל אֶרֶךְ אַפַּיִם
וְרַב חֶסֶד וֶאֱמֶת
אַל בְּאַפְּךָ תוֹכִיחֵנוּ.
חוּסָה יהוה עַל עַמֶּךָ
וְהוֹשִׁיעֵנוּ מִכָּל רָע.
חָטָאנוּ לְךָ אָדוֹן
סְלַח נָא כְּרֹב רַחֲמֶיךָ אֵל.

אֵל אֶרֶךְ אַפַּיִם וּמָלֵא רַחֲמִים
אַל תַּסְתֵּר פָּנֶיךָ מִמֶּנּוּ.
חוּסָה יהוה
עַל שְׁאֵרִית יִשְׂרָאֵל עַמֶּךָ
וְהַצִּילֵנוּ מִכָּל רָע.
חָטָאנוּ לְךָ אָדוֹן
סְלַח נָא כְּרֹב רַחֲמֶיךָ אֵל.

פותחים את ארון הקודש. הקהל עומד על רגליו.

וַיְהִי בִּנְסֹעַ הָאָרֹן וַיֹּאמֶר מֹשֶׁה, קוּמָה יהוה במדבר י
וְיָפֻצוּ אֹיְבֶיךָ וְיָנֻסוּ מְשַׂנְאֶיךָ מִפָּנֶיךָ: כִּי מִצִּיּוֹן ישעיה ב
תֵּצֵא תוֹרָה וּדְבַר־יהוה מִירוּשָׁלָםִ: בָּרוּךְ שֶׁנָּתַן
תּוֹרָה לְעַמּוֹ יִשְׂרָאֵל בִּקְדֻשָּׁתוֹ.

כתוב בספר הזוהר שבזמן הוצאת ספר התורה לקריאה בציבור,
נפתחים שערי השמים וראוי לומר תחינה זו.

זוהר ויקהל

בְּרִיךְ שְׁמֵהּ דְּמָרֵא עָלְמָא, בְּרִיךְ כִּתְרָךְ וְאַתְרָךְ. יְהֵא רְעוּתָךְ עִם עַמָּךְ יִשְׂרָאֵל לְעָלַם, וּפֻרְקַן יְמִינָךְ אַחֲזֵי לְעַמָּךְ בְּבֵית מַקְדְּשָׁךְ, וּלְאַמְטוּיֵי לַנָא מִטּוּב נְהוֹרָךְ, וּלְקַבֵּל צְלוֹתַנָא בְּרַחֲמִין. יְהֵא רַעֲוָא קֳדָמָךְ דְּתוֹרִיךְ לַן חַיִּין בְּטִיבוּ, וְלֶהֱוֵי אֲנָא פְקִידָא בְּגוֹ צַדִּיקַיָּא, לְמִרְחַם עֲלַי וּלְמִנְטַר יָתִי וְיַת כָּל דִּי לִי וְדִי לְעַמָּךְ יִשְׂרָאֵל. אַנְתְּ הוּא זָן לְכֹלָּא וּמְפַרְנֵס לְכֹלָּא, אַנְתְּ הוּא שַׁלִּיט עַל כֹּלָּא, אַנְתְּ הוּא דְשַׁלִּיט עַל מַלְכַיָּא, וּמַלְכוּתָא דִּילָךְ הִיא. אֲנָא עַבְדָּא דְקֻדְשָׁא בְּרִיךְ הוּא, דְּסָגֵדְנָא קַמֵּהּ וּמִקַּמֵּי דִּיקַר אוֹרַיְתֵהּ בְּכָל עִדָּן וְעִדָּן. לָא עַל אֱנָשׁ רָחִיצְנָא וְלָא עַל בַּר אֱלָהִין סָמִיכְנָא, אֶלָּא בֶּאֱלָהָא דִשְׁמַיָּא, דְּהוּא אֱלָהָא קְשׁוֹט, וְאוֹרַיְתֵהּ קְשׁוֹט, וּנְבִיאוֹהִי קְשׁוֹט, וּמַסְגֵּא לְמֶעְבַּד טַבְוָן וּקְשׁוֹט. ‹ בֵּהּ אֲנָא רָחִיץ, וְלִשְׁמֵהּ קַדִּישָׁא יַקִּירָא אֲנָא אֵמַר תֻּשְׁבְּחָן. יְהֵא רַעֲוָא קֳדָמָךְ דְּתִפְתַּח לִבַּאי בְּאוֹרַיְתָא, וְתַשְׁלִים מִשְׁאֲלִין דְּלִבַּאי וְלִבָּא דְכָל עַמָּךְ יִשְׂרָאֵל לְטָב וּלְחַיִּין וְלִשְׁלָם.

תרגום

ברוך שמו של אדון העולם, ברוך כתרך ומקומך. יהי רצונך עם עמך ישראל לעולם, וישועת ימינך הראה לעמך בבית מקדשך, ולהביא לנו מטוב אורך, ולקבל תפילותינו ברחמים. יהי רצון מלפניך שתאריך לנו חיים בטוב, ואהיה אני נמנה בתוך הצדיקים, לרחם עלי ולשמור אותי ואת כל אשר לי ואשר לעמך ישראל. אתה הוא זן לכול ומפרנס לכול, אתה הוא שליט על הכול, אתה הוא השליט

שליח הציבור מקבל את ספר התורה בימינו (רמ״א קלד, ב בשם מהרי״ל), ואומר:

גַּדְּלוּ לַיהוה אִתִּי וּנְרוֹמְמָה שְׁמוֹ יַחְדָּו: תהלים לד

סוגרים את ארון הקודש. כאשר שליח הציבור הולך אל הבימה, הקהל אומר (סדר הפסוקים לקוח מסדר רב עמרם גאון, ו׳אַב הָרַחֲמִים׳ ממחזור ויטרי):

לְךָ יהוה הַגְּדֻלָּה וְהַגְּבוּרָה וְהַתִּפְאֶרֶת וְהַנֵּצַח וְהַהוֹד, כִּי־כֹל בַּשָּׁמַיִם וּבָאָרֶץ, לְךָ יהוה הַמַּמְלָכָה וְהַמִּתְנַשֵּׂא לְכֹל לְרֹאשׁ: דברי הימים א׳ כט

רוֹמְמוּ יהוה אֱלֹהֵינוּ וְהִשְׁתַּחֲווּ לַהֲדֹם רַגְלָיו, קָדוֹשׁ הוּא: רוֹמְמוּ יהוה אֱלֹהֵינוּ וְהִשְׁתַּחֲווּ לְהַר קָדְשׁוֹ, כִּי־קָדוֹשׁ יהוה אֱלֹהֵינוּ: תהלים צט

אַב הָרַחֲמִים הוּא יְרַחֵם עַם עֲמוּסִים, וְיִזְכֹּר בְּרִית אֵיתָנִים, וְיַצִּיל נַפְשׁוֹתֵינוּ מִן הַשָּׁעוֹת הָרָעוֹת, וְיִגְעַר בְּיֵצֶר הָרָע מִן הַנְּשׂוּאִים, וְיָחֹן אוֹתָנוּ לִפְלֵיטַת עוֹלָמִים, וִימַלֵּא מִשְׁאֲלוֹתֵינוּ בְּמִדָּה טוֹבָה יְשׁוּעָה וְרַחֲמִים.

על המלכים, והמלכות שלך היא. אני עבדו של הקדוש ברוך הוא, משתחוה לפניו ולפני כבוד תורתו בכל עת ועת. לא על אדם אני בטוח ולא על מלאך אני סמוך, אלא באלהי השמים, שהוא אלהים אמת, ותורתו אמת, ונביאיו אמת, ומרבה לעשות חסד ואמת. בו אני בטוח, ולשמו הקדוש הנכבד אני אומר תשבחות. יהי רצון מלפניך שתפתח לבי בתורה, ותמלא משאלות לבי ולב כל עמך ישראל לטובה ולחיים ולשלום.

מניח את ספר התורה על הבימה, והגבאי מכריז (מחזור ויטרי):

וְתִגָּלֶה וְתֵרָאֶה מַלְכוּתוֹ עָלֵינוּ בִּזְמַן קָרוֹב, וְיָחֹן פְּלֵיטָתֵנוּ וּפְלֵיטַת עַמּוֹ בֵּית יִשְׂרָאֵל לְחֵן וּלְחֶסֶד וּלְרַחֲמִים וּלְרָצוֹן וְנֹאמַר אָמֵן. הַכֹּל הָבוּ גֹדֶל לֵאלֹהֵינוּ וּתְנוּ כָבוֹד לַתּוֹרָה. *כֹּהֵן קְרַב, יַעֲמֹד (פלוני בֶּן פלוני) הַכֹּהֵן.

*אם אין כוהן, הגבאי קורא ללוי או לישראל ואומר:

/אֵין כָּאן כֹּהֵן, יַעֲמֹד (פלוני בֶּן פלוני) בִּמְקוֹם כֹּהֵן./

בָּרוּךְ שֶׁנָּתַן תּוֹרָה לְעַמּוֹ יִשְׂרָאֵל בִּקְדֻשָּׁתוֹ.

הקהל ואחריו הגבאי (סידור השל״ה, סידור יעב״ץ):

דברים ד וְאַתֶּם הַדְּבֵקִים בַּיהוה אֱלֹהֵיכֶם חַיִּים כֻּלְּכֶם הַיּוֹם:

קריאת התורה בעמ׳ 891.

קודם הברכה על העולה לראות היכן קוראים (מגילה לב ע״א) ולנשק את ספר התורה (׳ערוך השולחן׳ קלט, טו). בשעת הברכה אוחז בעמודי הספר (שו״ע קלט, יא על פי הראבי״ה והמנהיג).

עולה: בָּרְכוּ אֶת יהוה הַמְבֹרָךְ.

קהל: בָּרוּךְ יהוה הַמְבֹרָךְ לְעוֹלָם וָעֶד.

עולה: בָּרוּךְ יהוה הַמְבֹרָךְ לְעוֹלָם וָעֶד.

בָּרוּךְ אַתָּה יהוה, אֱלֹהֵינוּ מֶלֶךְ הָעוֹלָם, אֲשֶׁר בָּחַר בָּנוּ מִכָּל הָעַמִּים וְנָתַן לָנוּ אֶת תּוֹרָתוֹ. בָּרוּךְ אַתָּה יהוה, נוֹתֵן הַתּוֹרָה.

לאחר הקריאה העולה מנשק את ספר התורה (מג״א קלט, יא בשם ספר חסידים) ומברך:

עולה: בָּרוּךְ אַתָּה יהוה אֱלֹהֵינוּ מֶלֶךְ הָעוֹלָם, אֲשֶׁר נָתַן לָנוּ תּוֹרַת אֱמֶת וְחַיֵּי עוֹלָם נָטַע בְּתוֹכֵנוּ. בָּרוּךְ אַתָּה יהוה, נוֹתֵן הַתּוֹרָה.

מי שהיה בסכנה וניצל, מברך 'הַגּוֹמֵל':

בָּרוּךְ אַתָּה יהוה אֱלֹהֵינוּ מֶלֶךְ הָעוֹלָם
הַגּוֹמֵל לְחַיָּבִים טוֹבוֹת, שֶׁגְּמָלַנִי כָּל טוֹב.

והקהל עונה:

אָמֵן. מִי שֶׁגְּמָלְךָ כָּל טוֹב הוּא יִגְמָלְךָ כָּל טוֹב, סֶלָה.

כאן לפי הצורך אומרים 'מִי שֶׁבֵּרַךְ' 377–379 ומזכירים נשמות (עמ' 646–647).

כאשר נער עולה לתורה בפעם הראשונה במלאות לו שלוש עשרה שנה,
אביו מברך (רמ"א רכה, ב על פי בראשית רבה סג, י):

בָּרוּךְ שֶׁפְּטָרַנִי מֵעָנְשׁוֹ שֶׁלָּזֶה.

חצי קדיש

בעל קורא: **יִתְגַּדַּל וְיִתְקַדַּשׁ שְׁמֵהּ רַבָּא** (קהל: אָמֵן)
בְּעָלְמָא דִּי בְרָא כִרְעוּתֵהּ, וְיַמְלִיךְ מַלְכוּתֵהּ
בְּחַיֵּיכוֹן וּבְיוֹמֵיכוֹן וּבְחַיֵּי דְכָל בֵּית יִשְׂרָאֵל
בַּעֲגָלָא וּבִזְמַן קָרִיב, וְאִמְרוּ אָמֵן. (קהל: אָמֵן)

בעל קורא וש"ץ: **יְהֵא שְׁמֵהּ רַבָּא מְבָרַךְ לְעָלַם וּלְעָלְמֵי עָלְמַיָּא.**

בעל קורא: **יִתְבָּרַךְ וְיִשְׁתַּבַּח וְיִתְפָּאַר**
וְיִתְרוֹמַם וְיִתְנַשֵּׂא וְיִתְהַדָּר וְיִתְעַלֶּה וְיִתְהַלָּל
שְׁמֵהּ דְּקֻדְשָׁא בְּרִיךְ הוּא (קהל: בְּרִיךְ הוּא)
לְעֵלָּא מִן כָּל בִּרְכָתָא
/בעשרת ימי תשובה: **לְעֵלָּא לְעֵלָּא מִכָּל בִּרְכָתָא**/
וְשִׁירָתָא, תֻּשְׁבְּחָתָא וְנֶחֱמָתָא
דַּאֲמִירָן בְּעָלְמָא, וְאִמְרוּ אָמֵן. (קהל: אָמֵן)

כאשר מגביהים את ספר התורה (רמב״ן, דברים כז, כו), הקהל אומר:

דברים ד
וְזֹאת הַתּוֹרָה
אֲשֶׁר־שָׂם מֹשֶׁה לִפְנֵי בְּנֵי יִשְׂרָאֵל:

במדבר ט
עַל־פִּי יהוה בְּיַד־מֹשֶׁה:

ויש מוסיפים (סידור השל״ה):

משלי ג
עֵץ־חַיִּים הִיא לַמַּחֲזִיקִים בָּהּ וְתֹמְכֶיהָ מְאֻשָּׁר:
דְּרָכֶיהָ דַרְכֵי־נֹעַם וְכָל־נְתִיבוֹתֶיהָ שָׁלוֹם:
אֹרֶךְ יָמִים בִּימִינָהּ, בִּשְׂמֹאולָהּ עֹשֶׁר וְכָבוֹד:

ישעיה מב
יהוה חָפֵץ לְמַעַן צִדְקוֹ יַגְדִּיל תּוֹרָה וְיַאְדִּיר:

בימי שני וחמישי שאומרים בהם תחנון, בשעה שגוללים את ספר התורה, שליח הציבור אומר (מנהגי מהר״י טירנא):

יְהִי רָצוֹן מִלִּפְנֵי אָבִינוּ שֶׁבַּשָּׁמַיִם
לְכוֹנֵן אֶת בֵּית חַיֵּינוּ
וּלְהָשִׁיב אֶת שְׁכִינָתוֹ בְּתוֹכֵנוּ
בִּמְהֵרָה בְיָמֵינוּ
וְנֹאמַר אָמֵן.

יְהִי רָצוֹן מִלִּפְנֵי אָבִינוּ שֶׁבַּשָּׁמַיִם
לְרַחֵם עָלֵינוּ וְעַל פְּלֵיטָתֵנוּ
וְלִמְנֹעַ מַשְׁחִית וּמַגֵּפָה מֵעָלֵינוּ
וּמֵעַל כָּל עַמּוֹ בֵּית יִשְׂרָאֵל
וְנֹאמַר אָמֵן.

יְהִי רָצוֹן מִלִּפְנֵי אָבִינוּ שֶׁבַּשָּׁמַיִם
לְקַיֵּם בָּנוּ חַכְמֵי יִשְׂרָאֵל
הֵם וּנְשֵׁיהֶם וּבְנֵיהֶם וּבְנוֹתֵיהֶם
וְתַלְמִידֵיהֶם וְתַלְמִידֵי תַלְמִידֵיהֶם
בְּכָל מְקוֹמוֹת מוֹשְׁבוֹתֵיהֶם
וְנֹאמַר אָמֵן.

יְהִי רָצוֹן מִלִּפְנֵי אָבִינוּ שֶׁבַּשָּׁמַיִם
שֶׁנִּשְׁמַע וְנִתְבַּשֵּׂר בְּשׂוֹרוֹת טוֹבוֹת
יְשׁוּעוֹת וְנֶחָמוֹת
וִיקַבֵּץ נִדָּחֵינוּ מֵאַרְבַּע כַּנְפוֹת הָאָרֶץ
וְנֹאמַר אָמֵן.

הכול אומרים:

אַחֵינוּ כָּל בֵּית יִשְׂרָאֵל
הַנְּתוּנִים בְּצָרָה וּבְשִׁבְיָה
הָעוֹמְדִים בֵּין בַּיָּם וּבֵין בַּיַּבָּשָׁה
הַמָּקוֹם יְרַחֵם עֲלֵיהֶם
וְיוֹצִיאֵם מִצָּרָה לִרְוָחָה
וּמֵאֲפֵלָה לְאוֹרָה, וּמִשִּׁעְבּוּד לִגְאֻלָּה
הַשְׁתָּא בַּעֲגָלָא וּבִזְמַן קָרִיב
וְנֹאמַר אָמֵן.

הכנסת ספר תורה

בבתי כנסת המתפללים בנוסח ספרד, ממשיכים כאן ׳אַשְׁרֵי׳ בעמ׳ 120, ואין מחזירים את ספר התורה לארון הקודש עד אחרי קדיש שלם (עמ׳ 125).

פותחים את ארון הקודש. שליח הציבור לוקח את ספר התורה בימינו ואומר (סידור הרוקח):

תהלים קמח
יְהַלְלוּ אֶת־שֵׁם יהוה, כִּי־נִשְׂגָּב שְׁמוֹ, לְבַדּוֹ

הקהל עונה:

הוֹדוֹ עַל־אֶרֶץ וְשָׁמָיִם:
וַיָּרֶם קֶרֶן לְעַמּוֹ
תְּהִלָּה לְכָל־חֲסִידָיו
לִבְנֵי יִשְׂרָאֵל עַם קְרֹבוֹ, הַלְלוּיָהּ:

מלווים את ספר התורה לארון הקודש באמירת (סידור השל״ה):

תהלים כד
לְדָוִד מִזְמוֹר, לַיהוה הָאָרֶץ וּמְלוֹאָהּ, תֵּבֵל
וְיֹשְׁבֵי בָהּ: כִּי־הוּא עַל־יַמִּים יְסָדָהּ, וְעַל־נְהָרוֹת
יְכוֹנְנֶהָ: מִי־יַעֲלֶה בְהַר־יהוה, וּמִי־יָקוּם בִּמְקוֹם
קָדְשׁוֹ: נְקִי כַפַּיִם וּבַר־לֵבָב, אֲשֶׁר לֹא־נָשָׂא
לַשָּׁוְא נַפְשִׁי וְלֹא נִשְׁבַּע לְמִרְמָה: יִשָּׂא בְרָכָה
מֵאֵת יהוה, וּצְדָקָה מֵאֱלֹהֵי יִשְׁעוֹ: זֶה דּוֹר
דֹּרְשָׁו, מְבַקְשֵׁי פָנֶיךָ, יַעֲקֹב, סֶלָה: שְׂאוּ שְׁעָרִים
רָאשֵׁיכֶם, וְהִנָּשְׂאוּ פִּתְחֵי עוֹלָם, וְיָבוֹא מֶלֶךְ

הַכָּבוֹד: מִי זֶה מֶלֶךְ הַכָּבוֹד, יהוה עִזּוּז וְגִבּוֹר, יהוה גִּבּוֹר מִלְחָמָה: שְׂאוּ שְׁעָרִים רָאשֵׁיכֶם, וּשְׂאוּ פִּתְחֵי עוֹלָם, וְיָבֹא מֶלֶךְ הַכָּבוֹד: מִי הוּא זֶה מֶלֶךְ הַכָּבוֹד, יהוה צְבָאוֹת הוּא מֶלֶךְ הַכָּבוֹד, סֶלָה:

מכניסים את ספר התורה לארון הקודש ואומרים (ספר המחכים, סידור 'מלאה הארץ דעה'):

במדבר י וּבְנֻחֹה יֹאמַר

שׁוּבָה יהוה רִבֲבוֹת אַלְפֵי יִשְׂרָאֵל:

תהלים קלב קוּמָה יהוה לִמְנוּחָתֶךָ, אַתָּה וַאֲרוֹן עֻזֶּךָ:

כֹּהֲנֶיךָ יִלְבְּשׁוּ־צֶדֶק, וַחֲסִידֶיךָ יְרַנֵּנוּ:

בַּעֲבוּר דָּוִד עַבְדֶּךָ אַל־תָּשֵׁב פְּנֵי מְשִׁיחֶךָ:

משלי ד כִּי לֶקַח טוֹב נָתַתִּי לָכֶם, תּוֹרָתִי אַל־תַּעֲזֹבוּ:

משלי ג עֵץ־חַיִּים הִיא לַמַּחֲזִיקִים בָּהּ

וְתֹמְכֶיהָ מְאֻשָּׁר:

דְּרָכֶיהָ דַרְכֵי־נֹעַם וְכָל־נְתִיבוֹתֶיהָ שָׁלוֹם:

איכה ה ◂ הֲשִׁיבֵנוּ יהוה אֵלֶיךָ וְנָשׁוּבָה

חַדֵּשׁ יָמֵינוּ כְּקֶדֶם:

סוגרים את ארון הקודש.

סיום התפילה

"אמר רבי אלעזר אמר רבי אבינא: כל האומר 'תהלה לדוד' בכל יום שלש פעמים – מובטח לו שהוא בן העולם הבא" (ברכות ד ע"ב).

יש הנוהגים למשמש בתפילין של יד במקום המסומן ב°,
ובתפילין של ראש במקום המסומן ב°°.

תהלים פד אַשְׁרֵי יוֹשְׁבֵי בֵיתֶךָ, עוֹד יְהַלְלוּךָ סֶּלָה:

תהלים קמד אַשְׁרֵי הָעָם שֶׁכָּכָה לּוֹ
אַשְׁרֵי הָעָם שֶׁיהוה אֱלֹהָיו:

תהלים קמה תְּהִלָּה לְדָוִד

א אֲרוֹמִמְךָ אֱלוֹהַי הַמֶּלֶךְ, וַאֲבָרְכָה שִׁמְךָ לְעוֹלָם וָעֶד:

ב בְּכָל־יוֹם אֲבָרְכֶךָּ, וַאֲהַלְלָה שִׁמְךָ לְעוֹלָם וָעֶד:

ג גָּדוֹל יהוה וּמְהֻלָּל מְאֹד, וְלִגְדֻלָּתוֹ אֵין חֵקֶר:

ד דּוֹר לְדוֹר יְשַׁבַּח מַעֲשֶׂיךָ, וּגְבוּרֹתֶיךָ יַגִּידוּ:

ה הֲדַר כְּבוֹד הוֹדֶךָ, וְדִבְרֵי נִפְלְאֹתֶיךָ אָשִׂיחָה:

ו וֶעֱזוּז נוֹרְאֹתֶיךָ יֹאמֵרוּ, וּגְדוּלָּתְךָ אֲסַפְּרֶנָּה:

ז זֵכֶר רַב־טוּבְךָ יַבִּיעוּ, וְצִדְקָתְךָ יְרַנֵּנוּ:

ח חַנּוּן וְרַחוּם יהוה, אֶרֶךְ אַפַּיִם וּגְדָל־חָסֶד:

ט טוֹב־יהוה לַכֹּל, וְרַחֲמָיו עַל־כָּל־מַעֲשָׂיו:

י יוֹדוּךָ יהוה כָּל־מַעֲשֶׂיךָ, וַחֲסִידֶיךָ יְבָרְכוּכָה:

כ כְּבוֹד מַלְכוּתְךָ יֹאמֵרוּ, וּגְבוּרָתְךָ יְדַבֵּרוּ:

ל לְהוֹדִיעַ לִבְנֵי הָאָדָם גְּבוּרֹתָיו, וּכְבוֹד הֲדַר מַלְכוּתוֹ:

מ מַלְכוּתְךָ מַלְכוּת כָּל־עֹלָמִים, וּמֶמְשַׁלְתְּךָ בְּכָל־דּוֹר וָדֹר:

ס סוֹמֵךְ יהוה לְכָל־הַנֹּפְלִים, וְזוֹקֵף לְכָל־הַכְּפוּפִים:

ע עֵינֵי־כֹל אֵלֶיךָ יְשַׂבֵּרוּ, וְאַתָּה נוֹתֵן־לָהֶם אֶת־אָכְלָם בְּעִתּוֹ:

פ °פּוֹתֵחַ אֶת־יָדֶךָ, °°וּמַשְׂבִּיעַ לְכָל־חַי רָצוֹן:

צ צַדִּיק יהוה בְּכָל־דְּרָכָיו, וְחָסִיד בְּכָל־מַעֲשָׂיו:

ק קָרוֹב יהוה לְכָל־קֹרְאָיו, לְכֹל אֲשֶׁר יִקְרָאֻהוּ בֶאֱמֶת:

ר רְצוֹן־יְרֵאָיו יַעֲשֶׂה, וְאֶת־שַׁוְעָתָם יִשְׁמַע וְיוֹשִׁיעֵם:

ש שׁוֹמֵר יהוה אֶת־כָּל־אֹהֲבָיו, וְאֵת כָּל־הָרְשָׁעִים יַשְׁמִיד:

◂ ת תְּהִלַּת יהוה יְדַבֶּר פִּי, וִיבָרֵךְ כָּל־בָּשָׂר שֵׁם קָדְשׁוֹ לְעוֹלָם וָעֶד:

וַאֲנַחְנוּ נְבָרֵךְ יָהּ מֵעַתָּה וְעַד־עוֹלָם, הַלְלוּיָהּ: תהלים קטו

אחרי 'אַשְׁרֵי' אומרים 'לַמְנַצֵּחַ', מפני שיש בו מעניין הישועה (טור, קלא).
אין אומרים 'לַמְנַצֵּחַ' בראש חודש, חול המועד, ערב פסח, אסרו חג, יום העצמאות, יום ירושלים, תשעה באב, ערב יום הכיפורים, חנוכה, יד–טו באדר א', פורים ושושן פורים, וגם לא בבית האבל.

תהלים כ
לַמְנַצֵּחַ מִזְמוֹר לְדָוִד: יַעַנְךָ יהוה בְּיוֹם צָרָה, יְשַׂגֶּבְךָ שֵׁם אֱלֹהֵי יַעֲקֹב: יִשְׁלַח־עֶזְרְךָ מִקֹּדֶשׁ, וּמִצִּיּוֹן יִסְעָדֶךָּ: יִזְכֹּר כָּל־מִנְחֹתֶךָ, וְעוֹלָתְךָ יְדַשְּׁנֶה סֶלָה: יִתֶּן־לְךָ כִלְבָבֶךָ וְכָל־עֲצָתְךָ יְמַלֵּא: נְרַנְּנָה בִּישׁוּעָתֶךָ, וּבְשֵׁם־אֱלֹהֵינוּ נִדְגֹּל, יְמַלֵּא יהוה כָּל־מִשְׁאֲלוֹתֶיךָ: עַתָּה יָדַעְתִּי כִּי הוֹשִׁיעַ יהוה מְשִׁיחוֹ, יַעֲנֵהוּ מִשְּׁמֵי קָדְשׁוֹ, בִּגְבוּרוֹת יֵשַׁע יְמִינוֹ: אֵלֶּה בָרֶכֶב וְאֵלֶּה בַסּוּסִים, וַאֲנַחְנוּ בְּשֵׁם־יהוה אֱלֹהֵינוּ נַזְכִּיר: הֵמָּה כָּרְעוּ וְנָפָלוּ, וַאֲנַחְנוּ קַמְנוּ וַנִּתְעוֹדָד: ◂ יהוה הוֹשִׁיעָה, הַמֶּלֶךְ יַעֲנֵנוּ בְיוֹם־קָרְאֵנוּ:

"רשב"ג אומר, העיד ר' יהושע: מיום שחרב בית המקדש – אין יום שאין בו קללה" (משנה, סוטה מח ע"א). "...ואלא עלמא אמאי קא מקיים? אקדושה דסידרא ואיהא שמיה רבא דאגדתא" (גמרא שם, מט ע"א). ומתרגמים את הקדושה כדי שיבינו אותה הכל (רש"י שם).

בתשעה באב מדלגים על הפסוק 'וַאֲנִי זֹאת בְּרִיתִי' (ראבי"ה, תתצ), והיום נוהגים לדלג על פסוק זה גם בבית האבל משום שאסור הוא בדברי תורה (אבודרהם).

ישעיה נט
וּבָא לְצִיּוֹן גּוֹאֵל, וּלְשָׁבֵי פֶשַׁע בְּיַעֲקֹב נְאֻם יהוה:

וַאֲנִי זֹאת בְּרִיתִי אוֹתָם, אָמַר יהוה
רוּחִי אֲשֶׁר עָלֶיךָ וּדְבָרַי אֲשֶׁר־שַׂמְתִּי בְּפִיךָ
לֹא־יָמוּשׁוּ מִפִּיךָ וּמִפִּי זַרְעֲךָ וּמִפִּי זֶרַע זַרְעֲךָ
אָמַר יהוה, מֵעַתָּה וְעַד־עוֹלָם:

תהלים כב ◂ וְאַתָּה קָדוֹשׁ יוֹשֵׁב תְּהִלּוֹת יִשְׂרָאֵל:

ישעיה ו וְקָרָא זֶה אֶל־זֶה וְאָמַר ◂
קָדוֹשׁ, קָדוֹשׁ, קָדוֹשׁ, יהוה צְבָאוֹת
מְלֹא כָל־הָאָרֶץ כְּבוֹדוֹ:

תרגום יונתן ישעיה ו
וּמְקַבְּלִין דֵּין מִן דֵּין וְאָמְרִין
קַדִּישׁ בִּשְׁמֵי מְרוֹמָא עִלָּאָה בֵּית שְׁכִינְתֵהּ
קַדִּישׁ עַל אַרְעָא עוֹבַד גְּבוּרְתֵהּ
קַדִּישׁ לְעָלַם וּלְעָלְמֵי עָלְמַיָּא
יהוה צְבָאוֹת, מַלְיָא כָל אַרְעָא זִיו יְקָרֵהּ.

יחזקאל ג ◂ וַתִּשָּׂאֵנִי רוּחַ, וָאֶשְׁמַע אַחֲרַי קוֹל רַעַשׁ גָּדוֹל
בָּרוּךְ כְּבוֹד־יהוה מִמְּקוֹמוֹ:

תרגום יונתן יחזקאל ג
וּנְטָלַתְנִי רוּחָא, וּשְׁמָעִית בַּתְרַי קָל זִיעַ סַגִּיא
דִּמְשַׁבְּחִין וְאָמְרִין, בְּרִיךְ יְקָרָא דַיהוה מֵאֲתַר בֵּית שְׁכִינְתֵהּ.

שמות טו יהוה יִמְלֹךְ לְעֹלָם וָעֶד:

תרגום אונקלוס שמות טו
יהוה מַלְכוּתֵהּ קָאֵם לְעָלַם וּלְעָלְמֵי עָלְמַיָּא.

דברי הימים א׳ כט יהוה אֱלֹהֵי אַבְרָהָם יִצְחָק וְיִשְׂרָאֵל אֲבֹתֵינוּ,
שָׁמְרָה־זֹּאת לְעוֹלָם לְיֵצֶר מַחְשְׁבוֹת לְבַב עַמֶּךָ,
תהלים עח וְהָכֵן לְבָבָם אֵלֶיךָ: וְהוּא רַחוּם יְכַפֵּר עָוֹן וְלֹא־
יַשְׁחִית, וְהִרְבָּה לְהָשִׁיב אַפּוֹ, וְלֹא־יָעִיר כָּל־
תהלים פו חֲמָתוֹ: כִּי־אַתָּה אֲדֹנָי טוֹב וְסַלָּח, וְרַב־חֶסֶד
תהלים קיט לְכָל־קֹרְאֶיךָ: צִדְקָתְךָ צֶדֶק לְעוֹלָם וְתוֹרָתְךָ
מיכה ז אֱמֶת: תִּתֵּן אֱמֶת לְיַעֲקֹב, חֶסֶד לְאַבְרָהָם, אֲשֶׁר־
תהלים סח נִשְׁבַּעְתָּ לַאֲבֹתֵינוּ מִימֵי קֶדֶם: בָּרוּךְ אֲדֹנָי יוֹם יוֹם
תהלים מו יַעֲמָס־לָנוּ, הָאֵל יְשׁוּעָתֵנוּ סֶלָה: יהוה צְבָאוֹת
תהלים פד עִמָּנוּ, מִשְׂגָּב לָנוּ אֱלֹהֵי יַעֲקֹב סֶלָה: יהוה
תהלים כ צְבָאוֹת, אַשְׁרֵי אָדָם בֹּטֵחַ בָּךְ: יהוה הוֹשִׁיעָה,
הַמֶּלֶךְ יַעֲנֵנוּ בְיוֹם־קָרְאֵנוּ:

בָּרוּךְ הוּא אֱלֹהֵינוּ שֶׁבְּרָאָנוּ לִכְבוֹדוֹ, וְהִבְדִּילָנוּ מִן הַתּוֹעִים, וְנָתַן לָנוּ תּוֹרַת אֱמֶת, וְחַיֵּי עוֹלָם נָטַע בְּתוֹכֵנוּ. הוּא יִפְתַּח לִבֵּנוּ בְּתוֹרָתוֹ, וְיָשֵׂם בְּלִבֵּנוּ אַהֲבָתוֹ וְיִרְאָתוֹ וְלַעֲשׂוֹת רְצוֹנוֹ וּלְעָבְדוֹ בְּלֵבָב שָׁלֵם, לְמַעַן לֹא נִיגַע לָרִיק וְלֹא נֵלֵד לַבֶּהָלָה.

יְהִי רָצוֹן מִלְּפָנֶיךָ יהוה אֱלֹהֵינוּ וֵאלֹהֵי אֲבוֹתֵינוּ,
שֶׁנִּשְׁמֹר חֻקֶּיךָ בָּעוֹלָם הַזֶּה, וְנִזְכֶּה וְנִחְיֶה וְנִרְאֶה
וְנִירַשׁ טוֹבָה וּבְרָכָה, לִשְׁנֵי יְמוֹת הַמָּשִׁיחַ וּלְחַיֵּי
הָעוֹלָם הַבָּא. לְמַעַן יְזַמֶּרְךָ כָבוֹד וְלֹא יִדֹּם, יהוה תהלים ל
אֱלֹהַי, לְעוֹלָם אוֹדֶךָּ: בָּרוּךְ הַגֶּבֶר אֲשֶׁר יִבְטַח ירמיה יז
בַּיהוה, וְהָיָה יהוה מִבְטַחוֹ: בִּטְחוּ בַיהוה עֲדֵי־ ישעיה כו
עַד, כִּי בְּיָהּ יהוה צוּר עוֹלָמִים: ◂ וְיִבְטְחוּ בְךָ תהלים ט
יוֹדְעֵי שְׁמֶךָ, כִּי לֹא־עָזַבְתָּ דֹרְשֶׁיךָ, יהוה: יהוה ישעיה מב
חָפֵץ לְמַעַן צִדְקוֹ, יַגְדִּיל תּוֹרָה וְיַאְדִּיר:

בראש חודש ובחול המועד אומרים חצי קדיש בעמ׳ 115 ועומדים להתפלל מוסף (מוסף לראש חודש בעמ׳ 584; מוסף לשלוש רגלים בעמ׳ 659). ובראש חודש חולצים את התפילין לפני העמידה. בבתי כנסת המתפללים בנוסח ספרד, מחזירים את ספר התורה לארון הקודש (עמ׳ 118) לפני חצי קדיש.

בשאר הימים שליח הציבור ממשיך בקדיש שלם.

קדיש שלם

ש״ץ: יִתְגַּדַּל וְיִתְקַדַּשׁ שְׁמֵהּ רַבָּא (קהל: אָמֵן)
בְּעָלְמָא דִּי בְרָא כִרְעוּתֵהּ, וְיַמְלִיךְ מַלְכוּתֵהּ
בְּחַיֵּיכוֹן וּבְיוֹמֵיכוֹן וּבְחַיֵּי דְכָל בֵּית יִשְׂרָאֵל
בַּעֲגָלָא וּבִזְמַן קָרִיב, וְאִמְרוּ אָמֵן. (קהל: אָמֵן)

קהל וש״ץ: יְהֵא שְׁמֵהּ רַבָּא מְבָרַךְ לְעָלַם וּלְעָלְמֵי עָלְמַיָּא.

ש״ץ: יִתְבָּרַךְ וְיִשְׁתַּבַּח וְיִתְפָּאַר
וְיִתְרוֹמַם וְיִתְנַשֵּׂא וְיִתְהַדָּר וְיִתְעַלֶּה וְיִתְהַלָּל
שְׁמֵהּ דְּקֻדְשָׁא בְּרִיךְ הוּא (קהל: בְּרִיךְ הוּא)
לְעֵלָּא מִן כָּל בִּרְכָתָא
/ בעשרת ימי תשובה: לְעֵלָּא לְעֵלָּא מִכָּל בִּרְכָתָא/
וְשִׁירָתָא, תֻּשְׁבְּחָתָא וְנֶחֱמָתָא
דַּאֲמִירָן בְּעָלְמָא
וְאִמְרוּ אָמֵן. (קהל: אָמֵן)

בתשעה באב מדלגים על פיסקה זו וממשיכים ׳יְהֵא שְׁלָמָא׳.

תִּתְקַבַּל צְלוֹתְהוֹן וּבָעוּתְהוֹן דְּכָל יִשְׂרָאֵל
קֳדָם אֲבוּהוֹן דִּי בִשְׁמַיָּא
וְאִמְרוּ אָמֵן. (קהל: אָמֵן)

יְהֵא שְׁלָמָא רַבָּא מִן שְׁמַיָּא
וְחַיִּים, עָלֵינוּ וְעַל כָּל יִשְׂרָאֵל
וְאִמְרוּ אָמֵן. (קהל: אָמֵן)

כורע ופוסע שלוש פסיעות לאחור. קד לשמאל, לימין ולפנים באמירת:

עֹשֶׂה שָׁלוֹם/ בעשרת ימי תשובה: הַשָּׁלוֹם/ בִּמְרוֹמָיו
הוּא יַעֲשֶׂה שָׁלוֹם עָלֵינוּ וְעַל כָּל יִשְׂרָאֵל,
וְאִמְרוּ אָמֵן. (קהל: אָמֵן)

בבתי כנסת המתפללים בנוסח ספרד מחזירים כאן
את ספר התורה לארון הקודש (עמ׳ 118).

עומדים באמירת ׳עָלֵינוּ׳ (טור, קלג) ומשתחווים במקום המסומן ב°.
בבתי כנסת המתפללים בנוסח ספרד, אומרים ׳עָלֵינוּ׳ ואת הקדיש
שאחריו, אחרי שיר של יום (עמ׳ 130) ו׳אֵין כֵּאלֹהֵינוּ׳ (עמ׳ 141).

עָלֵינוּ לְשַׁבֵּחַ לַאֲדוֹן הַכֹּל
לָתֵת גְּדֻלָּה לְיוֹצֵר בְּרֵאשִׁית
שֶׁלֹּא עָשָׂנוּ כְּגוֹיֵי הָאֲרָצוֹת
וְלֹא שָׂמָנוּ כְּמִשְׁפְּחוֹת הָאֲדָמָה
שֶׁלֹּא שָׂם חֶלְקֵנוּ כָּהֶם וְגוֹרָלֵנוּ כְּכָל הֲמוֹנָם.
שֶׁהֵם מִשְׁתַּחֲוִים לְהֶבֶל וָרִיק
וּמִתְפַּלְּלִים אֶל אֵל לֹא יוֹשִׁיעַ.
°וַאֲנַחְנוּ כּוֹרְעִים וּמִשְׁתַּחֲוִים וּמוֹדִים
לִפְנֵי מֶלֶךְ מַלְכֵי הַמְּלָכִים, הַקָּדוֹשׁ בָּרוּךְ הוּא
שֶׁהוּא נוֹטֶה שָׁמַיִם וְיוֹסֵד אָרֶץ
וּמוֹשַׁב יְקָרוֹ בַּשָּׁמַיִם מִמַּעַל
וּשְׁכִינַת עֻזּוֹ בְּגָבְהֵי מְרוֹמִים.
הוּא אֱלֹהֵינוּ, אֵין עוֹד.
אֱמֶת מַלְכֵּנוּ, אֶפֶס זוּלָתוֹ, כַּכָּתוּב בְּתוֹרָתוֹ
וְיָדַעְתָּ הַיּוֹם וַהֲשֵׁבֹתָ אֶל־לְבָבֶךָ דברים ד
כִּי יהוה הוּא הָאֱלֹהִים
בַּשָּׁמַיִם מִמַּעַל וְעַל־הָאָרֶץ מִתָּחַת, אֵין עוֹד:

עַל כֵּן נְקַוֶּה לְּךָ יהוה אֱלֹהֵינוּ
לִרְאוֹת מְהֵרָה בְּתִפְאֶרֶת עֻזֶּךָ
לְהַעֲבִיר גִּלּוּלִים מִן הָאָרֶץ
וְהָאֱלִילִים כָּרוֹת יִכָּרֵתוּן
לְתַקֵּן עוֹלָם בְּמַלְכוּת שַׁדַּי.
וְכָל בְּנֵי בָשָׂר יִקְרְאוּ בִשְׁמֶךָ
לְהַפְנוֹת אֵלֶיךָ כָּל רִשְׁעֵי אָרֶץ.
יַכִּירוּ וְיֵדְעוּ כָּל יוֹשְׁבֵי תֵבֵל
כִּי לְךָ תִּכְרַע כָּל בֶּרֶךְ, תִּשָּׁבַע כָּל לָשׁוֹן.
לְפָנֶיךָ יהוה אֱלֹהֵינוּ יִכְרְעוּ וְיִפֹּלוּ
וְלִכְבוֹד שִׁמְךָ יְקָר יִתֵּנוּ
וִיקַבְּלוּ כֻלָּם אֶת עֹל מַלְכוּתֶךָ
וְתִמְלֹךְ עֲלֵיהֶם מְהֵרָה לְעוֹלָם וָעֶד.
כִּי הַמַּלְכוּת שֶׁלְּךָ הִיא
וּלְעוֹלְמֵי עַד תִּמְלֹךְ בְּכָבוֹד
שמות טו כַּכָּתוּב בְּתוֹרָתֶךָ, יהוה יִמְלֹךְ לְעֹלָם וָעֶד:
זכריה יד ◂ וְנֶאֱמַר, וְהָיָה יהוה לְמֶלֶךְ עַל־כָּל־הָאָרֶץ
בַּיּוֹם הַהוּא יִהְיֶה יהוה אֶחָד וּשְׁמוֹ אֶחָד:

יש מוסיפים פסוקים אלה, שבהם נתבשר מרדכי שישראל יינצלו מגזרת המן (אסתר רבה ז, יג מובא בט"ז קלב, ב).

אַל־תִּירָא מִפַּחַד פִּתְאֹם וּמִשֹּׁאַת רְשָׁעִים כִּי תָבֹא: משלי ג

עֻצוּ עֵצָה וְתֻפָר, דַּבְּרוּ דָבָר וְלֹא יָקוּם, כִּי עִמָּנוּ אֵל: ישעיה ח

וְעַד־זִקְנָה אֲנִי הוּא, וְעַד־שֵׂיבָה אֲנִי אֶסְבֹּל ישעיה מו

אֲנִי עָשִׂיתִי וַאֲנִי אֶשָּׂא וַאֲנִי אֶסְבֹּל וַאֲמַלֵּט:

קדיש יתום

אבל: יִתְגַּדַּל וְיִתְקַדַּשׁ שְׁמֵהּ רַבָּא (קהל: אָמֵן)

בְּעָלְמָא דִּי בְרָא כִרְעוּתֵהּ, וְיַמְלִיךְ מַלְכוּתֵהּ

בְּחַיֵּיכוֹן וּבְיוֹמֵיכוֹן וּבְחַיֵּי דְכָל בֵּית יִשְׂרָאֵל

בַּעֲגָלָא וּבִזְמַן קָרִיב, וְאִמְרוּ אָמֵן. (קהל: אָמֵן)

קהל ואבל: יְהֵא שְׁמֵהּ רַבָּא מְבָרַךְ לְעָלַם וּלְעָלְמֵי עָלְמַיָּא.

אבל: יִתְבָּרַךְ וְיִשְׁתַּבַּח וְיִתְפָּאַר וְיִתְרוֹמַם וְיִתְנַשֵּׂא

וְיִתְהַדָּר וְיִתְעַלֶּה וְיִתְהַלָּל

שְׁמֵהּ דְּקֻדְשָׁא בְּרִיךְ הוּא (קהל: בְּרִיךְ הוּא)

לְעֵלָּא מִן כָּל בִּרְכָתָא

/בעשרת ימי תשובה: לְעֵלָּא לְעֵלָּא מִכָּל בִּרְכָתָא/

וְשִׁירָתָא, תֻּשְׁבְּחָתָא וְנֶחֱמָתָא

דַּאֲמִירָן בְּעָלְמָא, וְאִמְרוּ אָמֵן. (קהל: אָמֵן)

יְהֵא שְׁלָמָא רַבָּא מִן שְׁמַיָּא, וְחַיִּים

עָלֵינוּ וְעַל כָּל יִשְׂרָאֵל, וְאִמְרוּ אָמֵן. (קהל: אָמֵן)

כורע ופוסע שלוש פסיעות לאחור. קד לשמאל, לימין ולפנים באמירת:

עֹשֶׂה שָׁלוֹם/ בעשרת ימי תשובה: **הַשָּׁלוֹם/ בִּמְרוֹמָיו**

הוּא יַעֲשֶׂה שָׁלוֹם

עָלֵינוּ וְעַל כָּל יִשְׂרָאֵל, וְאִמְרוּ אָמֵן. (קהל: **אָמֵן**)

שיר של יום

חלק ממצוות זיכרון השבת היא קריאת כל ימות השבוע על שמה (מכילתא, מובא ברמב״ן שמות כ, ח).

נוהגים לומר אחר התפילה את השיר שאמרו הלוויים במקדש באותו יום (סדר רב עמרם גאון), ולאחריו קדיש יתום בעמ׳ 136.

בחנוכה, בפורים, בראש חודש ובחול המועד יש האומרים מזמור שונה, כמנהג הגר״א.

מזמור זה נאמר ביום הראשון, כיוון שהוא מדגיש את בעלותו של הקב״ה על העולם שהוא ברא (ראש השנה לא ע״א).

ליום א׳ **הַיּוֹם יוֹם רִאשׁוֹן בְּשַׁבָּת**

שֶׁבּוֹ הָיוּ הַלְוִיִּם אוֹמְרִים בְּבֵית הַמִּקְדָּשׁ:

תהלים כד

לְדָוִד מִזְמוֹר, לַיהוה הָאָרֶץ וּמְלוֹאָהּ, תֵּבֵל וְיֹשְׁבֵי
בָהּ: כִּי־הוּא עַל־יַמִּים יְסָדָהּ, וְעַל־נְהָרוֹת יְכוֹנְנֶהָ:
מִי־יַעֲלֶה בְהַר־יהוה, וּמִי־יָקוּם בִּמְקוֹם קָדְשׁוֹ:
נְקִי כַפַּיִם וּבַר־לֵבָב, אֲשֶׁר לֹא־נָשָׂא לַשָּׁוְא נַפְשִׁי,
וְלֹא נִשְׁבַּע לְמִרְמָה: יִשָּׂא בְרָכָה מֵאֵת יהוה,
וּצְדָקָה מֵאֱלֹהֵי יִשְׁעוֹ: זֶה דּוֹר דֹּרְשָׁו, מְבַקְשֵׁי
פָנֶיךָ יַעֲקֹב סֶלָה: שְׂאוּ שְׁעָרִים רָאשֵׁיכֶם, וְהִנָּשְׂאוּ
פִּתְחֵי עוֹלָם, וְיָבוֹא מֶלֶךְ הַכָּבוֹד: מִי זֶה מֶלֶךְ

הַכָּבוֹד, יהוה עִזּוּז וְגִבּוֹר, יהוה גִּבּוֹר מִלְחָמָה: שְׂאוּ שְׁעָרִים רָאשֵׁיכֶם, וּשְׂאוּ פִּתְחֵי עוֹלָם, וְיָבֹא מֶלֶךְ הַכָּבוֹד: ◂ מִי הוּא זֶה מֶלֶךְ הַכָּבוֹד, יהוה צְבָאוֹת הוּא מֶלֶךְ הַכָּבוֹד סֶלָה:

קדיש יתום (בעמ׳ 136)

מזמור זה נאמר ביום השני, כיוון שהבחירה בירושלים מקבילה להבדלה בין המים העליונים למים התחתונים ביום השני לבריאה (ר״ת, ראש השנה לא ע״א).

ליום ב׳ הַיּוֹם יוֹם שֵׁנִי בְּשַׁבָּת
שֶׁבּוֹ הָיוּ הַלְוִיִּם אוֹמְרִים בְּבֵית הַמִּקְדָּשׁ:

תהלים מח

שִׁיר מִזְמוֹר לִבְנֵי־קֹרַח: גָּדוֹל יהוה וּמְהֻלָּל מְאֹד, בְּעִיר אֱלֹהֵינוּ, הַר־קָדְשׁוֹ: יְפֵה נוֹף מְשׂוֹשׂ כָּל־הָאָרֶץ, הַר־צִיּוֹן יַרְכְּתֵי צָפוֹן, קִרְיַת מֶלֶךְ רָב: אֱלֹהִים בְּאַרְמְנוֹתֶיהָ נוֹדַע לְמִשְׂגָּב: כִּי־הִנֵּה הַמְּלָכִים נוֹעֲדוּ, עָבְרוּ יַחְדָּו: הֵמָּה רָאוּ כֵּן תָּמָהוּ, נִבְהֲלוּ נֶחְפָּזוּ: רְעָדָה אֲחָזָתַם שָׁם, חִיל כַּיּוֹלֵדָה: בְּרוּחַ קָדִים תְּשַׁבֵּר אֳנִיּוֹת תַּרְשִׁישׁ: כַּאֲשֶׁר שָׁמַעְנוּ כֵּן רָאִינוּ, בְּעִיר־יהוה צְבָאוֹת, בְּעִיר אֱלֹהֵינוּ, אֱלֹהִים יְכוֹנְנֶהָ עַד־עוֹלָם סֶלָה: דִּמִּינוּ אֱלֹהִים חַסְדֶּךָ, בְּקֶרֶב הֵיכָלֶךָ: כְּשִׁמְךָ אֱלֹהִים כֵּן תְּהִלָּתְךָ עַל־קַצְוֵי־אֶרֶץ, צֶדֶק מָלְאָה יְמִינֶךָ:

יִשְׂמַח הַר־צִיּוֹן, תָּגֵלְנָה בְּנוֹת יְהוּדָה, לְמַעַן מִשְׁפָּטֶיךָ: סֹבּוּ צִיּוֹן וְהַקִּיפוּהָ, סִפְרוּ מִגְדָּלֶיהָ: שִׁיתוּ לִבְּכֶם לְחֵילָה, פַּסְּגוּ אַרְמְנוֹתֶיהָ, לְמַעַן תְּסַפְּרוּ לְדוֹר אַחֲרוֹן: › כִּי זֶה אֱלֹהִים אֱלֹהֵינוּ עוֹלָם וָעֶד, הוּא יְנַהֲגֵנוּ עַל־מוּת:

קדיש יתום (בעמ׳ 136)

מזמור זה נאמר ביום השלישי, כיוון שקיום הארץ (שנתגלתה ביום השלישי), תלוי בשמירת משפטי התורה כמו שכתוב במזמור, שנאמר (ירמיה לג, כה): ״כֹּה אָמַר ה׳, אִם־לֹא בְרִיתִי יוֹמָם וָלָיְלָה, חֻקּוֹת שָׁמַיִם וָאָרֶץ לֹא־שָׂמְתִּי״ (ר״ח, ראש השנה לא ע״א).

ליום ג׳ הַיּוֹם יוֹם שְׁלִישִׁי בְּשַׁבָּת

שֶׁבּוֹ הָיוּ הַלְוִיִּם אוֹמְרִים בְּבֵית הַמִּקְדָּשׁ:

תהלים פב מִזְמוֹר לְאָסָף, אֱלֹהִים נִצָּב בַּעֲדַת־אֵל, בְּקֶרֶב אֱלֹהִים יִשְׁפֹּט: עַד־מָתַי תִּשְׁפְּטוּ־עָוֶל, וּפְנֵי רְשָׁעִים תִּשְׂאוּ־סֶלָה: שִׁפְטוּ־דָל וְיָתוֹם, עָנִי וָרָשׁ הַצְדִּיקוּ: פַּלְּטוּ־דַל וְאֶבְיוֹן, מִיַּד רְשָׁעִים הַצִּילוּ: לֹא יָדְעוּ וְלֹא יָבִינוּ, בַּחֲשֵׁכָה יִתְהַלָּכוּ, יִמּוֹטוּ כָּל־מוֹסְדֵי אָרֶץ: אֲנִי־אָמַרְתִּי אֱלֹהִים אַתֶּם, וּבְנֵי עֶלְיוֹן כֻּלְּכֶם: אָכֵן כְּאָדָם תְּמוּתוּן, וּכְאַחַד הַשָּׂרִים תִּפֹּלוּ: › קוּמָה אֱלֹהִים שָׁפְטָה הָאָרֶץ, כִּי־אַתָּה תִנְחַל בְּכָל־הַגּוֹיִם:

קדיש יתום (בעמ׳ 136)

מזמור זה נאמר ביום הרביעי, כיוון שהוא מתאר את הנקמה בעובדי הכוכבים, שנבראו ביום הרביעי (ראש השנה לא ע״א).

רבים נוהגים לסיים בפתיחה לקבלת שבת (בשלושת הפסוקים המתחילים את הפרק הבא), מפני שיום רביעי נחשב מכין לשבת הבאה (שפת אמת).

ליום ד׳ הַיּוֹם יוֹם רְבִיעִי בְּשַׁבָּת
שֶׁבּוֹ הָיוּ הַלְוִיִּם אוֹמְרִים בְּבֵית הַמִּקְדָּשׁ:

תהלים צד
אֵל־נְקָמוֹת יהוה, אֵל נְקָמוֹת הוֹפִיעַ: הִנָּשֵׂא שֹׁפֵט
הָאָרֶץ, הָשֵׁב גְּמוּל עַל־גֵּאִים: עַד־מָתַי רְשָׁעִים,
יהוה, עַד־מָתַי רְשָׁעִים יַעֲלֹזוּ: יַבִּיעוּ יְדַבְּרוּ
עָתָק, יִתְאַמְּרוּ כָּל־פֹּעֲלֵי אָוֶן: עַמְּךָ יהוה יְדַכְּאוּ,
וְנַחֲלָתְךָ יְעַנּוּ: אַלְמָנָה וְגֵר יַהֲרֹגוּ, וִיתוֹמִים יְרַצֵּחוּ:
וַיֹּאמְרוּ לֹא יִרְאֶה־יָּהּ, וְלֹא־יָבִין אֱלֹהֵי יַעֲקֹב:
בִּינוּ בֹּעֲרִים בָּעָם, וּכְסִילִים מָתַי תַּשְׂכִּילוּ: הֲנֹטַע
אֹזֶן הֲלֹא יִשְׁמָע, אִם־יֹצֵר עַיִן הֲלֹא יַבִּיט: הֲיֹסֵר
גּוֹיִם הֲלֹא יוֹכִיחַ, הַמְלַמֵּד אָדָם דָּעַת: יהוה יֹדֵעַ
מַחְשְׁבוֹת אָדָם, כִּי־הֵמָּה הָבֶל: אַשְׁרֵי הַגֶּבֶר
אֲשֶׁר־תְּיַסְּרֶנּוּ יָּהּ, וּמִתּוֹרָתְךָ תְלַמְּדֶנּוּ: לְהַשְׁקִיט
לוֹ מִימֵי רָע, עַד יִכָּרֶה לָרָשָׁע שָׁחַת: כִּי לֹא־יִטֹּשׁ
יהוה עַמּוֹ, וְנַחֲלָתוֹ לֹא יַעֲזֹב: כִּי־עַד־צֶדֶק יָשׁוּב
מִשְׁפָּט, וְאַחֲרָיו כָּל־יִשְׁרֵי־לֵב: מִי־יָקוּם לִי עִם־
מְרֵעִים, מִי־יִתְיַצֵּב לִי עִם־פֹּעֲלֵי אָוֶן: לוּלֵי יהוה

עֶזְרָתָה לִּי, כִּמְעַט שָׁכְנָה דוּמָה נַפְשִׁי: אִם־אָמַרְתִּי מָטָה רַגְלִי, חַסְדְּךָ יהוה יִסְעָדֵנִי: בְּרֹב שַׂרְעַפַּי בְּקִרְבִּי, תַּנְחוּמֶיךָ יְשַׁעַשְׁעוּ נַפְשִׁי: הַיְחָבְרְךָ כִּסֵּא הַוּוֹת, יֹצֵר עָמָל עֲלֵי־חֹק: יָגוֹדּוּ עַל־נֶפֶשׁ צַדִּיק, וְדָם נָקִי יַרְשִׁיעוּ: וַיְהִי יהוה לִי לְמִשְׂגָּב, וֵאלֹהַי לְצוּר מַחְסִי: וַיָּשֶׁב עֲלֵיהֶם אֶת־אוֹנָם, וּבְרָעָתָם יַצְמִיתֵם, יַצְמִיתֵם יהוה אֱלֹהֵינוּ:

תהלים צה ‹ לְכוּ נְרַנְּנָה לַיהוה, נָרִיעָה לְצוּר יִשְׁעֵנוּ: נְקַדְּמָה פָנָיו בְּתוֹדָה, בִּזְמִרוֹת נָרִיעַ לוֹ: כִּי אֵל גָּדוֹל יהוה, וּמֶלֶךְ גָּדוֹל עַל־כָּל־אֱלֹהִים:

קדיש יתום (בעמ׳ 136)

מזמור זה נאמר ביום החמישי, כיוון שבו הקב״ה התחיל בבריאת בעלי החיים, והיופי והגיוון בבריאה מעוררים את האדם לשבח את הבורא (רש״י, ראש השנה לא ע״א).

ליום ה׳ הַיּוֹם יוֹם חֲמִישִׁי בְּשַׁבָּת

שֶׁבּוֹ הָיוּ הַלְוִיִּם אוֹמְרִים בְּבֵית הַמִּקְדָּשׁ:

תהלים פא לַמְנַצֵּחַ עַל־הַגִּתִּית לְאָסָף: הַרְנִינוּ לֵאלֹהִים עוּזֵּנוּ, הָרִיעוּ לֵאלֹהֵי יַעֲקֹב: שְׂאוּ־זִמְרָה וּתְנוּ־תֹף, כִּנּוֹר נָעִים עִם־נָבֶל: תִּקְעוּ בַחֹדֶשׁ שׁוֹפָר, בַּכֵּסֶה לְיוֹם חַגֵּנוּ: כִּי חֹק לְיִשְׂרָאֵל הוּא, מִשְׁפָּט לֵאלֹהֵי יַעֲקֹב: עֵדוּת בִּיהוֹסֵף שָׂמוֹ, בְּצֵאתוֹ עַל־אֶרֶץ מִצְרָיִם,

שְׂפַת לֹא־יָדַעְתִּי אֶשְׁמָע: הֲסִירוֹתִי מִסֵּבֶל שִׁכְמוֹ, כַּפָּיו מִדּוּד תַּעֲבֹרְנָה: בַּצָּרָה קָרָאתָ וָאֲחַלְּצֶךָּ, אֶעֶנְךָ בְּסֵתֶר רַעַם, אֶבְחָנְךָ עַל־מֵי מְרִיבָה סֶלָה: שְׁמַע עַמִּי וְאָעִידָה בָּךְ, יִשְׂרָאֵל אִם־תִּשְׁמַע־לִי: לֹא־יִהְיֶה בְךָ אֵל זָר, וְלֹא תִשְׁתַּחֲוֶה לְאֵל נֵכָר: אָנֹכִי יהוה אֱלֹהֶיךָ, הַמַּעַלְךָ מֵאֶרֶץ מִצְרָיִם, הַרְחֶב־פִּיךָ וַאֲמַלְאֵהוּ: וְלֹא־שָׁמַע עַמִּי לְקוֹלִי, וְיִשְׂרָאֵל לֹא־אָבָה לִי: וָאֲשַׁלְּחֵהוּ בִּשְׁרִירוּת לִבָּם, יֵלְכוּ בְּמוֹעֲצוֹתֵיהֶם: לוּ עַמִּי שֹׁמֵעַ לִי, יִשְׂרָאֵל בִּדְרָכַי יְהַלֵּכוּ: כִּמְעַט אוֹיְבֵיהֶם אַכְנִיעַ, וְעַל־צָרֵיהֶם אָשִׁיב יָדִי: מְשַׂנְאֵי יהוה יְכַחֲשׁוּ־לוֹ, וִיהִי עִתָּם לְעוֹלָם: ◂ וַיַּאֲכִילֵהוּ מֵחֵלֶב חִטָּה, וּמִצּוּר, דְּבַשׁ אַשְׂבִּיעֶךָ:

קדיש יתום (בעמוד הבא)

מזמור זה נאמר ביום השישי, כיוון שביום זה הקב״ה סיים את בריאת העולם ונתעלה למלך עליו (ראש השנה לא ע״א).

ליום ו׳ הַיּוֹם יוֹם שִׁשִּׁי בְּשַׁבָּת

שֶׁבּוֹ הָיוּ הַלְוִיִּם אוֹמְרִים בְּבֵית הַמִּקְדָּשׁ:

תהלים צג

יהוה מָלָךְ, גֵּאוּת לָבֵשׁ, לָבֵשׁ יהוה עֹז הִתְאַזָּר, אַף־תִּכּוֹן תֵּבֵל בַּל־תִּמּוֹט: נָכוֹן כִּסְאֲךָ מֵאָז, מֵעוֹלָם אָתָּה: נָשְׂאוּ נְהָרוֹת יהוה, נָשְׂאוּ נְהָרוֹת

קוֹלָם, יִשְׂאוּ נְהָרוֹת דָּכְיָם: מִקֹּלוֹת מַיִם רַבִּים, אַדִּירִים מִשְׁבְּרֵי־יָם, אַדִּיר בַּמָּרוֹם יהוה: › עֵדֹתֶיךָ נֶאֶמְנוּ מְאֹד, לְבֵיתְךָ נַאֲוָה־קֹדֶשׁ, יהוה לְאֹרֶךְ יָמִים:

קדיש יתום

אבל: יִתְגַּדַּל וְיִתְקַדַּשׁ שְׁמֵהּ רַבָּא (קהל: אָמֵן)
בְּעָלְמָא דִּי בְרָא כִרְעוּתֵהּ, וְיַמְלִיךְ מַלְכוּתֵהּ
בְּחַיֵּיכוֹן וּבְיוֹמֵיכוֹן וּבְחַיֵּי דְכָל בֵּית יִשְׂרָאֵל
בַּעֲגָלָא וּבִזְמַן קָרִיב
וְאִמְרוּ אָמֵן. (קהל: אָמֵן)

קהל ואבל: יְהֵא שְׁמֵהּ רַבָּא מְבָרַךְ לְעָלַם וּלְעָלְמֵי עָלְמַיָּא.

אבל: יִתְבָּרַךְ וְיִשְׁתַּבַּח וְיִתְפָּאַר וְיִתְרוֹמַם וְיִתְנַשֵּׂא
וְיִתְהַדָּר וְיִתְעַלֶּה וְיִתְהַלָּל
שְׁמֵהּ דְּקֻדְשָׁא בְּרִיךְ הוּא (קהל: בְּרִיךְ הוּא)
לְעֵלָּא מִן כָּל בִּרְכָתָא
/בעשרת ימי תשובה: לְעֵלָּא לְעֵלָּא מִכָּל בִּרְכָתָא/
וְשִׁירָתָא, תֻּשְׁבְּחָתָא וְנֶחֱמָתָא
דַּאֲמִירָן בְּעָלְמָא
וְאִמְרוּ אָמֵן. (קהל: אָמֵן)

יְהֵא שְׁלָמָא רַבָּא מִן שְׁמַיָּא
וְחַיִּים, עָלֵינוּ וְעַל כָּל יִשְׂרָאֵל
וְאִמְרוּ אָמֵן. (קהל: אָמֵן)

כורע ופוסע שלוש פסיעות לאחור. קד לשמאל, לימין ולפנים באמירת:

עֹשֶׂה שָׁלוֹם/ בעשרת ימי תשובה: הַשָּׁלוֹם/ בִּמְרוֹמָיו
הוּא יַעֲשֶׂה שָׁלוֹם עָלֵינוּ וְעַל כָּל יִשְׂרָאֵל
וְאִמְרוּ אָמֵן. (קהל: אָמֵן)

בראש חודש מוסיפים מזמור זה, שנזכרות בו בריאת העולם וקביעת הזמן על פי המאורות (רש"י, בראשית א, יד). הנוהגים כדעת הגר"א אומרים רק 'בָּרְכִי נַפְשִׁי', במקום שיר של יום.

בָּרְכִי נַפְשִׁי אֶת־יהוה, יהוה אֱלֹהַי גָּדַלְתָּ מְּאֹד, תהלים קד
הוֹד וְהָדָר לָבָשְׁתָּ: עֹטֶה־אוֹר כַּשַּׂלְמָה, נוֹטֶה שָׁמַיִם כַּיְרִיעָה: הַמְקָרֶה בַמַּיִם עֲלִיּוֹתָיו, הַשָּׂם־עָבִים רְכוּבוֹ, הַמְהַלֵּךְ עַל־כַּנְפֵי־רוּחַ: עֹשֶׂה מַלְאָכָיו רוּחוֹת, מְשָׁרְתָיו אֵשׁ לֹהֵט: יָסַד־אֶרֶץ עַל־מְכוֹנֶיהָ, בַּל־תִּמּוֹט עוֹלָם וָעֶד: תְּהוֹם כַּלְּבוּשׁ כִּסִּיתוֹ, עַל־הָרִים יַעַמְדוּ־מָיִם: מִן־גַּעֲרָתְךָ יְנוּסוּן, מִן־קוֹל רַעַמְךָ יֵחָפֵזוּן: יַעֲלוּ הָרִים, יֵרְדוּ בְקָעוֹת, אֶל־מְקוֹם זֶה יָסַדְתָּ לָהֶם: גְּבוּל־שַׂמְתָּ בַּל־יַעֲבֹרוּן, בַּל־יְשׁוּבוּן לְכַסּוֹת הָאָרֶץ: הַמְשַׁלֵּחַ

מַעְיָנִים בַּנְּחָלִים, בֵּין הָרִים יְהַלֵּכוּן: יַשְׁקוּ כָּל־
חַיְתוֹ שָׂדָי, יִשְׁבְּרוּ פְרָאִים צְמָאָם: עֲלֵיהֶם עוֹף־
הַשָּׁמַיִם יִשְׁכּוֹן, מִבֵּין עֳפָאיִם יִתְּנוּ־קוֹל: מַשְׁקֶה
הָרִים מֵעֲלִיּוֹתָיו, מִפְּרִי מַעֲשֶׂיךָ תִּשְׂבַּע הָאָרֶץ:
מַצְמִיחַ חָצִיר לַבְּהֵמָה, וְעֵשֶׂב לַעֲבֹדַת הָאָדָם,
לְהוֹצִיא לֶחֶם מִן־הָאָרֶץ: וְיַיִן יְשַׂמַּח לְבַב־אֱנוֹשׁ,
לְהַצְהִיל פָּנִים מִשָּׁמֶן, וְלֶחֶם לְבַב־אֱנוֹשׁ יִסְעָד:
יִשְׂבְּעוּ עֲצֵי יהוה, אַרְזֵי לְבָנוֹן אֲשֶׁר נָטָע: אֲשֶׁר־
שָׁם צִפֳּרִים יְקַנֵּנוּ, חֲסִידָה בְּרוֹשִׁים בֵּיתָהּ: הָרִים
הַגְּבֹהִים לַיְּעֵלִים, סְלָעִים מַחְסֶה לַשְׁפַנִּים: עָשָׂה
יָרֵחַ לְמוֹעֲדִים, שֶׁמֶשׁ יָדַע מְבוֹאוֹ: תָּשֶׁת־חֹשֶׁךְ
וִיהִי לָיְלָה, בּוֹ־תִרְמֹשׂ כָּל־חַיְתוֹ־יָעַר: הַכְּפִירִים
שֹׁאֲגִים לַטָּרֶף, וּלְבַקֵּשׁ מֵאֵל אָכְלָם: תִּזְרַח
הַשֶּׁמֶשׁ יֵאָסֵפוּן, וְאֶל־מְעוֹנֹתָם יִרְבָּצוּן: יֵצֵא
אָדָם לְפָעֳלוֹ, וְלַעֲבֹדָתוֹ עֲדֵי־עָרֶב: מָה־רַבּוּ
מַעֲשֶׂיךָ יהוה, כֻּלָּם בְּחָכְמָה עָשִׂיתָ, מָלְאָה
הָאָרֶץ קִנְיָנֶךָ: זֶה הַיָּם גָּדוֹל וּרְחַב יָדָיִם, שָׁם־
רֶמֶשׂ וְאֵין מִסְפָּר, חַיּוֹת קְטַנּוֹת עִם־גְּדֹלוֹת:

שָׁם אֳנִיּוֹת יְהַלֵּכוּן, לִוְיָתָן זֶה־יָצַרְתָּ לְשַׂחֶק־בּוֹ: כֻּלָּם אֵלֶיךָ יְשַׂבֵּרוּן, לָתֵת אָכְלָם בְּעִתּוֹ: תִּתֵּן לָהֶם יִלְקֹטוּן, תִּפְתַּח יָדְךָ יִשְׂבְּעוּן טוֹב: תַּסְתִּיר פָּנֶיךָ יִבָּהֵלוּן, תֹּסֵף רוּחָם יִגְוָעוּן, וְאֶל־עֲפָרָם יְשׁוּבוּן: תְּשַׁלַּח רוּחֲךָ יִבָּרֵאוּן, וּתְחַדֵּשׁ פְּנֵי אֲדָמָה: יְהִי כְבוֹד יהוה לְעוֹלָם, יִשְׂמַח יהוה בְּמַעֲשָׂיו: הַמַּבִּיט לָאָרֶץ וַתִּרְעָד, יִגַּע בֶּהָרִים וְיֶעֱשָׁנוּ: אָשִׁירָה לַיהוה בְּחַיָּי, אֲזַמְּרָה לֵאלֹהַי בְּעוֹדִי: ◂ יֶעֱרַב עָלָיו שִׂיחִי, אָנֹכִי אֶשְׂמַח בַּיהוה: יִתַּמּוּ חַטָּאִים מִן־הָאָרֶץ, וּרְשָׁעִים עוֹד אֵינָם, בָּרְכִי נַפְשִׁי אֶת־יהוה, הַלְלוּיָהּ:

קדיש יתום (בעמ׳ 136)

בחודש אלול (פרט לערב ראש השנה) תוקעים כאן תשר״ת
(רמ״א תקפא, א, בשם מנהגי מהר״י טירנא).

ברוב הקהילות נוהגים להוסיף את המזמור ׳לְדָוִד ה׳ אוֹרִי וְיִשְׁעִי׳ מר״ח אלול ועד הושענא רבה, על פי מדרש שוחר טוב שדרש את המזמור על חגי תשרי (משנ״ב תקפא, א). ויש אומרים אותו אחרי ׳אֵין כֵּאלֹהֵינוּ׳ (למטה).

לְדָוִד, יהוה אוֹרִי וְיִשְׁעִי, מִמִּי אִירָא, יהוה מָעוֹז־ תהלים כז
חַיַּי, מִמִּי אֶפְחָד: בִּקְרֹב עָלַי מְרֵעִים לֶאֱכֹל אֶת־בְּשָׂרִי, צָרַי וְאֹיְבַי לִי, הֵמָּה כָשְׁלוּ וְנָפָלוּ:

אִם־תַּחֲנֶה עָלַי מַחֲנֶה, לֹא־יִירָא לִבִּי, אִם־תָּקוּם עָלַי מִלְחָמָה, בְּזֹאת אֲנִי בוֹטֵחַ: אַחַת שָׁאַלְתִּי מֵאֵת־יהוה, אוֹתָהּ אֲבַקֵּשׁ, שִׁבְתִּי בְּבֵית־יהוה כָּל־יְמֵי חַיַּי, לַחֲזוֹת בְּנֹעַם־יהוה, וּלְבַקֵּר בְּהֵיכָלוֹ: כִּי יִצְפְּנֵנִי בְּסֻכֹּה בְּיוֹם רָעָה, יַסְתִּרֵנִי בְּסֵתֶר אָהֳלוֹ, בְּצוּר יְרוֹמְמֵנִי: וְעַתָּה יָרוּם רֹאשִׁי עַל אֹיְבַי סְבִיבוֹתַי, וְאֶזְבְּחָה בְאָהֳלוֹ זִבְחֵי תְרוּעָה, אָשִׁירָה וַאֲזַמְּרָה לַיהוה: שְׁמַע־יהוה קוֹלִי אֶקְרָא, וְחָנֵּנִי וַעֲנֵנִי: לְךָ אָמַר לִבִּי בַּקְּשׁוּ פָנָי, אֶת־פָּנֶיךָ יהוה אֲבַקֵּשׁ: אַל־תַּסְתֵּר פָּנֶיךָ מִמֶּנִּי, אַל תַּט־בְּאַף עַבְדֶּךָ, עֶזְרָתִי הָיִיתָ, אַל־תִּטְּשֵׁנִי וְאַל־תַּעַזְבֵנִי, אֱלֹהֵי יִשְׁעִי: כִּי־אָבִי וְאִמִּי עֲזָבוּנִי, וַיהוה יַאַסְפֵנִי: הוֹרֵנִי יהוה דַּרְכֶּךָ, וּנְחֵנִי בְּאֹרַח מִישׁוֹר, לְמַעַן שׁוֹרְרָי: אַל־תִּתְּנֵנִי בְּנֶפֶשׁ צָרָי, כִּי קָמוּ־בִי עֵדֵי־שֶׁקֶר, וִיפֵחַ חָמָס: ◂ לוּלֵא הֶאֱמַנְתִּי לִרְאוֹת בְּטוּב־יהוה בְּאֶרֶץ חַיִּים: קַוֵּה אֶל־יהוה, חֲזַק וְיַאֲמֵץ לִבֶּךָ, וְקַוֵּה אֶל־יהוה:

קדיש יתום (בעמ׳ 136)

יש האומרים פסוקים אלה, כבנוסח ספרד.

קַוֵּה אֶל־יהוה, חֲזַק וְיַאֲמֵץ לִבֶּךָ, וְקַוֵּה אֶל־יהוה: תהלים כז

אֵין־קָדוֹשׁ כַּיהוה, כִּי־אֵין בִּלְתֶּךָ, וְאֵין צוּר כֵּאלֹהֵינוּ: שמואל א׳ ב

כִּי מִי אֱלְוֹהַּ מִבַּלְעֲדֵי יהוה, וּמִי צוּר זוּלָתִי אֱלֹהֵינוּ: תהלים יח

בסדר רב עמרם גאון מובא פיוט זה כפתיחה לסדר ׳פִּטּוּם הַקְּטֹרֶת׳.
בחו״ל נהגו שלא לומר אותו ואת סדר הקטורת (רמ״א קלב, ב),
אבל בארץ ישראל החזירו עטרה ליושנה.

אֵין כֵּאלֹהֵינוּ, אֵין כַּאדוֹנֵינוּ,
אֵין כְּמַלְכֵּנוּ, אֵין כְּמוֹשִׁיעֵנוּ.

מִי כֵאלֹהֵינוּ, מִי כַאדוֹנֵינוּ,
מִי כְמַלְכֵּנוּ, מִי כְמוֹשִׁיעֵנוּ.

נוֹדֶה לֵאלֹהֵינוּ, נוֹדֶה לַאדוֹנֵינוּ,
נוֹדֶה לְמַלְכֵּנוּ, נוֹדֶה לְמוֹשִׁיעֵנוּ.

בָּרוּךְ אֱלֹהֵינוּ, בָּרוּךְ אֲדוֹנֵינוּ,
בָּרוּךְ מַלְכֵּנוּ, בָּרוּךְ מוֹשִׁיעֵנוּ.

אַתָּה הוּא אֱלֹהֵינוּ, אַתָּה הוּא אֲדוֹנֵינוּ
אַתָּה הוּא מַלְכֵּנוּ, אַתָּה הוּא מוֹשִׁיעֵנוּ.

אַתָּה הוּא שֶׁהִקְטִירוּ אֲבוֹתֵינוּ לְפָנֶיךָ
אֶת קְטֹרֶת הַסַּמִּים.

כריתות ו.

פִּטּוּם הַקְּטֹרֶת: הַצֳּרִי, וְהַצִּפֹּרֶן, וְהַחֶלְבְּנָה, וְהַלְּבוֹנָה מִשְׁקַל שִׁבְעִים שִׁבְעִים מָנֶה, מֹר, וּקְצִיעָה, שִׁבֹּלֶת נֵרְדְּ, וְכַרְכֹּם מִשְׁקַל שִׁשָּׁה עָשָׂר שִׁשָּׁה עָשָׂר מָנֶה, הַקֹּשְׁטְ שְׁנֵים עָשָׂר, קִלּוּפָה שְׁלשָׁה וְקִנָּמוֹן תִּשְׁעָה, בֹּרִית כַּרְשִׁינָה תִּשְׁעָה קַבִּין, יֵין קַפְרִיסִין סְאִין תְּלָת וְקַבִּין תְּלָתָא, וְאִם אֵין לוֹ יֵין קַפְרִיסִין, מֵבִיא חֲמַר חִוַּרְיָן עַתִּיק. מֶלַח סְדוֹמִית רֹבַע, מַעֲלֶה עָשָׁן כָּל שֶׁהוּא. רַבִּי נָתָן הַבַּבְלִי אוֹמֵר: אַף כִּפַּת הַיַּרְדֵּן כָּל שֶׁהוּא, וְאִם נָתַן בָּהּ דְּבַשׁ פְּסָלָהּ, וְאִם חִסַּר אַחַת מִכָּל סַמָּנֶיהָ, חַיָּב מִיתָה.

רַבָּן שִׁמְעוֹן בֶּן גַּמְלִיאֵל אוֹמֵר: הַצֳּרִי אֵינוֹ אֶלָּא שְׂרָף הַנּוֹטֵף מֵעֲצֵי הַקְּטָף. בֹּרִית כַּרְשִׁינָה שֶׁשָּׁפִין בָּהּ אֶת הַצִּפֹּרֶן כְּדֵי שֶׁתְּהֵא נָאָה, יֵין קַפְרִיסִין שֶׁשּׁוֹרִין בּוֹ אֶת הַצִּפֹּרֶן כְּדֵי שֶׁתְּהֵא עַזָּה, וַהֲלֹא מֵי רַגְלַיִם יָפִין לָהּ, אֶלָּא שֶׁאֵין מַכְנִיסִין מֵי רַגְלַיִם בַּמִּקְדָּשׁ מִפְּנֵי הַכָּבוֹד.

מגילה כח:

תָּנָא דְבֵי אֵלִיָּהוּ: כָּל הַשּׁוֹנֶה הֲלָכוֹת בְּכָל יוֹם,

חבקוק ג

מֻבְטָח לוֹ שֶׁהוּא בֶּן עוֹלָם הַבָּא, שֶׁנֶּאֱמַר הֲלִיכוֹת עוֹלָם לוֹ: אַל תִּקְרֵי הֲלִיכוֹת אֶלָּא הֲלָכוֹת.

אָמַר רַבִּי אֶלְעָזָר, אָמַר רַבִּי חֲנִינָא: תַּלְמִידֵי חֲכָמִים ברכות סד.
מַרְבִּים שָׁלוֹם בָּעוֹלָם, שֶׁנֶּאֱמַר וְכָל־בָּנַיִךְ לִמּוּדֵי ישעיה נד
יהוה, וְרַב שְׁלוֹם בָּנָיִךְ: אַל תִּקְרֵי בָּנָיִךְ, אֶלָּא בּוֹנָיִךְ.
שָׁלוֹם רָב לְאֹהֲבֵי תוֹרָתֶךָ, וְאֵין־לָמוֹ מִכְשׁוֹל: יְהִי־ תהלים קיט תהלים קכב
שָׁלוֹם בְּחֵילֵךְ, שַׁלְוָה בְּאַרְמְנוֹתָיִךְ: לְמַעַן אַחַי וְרֵעָי
אֲדַבְּרָה־נָּא שָׁלוֹם בָּךְ: לְמַעַן בֵּית־יהוה אֱלֹהֵינוּ
אֲבַקְשָׁה טוֹב לָךְ: › יהוה עֹז לְעַמּוֹ יִתֵּן, יהוה יְבָרֵךְ תהלים כט
אֶת־עַמּוֹ בַשָּׁלוֹם:

קדיש דרבנן

אבל: יִתְגַּדַּל וְיִתְקַדַּשׁ שְׁמֵהּ רַבָּא (קהל: אָמֵן)
בְּעָלְמָא דִּי בְרָא כִרְעוּתֵהּ
וְיַמְלִיךְ מַלְכוּתֵהּ
בְּחַיֵּיכוֹן וּבְיוֹמֵיכוֹן
וּבְחַיֵּי דְכָל בֵּית יִשְׂרָאֵל
בַּעֲגָלָא וּבִזְמַן קָרִיב
וְאִמְרוּ אָמֵן. (קהל: אָמֵן)

קהל ואבל: יְהֵא שְׁמֵהּ רַבָּא מְבָרַךְ
לְעָלַם וּלְעָלְמֵי עָלְמַיָּא.

אבל: יִתְבָּרַךְ וְיִשְׁתַּבַּח וְיִתְפָּאַר וְיִתְרוֹמַם וְיִתְנַשֵּׂא
וְיִתְהַדָּר וְיִתְעַלֶּה וְיִתְהַלָּל
שְׁמֵהּ דְּקֻדְשָׁא בְּרִיךְ הוּא (קהל: בְּרִיךְ הוּא)
לְעֵלָּא מִן כָּל בִּרְכָתָא
/ בעשרת ימי תשובה: לְעֵלָּא לְעֵלָּא מִכָּל בִּרְכָתָא/
וְשִׁירָתָא, תֻּשְׁבְּחָתָא וְנֶחֱמָתָא
דַּאֲמִירָן בְּעָלְמָא
וְאִמְרוּ אָמֵן. (קהל: אָמֵן)

עַל יִשְׂרָאֵל וְעַל רַבָּנָן
וְעַל תַּלְמִידֵיהוֹן
וְעַל כָּל תַּלְמִידֵי תַלְמִידֵיהוֹן
וְעַל כָּל מָאן דְּעָסְקִין בְּאוֹרַיְתָא
דִּי בְּאַתְרָא קַדִּישָׁא הָדֵין
וְדִי בְּכָל אֲתַר וַאֲתַר
יְהֵא לְהוֹן וּלְכוֹן שְׁלָמָא רַבָּא
חִנָּא וְחִסְדָּא, וְרַחֲמֵי, וְחַיֵּי אֲרִיכֵי
וּמְזוֹנֵי רְוִיחֵי
וּפֻרְקָנָא מִן קֳדָם אֲבוּהוֹן דִּי בִשְׁמַיָּא
וְאִמְרוּ אָמֵן. (קהל: אָמֵן)

יְהֵא שְׁלָמָא רַבָּא מִן שְׁמַיָּא
וְחַיִּים (טוֹבִים) עָלֵינוּ וְעַל כָּל יִשְׂרָאֵל
וְאִמְרוּ אָמֵן. (קהל: אָמֵן)

כורע ופוסע שלוש פסיעות לאחור. קד לשמאל, לימין ולפנים באמירת:

עֹשֶׂה שָׁלוֹם/ בעשרת ימי תשובה: הַשָּׁלוֹם/ בִּמְרוֹמָיו
הוּא יַעֲשֶׂה בְרַחֲמָיו שָׁלוֹם
עָלֵינוּ וְעַל כָּל יִשְׂרָאֵל
וְאִמְרוּ אָמֵן. (קהל: אָמֵן)

ביום שלא קראו בו בתורה, האומר קדיש מוסיף (ריב״ש):

בָּרְכוּ אֶת יהוה הַמְבֹרָךְ.

והקהל עונה:

בָּרוּךְ יהוה הַמְבֹרָךְ לְעוֹלָם וָעֶד.

בחודש אלול יש שתוקעים כאן בשופר ואומרים ׳לְדָוִד ה׳ אוֹרִי וְיִשְׁעִי׳ (עמ׳ 139).

בבית האבל אומרים כאן ׳לַמְנַצֵּחַ לִבְנֵי־קֹרַח׳ (עמ׳ 880)
וביום שאין אומרים בו תחנון, ׳מִכְתָּם לְדָוִד׳ (עמ׳ 881).
בבתי כנסת המתפללים בנוסח ספרד, אומרים כאן ׳עָלֵינוּ׳ (עמ׳ 127).

אמירות לאחר התפילה

בשישה מקומות בתורה נצטווינו על הזיכרון ולכן נוהגים
לומר פסוקים אלה לאחר התפילה (ספר חרדים).

שש זכירות

יציאת מצרים

דברים טז
לְמַ֣עַן תִּזְכֹּ֗ר אֶת־י֤וֹם צֵֽאתְךָ֙ מֵאֶ֣רֶץ מִצְרַ֔יִם כֹּ֖ל יְמֵ֥י חַיֶּֽיךָ׃

מעמד הר סיני

דברים ד
רַ֡ק הִשָּׁ֣מֶר לְךָ֩ וּשְׁמֹ֨ר נַפְשְׁךָ֜ מְאֹ֗ד פֶּן־תִּשְׁכַּ֨ח אֶת־הַדְּבָרִ֜ים אֲשֶׁר־רָא֣וּ עֵינֶ֗יךָ וּפֶן־יָס֙וּרוּ֙ מִלְּבָ֣בְךָ֔ כֹּ֖ל יְמֵ֣י חַיֶּ֑יךָ וְהוֹדַעְתָּ֥ם לְבָנֶ֖יךָ וְלִבְנֵ֥י בָנֶֽיךָ׃ י֗וֹם אֲשֶׁ֨ר עָמַ֜דְתָּ לִפְנֵ֨י יהו֣ה אֱלֹהֶיךָ֮ בְּחֹרֵב֒ בֶּאֱמֹ֨ר יהו֜ה אֵלַ֗י הַקְהֶל־לִי֙ אֶת־הָעָ֔ם וְאַשְׁמִעֵ֖ם אֶת־דְּבָרָ֑י אֲשֶׁ֨ר יִלְמְד֜וּן לְיִרְאָ֣ה אֹתִ֗י כָּל־הַיָּמִים֙ אֲשֶׁ֨ר הֵ֤ם חַיִּים֙ עַל־הָ֣אֲדָמָ֔ה וְאֶת־בְּנֵיהֶ֖ם יְלַמֵּדֽוּן׃

מעשה עמלק ומחייתו

דברים כה
זָכ֕וֹר אֵ֛ת אֲשֶׁר־עָשָׂ֥ה לְךָ֖ עֲמָלֵ֑ק בַּדֶּ֖רֶךְ בְּצֵאתְכֶ֥ם מִמִּצְרָֽיִם׃ אֲשֶׁ֨ר קָֽרְךָ֜ בַּדֶּ֗רֶךְ וַיְזַנֵּ֤ב בְּךָ֙ כָּל־הַנֶּחֱשָׁלִ֣ים אַֽחֲרֶ֔יךָ וְאַתָּ֖ה עָיֵ֣ף וְיָגֵ֑עַ וְלֹ֥א יָרֵ֖א אֱלֹהִֽים׃ וְהָיָ֡ה בְּהָנִ֣יחַ יהו֣ה אֱלֹהֶ֣יךָ ׀ לְ֠ךָ֠ מִכָּל־אֹ֨יְבֶ֜יךָ מִסָּבִ֗יב בָּאָ֙רֶץ֙ אֲשֶׁ֣ר־יהו֣ה אֱ֠לֹהֶ֠יךָ נֹתֵ֨ן לְךָ֤ נַחֲלָה֙ לְרִשְׁתָּ֔הּ תִּמְחֶה֙ אֶת־זֵ֣כֶר עֲמָלֵ֔ק מִתַּ֖חַת הַשָּׁמָ֑יִם לֹ֖א תִּשְׁכָּֽח׃

מעשי אבותינו במדבר

זְכֹר אַל־תִּשְׁכַּח אֵת אֲשֶׁר־הִקְצַפְתָּ אֶת־יְהוָה אֱלֹהֶיךָ דברים ט
בַּמִּדְבָּר

מעשה מרים

זָכוֹר אֵת אֲשֶׁר־עָשָׂה יְהוָה אֱלֹהֶיךָ לְמִרְיָם בַּדָּרֶךְ דברים כד
בְּצֵאתְכֶם מִמִּצְרָיִם:

שבת

זָכוֹר אֶת־יוֹם הַשַּׁבָּת לְקַדְּשׁוֹ: שמות כ

עשרת הדיברות

במקדש הכוהנים קראו את עשרת הדיברות בכל יום לפני פרשת שמע (תמיד לב ע״ב),
אך חכמים תיקנו שלא לאומרם בשאר מקומות, מחשש שהשומעים יחשבו שהם
עדיפים משאר התורה (רש״י, ברכות יב ע״א), ולכן אומרים אותם ביחידות (רמ״א א, ה).

וַיְדַבֵּר אֱלֹהִים אֵת כׇּל־הַדְּבָרִים הָאֵלֶּה לֵאמֹר: שמות כ

א אָנֹכִי יְהוָה אֱלֹהֶיךָ אֲשֶׁר הוֹצֵאתִיךָ מֵאֶרֶץ מִצְרַיִם
מִבֵּית עֲבָדִים:

ב לֹא־יִהְיֶה לְךָ אֱלֹהִים אֲחֵרִים עַל־פָּנָי: לֹא־תַעֲשֶׂה
לְךָ פֶסֶל וְכׇל־תְּמוּנָה אֲשֶׁר בַּשָּׁמַיִם מִמַּעַל וַאֲשֶׁר
בָּאָרֶץ מִתָּחַת וַאֲשֶׁר בַּמַּיִם מִתַּחַת לָאָרֶץ: לֹא־
תִשְׁתַּחֲוֶה לָהֶם וְלֹא תׇעׇבְדֵם כִּי אָנֹכִי יְהוָה אֱלֹהֶיךָ
אֵל קַנָּא פֹּקֵד עֲוֺן אָבֹת עַל־בָּנִים עַל־שִׁלֵּשִׁים
וְעַל־רִבֵּעִים לְשֹׂנְאָי: וְעֹשֶׂה חֶסֶד לַאֲלָפִים לְאֹהֲבַי
וּלְשֹׁמְרֵי מִצְוֺתָי:

ג לֹא תִשָּׂא אֶת־שֵׁם־יְהוָה אֱלֹהֶיךָ לַשָּׁוְא כִּי לֹא יְנַקֶּה
יְהוָה אֵת אֲשֶׁר־יִשָּׂא אֶת־שְׁמוֹ לַשָּׁוְא:

ד זָכוֹר אֶת־יוֹם הַשַּׁבָּת לְקַדְּשׁוֹ: שֵׁשֶׁת יָמִים תַּעֲבֹד
וְעָשִׂיתָ כָּל־מְלַאכְתֶּךָ: וְיוֹם הַשְּׁבִיעִי שַׁבָּת לַיהוָה
אֱלֹהֶיךָ לֹא־תַעֲשֶׂה כָל־מְלָאכָה אַתָּה | וּבִנְךָ וּבִתֶּךָ
עַבְדְּךָ וַאֲמָתְךָ וּבְהֶמְתֶּךָ וְגֵרְךָ אֲשֶׁר בִּשְׁעָרֶיךָ: כִּי
שֵׁשֶׁת־יָמִים עָשָׂה יְהוָה אֶת־הַשָּׁמַיִם וְאֶת־הָאָרֶץ
אֶת־הַיָּם וְאֶת־כָּל־אֲשֶׁר־בָּם וַיָּנַח בַּיּוֹם הַשְּׁבִיעִי
עַל־כֵּן בֵּרַךְ יְהוָה אֶת־יוֹם הַשַּׁבָּת וַיְקַדְּשֵׁהוּ:

ה כַּבֵּד אֶת־אָבִיךָ וְאֶת־אִמֶּךָ לְמַעַן יַאֲרִכוּן יָמֶיךָ עַל
הָאֲדָמָה אֲשֶׁר־יְהוָה אֱלֹהֶיךָ נֹתֵן לָךְ:

ו לֹא תִרְצָח

ז לֹא תִנְאָף

ח לֹא תִגְנֹב

ט לֹא־תַעֲנֶה בְרֵעֲךָ עֵד שָׁקֶר:

י לֹא תַחְמֹד בֵּית רֵעֶךָ לֹא־תַחְמֹד אֵשֶׁת רֵעֶךָ וְעַבְדּוֹ
וַאֲמָתוֹ וְשׁוֹרוֹ וַחֲמֹרוֹ וְכֹל אֲשֶׁר לְרֵעֶךָ:

שלושה עשר עיקרים

השל"ה נהג לומר בכל יום את שלושה עשר עיקרי האמונה שמנה הרמב"ם (פירוש המשניות, בהקדמה לפרק 'חלק').

א אֲנִי מַאֲמִין בֶּאֱמוּנָה שְׁלֵמָה
שֶׁהַבּוֹרֵא יִתְבָּרַךְ שְׁמוֹ
הוּא בּוֹרֵא וּמַנְהִיג לְכָל הַבְּרוּאִים
וְהוּא לְבַדּוֹ עָשָׂה וְעוֹשֶׂה וְיַעֲשֶׂה
לְכָל הַמַּעֲשִׂים.

ב אֲנִי מַאֲמִין בֶּאֱמוּנָה שְׁלֵמָה
שֶׁהַבּוֹרֵא יִתְבָּרַךְ שְׁמוֹ הוּא יָחִיד
וְאֵין יְחִידוּת כָּמְוֹהוּ בְּשׁוּם פָּנִים
וְהוּא לְבַדּוֹ אֱלֹהֵינוּ, הָיָה הֹוֶה וְיִהְיֶה.

ג אֲנִי מַאֲמִין בֶּאֱמוּנָה שְׁלֵמָה
שֶׁהַבּוֹרֵא יִתְבָּרַךְ שְׁמוֹ אֵינוֹ גוּף
וְלֹא יַשִּׂיגְוּהוּ מַשִּׂיגֵי הַגּוּף
וְאֵין לוֹ שׁוּם דִּמְיוֹן כְּלָל.

ד אֲנִי מַאֲמִין בֶּאֱמוּנָה שְׁלֵמָה
שֶׁהַבּוֹרֵא יִתְבָּרַךְ שְׁמוֹ
הוּא רִאשׁוֹן וְהוּא אַחֲרוֹן.

ה אֲנִי מַאֲמִין בֶּאֱמוּנָה שְׁלֵמָה
שֶׁהַבּוֹרֵא יִתְבָּרַךְ שְׁמוֹ
לוֹ לְבַדּוֹ רָאוּי לְהִתְפַּלֵּל
וְאֵין רָאוּי לְהִתְפַּלֵּל לְזוּלָתוֹ.

ו אֲנִי מַאֲמִין בֶּאֱמוּנָה שְׁלֵמָה
שֶׁכָּל דִּבְרֵי נְבִיאִים אֱמֶת.

ז אֲנִי מַאֲמִין בֶּאֱמוּנָה שְׁלֵמָה
שֶׁנְּבוּאַת מֹשֶׁה רַבֵּנוּ עָלָיו הַשָּׁלוֹם
הָיְתָה אֲמִתִּית
וְשֶׁהוּא הָיָה אָב לַנְּבִיאִים
לַקּוֹדְמִים לְפָנָיו וְלַבָּאִים אַחֲרָיו.

ח אֲנִי מַאֲמִין בֶּאֱמוּנָה שְׁלֵמָה
שֶׁכָּל הַתּוֹרָה הַמְּצוּיָה עַתָּה בְּיָדֵינוּ
הִיא הַנְּתוּנָה לְמֹשֶׁה רַבֵּנוּ
עָלָיו הַשָּׁלוֹם.

ט אֲנִי מַאֲמִין בֶּאֱמוּנָה שְׁלֵמָה
שֶׁזֹּאת הַתּוֹרָה לֹא תְהֵא מֻחְלֶפֶת
וְלֹא תְהֵא תּוֹרָה אַחֶרֶת
מֵאֵת הַבּוֹרֵא יִתְבָּרַךְ שְׁמוֹ.

י אֲנִי מַאֲמִין בֶּאֱמוּנָה שְׁלֵמָה
שֶׁהַבּוֹרֵא יִתְבָּרַךְ שְׁמוֹ
יוֹדֵעַ כָּל מַעֲשֵׂה בְנֵי אָדָם
וְכָל מַחְשְׁבוֹתָם.
שֶׁנֶּאֱמַר: הַיֹּצֵר יַחַד לִבָּם (תהלים לג)
הַמֵּבִין אֶל־כָּל־מַעֲשֵׂיהֶם:

יא אֲנִי מַאֲמִין בֶּאֱמוּנָה שְׁלֵמָה
שֶׁהַבּוֹרֵא יִתְבָּרַךְ שְׁמוֹ
גּוֹמֵל טוֹב לְשׁוֹמְרֵי מִצְוֹתָיו
וּמַעֲנִישׁ לְעוֹבְרֵי מִצְוֹתָיו.

יב אֲנִי מַאֲמִין בֶּאֱמוּנָה שְׁלֵמָה
בְּבִיאַת הַמָּשִׁיחַ
וְאַף עַל פִּי שֶׁיִּתְמַהְמֵהַּ
עִם כָּל זֶה אֲחַכֶּה לּוֹ בְּכָל יוֹם שֶׁיָּבוֹא.

יג אֲנִי מַאֲמִין בֶּאֱמוּנָה שְׁלֵמָה
שֶׁתִּהְיֶה תְּחִיַּת הַמֵּתִים
בְּעֵת שֶׁיַּעֲלֶה רָצוֹן מֵאֵת הַבּוֹרֵא
יִתְבָּרַךְ שְׁמוֹ וְיִתְעַלֶּה זִכְרוֹ
לָעַד וּלְנֵצַח נְצָחִים.

מנחה לחול

"וַיְהִי בַּעֲלוֹת הַמִּנְחָה וַיִּגַּשׁ אֵלִיָּהוּ הַנָּבִיא וַיֹּאמַר" (מלכים א׳ יח, לו).
ראוי לומר גם לפני תפילת מנחה את פרשת קרבן התמיד (איגרת התשובה לר׳ יונה, ע).
רבים נוהגים לומר את סדר הקרבנות שלפני תפילת שחרית (עמ׳ 26–32)
פרט לפרשת תרומת הדשן ולסדר המערכה.

אַשְׁרֵי יוֹשְׁבֵי בֵיתֶךָ, עוֹד יְהַלְלוּךָ סֶּלָה: תהלים פד
אַשְׁרֵי הָעָם שֶׁכָּכָה לּוֹ תהלים קמד
אַשְׁרֵי הָעָם שֶׁיהוה אֱלֹהָיו:
תְּהִלָּה לְדָוִד תהלים קמה
א אֲרוֹמִמְךָ אֱלוֹהַי הַמֶּלֶךְ, וַאֲבָרְכָה שִׁמְךָ
לְעוֹלָם וָעֶד:
ב בְּכָל־יוֹם אֲבָרְכֶךָּ, וַאֲהַלְלָה שִׁמְךָ לְעוֹלָם וָעֶד:
ג גָּדוֹל יהוה וּמְהֻלָּל מְאֹד, וְלִגְדֻלָּתוֹ אֵין חֵקֶר:
ד דּוֹר לְדוֹר יְשַׁבַּח מַעֲשֶׂיךָ, וּגְבוּרֹתֶיךָ יַגִּידוּ:
ה הֲדַר כְּבוֹד הוֹדֶךָ, וְדִבְרֵי נִפְלְאוֹתֶיךָ אָשִׂיחָה:
ו וֶעֱזוּז נוֹרְאוֹתֶיךָ יֹאמֵרוּ, וּגְדוּלָּתְךָ אֲסַפְּרֶנָּה:
ז זֵכֶר רַב־טוּבְךָ יַבִּיעוּ, וְצִדְקָתְךָ יְרַנֵּנוּ:
ח חַנּוּן וְרַחוּם יהוה, אֶרֶךְ אַפַּיִם וּגְדָל־חָסֶד:
ט טוֹב־יהוה לַכֹּל, וְרַחֲמָיו עַל־כָּל־מַעֲשָׂיו:
י יוֹדוּךָ יהוה כָּל־מַעֲשֶׂיךָ, וַחֲסִידֶיךָ יְבָרְכוּכָה:

כ כְּבוֹד מַלְכוּתְךָ יֹאמֵרוּ, וּגְבוּרָתְךָ יְדַבֵּרוּ:

ל לְהוֹדִיעַ לִבְנֵי הָאָדָם גְּבוּרֹתָיו, וּכְבוֹד הֲדַר מַלְכוּתוֹ:

מ מַלְכוּתְךָ מַלְכוּת כָּל־עֹלָמִים, וּמֶמְשַׁלְתְּךָ בְּכָל־דּוֹר וָדֹר:

ס סוֹמֵךְ יהוה לְכָל־הַנֹּפְלִים, וְזוֹקֵף לְכָל־הַכְּפוּפִים:

ע עֵינֵי־כֹל אֵלֶיךָ יְשַׂבֵּרוּ, וְאַתָּה נוֹתֵן־לָהֶם אֶת־אָכְלָם בְּעִתּוֹ:

פ פּוֹתֵחַ אֶת־יָדֶךָ, וּמַשְׂבִּיעַ לְכָל־חַי רָצוֹן:

צ צַדִּיק יהוה בְּכָל־דְּרָכָיו, וְחָסִיד בְּכָל־מַעֲשָׂיו:

ק קָרוֹב יהוה לְכָל־קֹרְאָיו, לְכֹל אֲשֶׁר יִקְרָאֻהוּ בֶאֱמֶת:

ר רְצוֹן־יְרֵאָיו יַעֲשֶׂה, וְאֶת־שַׁוְעָתָם יִשְׁמַע וְיוֹשִׁיעֵם:

ש שׁוֹמֵר יהוה אֶת־כָּל־אֹהֲבָיו, וְאֵת כָּל־הָרְשָׁעִים יַשְׁמִיד:

◄ ת תְּהִלַּת יהוה יְדַבֶּר פִּי, וִיבָרֵךְ כָּל־בָּשָׂר שֵׁם קָדְשׁוֹ לְעוֹלָם וָעֶד:

וַאֲנַחְנוּ נְבָרֵךְ יָהּ מֵעַתָּה וְעַד־עוֹלָם, הַלְלוּיָהּ: תהלים קטו

חצי קדיש

ש״ץ: יִתְגַּדַּל וְיִתְקַדַּשׁ שְׁמֵהּ רַבָּא (קהל: אָמֵן)
בְּעָלְמָא דִּי בְרָא כִרְעוּתֵהּ
וְיַמְלִיךְ מַלְכוּתֵהּ
בְּחַיֵּיכוֹן וּבְיוֹמֵיכוֹן
וּבְחַיֵּי דְכָל בֵּית יִשְׂרָאֵל
בַּעֲגָלָא וּבִזְמַן קָרִיב, וְאִמְרוּ אָמֵן. (קהל: אָמֵן)

קהל וש״ץ: יְהֵא שְׁמֵהּ רַבָּא מְבָרַךְ
לְעָלַם וּלְעָלְמֵי עָלְמַיָּא.

ש״ץ: יִתְבָּרַךְ וְיִשְׁתַּבַּח וְיִתְפָּאַר
וְיִתְרוֹמַם וְיִתְנַשֵּׂא וְיִתְהַדָּר וְיִתְעַלֶּה וְיִתְהַלָּל
שְׁמֵהּ דְּקֻדְשָׁא בְּרִיךְ הוּא (קהל: בְּרִיךְ הוּא)
לְעֵלָּא מִן כָּל בִּרְכָתָא
/בעשרת ימי תשובה: לְעֵלָּא לְעֵלָּא מִכָּל בִּרְכָתָא/
וְשִׁירָתָא, תֻּשְׁבְּחָתָא וְנֶחֱמָתָא
דַּאֲמִירָן בְּעָלְמָא, וְאִמְרוּ אָמֵן. (קהל: אָמֵן)

בתענית ציבור מוציאים ספר תורה (עמ׳ 111), קוראים ׳וַיְחַל מֹשֶׁה׳, ואחר הגבהת ספר התורה מפטירים ׳דִּרְשׁוּ ה׳ בְּהִמָּצְאוֹ׳ (קריאת התורה בעמ׳ 973; ברכות ההפטרה בעמ׳ 381). מחזירים את ספר התורה לארון הקודש בעמ׳ 118, אומרים שוב חצי קדיש ומתפללים עמידה.

עמידה

״המתפלל צריך שיכוין בלבו פירוש המלות שמוציא בשפתיו;
ויחשוב כאלו שכינה כנגדו ויסיר כל המחשבות הטורדות אותו עד
שתשאר מחשבתו וכוונתו זכה בתפלתו״ (שו״ע צח, א).

פוסע שלוש פסיעות לפנים כמי שנכנס לפני המלך.

עומד ומתפלל בלחש מכאן ועד ׳וּכְשָׁנִים קַדְמֹנִיּוֹת׳ בעמ׳ 174.

כורע במקומות המסומנים ב׳, קד לפנים במילה הבאה וזוקף בשם.

כִּי שֵׁם יהוה אֶקְרָא, הָבוּ גֹדֶל לֵאלֹהֵינוּ: דברים לב

אֲדֹנָי, שְׂפָתַי תִּפְתָּח, וּפִי יַגִּיד תְּהִלָּתֶךָ: תהלים נא

אבות

׳בָּרוּךְ אַתָּה יהוה, אֱלֹהֵינוּ וֵאלֹהֵי אֲבוֹתֵינוּ
אֱלֹהֵי אַבְרָהָם, אֱלֹהֵי יִצְחָק, וֵאלֹהֵי יַעֲקֹב
הָאֵל הַגָּדוֹל הַגִּבּוֹר וְהַנּוֹרָא, אֵל עֶלְיוֹן
גּוֹמֵל חֲסָדִים טוֹבִים, וְקוֹנֵה הַכֹּל
וְזוֹכֵר חַסְדֵי אָבוֹת
וּמֵבִיא גוֹאֵל לִבְנֵי בְנֵיהֶם
לְמַעַן שְׁמוֹ בְּאַהֲבָה.

בעשרת ימי תשובה: זָכְרֵנוּ לְחַיִּים, מֶלֶךְ חָפֵץ בַּחַיִּים
וְכָתְבֵנוּ בְּסֵפֶר הַחַיִּים, לְמַעַנְךָ אֱלֹהִים חַיִּים.

מֶלֶךְ עוֹזֵר וּמוֹשִׁיעַ וּמָגֵן.
׳בָּרוּךְ אַתָּה יהוה, מָגֵן אַבְרָהָם.

גבורות

אַתָּה גִּבּוֹר לְעוֹלָם, אֲדֹנָי
מְחַיֵּה מֵתִים אַתָּה, רַב לְהוֹשִׁיעַ

אומרים 'מַשִּׁיב הָרְוּחַ וּמוֹרִיד הַגֶּשֶׁם' משמיני עצרת ועד יום טוב ראשון של פסח, ו'מוֹרִיד הַטָּל' מחול המועד פסח ועד הושענא רבה.

בחורף: **מַשִּׁיב הָרְוּחַ וּמוֹרִיד הַגֶּשֶׁם**

בקיץ: **מוֹרִיד הַטָּל**

מְכַלְכֵּל חַיִּים בְּחֶסֶד
מְחַיֵּה מֵתִים בְּרַחֲמִים רַבִּים
סוֹמֵךְ נוֹפְלִים, וְרוֹפֵא חוֹלִים, וּמַתִּיר אֲסוּרִים
וּמְקַיֵּם אֱמוּנָתוֹ לִישֵׁנֵי עָפָר.
מִי כָמְוֹךָ, בַּעַל גְּבוּרוֹת
וּמִי דְּוֹמֶה לָּךְ
מֶלֶךְ, מֵמִית וּמְחַיֶּה וּמַצְמִיחַ יְשׁוּעָה.

בעשרת ימי תשובה: **מִי כָמְוֹךָ אַב הָרַחֲמִים**
זוֹכֵר יְצוּרָיו לְחַיִּים בְּרַחֲמִים.

וְנֶאֱמָן אַתָּה לְהַחֲיוֹת מֵתִים.
בָּרוּךְ אַתָּה יהוה, מְחַיֵּה הַמֵּתִים.

בתפילת לחש ממשיך 'אַתָּה קָדוֹשׁ' בעמ' 158.

קדושה

בחזרת הש״ץ הקהל עומד ואומר קדושה.
במקומות המסומנים ב°, המתפלל מתרומם על קצות אצבעותיו.

קהל ואחריו שליח הציבור:

נְקַדֵּשׁ אֶת שִׁמְךָ בָּעוֹלָם, כְּשֵׁם שֶׁמַּקְדִּישִׁים אוֹתוֹ
בִּשְׁמֵי מָרוֹם, כַּכָּתוּב עַל יַד נְבִיאֶךָ
וְקָרָא זֶה אֶל־זֶה וְאָמַר ישעיה ו

קהל ואחריו שליח הציבור:

°קָדוֹשׁ, °קָדוֹשׁ, °קָדוֹשׁ, יהוה צְבָאוֹת
מְלֹא כָל־הָאָרֶץ כְּבוֹדוֹ:
לְעֻמָּתָם בָּרוּךְ יֹאמֵרוּ

קהל ואחריו שליח הציבור:

°בָּרוּךְ כְּבוֹד־יהוה מִמְּקוֹמוֹ: יחזקאל ג
וּבְדִבְרֵי קָדְשְׁךָ כָּתוּב לֵאמֹר

קהל ואחריו שליח הציבור:

°יִמְלֹךְ יהוה לְעוֹלָם, אֱלֹהַיִךְ צִיּוֹן לְדֹר וָדֹר, הַלְלוּיָהּ: תהלים קמו

שליח הציבור:

לְדוֹר וָדוֹר נַגִּיד גָּדְלֶךָ, וּלְנֵצַח נְצָחִים קְדֻשָּׁתְךָ נַקְדִּישׁ
וְשִׁבְחֲךָ אֱלֹהֵינוּ מִפִּינוּ לֹא יָמוּשׁ לְעוֹלָם וָעֶד
כִּי אֵל מֶלֶךְ גָּדוֹל וְקָדוֹשׁ אָתָּה.
בָּרוּךְ אַתָּה יהוה
הָאֵל הַקָּדוֹשׁ. / בעשרת ימי תשובה: הַמֶּלֶךְ הַקָּדוֹשׁ./

שליח הציבור ממשיך ׳אַתָּה חוֹנֵן׳ בעמוד הבא.

קדושת השם

אַתָּה קָדוֹשׁ וְשִׁמְךָ קָדוֹשׁ
וּקְדוֹשִׁים בְּכָל יוֹם יְהַלְלוּךָ סֶּלָה.
בָּרוּךְ אַתָּה יהוה
הָאֵל הַקָּדוֹשׁ./ בעשרת ימי תשובה: הַמֶּלֶךְ הַקָּדוֹשׁ./
אם שכח, חוזר לראש התפילה.

דעת

אַתָּה חוֹנֵן לְאָדָם דַּעַת
וּמְלַמֵּד לֶאֱנוֹשׁ בִּינָה.
חָנֵּנוּ מֵאִתְּךָ דֵּעָה בִּינָה וְהַשְׂכֵּל.
בָּרוּךְ אַתָּה יהוה
חוֹנֵן הַדָּעַת.

תשובה

הֲשִׁיבֵנוּ אָבִינוּ לְתוֹרָתֶךָ
וְקָרְבֵנוּ מַלְכֵּנוּ לַעֲבוֹדָתֶךָ
וְהַחֲזִירֵנוּ בִּתְשׁוּבָה שְׁלֵמָה לְפָנֶיךָ.
בָּרוּךְ אַתָּה יהוה
הָרוֹצֶה בִּתְשׁוּבָה.

סליחה

נוהגים להכות כנגד הלב במקומות המסומנים ב°.

סְלַח לָֽנוּ אָבִֽינוּ כִּי °חָטָֽאנוּ
מְחַל לָֽנוּ מַלְכֵּֽנוּ כִּי °פָשָֽׁעְנוּ
כִּי מוֹחֵל וְסוֹלֵֽחַ אָֽתָּה.
בָּרוּךְ אַתָּה יהוה
חַנּוּן הַמַּרְבֶּה לִסְלֹֽחַ.

גאולה

רְאֵה בְעָנְיֵֽנוּ, וְרִיבָה רִיבֵֽנוּ
וּגְאָלֵֽנוּ מְהֵרָה לְמַֽעַן שְׁמֶֽךָ
כִּי גּוֹאֵל חָזָק אָֽתָּה.
בָּרוּךְ אַתָּה יהוה
גּוֹאֵל יִשְׂרָאֵל.

בתענית ציבור שליח הציבור מוסיף:

עֲנֵֽנוּ יהוה עֲנֵֽנוּ בְּיוֹם צוֹם תַּעֲנִיתֵֽנוּ, כִּי בְצָרָה גְדוֹלָה אֲנָֽחְנוּ. אַל תֵּֽפֶן אֶל רִשְׁעֵֽנוּ, וְאַל תַּסְתֵּר פָּנֶֽיךָ מִמֶּֽנּוּ, וְאַל תִּתְעַלַּם מִתְּחִנָּתֵֽנוּ. הֱיֵה נָא קָרוֹב לְשַׁוְעָתֵֽנוּ, יְהִי נָא חַסְדְּךָ לְנַחֲמֵֽנוּ, טֶֽרֶם

נִקְרָא אֵלֶיךָ עֲנֵנוּ, כַּדָּבָר שֶׁנֶּאֱמַר: וְהָיָה טֶרֶם יִקְרָאוּ וַאֲנִי אֶעֱנֶה, עוֹד הֵם מְדַבְּרִים וַאֲנִי אֶשְׁמָע: כִּי אַתָּה יהוה הָעוֹנֶה בְּעֵת צָרָה, פּוֹדֶה וּמַצִּיל בְּכָל עֵת צָרָה וְצוּקָה. בָּרוּךְ אַתָּה יהוה, הָעוֹנֶה בְּעֵת צָרָה. ישעיה סה

רפואה

רְפָאֵנוּ יהוה וְנֵרָפֵא
הוֹשִׁיעֵנוּ וְנִוָּשֵׁעָה
כִּי תְהִלָּתֵנוּ אָתָּה
וְהַעֲלֵה רְפוּאָה שְׁלֵמָה לְכָל מַכּוֹתֵינוּ

המתפלל על חולה מוסיף:

יְהִי רָצוֹן מִלְּפָנֶיךָ יהוה אֱלֹהַי וֵאלֹהֵי אֲבוֹתַי, שֶׁתִּשְׁלַח מְהֵרָה רְפוּאָה שְׁלֵמָה מִן הַשָּׁמַיִם, רְפוּאַת הַנֶּפֶשׁ וּרְפוּאַת הַגּוּף, לַחוֹלֶה פלוני בֶּן פלונית/ לַחוֹלָה פלונית בַּת פלונית בְּתוֹךְ שְׁאָר חוֹלֵי יִשְׂרָאֵל

כִּי אֵל מֶלֶךְ רוֹפֵא נֶאֱמָן וְרַחֲמָן אָתָּה.
בָּרוּךְ אַתָּה יהוה
רוֹפֵא חוֹלֵי עַמּוֹ יִשְׂרָאֵל.

ברכת השנים

אומרים ׳טַל וּמָטָר לִבְרָכָה׳ מז׳ במרחשוון עד ערב פסח.

בָּרֵךְ עָלֵינוּ יהוה אֱלֹהֵינוּ אֶת הַשָּׁנָה הַזֹּאת
וְאֶת כָּל מִינֵי תְבוּאָתָהּ, לְטוֹבָה

בחורף: וְתֵן טַל וּמָטָר לִבְרָכָה

בקיץ: וְתֵן בְּרָכָה

עַל פְּנֵי הָאֲדָמָה, וְשַׂבְּעֵנוּ מִטּוּבָהּ
וּבָרֵךְ שְׁנָתֵנוּ כַּשָּׁנִים הַטּוֹבוֹת.
בָּרוּךְ אַתָּה יהוה
מְבָרֵךְ הַשָּׁנִים.

קיבוץ גלויות

תְּקַע בְּשׁוֹפָר גָּדוֹל לְחֵרוּתֵנוּ
וְשָׂא נֵס לְקַבֵּץ גָּלֻיּוֹתֵינוּ
וְקַבְּצֵנוּ יַחַד מֵאַרְבַּע כַּנְפוֹת הָאָרֶץ.
בָּרוּךְ אַתָּה יהוה
מְקַבֵּץ נִדְחֵי עַמּוֹ יִשְׂרָאֵל.

השבת המשפט

הָשִׁיבָה שׁוֹפְטֵינוּ כְּבָרִאשׁוֹנָה
וְיוֹעֲצֵינוּ כְּבַתְּחִלָּה
וְהָסֵר מִמֶּנּוּ יָגוֹן וַאֲנָחָה
וּמְלֹךְ עָלֵינוּ אַתָּה יהוה לְבַדְּךָ
בְּחֶסֶד וּבְרַחֲמִים
וְצַדְּקֵנוּ בַּמִּשְׁפָּט.
בָּרוּךְ אַתָּה יהוה
מֶלֶךְ אוֹהֵב צְדָקָה וּמִשְׁפָּט.
/ בעשרת ימי תשובה: הַמֶּלֶךְ הַמִּשְׁפָּט./

ברכת המינים

וְלַמַּלְשִׁינִים אַל תְּהִי תִקְוָה
וְכָל הָרִשְׁעָה כְּרֶגַע תֹּאבֵד
וְכָל אוֹיְבֵי עַמְּךָ מְהֵרָה יִכָּרֵתוּ
וְהַזֵּדִים מְהֵרָה תְעַקֵּר וּתְשַׁבֵּר וּתְמַגֵּר וְתַכְנִיעַ
בִּמְהֵרָה בְיָמֵינוּ.
בָּרוּךְ אַתָּה יהוה
שׁוֹבֵר אוֹיְבִים וּמַכְנִיעַ זֵדִים.

על הצדיקים

עַל הַצַּדִּיקִים וְעַל הַחֲסִידִים
וְעַל זִקְנֵי עַמְּךָ בֵּית יִשְׂרָאֵל
וְעַל פְּלֵיטַת סוֹפְרֵיהֶם, וְעַל גֵּרֵי הַצֶּדֶק, וְעָלֵינוּ
יֶהֱמוּ רַחֲמֶיךָ יהוה אֱלֹהֵינוּ
וְתֵן שָׂכָר טוֹב לְכָל הַבּוֹטְחִים בְּשִׁמְךָ בֶּאֱמֶת
וְשִׂים חֶלְקֵנוּ עִמָּהֶם
וּלְעוֹלָם לֹא נֵבוֹשׁ כִּי בְךָ בָטָחְנוּ.
בָּרוּךְ אַתָּה יהוה, מִשְׁעָן וּמִבְטָח לַצַּדִּיקִים.

בניין ירושלים

וְלִירוּשָׁלַיִם עִירְךָ בְּרַחֲמִים תָּשׁוּב
וְתִשְׁכֹּן בְּתוֹכָהּ כַּאֲשֶׁר דִּבַּרְתָּ
וּבְנֵה אוֹתָהּ בְּקָרוֹב בְּיָמֵינוּ בִּנְיַן עוֹלָם
וְכִסֵּא דָוִד מְהֵרָה לְתוֹכָהּ תָּכִין.
*בָּרוּךְ אַתָּה יהוה, בּוֹנֵה יְרוּשָׁלָיִם.

---

*בתשעה באב (שו״ע ורמ״א תקנז, א, על פי הירושלמי):

נַחֵם יהוה אֱלֹהֵינוּ אֶת אֲבֵלֵי צִיּוֹן וְאֶת אֲבֵלֵי
יְרוּשָׁלָיִם, וְאֶת הָעִיר הָאֲבֵלָה וְהֶחֳרֵבָה וְהַבְּזוּיָה

וְהַשּׁוֹמֵמָה. הָאֲבֵלָה מִבְּלִי בָנֶיהָ, וְהֶחֳרֵבָה מִמְּעוֹנוֹתֶיהָ, וְהַבְּזוּיָה מִכְּבוֹדָהּ, וְהַשּׁוֹמֵמָה מֵאֵין יוֹשֵׁב. וְהִיא יוֹשֶׁבֶת וְרֹאשָׁהּ חָפוּי, כְּאִשָּׁה עֲקָרָה שֶׁלֹּא יָלָדָה. וַיְבַלְּעוּהָ לִגְיוֹנוֹת, וַיִּירָשׁוּהָ עוֹבְדֵי פְסִילִים, וַיָּטִילוּ אֶת עַמְּךָ יִשְׂרָאֵל לֶחָרֶב, וַיַּהַרְגוּ בְזָדוֹן חֲסִידֵי עֶלְיוֹן. עַל כֵּן צִיּוֹן בְּמַר תִּבְכֶּה, וִירוּשָׁלַיִם תִּתֵּן קוֹלָהּ. לִבִּי לִבִּי עַל חַלְלֵיהֶם, מֵעַי מֵעַי עַל חַלְלֵיהֶם, כִּי אַתָּה יהוה בָּאֵשׁ הִצַּתָּהּ, וּבָאֵשׁ אַתָּה עָתִיד לִבְנוֹתָהּ. כָּאָמוּר:
וַאֲנִי אֶהְיֶה־לָּהּ, נְאֻם־יהוה, חוֹמַת אֵשׁ סָבִיב, זכריה ב
וּלְכָבוֹד אֶהְיֶה בְתוֹכָהּ: בָּרוּךְ אַתָּה יהוה, מְנַחֵם צִיּוֹן וּבוֹנֵה יְרוּשָׁלָיִם.

וממשיכים 'אֶת צֶמַח'.

משיח בן דוד

אֶת צֶמַח דָּוִד עַבְדְּךָ מְהֵרָה תַצְמִיחַ
וְקַרְנוֹ תָּרוּם בִּישׁוּעָתֶךָ
כִּי לִישׁוּעָתְךָ קִוִּינוּ כָּל הַיּוֹם.
בָּרוּךְ אַתָּה יהוה, מַצְמִיחַ קֶרֶן יְשׁוּעָה.

שומע תפילה

שְׁמַע קוֹלֵנוּ יהוה אֱלֹהֵינוּ
חוּס וְרַחֵם עָלֵינוּ

**וְקַבֵּל בְּרַחֲמִים וּבְרָצוֹן אֶת תְּפִלָּתֵנוּ
כִּי אֵל שׁוֹמֵעַ תְּפִלּוֹת וְתַחֲנוּנִים אָתָּה
וּמִלְּפָנֶיךָ מַלְכֵּנוּ רֵיקָם אַל תְּשִׁיבֵנוּ**

בתענית ציבור היחיד אומר בתפילתו (שו״ע תקסה, א על פי תענית יג ע״ב):

עֲנֵנוּ יהוה עֲנֵנוּ בְּיוֹם צוֹם תַּעֲנִיתֵנוּ, כִּי בְצָרָה גְדוֹלָה
אֲנָחְנוּ. אַל תֵּפֶן אֶל רִשְׁעֵנוּ, וְאַל תַּסְתֵּר פָּנֶיךָ מִמֶּנּוּ,
וְאַל תִּתְעַלַּם מִתְּחִנָּתֵנוּ. הֱיֵה נָא קָרוֹב לְשַׁוְעָתֵנוּ,
יְהִי נָא חַסְדְּךָ לְנַחֲמֵנוּ, טֶרֶם נִקְרָא אֵלֶיךָ עֲנֵנוּ,
כַּדָּבָר שֶׁנֶּאֱמַר: וְהָיָה טֶרֶם יִקְרָאוּ וַאֲנִי אֶעֱנֶה, עוֹד ישעיה סה
הֵם מְדַבְּרִים וַאֲנִי אֶשְׁמָע: כִּי אַתָּה יהוה הָעוֹנֶה
בְּעֵת צָרָה, פּוֹדֶה וּמַצִּיל בְּכָל עֵת צָרָה וְצוּקָה.

וממשיך ׳כִּי אַתָּה שׁוֹמֵעַ׳ בעמוד הבא.

בזמן עצירת גשמים מוסיפים (טור, תקעט):

וַעֲנֵנוּ בּוֹרֵא עוֹלָם בְּמִדַּת הָרַחֲמִים, בּוֹחֵר בְּעַמּוֹ יִשְׂרָאֵל לְהוֹדִיעַ גָּדְלוֹ וְהַדְרַת כְּבוֹדוֹ. שׁוֹמֵעַ תְּפִלָּה, תֵּן טַל וּמָטָר עַל פְּנֵי הָאֲדָמָה, וְתַשְׂבִּיעַ אֶת הָעוֹלָם כֻּלּוֹ מִטּוּבֶךָ, וּמַלֵּא יָדֵינוּ מִבִּרְכוֹתֶיךָ וּמֵעֹשֶׁר מַתְּנַת יָדֶךָ. שְׁמֹר וְהַצֵּל שָׁנָה זוֹ מִכָּל דָּבָר רָע, וּמִכָּל מִינֵי מַשְׁחִית וּמִכָּל מִינֵי פֻרְעָנִיּוֹת, וַעֲשֵׂה לָהּ תִּקְוָה וְאַחֲרִית שָׁלוֹם. חוּס וְרַחֵם עָלֵינוּ וְעַל כָּל תְּבוּאָתֵנוּ וּפֵרוֹתֵינוּ, וּבָרְכֵנוּ בְּגִשְׁמֵי בְרָכָה, וְנִזְכֶּה

לְחַיִּים וְשֹׂבַע וְשָׁלוֹם כַּשָּׁנִים הַטּוֹבוֹת. וְהָסֵר מִמֶּנּוּ דֶּבֶר וְחֶרֶב וְרָעָב, וְחַיָּה רָעָה וּשְׁבִי וּבִזָּה, וְיֵצֶר הָרָע וָחֳלָיִים רָעִים וְקָשִׁים וּמְאֹרָעוֹת רָעִים וְקָשִׁים. וּגְזֹר עָלֵינוּ גְּזֵרוֹת טוֹבוֹת מִלְּפָנֶיךָ, וְיִגֹּלוּ רַחֲמֶיךָ עַל מִדּוֹתֶיךָ, וְתִתְנַהֵג עִם בָּנֶיךָ בְּמִדַּת הָרַחֲמִים, וְקַבֵּל בְּרַחֲמִים וּבְרָצוֹן אֶת תְּפִלָּתֵנוּ.

וממשיך 'כִּי אַתָּה שׁוֹמֵעַ'.

כִּי אַתָּה שׁוֹמֵעַ תְּפִלַּת עַמְּךָ יִשְׂרָאֵל בְּרַחֲמִים.
בָּרוּךְ אַתָּה יהוה, שׁוֹמֵעַ תְּפִלָּה.

עבודה

רְצֵה יהוה אֱלֹהֵינוּ בְּעַמְּךָ יִשְׂרָאֵל וּבִתְפִלָּתָם
וְהָשֵׁב אֶת הָעֲבוֹדָה לִדְבִיר בֵּיתֶךָ
וְאִשֵּׁי יִשְׂרָאֵל וּתְפִלָּתָם
בְּאַהֲבָה תְקַבֵּל בְּרָצוֹן
וּתְהִי לְרָצוֹן תָּמִיד עֲבוֹדַת יִשְׂרָאֵל עַמֶּךָ.

בראש חודש ובחול המועד:

אֱלֹהֵינוּ וֵאלֹהֵי אֲבוֹתֵינוּ, יַעֲלֶה וְיָבוֹא וְיַגִּיעַ, וְיֵרָאֶה וְיֵרָצֶה וְיִשָּׁמַע, וְיִפָּקֵד וְיִזָּכֵר זִכְרוֹנֵנוּ וּפִקְדוֹנֵנוּ וְזִכְרוֹן אֲבוֹתֵינוּ, וְזִכְרוֹן מָשִׁיחַ בֶּן דָּוִד עַבְדֶּךָ, וְזִכְרוֹן

יְרוּשָׁלַיִם עִיר קָדְשֶׁךָ, וְזִכְרוֹן כָּל עַמְּךָ בֵּית יִשְׂרָאֵל, לְפָנֶיךָ, לִפְלֵיטָה לְטוֹבָה, לְחֵן וּלְחֶסֶד וּלְרַחֲמִים, לְחַיִּים וּלְשָׁלוֹם בְּיוֹם

בראש חודש: רֹאשׁ הַחֹדֶשׁ

בפסח: חַג הַמַּצּוֹת

בסוכות: חַג הַסֻּכּוֹת

הַזֶּה. זָכְרֵנוּ יהוה אֱלֹהֵינוּ בּוֹ לְטוֹבָה, וּפָקְדֵנוּ בוֹ לִבְרָכָה, וְהוֹשִׁיעֵנוּ בוֹ לְחַיִּים. וּבִדְבַר יְשׁוּעָה וְרַחֲמִים, חוּס וְחָנֵּנוּ וְרַחֵם עָלֵינוּ וְהוֹשִׁיעֵנוּ, כִּי אֵלֶיךָ עֵינֵינוּ, כִּי אֵל מֶלֶךְ חַנּוּן וְרַחוּם אָתָּה.

וְתֶחֱזֶינָה עֵינֵינוּ בְּשׁוּבְךָ לְצִיּוֹן בְּרַחֲמִים.
בָּרוּךְ אַתָּה יהוה, הַמַּחֲזִיר שְׁכִינָתוֹ לְצִיּוֹן.

בחזרת הש״ץ הקהל אומר ׳מודים׳ מתחת לקו בעמוד הבא.
בתפילת הלחש הקהל ממשיך כאן.

הודאה

כורע ב׳מודים׳ ואינו זוקף עד אמירת השם (סידור השל״ה).

מוֹדִים אֲנַחְנוּ לָךְ
שָׁאַתָּה הוּא יהוה אֱלֹהֵינוּ וֵאלֹהֵי אֲבוֹתֵינוּ לְעוֹלָם וָעֶד.

צוּר חַיֵּינוּ, מָגֵן יִשְׁעֵנוּ
אַתָּה הוּא לְדוֹר וָדוֹר.
נוֹדֶה לְּךָ וּנְסַפֵּר תְּהִלָּתֶךָ
עַל חַיֵּינוּ הַמְּסוּרִים בְּיָדֶךָ
וְעַל נִשְׁמוֹתֵינוּ הַפְּקוּדוֹת לָךְ
וְעַל נִסֶּיךָ שֶׁבְּכָל יוֹם עִמָּנוּ
וְעַל נִפְלְאוֹתֶיךָ וְטוֹבוֹתֶיךָ
שֶׁבְּכָל עֵת, עֶרֶב וָבֹקֶר וְצָהֳרָיִם.
הַטּוֹב, כִּי לֹא כָלוּ רַחֲמֶיךָ
וְהַמְרַחֵם, כִּי לֹא תַמּוּ חֲסָדֶיךָ
מֵעוֹלָם קִוִּינוּ לָךְ.

בתפילת הלחש ממשיך בחנוכה ובפורים בעמוד הבא,
ובשאר הימים ׳וְעַל כֻּלָּם׳ בעמ׳ 170.

כשהש״ץ אומר ׳מוֹדִים׳, הקהל אומר בלחש (סוטה מ ע״א):

מוֹדִים אֲנַחְנוּ לָךְ, שָׁאַתָּה הוּא יהוה אֱלֹהֵינוּ וֵאלֹהֵי אֲבוֹתֵינוּ, אֱלֹהֵי כָל בָּשָׂר, יוֹצְרֵנוּ, יוֹצֵר בְּרֵאשִׁית. בְּרָכוֹת וְהוֹדָאוֹת, לְשִׁמְךָ הַגָּדוֹל וְהַקָּדוֹשׁ, עַל שֶׁהֶחֱיִיתָנוּ וְקִיַּמְתָּנוּ. כֵּן תְּחַיֵּנוּ וּתְקַיְּמֵנוּ, וְתֶאֱסֹף גָּלֻיּוֹתֵינוּ, לְחַצְרוֹת קָדְשֶׁךָ, לִשְׁמֹר חֻקֶּיךָ וְלַעֲשׂוֹת רְצוֹנֶךָ וּלְעָבְדְּךָ בְּלֵבָב שָׁלֵם, עַל שֶׁאֲנַחְנוּ מוֹדִים לָךְ. בָּרוּךְ אֵל הַהוֹדָאוֹת.

בחנוכה:

עַל הַנִּסִּים וְעַל הַפֻּרְקָן וְעַל הַגְּבוּרוֹת וְעַל הַתְּשׁוּעוֹת וְעַל הַמִּלְחָמוֹת שֶׁעָשִׂיתָ לַאֲבוֹתֵינוּ בַּיָּמִים הָהֵם בַּזְּמַן הַזֶּה.

בִּימֵי מַתִּתְיָהוּ בֶּן יוֹחָנָן כֹּהֵן גָּדוֹל חַשְׁמוֹנַאי וּבָנָיו, כְּשֶׁעָמְדָה מַלְכוּת יָוָן הָרְשָׁעָה עַל עַמְּךָ יִשְׂרָאֵל לְהַשְׁכִּיחָם תּוֹרָתֶךָ וּלְהַעֲבִירָם מֵחֻקֵּי רְצוֹנֶךָ, וְאַתָּה בְּרַחֲמֶיךָ הָרַבִּים עָמַדְתָּ לָהֶם בְּעֵת צָרָתָם, רַבְתָּ אֶת רִיבָם, דַּנְתָּ אֶת דִּינָם, נָקַמְתָּ אֶת נִקְמָתָם, מָסַרְתָּ גִבּוֹרִים בְּיַד חַלָּשִׁים, וְרַבִּים בְּיַד מְעַטִּים, וּטְמֵאִים בְּיַד טְהוֹרִים, וּרְשָׁעִים בְּיַד צַדִּיקִים, וְזֵדִים בְּיַד עוֹסְקֵי תוֹרָתֶךָ, וּלְךָ עָשִׂיתָ שֵׁם גָּדוֹל וְקָדוֹשׁ בְּעוֹלָמֶךָ, וּלְעַמְּךָ יִשְׂרָאֵל עָשִׂיתָ תְּשׁוּעָה גְדוֹלָה וּפֻרְקָן כְּהַיּוֹם הַזֶּה. וְאַחַר כֵּן בָּאוּ בָנֶיךָ לִדְבִיר בֵּיתֶךָ, וּפִנּוּ אֶת הֵיכָלֶךָ, וְטִהֲרוּ אֶת מִקְדָּשֶׁךָ, וְהִדְלִיקוּ נֵרוֹת בְּחַצְרוֹת קָדְשֶׁךָ, וְקָבְעוּ שְׁמוֹנַת יְמֵי חֲנֻכָּה אֵלּוּ, לְהוֹדוֹת וּלְהַלֵּל לְשִׁמְךָ הַגָּדוֹל.

וממשיך ׳וְעַל כֻּלָּם׳.

בפורים:

עַל הַנִּסִּים וְעַל הַפֻּרְקָן וְעַל הַגְּבוּרוֹת וְעַל הַתְּשׁוּעוֹת וְעַל הַמִּלְחָמוֹת שֶׁעָשִׂיתָ לַאֲבוֹתֵינוּ בַּיָּמִים הָהֵם בַּזְּמַן הַזֶּה.

בִּימֵי מָרְדְּכַי וְאֶסְתֵּר בְּשׁוּשַׁן הַבִּירָה, כְּשֶׁעָמַד
עֲלֵיהֶם הָמָן הָרָשָׁע, בִּקֵּשׁ לְהַשְׁמִיד לַהֲרֹג וּלְאַבֵּד אסתר ג
אֶת־כָּל־הַיְּהוּדִים מִנַּעַר וְעַד־זָקֵן טַף וְנָשִׁים בְּיוֹם
אֶחָד, בִּשְׁלוֹשָׁה עָשָׂר לְחֹדֶשׁ שְׁנֵים־עָשָׂר, הוּא־
חֹדֶשׁ אֲדָר, וּשְׁלָלָם לָבוֹז: וְאַתָּה בְּרַחֲמֶיךָ הָרַבִּים
הֵפַרְתָּ אֶת עֲצָתוֹ, וְקִלְקַלְתָּ אֶת מַחֲשַׁבְתּוֹ, וַהֲשֵׁבוֹתָ
לּוֹ גְּמוּלוֹ בְּרֹאשׁוֹ, וְתָלוּ אוֹתוֹ וְאֶת בָּנָיו עַל הָעֵץ.

וממשיך ׳וְעַל כֻּלָּם׳.

וְעַל כֻּלָּם יִתְבָּרַךְ וְיִתְרוֹמַם שִׁמְךָ מַלְכֵּנוּ
תָּמִיד לְעוֹלָם וָעֶד.

בעשרת ימי תשובה: וּכְתֹב לְחַיִּים טוֹבִים כָּל בְּנֵי בְרִיתֶךָ.

וְכֹל הַחַיִּים יוֹדוּךָ סֶּלָה
וִיהַלְלוּ אֶת שִׁמְךָ בֶּאֱמֶת
הָאֵל יְשׁוּעָתֵנוּ וְעֶזְרָתֵנוּ סֶלָה.
בָּרוּךְ אַתָּה יהוה
הַטּוֹב שִׁמְךָ וּלְךָ נָאֶה לְהוֹדוֹת.

בתפילות מנחה ומעריב אומרים ׳שָׁלוֹם רָב׳ במקום ׳שִׂים שָׁלוֹם׳ בעמ׳ 172,
אך בתענית ציבור אומרים ׳שִׂים שָׁלוֹם׳ (מתחת לקו בעמ׳ 172).
בחזרת הש״ץ אומרים לפניה ברכת כוהנים (בעמוד הבא).

בתענית ציבור, כאשר מתפללים לאחר פלג המנחה, אומרים ברכת כוהנים.

אם יותר מכוהן אחד עולה לדוכן, הגבאי קורא:

כֹּהֲנִים

הכוהנים מברכים:

בָּרוּךְ אַתָּה יהוה אֱלֹהֵינוּ מֶלֶךְ הָעוֹלָם, אֲשֶׁר קִדְּשָׁנוּ בִּקְדֻשָּׁתוֹ שֶׁל אַהֲרֹן, וְצִוָּנוּ לְבָרֵךְ אֶת עַמּוֹ יִשְׂרָאֵל בְּאַהֲבָה.

הש״ץ מקריא מילה במילה, והכוהנים אחריו:

במדבר ו
יְבָרֶכְךָ יהוה וְיִשְׁמְרֶךָ: קהל: אָמֵן
יָאֵר יהוה פָּנָיו אֵלֶיךָ וִיחֻנֶּךָּ: קהל: אָמֵן
יִשָּׂא יהוה פָּנָיו אֵלֶיךָ וְיָשֵׂם לְךָ שָׁלוֹם: קהל: אָמֵן

שליח הציבור ממשיך ׳שִׂים שָׁלוֹם׳ מתחת לקו בעמוד הבא.

הכוהנים אומרים: רִבּוֹנוֹ שֶׁל עוֹלָם, עָשִׂינוּ מַה שֶּׁגָּזַרְתָּ עָלֵינוּ, אַף אַתָּה עֲשֵׂה עִמָּנוּ כְּמוֹ שֶׁהִבְטַחְתָּנוּ. הַשְׁקִיפָה מִמְּעוֹן קָדְשְׁךָ מִן־הַשָּׁמַיִם, וּבָרֵךְ אֶת־עַמְּךָ אֶת־יִשְׂרָאֵל, וְאֵת הָאֲדָמָה אֲשֶׁר נָתַתָּה לָנוּ, כַּאֲשֶׁר נִשְׁבַּעְתָּ לַאֲבֹתֵינוּ, אֶרֶץ זָבַת חָלָב וּדְבָשׁ: (דברים כו)

הקהל אומר: אַדִּיר בַּמָּרוֹם שׁוֹכֵן בִּגְבוּרָה, אַתָּה שָׁלוֹם וְשִׁמְךָ שָׁלוֹם. יְהִי רָצוֹן שֶׁתָּשִׂים עָלֵינוּ וְעַל כָּל עַמְּךָ בֵּית יִשְׂרָאֵל חַיִּים וּבְרָכָה לְמִשְׁמֶרֶת שָׁלוֹם.

אם אין כוהנים העולים לדוכן, שליח הציבור אומר:

אֱלֹהֵינוּ וֵאלֹהֵי אֲבוֹתֵינוּ, בָּרְכֵנוּ בַּבְּרָכָה הַמְשֻׁלֶּשֶׁת בַּתּוֹרָה, הַכְּתוּבָה עַל יְדֵי מֹשֶׁה עַבְדֶּךָ, הָאֲמוּרָה מִפִּי אַהֲרֹן וּבָנָיו כֹּהֲנִים עַם קְדוֹשֶׁיךָ, כָּאָמוּר

במדבר ו
יְבָרֶכְךָ יהוה וְיִשְׁמְרֶךָ: קהל: כֵּן יְהִי רָצוֹן
יָאֵר יהוה פָּנָיו אֵלֶיךָ וִיחֻנֶּךָּ: קהל: כֵּן יְהִי רָצוֹן
יִשָּׂא יהוה פָּנָיו אֵלֶיךָ וְיָשֵׂם לְךָ שָׁלוֹם: קהל: כֵּן יְהִי רָצוֹן

שלום

בתפילות מנחה ומעריב אומרים 'שָׁלוֹם רָב' במקום 'שִׂים שָׁלוֹם',
אך בתענית ציבור 'שִׂים שָׁלוֹם' (מתחת לקו).

שָׁלוֹם רָב עַל יִשְׂרָאֵל עַמְּךָ תָּשִׂים לְעוֹלָם
כִּי אַתָּה הוּא מֶלֶךְ אָדוֹן לְכָל הַשָּׁלוֹם.
וְטוֹב בְּעֵינֶיךָ לְבָרֵךְ אֶת עַמְּךָ יִשְׂרָאֵל
בְּכָל עֵת וּבְכָל שָׁעָה בִּשְׁלוֹמֶךָ.

וממשיך בעמוד הבא.

שלום

בתענית ציבור:

שִׂים שָׁלוֹם טוֹבָה וּבְרָכָה, חֵן וָחֶסֶד וְרַחֲמִים, עָלֵינוּ וְעַל כָּל יִשְׂרָאֵל עַמֶּךָ. בָּרְכֵנוּ אָבִינוּ כֻּלָּנוּ כְּאֶחָד בְּאוֹר פָּנֶיךָ, כִּי בְאוֹר פָּנֶיךָ נָתַתָּ לָּנוּ יהוה אֱלֹהֵינוּ, תּוֹרַת חַיִּים וְאַהֲבַת חֶסֶד, וּצְדָקָה וּבְרָכָה וְרַחֲמִים וְחַיִּים וְשָׁלוֹם. וְטוֹב בְּעֵינֶיךָ לְבָרֵךְ אֶת עַמְּךָ יִשְׂרָאֵל בְּכָל עֵת וּבְכָל שָׁעָה בִּשְׁלוֹמֶךָ.

בעשרת ימי תשובה: בְּסֵֽפֶר חַיִּים, בְּרָכָה וְשָׁלוֹם, וּפַרְנָסָה טוֹבָה
נִזָּכֵר וְנִכָּתֵב לְפָנֶֽיךָ
אֲנַֽחְנוּ וְכָל עַמְּךָ בֵּית יִשְׂרָאֵל
לְחַיִּים טוֹבִים וּלְשָׁלוֹם.

בני חוץ לארץ מסיימים: בָּרוּךְ אַתָּה יהוה, עוֹשֶׂה הַשָּׁלוֹם.

בָּרוּךְ אַתָּה יהוה
הַמְבָרֵךְ אֶת עַמּוֹ יִשְׂרָאֵל בַּשָּׁלוֹם.

שליח הציבור מסיים באמירת הפסוק הבא בלחש,
ויש הנוהגים לאומרו גם בסוף תפילת לחש של יחיד.

יִהְיוּ לְרָצוֹן אִמְרֵי־פִי וְהֶגְיוֹן לִבִּי לְפָנֶֽיךָ, יהוה צוּרִי וְגֹאֲלִי: תהלים יט

ברכות יז.

אֱלֹהַי
נְצֹר לְשׁוֹנִי מֵרָע וּשְׂפָתַי מִדַּבֵּר מִרְמָה
וְלִמְקַלְלַי נַפְשִׁי תִדֹּם
וְנַפְשִׁי כֶּעָפָר לַכֹּל תִּהְיֶה.
פְּתַח לִבִּי בְּתוֹרָתֶֽךָ
וּבְמִצְוֹתֶֽיךָ תִּרְדֹּף נַפְשִׁי.
וְכָל הַחוֹשְׁבִים עָלַי רָעָה
מְהֵרָה הָפֵר עֲצָתָם וְקַלְקֵל מַחֲשַׁבְתָּם.

עֲשֵׂה לְמַעַן שְׁמֶךָ

עֲשֵׂה לְמַעַן יְמִינֶךָ

עֲשֵׂה לְמַעַן קְדֻשָּׁתֶךָ

עֲשֵׂה לְמַעַן תּוֹרָתֶךָ.

לְמַעַן יֵחָלְצוּן יְדִידֶיךָ, הוֹשִׁיעָה יְמִינְךָ וַעֲנֵנִי: תהלים ס

המקבל עליו תענית יחיד למחר, או מי שסיים תענית יחיד אומר תחינה בעמוד הבא.

יִהְיוּ לְרָצוֹן אִמְרֵי־פִי וְהֶגְיוֹן לִבִּי לְפָנֶיךָ, תהלים יט

יהוה צוּרִי וְגוֹאֲלִי:

כורע ופוסע שלוש פסיעות לאחור. קד לשמאל, לימין ולפנים באמירת:

עֹשֶׂה שָׁלוֹם/ בעשרת ימי תשובה: הַשָּׁלוֹם/ בִּמְרוֹמָיו

הוּא יַעֲשֶׂה שָׁלוֹם עָלֵינוּ וְעַל כָּל יִשְׂרָאֵל,

וְאִמְרוּ אָמֵן.

יְהִי רָצוֹן מִלְּפָנֶיךָ יהוה אֱלֹהֵינוּ וֵאלֹהֵי אֲבוֹתֵינוּ

שֶׁיִּבָּנֶה בֵּית הַמִּקְדָּשׁ בִּמְהֵרָה בְיָמֵינוּ

וְתֵן חֶלְקֵנוּ בְּתוֹרָתֶךָ

וְשָׁם נַעֲבָדְךָ בְּיִרְאָה כִּימֵי עוֹלָם וּכְשָׁנִים קַדְמֹנִיּוֹת.

וְעָרְבָה לַיהוה מִנְחַת יְהוּדָה וִירוּשָׁלָיִם מלאכי ג

כִּימֵי עוֹלָם וּכְשָׁנִים קַדְמֹנִיּוֹת:

בימים שאין אומרים בהם תחנון (ראה רשימה בעמ׳ 94),
שליח הציבור אומר קדיש שלם (עמ׳ 178).

המקבל עליו תענית יחיד למחר, יאמר בתפילת מנחה לפני הפסוק 'יִהְיוּ לְרָצוֹן' (רמ"א תקסב, ו, על פי רש"י בתענית יב ע"א):

רִבּוֹן כָּל הָעוֹלָמִים, הֲרֵי אֲנִי לְפָנֶיךָ בְּתַעֲנִית נְדָבָה לְמָחָר. יְהִי רָצוֹן מִלְּפָנֶיךָ יהוה אֱלֹהַי וֵאלֹהֵי אֲבוֹתַי, שֶׁתְּקַבְּלֵנִי בְּאַהֲבָה וּבְרָצוֹן, וְתָבֹא לְפָנֶיךָ תְּפִלָּתִי, וְתַעֲנֶה עֲתִירָתִי בְּרַחֲמֶיךָ הָרַבִּים, כִּי אַתָּה שׁוֹמֵעַ תְּפִלַּת כָּל פֶּה.

לאחר התענית במנחה יאמר לפני הפסוק 'יִהְיוּ לְרָצוֹן' (שו"ע תקסה, ד על פי דברי רב ששת בברכות יז ע"א):

רִבּוֹן כָּל הָעוֹלָמִים, גָּלוּי וְיָדוּעַ לְפָנֶיךָ, בִּזְמַן שֶׁבֵּית הַמִּקְדָּשׁ קַיָּם, אָדָם חוֹטֵא וּמַקְרִיב קָרְבָּן, וְאֵין מַקְרִיבִין מִמֶּנּוּ אֶלָּא חֶלְבּוֹ וְדָמוֹ, וְאַתָּה בְּרַחֲמֶיךָ הָרַבִּים מְכַפֵּר. וְעַכְשָׁו יָשַׁבְתִּי בְתַעֲנִית, וְנִתְמַעֵט חֶלְבִּי וְדָמִי. יְהִי רָצוֹן מִלְּפָנֶיךָ, שֶׁיְּהֵא מִעוּט חֶלְבִּי וְדָמִי שֶׁנִּתְמַעֵט הַיּוֹם, כְּאִלּוּ הִקְרַבְתִּיו עַל גַּבֵּי הַמִּזְבֵּחַ, וְתִרְצֵנִי.

בתעניות ציבור ובעשרת ימי תשובה
(פרט לימים שאין אומרים בהם תחנון) אומרים 'אָבִינוּ מַלְכֵּנוּ' בעמ' 96.

בבתי כנסת המתפללים בנוסח ספרד,
אומרים תחילה וידוי וי"ג מידות (עמ' 94).

סדר תחנון

אלו הימים שאין אומרים בהם תחנון במנחה (לפי המנהג המקובל בארץ ישראל):
ערב שבת, ערב ראש חודש, ראש חודש, כל חודש ניסן, ערב יום העצמאות, יום העצמאות, פסח שני, ערב לג בעומר, לג בעומר, ערב יום ירושלים, יום ירושלים, ראש חודש סיוון עד יב בחודש, ערב תשעה באב, תשעה באב, יד-טו באב, ערב ראש השנה, מערב יום כיפורים עד ראש חודש מרחשוון, ערב חנוכה, חנוכה, יד-טו בשבט, יג-טו באדר א׳ וערב פורים עד שושן פורים.

כמו כן אין אומרים תחנון בבית כנסת שעתידה להתקיים בו ברית מילה, או שאחד מבעלי הברית (אבי הבן, המוהל או הסנדק) מתפללים בו, או שחתן בשבעת ימי המשתה מתפלל בו, וגם לא בבית האבל.

נפילת אפיים

יושבים, ובמקום שיש בו ספר תורה, נופלים אפיים:
משעינים את הראש על יד שמאל ומכסים את הפנים.

ב׳קיצור של״ה׳ כתוב לומר את הפסוק ׳וַיֹּאמֶר דָּוִד אֶל־גָּד׳, והגר״א כתב שאין לאומרו.

שמואל ב׳ כד
וַיֹּאמֶר דָּוִד אֶל־גָּד, צַר־לִי מְאֹד
נִפְּלָה־נָּא בְיַד־יהוה, כִּי־רַבִּים רַחֲמָו
וּבְיַד־אָדָם אַל־אֶפֹּלָה:

רַחוּם וְחַנּוּן, חָטָאתִי לְפָנֶיךָ.
יהוה מָלֵא רַחֲמִים, רַחֵם עָלַי וְקַבֵּל תַּחֲנוּנָי.

תהלים ו
יהוה, אַל־בְּאַפְּךָ תוֹכִיחֵנִי, וְאַל־בַּחֲמָתְךָ תְיַסְּרֵנִי: חָנֵּנִי יהוה, כִּי אֻמְלַל אָנִי, רְפָאֵנִי יהוה, כִּי נִבְהֲלוּ עֲצָמָי: וְנַפְשִׁי נִבְהֲלָה מְאֹד, וְאַתָּ יהוה, עַד־מָתָי: שׁוּבָה יהוה, חַלְּצָה נַפְשִׁי, הוֹשִׁיעֵנִי לְמַעַן חַסְדֶּךָ: כִּי אֵין בַּמָּוֶת זִכְרֶךָ, בִּשְׁאוֹל מִי יוֹדֶה־לָּךְ: יָגַעְתִּי

בְּאַנְחָתִי, אַשְׂחֶה בְכָל־לַיְלָה מִטָּתִי, בְּדִמְעָתִי עַרְשִׂי אַמְסֶה: עָשְׁשָׁה מִכַּעַס עֵינִי, עָתְקָה בְּכָל־צוֹרְרָי: סוּרוּ מִמֶּנִּי כָּל־פֹּעֲלֵי אָוֶן, כִּי־שָׁמַע יהוה קוֹל בִּכְיִי: שָׁמַע יהוה תְּחִנָּתִי, יהוה תְּפִלָּתִי יִקָּח: יֵבֹשׁוּ וְיִבָּהֲלוּ מְאֹד כָּל־אֹיְבָי, יָשֻׁבוּ יֵבֹשׁוּ רָגַע: כאן מרימים את הראש.

שׁוֹמֵר יִשְׂרָאֵל, שְׁמֹר שְׁאֵרִית יִשְׂרָאֵל
וְאַל יֹאבַד יִשְׂרָאֵל
הָאוֹמְרִים שְׁמַע יִשְׂרָאֵל.
שׁוֹמֵר גּוֹי אֶחָד, שְׁמֹר שְׁאֵרִית עַם אֶחָד
וְאַל יֹאבַד גּוֹי אֶחָד
הַמְיַחֲדִים שִׁמְךָ, יהוה אֱלֹהֵינוּ יהוה אֶחָד.
שׁוֹמֵר גּוֹי קָדוֹשׁ, שְׁמֹר שְׁאֵרִית עַם קָדוֹשׁ
וְאַל יֹאבַד גּוֹי קָדוֹשׁ
הַמְשַׁלְּשִׁים בְּשָׁלֹשׁ קְדֻשּׁוֹת לְקָדוֹשׁ.
מִתְרַצֶּה בְּרַחֲמִים וּמִתְפַּיֵּס בְּתַחֲנוּנִים
הִתְרַצֵּה וְהִתְפַּיֵּס לְדוֹר עָנִי
כִּי אֵין עוֹזֵר.
אָבִינוּ מַלְכֵּנוּ, חָנֵּנוּ וַעֲנֵנוּ, כִּי אֵין בָּנוּ מַעֲשִׂים
עֲשֵׂה עִמָּנוּ צְדָקָה וָחֶסֶד וְהוֹשִׁיעֵנוּ.

עומדים במקום המסומן ב▸.

דברי הימים ב׳ כ וַאֲנַחְנוּ לֹא נֵדַע ▸מַה־נַּעֲשֶׂה, כִּי עָלֶיךָ עֵינֵינוּ:

תהלים כה זְכֹר־רַחֲמֶיךָ יהוה וַחֲסָדֶיךָ, כִּי מֵעוֹלָם הֵמָּה:

תהלים לג יְהִי־חַסְדְּךָ יהוה עָלֵינוּ, כַּאֲשֶׁר יִחַלְנוּ לָךְ:

תהלים עט אַל־תִּזְכָּר־לָנוּ עֲוֹנֹת רִאשֹׁנִים

מַהֵר יְקַדְּמוּנוּ רַחֲמֶיךָ, כִּי דַלּוֹנוּ מְאֹד:

תהלים קכג חָנֵּנוּ יהוה חָנֵּנוּ, כִּי־רַב שָׂבַעְנוּ בוּז:

חבקוק ג בְּרֹגֶז רַחֵם תִּזְכּוֹר:

תהלים קג כִּי־הוּא יָדַע יִצְרֵנוּ, זָכוּר כִּי־עָפָר אֲנָחְנוּ:

תהלים עט ◂ עָזְרֵנוּ אֱלֹהֵי יִשְׁעֵנוּ עַל־דְּבַר כְּבוֹד־שְׁמֶךָ

וְהַצִּילֵנוּ וְכַפֵּר עַל־חַטֹּאתֵינוּ לְמַעַן שְׁמֶךָ:

קדיש שלם

ש״ץ: יִתְגַּדַּל וְיִתְקַדַּשׁ שְׁמֵהּ רַבָּא (קהל: אָמֵן)

בְּעָלְמָא דִּי בְרָא כִרְעוּתֵהּ, וְיַמְלִיךְ מַלְכוּתֵהּ

בְּחַיֵּיכוֹן וּבְיוֹמֵיכוֹן וּבְחַיֵּי דְכָל בֵּית יִשְׂרָאֵל

בַּעֲגָלָא וּבִזְמַן קָרִיב

וְאִמְרוּ אָמֵן. (קהל: אָמֵן)

קהל וש״ץ: יְהֵא שְׁמֵהּ רַבָּא מְבָרַךְ לְעָלַם וּלְעָלְמֵי עָלְמַיָּא.

ש״ץ: יִתְבָּרַךְ וְיִשְׁתַּבַּח וְיִתְפָּאַר
וְיִתְרוֹמַם וְיִתְנַשֵּׂא וְיִתְהַדָּר וְיִתְעַלֶּה וְיִתְהַלָּל
שְׁמֵהּ דְּקֻדְשָׁא בְּרִיךְ הוּא (קהל: בְּרִיךְ הוּא)
לְעֵלָּא מִן כָּל בִּרְכָתָא
/בעשרת ימי תשובה: לְעֵלָּא לְעֵלָּא מִכָּל בִּרְכָתָא/
וְשִׁירָתָא, תֻּשְׁבְּחָתָא וְנֶחֱמָתָא
דַּאֲמִירָן בְּעָלְמָא
וְאִמְרוּ אָמֵן. (קהל: אָמֵן)

תִּתְקַבַּל צְלוֹתְהוֹן וּבָעוּתְהוֹן דְּכָל יִשְׂרָאֵל
קֳדָם אֲבוּהוֹן דִּי בִשְׁמַיָּא
וְאִמְרוּ אָמֵן. (קהל: אָמֵן)

יְהֵא שְׁלָמָא רַבָּא מִן שְׁמַיָּא
וְחַיִּים, עָלֵינוּ וְעַל כָּל יִשְׂרָאֵל
וְאִמְרוּ אָמֵן. (קהל: אָמֵן)

כורע ופוסע שלוש פסיעות לאחור. קד לשמאל, לימין ולפנים באמירת:
עֹשֶׂה שָׁלוֹם/ בעשרת ימי תשובה: הַשָּׁלוֹם/ בִּמְרוֹמָיו
הוּא יַעֲשֶׂה שָׁלוֹם עָלֵינוּ וְעַל כָּל יִשְׂרָאֵל
וְאִמְרוּ אָמֵן. (קהל: אָמֵן)

אומרים ׳עָלֵינוּ׳ בעמידה ומשתחווים במקום המסומן ב*.

עָלֵינוּ לְשַׁבֵּחַ לַאֲדוֹן הַכֹּל
לָתֵת גְּדֻלָּה לְיוֹצֵר בְּרֵאשִׁית
שֶׁלֹּא עָשָׂנוּ כְּגוֹיֵי הָאֲרָצוֹת
וְלֹא שָׂמָנוּ כְּמִשְׁפְּחוֹת הָאֲדָמָה
שֶׁלֹּא שָׂם חֶלְקֵנוּ כָּהֶם וְגוֹרָלֵנוּ כְּכָל הֲמוֹנָם.
שֶׁהֵם מִשְׁתַּחֲוִים לְהֶבֶל וָרִיק
וּמִתְפַּלְלִים אֶל אֵל לֹא יוֹשִׁיעַ.
*וַאֲנַחְנוּ כּוֹרְעִים וּמִשְׁתַּחֲוִים וּמוֹדִים
לִפְנֵי מֶלֶךְ מַלְכֵי הַמְּלָכִים, הַקָּדוֹשׁ בָּרוּךְ הוּא
שֶׁהוּא נוֹטֶה שָׁמַיִם וְיוֹסֵד אָרֶץ
וּמוֹשַׁב יְקָרוֹ בַּשָּׁמַיִם מִמַּעַל
וּשְׁכִינַת עֻזּוֹ בְּגָבְהֵי מְרוֹמִים.
הוּא אֱלֹהֵינוּ, אֵין עוֹד.
אֱמֶת מַלְכֵּנוּ, אֶפֶס זוּלָתוֹ, כַּכָּתוּב בְּתוֹרָתוֹ
וְיָדַעְתָּ הַיּוֹם וַהֲשֵׁבֹתָ אֶל־לְבָבֶךָ דברים ד
כִּי יהוה הוּא הָאֱלֹהִים
בַּשָּׁמַיִם מִמַּעַל וְעַל־הָאָרֶץ מִתָּחַת, אֵין עוֹד:

עַל כֵּן נְקַוֶּה לְּךָ יהוה אֱלֹהֵינוּ
לִרְאוֹת מְהֵרָה בְּתִפְאֶרֶת עֻזֶּךָ
לְהַעֲבִיר גִּלּוּלִים מִן הָאָרֶץ
וְהָאֱלִילִים כָּרוֹת יִכָּרֵתוּן
לְתַקֵּן עוֹלָם בְּמַלְכוּת שַׁדַּי.
וְכָל בְּנֵי בָשָׂר יִקְרְאוּ בִשְׁמֶךָ
לְהַפְנוֹת אֵלֶיךָ כָּל רִשְׁעֵי אָרֶץ.
יַכִּירוּ וְיֵדְעוּ כָּל יוֹשְׁבֵי תֵבֵל
כִּי לְךָ תִּכְרַע כָּל בֶּרֶךְ, תִּשָּׁבַע כָּל לָשׁוֹן.
לְפָנֶיךָ יהוה אֱלֹהֵינוּ יִכְרְעוּ וְיִפֹּלוּ
וְלִכְבוֹד שִׁמְךָ יְקָר יִתֵּנוּ
וִיקַבְּלוּ כֻלָּם אֶת עֹל מַלְכוּתֶךָ
וְתִמְלֹךְ עֲלֵיהֶם מְהֵרָה לְעוֹלָם וָעֶד.
כִּי הַמַּלְכוּת שֶׁלְּךָ הִיא
וּלְעוֹלְמֵי עַד תִּמְלֹךְ בְּכָבוֹד
כַּכָּתוּב בְּתוֹרָתֶךָ, יהוה יִמְלֹךְ לְעֹלָם וָעֶד: שמות טו
◂ וְנֶאֱמַר, וְהָיָה יהוה לְמֶלֶךְ עַל־כָּל־הָאָרֶץ זכריה יד
בַּיּוֹם הַהוּא יִהְיֶה יהוה אֶחָד וּשְׁמוֹ אֶחָד:

יש מוסיפים:

משלי ג אַל־תִּירָא מִפַּחַד פִּתְאֹם וּמִשֹּׁאַת רְשָׁעִים כִּי תָבֹא:

ישעיה ח עֻצוּ עֵצָה וְתֻפָר, דַּבְּרוּ דָבָר וְלֹא יָקוּם, כִּי עִמָּנוּ אֵל:

ישעיה מו וְעַד־זִקְנָה אֲנִי הוּא, וְעַד־שֵׂיבָה אֲנִי אֶסְבֹּל
אֲנִי עָשִׂיתִי וַאֲנִי אֶשָּׂא וַאֲנִי אֶסְבֹּל וַאֲמַלֵּט:

קדיש יתום

אבל: יִתְגַּדַּל וְיִתְקַדַּשׁ שְׁמֵהּ רַבָּא (קהל: אָמֵן)
בְּעָלְמָא דִּי בְרָא כִרְעוּתֵהּ
וְיַמְלִיךְ מַלְכוּתֵהּ
בְּחַיֵּיכוֹן וּבְיוֹמֵיכוֹן
וּבְחַיֵּי דְכָל בֵּית יִשְׂרָאֵל
בַּעֲגָלָא וּבִזְמַן קָרִיב
וְאִמְרוּ אָמֵן. (קהל: אָמֵן)

קהל ואבל: יְהֵא שְׁמֵהּ רַבָּא מְבָרַךְ
לְעָלַם וּלְעָלְמֵי עָלְמַיָּא.

אבל: יִתְבָּרַךְ וְיִשְׁתַּבַּח וְיִתְפָּאַר וְיִתְרוֹמַם וְיִתְנַשֵּׂא
וְיִתְהַדָּר וְיִתְעַלֶּה וְיִתְהַלָּל
שְׁמֵהּ דְּקֻדְשָׁא בְּרִיךְ הוּא (קהל: בְּרִיךְ הוּא)

לְעֵלָּא מִן כָּל בִּרְכָתָא
/בעשרת ימי תשובה: לְעֵלָּא לְעֵלָּא מִכָּל בִּרְכָתָא/
וְשִׁירָתָא, תֻּשְׁבְּחָתָא וְנֶחֱמָתָא
דַּאֲמִירָן בְּעָלְמָא
וְאִמְרוּ אָמֵן. (קהל: אָמֵן)

יְהֵא שְׁלָמָא רַבָּא מִן שְׁמַיָּא, וְחַיִּים
עָלֵינוּ וְעַל כָּל יִשְׂרָאֵל
וְאִמְרוּ אָמֵן. (קהל: אָמֵן)

כורע ופוסע שלוש פסיעות לאחור. קד לשמאל, לימין ולפנים באמירת:

עֹשֶׂה שָׁלוֹם/ בעשרת ימי תשובה: הַשָּׁלוֹם/ בִּמְרוֹמָיו
הוּא יַעֲשֶׂה שָׁלוֹם עָלֵינוּ וְעַל כָּל יִשְׂרָאֵל
וְאִמְרוּ אָמֵן. (קהל: אָמֵן)

בבתי כנסת המתפללים בנוסח ספרד,
מוסיפים את המזמור 'לְדָוִד ה' אוֹרִי וְיִשְׁעִי' (בעמ' 139)
מר"ח אלול ועד הושענא רבה,
ואחריו אומרים קדיש יתום.

ערבית לחול

״זָכַרְתִּי בַלַּיְלָה שִׁמְךָ ה׳ וָאֶשְׁמְרָה תּוֹרָתֶךָ״ (תהלים קיט, נה).
במוצאי שבת אומרים ערבית למוצאי שבת בעמ׳ 521.

קודם התפילה שליח הציבור אומר ׳וְהוּא רַחוּם׳ (סדר רב עמרם גאון),
מכיוון שבערבית אין קרבנות ציבור שיכפרו עלינו,
כבשחרית ובמנחה (מחזור ויטרי).

תהלים עח וְהוּא רַחוּם, יְכַפֵּר עָוֹן וְלֹא־יַשְׁחִית
וְהִרְבָּה לְהָשִׁיב אַפּוֹ, וְלֹא־יָעִיר כָּל־חֲמָתוֹ:
תהלים כ יהוה הוֹשִׁיעָה, הַמֶּלֶךְ יַעֲנֵנוּ בְיוֹם־קָרְאֵנוּ:

קריאת שמע וברכותיה

שליח הציבור כורע בתיבת ׳בָּרְכוּ׳ וזוקף בשם. הקהל כורע בתיבת ׳בָּרוּךְ׳
וזוקף בשם, ושליח הציבור כורע שוב כאשר הוא חוזר אחריהם.

ש״ץ: בָּרְכוּ

אֶת יהוה הַמְבֹרָךְ.

קהל: בָּרוּךְ יהוה הַמְבֹרָךְ לְעוֹלָם וָעֶד.

ש״ץ: בָּרוּךְ יהוה הַמְבֹרָךְ לְעוֹלָם וָעֶד.

מזכירים את היום בלילה ואת הלילה ביום (ברכות יא ע״ב). האבחנה בין היום ללילה היא עדות על נאמנות הקב״ה בדבריו ועל קיום בריתו עם ישראל (סידור הרוקח על פי ירמיה לא, לד).

בָּרוּךְ אַתָּה יהוה אֱלֹהֵינוּ מֶלֶךְ הָעוֹלָם
אֲשֶׁר בִּדְבָרוֹ מַעֲרִיב עֲרָבִים
בְּחָכְמָה פּוֹתֵחַ שְׁעָרִים
וּבִתְבוּנָה מְשַׁנֶּה עִתִּים וּמַחֲלִיף אֶת הַזְּמַנִּים
וּמְסַדֵּר אֶת הַכּוֹכָבִים בְּמִשְׁמְרוֹתֵיהֶם
בָּרָקִיעַ כִּרְצוֹנוֹ.
בּוֹרֵא יוֹם וָלָיְלָה
גּוֹלֵל אוֹר מִפְּנֵי חֹשֶׁךְ
וְחֹשֶׁךְ מִפְּנֵי אוֹר
◂ וּמַעֲבִיר יוֹם וּמֵבִיא לָיְלָה
וּמַבְדִּיל בֵּין יוֹם וּבֵין לָיְלָה
יהוה צְבָאוֹת שְׁמוֹ.
אֵל חַי וְקַיָּם תָּמִיד
יִמְלֹךְ עָלֵינוּ לְעוֹלָם וָעֶד.
בָּרוּךְ אַתָּה יהוה
הַמַּעֲרִיב עֲרָבִים.

מנהג אשכנו לומר 'אַהֲבָה רַבָּה' בשחרית ו'אַהֲבַת עוֹלָם' בערבית – כיון שבבוקר האדם מודה על החסדים שה' גמל עמו, ובערב מתפלל על חסדים לעתיד (צל"ח שם בברכות).

אַהֲבַת עוֹלָם בֵּית יִשְׂרָאֵל עַמְּךָ אָהָבְתָּ
תּוֹרָה וּמִצְוֹת, חֻקִּים וּמִשְׁפָּטִים, אוֹתָנוּ לִמַּדְתָּ
עַל כֵּן יהוה אֱלֹהֵינוּ בְּשָׁכְבֵנוּ וּבְקוּמֵנוּ
נָשִׂיחַ בְּחֻקֶּיךָ
וְנִשְׂמַח בְּדִבְרֵי תוֹרָתֶךָ וּבְמִצְוֹתֶיךָ לְעוֹלָם וָעֶד
‹ כִּי הֵם חַיֵּינוּ וְאֹרֶךְ יָמֵינוּ
וּבָהֶם נֶהְגֶּה יוֹמָם וָלָיְלָה.
וְאַהֲבָתְךָ אַל תָּסִיר מִמֶּנּוּ לְעוֹלָמִים.
בָּרוּךְ אַתָּה יהוה, אוֹהֵב עַמּוֹ יִשְׂרָאֵל.

"יקרא קריאת שמע בכוונה – באימה, ביראה, ברתת וזיע" (שו"ע סא, א).
המתפלל ביחידות אומר:

אֵל מֶלֶךְ נֶאֱמָן

מכסה את עיניו בידו ואומר בכוונה ובקול רם:

דברים ו שְׁמַע יִשְׂרָאֵל, יהוה אֱלֹהֵינוּ, יהוה ׀ אֶחָד:

בלחש: בָּרוּךְ שֵׁם כְּבוֹד מַלְכוּתוֹ לְעוֹלָם וָעֶד.

דברים ו וְאָהַבְתָּ אֵת יהוה אֱלֹהֶיךָ, בְּכָל־לְבָבְךָ וּבְכָל־
נַפְשְׁךָ וּבְכָל־מְאֹדֶךָ: וְהָיוּ הַדְּבָרִים הָאֵלֶּה, אֲשֶׁר

אָנֹכִי מְצַוְּךָ הַיּוֹם, עַל־לְבָבֶךָ: וְשִׁנַּנְתָּם לְבָנֶיךָ
וְדִבַּרְתָּ בָּם, בְּשִׁבְתְּךָ בְּבֵיתֶךָ וּבְלֶכְתְּךָ בַדֶּרֶךְ,
וּבְשָׁכְבְּךָ וּבְקוּמֶךָ: וּקְשַׁרְתָּם לְאוֹת עַל־יָדֶךָ
וְהָיוּ לְטֹטָפֹת בֵּין עֵינֶיךָ: וּכְתַבְתָּם עַל־מְזֻזוֹת
בֵּיתֶךָ וּבִשְׁעָרֶיךָ:

דברים יא וְהָיָה אִם־שָׁמֹעַ תִּשְׁמְעוּ אֶל־מִצְוֺתַי אֲשֶׁר אָנֹכִי
מְצַוֶּה אֶתְכֶם הַיּוֹם, לְאַהֲבָה אֶת־יהוה אֱלֹהֵיכֶם
וּלְעָבְדוֹ, בְּכָל־לְבַבְכֶם וּבְכָל־נַפְשְׁכֶם: וְנָתַתִּי
מְטַר־אַרְצְכֶם בְּעִתּוֹ, יוֹרֶה וּמַלְקוֹשׁ, וְאָסַפְתָּ
דְגָנֶךָ וְתִירֹשְׁךָ וְיִצְהָרֶךָ: וְנָתַתִּי עֵשֶׂב בְּשָׂדְךָ
לִבְהֶמְתֶּךָ, וְאָכַלְתָּ וְשָׂבָעְתָּ: הִשָּׁמְרוּ לָכֶם פֶּן־
יִפְתֶּה לְבַבְכֶם, וְסַרְתֶּם וַעֲבַדְתֶּם אֱלֹהִים אֲחֵרִים
וְהִשְׁתַּחֲוִיתֶם לָהֶם: וְחָרָה אַף־יהוה בָּכֶם, וְעָצַר
אֶת־הַשָּׁמַיִם וְלֹא־יִהְיֶה מָטָר, וְהָאֲדָמָה לֹא תִתֵּן
אֶת־יְבוּלָהּ, וַאֲבַדְתֶּם מְהֵרָה מֵעַל הָאָרֶץ הַטֹּבָה
אֲשֶׁר יהוה נֹתֵן לָכֶם: וְשַׂמְתֶּם אֶת־דְּבָרַי אֵלֶּה
עַל־לְבַבְכֶם וְעַל־נַפְשְׁכֶם, וּקְשַׁרְתֶּם אֹתָם לְאוֹת
עַל־יֶדְכֶם, וְהָיוּ לְטוֹטָפֹת בֵּין עֵינֵיכֶם: וְלִמַּדְתֶּם

אֹתָם אֶת־בְּנֵיכֶם לְדַבֵּר בָּם, בְּשִׁבְתְּךָ בְּבֵיתֶךָ
וּבְלֶכְתְּךָ בַדֶּרֶךְ, וּבְשָׁכְבְּךָ וּבְקוּמֶךָ: וּכְתַבְתָּם עַל־
מְזוּזוֹת בֵּיתֶךָ וּבִשְׁעָרֶיךָ: לְמַעַן יִרְבּוּ יְמֵיכֶם וִימֵי
בְנֵיכֶם עַל הָאֲדָמָה אֲשֶׁר נִשְׁבַּע יהוה לַאֲבֹתֵיכֶם
לָתֵת לָהֶם, כִּימֵי הַשָּׁמַיִם עַל־הָאָרֶץ:

במדבר טו
וַיֹּאמֶר יהוה אֶל־מֹשֶׁה לֵּאמֹר: דַּבֵּר אֶל־בְּנֵי
יִשְׂרָאֵל וְאָמַרְתָּ אֲלֵהֶם, וְעָשׂוּ לָהֶם צִיצִת עַל־
כַּנְפֵי בִגְדֵיהֶם לְדֹרֹתָם, וְנָתְנוּ עַל־צִיצִת הַכָּנָף
פְּתִיל תְּכֵלֶת: וְהָיָה לָכֶם לְצִיצִת, וּרְאִיתֶם אֹתוֹ
וּזְכַרְתֶּם אֶת־כָּל־מִצְוֹת יהוה וַעֲשִׂיתֶם אֹתָם,
וְלֹא תָתוּרוּ אַחֲרֵי לְבַבְכֶם וְאַחֲרֵי עֵינֵיכֶם,
אֲשֶׁר־אַתֶּם זֹנִים אַחֲרֵיהֶם: לְמַעַן תִּזְכְּרוּ
וַעֲשִׂיתֶם אֶת־כָּל־מִצְוֹתָי, וִהְיִיתֶם קְדֹשִׁים
לֵאלֹהֵיכֶם: אֲנִי יהוה אֱלֹהֵיכֶם, אֲשֶׁר הוֹצֵאתִי
אֶתְכֶם מֵאֶרֶץ מִצְרַיִם, לִהְיוֹת לָכֶם לֵאלֹהִים,
אֲנִי יהוה אֱלֹהֵיכֶם:

אֱמֶת

שליח הציבור חוזר ואומר:

◂ **יהוה אֱלֹהֵיכֶם אֱמֶת**

וֶאֱמוּנָה כָּל זֹאת וְקַיָּם עָלֵינוּ
כִּי הוּא יהוה אֱלֹהֵינוּ וְאֵין זוּלָתוֹ
וַאֲנַחְנוּ יִשְׂרָאֵל עַמּוֹ.
הַפּוֹדֵנוּ מִיַּד מְלָכִים
מַלְכֵּנוּ הַגּוֹאֲלֵנוּ מִכַּף כָּל הֶעָרִיצִים.
הָאֵל הַנִּפְרָע לָנוּ מִצָּרֵינוּ
וְהַמְשַׁלֵּם גְּמוּל לְכָל אוֹיְבֵי נַפְשֵׁנוּ.
הָעוֹשֶׂה גְדוֹלוֹת עַד אֵין חֵקֶר,
וְנִפְלָאוֹת עַד אֵין מִסְפָּר
הַשָּׂם נַפְשֵׁנוּ בַּחַיִּים תהלים סו
וְלֹא־נָתַן לַמּוֹט רַגְלֵנוּ:
הַמַּדְרִיכֵנוּ עַל בָּמוֹת אוֹיְבֵינוּ
וַיָּרֶם קַרְנֵנוּ עַל כָּל שׂוֹנְאֵינוּ.
הָעוֹשֶׂה לָּנוּ נִסִּים וּנְקָמָה בְּפַרְעֹה
אוֹתוֹת וּמוֹפְתִים בְּאַדְמַת בְּנֵי חָם.
הַמַּכֶּה בְעֶבְרָתוֹ כָּל בְּכוֹרֵי מִצְרָיִם
וַיּוֹצֵא אֶת עַמּוֹ יִשְׂרָאֵל מִתּוֹכָם
לְחֵרוּת עוֹלָם.

הַמַּעֲבִיר בָּנָיו בֵּין גִּזְרֵי יַם סוּף
אֶת רוֹדְפֵיהֶם וְאֶת שׂוֹנְאֵיהֶם
בִּתְהוֹמוֹת טִבַּע
וְרָאוּ בָנָיו גְּבוּרָתוֹ, שִׁבְּחוּ וְהוֹדוּ לִשְׁמוֹ
‹ וּמַלְכוּתוֹ בְּרָצוֹן קִבְּלוּ עֲלֵיהֶם.
מֹשֶׁה וּבְנֵי יִשְׂרָאֵל, לְךָ עָנוּ שִׁירָה
בְּשִׂמְחָה רַבָּה
וְאָמְרוּ כֻלָּם

מִי־כָמֹכָה בָּאֵלִם יהוה שמות טו
מִי כָּמֹכָה נֶאְדָּר בַּקֹּדֶשׁ
נוֹרָא תְהִלֹּת עֹשֵׂה פֶלֶא:

‹ מַלְכוּתְךָ רָאוּ בָנֶיךָ, בּוֹקֵעַ יָם לִפְנֵי מֹשֶׁה
זֶה אֵלִי עָנוּ, וְאָמְרוּ
יהוה יִמְלֹךְ לְעֹלָם וָעֶד: שמות טו
‹ וְנֶאֱמַר
כִּי־פָדָה יהוה אֶת־יַעֲקֹב ירמיה לא
וּגְאָלוֹ מִיַּד חָזָק מִמֶּנּוּ:
בָּרוּךְ אַתָּה יהוה, גָּאַל יִשְׂרָאֵל.

״כיון דתקינו רבנן השכיבנו, כגאולתא אריכתא דמיא״ (ברכות ד ע״ב).
ופירש ר׳ יצחק בן מרואן הלוי שהביטחון בשמירתו של הקב״ה הוא יסוד האמונה בגאולה,
כפי שבליל יציאת מצרים בני ישראל הקריבו פסח ואכלו מצות,
כשהם מוכנים לרגע שבו ייגאלו (שיבולי הלקט).

הַשְׁכִּיבֵנוּ יהוה אֱלֹהֵינוּ לְשָׁלוֹם
וְהַעֲמִידֵנוּ מַלְכֵּנוּ לְחַיִּים
וּפְרֹשׂ עָלֵינוּ סֻכַּת שְׁלוֹמֶךָ
וְתַקְּנֵנוּ בְּעֵצָה טוֹבָה מִלְּפָנֶיךָ
וְהוֹשִׁיעֵנוּ לְמַעַן שְׁמֶךָ.
וְהָגֵן בַּעֲדֵנוּ, וְהָסֵר מֵעָלֵינוּ
אוֹיֵב, דֶּבֶר וְחֶרֶב וְרָעָב וְיָגוֹן
וְהָסֵר שָׂטָן מִלְּפָנֵינוּ וּמֵאַחֲרֵינוּ
וּבְצֵל כְּנָפֶיךָ תַּסְתִּירֵנוּ
כִּי אֵל שׁוֹמְרֵנוּ וּמַצִּילֵנוּ אָתָּה
כִּי אֵל מֶלֶךְ חַנּוּן וְרַחוּם אָתָּה.
◂ וּשְׁמֹר צֵאתֵנוּ וּבוֹאֵנוּ לְחַיִּים וּלְשָׁלוֹם
מֵעַתָּה וְעַד עוֹלָם.
בָּרוּךְ אַתָּה יהוה, שׁוֹמֵר עַמּוֹ יִשְׂרָאֵל לָעַד.

בחו״ל, לאחר ברכת ׳הַשְׁכִּיבֵנוּ׳, נוהגים להוסיף את הפסוקים
׳בָּרוּךְ ה׳ לְעוֹלָם׳ (עמ׳ 844) ואת ברכת ׳יִרְאוּ עֵינֵינוּ׳ (עמ׳ 845);
וברוב הקהילות אין מוסיפים אותם במוצאי שבת.

חצי קדיש

ש״ץ: יִתְגַּדַּל וְיִתְקַדַּשׁ שְׁמֵהּ רַבָּא (קהל: אָמֵן)
בְּעָלְמָא דִּי בְרָא כִרְעוּתֵהּ
וְיַמְלִיךְ מַלְכוּתֵהּ
בְּחַיֵּיכוֹן וּבְיוֹמֵיכוֹן
וּבְחַיֵּי דְכָל בֵּית יִשְׂרָאֵל
בַּעֲגָלָא וּבִזְמַן קָרִיב
וְאִמְרוּ אָמֵן. (קהל: אָמֵן)

קהל וש״ץ: יְהֵא שְׁמֵהּ רַבָּא מְבָרַךְ
לְעָלַם וּלְעָלְמֵי עָלְמַיָּא.

ש״ץ: יִתְבָּרַךְ וְיִשְׁתַּבַּח וְיִתְפָּאַר
וְיִתְרוֹמַם וְיִתְנַשֵּׂא וְיִתְהַדָּר וְיִתְעַלֶּה וְיִתְהַלָּל
שְׁמֵהּ דְּקֻדְשָׁא בְּרִיךְ הוּא (קהל: בְּרִיךְ הוּא)
לְעֵלָּא מִן כָּל בִּרְכָתָא
/בעשרת ימי תשובה: לְעֵלָּא לְעֵלָּא מִכָּל בִּרְכָתָא/
וְשִׁירָתָא, תֻּשְׁבְּחָתָא וְנֶחֱמָתָא
דַּאֲמִירָן בְּעָלְמָא
וְאִמְרוּ אָמֵן. (קהל: אָמֵן)

עמידה

"המתפלל צריך שיכוין בלבו פירוש המלות שמוציא בשפתיו; ויחשוב כאלו שכינה כנגדו ויסיר כל המחשבות הטורדות אותו עד שתשאר מחשבתו וכוונתו זכה בתפלתו" (שו"ע צח, א).

פוסע שלוש פסיעות לפנים, כמי שנכנס לפני המלך. עומד ומתפלל בלחש מכאן ועד 'וּכְשָׁנִים קַדְמֹנִיּוֹת' בעמ' 206.

כורע במקומות המסומנים ב', קד לפנים במילה הבאה וזוקף בשם.

אֲדֹנָי, שְׂפָתַי תִּפְתָּח, וּפִי יַגִּיד תְּהִלָּתֶךָ: תהלים נא

אבות

'בָּרוּךְ אַתָּה יהוה, אֱלֹהֵינוּ וֵאלֹהֵי אֲבוֹתֵינוּ
אֱלֹהֵי אַבְרָהָם, אֱלֹהֵי יִצְחָק, וֵאלֹהֵי יַעֲקֹב
הָאֵל הַגָּדוֹל הַגִּבּוֹר וְהַנּוֹרָא, אֵל עֶלְיוֹן
גּוֹמֵל חֲסָדִים טוֹבִים, וְקוֹנֵה הַכֹּל
וְזוֹכֵר חַסְדֵי אָבוֹת
וּמֵבִיא גוֹאֵל לִבְנֵי בְנֵיהֶם
לְמַעַן שְׁמוֹ בְּאַהֲבָה.

בעשרת ימי תשובה: זָכְרֵנוּ לְחַיִּים, מֶלֶךְ חָפֵץ בַּחַיִּים
וְכָתְבֵנוּ בְּסֵפֶר הַחַיִּים, לְמַעַנְךָ אֱלֹהִים חַיִּים.

מֶלֶךְ עוֹזֵר וּמוֹשִׁיעַ וּמָגֵן.
'בָּרוּךְ אַתָּה יהוה, מָגֵן אַבְרָהָם.

גבורות

אַתָּה גִּבּוֹר לְעוֹלָם, אֲדֹנָי

מְחַיֵּה מֵתִים אַתָּה, רַב לְהוֹשִׁיעַ

אומרים ׳מַשִּׁיב הָרְוּחַ וּמוֹרִיד הַגֶּשֶׁם׳ משמיני עצרת ועד יום טוב ראשון של פסח, ו׳מוֹרִיד הַטָּל׳ מחול המועד פסח ועד הושענא רבה.

בחורף: מַשִּׁיב הָרְוּחַ וּמוֹרִיד הַגֶּשֶׁם

בקיץ: מוֹרִיד הַטָּל

מְכַלְכֵּל חַיִּים בְּחֶסֶד

מְחַיֵּה מֵתִים בְּרַחֲמִים רַבִּים

סוֹמֵךְ נוֹפְלִים, וְרוֹפֵא חוֹלִים, וּמַתִּיר אֲסוּרִים

וּמְקַיֵּם אֱמוּנָתוֹ לִישֵׁנֵי עָפָר.

מִי כָמְוֹךָ, בַּעַל גְּבוּרוֹת

וּמִי דּוֹמֶה לָּךְ

מֶלֶךְ, מֵמִית וּמְחַיֶּה וּמַצְמִיחַ יְשׁוּעָה.

בעשרת ימי תשובה: מִי כָמְוֹךָ אַב הָרַחֲמִים

זוֹכֵר יְצוּרָיו לְחַיִּים בְּרַחֲמִים.

וְנֶאֱמָן אַתָּה לְהַחֲיוֹת מֵתִים.

בָּרוּךְ אַתָּה יהוה, מְחַיֵּה הַמֵּתִים.

קדושת השם

אַתָּה קָדוֹשׁ וְשִׁמְךָ קָדוֹשׁ
וּקְדוֹשִׁים בְּכָל יוֹם יְהַלְלוּךָ סֶּלָה.
בָּרוּךְ אַתָּה יהוה
הָאֵל הַקָּדוֹשׁ./ בעשרת ימי תשובה: הַמֶּלֶךְ הַקָּדוֹשׁ./
אם שכח, חוזר לראש התפילה.

דעת

אַתָּה חוֹנֵן לְאָדָם דַּעַת
וּמְלַמֵּד לֶאֱנוֹשׁ בִּינָה.

במוצאי שבת ובמוצאי יום טוב:

אַתָּה חוֹנַנְתָּנוּ לְמַדַּע תּוֹרָתֶךָ, וַתְּלַמְּדֵנוּ לַעֲשׂוֹת חֻקֵּי רְצוֹנֶךָ, וַתַּבְדֵּל יהוה אֱלֹהֵינוּ בֵּין קֹדֶשׁ לְחֹל, בֵּין אוֹר לְחֹשֶׁךְ, בֵּין יִשְׂרָאֵל לָעַמִּים, בֵּין יוֹם הַשְּׁבִיעִי לְשֵׁשֶׁת יְמֵי הַמַּעֲשֶׂה. אָבִינוּ מַלְכֵּנוּ, הָחֵל עָלֵינוּ הַיָּמִים הַבָּאִים לִקְרָאתֵנוּ לְשָׁלוֹם, חֲשׂוּכִים מִכָּל חֵטְא וּמְנֻקִּים מִכָּל עָוֹן וּמְדֻבָּקִים בְּיִרְאָתֶךָ. וְ

חָנֵּנוּ מֵאִתְּךָ דֵּעָה בִּינָה וְהַשְׂכֵּל.
בָּרוּךְ אַתָּה יהוה, חוֹנֵן הַדָּעַת.

תשובה

הֲשִׁיבֵנוּ אָבִינוּ לְתוֹרָתֶךָ
וְקָרְבֵנוּ מַלְכֵּנוּ לַעֲבוֹדָתֶךָ
וְהַחֲזִירֵנוּ בִּתְשׁוּבָה שְׁלֵמָה לְפָנֶיךָ.
בָּרוּךְ אַתָּה יהוה
הָרוֹצֶה בִּתְשׁוּבָה.

סליחה

נוהגים להכות כנגד הלב במקומות המסומנים ב°.

סְלַח לָנוּ אָבִינוּ כִּי °חָטָאנוּ
מְחַל לָנוּ מַלְכֵּנוּ כִּי °פָשָׁעְנוּ
כִּי מוֹחֵל וְסוֹלֵחַ אָתָּה.
בָּרוּךְ אַתָּה יהוה
חַנּוּן הַמַּרְבֶּה לִסְלֹחַ.

גאולה

רְאֵה בְעָנְיֵנוּ, וְרִיבָה רִיבֵנוּ
וּגְאָלֵנוּ מְהֵרָה לְמַעַן שְׁמֶךָ
כִּי גוֹאֵל חָזָק אָתָּה.
בָּרוּךְ אַתָּה יהוה
גּוֹאֵל יִשְׂרָאֵל.

רפואה

רְפָאֵנוּ יהוה וְנֵרָפֵא

הוֹשִׁיעֵנוּ וְנִוָּשֵׁעָה, כִּי תְהִלָּתֵנוּ אָתָּה

וְהַעֲלֵה רְפוּאָה שְׁלֵמָה לְכָל מַכּוֹתֵינוּ

המתפלל על חולה מוסיף:

יְהִי רָצוֹן מִלְּפָנֶיךָ יהוה אֱלֹהַי וֵאלֹהֵי אֲבוֹתַי,
שֶׁתִּשְׁלַח מְהֵרָה רְפוּאָה שְׁלֵמָה מִן הַשָּׁמַיִם,
רְפוּאַת הַנֶּפֶשׁ וּרְפוּאַת הַגּוּף, לַחוֹלֶה פלוני בֶּן פלונית/
לַחוֹלָה פלונית בַּת פלונית בְּתוֹךְ שְׁאָר חוֹלֵי יִשְׂרָאֵל

כִּי אֵל מֶלֶךְ רוֹפֵא נֶאֱמָן וְרַחֲמָן אָתָּה.

בָּרוּךְ אַתָּה יהוה, רוֹפֵא חוֹלֵי עַמּוֹ יִשְׂרָאֵל.

ברכת השנים

אומרים 'טַל וּמָטָר לִבְרָכָה' אור לז' במרחשוון עד ערב פסח.

בָּרֵךְ עָלֵינוּ יהוה אֱלֹהֵינוּ אֶת הַשָּׁנָה הַזֹּאת

וְאֶת כָּל מִינֵי תְבוּאָתָהּ, לְטוֹבָה

בחורף: וְתֵן טַל וּמָטָר לִבְרָכָה / בקיץ: וְתֵן בְּרָכָה

עַל פְּנֵי הָאֲדָמָה, וְשַׂבְּעֵנוּ מִטּוּבָהּ

וּבָרֵךְ שְׁנָתֵנוּ כַּשָּׁנִים הַטּוֹבוֹת.

בָּרוּךְ אַתָּה יהוה, מְבָרֵךְ הַשָּׁנִים.

קיבוץ גלויות

תְּקַע בְּשׁוֹפָר גָּדוֹל לְחֵרוּתֵנוּ
וְשָׂא נֵס לְקַבֵּץ גָּלֻיּוֹתֵינוּ
וְקַבְּצֵנוּ יַחַד מֵאַרְבַּע כַּנְפוֹת הָאָרֶץ.
בָּרוּךְ אַתָּה יהוה
מְקַבֵּץ נִדְחֵי עַמּוֹ יִשְׂרָאֵל.

השבת המשפט

הָשִׁיבָה שׁוֹפְטֵינוּ כְּבָרִאשׁוֹנָה
וְיוֹעֲצֵינוּ כְּבַתְּחִלָּה
וְהָסֵר מִמֶּנּוּ יָגוֹן וַאֲנָחָה
וּמְלֹךְ עָלֵינוּ אַתָּה יהוה לְבַדְּךָ
בְּחֶסֶד וּבְרַחֲמִים
וְצַדְּקֵנוּ בַּמִּשְׁפָּט.
בָּרוּךְ אַתָּה יהוה
מֶלֶךְ אוֹהֵב צְדָקָה וּמִשְׁפָּט.
/ בעשרת ימי תשובה: הַמֶּלֶךְ הַמִּשְׁפָּט./

ברכת המינים

וְלַמַּלְשִׁינִים אַל תְּהִי תִקְוָה

וְכָל הָרִשְׁעָה כְּרֶגַע תֹּאבֵד

וְכָל אוֹיְבֵי עַמְּךָ מְהֵרָה יִכָּרֵתוּ וְהַזֵּדִים מְהֵרָה

תְעַקֵּר וּתְשַׁבֵּר וּתְמַגֵּר וְתַכְנִיעַ

בִּמְהֵרָה בְיָמֵינוּ.

בָּרוּךְ אַתָּה יהוה, שׁוֹבֵר אוֹיְבִים וּמַכְנִיעַ זֵדִים.

על הצדיקים

עַל הַצַּדִּיקִים וְעַל הַחֲסִידִים

וְעַל זִקְנֵי עַמְּךָ בֵּית יִשְׂרָאֵל

וְעַל פְּלֵיטַת סוֹפְרֵיהֶם

וְעַל גֵּרֵי הַצֶּדֶק, וְעָלֵינוּ

יֶהֱמוּ רַחֲמֶיךָ יהוה אֱלֹהֵינוּ

וְתֵן שָׂכָר טוֹב לְכָל הַבּוֹטְחִים בְּשִׁמְךָ בֶּאֱמֶת

וְשִׂים חֶלְקֵנוּ עִמָּהֶם

וּלְעוֹלָם לֹא נֵבוֹשׁ כִּי בְךָ בָטָחְנוּ.

בָּרוּךְ אַתָּה יהוה, מִשְׁעָן וּמִבְטָח לַצַּדִּיקִים.

בניין ירושלים

וְלִירוּשָׁלַיִם עִירְךָ בְּרַחֲמִים תָּשׁוּב
וְתִשְׁכֹּן בְּתוֹכָהּ כַּאֲשֶׁר דִּבַּרְתָּ
וּבְנֵה אוֹתָהּ בְּקָרוֹב בְּיָמֵינוּ בִּנְיַן עוֹלָם
וְכִסֵּא דָוִד מְהֵרָה לְתוֹכָהּ תָּכִין.
בָּרוּךְ אַתָּה יהוה, בּוֹנֵה יְרוּשָׁלָיִם.

משיח בן דוד

אֶת צֶמַח דָּוִד עַבְדְּךָ מְהֵרָה תַצְמִיחַ
וְקַרְנוֹ תָּרוּם בִּישׁוּעָתֶךָ
כִּי לִישׁוּעָתְךָ קִוִּינוּ כָּל הַיּוֹם.
בָּרוּךְ אַתָּה יהוה, מַצְמִיחַ קֶרֶן יְשׁוּעָה.

שומע תפילה

שְׁמַע קוֹלֵנוּ יהוה אֱלֹהֵינוּ, חוּס וְרַחֵם עָלֵינוּ
וְקַבֵּל בְּרַחֲמִים וּבְרָצוֹן אֶת תְּפִלָּתֵנוּ
כִּי אֵל שׁוֹמֵעַ תְּפִלּוֹת וְתַחֲנוּנִים אָתָּה
וּמִלְּפָנֶיךָ מַלְכֵּנוּ רֵיקָם אַל תְּשִׁיבֵנוּ*
כִּי אַתָּה שׁוֹמֵעַ תְּפִלַּת עַמְּךָ יִשְׂרָאֵל בְּרַחֲמִים.
בָּרוּךְ אַתָּה יהוה, שׁוֹמֵעַ תְּפִלָּה.

*בזמן עצירת גשמים (טור, תקעט):

וַעֲנֵנוּ בּוֹרֵא עוֹלָם בְּמִדַּת הָרַחֲמִים, בּוֹחֵר בְּעַמּוֹ יִשְׂרָאֵל לְהוֹדִיעַ גָּדְלוֹ וְהַדְרַת כְּבוֹדוֹ. שׁוֹמֵעַ תְּפִלָּה, תֵּן טַל וּמָטָר עַל פְּנֵי הָאֲדָמָה, וְתַשְׂבִּיעַ אֶת הָעוֹלָם כֻּלּוֹ מִטּוּבֶךָ, וּמַלֵּא יָדֵינוּ מִבִּרְכוֹתֶיךָ וּמֵעֹשֶׁר מַתְּנַת יָדֶךָ. שְׁמֹר וְהַצֵּל שָׁנָה זוֹ מִכָּל דָּבָר רָע, וּמִכָּל מִינֵי מַשְׁחִית וּמִכָּל מִינֵי פֻרְעָנִיּוֹת, וַעֲשֵׂה לָהּ תִּקְוָה וְאַחֲרִית שָׁלוֹם. חוּס וְרַחֵם עָלֵינוּ וְעַל כָּל תְּבוּאָתֵנוּ וּפֵרוֹתֵינוּ, וּבָרְכֵנוּ בְּגִשְׁמֵי בְרָכָה, וְנִזְכֶּה לְחַיִּים וְשֹׂבַע וְשָׁלוֹם כַּשָּׁנִים הַטּוֹבוֹת. וְהָסֵר מִמֶּנּוּ דֶּבֶר וְחֶרֶב וְרָעָב, וְחַיָּה רָעָה וּשְׁבִי וּבִזָּה, וְיֵצֶר הָרָע וָחֳלָיִים רָעִים וְקָשִׁים וּמְאֹרָעוֹת רָעִים וְקָשִׁים. וּגְזֹר עָלֵינוּ גְּזֵרוֹת טוֹבוֹת מִלְּפָנֶיךָ, וְיִגֹּלּוּ רַחֲמֶיךָ עַל מִדּוֹתֶיךָ, וְתִתְנַהֵג עִם בָּנֶיךָ בְּמִדַּת הָרַחֲמִים, וְקַבֵּל בְּרַחֲמִים וּבְרָצוֹן אֶת תְּפִלָּתֵנוּ. כִּי אַתָּה שׁוֹמֵעַ תְּפִלַּת עַמְּךָ יִשְׂרָאֵל בְּרַחֲמִים. בָּרוּךְ אַתָּה יהוה, שׁוֹמֵעַ תְּפִלָּה.

עבודה

רְצֵה יהוה אֱלֹהֵינוּ בְּעַמְּךָ יִשְׂרָאֵל וּבִתְפִלָּתָם
וְהָשֵׁב אֶת הָעֲבוֹדָה לִדְבִיר בֵּיתֶךָ
וְאִשֵּׁי יִשְׂרָאֵל וּתְפִלָּתָם בְּאַהֲבָה תְקַבֵּל בְּרָצוֹן
וּתְהִי לְרָצוֹן תָּמִיד עֲבוֹדַת יִשְׂרָאֵל עַמֶּךָ.

בראש חודש ובחול המועד:

אֱלֹהֵינוּ וֵאלֹהֵי אֲבוֹתֵינוּ, יַעֲלֶה וְיָבוֹא וְיַגִּיעַ, וְיֵרָאֶה וְיֵרָצֶה וְיִשָּׁמַע, וְיִפָּקֵד וְיִזָּכֵר זִכְרוֹנֵנוּ וּפִקְדוֹנֵנוּ וְזִכְרוֹן אֲבוֹתֵינוּ, וְזִכְרוֹן מָשִׁיחַ בֶּן דָּוִד עַבְדֶּךָ, וְזִכְרוֹן יְרוּשָׁלַיִם עִיר קָדְשֶׁךָ, וְזִכְרוֹן כָּל עַמְּךָ בֵּית יִשְׂרָאֵל, לְפָנֶיךָ, לִפְלֵיטָה לְטוֹבָה, לְחֵן וּלְחֶסֶד וּלְרַחֲמִים, לְחַיִּים וּלְשָׁלוֹם בְּיוֹם

בראש חודש: רֹאשׁ הַחֹדֶשׁ

בפסח: חַג הַמַּצּוֹת / בסוכות: חַג הַסֻּכּוֹת

הַזֶּה. זָכְרֵנוּ יהוה אֱלֹהֵינוּ בּוֹ לְטוֹבָה, וּפָקְדֵנוּ בוֹ לִבְרָכָה, וְהוֹשִׁיעֵנוּ בוֹ לְחַיִּים. וּבִדְבַר יְשׁוּעָה וְרַחֲמִים, חוּס וְחָנֵּנוּ וְרַחֵם עָלֵינוּ וְהוֹשִׁיעֵנוּ, כִּי אֵלֶיךָ עֵינֵינוּ, כִּי אֵל מֶלֶךְ חַנּוּן וְרַחוּם אָתָּה.

וְתֶחֱזֶינָה עֵינֵינוּ בְּשׁוּבְךָ לְצִיּוֹן בְּרַחֲמִים. בָּרוּךְ אַתָּה יהוה, הַמַּחֲזִיר שְׁכִינָתוֹ לְצִיּוֹן.

הודאה

כורע ב׳מודים׳ ואינו זוקף עד אמירת השם.

מוֹדִים אֲנַחְנוּ לָךְ

שָׁאַתָּה הוּא יהוה אֱלֹהֵינוּ וֵאלֹהֵי אֲבוֹתֵינוּ לְעוֹלָם וָעֶד.

צוּר חַיֵּינוּ, מָגֵן יִשְׁעֵנוּ, אַתָּה הוּא לְדוֹר וָדוֹר.
נוֹדֶה לְּךָ וּנְסַפֵּר תְּהִלָּתֶךָ
עַל חַיֵּינוּ הַמְּסוּרִים בְּיָדֶךָ
וְעַל נִשְׁמוֹתֵינוּ הַפְּקוּדוֹת לָךְ
וְעַל נִסֶּיךָ שֶׁבְּכָל יוֹם עִמָּנוּ
וְעַל נִפְלְאוֹתֶיךָ וְטוֹבוֹתֶיךָ
שֶׁבְּכָל עֵת, עֶרֶב וָבֹקֶר וְצָהֳרָיִם.
הַטּוֹב, כִּי לֹא כָלוּ רַחֲמֶיךָ
וְהַמְרַחֵם, כִּי לֹא תַמּוּ חֲסָדֶיךָ
מֵעוֹלָם קִוִּינוּ לָךְ.

בחנוכה:

עַל הַנִּסִּים וְעַל הַפֻּרְקָן וְעַל הַגְּבוּרוֹת וְעַל הַתְּשׁוּעוֹת וְעַל הַמִּלְחָמוֹת שֶׁעָשִׂיתָ לַאֲבוֹתֵינוּ בַּיָּמִים הָהֵם בַּזְּמַן הַזֶּה.

בִּימֵי מַתִּתְיָהוּ בֶּן יוֹחָנָן כֹּהֵן גָּדוֹל חַשְׁמוֹנַאי וּבָנָיו, כְּשֶׁעָמְדָה מַלְכוּת יָוָן הָרְשָׁעָה עַל עַמְּךָ יִשְׂרָאֵל לְהַשְׁכִּיחָם תּוֹרָתֶךָ וּלְהַעֲבִירָם מֵחֻקֵּי רְצוֹנֶךָ, וְאַתָּה בְּרַחֲמֶיךָ הָרַבִּים עָמַדְתָּ לָהֶם בְּעֵת צָרָתָם, רַבְתָּ אֶת רִיבָם, דַּנְתָּ אֶת דִּינָם, נָקַמְתָּ אֶת נִקְמָתָם, מָסַרְתָּ

גִּבּוֹרִים בְּיַד חַלָּשִׁים, וְרַבִּים בְּיַד מְעַטִּים, וּטְמֵאִים בְּיַד טְהוֹרִים, וּרְשָׁעִים בְּיַד צַדִּיקִים, וְזֵדִים בְּיַד עוֹסְקֵי תוֹרָתֶךָ, וּלְךָ עָשִׂיתָ שֵׁם גָּדוֹל וְקָדוֹשׁ בְּעוֹלָמֶךָ, וּלְעַמְּךָ יִשְׂרָאֵל עָשִׂיתָ תְּשׁוּעָה גְדוֹלָה וּפֻרְקָן כְּהַיּוֹם הַזֶּה. וְאַחַר כֵּן בָּאוּ בָנֶיךָ לִדְבִיר בֵּיתֶךָ, וּפִנּוּ אֶת הֵיכָלֶךָ, וְטִהֲרוּ אֶת מִקְדָּשֶׁךָ, וְהִדְלִיקוּ נֵרוֹת בְּחַצְרוֹת קָדְשֶׁךָ, וְקָבְעוּ שְׁמוֹנַת יְמֵי חֲנֻכָּה אֵלּוּ, לְהוֹדוֹת וּלְהַלֵּל לְשִׁמְךָ הַגָּדוֹל.

וממשיך ׳וְעַל כֻּלָּם׳.

בפורים:

עַל הַנִּסִּים וְעַל הַפֻּרְקָן וְעַל הַגְּבוּרוֹת וְעַל הַתְּשׁוּעוֹת וְעַל הַמִּלְחָמוֹת שֶׁעָשִׂיתָ לַאֲבוֹתֵינוּ בַּיָּמִים הָהֵם בַּזְּמַן הַזֶּה.

בִּימֵי מָרְדְּכַי וְאֶסְתֵּר בְּשׁוּשַׁן הַבִּירָה, כְּשֶׁעָמַד עֲלֵיהֶם הָמָן הָרָשָׁע, בִּקֵּשׁ לְהַשְׁמִיד לַהֲרֹג וּלְאַבֵּד אֶת־ אסתר ג
כָּל־הַיְּהוּדִים מִנַּעַר וְעַד־זָקֵן טַף וְנָשִׁים בְּיוֹם אֶחָד, בִּשְׁלוֹשָׁה עָשָׂר לְחֹדֶשׁ שְׁנֵים־עָשָׂר, הוּא־חֹדֶשׁ אֲדָר, וּשְׁלָלָם לָבוֹז: וְאַתָּה בְּרַחֲמֶיךָ הָרַבִּים הֵפַרְתָּ אֶת עֲצָתוֹ, וְקִלְקַלְתָּ אֶת מַחֲשַׁבְתּוֹ, וַהֲשֵׁבוֹתָ לּוֹ גְּמוּלוֹ בְּרֹאשׁוֹ, וְתָלוּ אוֹתוֹ וְאֶת בָּנָיו עַל הָעֵץ.

וממשיך ׳וְעַל כֻּלָּם׳.

וְעַל כֻּלָּם יִתְבָּרַךְ וְיִתְרוֹמַם שִׁמְךָ מַלְכֵּנוּ תָּמִיד לְעוֹלָם וָעֶד.

בעשרת ימי תשובה: וּכְתֹב לְחַיִּים טוֹבִים כָּל בְּנֵי בְרִיתֶךָ.

וְכֹל הַחַיִּים יוֹדוּךָ סֶּלָה
וִיהַלְלוּ אֶת שִׁמְךָ בֶּאֱמֶת
הָאֵל יְשׁוּעָתֵנוּ וְעֶזְרָתֵנוּ סֶלָה.
בָּרוּךְ אַתָּה יהוה
הַטּוֹב שִׁמְךָ וּלְךָ נָאֶה לְהוֹדוֹת.

שלום
שָׁלוֹם רָב עַל יִשְׂרָאֵל עַמְּךָ תָּשִׂים לְעוֹלָם
כִּי אַתָּה הוּא מֶלֶךְ אָדוֹן לְכָל הַשָּׁלוֹם.
וְטוֹב בְּעֵינֶיךָ לְבָרֵךְ אֶת עַמְּךָ יִשְׂרָאֵל
בְּכָל עֵת וּבְכָל שָׁעָה בִּשְׁלוֹמֶךָ.

בעשרת ימי תשובה: בְּסֵפֶר חַיִּים, בְּרָכָה וְשָׁלוֹם, וּפַרְנָסָה טוֹבָה
נִזָּכֵר וְנִכָּתֵב לְפָנֶיךָ
אֲנַחְנוּ וְכָל עַמְּךָ בֵּית יִשְׂרָאֵל
לְחַיִּים טוֹבִים וּלְשָׁלוֹם.

בני חוץ לארץ מסיימים: בָּרוּךְ אַתָּה יהוה, עוֹשֶׂה הַשָּׁלוֹם.

בָּרוּךְ אַתָּה יהוה
הַמְבָרֵךְ אֶת עַמּוֹ יִשְׂרָאֵל בַּשָּׁלוֹם.

יש מוסיפים:

תהלים יט יִהְיוּ לְרָצוֹן אִמְרֵי־פִי וְהֶגְיוֹן לִבִּי לְפָנֶיךָ, יהוה צוּרִי וְגֹאֲלִי:

ברכות יז. אֱלֹהַי

נְצֹר לְשׁוֹנִי מֵרָע וּשְׂפָתַי מִדַּבֵּר מִרְמָה

וְלִמְקַלְלַי נַפְשִׁי תִדֹּם, וְנַפְשִׁי כֶּעָפָר לַכֹּל תִּהְיֶה.

פְּתַח לִבִּי בְּתוֹרָתֶךָ, וּבְמִצְוֹתֶיךָ תִּרְדֹּף נַפְשִׁי.

וְכָל הַחוֹשְׁבִים עָלַי רָעָה

מְהֵרָה הָפֵר עֲצָתָם וְקַלְקֵל מַחֲשַׁבְתָּם.

עֲשֵׂה לְמַעַן שְׁמֶךָ, עֲשֵׂה לְמַעַן יְמִינֶךָ

עֲשֵׂה לְמַעַן קְדֻשָּׁתֶךָ, עֲשֵׂה לְמַעַן תּוֹרָתֶךָ.

תהלים ס לְמַעַן יֵחָלְצוּן יְדִידֶיךָ, הוֹשִׁיעָה יְמִינְךָ וַעֲנֵנִי:

תהלים יט יִהְיוּ לְרָצוֹן אִמְרֵי־פִי וְהֶגְיוֹן לִבִּי לְפָנֶיךָ

יהוה צוּרִי וְגֹאֲלִי:

כורע ופוסע שלוש פסיעות לאחור. קד לשמאל, לימין ולפנים באמירת:

עֹשֶׂה שָׁלוֹם/ בעשרת ימי תשובה: הַשָּׁלוֹם/ בִּמְרוֹמָיו

הוּא יַעֲשֶׂה שָׁלוֹם עָלֵינוּ וְעַל כָּל יִשְׂרָאֵל

וְאִמְרוּ אָמֵן.

יְהִי רָצוֹן מִלְּפָנֶיךָ יהוה אֱלֹהֵינוּ וֵאלֹהֵי אֲבוֹתֵינוּ, שֶׁיִּבָּנֶה בֵּית הַמִּקְדָּשׁ בִּמְהֵרָה בְיָמֵינוּ, וְתֵן חֶלְקֵנוּ בְּתוֹרָתֶךָ, וְשָׁם נַעֲבָדְךָ

מלאכי ג בְּיִרְאָה כִּימֵי עוֹלָם וּכְשָׁנִים קַדְמֹנִיּוֹת. וְעָרְבָה לַיהוה מִנְחַת יְהוּדָה וִירוּשָׁלָםִ כִּימֵי עוֹלָם וּכְשָׁנִים קַדְמֹנִיּוֹת:

במוצאי שבת אומרים חצי קדיש (עמ׳ 544) ואחריו ׳וִיהִי נֹעַם׳ (עמ׳ 545).

בבתי כנסת המתפללים בנוסח ספרד, אומרים אחרי הקדיש השלם את מזמור קכא (עמ׳ 476) קדיש יתום, ׳בָּרְכוּ׳, ׳עָלֵינוּ׳ וקדיש יתום.

קדיש שלם

ש״ץ: יִתְגַּדַּל וְיִתְקַדַּשׁ שְׁמֵהּ רַבָּא (קהל: אָמֵן)
בְּעָלְמָא דִּי בְרָא כִרְעוּתֵהּ, וְיַמְלִיךְ מַלְכוּתֵהּ
בְּחַיֵּיכוֹן וּבְיוֹמֵיכוֹן וּבְחַיֵּי דְכָל בֵּית יִשְׂרָאֵל
בַּעֲגָלָא וּבִזְמַן קָרִיב, וְאִמְרוּ אָמֵן. (קהל: אָמֵן)

קהל וש״ץ: יְהֵא שְׁמֵהּ רַבָּא מְבָרַךְ לְעָלַם וּלְעָלְמֵי עָלְמַיָּא.

ש״ץ: יִתְבָּרַךְ וְיִשְׁתַּבַּח וְיִתְפָּאַר
וְיִתְרוֹמַם וְיִתְנַשֵּׂא וְיִתְהַדָּר וְיִתְעַלֶּה וְיִתְהַלָּל
שְׁמֵהּ דְּקֻדְשָׁא בְּרִיךְ הוּא (קהל: בְּרִיךְ הוּא)
לְעֵלָּא מִן כָּל בִּרְכָתָא
/בעשרת ימי תשובה: לְעֵלָּא לְעֵלָּא מִכָּל בִּרְכָתָא/
וְשִׁירָתָא, תֻּשְׁבְּחָתָא וְנֶחֱמָתָא
דַּאֲמִירָן בְּעָלְמָא, וְאִמְרוּ אָמֵן. (קהל: אָמֵן)

תִּתְקַבַּל צְלוֹתְהוֹן וּבָעוּתְהוֹן דְּכָל יִשְׂרָאֵל
קֳדָם אֲבוּהוֹן דִּי בִשְׁמַיָּא, וְאִמְרוּ אָמֵן. (קהל: אָמֵן)

יְהֵא שְׁלָמָא רַבָּא מִן שְׁמַיָּא, וְחַיִּים
עָלֵינוּ וְעַל כָּל יִשְׂרָאֵל, וְאִמְרוּ אָמֵן. (קהל: אָמֵן)

כורע ופוסע שלוש פסיעות לאחור. קד לשמאל, לימין ולפנים באמירת:

עֹשֶׂה שָׁלוֹם/ בעשרת ימי תשובה: **הַשָּׁלוֹם/ בִּמְרוֹמָיו**
הוּא יַעֲשֶׂה שָׁלוֹם עָלֵינוּ וְעַל כָּל יִשְׂרָאֵל
וְאִמְרוּ אָמֵן. (קהל: **אָמֵן**)

ממוצאי יום טוב ראשון של פסח ועד ערב שבועות סופרים את העומר (עמ׳ 213).

ביום העצמאות ממשיכים ׳שְׁמַע יִשְׂרָאֵל׳ (עמ׳ 745), בתשעה באב קוראים כאן את מגילת איכה, ובפורים את מגילת אסתר (ברכות המגילה עמ׳ 734).

אומרים ׳עָלֵינוּ׳ בעמידה ומשתחווים במקום המסומן ב״.

עָלֵינוּ לְשַׁבֵּחַ לַאֲדוֹן הַכֹּל
לָתֵת גְּדֻלָּה לְיוֹצֵר בְּרֵאשִׁית
שֶׁלֹּא עָשָׂנוּ כְּגוֹיֵי הָאֲרָצוֹת
וְלֹא שָׂמָנוּ כְּמִשְׁפְּחוֹת הָאֲדָמָה
שֶׁלֹּא שָׂם חֶלְקֵנוּ כָּהֶם וְגוֹרָלֵנוּ כְּכָל הֲמוֹנָם.
שֶׁהֵם מִשְׁתַּחֲוִים לְהֶבֶל וָרִיק
וּמִתְפַּלְלִים אֶל אֵל לֹא יוֹשִׁיעַ.
״וַאֲנַחְנוּ כּוֹרְעִים וּמִשְׁתַּחֲוִים וּמוֹדִים
לִפְנֵי מֶלֶךְ מַלְכֵי הַמְּלָכִים, הַקָּדוֹשׁ בָּרוּךְ הוּא
שֶׁהוּא נוֹטֶה שָׁמַיִם וְיוֹסֵד אָרֶץ
וּמוֹשַׁב יְקָרוֹ בַּשָּׁמַיִם מִמַּעַל
וּשְׁכִינַת עֻזּוֹ בְּגָבְהֵי מְרוֹמִים.

הוּא אֱלֹהֵֽינוּ, אֵין עוֹד.
אֱמֶת מַלְכֵּֽנוּ, אֶֽפֶס זוּלָתוֹ, כַּכָּתוּב בְּתוֹרָתוֹ
וְיָדַעְתָּ הַיּוֹם וַהֲשֵׁבֹתָ אֶל־לְבָבֶֽךָ דברים ד
כִּי יהוה הוּא הָאֱלֹהִים
בַּשָּׁמַֽיִם מִמַּֽעַל וְעַל־הָאָֽרֶץ מִתָּֽחַת, אֵין עוֹד:

עַל כֵּן נְקַוֶּה לְּךָ יהוה אֱלֹהֵֽינוּ
לִרְאוֹת מְהֵרָה בְּתִפְאֶֽרֶת עֻזֶּֽךָ
לְהַעֲבִיר גִּלּוּלִים מִן הָאָֽרֶץ
וְהָאֱלִילִים כָּרוֹת יִכָּרֵתוּן
לְתַקֵּן עוֹלָם בְּמַלְכוּת שַׁדַּי.
וְכָל בְּנֵי בָשָׂר יִקְרְאוּ בִשְׁמֶֽךָ
לְהַפְנוֹת אֵלֶֽיךָ כָּל רִשְׁעֵי אָֽרֶץ.
יַכִּירוּ וְיֵדְעוּ כָּל יוֹשְׁבֵי תֵבֵל
כִּי לְךָ תִּכְרַע כָּל בֶּֽרֶךְ, תִּשָּׁבַע כָּל לָשׁוֹן.
לְפָנֶֽיךָ יהוה אֱלֹהֵֽינוּ יִכְרְעוּ וְיִפֹּֽלוּ
וְלִכְבוֹד שִׁמְךָ יְקָר יִתֵּֽנוּ
וִיקַבְּלוּ כֻלָּם אֶת עֹל מַלְכוּתֶֽךָ
וְתִמְלֹךְ עֲלֵיהֶם מְהֵרָה לְעוֹלָם וָעֶד.

כִּי הַמַּלְכוּת שֶׁלְּךָ הִיא
וּלְעוֹלְמֵי עַד תִּמְלֹךְ בְּכָבוֹד
כַּכָּתוּב בְּתוֹרָתֶךָ
שמות טו יהוה יִמְלֹךְ לְעֹלָם וָעֶד:
זכריה יד ◄ וְנֶאֱמַר, וְהָיָה יהוה לְמֶלֶךְ עַל־כָּל־הָאָרֶץ
בַּיּוֹם הַהוּא יִהְיֶה יהוה אֶחָד וּשְׁמוֹ אֶחָד:

יש מוסיפים:

משלי ג אַל־תִּירָא מִפַּחַד פִּתְאֹם וּמִשֹּׁאַת רְשָׁעִים כִּי תָבֹא:
ישעיה ח עֻצוּ עֵצָה וְתֻפָר, דַּבְּרוּ דָבָר וְלֹא יָקוּם, כִּי עִמָּנוּ אֵל:
ישעיה מו וְעַד־זִקְנָה אֲנִי הוּא, וְעַד־שֵׂיבָה אֲנִי אֶסְבֹּל
אֲנִי עָשִׂיתִי וַאֲנִי אֶשָּׂא וַאֲנִי אֶסְבֹּל וַאֲמַלֵּט:

קדיש יתום

אבל: יִתְגַּדַּל וְיִתְקַדַּשׁ שְׁמֵהּ רַבָּא (קהל: אָמֵן)
בְּעָלְמָא דִּי בְרָא כִרְעוּתֵהּ
וְיַמְלִיךְ מַלְכוּתֵהּ
בְּחַיֵּיכוֹן וּבְיוֹמֵיכוֹן וּבְחַיֵּי דְכָל בֵּית יִשְׂרָאֵל
בַּעֲגָלָא וּבִזְמַן קָרִיב, וְאִמְרוּ אָמֵן. (קהל: אָמֵן)

קהל ואבל: יְהֵא שְׁמֵהּ רַבָּא מְבָרַךְ
לְעָלַם וּלְעָלְמֵי עָלְמַיָּא.

אבל: יִתְבָּרַךְ וְיִשְׁתַּבַּח וְיִתְפָּאַר וְיִתְרוֹמַם וְיִתְנַשֵּׂא
וְיִתְהַדָּר וְיִתְעַלֶּה וְיִתְהַלָּל
שְׁמֵהּ דְּקֻדְשָׁא בְּרִיךְ הוּא (קהל: בְּרִיךְ הוּא)
לְעֵלָּא מִן כָּל בִּרְכָתָא
/ בעשרת ימי תשובה: לְעֵלָּא לְעֵלָּא מִכָּל בִּרְכָתָא/
וְשִׁירָתָא, תֻּשְׁבְּחָתָא וְנֶחֱמָתָא
דַּאֲמִירָן בְּעָלְמָא, וְאִמְרוּ אָמֵן. (קהל: אָמֵן)

יְהֵא שְׁלָמָא רַבָּא מִן שְׁמַיָּא, וְחַיִּים
עָלֵינוּ וְעַל כָּל יִשְׂרָאֵל, וְאִמְרוּ אָמֵן. (קהל: אָמֵן)

כורע ופוסע שלוש פסיעות לאחור. קד לשמאל, לימין ולפנים באמירת:
עֹשֶׂה שָׁלוֹם/ בעשרת ימי תשובה: הַשָּׁלוֹם/ בִּמְרוֹמָיו
הוּא יַעֲשֶׂה שָׁלוֹם
עָלֵינוּ וְעַל כָּל יִשְׂרָאֵל, וְאִמְרוּ אָמֵן. (קהל: אָמֵן)

אם יש אדם בקהל שלא שמע 'בָּרְכוּ' לפני התפילה, האומר קדיש מוסיף (ריב"ש):

בָּרְכוּ אֶת יהוה הַמְבֹרָךְ.

והקהל עונה:

בָּרוּךְ יהוה הַמְבֹרָךְ לְעוֹלָם וָעֶד.

בבית האבל אומרים כאן 'לַמְנַצֵּחַ לִבְנֵי־קֹרַח' (עמ' 880), וביום שאין אומרים בו תחנון, 'מִכְתָּם לְדָוִד' (עמ' 881). בחודש אלול אומרים 'לַמְנַצֵּחַ לִבְנֵי־קֹרַח' לאחר 'לְדָוִד ה' אוֹרִי וְיִשְׁעִי'.

ברוב הקהילות נוהגים להוסיף את המזמור ׳לְדָוִד ה׳ אוֹרִי וְיִשְׁעִי׳
מר״ח אלול ועד הושענא רבה.

תהלים כז
לְדָוִד, יהוה אוֹרִי וְיִשְׁעִי, מִמִּי אִירָא, יהוה מָעוֹז־חַיַּי, מִמִּי אֶפְחָד: בִּקְרֹב עָלַי מְרֵעִים לֶאֱכֹל אֶת־בְּשָׂרִי, צָרַי וְאֹיְבַי לִי, הֵמָּה כָשְׁלוּ וְנָפָלוּ: אִם־תַּחֲנֶה עָלַי מַחֲנֶה, לֹא־יִירָא לִבִּי, אִם־תָּקוּם עָלַי מִלְחָמָה, בְּזֹאת אֲנִי בוֹטֵחַ: אַחַת שָׁאַלְתִּי מֵאֵת־יהוה, אוֹתָהּ אֲבַקֵּשׁ, שִׁבְתִּי בְּבֵית־יהוה כָּל־יְמֵי חַיַּי, לַחֲזוֹת בְּנֹעַם־יהוה, וּלְבַקֵּר בְּהֵיכָלוֹ: כִּי יִצְפְּנֵנִי בְּסֻכֹּה בְּיוֹם רָעָה, יַסְתִּרֵנִי בְּסֵתֶר אָהֳלוֹ, בְּצוּר יְרוֹמְמֵנִי: וְעַתָּה יָרוּם רֹאשִׁי עַל אֹיְבַי סְבִיבוֹתַי, וְאֶזְבְּחָה בְאָהֳלוֹ זִבְחֵי תְרוּעָה, אָשִׁירָה וַאֲזַמְּרָה לַיהוה: שְׁמַע־יהוה קוֹלִי אֶקְרָא, וְחָנֵּנִי וַעֲנֵנִי: לְךָ אָמַר לִבִּי בַּקְּשׁוּ פָנָי, אֶת־פָּנֶיךָ יהוה אֲבַקֵּשׁ: אַל־תַּסְתֵּר פָּנֶיךָ מִמֶּנִּי, אַל תַּט־בְּאַף עַבְדֶּךָ, עֶזְרָתִי הָיִיתָ, אַל־תִּטְּשֵׁנִי וְאַל־תַּעַזְבֵנִי, אֱלֹהֵי יִשְׁעִי: כִּי־אָבִי וְאִמִּי עֲזָבוּנִי, וַיהוה יַאַסְפֵנִי: הוֹרֵנִי יהוה דַּרְכֶּךָ, וּנְחֵנִי בְּאֹרַח מִישׁוֹר, לְמַעַן שׁוֹרְרָי: אַל־תִּתְּנֵנִי בְּנֶפֶשׁ צָרָי, כִּי קָמוּ־בִי עֵדֵי־שֶׁקֶר, וִיפֵחַ חָמָס: ‹ לוּלֵא הֶאֱמַנְתִּי לִרְאוֹת בְּטוּב־יהוה בְּאֶרֶץ חַיִּים: קַוֵּה אֶל־יהוה, חֲזַק וְיַאֲמֵץ לִבֶּךָ, וְקַוֵּה אֶל־יהוה:

קדיש יתום (בעמוד הקודם)

סדר ספירת העומר

ממוצאי יום טוב ראשון של פסח ועד ערב שבועות סופרים את העומר.
לפני ספירת העומר יש אומרים (יסוד ושורש העבודה):

לְשֵׁם יִחוּד קֻדְשָׁא בְּרִיךְ הוּא וּשְׁכִינְתֵּהּ בִּדְחִילוּ וּרְחִימוּ לְיַחֵד שֵׁם י״ה בו״ה בְּיִחוּדָא שְׁלִים בְּשֵׁם כָּל יִשְׂרָאֵל.

הִנְנִי מוּכָן וּמְזֻמָּן לְקַיֵּם מִצְוַת עֲשֵׂה שֶׁל סְפִירַת הָעֹמֶר. כְּמוֹ שֶׁכָּתוּב בַּתּוֹרָה, וּסְפַרְתֶּם לָכֶם מִמָּחֳרַת הַשַּׁבָּת, ויקרא כג
מִיּוֹם הֲבִיאֲכֶם אֶת־עֹמֶר הַתְּנוּפָה, שֶׁבַע שַׁבָּתוֹת תְּמִימֹת תִּהְיֶינָה: עַד מִמָּחֳרַת הַשַּׁבָּת הַשְּׁבִיעִת תִּסְפְּרוּ חֲמִשִּׁים יוֹם, וְהִקְרַבְתֶּם מִנְחָה חֲדָשָׁה לַיהוה: וִיהִי תהלים צ
נֹעַם אֲדֹנָי אֱלֹהֵינוּ עָלֵינוּ, וּמַעֲשֵׂה יָדֵינוּ כּוֹנְנָה עָלֵינוּ, וּמַעֲשֵׂה יָדֵינוּ כּוֹנְנֵהוּ:

בָּרוּךְ אַתָּה יהוה אֱלֹהֵינוּ מֶלֶךְ הָעוֹלָם
אֲשֶׁר קִדְּשָׁנוּ בְּמִצְוֹתָיו
וְצִוָּנוּ עַל סְפִירַת הָעֹמֶר.

טז בניסן

1. הַיּוֹם יוֹם אֶחָד בָּעֹמֶר. חסד שבחסד

יז בניסן

2. הַיּוֹם שְׁנֵי יָמִים בָּעֹמֶר. גבורה שבחסד

יח בניסן

3. הַיּוֹם שְׁלֹשָׁה יָמִים בָּעֹמֶר. תפארת שבחסד

יט בניסן

4. הַיּוֹם אַרְבָּעָה יָמִים בָּעֹמֶר. נצח שבחסד

כ בניסן

5. הַיּוֹם חֲמִשָּׁה יָמִים בָּעֹמֶר. הוד שבחסד

כא בניסן

6. הַיּוֹם שִׁשָּׁה יָמִים בָּעֹמֶר. יסוד שבחסד

כב בניסן

7. הַיּוֹם שִׁבְעָה יָמִים
שֶׁהֵם שָׁבוּעַ אֶחָד בָּעֹמֶר. מלכות שבחסד

כג בניסן

8. הַיּוֹם שְׁמוֹנָה יָמִים
שֶׁהֵם שָׁבוּעַ אֶחָד וְיוֹם אֶחָד בָּעֹמֶר. חסד שבגבורה

כד בניסן

9. הַיּוֹם תִּשְׁעָה יָמִים
שֶׁהֵם שָׁבוּעַ אֶחָד וּשְׁנֵי יָמִים בָּעֹמֶר. גבורה שבגבורה

כה בניסן

10. הַיּוֹם עֲשָׂרָה יָמִים
שֶׁהֵם שָׁבוּעַ אֶחָד וּשְׁלֹשָׁה יָמִים בָּעֹמֶר.
תפארת שבגבורה

כו בניסן

11. הַיּוֹם אַחַד עָשָׂר יוֹם
שֶׁהֵם שָׁבוּעַ אֶחָד וְאַרְבָּעָה יָמִים בָּעֹמֶר. נצח שבגבורה

כז בניסן

12. הַיּוֹם שְׁנֵים עָשָׂר יוֹם

שֶׁהֵם שָׁבוּעַ אֶחָד וַחֲמִשָּׁה יָמִים בָּעֹמֶר. הוד שבגבורה

כח בניסן

13. הַיּוֹם שְׁלֹשָׁה עָשָׂר יוֹם

שֶׁהֵם שָׁבוּעַ אֶחָד וְשִׁשָּׁה יָמִים בָּעֹמֶר. יסוד שבגבורה

כט בניסן

14. הַיּוֹם אַרְבָּעָה עָשָׂר יוֹם

שֶׁהֵם שְׁנֵי שָׁבוּעוֹת בָּעֹמֶר. מלכות שבגבורה

ל בניסן, א׳ דראש חודש

15. הַיּוֹם חֲמִשָּׁה עָשָׂר יוֹם

שֶׁהֵם שְׁנֵי שָׁבוּעוֹת וְיוֹם אֶחָד בָּעֹמֶר. חסד שבתפארת

א באייר, ב׳ דראש חודש

16. הַיּוֹם שִׁשָּׁה עָשָׂר יוֹם

שֶׁהֵם שְׁנֵי שָׁבוּעוֹת וּשְׁנֵי יָמִים בָּעֹמֶר. גבורה שבתפארת

ב באייר

17. הַיּוֹם שִׁבְעָה עָשָׂר יוֹם

שֶׁהֵם שְׁנֵי שָׁבוּעוֹת וּשְׁלֹשָׁה יָמִים בָּעֹמֶר.

תפארת שבתפארת

ג באייר

18. הַיּוֹם שְׁמוֹנָה עָשָׂר יוֹם

שֶׁהֵם שְׁנֵי שָׁבוּעוֹת וְאַרְבָּעָה יָמִים בָּעֹמֶר. נצח שבתפארת

ד באייר

19. הַיּוֹם תִּשְׁעָה עָשָׂר יוֹם

שֶׁהֵם שְׁנֵי שָׁבוּעוֹת וַחֲמִשָּׁה יָמִים בָּעֹמֶר. הוד שבתפארת

ה באייר, יום העצמאות

20. הַיּוֹם עֶשְׂרִים יוֹם

שֶׁהֵם שְׁנֵי שָׁבוּעוֹת וְשִׁשָּׁה יָמִים בָּעֹמֶר. יסוד שבתפארת

ו באייר

21. הַיּוֹם אֶחָד וְעֶשְׂרִים יוֹם

שֶׁהֵם שְׁלשָׁה שָׁבוּעוֹת בָּעֹמֶר. מלכות שבתפארת

ז באייר

22. הַיּוֹם שְׁנַיִם וְעֶשְׂרִים יוֹם

שֶׁהֵם שְׁלשָׁה שָׁבוּעוֹת וְיוֹם אֶחָד בָּעֹמֶר. חסד שבנצח

ח באייר

23. הַיּוֹם שְׁלשָׁה וְעֶשְׂרִים יוֹם

שֶׁהֵם שְׁלשָׁה שָׁבוּעוֹת וּשְׁנֵי יָמִים בָּעֹמֶר. גבורה שבנצח

ט באייר

24. הַיּוֹם אַרְבָּעָה וְעֶשְׂרִים יוֹם

שֶׁהֵם שְׁלשָׁה שָׁבוּעוֹת וּשְׁלשָׁה יָמִים בָּעֹמֶר.

תפארת שבנצח

י באייר

25. הַיּוֹם חֲמִשָּׁה וְעֶשְׂרִים יוֹם

שֶׁהֵם שְׁלשָׁה שָׁבוּעוֹת וְאַרְבָּעָה יָמִים בָּעֹמֶר.

נצח שבנצח

יא באייר

26. הַיּוֹם שִׁשָּׁה וְעֶשְׂרִים יוֹם
שֶׁהֵם שְׁלֹשָׁה שָׁבוּעוֹת וַחֲמִשָּׁה יָמִים בָּעֹמֶר.

הוד שבנצח

יב באייר

27. הַיּוֹם שִׁבְעָה וְעֶשְׂרִים יוֹם
שֶׁהֵם שְׁלֹשָׁה שָׁבוּעוֹת וְשִׁשָּׁה יָמִים בָּעֹמֶר. יסוד שבנצח

יג באייר

28. הַיּוֹם שְׁמוֹנָה וְעֶשְׂרִים יוֹם
שֶׁהֵם אַרְבָּעָה שָׁבוּעוֹת בָּעֹמֶר. מלכות שבנצח

יד באייר, פסח שני

29. הַיּוֹם תִּשְׁעָה וְעֶשְׂרִים יוֹם
שֶׁהֵם אַרְבָּעָה שָׁבוּעוֹת וְיוֹם אֶחָד בָּעֹמֶר. חסד שבהוד

טו באייר

30. הַיּוֹם שְׁלֹשִׁים יוֹם
שֶׁהֵם אַרְבָּעָה שָׁבוּעוֹת וּשְׁנֵי יָמִים בָּעֹמֶר. גבורה שבהוד

טז באייר

31. הַיּוֹם אֶחָד וּשְׁלֹשִׁים יוֹם
שֶׁהֵם אַרְבָּעָה שָׁבוּעוֹת וּשְׁלֹשָׁה יָמִים בָּעֹמֶר.

תפארת שבהוד

יז באייר

32. הַיּוֹם שְׁנַיִם וּשְׁלֹשִׁים יוֹם
שֶׁהֵם אַרְבָּעָה שָׁבוּעוֹת וְאַרְבָּעָה יָמִים בָּעֹמֶר.

נצח שבהוד

יח באייר, לג בעומר

33. הַיּוֹם שְׁלֹשָׁה וּשְׁלֹשִׁים יוֹם
שֶׁהֵם אַרְבָּעָה שָׁבוּעוֹת וַחֲמִשָּׁה יָמִים בָּעֹמֶר.

הוד שבהוד

יט באייר

34. הַיּוֹם אַרְבָּעָה וּשְׁלֹשִׁים יוֹם
שֶׁהֵם אַרְבָּעָה שָׁבוּעוֹת וְשִׁשָּׁה יָמִים בָּעֹמֶר.

יסוד שבהוד

כ באייר

35. הַיּוֹם חֲמִשָּׁה וּשְׁלֹשִׁים יוֹם
שֶׁהֵם חֲמִשָּׁה שָׁבוּעוֹת בָּעֹמֶר. מלכות שבהוד

כא באייר

36. הַיּוֹם שִׁשָּׁה וּשְׁלֹשִׁים יוֹם
שֶׁהֵם חֲמִשָּׁה שָׁבוּעוֹת וְיוֹם אֶחָד בָּעֹמֶר. חסד שביסוד

כב באייר

37. הַיּוֹם שִׁבְעָה וּשְׁלֹשִׁים יוֹם
שֶׁהֵם חֲמִשָּׁה שָׁבוּעוֹת וּשְׁנֵי יָמִים בָּעֹמֶר. גבורה שביסוד

כג באייר

38. הַיּוֹם שְׁמוֹנָה וּשְׁלֹשִׁים יוֹם
שֶׁהֵם חֲמִשָּׁה שָׁבוּעוֹת וּשְׁלֹשָׁה יָמִים בָּעֹמֶר.

תפארת שביסוד

כד באייר

39. הַיּוֹם תִּשְׁעָה וּשְׁלֹשִׁים יוֹם
שֶׁהֵם חֲמִשָּׁה שָׁבוּעוֹת וְאַרְבָּעָה יָמִים בָּעֹמֶר.

נצח שביסוד

כה באייר

40. הַיּוֹם אַרְבָּעִים יוֹם
שֶׁהֵם חֲמִשָּׁה שָׁבוּעוֹת וַחֲמִשָּׁה יָמִים בָּעֹמֶר.

הוד שביסוד

כו באייר

41. הַיּוֹם אֶחָד וְאַרְבָּעִים יוֹם
שֶׁהֵם חֲמִשָּׁה שָׁבוּעוֹת וְשִׁשָּׁה יָמִים בָּעֹמֶר.

יסוד שביסוד

כז באייר

42. הַיּוֹם שְׁנַיִם וְאַרְבָּעִים יוֹם
שֶׁהֵם שִׁשָּׁה שָׁבוּעוֹת בָּעֹמֶר. מלכות שביסוד

כח באייר, יום ירושלים

43. הַיּוֹם שְׁלֹשָׁה וְאַרְבָּעִים יוֹם
שֶׁהֵם שִׁשָּׁה שָׁבוּעוֹת וְיוֹם אֶחָד בָּעֹמֶר. חסד שבמלכות

כט באייר

44. הַיּוֹם אַרְבָּעָה וְאַרְבָּעִים יוֹם
שֶׁהֵם שִׁשָּׁה שָׁבוּעוֹת וּשְׁנֵי יָמִים בָּעֹמֶר. גבורה שבמלכות

א בסיון, ראש חודש

45. הַיּוֹם חֲמִשָּׁה וְאַרְבָּעִים יוֹם
שֶׁהֵם שִׁשָּׁה שָׁבוּעוֹת וּשְׁלֹשָׁה יָמִים בָּעֹמֶר.

תפארת שבמלכות

ב בסיון

46. הַיּוֹם שִׁשָּׁה וְאַרְבָּעִים יוֹם
שֶׁהֵם שִׁשָּׁה שָׁבוּעוֹת וְאַרְבָּעָה יָמִים בָּעֹמֶר.

נצח שבמלכות

ג בסיון

47. הַיּוֹם שִׁבְעָה וְאַרְבָּעִים יוֹם
שֶׁהֵם שִׁשָּׁה שָׁבוּעוֹת וַחֲמִשָּׁה יָמִים בָּעֹמֶר.

הוד שבמלכות

ד בסיון

48. הַיּוֹם שְׁמוֹנָה וְאַרְבָּעִים יוֹם
שֶׁהֵם שִׁשָּׁה שָׁבוּעוֹת וְשִׁשָּׁה יָמִים בָּעֹמֶר.

יסוד שבמלכות

ה בסיון, ערב שבועות

49. הַיּוֹם תִּשְׁעָה וְאַרְבָּעִים יוֹם
שֶׁהֵם שִׁבְעָה שָׁבוּעוֹת בָּעֹמֶר. מלכות שבמלכות

הָרַחֲמָן הוּא יַחֲזִיר לָנוּ עֲבוֹדַת בֵּית הַמִּקְדָּשׁ
לִמְקוֹמָהּ בִּמְהֵרָה בְיָמֵינוּ
אָמֵן סֶלָה.

יש מוסיפים (על פי סידור בעל ה'תניא'):

תהלים סז
לַמְנַצֵּחַ בִּנְגִינֹת, מִזְמוֹר שִׁיר: אֱלֹהִים יְחָנֵּנוּ וִיבָרְכֵנוּ, יָאֵר פָּנָיו אִתָּנוּ סֶלָה: לָדַעַת בָּאָרֶץ דַּרְכֶּךָ, בְּכָל־גּוֹיִם יְשׁוּעָתֶךָ: יוֹדוּךָ עַמִּים אֱלֹהִים, יוֹדוּךָ עַמִּים כֻּלָּם: יִשְׂמְחוּ וִירַנְּנוּ לְאֻמִּים, כִּי־תִשְׁפֹּט עַמִּים מִישֹׁר, וּלְאֻמִּים בָּאָרֶץ תַּנְחֵם סֶלָה: יוֹדוּךָ עַמִּים אֱלֹהִים, יוֹדוּךָ עַמִּים כֻּלָּם: אֶרֶץ נָתְנָה יְבוּלָהּ, יְבָרְכֵנוּ אֱלֹהִים אֱלֹהֵינוּ: יְבָרְכֵנוּ אֱלֹהִים, וְיִירְאוּ אוֹתוֹ כָּל־אַפְסֵי־אָרֶץ:

אָנָּא, בְּכֹחַ גְּדֻלַּת יְמִינְךָ, תַּתִּיר צְרוּרָה.
קַבֵּל רִנַּת עַמְּךָ, שַׂגְּבֵנוּ, טַהֲרֵנוּ, נוֹרָא.
נָא גִבּוֹר, דּוֹרְשֵׁי יִחוּדְךָ כְּבָבַת שָׁמְרֵם.
בָּרְכֵם, טַהֲרֵם, רַחֲמֵם, צִדְקָתְךָ תָּמִיד גָּמְלֵם.
חֲסִין קָדוֹשׁ, בְּרֹב טוּבְךָ נַהֵל עֲדָתֶךָ.
יָחִיד גֵּאֶה, לְעַמְּךָ פְּנֵה, זוֹכְרֵי קְדֻשָּׁתֶךָ.
שַׁוְעָתֵנוּ קַבֵּל וּשְׁמַע צַעֲקָתֵנוּ, יוֹדֵעַ תַּעֲלוּמוֹת.
בָּרוּךְ שֵׁם כְּבוֹד מַלְכוּתוֹ לְעוֹלָם וָעֶד.

רִבּוֹנוֹ שֶׁל עוֹלָם, אַתָּה צִוִּיתָנוּ עַל יְדֵי מֹשֶׁה עַבְדְּךָ לִסְפֹּר סְפִירַת הָעֹמֶר, כְּדֵי לְטַהֲרֵנוּ מִקְּלִפּוֹתֵינוּ וּמִטֻּמְאוֹתֵינוּ. כְּמוֹ שֶׁכָּתַבְתָּ בְּתוֹרָתֶךָ: וּסְפַרְתֶּם לָכֶם מִמָּחֳרַת הַשַּׁבָּת, (ויקרא כג) מִיּוֹם הֲבִיאֲכֶם אֶת־עֹמֶר הַתְּנוּפָה, שֶׁבַע שַׁבָּתוֹת תְּמִימֹת תִּהְיֶינָה: עַד מִמָּחֳרַת הַשַּׁבָּת הַשְּׁבִיעִת תִּסְפְּרוּ חֲמִשִּׁים יוֹם: כְּדֵי שֶׁיִּטָּהֲרוּ נַפְשׁוֹת עַמְּךָ יִשְׂרָאֵל מִזֻּהֲמָתָם. וּבְכֵן יְהִי רָצוֹן מִלְּפָנֶיךָ יהוה אֱלֹהֵינוּ וֵאלֹהֵי אֲבוֹתֵינוּ, שֶׁבִּזְכוּת סְפִירַת הָעֹמֶר שֶׁסָּפַרְתִּי הַיּוֹם, יְתֻקַּן מַה שֶּׁפָּגַמְתִּי בִּסְפִירָה (פלונית השייכת לאותו היום) וְאֶטָּהֵר וְאֶתְקַדֵּשׁ בִּקְדֻשָּׁה שֶׁל מַעְלָה, וְעַל יְדֵי זֶה יֻשְׁפַּע שֶׁפַע רַב בְּכָל הָעוֹלָמוֹת, לְתַקֵּן אֶת נַפְשׁוֹתֵינוּ וְרוּחוֹתֵינוּ וְנִשְׁמוֹתֵינוּ מִכָּל סִיג וּפְגָם, וּלְטַהֲרֵנוּ וּלְקַדְּשֵׁנוּ בִּקְדֻשָּׁתְךָ הָעֶלְיוֹנָה, אָמֵן סֶלָה.

אומרים ׳עָלֵינוּ׳ בעמ׳ 208, ואחריו קדיש יתום בעמ׳ 210.

קריאת שמע שעל המיטה

במגילה כח ע"א מובא שמר זוטרא, לפני שעלה על מיטתו, אמר שהוא סולח לכל מי שפגע בו באותו היום. מקורו של הנוסח שלנו בסידור השל"ה, על פי הרמ"ק.

הֲרֵינִי מוֹחֵל לְכָל מִי שֶׁהִכְעִיס וְהִקְנִיט אוֹתִי
אוֹ שֶׁחָטָא כְּנֶגְדִּי
בֵּין בְּגוּפִי בֵּין בְּמָמוֹנִי בֵּין בִּכְבוֹדִי בֵּין בְּכָל אֲשֶׁר לִי
בֵּין בְּאֹנֶס בֵּין בְּרָצוֹן, בֵּין בְּשׁוֹגֵג בֵּין בְּמֵזִיד
בֵּין בְּדִבּוּר בֵּין בְּמַעֲשֶׂה
וְלֹא יֵעָנֵשׁ שׁוּם אָדָם בְּסִבָּתִי.

בברכות ס ע"ב מובא שיש לברך ברכה זו קודם השינה לאחר קריאת שמע, ובירושלמי ברכות פ"א ה"א מובא שאומרים את הברכה קודם קריאת שמע, וכן פסק הרמב"ם (תפילה פ"ז ה"א וה"ב).

בָּרוּךְ אַתָּה יהוה אֱלֹהֵינוּ מֶלֶךְ הָעוֹלָם
הַמַּפִּיל חֶבְלֵי שֵׁנָה עַל עֵינַי וּתְנוּמָה עַל עַפְעַפָּי.
וִיהִי רָצוֹן מִלְּפָנֶיךָ, יהוה אֱלֹהַי וֵאלֹהֵי אֲבוֹתַי
שֶׁתַּשְׁכִּיבֵנִי לְשָׁלוֹם וְתַעֲמִידֵנִי לְשָׁלוֹם
וְאַל יְבַהֲלוּנִי רַעְיוֹנַי
וַחֲלוֹמוֹת רָעִים וְהִרְהוּרִים רָעִים
וּתְהֵא מִטָּתִי שְׁלֵמָה לְפָנֶיךָ
וְהָאֵר עֵינַי פֶּן אִישַׁן הַמָּוֶת
כִּי אַתָּה הַמֵּאִיר לְאִישׁוֹן בַּת עָיִן.
בָּרוּךְ אַתָּה יהוה, הַמֵּאִיר לָעוֹלָם כֻּלּוֹ בִּכְבוֹדוֹ.

יש נוהגים לומר את כל שלוש הפרשיות (עמ' 186),
ומקדימים באמירת 'אֵל מֶלֶךְ נֶאֱמָן'.

אֵל מֶלֶךְ נֶאֱמָן

מכסה את עיניו בידו ואומר בכוונה:

שְׁמַ֖ע יִשְׂרָאֵ֑ל, יְהֹוָ֥ה אֱלֹהֵ֖ינוּ, יְהֹוָ֥ה ׀ אֶחָֽד׃ דברים ו

בלחש: בָּרוּךְ שֵׁם כְּבוֹד מַלְכוּתוֹ לְעוֹלָם וָעֶד.

וְאָ֣הַבְתָּ֔ אֵ֖ת יְהֹוָ֣ה אֱלֹהֶ֑יךָ, בְּכׇל־לְבָבְךָ֥ וּבְכׇל־ דברים ו
נַפְשְׁךָ֖ וּבְכׇל־מְאֹדֶֽךָ׃ וְהָי֞וּ הַדְּבָרִ֣ים הָאֵ֗לֶּה,
אֲשֶׁ֨ר אָנֹכִ֧י מְצַוְּךָ֛ הַיּ֖וֹם, עַל־לְבָבֶֽךָ׃ וְשִׁנַּנְתָּ֣ם
לְבָנֶ֔יךָ וְדִבַּרְתָּ֖ בָּ֑ם, בְּשִׁבְתְּךָ֤ בְּבֵיתֶ֙ךָ֙ וּבְלֶכְתְּךָ֣
בַדֶּ֔רֶךְ, וּֽבְשׇׁכְבְּךָ֖ וּבְקוּמֶֽךָ׃ וּקְשַׁרְתָּ֥ם לְא֖וֹת
עַל־יָדֶ֑ךָ וְהָי֥וּ לְטֹטָפֹ֖ת בֵּ֥ין עֵינֶֽיךָ׃ וּכְתַבְתָּ֛ם
עַל־מְזֻז֥וֹת בֵּיתֶ֖ךָ וּבִשְׁעָרֶֽיךָ׃

בשבועות טו ע"ב מובא שר' יהושע בן לוי נהג לומר את מזמור צא ואת מזמור ג לפני שנתו.

וִיהִי נֹעַם אֲדֹנָי אֱלֹהֵינוּ עָלֵינוּ וּמַעֲשֵׂה יָדֵינוּ כּוֹנְנָה תהלים צ
עָלֵינוּ וּמַעֲשֵׂה יָדֵינוּ כּוֹנְנֵהוּ:

יֹשֵׁב בְּסֵתֶר עֶלְיוֹן, בְּצֵל שַׁדַּי יִתְלוֹנָן: אֹמַר לַיהוה תהלים צא
מַחְסִי וּמְצוּדָתִי, אֱלֹהַי אֶבְטַח־בּוֹ: כִּי הוּא יַצִּילְךָ
מִפַּח יָקוּשׁ, מִדֶּבֶר הַוּוֹת: בְּאֶבְרָתוֹ יָסֶךְ לָךְ, וְתַחַת־

כְּנָפָיו תֶּחְסֶה, צִנָּה וְסֹחֵרָה אֲמִתּוֹ: לֹא־תִירָא
מִפַּחַד לָיְלָה, מֵחֵץ יָעוּף יוֹמָם: מִדֶּבֶר בָּאֹפֶל יַהֲלֹךְ,
מִקֶּטֶב יָשׁוּד צָהֳרָיִם: יִפֹּל מִצִּדְּךָ אֶלֶף, וּרְבָבָה
מִימִינֶךָ, אֵלֶיךָ לֹא יִגָּשׁ: רַק בְּעֵינֶיךָ תַבִּיט, וְשִׁלֻּמַת
רְשָׁעִים תִּרְאֶה: כִּי־אַתָּה יהוה מַחְסִי, עֶלְיוֹן שַׂמְתָּ
מְעוֹנֶךָ: לֹא־תְאֻנֶּה אֵלֶיךָ רָעָה, וְנֶגַע לֹא־יִקְרַב
בְּאָהֳלֶךָ: כִּי מַלְאָכָיו יְצַוֶּה־לָּךְ, לִשְׁמָרְךָ בְּכָל־
דְּרָכֶיךָ: עַל־כַּפַּיִם יִשָּׂאוּנְךָ, פֶּן־תִּגֹּף בָּאֶבֶן רַגְלֶךָ:
עַל־שַׁחַל וָפֶתֶן תִּדְרֹךְ, תִּרְמֹס כְּפִיר וְתַנִּין: כִּי בִי
חָשַׁק וַאֲפַלְּטֵהוּ, אֲשַׂגְּבֵהוּ כִּי־יָדַע שְׁמִי: יִקְרָאֵנִי
וְאֶעֱנֵהוּ, עִמּוֹ־אָנֹכִי בְצָרָה, אֲחַלְּצֵהוּ וַאֲכַבְּדֵהוּ:
אֹרֶךְ יָמִים אַשְׂבִּיעֵהוּ, וְאַרְאֵהוּ בִּישׁוּעָתִי:
אֹרֶךְ יָמִים אַשְׂבִּיעֵהוּ, וְאַרְאֵהוּ בִּישׁוּעָתִי:

יהוה מָה־רַבּוּ צָרָי, רַבִּים קָמִים עָלָי: רַבִּים אֹמְרִים תהלים ג
לְנַפְשִׁי, אֵין יְשׁוּעָתָה לּוֹ בֵאלֹהִים, סֶלָה: וְאַתָּה
יהוה מָגֵן בַּעֲדִי, כְּבוֹדִי וּמֵרִים רֹאשִׁי: קוֹלִי אֶל־
יהוה אֶקְרָא, וַיַּעֲנֵנִי מֵהַר קָדְשׁוֹ, סֶלָה: אֲנִי שָׁכַבְתִּי
וָאִישָׁנָה, הֱקִיצוֹתִי כִּי יהוה יִסְמְכֵנִי: לֹא־אִירָא
מֵרִבְבוֹת עָם, אֲשֶׁר סָבִיב שָׁתוּ עָלָי: קוּמָה יהוה,

הוֹשִׁיעֵנִי אֱלֹהַי, כִּי־הִכִּיתָ אֶת־כָּל־אֹיְבַי לֶחִי, שִׁנֵּי רְשָׁעִים שִׁבַּרְתָּ: לַיהוה הַיְשׁוּעָה, עַל־עַמְּךָ בִרְכָתֶךָ סֶּלָה:

הרא״ש נהג לומר ׳הַשְׁכִּיבֵנוּ׳ בלא ברכה (מובא בטור, רלט), ובאבודרהם כתוב שיש לאומרו אחרי שני הפרקים מתהלים.

הַשְׁכִּיבֵנוּ, יהוה אֱלֹהֵינוּ, לְשָׁלוֹם. וְהַעֲמִידֵנוּ, מַלְכֵּנוּ, לְחַיִּים. וּפְרֹשׂ עָלֵינוּ סֻכַּת שְׁלוֹמֶךָ, וְתַקְּנֵנוּ בְּעֵצָה טוֹבָה מִלְּפָנֶיךָ, וְהוֹשִׁיעֵנוּ לְמַעַן שְׁמֶךָ. וְהָגֵן בַּעֲדֵנוּ, וְהָסֵר מֵעָלֵינוּ אוֹיֵב, דֶּבֶר וְחֶרֶב וְרָעָב וְיָגוֹן. וְהָסֵר שָׂטָן מִלְּפָנֵינוּ וּמֵאַחֲרֵינוּ, וּבְצֵל כְּנָפֶיךָ תַּסְתִּירֵנוּ, כִּי אֵל שׁוֹמְרֵנוּ וּמַצִּילֵנוּ אָתָּה, כִּי אֵל מֶלֶךְ חַנּוּן וְרַחוּם אָתָּה. וּשְׁמֹר צֵאתֵנוּ וּבוֹאֵנוּ לְחַיִּים וּלְשָׁלוֹם מֵעַתָּה וְעַד עוֹלָם.

בָּרוּךְ יהוה בַּיּוֹם, בָּרוּךְ יהוה בַּלָּיְלָה, בָּרוּךְ יהוה
בְּשָׁכְבֵנוּ, בָּרוּךְ יהוה בְּקוּמֵנוּ. כִּי בְיָדְךָ נַפְשׁוֹת איוב יב
הַחַיִּים וְהַמֵּתִים. אֲשֶׁר בְּיָדוֹ נֶפֶשׁ כָּל־חָי, וְרוּחַ
כָּל־בְּשַׂר־אִישׁ: בְּיָדְךָ אַפְקִיד רוּחִי, פָּדִיתָה אוֹתִי תהלים לא
יהוה אֵל אֱמֶת: אֱלֹהֵינוּ שֶׁבַּשָּׁמַיִם, יַחֵד שִׁמְךָ
וְקַיֵּם מַלְכוּתְךָ תָּמִיד, וּמְלֹךְ עָלֵינוּ לְעוֹלָם וָעֶד.

יִרְאוּ עֵינֵינוּ וְיִשְׂמַח לִבֵּנוּ, וְתָגֵל נַפְשֵׁנוּ בִּישׁוּעָתְךָ בֶּאֱמֶת, בֶּאֱמֹר לְצִיּוֹן מָלַךְ אֱלֹהָיִךְ. יהוה מֶלֶךְ, יהוה מָלָךְ, יהוה יִמְלֹךְ לְעוֹלָם וָעֶד. כִּי הַמַּלְכוּת שֶׁלְּךָ הִיא, וּלְעוֹלְמֵי עַד תִּמְלֹךְ בְּכָבוֹד, כִּי אֵין לָנוּ מֶלֶךְ אֶלָּא אָתָּה.

בראשית מח הַמַּלְאָךְ הַגֹּאֵל אֹתִי מִכָּל־רָע
יְבָרֵךְ אֶת־הַנְּעָרִים
וְיִקָּרֵא בָהֶם שְׁמִי וְשֵׁם אֲבֹתַי אַבְרָהָם וְיִצְחָק
וְיִדְגּוּ לָרֹב בְּקֶרֶב הָאָרֶץ:

שמות טו וַיֹּאמֶר אִם־שָׁמוֹעַ תִּשְׁמַע לְקוֹל יהוה אֱלֹהֶיךָ, וְהַיָּשָׁר בְּעֵינָיו תַּעֲשֶׂה, וְהַאֲזַנְתָּ לְמִצְוֹתָיו וְשָׁמַרְתָּ כָּל־חֻקָּיו, כָּל־הַמַּחֲלָה אֲשֶׁר־שַׂמְתִּי בְמִצְרַיִם לֹא־
זכריה ג אָשִׂים עָלֶיךָ, כִּי אֲנִי יהוה רֹפְאֶךָ: וַיֹּאמֶר יהוה אֶל־הַשָּׂטָן, יִגְעַר יהוה בְּךָ הַשָּׂטָן, וְיִגְעַר יהוה בְּךָ הַבֹּחֵר בִּירוּשָׁלָיִם, הֲלוֹא זֶה אוּד מֻצָּל מֵאֵשׁ: הִנֵּה מִטָּתוֹ שֶׁלִּשְׁלֹמֹה, שִׁשִּׁים גִּבֹּרִים סָבִיב לָהּ,
שיר השירים ג מִגִּבֹּרֵי יִשְׂרָאֵל: כֻּלָּם אֲחֻזֵי חֶרֶב, מְלֻמְּדֵי מִלְחָמָה, אִישׁ חַרְבּוֹ עַל־יְרֵכוֹ מִפַּחַד בַּלֵּילוֹת:

אומר שלוש פעמים (סידור רש״י):

יְבָרֶכְךָ יהוה וְיִשְׁמְרֶךָ: במדבר ו

יָאֵר יהוה פָּנָיו אֵלֶיךָ וִיחֻנֶּךָּ:

יִשָּׂא יהוה פָּנָיו אֵלֶיךָ וְיָשֵׂם לְךָ שָׁלוֹם:

אומר שלוש פעמים:

הִנֵּה לֹא־יָנוּם וְלֹא יִישָׁן שׁוֹמֵר יִשְׂרָאֵל: תהלים קכא

אומר שלוש פעמים:

לִישׁוּעָתְךָ קִוִּיתִי יהוה: בראשית מט

קִוִּיתִי יהוה לִישׁוּעָתְךָ

יהוה לִישׁוּעָתְךָ קִוִּיתִי

אומר שלוש פעמים:

בְּשֵׁם יהוה אֱלֹהֵי יִשְׂרָאֵל

מִימִינִי מִיכָאֵל, וּמִשְּׂמֹאלִי גַּבְרִיאֵל

וּמִלְּפָנַי אוּרִיאֵל, וּמֵאֲחוֹרַי רְפָאֵל

וְעַל רֹאשִׁי שְׁכִינַת אֵל.

נוהגים לומר מזמור זה (מטה משה):

שִׁיר הַמַּעֲלוֹת, אַשְׁרֵי כָּל־יְרֵא יהוה, הַהֹלֵךְ תהלים קכח

בִּדְרָכָיו: יְגִיעַ כַּפֶּיךָ כִּי תֹאכֵל, אַשְׁרֶיךָ וְטוֹב לָךְ:

אֶשְׁתְּךָ כְּגֶפֶן פֹּרִיָּה בְּיַרְכְּתֵי בֵיתֶךָ, בָּנֶיךָ כִּשְׁתִלֵי

זֵיתִים, סָבִיב לְשֻׁלְחָנֶךָ: הִנֵּה כִי־כֵן יְבֹרַךְ גָּבֶר יְרֵא יהוה: יְבָרֶכְךָ יהוה מִצִּיּוֹן, וּרְאֵה בְּטוּב יְרוּשָׁלָםִ, כֹּל יְמֵי חַיֶּיךָ: וּרְאֵה־בָנִים לְבָנֶיךָ, שָׁלוֹם עַל־יִשְׂרָאֵל:

אומר שלוש פעמים:

תהלים ד

רִגְזוּ וְאַל־תֶּחֱטָאוּ
אִמְרוּ בִלְבַבְכֶם עַל־מִשְׁכַּבְכֶם, וְדֹמּוּ סֶלָה:

נוהגים לחתום את היום בפיוט זה,
המסתיים בתיבות ׳בְּיָדוֹ אַפְקִיד רוּחִי׳ (שם):

אֲדוֹן עוֹלָם אֲשֶׁר מָלַךְ בְּטֶרֶם כָּל־יְצִיר נִבְרָא.
לְעֵת נַעֲשָׂה בְחֶפְצוֹ כֹּל אֲזַי מֶלֶךְ שְׁמוֹ נִקְרָא.
וְאַחֲרֵי כִּכְלוֹת הַכֹּל לְבַדּוֹ יִמְלֹךְ נוֹרָא.
וְהוּא הָיָה וְהוּא הֹוֶה וְהוּא יִהְיֶה בְּתִפְאָרָה.
וְהוּא אֶחָד וְאֵין שֵׁנִי לְהַמְשִׁיל לוֹ לְהַחְבִּירָה.
בְּלִי רֵאשִׁית בְּלִי תַכְלִית וְלוֹ הָעֹז וְהַמִּשְׂרָה.
וְהוּא אֵלִי וְחַי גּוֹאֲלִי וְצוּר חֶבְלִי בְּעֵת צָרָה.
וְהוּא נִסִּי וּמָנוֹס לִי מְנָת כּוֹסִי בְּיוֹם אֶקְרָא.
בְּיָדוֹ אַפְקִיד רוּחִי בְּעֵת אִישַׁן וְאָעִירָה.
וְעִם רוּחִי גְּוִיָּתִי יהוה לִי וְלֹא אִירָא.

שבת

ערב שבת ויום טוב

עירוב תחומין

"וּמַדֹּתֶם מִחוּץ לָעִיר אֶת־פְּאַת־קֵדְמָה אַלְפַּיִם בָּאַמָּה... וְהָעִיר בַּתָּוֶךְ, זֶה יִהְיֶה לָהֶם מִגְרְשֵׁי הֶעָרִים" (במדבר לה, ה). מכאן למדו חכמים (עירובין נא ע"א) שלכל מקום יישוב ישנו תחום של אלפיים אמה, ואין לצאת ממנו בשבת וביום טוב. אך אדם יכול להגדיר מקום אחר כמקום שביתתו, וכך לשנות את גבולות התחום שבו הוא רשאי ללכת (רמב"ם, עירובין פ"ו ה"א). פעולה זו נקראת 'עירוב תחומין'.

מניח מזון המספיק לשתי סעודות, במרחק פחות מאלפיים אמה מהמקום שיקבל בו שבת ומהמקום שרוצה להגיע אליו בשבת, ומברך:

בָּרוּךְ אַתָּה יהוה
אֱלֹהֵינוּ מֶלֶךְ הָעוֹלָם
אֲשֶׁר קִדְּשָׁנוּ בְּמִצְוֹתָיו
וְצִוָּנוּ עַל מִצְוַת עֵרוּב.

ואומר:

בארמית: בְּדֵין עֵרוּבָא יְהֵא שְׁרֵא לִי
לְמֵיזַל מֵאַתְרָא הָדֵין
תְּרֵין אַלְפִּין אַמִּין לְכָל רוּחָא.

או בעברית: בְּעֵרוּב זֶה יְהֵא מֻתָּר לִי
לָלֶכֶת מִמָּקוֹם זֶה
אַלְפַּיִם אַמָּה לְכָל רוּחַ.

עירוב חצרות

מדין תורה, בשבת אסור להוציא חפץ מרשות היחיד לרשות הרבים ולהפך או לטלטלו ארבע אמות בתחום רשות הרבים (שבת צו ע״ב). וחכמים אסרו לטלטל גם ברשות היחיד, המשותפת לכמה יהודים, אם לא השתתפו לפני שבת ב׳עירוב חצרות׳ (רמב״ם, עירובין פ״א ה״ב–ה״ו).

במקומות רבים נוהגים שהרב המקומי מערב לכל תושבי השכונה או העיר, ויש שמערערים על המנהג.

במקום שאין בו עירוב תקין, אדם הבקי בהלכות עירובין מערב לכולם ומברך:

בָּרוּךְ אַתָּה יהוה אֱלֹהֵינוּ מֶלֶךְ הָעוֹלָם
אֲשֶׁר קִדְּשָׁנוּ בְּמִצְוֹתָיו וְצִוָּנוּ עַל מִצְוַת עֵרוּב.

ואומר:

בארמית: בְּדֵין עֵרוּבָא יְהֵא שְׁרֵא לַנָא לְטַלְטוּלֵי וּלְאַפּוֹקֵי וּלְעַיּוֹלֵי מִן הַבָּתִּים לֶחָצֵר וּמִן הֶחָצֵר לַבָּתִּים וּמִבַּיִת לְבַיִת לְכָל הַבָּתִּים שֶׁבֶּחָצֵר.

או בעברית: בְּעֵרוּב זֶה יְהֵא מֻתָּר לָנוּ לְטַלְטֵל, לְהַכְנִיס וּלְהוֹצִיא מִן הַבָּתִּים לֶחָצֵר וּמִן הֶחָצֵר לַבָּתִּים וּמִבַּיִת לְבַיִת לְכָל הַבָּתִּים שֶׁבֶּחָצֵר.

בערב יום טוב הסמוך לשבת, מניחים עירובי תבשילין (עמ׳ 611).

הדלקת נרות

בערב שבת:

בָּרוּךְ אַתָּה יהוה אֱלֹהֵינוּ מֶלֶךְ הָעוֹלָם
אֲשֶׁר קִדְּשָׁנוּ בְּמִצְוֹתָיו
וְצִוָּנוּ לְהַדְלִיק נֵר שֶׁל שַׁבָּת.

בערב יום טוב (בשבת יש להוסיף את המילים בסוגריים):

בָּרוּךְ אַתָּה יהוה אֱלֹהֵינוּ מֶלֶךְ הָעוֹלָם
אֲשֶׁר קִדְּשָׁנוּ בְּמִצְוֹתָיו
וְצִוָּנוּ לְהַדְלִיק נֵר שֶׁל (שַׁבָּת וְשֶׁל) יוֹם טוֹב.

ביום הכיפורים (בשבת יש להוסיף את המילים בסוגריים):

בָּרוּךְ אַתָּה יהוה אֱלֹהֵינוּ מֶלֶךְ הָעוֹלָם
אֲשֶׁר קִדְּשָׁנוּ בְּמִצְוֹתָיו
וְצִוָּנוּ לְהַדְלִיק נֵר שֶׁל (שַׁבָּת וְשֶׁל) יוֹם הַכִּפּוּרִים.

ביום טוב (לרבות יום הכיפורים ופרט לשביעי של פסח) מברכים 'שֶׁהֶחֱיָנוּ':

בָּרוּךְ אַתָּה יהוה אֱלֹהֵינוּ מֶלֶךְ הָעוֹלָם
שֶׁהֶחֱיָנוּ וְקִיְּמָנוּ, וְהִגִּיעָנוּ לַזְּמַן הַזֶּה.

תפילה לאישה אחרי שהדליקה נרות:

יְהִי רָצוֹן מִלְּפָנֶיךָ יהוה אֱלֹהַי וֵאלֹהֵי אֲבוֹתַי, שֶׁתְּחוֹנֵן אוֹתִי (אישה נשואה מוסיפה: **וְאֶת אִישִׁי** / אם הוריה חיים: **וְאֶת אָבִי / וְאֶת אִמִּי** / אם יש לה ילדים: **וְאֶת בָּנַי וְאֶת בְּנוֹתַי**) **וְאֶת כָּל קְרוֹבַי, וְתִתֶּן לָנוּ וּלְכָל יִשְׂרָאֵל חַיִּים טוֹבִים וַאֲרֻכִּים, וְתִזְכְּרֵנוּ בְּזִכְרוֹן טוֹבָה וּבְרָכָה, וְתִפְקְדֵנוּ בִּפְקֻדַּת יְשׁוּעָה וְרַחֲמִים, וּתְבָרְכֵנוּ בְּרָכוֹת גְּדוֹלוֹת, וְתַשְׁלִים בָּתֵּינוּ וְתַשְׁכֵּן שְׁכִינָתְךָ בֵּינֵינוּ. וְזַכֵּנִי לְגַדֵּל בָּנִים וּבְנֵי בָנִים חֲכָמִים וּנְבוֹנִים, אוֹהֲבֵי יהוה יִרְאֵי אֱלֹהִים, אַנְשֵׁי אֱמֶת זֶרַע קֹדֶשׁ, בַּיהוה דְּבֵקִים וּמְאִירִים אֶת הָעוֹלָם בַּתּוֹרָה וּבְמַעֲשִׂים טוֹבִים וּבְכָל מְלֶאכֶת עֲבוֹדַת הַבּוֹרֵא. אָנָּא שְׁמַע אֶת תְּחִנָּתִי בָּעֵת הַזֹּאת בִּזְכוּת שָׂרָה וְרִבְקָה וְרָחֵל וְלֵאָה אִמּוֹתֵינוּ, וְהָאֵר נֵרֵנוּ שֶׁלֹּא יִכְבֶּה לְעוֹלָם וָעֶד, וְהָאֵר פָּנֶיךָ וְנִוָּשֵׁעָה. אָמֵן.**

תפילת מנחה לחול בעמ׳ 152.

יש הקוראים את מגילת שיר השירים (בעמ׳ 1061) לאחר מנחה (סידור יעב״ץ), ויש הקוראים אותה לפני מנחה (יוסף אומץ).

ברוב הקהילות נוהגים לשיר ׳יְדִיד נֶפֶשׁ׳ לפני קבלת שבת (סידור ׳קול יעקב׳).

יְדִיד נֶפֶשׁ, אָב הָרַחֲמָן, מְשֹׁךְ עַבְדְּךָ אֶל רְצוֹנֶךָ
יָרוּץ עַבְדְּךָ כְּמוֹ אַיָּל, יִשְׁתַּחֲוֶה מוּל הֲדָרֶךָ
כִּי יֶעֱרַב לוֹ יְדִידוּתֶךָ, מִנֹּפֶת צוּף וְכָל טָעַם.

הָדוּר, נָאֶה, זִיו הָעוֹלָם, נַפְשִׁי חוֹלַת אַהֲבָתֶךָ
אָנָּא, אֵל נָא, רְפָא נָא לָהּ, בְּהַרְאוֹת
לָהּ נֹעַם זִיוֶךָ
אָז תִּתְחַזֵּק וְתִתְרַפֵּא, וְהָיְתָה לָךְ שִׁפְחַת עוֹלָם.

וָתִיק, יֶהֱמוּ רַחֲמֶיךָ, וְחוּס נָא עַל בֵּן אוֹהֲבָךְ
כִּי זֶה כַּמֶּה נִכְסַף נִכְסַפְתִּי לִרְאוֹת בְּתִפְאֶרֶת עֻזָּךְ
אָנָּא, אֵלִי, מַחְמַד לִבִּי, חוּשָׁה נָּא
וְאַל תִּתְעַלָּם.

הִגָּלֵה נָא וּפְרֹשׂ, חָבִיב, עָלַי אֶת סֻכַּת שְׁלוֹמָךְ
תָּאִיר אֶרֶץ מִכְּבוֹדָךְ, נָגִילָה וְנִשְׂמְחָה בָךְ.
מַהֵר, אָהוּב, כִּי בָא מוֹעֵד, וְחָנֵּנִי כִּימֵי עוֹלָם.

קבלת שבת

"רבי ינאי לביש מאניה מעלי שבת (לבש בגדיו בערב שבת),
ואמר: בואי כלה בואי כלה" (שבת קיט ע"א).
המנהג לומר מזמורים אלה לפני ערבית לשבת מיוחס לרמ"ק,
וכבר בימי ה'יוסף אומץ' והשל"ה הוא התחיל להתפשט גם באשכנז,
"ובודאי באלו המזמורים... קולטתן ההתלהבות בלב האדם אל
עושהו בשמחה עצומה מאוד" (יסוד ושורש העבודה).
בשבת שחל בה יום טוב, מוצאי יום טוב או חול המועד,
מתחילים 'מִזְמוֹר שִׁיר לְיוֹם הַשַּׁבָּת' (עמ' 244),
ובבתי כנסת המתפללים בנוסח ספרד, מתחילים 'מִזְמוֹר לְדָוִד' (עמ' 239).

תהלים צה
לְכוּ נְרַנְּנָה לַיהוה, נָרִיעָה לְצוּר יִשְׁעֵנוּ: נְקַדְּמָה פָנָיו בְּתוֹדָה, בִּזְמִרוֹת נָרִיעַ לוֹ: כִּי אֵל גָּדוֹל יהוה, וּמֶלֶךְ גָּדוֹל עַל־כָּל־אֱלֹהִים: אֲשֶׁר בְּיָדוֹ מֶחְקְרֵי־אָרֶץ, וְתוֹעֲפוֹת הָרִים לוֹ: אֲשֶׁר־לוֹ הַיָּם וְהוּא עָשָׂהוּ, וְיַבֶּשֶׁת יָדָיו יָצָרוּ: בֹּאוּ נִשְׁתַּחֲוֶה וְנִכְרָעָה, נִבְרְכָה לִפְנֵי־יהוה עֹשֵׂנוּ: כִּי הוּא אֱלֹהֵינוּ, וַאֲנַחְנוּ עַם מַרְעִיתוֹ וְצֹאן יָדוֹ, הַיּוֹם אִם־בְּקֹלוֹ תִשְׁמָעוּ: אַל־תַּקְשׁוּ לְבַבְכֶם כִּמְרִיבָה, כְּיוֹם מַסָּה בַּמִּדְבָּר: אֲשֶׁר נִסּוּנִי אֲבוֹתֵיכֶם, בְּחָנוּנִי גַּם רָאוּ פָעֳלִי: ◂ אַרְבָּעִים שָׁנָה אָקוּט בְּדוֹר, וָאֹמַר עַם תֹּעֵי לֵבָב הֵם, וְהֵם לֹא־יָדְעוּ דְרָכָי: אֲשֶׁר־נִשְׁבַּעְתִּי בְאַפִּי, אִם־יְבֹאוּן אֶל מְנוּחָתִי:

תהלים צו שִׁירוּ לַיהוה שִׁיר חָדָשׁ, שִׁירוּ לַיהוה כָּל־הָאָרֶץ: שִׁירוּ לַיהוה, בָּרְכוּ שְׁמוֹ, בַּשְּׂרוּ מִיּוֹם־לְיוֹם יְשׁוּעָתוֹ: סַפְּרוּ בַגּוֹיִם כְּבוֹדוֹ, בְּכָל־הָעַמִּים נִפְלְאוֹתָיו: כִּי גָדוֹל יהוה וּמְהֻלָּל מְאֹד, נוֹרָא הוּא עַל־כָּל־אֱלֹהִים: כִּי כָּל־אֱלֹהֵי הָעַמִּים אֱלִילִים, וַיהוה שָׁמַיִם עָשָׂה: הוֹד־וְהָדָר לְפָנָיו, עֹז וְתִפְאֶרֶת בְּמִקְדָּשׁוֹ: הָבוּ לַיהוה מִשְׁפְּחוֹת עַמִּים, הָבוּ לַיהוה כָּבוֹד וָעֹז: הָבוּ לַיהוה כְּבוֹד שְׁמוֹ, שְׂאוּ־מִנְחָה וּבֹאוּ לְחַצְרוֹתָיו: הִשְׁתַּחֲווּ לַיהוה בְּהַדְרַת־קֹדֶשׁ, חִילוּ מִפָּנָיו כָּל־הָאָרֶץ: אִמְרוּ בַגּוֹיִם יהוה מָלָךְ, אַף־תִּכּוֹן תֵּבֵל בַּל־תִּמּוֹט, יָדִין עַמִּים בְּמֵישָׁרִים: ◂ יִשְׂמְחוּ הַשָּׁמַיִם וְתָגֵל הָאָרֶץ, יִרְעַם הַיָּם וּמְלֹאוֹ: יַעֲלֹז שָׂדַי וְכָל־אֲשֶׁר־בּוֹ, אָז יְרַנְּנוּ כָּל־עֲצֵי־יָעַר: לִפְנֵי יהוה כִּי בָא, כִּי בָא לִשְׁפֹּט הָאָרֶץ, יִשְׁפֹּט־תֵּבֵל בְּצֶדֶק, וְעַמִּים בֶּאֱמוּנָתוֹ:

תהלים צז יהוה מָלָךְ תָּגֵל הָאָרֶץ, יִשְׂמְחוּ אִיִּים רַבִּים: עָנָן וַעֲרָפֶל סְבִיבָיו, צֶדֶק וּמִשְׁפָּט מְכוֹן כִּסְאוֹ: אֵשׁ

לְפָנָיו תֵּלֵךְ, וּתְלַהֵט סָבִיב צָרָיו: הֵאִירוּ בְרָקָיו
תֵּבֵל, רָאֲתָה וַתָּחֵל הָאָרֶץ: הָרִים כַּדּוֹנַג נָמַסּוּ
מִלִּפְנֵי יהוה, מִלִּפְנֵי אֲדוֹן כָּל־הָאָרֶץ: הִגִּידוּ
הַשָּׁמַיִם צִדְקוֹ, וְרָאוּ כָל־הָעַמִּים כְּבוֹדוֹ: יֵבֹשׁוּ
כָּל־עֹבְדֵי פֶסֶל הַמִּתְהַלְלִים בָּאֱלִילִים, הִשְׁתַּחֲווּ־
לוֹ כָּל־אֱלֹהִים: שָׁמְעָה וַתִּשְׂמַח צִיּוֹן, וַתָּגֵלְנָה
בְּנוֹת יְהוּדָה, לְמַעַן מִשְׁפָּטֶיךָ יהוה: כִּי־אַתָּה
יהוה עֶלְיוֹן עַל־כָּל־הָאָרֶץ, מְאֹד נַעֲלֵיתָ עַל־כָּל־
אֱלֹהִים: › אֹהֲבֵי יהוה שִׂנְאוּ רָע, שֹׁמֵר נַפְשׁוֹת
חֲסִידָיו, מִיַּד רְשָׁעִים יַצִּילֵם: אוֹר זָרֻעַ לַצַּדִּיק,
וּלְיִשְׁרֵי־לֵב שִׂמְחָה: שִׂמְחוּ צַדִּיקִים בַּיהוה, וְהוֹדוּ
לְזֵכֶר קָדְשׁוֹ:

מִזְמוֹר, שִׁירוּ לַיהוה שִׁיר חָדָשׁ כִּי־נִפְלָאוֹת עָשָׂה, תהלים צח
הוֹשִׁיעָה־לּוֹ יְמִינוֹ וּזְרוֹעַ קָדְשׁוֹ: הוֹדִיעַ יהוה
יְשׁוּעָתוֹ, לְעֵינֵי הַגּוֹיִם גִּלָּה צִדְקָתוֹ: זָכַר חַסְדּוֹ
וֶאֱמוּנָתוֹ לְבֵית יִשְׂרָאֵל, רָאוּ כָל־אַפְסֵי־אָרֶץ
אֵת יְשׁוּעַת אֱלֹהֵינוּ: הָרִיעוּ לַיהוה כָּל־הָאָרֶץ,
פִּצְחוּ וְרַנְּנוּ וְזַמֵּרוּ: זַמְּרוּ לַיהוה בְּכִנּוֹר, בְּכִנּוֹר

וְקוֹל זִמְרָה: בַּחֲצֹצְרוֹת וְקוֹל שׁוֹפָר, הָרִיעוּ לִפְנֵי הַמֶּלֶךְ יהוה: › יִרְעַם הַיָּם וּמְלֹאוֹ, תֵּבֵל וְיֹשְׁבֵי בָהּ: נְהָרוֹת יִמְחֲאוּ־כָף, יַחַד הָרִים יְרַנֵּנוּ: לִפְנֵי יהוה כִּי בָא לִשְׁפֹּט הָאָרֶץ, יִשְׁפֹּט־תֵּבֵל בְּצֶדֶק, וְעַמִּים בְּמֵישָׁרִים:

יהוה מָלָךְ יִרְגְּזוּ עַמִּים, יֹשֵׁב כְּרוּבִים תָּנוּט הָאָרֶץ: תהלים צט
יהוה בְּצִיּוֹן גָּדוֹל, וְרָם הוּא עַל־כָּל־הָעַמִּים: יוֹדוּ שִׁמְךָ גָּדוֹל וְנוֹרָא קָדוֹשׁ הוּא: וְעֹז מֶלֶךְ מִשְׁפָּט אָהֵב, אַתָּה כּוֹנַנְתָּ מֵישָׁרִים, מִשְׁפָּט וּצְדָקָה בְּיַעֲקֹב אַתָּה עָשִׂיתָ: רוֹמְמוּ יהוה אֱלֹהֵינוּ, וְהִשְׁתַּחֲווּ לַהֲדֹם רַגְלָיו, קָדוֹשׁ הוּא: מֹשֶׁה וְאַהֲרֹן בְּכֹהֲנָיו, וּשְׁמוּאֵל בְּקֹרְאֵי שְׁמוֹ, קֹרְאִים אֶל־יהוה וְהוּא יַעֲנֵם: › בְּעַמּוּד עָנָן יְדַבֵּר אֲלֵיהֶם, שָׁמְרוּ עֵדֹתָיו וְחֹק נָתַן־לָמוֹ: יהוה אֱלֹהֵינוּ אַתָּה עֲנִיתָם, אֵל נֹשֵׂא הָיִיתָ לָהֶם, וְנֹקֵם עַל־עֲלִילוֹתָם: רוֹמְמוּ יהוה אֱלֹהֵינוּ, וְהִשְׁתַּחֲווּ לְהַר קָדְשׁוֹ, כִּי־קָדוֹשׁ יהוה אֱלֹהֵינוּ:

חכמים ראו במזמור זה יסוד לתפילה, עד שהגמרא בברכות כח ע״ב
ובראש השנה לב ע״א מבססת עליו את תפילת העמידה.

במזמור מתואר כיצד הבריאה כולה משבחת את ה׳,
ושהקב״ה מסיים את הבריאה ויושב על כיסא כבודו.
משום כך מזמור זה ראוי במיוחד לערב שבת (עיון תפילה),
ונוהגים לעמוד ולאומרו בעת כניסת השבת (הנהגות האר״י).

בבתי כנסת המתפללים בנוסח ספרד, אומרים אותו אפילו
בשבת שחל בה יום טוב, מוצאי יום טוב או חול המועד,
ולאחריו אומרים נוסח מקוצר של ׳לְכָה דוֹדִי׳ (בעמוד הבא),
ובו רק הבתים: ׳שָׁמוֹר׳, ׳לִקְרַאת׳, ׳יָמִין׳ ו׳בּוֹאִי׳.

מִזְמוֹר לְדָוִד, הָבוּ לַיהוה בְּנֵי אֵלִים, הָבוּ לַיהוה תהלים כט
כָּבוֹד וָעֹז: הָבוּ לַיהוה כְּבוֹד שְׁמוֹ, הִשְׁתַּחֲווּ
לַיהוה בְּהַדְרַת־קֹדֶשׁ: קוֹל יהוה עַל־הַמָּיִם, אֵל־
הַכָּבוֹד הִרְעִים, יהוה עַל־מַיִם רַבִּים: קוֹל־יהוה
בַּכֹּחַ, קוֹל יהוה בֶּהָדָר: קוֹל יהוה שֹׁבֵר אֲרָזִים,
וַיְשַׁבֵּר יהוה אֶת־אַרְזֵי הַלְּבָנוֹן: וַיַּרְקִידֵם כְּמוֹ־
עֵגֶל, לְבָנוֹן וְשִׂרְיוֹן כְּמוֹ בֶן־רְאֵמִים: קוֹל־יהוה
חֹצֵב לַהֲבוֹת אֵשׁ: קוֹל יהוה יָחִיל מִדְבָּר, יָחִיל
יהוה מִדְבַּר קָדֵשׁ: ‹ קוֹל יהוה יְחוֹלֵל אַיָּלוֹת
וַיֶּחֱשֹׂף יְעָרוֹת, וּבְהֵיכָלוֹ, כֻּלּוֹ אֹמֵר כָּבוֹד: יהוה
לַמַּבּוּל יָשָׁב, וַיֵּשֶׁב יהוה מֶלֶךְ לְעוֹלָם: יהוה עֹז
לְעַמּוֹ יִתֵּן, יהוה יְבָרֵךְ אֶת־עַמּוֹ בַשָּׁלוֹם:

המקובלים הנהיגו לומר פיוט זה, מכיוון ששבע השורות שבו מקבילות לשבע הפעמים ש׳קול ה׳׳ נזכר במזמור שלמעלה (פרי עץ חיים).

אָנָּא, בְּכֹחַ גְּדֻלַּת יְמִינְךָ, תַּתִּיר צְרוּרָה.
קַבֵּל רִנַּת עַמְּךָ, שַׂגְּבֵנוּ, טַהֲרֵנוּ, נוֹרָא.
נָא גִבּוֹר, דּוֹרְשֵׁי יִחוּדְךָ כְּבָבַת שָׁמְרֵם.
בָּרְכֵם, טַהֲרֵם, רַחֲמֵם, צִדְקָתְךָ תָּמִיד גָּמְלֵם.
חֲסִין קָדוֹשׁ, בְּרֹב טוּבְךָ נַהֵל עֲדָתֶךָ.
יָחִיד גֵּאֶה, לְעַמְּךָ פְּנֵה, זוֹכְרֵי קְדֻשָּׁתֶךָ.
שַׁוְעָתֵנוּ קַבֵּל וּשְׁמַע צַעֲקָתֵנוּ, יוֹדֵעַ תַּעֲלוּמוֹת.
בָּרוּךְ שֵׁם כְּבוֹד מַלְכוּתוֹ לְעוֹלָם וָעֶד.

פיוטי קבלת שבת רבים נכתבו במרוצת הדורות, באחדים מהם נבחרו המילים ׳לְכָה דוֹדִי׳ כקריאה ליציאה לקראת השבת, על פי הפסוק ״לְכָה דוֹדִי נֵצֵא הַשָּׂדֶה״ (שיר השירים ז, יא). היום נוהגים לשיר את פיוטו של ר׳ שלמה אלקבץ ממקובלי צפת (סידור השל״ה).

לְכָה דוֹדִי לִקְרַאת כַּלָּה, פְּנֵי שַׁבָּת נְקַבְּלָה.
לְכָה דוֹדִי לִקְרַאת כַּלָּה, פְּנֵי שַׁבָּת נְקַבְּלָה.

שָׁמוֹר וְזָכוֹר בְּדִבּוּר אֶחָד
הִשְׁמִיעָנוּ אֵל הַמְיֻחָד
יהוה אֶחָד וּשְׁמוֹ אֶחָד
לְשֵׁם וּלְתִפְאֶרֶת וְלִתְהִלָּה.

לְכָה דוֹדִי לִקְרַאת כַּלָּה, פְּנֵי שַׁבָּת נְקַבְּלָה.

לִקְרַאת שַׁבָּת לְכוּ וְנֵלְכָה
כִּי הִיא מְקוֹר הַבְּרָכָה
מֵרֹאשׁ מִקֶּדֶם נְסוּכָה
סוֹף מַעֲשֶׂה בְּמַחֲשָׁבָה תְּחִלָּה.

לְכָה דוֹדִי לִקְרַאת כַּלָּה, פְּנֵי שַׁבָּת נְקַבְּלָה.

מִקְדַּשׁ מֶלֶךְ עִיר מְלוּכָה
קוּמִי צְאִי מִתּוֹךְ הַהֲפֵכָה
רַב לָךְ שֶׁבֶת בְּעֵמֶק הַבָּכָא
וְהוּא יַחֲמֹל עָלַיִךְ חֶמְלָה.

לְכָה דוֹדִי לִקְרַאת כַּלָּה, פְּנֵי שַׁבָּת נְקַבְּלָה.

הִתְנַעֲרִי, מֵעָפָר קוּמִי
לִבְשִׁי בִּגְדֵי תִפְאַרְתֵּךְ עַמִּי
עַל יַד בֶּן יִשַׁי בֵּית הַלַּחְמִי
קָרְבָה אֶל נַפְשִׁי, גְּאָלָהּ.

לְכָה דוֹדִי לִקְרַאת כַּלָּה, פְּנֵי שַׁבָּת נְקַבְּלָה.

הִתְעוֹרְרִי הִתְעוֹרְרִי
כִּי בָא אוֹרֵךְ קוּמִי אוֹרִי
עוּרִי עוּרִי, שִׁיר דַּבֵּרִי
כְּבוֹד יהוה עָלַיִךְ נִגְלָה.

לְכָה דוֹדִי לִקְרַאת כַּלָּה, פְּנֵי שַׁבָּת נְקַבְּלָה.

לֹא תֵבֹשִׁי וְלֹא תִכָּלְמִי
מַה תִּשְׁתּוֹחֲחִי וּמַה תֶּהֱמִי
בָּךְ יֶחֱסוּ עֲנִיֵּי עַמִּי
וְנִבְנְתָה עִיר עַל תִּלָּהּ.

לְכָה דוֹדִי לִקְרַאת כַּלָּה, פְּנֵי שַׁבָּת נְקַבְּלָה.

וְהָיוּ לִמְשִׁסָּה שֹׁאסָיִךְ
וְרָחֲקוּ כָּל מְבַלְּעָיִךְ
יָשִׂישׂ עָלַיִךְ אֱלֹהָיִךְ
כִּמְשׂוֹשׂ חָתָן עַל כַּלָּה.

לְכָה דוֹדִי לִקְרַאת כַּלָּה, פְּנֵי שַׁבָּת נְקַבְּלָה.

יָמִין וּשְׂמֹאל תִּפְרֹצִי
וְאֶת יהוה תַּעֲרִיצִי
עַל יַד אִישׁ בֶּן פַּרְצִי
וְנִשְׂמְחָה וְנָגִילָה.

לְכָה דוֹדִי לִקְרַאת כַּלָּה, פְּנֵי שַׁבָּת נְקַבְּלָה.

הקהל עומד ופונה אל פתח בית הכנסת כדי לקבל
את פני הכלה (משנ״ב רסב, י). באמירת ׳בּוֹאִי כַלָּה׳ הראשון
קד לשמאל ובשני לימין (סידור יעב״ץ בשם אביו).

בּוֹאִי בְשָׁלוֹם עֲטֶרֶת בַּעְלָהּ
גַּם בְּשִׂמְחָה וּבְצָהֳלָה
תּוֹךְ אֱמוּנֵי עַם סְגֻלָּה
בּוֹאִי כַלָּה, בּוֹאִי כַלָּה.

לְכָה דוֹדִי לִקְרַאת כַּלָּה, פְּנֵי שַׁבָּת נְקַבְּלָה.

אם ישנם אבלים הממתינים מחוץ לבית הכנסת, הם נכנסים,
והקהל מנחם אותם (ערוה״ש, יו״ד ת, ה):

הַמָּקוֹם יְנַחֵם אֶתְכֶם
בְּתוֹךְ שְׁאָר אֲבֵלֵי צִיּוֹן וִירוּשָׁלָיִם.

נוהגים לומר מזמור שיר ליום השבת לפני תפילת ערבית (ספר המנהיג).
בערב יום טוב, במוצאי יום טוב ובערב שבת חול המועד מתחילים כאן.

תהלים צב

מִזְמוֹר שִׁיר לְיוֹם הַשַּׁבָּת:
טוֹב לְהֹדוֹת לַיהוה, וּלְזַמֵּר לְשִׁמְךָ עֶלְיוֹן:
לְהַגִּיד בַּבֹּקֶר חַסְדֶּךָ, וֶאֱמוּנָתְךָ בַּלֵּילוֹת:
עֲלֵי־עָשׂוֹר וַעֲלֵי־נָבֶל, עֲלֵי הִגָּיוֹן בְּכִנּוֹר:
כִּי שִׂמַּחְתַּנִי יהוה בְּפָעֳלֶךָ
בְּמַעֲשֵׂי יָדֶיךָ אֲרַנֵּן:
מַה־גָּדְלוּ מַעֲשֶׂיךָ יהוה
מְאֹד עָמְקוּ מַחְשְׁבֹתֶיךָ:
אִישׁ־בַּעַר לֹא יֵדָע
וּכְסִיל לֹא־יָבִין אֶת־זֹאת:
בִּפְרֹחַ רְשָׁעִים כְּמוֹ עֵשֶׂב
וַיָּצִיצוּ כָּל־פֹּעֲלֵי אָוֶן, לְהִשָּׁמְדָם עֲדֵי־עַד:
וְאַתָּה מָרוֹם לְעֹלָם יהוה:
כִּי הִנֵּה אֹיְבֶיךָ יהוה, כִּי־הִנֵּה אֹיְבֶיךָ יֹאבֵדוּ
יִתְפָּרְדוּ כָּל־פֹּעֲלֵי אָוֶן:
וַתָּרֶם כִּרְאֵים קַרְנִי, בַּלֹּתִי בְּשֶׁמֶן רַעֲנָן:

וַתַּבֵּט עֵינִי בְּשׁוּרָי
בַּקָּמִים עָלַי מְרֵעִים תִּשְׁמַעְנָה אָזְנָי:
צַדִּיק כַּתָּמָר יִפְרָח, כְּאֶרֶז בַּלְּבָנוֹן יִשְׂגֶּה:
שְׁתוּלִים בְּבֵית יהוה
בְּחַצְרוֹת אֱלֹהֵינוּ יַפְרִיחוּ:
עוֹד יְנוּבוּן בְּשֵׂיבָה, דְּשֵׁנִים וְרַעֲנַנִּים יִהְיוּ:
לְהַגִּיד כִּי־יָשָׁר יהוה, צוּרִי, וְלֹא־עַוְלָתָה בּוֹ:

תהלים צג
יהוה מָלָךְ, גֵּאוּת לָבֵשׁ
לָבֵשׁ יהוה עֹז הִתְאַזָּר
אַף־תִּכּוֹן תֵּבֵל בַּל־תִּמּוֹט:
נָכוֹן כִּסְאֲךָ מֵאָז, מֵעוֹלָם אָתָּה:
נָשְׂאוּ נְהָרוֹת יהוה, נָשְׂאוּ נְהָרוֹת קוֹלָם
יִשְׂאוּ נְהָרוֹת דָּכְיָם:
מִקֹּלוֹת מַיִם רַבִּים, אַדִּירִים מִשְׁבְּרֵי־יָם
אַדִּיר בַּמָּרוֹם יהוה:
עֵדֹתֶיךָ נֶאֶמְנוּ מְאֹד, לְבֵיתְךָ נַאֲוָה־קֹּדֶשׁ
יהוה לְאֹרֶךְ יָמִים:

קדיש יתום

אבל: יִתְגַּדַּל וְיִתְקַדַּשׁ שְׁמֵהּ רַבָּא (קהל: אָמֵן)
בְּעָלְמָא דִּי בְרָא כִרְעוּתֵהּ, וְיַמְלִיךְ מַלְכוּתֵהּ
בְּחַיֵּיכוֹן וּבְיוֹמֵיכוֹן וּבְחַיֵּי דְכָל בֵּית יִשְׂרָאֵל
בַּעֲגָלָא וּבִזְמַן קָרִיב, וְאִמְרוּ אָמֵן. (קהל: אָמֵן)

קהל ואבל: יְהֵא שְׁמֵהּ רַבָּא מְבָרַךְ לְעָלַם וּלְעָלְמֵי עָלְמַיָּא.

אבל: יִתְבָּרַךְ וְיִשְׁתַּבַּח וְיִתְפָּאַר וְיִתְרוֹמַם וְיִתְנַשֵּׂא
וְיִתְהַדָּר וְיִתְעַלֶּה וְיִתְהַלָּל
שְׁמֵהּ דְּקֻדְשָׁא בְּרִיךְ הוּא (קהל: בְּרִיךְ הוּא)
לְעֵלָּא מִן כָּל בִּרְכָתָא
/בשבת שובה: לְעֵלָּא לְעֵלָּא מִכָּל בִּרְכָתָא/
וְשִׁירָתָא, תֻּשְׁבְּחָתָא וְנֶחֱמָתָא
דַּאֲמִירָן בְּעָלְמָא, וְאִמְרוּ אָמֵן. (קהל: אָמֵן)

יְהֵא שְׁלָמָא רַבָּא מִן שְׁמַיָּא, וְחַיִּים
עָלֵינוּ וְעַל כָּל יִשְׂרָאֵל, וְאִמְרוּ אָמֵן. (קהל: אָמֵן)

כורע ופוסע שלוש פסיעות לאחור. קד לשמאל, לימין ולפנים באמירת:
עֹשֶׂה שָׁלוֹם/ בשבת שובה: הַשָּׁלוֹם/ בִּמְרוֹמָיו
הוּא יַעֲשֶׂה שָׁלוֹם
עָלֵינוּ וְעַל כָּל יִשְׂרָאֵל, וְאִמְרוּ אָמֵן. (קהל: אָמֵן)

ראשוני אשכנז תיקנו לומר את הפרק ׳בַּמֶּה מַדְלִיקִין׳ לאחר תפילת ערבית כדי שמי שאיחר לתפילה או שעדיין מאריך בה, לא יישאר לבדו בבית הכנסת (סידור חסידי אשכנז). האבודרהם כתב שמוטב לאומרה קודם תפילת ערבית שאם ייזכר ששכח להכין לשבת, יספיק לרוץ לביתו ולתקן. האשכנזים בארץ ישראל אימצו מנהג זה (בעקבות הט״ז והגר״א), ובחו״ל עדיין יש קהילות האומרות אותו אחר קדיש שלם (עמ׳ 272).

בקהילות המתפללות בנוסח ספרד, אומרים כאן קטע מהזוהר, המתחיל במילים ׳כְּגַוְנָא דְאִנּוּן׳, ויש האומרים ׳בַּמֶּה מַדְלִיקִין׳ ו׳כְּגַוְנָא׳.

אין אומרים ׳בַּמֶּה מַדְלִיקִין׳ בשבת שחל בה יום טוב, מוצאי יום טוב או חול המועד.

משנה שבת פרק שני

א בַּמֶּה מַדְלִיקִין וּבַמָּה אֵין מַדְלִיקִין. אֵין מַדְלִיקִין לֹא בְלֶכֶשׁ, וְלֹא בְחֹסֶן, וְלֹא בְכַלָּךְ, וְלֹא בִּפְתִילַת הָאִידָן, וְלֹא בִּפְתִילַת הַמִּדְבָּר, וְלֹא בִירוֹקָה שֶׁעַל פְּנֵי הַמָּיִם. וְלֹא בְזֶפֶת וְלֹא בְשַׁעֲוָה וְלֹא בְּשֶׁמֶן קִיק וְלֹא בְּשֶׁמֶן שְׂרֵפָה וְלֹא בְאַלְיָה וְלֹא בְחֵלֶב. נַחוּם הַמָּדִי אוֹמֵר: מַדְלִיקִין בְּחֵלֶב מְבֻשָּׁל, וַחֲכָמִים אוֹמְרִים: אֶחָד מְבֻשָּׁל וְאֶחָד שֶׁאֵינוֹ מְבֻשָּׁל, אֵין מַדְלִיקִין בּוֹ.

ב אֵין מַדְלִיקִין בְּשֶׁמֶן שְׂרֵפָה בְּיוֹם טוֹב. רַבִּי יִשְׁמָעֵאל אוֹמֵר: אֵין מַדְלִיקִין בְּעִטְרָן מִפְּנֵי כְבוֹד הַשַּׁבָּת. וַחֲכָמִים מַתִּירִין בְּכָל הַשְּׁמָנִים, בְּשֶׁמֶן שֻׁמְשְׁמִין, בְּשֶׁמֶן אֱגוֹזִים, בְּשֶׁמֶן צְנוֹנוֹת, בְּשֶׁמֶן דָּגִים, בְּשֶׁמֶן פַּקּוּעוֹת, בְּעִטְרָן וּבְנֵפְט. רַבִּי טַרְפוֹן אוֹמֵר: אֵין מַדְלִיקִין אֶלָּא בְּשֶׁמֶן זַיִת בִּלְבָד.

ג כָּל הַיּוֹצֵא מִן הָעֵץ אֵין מַדְלִיקִין בּוֹ, אֶלָּא פִשְׁתָּן. וְכָל הַיּוֹצֵא מִן הָעֵץ אֵינוֹ מִטַּמֵּא טֻמְאַת אֹהָלִים, אֶלָּא פִשְׁתָּן. פְּתִילַת הַבֶּגֶד שֶׁקִּפְּלָהּ וְלֹא הִבְהֲבָהּ, רַבִּי אֱלִיעֶזֶר אוֹמֵר: טְמֵאָה הִיא, וְאֵין מַדְלִיקִין בָּהּ. רַבִּי עֲקִיבָא אוֹמֵר: טְהוֹרָה הִיא, וּמַדְלִיקִין בָּהּ.

ד לֹא יִקֹּב אָדָם שְׁפוֹפֶרֶת שֶׁל בֵּיצָה וִימַלְאֶנָּה שֶׁמֶן וְיִתְּנֶנָּה עַל פִּי הַנֵּר, בִּשְׁבִיל שֶׁתְּהֵא מְנַטֶּפֶת, וַאֲפִלּוּ הִיא שֶׁל חֶרֶס. וְרַבִּי יְהוּדָה מַתִּיר. אֲבָל אִם חִבְּרָהּ הַיּוֹצֵר מִתְּחִלָּה מֻתָּר, מִפְּנֵי שֶׁהוּא כְּלִי אֶחָד. לֹא יְמַלֵּא אָדָם אֶת הַקְּעָרָה שֶׁמֶן וְיִתְּנֶנָּה בְּצַד הַנֵּר וְיִתֵּן רֹאשׁ הַפְּתִילָה בְּתוֹכָהּ, בִּשְׁבִיל שֶׁתְּהֵא שׁוֹאֶבֶת. וְרַבִּי יְהוּדָה מַתִּיר.

ה הַמְכַבֶּה אֶת הַנֵּר מִפְּנֵי שֶׁהוּא מִתְיָרֵא מִפְּנֵי גוֹיִם, מִפְּנֵי לִסְטִים, מִפְּנֵי רוּחַ רָעָה, אוֹ בִּשְׁבִיל הַחוֹלֶה שֶׁיִּישַׁן, פָּטוּר. כְּחָס עַל הַנֵּר, כְּחָס עַל הַשֶּׁמֶן, כְּחָס עַל הַפְּתִילָה, חַיָּב. רַבִּי יוֹסֵי פּוֹטֵר בְּכֻלָּן חוּץ מִן הַפְּתִילָה, מִפְּנֵי שֶׁהוּא עוֹשָׂהּ פֶּחָם.

ו עַל שָׁלֹשׁ עֲבֵרוֹת נָשִׁים מֵתוֹת בִּשְׁעַת לֵדָתָן, עַל שֶׁאֵינָן זְהִירוֹת בַּנִּדָּה, בְּחַלָּה וּבְהַדְלָקַת הַנֵּר.

ז שְׁלֹשָׁה דְבָרִים צָרִיךְ אָדָם לוֹמַר בְּתוֹךְ בֵּיתוֹ עֶרֶב שַׁבָּת עִם חֲשֵׁכָה: עִשַּׂרְתֶּם, עֵרַבְתֶּם, הַדְלִיקוּ אֶת הַנֵּר. סָפֵק חֲשֵׁכָה סָפֵק אֵינָהּ חֲשֵׁכָה, אֵין מְעַשְּׂרִין אֶת הַוַּדַּאי, וְאֵין מַטְבִּילִין אֶת הַכֵּלִים, וְאֵין מַדְלִיקִין אֶת הַנֵּרוֹת. אֲבָל מְעַשְּׂרִין אֶת הַדְּמַאי, וּמְעָרְבִין וְטוֹמְנִין אֶת הַחַמִּין.

שבת יב. תַּנְיָא, אָמַר רַבִּי חֲנִינָא: חַיָּב אָדָם לְמַשְׁמֵשׁ בִּגְדָיו בְּעֶרֶב שַׁבָּת עִם חֲשֵׁכָה, שֶׁמָּא יִשְׁכַּח וְיֵצֵא. אָמַר רַב יוֹסֵף: הִלְכְתָא רַבְּתָא לְשַׁבְּתָא.

ברכות סד. אָמַר רַבִּי אֶלְעָזָר, אָמַר רַבִּי חֲנִינָא: תַּלְמִידֵי חֲכָמִים
ישעיה נד מַרְבִּים שָׁלוֹם בָּעוֹלָם, שֶׁנֶּאֱמַר: וְכָל־בָּנַיִךְ לִמּוּדֵי יהוה, וְרַב שְׁלוֹם בָּנָיִךְ: אַל תִּקְרֵי בָּנָיִךְ, אֶלָּא בּוֹנָיִךְ.
תהלים קיט שָׁלוֹם רָב לְאֹהֲבֵי תוֹרָתֶךָ, וְאֵין־לָמוֹ מִכְשׁוֹל: יְהִי־
תהלים קכב שָׁלוֹם בְּחֵילֵךְ, שַׁלְוָה בְּאַרְמְנוֹתָיִךְ: לְמַעַן אַחַי וְרֵעָי אֲדַבְּרָה־נָּא שָׁלוֹם בָּךְ: לְמַעַן בֵּית־יהוה אֱלֹהֵינוּ
תהלים כט אֲבַקְשָׁה טוֹב לָךְ: ‹ יהוה עֹז לְעַמּוֹ יִתֵּן, יהוה יְבָרֵךְ אֶת־עַמּוֹ בַשָּׁלוֹם:

קדיש דרבנן

אבל: יִתְגַּדַּל וְיִתְקַדַּשׁ שְׁמֵהּ רַבָּא (קהל: אָמֵן)
בְּעָלְמָא דִּי בְרָא כִרְעוּתֵהּ
וְיַמְלִיךְ מַלְכוּתֵהּ
בְּחַיֵּיכוֹן וּבְיוֹמֵיכוֹן
וּבְחַיֵּי דְכָל בֵּית יִשְׂרָאֵל
בַּעֲגָלָא וּבִזְמַן קָרִיב
וְאִמְרוּ אָמֵן. (קהל: אָמֵן)

קהל ואבל: יְהֵא שְׁמֵהּ רַבָּא מְבָרַךְ
לְעָלַם וּלְעָלְמֵי עָלְמַיָּא.

אבל: יִתְבָּרַךְ וְיִשְׁתַּבַּח וְיִתְפָּאַר וְיִתְרוֹמַם וְיִתְנַשֵּׂא
וְיִתְהַדָּר וְיִתְעַלֶּה וְיִתְהַלָּל
שְׁמֵהּ דְּקֻדְשָׁא בְּרִיךְ הוּא (קהל: בְּרִיךְ הוּא)
לְעֵלָּא מִן כָּל בִּרְכָתָא
/ בשבת שובה: לְעֵלָּא לְעֵלָּא מִכָּל בִּרְכָתָא/
וְשִׁירָתָא, תֻּשְׁבְּחָתָא וְנֶחֱמָתָא
דַּאֲמִירָן בְּעָלְמָא
וְאִמְרוּ אָמֵן. (קהל: אָמֵן)

עַל יִשְׂרָאֵל וְעַל רַבָּנָן
וְעַל תַּלְמִידֵיהוֹן וְעַל כָּל תַּלְמִידֵי תַלְמִידֵיהוֹן
וְעַל כָּל מָאן דְּעָסְקִין בְּאוֹרַיְתָא
דִּי בְּאַתְרָא קַדִּישָׁא הָדֵין
וְדִי בְּכָל אֲתַר וַאֲתַר
יְהֵא לְהוֹן וּלְכוֹן שְׁלָמָא רַבָּא
חִנָּא וְחִסְדָּא, וְרַחֲמֵי, וְחַיֵּי אֲרִיכֵי
וּמְזוֹנֵי רְוִיחֵי
וּפֻרְקָנָא מִן קֳדָם אֲבוּהוֹן דִּי בִשְׁמַיָּא
וְאִמְרוּ אָמֵן. (קהל: אָמֵן)

יְהֵא שְׁלָמָא רַבָּא מִן שְׁמַיָּא
וְחַיִּים (טוֹבִים) עָלֵינוּ וְעַל כָּל יִשְׂרָאֵל
וְאִמְרוּ אָמֵן. (קהל: אָמֵן)

כורע ופוסע שלוש פסיעות לאחור. קד לשמאל, לימין ולפנים באמירת:

עֹשֶׂה שָׁלוֹם/ בשבת שובה: הַשָּׁלוֹם/ בִּמְרוֹמָיו
הוּא יַעֲשֶׂה בְרַחֲמָיו שָׁלוֹם
עָלֵינוּ וְעַל כָּל יִשְׂרָאֵל
וְאִמְרוּ אָמֵן. (קהל: אָמֵן)

ערבית לשבת וליום טוב

״מֵעֶרֶב עַד־עֶרֶב תִּשְׁבְּתוּ שַׁבַּתְּכֶם״ (ויקרא כג, לב).

קריאת שמע וברכותיה

אין אומרים ׳וְהוּא רַחוּם׳ בליל שבת וביום טוב מכיוון שהם פסוקי תחינה, ואין מתחננים בשבת (סידור הרוקח).

שליח הציבור כורע בתיבת ׳בָּרְכוּ׳ וזוקף בשם. הקהל כורע בתיבת ׳בָּרוּךְ׳ וזוקף בשם, ושליח הציבור כורע שוב כאשר הוא חוזר אחריהם.

ש״ץ: **בָּרְכוּ**

אֶת יהוה הַמְבֹרָךְ.

קהל: **בָּרוּךְ יהוה הַמְבֹרָךְ לְעוֹלָם וָעֶד.**

ש״ץ: **בָּרוּךְ יהוה הַמְבֹרָךְ לְעוֹלָם וָעֶד.**

׳בְּחָכְמָה פּוֹתֵחַ שְׁעָרִים׳ – כמו שכתוב (ישעיה כו, ב): ״פִּתְחוּ שְׁעָרִים וְיָבֹא גוֹי־צַדִּיק״ (אבודרהם).

ובניגוד לששת ימי המעשה בשבת השער פתוח, כאמור (יחזקאל מו, א): ״שַׁעַר הֶחָצֵר הַפְּנִימִית הַפֹּנֶה קָדִים יִהְיֶה סָגוּר שֵׁשֶׁת יְמֵי הַמַּעֲשֶׂה, וּבְיוֹם הַשַּׁבָּת יִפָּתֵחַ״ (זוהר, נח עה ע״ב).

בָּרוּךְ אַתָּה יהוה אֱלֹהֵינוּ מֶלֶךְ הָעוֹלָם
אֲשֶׁר בִּדְבָרוֹ מַעֲרִיב עֲרָבִים
בְּחָכְמָה פּוֹתֵחַ שְׁעָרִים
וּבִתְבוּנָה מְשַׁנֶּה עִתִּים וּמַחֲלִיף אֶת הַזְּמַנִּים

וּמְסַדֵּר אֶת הַכּוֹכָבִים בְּמִשְׁמְרוֹתֵיהֶם
בָּרָקִיעַ כִּרְצוֹנוֹ.
בּוֹרֵא יוֹם וָלָיְלָה, גּוֹלֵל אוֹר מִפְּנֵי חֹשֶׁךְ
וְחֹשֶׁךְ מִפְּנֵי אוֹר
‹ וּמַעֲבִיר יוֹם וּמֵבִיא לָיְלָה
וּמַבְדִּיל בֵּין יוֹם וּבֵין לָיְלָה
יהוה צְבָאוֹת שְׁמוֹ.
אֵל חַי וְקַיָּם תָּמִיד, יִמְלֹךְ עָלֵינוּ לְעוֹלָם וָעֶד.
בָּרוּךְ אַתָּה יהוה, הַמַּעֲרִיב עֲרָבִים.

אַהֲבַת עוֹלָם בֵּית יִשְׂרָאֵל עַמְּךָ אָהָבְתָּ
תּוֹרָה וּמִצְוֹת, חֻקִּים וּמִשְׁפָּטִים, אוֹתָנוּ לִמַּדְתָּ
עַל כֵּן יהוה אֱלֹהֵינוּ בְּשָׁכְבֵנוּ וּבְקוּמֵנוּ
נָשִׂיחַ בְּחֻקֶּיךָ
וְנִשְׂמַח בְּדִבְרֵי תוֹרָתֶךָ וּבְמִצְוֹתֶיךָ לְעוֹלָם וָעֶד
‹ כִּי הֵם חַיֵּינוּ וְאֹרֶךְ יָמֵינוּ
וּבָהֶם נֶהְגֶּה יוֹמָם וָלָיְלָה.
וְאַהֲבָתְךָ אַל תָּסִיר מִמֶּנּוּ לְעוֹלָמִים.
בָּרוּךְ אַתָּה יהוה, אוֹהֵב עַמּוֹ יִשְׂרָאֵל.

"יקרא קריאת שמע בכוונה – באימה, ביראה, ברתת וזיע" (שו"ע סא, א).

המתפלל ביחידות אומר:

אֵל מֶלֶךְ נֶאֱמָן

מכסה את עיניו בידו ואומר בכוונה ובקול רם:

שְׁמַע יִשְׂרָאֵל, יהוה אֱלֹהֵינוּ דברים ו
יהוה | אֶחָד:

בלחש: בָּרוּךְ שֵׁם כְּבוֹד מַלְכוּתוֹ לְעוֹלָם וָעֶד.

וְאָהַבְתָּ אֵת יהוה אֱלֹהֶיךָ, בְּכָל־לְבָבְךָ וּבְכָל־ דברים ו
נַפְשְׁךָ וּבְכָל־מְאֹדֶךָ: וְהָיוּ הַדְּבָרִים הָאֵלֶּה,
אֲשֶׁר אָנֹכִי מְצַוְּךָ הַיּוֹם, עַל־לְבָבֶךָ: וְשִׁנַּנְתָּם
לְבָנֶיךָ וְדִבַּרְתָּ בָּם, בְּשִׁבְתְּךָ בְּבֵיתֶךָ וּבְלֶכְתְּךָ
בַדֶּרֶךְ, וּבְשָׁכְבְּךָ וּבְקוּמֶךָ: וּקְשַׁרְתָּם לְאוֹת
עַל־יָדֶךָ וְהָיוּ לְטֹטָפֹת בֵּין עֵינֶיךָ: וּכְתַבְתָּם
עַל־מְזֻזוֹת בֵּיתֶךָ וּבִשְׁעָרֶיךָ:

וְהָיָה אִם־שָׁמֹעַ תִּשְׁמְעוּ אֶל־מִצְוֹתַי אֲשֶׁר דברים יא
אָנֹכִי מְצַוֶּה אֶתְכֶם הַיּוֹם, לְאַהֲבָה אֶת־יהוה
אֱלֹהֵיכֶם וּלְעָבְדוֹ, בְּכָל־לְבַבְכֶם וּבְכָל־נַפְשְׁכֶם:
וְנָתַתִּי מְטַר־אַרְצְכֶם בְּעִתּוֹ, יוֹרֶה וּמַלְקוֹשׁ,

וְאָסַפְתָּ֣ דְגָנֶ֔ךָ וְתִירֹשְׁךָ֖ וְיִצְהָרֶֽךָ׃ וְנָתַתִּ֛י עֵ֥שֶׂב
בְּשָׂדְךָ֖ לִבְהֶמְתֶּ֑ךָ, וְאָכַלְתָּ֖ וְשָׂבָֽעְתָּ׃ הִשָּֽׁמְר֣וּ
לָכֶ֔ם פֶּ֥ן־יִפְתֶּ֖ה לְבַבְכֶ֑ם, וְסַרְתֶּ֗ם וַעֲבַדְתֶּם֙
אֱלֹהִ֣ים אֲחֵרִ֔ים וְהִשְׁתַּחֲוִיתֶ֖ם לָהֶֽם׃ וְחָרָ֨ה
אַף־יְהוָ֜ה בָּכֶ֗ם, וְעָצַ֤ר אֶת־הַשָּׁמַ֙יִם֙ וְלֹא־יִהְיֶ֣ה
מָטָ֔ר, וְהָ֣אֲדָמָ֔ה לֹ֥א תִתֵּ֖ן אֶת־יְבוּלָ֑הּ, וַאֲבַדְתֶּ֣ם
מְהֵרָ֗ה מֵעַל֙ הָאָ֣רֶץ הַטֹּבָ֔ה אֲשֶׁ֥ר יְהוָ֖ה נֹתֵ֥ן
לָכֶֽם׃ וְשַׂמְתֶּם֙ אֶת־דְּבָרַ֣י אֵ֔לֶּה עַל־לְבַבְכֶ֖ם
וְעַֽל־נַפְשְׁכֶ֑ם, וּקְשַׁרְתֶּ֨ם אֹתָ֤ם לְאוֹת֙ עַל־יֶדְכֶ֔ם,
וְהָי֥וּ לְטוֹטָפֹ֖ת בֵּ֥ין עֵינֵיכֶֽם׃ וְלִמַּדְתֶּ֥ם אֹתָ֛ם אֶת־
בְּנֵיכֶ֖ם לְדַבֵּ֣ר בָּ֑ם, בְּשִׁבְתְּךָ֤ בְּבֵיתֶ֙ךָ֙ וּבְלֶכְתְּךָ֣
בַדֶּ֔רֶךְ, וּֽבְשָׁכְבְּךָ֖ וּבְקוּמֶֽךָ׃ וּכְתַבְתָּ֛ם עַל־מְזוּז֥וֹת
בֵּיתֶ֖ךָ וּבִשְׁעָרֶֽיךָ׃ לְמַ֨עַן יִרְבּ֤וּ יְמֵיכֶם֙ וִימֵ֣י בְנֵיכֶ֔ם
עַ֚ל הָאֲדָמָ֔ה אֲשֶׁ֨ר נִשְׁבַּ֧ע יְהוָ֛ה לַאֲבֹתֵיכֶ֖ם לָתֵ֣ת
לָהֶ֑ם, כִּימֵ֥י הַשָּׁמַ֖יִם עַל־הָאָֽרֶץ׃

וַיֹּ֥אמֶר יְהוָ֖ה אֶל־מֹשֶׁ֥ה לֵּאמֹֽר׃ דַּבֵּ֞ר אֶל־בְּנֵ֤י במדבר טו
יִשְׂרָאֵל֙ וְאָמַרְתָּ֣ אֲלֵהֶ֔ם, וְעָשׂ֨וּ לָהֶ֥ם צִיצִ֛ת עַל־
כַּנְפֵ֥י בִגְדֵיהֶ֖ם לְדֹרֹתָ֑ם, וְנָתְנ֛וּ עַל־צִיצִ֥ת הַכָּנָ֖ף

פְּתִיל תְּכֵלֶת: וְהָיָה לָכֶם לְצִיצִת, וּרְאִיתֶם אֹתוֹ
וּזְכַרְתֶּם אֶת־כָּל־מִצְוֺת יהוה וַעֲשִׂיתֶם אֹתָם,
וְלֹא תָתוּרוּ אַחֲרֵי לְבַבְכֶם וְאַחֲרֵי עֵינֵיכֶם,
אֲשֶׁר־אַתֶּם זֹנִים אַחֲרֵיהֶם: לְמַעַן תִּזְכְּרוּ
וַעֲשִׂיתֶם אֶת־כָּל־מִצְוֺתָי, וִהְיִיתֶם קְדֹשִׁים
לֵאלֹהֵיכֶם: אֲנִי יהוה אֱלֹהֵיכֶם, אֲשֶׁר הוֹצֵאתִי
אֶתְכֶם מֵאֶרֶץ מִצְרַיִם, לִהְיוֹת לָכֶם לֵאלֹהִים,
אֲנִי יהוה אֱלֹהֵיכֶם:

אֱמֶת

שליח הציבור חוזר ואומר:

• יהוה אֱלֹהֵיכֶם אֱמֶת

"ברכת אמת ויציב כולה על חסד שעשה עם אבותינו היא, שהוציאם ממצרים ובקע להם הים והעבירם, וברכת אמת ואמונה מדבר בה אף על העתידות, שאנו מצפים שיקיים לנו הבטחתו ואמונתו לגאלנו מיד מלכים ומיד עריצים ולשום נפשנו בחיים, ולהדריכנו על במות אויבינו, כל אלה הנסים התדירים תמיד" (רש"י שם).

וֶאֱמוּנָה כָּל זֹאת וְקַיָּם עָלֵינוּ
כִּי הוּא יהוה אֱלֹהֵינוּ וְאֵין זוּלָתוֹ
וַאֲנַחְנוּ יִשְׂרָאֵל עַמּוֹ.
הַפּוֹדֵנוּ מִיַּד מְלָכִים
מַלְכֵּנוּ הַגּוֹאֲלֵנוּ מִכַּף כָּל הֶעָרִיצִים.

הָאֵל הַנִּפְרָע לָנוּ מִצָּרֵינוּ
וְהַמְשַׁלֵּם גְּמוּל לְכָל אוֹיְבֵי נַפְשֵׁנוּ.
הָעוֹשֶׂה גְדוֹלוֹת עַד אֵין חֵקֶר
וְנִפְלָאוֹת עַד אֵין מִסְפָּר.
תהלים סו הַשָּׂם נַפְשֵׁנוּ בַּחַיִּים
וְלֹא־נָתַן לַמּוֹט רַגְלֵנוּ:
הַמַּדְרִיכֵנוּ עַל בָּמוֹת אוֹיְבֵינוּ
וַיָּרֶם קַרְנֵנוּ עַל כָּל שׂוֹנְאֵינוּ.
הָעוֹשֶׂה לָּנוּ נִסִּים וּנְקָמָה בְּפַרְעֹה
אוֹתוֹת וּמוֹפְתִים בְּאַדְמַת בְּנֵי חָם.
הַמַּכֶּה בְעֶבְרָתוֹ כָּל בְּכוֹרֵי מִצְרָיִם
וַיּוֹצֵא אֶת עַמּוֹ יִשְׂרָאֵל מִתּוֹכָם
לְחֵרוּת עוֹלָם.
הַמַּעֲבִיר בָּנָיו בֵּין גִּזְרֵי יַם סוּף
אֶת רוֹדְפֵיהֶם וְאֶת שׂוֹנְאֵיהֶם
בִּתְהוֹמוֹת טִבַּע
וְרָאוּ בָנָיו גְּבוּרָתוֹ, שִׁבְּחוּ וְהוֹדוּ לִשְׁמוֹ

◂ וּמַלְכוּתוֹ בְּרָצוֹן קִבְּלוּ עֲלֵיהֶם.
מֹשֶׁה וּבְנֵי יִשְׂרָאֵל, לְךָ עָנוּ שִׁירָה
בְּשִׂמְחָה רַבָּה
וְאָמְרוּ כֻלָּם

מִי־כָמֹכָה בָּאֵלִם יהוה שמות טו
מִי כָּמֹכָה נֶאְדָּר בַּקֹּדֶשׁ
נוֹרָא תְהִלֹּת עֹשֵׂה פֶלֶא:

◂ מַלְכוּתְךָ רָאוּ בָנֶיךָ, בּוֹקֵעַ יָם לִפְנֵי מֹשֶׁה
זֶה אֵלִי עָנוּ, וְאָמְרוּ
יהוה יִמְלֹךְ לְעֹלָם וָעֶד: שמות טו
◂ וְנֶאֱמַר
כִּי־פָדָה יהוה אֶת־יַעֲקֹב ירמיה לא
וּגְאָלוֹ מִיַּד חָזָק מִמֶּנּוּ:
בָּרוּךְ אַתָּה יהוה, גָּאַל יִשְׂרָאֵל.

הַשְׁכִּיבֵנוּ יהוה אֱלֹהֵינוּ לְשָׁלוֹם
וְהַעֲמִידֵנוּ מַלְכֵּנוּ לְחַיִּים
וּפְרֹשׂ עָלֵינוּ סֻכַּת שְׁלוֹמֶךָ
וְתַקְּנֵנוּ בְּעֵצָה טוֹבָה מִלְּפָנֶיךָ
וְהוֹשִׁיעֵנוּ לְמַעַן שְׁמֶךָ.

וְהָגֵן בַּעֲדֵנוּ
וְהָסֵר מֵעָלֵינוּ אוֹיֵב, דֶּבֶר וְחֶרֶב וְרָעָב וְיָגוֹן
וְהָסֵר שָׂטָן מִלְּפָנֵינוּ וּמֵאַחֲרֵינוּ
וּבְצֵל כְּנָפֶיךָ תַּסְתִּירֵנוּ
כִּי אֵל שׁוֹמְרֵנוּ וּמַצִּילֵנוּ אָתָּה
כִּי אֵל מֶלֶךְ חַנּוּן וְרַחוּם אָתָּה.
‣ וּשְׁמֹר צֵאתֵנוּ וּבוֹאֵנוּ לְחַיִּים וּלְשָׁלוֹם
מֵעַתָּה וְעַד עוֹלָם.
וּפְרֹשׂ עָלֵינוּ סֻכַּת שְׁלוֹמֶךָ.
בָּרוּךְ אַתָּה יהוה, הַפּוֹרֵשׂ סֻכַּת שָׁלוֹם
עָלֵינוּ וְעַל כָּל עַמּוֹ יִשְׂרָאֵל וְעַל יְרוּשָׁלָיִם.

בשבת נוהגים שהקהל עומד ואומר פסוקים.
והגר״א נהג שלא לאומרם כדי לא להפסיק בין גאולה לתפילה.

וְשָׁמְרוּ בְנֵי־יִשְׂרָאֵל אֶת־הַשַּׁבָּת, לַעֲשׂוֹת אֶת־ שמות לא
הַשַּׁבָּת לְדֹרֹתָם בְּרִית עוֹלָם: בֵּינִי וּבֵין בְּנֵי
יִשְׂרָאֵל, אוֹת הִוא לְעֹלָם, כִּי־שֵׁשֶׁת יָמִים עָשָׂה
יהוה, אֶת־הַשָּׁמַיִם וְאֶת־הָאָרֶץ, וּבַיּוֹם הַשְּׁבִיעִי
שָׁבַת וַיִּנָּפַשׁ:

ביום טוב אומרים:

וַיְדַבֵּר מֹשֶׁה אֶת־מֹעֲדֵי יהוה אֶל־בְּנֵי יִשְׂרָאֵל: ויקרא כג

חצי קדיש

ש״ץ: יִתְגַּדַּל וְיִתְקַדַּשׁ שְׁמֵהּ רַבָּא (קהל: אָמֵן)
בְּעָלְמָא דִּי בְרָא כִרְעוּתֵהּ
וְיַמְלִיךְ מַלְכוּתֵהּ
בְּחַיֵּיכוֹן וּבְיוֹמֵיכוֹן
וּבְחַיֵּי דְכָל בֵּית יִשְׂרָאֵל
בַּעֲגָלָא וּבִזְמַן קָרִיב
וְאִמְרוּ אָמֵן. (קהל: אָמֵן)

קהל וש״ץ: יְהֵא שְׁמֵהּ רַבָּא מְבָרַךְ
לְעָלַם וּלְעָלְמֵי עָלְמַיָּא.

ש״ץ: יִתְבָּרַךְ וְיִשְׁתַּבַּח וְיִתְפָּאַר
וְיִתְרוֹמַם וְיִתְנַשֵּׂא וְיִתְהַדָּר וְיִתְעַלֶּה וְיִתְהַלָּל
שְׁמֵהּ דְּקֻדְשָׁא בְּרִיךְ הוּא (קהל: בְּרִיךְ הוּא)
לְעֵלָּא מִן כָּל בִּרְכָתָא
/ בשבת שובה: לְעֵלָּא לְעֵלָּא מִכָּל בִּרְכָתָא/
וְשִׁירָתָא, תֻּשְׁבְּחָתָא וְנֶחֱמָתָא
דַּאֲמִירָן בְּעָלְמָא
וְאִמְרוּ אָמֵן. (קהל: אָמֵן)

ביום טוב מתפללים תפילת עמידה של יום טוב (בעמ׳ 620), אף אם חל בשבת.

עמידה

"המתפלל צריך שיכוין בלבו פירוש המלות שמוציא בשפתיו;
ויחשוב כאלו שכינה כנגדו ויסיר כל המחשבות הטורדות אותו עד
שתשאר מחשבתו וכוונתו זכה בתפלתו" (שו"ע צח, א).

פוסע שלוש פסיעות לפנים כמי שנכנס לפני המלך. עומד
ומתפלל בלחש מכאן ועד 'וּכְשָׁנִים קַדְמֹנִיּוֹת' בעמ' 269.

כורע במקומות המסומנים ב', קד לפנים במילה הבאה וזוקף בשם.

אֲדֹנָי, שְׂפָתַי תִּפְתָּח, וּפִי יַגִּיד תְּהִלָּתֶךָ: תהלים נא

אבות

'בָּרוּךְ אַתָּה יהוה, אֱלֹהֵינוּ וֵאלֹהֵי אֲבוֹתֵינוּ
אֱלֹהֵי אַבְרָהָם, אֱלֹהֵי יִצְחָק, וֵאלֹהֵי יַעֲקֹב
הָאֵל הַגָּדוֹל הַגִּבּוֹר וְהַנּוֹרָא, אֵל עֶלְיוֹן
גּוֹמֵל חֲסָדִים טוֹבִים, וְקוֹנֵה הַכֹּל
וְזוֹכֵר חַסְדֵי אָבוֹת
וּמֵבִיא גוֹאֵל לִבְנֵי בְנֵיהֶם
לְמַעַן שְׁמוֹ בְּאַהֲבָה.

בשבת שובה: זָכְרֵנוּ לְחַיִּים, מֶלֶךְ חָפֵץ בַּחַיִּים
וְכָתְבֵנוּ בְּסֵפֶר הַחַיִּים
לְמַעַנְךָ אֱלֹהִים חַיִּים.

מֶלֶךְ עוֹזֵר וּמוֹשִׁיעַ וּמָגֵן.
'בָּרוּךְ אַתָּה יהוה, מָגֵן אַבְרָהָם.

גבורות

אַתָּה גִּבּוֹר לְעוֹלָם, אֲדֹנָי
מְחַיֵּה מֵתִים אַתָּה, רַב לְהוֹשִׁיעַ

אומרים 'מַשִּׁיב הָרְוּחַ וּמוֹרִיד הַגֶּשֶׁם' משמיני עצרת ועד יום טוב ראשון של פסח, ו'מוֹרִיד הַטָּל' מחול המועד פסח ועד הושענא רבה.

בחורף: מַשִּׁיב הָרְוּחַ וּמוֹרִיד הַגֶּשֶׁם
בקיץ: מוֹרִיד הַטָּל

מְכַלְכֵּל חַיִּים בְּחֶסֶד
מְחַיֵּה מֵתִים בְּרַחֲמִים רַבִּים
סוֹמֵךְ נוֹפְלִים, וְרוֹפֵא חוֹלִים
וּמַתִּיר אֲסוּרִים
וּמְקַיֵּם אֱמוּנָתוֹ לִישֵׁנֵי עָפָר.
מִי כָמְוֹךָ, בַּעַל גְּבוּרוֹת
וּמִי דּוֹמֶה לָּךְ
מֶלֶךְ, מֵמִית וּמְחַיֶּה וּמַצְמִיחַ יְשׁוּעָה.

בשבת שובה: מִי כָמְוֹךָ אַב הָרַחֲמִים
זוֹכֵר יְצוּרָיו לְחַיִּים בְּרַחֲמִים.

וְנֶאֱמָן אַתָּה לְהַחֲיוֹת מֵתִים.
בָּרוּךְ אַתָּה יהוה, מְחַיֵּה הַמֵּתִים.

קדושת השם

אַתָּה קָדוֹשׁ וְשִׁמְךָ קָדוֹשׁ
וּקְדוֹשִׁים בְּכָל יוֹם יְהַלְלוּךָ סֶּלָה.
בָּרוּךְ אַתָּה יהוה
הָאֵל הַקָּדוֹשׁ./ בעשרת ימי תשובה: הַמֶּלֶךְ הַקָּדוֹשׁ./
אם שכח חוזר לראש התפילה.

מנהג אשכנז לומר בברכה רביעית בליל שבת 'אַתָּה קִדַּשְׁתָּ' (מחזור ויטרי, קה; לגאונים היה נוסח אחר) כדי להזכיר את השבת הראשונה שלאחר הבריאה (ספר התרומה, רמו), והמנהג פשט כמעט בכל עדות ישראל.

קדושת היום

אַתָּה קִדַּשְׁתָּ אֶת יוֹם הַשְּׁבִיעִי לִשְׁמֶךָ
תַּכְלִית מַעֲשֵׂה שָׁמַיִם וָאָרֶץ
וּבֵרַכְתּוֹ מִכָּל הַיָּמִים, וְקִדַּשְׁתּוֹ מִכָּל הַזְּמַנִּים
וְכֵן כָּתוּב בְּתוֹרָתֶךָ

בראשית ב
וַיְכֻלּוּ הַשָּׁמַיִם וְהָאָרֶץ וְכָל־צְבָאָם:
וַיְכַל אֱלֹהִים בַּיּוֹם הַשְּׁבִיעִי מְלַאכְתּוֹ אֲשֶׁר עָשָׂה
וַיִּשְׁבֹּת בַּיּוֹם הַשְּׁבִיעִי מִכָּל־מְלַאכְתּוֹ אֲשֶׁר עָשָׂה:
וַיְבָרֶךְ אֱלֹהִים אֶת־יוֹם הַשְּׁבִיעִי, וַיְקַדֵּשׁ אֹתוֹ
כִּי בוֹ שָׁבַת מִכָּל־מְלַאכְתּוֹ
אֲשֶׁר־בָּרָא אֱלֹהִים לַעֲשׂוֹת:

אֱלֹהֵינוּ וֵאלֹהֵי אֲבוֹתֵינוּ, רְצֵה בִמְנוּחָתֵנוּ.
קַדְּשֵׁנוּ בְּמִצְוֹתֶיךָ, וְתֵן חֶלְקֵנוּ בְּתוֹרָתֶךָ
שַׂבְּעֵנוּ מִטּוּבֶךָ, וְשַׂמְּחֵנוּ בִּישׁוּעָתֶךָ
וְטַהֵר לִבֵּנוּ לְעָבְדְּךָ בֶּאֱמֶת.
וְהַנְחִילֵנוּ, יהוה אֱלֹהֵינוּ
בְּאַהֲבָה וּבְרָצוֹן שַׁבַּת קָדְשֶׁךָ
וְיָנוּחוּ בָהּ יִשְׂרָאֵל מְקַדְּשֵׁי שְׁמֶךָ.
בָּרוּךְ אַתָּה יהוה, מְקַדֵּשׁ הַשַּׁבָּת.

עבודה

רְצֵה יהוה אֱלֹהֵינוּ בְּעַמְּךָ יִשְׂרָאֵל וּבִתְפִלָּתָם
וְהָשֵׁב אֶת הָעֲבוֹדָה לִדְבִיר בֵּיתֶךָ
וְאִשֵּׁי יִשְׂרָאֵל וּתְפִלָּתָם
בְּאַהֲבָה תְקַבֵּל בְּרָצוֹן
וּתְהִי לְרָצוֹן תָּמִיד עֲבוֹדַת יִשְׂרָאֵל עַמֶּךָ.

בראש חודש ובחול המועד:

אֱלֹהֵינוּ וֵאלֹהֵי אֲבוֹתֵינוּ, יַעֲלֶה וְיָבוֹא וְיַגִּיעַ, וְיֵרָאֶה
וְיֵרָצֶה וְיִשָּׁמַע, וְיִפָּקֵד וְיִזָּכֵר זִכְרוֹנֵנוּ וּפִקְדוֹנֵנוּ

וְזִכְרוֹן אֲבוֹתֵינוּ, וְזִכְרוֹן מָשִׁיחַ בֶּן דָּוִד עַבְדֶּךָ, וְזִכְרוֹן יְרוּשָׁלַיִם עִיר קָדְשֶׁךָ, וְזִכְרוֹן כָּל עַמְּךָ בֵּית יִשְׂרָאֵל, לְפָנֶיךָ, לִפְלֵיטָה לְטוֹבָה, לְחֵן וּלְחֶסֶד וּלְרַחֲמִים, לְחַיִּים וּלְשָׁלוֹם בְּיוֹם

בראש חודש: רֹאשׁ הַחֹדֶשׁ

בפסח: חַג הַמַּצּוֹת

בסוכות: חַג הַסֻּכּוֹת

הַזֶּה. זָכְרֵנוּ יהוה אֱלֹהֵינוּ בּוֹ לְטוֹבָה, וּפָקְדֵנוּ בוֹ לִבְרָכָה, וְהוֹשִׁיעֵנוּ בוֹ לְחַיִּים. וּבִדְבַר יְשׁוּעָה וְרַחֲמִים, חוּס וְחָנֵּנוּ וְרַחֵם עָלֵינוּ וְהוֹשִׁיעֵנוּ, כִּי אֵלֶיךָ עֵינֵינוּ, כִּי אֵל מֶלֶךְ חַנּוּן וְרַחוּם אָתָּה.

וְתֶחֱזֶינָה עֵינֵינוּ בְּשׁוּבְךָ לְצִיּוֹן בְּרַחֲמִים. בָּרוּךְ אַתָּה יהוה, הַמַּחֲזִיר שְׁכִינָתוֹ לְצִיּוֹן.

הודאה

כורע ב'מודים' ואינו זוקף עד אמירת השם.

מוֹדִים אֲנַחְנוּ לָךְ

שָׁאַתָּה הוּא יהוה אֱלֹהֵינוּ וֵאלֹהֵי אֲבוֹתֵינוּ

לְעוֹלָם וָעֶד.

צוּר חַיֵּינוּ, מָגֵן יִשְׁעֵנוּ, אַתָּה הוּא לְדוֹר וָדוֹר.
נוֹדֶה לְּךָ וּנְסַפֵּר תְּהִלָּתֶךָ
עַל חַיֵּינוּ הַמְּסוּרִים בְּיָדֶךָ
וְעַל נִשְׁמוֹתֵינוּ הַפְּקוּדוֹת לָךְ
וְעַל נִסֶּיךָ שֶׁבְּכָל יוֹם עִמָּנוּ
וְעַל נִפְלְאוֹתֶיךָ וְטוֹבוֹתֶיךָ
שֶׁבְּכָל עֵת, עֶרֶב וָבֹקֶר וְצָהֳרָיִם.
הַטּוֹב, כִּי לֹא כָלוּ רַחֲמֶיךָ
וְהַמְרַחֵם, כִּי לֹא תַמּוּ חֲסָדֶיךָ
מֵעוֹלָם קִוִּינוּ לָךְ.

בחנוכה:

עַל הַנִּסִּים וְעַל הַפֻּרְקָן וְעַל הַגְּבוּרוֹת וְעַל הַתְּשׁוּעוֹת וְעַל הַמִּלְחָמוֹת שֶׁעָשִׂיתָ לַאֲבוֹתֵינוּ בַּיָּמִים הָהֵם בַּזְּמַן הַזֶּה.

בִּימֵי מַתִּתְיָהוּ בֶּן יוֹחָנָן כֹּהֵן גָּדוֹל חַשְׁמוֹנַאי וּבָנָיו, כְּשֶׁעָמְדָה מַלְכוּת יָוָן הָרְשָׁעָה עַל עַמְּךָ יִשְׂרָאֵל לְהַשְׁכִּיחָם תּוֹרָתֶךָ וּלְהַעֲבִירָם מֵחֻקֵּי רְצוֹנֶךָ, וְאַתָּה בְּרַחֲמֶיךָ הָרַבִּים עָמַדְתָּ לָהֶם בְּעֵת צָרָתָם, רַבְתָּ אֶת רִיבָם, דַּנְתָּ אֶת דִּינָם, נָקַמְתָּ אֶת נִקְמָתָם, מָסַרְתָּ

גִּבּוֹרִים בְּיַד חַלָּשִׁים, וְרַבִּים בְּיַד מְעַטִּים, וּטְמֵאִים בְּיַד טְהוֹרִים, וּרְשָׁעִים בְּיַד צַדִּיקִים, וְזֵדִים בְּיַד עוֹסְקֵי תוֹרָתֶךָ, וּלְךָ עָשִׂיתָ שֵׁם גָּדוֹל וְקָדוֹשׁ בְּעוֹלָמֶךָ, וּלְעַמְּךָ יִשְׂרָאֵל עָשִׂיתָ תְּשׁוּעָה גְדוֹלָה וּפֻרְקָן כְּהַיּוֹם הַזֶּה. וְאַחַר כֵּן בָּאוּ בָנֶיךָ לִדְבִיר בֵּיתֶךָ, וּפִנּוּ אֶת הֵיכָלֶךָ, וְטִהֲרוּ אֶת מִקְדָּשֶׁךָ, וְהִדְלִיקוּ נֵרוֹת בְּחַצְרוֹת קָדְשֶׁךָ, וְקָבְעוּ שְׁמוֹנַת יְמֵי חֲנֻכָּה אֵלּוּ, לְהוֹדוֹת וּלְהַלֵּל לְשִׁמְךָ הַגָּדוֹל.

וממשיך ׳וְעַל כֻּלָּם׳.

בשושן פורים בירושלים:

עַל הַנִּסִּים וְעַל הַפֻּרְקָן וְעַל הַגְּבוּרוֹת וְעַל הַתְּשׁוּעוֹת וְעַל הַמִּלְחָמוֹת שֶׁעָשִׂיתָ לַאֲבוֹתֵינוּ בַּיָּמִים הָהֵם בַּזְּמַן הַזֶּה.

בִּימֵי מָרְדְּכַי וְאֶסְתֵּר בְּשׁוּשַׁן הַבִּירָה, כְּשֶׁעָמַד עֲלֵיהֶם הָמָן הָרָשָׁע, בִּקֵּשׁ לְהַשְׁמִיד לַהֲרֹג וּלְאַבֵּד אֶת־ אסתר ג
כָּל־הַיְּהוּדִים מִנַּעַר וְעַד־זָקֵן טַף וְנָשִׁים בְּיוֹם אֶחָד, בִּשְׁלוֹשָׁה עָשָׂר לְחֹדֶשׁ שְׁנֵים־עָשָׂר, הוּא־חֹדֶשׁ אֲדָר, וּשְׁלָלָם לָבוֹז: וְאַתָּה בְּרַחֲמֶיךָ הָרַבִּים הֵפַרְתָּ אֶת עֲצָתוֹ, וְקִלְקַלְתָּ אֶת מַחֲשַׁבְתּוֹ, וַהֲשֵׁבוֹתָ לּוֹ גְּמוּלוֹ בְּרֹאשׁוֹ, וְתָלוּ אוֹתוֹ וְאֶת בָּנָיו עַל הָעֵץ.

וממשיך ׳וְעַל כֻּלָּם׳.

וְעַל כֻּלָּם יִתְבָּרַךְ וְיִתְרוֹמַם שִׁמְךָ מַלְכֵּנוּ תָּמִיד לְעוֹלָם וָעֶד.

בשבת שובה: וּכְתֹב לְחַיִּים טוֹבִים כָּל בְּנֵי בְרִיתֶךָ.

וְכֹל הַחַיִּים יוֹדוּךָ סֶּלָה
וִיהַלְלוּ אֶת שִׁמְךָ בֶּאֱמֶת
הָאֵל יְשׁוּעָתֵנוּ וְעֶזְרָתֵנוּ סֶלָה.
ּבָּרוּךְ אַתָּה יהוה
הַטּוֹב שִׁמְךָ וּלְךָ נָאֶה לְהוֹדוֹת.

שלום

שָׁלוֹם רָב עַל יִשְׂרָאֵל עַמְּךָ תָּשִׂים לְעוֹלָם
כִּי אַתָּה הוּא מֶלֶךְ אָדוֹן לְכָל הַשָּׁלוֹם.
וְטוֹב בְּעֵינֶיךָ לְבָרֵךְ אֶת עַמְּךָ יִשְׂרָאֵל
בְּכָל עֵת וּבְכָל שָׁעָה בִּשְׁלוֹמֶךָ.

בשבת שובה: בְּסֵפֶר חַיִּים, בְּרָכָה וְשָׁלוֹם, וּפַרְנָסָה טוֹבָה
נִזָּכֵר וְנִכָּתֵב לְפָנֶיךָ
אֲנַחְנוּ וְכָל עַמְּךָ בֵּית יִשְׂרָאֵל
לְחַיִּים טוֹבִים וּלְשָׁלוֹם.

בני חוץ לארץ מסיימים: בָּרוּךְ אַתָּה יהוה, עוֹשֵׂה הַשָּׁלוֹם.

בָּרוּךְ אַתָּה יהוה
הַמְבָרֵךְ אֶת עַמּוֹ יִשְׂרָאֵל בַּשָּׁלוֹם.

יש מוסיפים:

יִהְיוּ לְרָצוֹן אִמְרֵי־פִי וְהֶגְיוֹן לִבִּי לְפָנֶיךָ, יהוה צוּרִי וְגֹאֲלִי: תהלים יט

ברכות יז.

אֱלֹהַי

נְצֹר לְשׁוֹנִי מֵרָע וּשְׂפָתַי מִדַּבֵּר מִרְמָה

וְלִמְקַלְלַי נַפְשִׁי תִדֹּם, וְנַפְשִׁי כֶּעָפָר לַכֹּל תִּהְיֶה.

פְּתַח לִבִּי בְּתוֹרָתֶךָ, וּבְמִצְוֹתֶיךָ תִּרְדֹּף נַפְשִׁי.

וְכָל הַחוֹשְׁבִים עָלַי רָעָה

מְהֵרָה הָפֵר עֲצָתָם וְקַלְקֵל מַחֲשַׁבְתָּם.

עֲשֵׂה לְמַעַן שְׁמֶךָ, עֲשֵׂה לְמַעַן יְמִינֶךָ

עֲשֵׂה לְמַעַן קְדֻשָּׁתֶךָ, עֲשֵׂה לְמַעַן תּוֹרָתֶךָ.

לְמַעַן יֵחָלְצוּן יְדִידֶיךָ, הוֹשִׁיעָה יְמִינְךָ וַעֲנֵנִי: תהלים ס

יִהְיוּ לְרָצוֹן אִמְרֵי־פִי וְהֶגְיוֹן לִבִּי לְפָנֶיךָ תהלים יט

יהוה צוּרִי וְגֹאֲלִי:

כורע ופוסע שלוש פסיעות לאחור. קד לשמאל, לימין ולפנים באמירת:

עֹשֶׂה שָׁלוֹם/ בשבת שובה: הַשָּׁלוֹם/ בִּמְרוֹמָיו

הוּא יַעֲשֶׂה שָׁלוֹם עָלֵינוּ וְעַל כָּל יִשְׂרָאֵל

וְאִמְרוּ אָמֵן.

יְהִי רָצוֹן מִלְּפָנֶיךָ יהוה אֱלֹהֵינוּ וֵאלֹהֵי אֲבוֹתֵינוּ, שֶׁיִּבָּנֶה בֵּית הַמִּקְדָּשׁ בִּמְהֵרָה בְיָמֵינוּ, וְתֵן חֶלְקֵנוּ בְּתוֹרָתֶךָ, וְשָׁם נַעֲבָדְךָ בְּיִרְאָה כִּימֵי עוֹלָם וּכְשָׁנִים קַדְמוֹנִיּוֹת. וְעָרְבָה לַיהוה מִנְחַת מלאכי ג

יְהוּדָה וִירוּשָׁלָםִ כִּימֵי עוֹלָם וּכְשָׁנִים קַדְמֹנִיּוֹת:

הקהל עומד ואומר:

וַיְכֻלּוּ הַשָּׁמַיִם וְהָאָרֶץ וְכָל־צְבָאָם: בראשית ב
וַיְכַל אֱלֹהִים בַּיּוֹם הַשְּׁבִיעִי
מְלַאכְתּוֹ אֲשֶׁר עָשָׂה
וַיִּשְׁבֹּת בַּיּוֹם הַשְּׁבִיעִי
מִכָּל־מְלַאכְתּוֹ אֲשֶׁר עָשָׂה:
וַיְבָרֶךְ אֱלֹהִים אֶת־יוֹם הַשְּׁבִיעִי, וַיְקַדֵּשׁ אֹתוֹ
כִּי בוֹ שָׁבַת מִכָּל־מְלַאכְתּוֹ
אֲשֶׁר־בָּרָא אֱלֹהִים, לַעֲשׂוֹת:

שליח הציבור ממשיך פרט למקום שמתפללים בו במניין שאינו קבוע,
ופרט ליום טוב של פסח, אפילו כשחל בשבת (שו״ע, תפז, א).
בפסח נוהגים לומר כאן הלל שלם (עמ׳ 576).

ברכה מעין שבע

שליח הציבור:

בָּרוּךְ אַתָּה יהוה, אֱלֹהֵינוּ וֵאלֹהֵי אֲבוֹתֵינוּ
אֱלֹהֵי אַבְרָהָם, אֱלֹהֵי יִצְחָק, וֵאלֹהֵי יַעֲקֹב
הָאֵל הַגָּדוֹל הַגִּבּוֹר וְהַנּוֹרָא, אֵל עֶלְיוֹן
קוֹנֵה שָׁמַיִם וָאָרֶץ.

הקהל ואחריו שליח הציבור:

מָגֵן אָבוֹת בִּדְבָרוֹ
מְחַיֵּה מֵתִים בְּמַאֲמָרוֹ

הָאֵל / בשבת שובה: הַמֶּלֶךְ / הַקָּדוֹשׁ שֶׁאֵין כָּמוֹהוּ
הַמֵּנִיחַ לְעַמּוֹ בְּיוֹם שַׁבַּת קָדְשׁוֹ
כִּי בָם רָצָה לְהָנִיחַ לָהֶם
לְפָנָיו נַעֲבֹד בְּיִרְאָה וָפַחַד
וְנוֹדֶה לִשְׁמוֹ בְּכָל יוֹם תָּמִיד, מֵעֵין הַבְּרָכוֹת
אֵל הַהוֹדָאוֹת, אֲדוֹן הַשָּׁלוֹם
מְקַדֵּשׁ הַשַּׁבָּת וּמְבָרֵךְ שְׁבִיעִי
וּמֵנִיחַ בִּקְדֻשָּׁה לְעַם מְדֻשְּׁנֵי עֹנֶג
זֵכֶר לְמַעֲשֵׂה בְרֵאשִׁית.

שליח הציבור ממשיך:

אֱלֹהֵינוּ וֵאלֹהֵי אֲבוֹתֵינוּ, רְצֵה בִמְנוּחָתֵנוּ.
קַדְּשֵׁנוּ בְּמִצְוֹתֶיךָ וְתֵן חֶלְקֵנוּ בְּתוֹרָתֶךָ
שַׂבְּעֵנוּ מִטּוּבֶךָ וְשַׂמְּחֵנוּ בִּישׁוּעָתֶךָ
וְטַהֵר לִבֵּנוּ לְעָבְדְּךָ בֶּאֱמֶת.
וְהַנְחִילֵנוּ יהוה אֱלֹהֵינוּ
בְּאַהֲבָה וּבְרָצוֹן שַׁבַּת קָדְשֶׁךָ
וְיָנוּחוּ בָהּ יִשְׂרָאֵל מְקַדְּשֵׁי שְׁמֶךָ.
בָּרוּךְ אַתָּה יהוה, מְקַדֵּשׁ הַשַּׁבָּת.

קדיש שלם

ש״ץ: יִתְגַּדַּל וְיִתְקַדַּשׁ שְׁמֵהּ רַבָּא (קהל: אָמֵן)
בְּעָלְמָא דִּי בְרָא כִרְעוּתֵהּ
וְיַמְלִיךְ מַלְכוּתֵהּ
בְּחַיֵּיכוֹן וּבְיוֹמֵיכוֹן וּבְחַיֵּי דְכָל בֵּית יִשְׂרָאֵל
בַּעֲגָלָא וּבִזְמַן קָרִיב
וְאִמְרוּ אָמֵן. (קהל: אָמֵן)

קהל וש״ץ: יְהֵא שְׁמֵהּ רַבָּא מְבָרַךְ לְעָלַם וּלְעָלְמֵי עָלְמַיָּא.

ש״ץ: יִתְבָּרַךְ וְיִשְׁתַּבַּח וְיִתְפָּאַר
וְיִתְרוֹמַם וְיִתְנַשֵּׂא וְיִתְהַדָּר וְיִתְעַלֶּה וְיִתְהַלָּל
שְׁמֵהּ דְּקֻדְשָׁא בְּרִיךְ הוּא (קהל: בְּרִיךְ הוּא)
לְעֵלָּא מִן כָּל בִּרְכָתָא
/בשבת שובה: לְעֵלָּא לְעֵלָּא מִכָּל בִּרְכָתָא/
וְשִׁירָתָא, תֻּשְׁבְּחָתָא וְנֶחֱמָתָא
דַּאֲמִירָן בְּעָלְמָא
וְאִמְרוּ אָמֵן. (קהל: אָמֵן)

תִּתְקַבַּל צְלוֹתְהוֹן וּבָעוּתְהוֹן דְּכָל יִשְׂרָאֵל
קֳדָם אֲבוּהוֹן דִּי בִשְׁמַיָּא
וְאִמְרוּ אָמֵן. (קהל: אָמֵן)

יְהֵא שְׁלָמָא רַבָּא מִן שְׁמַיָּא
וְחַיִּים, עָלֵינוּ וְעַל כָּל יִשְׂרָאֵל
וְאִמְרוּ אָמֵן. (קהל: **אָמֵן**)

כורע ופוסע שלוש פסיעות לאחור. קד לשמאל, לימין ולפנים באמירת:

עֹשֶׂה שָׁלוֹם/ בשבת שובה: **הַשָּׁלוֹם/ בִּמְרוֹמָיו**
הוּא יַעֲשֶׂה שָׁלוֹם עָלֵינוּ וְעַל כָּל יִשְׂרָאֵל,
וְאִמְרוּ אָמֵן. (קהל: **אָמֵן**)

בבתי כנסת המתפללים בנוסח ספרד, נוהגים לומר כאן ׳מִזְמוֹר לְדָוִד׳ (עמ׳ 430), אחריו שליח הציבור אומר חצי קדיש ו׳בָּרְכוּ׳ (עמ׳ 335–336), וממשיכים ׳עָלֵינוּ׳.

יש בתי כנסת שבהם נוהגים לקדש קודם ׳עָלֵינוּ׳
(קידוש לליל שבת בעמ׳ 286; קידוש לליל יום טוב בעמ׳ 612).

ממוצאי יום טוב ראשון של פסח ועד ערב שבועות סופרים את העומר (עמ׳ 213).

אומרים ׳עָלֵינוּ׳ בעמידה ומשתחווים במקום המסומן ב°.

עָלֵינוּ לְשַׁבֵּחַ לַאֲדוֹן הַכֹּל
לָתֵת גְּדֻלָּה לְיוֹצֵר בְּרֵאשִׁית
שֶׁלֹּא עָשָׂנוּ כְּגוֹיֵי הָאֲרָצוֹת
וְלֹא שָׂמָנוּ כְּמִשְׁפְּחוֹת הָאֲדָמָה
שֶׁלֹּא שָׂם חֶלְקֵנוּ כָּהֶם וְגוֹרָלֵנוּ כְּכָל הֲמוֹנָם.
שֶׁהֵם מִשְׁתַּחֲוִים לְהֶבֶל וָרִיק
וּמִתְפַּלְּלִים אֶל אֵל לֹא יוֹשִׁיעַ.

וַאֲנַחְנוּ כּוֹרְעִים וּמִשְׁתַּחֲוִים וּמוֹדִים
לִפְנֵי מֶלֶךְ מַלְכֵי הַמְּלָכִים
הַקָּדוֹשׁ בָּרוּךְ הוּא
שֶׁהוּא נוֹטֶה שָׁמַיִם וְיוֹסֵד אָרֶץ
וּמוֹשַׁב יְקָרוֹ בַּשָּׁמַיִם מִמַּעַל
וּשְׁכִינַת עֻזּוֹ בְּגָבְהֵי מְרוֹמִים.
הוּא אֱלֹהֵינוּ, אֵין עוֹד.
אֱמֶת מַלְכֵּנוּ, אֶפֶס זוּלָתוֹ
כַּכָּתוּב בְּתוֹרָתוֹ
וְיָדַעְתָּ הַיּוֹם וַהֲשֵׁבֹתָ אֶל־לְבָבֶךָ דברים ד
כִּי יהוה הוּא הָאֱלֹהִים
בַּשָּׁמַיִם מִמַּעַל וְעַל־הָאָרֶץ מִתָּחַת, אֵין עוֹד:

עַל כֵּן נְקַוֶּה לְּךָ יהוה אֱלֹהֵינוּ
לִרְאוֹת מְהֵרָה בְּתִפְאֶרֶת עֻזֶּךָ
לְהַעֲבִיר גִּלּוּלִים מִן הָאָרֶץ
וְהָאֱלִילִים כָּרוֹת יִכָּרֵתוּן
לְתַקֵּן עוֹלָם בְּמַלְכוּת שַׁדַּי.

וְכָל בְּנֵי בָשָׂר יִקְרְאוּ בִשְׁמֶךָ
לְהַפְנוֹת אֵלֶיךָ כָּל רִשְׁעֵי אָרֶץ.
יַכִּירוּ וְיֵדְעוּ כָּל יוֹשְׁבֵי תֵבֵל
כִּי לְךָ תִּכְרַע כָּל בֶּרֶךְ, תִּשָּׁבַע כָּל לָשׁוֹן.
לְפָנֶיךָ יהוה אֱלֹהֵינוּ יִכְרְעוּ וְיִפֹּלוּ
וְלִכְבוֹד שִׁמְךָ יְקָר יִתֵּנוּ
וִיקַבְּלוּ כֻלָּם אֶת עֹל מַלְכוּתֶךָ
וְתִמְלֹךְ עֲלֵיהֶם מְהֵרָה לְעוֹלָם וָעֶד.
כִּי הַמַּלְכוּת שֶׁלְּךָ הִיא
וּלְעוֹלְמֵי עַד תִּמְלֹךְ בְּכָבוֹד
שמות טו כַּכָּתוּב בְּתוֹרָתֶךָ, יהוה יִמְלֹךְ לְעֹלָם וָעֶד:
זכריה יד וְנֶאֱמַר, וְהָיָה יהוה לְמֶלֶךְ עַל־כָּל־הָאָרֶץ
בַּיּוֹם הַהוּא יִהְיֶה יהוה אֶחָד וּשְׁמוֹ אֶחָד:

יש מוסיפים:
משלי ג אַל־תִּירָא מִפַּחַד פִּתְאֹם וּמִשֹּׁאַת רְשָׁעִים כִּי תָבֹא:
ישעיה ח עֻצוּ עֵצָה וְתֻפָר, דַּבְּרוּ דָבָר וְלֹא יָקוּם, כִּי עִמָּנוּ אֵל:
ישעיה מו וְעַד־זִקְנָה אֲנִי הוּא, וְעַד־שֵׂיבָה אֲנִי אֶסְבֹּל
אֲנִי עָשִׂיתִי וַאֲנִי אֶשָּׂא וַאֲנִי אֶסְבֹּל וַאֲמַלֵּט:

קדיש יתום

אבל: יִתְגַּדַּל וְיִתְקַדַּשׁ שְׁמֵהּ רַבָּא (קהל: אָמֵן)
בְּעָלְמָא דִּי בְרָא כִרְעוּתֵהּ, וְיַמְלִיךְ מַלְכוּתֵהּ
בְּחַיֵּיכוֹן וּבְיוֹמֵיכוֹן וּבְחַיֵּי דְכָל בֵּית יִשְׂרָאֵל
בַּעֲגָלָא וּבִזְמַן קָרִיב, וְאִמְרוּ אָמֵן. (קהל: אָמֵן)

קהל ואבל: יְהֵא שְׁמֵהּ רַבָּא מְבָרַךְ לְעָלַם וּלְעָלְמֵי עָלְמַיָּא.

אבל: יִתְבָּרַךְ וְיִשְׁתַּבַּח וְיִתְפָּאַר וְיִתְרוֹמַם וְיִתְנַשֵּׂא
וְיִתְהַדָּר וְיִתְעַלֶּה וְיִתְהַלָּל
שְׁמֵהּ דְּקֻדְשָׁא בְּרִיךְ הוּא (קהל: בְּרִיךְ הוּא)
לְעֵלָּא מִן כָּל בִּרְכָתָא
/בשבת שובה: לְעֵלָּא לְעֵלָּא מִכָּל בִּרְכָתָא/
וְשִׁירָתָא, תֻּשְׁבְּחָתָא וְנֶחֱמָתָא
דַּאֲמִירָן בְּעָלְמָא, וְאִמְרוּ אָמֵן. (קהל: אָמֵן)

יְהֵא שְׁלָמָא רַבָּא מִן שְׁמַיָּא, וְחַיִּים
עָלֵינוּ וְעַל כָּל יִשְׂרָאֵל, וְאִמְרוּ אָמֵן. (קהל: אָמֵן)

כורע ופוסע שלוש פסיעות לאחור. קד לשמאל, לימין ולפנים באמירת:

עֹשֶׂה שָׁלוֹם/בשבת שובה: הַשָּׁלוֹם/ בִּמְרוֹמָיו
הוּא יַעֲשֶׂה שָׁלוֹם
עָלֵינוּ וְעַל כָּל יִשְׂרָאֵל, וְאִמְרוּ אָמֵן. (קהל: אָמֵן)

ברוב הקהילות נוהגים להוסיף את המזמור
'לְדָוִד ה' אוֹרִי וְיִשְׁעִי' מר"ח אלול ועד הושענא רבה.

לְדָוִד, יהוה אוֹרִי וְיִשְׁעִי, מִמִּי אִירָא, יהוה מָעוֹז־ תהלים כז
חַיַּי, מִמִּי אֶפְחָד: בִּקְרֹב עָלַי מְרֵעִים לֶאֱכֹל אֶת־
בְּשָׂרִי, צָרַי וְאֹיְבַי לִי, הֵמָּה כָשְׁלוּ וְנָפָלוּ: אִם־תַּחֲנֶה
עָלַי מַחֲנֶה, לֹא־יִירָא לִבִּי, אִם־תָּקוּם עָלַי מִלְחָמָה,
בְּזֹאת אֲנִי בוֹטֵחַ: אַחַת שָׁאַלְתִּי מֵאֵת־יהוה, אוֹתָהּ
אֲבַקֵּשׁ, שִׁבְתִּי בְּבֵית־יהוה כָּל־יְמֵי חַיַּי, לַחֲזוֹת
בְּנֹעַם־יהוה, וּלְבַקֵּר בְּהֵיכָלוֹ: כִּי יִצְפְּנֵנִי בְּסֻכֹּה בְּיוֹם
רָעָה, יַסְתִּרֵנִי בְּסֵתֶר אָהֳלוֹ, בְּצוּר יְרוֹמְמֵנִי: וְעַתָּה
יָרוּם רֹאשִׁי עַל אֹיְבַי סְבִיבוֹתַי, וְאֶזְבְּחָה בְאָהֳלוֹ
זִבְחֵי תְרוּעָה, אָשִׁירָה וַאֲזַמְּרָה לַיהוה: שְׁמַע־יהוה
קוֹלִי אֶקְרָא, וְחָנֵּנִי וַעֲנֵנִי: לְךָ אָמַר לִבִּי בַּקְּשׁוּ פָנָי,
אֶת־פָּנֶיךָ יהוה אֲבַקֵּשׁ: אַל־תַּסְתֵּר פָּנֶיךָ מִמֶּנִּי, אַל
תַּט־בְּאַף עַבְדֶּךָ, עֶזְרָתִי הָיִיתָ, אַל־תִּטְּשֵׁנִי וְאַל־
תַּעַזְבֵנִי, אֱלֹהֵי יִשְׁעִי: כִּי־אָבִי וְאִמִּי עֲזָבוּנִי, וַיהוה
יַאַסְפֵנִי: הוֹרֵנִי יהוה דַּרְכֶּךָ, וּנְחֵנִי בְּאֹרַח מִישׁוֹר,
לְמַעַן שׁוֹרְרָי: אַל־תִּתְּנֵנִי בְּנֶפֶשׁ צָרָי, כִּי קָמוּ־בִי
עֵדֵי־שֶׁקֶר, וִיפֵחַ חָמָס: ◄ לוּלֵא הֶאֱמַנְתִּי לִרְאוֹת
בְּטוּב־יהוה בְּאֶרֶץ חַיִּים: קַוֵּה אֶל־יהוה, חֲזַק וְיַאֲמֵץ
לִבֶּךָ, וְקַוֵּה אֶל־יהוה:

קדיש יתום (בעמוד הקודם)

בקהילות רבות נוהגים לשיר כאן ׳אֲדוֹן עוֹלָם׳, ויש ששרים ׳יִגְדַּל׳ (עמ׳ 15).
ויש שנוהגים לשיר ׳יִגְדַּל׳ בליל יום טוב וׅאֲדוֹן עוֹלָם׳ בליל שבת.

אֲדוֹן עוֹלָם

אֲשֶׁר מָלַךְ בְּטֶרֶם כָּל־יְצִיר נִבְרָא.
לְעֵת נַעֲשָׂה בְחֶפְצוֹ כֹּל אֲזַי מֶלֶךְ שְׁמוֹ נִקְרָא.
וְאַחֲרֵי כִּכְלוֹת הַכֹּל לְבַדּוֹ יִמְלֹךְ נוֹרָא.
וְהוּא הָיָה וְהוּא הֹוֶה וְהוּא יִהְיֶה בְּתִפְאָרָה.
וְהוּא אֶחָד וְאֵין שֵׁנִי לְהַמְשִׁיל לוֹ לְהַחְבִּירָה.
בְּלִי רֵאשִׁית בְּלִי תַכְלִית וְלוֹ הָעֹז וְהַמִּשְׂרָה.
וְהוּא אֵלִי וְחַי גּוֹאֲלִי וְצוּר חֶבְלִי בְּעֵת צָרָה.
וְהוּא נִסִּי וּמָנוֹס לִי מְנָת כּוֹסִי בְּיוֹם אֶקְרָא.
בְּיָדוֹ אַפְקִיד רוּחִי בְּעֵת אִישַׁן וְאָעִירָה.
וְעִם רוּחִי גְּוִיָּתִי יהוה לִי וְלֹא אִירָא.

קידוש וזמירות לליל שבת

ברכת הבנים

בשובם מבית הכנסת בליל שבת או בליל יום טוב, רבים נוהגים לברך את ילדיהם (ויש מברכים אחר 'שָׁלוֹם עֲלֵיכֶם').

לזכר:

יְשִׂמְךָ אֱלֹהִים כְּאֶפְרַיִם וְכִמְנַשֶּׁה: בראשית מח

יְבָרֶכְךָ יהוה וְיִשְׁמְרֶךָ: במדבר ו

יָאֵר יהוה פָּנָיו אֵלֶיךָ וִיחֻנֶּךָּ:

יִשָּׂא יהוה פָּנָיו אֵלֶיךָ וְיָשֵׂם לְךָ שָׁלוֹם:

לנקבה:

יְשִׂימֵךְ אֱלֹהִים כְּשָׂרָה רִבְקָה רָחֵל וְלֵאָה.

יְבָרֶכְךָ יהוה וְיִשְׁמְרֶךָ: במדבר ו

יָאֵר יהוה פָּנָיו אֵלֶיךָ וִיחֻנֶּךָּ:

יִשָּׂא יהוה פָּנָיו אֵלֶיךָ וְיָשֵׂם לְךָ שָׁלוֹם:

הגמרא מתארת כיצד שני מלאכי שרת מלווים את האדם מבית הכנסת לביתו, וכשרואים את הבית מוכן לשבת, הם מברכים אותו (שבת קיט ע״ב). ועל זה ייסדו המקובלים את הפיוט הבא.

רבים נוהגים לשיר כל בית שלוש פעמים.

שָׁלוֹם עֲלֵיכֶם
מַלְאֲכֵי הַשָּׁרֵת, מַלְאֲכֵי עֶלְיוֹן
מִמֶּלֶךְ מַלְכֵי הַמְּלָכִים, הַקָּדוֹשׁ בָּרוּךְ הוּא.

בּוֹאֲכֶם לְשָׁלוֹם
מַלְאֲכֵי הַשָּׁלוֹם, מַלְאֲכֵי עֶלְיוֹן
מִמֶּלֶךְ מַלְכֵי הַמְּלָכִים, הַקָּדוֹשׁ בָּרוּךְ הוּא.

בָּרְכוּנִי לְשָׁלוֹם
מַלְאֲכֵי הַשָּׁלוֹם, מַלְאֲכֵי עֶלְיוֹן
מִמֶּלֶךְ מַלְכֵי הַמְּלָכִים, הַקָּדוֹשׁ בָּרוּךְ הוּא.

צֵאתְכֶם לְשָׁלוֹם
מַלְאֲכֵי הַשָּׁלוֹם, מַלְאֲכֵי עֶלְיוֹן
מִמֶּלֶךְ מַלְכֵי הַמְּלָכִים, הַקָּדוֹשׁ בָּרוּךְ הוּא.

כִּי מַלְאָכָיו יְצַוֶּה־לָּךְ, לִשְׁמָרְךָ בְּכָל־דְּרָכֶיךָ: תהלים צא
יהוה יִשְׁמָר־צֵאתְךָ וּבוֹאֶךָ, מֵעַתָּה וְעַד־עוֹלָם: תהלים קכא

בדורות הקודמים נהגו לומר תחינה זו בליל שבת, קודם שיוצא מבית הכנסת לביתו. כיום מקובל לאומרה בבית אחרי 'שָׁלוֹם עֲלֵיכֶם'.

רִבּוֹן כָּל הָעוֹלָמִים, אֲדוֹן כָּל הַנְּשָׁמוֹת, אֲדוֹן הַשָּׁלוֹם. מֶלֶךְ אַבִּיר, מֶלֶךְ בָּרוּךְ, מֶלֶךְ גָּדוֹל, מֶלֶךְ דּוֹבֵר שָׁלוֹם, מֶלֶךְ הָדוּר, מֶלֶךְ וָתִיק, מֶלֶךְ זַךְ, מֶלֶךְ חֵי הָעוֹלָמִים, מֶלֶךְ טוֹב וּמֵטִיב, מֶלֶךְ יָחִיד וּמְיֻחָד, מֶלֶךְ כַּבִּיר, מֶלֶךְ לוֹבֵשׁ רַחֲמִים, מֶלֶךְ מַלְכֵי הַמְּלָכִים, מֶלֶךְ נִשְׂגָּב, מֶלֶךְ סוֹמֵךְ נוֹפְלִים, מֶלֶךְ עֹשֶׂה מַעֲשֵׂה בְרֵאשִׁית, מֶלֶךְ פּוֹדֶה וּמַצִּיל, מֶלֶךְ צַח וְאָדֹם, מֶלֶךְ קָדוֹשׁ, מֶלֶךְ רָם וְנִשָּׂא, מֶלֶךְ שׁוֹמֵעַ תְּפִלָּה, מֶלֶךְ תָּמִים דַּרְכּוֹ. מוֹדֶה אֲנִי לְפָנֶיךָ, יהוה אֱלֹהַי וֵאלֹהֵי אֲבוֹתַי, עַל כָּל הַחֶסֶד אֲשֶׁר עָשִׂיתָ עִמָּדִי וַאֲשֶׁר אַתָּה עָתִיד לַעֲשׂוֹת עִמִּי וְעִם כָּל בְּנֵי בֵיתִי וְעִם כָּל בְּרִיּוֹתֶיךָ, בְּנֵי בְרִיתִי. וּבְרוּכִים הֵם מַלְאָכֶיךָ הַקְּדוֹשִׁים וְהַטְּהוֹרִים שֶׁעוֹשִׂים רְצוֹנֶךָ. אֲדוֹן הַשָּׁלוֹם, מֶלֶךְ שֶׁהַשָּׁלוֹם שֶׁלּוֹ, בָּרְכֵנִי בַשָּׁלוֹם, וְתִפְקֹד אוֹתִי וְאֶת כָּל בְּנֵי בֵיתִי וְכָל עַמְּךָ בֵּית יִשְׂרָאֵל לְחַיִּים טוֹבִים וּלְשָׁלוֹם. מֶלֶךְ עֶלְיוֹן עַל כָּל צְבָא מָרוֹם, יוֹצְרֵנוּ, יוֹצֵר בְּרֵאשִׁית, אֲחַלֶּה פָנֶיךָ הַמְּאִירִים, שֶׁתְּזַכֶּה אוֹתִי וְאֶת כָּל בְּנֵי בֵיתִי לִמְצֹא חֵן וְשֵׂכֶל טוֹב בְּעֵינֶיךָ וּבְעֵינֵי כָּל בְּנֵי אָדָם וּבְעֵינֵי כָל רוֹאֵינוּ לַעֲבוֹדָתֶךָ. וְזַכֵּנוּ לְקַבֵּל שַׁבָּתוֹת מִתּוֹךְ רֹב שִׂמְחָה וּמִתּוֹךְ עֹשֶׁר וְכָבוֹד וּמִתּוֹךְ מִעוּט עֲוֹנוֹת. וְהָסֵר מִמֶּנִּי וּמִכָּל בְּנֵי בֵיתִי וּמִכָּל עַמְּךָ בֵּית יִשְׂרָאֵל כָּל מִינֵי חֹלִי וְכָל מִינֵי מַדְוֶה וְכָל מִינֵי דַלּוּת וַעֲנִיּוּת וְאֶבְיוֹנוּת. וְתֵן בָּנוּ יֵצֶר טוֹב לְעָבְדְּךָ בֶּאֱמֶת וּבְיִרְאָה וּבְאַהֲבָה. וְנִהְיֶה מְכֻבָּדִים בְּעֵינֶיךָ וּבְעֵינֵי כָל רוֹאֵינוּ, כִּי אַתָּה הוּא מֶלֶךְ הַכָּבוֹד, כִּי לְךָ נָאֶה, כִּי לְךָ יָאֶה. אָנָּא, מֶלֶךְ מַלְכֵי הַמְּלָכִים, צַוֵּה לְמַלְאָכֶיךָ,

מַלְאֲכֵי הַשָּׁרֵת, מְשָׁרְתֵי עֶלְיוֹן, שֶׁיִּפְקְדוּנִי בְּרַחֲמִים וִיבָרְכוּנִי בְּבוֹאָם לְבֵיתִי בְּיוֹם קָדְשֵׁנוּ, כִּי הִדְלַקְתִּי נֵרוֹתַי וְהִצַּעְתִּי מִטָּתִי וְהֶחֱלַפְתִּי שִׂמְלוֹתַי לִכְבוֹד יוֹם הַשַּׁבָּת וּבָאתִי לְבֵיתְךָ לְהַפִּיל תְּחִנָּתִי לְפָנֶיךָ, שֶׁתַּעֲבִיר אַנְחָתִי, וָאָעִיד אֲשֶׁר בָּרָאתָ בְשִׁשָּׁה יָמִים כָּל הַיְצוּר, וָאֶשְׁנֶה, וַאֲשַׁלֵּשׁ עוֹד לְהָעִיד עַל כּוֹסִי בְּתוֹךְ שִׂמְחָתִי, כַּאֲשֶׁר צִוִּיתַנִי לְזָכְרוֹ וּלְהִתְעַנֵּג בְּיֶתֶר נִשְׁמָתִי אֲשֶׁר נָתַתָּ בִּי. בּוֹ אֶשְׁבֹּת כַּאֲשֶׁר צִוִּיתַנִי לְשָׁרְתֶךָ, וְכֵן אַגִּיד גְּדֻלָּתְךָ בְּרִנָּה, וְשִׁוִּיתִי יהוה לִקְרָאתִי שֶׁתְּרַחֲמֵנִי עוֹד בְּגָלוּתִי לְגָאֳלֵנִי לְעוֹרֵר לִבִּי לְאַהֲבָתֶךָ. וְאָז אֶשְׁמֹר פִּקּוּדֶיךָ וְחֻקֶּיךָ בְּלִי עֶצֶב, וְאֶתְפַּלֵּל כַּדָּת כָּרָאוּי וְכַנָּכוֹן. מַלְאֲכֵי הַשָּׁלוֹם, בּוֹאֲכֶם לְשָׁלוֹם, בָּרְכוּנִי לְשָׁלוֹם, וְאִמְרוּ בָּרוּךְ לְשֻׁלְחָנִי הֶעָרוּךְ, וְצֵאתְכֶם לְשָׁלוֹם מֵעַתָּה וְעַד עוֹלָם, אָמֵן סֶלָה.

המקובלים ראו במזמור זה רמז לתורה (הגר״א) או לשכינה (סידור השל״ה) או לשבת עצמה (שיבולי הלקט). עם זאת מזמור זה הוא על פי פשוטו שיר הלל לאישה שטרחה והכינה את ביתה לקראת השבת (הרב זקס).

אֵשֶׁת־חַיִל מִי יִמְצָא, וְרָחֹק מִפְּנִינִים מִכְרָהּ: משלי לא
בָּטַח בָּהּ לֵב בַּעְלָהּ, וְשָׁלָל לֹא יֶחְסָר:
גְּמָלַתְהוּ טוֹב וְלֹא־רָע, כֹּל יְמֵי חַיֶּיהָ:
דָּרְשָׁה צֶמֶר וּפִשְׁתִּים, וַתַּעַשׂ בְּחֵפֶץ כַּפֶּיהָ:
הָיְתָה כָּאֳנִיּוֹת סוֹחֵר, מִמֶּרְחָק תָּבִיא לַחְמָהּ:
וַתָּקָם בְּעוֹד לַיְלָה, וַתִּתֵּן טֶרֶף לְבֵיתָהּ
וְחֹק לְנַעֲרֹתֶיהָ:

זָמְמָה שָׂדֶה וַתִּקָּחֵהוּ, מִפְּרִי כַפֶּיהָ נָטְעָה כָּרֶם:
חָגְרָה בְעוֹז מָתְנֶיהָ, וַתְּאַמֵּץ זְרוֹעֹתֶיהָ:
טָעֲמָה כִּי־טוֹב סַחְרָהּ, לֹא־יִכְבֶּה בַלַּיְלָ נֵרָהּ:
יָדֶיהָ שִׁלְּחָה בַכִּישׁוֹר, וְכַפֶּיהָ תָּמְכוּ פָלֶךְ:
כַּפָּהּ פָּרְשָׂה לֶעָנִי, וְיָדֶיהָ שִׁלְּחָה לָאֶבְיוֹן:
לֹא־תִירָא לְבֵיתָהּ מִשָּׁלֶג
כִּי כָל־בֵּיתָהּ לָבֻשׁ שָׁנִים:
מַרְבַדִּים עָשְׂתָה־לָּהּ, שֵׁשׁ וְאַרְגָּמָן לְבוּשָׁהּ:
נוֹדָע בַּשְּׁעָרִים בַּעְלָהּ, בְּשִׁבְתּוֹ עִם־זִקְנֵי־אָרֶץ:
סָדִין עָשְׂתָה וַתִּמְכֹּר, וַחֲגוֹר נָתְנָה לַכְּנַעֲנִי:
עוֹז־וְהָדָר לְבוּשָׁהּ, וַתִּשְׂחַק לְיוֹם אַחֲרוֹן:
פִּיהָ פָּתְחָה בְחָכְמָה, וְתוֹרַת־חֶסֶד עַל־לְשׁוֹנָהּ:
צוֹפִיָּה הֲלִיכוֹת בֵּיתָהּ, וְלֶחֶם עַצְלוּת לֹא תֹאכֵל:
קָמוּ בָנֶיהָ וַיְאַשְּׁרוּהָ, בַּעְלָהּ וַיְהַלְלָהּ:
רַבּוֹת בָּנוֹת עָשׂוּ חָיִל, וְאַתְּ עָלִית עַל־כֻּלָּנָה:
שֶׁקֶר הַחֵן וְהֶבֶל הַיֹּפִי
אִשָּׁה יִרְאַת־יהוה הִיא תִתְהַלָּל:
תְּנוּ־לָהּ מִפְּרִי יָדֶיהָ
וִיהַלְלוּהָ בַשְּׁעָרִים מַעֲשֶׂיהָ:

יש אומרים (על פי הזוהר, יתרו פח ע״א):

אַתְקִינוּ סְעוּדְתָא דִמְהֵימְנוּתָא שְׁלִימְתָא, חֶדְוְתָא דְמַלְכָּא קַדִּישָׁא. אַתְקִינוּ סְעוּדְתָא דְמַלְכָּא.

דָּא הִיא סְעוּדְתָא דַחֲקַל תַּפּוּחִין קַדִּישִׁין, וּזְעֵיר אַנְפִּין וְעַתִּיקָא קַדִּישָׁא אָתַיִן לְסַעֲדָה בַּהֲדַהּ.

זמר שחיבר האר״י לסעודת ליל שבת

אֲזַמֵּר בִּשְׁבָחִין / לְמֵעַל גּוֹ פִתְחִין
דְּבַחֲקַל תַּפּוּחִין / דְּאִנּוּן קַדִּישִׁין.

נְזַמֵּן לַהּ הַשְׁתָּא / בְּפָתוֹרָא חַדְתָּא
וּבִמְנָרְתָא טָבְתָא / דְּנָהֲרָה עַל רֵישִׁין.

יְמִינָא וּשְׂמָאלָא / וּבֵינֵיהוּ כַלָּה
בְּקִשּׁוּטִין אָזְלָא / וּמָנִין וּלְבוּשִׁין.

יְחַבֵּק לַהּ בַּעְלָהּ / וּבִיסוֹדָא דִי לַהּ
דְּעָבֵד נְיָחָא לַהּ / יְהֵא כָתֵשׁ כְּתִישִׁין.

צְוָחִין אוּף עָקְתִין / בְּטִילִין וּשְׁבִיתִין
בְּרַם אַנְפִּין חַדְתִּין / וְרוּחִין עִם נַפְשִׁין.

חֲדוּ סַגִּי יֵיתֵי / וְעַל חֲדָה תַרְתֵּי
נְהוֹרָא לַהּ יַמְטֵי / וּבִרְכָן דִּנְפִישִׁין.

קְרִיבוּ שׁוֹשְׁבִינִין / עֲבִידוּ תִקּוּנִין
לְאַפָּשָׁה זֵינִין / וְנוּנִין עִם רַחֲשִׁין.

לְמֶעְבַּד נִשְׁמָתִין / וְרוּחִין חַדְתִּין
בְּתַרְתֵּי וּתְלָתִין / וּבִתְלָתָא שִׁבְשִׁין.

וְעִטְרִין שַׁבְעִין לַהּ / וּמַלְכָּא דִלְעֵלָּא

דְּיִתְעַטַּר כַּלָּא / בְּקַדִּישׁ קַדִּישִׁין.
רְשִׁימִין וּסְתִימִין / בְּגַוַּהּ כָּל עָלְמִין
בְּרַם עַתִּיק יוֹמִין / הֲלָא בָטֵשׁ בְּטִישִׁין.
יְהֵא רַעְוָה קַמֵּהּ / דְּתִשְׁרֵי עַל עַמֵּהּ
דְּיִתְעַנַּג לִשְׁמֵהּ / בְּמִתְקִין וְדֻבְשִׁין.
אֲסַדֵּר לִדְרוֹמָא / מְנָרְתָא דִסְתִימָא
וְשֻׁלְחָן עִם נַהֲמָא / בְּצִפּוּנָא אַדְשִׁין.
בְּחַמְרָא גוֹ כָסָא / וּמַדַּנֵי אָסָא
לְאָרוּס וַאְרוּסָה / לְאַתְקָפָא חַלָּשִׁין.
נְעַבֵּד לוֹן כִּתְרִין / בְּמִלִּין יַקִּירִין
בְּשִׁבְעִין עִטּוּרִין / דְּעַל גַּבֵּי חַמְשִׁין.
שְׁכִינְתָּא תִתְעַטַּר / בְּשִׁית נַהֲמֵי לִסְטַר
בְּוָוִין תִּתְקַטַּר / וְזֵינִין דִּכְנִישִׁין.
(שְׁבִיתִין וּשְׁבִיקִין / מְסָאְבִין דְּדָחֲקִין
חֲבִילִין דִּמְעִיקִין / וְכָל זֵינֵי חַרְשִׁין.)
לְמִבְצַע עַל רִיפְתָא / כְּזֵיתָא וּכְבֵיעְתָא
תְּרֵין יוּדִין נָקְטָא / סְתִימִין וּפְרִישִׁין.
מְשַׁח זֵיתָא דָכְיָא / דְטָחֲנִין רֵיחַיָּא
וְנָגְדִין נַחְלַיָּא / בְּגַוַּהּ בִּלְחִישִׁין.
הֲלָא נֵימָא רָזִין / וּמִלִּין דִּגְנִיזִין
דְּלֵיתֵיהוֹן מִתְחַזִין / טְמִירִין וּכְבִישִׁין.
לְאַעְטָרָה כַלָּה / בְּרָזִין דִּלְעֵלָּא
בְּגוֹ הַאי הִלּוּלָה / דְּעִירִין קַדִּישִׁין.

קידוש לליל שבת

קידוש לליל יום טוב עמ׳ 612, ולליל ראש השנה עמ׳ 718.

נוהגים לעמוד בזמן הקידוש.

בראשית א בלחש: וַיְהִי־עֶרֶב וַיְהִי־בֹקֶר

יוֹם הַשִּׁשִּׁי:

בראשית ב וַיְכֻלּוּ הַשָּׁמַיִם וְהָאָרֶץ וְכָל־צְבָאָם:

וַיְכַל אֱלֹהִים בַּיּוֹם הַשְּׁבִיעִי

מְלַאכְתּוֹ אֲשֶׁר עָשָׂה

וַיִּשְׁבֹּת בַּיּוֹם הַשְּׁבִיעִי

מִכָּל־מְלַאכְתּוֹ אֲשֶׁר עָשָׂה:

וַיְבָרֶךְ אֱלֹהִים אֶת־יוֹם הַשְּׁבִיעִי, וַיְקַדֵּשׁ אֹתוֹ

כִּי בוֹ שָׁבַת מִכָּל־מְלַאכְתּוֹ

אֲשֶׁר־בָּרָא אֱלֹהִים, לַעֲשׂוֹת:

המקדש לאחרים, מוסיף:

סַבְרִי מָרָנָן

בָּרוּךְ אַתָּה יהוה אֱלֹהֵינוּ מֶלֶךְ הָעוֹלָם

בּוֹרֵא פְּרִי הַגָּפֶן.

בָּרוּךְ אַתָּה יהוה אֱלֹהֵינוּ מֶלֶךְ הָעוֹלָם
אֲשֶׁר קִדְּשָׁנוּ בְּמִצְוֹתָיו
וְרָצָה בָנוּ
וְשַׁבַּת קָדְשׁוֹ בְּאַהֲבָה וּבְרָצוֹן הִנְחִילָנוּ
זִכָּרוֹן לְמַעֲשֵׂה בְרֵאשִׁית
כִּי הוּא יוֹם תְּחִלָּה לְמִקְרָאֵי קֹדֶשׁ
זֵכֶר לִיצִיאַת מִצְרָיִם
כִּי בָנוּ בָחַרְתָּ וְאוֹתָנוּ קִדַּשְׁתָּ מִכָּל הָעַמִּים
וְשַׁבַּת קָדְשְׁךָ בְּאַהֲבָה וּבְרָצוֹן הִנְחַלְתָּנוּ.
בָּרוּךְ אַתָּה יהוה
מְקַדֵּשׁ הַשַּׁבָּת.

בשבת חול המועד סוכות מברך:

בָּרוּךְ אַתָּה יהוה אֱלֹהֵינוּ מֶלֶךְ הָעוֹלָם
אֲשֶׁר קִדְּשָׁנוּ בְּמִצְוֹתָיו
וְצִוָּנוּ לֵישֵׁב בַּסֻּכָּה.

זמירות לליל שבת

כָּל מְקַדֵּשׁ שְׁבִיעִי כָּרָאוּי לוֹ
כָּל שׁוֹמֵר שַׁבָּת כַּדָּת, מֵחַלְּלוֹ
שְׂכָרוֹ הַרְבֵּה מְאֹד עַל פִּי פָעֳלוֹ
במדבר א אִישׁ עַל־מַחֲנֵהוּ וְאִישׁ עַל־דִּגְלוֹ:

אוֹהֲבֵי יהוה הַמְחַכִּים לְבִנְיַן אֲרִיאֵל
בְּיוֹם הַשַּׁבָּת שִׂישׂוּ וְשִׂמְחוּ כִּמְקַבְּלֵי
מַתַּן נַחֲלִיאֵל
גַּם שְׂאוּ יְדֵיכֶם קֹדֶשׁ וְאִמְרוּ לָאֵל
מלכים א׳ ח בָּרוּךְ יהוה אֲשֶׁר נָתַן מְנוּחָה לְעַמּוֹ יִשְׂרָאֵל:

דּוֹרְשֵׁי יהוה זֶרַע אַבְרָהָם אוֹהֲבוֹ
הַמְאַחֲרִים לָצֵאת מִן הַשַּׁבָּת וּמְמַהֲרִים לָבוֹא
וּשְׂמֵחִים לְשָׁמְרוֹ וּלְעָרֵב עֵרוּבוֹ
תהלים קיח זֶה־הַיּוֹם עָשָׂה יהוה, נָגִילָה וְנִשְׂמְחָה בוֹ:

זִכְרוּ תּוֹרַת מֹשֶׁה בְּמִצְוַת שַׁבָּת גְּרוּסָה
חֲרוּתָה לַיּוֹם הַשְּׁבִיעִי, כְּכַלָּה בֵּין
רֵעוֹתֶיהָ מְשֻׁבָּצָה

טְהוֹרִים יִירָשׁוּהָ, וִיקַדְּשׁוּהָ בְּמַאֲמַר כָּל
אֲשֶׁר עָשָׂה
וַיְכַל אֱלֹהִים בַּיּוֹם הַשְּׁבִיעִי מְלַאכְתּוֹ בראשית ב
אֲשֶׁר עָשָׂה:

יוֹם קָדוֹשׁ הוּא, מִבּוֹאוֹ וְעַד צֵאתוֹ
כָּל זֶרַע יַעֲקֹב יְכַבְּדוּהוּ, כִּדְבַר הַמֶּלֶךְ וְדָתוֹ
לָנוּחַ בּוֹ וְלִשְׂמֹחַ בְּתַעֲנוּג אָכוֹל וְשָׁתֹה
כָּל־עֲדַת יִשְׂרָאֵל יַעֲשׂוּ אֹתוֹ: שמות יב

מְשֹׁךְ חַסְדְּךָ לְיוֹדְעֶיךָ, אֵל קַנּוֹא וְנוֹקֵם
נוֹטְרֵי יוֹם הַשְּׁבִיעִי זָכוֹר וְשָׁמוֹר לְהָקֵם
שַׂמְּחֵם בְּבִנְיַן שָׁלֵם, בְּאוֹר פָּנֶיךָ תַּבְהִיקֵם
יִרְוְיֻן מִדֶּשֶׁן בֵּיתֶךָ, וְנַחַל עֲדָנֶיךָ תַשְׁקֵם: תהלים לו

עֲזֹר לַשּׁוֹבְתִים בַּשְּׁבִיעִי, בֶּחָרִישׁ
וּבַקָּצִיר עוֹלָמִים
פּוֹסְעִים בּוֹ פְּסִיעָה קְטַנָּה, סוֹעֲדִים בּוֹ
לְבָרֵךְ שָׁלֹשׁ פְּעָמִים
צִדְקָתָם תַּצְהִיר כְּאוֹר שִׁבְעַת הַיָּמִים
יהוה אֱלֹהֵי יִשְׂרָאֵל, הָבָה תָמִים: שמואל א׳ יד

מְנוּחָה וְשִׂמְחָה אוֹר לַיְּהוּדִים
יוֹם שַׁבָּתוֹן, יוֹם מַחֲמַדִּים
שׁוֹמְרָיו וְזוֹכְרָיו הֵמָּה מְעִידִים
כִּי לְשִׁשָּׁה כֹּל בְּרוּאִים וְעוֹמְדִים.

שְׁמֵי שָׁמַיִם, אֶרֶץ וְיַמִּים
כָּל צְבָא מָרוֹם גְּבוֹהִים וְרָמִים
תַּנִּין וְאָדָם וְחַיַּת רְאֵמִים
כִּי בְּיָהּ יהוה צוּר עוֹלָמִים. ישעיה כו

הוּא אֲשֶׁר דִּבֶּר לְעַם סְגֻלָּתוֹ
שָׁמוֹר לְקַדְּשׁוֹ מִבּוֹאוֹ עַד צֵאתוֹ
שַׁבַּת קֹדֶשׁ יוֹם חֶמְדָּתוֹ
כִּי בוֹ שָׁבַת אֵל מִכָּל מְלַאכְתּוֹ.

בְּמִצְוַת שַׁבָּת אֵל יַחֲלִיצָךְ
קוּם קְרָא אֵלָיו, יָחִישׁ לְאַמְּצָךְ
נִשְׁמַת כָּל חַי וְגַם נַעֲרִיצָךְ
אֱכֹל בְּשִׂמְחָה כִּי כְבָר רָצָךְ.

בְּמִשְׁנֶה לֶחֶם וְקִדּוּשׁ רַבָּה
בְּרֹב מַטְעַמִּים וְרוּחַ נְדִיבָה
יִזְכּוּ לְרַב טוּב הַמִּתְעַנְּגִים בָּהּ
בְּבִיאַת גּוֹאֵל לְחַיֵּי הָעוֹלָם הַבָּא.

מַה־יְּדִידוּת מְנוּחָתֵךְ, אַתְּ שַׁבָּת הַמַּלְכָּה
בְּכֵן נָרוּץ לִקְרָאתֵךְ, בּוֹאִי כַלָּה נְסוּכָה
לְבוּשׁ בִּגְדֵי חֲמוּדוֹת, לְהַדְלִיק נֵר בִּבְרָכָה
וַתֵּכֶל כָּל הָעֲבוֹדוֹת, לֹא תַעֲשׂוּ מְלָאכָה.
לְהִתְעַנֵּג בְּתַעֲנוּגִים בַּרְבּוּרִים וּשְׂלָו וְדָגִים.

מֵעֶרֶב מַזְמִינִים כָּל מִינֵי מַטְעַמִּים
מִבְּעוֹד יוֹם מוּכָנִים תַּרְנְגוֹלִים מְפֻטָּמִים
וְלַעֲרֹךְ כַּמָּה מִינִים, שְׁתוֹת יֵינוֹת מְבֻשָּׂמִים
וְתַפְנוּקֵי מַעֲדַנִּים בְּכָל שָׁלֹשׁ פְּעָמִים.
לְהִתְעַנֵּג בְּתַעֲנוּגִים בַּרְבּוּרִים וּשְׂלָו וְדָגִים.

נַחֲלַת יַעֲקֹב יִירָשׁ, בְּלִי מְצָרִים נַחֲלָה
וִיכַבְּדוּהוּ עָשִׁיר וָרָשׁ, וְתִזְכּוּ לִגְאֻלָּה
יוֹם שַׁבָּת אִם תְּכַבֵּדוּ וִהְיִיתֶם לִי סְגֻלָּה
שֵׁשֶׁת יָמִים תַּעֲבֹדוּ וּבַשְּׁבִיעִי נָגִילָה.
לְהִתְעַנֵּג בְּתַעֲנוּגִים בַּרְבּוּרִים וּשְׂלָו וְדָגִים.

חֲפָצֶיךָ אֲסוּרִים וְגַם לַחְשֹׁב חֶשְׁבּוֹנוֹת
הִרְהוּרִים מֻתָּרִים וּלְשַׁדֵּךְ הַבָּנוֹת
וְתִינוֹק לְלַמְּדוֹ סֵפֶר, לַמְנַצֵּחַ בִּנְגִינוֹת
וְלַהֲגוֹת בְּאִמְרֵי שֶׁפֶר בְּכָל פִּנּוֹת וּמַחֲנוֹת.
לְהִתְעַנֵּג בְּתַעֲנוּגִים בַּרְבּוּרִים וּשְׂלָו וְדָגִים.

הִלּוּכָךְ יְהֵא בְנַחַת, עֹנֶג קְרָא לַשַּׁבָּת
וְהַשֵּׁנָה מְשֻׁבַּחַת כְּדָת נֶפֶשׁ מְשִׁיבַת
בְּכֵן נַפְשִׁי לְךָ עָרְגָה וְלָנוּחַ בְּחִבַּת
כְּשׁוֹשַׁנִּים סוּגָה, בּוֹ יָנוּחוּ בֵּן וּבַת.

לְהִתְעַנֵּג בְּתַעֲנוּגִים בַּרְבּוּרִים וּשְׂלָו וְדָגִים.

מֵעֵין עוֹלָם הַבָּא יוֹם שַׁבָּת מְנוּחָה
כָּל הַמִּתְעַנְּגִים בָּהּ יִזְכּוּ לְרֹב שִׂמְחָה
מֵחֶבְלֵי מָשִׁיחַ יֻצָּלוּ לִרְוָחָה
פְּדוּתֵנוּ תַצְמִיחַ, וְנָס יָגוֹן וַאֲנָחָה.

לְהִתְעַנֵּג בְּתַעֲנוּגִים בַּרְבּוּרִים וּשְׂלָו וְדָגִים.

יוֹם זֶה לְיִשְׂרָאֵל אוֹרָה וְשִׂמְחָה, שַׁבַּת מְנוּחָה.

צִוִּיתָ פִּקּוּדִים בְּמַעֲמַד סִינַי
שַׁבָּת וּמוֹעֲדִים לִשְׁמֹר בְּכָל שָׁנַי
לַעֲרֹךְ לְפָנַי מַשְׂאֵת וַאֲרוּחָה שַׁבַּת מְנוּחָה.

יוֹם זֶה לְיִשְׂרָאֵל אוֹרָה וְשִׂמְחָה, שַׁבַּת מְנוּחָה.

חֶמְדַּת הַלְּבָבוֹת לְאֻמָּה שְׁבוּרָה
לִנְפָשׁוֹת נִכְאָבוֹת נְשָׁמָה יְתֵרָה
לְנֶפֶשׁ מְצֵרָה יָסִיר אֲנָחָה שַׁבַּת מְנוּחָה.
יוֹם זֶה לְיִשְׂרָאֵל אוֹרָה וְשִׂמְחָה, שַׁבַּת מְנוּחָה.

קִדַּשְׁתָּ בֵּרַכְתָּ אוֹתוֹ מִכָּל יָמִים
בְּשֵׁשֶׁת כִּלִּיתָ מְלֶאכֶת עוֹלָמִים
בּוֹ מָצְאוּ עֲגוּמִים הַשְׁקֵט וּבִטְחָה שַׁבַּת מְנוּחָה.
יוֹם זֶה לְיִשְׂרָאֵל אוֹרָה וְשִׂמְחָה, שַׁבַּת מְנוּחָה.

לְאִסּוּר מְלָאכָה צִוִּיתָנוּ נוֹרָא
אֶזְכֶּה הוֹד מְלוּכָה אִם שַׁבָּת אֶשְׁמֹרָה
אַקְרִיב שַׁי לַמּוֹרָא, מִנְחָה מֶרְקָחָה שַׁבַּת מְנוּחָה.
יוֹם זֶה לְיִשְׂרָאֵל אוֹרָה וְשִׂמְחָה, שַׁבַּת מְנוּחָה.

חַדֵּשׁ מִקְדָּשֵׁנוּ, זָכְרָה נֶחֱרֶבֶת
טוּבְךָ, מוֹשִׁיעֵנוּ, תְּנָה לַנֶּעֱצֶבֶת
בְּשַׁבָּת יוֹשֶׁבֶת בְּזֶמֶר וּשְׁבָחָה שַׁבַּת מְנוּחָה.
יוֹם זֶה לְיִשְׂרָאֵל אוֹרָה וְשִׂמְחָה, שַׁבַּת מְנוּחָה.

יָהּ רִבּוֹן עָלַם וְעָלְמַיָּא
אַנְתְּ הוּא מַלְכָּא מֶלֶךְ מַלְכַיָּא
עוֹבַד גְּבוּרְתָּךְ וְתִמְהַיָּא
שְׁפַר קֳדָמָךְ לְהַחֲוָיָא.

יָהּ רִבּוֹן עָלַם וְעָלְמַיָּא, אַנְתְּ הוּא מַלְכָּא מֶלֶךְ מַלְכַיָּא.

שְׁבָחִין אֲסַדֵּר צַפְרָא וְרַמְשָׁא
לָךְ אֱלָהָא קַדִּישָׁא דִּי בְרָא כָּל נַפְשָׁא
עִירִין קַדִּישִׁין וּבְנֵי אֱנָשָׁא
חֵיוַת בָּרָא וְעוֹפֵי שְׁמַיָּא.

יָהּ רִבּוֹן עָלַם וְעָלְמַיָּא, אַנְתְּ הוּא מַלְכָּא מֶלֶךְ מַלְכַיָּא.

רַבְרְבִין עוֹבְדָךְ וְתַקִּיפִין
מָכֵךְ רָמַיָּא וְזָקֵף כְּפִיפִין
לוּ יְחֵי גְבַר שְׁנִין אַלְפִין
לָא יֵעֹל גְּבוּרְתָּךְ בְּחֻשְׁבְּנַיָּא.

יָהּ רִבּוֹן עָלַם וְעָלְמַיָּא, אַנְתְּ הוּא מַלְכָּא מֶלֶךְ מַלְכַיָּא.

אֱלָהָא דִּי לֵהּ יְקָר וּרְבוּתָא
פְּרֹק יַת עָנָךְ מִפֻּם אַרְיְוָתָא
וְאַפֵּק יַת עַמָּךְ מִגּוֹ גָלוּתָא
עַמָּא דִּי בְחַרְתְּ מִכָּל אֻמַּיָּא.

יָהּ רִבּוֹן עָלַם וְעָלְמַיָּא, אַנְתְּ הוּא מַלְכָּא מֶלֶךְ מַלְכַיָּא.

לְמַקְדְּשָׁךְ תּוּב וּלְקֹדֶשׁ קֻדְשִׁין
אֲתַר דִּי בֵהּ יֶחֱדוּן רוּחִין וְנַפְשִׁין
וִיזַמְּרוּן לָךְ שִׁירִין וְרַחֲשִׁין
בִּירוּשְׁלֵם קַרְתָּא דְשֻׁפְרַיָּא.
יָהּ רִבּוֹן עָלַם וְעָלְמַיָּא, אַנְתְּ הוּא מַלְכָּא מֶלֶךְ מַלְכַיָּא.

צָמְאָה נַפְשִׁי לֵאלֹהִים לְאֵל חָי: תהלים מב
לִבִּי וּבְשָׂרִי יְרַנְּנוּ אֶל אֵל־חָי: תהלים פד
אֵל אֶחָד בְּרָאָנִי, וְאָמַר חַי אָנִי
כִּי לֹא־יִרְאַנִי הָאָדָם וָחָי: שמות לג
צָמְאָה נַפְשִׁי לֵאלֹהִים לְאֵל חָי, לִבִּי וּבְשָׂרִי יְרַנְּנוּ אֶל אֵל־חָי.

בָּרָא כֹל בְּחָכְמָה, בְּעֵצָה וּבִמְזִמָּה
מְאֹד נֶעְלָמָה מֵעֵינֵי כָל־חָי: איוב כח
רָם עַל כֹּל כְּבוֹדוֹ, כָּל פֶּה יְחַוֶּה הוֹדוֹ
בָּרוּךְ אֲשֶׁר בְּיָדוֹ נֶפֶשׁ כָּל־חָי:
צָמְאָה נַפְשִׁי לֵאלֹהִים לְאֵל חָי, לִבִּי וּבְשָׂרִי יְרַנְּנוּ אֶל אֵל־חָי.

הִבְדִּיל נִינֵי תָם, חֻקִּים לְהוֹרוֹתָם
אֲשֶׁר יַעֲשֶׂה אוֹתָם הָאָדָם וָחָי: ויקרא יח

מִי זֶה יִצְטַדָּק, נִמְשַׁל לְאָבָק דָּק
אֱמֶת, כִּי לֹא־יִצְדַּק לְפָנֶיךָ כָל־חָי: תהלים קמג
צָמְאָה נַפְשִׁי לֵאלֹהִים לְאֵל חָי, לִבִּי וּבְשָׂרִי יְרַנְּנוּ אֶל אֵל־חָי.

בְּלֵב יֵצֶר חָשׁוּב כִּדְמוּת חֲמַת עַכְשׁוּב
וְאֵיכָכָה יָשׁוּב הַבָּשָׂר הֶחָי: ויקרא יג
נְסוֹגִים אִם אָבוּ, וּמִדַּרְכָּם שָׁבוּ
טֶרֶם יִשְׁכָּבוּ בֵּית מוֹעֵד לְכָל־חָי: איוב ל
צָמְאָה נַפְשִׁי לֵאלֹהִים לְאֵל חָי, לִבִּי וּבְשָׂרִי יְרַנְּנוּ אֶל אֵל־חָי.

עַל כֹּל אֲהוֹדֶךָ, כָּל פֶּה תְּיַחֲדֶךָ
פּוֹתֵחַ אֶת־יָדֶךָ וּמַשְׂבִּיעַ לְכָל־חָי: תהלים קמה
זְכֹר אַהֲבַת קְדוּמִים, וְהַחֲיֵה נִרְדָּמִים
וְקָרֵב הַיָּמִים אֲשֶׁר בֶּן־יִשַׁי חָי: שמואל א׳ כ
צָמְאָה נַפְשִׁי לֵאלֹהִים לְאֵל חָי, לִבִּי וּבְשָׂרִי יְרַנְּנוּ אֶל אֵל־חָי.

רְאֵה לִגְבֶרֶת אֱמֶת, שִׁפְחָה נוֹאֱמֶת
לֹא כִי, בְּנֵךְ הַמֵּת וּבְנִי הֶחָי: מלכים א׳ ג
אֶקֹּד עַל אַפִּי, וְאֶפְרֹשׂ לְךָ כַּפַּי
עֵת אֶפְתַּח פִּי בְּנִשְׁמַת כָּל חָי.
צָמְאָה נַפְשִׁי לֵאלֹהִים לְאֵל חָי, לִבִּי וּבְשָׂרִי יְרַנְּנוּ אֶל אֵל־חָי.

צוּר מִשֶּׁלּוֹ אָכַלְנוּ בָּרְכוּ אֱמוּנַי
שָׂבַעְנוּ וְהוֹתַרְנוּ כִּדְבַר יהוה.

הַזָּן אֶת עוֹלָמוֹ רוֹעֵנוּ אָבִינוּ
אָכַלְנוּ אֶת לַחְמוֹ וְיֵינוֹ שָׁתִינוּ
עַל כֵּן נוֹדֶה לִשְׁמוֹ וּנְהַלְלוֹ בְּפִינוּ
אָמַרְנוּ וְעָנִינוּ אֵין קָדוֹשׁ כַּיהוה.

צוּר מִשֶּׁלּוֹ אָכַלְנוּ, בָּרְכוּ אֱמוּנַי, שָׂבַעְנוּ וְהוֹתַרְנוּ כִּדְבַר יהוה.

בְּשִׁיר וְקוֹל תּוֹדָה נְבָרֵךְ אֱלֹהֵינוּ
עַל אֶרֶץ חֶמְדָּה שֶׁהִנְחִיל לַאֲבוֹתֵינוּ
מָזוֹן וְצֵידָה הִשְׂבִּיעַ לְנַפְשֵׁנוּ
חַסְדּוֹ גָּבַר עָלֵינוּ וֶאֱמֶת יהוה.

צוּר מִשֶּׁלּוֹ אָכַלְנוּ, בָּרְכוּ אֱמוּנַי, שָׂבַעְנוּ וְהוֹתַרְנוּ כִּדְבַר יהוה.

רַחֵם בְּחַסְדֶּךָ עַל עַמְּךָ צוּרֵנוּ
עַל צִיּוֹן מִשְׁכַּן כְּבוֹדֶךָ זְבוּל בֵּית תִּפְאַרְתֵּנוּ
בֶּן דָּוִד עַבְדֶּךָ יָבוֹא וְיִגְאָלֵנוּ
רוּחַ אַפֵּינוּ מְשִׁיחַ יהוה.

צוּר מִשֶּׁלּוֹ אָכַלְנוּ, בָּרְכוּ אֱמוּנַי, שָׂבַעְנוּ וְהוֹתַרְנוּ כִּדְבַר יהוה.

יִבָּנֶה הַמִּקְדָּשׁ עִיר צִיּוֹן תְּמַלֵּא
וְשָׁם נָשִׁיר שִׁיר חָדָשׁ וּבִרְנָנָה נַעֲלֶה
הָרַחֲמָן הַנִּקְדָּשׁ יִתְבָּרַךְ וְיִתְעַלֶּה
עַל כּוֹס יַיִן מָלֵא כְּבִרְכַּת יהוה.

צוּר מִשֶּׁלּוֹ אָכַלְנוּ, בָּרְכוּ אֱמוּנַי, שָׂבַעְנוּ וְהוֹתַרְנוּ כִּדְבַר יהוה.

לפני נטילת מים אחרונים:

יְדַי אַסְחֵי אֲנָא לְגַבֵּי חַד מָנָא
לְסִטְרָא חוֹרָנָא דְּלֵית בֵּהּ מְשָׁשָׁא
אֲזַמֵּן בִּתְלָתָא בְּכָסָא דְבִרְכְתָא
לְעִלַּת עִלָּתָא עַתִּיקָא קַדִּישָׁא.

ברכת המזון בעמ׳ 821.

שחרית לשבת וליום טוב

מתפללים תפילת השחר עד אחרי הקרבנות (עד עמ׳ 39).

בבתי כנסת המתפללים בנוסח ספרד, הסדר הוא: ׳הוֹדוּ לַה׳ קִרְאוּ בִשְׁמוֹ׳ (עמ׳ 302), ׳מִזְמוֹר שִׁיר־חֲנֻכַּת הַבַּיִת לְדָוִד׳ (ואין אומרים אחריו קדיש), פסוקי ייחוד ה׳, וממשיכים במזמורי שבת (עמ׳ 306) לפני ׳בָּרוּךְ שֶׁאָמַר׳.

מזמור לפני פסוקי דזמרה

מִזְמוֹר שִׁיר־חֲנֻכַּת הַבַּיִת לְדָוִד: אֲרוֹמִמְךָ יהוה תהלים ל
כִּי דִלִּיתָנִי, וְלֹא־שִׂמַּחְתָּ אֹיְבַי לִי: יהוה אֱלֹהָי,
שִׁוַּעְתִּי אֵלֶיךָ וַתִּרְפָּאֵנִי: יהוה, הֶעֱלִיתָ מִן־שְׁאוֹל
נַפְשִׁי, חִיִּיתַנִי מִיָּרְדִי־בוֹר: זַמְּרוּ לַיהוה חֲסִידָיו,
וְהוֹדוּ לְזֵכֶר קָדְשׁוֹ: כִּי רֶגַע בְּאַפּוֹ, חַיִּים בִּרְצוֹנוֹ,
בָּעֶרֶב יָלִין בֶּכִי וְלַבֹּקֶר רִנָּה: וַאֲנִי אָמַרְתִּי בְשַׁלְוִי,
בַּל־אֶמּוֹט לְעוֹלָם: יהוה, בִּרְצוֹנְךָ הֶעֱמַדְתָּה
לְהַרְרִי עֹז, הִסְתַּרְתָּ פָנֶיךָ הָיִיתִי נִבְהָל: אֵלֶיךָ
יהוה אֶקְרָא, וְאֶל־אֲדֹנָי אֶתְחַנָּן: מַה־בֶּצַע בְּדָמִי,
בְּרִדְתִּי אֶל שָׁחַת, הֲיוֹדְךָ עָפָר, הֲיַגִּיד אֲמִתֶּךָ:
שְׁמַע־יהוה וְחָנֵּנִי, יהוה הֱיֵה־עֹזֵר לִי: • הָפַכְתָּ
מִסְפְּדִי לְמָחוֹל לִי, פִּתַּחְתָּ שַׂקִּי, וַתְּאַזְּרֵנִי שִׂמְחָה:
לְמַעַן יְזַמֶּרְךָ כָבוֹד וְלֹא יִדֹּם, יהוה אֱלֹהַי, לְעוֹלָם
אוֹדֶךָּ:

קדיש יתום

אם יש מניין, האבלים עומדים ואומרים קדיש יתום.

אבל: יִתְגַּדַּל וְיִתְקַדַּשׁ שְׁמֵהּ רַבָּא (קהל: אָמֵן)
בְּעָלְמָא דִּי בְרָא כִרְעוּתֵהּ, וְיַמְלִיךְ מַלְכוּתֵהּ
בְּחַיֵּיכוֹן וּבְיוֹמֵיכוֹן וּבְחַיֵּי דְכָל בֵּית יִשְׂרָאֵל
בַּעֲגָלָא וּבִזְמַן קָרִיב, וְאִמְרוּ אָמֵן. (קהל: אָמֵן)

קהל ואבל: יְהֵא שְׁמֵהּ רַבָּא מְבָרַךְ לְעָלַם וּלְעָלְמֵי עָלְמַיָּא.

אבל: יִתְבָּרַךְ וְיִשְׁתַּבַּח וְיִתְפָּאַר וְיִתְרוֹמַם וְיִתְנַשֵּׂא
וְיִתְהַדָּר וְיִתְעַלֶּה וְיִתְהַלָּל
שְׁמֵהּ דְּקֻדְשָׁא בְּרִיךְ הוּא (קהל: בְּרִיךְ הוּא)
לְעֵלָּא מִן כָּל בִּרְכָתָא
/בשבת שובה: לְעֵלָּא לְעֵלָּא מִכָּל בִּרְכָתָא/
וְשִׁירָתָא, תֻּשְׁבְּחָתָא וְנֶחֱמָתָא
דַּאֲמִירָן בְּעָלְמָא, וְאִמְרוּ אָמֵן. (קהל: אָמֵן)

יְהֵא שְׁלָמָא רַבָּא מִן שְׁמַיָּא, וְחַיִּים
עָלֵינוּ וְעַל כָּל יִשְׂרָאֵל, וְאִמְרוּ אָמֵן. (קהל: אָמֵן)

כורע ופוסע שלוש פסיעות לאחור. קד לשמאל, לימין ולפנים באמירת:

עֹשֶׂה שָׁלוֹם/בשבת שובה: הַשָּׁלוֹם/ בִּמְרוֹמָיו
הוּא יַעֲשֶׂה שָׁלוֹם
עָלֵינוּ וְעַל כָּל יִשְׂרָאֵל, וְאִמְרוּ אָמֵן. (קהל: אָמֵן)

פסוקי דזמרה

מ׳בָּרוּךְ שֶׁאָמַר׳ ואילך אסור לדבר בדברי חול עד סוף התפילה.
נהוג לומר ׳בָּרוּךְ שֶׁאָמַר׳ בעמידה, והמתפלל אוחז שתי ציציות לפניו.

יש אומרים:

הֲרֵינִי מְזַמֵּן אֶת פִּי לְהוֹדוֹת וּלְהַלֵּל וּלְשַׁבֵּחַ אֶת בּוֹרְאִי, לְשֵׁם יִחוּד קֻדְשָׁא בְּרִיךְ הוּא וּשְׁכִינְתֵּהּ עַל יְדֵי הַהוּא טָמִיר וְנֶעְלָם בְּשֵׁם כָּל יִשְׂרָאֵל.

בָּרוּךְ שֶׁאָמַר וְהָיָה הָעוֹלָם, בָּרוּךְ הוּא.

בָּרוּךְ עוֹשֶׂה בְרֵאשִׁית
בָּרוּךְ אוֹמֵר וְעוֹשֶׂה
בָּרוּךְ גּוֹזֵר וּמְקַיֵּם
בָּרוּךְ מְרַחֵם עַל הָאָרֶץ
בָּרוּךְ מְרַחֵם עַל הַבְּרִיּוֹת
בָּרוּךְ מְשַׁלֵּם שָׂכָר טוֹב לִירֵאָיו
בָּרוּךְ חַי לָעַד וְקַיָּם לָנֶצַח
בָּרוּךְ פּוֹדֶה וּמַצִּיל
בָּרוּךְ שְׁמוֹ

בָּרוּךְ אַתָּה יהוה אֱלֹהֵינוּ מֶלֶךְ הָעוֹלָם
הָאֵל הָאָב הָרַחֲמָן הַמְהֻלָּל בְּפִי עַמּוֹ
מְשֻׁבָּח וּמְפֹאָר בִּלְשׁוֹן חֲסִידָיו וַעֲבָדָיו
וּבְשִׁירֵי דָוִד עַבְדֶּךָ, נְהַלֶּלְךָ יהוה אֱלֹהֵינוּ.
בִּשְׁבָחוֹת וּבִזְמִירוֹת נְגַדֶּלְךָ וּנְשַׁבֵּחֲךָ וּנְפָאֶרְךָ
וְנַזְכִּיר שִׁמְךָ וְנַמְלִיכְךָ
מַלְכֵּנוּ אֱלֹהֵינוּ, › יָחִיד חֵי הָעוֹלָמִים
מֶלֶךְ, מְשֻׁבָּח וּמְפֹאָר עֲדֵי עַד שְׁמוֹ הַגָּדוֹל
בָּרוּךְ אַתָּה יהוה, מֶלֶךְ מְהֻלָּל בַּתִּשְׁבָּחוֹת.

את המזמור ׳הודו לַה׳׳ אמרו הלוויים בעת שהעלו את ארון ה׳ לירושלים. אחריו מוסיפים לקט פסוקים המזכירים את חסדי ה׳.

דברי הימים א׳ טז

הוֹדוּ לַיהוה קִרְאוּ בִשְׁמוֹ, הוֹדִיעוּ בָעַמִּים עֲלִילֹתָיו: שִׁירוּ לוֹ, זַמְּרוּ־לוֹ, שִׂיחוּ בְּכָל־נִפְלְאוֹתָיו: הִתְהַלְלוּ בְּשֵׁם קָדְשׁוֹ, יִשְׂמַח לֵב מְבַקְשֵׁי יהוה: דִּרְשׁוּ יהוה וְעֻזּוֹ, בַּקְּשׁוּ פָנָיו תָּמִיד: זִכְרוּ נִפְלְאֹתָיו אֲשֶׁר עָשָׂה, מֹפְתָיו וּמִשְׁפְּטֵי־פִיהוּ: זֶרַע יִשְׂרָאֵל עַבְדּוֹ, בְּנֵי יַעֲקֹב בְּחִירָיו: הוּא יהוה אֱלֹהֵינוּ בְּכָל־הָאָרֶץ

מִשְׁפְּטֵי־פִיהוּ׃ זִכְרוּ לְעוֹלָם בְּרִיתוֹ, דָּבָר צִוָּה
לְאֶלֶף דּוֹר׃ אֲשֶׁר כָּרַת אֶת־אַבְרָהָם, וּשְׁבוּעָתוֹ
לְיִצְחָק׃ וַיַּעֲמִידֶהָ לְיַעֲקֹב לְחֹק, לְיִשְׂרָאֵל
בְּרִית עוֹלָם׃ לֵאמֹר, לְךָ אֶתֵּן אֶרֶץ־כְּנָעַן, חֶבֶל
נַחֲלַתְכֶם׃ בִּהְיוֹתְכֶם מְתֵי מִסְפָּר, כִּמְעַט וְגָרִים
בָּהּ׃ וַיִּתְהַלְּכוּ מִגּוֹי אֶל־גּוֹי, וּמִמַּמְלָכָה אֶל־
עַם אַחֵר׃ לֹא־הִנִּיחַ לְאִישׁ לְעָשְׁקָם, וַיּוֹכַח
עֲלֵיהֶם מְלָכִים׃ אַל־תִּגְּעוּ בִּמְשִׁיחָי, וּבִנְבִיאַי
אַל־תָּרֵעוּ׃ שִׁירוּ לַיהוה כָּל־הָאָרֶץ, בַּשְּׂרוּ
מִיּוֹם־אֶל־יוֹם יְשׁוּעָתוֹ׃ סַפְּרוּ בַגּוֹיִם אֶת־
כְּבוֹדוֹ, בְּכָל־הָעַמִּים נִפְלְאֹתָיו׃ כִּי גָדוֹל יהוה
וּמְהֻלָּל מְאֹד, וְנוֹרָא הוּא עַל־כָּל־אֱלֹהִים׃ ‹ כִּי
כָּל־אֱלֹהֵי הָעַמִּים אֱלִילִים, וַיהוה שָׁמַיִם עָשָׂה׃

הוֹד וְהָדָר לְפָנָיו, עֹז וְחֶדְוָה בִּמְקֹמוֹ׃ הָבוּ
לַיהוה מִשְׁפְּחוֹת עַמִּים, הָבוּ לַיהוה כָּבוֹד וָעֹז׃
הָבוּ לַיהוה כְּבוֹד שְׁמוֹ, שְׂאוּ מִנְחָה וּבֹאוּ לְפָנָיו,
הִשְׁתַּחֲווּ לַיהוה בְּהַדְרַת־קֹדֶשׁ׃ חִילוּ מִלְּפָנָיו
כָּל־הָאָרֶץ, אַף־תִּכּוֹן תֵּבֵל בַּל־תִּמּוֹט׃ יִשְׂמְחוּ

הַשָּׁמַיִם וְתָגֵל הָאָרֶץ, וְיֹאמְרוּ בַגּוֹיִם יהוה
מָלָךְ: יִרְעַם הַיָּם וּמְלוֹאוֹ, יַעֲלֹץ הַשָּׂדֶה וְכָל־
אֲשֶׁר־בּוֹ: אָז יְרַנְּנוּ עֲצֵי הַיָּעַר, מִלִּפְנֵי יהוה,
כִּי־בָא לִשְׁפּוֹט אֶת־הָאָרֶץ: הוֹדוּ לַיהוה כִּי
טוֹב, כִּי לְעוֹלָם חַסְדּוֹ: וְאִמְרוּ, הוֹשִׁיעֵנוּ אֱלֹהֵי
יִשְׁעֵנוּ, וְקַבְּצֵנוּ וְהַצִּילֵנוּ מִן־הַגּוֹיִם, לְהֹדוֹת
לְשֵׁם קָדְשֶׁךָ, לְהִשְׁתַּבֵּחַ בִּתְהִלָּתֶךָ: בָּרוּךְ יהוה
אֱלֹהֵי יִשְׂרָאֵל מִן־הָעוֹלָם וְעַד־הָעֹלָם, וַיֹּאמְרוּ
כָל־הָעָם אָמֵן, וְהַלֵּל לַיהוה:

◄ רוֹמְמוּ יהוה אֱלֹהֵינוּ וְהִשְׁתַּחֲווּ לַהֲדֹם תהלים צט
רַגְלָיו, קָדוֹשׁ הוּא: רוֹמְמוּ יהוה אֱלֹהֵינוּ
וְהִשְׁתַּחֲווּ לְהַר קָדְשׁוֹ, כִּי־קָדוֹשׁ יהוה אֱלֹהֵינוּ:

וְהוּא רַחוּם, יְכַפֵּר עָוֹן וְלֹא־יַשְׁחִית, וְהִרְבָּה תהלים עח
לְהָשִׁיב אַפּוֹ, וְלֹא־יָעִיר כָּל־חֲמָתוֹ: אַתָּה יהוה תהלים מ
לֹא־תִכְלָא רַחֲמֶיךָ מִמֶּנִּי, חַסְדְּךָ וַאֲמִתְּךָ תָּמִיד
יִצְּרוּנִי: זְכֹר־רַחֲמֶיךָ יהוה וַחֲסָדֶיךָ, כִּי מֵעוֹלָם תהלים כה
הֵמָּה: תְּנוּ עֹז לֵאלֹהִים, עַל־יִשְׂרָאֵל גַּאֲוָתוֹ, תהלים סח
וְעֻזּוֹ בַּשְּׁחָקִים: נוֹרָא אֱלֹהִים מִמִּקְדָּשֶׁיךָ, אֵל

יִשְׂרָאֵל הוּא נֹתֵן עֹז וְתַעֲצֻמוֹת לָעָם, בָּרוּךְ
אֱלֹהִים: אֵל־נְקָמוֹת יהוה, אֵל נְקָמוֹת הוֹפִיעַ: תהלים צד
הִנָּשֵׂא שֹׁפֵט הָאָרֶץ, הָשֵׁב גְּמוּל עַל־גֵּאִים:
לַיהוה הַיְשׁוּעָה, עַל־עַמְּךָ בִרְכָתֶךָ סֶּלָה: תהלים ג
› יהוה צְבָאוֹת עִמָּנוּ, מִשְׂגָּב לָנוּ אֱלֹהֵי יַעֲקֹב תהלים מו
סֶלָה: יהוה צְבָאוֹת, אַשְׁרֵי אָדָם בֹּטֵחַ בָּךְ: תהלים פד
יהוה הוֹשִׁיעָה, הַמֶּלֶךְ יַעֲנֵנוּ בְיוֹם־קָרְאֵנוּ: תהלים כ

הוֹשִׁיעָה אֶת־עַמֶּךָ, וּבָרֵךְ אֶת־נַחֲלָתֶךָ, תהלים כח
וּרְעֵם וְנַשְּׂאֵם עַד־הָעוֹלָם: נַפְשֵׁנוּ חִכְּתָה תהלים לג
לַיהוה, עֶזְרֵנוּ וּמָגִנֵּנוּ הוּא: כִּי־בוֹ יִשְׂמַח לִבֵּנוּ,
כִּי בְשֵׁם קָדְשׁוֹ בָטָחְנוּ: יְהִי־חַסְדְּךָ יהוה עָלֵינוּ,
כַּאֲשֶׁר יִחַלְנוּ לָךְ: הַרְאֵנוּ יהוה חַסְדֶּךָ, וְיֶשְׁעֲךָ תהלים פה
תִּתֶּן־לָנוּ: קוּמָה עֶזְרָתָה לָּנוּ, וּפְדֵנוּ לְמַעַן תהלים מד
חַסְדֶּךָ: אָנֹכִי יהוה אֱלֹהֶיךָ הַמַּעַלְךָ מֵאֶרֶץ תהלים פא
מִצְרָיִם, הַרְחֶב־פִּיךָ וַאֲמַלְאֵהוּ: אַשְׁרֵי הָעָם תהלים קמד
שֶׁכָּכָה לּוֹ, אַשְׁרֵי הָעָם שֶׁיהוה אֱלֹהָיו: › וַאֲנִי תהלים יג
בְּחַסְדְּךָ בָטַחְתִּי, יָגֵל לִבִּי בִּישׁוּעָתֶךָ, אָשִׁירָה
לַיהוה, כִּי גָמַל עָלָי:

אין אומרים מזמור לתודה בשבת וביום טוב, הואיל ואין תודה קְרֵבה בהם (טור, נא), אך בהושענא רבה, ביום העצמאות וביום ירושלים אומרים ׳מִזְמוֹר לְתוֹדָה׳, והמנהג הנפוץ לאומרו בעמידה.

תהלים ק
מִזְמוֹר לְתוֹדָה, הָרִיעוּ לַיהוה כָּל־הָאָרֶץ: עִבְדוּ אֶת־יהוה בְּשִׂמְחָה, בֹּאוּ לְפָנָיו בִּרְנָנָה: דְּעוּ כִּי־יהוה הוּא אֱלֹהִים, הוּא עָשָׂנוּ וְלוֹ אֲנַחְנוּ, עַמּוֹ וְצֹאן מַרְעִיתוֹ: בֹּאוּ שְׁעָרָיו בְּתוֹדָה, חֲצֵרֹתָיו בִּתְהִלָּה, הוֹדוּ לוֹ, בָּרְכוּ שְׁמוֹ: › כִּי־טוֹב יהוה, לְעוֹלָם חַסְדּוֹ, וְעַד־דֹּר וָדֹר אֱמוּנָתוֹ:

נוהגים להאריך בפסוקי דזמרה לכבוד השבת (׳אור זרוע׳ ח״ב מב).

בבתי כנסת המתפללים בנוסח ספרד, סדר המזמורים שונה: ׳לַמְנַצֵּחַ׳, ׳רַנְּנוּ צַדִּיקִים בַּה׳׳ (עמ׳ 314), מזמורים לד, צ, צא (עמ׳ 307–310), ׳מִזְמוֹר שִׁירוּ לַה׳ שִׁיר חָדָשׁ׳ (עמ׳ 237), שירי המעלות קכא–קכד (עמ׳ 476), שני מזמורי הלל הגדול (עמ׳ 311–312), הפיוט ׳הָאַדֶּרֶת וְהָאֱמוּנָה׳, ורק אחר כך ׳בָּרוּךְ שֶׁאָמַר׳ (עמ׳ 299), וממשיכים ׳מִזְמוֹר שִׁיר לְיוֹם הַשַּׁבָּת׳ (עמ׳ 315).

תהלים יט
לַמְנַצֵּחַ מִזְמוֹר לְדָוִד: הַשָּׁמַיִם מְסַפְּרִים כְּבוֹד־אֵל, וּמַעֲשֵׂה יָדָיו מַגִּיד הָרָקִיעַ: יוֹם לְיוֹם יַבִּיעַ אֹמֶר, וְלַיְלָה לְּלַיְלָה יְחַוֶּה־דָּעַת: אֵין־אֹמֶר וְאֵין דְּבָרִים, בְּלִי נִשְׁמָע קוֹלָם: בְּכָל־הָאָרֶץ יָצָא קַוָּם, וּבִקְצֵה תֵבֵל מִלֵּיהֶם, לַשֶּׁמֶשׁ שָׂם־אֹהֶל בָּהֶם: וְהוּא כְּחָתָן יֹצֵא מֵחֻפָּתוֹ, יָשִׂישׂ כְּגִבּוֹר לָרוּץ אֹרַח: מִקְצֵה הַשָּׁמַיִם מוֹצָאוֹ, וּתְקוּפָתוֹ

עַל־קְצוֹתָם, וְאֵין נִסְתָּר מֵחַמָּתוֹ: תּוֹרַת יהוה תְּמִימָה, מְשִׁיבַת נָפֶשׁ, עֵדוּת יהוה נֶאֱמָנָה, מַחְכִּימַת פֶּתִי: פִּקּוּדֵי יהוה יְשָׁרִים, מְשַׂמְּחֵי־לֵב, מִצְוַת יהוה בָּרָה, מְאִירַת עֵינָיִם: יִרְאַת יהוה טְהוֹרָה, עוֹמֶדֶת לָעַד, מִשְׁפְּטֵי־יהוה אֱמֶת, צָדְקוּ יַחְדָּו: הַנֶּחֱמָדִים מִזָּהָב וּמִפַּז רָב, וּמְתוּקִים מִדְּבַשׁ וְנֹפֶת צוּפִים: גַּם־עַבְדְּךָ נִזְהָר בָּהֶם, בְּשָׁמְרָם עֵקֶב רָב: שְׁגִיאוֹת מִי־יָבִין, מִנִּסְתָּרוֹת נַקֵּנִי: גַּם מִזֵּדִים חֲשֹׂךְ עַבְדֶּךָ, אַל־יִמְשְׁלוּ־בִי אָז אֵיתָם, וְנִקֵּיתִי מִפֶּשַׁע רָב: ◂ יִהְיוּ לְרָצוֹן אִמְרֵי־פִי וְהֶגְיוֹן לִבִּי לְפָנֶיךָ, יהוה, צוּרִי וְגֹאֲלִי:

מזמור זה, שנאמר בו ׳אֲבָרְכָה אֶת־ה׳ בְּכָל־עֵת׳, היה ראוי להיאמר בכל יום, אך משום שחכמים חששו לטורח הציבור, תיקנו לומר אותו רק בשבתות ובימים טובים (סידור ר״ש מגרמייזא).

תהלים לד

לְדָוִד, בְּשַׁנּוֹתוֹ אֶת־טַעְמוֹ לִפְנֵי אֲבִימֶלֶךְ, וַיְגָרְשֵׁהוּ וַיֵּלַךְ: אֲבָרְכָה אֶת־יהוה בְּכָל־עֵת, תָּמִיד תְּהִלָּתוֹ בְּפִי: בַּיהוה תִּתְהַלֵּל נַפְשִׁי, יִשְׁמְעוּ עֲנָוִים וְיִשְׂמָחוּ: גַּדְּלוּ לַיהוה אִתִּי, וּנְרוֹמְמָה שְׁמוֹ יַחְדָּו: דָּרַשְׁתִּי אֶת־יהוה וְעָנָנִי,

וּמִכׇּל־מְגוּרוֹתַי הִצִּילָֽנִי: הִבִּיטוּ אֵלָיו וְנָהָֽרוּ,
וּפְנֵיהֶם אַל־יֶחְפָּֽרוּ: זֶה עָנִי קָרָא, וַיהוה שָׁמֵֽעַ,
וּמִכׇּל־צָרוֹתָיו הוֹשִׁיעוֹ: חֹנֶה מַלְאַךְ־יהוה סָבִיב
לִירֵאָיו, וַיְחַלְּצֵם: טַעֲמוּ וּרְאוּ כִּי־טוֹב יהוה,
אַשְׁרֵי הַגֶּֽבֶר יֶחֱסֶה־בּוֹ: יְראוּ אֶת־יהוה קְדֹשָׁיו,
כִּי־אֵין מַחְסוֹר לִירֵאָיו: כְּפִירִים רָשׁוּ וְרָעֵֽבוּ,
וְדֹרְשֵׁי יהוה לֹא־יַחְסְרוּ כׇל־טוֹב: לְכוּ־בָנִים
שִׁמְעוּ־לִי, יִרְאַת יהוה אֲלַמֶּדְכֶם: מִי־הָאִישׁ
הֶחָפֵץ חַיִּים, אֹהֵב יָמִים לִרְאוֹת טוֹב: נְצֹר
לְשׁוֹנְךָ מֵרָע, וּשְׂפָתֶֽיךָ מִדַּבֵּר מִרְמָה: סוּר מֵרָע
וַעֲשֵׂה־טוֹב, בַּקֵּשׁ שָׁלוֹם וְרׇדְפֵֽהוּ: עֵינֵי יהוה אֶל־
צַדִּיקִים, וְאׇזְנָיו אֶל־שַׁוְעָתָם: פְּנֵי יהוה בְּעֹֽשֵׂי
רָע, לְהַכְרִית מֵאֶֽרֶץ זִכְרָם: צָעֲקוּ וַיהוה שָׁמֵֽעַ,
וּמִכׇּל־צָרוֹתָם הִצִּילָם: קָרוֹב יהוה לְנִשְׁבְּרֵי־
לֵב, וְאֶת־דַּכְּאֵי־רֽוּחַ יוֹשִֽׁיעַ: רַבּוֹת רָעוֹת צַדִּיק,
וּמִכֻּלָּם יַצִּילֶֽנּוּ יהוה: שֹׁמֵר כׇּל־עַצְמוֹתָיו, אַחַת
מֵהֵֽנָּה לֹא נִשְׁבָּֽרָה: תְּמוֹתֵת רָשָׁע רָעָה, וְשֹׂנְאֵי
צַדִּיק יֶאְשָֽׁמוּ: ‹ פּוֹדֶה יהוה נֶֽפֶשׁ עֲבָדָיו, וְלֹא
יֶאְשְׁמוּ כׇּל־הַחֹסִים בּוֹ:

אחד עשר מזמורים בספר תהלים, צ–ק, מיוחסים למשה (רש״י בתהלים), ותשעה מהם נאמרים בתפילות השבת: מזמורים צ–צא כאן, צב–צג שהם שיר של יום לשבת ולערב שבת, וצה–צט בקבלת שבת.

תהלים צ
תְּפִלָּה לְמֹשֶׁה אִישׁ־הָאֱלֹהִים, אֲדֹנָי, מָעוֹן אַתָּה הָיִיתָ לָּנוּ בְּדֹר וָדֹר: בְּטֶרֶם הָרִים יֻלָּדוּ, וַתְּחוֹלֵל אֶרֶץ וְתֵבֵל, וּמֵעוֹלָם עַד־עוֹלָם אַתָּה אֵל: תָּשֵׁב אֱנוֹשׁ עַד־דַּכָּא, וַתֹּאמֶר שׁוּבוּ בְנֵי־אָדָם: כִּי אֶלֶף שָׁנִים בְּעֵינֶיךָ, כְּיוֹם אֶתְמוֹל כִּי יַעֲבֹר, וְאַשְׁמוּרָה בַלָּיְלָה: זְרַמְתָּם, שֵׁנָה יִהְיוּ, בַּבֹּקֶר כֶּחָצִיר יַחֲלֹף: בַּבֹּקֶר יָצִיץ וְחָלָף, לָעֶרֶב יְמוֹלֵל וְיָבֵשׁ: כִּי־כָלִינוּ בְאַפֶּךָ, וּבַחֲמָתְךָ נִבְהָלְנוּ: שַׁתָּ עֲוֺנֹתֵינוּ לְנֶגְדֶּךָ, עֲלֻמֵנוּ לִמְאוֹר פָּנֶיךָ: כִּי כָל־יָמֵינוּ פָּנוּ בְעֶבְרָתֶךָ, כִּלִּינוּ שָׁנֵינוּ כְמוֹ־הֶגֶה: יְמֵי־שְׁנוֹתֵינוּ בָהֶם שִׁבְעִים שָׁנָה, וְאִם בִּגְבוּרֹת שְׁמוֹנִים שָׁנָה, וְרָהְבָּם עָמָל וָאָוֶן, כִּי־גָז חִישׁ וַנָּעֻפָה: מִי־יוֹדֵעַ עֹז אַפֶּךָ, וּכְיִרְאָתְךָ עֶבְרָתֶךָ: לִמְנוֹת יָמֵינוּ כֵּן הוֹדַע, וְנָבִא לְבַב חָכְמָה: שׁוּבָה יהוה עַד־מָתָי, וְהִנָּחֵם עַל־עֲבָדֶיךָ: שַׂבְּעֵנוּ בַבֹּקֶר חַסְדֶּךָ, וּנְרַנְּנָה וְנִשְׂמְחָה בְּכָל־יָמֵינוּ: שַׂמְּחֵנוּ כִּימוֹת עִנִּיתָנוּ, שְׁנוֹת רָאִינוּ רָעָה:

יֵרָאֶה אֶל־עֲבָדֶיךָ פָעֳלֶךָ, וַהֲדָרְךָ עַל־בְּנֵיהֶם:
< וִיהִי נֹעַם אֲדֹנָי אֱלֹהֵינוּ עָלֵינוּ, וּמַעֲשֵׂה יָדֵינוּ
כּוֹנְנָה עָלֵינוּ, וּמַעֲשֵׂה יָדֵינוּ כּוֹנְנֵהוּ:

מזמור זה מכונה 'שיר של פגעים', מפני שהוא עוסק בשמירה של הקב"ה על האדם ובמידת הביטחון (שבועות טו ע"ב).

תהלים צא
יֹשֵׁב בְּסֵתֶר עֶלְיוֹן, בְּצֵל שַׁדַּי יִתְלוֹנָן: אֹמַר
לַיהוה מַחְסִי וּמְצוּדָתִי, אֱלֹהַי אֶבְטַח־בּוֹ: כִּי
הוּא יַצִּילְךָ מִפַּח יָקוּשׁ, מִדֶּבֶר הַוּוֹת: בְּאֶבְרָתוֹ
יָסֶךְ לָךְ, וְתַחַת־כְּנָפָיו תֶּחְסֶה, צִנָּה וְסֹחֵרָה
אֲמִתּוֹ: לֹא־תִירָא מִפַּחַד לָיְלָה, מֵחֵץ יָעוּף יוֹמָם:
מִדֶּבֶר בָּאֹפֶל יַהֲלֹךְ, מִקֶּטֶב יָשׁוּד צָהֳרָיִם: יִפֹּל
מִצִּדְּךָ אֶלֶף, וּרְבָבָה מִימִינֶךָ, אֵלֶיךָ לֹא יִגָּשׁ:
רַק בְּעֵינֶיךָ תַבִּיט, וְשִׁלֻּמַת רְשָׁעִים תִּרְאֶה:
כִּי־אַתָּה יהוה מַחְסִי, עֶלְיוֹן שַׂמְתָּ מְעוֹנֶךָ: לֹא־
תְאֻנֶּה אֵלֶיךָ רָעָה, וְנֶגַע לֹא־יִקְרַב בְּאָהֳלֶךָ:
כִּי מַלְאָכָיו יְצַוֶּה־לָּךְ, לִשְׁמָרְךָ בְּכָל־דְּרָכֶיךָ:
עַל־כַּפַּיִם יִשָּׂאוּנְךָ, פֶּן־תִּגֹּף בָּאֶבֶן רַגְלֶךָ: עַל־
שַׁחַל וָפֶתֶן תִּדְרֹךְ, תִּרְמֹס כְּפִיר וְתַנִּין: כִּי בִי
חָשַׁק וַאֲפַלְּטֵהוּ, אֲשַׂגְּבֵהוּ כִּי־יָדַע שְׁמִי: יִקְרָאֵנִי

וְאֶעֱנֵהוּ, עִמּוֹ אָנֹכִי בְצָרָה, אֲחַלְּצֵהוּ וַאֲכַבְּדֵהוּ:
▸ אֹרֶךְ יָמִים אַשְׂבִּיעֵהוּ, וְאַרְאֵהוּ בִּישׁוּעָתִי:
אֹרֶךְ יָמִים אַשְׂבִּיעֵהוּ, וְאַרְאֵהוּ בִּישׁוּעָתִי:

במזמור זה המשורר פונה לכוהנים וללוויים שיהללו את ה׳,
ובמזמור הבא, המקביל לו, הוא פונה לישראל שיעשו כן אף הם (ראב״ע).

הַלְלוּיָהּ, הַלְלוּ אֶת־שֵׁם יהוה, הַלְלוּ עַבְדֵי תהלים קלה
יהוה: שֶׁעֹמְדִים בְּבֵית יהוה, בְּחַצְרוֹת בֵּית
אֱלֹהֵינוּ: הַלְלוּיָהּ כִּי־טוֹב יהוה, זַמְּרוּ לִשְׁמוֹ כִּי
נָעִים: כִּי־יַעֲקֹב בָּחַר לוֹ יָהּ, יִשְׂרָאֵל לִסְגֻלָּתוֹ:
כִּי אֲנִי יָדַעְתִּי כִּי־גָדוֹל יהוה, וַאֲדֹנֵינוּ מִכָּל־
אֱלֹהִים: כֹּל אֲשֶׁר־חָפֵץ יהוה עָשָׂה, בַּשָּׁמַיִם
וּבָאָרֶץ, בַּיַּמִּים וְכָל־תְּהֹמוֹת: מַעֲלֶה נְשִׂאִים
מִקְצֵה הָאָרֶץ, בְּרָקִים לַמָּטָר עָשָׂה, מוֹצֵא־רוּחַ
מֵאוֹצְרוֹתָיו: שֶׁהִכָּה בְּכוֹרֵי מִצְרָיִם, מֵאָדָם עַד־
בְּהֵמָה: שָׁלַח אוֹתֹת וּמֹפְתִים בְּתוֹכֵכִי מִצְרָיִם,
בְּפַרְעֹה וּבְכָל־עֲבָדָיו: שֶׁהִכָּה גּוֹיִם רַבִּים, וְהָרַג
מְלָכִים עֲצוּמִים: לְסִיחוֹן מֶלֶךְ הָאֱמֹרִי, וּלְעוֹג
מֶלֶךְ הַבָּשָׁן, וּלְכֹל מַמְלְכוֹת כְּנָעַן: וְנָתַן אַרְצָם
נַחֲלָה, נַחֲלָה לְיִשְׂרָאֵל עַמּוֹ: יהוה שִׁמְךָ לְעוֹלָם,

יהוה זִכְרְךָ לְדֹר־וָדֹר: כִּי־יָדִין יהוה עַמּוֹ, וְעַל־
עֲבָדָיו יִתְנֶחָם: עֲצַבֵּי הַגּוֹיִם כֶּסֶף וְזָהָב, מַעֲשֵׂה
יְדֵי אָדָם: פֶּה־לָהֶם וְלֹא יְדַבֵּרוּ, עֵינַיִם לָהֶם וְלֹא
יִרְאוּ: אָזְנַיִם לָהֶם וְלֹא יַאֲזִינוּ, אַף אֵין־יֶשׁ־רוּחַ
בְּפִיהֶם: כְּמוֹהֶם יִהְיוּ עֹשֵׂיהֶם, כֹּל אֲשֶׁר־בֹּטֵחַ
בָּהֶם: ◂ בֵּית יִשְׂרָאֵל בָּרְכוּ אֶת־יהוה, בֵּית אַהֲרֹן
בָּרְכוּ אֶת־יהוה: בֵּית הַלֵּוִי בָּרְכוּ אֶת־יהוה,
יִרְאֵי יהוה בָּרְכוּ אֶת־יהוה: בָּרוּךְ יהוה מִצִּיּוֹן,
שֹׁכֵן יְרוּשָׁלָםִ, הַלְלוּיָהּ:

מזמור זה מכונה בגמרא ׳הלל הגדול׳ (פסחים קיח ע״א), מפני שהוא משבח את ה׳ על הבריאה, על הנסים שעשה לישראל ועל הפרנסה היום־יומית (סידור חסידי אשכנז).

תהלים קלו
הוֹדוּ לַיהוה כִּי־טוֹב כִּי לְעוֹלָם חַסְדּוֹ:
הוֹדוּ לֵאלֹהֵי הָאֱלֹהִים כִּי לְעוֹלָם חַסְדּוֹ:
הוֹדוּ לַאֲדֹנֵי הָאֲדֹנִים כִּי לְעוֹלָם חַסְדּוֹ:
לְעֹשֵׂה נִפְלָאוֹת גְּדֹלוֹת לְבַדּוֹ כִּי לְעוֹלָם חַסְדּוֹ:
לְעֹשֵׂה הַשָּׁמַיִם בִּתְבוּנָה כִּי לְעוֹלָם חַסְדּוֹ:
לְרֹקַע הָאָרֶץ עַל־הַמָּיִם כִּי לְעוֹלָם חַסְדּוֹ:
לְעֹשֵׂה אוֹרִים גְּדֹלִים כִּי לְעוֹלָם חַסְדּוֹ:
אֶת־הַשֶּׁמֶשׁ לְמֶמְשֶׁלֶת בַּיּוֹם כִּי לְעוֹלָם חַסְדּוֹ:

אֶת־הַיָּרֵחַ וְכוֹכָבִים
לְמֶמְשְׁלוֹת בַּלָּיְלָה כִּי לְעוֹלָם חַסְדּוֹ:
לְמַכֵּה מִצְרַיִם בִּבְכוֹרֵיהֶם כִּי לְעוֹלָם חַסְדּוֹ:
וַיּוֹצֵא יִשְׂרָאֵל מִתּוֹכָם כִּי לְעוֹלָם חַסְדּוֹ:
בְּיָד חֲזָקָה וּבִזְרוֹעַ נְטוּיָה כִּי לְעוֹלָם חַסְדּוֹ:
לְגֹזֵר יַם־סוּף לִגְזָרִים כִּי לְעוֹלָם חַסְדּוֹ:
וְהֶעֱבִיר יִשְׂרָאֵל בְּתוֹכוֹ כִּי לְעוֹלָם חַסְדּוֹ:
וְנִעֵר פַּרְעֹה וְחֵילוֹ בְיַם־סוּף כִּי לְעוֹלָם חַסְדּוֹ:
לְמוֹלִיךְ עַמּוֹ בַּמִּדְבָּר כִּי לְעוֹלָם חַסְדּוֹ:
לְמַכֵּה מְלָכִים גְּדֹלִים כִּי לְעוֹלָם חַסְדּוֹ:
וַיַּהֲרֹג מְלָכִים אַדִּירִים כִּי לְעוֹלָם חַסְדּוֹ:
לְסִיחוֹן מֶלֶךְ הָאֱמֹרִי כִּי לְעוֹלָם חַסְדּוֹ:
וּלְעוֹג מֶלֶךְ הַבָּשָׁן כִּי לְעוֹלָם חַסְדּוֹ:
וְנָתַן אַרְצָם לְנַחֲלָה כִּי לְעוֹלָם חַסְדּוֹ:
נַחֲלָה לְיִשְׂרָאֵל עַבְדּוֹ כִּי לְעוֹלָם חַסְדּוֹ:
שֶׁבְּשִׁפְלֵנוּ זָכַר לָנוּ כִּי לְעוֹלָם חַסְדּוֹ:
וַיִּפְרְקֵנוּ מִצָּרֵינוּ כִּי לְעוֹלָם חַסְדּוֹ:
◂ נֹתֵן לֶחֶם לְכָל־בָּשָׂר כִּי לְעוֹלָם חַסְדּוֹ:
הוֹדוּ לְאֵל הַשָּׁמָיִם כִּי לְעוֹלָם חַסְדּוֹ:

לאחר ההלל הגדול, המתאר את כל חסדיו של הקב"ה עמנו, אנו מודים לו ומרננים לשמו, לפני שמגיעים למנוחה בשבת (סידור חסידי אשכנז).

תהלים לג
רַנְּנוּ צַדִּיקִים בַּיהוה, לַיְשָׁרִים נָאוָה תְהִלָּה: הוֹדוּ לַיהוה בְּכִנּוֹר, בְּנֵבֶל עָשׂוֹר זַמְּרוּ־לוֹ: שִׁירוּ־לוֹ שִׁיר חָדָשׁ, הֵיטִיבוּ נַגֵּן בִּתְרוּעָה: כִּי־יָשָׁר דְּבַר־יהוה, וְכָל־מַעֲשֵׂהוּ בֶּאֱמוּנָה: אֹהֵב צְדָקָה וּמִשְׁפָּט, חֶסֶד יהוה מָלְאָה הָאָרֶץ: בִּדְבַר יהוה שָׁמַיִם נַעֲשׂוּ, וּבְרוּחַ פִּיו כָּל־צְבָאָם: כֹּנֵס כַּנֵּד מֵי הַיָּם, נֹתֵן בְּאוֹצָרוֹת תְּהוֹמוֹת: יִירְאוּ מֵיהוה כָּל־הָאָרֶץ, מִמֶּנּוּ יָגוּרוּ כָּל־יֹשְׁבֵי תֵבֵל: כִּי הוּא אָמַר וַיֶּהִי, הוּא־צִוָּה וַיַּעֲמֹד: יהוה הֵפִיר עֲצַת־גּוֹיִם, הֵנִיא מַחְשְׁבוֹת עַמִּים: עֲצַת יהוה לְעוֹלָם תַּעֲמֹד, מַחְשְׁבוֹת לִבּוֹ לְדֹר וָדֹר: אַשְׁרֵי הַגּוֹי אֲשֶׁר־יהוה אֱלֹהָיו, הָעָם בָּחַר לְנַחֲלָה לוֹ: מִשָּׁמַיִם הִבִּיט יהוה, רָאָה אֶת־כָּל־בְּנֵי הָאָדָם: מִמְּכוֹן־שִׁבְתּוֹ הִשְׁגִּיחַ, אֶל כָּל־יֹשְׁבֵי הָאָרֶץ: הַיֹּצֵר יַחַד לִבָּם, הַמֵּבִין אֶל־כָּל־מַעֲשֵׂיהֶם: אֵין־הַמֶּלֶךְ נוֹשָׁע בְּרָב־חָיִל, גִּבּוֹר לֹא־יִנָּצֵל

בְּרָב־כֹּחַ: שֶׁקֶר הַסּוּס לִתְשׁוּעָה, וּבְרֹב חֵילוֹ
לֹא יְמַלֵּט: הִנֵּה עֵין יהוה אֶל־יְרֵאָיו, לַמְיַחֲלִים
לְחַסְדּוֹ: לְהַצִּיל מִמָּוֶת נַפְשָׁם, וּלְחַיּוֹתָם בָּרָעָב:
נַפְשֵׁנוּ חִכְּתָה לַיהוה, עֶזְרֵנוּ וּמָגִנֵּנוּ הוּא: › כִּי־
בוֹ יִשְׂמַח לִבֵּנוּ, כִּי בְשֵׁם קָדְשׁוֹ בָטָחְנוּ: יְהִי־
חַסְדְּךָ יהוה עָלֵינוּ, כַּאֲשֶׁר יִחַלְנוּ לָךְ:

מִזְמוֹר שִׁיר לְיוֹם הַשַּׁבָּת: טוֹב לְהֹדוֹת לַיהוה, תהלים צב
וּלְזַמֵּר לְשִׁמְךָ עֶלְיוֹן: לְהַגִּיד בַּבֹּקֶר חַסְדֶּךָ,
וֶאֱמוּנָתְךָ בַּלֵּילוֹת: עֲלֵי־עָשׂוֹר וַעֲלֵי־נָבֶל,
עֲלֵי הִגָּיוֹן בְּכִנּוֹר: כִּי שִׂמַּחְתַּנִי יהוה בְּפָעֳלֶךָ,
בְּמַעֲשֵׂי יָדֶיךָ אֲרַנֵּן: מַה־גָּדְלוּ מַעֲשֶׂיךָ יהוה,
מְאֹד עָמְקוּ מַחְשְׁבֹתֶיךָ: אִישׁ־בַּעַר לֹא יֵדָע,
וּכְסִיל לֹא־יָבִין אֶת־זֹאת: בִּפְרֹחַ רְשָׁעִים כְּמוֹ
עֵשֶׂב, וַיָּצִיצוּ כָּל־פֹּעֲלֵי אָוֶן, לְהִשָּׁמְדָם עֲדֵי־
עַד: וְאַתָּה מָרוֹם לְעֹלָם יהוה: כִּי הִנֵּה אֹיְבֶיךָ
יהוה, כִּי־הִנֵּה אֹיְבֶיךָ יֹאבֵדוּ, יִתְפָּרְדוּ כָּל־
פֹּעֲלֵי אָוֶן: וַתָּרֶם כִּרְאֵים קַרְנִי, בַּלֹּתִי בְּשֶׁמֶן

רַעֲנָן: וַתַּבֵּט עֵינִי בְּשׁוּרָי, בַּקָּמִים עָלַי מְרֵעִים
תִּשְׁמַעְנָה אָזְנָי: ◂ צַדִּיק כַּתָּמָר יִפְרָח, כְּאֶרֶז
בַּלְּבָנוֹן יִשְׂגֶּה: שְׁתוּלִים בְּבֵית יהוה, בְּחַצְרוֹת
אֱלֹהֵינוּ יַפְרִיחוּ: עוֹד יְנוּבוּן בְּשֵׂיבָה, דְּשֵׁנִים
וְרַעֲנַנִּים יִהְיוּ: לְהַגִּיד כִּי־יָשָׁר יהוה, צוּרִי, וְלֹא־
עַוְלָתָה בּוֹ:

תהלים צג
יהוה מָלָךְ, גֵּאוּת לָבֵשׁ, לָבֵשׁ יהוה עֹז הִתְאַזָּר,
אַף־תִּכּוֹן תֵּבֵל בַּל־תִּמּוֹט: נָכוֹן כִּסְאֲךָ מֵאָז,
מֵעוֹלָם אָתָּה: נָשְׂאוּ נְהָרוֹת יהוה, נָשְׂאוּ
נְהָרוֹת קוֹלָם, יִשְׂאוּ נְהָרוֹת דָּכְיָם: ◂ מִקֹּלוֹת
מַיִם רַבִּים, אַדִּירִים מִשְׁבְּרֵי־יָם, אַדִּיר בַּמָּרוֹם
יהוה: עֵדֹתֶיךָ נֶאֶמְנוּ מְאֹד לְבֵיתְךָ נַאֲוָה־קֹדֶשׁ,
יהוה לְאֹרֶךְ יָמִים:

הגמרא בחולין ס ע״א מייחסת את הפסוק ׳יְהִי כְבוֹד ה׳ לְעוֹלָם׳ לשר העולם, שאמרו לאחר הבריאה. לאחר אמירת שני המזמורים הקודמים על השלמת הבריאה ממשיכים באמירת פסוקי דזמרה שבכל יום.

תהלים קד
יְהִי כְבוֹד יהוה לְעוֹלָם, יִשְׂמַח יהוה בְּמַעֲשָׂיו:

תהלים קיג
יְהִי שֵׁם יהוה מְבֹרָךְ, מֵעַתָּה וְעַד־עוֹלָם:

מִמִּזְרַח־שֶׁמֶשׁ עַד־מְבוֹאוֹ, מְהֻלָּל שֵׁם יהוה:
רָם עַל־כָּל־גּוֹיִם יהוה, עַל הַשָּׁמַיִם כְּבוֹדוֹ:
יהוה שִׁמְךָ לְעוֹלָם, יהוה זִכְרְךָ לְדֹר־וָדֹר: יהוה תהלים קלה / תהלים קג
בַּשָּׁמַיִם הֵכִין כִּסְאוֹ, וּמַלְכוּתוֹ בַּכֹּל מָשָׁלָה:
יִשְׂמְחוּ הַשָּׁמַיִם וְתָגֵל הָאָרֶץ, וְיֹאמְרוּ בַגּוֹיִם דברי הימים א׳ טז
יהוה מָלָךְ: יהוה מֶלֶךְ, יהוה מָלָךְ, יהוה יִמְלֹךְ
לְעוֹלָם וָעֶד. יהוה מֶלֶךְ עוֹלָם וָעֶד, אָבְדוּ גוֹיִם תהלים י
מֵאַרְצוֹ: יהוה הֵפִיר עֲצַת־גּוֹיִם, הֵנִיא מַחְשְׁבוֹת תהלים לג
עַמִּים: רַבּוֹת מַחֲשָׁבוֹת בְּלֶב־אִישׁ, וַעֲצַת משלי יט
יהוה הִיא תָקוּם: עֲצַת יהוה לְעוֹלָם תַּעֲמֹד, תהלים לג
מַחְשְׁבוֹת לִבּוֹ לְדֹר וָדֹר: כִּי הוּא אָמַר וַיֶּהִי,
הוּא־צִוָּה וַיַּעֲמֹד: כִּי־בָחַר יהוה בְּצִיּוֹן, אִוָּהּ תהלים קלב
לְמוֹשָׁב לוֹ: כִּי־יַעֲקֹב בָּחַר לוֹ יָהּ, יִשְׂרָאֵל תהלים קלה
לִסְגֻלָּתוֹ: כִּי לֹא־יִטֹּשׁ יהוה עַמּוֹ, וְנַחֲלָתוֹ לֹא תהלים צד
יַעֲזֹב: ▸ וְהוּא רַחוּם, יְכַפֵּר עָוֹן וְלֹא־יַשְׁחִית, תהלים עח
וְהִרְבָּה לְהָשִׁיב אַפּוֹ, וְלֹא־יָעִיר כָּל־חֲמָתוֹ:
יהוה הוֹשִׁיעָה, הַמֶּלֶךְ יַעֲנֵנוּ בְיוֹם־קָרְאֵנוּ: תהלים כ

״כל האומר תהלה לדוד בכל יום שלש פעמים – מובטח לו שהוא בן העולם הבא... משום דאית ביה ׳פּוֹתֵחַ אֶת־יָדֶךָ׳״, ויש לכוון במיוחד בפסוק זה, ואם לא התכוון צריך לחזור ולאומרו שנית.

תהלים פד אַשְׁרֵי יוֹשְׁבֵי בֵיתֶךָ, עוֹד יְהַלְלוּךָ סֶּלָה:

תהלים קמד אַשְׁרֵי הָעָם שֶׁכָּכָה לּוֹ

אַשְׁרֵי הָעָם שֶׁיהוה אֱלֹהָיו:

תהלים קמה תְּהִלָּה לְדָוִד

א אֲרוֹמִמְךָ אֱלוֹהַי הַמֶּלֶךְ, וַאֲבָרְכָה שִׁמְךָ לְעוֹלָם וָעֶד:

ב בְּכָל־יוֹם אֲבָרְכֶךָּ, וַאֲהַלְלָה שִׁמְךָ לְעוֹלָם וָעֶד:

ג גָּדוֹל יהוה וּמְהֻלָּל מְאֹד, וְלִגְדֻלָּתוֹ אֵין חֵקֶר:

ד דּוֹר לְדוֹר יְשַׁבַּח מַעֲשֶׂיךָ, וּגְבוּרֹתֶיךָ יַגִּידוּ:

ה הֲדַר כְּבוֹד הוֹדֶךָ, וְדִבְרֵי נִפְלְאֹתֶיךָ אָשִׂיחָה:

ו וֶעֱזוּז נוֹרְאֹתֶיךָ יֹאמֵרוּ, וּגְדוּלָּתְךָ אֲסַפְּרֶנָּה:

ז זֵכֶר רַב־טוּבְךָ יַבִּיעוּ, וְצִדְקָתְךָ יְרַנֵּנוּ:

ח חַנּוּן וְרַחוּם יהוה, אֶרֶךְ אַפַּיִם וּגְדָל־חָסֶד:

ט טוֹב־יהוה לַכֹּל, וְרַחֲמָיו עַל־כָּל־מַעֲשָׂיו:

י יוֹדוּךָ יהוה כָּל־מַעֲשֶׂיךָ, וַחֲסִידֶיךָ יְבָרְכוּכָה:

כ כְּבוֹד מַלְכוּתְךָ יֹאמֵרוּ, וּגְבוּרָתְךָ יְדַבֵּרוּ:

ל לְהוֹדִיעַ לִבְנֵי הָאָדָם גְּבוּרֹתָיו, וּכְבוֹד הֲדַר מַלְכוּתוֹ:

מ מַלְכוּתְךָ מַלְכוּת כָּל־עֹלָמִים, וּמֶמְשַׁלְתְּךָ בְּכָל־דּוֹר וָדֹר:

ס סוֹמֵךְ יהוה לְכָל־הַנֹּפְלִים, וְזוֹקֵף לְכָל־הַכְּפוּפִים:

ע עֵינֵי־כֹל אֵלֶיךָ יְשַׂבֵּרוּ, וְאַתָּה נוֹתֵן־לָהֶם אֶת־אָכְלָם בְּעִתּוֹ:

פ פּוֹתֵחַ אֶת־יָדֶךָ, וּמַשְׂבִּיעַ לְכָל־חַי רָצוֹן:

צ צַדִּיק יהוה בְּכָל־דְּרָכָיו, וְחָסִיד בְּכָל־מַעֲשָׂיו:

ק קָרוֹב יהוה לְכָל־קֹרְאָיו, לְכֹל אֲשֶׁר יִקְרָאֻהוּ בֶאֱמֶת:

ר רְצוֹן־יְרֵאָיו יַעֲשֶׂה, וְאֶת־שַׁוְעָתָם יִשְׁמַע וְיוֹשִׁיעֵם:

ש שׁוֹמֵר יהוה אֶת־כָּל־אֹהֲבָיו, וְאֵת כָּל־הָרְשָׁעִים יַשְׁמִיד:

◂ ת תְּהִלַּת יהוה יְדַבֶּר פִּי, וִיבָרֵךְ כָּל־בָּשָׂר שֵׁם קָדְשׁוֹ לְעוֹלָם וָעֶד:

וַאֲנַחְנוּ נְבָרֵךְ יָהּ מֵעַתָּה וְעַד־עוֹלָם, הַלְלוּיָהּ: תהלים קטו

מזמור המשבח את ה׳ על עצם החיים

״הַלְלוּיָהּ, הַלְלִי נַפְשִׁי״ – הנפש שהיא העיקר הללי את ה׳ אשר בראך... הנה
אנחנו ברחנו בעיר מינצברק בתתקמ״ח באדר השיני מפני הגוים אשר
רצו לטבוח אותנו כצאן טבחה, והנחנו כל אשר לנו בין הגוים את ספרי
התורה וספרים וערבונות, והשם ישמרנו מכף כל אויבינו, וכל בני העיירות
ברחו בעיר מצור, ועל כל זאת אנחנו מהללים שמו״ (סידור הרוקח).

תהלים קמו הַלְלוּיָהּ, הַלְלִי נַפְשִׁי אֶת־יהוה: אֲהַלְלָה יהוה
בְּחַיָּי, אֲזַמְּרָה לֵאלֹהַי בְּעוֹדִי: אַל־תִּבְטְחוּ
בִנְדִיבִים, בְּבֶן־אָדָם שֶׁאֵין לוֹ תְשׁוּעָה: תֵּצֵא
רוּחוֹ, יָשֻׁב לְאַדְמָתוֹ, בַּיּוֹם הַהוּא אָבְדוּ
עֶשְׁתֹּנֹתָיו: אַשְׁרֵי שֶׁאֵל יַעֲקֹב בְּעֶזְרוֹ, שִׂבְרוֹ
עַל־יהוה אֱלֹהָיו: עֹשֶׂה שָׁמַיִם וָאָרֶץ, אֶת־
הַיָּם וְאֶת־כָּל־אֲשֶׁר־בָּם, הַשֹּׁמֵר אֱמֶת לְעוֹלָם:
עֹשֶׂה מִשְׁפָּט לָעֲשׁוּקִים, נֹתֵן לֶחֶם לָרְעֵבִים,
יהוה מַתִּיר אֲסוּרִים: יהוה פֹּקֵחַ עִוְרִים, יהוה
זֹקֵף כְּפוּפִים, יהוה אֹהֵב צַדִּיקִים: יהוה שֹׁמֵר
אֶת־גֵּרִים, יָתוֹם וְאַלְמָנָה יְעוֹדֵד, וְדֶרֶךְ רְשָׁעִים
יְעַוֵּת: ◂ יִמְלֹךְ יהוה לְעוֹלָם, אֱלֹהַיִךְ צִיּוֹן לְדֹר
וָדֹר, הַלְלוּיָהּ:

המשורר מהלל את ה׳ על הטובה העתידית, גאולת ישראל (רד״ק).

תהלים קמז הַלְלוּיָהּ, כִּי־טוֹב זַמְּרָה אֱלֹהֵינוּ, כִּי־נָעִים נָאוָה
תְהִלָּה: בּוֹנֵה יְרוּשָׁלַיִם יהוה, נִדְחֵי יִשְׂרָאֵל יְכַנֵּס:

הָרוֹפֵא לִשְׁבוּרֵי לֵב, וּמְחַבֵּשׁ לְעַצְּבוֹתָם: מוֹנֶה מִסְפָּר לַכּוֹכָבִים, לְכֻלָּם שֵׁמוֹת יִקְרָא: גָּדוֹל אֲדוֹנֵינוּ וְרַב־כֹּחַ, לִתְבוּנָתוֹ אֵין מִסְפָּר: מְעוֹדֵד עֲנָוִים יהוה, מַשְׁפִּיל רְשָׁעִים עֲדֵי־אָרֶץ: עֱנוּ לַיהוה בְּתוֹדָה, זַמְּרוּ לֵאלֹהֵינוּ בְכִנּוֹר: הַמְכַסֶּה שָׁמַיִם בְּעָבִים, הַמֵּכִין לָאָרֶץ מָטָר, הַמַּצְמִיחַ הָרִים חָצִיר: נוֹתֵן לִבְהֵמָה לַחְמָהּ, לִבְנֵי עֹרֵב אֲשֶׁר יִקְרָאוּ: לֹא בִגְבוּרַת הַסּוּס יֶחְפָּץ, לֹא־בְשׁוֹקֵי הָאִישׁ יִרְצֶה: רוֹצֶה יהוה אֶת־יְרֵאָיו, אֶת־הַמְיַחֲלִים לְחַסְדּוֹ: שַׁבְּחִי יְרוּשָׁלַםִ אֶת־יהוה, הַלְלִי אֱלֹהַיִךְ צִיּוֹן: כִּי־חִזַּק בְּרִיחֵי שְׁעָרָיִךְ, בֵּרַךְ בָּנַיִךְ בְּקִרְבֵּךְ: הַשָּׂם־גְּבוּלֵךְ שָׁלוֹם, חֵלֶב חִטִּים יַשְׂבִּיעֵךְ: הַשֹּׁלֵחַ אִמְרָתוֹ אָרֶץ, עַד־מְהֵרָה יָרוּץ דְּבָרוֹ: הַנֹּתֵן שֶׁלֶג כַּצָּמֶר, כְּפוֹר כָּאֵפֶר יְפַזֵּר: מַשְׁלִיךְ קַרְחוֹ כְפִתִּים, לִפְנֵי קָרָתוֹ מִי יַעֲמֹד: יִשְׁלַח דְּבָרוֹ וְיַמְסֵם, יַשֵּׁב רוּחוֹ יִזְּלוּ־מָיִם:

› מַגִּיד דְּבָרָו לְיַעֲקֹב, חֻקָּיו וּמִשְׁפָּטָיו לְיִשְׂרָאֵל: לֹא עָשָׂה כֵן לְכָל־גּוֹי, וּמִשְׁפָּטִים בַּל־יְדָעוּם, הַלְלוּיָהּ:

מזמור המתאר את גדולת ה׳ כפי שהיא בעולם הנברא (ראב״ע).

תהלים קמח הַלְלוּיָהּ, הַלְלוּ אֶת־יְהוָה מִן־הַשָּׁמַיִם, הַלְלוּהוּ
בַּמְּרוֹמִים: הַלְלוּהוּ כָל־מַלְאָכָיו, הַלְלוּהוּ כָּל־
צְבָאָו: הַלְלוּהוּ שֶׁמֶשׁ וְיָרֵחַ, הַלְלוּהוּ כָּל־כּוֹכְבֵי
אוֹר: הַלְלוּהוּ שְׁמֵי הַשָּׁמָיִם, וְהַמַּיִם אֲשֶׁר מֵעַל
הַשָּׁמָיִם: יְהַלְלוּ אֶת־שֵׁם יְהוָה, כִּי הוּא צִוָּה
וְנִבְרָאוּ: וַיַּעֲמִידֵם לָעַד לְעוֹלָם, חָק־נָתַן וְלֹא
יַעֲבוֹר: הַלְלוּ אֶת־יְהוָה מִן־הָאָרֶץ, תַּנִּינִים וְכָל־
תְּהֹמוֹת: אֵשׁ וּבָרָד שֶׁלֶג וְקִיטוֹר, רוּחַ סְעָרָה
עֹשָׂה דְבָרוֹ: הֶהָרִים וְכָל־גְּבָעוֹת, עֵץ פְּרִי וְכָל־
אֲרָזִים: הַחַיָּה וְכָל־בְּהֵמָה, רֶמֶשׂ וְצִפּוֹר כָּנָף:
מַלְכֵי־אֶרֶץ וְכָל־לְאֻמִּים, שָׂרִים וְכָל־שֹׁפְטֵי
אָרֶץ: בַּחוּרִים וְגַם־בְּתוּלוֹת, זְקֵנִים עִם־נְעָרִים:
◂ יְהַלְלוּ אֶת־שֵׁם יְהוָה, כִּי־נִשְׂגָּב שְׁמוֹ לְבַדּוֹ, הוֹדוֹ
עַל־אֶרֶץ וְשָׁמָיִם: וַיָּרֶם קֶרֶן לְעַמּוֹ, תְּהִלָּה לְכָל־
חֲסִידָיו, לִבְנֵי יִשְׂרָאֵל עַם קְרֹבוֹ, הַלְלוּיָהּ:

לקראת סוף ספר תהלים המשורר קורא שלא להסתפק במזמורים אלו,
אלא להמשיך ולחדש שירות לה׳ על כל גאולה וגאולה (רד״ק).

תהלים קמט הַלְלוּיָהּ, שִׁירוּ לַיהוָה שִׁיר חָדָשׁ, תְּהִלָּתוֹ

בִּקְהַל חֲסִידִים: יִשְׂמַח יִשְׂרָאֵל בְּעֹשָׂיו, בְּנֵי־
צִיּוֹן יָגִילוּ בְמַלְכָּם: יְהַלְלוּ שְׁמוֹ בְמָחוֹל, בְּתֹף
וְכִנּוֹר יְזַמְּרוּ־לוֹ: כִּי־רוֹצֶה יהוה בְּעַמּוֹ, יְפָאֵר
עֲנָוִים בִּישׁוּעָה: יַעְלְזוּ חֲסִידִים בְּכָבוֹד, יְרַנְּנוּ
עַל־מִשְׁכְּבוֹתָם: רוֹמְמוֹת אֵל בִּגְרוֹנָם, וְחֶרֶב
פִּיפִיּוֹת בְּיָדָם: לַעֲשׂוֹת נְקָמָה בַּגּוֹיִם, תּוֹכֵחוֹת
בַּלְאֻמִּים: ◂ לֶאְסֹר מַלְכֵיהֶם בְּזִקִּים, וְנִכְבְּדֵיהֶם
בְּכַבְלֵי בַרְזֶל: לַעֲשׂוֹת בָּהֶם מִשְׁפָּט כָּתוּב, הָדָר
הוּא לְכָל־חֲסִידָיו, הַלְלוּיָהּ:

״אמר ר׳ מאיר: על כל נשימה ונשימה שאדם מעלה, חייב לקלס את יוצרו... שנאמר ׳כֹּל הַנְּשָׁמָה תְּהַלֵּל יָהּ׳״ (דברים רבה ב, לז).

הַלְלוּיָהּ, הַלְלוּ־אֵל בְּקָדְשׁוֹ, הַלְלוּהוּ בִּרְקִיעַ תהלים קנ
עֻזּוֹ: הַלְלוּהוּ בִגְבוּרֹתָיו, הַלְלוּהוּ כְּרֹב גֻּדְלוֹ:
הַלְלוּהוּ בְּתֵקַע שׁוֹפָר, הַלְלוּהוּ בְּנֵבֶל וְכִנּוֹר:
הַלְלוּהוּ בְתֹף וּמָחוֹל, הַלְלוּהוּ בְּמִנִּים וְעֻגָב:
◂ הַלְלוּהוּ בְצִלְצְלֵי־שָׁמַע, הַלְלוּהוּ בְּצִלְצְלֵי
תְרוּעָה: כֹּל הַנְּשָׁמָה תְּהַלֵּל יָהּ, הַלְלוּיָהּ:
כֹּל הַנְּשָׁמָה תְּהַלֵּל יָהּ, הַלְלוּיָהּ:

פסוקי הסיום של ספרי תהלים:

תהלים פט בָּרוּךְ יהוה לְעוֹלָם, אָמֵן וְאָמֵן:

תהלים קלה בָּרוּךְ יהוה מִצִּיּוֹן, שֹׁכֵן יְרוּשָׁלָֽםִ
הַלְלוּיָהּ:

תהלים עב בָּרוּךְ יהוה אֱלֹהִים אֱלֹהֵי יִשְׂרָאֵל
עֹשֵׂה נִפְלָאוֹת לְבַדּוֹ:

◂ וּבָרוּךְ שֵׁם כְּבוֹדוֹ לְעוֹלָם
וְיִמָּלֵא כְבוֹדוֹ אֶת־כָּל־הָאָֽרֶץ
אָמֵן וְאָמֵן:

נוהגים לעמוד מכאן ועד ׳נִשְׁמַת׳ (עמ׳ 329).

דברי הימים א׳ כט וַיְבָֽרֶךְ דָּוִיד אֶת־יהוה לְעֵינֵי כָּל־הַקָּהָל, וַיֹּאמֶר דָּוִיד, בָּרוּךְ אַתָּה יהוה, אֱלֹהֵי יִשְׂרָאֵל אָבִֽינוּ, מֵעוֹלָם וְעַד־עוֹלָם: לְךָ יהוה הַגְּדֻלָּה וְהַגְּבוּרָה וְהַתִּפְאֶֽרֶת וְהַנֵּֽצַח וְהַהוֹד, כִּי־כֹל בַּשָּׁמַֽיִם וּבָאָֽרֶץ, לְךָ יהוה הַמַּמְלָכָה וְהַמִּתְנַשֵּׂא לְכֹל לְרֹאשׁ: וְהָעֹֽשֶׁר וְהַכָּבוֹד מִלְּפָנֶֽיךָ, וְאַתָּה מוֹשֵׁל בַּכֹּל, וּבְיָדְךָ כֹּֽחַ וּגְבוּרָה, וּבְיָדְךָ לְגַדֵּל וּלְחַזֵּק לַכֹּל: וְעַתָּה אֱלֹהֵֽינוּ מוֹדִים אֲנַֽחְנוּ לָךְ,

וּמְהַלְלִים לְשֵׁם תִּפְאַרְתֶּךָ: אַתָּה־הוּא נחמיה ט
יהוה לְבַדֶּךָ, אַתָּה עָשִׂיתָ אֶת־הַשָּׁמַיִם, שְׁמֵי
הַשָּׁמַיִם וְכָל־צְבָאָם, הָאָרֶץ וְכָל־אֲשֶׁר עָלֶיהָ,
הַיַּמִּים וְכָל־אֲשֶׁר בָּהֶם, וְאַתָּה מְחַיֶּה אֶת־כֻּלָּם,
וּצְבָא הַשָּׁמַיִם לְךָ מִשְׁתַּחֲוִים: ׳ אַתָּה הוּא
יהוה הָאֱלֹהִים אֲשֶׁר בָּחַרְתָּ בְּאַבְרָם, וְהוֹצֵאתוֹ
מֵאוּר כַּשְׂדִּים, וְשַׂמְתָּ שְׁמוֹ אַבְרָהָם: וּמָצָאתָ
אֶת־לְבָבוֹ נֶאֱמָן לְפָנֶיךָ, ׳ וְכָרוֹת עִמּוֹ הַבְּרִית
לָתֵת אֶת־אֶרֶץ הַכְּנַעֲנִי הַחִתִּי הָאֱמֹרִי וְהַפְּרִזִּי
וְהַיְבוּסִי וְהַגִּרְגָּשִׁי, לָתֵת לְזַרְעוֹ, וַתָּקֶם אֶת־
דְּבָרֶיךָ, כִּי צַדִּיק אָתָּה: וַתֵּרֶא אֶת־עֳנִי אֲבֹתֵינוּ
בְּמִצְרָיִם, וְאֶת־זַעֲקָתָם שָׁמַעְתָּ עַל־יַם־סוּף:
וַתִּתֵּן אֹתֹת וּמֹפְתִים בְּפַרְעֹה וּבְכָל־עֲבָדָיו
וּבְכָל־עַם אַרְצוֹ, כִּי יָדַעְתָּ כִּי הֵזִידוּ עֲלֵיהֶם,
וַתַּעַשׂ־לְךָ שֵׁם כְּהַיּוֹם הַזֶּה: ׳ וְהַיָּם בָּקַעְתָּ
לִפְנֵיהֶם, וַיַּעַבְרוּ בְתוֹךְ־הַיָּם בַּיַּבָּשָׁה, וְאֶת־
רֹדְפֵיהֶם הִשְׁלַכְתָּ בִמְצוֹלֹת כְּמוֹ־אֶבֶן, בְּמַיִם
עַזִּים:

"והראשונים תיקנו לומר השירה בכל יום אחר פסוקי דזמרה כדי להזכיר נסים ונפלאות שעשה עמנו בעבור שמו הגדול ומתחילין מ׳וַיּוֹשַׁע׳ שמשם עיקר הנס" (ספר הפרדס).

וַיּוֹשַׁע יְהוָה בַּיּוֹם הַהוּא אֶת־יִשְׂרָאֵל מִיַּד שמות יד
מִצְרָיִם וַיַּרְא יִשְׂרָאֵל אֶת־מִצְרַיִם מֵת עַל־שְׂפַת
הַיָּם: • וַיַּרְא יִשְׂרָאֵל אֶת־הַיָּד הַגְּדֹלָה אֲשֶׁר עָשָׂה
יְהוָה בְּמִצְרַיִם וַיִּירְאוּ הָעָם אֶת־יְהוָה וַיַּאֲמִינוּ
בַּיהוָה וּבְמֹשֶׁה עַבְדּוֹ:

בשבת שירה ובשביעי של פסח רבים נוהגים לומר את שירת הים פסוק פסוק.
ויש האומרים אותה בטעמי המקרא.

אָז יָשִׁיר־מֹשֶׁה וּבְנֵי יִשְׂרָאֵל אֶת־ שמות טו
הַשִּׁירָה הַזֹּאת לַיהוָה, וַיֹּאמְרוּ
לֵאמֹר, אָשִׁירָה לַּיהוָה כִּי־גָאֹה גָּאָה, סוּס
וְרֹכְבוֹ רָמָה בַיָּם: עָזִּי וְזִמְרָת יָהּ וַיְהִי־לִי
לִישׁוּעָה, זֶה אֵלִי וְאַנְוֵהוּ, אֱלֹהֵי
אָבִי וַאֲרֹמְמֶנְהוּ: יְהוָה אִישׁ מִלְחָמָה, יְהוָה
שְׁמוֹ: מַרְכְּבֹת פַּרְעֹה וְחֵילוֹ יָרָה בַיָּם, וּמִבְחַר
שָׁלִשָׁיו טֻבְּעוּ בְיַם־סוּף:
תְּהֹמֹת יְכַסְיֻמוּ, יָרְדוּ בִמְצוֹלֹת כְּמוֹ־
אָבֶן: יְמִינְךָ יְהוָה נֶאְדָּרִי בַּכֹּחַ, יְמִינְךָ

יְהוָה תִּרְעַץ אוֹיֵב: וּבְרֹב גְּאוֹנְךָ תַּהֲרֹס
קָמֶיךָ, תְּשַׁלַּח חֲרֹנְךָ יֹאכְלֵמוֹ כַּקַּשׁ: וּבְרוּחַ
אַפֶּיךָ נֶעֶרְמוּ מַיִם, נִצְּבוּ כְמוֹ־נֵד
נֹזְלִים, קָפְאוּ תְהֹמֹת בְּלֶב־יָם: אָמַר
אוֹיֵב אֶרְדֹּף, אַשִּׂיג, אֲחַלֵּק שָׁלָל, תִּמְלָאֵמוֹ
נַפְשִׁי, אָרִיק חַרְבִּי תּוֹרִישֵׁמוֹ יָדִי: נָשַׁפְתָּ
בְרוּחֲךָ כִּסָּמוֹ יָם, צָלֲלוּ כַּעוֹפֶרֶת בְּמַיִם
אַדִּירִים: מִי־כָמֹכָה בָּאֵלִם יְהוָה, מִי
כָּמֹכָה נֶאְדָּר בַּקֹּדֶשׁ, נוֹרָא תְהִלֹּת עֹשֵׂה
פֶלֶא: נָטִיתָ יְמִינְךָ תִּבְלָעֵמוֹ אָרֶץ: נָחִיתָ
בְחַסְדְּךָ עַם־זוּ גָּאָלְתָּ, נֵהַלְתָּ בְעָזְּךָ אֶל־נְוֵה
קָדְשֶׁךָ: שָׁמְעוּ עַמִּים יִרְגָּזוּן, חִיל
אָחַז יֹשְׁבֵי פְּלָשֶׁת: אָז נִבְהֲלוּ אַלּוּפֵי
אֱדוֹם, אֵילֵי מוֹאָב יֹאחֲזֵמוֹ רָעַד, נָמֹגוּ
כֹּל יֹשְׁבֵי כְנָעַן: תִּפֹּל עֲלֵיהֶם אֵימָתָה
וָפַחַד, בִּגְדֹל זְרוֹעֲךָ יִדְּמוּ כָּאָבֶן, עַד־
יַעֲבֹר עַמְּךָ יְהוָה, עַד־יַעֲבֹר עַם־זוּ
קָנִיתָ: תְּבִאֵמוֹ וְתִטָּעֵמוֹ בְּהַר נַחֲלָתְךָ, מָכוֹן

לְשִׁבְתְּךָ פָּעַלְתָּ יְהֹוָה, מִקְּדָשׁ אֲדֹנָי כּוֹנְנוּ
יָדֶיךָ: יְהֹוָה ׀ יִמְלֹךְ לְעֹלָם וָעֶד:

יהוה יִמְלֹךְ לְעֹלָם וָעֶד.
יהוה מַלְכוּתֵהּ קָאֵם לְעָלַם וּלְעָלְמֵי עָלְמַיָּא.
כִּי
בָא סוּס פַּרְעֹה בְּרִכְבּוֹ וּבְפָרָשָׁיו בַּיָּם,
וַיָּשֶׁב יְהֹוָה עֲלֵהֶם אֶת־מֵי
הַיָּם, וּבְנֵי יִשְׂרָאֵל הָלְכוּ בַיַּבָּשָׁה בְּתוֹךְ הַיָּם:

תהלים כב ◂ כִּי לַיהוה הַמְּלוּכָה וּמֹשֵׁל בַּגּוֹיִם:
עובדיה א וְעָלוּ מוֹשִׁעִים בְּהַר צִיּוֹן
לִשְׁפֹּט אֶת־הַר עֵשָׂו
וְהָיְתָה לַיהוה הַמְּלוּכָה:
זכריה יד וְהָיָה יהוה לְמֶלֶךְ עַל־כָּל־הָאָרֶץ
בַּיּוֹם הַהוּא יִהְיֶה יהוה אֶחָד וּשְׁמוֹ אֶחָד:

(וּבְתוֹרָתְךָ כָּתוּב לֵאמֹר
דברים ו שְׁמַע יִשְׂרָאֵל, יהוה אֱלֹהֵינוּ יהוה אֶחָד:)

בהושענא רבה, ביום העצמאות וביום ירושלים ממשיכים ׳יִשְׁתַּבַּח׳ (עמ׳ 60).

׳נִשְׁמַת׳ הוא פיוט עתיק, ור׳ יוחנן כינהו ׳ברכת השיר׳ (פסחים קיח ע״א). בתשובות הגאונים הוא מיוחס לחכמי התלמוד, ויש שהקדימו את זמן חיבורו וייחסו אותו לאנשי הכנסת הגדולה (מרדכי, פסחים תריא).

בתקופת הראשונים נהגו ששליח הציבור לשחרית מתחיל ׳נִשְׁמַת׳ (סידור רש״י). היום בשבת רגילה נוהגים, ששליח הציבור מתחיל ׳שׁוֹכֵן עַד׳, בשלוש רגלים ׳הָאֵל בְּתַעֲצוּמוֹת עֻזֶּךָ׳, ובימים נוראים ׳הַמֶּלֶךְ יוֹשֵׁב עַל כִּסֵּא׳ (ספר המנהגים למהר״י טירנא).

נִשְׁמַת

כָּל חַי תְּבָרֵךְ אֶת שִׁמְךָ, יהוה אֱלֹהֵינוּ
וְרוּחַ כָּל בָּשָׂר
תְּפָאֵר וּתְרוֹמֵם זִכְרְךָ מַלְכֵּנוּ תָּמִיד.
מִן הָעוֹלָם וְעַד הָעוֹלָם אַתָּה אֵל
וּמִבַּלְעָדֶיךָ אֵין לָנוּ מֶלֶךְ גּוֹאֵל וּמוֹשִׁיעַ
פּוֹדֶה וּמַצִּיל וּמְפַרְנֵס וּמְרַחֵם
בְּכָל עֵת צָרָה וְצוּקָה
אֵין לָנוּ מֶלֶךְ אֶלָּא אָתָּה.
אֱלֹהֵי הָרִאשׁוֹנִים וְהָאַחֲרוֹנִים
אֱלוֹהַּ כָּל בְּרִיּוֹת
אֲדוֹן כָּל תּוֹלָדוֹת
הַמְהֻלָּל בְּרֹב הַתִּשְׁבָּחוֹת
הַמְנַהֵג עוֹלָמוֹ בְּחֶסֶד וּבְרִיּוֹתָיו בְּרַחֲמִים.

וַיהוה לֹא יָנוּם וְלֹא יִישָׁן
הַמְעוֹרֵר יְשֵׁנִים וְהַמֵּקִיץ נִרְדָּמִים
וְהַמֵּשִׂיחַ אִלְּמִים וְהַמַּתִּיר אֲסוּרִים
וְהַסּוֹמֵךְ נוֹפְלִים וְהַזּוֹקֵף כְּפוּפִים.
לְךָ לְבַדְּךָ אֲנַחְנוּ מוֹדִים.
אִלּוּ פִינוּ מָלֵא שִׁירָה כַּיָּם
וּלְשׁוֹנֵנוּ רִנָּה כַּהֲמוֹן גַּלָּיו
וְשִׂפְתוֹתֵינוּ שֶׁבַח כְּמֶרְחֲבֵי רָקִיעַ
וְעֵינֵינוּ מְאִירוֹת כַּשֶּׁמֶשׁ וְכַיָּרֵחַ
וְיָדֵינוּ פְרוּשׂוֹת כְּנִשְׁרֵי שָׁמָיִם
וְרַגְלֵינוּ קַלּוֹת כָּאַיָּלוֹת
אֵין אֲנַחְנוּ מַסְפִּיקִים לְהוֹדוֹת לְךָ
יהוה אֱלֹהֵינוּ וֵאלֹהֵי אֲבוֹתֵינוּ
וּלְבָרֵךְ אֶת שְׁמֶךָ
עַל אַחַת מֵאָלֶף אֶלֶף אַלְפֵי אֲלָפִים
וְרִבֵּי רְבָבוֹת פְּעָמִים הַטּוֹבוֹת
שֶׁעָשִׂיתָ עִם אֲבוֹתֵינוּ וְעִמָּנוּ.

מִמִּצְרַיִם גְּאַלְתָּנוּ, יהוה אֱלֹהֵינוּ
וּמִבֵּית עֲבָדִים פְּדִיתָנוּ
בְּרָעָב זַנְתָּנוּ וּבְשָׂבָע כִּלְכַּלְתָּנוּ
מֵחֶרֶב הִצַּלְתָּנוּ וּמִדֶּבֶר מִלַּטְתָּנוּ
וּמֵחֳלָיִם רָעִים וְנֶאֱמָנִים דִּלִּיתָנוּ.
עַד הֵנָּה עֲזָרוּנוּ רַחֲמֶיךָ, וְלֹא עֲזָבוּנוּ חֲסָדֶיךָ
וְאַל תִּטְּשֵׁנוּ, יהוה אֱלֹהֵינוּ, לָנֶצַח.
עַל כֵּן אֵבָרִים שֶׁפִּלַּגְתָּ בָּנוּ
וְרוּחַ וּנְשָׁמָה שֶׁנָּפַחְתָּ בְּאַפֵּינוּ
וְלָשׁוֹן אֲשֶׁר שַׂמְתָּ בְּפִינוּ
הֵן הֵם יוֹדוּ וִיבָרְכוּ וִישַׁבְּחוּ וִיפָאֲרוּ וִירוֹמְמוּ
וְיַעֲרִיצוּ וְיַקְדִּישׁוּ וְיַמְלִיכוּ אֶת שִׁמְךָ מַלְכֵּנוּ
כִּי כָל פֶּה לְךָ יוֹדֶה וְכָל לָשׁוֹן לְךָ תִשָּׁבַע
וְכָל בֶּרֶךְ לְךָ תִכְרַע
וְכָל קוֹמָה לְפָנֶיךָ תִשְׁתַּחֲוֶה
וְכָל לְבָבוֹת יִירָאוּךָ
וְכָל קֶרֶב וּכְלָיוֹת יְזַמְּרוּ לִשְׁמֶךָ

כַּדָּבָר שֶׁכָּתוּב

תהלים לה
כָּל עַצְמֹתַי תֹּאמַרְנָה יהוה מִי כָמוֹךָ
מַצִּיל עָנִי מֵחָזָק מִמֶּנּוּ, וְעָנִי וְאֶבְיוֹן
מִגֹּזְלוֹ:

מִי יִדְמֶה לָּךְ וּמִי יִשְׁוֶה לָּךְ וּמִי יַעֲרָךְ לָךְ.
הָאֵל הַגָּדוֹל, הַגִּבּוֹר וְהַנּוֹרָא, אֵל עֶלְיוֹן,
קוֹנֵה שָׁמַיִם וָאָרֶץ.

◂ נְהַלֶּלְךָ וּנְשַׁבֵּחֲךָ וּנְפָאֶרְךָ
וּנְבָרֵךְ אֶת שֵׁם קָדְשֶׁךָ
כָּאָמוּר

תהלים קג
לְדָוִד, בָּרְכִי נַפְשִׁי אֶת־יהוה
וְכָל־קְרָבַי אֶת־שֵׁם קָדְשׁוֹ:

ביום טוב שליח הציבור מתחיל כאן:

הָאֵל בְּתַעֲצוּמוֹת עֻזֶּךָ
הַגָּדוֹל בִּכְבוֹד שְׁמֶךָ
הַגִּבּוֹר לָנֶצַח וְהַנּוֹרָא בְּנוֹרְאוֹתֶיךָ
הַמֶּלֶךְ הַיּוֹשֵׁב עַל כִּסֵּא
רָם וְנִשָּׂא

בשבת שליח הציבור מתחיל כאן:

שׁוֹכֵן עַד

מָרוֹם וְקָדוֹשׁ שְׁמוֹ

וְכָתוּב

רַנְּנוּ צַדִּיקִים בַּיהוה, לַיְשָׁרִים נָאוָה תְהִלָּה: תהלים לג

בְּפִי יְשָׁרִים תִּתְהַלָּל

וּבְדִבְרֵי צַדִּיקִים תִּתְבָּרַךְ

וּבִלְשׁוֹן חֲסִידִים תִּתְרוֹמָם

וּבְקֶרֶב קְדוֹשִׁים תִּתְקַדָּשׁ

וּבְמַקְהֲלוֹת רִבְבוֹת עַמְּךָ בֵּית יִשְׂרָאֵל
בְּרִנָּה יִתְפָּאַר שִׁמְךָ מַלְכֵּנוּ בְּכָל דּוֹר וָדוֹר
שֶׁכֵּן חוֹבַת כָּל הַיְצוּרִים
לְפָנֶיךָ יהוה אֱלֹהֵינוּ וֵאלֹהֵי אֲבוֹתֵינוּ
לְהוֹדוֹת, לְהַלֵּל, לְשַׁבֵּחַ, לְפָאֵר, לְרוֹמֵם
לְהַדֵּר, לְבָרֵךְ, לְעַלֵּה וּלְקַלֵּס
עַל כָּל דִּבְרֵי שִׁירוֹת וְתִשְׁבְּחוֹת
דָּוִד בֶּן יִשַׁי, עַבְדְּךָ מְשִׁיחֶךָ.

נוהגים לעמוד מכאן עד ׳בָּרְכוּ׳ בעמ׳ 336.

יִשְׁתַּבַּח שִׁמְךָ לָעַד, מַלְכֵּנוּ
הָאֵל הַמֶּלֶךְ הַגָּדוֹל וְהַקָּדוֹשׁ בַּשָּׁמַיִם וּבָאָרֶץ
כִּי לְךָ נָאֶה, יהוה אֱלֹהֵינוּ וֵאלֹהֵי אֲבוֹתֵינוּ
שִׁיר וּשְׁבָחָה, הַלֵּל וְזִמְרָה
עֹז וּמֶמְשָׁלָה, נֶצַח, גְּדֻלָּה וּגְבוּרָה
תְּהִלָּה וְתִפְאֶרֶת, קְדֻשָּׁה וּמַלְכוּת
◂ בְּרָכוֹת וְהוֹדָאוֹת, מֵעַתָּה וְעַד עוֹלָם.
בָּרוּךְ אַתָּה יהוה
אֵל מֶלֶךְ גָּדוֹל בַּתִּשְׁבָּחוֹת
אֵל הַהוֹדָאוֹת, אֲדוֹן הַנִּפְלָאוֹת
הַבּוֹחֵר בְּשִׁירֵי זִמְרָה
מֶלֶךְ, אֵל, חֵי הָעוֹלָמִים.

בשבת שובה רבים נוהגים לפתוח את ארון הקודש,
ושליח הציבור והקהל אומרים פסוק פסוק.

שִׁיר הַמַּעֲלוֹת, מִמַּעֲמַקִּים קְרָאתִיךָ יהוה: אֲדֹנָי תהלים קל
שִׁמְעָה בְקוֹלִי, תִּהְיֶינָה אָזְנֶיךָ קַשֻּׁבוֹת לְקוֹל
תַּחֲנוּנָי: אִם־עֲוֹנוֹת תִּשְׁמָר־יָהּ, אֲדֹנָי מִי יַעֲמֹד:
כִּי־עִמְּךָ הַסְּלִיחָה, לְמַעַן תִּוָּרֵא: קִוִּיתִי יהוה קִוְּתָה

נַפְשִׁי, וְלִדְבָרוֹ הוֹחָלְתִּי: נַפְשִׁי לַאדֹנָי, מִשֹּׁמְרִים לַבֹּקֶר, שֹׁמְרִים לַבֹּקֶר: יַחֵל יִשְׂרָאֵל אֶל־יהוה, כִּי־עִם־יהוה הַחֶסֶד, וְהַרְבֵּה עִמּוֹ פְדוּת: וְהוּא יִפְדֶּה אֶת־יִשְׂרָאֵל, מִכֹּל עֲוֹנוֹתָיו:

חצי קדיש

ש״ץ: יִתְגַּדַּל וְיִתְקַדַּשׁ שְׁמֵהּ רַבָּא (קהל: אָמֵן)
בְּעָלְמָא דִּי בְרָא כִרְעוּתֵהּ
וְיַמְלִיךְ מַלְכוּתֵהּ
בְּחַיֵּיכוֹן וּבְיוֹמֵיכוֹן וּבְחַיֵּי דְכָל בֵּית יִשְׂרָאֵל
בַּעֲגָלָא וּבִזְמַן קָרִיב, וְאִמְרוּ אָמֵן. (קהל: אָמֵן)

קהל וש״ץ: יְהֵא שְׁמֵהּ רַבָּא מְבָרַךְ
לְעָלַם וּלְעָלְמֵי עָלְמַיָּא.

ש״ץ: יִתְבָּרַךְ וְיִשְׁתַּבַּח וְיִתְפָּאַר
וְיִתְרוֹמַם וְיִתְנַשֵּׂא וְיִתְהַדָּר וְיִתְעַלֶּה וְיִתְהַלָּל
שְׁמֵהּ דְּקֻדְשָׁא בְּרִיךְ הוּא (קהל: בְּרִיךְ הוּא)
לְעֵלָּא מִן כָּל בִּרְכָתָא
/בשבת שובה: לְעֵלָּא לְעֵלָּא מִכָּל בִּרְכָתָא/
וְשִׁירָתָא, תֻּשְׁבְּחָתָא וְנֶחֱמָתָא
דַּאֲמִירָן בְּעָלְמָא, וְאִמְרוּ אָמֵן. (קהל: אָמֵן)

קריאת שמע וברכותיה

שליח הציבור כורע בתיבת 'בָּרְכוּ' וזוקף בשם. הקהל כורע בתיבת 'בָּרוּךְ' וזוקף בשם, ושליח הציבור כורע שוב כאשר הוא חוזר אחריהם.

ש"ץ: **בָּרְכוּ**

אֶת יהוה הַמְבֹרָךְ.

קהל: **בָּרוּךְ יהוה הַמְבֹרָךְ לְעוֹלָם וָעֶד.**

ש"ץ: **בָּרוּךְ יהוה הַמְבֹרָךְ לְעוֹלָם וָעֶד.**

נוהגים לשבת בקריאת שמע וברכותיה. אין להפסיק בדיבור מתחילת הברכה ועד סוף תפילת העמידה פרט לדברים שבקדושה.

בָּרוּךְ אַתָּה יהוה אֱלֹהֵינוּ מֶלֶךְ הָעוֹלָם
יוֹצֵר אוֹר וּבוֹרֵא חֹשֶׁךְ
עֹשֶׂה שָׁלוֹם וּבוֹרֵא אֶת הַכֹּל.

בשבת אומרים 'הַכֹּל יוֹדוּךָ' (מחזור ויטרי, קסא),
וביום טוב שאינו חל בשבת אומרים 'הַמֵּאִיר לָאָרֶץ' בעמוד הבא כבחול (סידור הרוקח).

הַכֹּל יוֹדְוּךָ וְהַכֹּל יְשַׁבְּחוּךָ
וְהַכֹּל יֹאמְרוּ אֵין קָדוֹשׁ כַּיהוה
הַכֹּל יְרוֹמְמְוּךָ סֶּלָה, יוֹצֵר הַכֹּל.

הָאֵל הַפּוֹתֵחַ בְּכָל יוֹם דַּלְתוֹת שַׁעֲרֵי מִזְרָח
וּבוֹקֵעַ חַלּוֹנֵי רָקִיעַ
מוֹצִיא חַמָּה מִמְּקוֹמָהּ וּלְבָנָה מִמְּכוֹן שִׁבְתָּהּ
וּמֵאִיר לָעוֹלָם כֻּלּוֹ וּלְיוֹשְׁבָיו
שֶׁבָּרָא בְּמִדַּת הָרַחֲמִים.

ביום טוב שאינו שבת, אומר:

הַמֵּאִיר לָאָרֶץ וְלַדָּרִים עָלֶיהָ בְּרַחֲמִים, וּבְטוּבוֹ מְחַדֵּשׁ בְּכָל יוֹם תָּמִיד מַעֲשֵׂה בְרֵאשִׁית. מָה־ תהלים קד
רַבּוּ מַעֲשֶׂיךָ יהוה, כֻּלָּם בְּחָכְמָה עָשִׂיתָ, מָלְאָה הָאָרֶץ קִנְיָנֶךָ: הַמֶּלֶךְ הַמְרוֹמָם לְבַדּוֹ מֵאָז, הַמְשֻׁבָּח וְהַמְפֹאָר וְהַמִּתְנַשֵּׂא מִימוֹת עוֹלָם. אֱלֹהֵי עוֹלָם, בְּרַחֲמֶיךָ הָרַבִּים רַחֵם עָלֵינוּ, אֲדוֹן עֻזֵּנוּ, צוּר מִשְׂגַּבֵּנוּ, מָגֵן יִשְׁעֵנוּ, מִשְׂגָּב בַּעֲדֵנוּ. אֵל בָּרוּךְ גְּדוֹל דֵּעָה, הֵכִין וּפָעַל זָהֳרֵי חַמָּה, טוֹב יָצַר כָּבוֹד לִשְׁמוֹ, מְאוֹרוֹת נָתַן סְבִיבוֹת עֻזּוֹ, פִּנּוֹת צְבָאָיו קְדוֹשִׁים, רוֹמְמֵי שַׁדַּי, תָּמִיד מְסַפְּרִים כְּבוֹד אֵל וּקְדֻשָּׁתוֹ. ◂ תִּתְבָּרַךְ יהוה אֱלֹהֵינוּ עַל שֶׁבַח מַעֲשֵׂה יָדֶיךָ, וְעַל מְאוֹרֵי אוֹר שֶׁעָשִׂיתָ יְפָאֲרוּךָ סֶּלָה.

וממשיך ׳תִּתְבָּרַךְ, צוּרֵנוּ׳ בעמ׳ 341.

הַמֵּאִיר לָאָרֶץ וְלַדָּרִים עָלֶיהָ בְּרַחֲמִים
וּבְטוּבוֹ מְחַדֵּשׁ בְּכָל יוֹם תָּמִיד
מַעֲשֵׂה בְרֵאשִׁית.
הַמֶּלֶךְ הַמְרוֹמָם לְבַדּוֹ מֵאָז
הַמְשֻׁבָּח וְהַמְפֹאָר וְהַמִּתְנַשֵּׂא מִימוֹת עוֹלָם.
אֱלֹהֵי עוֹלָם, בְּרַחֲמֶיךָ הָרַבִּים רַחֵם עָלֵינוּ
אֲדוֹן עֻזֵּנוּ, צוּר מִשְׂגַּבֵּנוּ
מָגֵן יִשְׁעֵנוּ, מִשְׂגָּב בַּעֲדֵנוּ.

אֵין כְּעֶרְכֶּךָ
וְאֵין זוּלָתֶךָ
אֶפֶס בִּלְתֶּךָ
וּמִי דּוֹמֶה לָּךְ.

▸ אֵין כְּעֶרְכְּךָ, יהוה אֱלֹהֵינוּ, בָּעוֹלָם הַזֶּה
וְאֵין זוּלָתְךָ, מַלְכֵּנוּ, לְחַיֵּי הָעוֹלָם הַבָּא
אֶפֶס בִּלְתְּךָ, גּוֹאֲלֵנוּ, לִימוֹת הַמָּשִׁיחַ
וְאֵין דּוֹמֶה לְּךָ, מוֹשִׁיעֵנוּ, לִתְחִיַּת הַמֵּתִים.

אֵל אָדוֹן עַל כָּל הַמַּעֲשִׂים
בָּרוּךְ וּמְבֹרָךְ בְּפִי כָּל נְשָׁמָה
גָּדְלוֹ וְטוּבוֹ מָלֵא עוֹלָם
דַּעַת וּתְבוּנָה סוֹבְבִים אוֹתוֹ.

הַמִּתְגָּאֶה עַל חַיּוֹת הַקֹּדֶשׁ
וְנֶהְדָּר בְּכָבוֹד עַל הַמֶּרְכָּבָה
זְכוּת וּמִישׁוֹר לִפְנֵי כִסְאוֹ
חֶסֶד וְרַחֲמִים לִפְנֵי כְבוֹדוֹ.

טוֹבִים מְאוֹרוֹת שֶׁבָּרָא אֱלֹהֵינוּ
יְצָרָם בְּדַעַת בְּבִינָה וּבְהַשְׂכֵּל
כֹּחַ וּגְבוּרָה נָתַן בָּהֶם
לִהְיוֹת מוֹשְׁלִים בְּקֶרֶב תֵּבֵל.

מְלֵאִים זִיו וּמְפִיקִים נֹגַהּ
נָאֶה זִיוָם בְּכָל הָעוֹלָם
שְׂמֵחִים בְּצֵאתָם וְשָׂשִׂים בְּבוֹאָם
עוֹשִׂים בְּאֵימָה רְצוֹן קוֹנָם.

פְּאֵר וְכָבוֹד נוֹתְנִים לִשְׁמוֹ
צָהֳלָה וְרִנָּה לְזֵכֶר מַלְכוּתוֹ
קָרָא לַשֶּׁמֶשׁ וַיִּזְרַח אוֹר
רָאָה וְהִתְקִין צוּרַת הַלְּבָנָה.

שֶׁבַח נוֹתְנִים לוֹ כָּל צְבָא מָרוֹם
תִּפְאֶרֶת וּגְדֻלָּה
שְׂרָפִים וְאוֹפַנִּים וְחַיּוֹת הַקֹּדֶשׁ.

לָאֵל אֲשֶׁר שָׁבַת מִכָּל הַמַּעֲשִׂים
בַּיּוֹם הַשְּׁבִיעִי נִתְעַלָּה וְיָשַׁב עַל כִּסֵּא כְבוֹדוֹ.
תִּפְאֶרֶת עָטָה לְיוֹם הַמְּנוּחָה
עֹנֶג קָרָא לְיוֹם הַשַּׁבָּת.
זֶה שֶׁבַח שֶׁלַּיּוֹם הַשְּׁבִיעִי
שֶׁבּוֹ שָׁבַת אֵל מִכָּל מְלַאכְתּוֹ
וְיוֹם הַשְּׁבִיעִי מְשַׁבֵּחַ וְאוֹמֵר
מִזְמוֹר שִׁיר לְיוֹם הַשַּׁבָּת תהלים צב
טוֹב לְהֹדוֹת לַיהוה:

לְפִיכָךְ יְפָאֲרוּ וִיבָרְכוּ לָאֵל כָּל יְצוּרָיו
שֶׁבַח יְקָר וּגְדֻלָּה יִתְּנוּ לָאֵל מֶלֶךְ יוֹצֵר כֹּל
הַמַּנְחִיל מְנוּחָה לְעַמּוֹ יִשְׂרָאֵל בִּקְדֻשָּׁתוֹ
בְּיוֹם שַׁבַּת קֹדֶשׁ.
שִׁמְךָ יהוה אֱלֹהֵינוּ יִתְקַדַּשׁ
וְזִכְרְךָ מַלְכֵּנוּ יִתְפָּאַר
בַּשָּׁמַיִם מִמַּעַל וְעַל הָאָרֶץ מִתָּחַת.
תִּתְבָּרַךְ מוֹשִׁיעֵנוּ עַל שֶׁבַח מַעֲשֵׂה יָדֶיךָ
וְעַל מְאוֹרֵי אוֹר שֶׁעָשִׂיתָ, יְפָאֲרוּךָ סֶּלָה.

תִּתְבָּרַךְ
צוּרֵנוּ מַלְכֵּנוּ וְגוֹאֲלֵנוּ, בּוֹרֵא קְדוֹשִׁים
יִשְׁתַּבַּח שִׁמְךָ לָעַד
מַלְכֵּנוּ, יוֹצֵר מְשָׁרְתִים
וַאֲשֶׁר מְשָׁרְתָיו כֻּלָּם עוֹמְדִים בְּרוּם עוֹלָם
וּמַשְׁמִיעִים בְּיִרְאָה יַחַד בְּקוֹל
דִּבְרֵי אֱלֹהִים חַיִּים וּמֶלֶךְ עוֹלָם.

כֻּלָּם אֲהוּבִים, כֻּלָּם בְּרוּרִים, כֻּלָּם גִּבּוֹרִים
וְכֻלָּם עוֹשִׂים בְּאֵימָה וּבְיִרְאָה רְצוֹן קוֹנָם
◂ וְכֻלָּם פּוֹתְחִים אֶת פִּיהֶם בִּקְדֻשָּׁה וּבְטָהֳרָה
בְּשִׁירָה וּבְזִמְרָה

וּמְבָרְכִים וּמְשַׁבְּחִים וּמְפָאֲרִים
◂ וּמַעֲרִיצִים וּמַקְדִּישִׁים וּמַמְלִיכִים
אֶת שֵׁם הָאֵל, הַמֶּלֶךְ הַגָּדוֹל, הַגִּבּוֹר וְהַנּוֹרָא
קָדוֹשׁ הוּא.

◂ וְכֻלָּם מְקַבְּלִים עֲלֵיהֶם
עֹל מַלְכוּת שָׁמַיִם זֶה מִזֶּה
וְנוֹתְנִים רְשׁוּת זֶה לָזֶה
לְהַקְדִּישׁ לְיוֹצְרָם בְּנַחַת רוּחַ
בְּשָׂפָה בְרוּרָה וּבִנְעִימָה
קְדֻשָּׁה כֻּלָּם כְּאֶחָד
עוֹנִים וְאוֹמְרִים בְּיִרְאָה

הקהל עונה בקול רם (אליה רבה):

קָדוֹשׁ ׀ קָדוֹשׁ, קָדוֹשׁ יהוה צְבָאוֹת ישעיה ו
מְלֹא כָל־הָאָרֶץ כְּבוֹדוֹ:

וְהָאוֹפַנִּים וְחַיּוֹת הַקֹּדֶשׁ
בְּרַעַשׁ גָּדוֹל מִתְנַשְּׂאִים לְעֻמַּת שְׂרָפִים
לְעֻמָּתָם מְשַׁבְּחִים וְאוֹמְרִים

הקהל עונה בקול רם (שם):

בָּרוּךְ כְּבוֹד־יְהוָה מִמְּקוֹמוֹ: יחזקאל ג

לָאֵל בָּרוּךְ נְעִימוֹת יִתֵּנוּ
לַמֶּלֶךְ אֵל חַי וְקַיָּם
זְמִירוֹת יֹאמֵרוּ וְתִשְׁבָּחוֹת יַשְׁמִיעוּ
כִּי הוּא לְבַדּוֹ
פּוֹעֵל גְּבוּרוֹת, עוֹשֶׂה חֲדָשׁוֹת
בַּעַל מִלְחָמוֹת, זוֹרֵעַ צְדָקוֹת
מַצְמִיחַ יְשׁוּעוֹת, בּוֹרֵא רְפוּאוֹת
נוֹרָא תְהִלּוֹת, אֲדוֹן הַנִּפְלָאוֹת
הַמְחַדֵּשׁ בְּטוּבוֹ בְּכָל יוֹם תָּמִיד
מַעֲשֵׂה בְרֵאשִׁית
כָּאָמוּר
לְעֹשֵׂה אוֹרִים גְּדֹלִים כִּי לְעוֹלָם חַסְדּוֹ: תהלים קלו

‹ אוֹר חָדָשׁ עַל צִיּוֹן תָּאִיר
וְנִזְכֶּה כֻלָּנוּ מְהֵרָה לְאוֹרוֹ.
בָּרוּךְ אַתָּה יהוה, יוֹצֵר הַמְּאוֹרוֹת.

אַהֲבָה רַבָּה אֲהַבְתָּנוּ, יהוה אֱלֹהֵינוּ
חֶמְלָה גְדוֹלָה וִיתֵרָה חָמַלְתָּ עָלֵינוּ.
אָבִינוּ מַלְכֵּנוּ
בַּעֲבוּר אֲבוֹתֵינוּ שֶׁבָּטְחוּ בְךָ
וַתְּלַמְּדֵם חֻקֵּי חַיִּים
כֵּן תְּחָנֵּנוּ וּתְלַמְּדֵנוּ.
אָבִינוּ, הָאָב הָרַחֲמָן, הַמְרַחֵם
רַחֵם עָלֵינוּ, וְתֵן בְּלִבֵּנוּ לְהָבִין וּלְהַשְׂכִּיל
לִשְׁמֹעַ, לִלְמֹד וּלְלַמֵּד, לִשְׁמֹר וְלַעֲשׂוֹת, וּלְקַיֵּם
אֶת כָּל דִּבְרֵי תַלְמוּד תּוֹרָתֶךָ בְּאַהֲבָה.
וְהָאֵר עֵינֵינוּ בְּתוֹרָתֶךָ, וְדַבֵּק לִבֵּנוּ בְּמִצְוֹתֶיךָ
וְיַחֵד לְבָבֵנוּ לְאַהֲבָה וּלְיִרְאָה אֶת שְׁמֶךָ
וְלֹא נֵבוֹשׁ לְעוֹלָם וָעֶד.
כִּי בְשֵׁם קָדְשְׁךָ הַגָּדוֹל וְהַנּוֹרָא בָּטָחְנוּ
נָגִילָה וְנִשְׂמְחָה בִּישׁוּעָתֶךָ.

נוהגים לקבץ כאן את ארבע הציציות ולאוחזן ביד שמאל כנגד הלב כל קריאת שמע (שו״ע כד, ב בשם ר׳ יונה וה׳מרדכי׳). ויש נוהגים לאחוז רק את השתיים הקדמיות.

וַהֲבִיאֵנוּ לְשָׁלוֹם מֵאַרְבַּע כַּנְפוֹת הָאָרֶץ

וְתוֹלִיכֵנוּ קוֹמְמִיּוּת לְאַרְצֵנוּ.

כִּי אֵל פּוֹעֵל יְשׁוּעוֹת אָתָּה

וּבָנוּ בָחַרְתָּ מִכָּל עַם וְלָשׁוֹן

וְקֵרַבְתָּנוּ לְשִׁמְךָ הַגָּדוֹל סֶלָה, בֶּאֱמֶת

לְהוֹדוֹת לְךָ וּלְיַחֶדְךָ בְּאַהֲבָה.

בָּרוּךְ אַתָּה יהוה

הַבּוֹחֵר בְּעַמּוֹ יִשְׂרָאֵל בְּאַהֲבָה.

״יקרא קריאת שמע בכוונה – באימה, ביראה, ברתת וזיע״ (שו״ע סא, א).
קריאת שמע צריכה כוונה מיוחדת בכל שלוש פרשיותיה. מי שאינו יכול לכוון בכולן חייב לכוון בפסוק הראשון, ואם לא התכוון צריך לחזור ולקרוא שוב. המתפלל ביחידות אומר:

אֵל מֶלֶךְ נֶאֱמָן

מכסה את עיניו בידו ואומר בכוונה ובקול רם:

שְׁמַע יִשְׂרָאֵל, יהוה אֱלֹהֵינוּ, יהוה ׀ אֶחָד: דברים ו

בלחש: בָּרוּךְ שֵׁם כְּבוֹד מַלְכוּתוֹ לְעוֹלָם וָעֶד.

וְאָהַבְתָּ אֵת יהוה אֱלֹהֶיךָ, בְּכָל־לְבָבְךָ וּבְכָל־ דברים ו
נַפְשְׁךָ וּבְכָל־מְאֹדֶךָ: וְהָיוּ הַדְּבָרִים הָאֵלֶּה,

אֲשֶׁר אָנֹכִי מְצַוְּךָ הַיּוֹם, עַל־לְבָבֶךָ: וְשִׁנַּנְתָּם
לְבָנֶיךָ וְדִבַּרְתָּ בָּם, בְּשִׁבְתְּךָ בְּבֵיתֶךָ וּבְלֶכְתְּךָ
בַדֶּרֶךְ, וּבְשָׁכְבְּךָ וּבְקוּמֶךָ: וּקְשַׁרְתָּם לְאוֹת
עַל־יָדֶךָ וְהָיוּ לְטֹטָפֹת בֵּין עֵינֶיךָ: וּכְתַבְתָּם
עַל־מְזֻזוֹת בֵּיתֶךָ וּבִשְׁעָרֶיךָ:

דברים יא וְהָיָה אִם־שָׁמֹעַ תִּשְׁמְעוּ אֶל־מִצְוֺתַי אֲשֶׁר
אָנֹכִי מְצַוֶּה אֶתְכֶם הַיּוֹם, לְאַהֲבָה אֶת־יְהוָה
אֱלֹהֵיכֶם וּלְעָבְדוֹ, בְּכָל־לְבַבְכֶם וּבְכָל־נַפְשְׁכֶם:
וְנָתַתִּי מְטַר־אַרְצְכֶם בְּעִתּוֹ, יוֹרֶה וּמַלְקוֹשׁ,
וְאָסַפְתָּ דְגָנֶךָ וְתִירֹשְׁךָ וְיִצְהָרֶךָ: וְנָתַתִּי עֵשֶׂב
בְּשָׂדְךָ לִבְהֶמְתֶּךָ, וְאָכַלְתָּ וְשָׂבָעְתָּ: הִשָּׁמְרוּ
לָכֶם פֶּן־יִפְתֶּה לְבַבְכֶם, וְסַרְתֶּם וַעֲבַדְתֶּם
אֱלֹהִים אֲחֵרִים וְהִשְׁתַּחֲוִיתֶם לָהֶם: וְחָרָה
אַף־יְהוָה בָּכֶם, וְעָצַר אֶת־הַשָּׁמַיִם וְלֹא־יִהְיֶה
מָטָר, וְהָאֲדָמָה לֹא תִתֵּן אֶת־יְבוּלָהּ, וַאֲבַדְתֶּם
מְהֵרָה מֵעַל הָאָרֶץ הַטֹּבָה אֲשֶׁר יְהוָה נֹתֵן

לָכֶם: וְשַׂמְתֶּם אֶת־דְּבָרַי אֵלֶּה עַל־לְבַבְכֶם
וְעַל־נַפְשְׁכֶם, וּקְשַׁרְתֶּם אֹתָם לְאוֹת עַל־יֶדְכֶם,
וְהָיוּ לְטוֹטָפֹת בֵּין עֵינֵיכֶם: וְלִמַּדְתֶּם אֹתָם אֶת־
בְּנֵיכֶם לְדַבֵּר בָּם, בְּשִׁבְתְּךָ בְּבֵיתֶךָ וּבְלֶכְתְּךָ
בַדֶּרֶךְ, וּבְשָׁכְבְּךָ וּבְקוּמֶךָ: וּכְתַבְתָּם עַל־מְזוּזוֹת
בֵּיתֶךָ וּבִשְׁעָרֶיךָ: לְמַעַן יִרְבּוּ יְמֵיכֶם וִימֵי בְנֵיכֶם
עַל הָאֲדָמָה אֲשֶׁר נִשְׁבַּע יְהוָה לַאֲבֹתֵיכֶם לָתֵת
לָהֶם, כִּימֵי הַשָּׁמַיִם עַל־הָאָרֶץ:

נוהגים להעביר את הציציות ליד ימין ולנשקן במקומות המסומנים ב°.

במדבר טו
וַיֹּאמֶר יְהוָה אֶל־מֹשֶׁה לֵּאמֹר: דַּבֵּר אֶל־בְּנֵי
יִשְׂרָאֵל וְאָמַרְתָּ אֲלֵהֶם, וְעָשׂוּ לָהֶם °צִיצִת עַל־
כַּנְפֵי בִגְדֵיהֶם לְדֹרֹתָם, וְנָתְנוּ °עַל־צִיצִת הַכָּנָף
פְּתִיל תְּכֵלֶת: וְהָיָה לָכֶם °לְצִיצִת, וּרְאִיתֶם
אֹתוֹ וּזְכַרְתֶּם אֶת־כָּל־מִצְוֹת יְהוָה וַעֲשִׂיתֶם
אֹתָם, וְלֹא תָתֻרוּ אַחֲרֵי לְבַבְכֶם וְאַחֲרֵי עֵינֵיכֶם,
אֲשֶׁר־אַתֶּם זֹנִים אַחֲרֵיהֶם: לְמַעַן תִּזְכְּרוּ
וַעֲשִׂיתֶם אֶת־כָּל־מִצְוֹתָי, וִהְיִיתֶם קְדֹשִׁים

לֵאלֹהֵיכֶם: אֲנִי יְהוָה אֱלֹהֵיכֶם, אֲשֶׁר הוֹצֵאתִי אֶתְכֶם מֵאֶרֶץ מִצְרַיִם, לִהְיוֹת לָכֶם לֵאלֹהִים, אֲנִי יְהוָה אֱלֹהֵיכֶם:

∘אֱמֶת

שליח הציבור חוזר ואומר:

◂ יהוה אֱלֹהֵיכֶם אֱמֶת

וְיַצִּיב, וְנָכוֹן וְקַיָּם, וְיָשָׁר וְנֶאֱמָן
וְאָהוּב וְחָבִיב, וְנֶחְמָד וְנָעִים
וְנוֹרָא וְאַדִּיר, וּמְתֻקָּן וּמְקֻבָּל
וְטוֹב וְיָפֶה
הַדָּבָר הַזֶּה עָלֵינוּ לְעוֹלָם וָעֶד.

אֱמֶת אֱלֹהֵי עוֹלָם מַלְכֵּנוּ
צוּר יַעֲקֹב מָגֵן יִשְׁעֵנוּ
לְדוֹר וָדוֹר הוּא קַיָּם וּשְׁמוֹ קַיָּם
וְכִסְאוֹ נָכוֹן
וּמַלְכוּתוֹ וֶאֱמוּנָתוֹ לָעַד קַיֶּמֶת.

במקום המסומן ב°, מנשק את הציציות ומניחן.

וּדְבָרָיו חָיִים וְקַיָּמִים
נֶאֱמָנִים וְנֶחֱמָדִים
°לָעַד וּלְעוֹלְמֵי עוֹלָמִים
◂ עַל אֲבוֹתֵינוּ וְעָלֵינוּ
עַל בָּנֵינוּ וְעַל דּוֹרוֹתֵינוּ
וְעַל כָּל דּוֹרוֹת זֶרַע יִשְׂרָאֵל עֲבָדֶיךָ. ◂

עַל הָרִאשׁוֹנִים וְעַל הָאַחֲרוֹנִים
דָּבָר טוֹב וְקַיָּם לְעוֹלָם וָעֶד

אֱמֶת וֶאֱמוּנָה, חֹק וְלֹא יַעֲבֹר.

אֱמֶת שָׁאַתָּה הוּא יהוה
אֱלֹהֵינוּ וֵאלֹהֵי אֲבוֹתֵינוּ
◂ מַלְכֵּנוּ מֶלֶךְ אֲבוֹתֵינוּ
גּוֹאֲלֵנוּ גּוֹאֵל אֲבוֹתֵינוּ
יוֹצְרֵנוּ צוּר יְשׁוּעָתֵנוּ
פּוֹדֵנוּ וּמַצִּילֵנוּ מֵעוֹלָם שְׁמֶךָ
אֵין אֱלֹהִים זוּלָתֶךָ.

עֶזְרַת אֲבוֹתֵינוּ אַתָּה הוּא מֵעוֹלָם
מָגֵן וּמוֹשִׁיעַ לִבְנֵיהֶם אַחֲרֵיהֶם
בְּכָל דּוֹר וָדוֹר.
בְּרוּם עוֹלָם מוֹשָׁבֶךָ
וּמִשְׁפָּטֶיךָ וְצִדְקָתְךָ עַד אַפְסֵי אָרֶץ.

אַשְׁרֵי אִישׁ שֶׁיִּשְׁמַע לְמִצְוֹתֶיךָ
וְתוֹרָתְךָ וּדְבָרְךָ יָשִׂים עַל לִבּוֹ.

אֱמֶת אַתָּה הוּא אָדוֹן לְעַמֶּךָ
וּמֶלֶךְ גִּבּוֹר לָרִיב רִיבָם.

אֱמֶת אַתָּה הוּא רִאשׁוֹן
וְאַתָּה הוּא אַחֲרוֹן
וּמִבַּלְעָדֶיךָ אֵין לָנוּ מֶלֶךְ גּוֹאֵל וּמוֹשִׁיעַ.

מִמִּצְרַיִם גְּאַלְתָּנוּ
יהוה אֱלֹהֵינוּ
וּמִבֵּית עֲבָדִים פְּדִיתָנוּ

כָּל בְּכוֹרֵיהֶם הָרָגְתָּ
וּבְכוֹרְךָ גָּאָלְתָּ
וְיַם סוּף בָּקַעְתָּ
וְזֵדִים טִבַּעְתָּ
וִידִידִים הֶעֱבַרְתָּ
וַיְכַסּוּ־מַיִם צָרֵיהֶם תהלים קו
אֶחָד מֵהֶם לֹא נוֹתָר:

עַל זֹאת שִׁבְּחוּ אֲהוּבִים, וְרוֹמְמוּ אֵל
וְנָתְנוּ יְדִידִים זְמִירוֹת, שִׁירוֹת וְתִשְׁבָּחוֹת
בְּרָכוֹת וְהוֹדָאוֹת לְמֶלֶךְ אֵל חַי וְקַיָּם
רָם וְנִשָּׂא, גָּדוֹל וְנוֹרָא
מַשְׁפִּיל גֵּאִים וּמַגְבִּיהַּ שְׁפָלִים
מוֹצִיא אֲסִירִים
וּפוֹדֶה עֲנָוִים
וְעוֹזֵר דַּלִּים
וְעוֹנֶה לְעַמּוֹ בְּעֵת שַׁוְּעָם אֵלָיו.

כאן נוהגים לעמוד כהכנה לתפילת העמידה (מהרי״ל)
ולפסוע שלוש פסיעות לאחור (׳אליה רבה׳ סו, ט).

תְּהִלּוֹת לְאֵל עֶלְיוֹן, בָּרוּךְ הוּא וּמְבֹרָךְ
מֹשֶׁה וּבְנֵי יִשְׂרָאֵל
לְךָ עָנוּ שִׁירָה בְּשִׂמְחָה רַבָּה
וְאָמְרוּ כֻלָּם

שמות טו מִי־כָמֹכָה בָּאֵלִם, יהוה
מִי כָּמֹכָה נֶאְדָּר בַּקֹּדֶשׁ
נוֹרָא תְהִלֹּת, עֹשֵׂה פֶלֶא:

שִׁירָה חֲדָשָׁה שִׁבְּחוּ גְאוּלִים
לְשִׁמְךָ עַל שְׂפַת הַיָּם
יַחַד כֻּלָּם הוֹדוּ וְהִמְלִיכוּ
וְאָמְרוּ

שמות טו יהוה יִמְלֹךְ לְעֹלָם וָעֶד:

רבים נוהגים לסיים את ברכת ׳גָּאַל יִשְׂרָאֵל׳ עם שליח הציבור
כדי לצאת מהמחלוקת אם לענות אמן אחר ברכתו.

צוּר יִשְׂרָאֵל, קוּמָה בְּעֶזְרַת יִשְׂרָאֵל
וּפְדֵה כִנְאֻמֶךָ יְהוּדָה וְיִשְׂרָאֵל.

ישעיה מז גֹּאֲלֵנוּ יהוה צְבָאוֹת שְׁמוֹ, קְדוֹשׁ יִשְׂרָאֵל:
בָּרוּךְ אַתָּה יהוה, גָּאַל יִשְׂרָאֵל.

ביום טוב מתפללים תפילת עמידה של יום טוב (עמ׳ 620), אף אם חל בשבת.

עמידה

״המתפלל צריך שיכוין בלבו פירוש המלות שמוציא בשפתיו;
ויחשוב כאלו שכינה כנגדו ויסיר כל המחשבות הטורדות אותו עד
שתשאר מחשבתו וכוונתו זכה בתפלתו״ (שו״ע צח, א).

פוסע שלוש פסיעות לפנים כמי שנכנס לפני המלך.

עומד ומתפלל בלחש מכאן ועד ׳וּכְשָׁנִים קַדְמֹנִיּוֹת׳ בעמ׳ 367.

כורע במקומות המסומנים ב״, קד לפנים במילה הבאה וזוקף בשם.

אֲדֹנָי, שְׂפָתַי תִּפְתָּח, וּפִי יַגִּיד תְּהִלָּתֶךָ: תהלים נא

אבות

בָּרוּךְ אַתָּה יהוה, אֱלֹהֵינוּ וֵאלֹהֵי אֲבוֹתֵינוּ
אֱלֹהֵי אַבְרָהָם, אֱלֹהֵי יִצְחָק, וֵאלֹהֵי יַעֲקֹב
הָאֵל הַגָּדוֹל הַגִּבּוֹר וְהַנּוֹרָא, אֵל עֶלְיוֹן
גּוֹמֵל חֲסָדִים טוֹבִים, וְקוֹנֵה הַכֹּל
וְזוֹכֵר חַסְדֵי אָבוֹת
וּמֵבִיא גוֹאֵל לִבְנֵי בְנֵיהֶם
לְמַעַן שְׁמוֹ בְּאַהֲבָה.

בשבת שובה: זָכְרֵנוּ לְחַיִּים, מֶלֶךְ חָפֵץ בַּחַיִּים
וְכָתְבֵנוּ בְּסֵפֶר הַחַיִּים, לְמַעַנְךָ אֱלֹהִים חַיִּים.

מֶלֶךְ עוֹזֵר וּמוֹשִׁיעַ וּמָגֵן.
בָּרוּךְ אַתָּה יהוה, מָגֵן אַבְרָהָם.

גבורות

אַתָּה גִּבּוֹר לְעוֹלָם, אֲדֹנָי
מְחַיֵּה מֵתִים אַתָּה, רַב לְהוֹשִׁיעַ

אומרים 'מַשִּׁיב הָרוּחַ וּמוֹרִיד הַגֶּשֶׁם' משמיני עצרת ועד יום טוב ראשון של פסח, ו'מוֹרִיד הַטָּל' מחול המועד פסח ועד הושענא רבה.

בחורף: מַשִּׁיב הָרוּחַ וּמוֹרִיד הַגֶּשֶׁם

בקיץ: מוֹרִיד הַטָּל

מְכַלְכֵּל חַיִּים בְּחֶסֶד
מְחַיֵּה מֵתִים בְּרַחֲמִים רַבִּים
סוֹמֵךְ נוֹפְלִים, וְרוֹפֵא חוֹלִים
וּמַתִּיר אֲסוּרִים
וּמְקַיֵּם אֱמוּנָתוֹ לִישֵׁנֵי עָפָר.
מִי כָמְוֹךָ, בַּעַל גְּבוּרוֹת, וּמִי דְּוֹמֶה לָּךְ,
מֶלֶךְ, מֵמִית וּמְחַיֶּה וּמַצְמִיחַ יְשׁוּעָה.

בשבת שובה: מִי כָמְוֹךָ אַב הָרַחֲמִים
זוֹכֵר יְצוּרָיו לְחַיִּים בְּרַחֲמִים.

וְנֶאֱמָן אַתָּה לְהַחֲיוֹת מֵתִים.
בָּרוּךְ אַתָּה יהוה, מְחַיֵּה הַמֵּתִים.

בתפילת לחש ממשיך 'אַתָּה קָדוֹשׁ' בעמ' 356.

קדושה

בחזרת הש״ץ הקהל עומד ואומר קדושה.
במקומות המסומנים ב׳, המתפלל מתרומם על קצות אצבעותיו.

קהל ואחריו שליח הציבור:

נְקַדֵּשׁ אֶת שִׁמְךָ בָּעוֹלָם
כְּשֵׁם שֶׁמַּקְדִּישִׁים אוֹתוֹ בִּשְׁמֵי מָרוֹם
כַּכָּתוּב עַל יַד נְבִיאֶךָ: וְקָרָא זֶה אֶל־זֶה וְאָמַר ישעיה ו

קהל ואחריו שליח הציבור:

׳קָדוֹשׁ, ׳קָדוֹשׁ, ׳קָדוֹשׁ, יהוה צְבָאוֹת
מְלֹא כָל־הָאָרֶץ כְּבוֹדוֹ:
אָז בְּקוֹל רַעַשׁ גָּדוֹל אַדִּיר וְחָזָק
מַשְׁמִיעִים קוֹל מִתְנַשְּׂאִים לְעֻמַּת שְׂרָפִים
לְעֻמָּתָם בָּרוּךְ יֹאמֵרוּ

קהל ואחריו שליח הציבור:

׳בָּרוּךְ כְּבוֹד־יהוה מִמְּקוֹמוֹ: יחזקאל ג
מִמְּקוֹמְךָ מַלְכֵּנוּ תוֹפִיעַ וְתִמְלֹךְ עָלֵינוּ
כִּי מְחַכִּים אֲנַחְנוּ לָךְ.
מָתַי תִּמְלֹךְ בְּצִיּוֹן
בְּקָרוֹב בְּיָמֵינוּ לְעוֹלָם וָעֶד תִּשְׁכֹּן
תִּתְגַּדַּל וְתִתְקַדַּשׁ בְּתוֹךְ יְרוּשָׁלַיִם עִירְךָ
לְדוֹר וָדוֹר וּלְנֵצַח נְצָחִים.

וְעֵינֵינוּ תִרְאֶינָה מַלְכוּתֶךָ
כַּדָּבָר הָאָמוּר בְּשִׁירֵי עֻזֶּךָ
עַל יְדֵי דָוִד מְשִׁיחַ צִדְקֶךָ

קהל ואחריו שליח הציבור:

תהלים קמו ׳יִמְלֹךְ יהוה לְעוֹלָם
אֱלֹהַיִךְ צִיּוֹן לְדֹר וָדֹר, הַלְלוּיָהּ:

שליח הציבור:

לְדוֹר וָדוֹר נַגִּיד גָּדְלֶךָ
וּלְנֵצַח נְצָחִים קְדֻשָּׁתְךָ נַקְדִּישׁ
וְשִׁבְחֲךָ אֱלֹהֵינוּ מִפִּינוּ לֹא יָמוּשׁ לְעוֹלָם וָעֶד
כִּי אֵל מֶלֶךְ גָּדוֹל וְקָדוֹשׁ אָתָּה.
בָּרוּךְ אַתָּה יהוה
הָאֵל הַקָּדוֹשׁ. / בשבת שובה: הַמֶּלֶךְ הַקָּדוֹשׁ./

שליח הציבור ממשיך ׳יִשְׂמַח מֹשֶׁה׳ בעמוד הבא.

קדושת השם

אַתָּה קָדוֹשׁ וְשִׁמְךָ קָדוֹשׁ
וּקְדוֹשִׁים בְּכָל יוֹם יְהַלְלוּךָ סֶּלָה.
בָּרוּךְ אַתָּה יהוה
הָאֵל הַקָּדוֹשׁ. / בשבת שובה: הַמֶּלֶךְ הַקָּדוֹשׁ./

אם שכח, חוזר לראש התפילה.

קדושת היום

בשבת ניתנה תורה לישראל (שבת פו ע״ב),
ולכן תיקנו לומר בשחרית לשבת ׳יִשְׂמַח מֹשֶׁה׳,
העוסק במתן תורה (ר׳ יהודה ב״ר יקר).

יִשְׂמַח מֹשֶׁה בְּמַתְּנַת חֶלְקוֹ
כִּי עֶבֶד נֶאֱמָן קָרָֽאתָ לּוֹ
כְּלִיל תִּפְאֶרֶת בְּרֹאשׁוֹ נָתַֽתָּ לּוֹ
בְּעָמְדוֹ לְפָנֶיךָ עַל הַר סִינַי
וּשְׁנֵי לוּחוֹת אֲבָנִים הוֹרִיד בְּיָדוֹ
וְכָתוּב בָּהֶם שְׁמִירַת שַׁבָּת
וְכֵן כָּתוּב בְּתוֹרָתֶֽךָ

וְשָׁמְרוּ בְנֵי־יִשְׂרָאֵל אֶת־הַשַּׁבָּת שמות לא
לַעֲשׂוֹת אֶת־הַשַּׁבָּת לְדֹרֹתָם בְּרִית עוֹלָם:
בֵּינִי וּבֵין בְּנֵי יִשְׂרָאֵל
אוֹת הִוא לְעֹלָם
כִּי־שֵׁשֶׁת יָמִים
עָשָׂה יהוה אֶת־הַשָּׁמַיִם וְאֶת־הָאָֽרֶץ
וּבַיּוֹם הַשְּׁבִיעִי שָׁבַת וַיִּנָּפַשׁ:

וְלֹא נְתַתּוֹ, יהוה אֱלֹהֵינוּ, לְגוֹיֵי הָאֲרָצוֹת
וְלֹא הִנְחַלְתּוֹ, מַלְכֵּנוּ, לְעוֹבְדֵי פְסִילִים
וְגַם בִּמְנוּחָתוֹ לֹא יִשְׁכְּנוּ עֲרֵלִים
כִּי לְיִשְׂרָאֵל עַמְּךָ נְתַתּוֹ בְּאַהֲבָה
לְזֶרַע יַעֲקֹב אֲשֶׁר בָּם בָּחָרְתָּ.
עַם מְקַדְּשֵׁי שְׁבִיעִי
כֻּלָּם יִשְׂבְּעוּ וְיִתְעַנְּגוּ מִטּוּבֶךָ
וּבַשְּׁבִיעִי רָצִיתָ בּוֹ וְקִדַּשְׁתּוֹ
חֶמְדַּת יָמִים אוֹתוֹ קָרָאתָ
זֵכֶר לְמַעֲשֵׂה בְרֵאשִׁית.

אֱלֹהֵינוּ וֵאלֹהֵי אֲבוֹתֵינוּ
רְצֵה בִמְנוּחָתֵנוּ
קַדְּשֵׁנוּ בְּמִצְוֹתֶיךָ
וְתֵן חֶלְקֵנוּ בְּתוֹרָתֶךָ
שַׂבְּעֵנוּ מִטּוּבֶךָ
וְשַׂמְּחֵנוּ בִּישׁוּעָתֶךָ
וְטַהֵר לִבֵּנוּ לְעָבְדְּךָ בֶּאֱמֶת

וְהַנְחִילֵנוּ, יהוה אֱלֹהֵינוּ
בְּאַהֲבָה וּבְרָצוֹן שַׁבַּת קָדְשֶׁךָ
וְיָנוּחוּ בוֹ יִשְׂרָאֵל מְקַדְּשֵׁי שְׁמֶךָ.
בָּרוּךְ אַתָּה יהוה, מְקַדֵּשׁ הַשַּׁבָּת.

עבודה

רְצֵה יהוה אֱלֹהֵינוּ בְּעַמְּךָ יִשְׂרָאֵל וּבִתְפִלָּתָם
וְהָשֵׁב אֶת הָעֲבוֹדָה לִדְבִיר בֵּיתֶךָ
וְאִשֵּׁי יִשְׂרָאֵל וּתְפִלָּתָם
בְּאַהֲבָה תְקַבֵּל בְּרָצוֹן
וּתְהִי לְרָצוֹן תָּמִיד עֲבוֹדַת יִשְׂרָאֵל עַמֶּךָ.

בראש חודש ובחול המועד:

אֱלֹהֵינוּ וֵאלֹהֵי אֲבוֹתֵינוּ, יַעֲלֶה וְיָבוֹא וְיַגִּיעַ, וְיֵרָאֶה וְיֵרָצֶה וְיִשָּׁמַע, וְיִפָּקֵד וְיִזָּכֵר זִכְרוֹנֵנוּ וּפִקְדוֹנֵנוּ וְזִכְרוֹן אֲבוֹתֵינוּ, וְזִכְרוֹן מָשִׁיחַ בֶּן דָּוִד עַבְדֶּךָ, וְזִכְרוֹן יְרוּשָׁלַיִם עִיר קָדְשֶׁךָ, וְזִכְרוֹן כָּל עַמְּךָ בֵּית יִשְׂרָאֵל, לְפָנֶיךָ, לִפְלֵיטָה לְטוֹבָה, לְחֵן וּלְחֶסֶד וּלְרַחֲמִים, לְחַיִּים וּלְשָׁלוֹם בְּיוֹם

בראש חודש: רֹאשׁ הַחֹדֶשׁ

בפסח: חַג הַמַּצּוֹת / בסוכות: חַג הַסֻּכּוֹת

הַזֶּה. זָכְרֵנוּ יהוה אֱלֹהֵינוּ בּוֹ לְטוֹבָה, וּפָקְדֵנוּ בוֹ לִבְרָכָה, וְהוֹשִׁיעֵנוּ בוֹ לְחַיִּים. וּבִדְבַר יְשׁוּעָה וְרַחֲמִים, חוּס וְחָנֵּנוּ וְרַחֵם עָלֵינוּ וְהוֹשִׁיעֵנוּ, כִּי אֵלֶיךָ עֵינֵינוּ, כִּי אֵל מֶלֶךְ חַנּוּן וְרַחוּם אָתָּה.

וְתֶחֱזֶינָה עֵינֵינוּ בְּשׁוּבְךָ לְצִיּוֹן בְּרַחֲמִים.
בָּרוּךְ אַתָּה יהוה, הַמַּחֲזִיר שְׁכִינָתוֹ לְצִיּוֹן.

בחזרת הש״ץ הקהל אומר ׳מוֹדִים׳ מתחת לקו בעמוד הבא.
בתפילת הלחש הקהל ממשיך כאן.

הודאה

כורע ב׳מוֹדִים׳ ואינו זוקף עד אמירת השם (סידור השל״ה).

ימוֹדִים אֲנַחְנוּ לָךְ
שָׁאַתָּה הוּא יהוה אֱלֹהֵינוּ וֵאלֹהֵי אֲבוֹתֵינוּ
לְעוֹלָם וָעֶד.

כשהש״ץ אומר ׳מוֹדִים׳, הקהל אומר בלחש (סוטה מ ע״א):

ימוֹדִים אֲנַחְנוּ לָךְ, שָׁאַתָּה הוּא יהוה אֱלֹהֵינוּ וֵאלֹהֵי אֲבוֹתֵינוּ, אֱלֹהֵי כָל בָּשָׂר, יוֹצְרֵנוּ, יוֹצֵר בְּרֵאשִׁית. בְּרָכוֹת וְהוֹדָאוֹת, לְשִׁמְךָ הַגָּדוֹל וְהַקָּדוֹשׁ, עַל שֶׁהֶחֱיִיתָנוּ וְקִיַּמְתָּנוּ. כֵּן תְּחַיֵּנוּ וּתְקַיְּמֵנוּ, וְתֶאֱסֹף גָּלֻיּוֹתֵינוּ, לְחַצְרוֹת קָדְשֶׁךָ, לִשְׁמֹר חֻקֶּיךָ וְלַעֲשׂוֹת רְצוֹנֶךָ וּלְעָבְדְּךָ בְּלֵבָב שָׁלֵם, עַל שֶׁאֲנַחְנוּ מוֹדִים לָךְ. בָּרוּךְ אֵל הַהוֹדָאוֹת.

צוּר חַיֵּינוּ, מָגֵן יִשְׁעֵנוּ אַתָּה הוּא לְדוֹר וָדוֹר.

נוֹדֶה לְּךָ וּנְסַפֵּר תְּהִלָּתֶךָ

עַל חַיֵּינוּ הַמְּסוּרִים בְּיָדֶךָ

וְעַל נִשְׁמוֹתֵינוּ הַפְּקוּדוֹת לָךְ

וְעַל נִסֶּיךָ שֶׁבְּכָל יוֹם עִמָּנוּ

וְעַל נִפְלְאוֹתֶיךָ וְטוֹבוֹתֶיךָ

שֶׁבְּכָל עֵת, עֶרֶב וָבֹקֶר וְצָהֳרָיִם.

הַטּוֹב, כִּי לֹא כָלוּ רַחֲמֶיךָ

וְהַמְרַחֵם, כִּי לֹא תַמּוּ חֲסָדֶיךָ

מֵעוֹלָם קִוִּינוּ לָךְ.

בתפילת הלחש ממשיך מתחת לקו בחנוכה, ובפורים בעמוד הבא.
בשאר הימים ממשיך 'וְעַל כֻּלָּם' בעמ' 363.

בחנוכה:

עַל הַנִּסִּים וְעַל הַפֻּרְקָן וְעַל הַגְּבוּרוֹת וְעַל הַתְּשׁוּעוֹת וְעַל הַמִּלְחָמוֹת שֶׁעָשִׂיתָ לַאֲבוֹתֵינוּ בַּיָּמִים הָהֵם בַּזְּמַן הַזֶּה.

בִּימֵי מַתִּתְיָהוּ בֶּן יוֹחָנָן כֹּהֵן גָּדוֹל חַשְׁמוֹנַאי וּבָנָיו, כְּשֶׁעָמְדָה מַלְכוּת יָוָן הָרְשָׁעָה עַל עַמְּךָ יִשְׂרָאֵל לְהַשְׁכִּיחָם תּוֹרָתֶךָ וּלְהַעֲבִירָם מֵחֻקֵּי רְצוֹנֶךָ, וְאַתָּה בְּרַחֲמֶיךָ הָרַבִּים עָמַדְתָּ לָהֶם בְּעֵת צָרָתָם, רַבְתָּ

אֶת רִיבָם, דַּנְתָּ אֶת דִּינָם, נָקַמְתָּ אֶת נִקְמָתָם, מָסַרְתָּ גִבּוֹרִים בְּיַד חַלָּשִׁים, וְרַבִּים בְּיַד מְעַטִּים, וּטְמֵאִים בְּיַד טְהוֹרִים, וּרְשָׁעִים בְּיַד צַדִּיקִים, וְזֵדִים בְּיַד עוֹסְקֵי תוֹרָתֶךָ, וּלְךָ עָשִׂיתָ שֵׁם גָּדוֹל וְקָדוֹשׁ בְּעוֹלָמֶךָ, וּלְעַמְּךָ יִשְׂרָאֵל עָשִׂיתָ תְּשׁוּעָה גְדוֹלָה וּפֻרְקָן כְּהַיּוֹם הַזֶּה. וְאַחַר כֵּן בָּאוּ בָנֶיךָ לִדְבִיר בֵּיתֶךָ, וּפִנּוּ אֶת הֵיכָלֶךָ, וְטִהֲרוּ אֶת מִקְדָּשֶׁךָ, וְהִדְלִיקוּ נֵרוֹת בְּחַצְרוֹת קָדְשֶׁךָ, וְקָבְעוּ שְׁמוֹנַת יְמֵי חֲנֻכָּה אֵלּוּ, לְהוֹדוֹת וּלְהַלֵּל לְשִׁמְךָ הַגָּדוֹל.

וממשיך ׳וְעַל כֻּלָּם׳.

בשושן פורים בירושלים:

עַל הַנִּסִּים וְעַל הַפֻּרְקָן וְעַל הַגְּבוּרוֹת וְעַל הַתְּשׁוּעוֹת וְעַל הַמִּלְחָמוֹת שֶׁעָשִׂיתָ לַאֲבוֹתֵינוּ בַּיָּמִים הָהֵם בַּזְּמַן הַזֶּה.

בִּימֵי מָרְדְּכַי וְאֶסְתֵּר בְּשׁוּשַׁן הַבִּירָה, כְּשֶׁעָמַד עֲלֵיהֶם הָמָן הָרָשָׁע, בִּקֵּשׁ לְהַשְׁמִיד לַהֲרֹג וּלְאַבֵּד אסתר ג
אֶת־כָּל־הַיְּהוּדִים מִנַּעַר וְעַד־זָקֵן טַף וְנָשִׁים בְּיוֹם אֶחָד, בִּשְׁלוֹשָׁה עָשָׂר לְחֹדֶשׁ שְׁנֵים־עָשָׂר, הוּא־חֹדֶשׁ אֲדָר, וּשְׁלָלָם לָבוֹז: וְאַתָּה בְּרַחֲמֶיךָ הָרַבִּים הֵפַרְתָּ אֶת עֲצָתוֹ, וְקִלְקַלְתָּ אֶת מַחֲשַׁבְתּוֹ, וַהֲשֵׁבוֹתָ לּוֹ גְּמוּלוֹ בְּרֹאשׁוֹ, וְתָלוּ אוֹתוֹ וְאֶת בָּנָיו עַל הָעֵץ.

וממשיך ׳וְעַל כֻּלָּם׳.

וְעַל כֻּלָּם יִתְבָּרַךְ וְיִתְרוֹמַם שִׁמְךָ מַלְכֵּנוּ
תָּמִיד לְעוֹלָם וָעֶד.

בשבת שובה: וּכְתֹב לְחַיִּים טוֹבִים כָּל בְּנֵי בְרִיתֶךָ.

וְכֹל הַחַיִּים יוֹדְוּךָ סֶּלָה
וִיהַלְלוּ אֶת שִׁמְךָ בֶּאֱמֶת
הָאֵל יְשׁוּעָתֵנוּ וְעֶזְרָתֵנוּ סֶלָה.
בָּרוּךְ אַתָּה יהוה
הַטּוֹב שִׁמְךָ וּלְךָ נָאֶה לְהוֹדוֹת.

אם יותר מכוהן אחד עולה לדוכן, הגבאי קורא:

כֹּהֲנִים

הכוהנים מברכים:

בָּרוּךְ אַתָּה יהוה אֱלֹהֵינוּ מֶלֶךְ הָעוֹלָם, אֲשֶׁר קִדְּשָׁנוּ בִּקְדֻשָּׁתוֹ שֶׁל אַהֲרֹן, וְצִוָּנוּ לְבָרֵךְ אֶת עַמּוֹ יִשְׂרָאֵל בְּאַהֲבָה.

הש״ץ מקריא מילה במילה, והכוהנים אחריו:

יְבָרֶכְךָ יהוה וְיִשְׁמְרֶךָ: קהל: אָמֵן במדבר ו
יָאֵר יהוה פָּנָיו אֵלֶיךָ וִיחֻנֶּךָּ: קהל: אָמֵן
יִשָּׂא יהוה פָּנָיו אֵלֶיךָ וְיָשֵׂם לְךָ שָׁלוֹם: קהל: אָמֵן

שליח הציבור ממשיך ׳שִׂים שָׁלוֹם׳.

הכוהנים אומרים: רִבּוֹנוֹ שֶׁל עוֹלָם, עָשִׂינוּ מַה שֶּׁגָּזַרְתָּ עָלֵינוּ, אַף אַתָּה עֲשֵׂה עִמָּנוּ כְּמוֹ שֶׁהִבְטַחְתָּנוּ. הַשְׁקִיפָה מִמְּעוֹן קָדְשְׁךָ מִן־הַשָּׁמַיִם, וּבָרֵךְ אֶת־עַמְּךָ אֶת־יִשְׂרָאֵל, וְאֵת הָאֲדָמָה אֲשֶׁר נָתַתָּה לָנוּ, כַּאֲשֶׁר נִשְׁבַּעְתָּ לַאֲבֹתֵינוּ, אֶרֶץ זָבַת חָלָב וּדְבָשׁ: דברים כו

הקהל אומר: אַדִּיר בַּמָּרוֹם שׁוֹכֵן בִּגְבוּרָה, אַתָּה שָׁלוֹם וְשִׁמְךָ שָׁלוֹם. יְהִי רָצוֹן שֶׁתָּשִׂים עָלֵינוּ וְעַל כָּל עַמְּךָ בֵּית יִשְׂרָאֵל חַיִּים וּבְרָכָה לְמִשְׁמֶרֶת שָׁלוֹם.

אם אין כוהנים העולים לדוכן, שליח הציבור אומר:

אֱלֹהֵינוּ וֵאלֹהֵי אֲבוֹתֵינוּ, בָּרְכֵנוּ בַּבְּרָכָה הַמְשֻׁלֶּשֶׁת בַּתּוֹרָה, הַכְּתוּבָה עַל יְדֵי מֹשֶׁה עַבְדֶּךָ, הָאֲמוּרָה מִפִּי אַהֲרֹן וּבָנָיו כֹּהֲנִים עַם קְדוֹשֶׁיךָ, כָּאָמוּר

במדבר ו

יְבָרֶכְךָ יהוה וְיִשְׁמְרֶךָ: קהל: כֵּן יְהִי רָצוֹן

יָאֵר יהוה פָּנָיו אֵלֶיךָ וִיחֻנֶּךָּ: קהל: כֵּן יְהִי רָצוֹן

יִשָּׂא יהוה פָּנָיו אֵלֶיךָ וְיָשֵׂם לְךָ שָׁלוֹם: קהל: כֵּן יְהִי רָצוֹן

שלום

שִׂים שָׁלוֹם טוֹבָה וּבְרָכָה

חֵן וָחֶסֶד וְרַחֲמִים

עָלֵינוּ וְעַל כָּל יִשְׂרָאֵל עַמֶּךָ.

בָּרְכֵנוּ אָבִינוּ כֻּלָּנוּ כְּאֶחָד בְּאוֹר פָּנֶיךָ
כִּי בְאוֹר פָּנֶיךָ נָתַתָּ לָּנוּ, יהוה אֱלֹהֵינוּ
תּוֹרַת חַיִּים וְאַהֲבַת חֶסֶד
וּצְדָקָה וּבְרָכָה
וְרַחֲמִים וְחַיִּים וְשָׁלוֹם.
וְטוֹב בְּעֵינֶיךָ לְבָרֵךְ אֶת עַמְּךָ יִשְׂרָאֵל
בְּכָל עֵת וּבְכָל שָׁעָה בִּשְׁלוֹמֶךָ.

בשבת שובה: בְּסֵפֶר חַיִּים, בְּרָכָה וְשָׁלוֹם, וּפַרְנָסָה טוֹבָה
נִזָּכֵר וְנִכָּתֵב לְפָנֶיךָ
אֲנַחְנוּ וְכָל עַמְּךָ בֵּית יִשְׂרָאֵל
לְחַיִּים טוֹבִים וּלְשָׁלוֹם.

בני חוץ לארץ מסיימים: בָּרוּךְ אַתָּה יהוה, עוֹשֵׂה הַשָּׁלוֹם.

בָּרוּךְ אַתָּה יהוה
הַמְבָרֵךְ אֶת עַמּוֹ יִשְׂרָאֵל בַּשָּׁלוֹם.

יש מוסיפים:

יִהְיוּ לְרָצוֹן אִמְרֵי־פִי וְהֶגְיוֹן לִבִּי לְפָנֶיךָ, יהוה צוּרִי וְגֹאֲלִי: תהלים יט

ברכות יז. אֱלֹהַי
נְצֹר לְשׁוֹנִי מֵרָע וּשְׂפָתַי מִדַּבֵּר מִרְמָה
וְלִמְקַלְלַי נַפְשִׁי תִדֹּם
וְנַפְשִׁי כֶּעָפָר לַכֹּל תִּהְיֶה.
פְּתַח לִבִּי בְּתוֹרָתֶךָ
וּבְמִצְוֹתֶיךָ תִּרְדֹּף נַפְשִׁי.
וְכָל הַחוֹשְׁבִים עָלַי רָעָה
מְהֵרָה הָפֵר עֲצָתָם וְקַלְקֵל מַחֲשַׁבְתָּם.
עֲשֵׂה לְמַעַן שְׁמֶךָ
עֲשֵׂה לְמַעַן יְמִינֶךָ
עֲשֵׂה לְמַעַן קְדֻשָּׁתֶךָ
עֲשֵׂה לְמַעַן תּוֹרָתֶךָ.

תהלים ס לְמַעַן יֵחָלְצוּן יְדִידֶיךָ, הוֹשִׁיעָה יְמִינְךָ וַעֲנֵנִי:
תהלים יט יִהְיוּ לְרָצוֹן אִמְרֵי־פִי וְהֶגְיוֹן לִבִּי לְפָנֶיךָ
יהוה צוּרִי וְגֹאֲלִי:

כורע ופוסע שלוש פסיעות לאחור. קד לשמאל, לימין ולפנים באמירת:

עֹשֶׂה שָׁלוֹם/ בשבת שובה: הַשָּׁלוֹם/ בִּמְרוֹמָיו
הוּא יַעֲשֶׂה שָׁלוֹם עָלֵינוּ וְעַל כָּל יִשְׂרָאֵל
וְאִמְרוּ אָמֵן.

יְהִי רָצוֹן מִלְּפָנֶיךָ יהוה אֱלֹהֵינוּ וֵאלֹהֵי אֲבוֹתֵינוּ
שֶׁיִּבָּנֶה בֵּית הַמִּקְדָּשׁ בִּמְהֵרָה בְיָמֵינוּ
וְתֵן חֶלְקֵנוּ בְּתוֹרָתֶךָ
וְשָׁם נַעֲבָדְךָ בְּיִרְאָה כִּימֵי עוֹלָם וּכְשָׁנִים קַדְמֹנִיּוֹת.
וְעָרְבָה לַיהוה מִנְחַת יְהוּדָה וִירוּשָׁלָםִ מלאכי ג
כִּימֵי עוֹלָם וּכְשָׁנִים קַדְמֹנִיּוֹת:

בראש חודש, בחנוכה ובחול המועד
אומרים אחרי חזרת שליח הציבור הלל (עמ׳ 576).

קדיש שלם

ש״ץ: יִתְגַּדַּל וְיִתְקַדַּשׁ שְׁמֵהּ רַבָּא (קהל: אָמֵן)
בְּעָלְמָא דִּי בְרָא כִרְעוּתֵהּ
וְיַמְלִיךְ מַלְכוּתֵהּ
בְּחַיֵּיכוֹן וּבְיוֹמֵיכוֹן וּבְחַיֵּי דְכָל בֵּית יִשְׂרָאֵל
בַּעֲגָלָא וּבִזְמַן קָרִיב
וְאִמְרוּ אָמֵן. (קהל: אָמֵן)

קהל וש״ץ: יְהֵא שְׁמֵהּ רַבָּא מְבָרַךְ לְעָלַם וּלְעָלְמֵי עָלְמַיָּא.

ש״ץ: יִתְבָּרַךְ וְיִשְׁתַּבַּח וְיִתְפָּאַר
וְיִתְרוֹמַם וְיִתְנַשֵּׂא וְיִתְהַדָּר וְיִתְעַלֶּה וְיִתְהַלָּל
שְׁמֵהּ דְּקֻדְשָׁא בְּרִיךְ הוּא (קהל: בְּרִיךְ הוּא)

לְעֵלָּא מִן כָּל בִּרְכָתָא
/ בשבת שובה: לְעֵלָּא לְעֵלָּא מִכָּל בִּרְכָתָא/
וְשִׁירָתָא, תֻּשְׁבְּחָתָא וְנֶחֱמָתָא
דַּאֲמִירָן בְּעָלְמָא
וְאִמְרוּ אָמֵן. (קהל: אָמֵן)

תִּתְקַבַּל צְלוֹתְהוֹן וּבָעוּתְהוֹן דְּכָל יִשְׂרָאֵל
קֳדָם אֲבוּהוֹן דִּי בִשְׁמַיָּא
וְאִמְרוּ אָמֵן. (קהל: אָמֵן)

יְהֵא שְׁלָמָא רַבָּא מִן שְׁמַיָּא
וְחַיִּים, עָלֵינוּ וְעַל כָּל יִשְׂרָאֵל
וְאִמְרוּ אָמֵן. (קהל: אָמֵן)

כורע ופוסע שלוש פסיעות לאחור. קד לשמאל, לימין ולפנים באמירת:

עֹשֶׂה שָׁלוֹם/ בשבת שובה: הַשָּׁלוֹם/ בִּמְרוֹמָיו
הוּא יַעֲשֶׂה שָׁלוֹם
עָלֵינוּ וְעַל כָּל יִשְׂרָאֵל
וְאִמְרוּ אָמֵן. (קהל: אָמֵן)

בבתי כנסת המתפללים בנוסח ספרד,
אומרים כאן שיר של יום (לשבת, בעמ׳ 421; ליום טוב החל בחול, בעמ׳ 130–136).
ויש אומרים גם שיר הכבוד בעמ׳ 424.

הוצאת ספר תורה

לפני קריאת התורה אומרים (׳אור זרוע׳ ח״ב, מב):

אֵין־כָּמְוֹךָ בָאֱלֹהִים, אֲדֹנָי, וְאֵין כְּמַעֲשֶׂיךָ: תהלים פו

מַלְכוּתְךָ מַלְכוּת כָּל־עֹלָמִים תהלים קמה

וּמֶמְשַׁלְתְּךָ בְּכָל־דּוֹר וָדֹר:

יהוה מֶלֶךְ, יהוה מָלָךְ, יהוה יִמְלֹךְ לְעֹלָם וָעֶד.

יהוה עֹז לְעַמּוֹ יִתֵּן תהלים כט

יהוה יְבָרֵךְ אֶת־עַמּוֹ בַשָּׁלוֹם:

אַב הָרַחֲמִים, הֵיטִיבָה בִרְצוֹנְךָ אֶת־צִיּוֹן תהלים נא

תִּבְנֶה חוֹמוֹת יְרוּשָׁלָיִם:

כִּי בְךָ לְבַד בָּטָחְנוּ

מֶלֶךְ אֵל רָם וְנִשָּׂא, אֲדוֹן עוֹלָמִים.

פותחים את ארון הקודש. הקהל עומד על רגליו.

וַיְהִי בִּנְסֹעַ הָאָרֹן וַיֹּאמֶר מֹשֶׁה במדבר י

קוּמָה יהוה וְיָפֻצוּ אֹיְבֶיךָ וְיָנֻסוּ מְשַׂנְאֶיךָ מִפָּנֶיךָ:

כִּי מִצִּיּוֹן תֵּצֵא תוֹרָה וּדְבַר־יהוה מִירוּשָׁלָיִם: ישעיה ב

בָּרוּךְ שֶׁנָּתַן תּוֹרָה לְעַמּוֹ יִשְׂרָאֵל בִּקְדֻשָּׁתוֹ.

בשבת ממשיך ׳בְּרִיךְ שְׁמֵהּ׳ בעמ׳ 372.

ביום טוב ובהושענא רבה נוהגים לומר שלוש עשרה מידות (פרי עץ חיים),
אחריהן תפילות אלו (שערי ציון) ואחר כך 'בְּרִיךְ שְׁמֵהּ'.
ואין אומרים אותן בשבת (שערי אפרים).

אומרים שלוש פעמים:

יהוה, יהוה, אֵל רַחוּם וְחַנּוּן שמות לד
אֶרֶךְ אַפַּיִם וְרַב־חֶסֶד וֶאֱמֶת:
נֹצֵר חֶסֶד לָאֲלָפִים
נֹשֵׂא עָוֹן וָפֶשַׁע וְחַטָּאָה, וְנַקֵּה:

בהושענא רבה אומרים את התחינה לימים נוראים (טעמי המנהגים):

רִבּוֹנוֹ שֶׁל עוֹלָם, מַלֵּא מִשְׁאֲלוֹתַי לְטוֹבָה, וְהָפֵק רְצוֹנִי וְתֵן שְׁאֵלָתִי, וּמְחֹל לִי עַל כָּל עֲוֹנוֹתַי וְעַל כָּל עֲוֹנוֹת אַנְשֵׁי בֵיתִי, מְחִילָה בְּחֶסֶד מְחִילָה בְּרַחֲמִים, וְטַהֲרֵנוּ מֵחֲטָאֵינוּ וּמֵעֲוֹנוֹתֵינוּ וּמִפְּשָׁעֵינוּ, וְזָכְרֵנוּ בְּזִכָּרוֹן טוֹב לְפָנֶיךָ, וּפָקְדֵנוּ בִּפְקֻדַּת יְשׁוּעָה וְרַחֲמִים. וְזָכְרֵנוּ לְחַיִּים טוֹבִים וּלְשָׁלוֹם, וּפַרְנָסָה וְכַלְכָּלָה, וְלֶחֶם לֶאֱכֹל וּבֶגֶד לִלְבֹּשׁ, וְעֹשֶׁר וְכָבוֹד, וְאֹרֶךְ יָמִים לַהֲגוֹת בְּתוֹרָתֶךָ וּלְקַיֵּם מִצְוֹתֶיהָ, וְשֵׂכֶל וּבִינָה לְהָבִין וּלְהַשְׂכִּיל עִמְקֵי סוֹדוֹתֶיהָ. וְהָפֵק רְפוּאָה לְכָל מַכְאוֹבֵינוּ, וּבָרֵךְ כָּל מַעֲשֵׂה יָדֵינוּ, וּגְזֹר עָלֵינוּ גְּזֵרוֹת טוֹבוֹת יְשׁוּעוֹת וְנֶחָמוֹת, וּבַטֵּל מֵעָלֵינוּ כָּל גְּזֵרוֹת קָשׁוֹת וְרָעוֹת וְתֵן בְּלֵב שָׂרֵינוּ וְיוֹעֲצֵיהֶם עָלֵינוּ לְטוֹבָה. אָמֵן וְכֵן יְהִי רָצוֹן.

ביום טוב שאינו חל בשבת אומרים:

רִבּוֹנוֹ שֶׁל עוֹלָם, מַלֵּא מִשְׁאֲלוֹת לִבִּי לְטוֹבָה, וְהָפֵק
רְצוֹנִי וְתֵן שְׁאֵלָתִי, וְזַכֵּה לִי (פלוני(ת) בֶּן/בַּת פלוני) (וְאִשְׁתִּי/
בַּעֲלִי וּבָנַי וּבְנוֹתַי) וְכָל בְּנֵי בֵיתִי, לַעֲשׂוֹת רְצוֹנְךָ בְּלֵבָב
שָׁלֵם, וּמַלְּטֵנוּ מִיֵּצֶר הָרָע, וְתֵן חֶלְקֵנוּ בְּתוֹרָתֶךָ, וְזַכֵּנוּ
שֶׁתִּשְׁרֶה שְׁכִינָתְךָ עָלֵינוּ, וְהוֹפַע עָלֵינוּ רוּחַ חָכְמָה
וּבִינָה. וְיִתְקַיֵּם בָּנוּ מִקְרָא שֶׁכָּתוּב: וְנָחָה עָלָיו רוּחַ ישעיה יא
יהוה, רוּחַ חָכְמָה וּבִינָה, רוּחַ עֵצָה וּגְבוּרָה, רוּחַ דַּעַת
וְיִרְאַת יהוה: וּבְכֵן יְהִי רָצוֹן מִלְּפָנֶיךָ יהוה אֱלֹהֵינוּ וֵאלֹהֵי
אֲבוֹתֵינוּ, שֶׁתְּזַכֵּנוּ לַעֲשׂוֹת מַעֲשִׂים טוֹבִים בְּעֵינֶיךָ וְלָלֶכֶת
בְּדַרְכֵי יְשָׁרִים לְפָנֶיךָ, וְקַדְּשֵׁנוּ בִּקְדֻשָּׁתְךָ כְּדֵי שֶׁנִּזְכֶּה
לְחַיִּים טוֹבִים וַאֲרוּכִים וּלְחַיֵּי הָעוֹלָם הַבָּא, וְתִשְׁמְרֵנוּ
מִמַּעֲשִׂים רָעִים וּמִשָּׁעוֹת רָעוֹת הַמִּתְרַגְּשׁוֹת לָבוֹא
לָעוֹלָם, וְהַבּוֹטֵחַ בַּיהוה חֶסֶד יְסוֹבְבֶנּוּ: אָמֵן. תהלים לב

יִהְיוּ לְרָצוֹן אִמְרֵי־פִי וְהֶגְיוֹן לִבִּי לְפָנֶיךָ תהלים יט
יהוה צוּרִי וְגֹאֲלִי:

אומרים שלוש פעמים:

וַאֲנִי תְפִלָּתִי־לְךָ יהוה, עֵת רָצוֹן תהלים סט
אֱלֹהִים בְּרָב־חַסְדֶּךָ
עֲנֵנִי בֶּאֱמֶת יִשְׁעֶךָ:

זוהר ויקהל

בְּרִיךְ שְׁמֵהּ דְּמָרֵא עָלְמָא, בְּרִיךְ כִּתְרָךְ וְאַתְרָךְ. יְהֵא רְעוּתָךְ עִם עַמָּךְ יִשְׂרָאֵל לְעָלַם, וּפֻרְקַן יְמִינָךְ אַחֲזִי לְעַמָּךְ בְּבֵית מַקְדְּשָׁךְ, וּלְאַמְטוּיֵי לָנָא מִטּוּב נְהוֹרָךְ, וּלְקַבֵּל צְלוֹתָנָא בְּרַחֲמִין. יְהֵא רַעֲוָא קֳדָמָךְ דְּתוֹרִיךְ לַן חַיִּין בְּטִיבוּ, וְלֶהֱוֵי אֲנָא פְקִידָא בְּגוֹ צַדִּיקַיָּא, לְמִרְחַם עֲלַי וּלְמִנְטַר יָתִי וְיַת כָּל דִּי לִי וְדִי לְעַמָּךְ יִשְׂרָאֵל. אַנְתְּ הוּא זָן לְכֹלָּא וּמְפַרְנֵס לְכֹלָּא, אַנְתְּ הוּא שַׁלִּיט עַל כֹּלָּא, אַנְתְּ הוּא דְּשַׁלִּיט עַל מַלְכַיָּא, וּמַלְכוּתָא דִּילָךְ הִיא. אֲנָא עַבְדָּא דְקֻדְשָׁא בְּרִיךְ הוּא, דְּסָגֵדְנָא קַמֵּהּ וּמִקַּמֵּי דִּיקַר אוֹרַיְתֵהּ בְּכָל עִדָּן וְעִדָּן. לָא עַל אֱנָשׁ רָחֵיצְנָא וְלָא עַל בַּר אֱלָהִין סָמִיכְנָא, אֶלָּא בֶּאֱלָהָא דִשְׁמַיָּא, דְּהוּא אֱלָהָא קְשׁוֹט, וְאוֹרַיְתֵהּ קְשׁוֹט, וּנְבִיאוֹהִי קְשׁוֹט, וּמַסְגֵּא לְמֶעְבַּד טַבְוָן וּקְשׁוֹט. ◂ בֵּהּ אֲנָא רָחֵיץ, וְלִשְׁמֵהּ קַדִּישָׁא יַקִּירָא אֲנָא אֵמַר

תרגום

ברוך שמו של אדון העולם, ברוך כתרך ומקומך. יהי רצונך עם עמך ישראל לעולם, וישועת ימינך הראה לעמך בבית מקדשך, ולהביא לנו מטוב אורך, ולקבל תפילותינו ברחמים. יהי רצון מלפניך שתאריך לנו חיים בטוב, ואהיה אני נמנה בתוך הצדיקים, לרחם עלי ולשמור אותי ואת כל אשר לי ואשר לעמך ישראל. אתה הוא זן לכול ומפרנס לכול, אתה הוא שליט

תִּשְׁבְּחָן. יְהֵא רַעֲוָא קֳדָמָךְ דְּתִפְתַּח לִבַּאי בְּאוֹרַיְתָא, וְתַשְׁלִים מִשְׁאֲלִין דְּלִבַּאי וְלִבָּא דְכָל עַמָּךְ יִשְׂרָאֵל לְטָב וּלְחַיִּין וְלִשְׁלָם.

שליח הציבור מקבל את ספר התורה בימינו, פונה לקהל ואומר 'שְׁמַע יִשְׂרָאֵל' (מסכת סופרים פי"ד), ואחריו הקהל.

שְׁמַע יִשְׂרָאֵל, יהוה אֱלֹהֵינוּ, יהוה אֶחָד: דברים ו

שליח הציבור ואחריו הקהל:

אֶחָד אֱלֹהֵינוּ, גָּדוֹל אֲדוֹנֵינוּ קָדוֹשׁ (בהושענא רבה: וְנוֹרָא) שְׁמוֹ.

שליח הציבור פונה לעבר ארון הקודש, קד, מגביה את ספר התורה ואומר (משנ"ב קלד, יג על פי מסכת סופרים):

גַּדְּלוּ לַיהוה אִתִּי וּנְרוֹמְמָה שְׁמוֹ יַחְדָּו: תהלים לד

על הכול, אתה הוא השליט על המלכים, והמלכות שלך היא. אני עבדו של הקדוש ברוך הוא, משתחוה לפניו ולפני כבוד תורתו בכל עת ועת. לא על אדם אני בטוח ולא על מלאך אני סמוך, אלא באלהי השמים, שהוא אלהים אמת, ותורתו אמת, ונביאיו אמת, ומרבה לעשות חסד ואמת. בו אני בטוח, ולשמו הקדוש הנכבד אני אומר תשבחות. יהי רצון מלפניך שתפתח לבי בתורה, ותמלא משאלות לבי ולב כל עמך ישראל לטובה ולחיים ולשלום.

סוגרים את ארון הקודש. שליח הציבור הולך אל הבימה, והקהל אומר:

לְךָ יהוה הַגְּדֻלָּה וְהַגְּבוּרָה וְהַתִּפְאֶרֶת וְהַנֵּצַח וְהַהוֹד, כִּי־כֹל בַּשָּׁמַיִם וּבָאָרֶץ, לְךָ יהוה הַמַּמְלָכָה וְהַמִּתְנַשֵּׂא לְכֹל לְרֹאשׁ: דברי הימים א׳ כט

רוֹמְמוּ יהוה אֱלֹהֵינוּ וְהִשְׁתַּחֲווּ לַהֲדֹם רַגְלָיו, קָדוֹשׁ הוּא: רוֹמְמוּ יהוה אֱלֹהֵינוּ וְהִשְׁתַּחֲווּ לְהַר קָדְשׁוֹ, כִּי־קָדוֹשׁ יהוה אֱלֹהֵינוּ: תהלים צט

הקהל אומר בלחש (מחזור ויטרי, קסה):

עַל הַכֹּל יִתְגַּדַּל וְיִתְקַדַּשׁ וְיִשְׁתַּבַּח וְיִתְפָּאַר וְיִתְרוֹמַם וְיִתְנַשֵּׂא שְׁמוֹ שֶׁל מֶלֶךְ מַלְכֵי הַמְּלָכִים הַקָּדוֹשׁ בָּרוּךְ הוּא בָּעוֹלָמוֹת שֶׁבָּרָא, הָעוֹלָם הַזֶּה וְהָעוֹלָם הַבָּא, כִּרְצוֹנוֹ וְכִרְצוֹן יְרֵאָיו וְכִרְצוֹן כָּל בֵּית יִשְׂרָאֵל. צוּר הָעוֹלָמִים, אֲדוֹן כָּל הַבְּרִיּוֹת, אֱלוֹהַּ כָּל הַנְּפָשׁוֹת, הַיּוֹשֵׁב בְּמֶרְחֲבֵי מָרוֹם, הַשּׁוֹכֵן בִּשְׁמֵי שְׁמֵי קֶדֶם, קְדֻשָּׁתוֹ עַל הַחַיּוֹת, וּקְדֻשָּׁתוֹ עַל כִּסֵּא הַכָּבוֹד. וּבְכֵן יִתְקַדַּשׁ שִׁמְךָ בָּנוּ יהוה אֱלֹהֵינוּ
לְעֵינֵי כָּל חָי, וְנֹאמַר לְפָנָיו שִׁיר חָדָשׁ, כַּכָּתוּב: שִׁירוּ לֵאלֹהִים זַמְּרוּ שְׁמוֹ, סֹלּוּ לָרֹכֵב בָּעֲרָבוֹת, בְּיָהּ תהלים סח

שְׁמוֹ, וְעִלְזוּ לְפָנָיו: וְנִרְאֵהוּ עַיִן בְּעַיִן בְּשׁוּבוֹ אֶל
נָוֵהוּ, כַּכָּתוּב: כִּי עַיִן בְּעַיִן יִרְאוּ בְּשׁוּב יהוה צִיּוֹן: ישעיה נב
וְנֶאֱמַר: וְנִגְלָה כְּבוֹד יהוה, וְרָאוּ כָל־בָּשָׂר יַחְדָּו כִּי פִּי ישעיה מ
יהוה דִּבֵּר:

אַב הָרַחֲמִים הוּא יְרַחֵם עַם עֲמוּסִים, וְיִזְכֹּר בְּרִית אֵיתָנִים, וְיַצִּיל נַפְשׁוֹתֵינוּ מִן הַשָּׁעוֹת הָרָעוֹת, וְיִגְעַר בְּיֵצֶר הָרָע מִן הַנְּשׂוּאִים, וְיָחֹן אוֹתָנוּ לִפְלֵיטַת עוֹלָמִים, וִימַלֵּא מִשְׁאֲלוֹתֵינוּ בְּמִדָּה טוֹבָה יְשׁוּעָה וְרַחֲמִים.

מנית את ספר התורה על הבימה, והגבאי מכריז (מחזור ויטרי):

וְיַעֲזֹר וְיָגֵן וְיוֹשִׁיעַ לְכָל הַחוֹסִים בּוֹ, וְנֹאמַר אָמֵן. הַכֹּל הָבוּ גֹדֶל לֵאלֹהֵינוּ וּתְנוּ כָבוֹד לַתּוֹרָה. *כֹּהֵן קְרַב, יַעֲמֹד (פלוני בֶּן פלוני) הַכֹּהֵן.

*אם אין כוהן, הגבאי קורא ללוי או לישראל ואומר:

/אֵין כָּאן כֹּהֵן, יַעֲמֹד (פלוני בֶּן פלוני) בִּמְקוֹם כֹּהֵן./

בָּרוּךְ שֶׁנָּתַן תּוֹרָה לְעַמּוֹ יִשְׂרָאֵל בִּקְדֻשָּׁתוֹ.

הקהל ואחריו הגבאי:

וְאַתֶּם הַדְּבֵקִים בַּיהוה אֱלֹהֵיכֶם חַיִּים כֻּלְּכֶם הַיּוֹם: דברים ד

קריאת התורה בחגים בעמ' 993.

קודם הברכה על העולה לראות היכן קוראים ולנשק את ספר התורה.
בשעת הברכה אוחז בעמודי הספר.

עולה: **בָּרְכוּ אֶת יהוה הַמְבֹרָךְ.**

קהל: בָּרוּךְ יהוה הַמְבֹרָךְ לְעוֹלָם וָעֶד.

עולה: **בָּרוּךְ יהוה הַמְבֹרָךְ לְעוֹלָם וָעֶד.**
בָּרוּךְ אַתָּה יהוה, אֱלֹהֵינוּ מֶלֶךְ הָעוֹלָם
אֲשֶׁר בָּחַר בָּנוּ מִכָּל הָעַמִּים
וְנָתַן לָנוּ אֶת תּוֹרָתוֹ.
בָּרוּךְ אַתָּה יהוה, נוֹתֵן הַתּוֹרָה.

לאחר הקריאה העולה מנשק את ספר התורה ומברך:

עולה: **בָּרוּךְ אַתָּה יהוה אֱלֹהֵינוּ מֶלֶךְ הָעוֹלָם**
אֲשֶׁר נָתַן לָנוּ תּוֹרַת אֱמֶת
וְחַיֵּי עוֹלָם נָטַע בְּתוֹכֵנוּ.
בָּרוּךְ אַתָּה יהוה, נוֹתֵן הַתּוֹרָה.

מי שהיה בסכנה וניצל ממנה, מברך 'הַגּוֹמֵל':

בָּרוּךְ אַתָּה יהוה אֱלֹהֵינוּ מֶלֶךְ הָעוֹלָם הַגּוֹמֵל לְחַיָּבִים טוֹבוֹת, שֶׁגְּמָלַנִי כָּל טוֹב.

הקהל עונה:

אָמֵן. מִי שֶׁגְּמָלְךָ כָּל טוֹב הוּא יִגְמָלְךָ כָּל טוֹב, סֶלָה.

כאשר נער עולה לתורה בפעם הראשונה במלאות לו שלוש עשרה שנה, אביו מברך:

בָּרוּךְ שֶׁפְּטָרַנִי מֵעָנְשׁוֹ שֶׁלָּזֶה.

כאן לפי הצורך אומרים 'מִי שֶׁבֵּרַךְ' ומזכירים נשמות (עמ' 646–647).

מי שבירך לעולה לתורה

מִי שֶׁבֵּרַךְ אֲבוֹתֵינוּ אַבְרָהָם יִצְחָק וְיַעֲקֹב, הוּא יְבָרֵךְ אֶת (פלוני בֶּן פלוני), בַּעֲבוּר שֶׁעָלָה לִכְבוֹד הַמָּקוֹם וְלִכְבוֹד הַתּוֹרָה וְלִכְבוֹד הַשַּׁבָּת (ביום טוב: וְלִכְבוֹד הָרֶגֶל). בִּשְׂכַר זֶה הַקָּדוֹשׁ בָּרוּךְ הוּא יִשְׁמְרֵהוּ וְיַצִּילֵהוּ מִכָּל צָרָה וְצוּקָה וּמִכָּל נֶגַע וּמַחֲלָה, וְיִשְׁלַח בְּרָכָה וְהַצְלָחָה בְּכָל מַעֲשֵׂה יָדָיו (ביום טוב: וְיִזְכֶּה לַעֲלוֹת לָרֶגֶל) עִם כָּל יִשְׂרָאֵל אֶחָיו, וְנֹאמַר אָמֵן.

מי שבירך לחולה

מִי שֶׁבֵּרַךְ אֲבוֹתֵינוּ אַבְרָהָם יִצְחָק וְיַעֲקֹב, מֹשֶׁה וְאַהֲרֹן דָּוִד וּשְׁלֹמֹה הוּא יְבָרֵךְ וִירַפֵּא אֶת הַחוֹלֶה (פלוני בֶּן פלונית) בַּעֲבוּר שֶׁ(פלוני בֶּן פלוני) נוֹדֵר צְדָקָה בַּעֲבוּרוֹ. בִּשְׂכַר זֶה הַקָּדוֹשׁ בָּרוּךְ הוּא יִמָּלֵא רַחֲמִים עָלָיו לְהַחֲלִימוֹ וּלְרַפֹּאתוֹ וּלְהַחֲזִיקוֹ וּלְהַחֲיוֹתוֹ וְיִשְׁלַח לוֹ מְהֵרָה רְפוּאָה שְׁלֵמָה מִן הַשָּׁמַיִם לִרְמַ"ח אֵבָרָיו וּשְׁסָ"ה גִּידָיו בְּתוֹךְ שְׁאָר חוֹלֵי יִשְׂרָאֵל, רְפוּאַת הַנֶּפֶשׁ וּרְפוּאַת הַגּוּף. שַׁבָּת הִיא מִלִּזְעֹק /ביום טוב: יוֹם טוֹב הוּא מִלִּזְעֹק/ וּרְפוּאָה קְרוֹבָה לָבוֹא, הַשְׁתָּא בַּעֲגָלָא וּבִזְמַן קָרִיב, וְנֹאמַר אָמֵן.

מי שבירך לחולה

מִי שֶׁבֵּרַךְ אֲבוֹתֵינוּ אַבְרָהָם יִצְחָק וְיַעֲקֹב, מֹשֶׁה וְאַהֲרֹן דָּוִד וּשְׁלֹמֹה הוּא יְבָרֵךְ וִירַפֵּא אֶת הַחוֹלָה (פלונית בַּת פלונית) בַּעֲבוּר שֶׁ(פלוני בֶּן פלוני) נוֹדֵר צְדָקָה בַּעֲבוּרָהּ. בִּשְׂכַר זֶה הַקָּדוֹשׁ בָּרוּךְ הוּא יִמָּלֵא רַחֲמִים עָלֶיהָ לְהַחֲלִימָהּ וּלְרַפְּאתָהּ וּלְהַחֲזִיקָהּ וּלְהַחֲיוֹתָהּ וְיִשְׁלַח לָהּ מְהֵרָה רְפוּאָה שְׁלֵמָה מִן הַשָּׁמַיִם לְכָל אֵבָרֶיהָ וּלְכָל גִּידֶיהָ בְּתוֹךְ שְׁאָר חוֹלֵי יִשְׂרָאֵל, רְפוּאַת הַנֶּפֶשׁ וּרְפוּאַת הַגּוּף. שַׁבָּת הִיא מִלִּזְעֹק / ביום טוב: יוֹם טוֹב הוּא מִלִּזְעֹק/ וּרְפוּאָה קְרוֹבָה לָבוֹא, הַשְׁתָּא בַּעֲגָלָא וּבִזְמַן קָרִיב, וְנֹאמַר אָמֵן.

מי שבירך ליולדת בן

מִי שֶׁבֵּרַךְ אֲבוֹתֵינוּ אַבְרָהָם יִצְחָק וְיַעֲקֹב, מֹשֶׁה וְאַהֲרֹן דָּוִד וּשְׁלֹמֹה, שָׂרָה רִבְקָה רָחֵל וְלֵאָה הוּא יְבָרֵךְ אֶת הָאִשָּׁה הַיּוֹלֶדֶת (פלונית בַּת פלוני) וְאֶת בְּנָהּ שֶׁנּוֹלַד לָהּ לְמַזָּל טוֹב בַּעֲבוּר שֶׁבַּעְלָהּ וְאָבִיו נוֹדֵר צְדָקָה בַּעֲדָם. בִּשְׂכַר זֶה יִזְכּוּ אָבִיו וְאִמּוֹ לְהַכְנִיסוֹ בִּבְרִיתוֹ שֶׁל אַבְרָהָם אָבִינוּ וּלְגַדְּלוֹ לְתוֹרָה וּלְחֻפָּה וּלְמַעֲשִׂים טוֹבִים, וְנֹאמַר אָמֵן.

מי שבירך ליולדת בת

מִי שֶׁבֵּרַךְ אֲבוֹתֵינוּ אַבְרָהָם יִצְחָק וְיַעֲקֹב, מֹשֶׁה וְאַהֲרֹן

דָּוִד וּשְׁלֹמֹה, שָׂרָה רִבְקָה רָחֵל וְלֵאָה הוּא יְבָרֵךְ אֶת הָאִשָּׁה הַיּוֹלֶדֶת (פלונית בַּת פלוני) וְאֶת בִּתָּהּ שֶׁנּוֹלְדָה לָהּ לְמַזָּל טוֹב וְיִקָּרֵא שְׁמָהּ בְּיִשְׂרָאֵל (פלונית בַּת פלוני), בַּעֲבוּר שֶׁבַּעְלָהּ וְאָבִיהָ נוֹדֵר צְדָקָה בַּעֲדָן. בִּשְׂכַר זֶה יִזְכּוּ אָבִיהָ וְאִמָּהּ לְגַדְּלָהּ לְתוֹרָה וּלְחֻפָּה וּלְמַעֲשִׂים טוֹבִים, וְנֹאמַר אָמֵן.

מי שבירך לבר מצווה

מִי שֶׁבֵּרַךְ אֲבוֹתֵינוּ אַבְרָהָם יִצְחָק וְיַעֲקֹב הוּא יְבָרֵךְ אֶת (פלוני בֶּן פלוני) שֶׁמָּלְאוּ לוֹ שְׁלֹשׁ עֶשְׂרֵה שָׁנָה וְהִגִּיעַ לְמִצְוֹת, וְעָלָה לַתּוֹרָה, לָתֵת שֶׁבַח וְהוֹדָיָה לְהַשֵּׁם יִתְבָּרַךְ עַל כָּל הַטּוֹבָה שֶׁגָּמַל אִתּוֹ. יִשְׁמְרֵהוּ הַקָּדוֹשׁ בָּרוּךְ הוּא וִיחַיֵּהוּ, וִיכוֹנֵן אֶת לִבּוֹ לִהְיוֹת שָׁלֵם עִם יהוה וְלָלֶכֶת בִּדְרָכָיו וְלִשְׁמֹר מִצְוֹתָיו כָּל הַיָּמִים, וְנֹאמַר אָמֵן.

מי שבירך לבת מצווה

מִי שֶׁבֵּרַךְ אֲבוֹתֵינוּ אַבְרָהָם יִצְחָק וְיַעֲקֹב, שָׂרָה רִבְקָה רָחֵל וְלֵאָה, הוּא יְבָרֵךְ אֶת (פלונית בַּת פלוני) שֶׁמָּלְאוּ לָהּ שְׁתֵּים עֶשְׂרֵה שָׁנָה וְהִגִּיעָה לְמִצְוֹת, וְנוֹתֶנֶת שֶׁבַח וְהוֹדָיָה לְהַשֵּׁם יִתְבָּרַךְ עַל כָּל הַטּוֹבָה שֶׁגָּמַל אִתָּהּ. יִשְׁמְרֶהָ הַקָּדוֹשׁ בָּרוּךְ הוּא וִיחַיֶּהָ, וִיכוֹנֵן אֶת לִבָּהּ לִהְיוֹת שָׁלֵם עִם יהוה וְלָלֶכֶת בִּדְרָכָיו וְלִשְׁמֹר מִצְוֹתָיו כָּל הַיָּמִים, וְנֹאמַר אָמֵן.

חצי קדיש

לפני שקוראים למפטיר, בעל הקורא אומר חצי קדיש
(רמב"ם, תפילה פי"ב ה"כ).

קורא: **יִתְגַּדַּל וְיִתְקַדַּשׁ שְׁמֵהּ רַבָּא** (קהל: **אָמֵן**)
בְּעָלְמָא דִּי בְרָא כִרְעוּתֵהּ
וְיַמְלִיךְ מַלְכוּתֵהּ
בְּחַיֵּיכוֹן וּבְיוֹמֵיכוֹן וּבְחַיֵּי דְכָל בֵּית יִשְׂרָאֵל
בַּעֲגָלָא וּבִזְמַן קָרִיב
וְאִמְרוּ אָמֵן. (קהל: **אָמֵן**)

קהל וקורא: **יְהֵא שְׁמֵהּ רַבָּא מְבָרַךְ**
לְעָלַם וּלְעָלְמֵי עָלְמַיָּא.

קורא: **יִתְבָּרַךְ וְיִשְׁתַּבַּח וְיִתְפָּאַר וְיִתְרוֹמַם וְיִתְנַשֵּׂא**
וְיִתְהַדָּר וְיִתְעַלֶּה וְיִתְהַלָּל
שְׁמֵהּ דְּקֻדְשָׁא בְּרִיךְ הוּא (קהל: **בְּרִיךְ הוּא**)
לְעֵלָּא מִן כָּל בִּרְכָתָא
/בשבת שובה: **לְעֵלָּא לְעֵלָּא מִכָּל בִּרְכָתָא**/
וְשִׁירָתָא, תֻּשְׁבְּחָתָא וְנֶחֱמָתָא
דַּאֲמִירָן בְּעָלְמָא
וְאִמְרוּ אָמֵן. (קהל: **אָמֵן**)

הגבהה וגלילה

כאשר מגביהים את ספר התורה, הקהל אומר:

וְזֹאת הַתּוֹרָה אֲשֶׁר־שָׂם מֹשֶׁה לִפְנֵי בְּנֵי יִשְׂרָאֵל: דברים ד

עַל־פִּי יהוה בְּיַד מֹשֶׁה: במדבר ט

ויש מוסיפים:

עֵץ־חַיִּים הִיא לַמַּחֲזִיקִים בָּהּ וְתֹמְכֶיהָ מְאֻשָּׁר: משלי ג

דְּרָכֶיהָ דַרְכֵי־נֹעַם וְכָל־נְתִיבוֹתֶיהָ שָׁלוֹם:

אֹרֶךְ יָמִים בִּימִינָהּ, בִּשְׂמֹאולָהּ עֹשֶׁר וְכָבוֹד:

יהוה חָפֵץ לְמַעַן צִדְקוֹ יַגְדִּיל תּוֹרָה וְיַאְדִּיר: ישעיה מב

ברכות ההפטרה

לפני קריאת ההפטרה בנביא, המפטיר מברך:

בָּרוּךְ אַתָּה יהוה אֱלֹהֵינוּ מֶלֶךְ הָעוֹלָם אֲשֶׁר בָּחַר בִּנְבִיאִים טוֹבִים, וְרָצָה בְדִבְרֵיהֶם הַנֶּאֱמָרִים בֶּאֱמֶת. בָּרוּךְ אַתָּה יהוה, הַבּוֹחֵר בַּתּוֹרָה וּבְמֹשֶׁה עַבְדּוֹ וּבְיִשְׂרָאֵל עַמּוֹ וּבִנְבִיאֵי הָאֱמֶת וָצֶדֶק.

אחר קריאת ההפטרה המפטיר מברך:

בָּרוּךְ אַתָּה יהוה אֱלֹהֵינוּ מֶלֶךְ הָעוֹלָם, צוּר כָּל הָעוֹלָמִים, צַדִּיק בְּכָל הַדּוֹרוֹת, הָאֵל הַנֶּאֱמָן,

הָאוֹמֵר וְעוֹשֶׂה, הַמְדַבֵּר וּמְקַיֵּם, שֶׁכָּל דְּבָרָיו אֱמֶת וָצֶדֶק. נֶאֱמָן אַתָּה הוּא יהוה אֱלֹהֵינוּ וְנֶאֱמָנִים דְּבָרֶיךָ, וְדָבָר אֶחָד מִדְּבָרֶיךָ אָחוֹר לֹא יָשׁוּב רֵיקָם, כִּי אֵל מֶלֶךְ נֶאֱמָן (וְרַחֲמָן) אָתָּה. בָּרוּךְ אַתָּה יהוה, הָאֵל הַנֶּאֱמָן בְּכָל דְּבָרָיו.

רַחֵם עַל צִיּוֹן כִּי הִיא בֵּית חַיֵּינוּ, וְלַעֲלוּבַת נֶפֶשׁ תּוֹשִׁיעַ בִּמְהֵרָה בְיָמֵינוּ. בָּרוּךְ אַתָּה יהוה, מְשַׂמֵּחַ צִיּוֹן בְּבָנֶיהָ.

שַׂמְּחֵנוּ יהוה אֱלֹהֵינוּ בְּאֵלִיָּהוּ הַנָּבִיא עַבְדֶּךָ, וּבְמַלְכוּת בֵּית דָּוִד מְשִׁיחֶךָ, בִּמְהֵרָה יָבוֹא וְיָגֵל לִבֵּנוּ. עַל כִּסְאוֹ לֹא יֵשֵׁב זָר, וְלֹא יִנְחֲלוּ עוֹד אֲחֵרִים אֶת כְּבוֹדוֹ, כִּי בְשֵׁם קָדְשְׁךָ נִשְׁבַּעְתָּ לּוֹ שֶׁלֹּא יִכְבֶּה נֵרוֹ לְעוֹלָם וָעֶד. בָּרוּךְ אַתָּה יהוה, מָגֵן דָּוִד.

בשבת, פרט ליום טוב ולשבת חול המועד סוכות, מסיימים:

עַל הַתּוֹרָה וְעַל הָעֲבוֹדָה וְעַל הַנְּבִיאִים וְעַל יוֹם הַשַּׁבָּת הַזֶּה, שֶׁנָּתַתָּ לָּנוּ יהוה אֱלֹהֵינוּ

לִקְדֻשָּׁה וְלִמְנוּחָה, לְכָבוֹד וּלְתִפְאָֽרֶת. עַל הַכֹּל יהוה אֱלֹהֵֽינוּ אֲנַֽחְנוּ מוֹדִים לָךְ וּמְבָרְכִים אוֹתָךְ, יִתְבָּרַךְ שִׁמְךָ בְּפִי כָּל חַי תָּמִיד לְעוֹלָם וָעֶד. בָּרוּךְ אַתָּה יהוה, מְקַדֵּשׁ הַשַּׁבָּת.

ביום טוב ובשבת חול המועד סוכות מסיימים:

עַל הַתּוֹרָה וְעַל הָעֲבוֹדָה וְעַל הַנְּבִיאִים (בשבת: וְעַל יוֹם הַשַּׁבָּת הַזֶּה), וְעַל יוֹם

בפסח: חַג הַמַּצּוֹת הַזֶּה

בשבועות: חַג הַשָּׁבוּעוֹת הַזֶּה

בסוכות: חַג הַסֻּכּוֹת הַזֶּה

בשמיני עצרת: הַשְּׁמִינִי חַג הָעֲצֶֽרֶת הַזֶּה

שֶׁנָּתַֽתָּ לָּֽנוּ, יהוה אֱלֹהֵֽינוּ (בשבת: לִקְדֻשָּׁה וְלִמְנוּחָה) לְשָׂשׂוֹן וּלְשִׂמְחָה, לְכָבוֹד וּלְתִפְאָֽרֶת. עַל הַכֹּל יהוה אֱלֹהֵֽינוּ אֲנַֽחְנוּ מוֹדִים לָךְ וּמְבָרְכִים אוֹתָךְ. יִתְבָּרַךְ שִׁמְךָ בְּפִי כָּל חַי תָּמִיד לְעוֹלָם וָעֶד. בָּרוּךְ אַתָּה יהוה, מְקַדֵּשׁ (בשבת: הַשַּׁבָּת וְ)יִשְׂרָאֵל וְהַזְּמַנִּים.

ביום טוב שלא חל בשבת ממשיכים בתפילה לשלום מדינת ישראל בעמ' 386.

במקום שיש בו מניין השכינה שורה, ולכן אומרים ברכה לקהל.
ואין אומרים אותה ביחידות (׳אור זרוע׳ ח״ב, נ), ויש שנוהגים
לומר את הפיסקה הראשונה גם ביחידות (שערי אפרים).

יְקוּם פֻּרְקָן מִן שְׁמַיָּא, חִנָּא וְחִסְדָּא וְרַחֲמֵי וְחַיֵּי אֲרִיכֵי וּמְזוֹנֵי רְוִיחֵי, וְסִיַּעְתָּא דִשְׁמַיָּא, וּבַרְיוּת גּוּפָא וּנְהוֹרָא מְעַלְיָא, זַרְעָא חַיָּא וְקַיָּמָא, זַרְעָא דִּי לָא יִפְסֻק וְדִי לָא יִבְטֻל מִפִּתְגָּמֵי אוֹרַיְתָא, לְמָרָנָן וְרַבָּנָן חֲבוּרָתָא קַדִּישָׁתָא דִּי בְאַרְעָא דְיִשְׂרָאֵל וְדִי בְבָבֶל, לְרֵישֵׁי כַלָּה, וּלְרֵישֵׁי גַלְוָתָא, וּלְרֵישֵׁי מְתִיבָתָא, וּלְדַיָּנֵי דְבָבָא, לְכָל תַּלְמִידֵיהוֹן, וּלְכָל תַּלְמִידֵי תַלְמִידֵיהוֹן, וּלְכָל מָאן דְּעָסְקִין בְּאוֹרַיְתָא. מַלְכָּא דְעָלְמָא יְבָרֵךְ יָתְהוֹן, יַפֵּשׁ חַיֵּיהוֹן וְיַסְגֵּא יוֹמֵיהוֹן, וְיִתֵּן אַרְכָא לִשְׁנֵיהוֹן, וְיִתְפָּרְקוּן וְיִשְׁתֵּיזְבוּן מִן כָּל עָקָא וּמִן כָּל מַרְעִין בִּישִׁין. מָרַן דִּי בִשְׁמַיָּא יְהֵא בְסַעְדְּהוֹן כָּל זְמַן וְעִדָּן, וְנֹאמַר אָמֵן.

יְקוּם פֻּרְקָן מִן שְׁמַיָּא, חִנָּא וְחִסְדָּא וְרַחֲמֵי וְחַיֵּי אֲרִיכֵי וּמְזוֹנֵי רְוִיחֵי, וְסִיַּעְתָּא דִשְׁמַיָּא, וּבַרְיוּת גּוּפָא וּנְהוֹרָא מְעַלְיָא, זַרְעָא חַיָּא וְקַיָּמָא, זַרְעָא

דִּי לָא יִפְסֻק וְדִי לָא יִבְטֻל מִפִּתְגָּמֵי אוֹרַיְתָא, לְכָל קְהָלָא קַדִּישָׁא הָדֵין, רַבְרְבַיָּא עִם זְעֵרַיָּא, טַפְלָא וּנְשַׁיָּא. מַלְכָּא דְעָלְמָא יְבָרֵךְ יָתְכוֹן, יַפֵּשׁ חַיֵּיכוֹן וְיַסְגֵּא יוֹמֵיכוֹן, וְיִתֵּן אַרְכָא לִשְׁנֵיכוֹן, וְתִתְפָּרְקוּן וְתִשְׁתֵּיזְבוּן מִן כָּל עָקָא וּמִן כָּל מַרְעִין בִּישִׁין. מָרַן דִּי בִשְׁמַיָּא יְהֵא בְסַעְדְּכוֹן כָּל זְמַן וְעִדָּן, וְנֹאמַר אָמֵן.

מִי שֶׁבֵּרַךְ אֲבוֹתֵינוּ אַבְרָהָם יִצְחָק וְיַעֲקֹב, הוּא יְבָרֵךְ אֶת כָּל הַקָּהָל הַקָּדוֹשׁ הַזֶּה עִם כָּל קְהִלּוֹת הַקֹּדֶשׁ, הֵם וּנְשֵׁיהֶם וּבְנֵיהֶם וּבְנוֹתֵיהֶם וְכָל אֲשֶׁר לָהֶם, וּמִי שֶׁמְּיַחֲדִים בָּתֵּי כְנֵסִיּוֹת לִתְפִלָּה, וּמִי שֶׁבָּאִים בְּתוֹכָם לְהִתְפַּלֵּל, וּמִי שֶׁנּוֹתְנִים נֵר לַמָּאוֹר וְיַיִן לְקִדּוּשׁ וּלְהַבְדָּלָה וּפַת לָאוֹרְחִים וּצְדָקָה לָעֲנִיִּים, וְכָל מִי שֶׁעוֹסְקִים בְּצָרְכֵי צִבּוּר בֶּאֱמוּנָה. הַקָּדוֹשׁ בָּרוּךְ הוּא יְשַׁלֵּם שְׂכָרָם, וְיָסִיר מֵהֶם כָּל מַחֲלָה, וְיִרְפָּא לְכָל גּוּפָם, וְיִסְלַח לְכָל עֲוֹנָם, וְיִשְׁלַח בְּרָכָה וְהַצְלָחָה בְּכָל מַעֲשֵׂי יְדֵיהֶם עִם כָּל יִשְׂרָאֵל אֲחֵיהֶם, וְנֹאמַר אָמֵן.

תפילה לשלום מדינת ישראל

אָבִינוּ שֶׁבַּשָּׁמַיִם, צוּר יִשְׂרָאֵל וְגוֹאֲלוֹ, בָּרֵךְ אֶת מְדִינַת יִשְׂרָאֵל, רֵאשִׁית צְמִיחַת גְּאֻלָּתֵנוּ. הָגֵן עָלֶיהָ בְּאֶבְרַת חַסְדֶּךָ וּפְרֹשׂ עָלֶיהָ סֻכַּת שְׁלוֹמֶךָ, וּשְׁלַח אוֹרְךָ וַאֲמִתְּךָ לְרָאשֶׁיהָ, שָׂרֶיהָ וְיוֹעֲצֶיהָ, וְתַקְּנֵם בְּעֵצָה טוֹבָה מִלְּפָנֶיךָ.

חַזֵּק אֶת יְדֵי מְגִנֵּי אֶרֶץ קָדְשֵׁנוּ, וְהַנְחִילֵם אֱלֹהֵינוּ יְשׁוּעָה וַעֲטֶרֶת נִצָּחוֹן תְּעַטְּרֵם, וְנָתַתָּ שָׁלוֹם בָּאָרֶץ וְשִׂמְחַת עוֹלָם לְיוֹשְׁבֶיהָ.

וְאֶת אַחֵינוּ כָּל בֵּית יִשְׂרָאֵל, פְּקָד נָא בְּכָל אַרְצוֹת פְּזוּרֵיהֶם, וְתוֹלִיכֵם מְהֵרָה קוֹמְמִיּוּת לְצִיּוֹן עִירֶךָ וְלִירוּשָׁלַיִם מִשְׁכַּן שְׁמֶךָ, כַּכָּתוּב בְּתוֹרַת מֹשֶׁה
עַבְדֶּךָ: אִם־יִהְיֶה נִדַּחֲךָ בִּקְצֵה הַשָּׁמָיִם, מִשָּׁם דברים ל
יְקַבֶּצְךָ יהוה אֱלֹהֶיךָ וּמִשָּׁם יִקָּחֶךָ: וֶהֱבִיאֲךָ יהוה אֱלֹהֶיךָ אֶל־הָאָרֶץ אֲשֶׁר־יָרְשׁוּ אֲבֹתֶיךָ וִירִשְׁתָּהּ, וְהֵיטִבְךָ וְהִרְבְּךָ מֵאֲבֹתֶיךָ: וּמָל יהוה אֱלֹהֶיךָ אֶת־לְבָבְךָ וְאֶת־לְבַב זַרְעֶךָ, לְאַהֲבָה אֶת־יהוה אֱלֹהֶיךָ בְּכָל־לְבָבְךָ וּבְכָל־נַפְשְׁךָ, לְמַעַן חַיֶּיךָ:

וְיַחֵד לְבָבֵנוּ לְאַהֲבָה וּלְיִרְאָה אֶת שְׁמֶךָ, וְלִשְׁמֹר אֶת כָּל דִּבְרֵי תוֹרָתֶךָ, וּשְׁלַח לָנוּ מְהֵרָה בֶּן דָּוִד מְשִׁיחַ צִדְקֶךָ, לִפְדּוֹת מְחַכֵּי קֵץ יְשׁוּעָתֶךָ.

וְהוֹפַע בַּהֲדַר גְּאוֹן עֻזֶּךָ עַל כָּל יוֹשְׁבֵי תֵבֵל אַרְצֶךָ וְיֹאמַר כֹּל אֲשֶׁר נְשָׁמָה בְאַפּוֹ, יהוה אֱלֹהֵי יִשְׂרָאֵל מֶלֶךְ וּמַלְכוּתוֹ בַּכֹּל מָשָׁלָה, אָמֵן סֶלָה.

מי שבירך לחיילי צה״ל

מִי שֶׁבֵּרַךְ אֲבוֹתֵינוּ אַבְרָהָם יִצְחָק וְיַעֲקֹב הוּא יְבָרֵךְ אֶת חַיָּלֵי צְבָא הַהֲגָנָה לְיִשְׂרָאֵל וְאַנְשֵׁי כֹּחוֹת הַבִּטָּחוֹן, הָעוֹמְדִים עַל מִשְׁמַר אַרְצֵנוּ וְעָרֵי אֱלֹהֵינוּ, מִגְּבוּל הַלְּבָנוֹן וְעַד מִדְבַּר מִצְרַיִם וּמִן הַיָּם הַגָּדוֹל עַד לְבוֹא הָעֲרָבָה וּבְכָל מָקוֹם שֶׁהֵם, בַּיַּבָּשָׁה, בָּאֲוִיר וּבַיָּם. יִתֵּן יהוה אֶת אוֹיְבֵינוּ הַקָּמִים עָלֵינוּ נִגָּפִים לִפְנֵיהֶם. הַקָּדוֹשׁ בָּרוּךְ הוּא יִשְׁמֹר וְיַצִּיל אֶת חַיָּלֵינוּ מִכָּל צָרָה וְצוּקָה וּמִכָּל נֶגַע וּמַחֲלָה, וְיִשְׁלַח בְּרָכָה וְהַצְלָחָה בְּכָל מַעֲשֵׂי יְדֵיהֶם. יַדְבֵּר שׂוֹנְאֵינוּ תַּחְתֵּיהֶם

וִיעַטְּרֵם בְּכֶתֶר יְשׁוּעָה וּבַעֲטֶרֶת נִצָּחוֹן. וִיקֻיַּם
דברים כ בָּהֶם הַכָּתוּב: כִּי יהוה אֱלֹהֵיכֶם הַהֹלֵךְ עִמָּכֶם
לְהִלָּחֵם לָכֶם עִם־אֹיְבֵיכֶם לְהוֹשִׁיעַ אֶתְכֶם:
וְנֹאמַר אָמֵן.

מי שבירך לשבויים

מִי שֶׁבֵּרַךְ אֲבוֹתֵינוּ אַבְרָהָם יִצְחָק וְיַעֲקֹב, יוֹסֵף
מֹשֶׁה וְאַהֲרֹן, דָּוִד וּשְׁלֹמֹה, הוּא יְבָרֵךְ וְיִשְׁמֹר
וְיִנְצֹר אֶת נֶעְדְּרֵי צְבָא הַהֲגָנָה לְיִשְׂרָאֵל וּשְׁבוּיָו,
וְאֶת כָּל אַחֵינוּ הַנְּתוּנִים בְּצָרָה וּבַשִּׁבְיָה, בַּעֲבוּר
שֶׁכָּל הַקָּהָל הַקָּדוֹשׁ הַזֶּה מִתְפַּלֵּל בַּעֲבוּרָם.
הַקָּדוֹשׁ בָּרוּךְ הוּא יִמָּלֵא רַחֲמִים עֲלֵיהֶם,
וְיוֹצִיאֵם מֵחֹשֶׁךְ וְצַלְמָוֶת, וּמוֹסְרוֹתֵיהֶם יְנַתֵּק,
וּמִמְּצוּקוֹתֵיהֶם יוֹשִׁיעֵם, וִישִׁיבֵם מְהֵרָה לְחֵיק
תהלים קז מִשְׁפְּחוֹתֵיהֶם. יוֹדוּ לַיהוה חַסְדּוֹ וְנִפְלְאוֹתָיו
ישעיה לה לִבְנֵי אָדָם: וִיקֻיַּם בָּהֶם מִקְרָא שֶׁכָּתוּב: וּפְדוּיֵי
יהוה יְשֻׁבוּן, וּבָאוּ צִיּוֹן בְּרִנָּה, וְשִׂמְחַת עוֹלָם עַל־
רֹאשָׁם, שָׂשׂוֹן וְשִׂמְחָה יַשִּׂיגוּ, וְנָסוּ יָגוֹן וַאֲנָחָה:
וְנֹאמַר אָמֵן.

ברכת החודש

בשבת שלפני ראש חודש אומרים תפילה זו כדי להודיע לקהל על ראש החודש הקרב (ספר יראים, רנט), ואין מכריזים על חודש תשרי (מג"א תיז, א).

הקהל אומר בלחש, ושליח הציבור אחריו:

ברכות טז: יְהִי רָצוֹן מִלְּפָנֶיךָ, יהוה אֱלֹהֵינוּ וֵאלֹהֵי אֲבוֹתֵינוּ, שֶׁתְּחַדֵּשׁ עָלֵינוּ אֶת הַחֹדֶשׁ הַזֶּה לְטוֹבָה וְלִבְרָכָה. וְתִתֶּן לָנוּ חַיִּים אֲרוּכִים, חַיִּים שֶׁל שָׁלוֹם, חַיִּים שֶׁל טוֹבָה, חַיִּים שֶׁל בְּרָכָה, חַיִּים שֶׁל פַּרְנָסָה, חַיִּים שֶׁל חִלּוּץ עֲצָמוֹת, חַיִּים שֶׁיֵּשׁ בָּהֶם יִרְאַת שָׁמַיִם וְיִרְאַת חֵטְא, חַיִּים שֶׁאֵין בָּהֶם בּוּשָׁה וּכְלִמָּה, חַיִּים שֶׁל עֹשֶׁר וְכָבוֹד, חַיִּים שֶׁתְּהֵא בָנוּ אַהֲבַת תּוֹרָה וְיִרְאַת שָׁמַיִם, חַיִּים שֶׁיִּמָּלְאוּ מִשְׁאֲלוֹת לִבֵּנוּ לְטוֹבָה, אָמֵן סֶלָה.

מצווה לחשב תקופות ומזלות (שבת עה ע"א)
ולכן נוהגים להכריז את זמן המולד (מהרש"ל, סוכה כח ע"א).
שליח הציבור לוקח את ספר התורה בידו ואומר:

מִי שֶׁעָשָׂה נִסִּים לַאֲבוֹתֵינוּ
וְגָאַל אוֹתָם מֵעַבְדוּת לְחֵרוּת
הוּא יִגְאַל אוֹתָנוּ בְּקָרוֹב
וִיקַבֵּץ נִדָּחֵינוּ מֵאַרְבַּע כַּנְפוֹת הָאָרֶץ
חֲבֵרִים כָּל יִשְׂרָאֵל וְנֹאמַר אָמֵן.

שליח הציבור מכריז, והקהל אומר אחריו ('עבודת ישראל',
וה'שערי אפרים' כתב שאין לחזור על ההכרזה):

רֹאשׁ חֹדֶשׁ פלוני **יִהְיֶה בְּיוֹם** פלוני **(*וּבְיוֹם** פלוני**)**
הַבָּא עָלֵינוּ וְעַל כָּל יִשְׂרָאֵל לְטוֹבָה.

*אם היום הראשון של ראש החודש חל בשבת, אומרים: **וּלְמָחֳרָתוֹ בְּיוֹם**

בקהילות אשכנז בחוץ לארץ מקובל לומר נוסח קצר יותר של ברכת החודש (למטה),
אך בארץ ישראל אימצו את הנוסח הספרדי, המבוסס על סדר רב עמרם גאון.
שליח הציבור ממשיך:

יְחַדְּשֵׁהוּ הַקָּדוֹשׁ בָּרוּךְ הוּא
עָלֵינוּ וְעַל כָּל עַמּוֹ בֵּית יִשְׂרָאֵל
בְּכָל מָקוֹם שֶׁהֵם
לְטוֹבָה וְלִבְרָכָה, לְשָׂשׂוֹן וּלְשִׂמְחָה
לִישׁוּעָה וּלְנֶחָמָה, לְפַרְנָסָה וּלְכַלְכָּלָה
לְחַיִּים וּלְשָׁלוֹם
לִשְׁמוּעוֹת טוֹבוֹת וְלִבְשׂוֹרוֹת טוֹבוֹת
(בחורף: **וְלִגְשָׁמִים בְּעִתָּם**) **וְלִרְפוּאָה שְׁלֵמָה**
וְלִגְאֻלָּה קְרוֹבָה, וְנֹאמַר אָמֵן

הנוסח הקצר הנהוג במיוחד בחוץ לארץ:

יְחַדְּשֵׁהוּ הַקָּדוֹשׁ בָּרוּךְ הוּא, עָלֵינוּ וְעַל כָּל עַמּוֹ בֵּית יִשְׂרָאֵל, לְחַיִּים וּלְשָׁלוֹם, לְשָׂשׂוֹן וּלְשִׂמְחָה, לִישׁוּעָה וּלְנֶחָמָה, וְנֹאמַר אָמֵן.

"ואחר קריאת ההפטרה נהגו להזכיר נשמות ולברך העוסקים בצרכי צבור" ('שיבולי הלקט' פא). ובקהילות אשכנז נהגו לומר את תפילת 'אַב הָרַחֲמִים', שנתקנה לזכר מקדשי השם בתקופת מסעי הצלב (מהרי"ל).

כל יום שאין אומרים בו תחנון בחול (ראה עמ' 100), אין אומרים 'אַב הָרַחֲמִים' בשבת. וכן אין אומרים בשבת שקוראים בה אחת מארבע פרשיות, ולא בשבת שמברכים בה את החודש, אבל בשבת שמברכים בה את חודש אייר או סיוון, ברוב הקהילות נוהגים לאומרו.

בשביעי של פסח, בשבועות ובשמיני עצרת אומרים כאן 'יִזְכֹּר' (עמ' 644).
וביום טוב ראשון של פסח ושל סוכות יש אומרים את הפיוט 'יָהּ אֵלִי' (עמ' 650).

אַב הָרַחֲמִים שׁוֹכֵן מְרוֹמִים, בְּרַחֲמָיו הָעֲצוּמִים הוּא
יִפְקֹד בְּרַחֲמִים הַחֲסִידִים וְהַיְשָׁרִים וְהַתְּמִימִים,
קְהִלּוֹת הַקֹּדֶשׁ שֶׁמָּסְרוּ נַפְשָׁם עַל קְדֻשַּׁת הַשֵּׁם,
הַנֶּאֱהָבִים וְהַנְּעִימִים בְּחַיֵּיהֶם, וּבְמוֹתָם לֹא נִפְרָדוּ,
מִנְּשָׁרִים קַלּוּ וּמֵאֲרָיוֹת גָּבֵרוּ לַעֲשׂוֹת רְצוֹן קוֹנָם
וְחֵפֶץ צוּרָם. יִזְכְּרֵם אֱלֹהֵינוּ לְטוֹבָה עִם שְׁאָר צַדִּיקֵי
עוֹלָם, וְיִנְקֹם לְעֵינֵינוּ נִקְמַת דַּם עֲבָדָיו הַשָּׁפוּךְ,
כַּכָּתוּב בְּתוֹרַת מֹשֶׁה אִישׁ הָאֱלֹהִים: הַרְנִינוּ גוֹיִם דברים לב
עַמּוֹ, כִּי דַם־עֲבָדָיו יִקּוֹם, וְנָקָם יָשִׁיב לְצָרָיו, וְכִפֶּר
אַדְמָתוֹ עַמּוֹ: וְעַל יְדֵי עֲבָדֶיךָ הַנְּבִיאִים כָּתוּב
לֵאמֹר: וְנִקֵּיתִי, דָּמָם לֹא־נִקֵּיתִי, וַיהוה שֹׁכֵן בְּצִיּוֹן: יואל ד
וּבְכִתְבֵי הַקֹּדֶשׁ נֶאֱמַר: לָמָּה יֹאמְרוּ הַגּוֹיִם אַיֵּה תהלים עט
אֱלֹהֵיהֶם, יִוָּדַע בַּגּוֹיִם לְעֵינֵינוּ נִקְמַת דַּם־עֲבָדֶיךָ
הַשָּׁפוּךְ: וְאוֹמֵר: כִּי־דֹרֵשׁ דָּמִים אוֹתָם זָכָר, לֹא־שָׁכַח תהלים ט
צַעֲקַת עֲנָוִים: וְאוֹמֵר: יָדִין בַּגּוֹיִם מָלֵא גְוִיּוֹת, מָחַץ תהלים קי

רֹאשׁ עַל־אֶרֶץ רַבָּה: מִנַּחַל בַּדֶּרֶךְ יִשְׁתֶּה, עַל־כֵּן
יָרִים רֹאשׁ:

תהלים פד אַשְׁרֵי יוֹשְׁבֵי בֵיתֶךָ, עוֹד יְהַלְלוּךָ סֶּלָה:

תהלים קמד אַשְׁרֵי הָעָם שֶׁכָּכָה לּוֹ
אַשְׁרֵי הָעָם שֶׁיהוה אֱלֹהָיו:

תהלים קמה תְּהִלָּה לְדָוִד

א אֲרוֹמִמְךָ אֱלוֹהַי הַמֶּלֶךְ, וַאֲבָרְכָה שִׁמְךָ
לְעוֹלָם וָעֶד:
ב בְּכָל־יוֹם אֲבָרְכֶךָּ, וַאֲהַלְלָה שִׁמְךָ לְעוֹלָם וָעֶד:
ג גָּדוֹל יהוה וּמְהֻלָּל מְאֹד, וְלִגְדֻלָּתוֹ אֵין חֵקֶר:
ד דּוֹר לְדוֹר יְשַׁבַּח מַעֲשֶׂיךָ, וּגְבוּרֹתֶיךָ יַגִּידוּ:
ה הֲדַר כְּבוֹד הוֹדֶךָ, וְדִבְרֵי נִפְלְאֹתֶיךָ אָשִׂיחָה:
ו וֶעֱזוּז נוֹרְאֹתֶיךָ יֹאמֵרוּ, וּגְדוּלָּתְךָ אֲסַפְּרֶנָּה:
ז זֵכֶר רַב־טוּבְךָ יַבִּיעוּ, וְצִדְקָתְךָ יְרַנֵּנוּ:
ח חַנּוּן וְרַחוּם יהוה, אֶרֶךְ אַפַּיִם וּגְדָל־חָסֶד:
ט טוֹב־יהוה לַכֹּל, וְרַחֲמָיו עַל־כָּל־מַעֲשָׂיו:
י יוֹדוּךָ יהוה כָּל־מַעֲשֶׂיךָ, וַחֲסִידֶיךָ יְבָרְכוּכָה:
כ כְּבוֹד מַלְכוּתְךָ יֹאמֵרוּ, וּגְבוּרָתְךָ יְדַבֵּרוּ:

ל לְהוֹדִיעַ לִבְנֵי הָאָדָם גְּבוּרֹתָיו, וּכְבוֹד הֲדַר מַלְכוּתוֹ:

מ מַלְכוּתְךָ מַלְכוּת כָּל־עֹלָמִים, וּמֶמְשַׁלְתְּךָ בְּכָל־דּוֹר וָדֹר:

ס סוֹמֵךְ יהוה לְכָל־הַנֹּפְלִים, וְזוֹקֵף לְכָל־הַכְּפוּפִים:

ע עֵינֵי־כֹל אֵלֶיךָ יְשַׂבֵּרוּ, וְאַתָּה נוֹתֵן־לָהֶם אֶת־אָכְלָם בְּעִתּוֹ:

פ פּוֹתֵחַ אֶת־יָדֶךָ, וּמַשְׂבִּיעַ לְכָל־חַי רָצוֹן:

צ צַדִּיק יהוה בְּכָל־דְּרָכָיו, וְחָסִיד בְּכָל־מַעֲשָׂיו:

ק קָרוֹב יהוה לְכָל־קֹרְאָיו, לְכֹל אֲשֶׁר יִקְרָאֻהוּ בֶאֱמֶת:

ר רְצוֹן־יְרֵאָיו יַעֲשֶׂה, וְאֶת־שַׁוְעָתָם יִשְׁמַע וְיוֹשִׁיעֵם:

ש שׁוֹמֵר יהוה אֶת־כָּל־אֹהֲבָיו, וְאֵת כָּל־הָרְשָׁעִים יַשְׁמִיד:

ת תְּהִלַּת יהוה יְדַבֶּר פִּי, וִיבָרֵךְ כָּל־בָּשָׂר שֵׁם קָדְשׁוֹ לְעוֹלָם וָעֶד:

וַאֲנַחְנוּ נְבָרֵךְ יָהּ מֵעַתָּה וְעַד־עוֹלָם, הַלְלוּיָהּ: תהלים קטו

הכנסת ספר תורה

פותחים את ארון הקודש, והקהל עומד על רגליו.
שליח הציבור נוטל את ספר התורה ואומר:

יְהַלְלוּ אֶת־שֵׁם יהוה תהלים קמח
כִּי־נִשְׂגָּב שְׁמוֹ, לְבַדּוֹ

הקהל אומר:

הוֹדוֹ עַל־אֶרֶץ וְשָׁמָיִם:
וַיָּרֶם קֶרֶן לְעַמּוֹ
תְּהִלָּה לְכָל־חֲסִידָיו
לִבְנֵי יִשְׂרָאֵל עַם קְרֹבוֹ, הַלְלוּיָהּ:

מלווים את ספר התורה לארון הקודש באמירת מזמור זה על מתן תורה (טור, רפד):

מִזְמוֹר לְדָוִד, הָבוּ לַיהוה בְּנֵי אֵלִים, הָבוּ לַיהוה תהלים כט
כָּבוֹד וָעֹז: הָבוּ לַיהוה כְּבוֹד שְׁמוֹ, הִשְׁתַּחֲווּ
לַיהוה בְּהַדְרַת־קֹדֶשׁ: קוֹל יהוה עַל־הַמָּיִם,
אֵל־הַכָּבוֹד הִרְעִים, יהוה עַל־מַיִם רַבִּים:
קוֹל־יהוה בַּכֹּחַ, קוֹל יהוה בֶּהָדָר: קוֹל יהוה
שֹׁבֵר אֲרָזִים, וַיְשַׁבֵּר יהוה אֶת־אַרְזֵי הַלְּבָנוֹן:
וַיַּרְקִידֵם כְּמוֹ־עֵגֶל, לְבָנוֹן וְשִׂרְיוֹן כְּמוֹ בֶן־

רְאֵמִים: קוֹל־יהוה חֹצֵב לַהֲבוֹת אֵשׁ: קוֹל
יהוה יָחִיל מִדְבָּר, יָחִיל יהוה מִדְבַּר קָדֵשׁ: קוֹל
יהוה יְחוֹלֵל אַיָּלוֹת וַיֶּחֱשֹׂף יְעָרוֹת, וּבְהֵיכָלוֹ,
כֻּלּוֹ אֹמֵר כָּבוֹד: יהוה לַמַּבּוּל יָשָׁב, וַיֵּשֶׁב יהוה
מֶלֶךְ לְעוֹלָם: יהוה עֹז לְעַמּוֹ יִתֵּן, יהוה יְבָרֵךְ
אֶת־עַמּוֹ בַשָּׁלוֹם:

ביום טוב שאינו חל בשבת, אומרים (סידור השל״ה):

לְדָוִד מִזְמוֹר, לַיהוה הָאָרֶץ וּמְלוֹאָהּ, תֵּבֵל תהלים כד
וְיֹשְׁבֵי בָהּ: כִּי־הוּא עַל־יַמִּים יְסָדָהּ, וְעַל־
נְהָרוֹת יְכוֹנְנֶהָ: מִי־יַעֲלֶה בְהַר־יהוה, וּמִי־
יָקוּם בִּמְקוֹם קָדְשׁוֹ: נְקִי כַפַּיִם וּבַר־לֵבָב, אֲשֶׁר
לֹא־נָשָׂא לַשָּׁוְא נַפְשִׁי וְלֹא נִשְׁבַּע לְמִרְמָה:
יִשָּׂא בְרָכָה מֵאֵת יהוה, וּצְדָקָה מֵאֱלֹהֵי
יִשְׁעוֹ: זֶה דּוֹר דֹּרְשָׁו, מְבַקְשֵׁי פָנֶיךָ, יַעֲקֹב,
סֶלָה: שְׂאוּ שְׁעָרִים רָאשֵׁיכֶם, וְהִנָּשְׂאוּ פִּתְחֵי
עוֹלָם, וְיָבוֹא מֶלֶךְ הַכָּבוֹד: מִי זֶה מֶלֶךְ הַכָּבוֹד,
יהוה עִזּוּז וְגִבּוֹר, יהוה גִּבּוֹר מִלְחָמָה: שְׂאוּ

שְׂאוּ שְׁעָרִים רָאשֵׁיכֶם, וּשְׂאוּ פִּתְחֵי עוֹלָם, וְיָבֹא מֶלֶךְ הַכָּבוֹד: מִי הוּא זֶה מֶלֶךְ הַכָּבוֹד, יהוה צְבָאוֹת הוּא מֶלֶךְ הַכָּבוֹד, סֶלָה:

מכניסים את ספר התורה לארון הקודש ואומרים
(ספר המחכים, סידור 'מלאה הארץ דעה'):

וּבְנֻחֹה יֹאמַר במדבר י
שׁוּבָה יהוה רִבְבוֹת אַלְפֵי יִשְׂרָאֵל:
קוּמָה יהוה לִמְנוּחָתֶךָ, אַתָּה וַאֲרוֹן עֻזֶּךָ: תהלים קלב
כֹּהֲנֶיךָ יִלְבְּשׁוּ־צֶדֶק, וַחֲסִידֶיךָ יְרַנֵּנוּ:
בַּעֲבוּר דָּוִד עַבְדֶּךָ אַל־תָּשֵׁב פְּנֵי מְשִׁיחֶךָ:
כִּי לֶקַח טוֹב נָתַתִּי לָכֶם, תּוֹרָתִי אַל־תַּעֲזֹבוּ: משלי ד
◄ עֵץ־חַיִּים הִיא לַמַּחֲזִיקִים בָּהּ משלי ג
וְתֹמְכֶיהָ מְאֻשָּׁר:
דְּרָכֶיהָ דַרְכֵי־נֹעַם וְכָל־נְתִיבֹתֶיהָ שָׁלוֹם:
הֲשִׁיבֵנוּ יהוה אֵלֶיךָ וְנָשׁוּבָה איכה ה
חַדֵּשׁ יָמֵינוּ כְּקֶדֶם:

סוגרים את ארון הקודש.

חצי קדיש

ש״ץ: יִתְגַּדַּל וְיִתְקַדַּשׁ שְׁמֵהּ רַבָּא (קהל: אָמֵן)
בְּעָלְמָא דִּי בְרָא כִרְעוּתֵהּ
וְיַמְלִיךְ מַלְכוּתֵהּ
בְּחַיֵּיכוֹן וּבְיוֹמֵיכוֹן
וּבְחַיֵּי דְכָל בֵּית יִשְׂרָאֵל
בַּעֲגָלָא וּבִזְמַן קָרִיב
וְאִמְרוּ אָמֵן. (קהל: אָמֵן)

קהל וש״ץ: יְהֵא שְׁמֵהּ רַבָּא מְבָרַךְ
לְעָלַם וּלְעָלְמֵי עָלְמַיָּא.

ש״ץ: יִתְבָּרַךְ וְיִשְׁתַּבַּח וְיִתְפָּאַר
וְיִתְרוֹמַם וְיִתְנַשֵּׂא וְיִתְהַדָּר וְיִתְעַלֶּה וְיִתְהַלָּל
שְׁמֵהּ דְּקֻדְשָׁא בְּרִיךְ הוּא (קהל: בְּרִיךְ הוּא)
לְעֵלָּא מִן כָּל בִּרְכָתָא
/בשבת שובה: לְעֵלָּא לְעֵלָּא מִכָּל בִּרְכָתָא/
וְשִׁירָתָא, תֻּשְׁבְּחָתָא וְנֶחֱמָתָא
דַּאֲמִירָן בְּעָלְמָא
וְאִמְרוּ אָמֵן. (קהל: אָמֵן)

מוסף לשבת

ביום טוב ובשבת חול המועד מתפללים תפילת מוסף לשלוש רגלים (עמ׳ 659).
בשבת ראש חודש מתפללים תפילת מוסף לשבת ראש חודש (עמ׳ 596).

עמידה

״המתפלל צריך שיכוין בלבו פירוש המלות שמוציא בשפתיו;
ויחשוב כאלו שכינה כנגדו ויסיר כל המחשבות הטורדות אותו עד
שתשאר מחשבתו וכוונתו זכה בתפלתו״ (שו״ע צח, א).
פוסע שלוש פסיעות לפנים כמי שנכנס לפני המלך.
עומד ומתפלל בלחש מכאן ועד ׳וּכְשָׁנִים קַדְמֹנִיּוֹת׳ בעמ׳ 411.
כורע במקומות המסומנים ב׳, קד לפנים במילה הבאה וזוקף בשם.

דברים לב כִּי שֵׁם יהוה אֶקְרָא, הָבוּ גֹדֶל לֵאלֹהֵינוּ:
תהלים נא אֲדֹנָי, שְׂפָתַי תִּפְתָּח, וּפִי יַגִּיד תְּהִלָּתֶךָ:

אבות

׳בָּרוּךְ אַתָּה יהוה, אֱלֹהֵינוּ וֵאלֹהֵי אֲבוֹתֵינוּ
אֱלֹהֵי אַבְרָהָם, אֱלֹהֵי יִצְחָק, וֵאלֹהֵי יַעֲקֹב
הָאֵל הַגָּדוֹל הַגִּבּוֹר וְהַנּוֹרָא, אֵל עֶלְיוֹן
גּוֹמֵל חֲסָדִים טוֹבִים, וְקוֹנֵה הַכֹּל
וְזוֹכֵר חַסְדֵי אָבוֹת
וּמֵבִיא גוֹאֵל לִבְנֵי בְנֵיהֶם
לְמַעַן שְׁמוֹ בְּאַהֲבָה.

בשבת שובה: זָכְרֵנוּ לְחַיִּים, מֶלֶךְ חָפֵץ בַּחַיִּים
וְכָתְבֵנוּ בְּסֵפֶר הַחַיִּים
לְמַעַנְךָ אֱלֹהִים חַיִּים.

מֶלֶךְ עוֹזֵר וּמוֹשִׁיעַ וּמָגֵן.
בָּרוּךְ אַתָּה יהוה, מָגֵן אַבְרָהָם.

גבורות

אַתָּה גִּבּוֹר לְעוֹלָם, אֲדֹנָי
מְחַיֵּה מֵתִים אַתָּה, רַב לְהוֹשִׁיעַ

אומרים ׳מַשִּׁיב הָרְוּחַ וּמוֹרִיד הַגֶּשֶׁם׳ משמיני עצרת ועד יום טוב ראשון של פסח, ו׳מוֹרִיד הַטָּל׳ מחול המועד פסח ועד הושענא רבה.

בחורף: מַשִּׁיב הָרְוּחַ וּמוֹרִיד הַגֶּשֶׁם
בקיץ: מוֹרִיד הַטָּל

מְכַלְכֵּל חַיִּים בְּחֶסֶד
מְחַיֵּה מֵתִים בְּרַחֲמִים רַבִּים
סוֹמֵךְ נוֹפְלִים, וְרוֹפֵא חוֹלִים, וּמַתִּיר אֲסוּרִים
וּמְקַיֵּם אֱמוּנָתוֹ לִישֵׁנֵי עָפָר.
מִי כָמְוֹךָ, בַּעַל גְּבוּרוֹת, וּמִי דְּוֹמֶה לָּךְ
מֶלֶךְ, מֵמִית וּמְחַיֶּה וּמַצְמִיחַ יְשׁוּעָה.

בשבת שובה: מִי כָמוֹךָ אַב הָרַחֲמִים
זוֹכֵר יְצוּרָיו לְחַיִּים בְּרַחֲמִים.

וְנֶאֱמָן אַתָּה לְהַחֲיוֹת מֵתִים.
בָּרוּךְ אַתָּה יהוה, מְחַיֵּה הַמֵּתִים.

בתפילת לחש ממשיך 'אַתָּה קָדוֹשׁ' בעמ' 402.

קדושה

בחזרת הש"ץ הקהל עומד ואומר קדושה.
במקומות המסומנים ב*, המתפלל מתרומם על קצות אצבעותיו.

קהל ואחריו שליח הציבור:

נַעֲרִיצְךָ וְנַקְדִּישְׁךָ כְּסוֹד שִׂיחַ שַׂרְפֵי קֹדֶשׁ
הַמַּקְדִּישִׁים שִׁמְךָ בַּקֹּדֶשׁ כַּכָּתוּב עַל יַד נְבִיאֶךָ:
וְקָרָא זֶה אֶל־זֶה וְאָמַר ישעיה ו

קהל ואחריו שליח הציבור:

*קָדוֹשׁ, *קָדוֹשׁ, *קָדוֹשׁ, יהוה צְבָאוֹת
מְלֹא כָל הָאָרֶץ כְּבוֹדוֹ:
כְּבוֹדוֹ מָלֵא עוֹלָם
מְשָׁרְתָיו שׁוֹאֲלִים זֶה לָזֶה, אַיֵּה מְקוֹם כְּבוֹדוֹ
לְעֻמָּתָם בָּרוּךְ יֹאמֵרוּ

קהל ואחריו שליח הציבור:

*בָּרוּךְ כְּבוֹד־יהוה מִמְּקוֹמוֹ: יחזקאל ג
מִמְּקוֹמוֹ הוּא יִפֶן בְּרַחֲמִים
וְיָחֹן עַם הַמְיַחֲדִים שְׁמוֹ

עֶרֶב וָבֹקֶר בְּכָל יוֹם תָּמִיד
פַּעֲמַיִם בְּאַהֲבָה שְׁמַע אוֹמְרִים

קהל ואחריו שליח הציבור:

שְׁמַע יִשְׂרָאֵל, יהוה אֱלֹהֵינוּ, יהוה אֶחָד: דברים ו
הוּא אֱלֹהֵינוּ, הוּא אָבִינוּ
הוּא מַלְכֵּנוּ, הוּא מוֹשִׁיעֵנוּ
וְהוּא יַשְׁמִיעֵנוּ בְּרַחֲמָיו שֵׁנִית לְעֵינֵי כָּל חָי
לִהְיוֹת לָכֶם לֵאלֹהִים, אֲנִי יהוה אֱלֹהֵיכֶם: במדבר טו

שליח הציבור:

וּבְדִבְרֵי קָדְשְׁךָ כָּתוּב לֵאמֹר

קהל ואחריו שליח הציבור:

יִמְלֹךְ יהוה לְעוֹלָם תהלים קמו
אֱלֹהַיִךְ צִיּוֹן לְדֹר וָדֹר, הַלְלוּיָהּ:

שליח הציבור:

לְדוֹר וָדוֹר נַגִּיד גָּדְלֶךָ
וּלְנֵצַח נְצָחִים קְדֻשָּׁתְךָ נַקְדִּישׁ
וְשִׁבְחֲךָ אֱלֹהֵינוּ מִפִּינוּ לֹא יָמוּשׁ לְעוֹלָם וָעֶד
כִּי אֵל מֶלֶךְ גָּדוֹל וְקָדוֹשׁ אָתָּה.
בָּרוּךְ אַתָּה יהוה
הָאֵל הַקָּדוֹשׁ./בשבת שובה: הַמֶּלֶךְ הַקָּדוֹשׁ./

שליח הציבור ממשיך ׳תִּכַּנְתָּ שַׁבָּת׳ בעמוד הבא.

קדושת השם

אַתָּה קָדוֹשׁ וְשִׁמְךָ קָדוֹשׁ
וּקְדוֹשִׁים בְּכָל יוֹם יְהַלְלוּךָ סֶּלָה.
בָּרוּךְ אַתָּה יהוה
הָאֵל הַקָּדוֹשׁ. / בשבת שובה: הַמֶּלֶךְ הַקָּדוֹשׁ. /

אם שכח, חוזר לראש התפילה.

קדושת היום

תִּכַּנְתָּ שַׁבָּת, רָצִיתָ קָרְבְּנוֹתֶיהָ
צִוִּיתָ פֵּרוּשֶׁיהָ עִם סִדּוּרֵי נְסָכֶיהָ
מְעַנְּגֶיהָ לְעוֹלָם כָּבוֹד יִנְחָלוּ, טוֹעֲמֶיהָ חַיִּים זָכוּ
וְגַם הָאוֹהֲבִים דְּבָרֶיהָ גְּדֻלָּה בָּחָרוּ.
אָז מִסִּינַי נִצְטַוּוּ עָלֶיהָ
וַתְּצַוֵּנוּ יהוה אֱלֹהֵינוּ
לְהַקְרִיב בָּהּ קָרְבַּן מוּסַף שַׁבָּת כָּרָאוּי.

יְהִי רָצוֹן מִלְּפָנֶיךָ
יהוה אֱלֹהֵינוּ וֵאלֹהֵי אֲבוֹתֵינוּ
שֶׁתַּעֲלֵנוּ בְשִׂמְחָה לְאַרְצֵנוּ וְתִטָּעֵנוּ בִּגְבוּלֵנוּ
וְשָׁם נַעֲשֶׂה לְפָנֶיךָ אֶת קָרְבְּנוֹת חוֹבוֹתֵינוּ
תְּמִידִים כְּסִדְרָם וּמוּסָפִים כְּהִלְכָתָם.

וְאֶת מוּסַף יוֹם הַשַּׁבָּת הַזֶּה
נַעֲשֶׂה וְנַקְרִיב לְפָנֶיךָ בְּאַהֲבָה כְּמִצְוַת רְצוֹנֶךָ
כְּמוֹ שֶׁכָּתַבְתָּ עָלֵינוּ בְּתוֹרָתֶךָ
עַל יְדֵי מֹשֶׁה עַבְדֶּךָ מִפִּי כְבוֹדֶךָ
כָּאָמוּר

במדבר כח

וּבְיוֹם הַשַּׁבָּת
שְׁנֵי־כְבָשִׂים בְּנֵי־שָׁנָה תְּמִימִם
וּשְׁנֵי עֶשְׂרֹנִים סֹלֶת מִנְחָה
בְּלוּלָה בַשֶּׁמֶן וְנִסְכּוֹ:
עֹלַת שַׁבַּת בְּשַׁבַּתּוֹ
עַל־עֹלַת הַתָּמִיד וְנִסְכָּהּ:

יִשְׂמְחוּ בְמַלְכוּתְךָ
שׁוֹמְרֵי שַׁבָּת וְקוֹרְאֵי עֹנֶג
עַם מְקַדְּשֵׁי שְׁבִיעִי
כֻּלָּם יִשְׂבְּעוּ וְיִתְעַנְּגוּ מִטּוּבֶךָ
וּבַשְּׁבִיעִי רָצִיתָ בּוֹ וְקִדַּשְׁתּוֹ
חֶמְדַּת יָמִים אוֹתוֹ קָרָאתָ
זֵכֶר לְמַעֲשֵׂה בְרֵאשִׁית.

אֱלֹהֵינוּ וֵאלֹהֵי אֲבוֹתֵינוּ
רְצֵה בִמְנוּחָתֵנוּ
קַדְּשֵׁנוּ בְּמִצְוֹתֶיךָ וְתֵן חֶלְקֵנוּ בְּתוֹרָתֶךָ
שַׂבְּעֵנוּ מִטּוּבֶךָ
וְשַׂמְּחֵנוּ בִּישׁוּעָתֶךָ
וְטַהֵר לִבֵּנוּ לְעָבְדְּךָ בֶּאֱמֶת
וְהַנְחִילֵנוּ יהוה אֱלֹהֵינוּ בְּאַהֲבָה וּבְרָצוֹן
שַׁבַּת קָדְשֶׁךָ
וְיָנוּחוּ בוֹ יִשְׂרָאֵל מְקַדְּשֵׁי שְׁמֶךָ.
בָּרוּךְ אַתָּה יהוה, מְקַדֵּשׁ הַשַּׁבָּת.

עבודה

רְצֵה יהוה אֱלֹהֵינוּ בְּעַמְּךָ יִשְׂרָאֵל וּבִתְפִלָּתָם
וְהָשֵׁב אֶת הָעֲבוֹדָה לִדְבִיר בֵּיתֶךָ
וְאִשֵּׁי יִשְׂרָאֵל וּתְפִלָּתָם
בְּאַהֲבָה תְקַבֵּל בְּרָצוֹן
וּתְהִי לְרָצוֹן תָּמִיד עֲבוֹדַת יִשְׂרָאֵל עַמֶּךָ.
וְתֶחֱזֶינָה עֵינֵינוּ בְּשׁוּבְךָ לְצִיּוֹן בְּרַחֲמִים.
בָּרוּךְ אַתָּה יהוה, הַמַּחֲזִיר שְׁכִינָתוֹ לְצִיּוֹן.

בחזרת הש"ץ הקהל אומר 'מוֹדים' מתחת לקו.
בתפילת הלחש הקהל ממשיך כאן.

הודאה

כורע ב'מוֹדים' ואינו זוקף עד אמירת השם (סידור השל"ה).

מוֹדִים אֲנַחְנוּ לָךְ
שָׁאַתָּה הוּא יהוה אֱלֹהֵינוּ וֵאלֹהֵי אֲבוֹתֵינוּ
לְעוֹלָם וָעֶד.
צוּר חַיֵּינוּ, מָגֵן יִשְׁעֵנוּ אַתָּה הוּא לְדוֹר וָדוֹר.
נוֹדֶה לְּךָ וּנְסַפֵּר תְּהִלָּתֶךָ
עַל חַיֵּינוּ הַמְּסוּרִים בְּיָדֶךָ
וְעַל נִשְׁמוֹתֵינוּ הַפְּקוּדוֹת לָךְ
וְעַל נִסֶּיךָ שֶׁבְּכָל יוֹם עִמָּנוּ
וְעַל נִפְלְאוֹתֶיךָ וְטוֹבוֹתֶיךָ
שֶׁבְּכָל עֵת, עֶרֶב וָבֹקֶר וְצָהֳרָיִם.

כשהש"ץ אומר 'מוֹדים', הקהל אומר בלחש:

מוֹדִים אֲנַחְנוּ לָךְ, שָׁאַתָּה הוּא יהוה אֱלֹהֵינוּ וֵאלֹהֵי אֲבוֹתֵינוּ, אֱלֹהֵי כָל בָּשָׂר, יוֹצְרֵנוּ, יוֹצֵר בְּרֵאשִׁית. בְּרָכוֹת וְהוֹדָאוֹת, לְשִׁמְךָ הַגָּדוֹל וְהַקָּדוֹשׁ, עַל שֶׁהֶחֱיִיתָנוּ וְקִיַּמְתָּנוּ. כֵּן תְּחַיֵּנוּ וּתְקַיְּמֵנוּ, וְתֶאֱסֹף גָּלֻיּוֹתֵינוּ, לְחַצְרוֹת קָדְשֶׁךָ, לִשְׁמֹר חֻקֶּיךָ וְלַעֲשׂוֹת רְצוֹנֶךָ וּלְעָבְדְּךָ בְּלֵבָב שָׁלֵם, עַל שֶׁאֲנַחְנוּ מוֹדִים לָךְ. בָּרוּךְ אֵל הַהוֹדָאוֹת.

הַטּוֹב, כִּי לֹא כָלוּ רַחֲמֶיךָ
וְהַמְרַחֵם, כִּי לֹא תַמּוּ חֲסָדֶיךָ
מֵעוֹלָם קִוִּינוּ לָךְ.

ממשיך בחנוכה ובפורים ׳עַל הַנִּסִּים׳.
בשאר הימים ׳וְעַל כֻּלָּם׳ מתחת לקו בעמוד הבא.

בחנוכה:

עַל הַנִּסִּים וְעַל הַפֻּרְקָן וְעַל הַגְּבוּרוֹת וְעַל הַתְּשׁוּעוֹת וְעַל הַמִּלְחָמוֹת שֶׁעָשִׂיתָ לַאֲבוֹתֵינוּ בַּיָּמִים הָהֵם בַּזְּמַן הַזֶּה.

בִּימֵי מַתִּתְיָהוּ בֶּן יוֹחָנָן כֹּהֵן גָּדוֹל חַשְׁמוֹנַאי וּבָנָיו, כְּשֶׁעָמְדָה מַלְכוּת יָוָן הָרְשָׁעָה עַל עַמְּךָ יִשְׂרָאֵל לְהַשְׁכִּיחָם תּוֹרָתֶךָ וּלְהַעֲבִירָם מֵחֻקֵּי רְצוֹנֶךָ, וְאַתָּה בְּרַחֲמֶיךָ הָרַבִּים עָמַדְתָּ לָהֶם בְּעֵת צָרָתָם, רַבְתָּ אֶת רִיבָם, דַּנְתָּ אֶת דִּינָם, נָקַמְתָּ אֶת נִקְמָתָם, מָסַרְתָּ גִבּוֹרִים בְּיַד חַלָּשִׁים, וְרַבִּים בְּיַד מְעַטִּים, וּטְמֵאִים בְּיַד טְהוֹרִים, וּרְשָׁעִים בְּיַד צַדִּיקִים, וְזֵדִים בְּיַד עוֹסְקֵי תוֹרָתֶךָ, וּלְךָ עָשִׂיתָ שֵׁם גָּדוֹל וְקָדוֹשׁ בְּעוֹלָמֶךָ, וּלְעַמְּךָ יִשְׂרָאֵל עָשִׂיתָ תְּשׁוּעָה גְדוֹלָה וּפֻרְקָן כְּהַיּוֹם הַזֶּה. וְאַחַר כֵּן בָּאוּ בָנֶיךָ לִדְבִיר בֵּיתֶךָ, וּפִנּוּ אֶת הֵיכָלֶךָ, וְטִהֲרוּ אֶת מִקְדָּשֶׁךָ, וְהִדְלִיקוּ נֵרוֹת בְּחַצְרוֹת קָדְשֶׁךָ, וְקָבְעוּ שְׁמוֹנַת יְמֵי חֲנֻכָּה אֵלּוּ, לְהוֹדוֹת וּלְהַלֵּל לְשִׁמְךָ הַגָּדוֹל.

וממשיך ׳וְעַל כֻּלָּם׳.

בשושן פורים בירושלים:

עַל הַנִּסִּים וְעַל הַפֻּרְקָן וְעַל הַגְּבוּרוֹת וְעַל הַתְּשׁוּעוֹת וְעַל הַמִּלְחָמוֹת שֶׁעָשִׂיתָ לַאֲבוֹתֵינוּ בַּיָּמִים הָהֵם בַּזְּמַן הַזֶּה.

בִּימֵי מָרְדְּכַי וְאֶסְתֵּר בְּשׁוּשַׁן הַבִּירָה, כְּשֶׁעָמַד עֲלֵיהֶם הָמָן הָרָשָׁע, בִּקֵּשׁ לְהַשְׁמִיד לַהֲרֹג וּלְאַבֵּד אסתר ג
אֶת־כָּל־הַיְּהוּדִים מִנַּעַר וְעַד־זָקֵן טַף וְנָשִׁים בְּיוֹם אֶחָד, בִּשְׁלוֹשָׁה עָשָׂר לְחֹדֶשׁ שְׁנֵים־עָשָׂר, הוּא־חֹדֶשׁ אֲדָר, וּשְׁלָלָם לָבוֹז: וְאַתָּה בְּרַחֲמֶיךָ הָרַבִּים הֵפַרְתָּ אֶת עֲצָתוֹ, וְקִלְקַלְתָּ אֶת מַחֲשַׁבְתּוֹ, וַהֲשֵׁבוֹתָ לּוֹ גְּמוּלוֹ בְּרֹאשׁוֹ, וְתָלוּ אוֹתוֹ וְאֶת בָּנָיו עַל הָעֵץ.

וממשיך ׳וְעַל כֻּלָּם׳.

וְעַל כֻּלָּם יִתְבָּרַךְ וְיִתְרוֹמַם שִׁמְךָ מַלְכֵּנוּ תָּמִיד לְעוֹלָם וָעֶד.

בשבת שובה: וּכְתֹב לְחַיִּים טוֹבִים כָּל בְּנֵי בְרִיתֶךָ.

וְכֹל הַחַיִּים יוֹדְוּךָ סֶּלָה
וִיהַלְלוּ אֶת שִׁמְךָ בֶּאֱמֶת
הָאֵל יְשׁוּעָתֵנוּ וְעֶזְרָתֵנוּ סֶלָה.
בָּרוּךְ אַתָּה יהוה
הַטּוֹב שִׁמְךָ וּלְךָ נָאֶה לְהוֹדוֹת.

אם יותר מכוהן אחד עולה לדוכן, הגבאי קורא:

כֹּהֲנִים

הכוהנים מברכים:

בָּרוּךְ אַתָּה יהוה אֱלֹהֵינוּ מֶלֶךְ הָעוֹלָם, אֲשֶׁר קִדְּשָׁנוּ בִּקְדֻשָּׁתוֹ שֶׁל אַהֲרֹן, וְצִוָּנוּ לְבָרֵךְ אֶת עַמּוֹ יִשְׂרָאֵל בְּאַהֲבָה.

הש״ץ מקריא מילה במילה, והכוהנים אחריו:

במדבר ו
יְבָרֶכְךָ יהוה וְיִשְׁמְרֶךָ: קהל: אָמֵן

יָאֵר יהוה פָּנָיו אֵלֶיךָ וִיחֻנֶּךָּ: קהל: אָמֵן

יִשָּׂא יהוה פָּנָיו אֵלֶיךָ וְיָשֵׂם לְךָ שָׁלוֹם: קהל: אָמֵן

שליח הציבור ממשיך שִׂים שָׁלוֹם.

הכוהנים אומרים: רִבּוֹנוֹ שֶׁל עוֹלָם, עָשִׂינוּ מַה שֶּׁגָּזַרְתָּ עָלֵינוּ, אַף אַתָּה
דברים כו
עֲשֵׂה עִמָּנוּ כְּמוֹ שֶׁהִבְטַחְתָּנוּ. הַשְׁקִיפָה מִמְּעוֹן קָדְשְׁךָ מִן־הַשָּׁמַיִם, וּבָרֵךְ אֶת־עַמְּךָ אֶת־יִשְׂרָאֵל, וְאֵת הָאֲדָמָה אֲשֶׁר נָתַתָּה לָנוּ, כַּאֲשֶׁר נִשְׁבַּעְתָּ לַאֲבֹתֵינוּ, אֶרֶץ זָבַת חָלָב וּדְבָשׁ:

הקהל אומר: אַדִּיר בַּמָּרוֹם שׁוֹכֵן בִּגְבוּרָה, אַתָּה שָׁלוֹם וְשִׁמְךָ שָׁלוֹם. יְהִי רָצוֹן שֶׁתָּשִׂים עָלֵינוּ וְעַל כָּל עַמְּךָ בֵּית יִשְׂרָאֵל חַיִּים וּבְרָכָה לְמִשְׁמֶרֶת שָׁלוֹם.

אם אין כוהנים העולים לדוכן, שליח הציבור אומר:

אֱלֹהֵינוּ וֵאלֹהֵי אֲבוֹתֵינוּ, בָּרְכֵנוּ בַּבְּרָכָה הַמְשֻׁלֶּשֶׁת בַּתּוֹרָה, הַכְּתוּבָה עַל יְדֵי מֹשֶׁה עַבְדֶּךָ, הָאֲמוּרָה מִפִּי אַהֲרֹן וּבָנָיו כֹּהֲנִים עַם קְדוֹשֶׁיךָ, כָּאָמוּר

יְבָרֶכְךָ יהוה וְיִשְׁמְרֶךָ: קהל: כֵּן יְהִי רָצוֹן במדבר ו
יָאֵר יהוה פָּנָיו אֵלֶיךָ וִיחֻנֶּךָּ: קהל: כֵּן יְהִי רָצוֹן
יִשָּׂא יהוה פָּנָיו אֵלֶיךָ וְיָשֵׂם לְךָ שָׁלוֹם: קהל: כֵּן יְהִי רָצוֹן

שלום

שִׂים שָׁלוֹם טוֹבָה וּבְרָכָה
חֵן וָחֶסֶד וְרַחֲמִים עָלֵינוּ וְעַל כָּל יִשְׂרָאֵל עַמֶּךָ.
בָּרְכֵנוּ אָבִינוּ כֻּלָּנוּ כְּאֶחָד בְּאוֹר פָּנֶיךָ
כִּי בְאוֹר פָּנֶיךָ נָתַתָּ לָּנוּ, יהוה אֱלֹהֵינוּ
תּוֹרַת חַיִּים וְאַהֲבַת חֶסֶד, וּצְדָקָה וּבְרָכָה
וְרַחֲמִים וְחַיִּים וְשָׁלוֹם.
וְטוֹב בְּעֵינֶיךָ לְבָרֵךְ אֶת עַמְּךָ יִשְׂרָאֵל
בְּכָל עֵת וּבְכָל שָׁעָה בִּשְׁלוֹמֶךָ.

בשבת שובה: בְּסֵפֶר חַיִּים, בְּרָכָה וְשָׁלוֹם, וּפַרְנָסָה טוֹבָה
נִזָּכֵר וְנִכָּתֵב לְפָנֶיךָ
אֲנַחְנוּ וְכָל עַמְּךָ בֵּית יִשְׂרָאֵל
לְחַיִּים טוֹבִים וּלְשָׁלוֹם.

בני חוץ לארץ מסיימים: בָּרוּךְ אַתָּה יהוה, עוֹשֵׂה הַשָּׁלוֹם.

בָּרוּךְ אַתָּה יהוה
הַמְבָרֵךְ אֶת עַמּוֹ יִשְׂרָאֵל בַּשָּׁלוֹם.

יש מוסיפים:

תהלים יט יִהְיוּ לְרָצוֹן אִמְרֵי־פִי וְהֶגְיוֹן לִבִּי לְפָנֶיךָ, יהוה צוּרִי וְגֹאֲלִי:

ברכות יז. אֱלֹהַי

נְצֹר לְשׁוֹנִי מֵרָע וּשְׂפָתַי מִדַּבֵּר מִרְמָה

וְלִמְקַלְלַי נַפְשִׁי תִדֹּם וְנַפְשִׁי כֶּעָפָר לַכֹּל תִּהְיֶה.

פְּתַח לִבִּי בְּתוֹרָתֶךָ וּבְמִצְוֹתֶיךָ תִּרְדֹּף נַפְשִׁי.

וְכָל הַחוֹשְׁבִים עָלַי רָעָה

מְהֵרָה הָפֵר עֲצָתָם וְקַלְקֵל מַחֲשַׁבְתָּם.

עֲשֵׂה לְמַעַן שְׁמֶךָ

עֲשֵׂה לְמַעַן יְמִינֶךָ

עֲשֵׂה לְמַעַן קְדֻשָּׁתֶךָ

עֲשֵׂה לְמַעַן תּוֹרָתֶךָ.

תהלים ס לְמַעַן יֵחָלְצוּן יְדִידֶיךָ, הוֹשִׁיעָה יְמִינְךָ וַעֲנֵנִי:

תהלים יט יִהְיוּ לְרָצוֹן אִמְרֵי־פִי וְהֶגְיוֹן לִבִּי לְפָנֶיךָ

יהוה צוּרִי וְגֹאֲלִי:

כורע ופוסע שלוש פסיעות לאחור. קד לשמאל, לימין ולפנים באמירת:

עֹשֶׂה שָׁלוֹם/ בשבת שובה: הַשָּׁלוֹם/ בִּמְרוֹמָיו

הוּא יַעֲשֶׂה שָׁלוֹם עָלֵינוּ וְעַל כָּל יִשְׂרָאֵל

וְאִמְרוּ אָמֵן.

יְהִי רָצוֹן מִלְּפָנֶיךָ יהוה אֱלֹהֵינוּ וֵאלֹהֵי אֲבוֹתֵינוּ
שֶׁיִּבָּנֶה בֵּית הַמִּקְדָּשׁ בִּמְהֵרָה בְיָמֵינוּ
וְתֵן חֶלְקֵנוּ בְּתוֹרָתֶךָ
וְשָׁם נַעֲבָדְךָ בְּיִרְאָה כִּימֵי עוֹלָם וּכְשָׁנִים קַדְמֹנִיּוֹת.
וְעָרְבָה לַיהוה מִנְחַת יְהוּדָה וִירוּשָׁלָֽםִ מלאכי ג
כִּימֵי עוֹלָם וּכְשָׁנִים קַדְמֹנִיּוֹת:

קדיש שלם

ש״ץ: יִתְגַּדַּל וְיִתְקַדַּשׁ שְׁמֵהּ רַבָּא (קהל: אָמֵן)
בְּעָלְמָא דִּי בְרָא כִרְעוּתֵהּ
וְיַמְלִיךְ מַלְכוּתֵהּ
בְּחַיֵּיכוֹן וּבְיוֹמֵיכוֹן וּבְחַיֵּי דְכָל בֵּית יִשְׂרָאֵל
בַּעֲגָלָא וּבִזְמַן קָרִיב
וְאִמְרוּ אָמֵן. (קהל: אָמֵן)

קהל וש״ץ: יְהֵא שְׁמֵהּ רַבָּא מְבָרַךְ
לְעָלַם וּלְעָלְמֵי עָלְמַיָּא.

ש״ץ: יִתְבָּרַךְ וְיִשְׁתַּבַּח וְיִתְפָּאַר
וְיִתְרוֹמַם וְיִתְנַשֵּׂא וְיִתְהַדָּר וְיִתְעַלֶּה וְיִתְהַלָּל
שְׁמֵהּ דְּקֻדְשָׁא בְּרִיךְ הוּא (קהל: בְּרִיךְ הוּא)

לְעֵֽלָּא מִן כָּל בִּרְכָתָא

/ בשבת שובה: לְעֵֽלָּא לְעֵֽלָּא מִכָּל בִּרְכָתָא/

וְשִׁירָתָא, תֻּשְׁבְּחָתָא וְנֶחֱמָתָא

דַּאֲמִירָן בְּעָלְמָא

וְאִמְרוּ אָמֵן. (קהל: אָמֵן)

תִּתְקַבַּל צְלוֹתְהוֹן וּבָעוּתְהוֹן דְּכָל יִשְׂרָאֵל

קֳדָם אֲבוּהוֹן דִּי בִשְׁמַיָּא

וְאִמְרוּ אָמֵן. (קהל: אָמֵן)

יְהֵא שְׁלָמָא רַבָּא מִן שְׁמַיָּא

וְחַיִּים, עָלֵֽינוּ וְעַל כָּל יִשְׂרָאֵל

וְאִמְרוּ אָמֵן. (קהל: אָמֵן)

כורע ופוסע שלוש פסיעות לאחור.
קד לשמאל, לימין ולפנים באמירת:

עֹשֶׂה שָׁלוֹם/ בשבת שובה: הַשָּׁלוֹם/ בִּמְרוֹמָיו

הוּא יַעֲשֶׂה שָׁלוֹם

עָלֵֽינוּ וְעַל כָּל יִשְׂרָאֵל

וְאִמְרוּ אָמֵן. (קהל: אָמֵן)

יש האומרים פסוקים אלה, כבנוסח ספרד.

קַוֵּה אֶל־יהוה, חֲזַק וְיַאֲמֵץ לִבֶּךָ, וְקַוֵּה אֶל־יהוה: תהלים כז

אֵין־קָדוֹשׁ כַּיהוה, כִּי־אֵין בִּלְתֶּךָ, וְאֵין צוּר כֵּאלֹהֵינוּ: שמואל א׳ ב

כִּי מִי אֱלוֹהַּ מִבַּלְעֲדֵי יהוה, וּמִי צוּר זוּלָתִי אֱלֹהֵינוּ: תהלים יח

פתיחה לסדר הקטורת מסדר רב עמרם גאון.

אֵין כֵּאלֹהֵינוּ, אֵין כַּאדוֹנֵינוּ

אֵין כְּמַלְכֵּנוּ, אֵין כְּמוֹשִׁיעֵנוּ.

מִי כֵאלֹהֵינוּ, מִי כַאדוֹנֵינוּ

מִי כְמַלְכֵּנוּ, מִי כְמוֹשִׁיעֵנוּ.

נוֹדֶה לֵאלֹהֵינוּ, נוֹדֶה לַאדוֹנֵינוּ

נוֹדֶה לְמַלְכֵּנוּ, נוֹדֶה לְמוֹשִׁיעֵנוּ.

בָּרוּךְ אֱלֹהֵינוּ, בָּרוּךְ אֲדוֹנֵינוּ

בָּרוּךְ מַלְכֵּנוּ, בָּרוּךְ מוֹשִׁיעֵנוּ.

אַתָּה הוּא אֱלֹהֵינוּ, אַתָּה הוּא אֲדוֹנֵינוּ

אַתָּה הוּא מַלְכֵּנוּ, אַתָּה הוּא מוֹשִׁיעֵנוּ.

אַתָּה הוּא שֶׁהִקְטִירוּ אֲבוֹתֵינוּ

לְפָנֶיךָ אֶת קְטֹרֶת הַסַּמִּים.

כריתות ו. פִּטּוּם הַקְּטֹרֶת. הַצֳּרִי, וְהַצִּפֹּרֶן, וְהַחֶלְבְּנָה, וְהַלְּבוֹנָה מִשְׁקַל שִׁבְעִים שִׁבְעִים מָנֶה, מֹר, וּקְצִיעָה, שִׁבֹּלֶת נֵרְדְּ, וְכַרְכֹּם מִשְׁקַל שִׁשָּׁה עָשָׂר שִׁשָּׁה עָשָׂר מָנֶה, הַקֹּשְׁטְ שְׁנֵים עָשָׂר, קִלּוּפָה שְׁלֹשָׁה, וְקִנָּמוֹן תִּשְׁעָה, בֹּרִית כַּרְשִׁינָה תִּשְׁעָה קַבִּין, יֵין קַפְרִיסִין סְאִין תְּלָת וְקַבִּין תְּלָתָא וְאִם אֵין לוֹ יֵין קַפְרִיסִין, מֵבִיא חֲמַר חִוַּרְיָן עַתִּיק. מֶלַח סְדוֹמִית רֹבַע, מַעֲלֶה עָשָׁן כָּל שֶׁהוּא. רַבִּי נָתָן הַבַּבְלִי אוֹמֵר: אַף כִּפַּת הַיַּרְדֵּן כָּל שֶׁהוּא, וְאִם נָתַן בָּהּ דְּבַשׁ פְּסָלָהּ, וְאִם חִסַּר אֶחָד מִכָּל סַמָּנֶיהָ, חַיָּב מִיתָה.

רַבָּן שִׁמְעוֹן בֶּן גַּמְלִיאֵל אוֹמֵר: הַצֳּרִי אֵינוֹ אֶלָּא שְׂרָף הַנּוֹטֵף מֵעֲצֵי הַקְּטָף. בֹּרִית כַּרְשִׁינָה שֶׁשָּׁפִין בָּהּ אֶת הַצִּפֹּרֶן כְּדֵי שֶׁתְּהֵא נָאָה, יֵין קַפְרִיסִין שֶׁשּׁוֹרִין בּוֹ אֶת הַצִּפֹּרֶן כְּדֵי שֶׁתְּהֵא עַזָּה, וַהֲלֹא מֵי רַגְלַיִם יָפִין לָהּ, אֶלָּא שֶׁאֵין מַכְנִיסִין מֵי רַגְלַיִם בַּמִּקְדָּשׁ מִפְּנֵי הַכָּבוֹד.

משנה תמיד ז הַשִּׁיר שֶׁהַלְוִיִּם הָיוּ אוֹמְרִים בְּבֵית הַמִּקְדָּשׁ:

בַּיּוֹם הָרִאשׁוֹן הָיוּ אוֹמְרִים

תהלים כד לַיהוה הָאָרֶץ וּמְלוֹאָהּ, תֵּבֵל וְיֹשְׁבֵי בָהּ:

בַּשֵּׁנִי הָיוּ אוֹמְרִים

גָּדוֹל יהוה וּמְהֻלָּל מְאֹד, בְּעִיר אֱלֹהֵינוּ הַר־קָדְשׁוֹ: תהלים מח

בַּשְּׁלִישִׁי הָיוּ אוֹמְרִים

אֱלֹהִים נִצָּב בַּעֲדַת־אֵל, בְּקֶרֶב אֱלֹהִים יִשְׁפֹּט: תהלים פב

בָּרְבִיעִי הָיוּ אוֹמְרִים

אֵל־נְקָמוֹת יהוה, אֵל נְקָמוֹת הוֹפִיעַ: תהלים צד

בַּחֲמִישִׁי הָיוּ אוֹמְרִים

הַרְנִינוּ לֵאלֹהִים עוּזֵּנוּ, הָרִיעוּ לֵאלֹהֵי יַעֲקֹב: תהלים פא

בַּשִּׁשִּׁי הָיוּ אוֹמְרִים

יהוה מָלָךְ גֵּאוּת לָבֵשׁ, לָבֵשׁ יהוה עֹז הִתְאַזָּר תהלים צג

אַף־תִּכּוֹן תֵּבֵל בַּל־תִּמּוֹט:

בַּשַּׁבָּת הָיוּ אוֹמְרִים, מִזְמוֹר שִׁיר לְיוֹם הַשַּׁבָּת: תהלים צב

מִזְמוֹר שִׁיר לֶעָתִיד לָבוֹא

לְיוֹם שֶׁכֻּלּוֹ שַׁבָּת וּמְנוּחָה לְחַיֵּי הָעוֹלָמִים.

תָּנָא דְבֵי אֵלִיָּהוּ: כָּל הַשּׁוֹנֶה הֲלָכוֹת בְּכָל יוֹם, מגילה כח:
מֻבְטָח לוֹ שֶׁהוּא בֶּן עוֹלָם הַבָּא, שֶׁנֶּאֱמַר, הֲלִיכוֹת חבקוק ג
עוֹלָם לוֹ: אַל תִּקְרֵי הֲלִיכוֹת אֶלָּא הֲלָכוֹת.

אָמַר רַבִּי אֶלְעָזָר, אָמַר רַבִּי חֲנִינָא: תַּלְמִידֵי חֲכָמִים ברכות סד.
מַרְבִּים שָׁלוֹם בָּעוֹלָם, שֶׁנֶּאֱמַר, וְכָל־בָּנַיִךְ לִמּוּדֵי ישעיה נד

יהוה, וְרַב שְׁלוֹם בָּנָיִךְ: אַל תִּקְרֵי בָּנָיִךְ, אֶלָּא בּוֹנָיִךְ.
תהלים קיט שָׁלוֹם רָב לְאֹהֲבֵי תוֹרָתֶךָ, וְאֵין־לָמוֹ מִכְשׁוֹל: יְהִי־
תהלים קכב שָׁלוֹם בְּחֵילֵךְ, שַׁלְוָה בְּאַרְמְנוֹתָיִךְ: לְמַעַן אַחַי וְרֵעָי
אֲדַבְּרָה־נָּא שָׁלוֹם בָּךְ: לְמַעַן בֵּית־יהוה אֱלֹהֵינוּ
תהלים כט אֲבַקְשָׁה טוֹב לָךְ: ‹ יהוה עֹז לְעַמּוֹ יִתֵּן, יהוה יְבָרֵךְ
אֶת־עַמּוֹ בַשָּׁלוֹם:

קדיש דרבנן

אבל: יִתְגַּדַּל וְיִתְקַדַּשׁ שְׁמֵהּ רַבָּא (קהל: אָמֵן)
בְּעָלְמָא דִּי בְרָא כִרְעוּתֵהּ
וְיַמְלִיךְ מַלְכוּתֵהּ
בְּחַיֵּיכוֹן וּבְיוֹמֵיכוֹן
וּבְחַיֵּי דְכָל בֵּית יִשְׂרָאֵל
בַּעֲגָלָא וּבִזְמַן קָרִיב
וְאִמְרוּ אָמֵן. (קהל: אָמֵן)

קהל ואבל: יְהֵא שְׁמֵהּ רַבָּא מְבָרַךְ
לְעָלַם וּלְעָלְמֵי עָלְמַיָּא.

אבל: יִתְבָּרַךְ וְיִשְׁתַּבַּח וְיִתְפָּאַר וְיִתְרוֹמַם וְיִתְנַשֵּׂא
וְיִתְהַדָּר וְיִתְעַלֶּה וְיִתְהַלָּל
שְׁמֵהּ דְּקֻדְשָׁא בְּרִיךְ הוּא (קהל: בְּרִיךְ הוּא)

לְעֵלָּא מִן כָּל בִּרְכָתָא
/ בשבת שובה: לְעֵלָּא לְעֵלָּא מִכָּל בִּרְכָתָא/
וְשִׁירָתָא, תֻּשְׁבְּחָתָא וְנֶחֱמָתָא, דַּאֲמִירָן בְּעָלְמָא
וְאִמְרוּ אָמֵן. (קהל: אָמֵן)

עַל יִשְׂרָאֵל וְעַל רַבָּנָן
וְעַל תַּלְמִידֵיהוֹן וְעַל כָּל תַּלְמִידֵי תַלְמִידֵיהוֹן
וְעַל כָּל מָאן דְּעָסְקִין בְּאוֹרַיְתָא
דִּי בְּאַתְרָא קַדִּישָׁא הָדֵין וְדִי בְכָל אֲתַר וַאֲתַר
יְהֵא לְהוֹן וּלְכוֹן שְׁלָמָא רַבָּא
חִנָּא וְחִסְדָּא, וְרַחֲמֵי, וְחַיֵּי אֲרִיכֵי, וּמְזוֹנֵי רְוִיחֵי
וּפֻרְקָנָא מִן קֳדָם אֲבוּהוֹן דִּי בִשְׁמַיָּא
וְאִמְרוּ אָמֵן. (קהל: אָמֵן)

יְהֵא שְׁלָמָא רַבָּא מִן שְׁמַיָּא
וְחַיִּים (טוֹבִים) עָלֵינוּ וְעַל כָּל יִשְׂרָאֵל
וְאִמְרוּ אָמֵן. (קהל: אָמֵן)

כורע ופוסע שלוש פסיעות לאחור. קד לשמאל, לימין ולפנים באמירת:

עֹשֶׂה שָׁלוֹם/ בשבת שובה: הַשָּׁלוֹם/ בִּמְרוֹמָיו
הוּא יַעֲשֶׂה בְרַחֲמָיו שָׁלוֹם
עָלֵינוּ וְעַל כָּל יִשְׂרָאֵל
וְאִמְרוּ אָמֵן. (קהל: אָמֵן)

אומרים 'עָלֵינוּ' בעמידה ומשתחווים במקום המסומן ב°.

עָלֵינוּ לְשַׁבֵּחַ לַאֲדוֹן הַכֹּל

לָתֵת גְּדֻלָּה לְיוֹצֵר בְּרֵאשִׁית

שֶׁלֹּא עָשָׂנוּ כְּגוֹיֵי הָאֲרָצוֹת, וְלֹא שָׂמָנוּ

כְּמִשְׁפְּחוֹת הָאֲדָמָה

שֶׁלֹּא שָׂם חֶלְקֵנוּ כָּהֶם וְגוֹרָלֵנוּ כְּכָל הֲמוֹנָם.

שֶׁהֵם מִשְׁתַּחֲוִים לְהֶבֶל וָרִיק

וּמִתְפַּלְּלִים אֶל אֵל לֹא יוֹשִׁיעַ.

°וַאֲנַחְנוּ כּוֹרְעִים וּמִשְׁתַּחֲוִים וּמוֹדִים

לִפְנֵי מֶלֶךְ מַלְכֵי הַמְּלָכִים, הַקָּדוֹשׁ בָּרוּךְ הוּא

שֶׁהוּא נוֹטֶה שָׁמַיִם וְיוֹסֵד אָרֶץ

וּמוֹשַׁב יְקָרוֹ בַּשָּׁמַיִם מִמַּעַל

וּשְׁכִינַת עֻזּוֹ בְּגָבְהֵי מְרוֹמִים.

הוּא אֱלֹהֵינוּ, אֵין עוֹד.

אֱמֶת מַלְכֵּנוּ, אֶפֶס זוּלָתוֹ, כַּכָּתוּב בְּתוֹרָתוֹ

וְיָדַעְתָּ הַיּוֹם וַהֲשֵׁבֹתָ אֶל־לְבָבֶךָ דברים ד

כִּי יהוה הוּא הָאֱלֹהִים

בַּשָּׁמַיִם מִמַּעַל וְעַל־הָאָרֶץ מִתָּחַת, אֵין עוֹד:

עַל כֵּן נְקַוֶּה לְּךָ יהוה אֱלֹהֵינוּ
לִרְאוֹת מְהֵרָה בְּתִפְאֶרֶת עֻזֶּךָ
לְהַעֲבִיר גִּלּוּלִים מִן הָאָרֶץ
וְהָאֱלִילִים כָּרוֹת יִכָּרֵתוּן
לְתַקֵּן עוֹלָם בְּמַלְכוּת שַׁדַּי.
וְכָל בְּנֵי בָשָׂר יִקְרְאוּ בִשְׁמֶךָ
לְהַפְנוֹת אֵלֶיךָ כָּל רִשְׁעֵי אָרֶץ.
יַכִּירוּ וְיֵדְעוּ כָּל יוֹשְׁבֵי תֵבֵל
כִּי לְךָ תִּכְרַע כָּל בֶּרֶךְ, תִּשָּׁבַע כָּל לָשׁוֹן.
לְפָנֶיךָ יהוה אֱלֹהֵינוּ יִכְרְעוּ וְיִפֹּלוּ
וְלִכְבוֹד שִׁמְךָ יְקָר יִתֵּנוּ
וִיקַבְּלוּ כֻלָּם אֶת עֹל מַלְכוּתֶךָ
וְתִמְלֹךְ עֲלֵיהֶם מְהֵרָה לְעוֹלָם וָעֶד.
כִּי הַמַּלְכוּת שֶׁלְּךָ הִיא
וּלְעוֹלְמֵי עַד תִּמְלֹךְ בְּכָבוֹד
כַּכָּתוּב בְּתוֹרָתֶךָ, יהוה יִמְלֹךְ לְעֹלָם וָעֶד: שמות טו
◄ וְנֶאֱמַר, וְהָיָה יהוה לְמֶלֶךְ עַל־כָּל־הָאָרֶץ זכריה יד
בַּיּוֹם הַהוּא יִהְיֶה יהוה אֶחָד וּשְׁמוֹ אֶחָד:

יש מוסיפים:

משלי ג אַל־תִּירָא מִפַּחַד פִּתְאֹם וּמִשֹּׁאַת רְשָׁעִים כִּי תָבֹא:

ישעיה ח עֻצוּ עֵצָה וְתֻפָר, דַּבְּרוּ דָבָר וְלֹא יָקוּם, כִּי עִמָּנוּ אֵל:

ישעיה מו וְעַד־זִקְנָה אֲנִי הוּא, וְעַד־שֵׂיבָה אֲנִי אֶסְבֹּל

אֲנִי עָשִׂיתִי וַאֲנִי אֶשָּׂא וַאֲנִי אֶסְבֹּל וַאֲמַלֵּט:

קדיש יתום

אבל: יִתְגַּדַּל וְיִתְקַדַּשׁ שְׁמֵהּ רַבָּא (קהל: אָמֵן)

בְּעָלְמָא דִּי בְרָא כִרְעוּתֵהּ

וְיַמְלִיךְ מַלְכוּתֵהּ

בְּחַיֵּיכוֹן וּבְיוֹמֵיכוֹן וּבְחַיֵּי דְכָל בֵּית יִשְׂרָאֵל

בַּעֲגָלָא וּבִזְמַן קָרִיב

וְאִמְרוּ אָמֵן. (קהל: אָמֵן)

קהל ואבל: יְהֵא שְׁמֵהּ רַבָּא מְבָרַךְ

לְעָלַם וּלְעָלְמֵי עָלְמַיָּא.

אבל: יִתְבָּרַךְ וְיִשְׁתַּבַּח וְיִתְפָּאַר וְיִתְרוֹמַם וְיִתְנַשֵּׂא

וְיִתְהַדָּר וְיִתְעַלֶּה וְיִתְהַלָּל

שְׁמֵהּ דְּקֻדְשָׁא בְּרִיךְ הוּא (קהל: בְּרִיךְ הוּא)

לְעֵלָּא מִן כָּל בִּרְכָתָא

/בשבת שובה: לְעֵלָּא לְעֵלָּא מִכָּל בִּרְכָתָא/

וְשִׁירָתָא, תֻּשְׁבְּחָתָא וְנֶחֱמָתָא
דַּאֲמִירָן בְּעָלְמָא
וְאִמְרוּ אָמֵן. (קהל: אָמֵן)

יְהֵא שְׁלָמָא רַבָּא מִן שְׁמַיָּא, וְחַיִּים
עָלֵינוּ וְעַל כָּל יִשְׂרָאֵל
וְאִמְרוּ אָמֵן. (קהל: אָמֵן)

כורע ופוסע שלוש פסיעות לאחור. קד לשמאל, לימין ולפנים באמירת:

עֹשֶׂה שָׁלוֹם/ בשבת שובה: הַשָּׁלוֹם/ בִּמְרוֹמָיו
הוּא יַעֲשֶׂה שָׁלוֹם עָלֵינוּ וְעַל כָּל יִשְׂרָאֵל
וְאִמְרוּ אָמֵן. (קהל: אָמֵן)

ביום טוב שאינו חל בשבת, ברוב הקהילות אומרים את השיר
המתאים לאותו היום (עמ׳ 130–136), ויש האומרים שיר של
יום כמנהג הגר״א, ראה במדריך להלכות תפילה.

בשבת שחל בה ראש חודש, אחרי שיר של יום אומרים קדיש יתום, ׳בָּרְכִי נַפְשִׁי׳
(עמ׳ 474) ושוב קדיש יתום, והנוהגים כדעת הגר״א אומרים רק ׳בָּרְכִי נַפְשִׁי׳.

הַיּוֹם יוֹם שַׁבַּת קֹדֶשׁ
שֶׁבּוֹ הָיוּ הַלְוִיִּם אוֹמְרִים בְּבֵית הַמִּקְדָּשׁ:

מִזְמוֹר שִׁיר לְיוֹם הַשַּׁבָּת: טוֹב לְהֹדוֹת לַיהוה, תהלים צב
וּלְזַמֵּר לְשִׁמְךָ עֶלְיוֹן: לְהַגִּיד בַּבֹּקֶר חַסְדֶּךָ,
וֶאֱמוּנָתְךָ בַּלֵּילוֹת: עֲלֵי־עָשׂוֹר וַעֲלֵי־נָבֶל,

עֲלֵי הִגָּיוֹן בְּכִנּוֹר: כִּי שִׂמַּחְתַּנִי יהוה בְּפָעֳלֶךָ,
בְּמַעֲשֵׂי יָדֶיךָ אֲרַנֵּן: מַה־גָּדְלוּ מַעֲשֶׂיךָ יהוה,
מְאֹד עָמְקוּ מַחְשְׁבֹתֶיךָ: אִישׁ־בַּעַר לֹא יֵדָע,
וּכְסִיל לֹא־יָבִין אֶת־זֹאת: בִּפְרֹחַ רְשָׁעִים
כְּמוֹ־עֵשֶׂב, וַיָּצִיצוּ כָּל־פֹּעֲלֵי אָוֶן, לְהִשָּׁמְדָם
עֲדֵי־עַד: וְאַתָּה מָרוֹם לְעֹלָם יהוה: כִּי הִנֵּה
אֹיְבֶיךָ יהוה, כִּי־הִנֵּה אֹיְבֶיךָ יֹאבֵדוּ, יִתְפָּרְדוּ
כָּל־פֹּעֲלֵי אָוֶן: וַתָּרֶם כִּרְאֵים קַרְנִי, בַּלֹּתִי בְּשֶׁמֶן
רַעֲנָן: וַתַּבֵּט עֵינִי בְּשׁוּרָי, בַּקָּמִים עָלַי מְרֵעִים
תִּשְׁמַעְנָה אָזְנָי: צַדִּיק כַּתָּמָר יִפְרָח, כְּאֶרֶז
בַּלְּבָנוֹן יִשְׂגֶּה: שְׁתוּלִים בְּבֵית יהוה, בְּחַצְרוֹת
אֱלֹהֵינוּ יַפְרִיחוּ: › עוֹד יְנוּבוּן בְּשֵׂיבָה, דְּשֵׁנִים
וְרַעֲנַנִּים יִהְיוּ: לְהַגִּיד כִּי־יָשָׁר יהוה, צוּרִי, וְלֹא־
עַוְלָתָה בּוֹ:

קדיש יתום (עמ׳ 420)

ברוב הקהילות נוהגים להוסיף את המזמור ׳לְדָוִד ה׳ אוֹרִי וְיִשְׁעִי׳
מר״ח אלול ועד הושענא רבה.

תהלים כז
לְדָוִד, יהוה אוֹרִי וְיִשְׁעִי, מִמִּי אִירָא, יהוה
מָעוֹז־חַיַּי, מִמִּי אֶפְחָד: בִּקְרֹב עָלַי מְרֵעִים
לֶאֱכֹל אֶת־בְּשָׂרִי, צָרַי וְאֹיְבַי לִי, הֵמָּה כָשְׁלוּ

וְנָפְלוּ: אִם־תַּחֲנֶה עָלַי מַחֲנֶה, לֹא־יִירָא לִבִּי, אִם־תָּקוּם עָלַי מִלְחָמָה, בְּזֹאת אֲנִי בוֹטֵחַ: אַחַת שָׁאַלְתִּי מֵאֵת־יהוה, אוֹתָהּ אֲבַקֵּשׁ, שִׁבְתִּי בְּבֵית־יהוה כָּל־יְמֵי חַיַּי, לַחֲזוֹת בְּנֹעַם־יהוה, וּלְבַקֵּר בְּהֵיכָלוֹ: כִּי יִצְפְּנֵנִי בְּסֻכֹּה בְּיוֹם רָעָה, יַסְתִּרֵנִי בְּסֵתֶר אָהֳלוֹ, בְּצוּר יְרוֹמְמֵנִי: וְעַתָּה יָרוּם רֹאשִׁי עַל אֹיְבַי סְבִיבוֹתַי, וְאֶזְבְּחָה בְאָהֳלוֹ זִבְחֵי תְרוּעָה, אָשִׁירָה וַאֲזַמְּרָה לַיהוה: שְׁמַע־יהוה קוֹלִי אֶקְרָא, וְחָנֵּנִי וַעֲנֵנִי: לְךָ אָמַר לִבִּי בַּקְּשׁוּ פָנָי, אֶת־פָּנֶיךָ יהוה אֲבַקֵּשׁ: אַל־תַּסְתֵּר פָּנֶיךָ מִמֶּנִּי, אַל תַּט־בְּאַף עַבְדֶּךָ, עֶזְרָתִי הָיִיתָ, אַל־תִּטְּשֵׁנִי וְאַל־תַּעַזְבֵנִי, אֱלֹהֵי יִשְׁעִי: כִּי־אָבִי וְאִמִּי עֲזָבוּנִי, וַיהוה יַאַסְפֵנִי: הוֹרֵנִי יהוה דַּרְכֶּךָ, וּנְחֵנִי בְּאֹרַח מִישׁוֹר, לְמַעַן שׁוֹרְרָי: אַל־תִּתְּנֵנִי בְּנֶפֶשׁ צָרָי, כִּי קָמוּ־בִי עֵדֵי־שֶׁקֶר, וִיפֵחַ חָמָס: ◂ לוּלֵא הֶאֱמַנְתִּי לִרְאוֹת בְּטוּב־יהוה בְּאֶרֶץ חַיִּים: קַוֵּה אֶל־יהוה, חֲזַק וְיַאֲמֵץ לִבֶּךָ, וְקַוֵּה אֶל־יהוה:

קדיש יתום (עמ׳ 420)

שיר הכבוד

פותחים את ארון הקודש, והקהל עומד.

ש״ץ: אַנְעִים זְמִירוֹת וְשִׁירִים אֶאֱרֹג
כִּי אֵלֶיךָ נַפְשִׁי תַעֲרֹג.

קהל: נַפְשִׁי חָמְדָה בְּצֵל יָדֶךָ, לָדַעַת כָּל רָז סוֹדֶךָ.

ש״ץ: מִדֵּי דַבְּרִי בִּכְבוֹדֶךָ, הוֹמֶה לִבִּי אֶל דּוֹדֶיךָ.

קהל: עַל כֵּן אֲדַבֵּר בְּךָ נִכְבָּדוֹת
וְשִׁמְךָ אֲכַבֵּד בְּשִׁירֵי יְדִידוֹת.

ש״ץ: אֲסַפְּרָה כְבוֹדְךָ וְלֹא רְאִיתִיךָ
אֲדַמְּךָ אֲכַנְּךָ וְלֹא יְדַעְתִּיךָ.

קהל: בְּיַד נְבִיאֶיךָ בְּסוֹד עֲבָדֶיךָ, דִּמִּיתָ הֲדַר כְּבוֹד הוֹדֶךָ.

ש״ץ: גְּדֻלָּתְךָ וּגְבוּרָתֶךָ, כִּנּוּ לְתֹקֶף פְּעֻלָּתֶךָ.

קהל: דִּמּוּ אוֹתְךָ וְלֹא כְּפִי יֶשְׁךָ, וַיְשַׁוּוּךָ לְפִי מַעֲשֶׂיךָ.

ש״ץ: הִמְשִׁילוּךָ בְּרֹב חֶזְיוֹנוֹת
הִנְּךָ אֶחָד בְּכָל דִּמְיוֹנוֹת.

קהל: וַיֶּחֱזוּ בְךָ זִקְנָה וּבַחֲרוּת
וּשְׂעַר רֹאשְׁךָ בְּשֵׂיבָה וְשַׁחֲרוּת.

ש״ץ: זִקְנָה בְּיוֹם דִּין וּבַחֲרוּת בְּיוֹם קְרָב
כְּאִישׁ מִלְחָמוֹת יָדָיו לוֹ רָב.

קהל: חָבַשׁ כּוֹבַע יְשׁוּעָה בְּרֹאשׁוֹ
הוֹשִׁיעָה לּוֹ יְמִינוֹ וּזְרוֹעַ קָדְשׁוֹ.

ש״ץ: טַלְלֵי אוֹרוֹת רֹאשׁוֹ נִמְלָא
קְוֻצּוֹתָיו רְסִיסֵי לָיְלָה.

קהל: יִתְפָּאֵר בִּי כִּי חָפֵץ בִּי, וְהוּא יִהְיֶה לִּי לַעֲטֶרֶת צְבִי.

ש״ץ: כֶּתֶם טָהוֹר פָּז דְּמוּת רֹאשׁוֹ
וְחַק עַל מֵצַח כְּבוֹד שֵׁם קָדְשׁוֹ.

קהל: לְחֵן וּלְכָבוֹד צְבִי תִפְאָרָה, אֻמָּתוֹ לוֹ עִטְּרָה עֲטָרָה.

ש״ץ: מַחְלְפוֹת רֹאשׁוֹ כְּבִימֵי בְחוּרוֹת
קְוֻצּוֹתָיו תַּלְתַּלִּים שְׁחוֹרוֹת.

קהל: נְוֵה הַצֶּדֶק צְבִי תִפְאַרְתּוֹ, יַעֲלֶה נָּא עַל רֹאשׁ שִׂמְחָתוֹ.

ש״ץ: סְגֻלָּתוֹ תְּהִי בְיָדוֹ עֲטֶרֶת
וּצְנִיף מְלוּכָה צְבִי תִפְאֶרֶת.

קהל: עֲמוּסִים נְשָׂאָם, עֲטֶרֶת עִנְּדָם
מֵאֲשֶׁר יָקְרוּ בְעֵינָיו כִּבְּדָם.

ש״ץ: פְּאֵרוֹ עָלַי וּפְאֵרִי עָלָיו
וְקָרוֹב אֵלַי בְּקָרְאִי אֵלָיו.

קהל: צַח וְאָדֹם לִלְבוּשׁוֹ אָדֹם
פּוּרָה בְדָרְכוֹ בְּבוֹאוֹ מֵאֱדוֹם.

ש״ץ: קֶשֶׁר תְּפִלִּין הֶרְאָה לֶעָנָו
תְּמוּנַת יהוה לְנֶגֶד עֵינָיו.

קהל: רוֹצֶה בְעַמּוֹ עֲנָוִים יְפָאֵר, יוֹשֵׁב תְּהִלּוֹת בָּם לְהִתְפָּאֵר.

ש״ץ: רֹאשׁ דְּבָרְךָ אֱמֶת קוֹרֵא מֵרֹאשׁ דּוֹר וָדוֹר
עַם דּוֹרֶשְׁךָ דְּרֹשׁ.

קהל: שִׁית הֲמוֹן שִׁירַי נָא עָלֶיךָ, וְרִנָּתִי תִּקְרַב אֵלֶיךָ.

ש״ץ: תְּהִלָּתִי תְּהִי לְרֹאשְׁךָ עֲטֶרֶת
וּתְפִלָּתִי תִּכּוֹן קְטֹרֶת.

קהל: תִּיקַר שִׁירַת רָשׁ בְּעֵינֶיךָ, כַּשִּׁיר יוּשַׁר עַל קָרְבָּנֶיךָ.

ש״ץ: בִּרְכָתִי תַעֲלֶה לְרֹאשׁ מַשְׁבִּיר
מְחוֹלֵל וּמוֹלִיד, צַדִּיק כַּבִּיר.

קהל: וּבְבִרְכָתִי תְנַעֲנַע לִי רֹאשׁ
וְאוֹתָהּ קַח לְךָ כִּבְשָׂמִים רֹאשׁ.

ש״ץ: יֶעֱרַב נָא שִׂיחִי עָלֶיךָ, כִּי נַפְשִׁי תַעֲרֹג אֵלֶיךָ.

סוגרים את ארון הקודש.

דברי הימים א׳ כט
לְךָ יהוה הַגְּדֻלָּה וְהַגְּבוּרָה וְהַתִּפְאֶרֶת וְהַנֵּצַח וְהַהוֹד
כִּי־כֹל בַּשָּׁמַיִם וּבָאָרֶץ
לְךָ יהוה הַמַּמְלָכָה וְהַמִּתְנַשֵּׂא לְכֹל לְרֹאשׁ:

תהלים קו ◄ מִי יְמַלֵּל גְּבוּרוֹת יהוה, יַשְׁמִיעַ כָּל־תְּהִלָּתוֹ:

קדיש יתום

אבל: **יִתְגַּדַּל וְיִתְקַדַּשׁ שְׁמֵהּ רַבָּא** (קהל: **אָמֵן**)
בְּעָלְמָא דִּי בְרָא כִרְעוּתֵהּ, וְיַמְלִיךְ מַלְכוּתֵהּ
בְּחַיֵּיכוֹן וּבְיוֹמֵיכוֹן וּבְחַיֵּי דְכָל בֵּית יִשְׂרָאֵל
בַּעֲגָלָא וּבִזְמַן קָרִיב, וְאִמְרוּ אָמֵן. (קהל: **אָמֵן**)

קהל ואבל: **יְהֵא שְׁמֵהּ רַבָּא מְבָרַךְ לְעָלַם וּלְעָלְמֵי עָלְמַיָּא.**

אבל: **יִתְבָּרַךְ וְיִשְׁתַּבַּח וְיִתְפָּאַר וְיִתְרוֹמַם וְיִתְנַשֵּׂא**
וְיִתְהַדָּר וְיִתְעַלֶּה וְיִתְהַלָּל
שְׁמֵהּ דְּקֻדְשָׁא בְּרִיךְ הוּא (קהל: **בְּרִיךְ הוּא**)
לְעֵלָּא מִן כָּל בִּרְכָתָא
/ בשבת שובה: **לְעֵלָּא לְעֵלָּא מִכָּל בִּרְכָתָא**/
וְשִׁירָתָא, תֻּשְׁבְּחָתָא וְנֶחֱמָתָא
דַּאֲמִירָן בְּעָלְמָא, וְאִמְרוּ אָמֵן. (קהל: **אָמֵן**)

יְהֵא שְׁלָמָא רַבָּא מִן שְׁמַיָּא, וְחַיִּים
עָלֵינוּ וְעַל כָּל יִשְׂרָאֵל, וְאִמְרוּ אָמֵן. (קהל: **אָמֵן**)

כורע ופוסע שלוש פסיעות לאחור. קד לשמאל, לימין ולפנים באמירת:

עֹשֶׂה שָׁלוֹם/ בשבת שובה: **הַשָּׁלוֹם**/ **בִּמְרוֹמָיו**
הוּא יַעֲשֶׂה שָׁלוֹם
עָלֵינוּ וְעַל כָּל יִשְׂרָאֵל, וְאִמְרוּ אָמֵן. (קהל: **אָמֵן**)

קידוש וזמירות ליום שבת

יש אומרים:

אַתְקִֽינוּ סְעוּדְתָא דִמְהֵימְנוּתָא שְׁלִימְתָא, חֶדְוְתָא דְמַלְכָּא קַדִּישָׁא. אַתְקִֽינוּ סְעוּדְתָא דְמַלְכָּא. דָּא הִיא סְעוּדְתָא דְעַתִּיקָא קַדִּישָׁא, וּזְעֵיר אַנְפִּין וַחֲקַל תַּפּוּחִין קַדִּישִׁין אָתַיִן לְסַעֲדָה בַּהֲדֵהּ.

זמר שחיבר האר"י לסעודת היום

אֲסַדֵּר לִסְעוּדְתָא בְּצַפְרָא דְשַׁבַּתָּא
וְאַזְמִין בַּהּ הַשְׁתָּא עַתִּיקָא קַדִּישָׁא.
נְהוֹרֵהּ יִשְׁרֵי בַהּ בְּקִדּוּשָׁא רַבָּה
וּמֵחַמְרָא טָבָא דְבֵהּ תֶּחֱדֵי נַפְשָׁא.
יְשַׁדַּר לָן שְׁפְרֵהּ וְנֶחֱזֵי בִיקָרֵהּ
וְיַחֲוֵי לָן סִתְרֵהּ דְּמִתְאֲמַר בִּלְחִישָׁה.
יְגַלֵּה לָן טַעְמֵי דְּבִתְרֵיסַר נַהֲמֵי
דְּאִנּוּן אָת בִּשְׁמֵהּ כְּפִילָה וּקְלִישָׁא.
צְרוֹרָא דִלְעֵֽלָּא דְבֵהּ חַיֵּי כֹֽלָּא
וְיִתְרַבֵּי חֵילָא וְתִסַּק עַד רֵישָׁא.
חֲדוּ חַצְדֵי חַקְלָא בְּדִבּוּר וּבְקָלָא
וּמַלְּלוּ מִלָּה מְתִיקָא כְּדֻבְשָׁא.
קֳדָם רִבּוֹן עָלְמִין בְּמִלִּין סְתִימִין
תְּגַלּוּן פִּתְגָמִין וְתֵימְרוּן חִדּוּשָׁא.
לְעַטֵּר פָּתוֹרָא בְּרָזָא יַקִּירָא
עֲמִיקָא וּטְמִירָא וְלָאו מִלְּתָא אֲוְשָׁא.

וְאִלֵּין מִלַּיָּא יְהוֹן לִרְקִיעַיָּא
חֲדָתִין וּשְׁמַיָּא בְּכֵן הַהוּא שִׁמְשָׁא.
רְבוּ יַתִּיר יִסְגֵּי לְעֵלָּא מִן דַּרְגַּהּ
וְיִסַּב בַּת זוּגֵהּ דַּהֲוַת פְּרִישָׁא.

חַי יהוה וּבָרוּךְ צוּרִי, בַּיהוה תִּתְהַלֵּל נַפְשִׁי
כִּי יהוה יָאִיר נֵרִי, בְּהִלּוֹ נֵרוֹ עֲלֵי רֹאשִׁי.

יהוה רוֹעִי לֹא אֶחְסָר, עַל מֵי מְנוּחוֹת יְנַהֲלֵנִי
נוֹתֵן לֶחֶם לְכָל בָּשָׂר, לֶחֶם חֻקִּי הַטְרִיפֵנִי.

יְהִי רָצוֹן מִלְּפָנֶיךָ, אַתָּה אֱלֹהַי קְדוֹשִׁי
תַּעֲרֹךְ לְפָנַי שֻׁלְחָנֶךָ, תְּדַשֵּׁן בַּשֶּׁמֶן רֹאשִׁי.

מִי יִתֵּן מְנוּחָתִי, לִפְנֵי אֲדוֹן הַשָּׁלוֹם
וְהָיְתָה שְׁלֵמָה מִטָּתִי, הַחַיִּים וְהַשָּׁלוֹם.

יִשְׁלַח מַלְאָכוֹ לְפָנַי, לְלַוּוֹתִי לְוָיָה
בְּכוֹס יְשׁוּעוֹת אֶשָּׂא פָנַי, מְנָת כּוֹסִי רְוָיָה.

צָמְאָה נַפְשִׁי אֶל יהוה, יְמַלֵּא שֹׂבַע אֲסָמַי
אֶל הֶהָרִים אֶשָּׂא עֵינַי, כְּהִלֵּל וְלֹא כְשַׁמַּאי.

חֶדְוַת יָמִים וּשְׁנוֹת עוֹלָמִים, עוּרָה כְבוֹדִי עוּרָה
וְעַל רֹאשִׁי יִהְיוּ תַמִּים, נֵר מִצְוָה וְאוֹר תּוֹרָה.

קוּמָה יהוה לִמְנוּחָתִי, אַתָּה וַאֲרוֹן עֻזֶּךָ
קַח נָא אֵל אֶת בִּרְכָתִי, וְהַחֲזֵק מָגֵן חוֹזֶךָ.

תהלים כג

מִזְמוֹר לְדָוִד, יהוה רֹעִי לֹא אֶחְסָר: בִּנְאוֹת דֶּשֶׁא יַרְבִּיצֵנִי, עַל־מֵי מְנוּחוֹת יְנַהֲלֵנִי: נַפְשִׁי יְשׁוֹבֵב, יַנְחֵנִי בְמַעְגְּלֵי־צֶדֶק לְמַעַן שְׁמוֹ: גַּם כִּי־אֵלֵךְ בְּגֵיא צַלְמָוֶת לֹא־אִירָא רָע, כִּי־אַתָּה עִמָּדִי, שִׁבְטְךָ וּמִשְׁעַנְתֶּךָ הֵמָּה יְנַחֲמֻנִי: תַּעֲרֹךְ לְפָנַי שֻׁלְחָן נֶגֶד צֹרְרָי, דִּשַּׁנְתָּ בַשֶּׁמֶן רֹאשִׁי, כּוֹסִי רְוָיָה: אַךְ טוֹב וָחֶסֶד יִרְדְּפוּנִי כָּל־יְמֵי חַיָּי, וְשַׁבְתִּי בְּבֵית־יהוה לְאֹרֶךְ יָמִים:

קידושא רבה

יש מתחילים כאן:

ישעיה נח

אִם־תָּשִׁיב מִשַּׁבָּת רַגְלֶךָ עֲשׂוֹת חֲפָצֶךָ בְּיוֹם קָדְשִׁי, וְקָרָאתָ לַשַּׁבָּת עֹנֶג לִקְדוֹשׁ יהוה מְכֻבָּד, וְכִבַּדְתּוֹ מֵעֲשׂוֹת דְּרָכֶיךָ מִמְּצוֹא חֶפְצְךָ וְדַבֵּר דָּבָר: אָז תִּתְעַנַּג עַל־יהוה, וְהִרְכַּבְתִּיךָ עַל־בָּמֳתֵי אָרֶץ, וְהַאֲכַלְתִּיךָ נַחֲלַת יַעֲקֹב אָבִיךָ, כִּי פִּי יהוה דִּבֵּר:

אם יום טוב חל בשבת, אומרים את הקידוש ליום טוב 'קידושא רבה לשלוש רגלים' (עמ׳ 618).

שמות לא

וְשָׁמְרוּ בְנֵי־יִשְׂרָאֵל אֶת־הַשַּׁבָּת
לַעֲשׂוֹת אֶת־הַשַּׁבָּת לְדֹרֹתָם בְּרִית עוֹלָם:
בֵּינִי וּבֵין בְּנֵי יִשְׂרָאֵל אוֹת הִוא לְעֹלָם
כִּי־שֵׁשֶׁת יָמִים

עָשָׂה יהוה אֶת־הַשָּׁמַיִם וְאֶת־הָאָרֶץ
וּבַיּוֹם הַשְּׁבִיעִי שָׁבַת וַיִּנָּפַשׁ:

שמות כ
זָכוֹר אֶת־יוֹם הַשַּׁבָּת לְקַדְּשׁוֹ:
שֵׁשֶׁת יָמִים תַּעֲבֹד, וְעָשִׂיתָ כָּל־מְלַאכְתֶּךָ:
וְיוֹם הַשְּׁבִיעִי שַׁבָּת לַיהוה אֱלֹהֶיךָ
לֹא־תַעֲשֶׂה כָל־מְלָאכָה אַתָּה וּבִנְךָ וּבִתֶּךָ
עַבְדְּךָ וַאֲמָתְךָ וּבְהֶמְתֶּךָ, וְגֵרְךָ אֲשֶׁר בִּשְׁעָרֶיךָ:
כִּי שֵׁשֶׁת־יָמִים
עָשָׂה יהוה אֶת־הַשָּׁמַיִם וְאֶת־הָאָרֶץ
אֶת־הַיָּם וְאֶת־כָּל־אֲשֶׁר־בָּם
וַיָּנַח בַּיּוֹם הַשְּׁבִיעִי
עַל־כֵּן בֵּרַךְ יהוה אֶת־יוֹם הַשַּׁבָּת וַיְקַדְּשֵׁהוּ:

המקדש לאחרים, מוסיף: סַבְרִי מָרָנָן

בָּרוּךְ אַתָּה יהוה אֱלֹהֵינוּ מֶלֶךְ הָעוֹלָם
בּוֹרֵא פְּרִי הַגָּפֶן.

בסוכות מוסיף: בָּרוּךְ אַתָּה יהוה אֱלֹהֵינוּ מֶלֶךְ הָעוֹלָם
אֲשֶׁר קִדְּשָׁנוּ בְּמִצְוֹתָיו, וְצִוָּנוּ לֵישֵׁב בַּסֻּכָּה.

זמירות ליום שבת

זמר שחיבר ר׳ שמעון בר יצחק, מתלמידיו של רבנו גרשם מאור הגולה.

בָּרוּךְ אֲדֹנָי יוֹם יוֹם, יַעֲמָס לָנוּ יֶשַׁע וּפִדְיוֹם, וּבִשְׁמוֹ נָגִיל כָּל הַיּוֹם, וּבִישׁוּעָתוֹ נָרִים רֹאשׁ עֶלְיוֹן. כִּי הוּא מָעוֹז לַדָּל וּמַחְסֶה לָאֶבְיוֹן.

שִׁבְטֵי יָהּ לְיִשְׂרָאֵל עֵדוּת, בְּצָרָתָם לוֹ צָר בְּסִבְלוּת וּבְעַבְדוּת, בְּלִבְנַת הַסַּפִּיר הֶרְאָם עֹז יְדִידוּת, וְנִגְלָה לְהַעֲלוֹתָם מֵעֹמֶק בּוֹר וָדוּת. כִּי־עִם־יהוה הַחֶסֶד, וְהַרְבֵּה עִמּוֹ פְדוּת: תהלים קל

מַה יָּקָר חַסְדּוֹ בְּצִלּוֹ לְגוֹנְנֵמוֹ, בְּגָלוּת בָּבֶלָה שֻׁלַּח לְמַעֲנֵמוֹ, לְהוֹרִיד בָּרִיחִים נִמְנָה בֵינֵימוֹ, וַיִּתְּנֵם לְרַחֲמִים לִפְנֵי שׁוֹבֵימוֹ. כִּי לֹא יִטֹּשׁ יהוה אֶת עַמּוֹ, בַּעֲבוּר הַגָּדוֹל שְׁמוֹ.

עֵילָם שָׁת כִּסְאוֹ לְהַצִּיל יְדִידָיו, לְהַאֲבִיד מִשָּׁם מָעֻזְנֵי מוֹרְדָיו, מֵעֲבוֹר בַּשֶּׁלַח פָּדָה אֶת עֲבָדָיו, קֶרֶן לְעַמּוֹ יָרִים, תְּהִלָּה לְכָל חֲסִידָיו. כִּי אִם־הוֹגָה, וְרִחַם כְּרֹב חֲסָדָו: איכה ג

וּצְפִיר הָעִזִּים הִגְדִּיל עֲצוּמָיו, וְגַם חָזוֹת אַרְבַּע עָלוּ לִמְרוֹמָיו, וּבְלִבָּם דִּמּוּ לְהַשְׁחִית אֶת רְחוּמָיו, עַל יְדֵי כֹהֲנָיו מִגֵּר מִתְקוֹמְמָיו. חַסְדֵי יהוה כִּי לֹא־תָמְנוּ, כִּי לֹא כָלוּ רַחֲמָיו: איכה ג

נִסְגַּרְתִּי לֶאֱדוֹם בְּיַד רֵעַי מְדָנַי, שֶׁבְּכָל יוֹם מְמַלְּאִים כְּרֵסָם מֵעֲדָנַי, עֶזְרָתוֹ עִמִּי לִסְמֹךְ אֶת אֲדָנַי, וְלֹא נְטַשְׁתַּנִי כָּל יְמֵי עִדָּנַי. כִּי לֹא יִזְנַח לְעוֹלָם אֲדֹנָי: איכה ג

בְּבוֹאוֹ מֵאֱדוֹם חֲמוּץ בְּגָדִים, זֶבַח לוֹ בְּבָצְרָה וְטֶבַח לוֹ בְּבוֹגְדִים, וְיֵז נִצְחָם מַלְבּוּשָׁיו לְהַאְדִּים, בְּכֹחוֹ הַגָּדוֹל יִבְצֹר
רוּחַ נְגִידִים. הָגָה בְּרוּחוֹ הַקָּשָׁה בְּיוֹם קָדִים: ישעיה כז

רְאוֹתוֹ כִּי כֵן אֲדוֹמִי הָעוֹצֵר, יַחְשָׁב לוֹ בָּצְרָה תִּקְלֹט כְּבֶצֶר, וּמַלְאָךְ כְּאָדָם בְּתוֹכָהּ יִנָּצֵר, וּמֵזִיד כַּשּׁוֹגֵג בְּמִקְלָט יֵעָצֵר.
אֶהֱבוּ אֶת־יהוה כָּל־חֲסִידָיו, אֱמוּנִים נֹצֵר: תהלים לא

יְצַוֶּה צוּר חַסְדּוֹ קְהִלּוֹתָיו לְקַבֵּץ, מֵאַרְבַּע רוּחוֹת עָדָיו לְהִקָּבֵץ, וּבְהַר מְרוֹם הָרִים אוֹתָנוּ לְהַרְבֵּץ, וְאִתָּנוּ יָשׁוּב נִדָּחִים קוֹבֵץ. יָשִׁיב לֹא נֶאֱמַר, כִּי אִם וְשָׁב וְקִבֵּץ.

בָּרוּךְ הוּא אֱלֹהֵינוּ אֲשֶׁר טוֹב גְּמָלָנוּ, כְּרַחֲמָיו וּכְרֹב חֲסָדָיו הִגְדִּיל לָנוּ, אֵלֶּה וְכָאֵלֶּה יוֹסֵף עִמָּנוּ, לְהַגְדִּיל שְׁמוֹ הַגָּדוֹל הַגִּבּוֹר וְהַנּוֹרָא, שֶׁנִּקְרָא עָלֵינוּ.

בָּרוּךְ הוּא אֱלֹהֵינוּ שֶׁבְּרָאָנוּ לִכְבוֹדוֹ, לְהַלְלוֹ וּלְשַׁבְּחוֹ וּלְסַפֵּר הוֹדוֹ, מִכָּל אֹם גָּבַר עָלֵינוּ חַסְדּוֹ, לָכֵן בְּכָל לֵב וּבְכָל נֶפֶשׁ וּבְכָל מְאוֹדוֹ, נַמְלִיכוֹ וּנְיַחֲדוֹ.

שֶׁהַשָּׁלוֹם שֶׁלּוֹ יָשִׂים עָלֵינוּ בְּרָכָה וְשָׁלוֹם, מִשְּׂמֹאל וּמִיָּמִין עַל יִשְׂרָאֵל שָׁלוֹם, הָרַחֲמָן הוּא יְבָרֵךְ אֶת עַמּוֹ בַשָּׁלוֹם, וְיִזְכּוּ לִרְאוֹת בָּנִים וּבְנֵי בָנִים, עוֹסְקִים, בַּתּוֹרָה
וּבְמִצְוֹת, עַל יִשְׂרָאֵל שָׁלוֹם. פֶּלֶא יוֹעֵץ אֵל גִּבּוֹר אֲבִי־עַד ישעיה ט
שַׂר־שָׁלוֹם:

זמר שחיבר ר׳ ברוך ממגנצא.

בָּרוּךְ אֵל עֶלְיוֹן אֲשֶׁר נָתַן מְנוּחָה
לְנַפְשֵׁנוּ פִּדְיוֹן מִשֵּׁאת וַאֲנָחָה
וְהוּא יִדְרֹשׁ לְצִיּוֹן, עִיר הַנִּדָּחָה
עַד אָנָה תּוּגְיוֹן נֶפֶשׁ נֶאֱנָחָה.
הַשּׁוֹמֵר שַׁבָּת הַבֵּן עִם הַבַּת, לָאֵל יֵרָצוּ כְּמִנְחָה עַל מַחֲבַת.

רוֹכֵב בָּעֲרָבוֹת, מֶלֶךְ עוֹלָמִים, אֶת עַמּוֹ
לִשְׁבֹּת אִזֵּן בַּנְּעִימִים
בְּמַאֲכָלוֹת עֲרֵבוֹת בְּמִינֵי מַטְעַמִּים,
בְּמַלְבּוּשֵׁי כָבוֹד זֶבַח מִשְׁפָּחָה.
הַשּׁוֹמֵר שַׁבָּת הַבֵּן עִם הַבַּת, לָאֵל יֵרָצוּ כְּמִנְחָה עַל מַחֲבַת.

וְאַשְׁרֵי כָּל חוֹכֶה לְתַשְׁלוּמֵי כֵפֶל
מֵאֵת כֹּל סוֹכֶה, שׁוֹכֵן בָּעֲרָפֶל
נַחֲלָה לוֹ יִזְכֶּה בָּהָר וּבַשָּׁפֶל
נַחֲלָה וּמְנוּחָה כַּשֶּׁמֶשׁ לוֹ זָרְחָה.
הַשּׁוֹמֵר שַׁבָּת הַבֵּן עִם הַבַּת, לָאֵל יֵרָצוּ כְּמִנְחָה עַל מַחֲבַת.

כָּל שׁוֹמֵר שַׁבָּת כַּדָּת מֵחַלְּלוֹ
הֵן הֶכְשֵׁר חִבַּת קֹדֶשׁ גּוֹרָלוֹ

וְאִם יֵצֵא חוֹבַת הַיּוֹם, אַשְׁרֵי לוֹ
אֶל אֵל אָדוֹן מְחוֹלְלוֹ מִנְחָה הִיא שְׁלוּחָה.
הַשּׁוֹמֵר שַׁבָּת הַבֵּן עִם הַבַּת, לָאֵל יֵרָצוּ כְּמִנְחָה עַל מַחֲבַת.

חֶמְדַּת הַיָּמִים קְרָאוֹ אֵלִי צוּר
וְאַשְׁרֵי לִתְמִימִים אִם יִהְיֶה נָצוּר
כֶּתֶר הִלּוּמִים עַל רֹאשָׁם יָצוּר
צוּר הָעוֹלָמִים, רוּחוֹ בָּם נָחָה.
הַשּׁוֹמֵר שַׁבָּת הַבֵּן עִם הַבַּת, לָאֵל יֵרָצוּ כְּמִנְחָה עַל מַחֲבַת.

זָכוֹר אֶת יוֹם הַשַּׁבָּת לְקַדְּשׁוֹ
קַרְנוֹ כִּי גָבְהָה נֵזֶר עַל רֹאשׁוֹ
עַל כֵּן יִתֵּן הָאָדָם לְנַפְשׁוֹ
עֹנֶג וְגַם שִׂמְחָה בָּהֶם לְמָשְׁחָה.
הַשּׁוֹמֵר שַׁבָּת הַבֵּן עִם הַבַּת, לָאֵל יֵרָצוּ כְּמִנְחָה עַל מַחֲבַת.

קֹדֶשׁ הִיא לָכֶם שַׁבָּת הַמַּלְכָּה
אֶל תּוֹךְ בָּתֵּיכֶם לְהָנִיחַ בְּרָכָה
בְּכָל מוֹשְׁבוֹתֵיכֶם לֹא תַעֲשׂוּ מְלָאכָה
בְּנֵיכֶם וּבְנוֹתֵיכֶם עֶבֶד וְגַם שִׁפְחָה.
הַשּׁוֹמֵר שַׁבָּת הַבֵּן עִם הַבַּת, לָאֵל יֵרָצוּ כְּמִנְחָה עַל מַחֲבַת.

זמר זה מבוסס על הפסוק "וְקָרָאתָ לַשַּׁבָּת עֹנֶג, לִקְדוֹשׁ ה' מְכֻבָּד" (ישעיה נח, יג).

יוֹם זֶה מְכֻבָּד מִכָּל יָמִים
כִּי בוֹ שָׁבַת צוּר עוֹלָמִים.

שֵׁשֶׁת יָמִים תַּעֲשֶׂה מְלַאכְתֶּךָ
וְיוֹם הַשְּׁבִיעִי לֵאלֹהֶיךָ
שַׁבָּת לֹא תַעֲשֶׂה בוֹ מְלָאכָה
כִּי כֹל עָשָׂה שֵׁשֶׁת יָמִים.
יוֹם זֶה מְכֻבָּד מִכָּל יָמִים, כִּי בוֹ שָׁבַת צוּר עוֹלָמִים.

רִאשׁוֹן הוּא לְמִקְרָאֵי קֹדֶשׁ
יוֹם שַׁבָּתוֹן יוֹם שַׁבַּת קֹדֶשׁ
עַל כֵּן כָּל אִישׁ בְּיֵינוֹ יְקַדֵּשׁ
עַל שְׁתֵּי לֶחֶם יִבְצְעוּ תְמִימִים.
יוֹם זֶה מְכֻבָּד מִכָּל יָמִים, כִּי בוֹ שָׁבַת צוּר עוֹלָמִים.

אֱכֹל מַשְׁמַנִּים, שְׁתֵה מַמְתַקִּים
כִּי אֵל יִתֵּן לְכֹל בּוֹ דְבֵקִים
בֶּגֶד לִלְבֹּשׁ, לֶחֶם חֻקִּים
בָּשָׂר וְדָגִים וְכָל מַטְעַמִּים.
יוֹם זֶה מְכֻבָּד מִכָּל יָמִים, כִּי בוֹ שָׁבַת צוּר עוֹלָמִים.

לֹא תֶחְסַר כֹּל בּוֹ, וְאָכַלְתָּ
וְשָׂבָעְתָּ וּבֵרַכְתָּ
אֶת יהוה אֱלֹהֶיךָ אֲשֶׁר אָהַבְתָּ
כִּי בֵרַכְךָ מִכָּל הָעַמִּים.
יוֹם זֶה מְכֻבָּד מִכָּל יָמִים, כִּי בוֹ שָׁבַת צוּר עוֹלָמִים.

הַשָּׁמַיִם מְסַפְּרִים כְּבוֹדוֹ
וְגַם הָאָרֶץ מָלְאָה חַסְדּוֹ
רְאוּ כָּל אֵלֶּה עָשְׂתָה יָדוֹ
כִּי הוּא הַצּוּר פָּעֳלוֹ תָמִים.
יוֹם זֶה מְכֻבָּד מִכָּל יָמִים, כִּי בוֹ שָׁבַת צוּר עוֹלָמִים.

זמר שחיבר ר׳ יהודה הלוי, ובו תיאור הגלות ותפילה להינצל ממנה.

הבתים השלישי והרביעי שונו כנראה מפני דרכי שלום,
ובגרסתם החדשה, המקובלת כיום, מתארים את מעמד הר סיני.

יוֹם שַׁבָּתוֹן אֵין לִשְׁכֹּחַ, זִכְרוֹ כְּרֵיחַ הַנִּיחֹחַ
יוֹנָה מָצְאָה בוֹ מָנוֹחַ וְשָׁם יָנוּחוּ יְגִיעֵי כֹחַ.

הַיּוֹם נִכְבָּד לִבְנֵי אֱמוּנִים
זְהִירִים לְשָׁמְרוֹ אָבוֹת וּבָנִים
חָקוּק בִּשְׁנֵי לוּחוֹת אֲבָנִים,
מֵרֹב אוֹנִים וְאַמִּיץ כֹּחַ.
יוֹנָה מָצְאָה בוֹ מָנוֹחַ וְשָׁם יָנוּחוּ יְגִיעֵי כֹחַ.

וּבָאוּ כֻלָּם בִּבְרִית יַחַד
נַעֲשֶׂה וְנִשְׁמַע אָמְרוּ כְּאֶחָד
וּפָתְחוּ וְעָנוּ יהוה אֶחָד
בָּרוּךְ נֹתֵן לַיָּעֵף כֹּחַ.

יוֹנָה מָצְאָה בוֹ מָנוֹחַ וְשָׁם יָנוּחוּ יְגִיעֵי כֹחַ.

דִּבֶּר בְּקָדְשׁוֹ בְּהַר הַמֹּר
יוֹם הַשְּׁבִיעִי זָכוֹר וְשָׁמוֹר
וְכָל פִּקּוּדָיו יַחַד לִגְמֹר
חַזֵּק מָתְנַיִם וְאַמֵּץ כֹּחַ.

יוֹנָה מָצְאָה בוֹ מָנוֹחַ וְשָׁם יָנוּחוּ יְגִיעֵי כֹחַ.

הָעָם אֲשֶׁר נָע, כַּצֹּאן תָּעָה
יִזְכֹּר לְפָקְדוֹ בְּרִית וּשְׁבוּעָה
לְבַל יַעֲבָר בָּם מִקְרֵה רָעָה
כַּאֲשֶׁר נִשְׁבַּעְתָּ עַל מֵי נֹחַ.

יוֹנָה מָצְאָה בוֹ מָנוֹחַ וְשָׁם יָנוּחוּ יְגִיעֵי כֹחַ.

זמר זה מיוחס לר׳ שמואל החסיד.

שַׁבָּת הַיּוֹם לַיהוה, מְאֹד צַהֲלוּ בְּרִנּוּנַי
וְגַם הַרְבּוּ מַעֲדָנַי, אוֹתוֹ לִשְׁמֹר כְּמִצְוַת יהוה.
שַׁבָּת הַיּוֹם לַיהוה.

מֵעֲבֹר דֶּרֶךְ וּגְבוּלִים, מֵעֲשׂוֹת הַיּוֹם פְּעָלִים
לֶאֱכֹל וְלִשְׁתּוֹת בְּהִלּוּלִים, זֶה הַיּוֹם עָשָׂה יהוה.
שַׁבָּת הַיּוֹם לַיהוה.

וְאִם תִּשְׁמְרֶנּוּ, יָהּ יִנְצָרְךָ כְּבָבַת
אַתָּה וּבִנְךָ וְגַם הַבַּת
וְקָרָאתָ עֹנֶג לַשַּׁבָּת, אָז תִּתְעַנַּג עַל יהוה.
שַׁבָּת הַיּוֹם לַיהוה.

אֱכֹל מַשְׁמַנִּים וּמַעֲדַנִּים
וּמַטְעַמִּים הַרְבֵּה מִינִים, אֱגוֹזֵי פֶרֶךְ וְרִמּוֹנִים
וְאָכַלְתָּ וְשָׂבָעְתָּ וּבֵרַכְתָּ אֶת יהוה.
שַׁבָּת הַיּוֹם לַיהוה.

לַעֲרֹךְ בְּשֻׁלְחָן לֶחֶם חֲמוּדוֹת
לַעֲשׂוֹת הַיּוֹם שָׁלֹשׁ סְעוּדוֹת
אֶת הַשֵּׁם הַנִּכְבָּד לְבָרֵךְ וּלְהוֹדוֹת
שִׁקְדוּ וְשִׁמְרוּ וַעֲשׂוּ בָנַי. שַׁבָּת הַיּוֹם לַיהוה.

יש המייחסים זמר זה לר׳ שלמה אבן גבירול.

שִׁמְרוּ שַׁבְּתוֹתַי, לְמַעַן תִּינְקוּ וּשְׂבַעְתֶּם
מִזִּיו בִּרְכוֹתַי, אֶל הַמְּנוּחָה כִּי בָאתֶם
וּלְווּ עָלַי בָּנַי, וְעִדְנוּ מַעֲדָנַי שַׁבָּת הַיּוֹם לַיהוה.

וּלְווּ עָלַי בָּנַי, וְעִדְנוּ מַעֲדָנַי, שַׁבָּת הַיּוֹם לַיהוה.

לְעָמֵל קִרְאוּ דְרוֹר, וְנָתַתִּי אֶת בִּרְכָתִי
אִשָּׁה אֶל אֲחוֹתָהּ לִצְרוֹר
לְגַלּוֹת עַל יוֹם שִׂמְחָתִי
בִּגְדֵי שֵׁשׁ עִם שָׁנִי, וְהִתְבּוֹנְנוּ מִזְּקֵנַי
שַׁבָּת הַיּוֹם לַיהוה.

וּלְווּ עָלַי בָּנַי, וְעִדְנוּ מַעֲדָנַי, שַׁבָּת הַיּוֹם לַיהוה.

מַהֲרוּ אֶת הַמָּנֶה, לַעֲשׂוֹת אֶת דְּבַר אֶסְתֵּר,
וְחִשְׁבוּ עִם הַקּוֹנֶה, לְשַׁלֵּם אָכוֹל וְהוֹתֵר
בִּטְחוּ בִי אֱמוּנַי, וּשְׁתוּ יֵין מִשְׁמַנַּי
שַׁבָּת הַיּוֹם לַיהוה.

וּלְווּ עָלַי בָּנַי, וְעִדְנוּ מַעֲדָנַי, שַׁבָּת הַיּוֹם לַיהוה.

הִנֵּה יוֹם גְּאֻלָּה, יוֹם שַׁבָּת אִם תִּשְׁמֹרוּ
וִהְיִיתֶם לִי סְגֻלָּה, לִינוּ וְאַחַר תַּעֲבֹרוּ
וְאָז תִּחְיוּ לְפָנַי, וּתְמַלְאוּ צְפוּנַי

שַׁבָּת הַיּוֹם לַיהוה.

וּלְווּ עָלַי בָּנַי, וְעִדְנוּ מַעֲדָנַי, שַׁבָּת הַיּוֹם לַיהוה.

חַזֵּק קִרְיָתִי, אֵל אֱלֹהִים עֶלְיוֹן, וְהָשֵׁב אֶת נָוָתִי,
בְּשִׂמְחָה וּבְהִגָּיוֹן, יְשׁוֹרְרוּ שָׁם רְנָנַי, לְוִיַּי וְכֹהֲנַי
אָז תִּתְעַנַּג עַל יהוה שַׁבָּת הַיּוֹם לַיהוה.

וּלְווּ עָלַי בָּנַי, וְעִדְנוּ מַעֲדָנַי, שַׁבָּת הַיּוֹם לַיהוה.

זמר שחיבר ר' אברהם אבן עזרא.

כִּי אֶשְׁמְרָה שַׁבָּת אֵל יִשְׁמְרֵנִי.
אוֹת הִיא לְעוֹלְמֵי עַד בֵּינוֹ וּבֵינִי.

אוֹת הִיא לְעוֹלְמֵי עַד בֵּינוֹ וּבֵינִי.

אָסוּר מְצֹא חֵפֶץ, עֲשׂוֹת דְּרָכִים
גַּם מִלְּדַבֵּר בּוֹ דִּבְרֵי צְרָכִים
דִּבְרֵי סְחוֹרָה אַף דִּבְרֵי מְלָכִים
אֶהְגֶּה בְּתוֹרַת אֵל וּתְחַכְּמֵנִי.

אוֹת הִיא לְעוֹלְמֵי עַד בֵּינוֹ וּבֵינִי.

בּוֹ אֶמְצָא תָמִיד נֹפֶשׁ לְנַפְשִׁי
הִנֵּה לְדוֹר רִאשׁוֹן נָתַן קְדוֹשִׁי
מוֹפֵת, בְּתֵת לֶחֶם מִשְׁנֶה בַּשִּׁשִּׁי
כָּכָה בְּכָל שִׁשִּׁי יַכְפִּיל מְזוֹנִי.
אוֹת הִיא לְעוֹלְמֵי עַד בֵּינוֹ וּבֵינִי.

רָשַׁם בְּדָת הָאֵל חֹק אֶל סְגָנָיו
בּוֹ לַעֲרֹךְ לֶחֶם פָּנִים בְּפָנָיו
עַל כֵּן לְהִתְעַנּוֹת בּוֹ עַל פִּי נְבוֹנָיו
אָסוּר, לְבַד מִיּוֹם כִּפּוּר עֲוֹנִי.
אוֹת הִיא לְעוֹלְמֵי עַד בֵּינוֹ וּבֵינִי.

הוּא יוֹם מְכֻבָּד, הוּא יוֹם תַּעֲנוּגִים
לֶחֶם וְיַיִן טוֹב, בָּשָׂר וְדָגִים
הַמִּתְאַבְּלִים בּוֹ אָחוֹר נְסוֹגִים
כִּי יוֹם שְׂמָחוֹת הוּא וּתְשַׂמְּחֵנִי.
אוֹת הִיא לְעוֹלְמֵי עַד בֵּינוֹ וּבֵינִי.

מֵחֵל מְלָאכָה בּוֹ סוֹפוֹ לְהַכְרִית
עַל כֵּן אֲכַבֵּס בּוֹ לִבִּי כְּבוֹרִית
וְאֶתְפַּלְּלָה אֶל אֵל עַרְבִית וְשַׁחְרִית
מוּסָף וְגַם מִנְחָה הוּא יַעֲנֵנִי.
אוֹת הִיא לְעוֹלְמֵי עַד בֵּינוֹ וּבֵינִי.

זמר שחיבר דונש בן לברט, ומופיע כבר במחזור ויטרי.

דְּרוֹר יִקְרָא לְבֵן עִם בַּת, וְיִנְצָרְכֶם כְּמוֹ בָבַת
נְעִים שִׁמְכֶם וְלֹא יֻשְׁבַּת, שְׁבוּ נוּחוּ בְּיוֹם שַׁבָּת

דְּרֹשׁ נָוִי וְאוּלַמִּי, וְאוֹת יֶשַׁע עֲשֵׂה עִמִּי
נְטַע שׂוֹרֵק בְּתוֹךְ כַּרְמִי, שְׁעֵה שַׁוְעַת בְּנֵי עַמִּי.

דְּרֹךְ פּוּרָה בְּתוֹךְ בָּצְרָה, וְגַם בָּבֶל אֲשֶׁר גָּבְרָה
נְתֹץ צָרַי בְּאַף עֶבְרָה, שְׁמַע קוֹלִי בְּיוֹם אֶקְרָא.

אֱלֹהִים תֵּן בְּמִדְבַּר הָר, הֲדַס שִׁטָּה בְּרוֹשׁ תִּדְהָר
וְלַמַּזְהִיר וְלַנִּזְהָר, שְׁלוֹמִים תֵּן כְּמֵי נָהָר.

הֲדֹךְ קָמַי, אֵל קַנָּא, בְּמוֹג לֵבָב וּבִמְגִנָּה
וְנַרְחִיב פֶּה וּנְמַלְאֶנָּה, לְשׁוֹנֵנוּ לְךָ רִנָּה.

דְּעֶה חָכְמָה לְנַפְשֶׁךָ, וְהִיא כֶתֶר לְרֹאשֶׁךָ
נְצֹר מִצְוַת קְדוֹשֶׁךָ, שְׁמֹר שַׁבַּת קָדְשֶׁךָ.

לפני נטילת מים אחרונים:

יְדַי אַסְחֵי אֲנָא לְגַבֵּי חַד מָנָא
לְסִטְרָא חוֹרָנָא דְּלֵית בַּהּ מְשָׁשָׁא
אֲזַמֵּן בִּתְלָתָא בְּכָסָא דְבִרְכְתָא
לְעִלַּת עִלָּתָא עַתִּיקָא קַדִּישָׁא

ברכת המזון בעמ׳ 821.

מנחה לשבת וליום טוב

״וְעָרְבָה לַה׳ מִנְחַת יְהוּדָה וִירוּשָׁלָםִ כִּימֵי עוֹלָם וּכְשָׁנִים קַדְמֹנִיּוֹת״ (מלאכי ג, ד).

ראוי לומר גם לפני תפילת מנחה את פרשת קרבן התמיד. רבים נוהגים לומר את סדר הקרבנות שלפני תפילת שחרית (עמ׳ 26–32) פרט לפרשת תרומת הדשן ולסדר המערכה.

תהלים פד אַשְׁרֵי יוֹשְׁבֵי בֵיתֶךָ, עוֹד יְהַלְלוּךָ סֶּלָה:

תהלים קמד אַשְׁרֵי הָעָם שֶׁכָּכָה לּוֹ

אַשְׁרֵי הָעָם שֶׁיהוה אֱלֹהָיו:

תהלים קמה תְּהִלָּה לְדָוִד

א אֲרוֹמִמְךָ אֱלוֹהַי הַמֶּלֶךְ, וַאֲבָרְכָה שִׁמְךָ לְעוֹלָם וָעֶד:

ב בְּכָל־יוֹם אֲבָרְכֶךָּ, וַאֲהַלְלָה שִׁמְךָ לְעוֹלָם וָעֶד:

ג גָּדוֹל יהוה וּמְהֻלָּל מְאֹד, וְלִגְדֻלָּתוֹ אֵין חֵקֶר:

ד דּוֹר לְדוֹר יְשַׁבַּח מַעֲשֶׂיךָ, וּגְבוּרֹתֶיךָ יַגִּידוּ:

ה הֲדַר כְּבוֹד הוֹדֶךָ, וְדִבְרֵי נִפְלְאֹתֶיךָ אָשִׂיחָה:

ו וֶעֱזוּז נוֹרְאֹתֶיךָ יֹאמֵרוּ, וּגְדוּלָּתְךָ אֲסַפְּרֶנָּה:

ז זֵכֶר רַב־טוּבְךָ יַבִּיעוּ, וְצִדְקָתְךָ יְרַנֵּנוּ:

ח חַנּוּן וְרַחוּם יהוה, אֶרֶךְ אַפַּיִם וּגְדָל־חָסֶד:

ט טוֹב־יהוה לַכֹּל, וְרַחֲמָיו עַל־כָּל־מַעֲשָׂיו:

י יוֹדוּךָ יהוה כָּל־מַעֲשֶׂיךָ, וַחֲסִידֶיךָ יְבָרְכוּכָה:

כ כְּבוֹד מַלְכוּתְךָ יֹאמֵרוּ, וּגְבוּרָתְךָ יְדַבֵּרוּ:

ל לְהוֹדִיעַ לִבְנֵי הָאָדָם גְּבוּרֹתָיו, וּכְבוֹד הֲדַר מַלְכוּתוֹ:

מ מַלְכוּתְךָ מַלְכוּת כָּל־עֹלָמִים, וּמֶמְשַׁלְתְּךָ בְּכָל־דּוֹר וָדֹר:

ס סוֹמֵךְ יהוה לְכָל־הַנֹּפְלִים, וְזוֹקֵף לְכָל־הַכְּפוּפִים:

ע עֵינֵי־כֹל אֵלֶיךָ יְשַׂבֵּרוּ, וְאַתָּה נוֹתֵן־לָהֶם אֶת־אָכְלָם בְּעִתּוֹ:

פ פּוֹתֵחַ אֶת־יָדֶךָ, וּמַשְׂבִּיעַ לְכָל־חַי רָצוֹן:

צ צַדִּיק יהוה בְּכָל־דְּרָכָיו, וְחָסִיד בְּכָל־מַעֲשָׂיו:

ק קָרוֹב יהוה לְכָל־קֹרְאָיו, לְכֹל אֲשֶׁר יִקְרָאֻהוּ בֶאֱמֶת:

ר רְצוֹן־יְרֵאָיו יַעֲשֶׂה, וְאֶת־שַׁוְעָתָם יִשְׁמַע וְיוֹשִׁיעֵם:

ש שׁוֹמֵר יהוה אֶת־כָּל־אֹהֲבָיו, וְאֵת כָּל־הָרְשָׁעִים יַשְׁמִיד:

◄ ת תְּהִלַּת יהוה יְדַבֶּר פִּי, וִיבָרֵךְ כָּל־בָּשָׂר שֵׁם קָדְשׁוֹ לְעוֹלָם וָעֶד:

וַאֲנַחְנוּ נְבָרֵךְ יָהּ מֵעַתָּה וְעַד־עוֹלָם, הַלְלוּיָהּ: תהלים קטו

בשבת וביום טוב אומרים את קדושת 'וּבָא לְצִיּוֹן' במנחה.
יש הסבורים שקדושה זו נאמרת כדי להזכיר דברי נביאים בכל יום, ובשבתות וימים טובים, שבהם מפטירים בנביא, היא נדחית למנחה ('שיבולי הלקט' מד בשם רש"י). לעומתם יש הסבורים שקדושה זו נתקנה להיאמר בשחרית, אך בשבתות וימים טובים היא נדחית למנחה, כדי שלא להאריך בתפילת שחרית ולהטריח את הציבור (סידור הרוקח).

ישעיה נט ◂ וּבָא לְצִיּוֹן גּוֹאֵל, וּלְשָׁבֵי פֶשַׁע בְּיַעֲקֹב
נְאֻם יהוה:
וַאֲנִי זֹאת בְּרִיתִי אוֹתָם, אָמַר יהוה
רוּחִי אֲשֶׁר עָלֶיךָ וּדְבָרַי אֲשֶׁר־שַׂמְתִּי בְּפִיךָ
לֹא־יָמְוּשׁוּ מִפִּיךָ וּמִפִּי זַרְעֲךָ וּמִפִּי זֶרַע זַרְעֲךָ
אָמַר יהוה, מֵעַתָּה וְעַד־עוֹלָם:

תהלים כב ◂ וְאַתָּה קָדוֹשׁ יוֹשֵׁב תְּהִלּוֹת יִשְׂרָאֵל:
ישעיה ו וְקָרָא זֶה אֶל־זֶה וְאָמַר ◂
קָדוֹשׁ, קָדוֹשׁ, קָדוֹשׁ, יהוה צְבָאוֹת
מְלֹא כָל־הָאָרֶץ כְּבוֹדוֹ:
תרגום יונתן ישעיה ו וּמְקַבְּלִין דֵּין מִן דֵּין וְאָמְרִין
קַדִּישׁ בִּשְׁמֵי מְרוֹמָא עִלָּאָה בֵּית שְׁכִינְתֵּהּ
קַדִּישׁ עַל אַרְעָא עוֹבַד גְּבוּרְתֵּהּ
קַדִּישׁ לְעָלַם וּלְעָלְמֵי עָלְמַיָּא
יהוה צְבָאוֹת, מַלְיָא כָל אַרְעָא זִיו יְקָרֵהּ.

◂ וַתִּשָּׂאֵנִי רוּחַ, וָאֶשְׁמַע אַחֲרַי קוֹל רַעַשׁ גָּדוֹל ◂ יחזקאל ג
בָּרוּךְ כְּבוֹד־יהוה מִמְּקוֹמוֹ:

וּנְטָלַתְנִי רוּחָא, וּשְׁמָעִית בַּתְרַי קָל זִיַע סַגִּיא תרגום יונתן יחזקאל ג
דִּמְשַׁבְּחִין וְאָמְרִין
בְּרִיךְ יְקָרָא דַיהוה מֵאֲתַר בֵּית שְׁכִינְתֵהּ.

יהוה יִמְלֹךְ לְעֹלָם וָעֶד: שמות טו

יהוה מַלְכוּתֵהּ קָאֵם לְעָלַם וּלְעָלְמֵי עָלְמַיָּא. תרגום אונקלוס שמות טו

יהוה אֱלֹהֵי אַבְרָהָם יִצְחָק וְיִשְׂרָאֵל אֲבֹתֵינוּ, דברי הימים א׳ כט
שָׁמְרָה־זֹּאת לְעוֹלָם לְיֵצֶר מַחְשְׁבוֹת לְבַב עַמֶּךָ,
וְהָכֵן לְבָבָם אֵלֶיךָ: וְהוּא רַחוּם יְכַפֵּר עָוֹן וְלֹא־ תהלים עח
יַשְׁחִית, וְהִרְבָּה לְהָשִׁיב אַפּוֹ, וְלֹא־יָעִיר כָּל־
חֲמָתוֹ: כִּי־אַתָּה אֲדֹנָי טוֹב וְסַלָּח, וְרַב־חֶסֶד תהלים פו
לְכָל־קֹרְאֶיךָ: צִדְקָתְךָ צֶדֶק לְעוֹלָם וְתוֹרָתְךָ תהלים קיט
אֱמֶת: תִּתֵּן אֱמֶת לְיַעֲקֹב, חֶסֶד לְאַבְרָהָם, מיכה ז
אֲשֶׁר־נִשְׁבַּעְתָּ לַאֲבֹתֵינוּ מִימֵי קֶדֶם: בָּרוּךְ תהלים סח
אֲדֹנָי יוֹם יוֹם יַעֲמָס־לָנוּ, הָאֵל יְשׁוּעָתֵנוּ סֶלָה:
יהוה צְבָאוֹת עִמָּנוּ, מִשְׂגָּב לָנוּ אֱלֹהֵי יַעֲקֹב תהלים מו

(תהלים פד) סֶלָה: יהוה צְבָאוֹת, אַשְׁרֵי אָדָם בֹּטֵחַ בָּךְ: (תהלים כ) יהוה
הוֹשִׁיעָה, הַמֶּלֶךְ יַעֲנֵנוּ בְיוֹם־קָרְאֵנוּ:

בָּרוּךְ הוּא אֱלֹהֵינוּ שֶׁבְּרָאָנוּ לִכְבוֹדוֹ, וְהִבְדִּילָנוּ מִן הַתּוֹעִים, וְנָתַן לָנוּ תּוֹרַת אֱמֶת, וְחַיֵּי עוֹלָם נָטַע בְּתוֹכֵנוּ. הוּא יִפְתַּח לִבֵּנוּ בְּתוֹרָתוֹ, וְיָשֵׂם בְּלִבֵּנוּ אַהֲבָתוֹ וְיִרְאָתוֹ וְלַעֲשׂוֹת רְצוֹנוֹ וּלְעָבְדוֹ בְּלֵבָב שָׁלֵם, לְמַעַן לֹא נִיגַע לָרִיק וְלֹא נֵלֵד לַבֶּהָלָה.

יְהִי רָצוֹן מִלְּפָנֶיךָ יהוה אֱלֹהֵינוּ וֵאלֹהֵי אֲבוֹתֵינוּ,
שֶׁנִּשְׁמֹר חֻקֶּיךָ בָּעוֹלָם הַזֶּה, וְנִזְכֶּה וְנִחְיֶה וְנִרְאֶה
וְנִירַשׁ טוֹבָה וּבְרָכָה, לִשְׁנֵי יְמוֹת הַמָּשִׁיחַ וּלְחַיֵּי
(תהלים ל) הָעוֹלָם הַבָּא. לְמַעַן יְזַמֶּרְךָ כָבוֹד וְלֹא יִדֹּם, יהוה
(ירמיה יז) אֱלֹהַי, לְעוֹלָם אוֹדֶךָּ: בָּרוּךְ הַגֶּבֶר אֲשֶׁר יִבְטַח
(ישעיה כו) בַּיהוה, וְהָיָה יהוה מִבְטַחוֹ: בִּטְחוּ בַיהוה עֲדֵי־
(תהלים ט) עַד, כִּי בְּיָהּ יהוה צוּר עוֹלָמִים: ◄ וְיִבְטְחוּ בְךָ
(ישעיה מב) יוֹדְעֵי שְׁמֶךָ, כִּי לֹא־עָזַבְתָּ דֹרְשֶׁיךָ, יהוה: יהוה
חָפֵץ לְמַעַן צִדְקוֹ, יַגְדִּיל תּוֹרָה וְיַאְדִּיר:

חצי קדיש

ש״ץ: יִתְגַּדַּל וְיִתְקַדַּשׁ שְׁמֵהּ רַבָּא (קהל: אָמֵן)
בְּעָלְמָא דִּי בְרָא כִרְעוּתֵהּ
וְיַמְלִיךְ מַלְכוּתֵהּ
בְּחַיֵּיכוֹן וּבְיוֹמֵיכוֹן וּבְחַיֵּי דְכָל בֵּית יִשְׂרָאֵל
בַּעֲגָלָא וּבִזְמַן קָרִיב
וְאִמְרוּ אָמֵן. (קהל: אָמֵן)

קהל וש״ץ: יְהֵא שְׁמֵהּ רַבָּא מְבָרַךְ
לְעָלַם וּלְעָלְמֵי עָלְמַיָּא.

ש״ץ: יִתְבָּרַךְ וְיִשְׁתַּבַּח וְיִתְפָּאַר
וְיִתְרוֹמַם וְיִתְנַשֵּׂא וְיִתְהַדָּר וְיִתְעַלֶּה וְיִתְהַלָּל
שְׁמֵהּ דְּקֻדְשָׁא בְּרִיךְ הוּא (קהל: בְּרִיךְ הוּא)
לְעֵלָּא מִן כָּל בִּרְכָתָא
/בשבת שובה: לְעֵלָּא לְעֵלָּא מִכָּל בִּרְכָתָא/
וְשִׁירָתָא, תֻּשְׁבְּחָתָא וְנֶחֱמָתָא
דַּאֲמִירָן בְּעָלְמָא
וְאִמְרוּ אָמֵן. (קהל: אָמֵן)

ביום טוב שאינו שבת, ממשיכים בתפילת עמידה לשלוש רגלים (עמ׳ 620).

אומרים פסוק זה לפני קריאת התורה. וכתוב בפסוק שלפניו "יָשִׂיחוּ בִי יֹשְׁבֵי שָׁעַר וּנְגִינוֹת שׁוֹתֵי שֵׁכָר" – "אמר דוד לפני הקב"ה: ריבונו של עולם, אין אומה זו כשאר אומות העולם, אומות העולם כששותין ומשתכרין הולכין ופוחזין; ואנו לא כן, אלא אף על פי ששתינו 'וַאֲנִי תְפִלָּתִי־לְךָ ה'". (טור, רצב בשם המדרש).

תהלים סט

וַאֲנִי תְפִלָּתִי־לְךָ יהוה, עֵת רָצוֹן
אֱלֹהִים בְּרָב־חַסְדֶּךָ
עֲנֵנִי בֶּאֱמֶת יִשְׁעֶךָ:

עזרא תיקן שיקראו בתורה במנחה של שבת משום יושבי קרנות (בבא קמא פב ע"א), ופירש רש"י שאינם יכולים לשמוע את קריאת התורה בימי שני וחמישי.

פותחים את ארון הקודש. הקהל עומד על רגליו.

במדבר י

וַיְהִי בִּנְסֹעַ הָאָרֹן וַיֹּאמֶר מֹשֶׁה
קוּמָה יהוה וְיָפֻצוּ אֹיְבֶיךָ וְיָנֻסוּ מְשַׂנְאֶיךָ מִפָּנֶיךָ:

ישעיה ב

כִּי מִצִּיּוֹן תֵּצֵא תוֹרָה וּדְבַר־יהוה מִירוּשָׁלָםִ:
בָּרוּךְ שֶׁנָּתַן תּוֹרָה לְעַמּוֹ יִשְׂרָאֵל בִּקְדֻשָּׁתוֹ.

זוהר ויקהל

בְּרִיךְ שְׁמֵהּ דְּמָרֵא עָלְמָא, בְּרִיךְ כִּתְרָךְ וְאַתְרָךְ. יְהֵא רְעוּתָךְ עִם עַמָּךְ יִשְׂרָאֵל לְעָלַם, וּפֻרְקַן יְמִינָךְ אַחֲזִי לְעַמָּךְ בְּבֵית מַקְדְּשָׁךְ, וּלְאַמְטוּיֵי לָנָא מִטּוּב נְהוֹרָךְ, וּלְקַבֵּל צְלוֹתָנָא בְּרַחֲמִין. יְהֵא רַעֲוָא קֳדָמָךְ דְּתוֹרִיךְ לַן חַיִּין בְּטִיבוּ, וְלֶהֱוֵי אֲנָא פְקִידָא בְּגוֹ צַדִּיקַיָּא, לְמִרְחַם עָלַי וּלְמִנְטַר יָתִי וְיַת כָּל דִּי לִי וְדִי לְעַמָּךְ יִשְׂרָאֵל. אַנְתְּ הוּא זָן לְכֹלָּא וּמְפַרְנֵס לְכֹלָּא, אַנְתְּ הוּא שַׁלִּיט עַל כֹּלָּא, אַנְתְּ הוּא דְשַׁלִּיט עַל מַלְכַיָּא, וּמַלְכוּתָא דִּילָךְ הִיא. אֲנָא עַבְדָּא דְקֻדְשָׁא בְּרִיךְ הוּא, דְּסָגֵדְנָא קַמֵּהּ וּמִקַּמֵּי דִּיקָר אוֹרַיְתֵהּ בְּכָל עִדָּן וְעִדָּן.

לָא עַל אֱנָשׁ רְחִיצְנָא וְלָא עַל בַּר אֱלָהִין סְמִיכְנָא, אֶלָּא בֶּאֱלָהָא דִשְׁמַיָּא, דְּהוּא אֱלָהָא קְשׁוֹט, וְאוֹרַיְתֵהּ קְשׁוֹט, וּנְבִיאוֹהִי קְשׁוֹט, וּמַסְגֵּא לְמֶעְבַּד טַבְוָן וּקְשׁוֹט. ◂ בֵּהּ אֲנָא רָחִיץ, וְלִשְׁמֵהּ קַדִּישָׁא יַקִּירָא אֲנָא אֵמַר תֻּשְׁבְּחָן. יְהֵא רַעֲוָא קֳדָמָךְ דְּתִפְתַּח לִבַּאי בְּאוֹרַיְתָא, וְתַשְׁלִים מִשְׁאֲלִין דְּלִבַּאי וְלִבָּא דְכָל עַמָּךְ יִשְׂרָאֵל לְטָב וּלְחַיִּין וְלִשְׁלָם.

שליח הציבור מקבל את ספר התורה בימינו, קד לעבר ארון הקודש, ואומר:

תהלים לד
גַּדְּלוּ לַיהוה אִתִּי וּנְרוֹמְמָה שְׁמוֹ יַחְדָּו:

סוגרים את ארון הקודש. שליח הציבור הולך אל הבימה, והקהל אומר:

דברי הימים א׳ כט
לְךָ יהוה הַגְּדֻלָּה וְהַגְּבוּרָה וְהַתִּפְאֶרֶת וְהַנֵּצַח וְהַהוֹד, כִּי־כֹל בַּשָּׁמַיִם וּבָאָרֶץ: לְךָ יהוה הַמַּמְלָכָה וְהַמִּתְנַשֵּׂא לְכֹל לְרֹאשׁ:

תהלים צט
רוֹמְמוּ יהוה אֱלֹהֵינוּ וְהִשְׁתַּחֲווּ לַהֲדֹם רַגְלָיו, קָדוֹשׁ הוּא: רוֹמְמוּ יהוה אֱלֹהֵינוּ וְהִשְׁתַּחֲווּ לְהַר קָדְשׁוֹ, כִּי־קָדוֹשׁ יהוה אֱלֹהֵינוּ:

אַב הָרַחֲמִים הוּא יְרַחֵם עַם עֲמוּסִים, וְיִזְכֹּר בְּרִית אֵיתָנִים, וְיַצִּיל נַפְשׁוֹתֵינוּ מִן הַשָּׁעוֹת הָרָעוֹת, וְיִגְעַר בְּיֵצֶר הָרָע מִן הַנְּשׂוּאִים, וְיָחֹן אוֹתָנוּ לִפְלֵיטַת עוֹלָמִים, וִימַלֵּא מִשְׁאֲלוֹתֵינוּ בְּמִדָּה טוֹבָה יְשׁוּעָה וְרַחֲמִים.

מניח את הספר על הבימה, והגבאי מכריז:

וְתִגָּלֶה וְתֵרָאֶה מַלְכוּתוֹ עָלֵינוּ בִּזְמַן קָרוֹב, וְיָחֹן פְּלֵיטָתֵנוּ וּפְלֵיטַת עַמּוֹ בֵּית יִשְׂרָאֵל לְחֵן וּלְחֶסֶד וּלְרַחֲמִים וּלְרָצוֹן וְנֹאמַר אָמֵן. הַכֹּל הָבוּ גֹדֶל לֵאלֹהֵינוּ וּתְנוּ כָבוֹד לַתּוֹרָה. *כֹּהֵן קְרַב, יַעֲמֹד (פלוני בֶּן פלוני) הַכֹּהֵן.

*אם אין כוהן, הגבאי קורא ללוי או לישראל ואומר:

/אֵין כָּאן כֹּהֵן, יַעֲמֹד (פלוני בֶּן פלוני) בִּמְקוֹם כֹּהֵן./

בָּרוּךְ שֶׁנָּתַן תּוֹרָה לְעַמּוֹ יִשְׂרָאֵל בִּקְדֻשָּׁתוֹ.

הקהל ואחריו הגבאי:

וְאַתֶּם הַדְּבֵקִים בַּיהוה אֱלֹהֵיכֶם חַיִּים כֻּלְּכֶם הַיּוֹם: דברים ד

לקריאת התורה ראה עמ׳ 891.

קודם הברכה על העולה לראות היכן קוראים ולנשק את ספר התורה.
בשעת הברכה אוחז בעמודי הספר.

עולה: בָּרְכוּ אֶת יהוה הַמְבֹרָךְ.

קהל: בָּרוּךְ יהוה הַמְבֹרָךְ לְעוֹלָם וָעֶד.

עולה: בָּרוּךְ יהוה הַמְבֹרָךְ לְעוֹלָם וָעֶד.
בָּרוּךְ אַתָּה יהוה, אֱלֹהֵינוּ מֶלֶךְ הָעוֹלָם אֲשֶׁר בָּחַר בָּנוּ מִכָּל הָעַמִּים וְנָתַן לָנוּ אֶת תּוֹרָתוֹ. בָּרוּךְ אַתָּה יהוה, נוֹתֵן הַתּוֹרָה.

לאחר הקריאה העולה מנשק את ספר התורה ומברך:

עולה: בָּרוּךְ אַתָּה יהוה אֱלֹהֵינוּ מֶלֶךְ הָעוֹלָם אֲשֶׁר נָתַן לָנוּ תּוֹרַת אֱמֶת וְחַיֵּי עוֹלָם נָטַע בְּתוֹכֵנוּ. בָּרוּךְ אַתָּה יהוה, נוֹתֵן הַתּוֹרָה.

במנחה של שבת אין הפסק בין קריאת התורה לקדיש שלפני התפילה,
ולכן אין אומרים קדיש אחרי הקריאה (סידור הרוקח).
כאשר מגביהים את ספר התורה, הקהל אומר:

וְזֹאת הַתּוֹרָה אֲשֶׁר־שָׂם מֹשֶׁה לִפְנֵי בְּנֵי יִשְׂרָאֵל: דברים ד

עַל־פִּי יהוה בְּיַד מֹשֶׁה: במדבר ט

יש מוסיפים: **עֵץ־חַיִּים הִיא לַמַּחֲזִיקִים בָּהּ וְתֹמְכֶיהָ מְאֻשָּׁר:** משלי ג
דְּרָכֶיהָ דַרְכֵי־נֹעַם וְכָל־נְתִיבוֹתֶיהָ שָׁלוֹם:
אֹרֶךְ יָמִים בִּימִינָהּ, בִּשְׂמֹאולָהּ עֹשֶׁר וְכָבוֹד:
יהוה חָפֵץ לְמַעַן צִדְקוֹ יַגְדִּיל תּוֹרָה וְיַאְדִּיר: ישעיה מב

כאן לפי הצורך אומרים 'מִי שֶׁבֵּרַךְ' (עמ' 377–378) ומזכירים נשמות (עמ' 646–647).

יש נוהגים לומר את מזמור צב (עמ' 315).

בזמן גלילת התורה, בבתי כנסת המתפללים בנוסח ספרד,
נוהגים לומר את מזמורים קיא וקיב (מתחת לקו).

בנוסח ספרד אומרים כאן מזמורים קיא וקיב.

הַלְלוּיָהּ, אוֹדֶה יהוה בְּכָל־לֵבָב, בְּסוֹד יְשָׁרִים וְעֵדָה: תהלים קיא
גְּדֹלִים מַעֲשֵׂי יהוה, דְּרוּשִׁים לְכָל־חֶפְצֵיהֶם: הוֹד־וְהָדָר
פָּעֳלוֹ, וְצִדְקָתוֹ עֹמֶדֶת לָעַד: זֵכֶר עָשָׂה לְנִפְלְאֹתָיו, חַנּוּן
וְרַחוּם יהוה: טֶרֶף נָתַן לִירֵאָיו, יִזְכֹּר לְעוֹלָם בְּרִיתוֹ: כֹּחַ
מַעֲשָׂיו הִגִּיד לְעַמּוֹ, לָתֵת לָהֶם נַחֲלַת גּוֹיִם: מַעֲשֵׂי יָדָיו
אֱמֶת וּמִשְׁפָּט, נֶאֱמָנִים כָּל־פִּקּוּדָיו: סְמוּכִים לָעַד לְעוֹלָם,
עֲשׂוּיִם בֶּאֱמֶת וְיָשָׁר: פְּדוּת שָׁלַח לְעַמּוֹ, צִוָּה־לְעוֹלָם
בְּרִיתוֹ, קָדוֹשׁ וְנוֹרָא שְׁמוֹ: רֵאשִׁית חָכְמָה יִרְאַת יהוה,
שֵׂכֶל טוֹב לְכָל־עֹשֵׂיהֶם, תְּהִלָּתוֹ עֹמֶדֶת לָעַד:

תהלים קיב הַלְלוּיָהּ, אַשְׁרֵי־אִישׁ יָרֵא אֶת־יהוה, בְּמִצְוֺתָיו חָפֵץ
מְאֹד: גִּבּוֹר בָּאָרֶץ יִהְיֶה זַרְעוֹ, דּוֹר יְשָׁרִים יְבֹרָךְ: הוֹן־
וָעֹשֶׁר בְּבֵיתוֹ, וְצִדְקָתוֹ עֹמֶדֶת לָעַד: זָרַח בַּחֹשֶׁךְ אוֹר
לַיְשָׁרִים, חַנּוּן וְרַחוּם וְצַדִּיק: טוֹב־אִישׁ חוֹנֵן וּמַלְוֶה,
יְכַלְכֵּל דְּבָרָיו בְּמִשְׁפָּט: כִּי־לְעוֹלָם לֹא־יִמּוֹט, לְזֵכֶר עוֹלָם
יִהְיֶה צַדִּיק: מִשְּׁמוּעָה רָעָה לֹא יִירָא, נָכוֹן לִבּוֹ בָּטֻחַ
בַּיהוה: סָמוּךְ לִבּוֹ לֹא יִירָא, עַד אֲשֶׁר־יִרְאֶה בְצָרָיו:
פִּזַּר, נָתַן לָאֶבְיוֹנִים, צִדְקָתוֹ עֹמֶדֶת לָעַד, קַרְנוֹ תָּרוּם
בְּכָבוֹד: רָשָׁע יִרְאֶה וְכָעָס, שִׁנָּיו יַחֲרֹק וְנָמָס, תַּאֲוַת
רְשָׁעִים תֹּאבֵד:

פותחים את ארון הקודש. שליח הציבור לוקח את ספר התורה בימינו ואומר:

תהלים קמח יְהַלְלוּ אֶת־שֵׁם יהוה, כִּי־נִשְׂגָּב שְׁמוֹ, לְבַדּוֹ

הקהל אומר:

הוֹדוֹ עַל־אֶרֶץ וְשָׁמָיִם:
וַיָּרֶם קֶרֶן לְעַמּוֹ תְּהִלָּה לְכָל־חֲסִידָיו
לִבְנֵי יִשְׂרָאֵל עַם קְרֹבוֹ, הַלְלוּיָהּ:

כאשר מלווים את ספר התורה לארון הקודש, אומרים:

תהלים כד לְדָוִד מִזְמוֹר, לַיהוה הָאָרֶץ וּמְלוֹאָהּ, תֵּבֵל וְיֹשְׁבֵי
בָהּ: כִּי־הוּא עַל־יַמִּים יְסָדָהּ, וְעַל־נְהָרוֹת יְכוֹנְנֶהָ:
מִי־יַעֲלֶה בְהַר־יהוה, וּמִי־יָקוּם בִּמְקוֹם קָדְשׁוֹ:

נְקִי כַפַּיִם וּבַר־לֵבָב, אֲשֶׁר לֹא־נָשָׂא לַשָּׁוְא נַפְשִׁי
וְלֹא נִשְׁבַּע לְמִרְמָה: יִשָּׂא בְרָכָה מֵאֵת יהוה,
וּצְדָקָה מֵאֱלֹהֵי יִשְׁעוֹ: זֶה דּוֹר דֹּרְשָׁו, מְבַקְשֵׁי
פָנֶיךָ, יַעֲקֹב, סֶלָה: שְׂאוּ שְׁעָרִים רָאשֵׁיכֶם,
וְהִנָּשְׂאוּ פִּתְחֵי עוֹלָם, וְיָבוֹא מֶלֶךְ הַכָּבוֹד: מִי
זֶה מֶלֶךְ הַכָּבוֹד, יהוה עִזּוּז וְגִבּוֹר, יהוה גִּבּוֹר
מִלְחָמָה: שְׂאוּ שְׁעָרִים רָאשֵׁיכֶם, וּשְׂאוּ פִּתְחֵי
עוֹלָם, וְיָבֹא מֶלֶךְ הַכָּבוֹד: מִי הוּא זֶה מֶלֶךְ הַכָּבוֹד,
יהוה צְבָאוֹת הוּא מֶלֶךְ הַכָּבוֹד, סֶלָה:

מכניסים את ספר התורה לארון הקודש ואומרים:

וּבְנֻחֹה יֹאמַר, שׁוּבָה יהוה רִבְבוֹת אַלְפֵי יִשְׂרָאֵל: במדבר י
קוּמָה יהוה לִמְנוּחָתֶךָ, אַתָּה וַאֲרוֹן עֻזֶּךָ: כֹּהֲנֶיךָ תהלים קלב
יִלְבְּשׁוּ־צֶדֶק, וַחֲסִידֶיךָ יְרַנֵּנוּ: בַּעֲבוּר דָּוִד עַבְדֶּךָ
אַל־תָּשֵׁב פְּנֵי מְשִׁיחֶךָ: כִּי לֶקַח טוֹב נָתַתִּי לָכֶם, משלי ד
תּוֹרָתִי אַל־תַּעֲזֹבוּ: עֵץ־חַיִּים הִיא לַמַּחֲזִיקִים משלי ג
בָּהּ, וְתֹמְכֶיהָ מְאֻשָּׁר: דְּרָכֶיהָ דַרְכֵי־נֹעַם וְכָל־
נְתִיבוֹתֶיהָ שָׁלוֹם: ‹ הֲשִׁיבֵנוּ יהוה אֵלֶיךָ וְנָשׁוּבָה, איכה ה
חַדֵּשׁ יָמֵינוּ כְּקֶדֶם:

סוגרים את ארון הקודש.

חצי קדיש

ש״ץ: יִתְגַּדַּל וְיִתְקַדַּשׁ שְׁמֵהּ רַבָּא (קהל: אָמֵן)
בְּעָלְמָא דִּי בְרָא כִרְעוּתֵהּ
וְיַמְלִיךְ מַלְכוּתֵהּ
בְּחַיֵּיכוֹן וּבְיוֹמֵיכוֹן
וּבְחַיֵּי דְכָל בֵּית יִשְׂרָאֵל
בַּעֲגָלָא וּבִזְמַן קָרִיב
וְאִמְרוּ אָמֵן. (קהל: אָמֵן)

קהל וש״ץ: יְהֵא שְׁמֵהּ רַבָּא מְבָרַךְ
לְעָלַם וּלְעָלְמֵי עָלְמַיָּא.

ש״ץ: יִתְבָּרַךְ וְיִשְׁתַּבַּח וְיִתְפָּאַר
וְיִתְרוֹמַם וְיִתְנַשֵּׂא וְיִתְהַדָּר וְיִתְעַלֶּה וְיִתְהַלָּל
שְׁמֵהּ דְּקֻדְשָׁא בְּרִיךְ הוּא (קהל: בְּרִיךְ הוּא)
לְעֵלָּא מִן כָּל בִּרְכָתָא
/בשבת שובה: לְעֵלָּא לְעֵלָּא מִכָּל בִּרְכָתָא/
וְשִׁירָתָא, תֻּשְׁבְּחָתָא וְנֶחֱמָתָא
דַּאֲמִירָן בְּעָלְמָא
וְאִמְרוּ אָמֵן. (קהל: אָמֵן)

ביום טוב מתפללים תפילת עמידה של יום טוב (עמ׳ 620), אף אם חל בשבת.

עמידה

"המתפלל צריך שיכוין בלבו פירוש המלות שמוציא בשפתיו; ויחשוב כאלו שכינה כנגדו ויסיר כל המחשבות הטורדות אותו עד שתשאר מחשבתו וכוונתו זכה בתפלתו" (שו"ע צח, א).

פוסע שלוש פסיעות לפנים כמי שנכנס לפני המלך. עומד ומתפלל בלחש מכאן ועד 'וּכְשָׁנִים קַדְמֹנִיּוֹת' בעמ' 468. כורע במקומות המסומנים ב°, קד לפנים במילה הבאה וזוקף בשם.

דברים לב כִּי שֵׁם יהוה אֶקְרָא, הָבוּ גֹדֶל לֵאלֹהֵינוּ:

תהלים נא אֲדֹנָי, שְׂפָתַי תִּפְתָּח, וּפִי יַגִּיד תְּהִלָּתֶךָ:

אבות

°בָּרוּךְ אַתָּה יהוה, אֱלֹהֵינוּ וֵאלֹהֵי אֲבוֹתֵינוּ
אֱלֹהֵי אַבְרָהָם, אֱלֹהֵי יִצְחָק, וֵאלֹהֵי יַעֲקֹב
הָאֵל הַגָּדוֹל הַגִּבּוֹר וְהַנּוֹרָא, אֵל עֶלְיוֹן
גּוֹמֵל חֲסָדִים טוֹבִים, וְקוֹנֵה הַכֹּל
וְזוֹכֵר חַסְדֵי אָבוֹת
וּמֵבִיא גוֹאֵל לִבְנֵי בְנֵיהֶם
לְמַעַן שְׁמוֹ בְּאַהֲבָה.

בשבת שובה: זָכְרֵנוּ לְחַיִּים, מֶלֶךְ חָפֵץ בַּחַיִּים
וְכָתְבֵנוּ בְּסֵפֶר הַחַיִּים לְמַעַנְךָ אֱלֹהִים חַיִּים.

מֶלֶךְ עוֹזֵר וּמוֹשִׁיעַ וּמָגֵן.
°בָּרוּךְ אַתָּה יהוה, מָגֵן אַבְרָהָם.

גבורות

אַתָּה גִּבּוֹר לְעוֹלָם, אֲדֹנָי
מְחַיֵּה מֵתִים אַתָּה, רַב לְהוֹשִׁיעַ

אומרים 'מַשִּׁיב הָרְוּחַ וּמוֹרִיד הַגֶּשֶׁם' משמיני עצרת ועד יום טוב ראשון של פסח, ו'מוֹרִיד הַטָּל' מחול המועד פסח ועד הושענא רבה.

בחורף: מַשִּׁיב הָרְוּחַ וּמוֹרִיד הַגֶּשֶׁם
בקיץ: מוֹרִיד הַטָּל

מְכַלְכֵּל חַיִּים בְּחֶסֶד
מְחַיֵּה מֵתִים בְּרַחֲמִים רַבִּים
סוֹמֵךְ נוֹפְלִים, וְרוֹפֵא חוֹלִים
וּמַתִּיר אֲסוּרִים
וּמְקַיֵּם אֱמוּנָתוֹ לִישֵׁנֵי עָפָר.
מִי כָמְוֹךָ, בַּעַל גְּבוּרוֹת, וּמִי דְּוֹמֶה לָּךְ
מֶלֶךְ, מֵמִית וּמְחַיֶּה וּמַצְמִיחַ יְשׁוּעָה.

בשבת שובה: מִי כָמְוֹךָ אַב הָרַחֲמִים
זוֹכֵר יְצוּרָיו לְחַיִּים בְּרַחֲמִים.

וְנֶאֱמָן אַתָּה לְהַחֲיוֹת מֵתִים.
בָּרוּךְ אַתָּה יהוה, מְחַיֵּה הַמֵּתִים.

בתפילת לחש ממשיך 'אַתָּה קָדוֹשׁ' בעמוד הבא.

קדושה

בחזרת הש״ץ הקהל עומד ואומר קדושה.
במקומות המסומנים ב־˙, המתפלל מתרומם על קצות אצבעותיו.

קהל ואחריו שליח הציבור:

נְקַדֵּשׁ אֶת שִׁמְךָ בָּעוֹלָם, כְּשֵׁם שֶׁמַּקְדִּישִׁים אוֹתוֹ בִּשְׁמֵי מָרוֹם, כַּכָּתוּב עַל יַד נְבִיאֶךָ: וְקָרָא זֶה אֶל־זֶה וְאָמַר ישעיה ו

קהל ואחריו שליח הציבור:

˙קָדוֹשׁ, ˙קָדוֹשׁ, ˙קָדוֹשׁ, יהוה צְבָאוֹת, מְלֹא כָל־הָאָרֶץ כְּבוֹדוֹ:

לְעֻמָּתָם בָּרוּךְ יֹאמֵרוּ

קהל ואחריו שליח הציבור:

˙בָּרוּךְ כְּבוֹד־יהוה מִמְּקוֹמוֹ: יחזקאל ג

וּבְדִבְרֵי קָדְשְׁךָ כָּתוּב לֵאמֹר

קהל ואחריו שליח הציבור:

˙יִמְלֹךְ יהוה לְעוֹלָם, אֱלֹהַיִךְ צִיּוֹן לְדֹר וָדֹר, הַלְלוּיָהּ: תהלים קמו

שליח הציבור:

לְדוֹר וָדוֹר נַגִּיד גָּדְלֶךָ, וּלְנֵצַח נְצָחִים קְדֻשָּׁתְךָ נַקְדִּישׁ, וְשִׁבְחֲךָ אֱלֹהֵינוּ מִפִּינוּ לֹא יָמוּשׁ לְעוֹלָם וָעֶד, כִּי אֵל מֶלֶךְ גָּדוֹל וְקָדוֹשׁ אָתָּה. בָּרוּךְ אַתָּה יהוה, הָאֵל הַקָּדוֹשׁ. /בשבת שובה: הַמֶּלֶךְ הַקָּדוֹשׁ./

אם שכח, חוזר לראש התפילה.

שליח הציבור ממשיך ׳אַתָּה אֶחָד׳ (למטה).

קדושת השם

אַתָּה קָדוֹשׁ וְשִׁמְךָ קָדוֹשׁ
וּקְדוֹשִׁים בְּכָל יוֹם יְהַלְלוּךָ סֶּלָה.
בָּרוּךְ אַתָּה יהוה
הָאֵל הַקָּדוֹשׁ. / בשבת שובה: הַמֶּלֶךְ הַקָּדוֹשׁ./

אם שכח, חוזר לראש התפילה.

קדושת היום

תיקנו לומר במנחה של שבת 'אַתָּה אֶחָד' כנגד השבת שלעתיד לבוא (טור, רצב).

אַתָּה אֶחָד וְשִׁמְךָ אֶחָד
וּמִי כְּעַמְּךָ יִשְׂרָאֵל גּוֹי אֶחָד בָּאָרֶץ.
תִּפְאֶרֶת גְּדֻלָּה וַעֲטֶרֶת יְשׁוּעָה
יוֹם מְנוּחָה וּקְדֻשָּׁה לְעַמְּךָ נָתָתָּ.
אַבְרָהָם יָגֵל, יִצְחָק יְרַנֵּן, יַעֲקֹב וּבָנָיו יָנְוּחוּ בוֹ
מְנוּחַת אַהֲבָה וּנְדָבָה
מְנוּחַת אֱמֶת וֶאֱמוּנָה
מְנוּחַת שָׁלוֹם וְשַׁלְוָה וְהַשְׁקֵט וָבֶטַח
מְנוּחָה שְׁלֵמָה שֶׁאַתָּה רוֹצֶה בָּהּ.
יַכִּירוּ בָנֶיךָ וְיֵדְעוּ, כִּי מֵאִתְּךָ הִיא מְנוּחָתָם
וְעַל מְנוּחָתָם יַקְדִּישׁוּ אֶת שְׁמֶךָ.

אֱלֹהֵֽינוּ וֵאלֹהֵי אֲבוֹתֵֽינוּ
רְצֵה בִמְנוּחָתֵֽנוּ
קַדְּשֵֽׁנוּ בְּמִצְוֹתֶֽיךָ וְתֵן חֶלְקֵֽנוּ בְּתוֹרָתֶֽךָ
שַׂבְּעֵֽנוּ מִטּוּבֶֽךָ וְשַׂמְּחֵֽנוּ בִּישׁוּעָתֶֽךָ
וְטַהֵר לִבֵּֽנוּ לְעָבְדְּךָ בֶּאֱמֶת.
וְהַנְחִילֵֽנוּ יהוה אֱלֹהֵֽינוּ בְּאַהֲבָה וּבְרָצוֹן
שַׁבְּתוֹת קָדְשֶֽׁךָ
וְיָנֽוּחוּ בָם יִשְׂרָאֵל מְקַדְּשֵׁי שְׁמֶֽךָ.
בָּרוּךְ אַתָּה יהוה, מְקַדֵּשׁ הַשַּׁבָּת.

עבודה

רְצֵה יהוה אֱלֹהֵֽינוּ בְּעַמְּךָ יִשְׂרָאֵל וּבִתְפִלָּתָם
וְהָשֵׁב אֶת הָעֲבוֹדָה לִדְבִיר בֵּיתֶֽךָ
וְאִשֵּׁי יִשְׂרָאֵל וּתְפִלָּתָם
בְּאַהֲבָה תְקַבֵּל בְּרָצוֹן
וּתְהִי לְרָצוֹן תָּמִיד עֲבוֹדַת יִשְׂרָאֵל עַמֶּֽךָ.

בראש חודש ובחול המועד:

אֱלֹהֵֽינוּ וֵאלֹהֵי אֲבוֹתֵֽינוּ, יַעֲלֶה וְיָבוֹא וְיַגִּֽיעַ, וְיֵרָאֶה וְיֵרָצֶה וְיִשָּׁמַע, וְיִפָּקֵד וְיִזָּכֵר זִכְרוֹנֵֽנוּ וּפִקְדוֹנֵֽנוּ

וְזִכְרוֹן אֲבוֹתֵינוּ, וְזִכְרוֹן מָשִׁיחַ בֶּן דָּוִד עַבְדֶּךָ, וְזִכְרוֹן יְרוּשָׁלַיִם עִיר קָדְשֶׁךָ, וְזִכְרוֹן כָּל עַמְּךָ בֵּית יִשְׂרָאֵל, לְפָנֶיךָ, לִפְלֵיטָה לְטוֹבָה, לְחֵן וּלְחֶסֶד וּלְרַחֲמִים, לְחַיִּים וּלְשָׁלוֹם בְּיוֹם

בראש חודש: רֹאשׁ הַחֹדֶשׁ

בפסח: חַג הַמַּצּוֹת

בסוכות: חַג הַסֻּכּוֹת

הַזֶּה. זָכְרֵנוּ יהוה אֱלֹהֵינוּ בּוֹ לְטוֹבָה, וּפָקְדֵנוּ בוֹ לִבְרָכָה, וְהוֹשִׁיעֵנוּ בוֹ לְחַיִּים. וּבִדְבַר יְשׁוּעָה וְרַחֲמִים, חוּס וְחָנֵּנוּ וְרַחֵם עָלֵינוּ וְהוֹשִׁיעֵנוּ, כִּי אֵלֶיךָ עֵינֵינוּ, כִּי אֵל מֶלֶךְ חַנּוּן וְרַחוּם אָתָּה.

וְתֶחֱזֶינָה עֵינֵינוּ בְּשׁוּבְךָ לְצִיּוֹן בְּרַחֲמִים.
בָּרוּךְ אַתָּה יהוה, הַמַּחֲזִיר שְׁכִינָתוֹ לְצִיּוֹן.

בחזרת הש״ץ הקהל אומר ׳מודים׳ מתחת לקו בעמוד הבא.
בתפילת הלחש הקהל ממשיך כאן.

הודאה

כורע ב׳מודים׳ ואינו זוקף עד אמירת השם (סידור השל״ה).

מוֹדִים אֲנַחְנוּ לָךְ
שָׁאַתָּה הוּא יהוה אֱלֹהֵינוּ וֵאלֹהֵי אֲבוֹתֵינוּ
לְעוֹלָם וָעֶד.

צוּר חַיֵּינוּ, מָגֵן יִשְׁעֵנוּ אַתָּה הוּא לְדוֹר וָדוֹר.
נוֹדֶה לְּךָ וּנְסַפֵּר תְּהִלָּתֶךָ
עַל חַיֵּינוּ הַמְּסוּרִים בְּיָדֶךָ
וְעַל נִשְׁמוֹתֵינוּ הַפְּקוּדוֹת לָךְ
וְעַל נִסֶּיךָ שֶׁבְּכָל יוֹם עִמָּנוּ
וְעַל נִפְלְאוֹתֶיךָ וְטוֹבוֹתֶיךָ
שֶׁבְּכָל עֵת, עֶרֶב וָבֹקֶר וְצָהֳרָיִם.
הַטּוֹב, כִּי לֹא כָלוּ רַחֲמֶיךָ
וְהַמְרַחֵם, כִּי לֹא תַמּוּ חֲסָדֶיךָ
מֵעוֹלָם קִוִּינוּ לָךְ.

בתפילת הלחש ממשיך בחנוכה ובפורים בעמוד הבא,
בשאר הימים ׳וְעַל כֻּלָּם׳ בעמ׳ 465.

כשהש״ץ אומר ׳מוֹדִים׳, הקהל אומר בלחש:

מוֹדִים אֲנַחְנוּ לָךְ, שָׁאַתָּה הוּא יהוה אֱלֹהֵינוּ וֵאלֹהֵי אֲבוֹתֵינוּ, אֱלֹהֵי כָל בָּשָׂר, יוֹצְרֵנוּ, יוֹצֵר בְּרֵאשִׁית. בְּרָכוֹת וְהוֹדָאוֹת, לְשִׁמְךָ הַגָּדוֹל וְהַקָּדוֹשׁ, עַל שֶׁהֶחֱיִיתָנוּ וְקִיַּמְתָּנוּ. כֵּן תְּחַיֵּנוּ וּתְקַיְּמֵנוּ, וְתֶאֱסֹף גָּלֻיּוֹתֵינוּ, לְחַצְרוֹת קָדְשֶׁךָ, לִשְׁמֹר חֻקֶּיךָ וְלַעֲשׂוֹת רְצוֹנֶךָ וּלְעָבְדְּךָ בְּלֵבָב שָׁלֵם, עַל שֶׁאֲנַחְנוּ מוֹדִים לָךְ. בָּרוּךְ אֵל הַהוֹדָאוֹת.

בחנוכה:

עַל הַנִּסִּים וְעַל הַפֻּרְקָן וְעַל הַגְּבוּרוֹת וְעַל הַתְּשׁוּעוֹת וְעַל הַמִּלְחָמוֹת שֶׁעָשִׂיתָ לַאֲבוֹתֵינוּ בַּיָּמִים הָהֵם בַּזְּמַן הַזֶּה.

בִּימֵי מַתִּתְיָהוּ בֶּן יוֹחָנָן כֹּהֵן גָּדוֹל חַשְׁמוֹנַאי וּבָנָיו, כְּשֶׁעָמְדָה מַלְכוּת יָוָן הָרְשָׁעָה עַל עַמְּךָ יִשְׂרָאֵל לְהַשְׁכִּיחָם תּוֹרָתֶךָ וּלְהַעֲבִירָם מֵחֻקֵּי רְצוֹנֶךָ, וְאַתָּה בְּרַחֲמֶיךָ הָרַבִּים עָמַדְתָּ לָהֶם בְּעֵת צָרָתָם, רַבְתָּ אֶת רִיבָם, דַּנְתָּ אֶת דִּינָם, נָקַמְתָּ אֶת נִקְמָתָם, מָסַרְתָּ גִבּוֹרִים בְּיַד חַלָּשִׁים, וְרַבִּים בְּיַד מְעַטִּים, וּטְמֵאִים בְּיַד טְהוֹרִים, וּרְשָׁעִים בְּיַד צַדִּיקִים, וְזֵדִים בְּיַד עוֹסְקֵי תוֹרָתֶךָ, וּלְךָ עָשִׂיתָ שֵׁם גָּדוֹל וְקָדוֹשׁ בְּעוֹלָמֶךָ, וּלְעַמְּךָ יִשְׂרָאֵל עָשִׂיתָ תְּשׁוּעָה גְדוֹלָה וּפֻרְקָן כְּהַיּוֹם הַזֶּה. וְאַחַר כֵּן בָּאוּ בָנֶיךָ לִדְבִיר בֵּיתֶךָ, וּפִנּוּ אֶת הֵיכָלֶךָ, וְטִהֲרוּ אֶת מִקְדָּשֶׁךָ, וְהִדְלִיקוּ נֵרוֹת בְּחַצְרוֹת קָדְשֶׁךָ, וְקָבְעוּ שְׁמוֹנַת יְמֵי חֲנֻכָּה אֵלּוּ, לְהוֹדוֹת וּלְהַלֵּל לְשִׁמְךָ הַגָּדוֹל.

וממשיך ׳וְעַל כֻּלָּם׳.

בשושן פורים בירושלים:

עַל הַנִּסִּים וְעַל הַפֻּרְקָן וְעַל הַגְּבוּרוֹת וְעַל הַתְּשׁוּעוֹת וְעַל הַמִּלְחָמוֹת שֶׁעָשִׂיתָ לַאֲבוֹתֵינוּ בַּיָּמִים הָהֵם בַּזְּמַן הַזֶּה.

בִּימֵי מָרְדְּכַי וְאֶסְתֵּר בְּשׁוּשַׁן הַבִּירָה, כְּשֶׁעָמַד
עֲלֵיהֶם הָמָן הָרָשָׁע, בִּקֵּשׁ לְהַשְׁמִיד לַהֲרֹג וּלְאַבֵּד אסתר ג
אֶת־כָּל־הַיְּהוּדִים מִנַּעַר וְעַד־זָקֵן טַף וְנָשִׁים בְּיוֹם
אֶחָד, בִּשְׁלוֹשָׁה עָשָׂר לְחֹדֶשׁ שְׁנֵים־עָשָׂר, הוּא־
חֹדֶשׁ אֲדָר, וּשְׁלָלָם לָבוֹז: וְאַתָּה בְּרַחֲמֶיךָ הָרַבִּים
הֵפַרְתָּ אֶת עֲצָתוֹ, וְקִלְקַלְתָּ אֶת מַחֲשַׁבְתּוֹ,
וַהֲשֵׁבוֹתָ לּוֹ גְּמוּלוֹ בְּרֹאשׁוֹ, וְתָלוּ אוֹתוֹ וְאֶת בָּנָיו
עַל הָעֵץ.

וממשיך ׳וְעַל כֻּלָּם׳.

וְעַל כֻּלָּם יִתְבָּרַךְ וְיִתְרוֹמַם שִׁמְךָ מַלְכֵּנוּ
תָּמִיד לְעוֹלָם וָעֶד.

בשבת שובה: וּכְתֹב לְחַיִּים טוֹבִים כָּל בְּנֵי בְרִיתֶךָ.

וְכֹל הַחַיִּים יוֹדְוּךָ סֶּלָה
וִיהַלְלוּ אֶת שִׁמְךָ בֶּאֱמֶת
הָאֵל יְשׁוּעָתֵנוּ וְעֶזְרָתֵנוּ סֶלָה.
בָּרוּךְ אַתָּה יהוה
הַטּוֹב שִׁמְךָ וּלְךָ נָאֶה לְהוֹדוֹת.

שלום

יש אומרים כאן ׳שָׁלוֹם רָב׳ (עמ׳ 542).

(עמ׳ 542)

שִׂים שָׁלוֹם טוֹבָה וּבְרָכָה
חֵן וָחֶסֶד וְרַחֲמִים עָלֵינוּ
וְעַל כָּל יִשְׂרָאֵל עַמֶּךָ.
בָּרְכֵנוּ אָבִינוּ כֻּלָּנוּ כְּאֶחָד בְּאוֹר פָּנֶיךָ
כִּי בְאוֹר פָּנֶיךָ נָתַתָּ לָנוּ, יהוה אֱלֹהֵינוּ
תּוֹרַת חַיִּים וְאַהֲבַת חֶסֶד, וּצְדָקָה וּבְרָכָה
וְרַחֲמִים וְחַיִּים וְשָׁלוֹם.
וְטוֹב בְּעֵינֶיךָ לְבָרֵךְ אֶת עַמְּךָ יִשְׂרָאֵל
בְּכָל עֵת וּבְכָל שָׁעָה בִּשְׁלוֹמֶךָ.

בשבת שובה: בְּסֵפֶר חַיִּים, בְּרָכָה וְשָׁלוֹם, וּפַרְנָסָה טוֹבָה
נִזָּכֵר וְנִכָּתֵב לְפָנֶיךָ
אֲנַחְנוּ וְכָל עַמְּךָ בֵּית יִשְׂרָאֵל
לְחַיִּים טוֹבִים וּלְשָׁלוֹם.

בני חוץ לארץ מסיימים: בָּרוּךְ אַתָּה יהוה, עוֹשֵׂה הַשָּׁלוֹם.

בָּרוּךְ אַתָּה יהוה
הַמְבָרֵךְ אֶת עַמּוֹ יִשְׂרָאֵל בַּשָּׁלוֹם.

שליח הציבור מסיים באמירת הפסוק הבא בלחש,
ויש הנוהגים לאומרו גם בסוף תפילת לחש של יחיד.

יִהְיוּ לְרָצוֹן אִמְרֵי־פִי וְהֶגְיוֹן לִבִּי לְפָנֶיךָ, יהוה צוּרִי וְגֹאֲלִי: תהלים יט

ברכות יז.

אֱלֹהַי

נְצֹר לְשׁוֹנִי מֵרָע וּשְׂפָתַי מִדַּבֵּר מִרְמָה

וְלִמְקַלְלַי נַפְשִׁי תִדֹּם וְנַפְשִׁי כֶּעָפָר לַכֹּל תִּהְיֶה.

פְּתַח לִבִּי בְּתוֹרָתֶךָ וּבְמִצְוֹתֶיךָ תִּרְדֹּף נַפְשִׁי.

וְכָל הַחוֹשְׁבִים עָלַי רָעָה

מְהֵרָה הָפֵר עֲצָתָם וְקַלְקֵל מַחֲשַׁבְתָּם.

עֲשֵׂה לְמַעַן שְׁמֶךָ

עֲשֵׂה לְמַעַן יְמִינֶךָ

עֲשֵׂה לְמַעַן קְדֻשָּׁתֶךָ

עֲשֵׂה לְמַעַן תּוֹרָתֶךָ.

לְמַעַן יֵחָלְצוּן יְדִידֶיךָ, הוֹשִׁיעָה יְמִינְךָ וַעֲנֵנִי: תהלים ס

יִהְיוּ לְרָצוֹן אִמְרֵי־פִי וְהֶגְיוֹן לִבִּי לְפָנֶיךָ תהלים יט

יהוה צוּרִי וְגֹאֲלִי:

כורע ופוסע שלוש פסיעות לאחור. קד לשמאל, לימין ולפנים באמירת:

עֹשֶׂה שָׁלוֹם/ בשבת שובה: הַשָּׁלוֹם/ בִּמְרוֹמָיו

הוּא יַעֲשֶׂה שָׁלוֹם עָלֵינוּ וְעַל כָּל יִשְׂרָאֵל

וְאִמְרוּ אָמֵן.

יְהִי רָצוֹן מִלְּפָנֶיךָ יהוה אֱלֹהֵינוּ וֵאלֹהֵי אֲבוֹתֵינוּ
שֶׁיִּבָּנֶה בֵּית הַמִּקְדָּשׁ בִּמְהֵרָה בְיָמֵינוּ, וְתֵן חֶלְקֵנוּ בְּתוֹרָתֶךָ
וְשָׁם נַעֲבָדְךָ בְּיִרְאָה כִּימֵי עוֹלָם וּכְשָׁנִים קַדְמֹנִיּוֹת.
מלאכי ג וְעָרְבָה לַיהוה מִנְחַת יְהוּדָה וִירוּשָׁלָםִ
כִּימֵי עוֹלָם וּכְשָׁנִים קַדְמֹנִיּוֹת:

אומרים שלושה פסוקי צידוק הדין במנחה של שבת, מפני שבשעה זו מת משה (רב שר שלום גאון, מובא בתוספות, מנחות ל ע״א) וכן יוסף ודוד (זוהר, תרומה קנו ע״א).
אם חל בשבת יום שאין אומרים בו תחנון אם היה חל בחול,
אין אומרים ׳צִדְקָתְךָ׳ (טור, רצב). ראה עמ׳ 100.

תהלים קיט צִדְקָתְךָ צֶדֶק לְעוֹלָם וְתוֹרָתְךָ אֱמֶת:
תהלים עא וְצִדְקָתְךָ אֱלֹהִים עַד־מָרוֹם
אֲשֶׁר־עָשִׂיתָ גְדֹלוֹת
אֱלֹהִים, מִי כָמְוֹךָ:
תהלים לו צִדְקָתְךָ כְּהַרְרֵי־אֵל, מִשְׁפָּטֶךָ תְּהוֹם רַבָּה
אָדָם וּבְהֵמָה תוֹשִׁיעַ יהוה:

קדיש שלם

ש״ץ: יִתְגַּדַּל וְיִתְקַדַּשׁ שְׁמֵהּ רַבָּא (קהל: אָמֵן)
בְּעָלְמָא דִּי בְרָא כִרְעוּתֵהּ, וְיַמְלִיךְ מַלְכוּתֵהּ
בְּחַיֵּיכוֹן וּבְיוֹמֵיכוֹן וּבְחַיֵּי דְכָל בֵּית יִשְׂרָאֵל
בַּעֲגָלָא וּבִזְמַן קָרִיב
וְאִמְרוּ אָמֵן. (קהל: אָמֵן)

קהל וש״ץ: **יְהֵא שְׁמֵהּ רַבָּא מְבָרַךְ לְעָלַם וּלְעָלְמֵי עָלְמַיָּא.**

ש״ץ: **יִתְבָּרַךְ וְיִשְׁתַּבַּח וְיִתְפָּאַר**
וְיִתְרוֹמַם וְיִתְנַשֵּׂא וְיִתְהַדָּר וְיִתְעַלֶּה וְיִתְהַלָּל
שְׁמֵהּ דְּקֻדְשָׁא בְּרִיךְ הוּא (קהל: **בְּרִיךְ הוּא**)
לְעֵלָּא מִן כָּל בִּרְכָתָא
/ בשבת שובה: **לְעֵלָּא לְעֵלָּא מִכָּל בִּרְכָתָא**/
וְשִׁירָתָא, תֻּשְׁבְּחָתָא וְנֶחֱמָתָא
דַּאֲמִירָן בְּעָלְמָא
וְאִמְרוּ אָמֵן. (קהל: **אָמֵן**)

תִּתְקַבַּל צְלוֹתְהוֹן וּבָעוּתְהוֹן דְּכָל יִשְׂרָאֵל
קֳדָם אֲבוּהוֹן דִּי בִשְׁמַיָּא
וְאִמְרוּ אָמֵן. (קהל: **אָמֵן**)

יְהֵא שְׁלָמָא רַבָּא מִן שְׁמַיָּא
וְחַיִּים, עָלֵינוּ וְעַל כָּל יִשְׂרָאֵל
וְאִמְרוּ אָמֵן. (קהל: **אָמֵן**)

כורע ופוסע שלוש פסיעות לאחור. קד לשמאל, לימין ולפנים באמירת:

עֹשֶׂה שָׁלוֹם/ בשבת שובה: **הַשָּׁלוֹם**/ **בִּמְרוֹמָיו**
הוּא יַעֲשֶׂה שָׁלוֹם עָלֵינוּ וְעַל כָּל יִשְׂרָאֵל
וְאִמְרוּ אָמֵן. (קהל: **אָמֵן**)

אומרים 'עָלֵינוּ' בעמידה ומשתחווים במקום המסומן ב°.

עָלֵינוּ לְשַׁבֵּחַ לַאֲדוֹן הַכֹּל

לָתֵת גְּדֻלָּה לְיוֹצֵר בְּרֵאשִׁית

שֶׁלֹּא עָשָׂנוּ כְּגוֹיֵי הָאֲרָצוֹת, וְלֹא שָׂמָנוּ

כְּמִשְׁפְּחוֹת הָאֲדָמָה

שֶׁלֹּא שָׂם חֶלְקֵנוּ כָּהֶם וְגוֹרָלֵנוּ כְּכָל הֲמוֹנָם.

שֶׁהֵם מִשְׁתַּחֲוִים לְהֶבֶל וָרִיק

וּמִתְפַּלְלִים אֶל אֵל לֹא יוֹשִׁיעַ.

°וַאֲנַחְנוּ כּוֹרְעִים וּמִשְׁתַּחֲוִים וּמוֹדִים

לִפְנֵי מֶלֶךְ מַלְכֵי הַמְּלָכִים, הַקָּדוֹשׁ בָּרוּךְ הוּא

שֶׁהוּא נוֹטֶה שָׁמַיִם וְיוֹסֵד אָרֶץ

וּמוֹשַׁב יְקָרוֹ בַּשָּׁמַיִם מִמַּעַל

וּשְׁכִינַת עֻזּוֹ בְּגָבְהֵי מְרוֹמִים.

הוּא אֱלֹהֵינוּ, אֵין עוֹד.

אֱמֶת מַלְכֵּנוּ, אֶפֶס זוּלָתוֹ, כַּכָּתוּב בְּתוֹרָתוֹ

דברים ד וְיָדַעְתָּ הַיּוֹם וַהֲשֵׁבֹתָ אֶל־לְבָבֶךָ

כִּי יהוה הוּא הָאֱלֹהִים

בַּשָּׁמַיִם מִמַּעַל וְעַל־הָאָרֶץ מִתָּחַת, אֵין עוֹד:

עַל כֵּן נְקַוֶּה לְּךָ יהוה אֱלֹהֵינוּ
לִרְאוֹת מְהֵרָה בְּתִפְאֶרֶת עֻזֶּךָ
לְהַעֲבִיר גִּלּוּלִים מִן הָאָרֶץ
וְהָאֱלִילִים כָּרוֹת יִכָּרֵתוּן
לְתַקֵּן עוֹלָם בְּמַלְכוּת שַׁדַּי.
וְכָל בְּנֵי בָשָׂר יִקְרְאוּ בִשְׁמֶךָ
לְהַפְנוֹת אֵלֶיךָ כָּל רִשְׁעֵי אָרֶץ.
יַכִּירוּ וְיֵדְעוּ כָּל יוֹשְׁבֵי תֵבֵל
כִּי לְךָ תִּכְרַע כָּל בֶּרֶךְ, תִּשָּׁבַע כָּל לָשׁוֹן.
לְפָנֶיךָ יהוה אֱלֹהֵינוּ יִכְרְעוּ וְיִפֹּלוּ
וְלִכְבוֹד שִׁמְךָ יְקָר יִתֵּנוּ
וִיקַבְּלוּ כֻלָּם אֶת עֹל מַלְכוּתֶךָ
וְתִמְלֹךְ עֲלֵיהֶם מְהֵרָה לְעוֹלָם וָעֶד.
כִּי הַמַּלְכוּת שֶׁלְּךָ הִיא
וּלְעוֹלְמֵי עַד תִּמְלֹךְ בְּכָבוֹד
שמות טו כַּכָּתוּב בְּתוֹרָתֶךָ, יהוה יִמְלֹךְ לְעֹלָם וָעֶד:
זכריה יד • וְנֶאֱמַר, וְהָיָה יהוה לְמֶלֶךְ עַל־כָּל־הָאָרֶץ
בַּיּוֹם הַהוּא יִהְיֶה יהוה אֶחָד וּשְׁמוֹ אֶחָד:

יש מוסיפים:

משלי ג אַל־תִּירָא מִפַּחַד פִּתְאֹם וּמִשֹּׁאַת רְשָׁעִים כִּי תָבֹא:
ישעיה ח עֻצוּ עֵצָה וְתֻפָר, דַּבְּרוּ דָבָר וְלֹא יָקוּם, כִּי עִמָּנוּ אֵל:
ישעיה מו וְעַד־זִקְנָה אֲנִי הוּא, וְעַד־שֵׂיבָה אֲנִי אֶסְבֹּל
אֲנִי עָשִׂיתִי וַאֲנִי אֶשָּׂא וַאֲנִי אֶסְבֹּל וַאֲמַלֵּט:

קדיש יתום

אבל: יִתְגַּדַּל וְיִתְקַדַּשׁ שְׁמֵהּ רַבָּא (קהל: אָמֵן)
בְּעָלְמָא דִּי בְרָא כִרְעוּתֵהּ
וְיַמְלִיךְ מַלְכוּתֵהּ
בְּחַיֵּיכוֹן וּבְיוֹמֵיכוֹן
וּבְחַיֵּי דְכָל בֵּית יִשְׂרָאֵל
בַּעֲגָלָא וּבִזְמַן קָרִיב
וְאִמְרוּ אָמֵן. (קהל: אָמֵן)

קהל ואבל: יְהֵא שְׁמֵהּ רַבָּא מְבָרַךְ
לְעָלַם וּלְעָלְמֵי עָלְמַיָּא.

אבל: יִתְבָּרַךְ וְיִשְׁתַּבַּח וְיִתְפָּאַר וְיִתְרוֹמַם וְיִתְנַשֵּׂא
וְיִתְהַדָּר וְיִתְעַלֶּה וְיִתְהַלָּל
שְׁמֵהּ דְּקֻדְשָׁא בְּרִיךְ הוּא (קהל: בְּרִיךְ הוּא)

לְעֵלָּא מִן כָּל בִּרְכָתָא

/ בשבת שובה: לְעֵלָּא לְעֵלָּא מִכָּל בִּרְכָתָא/

וְשִׁירָתָא, תֻּשְׁבְּחָתָא וְנֶחֱמָתָא

דַּאֲמִירָן בְּעָלְמָא

וְאִמְרוּ אָמֵן. (קהל: אָמֵן)

יְהֵא שְׁלָמָא רַבָּא מִן שְׁמַיָּא, וְחַיִּים

עָלֵינוּ וְעַל כָּל יִשְׂרָאֵל

וְאִמְרוּ אָמֵן. (קהל: אָמֵן)

כורע ופוסע שלוש פסיעות לאחור. קד לשמאל, לימין ולפנים באמירת:

עֹשֶׂה שָׁלוֹם/ בשבת שובה: הַשָּׁלוֹם/ בִּמְרוֹמָיו

הוּא יַעֲשֶׂה שָׁלוֹם עָלֵינוּ וְעַל כָּל יִשְׂרָאֵל

וְאִמְרוּ אָמֵן. (קהל: אָמֵן)

משבת בראשית ועד לפני שבת הגדול נוהגים לומר 'בָּרְכִי נַפְשִׁי' ושירי המעלות לאחר תפילת מנחה (בעמוד הבא).

מפסח ועד ראש השנה נוהגים לומר פרקי אבות (עמ' 483).

בבתי כנסת המתפללים בנוסח ספרד, מוסיפים את המזמור 'לְדָוִד ה' אוֹרִי וְיִשְׁעִי' (עמ' 422) מר"ח אלול ועד הושענא רבה, ואחריו אומרים קדיש יתום.

ברכי נפשי

נוהגים לומר 'בָּרְכִי נַפְשִׁי' משבת בראשית, כיוון שהוא עוסק בבריאה,
ואחריו אומרים את שירי המעלות, שעליהם נאמר (סוכה נג ע"א)
שהצילו את העולם מלשוב לתוהו ובוהו ('לבוש', תרסט).

תהלים קד
בָּרְכִי נַפְשִׁי אֶת־יהוה, יהוה אֱלֹהַי גָּדַלְתָּ מְּאֹד,
הוֹד וְהָדָר לָבָשְׁתָּ: עֹטֶה־אוֹר כַּשַּׂלְמָה, נוֹטֶה
שָׁמַיִם כַּיְרִיעָה: הַמְקָרֶה בַמַּיִם עֲלִיּוֹתָיו, הַשָּׂם־
עָבִים רְכוּבוֹ, הַמְהַלֵּךְ עַל־כַּנְפֵי־רוּחַ: עֹשֶׂה
מַלְאָכָיו רוּחוֹת, מְשָׁרְתָיו אֵשׁ לֹהֵט: יָסַד־אֶרֶץ
עַל־מְכוֹנֶיהָ, בַּל־תִּמּוֹט עוֹלָם וָעֶד: תְּהוֹם כַּלְּבוּשׁ
כִּסִּיתוֹ, עַל־הָרִים יַעַמְדוּ־מָיִם: מִן־גַּעֲרָתְךָ
יְנוּסוּן, מִן־קוֹל רַעַמְךָ יֵחָפֵזוּן: יַעֲלוּ הָרִים, יֵרְדוּ
בְקָעוֹת, אֶל־מְקוֹם זֶה יָסַדְתָּ לָהֶם: גְּבוּל־שַׂמְתָּ
בַּל־יַעֲבֹרוּן, בַּל־יְשֻׁבוּן לְכַסּוֹת הָאָרֶץ: הַמְשַׁלֵּחַ
מַעְיָנִים בַּנְּחָלִים, בֵּין הָרִים יְהַלֵּכוּן: יַשְׁקוּ כָּל־
חַיְתוֹ שָׂדָי, יִשְׁבְּרוּ פְרָאִים צְמָאָם: עֲלֵיהֶם עוֹף־
הַשָּׁמַיִם יִשְׁכּוֹן, מִבֵּין עֳפָאיִם יִתְּנוּ־קוֹל: מַשְׁקֶה
הָרִים מֵעֲלִיּוֹתָיו, מִפְּרִי מַעֲשֶׂיךָ תִּשְׂבַּע הָאָרֶץ:
מַצְמִיחַ חָצִיר לַבְּהֵמָה, וְעֵשֶׂב לַעֲבֹדַת הָאָדָם,
לְהוֹצִיא לֶחֶם מִן־הָאָרֶץ: וְיַיִן יְשַׂמַּח לְבַב־אֱנוֹשׁ,

לְהַצְהִיל פָּנִים מִשָּׁמֶן, וְלֶחֶם לְבַב־אֱנוֹשׁ יִסְעָד: יִשְׂבְּעוּ עֲצֵי יהוה, אַרְזֵי לְבָנוֹן אֲשֶׁר נָטָע: אֲשֶׁר־שָׁם צִפֳּרִים יְקַנֵּנוּ, חֲסִידָה בְּרוֹשִׁים בֵּיתָהּ: הָרִים הַגְּבֹהִים לַיְּעֵלִים, סְלָעִים מַחְסֶה לַשְׁפַנִּים: עָשָׂה יָרֵחַ לְמוֹעֲדִים, שֶׁמֶשׁ יָדַע מְבוֹאוֹ: תָּשֶׁת־חֹשֶׁךְ וִיהִי לָיְלָה, בּוֹ־תִרְמֹשׂ כָּל־חַיְתוֹ־יָעַר: הַכְּפִירִים שֹׁאֲגִים לַטָּרֶף, וּלְבַקֵּשׁ מֵאֵל אָכְלָם: תִּזְרַח הַשֶּׁמֶשׁ יֵאָסֵפוּן, וְאֶל־מְעוֹנֹתָם יִרְבָּצוּן: יֵצֵא אָדָם לְפָעֳלוֹ, וְלַעֲבֹדָתוֹ עֲדֵי־עָרֶב: מָה־רַבּוּ מַעֲשֶׂיךָ יהוה, כֻּלָּם בְּחָכְמָה עָשִׂיתָ, מָלְאָה הָאָרֶץ קִנְיָנֶךָ: זֶה הַיָּם גָּדוֹל וּרְחַב יָדָיִם, שָׁם־רֶמֶשׂ וְאֵין מִסְפָּר, חַיּוֹת קְטַנּוֹת עִם־גְּדֹלוֹת: שָׁם אֳנִיּוֹת יְהַלֵּכוּן, לִוְיָתָן זֶה־יָצַרְתָּ לְשַׂחֶק־בּוֹ: כֻּלָּם אֵלֶיךָ יְשַׂבֵּרוּן, לָתֵת אָכְלָם בְּעִתּוֹ: תִּתֵּן לָהֶם יִלְקֹטוּן, תִּפְתַּח יָדְךָ יִשְׂבְּעוּן טוֹב: תַּסְתִּיר פָּנֶיךָ יִבָּהֵלוּן, תֹּסֵף רוּחָם יִגְוָעוּן, וְאֶל־עֲפָרָם יְשׁוּבוּן: תְּשַׁלַּח רוּחֲךָ יִבָּרֵאוּן, וּתְחַדֵּשׁ פְּנֵי אֲדָמָה: יְהִי כְבוֹד יהוה לְעוֹלָם, יִשְׂמַח יהוה בְּמַעֲשָׂיו: הַמַּבִּיט לָאָרֶץ וַתִּרְעָד, יִגַּע בֶּהָרִים וְיֶעֱשָׁנוּ: אָשִׁירָה לַיהוה בְּחַיָּי,

אֲזַמְּרָה לֵאלֹהַי בְּעוֹדִי: יֶעֱרַב עָלָיו שִׂיחִי, אָנֹכִי אֶשְׂמַח בַּיהוה: יִתַּמּוּ חַטָּאִים מִן־הָאָרֶץ, וּרְשָׁעִים עוֹד אֵינָם, בָּרְכִי נַפְשִׁי אֶת־יהוה, הַלְלוּיָהּ:

תהלים קכ
שִׁיר הַמַּעֲלוֹת, אֶל־יהוה בַּצָּרָתָה לִּי, קָרָאתִי וַיַּעֲנֵנִי: יהוה הַצִּילָה נַפְשִׁי מִשְּׂפַת־שֶׁקֶר, מִלָּשׁוֹן רְמִיָּה: מַה־יִּתֵּן לְךָ וּמַה־יֹּסִיף לָךְ, לָשׁוֹן רְמִיָּה: חִצֵּי גִבּוֹר שְׁנוּנִים, עִם גַּחֲלֵי רְתָמִים: אוֹיָה־לִי כִּי־גַרְתִּי מֶשֶׁךְ, שָׁכַנְתִּי עִם־אָהֳלֵי קֵדָר: רַבַּת שָׁכְנָה־לָּהּ נַפְשִׁי, עִם שׂוֹנֵא שָׁלוֹם: אֲנִי־שָׁלוֹם וְכִי אֲדַבֵּר, הֵמָּה לַמִּלְחָמָה:

תהלים קכא
שִׁיר לַמַּעֲלוֹת, אֶשָּׂא עֵינַי אֶל־הֶהָרִים, מֵאַיִן יָבֹא עֶזְרִי: עֶזְרִי מֵעִם יהוה, עֹשֵׂה שָׁמַיִם וָאָרֶץ: אַל־יִתֵּן לַמּוֹט רַגְלֶךָ, אַל־יָנוּם שֹׁמְרֶךָ: הִנֵּה לֹא־יָנוּם וְלֹא יִישָׁן שׁוֹמֵר יִשְׂרָאֵל: יהוה שֹׁמְרֶךָ, יהוה צִלְּךָ עַל־יַד יְמִינֶךָ: יוֹמָם הַשֶּׁמֶשׁ לֹא־יַכֶּכָּה, וְיָרֵחַ בַּלָּיְלָה: יהוה יִשְׁמָרְךָ מִכָּל־רָע, יִשְׁמֹר אֶת־נַפְשֶׁךָ: יהוה יִשְׁמָר־צֵאתְךָ וּבוֹאֶךָ, מֵעַתָּה וְעַד־עוֹלָם:

שִׁיר הַמַּעֲלוֹת לְדָוִד, שָׂמַחְתִּי בְּאֹמְרִים לִי בֵּית יהוה נֵלֵךְ: עֹמְדוֹת הָיוּ רַגְלֵינוּ, בִּשְׁעָרַיִךְ יְרוּשָׁלָםִ: יְרוּשָׁלַםִ הַבְּנוּיָה, כְּעִיר שֶׁחֻבְּרָה־לָּהּ יַחְדָּו: שֶׁשָּׁם עָלוּ שְׁבָטִים שִׁבְטֵי־יָהּ, עֵדוּת לְיִשְׂרָאֵל, לְהֹדוֹת לְשֵׁם יהוה: כִּי שָׁמָּה יָשְׁבוּ כִסְאוֹת לְמִשְׁפָּט, כִּסְאוֹת לְבֵית דָּוִד: שַׁאֲלוּ שְׁלוֹם יְרוּשָׁלָםִ, יִשְׁלָיוּ אֹהֲבָיִךְ: יְהִי־שָׁלוֹם בְּחֵילֵךְ, שַׁלְוָה בְּאַרְמְנוֹתָיִךְ: לְמַעַן אַחַי וְרֵעָי, אֲדַבְּרָה־נָּא שָׁלוֹם בָּךְ: לְמַעַן בֵּית־יהוה אֱלֹהֵינוּ, אֲבַקְשָׁה טוֹב לָךְ: תהלים קכב

שִׁיר הַמַּעֲלוֹת, אֵלֶיךָ נָשָׂאתִי אֶת־עֵינַי, הַיֹּשְׁבִי בַּשָּׁמָיִם: הִנֵּה כְעֵינֵי עֲבָדִים אֶל־יַד אֲדוֹנֵיהֶם, כְּעֵינֵי שִׁפְחָה אֶל־יַד גְּבִרְתָּהּ, כֵּן עֵינֵינוּ אֶל־יהוה אֱלֹהֵינוּ, עַד שֶׁיְּחָנֵּנוּ: חָנֵּנוּ יהוה חָנֵּנוּ, כִּי־רַב שָׂבַעְנוּ בוּז: רַבַּת שָׂבְעָה־לָּהּ נַפְשֵׁנוּ, הַלַּעַג הַשַּׁאֲנַנִּים, הַבּוּז לִגְאֵי יוֹנִים: תהלים קכג

שִׁיר הַמַּעֲלוֹת לְדָוִד, לוּלֵי יהוה שֶׁהָיָה לָנוּ, יֹאמַר־נָא יִשְׂרָאֵל: לוּלֵי יהוה שֶׁהָיָה לָנוּ, בְּקוּם עָלֵינוּ אָדָם: אֲזַי חַיִּים בְּלָעוּנוּ, בַּחֲרוֹת אַפָּם בָּנוּ: אֲזַי תהלים קכד

הַמַּיִם שְׁטָפוּנוּ, נַחְלָה עָבַר עַל־נַפְשֵׁנוּ: אֲזַי עָבַר
עַל־נַפְשֵׁנוּ, הַמַּיִם הַזֵּידוֹנִים: בָּרוּךְ יהוה, שֶׁלֹּא
נְתָנָנוּ טֶרֶף לְשִׁנֵּיהֶם: נַפְשֵׁנוּ כְּצִפּוֹר נִמְלְטָה מִפַּח
יוֹקְשִׁים, הַפַּח נִשְׁבָּר וַאֲנַחְנוּ נִמְלָטְנוּ: עֶזְרֵנוּ
בְּשֵׁם יהוה, עֹשֵׂה שָׁמַיִם וָאָרֶץ:

תהלים קכה שִׁיר הַמַּעֲלוֹת, הַבֹּטְחִים בַּיהוה, כְּהַר־צִיּוֹן לֹא־
יִמּוֹט, לְעוֹלָם יֵשֵׁב: יְרוּשָׁלַםִ, הָרִים סָבִיב לָהּ,
וַיהוה סָבִיב לְעַמּוֹ, מֵעַתָּה וְעַד־עוֹלָם: כִּי לֹא
יָנוּחַ שֵׁבֶט הָרֶשַׁע עַל גּוֹרַל הַצַּדִּיקִים, לְמַעַן
לֹא־יִשְׁלְחוּ הַצַּדִּיקִים בְּעַוְלָתָה יְדֵיהֶם: הֵיטִיבָה
יהוה לַטּוֹבִים, וְלִישָׁרִים בְּלִבּוֹתָם: וְהַמַּטִּים
עֲקַלְקַלּוֹתָם יוֹלִיכֵם יהוה אֶת־פֹּעֲלֵי הָאָוֶן, שָׁלוֹם
עַל־יִשְׂרָאֵל:

תהלים קכו שִׁיר הַמַּעֲלוֹת, בְּשׁוּב יהוה אֶת־שִׁיבַת צִיּוֹן, הָיִינוּ
כְּחֹלְמִים: אָז יִמָּלֵא שְׂחוֹק פִּינוּ וּלְשׁוֹנֵנוּ רִנָּה,
אָז יֹאמְרוּ בַגּוֹיִם הִגְדִּיל יהוה לַעֲשׂוֹת עִם־
אֵלֶּה: הִגְדִּיל יהוה לַעֲשׂוֹת עִמָּנוּ, הָיִינוּ שְׂמֵחִים:
שׁוּבָה יהוה אֶת־שְׁבִיתֵנוּ, כַּאֲפִיקִים בַּנֶּגֶב:

הַזֹּרְעִים בְּדִמְעָה בְּרִנָּה יִקְצֹרוּ: הָלוֹךְ יֵלֵךְ
וּבָכֹה נֹשֵׂא מֶשֶׁךְ־הַזָּרַע, בֹּא־יָבֹא בְרִנָּה נֹשֵׂא
אֲלֻמֹּתָיו:

תהלים קכז
שִׁיר הַמַּעֲלוֹת לִשְׁלֹמֹה, אִם־יהוה לֹא־יִבְנֶה
בַיִת, שָׁוְא עָמְלוּ בוֹנָיו בּוֹ, אִם־יהוה לֹא־יִשְׁמָר־
עִיר, שָׁוְא שָׁקַד שׁוֹמֵר: שָׁוְא לָכֶם מַשְׁכִּימֵי קוּם
מְאַחֲרֵי־שֶׁבֶת, אֹכְלֵי לֶחֶם הָעֲצָבִים, כֵּן יִתֵּן
לִידִידוֹ שֵׁנָא: הִנֵּה נַחֲלַת יהוה בָּנִים, שָׂכָר פְּרִי
הַבָּטֶן: כְּחִצִּים בְּיַד־גִּבּוֹר כֵּן בְּנֵי הַנְּעוּרִים: אַשְׁרֵי
הַגֶּבֶר אֲשֶׁר מִלֵּא אֶת־אַשְׁפָּתוֹ מֵהֶם, לֹא־יֵבֹשׁוּ
כִּי־יְדַבְּרוּ אֶת־אוֹיְבִים בַּשָּׁעַר:

תהלים קכח
שִׁיר הַמַּעֲלוֹת, אַשְׁרֵי כָּל־יְרֵא יהוה, הַהֹלֵךְ
בִּדְרָכָיו: יְגִיעַ כַּפֶּיךָ כִּי תֹאכֵל, אַשְׁרֶיךָ וְטוֹב לָךְ:
אֶשְׁתְּךָ כְּגֶפֶן פֹּרִיָּה בְּיַרְכְּתֵי בֵיתֶךָ, בָּנֶיךָ כִּשְׁתִלֵי
זֵיתִים, סָבִיב לְשֻׁלְחָנֶךָ: הִנֵּה כִי־כֵן יְבֹרַךְ גָּבֶר יְרֵא
יהוה: יְבָרֶכְךָ יהוה מִצִּיּוֹן, וּרְאֵה בְּטוּב יְרוּשָׁלָםִ,
כֹּל יְמֵי חַיֶּיךָ: וּרְאֵה־בָנִים לְבָנֶיךָ, שָׁלוֹם עַל־
יִשְׂרָאֵל:

תהלים קכט

שִׁיר הַמַּעֲלוֹת, רַבַּת צְרָרוּנִי מִנְּעוּרָי, יֹאמַר־נָא יִשְׂרָאֵל: רַבַּת צְרָרוּנִי מִנְּעוּרָי, גַּם לֹא־יָכְלוּ לִי: עַל־גַּבִּי חָרְשׁוּ חֹרְשִׁים, הֶאֱרִיכוּ לְמַעֲנִיתָם: יהוה צַדִּיק, קִצֵּץ עֲבוֹת רְשָׁעִים: יֵבֹשׁוּ וְיִסֹּגוּ אָחוֹר כֹּל שֹׂנְאֵי צִיּוֹן: יִהְיוּ כַּחֲצִיר גַּגּוֹת שֶׁקַּדְמַת שָׁלַף יָבֵשׁ: שֶׁלֹּא מִלֵּא כַפּוֹ קוֹצֵר, וְחִצְנוֹ מְעַמֵּר: וְלֹא אָמְרוּ הָעֹבְרִים, בִּרְכַּת־יהוה אֲלֵיכֶם, בֵּרַכְנוּ אֶתְכֶם בְּשֵׁם יהוה:

תהלים קל

שִׁיר הַמַּעֲלוֹת, מִמַּעֲמַקִּים קְרָאתִיךָ יהוה: אֲדֹנָי שִׁמְעָה בְקוֹלִי, תִּהְיֶינָה אָזְנֶיךָ קַשֻּׁבוֹת לְקוֹל תַּחֲנוּנָי: אִם־עֲוֹנוֹת תִּשְׁמָר־יָהּ, אֲדֹנָי מִי יַעֲמֹד: כִּי־עִמְּךָ הַסְּלִיחָה, לְמַעַן תִּוָּרֵא: קִוִּיתִי יהוה קִוְּתָה נַפְשִׁי, וְלִדְבָרוֹ הוֹחָלְתִּי: נַפְשִׁי לַאדֹנָי, מִשֹּׁמְרִים לַבֹּקֶר, שֹׁמְרִים לַבֹּקֶר: יַחֵל יִשְׂרָאֵל אֶל־יהוה, כִּי־עִם־יהוה הַחֶסֶד, וְהַרְבֵּה עִמּוֹ פְדוּת: וְהוּא יִפְדֶּה אֶת־יִשְׂרָאֵל, מִכֹּל עֲוֹנוֹתָיו:

תהלים קלא
שִׁיר הַמַּעֲלוֹת לְדָוִד, יהוה לֹא־גָבַהּ לִבִּי, וְלֹא־רָמוּ עֵינַי, וְלֹא־הִלַּכְתִּי בִּגְדֹלוֹת וּבְנִפְלָאוֹת מִמֶּנִּי: אִם־לֹא שִׁוִּיתִי וְדוֹמַמְתִּי נַפְשִׁי, כְּגָמֻל עֲלֵי אִמּוֹ, כַּגָּמֻל עָלַי נַפְשִׁי: יַחֵל יִשְׂרָאֵל אֶל־יהוה, מֵעַתָּה וְעַד־עוֹלָם:

תהלים קלב
שִׁיר הַמַּעֲלוֹת, זְכוֹר־יהוה לְדָוִד אֵת כָּל־עֻנּוֹתוֹ: אֲשֶׁר נִשְׁבַּע לַיהוה, נָדַר לַאֲבִיר יַעֲקֹב: אִם־אָבֹא בְּאֹהֶל בֵּיתִי, אִם־אֶעֱלֶה עַל־עֶרֶשׂ יְצוּעָי: אִם־אֶתֵּן שְׁנַת לְעֵינָי, לְעַפְעַפַּי תְּנוּמָה: עַד־אֶמְצָא מָקוֹם לַיהוה, מִשְׁכָּנוֹת לַאֲבִיר יַעֲקֹב: הִנֵּה־שְׁמַעֲנוּהָ בְאֶפְרָתָה, מְצָאנוּהָ בִּשְׂדֵי־יָעַר: נָבוֹאָה לְמִשְׁכְּנוֹתָיו, נִשְׁתַּחֲוֶה לַהֲדֹם רַגְלָיו: קוּמָה יהוה לִמְנוּחָתֶךָ, אַתָּה וַאֲרוֹן עֻזֶּךָ: כֹּהֲנֶיךָ יִלְבְּשׁוּ־צֶדֶק, וַחֲסִידֶיךָ יְרַנֵּנוּ: בַּעֲבוּר דָּוִד עַבְדֶּךָ, אַל־תָּשֵׁב פְּנֵי מְשִׁיחֶךָ: נִשְׁבַּע־יהוה לְדָוִד, אֱמֶת לֹא־יָשׁוּב מִמֶּנָּה, מִפְּרִי בִטְנְךָ אָשִׁית לְכִסֵּא־לָךְ: אִם־יִשְׁמְרוּ בָנֶיךָ בְּרִיתִי, וְעֵדֹתִי זוֹ אֲלַמְּדֵם, גַּם־בְּנֵיהֶם עֲדֵי־

עַד, יֵשְׁבוּ לְכִסֵּא־לָךְ: כִּי־בָחַר יהוה בְּצִיּוֹן, אִוָּהּ לְמוֹשָׁב לוֹ: זֹאת־מְנוּחָתִי עֲדֵי־עַד, פֹּה אֵשֵׁב כִּי אִוִּתִיהָ: צֵידָהּ בָּרֵךְ אֲבָרֵךְ, אֶבְיוֹנֶיהָ אַשְׂבִּיעַ לָחֶם: וְכֹהֲנֶיהָ אַלְבִּישׁ יֶשַׁע, וַחֲסִידֶיהָ רַנֵּן יְרַנֵּנוּ: שָׁם אַצְמִיחַ קֶרֶן לְדָוִד, עָרַכְתִּי נֵר לִמְשִׁיחִי: אוֹיְבָיו אַלְבִּישׁ בֹּשֶׁת, וְעָלָיו יָצִיץ נִזְרוֹ:

תהלים קלג

שִׁיר הַמַּעֲלוֹת לְדָוִד, הִנֵּה מַה־טּוֹב וּמַה־נָּעִים, שֶׁבֶת אַחִים גַּם־יָחַד: כַּשֶּׁמֶן הַטּוֹב עַל־הָרֹאשׁ, יֹרֵד עַל־הַזָּקָן, זְקַן־אַהֲרֹן שֶׁיֹּרֵד עַל־פִּי מִדּוֹתָיו: כְּטַל־חֶרְמוֹן שֶׁיֹּרֵד עַל־הַרְרֵי צִיּוֹן, כִּי שָׁם צִוָּה יהוה אֶת־הַבְּרָכָה, חַיִּים עַד־הָעוֹלָם:

תהלים קלד

שִׁיר הַמַּעֲלוֹת, הִנֵּה בָּרְכוּ אֶת־יהוה כָּל־עַבְדֵי יהוה, הָעֹמְדִים בְּבֵית־יהוה בַּלֵּילוֹת: שְׂאוּ־יְדֵכֶם קֹדֶשׁ, וּבָרְכוּ אֶת־יהוה: יְבָרֶכְךָ יהוה מִצִּיּוֹן, עֹשֵׂה שָׁמַיִם וָאָרֶץ:

יש אומרים קדיש יתום (עמ' 472).

פרקי אבות

מימות הגאונים נהגו ללמוד פרקי אבות בשבת בין מנחה לערבית (סדר רב עמרם גאון), באשכנז נהגו לומר פרקי אבות העוסקים במוסר, רק בקיץ (מנהגי מהר״י טירנא), שאז הטבע מפתה ומושך את האדם (עולם התפילות).

לפני הלימוד אומרים את המשנה הראשונה מפרק 'חלק', ואחריו את המשנה האחרונה במסכת מכות כדי להדגיש את התכלית לקיום המצוות (מטה משה).

כָּל יִשְׂרָאֵל יֵשׁ לָהֶם חֵלֶק לָעוֹלָם הַבָּא. שֶׁנֶּאֱמַר: סנהדרין צ.
וְעַמֵּךְ כֻּלָּם צַדִּיקִים, לְעוֹלָם יִירְשׁוּ אָרֶץ ישעיה ס
נֵצֶר מַטָּעַי, מַעֲשֵׂה יָדַי לְהִתְפָּאֵר:

פרק ראשון

א מֹשֶׁה קִבֵּל תּוֹרָה מִסִּינַי וּמְסָרָהּ לִיהוֹשֻׁעַ, וִיהוֹשֻׁעַ לִזְקֵנִים, וּזְקֵנִים לִנְבִיאִים, וּנְבִיאִים מְסָרוּהָ לְאַנְשֵׁי כְנֶסֶת הַגְּדוֹלָה. הֵם אָמְרוּ שְׁלֹשָׁה דְבָרִים: הֱווּ מְתוּנִים בַּדִּין, וְהַעֲמִידוּ תַלְמִידִים הַרְבֵּה, וַעֲשׂוּ סְיָג לַתּוֹרָה.

ב שִׁמְעוֹן הַצַּדִּיק הָיָה מִשְּׁיָרֵי כְנֶסֶת הַגְּדוֹלָה. הוּא הָיָה אוֹמֵר: עַל שְׁלֹשָׁה דְבָרִים הָעוֹלָם עוֹמֵד, עַל הַתּוֹרָה, וְעַל הָעֲבוֹדָה, וְעַל גְּמִילוּת חֲסָדִים.

ג אַנְטִיגְנוֹס אִישׁ סוֹכוֹ קִבֵּל מִשִּׁמְעוֹן הַצַּדִּיק. הוּא הָיָה אוֹמֵר: אַל תִּהְיוּ כַּעֲבָדִים הַמְשַׁמְּשִׁים אֶת הָרַב עַל מְנָת לְקַבֵּל פְּרָס, אֶלָּא הֱווּ כַּעֲבָדִים הַמְשַׁמְּשִׁים אֶת הָרַב שֶׁלֹּא עַל מְנָת לְקַבֵּל פְּרָס, וִיהִי מוֹרָא שָׁמַיִם עֲלֵיכֶם.

ד יוֹסֵי בֶּן יוֹעֶזֶר אִישׁ צְרֵדָה וְיוֹסֵי בֶּן יוֹחָנָן אִישׁ יְרוּשָׁלַיִם קִבְּלוּ מֵהֶם. יוֹסֵי בֶּן יוֹעֶזֶר אִישׁ צְרֵדָה אוֹמֵר: יְהִי בֵיתְךָ בֵּית וַעַד לַחֲכָמִים, וֶהֱוֵי מִתְאַבֵּק בַּעֲפַר רַגְלֵיהֶם, וֶהֱוֵי שׁוֹתֶה בַצָּמָא אֶת דִּבְרֵיהֶם.

ה יוֹסֵי בֶּן יוֹחָנָן אִישׁ יְרוּשָׁלַיִם אוֹמֵר: יְהִי בֵיתְךָ פָּתוּחַ לִרְוָחָה, וְיִהְיוּ עֲנִיִּים בְּנֵי בֵיתֶךָ, וְאַל תַּרְבֶּה שִׂיחָה עִם הָאִשָּׁה. בְּאִשְׁתּוֹ אָמְרוּ, קַל וָחֹמֶר בְּאֵשֶׁת חֲבֵרוֹ. מִכָּאן אָמְרוּ חֲכָמִים: כָּל הַמַּרְבֶּה שִׂיחָה עִם הָאִשָּׁה, גּוֹרֵם רָעָה לְעַצְמוֹ, וּבוֹטֵל מִדִּבְרֵי תוֹרָה, וְסוֹפוֹ יוֹרֵשׁ גֵּיהִנֹּם.

ו יְהוֹשֻׁעַ בֶּן פְּרַחְיָה וְנִתַּאי הָאַרְבֵּלִי קִבְּלוּ מֵהֶם. יְהוֹשֻׁעַ בֶּן פְּרַחְיָה אוֹמֵר: עֲשֵׂה לְךָ רַב, וּקְנֵה לְךָ חָבֵר, וֶהֱוֵי דָן אֶת כָּל הָאָדָם לְכַף זְכוּת.

ז נִתַּאי הָאַרְבֵּלִי אוֹמֵר: הַרְחֵק מִשָּׁכֵן רָע, וְאַל תִּתְחַבֵּר לָרָשָׁע, וְאַל תִּתְיָאֵשׁ מִן הַפֻּרְעָנוּת.

ח יְהוּדָה בֶּן טַבַּאי וְשִׁמְעוֹן בֶּן שָׁטָח קִבְּלוּ מֵהֶם. יְהוּדָה בֶּן טַבַּאי אוֹמֵר: אַל תַּעַשׂ עַצְמְךָ כְּעוֹרְכֵי הַדַּיָּנִין, וּכְשֶׁיִּהְיוּ בַּעֲלֵי הַדִּין עוֹמְדִים לְפָנֶיךָ יִהְיוּ בְעֵינֶיךָ כִּרְשָׁעִים, וּכְשֶׁנִּפְטָרִים מִלְּפָנֶיךָ יִהְיוּ בְעֵינֶיךָ כְּזַכָּאִין, כְּשֶׁקִּבְּלוּ עֲלֵיהֶם אֶת הַדִּין.

ט שִׁמְעוֹן בֶּן שָׁטָח אוֹמֵר: הֱוֵי מַרְבֶּה לַחֲקֹר אֶת הָעֵדִים, וֶהֱוֵי זָהִיר בִּדְבָרֶיךָ, שֶׁמָּא מִתּוֹכָם יִלְמְדוּ לְשַׁקֵּר.

י שְׁמַעְיָה וְאַבְטַלְיוֹן קִבְּלוּ מֵהֶם. שְׁמַעְיָה אוֹמֵר: אֱהֹב אֶת הַמְּלָאכָה, וּשְׂנָא אֶת הָרַבָּנוּת, וְאַל תִּתְוַדַּע לָרָשׁוּת.

יא אַבְטַלְיוֹן אוֹמֵר: חֲכָמִים הִזָּהֲרוּ בְּדִבְרֵיכֶם, שֶׁמָּא תָחוּבוּ חוֹבַת גָּלוּת, וְתִגְלוּ לִמְקוֹם מַיִם הָרָעִים, וְיִשְׁתּוּ הַתַּלְמִידִים הַבָּאִים אַחֲרֵיכֶם וְיָמוּתוּ, וְנִמְצָא שֵׁם שָׁמַיִם מִתְחַלֵּל.

יב הִלֵּל וְשַׁמַּאי קִבְּלוּ מֵהֶם. הִלֵּל אוֹמֵר: הֱוֵי מִתַּלְמִידָיו שֶׁל אַהֲרֹן, אוֹהֵב שָׁלוֹם וְרוֹדֵף שָׁלוֹם, אוֹהֵב אֶת הַבְּרִיּוֹת וּמְקָרְבָן לַתּוֹרָה.

יג הוּא הָיָה אוֹמֵר: נְגַד שְׁמָא אֲבַד שְׁמֵהּ, וּדְלָא מוֹסִיף יְסוּף, וּדְלָא יָלֵף קְטָלָא חַיָּב, וּדְאִשְׁתַּמַּשׁ בְּתָגָא חֲלָף.

יד הוּא הָיָה אוֹמֵר: אִם אֵין אֲנִי לִי מִי לִי, וּכְשֶׁאֲנִי לְעַצְמִי מָה אֲנִי, וְאִם לֹא עַכְשָׁו אֵימָתָי.

טו שַׁמַּאי אוֹמֵר: עֲשֵׂה תוֹרָתְךָ קֶבַע, אֱמֹר מְעַט וַעֲשֵׂה הַרְבֵּה, וֶהֱוֵי מְקַבֵּל אֶת כָּל הָאָדָם בְּסֵבֶר פָּנִים יָפוֹת.

טז רַבָּן גַּמְלִיאֵל אוֹמֵר: עֲשֵׂה לְךָ רַב, וְהִסְתַּלֵּק מִן הַסָּפֵק, וְאַל תַּרְבֶּה לְעַשֵּׂר אֻמָּדוֹת.

יז שִׁמְעוֹן בְּנוֹ אוֹמֵר: כָּל יָמַי גָּדַלְתִּי בֵּין הַחֲכָמִים, וְלֹא
מָצָאתִי לַגּוּף טוֹב מִשְּׁתִיקָה, וְלֹא הַמִּדְרָשׁ עִקָּר אֶלָּא
הַמַּעֲשֶׂה, וְכָל הַמַּרְבֶּה דְבָרִים מֵבִיא חֵטְא.

יח רַבָּן שִׁמְעוֹן בֶּן גַּמְלִיאֵל אוֹמֵר: עַל שְׁלֹשָׁה דְבָרִים
הָעוֹלָם קַיָּם, עַל הַדִּין, וְעַל הָאֱמֶת, וְעַל הַשָּׁלוֹם.
זכריה ח שֶׁנֶּאֱמַר: אֱמֶת וּמִשְׁפַּט שָׁלוֹם שִׁפְטוּ בְּשַׁעֲרֵיכֶם:

מכות כג: רַבִּי חֲנַנְיָא בֶּן עֲקַשְׁיָא אוֹמֵר: רָצָה הַקָּדוֹשׁ בָּרוּךְ הוּא
לְזַכּוֹת אֶת יִשְׂרָאֵל, לְפִיכָךְ הִרְבָּה לָהֶם תּוֹרָה וּמִצְוֹת.
ישעיה מב שֶׁנֶּאֱמַר: יהוה חָפֵץ לְמַעַן צִדְקוֹ, יַגְדִּיל תּוֹרָה וְיַאְדִּיר:

אם יש מניין, האבלים אומרים קדיש דרבנן (עמ׳ 416).

* * *

סנהדרין צ. כָּל יִשְׂרָאֵל יֵשׁ לָהֶם חֵלֶק לָעוֹלָם הַבָּא. שֶׁנֶּאֱמַר:
ישעיה ס וְעַמֵּךְ כֻּלָּם צַדִּיקִים, לְעוֹלָם יִירְשׁוּ אָרֶץ
נֵצֶר מַטָּעַי, מַעֲשֵׂה יָדַי לְהִתְפָּאֵר:

פרק שני

א רַבִּי אוֹמֵר: אֵיזוֹ הִיא דֶרֶךְ יְשָׁרָה שֶׁיָּבֹר לוֹ הָאָדָם,
כָּל שֶׁהִיא תִּפְאֶרֶת לְעֹשֶׂיהָ וְתִפְאֶרֶת לוֹ מִן הָאָדָם.
וֶהֱוֵי זָהִיר בְּמִצְוָה קַלָּה כְּבַחֲמוּרָה, שֶׁאֵין אַתָּה יוֹדֵעַ
מַתַּן שְׂכָרָן שֶׁל מִצְוֹת. וֶהֱוֵי מְחַשֵּׁב הֶפְסֵד מִצְוָה
כְּנֶגֶד שְׂכָרָהּ, וּשְׂכַר עֲבֵרָה כְּנֶגֶד הֶפְסֵדָהּ. הִסְתַּכֵּל

בִּשְׁלֹשָׁה דְבָרִים, וְאֵין אַתָּה בָא לִידֵי עֲבֵרָה. דַּע מַה לְּמַעְלָה מִמְּךָ, עַיִן רוֹאָה, וְאֹזֶן שׁוֹמַעַת, וְכָל מַעֲשֶׂיךָ בַּסֵּפֶר נִכְתָּבִים.

ב רַבָּן גַּמְלִיאֵל בְּנוֹ שֶׁל רַבִּי יְהוּדָה הַנָּשִׂיא אוֹמֵר: יָפֶה תַלְמוּד תּוֹרָה עִם דֶּרֶךְ אֶרֶץ, שֶׁיְּגִיעַת שְׁנֵיהֶם מְשַׁכַּחַת עָוֹן. וְכָל תּוֹרָה שֶׁאֵין עִמָּהּ מְלָאכָה, סוֹפָהּ בְּטֵלָה וְגוֹרֶרֶת עָוֹן. וְכָל הָעוֹסְקִים עִם הַצִּבּוּר, יִהְיוּ עוֹסְקִים עִמָּהֶם לְשֵׁם שָׁמַיִם, שֶׁזְּכוּת אֲבוֹתָם מְסַיַּעְתָּם, וְצִדְקָתָם עוֹמֶדֶת לָעַד. וְאַתֶּם, מַעֲלֶה אֲנִי עֲלֵיכֶם שָׂכָר הַרְבֵּה כְּאִלּוּ עֲשִׂיתֶם.

ג הֱווּ זְהִירִין בָּרָשׁוּת, שֶׁאֵין מְקָרְבִין לוֹ לָאָדָם אֶלָּא לְצֹרֶךְ עַצְמָן. נִרְאִין כְּאוֹהֲבִין בִּשְׁעַת הֲנָאָתָן, וְאֵין עוֹמְדִין לוֹ לָאָדָם בִּשְׁעַת דָּחֳקוֹ.

ד הוּא הָיָה אוֹמֵר: עֲשֵׂה רְצוֹנוֹ כִּרְצוֹנְךָ, כְּדֵי שֶׁיַּעֲשֶׂה רְצוֹנְךָ כִּרְצוֹנוֹ. בַּטֵּל רְצוֹנְךָ מִפְּנֵי רְצוֹנוֹ, כְּדֵי שֶׁיְּבַטֵּל רְצוֹן אֲחֵרִים מִפְּנֵי רְצוֹנֶךָ.

ה הִלֵּל אוֹמֵר: אַל תִּפְרֹשׁ מִן הַצִּבּוּר, וְאַל תַּאֲמִין בְּעַצְמְךָ עַד יוֹם מוֹתְךָ, וְאַל תָּדִין אֶת חֲבֵרְךָ עַד שֶׁתַּגִּיעַ לִמְקוֹמוֹ. וְאַל תֹּאמַר דָּבָר שֶׁאִי אֶפְשָׁר לִשְׁמֹעַ, שֶׁסּוֹפוֹ לְהִשָּׁמַע. וְאַל תֹּאמַר לִכְשֶׁאֶפָּנֶה אֶשְׁנֶה, שֶׁמָּא לֹא תִפָּנֶה.

ו הוּא הָיָה אוֹמֵר: אֵין בּוּר יְרֵא חֵטְא, וְלֹא עַם הָאָרֶץ חָסִיד, וְלֹא הַבַּיְשָׁן לָמֵד, וְלֹא הַקַּפְּדָן מְלַמֵּד, וְלֹא כָל הַמַּרְבֶּה בִסְחוֹרָה מַחְכִּים. וּבְמָקוֹם שֶׁאֵין אֲנָשִׁים, הִשְׁתַּדֵּל לִהְיוֹת אִישׁ.

ז אַף הוּא רָאָה גֻּלְגֹּלֶת אַחַת שֶׁצָּפָה עַל פְּנֵי הַמָּיִם. אָמַר לָהּ: עַל דַּאֲטֵפְתְּ אַטְפוּךְ, וְסוֹף מְטַיְּפַיִךְ יְטוּפוּן.

ח הוּא הָיָה אוֹמֵר: מַרְבֶּה בָשָׂר, מַרְבֶּה רִמָּה. מַרְבֶּה נְכָסִים, מַרְבֶּה דְאָגָה. מַרְבֶּה נָשִׁים, מַרְבֶּה כְשָׁפִים. מַרְבֶּה שְׁפָחוֹת, מַרְבֶּה זִמָּה. מַרְבֶּה עֲבָדִים, מַרְבֶּה גָזֵל. מַרְבֶּה תוֹרָה, מַרְבֶּה חַיִּים. מַרְבֶּה יְשִׁיבָה, מַרְבֶּה חָכְמָה. מַרְבֶּה עֵצָה, מַרְבֶּה תְבוּנָה. מַרְבֶּה צְדָקָה, מַרְבֶּה שָׁלוֹם. קָנָה שֵׁם טוֹב, קָנָה לְעַצְמוֹ. קָנָה לוֹ דִבְרֵי תוֹרָה, קָנָה לוֹ חַיֵּי הָעוֹלָם הַבָּא.

ט רַבָּן יוֹחָנָן בֶּן זַכַּאי קִבֵּל מֵהִלֵּל וּמִשַּׁמַּאי. הוּא הָיָה אוֹמֵר: אִם לָמַדְתָּ תוֹרָה הַרְבֵּה, אַל תַּחֲזִיק טוֹבָה לְעַצְמְךָ, כִּי לְכָךְ נוֹצָרְתָּ.

י חֲמִשָּׁה תַלְמִידִים הָיוּ לְרַבָּן יוֹחָנָן בֶּן זַכַּאי. וְאֵלּוּ הֵן: רַבִּי אֱלִיעֶזֶר בֶּן הוֹרְקְנוֹס, רַבִּי יְהוֹשֻׁעַ בֶּן חֲנַנְיָה, רַבִּי יוֹסֵי הַכֹּהֵן, רַבִּי שִׁמְעוֹן בֶּן נְתַנְאֵל, רַבִּי אֶלְעָזָר בֶּן עֲרָךְ.

יא הוּא הָיָה מוֹנֶה שִׁבְחָם: אֱלִיעֶזֶר בֶּן הוּרְקָנוֹס, בּוֹר סוּד שֶׁאֵינוֹ מְאַבֵּד טִפָּה. יְהוֹשֻׁעַ בֶּן חֲנַנְיָה, אַשְׁרֵי יוֹלַדְתּוֹ. יוֹסֵי הַכֹּהֵן, חָסִיד. שִׁמְעוֹן בֶּן נְתַנְאֵל, יְרֵא חֵטְא. אֶלְעָזָר בֶּן עֲרָךְ, כְּמַעְיָן הַמִּתְגַּבֵּר.

יב הוּא הָיָה אוֹמֵר: אִם יִהְיוּ כָּל חַכְמֵי יִשְׂרָאֵל בְּכַף מֹאזְנַיִם, וֶאֱלִיעֶזֶר בֶּן הוּרְקָנוֹס בְּכַף שְׁנִיָּה, מַכְרִיעַ אֶת כֻּלָּם. אַבָּא שָׁאוּל אוֹמֵר מִשְּׁמוֹ: אִם יִהְיוּ כָּל חַכְמֵי יִשְׂרָאֵל בְּכַף מֹאזְנַיִם, וֶאֱלִיעֶזֶר בֶּן הוּרְקָנוֹס אַף עִמָּהֶם, וְאֶלְעָזָר בֶּן עֲרָךְ בְּכַף שְׁנִיָּה, מַכְרִיעַ אֶת כֻּלָּם.

יג אָמַר לָהֶם: צְאוּ וּרְאוּ אֵיזוֹ הִיא דֶּרֶךְ טוֹבָה, שֶׁיִּדְבַּק בָּהּ הָאָדָם. רַבִּי אֱלִיעֶזֶר אוֹמֵר: עַיִן טוֹבָה. רַבִּי יְהוֹשֻׁעַ אוֹמֵר: חָבֵר טוֹב. רַבִּי יוֹסֵי אוֹמֵר: שָׁכֵן טוֹב. רַבִּי שִׁמְעוֹן אוֹמֵר: הָרוֹאֶה אֶת הַנּוֹלָד. רַבִּי אֶלְעָזָר אוֹמֵר: לֵב טוֹב. אָמַר לָהֶם, רוֹאֶה אֲנִי אֶת דִּבְרֵי אֶלְעָזָר בֶּן עֲרָךְ מִדִּבְרֵיכֶם, שֶׁבִּכְלַל דְּבָרָיו דִּבְרֵיכֶם.

יד אָמַר לָהֶם: צְאוּ וּרְאוּ, אֵיזוֹ הִיא דֶּרֶךְ רָעָה, שֶׁיִּתְרַחֵק מִמֶּנָּה הָאָדָם. רַבִּי אֱלִיעֶזֶר אוֹמֵר: עַיִן רָעָה. רַבִּי יְהוֹשֻׁעַ אוֹמֵר: חָבֵר רָע. רַבִּי יוֹסֵי אוֹמֵר: שָׁכֵן רָע. רַבִּי שִׁמְעוֹן אוֹמֵר: הַלֹּוֶה וְאֵינוֹ מְשַׁלֵּם, אֶחָד הַלֹּוֶה מִן הָאָדָם כְּלֹוֶה מִן הַמָּקוֹם, שֶׁנֶּאֱמַר: לֹוֶה רָשָׁע וְלֹא יְשַׁלֵּם, וְצַדִּיק חוֹנֵן וְנוֹתֵן: רַבִּי אֶלְעָזָר אוֹמֵר: לֵב רָע. תהלים לז

אָמַר לָהֶם: רוֹאֶה אֲנִי אֶת דִּבְרֵי אֶלְעָזָר בֶּן עֲרָךְ
מִדִּבְרֵיכֶם, שֶׁבִּכְלַל דְּבָרָיו דִּבְרֵיכֶם.

טו הֵם אָמְרוּ שְׁלֹשָׁה דְבָרִים. רַבִּי אֱלִיעֶזֶר אוֹמֵר: יְהִי כְבוֹד חֲבֵרְךָ חָבִיב עָלֶיךָ כְּשֶׁלָּךְ, וְאַל תְּהִי נְוֹחַ לִכְעֹס. וְשׁוּב יוֹם אֶחָד לִפְנֵי מִיתָתְךָ. וֶהֱוֵי מִתְחַמֵּם כְּנֶגֶד אוּרָן שֶׁל חֲכָמִים, וֶהֱוֵי זָהִיר בְּגַחַלְתָּן שֶׁלֹּא תִכָּוֶה, שֶׁנְּשִׁיכָתָן נְשִׁיכַת שׁוּעָל, וַעֲקִיצָתָן עֲקִיצַת עַקְרָב, וּלְחִישָׁתָן לְחִישַׁת שָׂרָף, וְכָל דִּבְרֵיהֶם כְּגַחֲלֵי אֵשׁ.

טז רַבִּי יְהוֹשֻׁעַ אוֹמֵר: עַיִן הָרָע וְיֵצֶר הָרָע וְשִׂנְאַת הַבְּרִיּוֹת, מוֹצִיאִין אֶת הָאָדָם מִן הָעוֹלָם.

יז רַבִּי יוֹסֵי אוֹמֵר: יְהִי מָמוֹן חֲבֵרְךָ חָבִיב עָלֶיךָ כְּשֶׁלָּךְ. וְהַתְקֵן עַצְמְךָ לִלְמֹד תּוֹרָה, שֶׁאֵינָהּ יְרֻשָּׁה לָךְ. וְכָל מַעֲשֶׂיךָ יִהְיוּ לְשֵׁם שָׁמָיִם.

יח רַבִּי שִׁמְעוֹן אוֹמֵר: הֱוֵי זָהִיר בִּקְרִיאַת שְׁמַע וּבִתְפִלָּה.
וּכְשֶׁאַתָּה מִתְפַּלֵּל אַל תַּעַשׂ תְּפִלָּתְךָ קֶבַע, אֶלָּא
רַחֲמִים וְתַחֲנוּנִים לִפְנֵי הַמָּקוֹם, שֶׁנֶּאֱמַר: כִּי־חַנּוּן יואל ב
וְרַחוּם הוּא, אֶרֶךְ אַפַּיִם וְרַב־חֶסֶד וְנִחָם עַל־הָרָעָה:
וְאַל תְּהִי רָשָׁע בִּפְנֵי עַצְמֶךָ.

יט רַבִּי אֶלְעָזָר אוֹמֵר: הֱוֵי שָׁקוּד לִלְמֹד תּוֹרָה. וְדַע מַה שֶּׁתָּשִׁיב לְאֶפִּיקוּרוֹס. וְדַע לִפְנֵי מִי אַתָּה עָמֵל, וּמִי הוּא בַּעַל מְלַאכְתְּךָ, שֶׁיְּשַׁלֶּם לְךָ שְׂכַר פְּעֻלָּתֶךָ.

כ רַבִּי טַרְפוֹן אוֹמֵר: הַיּוֹם קָצָר, וְהַמְּלָאכָה מְרֻבָּה, וְהַפּוֹעֲלִים עֲצֵלִים, וְהַשָּׂכָר הַרְבֵּה, וּבַעַל הַבַּיִת דּוֹחֵק.

כא הוּא הָיָה אוֹמֵר: לֹא עָלֶיךָ הַמְּלָאכָה לִגְמֹר, וְלֹא אַתָּה בֶן חוֹרִין לִבָּטֵל מִמֶּנָּה. אִם לָמַדְתָּ תוֹרָה הַרְבֵּה, נוֹתְנִין לְךָ שָׂכָר הַרְבֵּה. וְנֶאֱמָן הוּא בַּעַל מְלַאכְתְּךָ, שֶׁיְּשַׁלֶּם לְךָ שְׂכַר פְּעֻלָּתֶךָ. וְדַע, שֶׁמַּתַּן שְׂכָרָן שֶׁל צַדִּיקִים לֶעָתִיד לָבוֹא.

מכות כג: רַבִּי חֲנַנְיָא בֶּן עֲקַשְׁיָא אוֹמֵר: רָצָה הַקָּדוֹשׁ בָּרוּךְ הוּא לְזַכּוֹת אֶת יִשְׂרָאֵל, לְפִיכָךְ הִרְבָּה לָהֶם תּוֹרָה וּמִצְוֹת.
ישעיה מב שֶׁנֶּאֱמַר: יהוה חָפֵץ לְמַעַן צִדְקוֹ, יַגְדִּיל תּוֹרָה וְיַאְדִּיר:

אם יש מניין, האבלים אומרים קדיש דרבנן (עמ׳ 416).

* * *

סנהדרין צ. כָּל יִשְׂרָאֵל יֵשׁ לָהֶם חֵלֶק לָעוֹלָם הַבָּא. שֶׁנֶּאֱמַר:
ישעיה ס וְעַמֵּךְ כֻּלָּם צַדִּיקִים, לְעוֹלָם יִירְשׁוּ אָרֶץ
נֵצֶר מַטָּעַי, מַעֲשֵׂה יָדַי לְהִתְפָּאֵר:

פרק שלישי

א עֲקַבְיָא בֶּן מַהֲלַלְאֵל אוֹמֵר: הִסְתַּכֵּל בִּשְׁלֹשָׁה דְבָרִים, וְאֵין אַתָּה בָא לִידֵי עֲבֵרָה. דַּע מֵאַיִן בָּאתָ, וּלְאָן אַתָּה הוֹלֵךְ, וְלִפְנֵי מִי אַתָּה עָתִיד לִתֵּן דִּין וְחֶשְׁבּוֹן. מֵאַיִן בָּאתָ, מִטִּפָּה סְרוּחָה. וּלְאָן אַתָּה

הוֹלֵךְ, לִמְקוֹם עָפָר, רִמָּה וְתוֹלֵעָה. וְלִפְנֵי מִי אַתָּה
עָתִיד לִתֵּן דִּין וְחֶשְׁבּוֹן, לִפְנֵי מֶלֶךְ מַלְכֵי הַמְּלָכִים,
הַקָּדוֹשׁ בָּרוּךְ הוּא.

ב רַבִּי חֲנִינָא סְגַן הַכֹּהֲנִים אוֹמֵר: הֱוֵי מִתְפַּלֵּל בִּשְׁלוֹמָהּ
שֶׁל מַלְכוּת, שֶׁאִלְמָלֵא מוֹרָאָהּ, אִישׁ אֶת רֵעֵהוּ
חַיִּים בְּלָעוֹ.

ג רַבִּי חֲנִינָא בֶּן תְּרַדְיוֹן אוֹמֵר: שְׁנַיִם שֶׁיּוֹשְׁבִין, וְאֵין
בֵּינֵיהֶם דִּבְרֵי תוֹרָה, הֲרֵי זֶה מוֹשַׁב לֵצִים, שֶׁנֶּאֱמַר:
וּבְמוֹשַׁב לֵצִים לֹא יָשָׁב: אֲבָל שְׁנַיִם שֶׁיּוֹשְׁבִין, וְיֵשׁ תהלים א
בֵּינֵיהֶם דִּבְרֵי תוֹרָה, שְׁכִינָה שְׁרוּיָה בֵינֵיהֶם, שֶׁנֶּאֱמַר:
אָז נִדְבְּרוּ יִרְאֵי יהוה אִישׁ אֶל־רֵעֵהוּ, וַיַּקְשֵׁב יהוה מלאכי ג
וַיִּשְׁמָע, וַיִּכָּתֵב סֵפֶר זִכָּרוֹן לְפָנָיו לְיִרְאֵי יהוה וּלְחֹשְׁבֵי
שְׁמוֹ: אֵין לִי אֶלָּא שְׁנַיִם, מִנַּיִן אֲפִלּוּ אֶחָד שֶׁיּוֹשֵׁב
וְעוֹסֵק בַּתּוֹרָה שֶׁהַקָּדוֹשׁ בָּרוּךְ הוּא קוֹבֵעַ לוֹ שָׂכָר,
שֶׁנֶּאֱמַר: יֵשֵׁב בָּדָד וְיִדֹּם כִּי נָטַל עָלָיו: איכה ג

ד רַבִּי שִׁמְעוֹן אוֹמֵר: שְׁלֹשָׁה שֶׁאָכְלוּ עַל שֻׁלְחָן אֶחָד
וְלֹא אָמְרוּ עָלָיו דִּבְרֵי תוֹרָה, כְּאִלּוּ אָכְלוּ מִזִּבְחֵי
מֵתִים, שֶׁנֶּאֱמַר: כִּי כָּל־שֻׁלְחָנוֹת מָלְאוּ קִיא צֹאָה בְּלִי ישעיה כח
מָקוֹם: אֲבָל שְׁלֹשָׁה שֶׁאָכְלוּ עַל שֻׁלְחָן אֶחָד, וְאָמְרוּ
עָלָיו דִּבְרֵי תוֹרָה, כְּאִלּוּ אָכְלוּ מִשֻּׁלְחָנוֹ שֶׁל מָקוֹם,
שֶׁנֶּאֱמַר: וַיְדַבֵּר אֵלַי, זֶה הַשֻּׁלְחָן אֲשֶׁר לִפְנֵי יהוה: יחזקאל מא

ה רַבִּי חֲנִינָא בֶּן חֲכִינַאי אוֹמֵר: הַנֵּעוֹר בַּלַּיְלָה, וְהַמְהַלֵּךְ בַּדֶּרֶךְ יְחִידִי, וְהַמְפַנֶּה לִבּוֹ לְבַטָּלָה, הֲרֵי זֶה מִתְחַיֵּב בְּנַפְשׁוֹ.

ו רַבִּי נְחוּנְיָא בֶּן הַקָּנָה אוֹמֵר: כָּל הַמְקַבֵּל עָלָיו עֹל תּוֹרָה, מַעֲבִירִין מִמֶּנּוּ עֹל מַלְכוּת וְעֹל דֶּרֶךְ אֶרֶץ. וְכָל הַפּוֹרֵק מִמֶּנּוּ עֹל תּוֹרָה, נוֹתְנִין עָלָיו עֹל מַלְכוּת וְעֹל דֶּרֶךְ אֶרֶץ.

ז רַבִּי חֲלַפְתָּא בֶּן דּוֹסָא אִישׁ כְּפַר חֲנַנְיָה אוֹמֵר: עֲשָׂרָה שֶׁיּוֹשְׁבִין וְעוֹסְקִין בַּתּוֹרָה שְׁכִינָה שְׁרוּיָה בֵינֵיהֶם,
שֶׁנֶּאֱמַר: אֱלֹהִים נִצָּב בַּעֲדַת־אֵל: וּמִנַּיִן אֲפִלּוּ תהלים פב
חֲמִשָּׁה, שֶׁנֶּאֱמַר: וַאֲגֻדָּתוֹ עַל־אֶרֶץ יְסָדָהּ: וּמִנַּיִן עמוס ט
אֲפִלּוּ שְׁלשָׁה, שֶׁנֶּאֱמַר: בְּקֶרֶב אֱלֹהִים יִשְׁפֹּט: וּמִנַּיִן תהלים פב
אֲפִלּוּ שְׁנַיִם, שֶׁנֶּאֱמַר: אָז נִדְבְּרוּ יִרְאֵי יהוה אִישׁ מלאכי ג
אֶל־רֵעֵהוּ, וַיַּקְשֵׁב יהוה וַיִּשְׁמָע: וּמִנַּיִן אֲפִלּוּ אֶחָד,
שֶׁנֶּאֱמַר: בְּכָל־הַמָּקוֹם אֲשֶׁר אַזְכִּיר אֶת־שְׁמִי, אָבוֹא שמות כ
אֵלֶיךָ וּבֵרַכְתִּיךָ:

ח רַבִּי אֶלְעָזָר אִישׁ בַּרְתּוֹתָא אוֹמֵר: תֶּן לוֹ מִשֶּׁלּוֹ,
שֶׁאַתָּה וְשֶׁלְּךָ שֶׁלּוֹ. וְכֵן בְּדָוִד הוּא אוֹמֵר: כִּי־מִמְּךָ דברי הימים א׳ כט
הַכֹּל, וּמִיָּדְךָ נָתַנּוּ לָךְ:

ט רַבִּי יַעֲקֹב אוֹמֵר: הַמְהַלֵּךְ בַּדֶּרֶךְ וְשׁוֹנֶה, וּמַפְסִיק

מִמִּשְׁנָתוֹ וְאוֹמֵר, מַה נָּאֶה אִילָן זֶה, מַה נָּאֶה נִיר זֶה, מַעֲלֶה עָלָיו הַכָּתוּב כְּאִלּוּ מִתְחַיֵּב בְּנַפְשׁוֹ.

י רַבִּי דוֹסְתַּאי בְּרַבִּי יַנַּאי מִשּׁוּם רַבִּי מֵאִיר אוֹמֵר: כָּל הַשּׁוֹכֵחַ דָּבָר אֶחָד מִמִּשְׁנָתוֹ, מַעֲלֶה עָלָיו הַכָּתוּב כְּאִלּוּ מִתְחַיֵּב בְּנַפְשׁוֹ, שֶׁנֶּאֱמַר: רַק הִשָּׁמֶר לְךָ וּשְׁמֹר נַפְשְׁךָ מְאֹד, פֶּן־תִּשְׁכַּח אֶת־הַדְּבָרִים אֲשֶׁר־רָאוּ עֵינֶיךָ: יָכוֹל אֲפִלּוּ תָּקְפָה עָלָיו מִשְׁנָתוֹ, תַּלְמוּד לוֹמַר: וּפֶן יָסוּרוּ מִלְּבָבְךָ כֹּל יְמֵי חַיֶּיךָ: הָא אֵינוֹ מִתְחַיֵּב בְּנַפְשׁוֹ, עַד שֶׁיֵּשֵׁב וִיסִירֵם מִלִּבּוֹ. דברים ד דברים ד

יא רַבִּי חֲנִינָא בֶּן דּוֹסָא אוֹמֵר: כָּל שֶׁיִּרְאַת חֶטְאוֹ קוֹדֶמֶת לְחָכְמָתוֹ, חָכְמָתוֹ מִתְקַיֶּמֶת. וְכָל שֶׁחָכְמָתוֹ קוֹדֶמֶת לְיִרְאַת חֶטְאוֹ, אֵין חָכְמָתוֹ מִתְקַיֶּמֶת.

יב הוּא הָיָה אוֹמֵר: כָּל שֶׁמַּעֲשָׂיו מְרֻבִּין מֵחָכְמָתוֹ, חָכְמָתוֹ מִתְקַיֶּמֶת. וְכָל שֶׁחָכְמָתוֹ מְרֻבָּה מִמַּעֲשָׂיו, אֵין חָכְמָתוֹ מִתְקַיֶּמֶת.

יג הוּא הָיָה אוֹמֵר: כָּל שֶׁרוּחַ הַבְּרִיּוֹת נוֹחָה הֵימֶנּוּ, רוּחַ הַמָּקוֹם נוֹחָה הֵימֶנּוּ. וְכָל שֶׁאֵין רוּחַ הַבְּרִיּוֹת נוֹחָה הֵימֶנּוּ, אֵין רוּחַ הַמָּקוֹם נוֹחָה הֵימֶנּוּ.

יד רַבִּי דוֹסָא בֶּן הַרְכִּינָס אוֹמֵר: שֵׁנָה שֶׁל שַׁחֲרִית, וְיַיִן שֶׁל צָהֳרַיִם, וְשִׂיחַת הַיְלָדִים, וִישִׁיבַת בָּתֵּי כְנֵסִיּוֹת שֶׁל עַמֵּי הָאָרֶץ, מוֹצִיאִין אֶת הָאָדָם מִן הָעוֹלָם.

טו רַבִּי אֶלְעָזָר הַמּוֹדָעִי אוֹמֵר: הַמְחַלֵּל אֶת הַקֳּדָשִׁים, וְהַמְבַזֶּה אֶת הַמּוֹעֲדוֹת, וְהַמַּלְבִּין פְּנֵי חֲבֵרוֹ בָּרַבִּים, וְהַמֵּפֵר בְּרִיתוֹ שֶׁל אַבְרָהָם אָבִינוּ, וְהַמְגַלֶּה פָנִים בַּתּוֹרָה שֶׁלֹּא כַהֲלָכָה, אַף עַל פִּי שֶׁיֵּשׁ בְּיָדוֹ תּוֹרָה וּמַעֲשִׂים טוֹבִים, אֵין לוֹ חֵלֶק לָעוֹלָם הַבָּא.

טז רַבִּי יִשְׁמָעֵאל אוֹמֵר: הֱוֵי קַל לְרֹאשׁ וְנוֹחַ לְתִשְׁחֹרֶת, וֶהֱוֵי מְקַבֵּל אֶת כָּל הָאָדָם בְּשִׂמְחָה.

יז רַבִּי עֲקִיבָא אוֹמֵר: שְׂחוֹק וְקַלּוּת רֹאשׁ מַרְגִּילִין אֶת הָאָדָם לְעֶרְוָה. מָסֹרֶת סְיָג לַתּוֹרָה, מַעְשְׂרוֹת סְיָג לָעֹשֶׁר, נְדָרִים סְיָג לַפְּרִישׁוּת, סְיָג לַחָכְמָה שְׁתִיקָה.

יח הוּא הָיָה אוֹמֵר, חָבִיב אָדָם שֶׁנִּבְרָא בְצֶלֶם, חִבָּה יְתֵרָה נוֹדַעַת לוֹ שֶׁנִּבְרָא בְּצֶלֶם, שֶׁנֶּאֱמַר: כִּי בְּצֶלֶם אֱלֹהִים עָשָׂה אֶת־הָאָדָם: חֲבִיבִין יִשְׂרָאֵל שֶׁנִּקְרְאוּ בָנִים לַמָּקוֹם, חִבָּה יְתֵרָה נוֹדַעַת לָהֶם שֶׁנִּקְרְאוּ בָנִים לַמָּקוֹם, שֶׁנֶּאֱמַר: בָּנִים אַתֶּם לַיהוה אֱלֹהֵיכֶם: חֲבִיבִין יִשְׂרָאֵל שֶׁנִּתַּן לָהֶם כְּלִי חֶמְדָּה, חִבָּה יְתֵרָה נוֹדַעַת לָהֶם שֶׁנִּתַּן לָהֶם כְּלִי חֶמְדָּה שֶׁבּוֹ נִבְרָא הָעוֹלָם, שֶׁנֶּאֱמַר: כִּי לֶקַח טוֹב נָתַתִּי לָכֶם, תּוֹרָתִי אַל־תַּעֲזֹבוּ:

בראשית ט
דברים יד
משלי ד

יט הַכֹּל צָפוּי, וְהָרְשׁוּת נְתוּנָה, וּבְטוּב הָעוֹלָם נִדּוֹן, וְהַכֹּל לְפִי רֹב הַמַּעֲשֶׂה.

כ הוּא הָיָה אוֹמֵר: הַכֹּל נָתוּן בְּעֵרָבוֹן, וּמְצוּדָה פְּרוּסָה
עַל כָּל הַחַיִּים. הֶחָנוּת פְּתוּחָה, וְהַחֶנְוָנִי מַקִּיף, וְהַפִּנְקָס
פָּתוּחַ, וְהַיָּד כּוֹתֶבֶת, וְכָל הָרוֹצֶה לִלְווֹת יָבֹא וְיִלְוֶה.
וְהַגַּבָּאִין מַחֲזִירִין תָּדִיר בְּכָל יוֹם, וְנִפְרָעִין מִן הָאָדָם
מִדַּעְתּוֹ וְשֶׁלֹּא מִדַּעְתּוֹ, וְיֵשׁ לָהֶם עַל מַה שֶּׁיִּסְמֹכוּ.
וְהַדִּין, דִּין אֱמֶת. וְהַכֹּל מְתֻקָּן לַסְּעוּדָה.

כא רַבִּי אֶלְעָזָר בֶּן עֲזַרְיָה אוֹמֵר: אִם אֵין תּוֹרָה אֵין דֶּרֶךְ
אֶרֶץ, אִם אֵין דֶּרֶךְ אֶרֶץ אֵין תּוֹרָה. אִם אֵין חָכְמָה
אֵין יִרְאָה, אִם אֵין יִרְאָה אֵין חָכְמָה. אִם אֵין דַּעַת
אֵין בִּינָה, אִם אֵין בִּינָה אֵין דַּעַת. אִם אֵין קֶמַח אֵין
תּוֹרָה, אִם אֵין תּוֹרָה אֵין קֶמַח.

כב הוּא הָיָה אוֹמֵר: כָּל שֶׁחָכְמָתוֹ מְרֻבָּה מִמַּעֲשָׂיו,
לְמָה הוּא דוֹמֶה, לְאִילָן שֶׁעֲנָפָיו מְרֻבִּין וְשָׁרָשָׁיו
מֻעָטִין, וְהָרוּחַ בָּאָה וְעוֹקַרְתּוֹ וְהוֹפַכְתּוֹ עַל פָּנָיו.
שֶׁנֶּאֱמַר, וְהָיָה כְּעַרְעָר בָּעֲרָבָה, וְלֹא יִרְאֶה כִּי־יָבוֹא ירמיה יז
טוֹב, וְשָׁכַן חֲרֵרִים בַּמִּדְבָּר, אֶרֶץ מְלֵחָה וְלֹא תֵשֵׁב:
אֲבָל כָּל שֶׁמַּעֲשָׂיו מְרֻבִּין מֵחָכְמָתוֹ, לְמָה הוּא דוֹמֶה,
לְאִילָן שֶׁעֲנָפָיו מֻעָטִין וְשָׁרָשָׁיו מְרֻבִּין, שֶׁאֲפִלּוּ כָּל
הָרוּחוֹת שֶׁבָּעוֹלָם בָּאוֹת וְנוֹשְׁבוֹת בּוֹ, אֵין מְזִיזִין
אוֹתוֹ מִמְּקוֹמוֹ. שֶׁנֶּאֱמַר: וְהָיָה כְּעֵץ שָׁתוּל עַל־מַיִם, שם
וְעַל־יוּבַל יְשַׁלַּח שָׁרָשָׁיו, וְלֹא יִרְאֶ כִּי־יָבֹא חֹם, וְהָיָה

עָלֵהוּ רַעֲנָן, וּבִשְׁנַת בַּצֹּרֶת לֹא יִדְאָג, וְלֹא יָמִישׁ
מֵעֲשׂוֹת פֶּרִי:

כג רַבִּי אֶלְעָזָר בֶּן חִסְמָא אוֹמֵר: קִנִּין וּפִתְחֵי נִדָּה הֵן
הֵן גּוּפֵי הֲלָכוֹת, תְּקוּפוֹת וְגִימַטְרִיָּאוֹת פַּרְפְּרָאוֹת
לַחָכְמָה.

רַבִּי חֲנַנְיָא בֶּן עֲקַשְׁיָא אוֹמֵר: רָצָה הַקָּדוֹשׁ בָּרוּךְ הוּא מכות כג:
לְזַכּוֹת אֶת יִשְׂרָאֵל, לְפִיכָךְ הִרְבָּה לָהֶם תּוֹרָה וּמִצְוֹת.
שֶׁנֶּאֱמַר: יהוה חָפֵץ לְמַעַן צִדְקוֹ, יַגְדִּיל תּוֹרָה וְיַאְדִּיר: ישעיה מב

אם יש מניין, האבלים אומרים קדיש דרבנן (עמ' 416).

* * *

כָּל יִשְׂרָאֵל יֵשׁ לָהֶם חֵלֶק לָעוֹלָם הַבָּא. שֶׁנֶּאֱמַר: סנהדרין צ.
וְעַמֵּךְ כֻּלָּם צַדִּיקִים, לְעוֹלָם יִירְשׁוּ אָרֶץ ישעיה ס
נֵצֶר מַטָּעַי, מַעֲשֵׂה יָדַי לְהִתְפָּאֵר:

פרק רביעי

א בֶּן זוֹמָא אוֹמֵר: אֵיזֶהוּ חָכָם, הַלּוֹמֵד מִכָּל אָדָם,
שֶׁנֶּאֱמַר: מִכָּל־מְלַמְּדַי הִשְׂכַּלְתִּי, כִּי עֵדְוֹתֶיךָ שִׂיחָה תהלים קיט
לִי: אֵיזֶהוּ גִבּוֹר, הַכּוֹבֵשׁ אֶת יִצְרוֹ, שֶׁנֶּאֱמַר: טוֹב משלי טז
אֶרֶךְ אַפַּיִם מִגִּבּוֹר וּמֹשֵׁל בְּרוּחוֹ מִלֹּכֵד עִיר: אֵיזֶהוּ
עָשִׁיר, הַשָּׂמֵחַ בְּחֶלְקוֹ, שֶׁנֶּאֱמַר: יְגִיעַ כַּפֶּיךָ כִּי תֹאכֵל תהלים קכח
אַשְׁרֶיךָ וְטוֹב לָךְ: אַשְׁרֶיךָ בָּעוֹלָם הַזֶּה וְטוֹב לָךְ

לָעוֹלָם הַבָּא. אֵיזֶהוּ מְכֻבָּד, הַמְכַבֵּד אֶת הַבְּרִיּוֹת,
שֶׁנֶּאֱמַר: כִּי־מְכַבְּדַי אֲכַבֵּד, וּבֹזַי יֵקָלּוּ: שמואל א׳ ב

ב בֶּן עַזַּאי אוֹמֵר: הֱוֵי רָץ לְמִצְוָה קַלָּה וּבוֹרֵחַ מִן הָעֲבֵרָה.
שֶׁמִּצְוָה גּוֹרֶרֶת מִצְוָה, וַעֲבֵרָה גּוֹרֶרֶת עֲבֵרָה. שֶׁשְּׂכַר
מִצְוָה מִצְוָה, וּשְׂכַר עֲבֵרָה עֲבֵרָה.

ג הוּא הָיָה אוֹמֵר: אַל תְּהִי בָז לְכָל אָדָם, וְאַל תְּהִי
מַפְלִיג לְכָל דָּבָר. שֶׁאֵין לְךָ אָדָם שֶׁאֵין לוֹ שָׁעָה, וְאֵין
לְךָ דָבָר שֶׁאֵין לוֹ מָקוֹם.

ד רַבִּי לְוִיטַס אִישׁ יַבְנֶה אוֹמֵר: מְאֹד מְאֹד הֱוֵי שְׁפַל
רוּחַ, שֶׁתִּקְוַת אֱנוֹשׁ רִמָּה.

ה רַבִּי יוֹחָנָן בֶּן בְּרוֹקָא אוֹמֵר: כָּל הַמְחַלֵּל שֵׁם שָׁמַיִם
בַּסֵּתֶר, נִפְרָעִין מִמֶּנּוּ בַּגָּלוּי. אֶחָד שׁוֹגֵג וְאֶחָד מֵזִיד
בְּחִלּוּל הַשֵּׁם.

ו רַבִּי יִשְׁמָעֵאל בְּנוֹ אוֹמֵר: הַלּוֹמֵד עַל מְנָת לְלַמֵּד,
מַסְפִּיקִין בְּיָדוֹ לִלְמֹד וּלְלַמֵּד. וְהַלּוֹמֵד עַל מְנָת לַעֲשׂוֹת,
מַסְפִּיקִין בְּיָדוֹ לִלְמֹד וּלְלַמֵּד, לִשְׁמֹר וְלַעֲשׂוֹת.

ז רַבִּי צָדוֹק אוֹמֵר: אַל תִּפְרֹשׁ מִן הַצִּבּוּר, וְאַל תַּעַשׂ
עַצְמְךָ כְּעוֹרְכֵי הַדַּיָּנִין, וְאַל תַּעֲשֶׂהָ עֲטָרָה לְהִתְגַּדֶּל
בָּהּ, וְלֹא קַרְדֹּם לַחְפֹּר בָּהּ. וְכָךְ הָיָה הִלֵּל אוֹמֵר:
וּדְאִשְׁתַּמֵּשׁ בְּתָגָא חֲלָף. הָא לָמַדְתָּ, כָּל הַנֶּהֱנֶה
מִדִּבְרֵי תוֹרָה, נוֹטֵל חַיָּיו מִן הָעוֹלָם.

ח רַבִּי יוֹסֵי אוֹמֵר: כָּל הַמְכַבֵּד אֶת הַתּוֹרָה, גּוּפוֹ מְכֻבָּד עַל הַבְּרִיּוֹת. וְכָל הַמְחַלֵּל אֶת הַתּוֹרָה, גּוּפוֹ מְחֻלָּל עַל הַבְּרִיּוֹת.

ט רַבִּי יִשְׁמָעֵאל בְּנוֹ אוֹמֵר: הַחוֹשֵׂךְ עַצְמוֹ מִן הַדִּין, פּוֹרֵק מִמֶּנּוּ אֵיבָה וְגָזֵל וּשְׁבוּעַת שָׁוְא. וְהַגַּס לִבּוֹ בְּהוֹרָאָה, שׁוֹטֶה, רָשָׁע וְגַס רוּחַ.

י הוּא הָיָה אוֹמֵר: אַל תְּהִי דָן יְחִידִי, שֶׁאֵין דָּן יְחִידִי אֶלָּא אֶחָד. וְאַל תֹּאמַר קַבְּלוּ דַעְתִּי, שֶׁהֵן רַשָּׁאִין וְלֹא אָתָּה.

יא רַבִּי יוֹנָתָן אוֹמֵר: כָּל הַמְקַיֵּם אֶת הַתּוֹרָה מֵעֹנִי, סוֹפוֹ לְקַיְּמָהּ מֵעֹשֶׁר. וְכָל הַמְבַטֵּל אֶת הַתּוֹרָה מֵעֹשֶׁר, סוֹפוֹ לְבַטְּלָהּ מֵעֹנִי.

יב רַבִּי מֵאִיר אוֹמֵר: הֱוֵי מְמַעֵט בְּעֵסֶק וַעֲסֹק בַּתּוֹרָה, וֶהֱוֵי שְׁפַל רוּחַ בִּפְנֵי כָל אָדָם. וְאִם בָּטַלְתָּ מִן הַתּוֹרָה, יֵשׁ לְךָ בְּטֵלִים הַרְבֵּה כְּנֶגְדֶּךָ. וְאִם עָמַלְתָּ בַּתּוֹרָה, יֶשׁ לוֹ שָׂכָר הַרְבֵּה לִתֶּן לָךְ.

יג רַבִּי אֱלִיעֶזֶר בֶּן יַעֲקֹב אוֹמֵר: הָעוֹשֶׂה מִצְוָה אַחַת, קוֹנֶה לוֹ פְּרַקְלִיט אֶחָד. וְהָעוֹבֵר עֲבֵרָה אַחַת, קוֹנֶה לוֹ קַטֵּגוֹר אֶחָד. תְּשׁוּבָה וּמַעֲשִׂים טוֹבִים, כִּתְרִיס בִּפְנֵי הַפֻּרְעָנוּת.

יד רַבִּי יוֹחָנָן הַסַּנְדְּלָר אוֹמֵר: כָּל כְּנֵסִיָּה שֶׁהִיא לְשֵׁם שָׁמַיִם, סוֹפָהּ לְהִתְקַיֵּם. וְשֶׁאֵינָהּ לְשֵׁם שָׁמַיִם, אֵין סוֹפָהּ לְהִתְקַיֵּם.

טו רַבִּי אֶלְעָזָר בֶּן שַׁמּוּעַ אוֹמֵר: יְהִי כְבוֹד תַּלְמִידְךָ חָבִיב עָלֶיךָ כְּשֶׁלָּךְ, וּכְבוֹד חֲבֵרְךָ כְּמוֹרָא רַבָּךְ, וּמוֹרָא רַבָּךְ כְּמוֹרָא שָׁמָיִם.

טז רַבִּי יְהוּדָה אוֹמֵר: הֱוֵי זָהִיר בְּתַלְמוּד, שֶׁשִּׁגְגַת תַּלְמוּד עוֹלָה זָדוֹן.

יז רַבִּי שִׁמְעוֹן אוֹמֵר: שְׁלֹשָׁה כְתָרִים הֵן, כֶּתֶר תּוֹרָה וְכֶתֶר כְּהֻנָּה וְכֶתֶר מַלְכוּת, וְכֶתֶר שֵׁם טוֹב עוֹלֶה עַל גַּבֵּיהֶן.

יח רַבִּי נְהוֹרַאי אוֹמֵר: הֱוֵי גוֹלֶה לִמְקוֹם תּוֹרָה. וְאַל תֹּאמַר שֶׁהִיא תָבוֹא אַחֲרֶיךָ, שֶׁחֲבֵרֶיךָ יְקַיְּמוּהָ בְיָדֶךָ.
וְאֶל־בִּינָתְךָ אַל־תִּשָּׁעֵן: משלי ג

יט רַבִּי יַנַּאי אוֹמֵר: אֵין בְּיָדֵינוּ לֹא מִשַּׁלְוַת הָרְשָׁעִים וְאַף לֹא מִיִּסּוּרֵי הַצַּדִּיקִים.

כ רַבִּי מַתְיָא בֶּן חָרָשׁ אוֹמֵר: הֱוֵי מַקְדִּים בִּשְׁלוֹם כָּל אָדָם, וֶהֱוֵי זָנָב לָאֲרָיוֹת, וְאַל תְּהִי רֹאשׁ לַשּׁוּעָלִים.

כא רַבִּי יַעֲקֹב אוֹמֵר: הָעוֹלָם הַזֶּה דּוֹמֶה לִפְרוֹזְדוֹר בִּפְנֵי

הָעוֹלָם הַבָּא. הַתְקֵן עַצְמְךָ בַּפְּרוֹזְדוֹר, כְּדֵי שֶׁתִּכָּנֵס לַטְּרַקְלִין.

כב הוּא הָיָה אוֹמֵר: יָפָה שָׁעָה אַחַת בִּתְשׁוּבָה וּמַעֲשִׂים טוֹבִים בָּעוֹלָם הַזֶּה, מִכֹּל חַיֵּי הָעוֹלָם הַבָּא. וְיָפָה שָׁעָה אַחַת שֶׁל קוֹרַת רוּחַ בָּעוֹלָם הַבָּא, מִכֹּל חַיֵּי הָעוֹלָם הַזֶּה.

כג רַבִּי שִׁמְעוֹן בֶּן אֶלְעָזָר אוֹמֵר: אַל תְּרַצֶּה אֶת חֲבֵרְךָ בִּשְׁעַת כַּעְסוֹ, וְאַל תְּנַחֲמֵהוּ בְּשָׁעָה שֶׁמֵּתוֹ מֻטָּל לְפָנָיו, וְאַל תִּשְׁאַל לוֹ בִּשְׁעַת נִדְרוֹ, וְאַל תִּשְׁתַּדֵּל לִרְאוֹתוֹ בִּשְׁעַת קַלְקָלָתוֹ.

כד שְׁמוּאֵל הַקָּטָן אוֹמֵר: בִּנְפֹל אוֹיִבְךָ אַל־תִּשְׂמָח, וּבִכָּשְׁלוֹ אַל־יָגֵל לִבֶּךָ: פֶּן־יִרְאֶה יהוה וְרַע בְּעֵינָיו, וְהֵשִׁיב מֵעָלָיו אַפּוֹ: משלי כד

כה אֱלִישָׁע בֶּן אֲבוּיָה אוֹמֵר: הַלּוֹמֵד יֶלֶד, לְמָה הוּא דוֹמֶה, לִדְיוֹ כְתוּבָה עַל נְיָר חָדָשׁ. וְהַלּוֹמֵד זָקֵן, לְמָה הוּא דוֹמֶה, לִדְיוֹ כְתוּבָה עַל נְיָר מָחוּק.

כו רַבִּי יוֹסֵי בַּר יְהוּדָה אִישׁ כְּפַר הַבַּבְלִי אוֹמֵר: הַלּוֹמֵד מִן הַקְּטַנִּים, לְמָה הוּא דוֹמֶה, לְאוֹכֵל עֲנָבִים קֵהוֹת וְשׁוֹתֶה יַיִן מִגִּתּוֹ. וְהַלּוֹמֵד מִן הַזְּקֵנִים, לְמָה הוּא דוֹמֶה, לְאוֹכֵל עֲנָבִים בְּשׁוּלוֹת וְשׁוֹתֶה יַיִן יָשָׁן.

כז רַבִּי מֵאִיר אוֹמֵר: אַל תִּסְתַּכֵּל בַּקַּנְקַן, אֶלָּא בְּמַה
שֶּׁיֵּשׁ בּוֹ. יֵשׁ קַנְקַן חָדָשׁ מָלֵא יָשָׁן, וְיָשָׁן שֶׁאֲפִלּוּ
חָדָשׁ אֵין בּוֹ.

כח רַבִּי אֶלְעָזָר הַקַּפָּר אוֹמֵר: הַקִּנְאָה וְהַתַּאֲוָה וְהַכָּבוֹד,
מוֹצִיאִין אֶת הָאָדָם מִן הָעוֹלָם.

כט הוּא הָיָה אוֹמֵר: הַיִּלּוֹדִים לָמוּת, וְהַמֵּתִים לִחְיוֹת,
וְהַחַיִּים לִדּוֹן, לֵידַע וּלְהוֹדִיעַ וּלְהִוָּדַע, שֶׁהוּא אֵל,
הוּא הַיּוֹצֵר, הוּא הַבּוֹרֵא, הוּא הַמֵּבִין, הוּא הַדַּיָּן,
הוּא הָעֵד, הוּא בַּעַל דִּין, הוּא עָתִיד לָדוּן. בָּרוּךְ
הוּא, שֶׁאֵין לְפָנָיו לֹא עַוְלָה וְלֹא שִׁכְחָה, וְלֹא מַשּׂוֹא
פָנִים וְלֹא מִקַּח שֹׁחַד, שֶׁהַכֹּל שֶׁלּוֹ. וְדַע, שֶׁהַכֹּל
לְפִי הַחֶשְׁבּוֹן. וְאַל יַבְטִיחֲךָ יִצְרְךָ שֶׁהַשְּׁאוֹל בֵּית
מָנוֹס לָךְ, שֶׁעַל כָּרְחֲךָ אַתָּה נוֹצָר, וְעַל כָּרְחֲךָ אַתָּה
נוֹלָד, וְעַל כָּרְחֲךָ אַתָּה חַי, וְעַל כָּרְחֲךָ אַתָּה מֵת, וְעַל
כָּרְחֲךָ אַתָּה עָתִיד לִתֵּן דִּין וְחֶשְׁבּוֹן לִפְנֵי מֶלֶךְ מַלְכֵי
הַמְּלָכִים הַקָּדוֹשׁ בָּרוּךְ הוּא.

מכות כג: רַבִּי חֲנַנְיָא בֶּן עֲקַשְׁיָא אוֹמֵר: רָצָה הַקָּדוֹשׁ בָּרוּךְ הוּא
לְזַכּוֹת אֶת יִשְׂרָאֵל, לְפִיכָךְ הִרְבָּה לָהֶם תּוֹרָה וּמִצְוֹת.
ישעיה מב שֶׁנֶּאֱמַר: יהוה חָפֵץ לְמַעַן צִדְקוֹ, יַגְדִּיל תּוֹרָה וְיַאְדִּיר:

אם יש מניין, האבלים אומרים קדיש דרבנן (עמ׳ 416).

* * *

כָּל יִשְׂרָאֵל יֵשׁ לָהֶם חֵלֶק לָעוֹלָם הַבָּא. שֶׁנֶּאֱמַר: סנהדרין צ.
וְעַמֵּךְ כֻּלָּם צַדִּיקִים, לְעוֹלָם יִירְשׁוּ אָרֶץ ישעיה ס
נֵצֶר מַטָּעַי, מַעֲשֵׂה יָדַי לְהִתְפָּאֵר:

פרק חמישי

א בַּעֲשָׂרָה מַאֲמָרוֹת נִבְרָא הָעוֹלָם. וּמַה תַּלְמוּד לוֹמַר, וַהֲלֹא בְּמַאֲמָר אֶחָד יָכוֹל לְהִבָּרְאוֹת, אֶלָּא לְהִפָּרַע מִן הָרְשָׁעִים, שֶׁמְּאַבְּדִין אֶת הָעוֹלָם שֶׁנִּבְרָא בַּעֲשָׂרָה מַאֲמָרוֹת, וְלִתֵּן שָׂכָר טוֹב לַצַּדִּיקִים, שֶׁמְּקַיְּמִין אֶת הָעוֹלָם שֶׁנִּבְרָא בַּעֲשָׂרָה מַאֲמָרוֹת.

ב עֲשָׂרָה דוֹרוֹת מֵאָדָם וְעַד נֹחַ, לְהוֹדִיעַ כַּמָּה אֶרֶךְ אַפַּיִם לְפָנָיו, שֶׁכָּל הַדּוֹרוֹת הָיוּ מַכְעִיסִין וּבָאִין, עַד שֶׁהֵבִיא עֲלֵיהֶם אֶת מֵי הַמַּבּוּל.

ג עֲשָׂרָה דוֹרוֹת מִנֹּחַ וְעַד אַבְרָהָם, לְהוֹדִיעַ כַּמָּה אֶרֶךְ אַפַּיִם לְפָנָיו, שֶׁכָּל הַדּוֹרוֹת הָיוּ מַכְעִיסִין וּבָאִין, עַד שֶׁבָּא אַבְרָהָם אָבִינוּ וְקִבֵּל שְׂכַר כֻּלָּם.

ד עֲשָׂרָה נִסְיוֹנוֹת נִתְנַסָּה אַבְרָהָם אָבִינוּ וְעָמַד בְּכֻלָּם, לְהוֹדִיעַ כַּמָּה חִבָּתוֹ שֶׁל אַבְרָהָם אָבִינוּ.

ה עֲשָׂרָה נִסִּים נַעֲשׂוּ לַאֲבוֹתֵינוּ בְּמִצְרַיִם, וַעֲשָׂרָה עַל הַיָּם. עֶשֶׂר מַכּוֹת הֵבִיא הַקָּדוֹשׁ בָּרוּךְ הוּא עַל הַמִּצְרִיִּים בְּמִצְרַיִם, וְעֶשֶׂר עַל הַיָּם.

ו עֲשָׂרָה נִסְיוֹנוֹת נִסּוּ אֲבוֹתֵינוּ אֶת הַקָּדוֹשׁ בָּרוּךְ הוּא
בַּמִּדְבָּר, שֶׁנֶּאֱמַר: וַיְנַסּוּ אֹתִי זֶה עֶשֶׂר פְּעָמִים, וְלֹא במדבר יד
שָׁמְעוּ בְּקוֹלִי:

ז עֲשָׂרָה נִסִּים נַעֲשׂוּ לַאֲבוֹתֵינוּ בְּבֵית הַמִּקְדָּשׁ. לֹא הִפִּילָה אִשָּׁה מֵרֵיחַ בְּשַׂר הַקֹּדֶשׁ, וְלֹא הִסְרִיחַ בְּשַׂר הַקֹּדֶשׁ מֵעוֹלָם, וְלֹא נִרְאָה זְבוּב בְּבֵית הַמִּטְבְּחַיִם, וְלֹא אֵרַע קֶרִי לְכֹהֵן גָּדוֹל בְּיוֹם הַכִּפּוּרִים, וְלֹא כִבּוּ הַגְּשָׁמִים אֵשׁ שֶׁל עֲצֵי הַמַּעֲרָכָה, וְלֹא נִצְּחָה הָרוּחַ אֶת עַמּוּד הֶעָשָׁן, וְלֹא נִמְצָא פְסוּל בָּעֹמֶר וּבִשְׁתֵּי הַלֶּחֶם וּבְלֶחֶם הַפָּנִים, עוֹמְדִים צְפוּפִים וּמִשְׁתַּחֲוִים רְוָחִים, וְלֹא הִזִּיק נָחָשׁ וְעַקְרָב בִּירוּשָׁלַיִם מֵעוֹלָם, וְלֹא אָמַר אָדָם לַחֲבֵרוֹ: צַר לִי הַמָּקוֹם שֶׁאָלִין בִּירוּשָׁלָיִם.

ח עֲשָׂרָה דְבָרִים נִבְרְאוּ בְּעֶרֶב שַׁבָּת בֵּין הַשְּׁמָשׁוֹת. וְאֵלּוּ הֵן, פִּי הָאָרֶץ, פִּי הַבְּאֵר, פִּי הָאָתוֹן, הַקֶּשֶׁת, וְהַמָּן, וְהַמַּטֶּה, וְהַשָּׁמִיר, הַכְּתָב, וְהַמִּכְתָּב, וְהַלּוּחוֹת. וְיֵשׁ אוֹמְרִים, אַף הַמַּזִּיקִין, וּקְבוּרָתוֹ שֶׁל מֹשֶׁה, וְאֵילוֹ שֶׁל אַבְרָהָם אָבִינוּ. וְיֵשׁ אוֹמְרִים, אַף צְבָת בִּצְבַת עֲשׂוּיָה.

ט שִׁבְעָה דְבָרִים בְּגֹלֶם, וְשִׁבְעָה בְּחָכָם. חָכָם אֵינוֹ מְדַבֵּר לִפְנֵי מִי שֶׁגָּדוֹל מִמֶּנּוּ בְּחָכְמָה, וְאֵינוֹ נִכְנָס לְתוֹךְ דִּבְרֵי חֲבֵרוֹ, וְאֵינוֹ נִבְהָל לְהָשִׁיב, שׁוֹאֵל כָּעִנְיָן

וּמֵשִׁיב כַּהֲלָכָה, וְאוֹמֵר עַל רִאשׁוֹן רִאשׁוֹן וְעַל אַחֲרוֹן אַחֲרוֹן, וְעַל מַה שֶׁלֹּא שָׁמַע אוֹמֵר לֹא שָׁמַעְתִּי, וּמוֹדֶה עַל הָאֱמֶת. וְחִלּוּפֵיהֶן בַּגֹּלֶם.

י שִׁבְעָה מִינֵי פֻרְעָנִיּוֹת בָּאִין לָעוֹלָם עַל שִׁבְעָה גוּפֵי עֲבֵרָה. מִקְצָתָן מְעַשְּׂרִין וּמִקְצָתָן אֵינָן מְעַשְּׂרִין, רָעָב שֶׁל בַּצֹּרֶת בָּא, מִקְצָתָן רְעֵבִים וּמִקְצָתָן שְׂבֵעִים. גָּמְרוּ שֶׁלֹּא לְעַשֵּׂר, רָעָב שֶׁל מְהוּמָה וְשֶׁל בַּצֹּרֶת בָּא. וְשֶׁלֹּא לִטּוֹל אֶת הַחַלָּה, רָעָב שֶׁל כְּלָיָה בָּא.

יא דֶּבֶר בָּא לָעוֹלָם עַל מִיתוֹת הָאֲמוּרוֹת בַּתּוֹרָה שֶׁלֹּא נִמְסְרוּ לְבֵית דִּין, וְעַל פֵּרוֹת שְׁבִיעִית. חֶרֶב בָּאָה לָעוֹלָם עַל עִנּוּי הַדִּין, וְעַל עִוּוּת הַדִּין, וְעַל הַמּוֹרִים בַּתּוֹרָה שֶׁלֹּא כַהֲלָכָה.

יב חַיָּה רָעָה בָּאָה לָעוֹלָם עַל שְׁבוּעַת שָׁוְא וְעַל חִלּוּל הַשֵּׁם. גָּלוּת בָּאָה לָעוֹלָם עַל עֲבוֹדָה זָרָה, וְעַל גִּלּוּי עֲרָיוֹת, וְעַל שְׁפִיכוּת דָּמִים, וְעַל שְׁמִטַּת הָאָרֶץ.

יג בְּאַרְבָּעָה פְרָקִים הַדֶּבֶר מִתְרַבֶּה, בָּרְבִיעִית, וּבַשְּׁבִיעִית, וּבְמוֹצָאֵי שְׁבִיעִית, וּבְמוֹצָאֵי הֶחָג שֶׁבְּכָל שָׁנָה וְשָׁנָה. בָּרְבִיעִית, מִפְּנֵי מַעְשַׂר עָנִי שֶׁבַּשְּׁלִישִׁית. בַּשְּׁבִיעִית, מִפְּנֵי מַעְשַׂר עָנִי שֶׁבַּשִּׁשִּׁית. בְּמוֹצָאֵי שְׁבִיעִית, מִפְּנֵי פֵּרוֹת שְׁבִיעִית. בְּמוֹצָאֵי הֶחָג שֶׁבְּכָל שָׁנָה וְשָׁנָה, מִפְּנֵי גֶזֶל מַתְּנוֹת עֲנִיִּים.

יד אַרְבַּע מִדּוֹת בָּאָדָם. הָאוֹמֵר שֶׁלִּי שֶׁלִּי וְשֶׁלְּךָ שֶׁלָּךְ, זוֹ מִדָּה בֵּינוֹנִית, וְיֵשׁ אוֹמְרִים, זוֹ מִדַּת סְדוֹם. שֶׁלִּי שֶׁלָּךְ וְשֶׁלְּךָ שֶׁלִּי, עַם הָאָרֶץ. שֶׁלִּי שֶׁלָּךְ וְשֶׁלְּךָ שֶׁלָּךְ, חָסִיד. שֶׁלְּךָ שֶׁלִּי וְשֶׁלִּי שֶׁלִּי, רָשָׁע.

טו אַרְבַּע מִדּוֹת בַּדֵּעוֹת. נוֹחַ לִכְעֹס וְנוֹחַ לִרְצוֹת, יָצָא הֶפְסֵדוֹ בִּשְׂכָרוֹ. קָשֶׁה לִכְעֹס וְקָשֶׁה לִרְצוֹת, יָצָא שְׂכָרוֹ בְּהֶפְסֵדוֹ. קָשֶׁה לִכְעֹס וְנוֹחַ לִרְצוֹת, חָסִיד. נוֹחַ לִכְעֹס וְקָשֶׁה לִרְצוֹת, רָשָׁע.

טז אַרְבַּע מִדּוֹת בַּתַּלְמִידִים. מָהִיר לִשְׁמֹעַ וּמָהִיר לְאַבֵּד, יָצָא שְׂכָרוֹ בְּהֶפְסֵדוֹ. קָשֶׁה לִשְׁמֹעַ וְקָשֶׁה לְאַבֵּד, יָצָא הֶפְסֵדוֹ בִּשְׂכָרוֹ. מָהִיר לִשְׁמֹעַ וְקָשֶׁה לְאַבֵּד, זֶה חֵלֶק טוֹב. קָשֶׁה לִשְׁמֹעַ וּמָהִיר לְאַבֵּד, זֶה חֵלֶק רָע.

יז אַרְבַּע מִדּוֹת בְּנוֹתְנֵי צְדָקָה. הָרוֹצֶה שֶׁיִּתֵּן וְלֹא יִתְּנוּ אֲחֵרִים, עֵינוֹ רָעָה בְּשֶׁל אֲחֵרִים. יִתְּנוּ אֲחֵרִים וְהוּא לֹא יִתֵּן, עֵינוֹ רָעָה בְּשֶׁלּוֹ. יִתֵּן וְיִתְּנוּ אֲחֵרִים, חָסִיד. לֹא יִתֵּן וְלֹא יִתְּנוּ אֲחֵרִים, רָשָׁע.

יח אַרְבַּע מִדּוֹת בְּהוֹלְכֵי בֵית הַמִּדְרָשׁ. הוֹלֵךְ וְאֵינוֹ עוֹשֶׂה, שְׂכַר הֲלִיכָה בְּיָדוֹ. עוֹשֶׂה וְאֵינוֹ הוֹלֵךְ, שְׂכַר מַעֲשֶׂה בְּיָדוֹ. הוֹלֵךְ וְעוֹשֶׂה, חָסִיד. לֹא הוֹלֵךְ וְלֹא עוֹשֶׂה, רָשָׁע.

יט אַרְבַּע מִדּוֹת בְּיוֹשְׁבִים לִפְנֵי חֲכָמִים, סְפוֹג, וּמַשְׁפֵּךְ, מְשַׁמֶּרֶת, וְנָפָה. סְפוֹג, שֶׁהוּא סוֹפֵג אֶת הַכֹּל. וּמַשְׁפֵּךְ, שֶׁמַּכְנִיס בְּזוֹ וּמוֹצִיא בְזוֹ. מְשַׁמֶּרֶת, שֶׁמּוֹצִיאָה אֶת הַיַּיִן וְקוֹלֶטֶת אֶת הַשְּׁמָרִים. וְנָפָה, שֶׁמּוֹצִיאָה אֶת הַקֶּמַח וְקוֹלֶטֶת אֶת הַסֹּלֶת.

כ כָּל אַהֲבָה שֶׁהִיא תְלוּיָה בְדָבָר, בָּטֵל דָּבָר, בְּטֵלָה אַהֲבָה. וְשֶׁאֵינָהּ תְּלוּיָה בְדָבָר, אֵינָהּ בְּטֵלָה לְעוֹלָם. אֵיזוֹ הִיא אַהֲבָה שֶׁהִיא תְלוּיָה בְדָבָר, זוֹ אַהֲבַת אַמְנוֹן וְתָמָר. וְשֶׁאֵינָהּ תְּלוּיָה בְדָבָר, זוֹ אַהֲבַת דָּוִד וִיהוֹנָתָן.

כא כָּל מַחֲלֹקֶת שֶׁהִיא לְשֵׁם שָׁמַיִם, סוֹפָהּ לְהִתְקַיֵּם. וְשֶׁאֵינָהּ לְשֵׁם שָׁמַיִם, אֵין סוֹפָהּ לְהִתְקַיֵּם. אֵיזוֹ הִיא מַחֲלֹקֶת שֶׁהִיא לְשֵׁם שָׁמַיִם, זוֹ מַחֲלֹקֶת הִלֵּל וְשַׁמַּאי. וְשֶׁאֵינָהּ לְשֵׁם שָׁמַיִם, זוֹ מַחֲלֹקֶת קֹרַח וְכָל עֲדָתוֹ.

כב כָּל הַמְזַכֶּה אֶת הָרַבִּים, אֵין חֵטְא בָּא עַל יָדוֹ. וְכָל הַמַּחֲטִיא אֶת הָרַבִּים, אֵין מַסְפִּיקִין בְּיָדוֹ לַעֲשׂוֹת תְּשׁוּבָה. מֹשֶׁה זָכָה וְזִכָּה אֶת הָרַבִּים, זְכוּת הָרַבִּים
דברים לג תָּלוּי בּוֹ, שֶׁנֶּאֱמַר: צִדְקַת יהוה עָשָׂה וּמִשְׁפָּטָיו עִם־יִשְׂרָאֵל: יָרָבְעָם בֶּן נְבָט, חָטָא וְהֶחֱטִיא אֶת הָרַבִּים,
מלכים א׳ טו חֵטְא הָרַבִּים תָּלוּי בּוֹ, שֶׁנֶּאֱמַר: עַל־חַטֹּאות יָרָבְעָם אֲשֶׁר חָטָא וַאֲשֶׁר הֶחֱטִיא אֶת־יִשְׂרָאֵל:

כג כָּל מִי שֶׁיֵּשׁ בּוֹ שְׁלֹשָׁה דְבָרִים הַלָּלוּ, הוּא מִתַּלְמִידָיו שֶׁל אַבְרָהָם אָבִינוּ, וּשְׁלֹשָׁה דְבָרִים אֲחֵרִים, הוּא מִתַּלְמִידָיו שֶׁל בִּלְעָם הָרָשָׁע. עַיִן טוֹבָה, וְרוּחַ נְמוּכָה, וְנֶפֶשׁ שְׁפָלָה, תַּלְמִידָיו שֶׁל אַבְרָהָם אָבִינוּ. עַיִן רָעָה, וְרוּחַ גְּבוֹהָה וְנֶפֶשׁ רְחָבָה, תַּלְמִידָיו שֶׁל בִּלְעָם הָרָשָׁע. מַה בֵּין תַּלְמִידָיו שֶׁל אַבְרָהָם אָבִינוּ לְתַלְמִידָיו שֶׁל בִּלְעָם הָרָשָׁע. תַּלְמִידָיו שֶׁל אַבְרָהָם אָבִינוּ אוֹכְלִין בָּעוֹלָם הַזֶּה וְנוֹחֲלִין הָעוֹלָם הַבָּא, שֶׁנֶּאֱמַר: לְהַנְחִיל (משלי ח) אֹהֲבַי יֵשׁ וְאֹצְרֹתֵיהֶם אֲמַלֵּא: אֲבָל תַּלְמִידָיו שֶׁל בִּלְעָם הָרָשָׁע יוֹרְשִׁין גֵּיהִנָּם וְיוֹרְדִין לִבְאֵר שַׁחַת, שֶׁנֶּאֱמַר: וְאַתָּה אֱלֹהִים תּוֹרִדֵם לִבְאֵר שַׁחַת, אַנְשֵׁי (תהלים נה) דָמִים וּמִרְמָה לֹא־יֶחֱצוּ יְמֵיהֶם, וַאֲנִי אֶבְטַח־בָּךְ:

כד יְהוּדָה בֶּן תֵּימָא אוֹמֵר: הֱוֵי עַז כַּנָּמֵר וְקַל כַּנֶּשֶׁר, רָץ כַּצְּבִי וְגִבּוֹר כָּאֲרִי, לַעֲשׂוֹת רְצוֹן אָבִיךָ שֶׁבַּשָּׁמָיִם. הוּא הָיָה אוֹמֵר: עַז פָּנִים לְגֵיהִנָּם, וּבֹשֶׁת פָּנִים לְגַן עֵדֶן. יְהִי רָצוֹן מִלְּפָנֶיךָ, יהוה אֱלֹהֵינוּ וֵאלֹהֵי אֲבוֹתֵינוּ, שֶׁיִּבָּנֶה בֵּית הַמִּקְדָּשׁ בִּמְהֵרָה בְיָמֵינוּ, וְתֵן חֶלְקֵנוּ בְּתוֹרָתֶךָ:

כה הוּא הָיָה אוֹמֵר: בֶּן חָמֵשׁ שָׁנִים לַמִּקְרָא, בֶּן עֶשֶׂר שָׁנִים לַמִּשְׁנָה, בֶּן שְׁלֹשׁ עֶשְׂרֵה לַמִּצְוֹת, בֶּן חֲמֵשׁ עֶשְׂרֵה לַגְּמָרָא, בֶּן שְׁמוֹנֶה עֶשְׂרֵה לַחֻפָּה, בֶּן עֶשְׂרִים

לִרְדֹּף, בֶּן שְׁלֹשִׁים לַכֹּחַ, בֶּן אַרְבָּעִים לַבִּינָה, בֶּן חֲמִשִּׁים לָעֵצָה, בֶּן שִׁשִּׁים לַזִּקְנָה, בֶּן שִׁבְעִים לַשֵּׂיבָה, בֶּן שְׁמוֹנִים לַגְּבוּרָה, בֶּן תִּשְׁעִים לָשׁוּחַ, בֶּן מֵאָה כְּאִלּוּ מֵת וְעָבַר וּבָטֵל מִן הָעוֹלָם.

כו בֶּן בַּג בַּג אוֹמֵר: הֲפֹךְ בָּהּ וַהֲפֹךְ בָּהּ דְּכֹלָּא בַהּ, וּבַהּ תֶּחֱזֵי, וְסִיב וּבְלֵה בַהּ, וּמִנַּהּ לָא תְזוּעַ, שֶׁאֵין לְךָ מִדָּה טוֹבָה הֵימֶנָּה. בֶּן הֵא הֵא אוֹמֵר: לְפוּם צַעֲרָא אַגְרָא.

רַבִּי חֲנַנְיָא בֶּן עֲקַשְׁיָא אוֹמֵר: רָצָה הַקָּדוֹשׁ בָּרוּךְ הוּא לְזַכּוֹת אֶת יִשְׂרָאֵל, לְפִיכָךְ הִרְבָּה לָהֶם תּוֹרָה וּמִצְוֹת. שֶׁנֶּאֱמַר: יהוה חָפֵץ לְמַעַן צִדְקוֹ, יַגְדִּיל תּוֹרָה וְיַאְדִּיר: מכות כג: ישעיה מב

אם יש מניין, האבלים אומרים קדיש דרבנן (עמ' 416).

* * *

כָּל יִשְׂרָאֵל יֵשׁ לָהֶם חֵלֶק לָעוֹלָם הַבָּא. שֶׁנֶּאֱמַר: סנהדרין צ.
וְעַמֵּךְ כֻּלָּם צַדִּיקִים, לְעוֹלָם יִירְשׁוּ אָרֶץ ישעיה ס
נֵצֶר מַטָּעַי, מַעֲשֵׂה יָדַי לְהִתְפָּאֵר:

פרק שישי

שָׁנוּ חֲכָמִים בִּלְשׁוֹן הַמִּשְׁנָה, בָּרוּךְ שֶׁבָּחַר בָּהֶם וּבְמִשְׁנָתָם.

א רַבִּי מֵאִיר אוֹמֵר: כָּל הָעוֹסֵק בַּתּוֹרָה לִשְׁמָהּ, זוֹכֶה לִדְבָרִים הַרְבֵּה. וְלֹא עוֹד, אֶלָּא שֶׁכָּל הָעוֹלָם כֻּלּוֹ כְּדַאי הוּא לוֹ. נִקְרָא רֵעַ, אָהוּב, אוֹהֵב אֶת הַמָּקוֹם,

אוֹהֵב אֶת הַבְּרִיּוֹת, מְשַׂמֵּחַ אֶת הַמָּקוֹם, מְשַׂמֵּחַ אֶת הַבְּרִיּוֹת, וּמַלְבַּשְׁתּוֹ עֲנָוָה וְיִרְאָה, וּמַכְשַׁרְתּוֹ לִהְיוֹת צַדִּיק, חָסִיד, יָשָׁר, וְנֶאֱמָן, וּמְרַחַקְתּוֹ מִן הַחֵטְא, וּמְקָרַבְתּוֹ לִידֵי זְכוּת, וְנֶהֱנִין מִמֶּנּוּ עֵצָה וְתוּשִׁיָּה, בִּינָה וּגְבוּרָה, שֶׁנֶּאֱמַר: לִי־עֵצָה וְתוּשִׁיָּה, אֲנִי בִינָה, לִי גְבוּרָה: וְנוֹתֶנֶת לוֹ מַלְכוּת וּמֶמְשָׁלָה, וְחִקּוּר דִּין, וּמְגַלִּין לוֹ רָזֵי תוֹרָה, וְנַעֲשֶׂה כְּמַעְיָן הַמִּתְגַּבֵּר וּכְנָהָר שֶׁאֵינוֹ פוֹסֵק, וְהֹוֶה צָנוּעַ, וְאֶרֶךְ רוּחַ, וּמוֹחֵל עַל עֶלְבּוֹנוֹ, וּמְגַדַּלְתּוֹ וּמְרוֹמַמְתּוֹ עַל כָּל הַמַּעֲשִׂים. משלי ח

ב אָמַר רַבִּי יְהוֹשֻׁעַ בֶּן לֵוִי: בְּכָל יוֹם וָיוֹם, בַּת קוֹל יוֹצֵאת מֵהַר חוֹרֵב וּמַכְרֶזֶת וְאוֹמֶרֶת, אוֹי לָהֶם לַבְּרִיּוֹת מֵעֶלְבּוֹנָהּ שֶׁל תּוֹרָה, שֶׁכָּל מִי שֶׁאֵינוֹ עוֹסֵק בַּתּוֹרָה
נִקְרָא נָזוּף, שֶׁנֶּאֱמַר: נֶזֶם זָהָב בְּאַף חֲזִיר, אִשָּׁה יָפָה משלי יא
וְסָרַת טָעַם: וְאוֹמֵר: וְהַלֻּחֹת מַעֲשֵׂה אֱלֹהִים הֵמָּה, שמות לב
וְהַמִּכְתָּב מִכְתַּב אֱלֹהִים הוּא, חָרוּת עַל־הַלֻּחֹת: אַל תִּקְרָא חָרוּת אֶלָּא חֵרוּת, שֶׁאֵין לְךָ בֶּן חוֹרִין אֶלָּא מִי שֶׁעוֹסֵק בְּתַלְמוּד תּוֹרָה. וְכָל מִי שֶׁעוֹסֵק בְּתַלְמוּד
תּוֹרָה, הֲרֵי זֶה מִתְעַלֶּה, שֶׁנֶּאֱמַר: וּמִמַּתָּנָה נַחֲלִיאֵל, במדבר כא
וּמִנַּחֲלִיאֵל בָּמוֹת:

ג הַלּוֹמֵד מֵחֲבֵרוֹ פֶּרֶק אֶחָד, אוֹ הֲלָכָה אַחַת, אוֹ פָּסוּק אֶחָד, אוֹ דִבּוּר אֶחָד, אוֹ אֲפִלּוּ אוֹת אַחַת, צָרִיךְ לִנְהָג

בּוֹ כָּבוֹד. שֶׁכֵּן מָצִינוּ בְּדָוִד מֶלֶךְ יִשְׂרָאֵל, שֶׁלֹּא לָמַד מֵאֲחִיתֹפֶל אֶלָּא שְׁנֵי דְבָרִים בִּלְבָד, קְרָאוֹ רַבּוֹ אַלּוּפוֹ וּמְיֻדָּעוֹ, שֶׁנֶּאֱמַר: וְאַתָּה אֱנוֹשׁ כְּעֶרְכִּי, אַלּוּפִי וּמְיֻדָּעִי: תהלים נה
וַהֲלֹא דְבָרִים קַל וָחֹמֶר. וּמַה דָּוִד מֶלֶךְ יִשְׂרָאֵל, שֶׁלֹּא לָמַד מֵאֲחִיתֹפֶל אֶלָּא שְׁנֵי דְבָרִים בִּלְבָד, קְרָאוֹ רַבּוֹ אַלּוּפוֹ וּמְיֻדָּעוֹ, הַלּוֹמֵד מֵחֲבֵרוֹ פֶּרֶק אֶחָד, אוֹ הֲלָכָה אַחַת, אוֹ פָּסוּק אֶחָד, אוֹ דִבּוּר אֶחָד, אוֹ אֲפִלּוּ אוֹת אַחַת, עַל אַחַת כַּמָּה וְכַמָּה שֶׁצָּרִיךְ לִנְהָג בּוֹ כָּבוֹד.
וְאֵין כָּבוֹד אֶלָּא תוֹרָה, שֶׁנֶּאֱמַר: כָּבוֹד חֲכָמִים יִנְחָלוּ: משלי ג
וּתְמִימִים יִנְחֲלוּ־טוֹב: וְאֵין טוֹב אֶלָּא תוֹרָה, שֶׁנֶּאֱמַר: משלי כח
כִּי לֶקַח טוֹב נָתַתִּי לָכֶם, תּוֹרָתִי אַל־תַּעֲזֹבוּ: משלי ד

ד כָּךְ הִיא דַּרְכָּהּ שֶׁל תּוֹרָה. פַּת בַּמֶּלַח תֹּאכֵל, וּמַיִם בִּמְשׂוּרָה תִשְׁתֶּה, וְעַל הָאָרֶץ תִּישַׁן, וְחַיֵּי צַעַר תִּחְיֶה, וּבַתּוֹרָה אַתָּה עָמֵל. אִם אַתָּה עוֹשֶׂה כֵּן, אַשְׁרֶיךָ וְטוֹב לָךְ, אַשְׁרֶיךָ בָּעוֹלָם הַזֶּה, וְטוֹב לָךְ לָעוֹלָם הַבָּא.

ה אַל תְּבַקֵּשׁ גְּדֻלָּה לְעַצְמְךָ, וְאַל תַּחְמֹד כָּבוֹד. יוֹתֵר מִלִּמּוּדְךָ עֲשֵׂה. וְאַל תִּתְאַוֶּה לְשֻׁלְחָנָם שֶׁל מְלָכִים, שֶׁשֻּׁלְחָנְךָ גָּדוֹל מִשֻּׁלְחָנָם, וְכִתְרְךָ גָּדוֹל מִכִּתְרָם. וְנֶאֱמָן הוּא בַּעַל מְלַאכְתְּךָ, שֶׁיְּשַׁלֶּם לְךָ שְׂכַר פְּעֻלָּתֶךָ.

ו גְּדוֹלָה תוֹרָה יוֹתֵר מִן הַכְּהֻנָּה וּמִן הַמַּלְכוּת. שֶׁהַמַּלְכוּת נִקְנֵית בִּשְׁלֹשִׁים מַעֲלוֹת, וְהַכְּהֻנָּה בְּעֶשְׂרִים וְאַרְבַּע,

וְהַתּוֹרָה נִקְנֵית בְּאַרְבָּעִים וּשְׁמוֹנָה דְבָרִים. וְאֵלּוּ הֵן, בְּתַלְמוּד, בִּשְׁמִיעַת הָאֹזֶן, בַּעֲרִיכַת שְׂפָתַיִם, בְּבִינַת הַלֵּב, בְּאֵימָה, בְּיִרְאָה, בַּעֲנָוָה, בְּשִׂמְחָה, בְּטָהֳרָה, בְּשִׁמּוּשׁ חֲכָמִים, בְּדִקְדּוּק חֲבֵרִים, בְּפִלְפּוּל הַתַּלְמִידִים, בְּיִשּׁוּב, בְּמִקְרָא, בְּמִשְׁנָה, בְּמִעוּט סְחוֹרָה, בְּמִעוּט דֶּרֶךְ אֶרֶץ, בְּמִעוּט תַּעֲנוּג, בְּמִעוּט שֵׁנָה, בְּמִעוּט שִׂיחָה, בְּמִעוּט שְׂחוֹק, בְּאֶרֶךְ אַפַּיִם, בְּלֵב טוֹב, בֶּאֱמוּנַת חֲכָמִים, בְּקַבָּלַת הַיִּסּוּרִין, הַמַּכִּיר אֶת מְקוֹמוֹ, וְהַשָּׂמֵחַ בְּחֶלְקוֹ, וְהָעוֹשֶׂה סְיָג לִדְבָרָיו, וְאֵינוֹ מַחֲזִיק טוֹבָה לְעַצְמוֹ, אָהוּב, אוֹהֵב אֶת הַמָּקוֹם, אוֹהֵב אֶת הַבְּרִיּוֹת, אוֹהֵב אֶת הַצְּדָקוֹת, אוֹהֵב אֶת הַמֵּישָׁרִים, אוֹהֵב אֶת הַתּוֹכָחוֹת, וּמִתְרַחֵק מִן הַכָּבוֹד, וְלֹא מֵגִיס לִבּוֹ בְּתַלְמוּדוֹ, וְאֵינוֹ שָׂמֵחַ בְּהוֹרָאָה, נוֹשֵׂא בְעֹל עִם חֲבֵרוֹ, וּמַכְרִיעוֹ לְכַף זְכוּת, וּמַעֲמִידוֹ עַל הָאֱמֶת, וּמַעֲמִידוֹ עַל הַשָּׁלוֹם, וּמִתְיַשֵּׁב לִבּוֹ בְּתַלְמוּדוֹ, שׁוֹאֵל וּמֵשִׁיב, שׁוֹמֵעַ וּמוֹסִיף, הַלּוֹמֵד עַל מְנָת לְלַמֵּד, וְהַלּוֹמֵד עַל מְנָת לַעֲשׂוֹת, הַמַּחְכִּים אֶת רַבּוֹ, וְהַמְכַוֵּן אֶת שְׁמוּעָתוֹ, וְהָאוֹמֵר דָּבָר בְּשֵׁם אוֹמְרוֹ. הָא לָמַדְתָּ, כָּל הָאוֹמֵר דָּבָר בְּשֵׁם אוֹמְרוֹ, מֵבִיא גְאֻלָּה לָעוֹלָם, שֶׁנֶּאֱמַר: וַתֹּאמֶר אֶסְתֵּר לַמֶּלֶךְ אסתר ב
בְּשֵׁם מָרְדְּכָי:

ז גְּדוֹלָה תוֹרָה, שֶׁהִיא נוֹתֶנֶת חַיִּים לְעוֹשֶׂיהָ בָּעוֹלָם
הַזֶּה וּבָעוֹלָם הַבָּא, שֶׁנֶּאֱמַר: כִּי־חַיִּים הֵם לְמֹצְאֵיהֶם, משלי ד
וּלְכָל־בְּשָׂרוֹ מַרְפֵּא: וְאוֹמֵר: רִפְאוּת תְּהִי לְשָׁרֶּךָ, וְשִׁקּוּי משלי ג
לְעַצְמוֹתֶיךָ: וְאוֹמֵר: עֵץ־חַיִּים הִיא לַמַּחֲזִיקִים בָּהּ,
וְתֹמְכֶיהָ מְאֻשָּׁר: וְאוֹמֵר: כִּי לִוְיַת חֵן הֵם לְרֹאשֶׁךָ, משלי א
וַעֲנָקִים לְגַרְגְּרֹתֶךָ: וְאוֹמֵר: תִּתֵּן לְרֹאשְׁךָ לִוְיַת־חֵן, משלי ד
עֲטֶרֶת תִּפְאֶרֶת תְּמַגְּנֶךָּ: וְאוֹמֵר: כִּי־בִי יִרְבּוּ יָמֶיךָ, משלי ט
וְיוֹסִיפוּ לְךָ שְׁנוֹת חַיִּים: וְאוֹמֵר: אֹרֶךְ יָמִים בִּימִינָהּ, משלי ג
בִּשְׂמֹאולָהּ עֹשֶׁר וְכָבוֹד: וְאוֹמֵר: כִּי אֹרֶךְ יָמִים וּשְׁנוֹת משלי ג
חַיִּים וְשָׁלוֹם יוֹסִיפוּ לָךְ:

ח רַבִּי שִׁמְעוֹן בֶּן מְנַסְיָא מִשּׁוּם רַבִּי שִׁמְעוֹן בֶּן יוֹחַאי
אוֹמֵר: הַנּוֹי, וְהַכֹּחַ, וְהָעֹשֶׁר, וְהַכָּבוֹד, וְהַחָכְמָה,
וְהַזִּקְנָה, וְהַשֵּׂיבָה, וְהַבָּנִים, נָאֶה לַצַּדִּיקִים וְנָאֶה
לָעוֹלָם, שֶׁנֶּאֱמַר: עֲטֶרֶת תִּפְאֶרֶת שֵׂיבָה, בְּדֶרֶךְ צְדָקָה משלי טז
תִּמָּצֵא: וְאוֹמֵר: עֲטֶרֶת חֲכָמִים עָשְׁרָם: וְאוֹמֵר: עֲטֶרֶת משלי יד משלי יז
זְקֵנִים בְּנֵי בָנִים, וְתִפְאֶרֶת בָּנִים אֲבוֹתָם: וְאוֹמֵר:
תִּפְאֶרֶת בַּחוּרִים כֹּחָם, וַהֲדַר זְקֵנִים שֵׂיבָה: וְאוֹמֵר: משלי כ
וְחָפְרָה הַלְּבָנָה וּבוֹשָׁה הַחַמָּה, כִּי־מָלַךְ יהוה צְבָאוֹת ישעיה כד
בְּהַר צִיּוֹן וּבִירוּשָׁלִַם, וְנֶגֶד זְקֵנָיו כָּבוֹד: רַבִּי שִׁמְעוֹן
בֶּן מְנַסְיָא אוֹמֵר: אֵלּוּ שֶׁבַע מִדּוֹת שֶׁמָּנוּ חֲכָמִים
לַצַּדִּיקִים, כֻּלָּם נִתְקַיְּמוּ בְּרַבִּי וּבְבָנָיו.

ט אָמַר רַבִּי יוֹסֵי בֶּן קִסְמָא: פַּעַם אַחַת הָיִיתִי מְהַלֵּךְ
בַּדֶּרֶךְ, וּפָגַע בִּי אָדָם אֶחָד, וְנָתַן לִי שָׁלוֹם וְהֶחֱזַרְתִּי
לוֹ שָׁלוֹם. אָמַר לִי, רַבִּי, מֵאֵיזֶה מָקוֹם אָתָּה. אָמַרְתִּי
לוֹ, מֵעִיר גְּדוֹלָה שֶׁל חֲכָמִים וְשֶׁל סוֹפְרִים אָנִי. אָמַר
לִי, רַבִּי, רְצוֹנְךָ שֶׁתָּדוּר עִמָּנוּ בִּמְקוֹמֵנוּ, וַאֲנִי אֶתֵּן לָךְ
אֶלֶף אֲלָפִים דִּינְרֵי זָהָב וַאֲבָנִים טוֹבוֹת וּמַרְגָּלִיּוֹת.
אָמַרְתִּי לוֹ, אִם אַתָּה נוֹתֵן לִי כָּל כֶּסֶף וְזָהָב וַאֲבָנִים
טוֹבוֹת וּמַרְגָּלִיּוֹת שֶׁבָּעוֹלָם, אֵינִי דָר אֶלָּא בִּמְקוֹם
תּוֹרָה, וְכֵן כָּתוּב בְּסֵפֶר תְּהִלִּים עַל יְדֵי דָוִד מֶלֶךְ
יִשְׂרָאֵל: טוֹב־לִי תוֹרַת־פִּיךָ מֵאַלְפֵי זָהָב וָכָסֶף: וְלֹא תהלים קיט
עוֹד, אֶלָּא שֶׁבִּשְׁעַת פְּטִירָתוֹ שֶׁל אָדָם, אֵין מְלַוִּין
לוֹ לְאָדָם לֹא כֶּסֶף וְלֹא זָהָב וְלֹא אֲבָנִים טוֹבוֹת
וּמַרְגָּלִיּוֹת, אֶלָּא תּוֹרָה וּמַעֲשִׂים טוֹבִים בִּלְבָד,
שֶׁנֶּאֱמַר: בְּהִתְהַלֶּכְךָ תַּנְחֶה אֹתָךְ, בְּשָׁכְבְּךָ תִּשְׁמֹר משלי ו
עָלֶיךָ, וַהֲקִיצוֹתָ הִיא תְשִׂיחֶךָ: בְּהִתְהַלֶּכְךָ תַּנְחֶה
אֹתָךְ, בָּעוֹלָם הַזֶּה. בְּשָׁכְבְּךָ תִּשְׁמֹר עָלֶיךָ, בַּקֶּבֶר.
וַהֲקִיצוֹתָ הִיא תְשִׂיחֶךָ, לָעוֹלָם הַבָּא. וְאוֹמֵר: לִי חגי ב
הַכֶּסֶף וְלִי הַזָּהָב, נְאֻם יהוה צְבָאוֹת:

י חֲמִשָּׁה קִנְיָנִים קָנָה הַקָּדוֹשׁ בָּרוּךְ הוּא בְּעוֹלָמוֹ.
וְאֵלּוּ הֵן, תּוֹרָה קִנְיָן אֶחָד, שָׁמַיִם וָאָרֶץ קִנְיָן אֶחָד,
אַבְרָהָם קִנְיָן אֶחָד, יִשְׂרָאֵל קִנְיָן אֶחָד, בֵּית הַמִּקְדָּשׁ

קִנְיָן אֶחָד. תּוֹרָה מִנַּיִן, דִּכְתִיב: יהוה קָנָנִי רֵאשִׁית משלי ח
דַּרְכּוֹ, קֶדֶם מִפְעָלָיו מֵאָז: שָׁמַיִם וָאָרֶץ מִנַּיִן, דִּכְתִיב:
כֹּה אָמַר יהוה הַשָּׁמַיִם כִּסְאִי וְהָאָרֶץ הֲדֹם רַגְלָי, ישעיה סו
אֵי־זֶה בַיִת אֲשֶׁר תִּבְנוּ־לִי, וְאֵי־זֶה מָקוֹם מְנוּחָתִי:
וְאוֹמֵר: מָה־רַבּוּ מַעֲשֶׂיךָ יהוה, כֻּלָּם בְּחָכְמָה עָשִׂיתָ, תהלים קד
מָלְאָה הָאָרֶץ קִנְיָנֶךָ: אַבְרָהָם מִנַּיִן, דִּכְתִיב: וַיְבָרְכֵהוּ
וַיֹּאמַר, בָּרוּךְ אַבְרָם לְאֵל עֶלְיוֹן, קֹנֵה שָׁמַיִם וָאָרֶץ: בראשית יד
יִשְׂרָאֵל מִנַּיִן, דִּכְתִיב: עַד־יַעֲבֹר עַמְּךָ יהוה, עַד־יַעֲבֹר שמות טו
עַם־זוּ קָנִיתָ: וְאוֹמֵר: לִקְדוֹשִׁים אֲשֶׁר־בָּאָרֶץ הֵמָּה, תהלים טז
וְאַדִּירֵי כָּל־חֶפְצִי־בָם: בֵּית הַמִּקְדָּשׁ מִנַּיִן, דִּכְתִיב:
מָכוֹן לְשִׁבְתְּךָ פָּעַלְתָּ יהוה, מִקְּדָשׁ אֲדֹנָי כּוֹנְנוּ שמות טו
יָדֶיךָ: וְאוֹמֵר: וַיְבִיאֵם אֶל־גְּבוּל קָדְשׁוֹ, הַר־זֶה קָנְתָה תהלים עח
יְמִינוֹ:

יא כָּל מַה שֶּׁבָּרָא הַקָּדוֹשׁ בָּרוּךְ הוּא בְּעוֹלָמוֹ, לֹא בְרָאוֹ
אֶלָּא לִכְבוֹדוֹ, שֶׁנֶּאֱמַר: כֹּל הַנִּקְרָא בִשְׁמִי וְלִכְבוֹדִי ישעיה מג
בְּרָאתִיו, יְצַרְתִּיו אַף־עֲשִׂיתִיו: וְאוֹמֵר: יהוה יִמְלֹךְ שמות טו
לְעֹלָם וָעֶד:

רַבִּי חֲנַנְיָא בֶּן עֲקַשְׁיָא אוֹמֵר: רָצָה הַקָּדוֹשׁ בָּרוּךְ הוּא מכות כג.
לְזַכּוֹת אֶת יִשְׂרָאֵל, לְפִיכָךְ הִרְבָּה לָהֶם תּוֹרָה וּמִצְוֹת.
שֶׁנֶּאֱמַר: יהוה חָפֵץ לְמַעַן צִדְקוֹ, יַגְדִּיל תּוֹרָה וְיַאְדִּיר: ישעיה מב

אם יש מניין, האבלים אומרים קדיש דרבנן (עמ׳ 416).

סעודה שלישית של שבת

יש אומרים:

אַתְקִינוּ סְעוּדְתָא דִמְהֵימְנוּתָא שְׁלִימְתָא
חֶדְוְתָא דְמַלְכָּא קַדִּישָׁא.
אַתְקִינוּ סְעוּדְתָא דְמַלְכָּא.
דָא הִיא סְעוּדְתָא דִזְעֵיר אַנְפִּין
וְעַתִּיקָא קַדִּישָׁא וַחֲקַל תַּפּוּחִין קַדִּישִׁין
אָתְיָן לְסַעֲדָה בַּהֲדֵהּ.

זמר שחיבר האר״י לסעודה שלישית

בְּנֵי הֵיכְלָא, דִּכְסִיפִין לְמֶחֱזֵי זִיו זְעֵיר אַנְפִּין
יְהוֹן הָכָא, בְּהַאי תַּכָּא, דְּבֵהּ מַלְכָּא בְּגִלּוּפִין.
צְבוּ לַחְדָא, בְּהַאי וַעְדָא, בְּגוֹ עִירִין וְכָל גַּדְפִין.
חֲדוּ הַשְׁתָּא, בְּהַאי שַׁעְתָּא, דְּבֵהּ רַעֲוָא וְלֵית זַעְפִין.
קְרִיבוּ לִי, חֲזוּ חֵילִי, דְּלֵית דִּינִין דְּתַקִּיפִין.
לְבַר נָטְלִין, וְלָא עָלִין, הָנֵי כַּלְבִין דַּחֲצִיפִין.
וְהָא אַזְמִין עֲתִיק יוֹמִין, לְמִצְחֵהּ עַד יְהוֹן חָלְפִין.
רְעוּ דִי לֵהּ, דְּגַלֵּי לֵהּ, לְבַטָּלָה בְּכָל קְלִיפִין.
יְשַׁוֵּי לוֹן, בְּנִקְבֵּיהוֹן, וִיטַמְרוּן בְּגוֹ כֵּפִין.
אֲרֵי הַשְׁתָּא, בְּמִנְחָתָא, בְּחֶדְוְתָא דִזְעֵיר אַנְפִּין.

תהלים כג מִזְמוֹר לְדָוִד, יהוה רֹעִי לֹא אֶחְסָר: בִּנְאוֹת דֶּשֶׁא
יַרְבִּיצֵנִי, עַל־מֵי מְנֻחוֹת יְנַהֲלֵנִי: נַפְשִׁי יְשׁוֹבֵב,

יַנְחֵנִי בְמַעְגְּלֵי־צֶדֶק לְמַעַן שְׁמוֹ: גַּם כִּי־אֵלֵךְ בְּגֵיא צַלְמָוֶת לֹא־אִירָא רָע, כִּי־אַתָּה עִמָּדִי, שִׁבְטְךָ וּמִשְׁעַנְתֶּךָ הֵמָּה יְנַחֲמֻנִי: תַּעֲרֹךְ לְפָנַי שֻׁלְחָן נֶגֶד צֹרְרָי, דִּשַּׁנְתָּ בַשֶּׁמֶן רֹאשִׁי, כּוֹסִי רְוָיָה: אַךְ טוֹב וָחֶסֶד יִרְדְּפוּנִי כָּל־יְמֵי חַיָּי, וְשַׁבְתִּי בְּבֵית־יהוה לְאֹרֶךְ יָמִים:

זמר שחיבר ר׳ אליעזר אזכרי מחכמי צפת, המבטא אהבה עזה לקב״ה.

יְדִיד נֶפֶשׁ, אָב הָרַחֲמָן, מְשֹׁךְ עַבְדְּךָ אֶל רְצוֹנָךְ.
יָרוּץ עַבְדְּךָ כְּמוֹ אַיָּל, יִשְׁתַּחֲוֶה מוּל הֲדָרָךְ.
כִּי יֶעֱרַב לוֹ יְדִידוּתָךְ, מִנֹּפֶת צוּף וְכָל טָעַם.

הָדוּר, נָאֶה, זִיו הָעוֹלָם, נַפְשִׁי חוֹלַת אַהֲבָתָךְ.
אָנָּא, אֵל נָא, רְפָא נָא לָהּ, בְּהַרְאוֹת
לָהּ נֹעַם זִיוָךְ.
אָז תִּתְחַזֵּק וְתִתְרַפֵּא, וְהָיְתָה לָךְ שִׁפְחַת עוֹלָם.

וָתִיק, יֶהֱמוּ רַחֲמֶיךָ, וְחוּס נָא עַל בֵּן אוֹהֲבָךְ.
כִּי זֶה כַּמֶּה נִכְסֹף נִכְסַף לִרְאוֹת בְּתִפְאֶרֶת עֻזָּךְ.
אָנָּא, אֵלִי, מַחְמַד לִבִּי, חוּשָׁה נָּא
וְאַל תִּתְעַלָּם.

הִגָּלֶה נָא וּפְרֹשׂ, חָבִיב, עָלַי אֶת סֻכַּת שְׁלוֹמָךְ.
תָּאִיר אֶרֶץ מִכְּבוֹדָךְ, נָגִילָה וְנִשְׂמְחָה בָךְ.
מַהֵר, אָהוּב, כִּי בָא מוֹעֵד, וְחָנֵּנִי כִּימֵי עוֹלָם.

זמר שחיבר ר׳ אברהם מימין ממקובלי צפת, המבוסס על עשר הספירות.

אֵל מִסְתַּתֵּר בְּשַׁפְרִיר חֶבְיוֹן
הַשֵּׂכֶל הַנֶּעְלָם מִכָּל רַעְיוֹן
עִלַּת הָעִלּוֹת מֻכְתָּר בְּכֶתֶר עֶלְיוֹן
כֶּתֶר יִתְּנוּ לְךָ יהוה.

בְּרֵאשִׁית תּוֹרָתְךָ הַקְּדוּמָה
רְשׁוּמָה חָכְמָתְךָ הַסְּתוּמָה
מֵאַיִן תִּמָּצֵא וְהִיא נֶעְלָמָה
רֵאשִׁית חָכְמָה יִרְאַת יהוה.

רְחוֹבוֹת הַנָּהָר נַחֲלֵי אֱמוּנָה
מַיִם עֲמֻקִּים יִדְלֵם אִישׁ תְּבוּנָה
תּוֹצְאוֹתֶיהָ חֲמִשִּׁים שַׁעֲרֵי בִינָה
אֱמוּנִים נוֹצֵר יהוה.

הָאֵל הַגָּדוֹל עֵינֵי כֹל נֶגְדֶּךָ
רַב חֶסֶד גָּדוֹל עַל הַשָּׁמַיִם חַסְדֶּךָ

אֱלֹהֵי אַבְרָהָם זְכֹר לְעַבְדֶּךָ
חַסְדֵי יהוה אַזְכִּיר תְּהִלּוֹת יהוה.

מָרוֹם נֶאְדָּר בְּכֹחַ וּגְבוּרָה
מוֹצִיא אוֹרָה מֵאֵין תְּמוּרָה
פַּחַד יִצְחָק מִשְׁפָּטֵנוּ הָאִירָה
אַתָּה גִּבּוֹר לְעוֹלָם יהוה.

מִי אֵל כָּמוֹךָ עוֹשֶׂה גְדוֹלוֹת
אֲבִיר יַעֲקֹב נוֹרָא תְהִלּוֹת
תִּפְאֶרֶת יִשְׂרָאֵל שׁוֹמֵעַ תְּפִלּוֹת
כִּי שׁוֹמֵעַ אֶל אֶבְיוֹנִים יהוה.

יָהּ, זְכוּת אָבוֹת יָגֵן עָלֵינוּ
נֶצַח יִשְׂרָאֵל, מִצָּרוֹתֵינוּ גְּאָלֵנוּ
וּמִבּוֹר גָּלוּת דְּלֵנוּ וְהַעֲלֵנוּ
לְנַצֵּחַ עַל מְלֶאכֶת בֵּית יהוה.

מִיָּמִין וּמִשְּׂמֹאל יְנִיקַת הַנְּבִיאִים
נֶצַח וָהוֹד מֵהֶם נִמְצָאִים
יָכִין וּבֹעַז בְּשֵׁם נִקְרָאִים
וְכָל בָּנַיִךְ לִמּוּדֵי יהוה.

יְסוֹד צַדִּיק בְּשִׁבְעָה נֶעֱלָם
אוֹת בְּרִית הוּא לְעוֹלָם
מַעְיַן הַבְּרָכָה צַדִּיק יְסוֹד עוֹלָם
צַדִּיק אַתָּה יהוה.

נָא הָקֵם מַלְכוּת דָּוִד וּשְׁלֹמֹה
בָּעֲטָרָה שֶׁעִטְּרָה לוֹ אִמּוֹ
כְּנֶסֶת יִשְׂרָאֵל כַּלָּה קְרוּאָה בִּנְעִימָה
עֲטֶרֶת תִּפְאֶרֶת בְּיַד יהוה.

חָזָק מְיַחֵד כְּאֶחָד עֶשֶׂר סְפִירוֹת
וּמַפְרִיד אַלּוּף לֹא יִרְאֶה מְאוֹרוֹת
סַפִּיר גִּזְרָתָם יַחַד מְאִירוֹת
תִּקְרַב רִנָּתִי לְפָנֶיךָ יהוה.

לפני נטילת מים אחרונים:

יְדֵי אַסְחֵי אֲנָא לְגַבֵּי חַד מָנָא
לְסִטְרָא חוֹרָנָא דְּלֵית בֵּהּ מְשָׁשָׁא
אֲזַמֵּן בִּתְלָתָא בְּכָסָא דְבִרְכְתָא
לְעִלַּת עִלָּתָא עַתִּיקָא קַדִּישָׁא

ברכת המזון בעמ׳ 821.

ערבית למוצאי שבת

"וַיִּירְאוּ יֹשְׁבֵי קְצָוֹת מֵאוֹתֹתֶיךָ, מוֹצָאֵי־בֹקֶר וָעֶרֶב תַּרְנִין" (תהלים סה, ט).

"תרנין – לך את הבריות... בבקר אומרים 'ברוך יוצר המאורות', ובערב 'ברוך המעריב ערבים'" (רש"י שם).

מאחרים להתפלל בצאת השבת כדי להוסיף מהחול על הקודש (דרך החיים), ולפני התפילה אומרים שני מזמורים אלה (סידור השל"ה).

לְדָוִד, בָּרוּךְ יהוה צוּרִי, הַמְלַמֵּד יָדַי לַקְרָב, תהלים קמד
אֶצְבְּעוֹתַי לַמִּלְחָמָה: חַסְדִּי וּמְצוּדָתִי מִשְׂגַּבִּי
וּמְפַלְטִי לִי, מָגִנִּי וּבוֹ חָסִיתִי, הָרוֹדֵד עַמִּי
תַחְתָּי: יהוה מָה־אָדָם וַתֵּדָעֵהוּ, בֶּן־אֱנוֹשׁ
וַתְּחַשְּׁבֵהוּ: אָדָם לַהֶבֶל דָּמָה, יָמָיו כְּצֵל עוֹבֵר:
יהוה הַט־שָׁמֶיךָ וְתֵרֵד, גַּע בֶּהָרִים וְיֶעֱשָׁנוּ:
בְּרוֹק בָּרָק וּתְפִיצֵם, שְׁלַח חִצֶּיךָ וּתְהֻמֵּם:
שְׁלַח יָדֶיךָ מִמָּרוֹם, פְּצֵנִי וְהַצִּילֵנִי מִמַּיִם רַבִּים,
מִיַּד בְּנֵי נֵכָר: אֲשֶׁר פִּיהֶם דִּבֶּר־שָׁוְא, וִימִינָם
יְמִין שָׁקֶר: אֱלֹהִים שִׁיר חָדָשׁ אָשִׁירָה לָּךְ,
בְּנֵבֶל עָשׂוֹר אֲזַמְּרָה־לָּךְ: הַנּוֹתֵן תְּשׁוּעָה
לַמְּלָכִים, הַפּוֹצֶה אֶת־דָּוִד עַבְדּוֹ מֵחֶרֶב רָעָה:

פְּצֵנִי וְהַצִּילֵנִי מִיַּד בְּנֵי נֵכָר, אֲשֶׁר פִּיהֶם דִּבֶּר־
שָׁוְא, וִימִינָם יְמִין שָׁקֶר: אֲשֶׁר בָּנֵינוּ כִּנְטִעִים,
מְגֻדָּלִים בִּנְעוּרֵיהֶם, בְּנוֹתֵינוּ כְזָוִיֹּת, מְחֻטָּבוֹת
תַּבְנִית הֵיכָל: מְזָוֵינוּ מְלֵאִים, מְפִיקִים מִזַּן אֶל־
זַן, צֹאונֵנוּ מַאֲלִיפוֹת מְרֻבָּבוֹת בְּחוּצוֹתֵינוּ:
אַלּוּפֵינוּ מְסֻבָּלִים, אֵין פֶּרֶץ וְאֵין יוֹצֵאת, וְאֵין
צְוָחָה בִּרְחֹבֹתֵינוּ: אַשְׁרֵי הָעָם שֶׁכָּכָה לּוֹ,
אַשְׁרֵי הָעָם שֶׁיהוה אֱלֹהָיו:

תהלים סז לַמְנַצֵּחַ בִּנְגִינֹת, מִזְמוֹר שִׁיר: אֱלֹהִים יְחָנֵּנוּ
וִיבָרְכֵנוּ, יָאֵר פָּנָיו אִתָּנוּ סֶלָה: לָדַעַת בָּאָרֶץ
דַּרְכֶּךָ, בְּכָל־גּוֹיִם יְשׁוּעָתֶךָ: יוֹדוּךָ עַמִּים אֱלֹהִים,
יוֹדוּךָ עַמִּים כֻּלָּם: יִשְׂמְחוּ וִירַנְּנוּ לְאֻמִּים, כִּי־
תִשְׁפֹּט עַמִּים מִישֹׁר, וּלְאֻמִּים בָּאָרֶץ תַּנְחֵם
סֶלָה: יוֹדוּךָ עַמִּים אֱלֹהִים, יוֹדוּךָ עַמִּים כֻּלָּם:
אֶרֶץ נָתְנָה יְבוּלָהּ, יְבָרְכֵנוּ אֱלֹהִים אֱלֹהֵינוּ:
יְבָרְכֵנוּ אֱלֹהִים, וְיִירְאוּ אוֹתוֹ כָּל־אַפְסֵי־
אָרֶץ:

קודם התפילה שליח הציבור אומר ׳וְהוּא רַחוּם׳ (סדר רב עמרם גאון), וביאר במחזור ויטרי שזה מכיוון שבערבית אין קרבנות ציבור שיכפרו עלינו כבשחרית ובמנחה.

וְהוּא רַחוּם, יְכַפֵּר עָוֹן וְלֹא־יַשְׁחִית תהלים עח
וְהִרְבָּה לְהָשִׁיב אַפּוֹ, וְלֹא־יָעִיר כָּל־חֲמָתוֹ:
יהוה הוֹשִׁיעָה, הַמֶּלֶךְ יַעֲנֵנוּ בְיוֹם־קָרְאֵנוּ: תהלים כ

קריאת שמע וברכותיה

שליח הציבור כורע בתיבת ׳בָּרְכוּ׳ וזוקף בשם. הקהל כורע בתיבת ׳בָּרוּךְ׳ וזוקף בשם, ושליח הציבור כורע שוב כאשר הוא חוזר אחריהם.

ש״ץ: בָּרְכוּ
אֶת יהוה הַמְבֹרָךְ.

קהל: בָּרוּךְ יהוה הַמְבֹרָךְ לְעוֹלָם וָעֶד.

ש״ץ: בָּרוּךְ יהוה הַמְבֹרָךְ לְעוֹלָם וָעֶד.

בָּרוּךְ אַתָּה יהוה אֱלֹהֵינוּ מֶלֶךְ הָעוֹלָם
אֲשֶׁר בִּדְבָרוֹ מַעֲרִיב עֲרָבִים
בְּחָכְמָה פּוֹתֵחַ שְׁעָרִים
וּבִתְבוּנָה מְשַׁנֶּה עִתִּים וּמַחֲלִיף אֶת הַזְּמַנִּים

וּמְסַדֵּר אֶת הַכּוֹכָבִים בְּמִשְׁמְרוֹתֵיהֶם
בָּרָקִיעַ כִּרְצוֹנוֹ.
בּוֹרֵא יוֹם וָלָיְלָה
גּוֹלֵל אוֹר מִפְּנֵי חֹשֶׁךְ וְחֹשֶׁךְ מִפְּנֵי אוֹר
◂ וּמַעֲבִיר יוֹם וּמֵבִיא לָיְלָה
וּמַבְדִּיל בֵּין יוֹם וּבֵין לָיְלָה
יהוה צְבָאוֹת שְׁמוֹ.
אֵל חַי וְקַיָּם תָּמִיד, יִמְלֹךְ עָלֵינוּ לְעוֹלָם וָעֶד.
בָּרוּךְ אַתָּה יהוה, הַמַּעֲרִיב עֲרָבִים.

אַהֲבַת עוֹלָם בֵּית יִשְׂרָאֵל עַמְּךָ אָהָבְתָּ
תּוֹרָה וּמִצְוֹת, חֻקִּים וּמִשְׁפָּטִים, אוֹתָנוּ לִמַּדְתָּ
עַל כֵּן יהוה אֱלֹהֵינוּ בְּשָׁכְבֵנוּ וּבְקוּמֵנוּ
נָשִׂיחַ בְּחֻקֶּיךָ
וְנִשְׂמַח בְּדִבְרֵי תוֹרָתֶךָ וּבְמִצְוֹתֶיךָ לְעוֹלָם וָעֶד
◂ כִּי הֵם חַיֵּינוּ וְאֹרֶךְ יָמֵינוּ
וּבָהֶם נֶהְגֶּה יוֹמָם וָלָיְלָה.
וְאַהֲבָתְךָ אַל תָּסִיר מִמֶּנּוּ לְעוֹלָמִים.
בָּרוּךְ אַתָּה יהוה, אוֹהֵב עַמּוֹ יִשְׂרָאֵל.

"יקרא קריאת שמע בכוונה – באימה, ביראה, ברתת וזיע" (שו"ע סא, א).

המתפלל ביחידות אומר:

אֵל מֶלֶךְ נֶאֱמָן

מכסה את עיניו בידו ואומר בכוונה ובקול רם:

דברים ו **שְׁמַע יִשְׂרָאֵל, יְהוָה אֱלֹהֵינוּ, יְהוָה | אֶחָד:**

בלחש: בָּרוּךְ שֵׁם כְּבוֹד מַלְכוּתוֹ לְעוֹלָם וָעֶד.

דברים ו וְאָהַבְתָּ אֵת יְהוָה אֱלֹהֶיךָ, בְּכָל־לְבָבְךָ וּבְכָל־
נַפְשְׁךָ וּבְכָל־מְאֹדֶךָ: וְהָיוּ הַדְּבָרִים הָאֵלֶּה, אֲשֶׁר
אָנֹכִי מְצַוְּךָ הַיּוֹם, עַל־לְבָבֶךָ: וְשִׁנַּנְתָּם לְבָנֶיךָ
וְדִבַּרְתָּ בָּם, בְּשִׁבְתְּךָ בְּבֵיתֶךָ וּבְלֶכְתְּךָ בַדֶּרֶךְ,
וּבְשָׁכְבְּךָ וּבְקוּמֶךָ: וּקְשַׁרְתָּם לְאוֹת עַל־יָדֶךָ
וְהָיוּ לְטֹטָפֹת בֵּין עֵינֶיךָ: וּכְתַבְתָּם עַל־מְזֻזוֹת
בֵּיתֶךָ וּבִשְׁעָרֶיךָ:

דברים יא וְהָיָה אִם־שָׁמֹעַ תִּשְׁמְעוּ אֶל־מִצְוֹתַי אֲשֶׁר אָנֹכִי
מְצַוֶּה אֶתְכֶם הַיּוֹם, לְאַהֲבָה אֶת־יְהוָה אֱלֹהֵיכֶם
וּלְעָבְדוֹ, בְּכָל־לְבַבְכֶם וּבְכָל־נַפְשְׁכֶם: וְנָתַתִּי
מְטַר־אַרְצְכֶם בְּעִתּוֹ, יוֹרֶה וּמַלְקוֹשׁ, וְאָסַפְתָּ
דְגָנֶךָ וְתִירֹשְׁךָ וְיִצְהָרֶךָ: וְנָתַתִּי עֵשֶׂב בְּשָׂדְךָ
לִבְהֶמְתֶּךָ, וְאָכַלְתָּ וְשָׂבָעְתָּ: הִשָּׁמְרוּ לָכֶם פֶּן־

יפתה לבבכם, וסרתם ועבדתם אלהים אחרים
והשתחויתם להם: וחרה אף־יהוה בכם, ועצר
את־השמים ולא־יהיה מטר, והאדמה לא
תתן את־יבולה, ואבדתם מהרה מעל הארץ
הטבה אשר יהוה נתן לכם: ושמתם את־דברי
אלה על־לבבכם ועל־נפשכם, וקשרתם אתם
לאות על־ידכם, והיו לטוטפת בין עיניכם:
ולמדתם אתם את־בניכם לדבר בם, בשבתך
בביתך ובלכתך בדרך, ובשכבך ובקומך:
וכתבתם על־מזוזות ביתך ובשעריך: למען
ירבו ימיכם וימי בניכם על האדמה אשר נשבע
יהוה לאבתיכם לתת להם, כימי השמים על־
הארץ:

במדבר טו ויאמר יהוה אל־משה לאמר: דבר אל־בני
ישראל ואמרת אלהם, ועשו להם ציצת על־
כנפי בגדיהם לדרתם, ונתנו על־ציצת הכנף
פתיל תכלת: והיה לכם לציצת, וראיתם אתו
וזכרתם את־כל־מצות יהוה ועשיתם אתם,

וְלֹא תָתֻ֨ורוּ אַחֲרֵ֤י לְבַבְכֶם֙ וְאַחֲרֵ֣י עֵֽינֵיכֶ֔ם, אֲשֶׁר־אַתֶּ֥ם זֹנִ֖ים אַחֲרֵיהֶֽם: לְמַ֣עַן תִּזְכְּר֔וּ וַעֲשִׂיתֶ֖ם אֶת־כׇּל־מִצְוֺתָ֑י, וִהְיִיתֶ֥ם קְדֹשִׁ֖ים לֵאלֹהֵיכֶֽם: אֲנִ֞י יהוה אֱלֹהֵיכֶ֗ם, אֲשֶׁ֨ר הוֹצֵ֤אתִי אֶתְכֶם֙ מֵאֶ֣רֶץ מִצְרַ֔יִם, לִהְי֥וֹת לָכֶ֖ם לֵאלֹהִ֑ים, אֲנִ֖י יהוה אֱלֹהֵיכֶֽם:

אֱמֶת

שליח הציבור חוזר ואומר:

◂ יהוה אֱלֹהֵיכֶם אֱמֶת

וֶאֱמוּנָה כׇּל זֹאת וְקַיָּם עָלֵֽינוּ
כִּי הוּא יהוה אֱלֹהֵֽינוּ וְאֵין זוּלָתוֹ
וַאֲנַֽחְנוּ יִשְׂרָאֵל עַמּוֹ.
הַפּוֹדֵֽנוּ מִיַּד מְלָכִים
מַלְכֵּֽנוּ הַגּוֹאֲלֵֽנוּ מִכַּף כׇּל הֶעָרִיצִים.
הָאֵל הַנִּפְרָע לָֽנוּ מִצָּרֵֽינוּ
וְהַמְשַׁלֵּם גְּמוּל לְכׇל אוֹיְבֵי נַפְשֵֽׁנוּ.
הָעוֹשֶׂה גְדוֹלוֹת עַד אֵין חֵֽקֶר
וְנִפְלָאוֹת עַד אֵין מִסְפָּר
תהלים סו הַשָּׂם נַפְשֵֽׁנוּ בַּחַיִּים

וְלֹא־נָתַן לַמּוֹט רַגְלֵנוּ:
הַמַּדְרִיכֵנוּ עַל בָּמוֹת אוֹיְבֵינוּ
וַיָּרֶם קַרְנֵנוּ עַל כָּל שׂוֹנְאֵינוּ.
הָעוֹשֶׂה לָּנוּ נִסִּים וּנְקָמָה בְּפַרְעֹה
אוֹתוֹת וּמוֹפְתִים בְּאַדְמַת בְּנֵי חָם.
הַמַּכֶּה בְעֶבְרָתוֹ כָּל בְּכוֹרֵי מִצְרָיִם
וַיּוֹצֵא אֶת עַמּוֹ יִשְׂרָאֵל מִתּוֹכָם
לְחֵרוּת עוֹלָם.
הַמַּעֲבִיר בָּנָיו בֵּין גִּזְרֵי יַם סוּף
אֶת רוֹדְפֵיהֶם וְאֶת שׂוֹנְאֵיהֶם
בִּתְהוֹמוֹת טִבַּע
וְרָאוּ בָנָיו גְּבוּרָתוֹ, שִׁבְּחוּ וְהוֹדוּ לִשְׁמוֹ
◂ וּמַלְכוּתוֹ בְּרָצוֹן קִבְּלוּ עֲלֵיהֶם.
מֹשֶׁה וּבְנֵי יִשְׂרָאֵל, לְךָ עָנוּ שִׁירָה
בְּשִׂמְחָה רַבָּה
וְאָמְרוּ כֻלָּם

שמות טו
מִי־כָמֹכָה בָּאֵלִם יהוה
מִי כָּמֹכָה נֶאְדָּר בַּקֹּדֶשׁ
נוֹרָא תְהִלֹּת עֹשֵׂה פֶלֶא:

‹ מַלְכוּתְךָ רָאוּ בָנֶיךָ, בּוֹקֵעַ יָם לִפְנֵי מֹשֶׁה
זֶה אֵלִי עָנוּ, וְאָמְרוּ
יהוה יִמְלֹךְ לְעֹלָם וָעֶד: שמות טו
‹ וְנֶאֱמַר
כִּי־פָדָה יהוה אֶת־יַעֲקֹב ירמיה לא
וּגְאָלוֹ מִיַּד חָזָק מִמֶּנּוּ:
בָּרוּךְ אַתָּה יהוה, גָּאַל יִשְׂרָאֵל.

הַשְׁכִּיבֵנוּ יהוה אֱלֹהֵינוּ לְשָׁלוֹם
וְהַעֲמִידֵנוּ מַלְכֵּנוּ לְחַיִּים
וּפְרֹשׂ עָלֵינוּ סֻכַּת שְׁלוֹמֶךָ
וְתַקְּנֵנוּ בְּעֵצָה טוֹבָה מִלְּפָנֶיךָ
וְהוֹשִׁיעֵנוּ לְמַעַן שְׁמֶךָ.
וְהָגֵן בַּעֲדֵנוּ, וְהָסֵר מֵעָלֵינוּ
אוֹיֵב, דֶּבֶר וְחֶרֶב וְרָעָב וְיָגוֹן
וְהָסֵר שָׂטָן מִלְּפָנֵינוּ וּמֵאַחֲרֵינוּ
וּבְצֵל כְּנָפֶיךָ תַּסְתִּירֵנוּ
כִּי אֵל שׁוֹמְרֵנוּ וּמַצִּילֵנוּ אָתָּה
כִּי אֵל מֶלֶךְ חַנּוּן וְרַחוּם אָתָּה.

› וּשְׁמֹר צֵאתֵנוּ וּבוֹאֵנוּ לְחַיִּים וּלְשָׁלוֹם
מֵעַתָּה וְעַד עוֹלָם.
בָּרוּךְ אַתָּה יהוה, שׁוֹמֵר עַמּוֹ יִשְׂרָאֵל לָעַד.

חצי קדיש

ש״ץ: יִתְגַּדַּל וְיִתְקַדַּשׁ שְׁמֵהּ רַבָּא (קהל: אָמֵן)
בְּעָלְמָא דִּי בְרָא כִרְעוּתֵהּ
וְיַמְלִיךְ מַלְכוּתֵהּ
בְּחַיֵּיכוֹן וּבְיוֹמֵיכוֹן וּבְחַיֵּי דְכָל בֵּית יִשְׂרָאֵל
בַּעֲגָלָא וּבִזְמַן קָרִיב, וְאִמְרוּ אָמֵן. (קהל: אָמֵן)

קהל וש״ץ: יְהֵא שְׁמֵהּ רַבָּא מְבָרַךְ
לְעָלַם וּלְעָלְמֵי עָלְמַיָּא.

ש״ץ: יִתְבָּרַךְ וְיִשְׁתַּבַּח וְיִתְפָּאַר
וְיִתְרוֹמַם וְיִתְנַשֵּׂא וְיִתְהַדָּר וְיִתְעַלֶּה וְיִתְהַלָּל
שְׁמֵהּ דְּקֻדְשָׁא בְּרִיךְ הוּא (קהל: בְּרִיךְ הוּא)
לְעֵלָּא מִן כָּל בִּרְכָתָא
/בעשרת ימי תשובה: לְעֵלָּא לְעֵלָּא מִכָּל בִּרְכָתָא/
וְשִׁירָתָא, תֻּשְׁבְּחָתָא וְנֶחֱמָתָא
דַּאֲמִירָן בְּעָלְמָא, וְאִמְרוּ אָמֵן. (קהל: אָמֵן)

עמידה

"המתפלל צריך שיכוין בלבו פירוש המלות שמוציא בשפתיו;
ויחשוב כאלו שכינה כנגדו ויסיר כל המחשבות הטורדות אותו עד
שתשאר מחשבתו וכוונתו זכה בתפלתו" (שו"ע צח, א).

פוסע שלוש פסיעות לפנים כמי שנכנס לפני המלך.
עומד ומתפלל בלחש מכאן ועד 'וּכְשָׁנִים קַדְמֹנִיּוֹת' בעמ' 543.
כורע במקומות המסומנים ב', קד לפנים במילה הבאה וזוקף בשם.

תהלים נא אֲדֹנָי, שְׂפָתַי תִּפְתָּח, וּפִי יַגִּיד תְּהִלָּתֶךָ:

אבות

בָּרוּךְ אַתָּה יהוה, אֱלֹהֵינוּ וֵאלֹהֵי אֲבוֹתֵינוּ
אֱלֹהֵי אַבְרָהָם, אֱלֹהֵי יִצְחָק, וֵאלֹהֵי יַעֲקֹב
הָאֵל הַגָּדוֹל הַגִּבּוֹר וְהַנּוֹרָא, אֵל עֶלְיוֹן
גּוֹמֵל חֲסָדִים טוֹבִים, וְקוֹנֵה הַכֹּל
וְזוֹכֵר חַסְדֵי אָבוֹת
וּמֵבִיא גוֹאֵל לִבְנֵי בְנֵיהֶם
לְמַעַן שְׁמוֹ בְּאַהֲבָה.

בעשרת ימי תשובה: זָכְרֵנוּ לְחַיִּים, מֶלֶךְ חָפֵץ בַּחַיִּים
וְכָתְבֵנוּ בְּסֵפֶר הַחַיִּים, לְמַעַנְךָ אֱלֹהִים חַיִּים.

מֶלֶךְ עוֹזֵר וּמוֹשִׁיעַ וּמָגֵן.
בָּרוּךְ אַתָּה יהוה, מָגֵן אַבְרָהָם.

גבורות

אַתָּה גִּבּוֹר לְעוֹלָם, אֲדֹנָי

מְחַיֵּה מֵתִים אַתָּה, רַב לְהוֹשִׁיעַ

אומרים 'מַשִּׁיב הָרְוּחַ וּמוֹרִיד הַגֶּשֶׁם' משמיני עצרת ועד יום טוב ראשון של פסח, ו'מוֹרִיד הַטָּל' מחול המועד פסח ועד הושענא רבה.

בחורף: מַשִּׁיב הָרְוּחַ וּמוֹרִיד הַגֶּשֶׁם

בקיץ: מוֹרִיד הַטָּל

מְכַלְכֵּל חַיִּים בְּחֶסֶד

מְחַיֵּה מֵתִים בְּרַחֲמִים רַבִּים

סוֹמֵךְ נוֹפְלִים, וְרוֹפֵא חוֹלִים, וּמַתִּיר אֲסוּרִים

וּמְקַיֵּם אֱמוּנָתוֹ לִישֵׁנֵי עָפָר.

מִי כָמְוֹךָ, בַּעַל גְּבוּרוֹת

וּמִי דְּוֹמֶה לָּךְ

מֶלֶךְ, מֵמִית וּמְחַיֶּה וּמַצְמִיחַ יְשׁוּעָה.

בעשרת ימי תשובה: מִי כָמְוֹךָ אַב הָרַחֲמִים

זוֹכֵר יְצוּרָיו לְחַיִּים בְּרַחֲמִים.

וְנֶאֱמָן אַתָּה לְהַחֲיוֹת מֵתִים.

בָּרוּךְ אַתָּה יהוה, מְחַיֵּה הַמֵּתִים.

קדושת השם

אַתָּה קָדוֹשׁ וְשִׁמְךָ קָדוֹשׁ
וּקְדוֹשִׁים בְּכָל יוֹם יְהַלְלוּךָ סֶּלָה.
בָּרוּךְ אַתָּה יהוה
הָאֵל הַקָּדוֹשׁ./ בעשרת ימי תשובה: הַמֶּלֶךְ הַקָּדוֹשׁ./
אם שכח, חוזר לראש התפילה.

דעת

אַתָּה חוֹנֵן לְאָדָם דַּעַת
וּמְלַמֵּד לֶאֱנוֹשׁ בִּינָה.
אַתָּה חוֹנַנְתָּנוּ לְמַדַּע תּוֹרָתֶךָ
וַתְּלַמְּדֵנוּ לַעֲשׂוֹת חֻקֵּי רְצוֹנֶךָ
וַתַּבְדֵּל יהוה אֱלֹהֵינוּ בֵּין קֹדֶשׁ לְחֹל
בֵּין אוֹר לְחֹשֶׁךְ
בֵּין יִשְׂרָאֵל לָעַמִּים
בֵּין יוֹם הַשְּׁבִיעִי לְשֵׁשֶׁת יְמֵי הַמַּעֲשֶׂה.
אָבִינוּ מַלְכֵּנוּ
הָחֵל עָלֵינוּ הַיָּמִים הַבָּאִים לִקְרָאתֵנוּ לְשָׁלוֹם
חֲשׂוּכִים מִכָּל חֵטְא וּמְנֻקִּים מִכָּל עָוֹן
וּמְדֻבָּקִים בְּיִרְאָתֶךָ.

וְחָנֵּנוּ מֵאִתְּךָ דֵּעָה בִּינָה וְהַשְׂכֵּל.
בָּרוּךְ אַתָּה יהוה, חוֹנֵן הַדָּעַת.

תשובה

הֲשִׁיבֵנוּ אָבִינוּ לְתוֹרָתֶךָ
וְקָרְבֵנוּ מַלְכֵּנוּ לַעֲבוֹדָתֶךָ
וְהַחֲזִירֵנוּ בִּתְשׁוּבָה שְׁלֵמָה לְפָנֶיךָ.
בָּרוּךְ אַתָּה יהוה, הָרוֹצֶה בִּתְשׁוּבָה.

סליחה

נוהגים להכות כנגד הלב במקומות המסומנים ב°.

סְלַח לָנוּ אָבִינוּ כִּי °חָטָאנוּ
מְחַל לָנוּ מַלְכֵּנוּ כִּי °פָשָׁעְנוּ
כִּי מוֹחֵל וְסוֹלֵחַ אָתָּה.
בָּרוּךְ אַתָּה יהוה, חַנּוּן הַמַּרְבֶּה לִסְלֹחַ.

גאולה

רְאֵה בְעָנְיֵנוּ, וְרִיבָה רִיבֵנוּ
וּגְאָלֵנוּ מְהֵרָה לְמַעַן שְׁמֶךָ
כִּי גּוֹאֵל חָזָק אָתָּה.
בָּרוּךְ אַתָּה יהוה, גּוֹאֵל יִשְׂרָאֵל.

רפואה

רְפָאֵנוּ יהוה וְנֵרָפֵא
הוֹשִׁיעֵנוּ וְנִוָּשֵׁעָה, כִּי תְהִלָּתֵנוּ אָתָּה
וְהַעֲלֵה רְפוּאָה שְׁלֵמָה לְכָל מַכּוֹתֵינוּ

המתפלל על חולה מוסיף:

יְהִי רָצוֹן מִלְּפָנֶיךָ יהוה אֱלֹהַי וֵאלֹהֵי אֲבוֹתַי,
שֶׁתִּשְׁלַח מְהֵרָה רְפוּאָה שְׁלֵמָה מִן הַשָּׁמַיִם,
רְפוּאַת הַנֶּפֶשׁ וּרְפוּאַת הַגּוּף, לַחוֹלֶה פלוני בֶּן פלונית/
לַחוֹלָה פלונית בַּת פלונית בְּתוֹךְ שְׁאָר חוֹלֵי יִשְׂרָאֵל

כִּי אֵל מֶלֶךְ רוֹפֵא נֶאֱמָן וְרַחֲמָן אָתָּה.
בָּרוּךְ אַתָּה יהוה, רוֹפֵא חוֹלֵי עַמּוֹ יִשְׂרָאֵל.

ברכת השנים

אומרים ׳טַל וּמָטָר לִבְרָכָה׳ אור לז׳ במרחשוון עד ערב פסח.

בָּרֵךְ עָלֵינוּ יהוה אֱלֹהֵינוּ אֶת הַשָּׁנָה הַזֹּאת
וְאֶת כָּל מִינֵי תְבוּאָתָהּ, לְטוֹבָה

בחורף: וְתֵן טַל וּמָטָר לִבְרָכָה / בקיץ: וְתֵן בְּרָכָה

עַל פְּנֵי הָאֲדָמָה, וְשַׂבְּעֵנוּ מִטּוּבָהּ
וּבָרֵךְ שְׁנָתֵנוּ כַּשָּׁנִים הַטּוֹבוֹת.
בָּרוּךְ אַתָּה יהוה, מְבָרֵךְ הַשָּׁנִים.

קיבוץ גלויות

תְּקַע בְּשׁוֹפָר גָּדוֹל לְחֵרוּתֵנוּ
וְשָׂא נֵס לְקַבֵּץ גָּלֻיּוֹתֵינוּ
וְקַבְּצֵנוּ יַחַד מֵאַרְבַּע כַּנְפוֹת הָאָרֶץ.
בָּרוּךְ אַתָּה יהוה, מְקַבֵּץ נִדְחֵי עַמּוֹ יִשְׂרָאֵל.

השבת המשפט

הָשִׁיבָה שׁוֹפְטֵינוּ כְּבָרִאשׁוֹנָה
וְיוֹעֲצֵינוּ כְּבַתְּחִלָּה
וְהָסֵר מִמֶּנּוּ יָגוֹן וַאֲנָחָה
וּמְלֹךְ עָלֵינוּ אַתָּה יהוה לְבַדְּךָ
בְּחֶסֶד וּבְרַחֲמִים
וְצַדְּקֵנוּ בַּמִּשְׁפָּט.
בָּרוּךְ אַתָּה יהוה, מֶלֶךְ אוֹהֵב צְדָקָה וּמִשְׁפָּט.
/ בעשרת ימי תשובה: הַמֶּלֶךְ הַמִּשְׁפָּט./

ברכת המינים

וְלַמַּלְשִׁינִים אַל תְּהִי תִקְוָה
וְכָל הָרִשְׁעָה כְּרֶגַע תֹּאבֵד
וְכָל אוֹיְבֵי עַמְּךָ מְהֵרָה יִכָּרֵתוּ

וְהַזֵּדִים מְהֵרָה תְעַקֵּר וּתְשַׁבֵּר וּתְמַגֵּר
וְתַכְנִיעַ בִּמְהֵרָה בְיָמֵינוּ.
בָּרוּךְ אַתָּה יהוה, שׁוֹבֵר אוֹיְבִים וּמַכְנִיעַ זֵדִים.

על הצדיקים

עַל הַצַּדִּיקִים וְעַל הַחֲסִידִים
וְעַל זִקְנֵי עַמְּךָ בֵּית יִשְׂרָאֵל
וְעַל פְּלֵיטַת סוֹפְרֵיהֶם, וְעַל גֵּרֵי הַצֶּדֶק, וְעָלֵינוּ
יֶהֱמוּ רַחֲמֶיךָ יהוה אֱלֹהֵינוּ
וְתֵן שָׂכָר טוֹב לְכָל הַבּוֹטְחִים בְּשִׁמְךָ בֶּאֱמֶת
וְשִׂים חֶלְקֵנוּ עִמָּהֶם
וּלְעוֹלָם לֹא נֵבוֹשׁ כִּי בְךָ בָטָחְנוּ.
בָּרוּךְ אַתָּה יהוה, מִשְׁעָן וּמִבְטָח לַצַּדִּיקִים.

בניין ירושלים

וְלִירוּשָׁלַיִם עִירְךָ בְּרַחֲמִים תָּשׁוּב
וְתִשְׁכֹּן בְּתוֹכָהּ כַּאֲשֶׁר דִּבַּרְתָּ
וּבְנֵה אוֹתָהּ בְּקָרוֹב בְּיָמֵינוּ בִּנְיַן עוֹלָם
וְכִסֵּא דָוִד מְהֵרָה לְתוֹכָהּ תָּכִין.
בָּרוּךְ אַתָּה יהוה, בּוֹנֵה יְרוּשָׁלָיִם.

משיח בן דוד

אֶת צֶמַח דָּוִד עַבְדְּךָ מְהֵרָה תַצְמִיחַ
וְקַרְנוֹ תָּרוּם בִּישׁוּעָתֶךָ
כִּי לִישׁוּעָתְךָ קִוִּינוּ כָּל הַיּוֹם.
בָּרוּךְ אַתָּה יהוה, מַצְמִיחַ קֶרֶן יְשׁוּעָה.

שומע תפילה

שְׁמַע קוֹלֵנוּ יהוה אֱלֹהֵינוּ, חוּס וְרַחֵם עָלֵינוּ
וְקַבֵּל בְּרַחֲמִים וּבְרָצוֹן אֶת תְּפִלָּתֵנוּ
כִּי אֵל שׁוֹמֵעַ תְּפִלּוֹת וְתַחֲנוּנִים אָתָּה
וּמִלְּפָנֶיךָ מַלְכֵּנוּ רֵיקָם אַל תְּשִׁיבֵנוּ*
כִּי אַתָּה שׁוֹמֵעַ תְּפִלַּת עַמְּךָ יִשְׂרָאֵל בְּרַחֲמִים.
בָּרוּךְ אַתָּה יהוה, שׁוֹמֵעַ תְּפִלָּה.

*בזמן עצירת גשמים מוסיפים 'וַעֲנֵנוּ' בעמ' 84.

עבודה

רְצֵה יהוה אֱלֹהֵינוּ בְּעַמְּךָ יִשְׂרָאֵל וּבִתְפִלָּתָם
וְהָשֵׁב אֶת הָעֲבוֹדָה לִדְבִיר בֵּיתֶךָ
וְאִשֵּׁי יִשְׂרָאֵל וּתְפִלָּתָם בְּאַהֲבָה תְקַבֵּל בְּרָצוֹן
וּתְהִי לְרָצוֹן תָּמִיד עֲבוֹדַת יִשְׂרָאֵל עַמֶּךָ.

בראש חודש ובחול המועד:

אֱלֹהֵינוּ וֵאלֹהֵי אֲבוֹתֵינוּ, יַעֲלֶה וְיָבוֹא וְיַגִּיעַ, וְיֵרָאֶה וְיֵרָצֶה וְיִשָּׁמַע, וְיִפָּקֵד וְיִזָּכֵר זִכְרוֹנֵנוּ וּפִקְדּוֹנֵנוּ וְזִכְרוֹן אֲבוֹתֵינוּ, וְזִכְרוֹן מָשִׁיחַ בֶּן דָּוִד עַבְדֶּךָ, וְזִכְרוֹן יְרוּשָׁלַיִם עִיר קָדְשֶׁךָ, וְזִכְרוֹן כָּל עַמְּךָ בֵּית יִשְׂרָאֵל, לְפָנֶיךָ, לִפְלֵיטָה לְטוֹבָה, לְחֵן וּלְחֶסֶד וּלְרַחֲמִים, לְחַיִּים וּלְשָׁלוֹם בְּיוֹם

בראש חודש: רֹאשׁ הַחֹדֶשׁ

בפסח: חַג הַמַּצּוֹת / בסוכות: חַג הַסֻּכּוֹת

הַזֶּה. זָכְרֵנוּ יהוה אֱלֹהֵינוּ בּוֹ לְטוֹבָה, וּפָקְדֵנוּ בוֹ לִבְרָכָה, וְהוֹשִׁיעֵנוּ בוֹ לְחַיִּים. וּבִדְבַר יְשׁוּעָה וְרַחֲמִים, חוּס וְחָנֵּנוּ וְרַחֵם עָלֵינוּ וְהוֹשִׁיעֵנוּ, כִּי אֵלֶיךָ עֵינֵינוּ, כִּי אֵל מֶלֶךְ חַנּוּן וְרַחוּם אָתָּה.

וְתֶחֱזֶינָה עֵינֵינוּ בְּשׁוּבְךָ לְצִיּוֹן בְּרַחֲמִים.
בָּרוּךְ אַתָּה יהוה, הַמַּחֲזִיר שְׁכִינָתוֹ לְצִיּוֹן.

הודאה

כורע ב׳מודים׳ ואינו זוקף עד אמירת השם.

מוֹדִים אֲנַחְנוּ לָךְ.
שָׁאַתָּה הוּא יהוה אֱלֹהֵינוּ וֵאלֹהֵי אֲבוֹתֵינוּ
לְעוֹלָם וָעֶד.

צוּר חַיֵּינוּ, מָגֵן יִשְׁעֵנוּ, אַתָּה הוּא לְדוֹר וָדוֹר.
נוֹדֶה לְּךָ וּנְסַפֵּר תְּהִלָּתֶךָ
עַל חַיֵּינוּ הַמְּסוּרִים בְּיָדֶךָ
וְעַל נִשְׁמוֹתֵינוּ הַפְּקוּדוֹת לָךְ
וְעַל נִסֶּיךָ שֶׁבְּכָל יוֹם עִמָּנוּ
וְעַל נִפְלְאוֹתֶיךָ וְטוֹבוֹתֶיךָ שֶׁבְּכָל עֵת
עֶרֶב וָבֹקֶר וְצָהֳרָיִם.
הַטּוֹב, כִּי לֹא כָלוּ רַחֲמֶיךָ
וְהַמְרַחֵם, כִּי לֹא תַמּוּ חֲסָדֶיךָ
מֵעוֹלָם קִוִּינוּ לָךְ.

בחנוכה:

עַל הַנִּסִּים וְעַל הַפֻּרְקָן וְעַל הַגְּבוּרוֹת וְעַל הַתְּשׁוּעוֹת וְעַל הַמִּלְחָמוֹת שֶׁעָשִׂיתָ לַאֲבוֹתֵינוּ בַּיָּמִים הָהֵם בַּזְּמַן הַזֶּה.

בִּימֵי מַתִּתְיָהוּ בֶּן יוֹחָנָן כֹּהֵן גָּדוֹל חַשְׁמוֹנַאי וּבָנָיו, כְּשֶׁעָמְדָה מַלְכוּת יָוָן הָרְשָׁעָה עַל עַמְּךָ יִשְׂרָאֵל לְהַשְׁכִּיחָם תּוֹרָתֶךָ וּלְהַעֲבִירָם מֵחֻקֵּי רְצוֹנֶךָ, וְאַתָּה בְּרַחֲמֶיךָ הָרַבִּים עָמַדְתָּ לָהֶם בְּעֵת צָרָתָם, רַבְתָּ אֶת רִיבָם, דַּנְתָּ אֶת דִּינָם, נָקַמְתָּ אֶת נִקְמָתָם, מָסַרְתָּ

גִּבּוֹרִים בְּיַד חַלָּשִׁים, וְרַבִּים בְּיַד מְעַטִּים, וּטְמֵאִים בְּיַד טְהוֹרִים, וּרְשָׁעִים בְּיַד צַדִּיקִים, וְזֵדִים בְּיַד עוֹסְקֵי תוֹרָתֶךָ, וּלְךָ עָשִׂיתָ שֵׁם גָּדוֹל וְקָדוֹשׁ בְּעוֹלָמֶךָ, וּלְעַמְּךָ יִשְׂרָאֵל עָשִׂיתָ תְּשׁוּעָה גְדוֹלָה וּפֻרְקָן כְּהַיּוֹם הַזֶּה. וְאַחַר כֵּן בָּאוּ בָנֶיךָ לִדְבִיר בֵּיתֶךָ, וּפִנּוּ אֶת הֵיכָלֶךָ, וְטִהֲרוּ אֶת מִקְדָּשֶׁךָ, וְהִדְלִיקוּ נֵרוֹת בְּחַצְרוֹת קָדְשֶׁךָ, וְקָבְעוּ שְׁמוֹנַת יְמֵי חֲנֻכָּה אֵלּוּ, לְהוֹדוֹת וּלְהַלֵּל לְשִׁמְךָ הַגָּדוֹל.

וממשיך ׳וְעַל כֻּלָּם׳.

בפורים:

עַל הַנִּסִּים וְעַל הַפֻּרְקָן וְעַל הַגְּבוּרוֹת וְעַל הַתְּשׁוּעוֹת וְעַל הַמִּלְחָמוֹת שֶׁעָשִׂיתָ לַאֲבוֹתֵינוּ בַּיָּמִים הָהֵם בִּזְּמַן הַזֶּה.

בִּימֵי מָרְדְּכַי וְאֶסְתֵּר בְּשׁוּשַׁן הַבִּירָה, כְּשֶׁעָמַד עֲלֵיהֶם הָמָן הָרָשָׁע, בִּקֵּשׁ לְהַשְׁמִיד לַהֲרֹג וּלְאַבֵּד אֶת־ אסתר ג
כָּל־הַיְּהוּדִים מִנַּעַר וְעַד־זָקֵן טַף וְנָשִׁים בְּיוֹם אֶחָד, בִּשְׁלוֹשָׁה עָשָׂר לְחֹדֶשׁ שְׁנֵים־עָשָׂר, הוּא־חֹדֶשׁ אֲדָר, וּשְׁלָלָם לָבוֹז: וְאַתָּה בְּרַחֲמֶיךָ הָרַבִּים הֵפַרְתָּ אֶת עֲצָתוֹ, וְקִלְקַלְתָּ אֶת מַחֲשַׁבְתּוֹ, וַהֲשֵׁבוֹתָ לּוֹ גְּמוּלוֹ בְּרֹאשׁוֹ, וְתָלוּ אוֹתוֹ וְאֶת בָּנָיו עַל הָעֵץ.

וממשיך ׳וְעַל כֻּלָּם׳.

וְעַל כֻּלָּם יִתְבָּרַךְ וְיִתְרוֹמַם שִׁמְךָ מַלְכֵּנוּ תָּמִיד לְעוֹלָם וָעֶד.

בעשרת ימי תשובה: וּכְתֹב לְחַיִּים טוֹבִים כָּל בְּנֵי בְרִיתֶךָ.

וְכֹל הַחַיִּים יוֹדְוּךָ סֶּלָה
וִיהַלְלוּ אֶת שִׁמְךָ בֶּאֱמֶת
הָאֵל יְשׁוּעָתֵנוּ וְעֶזְרָתֵנוּ סֶלָה.
בָּרוּךְ אַתָּה יהוה
הַטּוֹב שִׁמְךָ וּלְךָ נָאֶה לְהוֹדוֹת.

שלום

שָׁלוֹם רָב עַל יִשְׂרָאֵל עַמְּךָ תָּשִׂים לְעוֹלָם
כִּי אַתָּה הוּא מֶלֶךְ אָדוֹן לְכָל הַשָּׁלוֹם.
וְטוֹב בְּעֵינֶיךָ לְבָרֵךְ אֶת עַמְּךָ יִשְׂרָאֵל
בְּכָל עֵת וּבְכָל שָׁעָה בִּשְׁלוֹמֶךָ.

בעשרת ימי תשובה: בְּסֵפֶר חַיִּים, בְּרָכָה וְשָׁלוֹם, וּפַרְנָסָה טוֹבָה
נִזָּכֵר וְנִכָּתֵב לְפָנֶיךָ
אֲנַחְנוּ וְכָל עַמְּךָ בֵּית יִשְׂרָאֵל
לְחַיִּים טוֹבִים וּלְשָׁלוֹם.

בני חוץ לארץ מסיימים: בָּרוּךְ אַתָּה יהוה, עוֹשֵׂה הַשָּׁלוֹם.

בָּרוּךְ אַתָּה יהוה
הַמְבָרֵךְ אֶת עַמּוֹ יִשְׂרָאֵל בַּשָּׁלוֹם.

יש מוסיפים:

יִהְיוּ לְרָצוֹן אִמְרֵי־פִי וְהֶגְיוֹן לִבִּי לְפָנֶיךָ, יהוה צוּרִי וְגֹאֲלִי: תהלים יט

אֱלֹהַי ברכות יז.

נְצֹר לְשׁוֹנִי מֵרָע וּשְׂפָתַי מִדַּבֵּר מִרְמָה

וְלִמְקַלְלַי נַפְשִׁי תִדֹּם, וְנַפְשִׁי כֶּעָפָר לַכֹּל תִּהְיֶה.

פְּתַח לִבִּי בְּתוֹרָתֶךָ, וּבְמִצְוֹתֶיךָ תִּרְדֹּף נַפְשִׁי.

וְכָל הַחוֹשְׁבִים עָלַי רָעָה

מְהֵרָה הָפֵר עֲצָתָם וְקַלְקֵל מַחֲשַׁבְתָּם.

עֲשֵׂה לְמַעַן שְׁמֶךָ, עֲשֵׂה לְמַעַן יְמִינֶךָ

עֲשֵׂה לְמַעַן קְדֻשָּׁתֶךָ, עֲשֵׂה לְמַעַן תּוֹרָתֶךָ.

לְמַעַן יֵחָלְצוּן יְדִידֶיךָ, הוֹשִׁיעָה יְמִינְךָ וַעֲנֵנִי: תהלים ס

יִהְיוּ לְרָצוֹן אִמְרֵי־פִי וְהֶגְיוֹן לִבִּי לְפָנֶיךָ תהלים יט

יהוה צוּרִי וְגֹאֲלִי:

כורע ופוסע שלוש פסיעות לאחור. קד לשמאל, לימין ולפנים באמירת:

עֹשֶׂה שָׁלוֹם/ בעשרת ימי תשובה: הַשָּׁלוֹם/ בִּמְרוֹמָיו

הוּא יַעֲשֶׂה שָׁלוֹם עָלֵינוּ וְעַל כָּל יִשְׂרָאֵל

וְאִמְרוּ אָמֵן.

יְהִי רָצוֹן מִלְּפָנֶיךָ יהוה אֱלֹהֵינוּ וֵאלֹהֵי אֲבוֹתֵינוּ, שֶׁיִּבָּנֶה בֵּית הַמִּקְדָּשׁ בִּמְהֵרָה בְיָמֵינוּ, וְתֵן חֶלְקֵנוּ בְּתוֹרָתֶךָ, וְשָׁם נַעֲבָדְךָ בְּיִרְאָה כִּימֵי עוֹלָם וּכְשָׁנִים קַדְמֹנִיּוֹת. וְעָרְבָה לַיהוה מִנְחַת יְהוּדָה וִירוּשָׁלָםִ כִּימֵי עוֹלָם וּכְשָׁנִים קַדְמֹנִיּוֹת: מלאכי ג

בתשעה באב ובפורים אומרים כאן קדיש שלם (עמ׳ 548), ואחריו קוראים את המגילה המתאימה (מגילת אסתר בעמ׳ 1108 וברכותיה בעמ׳ 734; מגילת איכה בעמ׳ 1079).

חצי קדיש

ש״ץ: יִתְגַּדַּל וְיִתְקַדַּשׁ שְׁמֵהּ רַבָּא (קהל: אָמֵן)
בְּעָלְמָא דִּי בְרָא כִרְעוּתֵהּ
וְיַמְלִיךְ מַלְכוּתֵהּ
בְּחַיֵּיכוֹן וּבְיוֹמֵיכוֹן וּבְחַיֵּי דְכָל בֵּית יִשְׂרָאֵל
בַּעֲגָלָא וּבִזְמַן קָרִיב
וְאִמְרוּ אָמֵן. (קהל: אָמֵן)

קהל וש״ץ: יְהֵא שְׁמֵהּ רַבָּא מְבָרַךְ
לְעָלַם וּלְעָלְמֵי עָלְמַיָּא.

ש״ץ: יִתְבָּרַךְ וְיִשְׁתַּבַּח וְיִתְפָּאַר
וְיִתְרוֹמַם וְיִתְנַשֵּׂא וְיִתְהַדָּר וְיִתְעַלֶּה וְיִתְהַלָּל
שְׁמֵהּ דְּקֻדְשָׁא בְּרִיךְ הוּא (קהל: בְּרִיךְ הוּא)
לְעֵלָּא מִן כָּל בִּרְכָתָא
/בעשרת ימי תשובה: לְעֵלָּא לְעֵלָּא מִכָּל בִּרְכָתָא/
וְשִׁירָתָא, תֻּשְׁבְּחָתָא וְנֶחֱמָתָא
דַּאֲמִירָן בְּעָלְמָא
וְאִמְרוּ אָמֵן. (קהל: אָמֵן)

במוצאי שבת אומרים את מזמור צא, המכונה ׳מזמור של ברכה׳ (מחזור ויטרי, קמה), מקדימים לו את הפסוק ׳וִיהִי נֹעַם׳ שהוא תחילת הברכה (רש״י, שבועות טו), ולבסוף כופלים את הפסוק ׳אֹרֶךְ יָמִים אַשְׂבִּיעֵהוּ, וְאַרְאֵהוּ בִּישׁוּעָתִי׳ (טור, רצה).

אם יום טוב חל באחד מימות השבוע, אין אומרים ׳וִיהִי נֹעַם׳ ולא ׳וְאַתָּה קָדוֹשׁ׳, ושליח הציבור אומר מיד קדיש שלם בעמ׳ 548 (סדר רב עמרם גאון).

נחלקו הפוסקים אם אומרים ׳וִיהִי נֹעַם׳ בשבת הגדול כאשר ערב פסח חל ביום שישי, והמנהג הנפוץ שלא לאומרו, ולא במוצאי שבת של חול המועד.

׳וִיהִי נֹעַם׳ אומרים בעמידה, ו׳וְאַתָּה קָדוֹשׁ׳ בישיבה (שע״ת רצה, א בשם ר׳ חיים ויטל).

וִיהִי נֹעַם אֲדֹנָי אֱלֹהֵינוּ עָלֵינוּ וּמַעֲשֵׂה יָדֵינוּ כּוֹנְנָה עָלֵינוּ וּמַעֲשֵׂה יָדֵינוּ כּוֹנְנֵהוּ: תהלים צ

יֹשֵׁב בְּסֵתֶר עֶלְיוֹן, בְּצֵל שַׁדַּי יִתְלוֹנָן: אֹמַר לַיהוה מַחְסִי וּמְצוּדָתִי, אֱלֹהַי אֶבְטַח־בּוֹ: כִּי הוּא יַצִּילְךָ מִפַּח יָקוּשׁ, מִדֶּבֶר הַוּוֹת: בְּאֶבְרָתוֹ יָסֶךְ לָךְ, וְתַחַת־כְּנָפָיו תֶּחְסֶה, צִנָּה וְסֹחֵרָה אֲמִתּוֹ: לֹא־תִירָא מִפַּחַד לָיְלָה, מֵחֵץ יָעוּף יוֹמָם: מִדֶּבֶר בָּאֹפֶל יַהֲלֹךְ, מִקֶּטֶב יָשׁוּד צָהֳרָיִם: יִפֹּל מִצִּדְּךָ אֶלֶף, וּרְבָבָה מִימִינֶךָ, אֵלֶיךָ לֹא יִגָּשׁ: רַק בְּעֵינֶיךָ תַבִּיט, וְשִׁלֻּמַת רְשָׁעִים תִּרְאֶה: כִּי־אַתָּה יהוה מַחְסִי, עֶלְיוֹן שַׂמְתָּ מְעוֹנֶךָ: לֹא־תְאֻנֶּה אֵלֶיךָ רָעָה, וְנֶגַע לֹא־יִקְרַב בְּאָהֳלֶךָ: כִּי מַלְאָכָיו יְצַוֶּה־לָּךְ, לִשְׁמָרְךָ בְּכָל־דְּרָכֶיךָ: עַל־כַּפַּיִם יִשָּׂאוּנְךָ, פֶּן־תִּגֹּף בָּאֶבֶן רַגְלֶךָ: עַל־שַׁחַל וָפֶתֶן תִּדְרֹךְ, תִּרְמֹס כְּפִיר וְתַנִּין: כִּי בִי תהלים צא

חָשַׁק וַאֲפַלְּטֵהוּ, אֲשַׂגְּבֵהוּ כִּי־יָדַע שְׁמִי: יִקְרָאֵנִי וְאֶעֱנֵהוּ, עִמּוֹ אָנֹכִי בְצָרָה, אֲחַלְּצֵהוּ וַאֲכַבְּדֵהוּ:
◂ אֹרֶךְ יָמִים אַשְׂבִּיעֵהוּ, וְאַרְאֵהוּ בִּישׁוּעָתִי:
אֹרֶךְ יָמִים אַשְׂבִּיעֵהוּ, וְאַרְאֵהוּ בִּישׁוּעָתִי:

כאשר אין אומרים ׳וִיהִי נֹעַם׳, אין אומרים ׳וְאַתָּה קָדוֹשׁ׳ (סדר רב עמרם גאון).
ואין אומרים ׳וּבָא לְצִיּוֹן גּוֹאֵל׳ מכיוון שאין גאולה בלילה, שנאמר ״בְּעֶצֶם הַיּוֹם הַזֶּה״ (שמות יב, יז) – בעיצומו של יום (ספר המנהיג, הלכות מגילה).

תהלים כב ◂ וְאַתָּה קָדוֹשׁ יוֹשֵׁב תְּהִלּוֹת יִשְׂרָאֵל: וְקָרָא זֶה
ישעיה ו אֶל־זֶה וְאָמַר, קָדוֹשׁ, קָדוֹשׁ, קָדוֹשׁ, יהוה צְבָאוֹת, מְלֹא כָל־הָאָרֶץ כְּבוֹדוֹ:

תרגום יונתן ישעיה ו וּמְקַבְּלִין דֵּין מִן דֵּין וְאָמְרִין, קַדִּישׁ בִּשְׁמֵי מְרוֹמָא עִלָּאָה בֵּית שְׁכִינְתֵהּ, קַדִּישׁ עַל אַרְעָא עוֹבַד גְּבוּרְתֵהּ, קַדִּישׁ לְעָלַם וּלְעָלְמֵי עָלְמַיָּא יהוה צְבָאוֹת, מַלְיָא כָל אַרְעָא זִיו יְקָרֵהּ.

יחזקאל ג ◂ וַתִּשָּׂאֵנִי רוּחַ, וָאֶשְׁמַע אַחֲרַי קוֹל רַעַשׁ גָּדוֹל בָּרוּךְ כְּבוֹד־יהוה מִמְּקוֹמוֹ:

תרגום יונתן יחזקאל ג וּנְטָלַתְנִי רוּחָא, וּשְׁמָעִית בַּתְרַי קָל זִיעַ סַגִּיא, דִּמְשַׁבְּחִין וְאָמְרִין, בְּרִיךְ יְקָרָא דַיהוה מֵאֲתַר בֵּית שְׁכִינְתֵהּ.

שמות טו יהוה יִמְלֹךְ לְעֹלָם וָעֶד:

תרגום אונקלוס שמות טו יהוה מַלְכוּתֵהּ קָאֵם לְעָלַם וּלְעָלְמֵי עָלְמַיָּא.

יהוה אֱלֹהֵי אַבְרָהָם יִצְחָק וְיִשְׂרָאֵל אֲבֹתֵינוּ, דברי הימים א׳ כט
שָׁמְרָה־זֹּאת לְעוֹלָם לְיֵצֶר מַחְשְׁבוֹת לְבַב עַמֶּךָ,
וְהָכֵן לְבָבָם אֵלֶיךָ: וְהוּא רַחוּם יְכַפֵּר עָוֹן וְלֹא־ תהלים עח
יַשְׁחִית, וְהִרְבָּה לְהָשִׁיב אַפּוֹ, וְלֹא־יָעִיר כָּל־
חֲמָתוֹ: כִּי־אַתָּה אֲדֹנָי טוֹב וְסַלָּח, וְרַב־חֶסֶד תהלים פו
לְכָל־קֹרְאֶיךָ: צִדְקָתְךָ צֶדֶק לְעוֹלָם וְתוֹרָתְךָ תהלים קיט
אֱמֶת: תִּתֵּן אֱמֶת לְיַעֲקֹב, חֶסֶד לְאַבְרָהָם, מיכה ז
אֲשֶׁר־נִשְׁבַּעְתָּ לַאֲבֹתֵינוּ מִימֵי קֶדֶם: בָּרוּךְ תהלים סח
אֲדֹנָי יוֹם יוֹם יַעֲמָס־לָנוּ, הָאֵל יְשׁוּעָתֵנוּ סֶלָה:
יהוה צְבָאוֹת עִמָּנוּ, מִשְׂגָּב לָנוּ אֱלֹהֵי יַעֲקֹב תהלים מו
סֶלָה: יהוה צְבָאוֹת, אַשְׁרֵי אָדָם בֹּטֵחַ בָּךְ: יהוה תהלים פד תהלים כ
הוֹשִׁיעָה, הַמֶּלֶךְ יַעֲנֵנוּ בְיוֹם־קָרְאֵנוּ:

בָּרוּךְ הוּא אֱלֹהֵינוּ שֶׁבְּרָאָנוּ לִכְבוֹדוֹ, וְהִבְדִּילָנוּ מִן הַתּוֹעִים, וְנָתַן לָנוּ תּוֹרַת אֱמֶת, וְחַיֵּי עוֹלָם נָטַע בְּתוֹכֵנוּ. הוּא יִפְתַּח לִבֵּנוּ בְּתוֹרָתוֹ, וְיָשֵׂם בְּלִבֵּנוּ אַהֲבָתוֹ וְיִרְאָתוֹ וְלַעֲשׂוֹת רְצוֹנוֹ וּלְעָבְדוֹ בְּלֵבָב שָׁלֵם, לְמַעַן לֹא נִיגַע לָרִיק וְלֹא נֵלֵד לַבֶּהָלָה.

יְהִי רָצוֹן מִלְּפָנֶיךָ יהוה אֱלֹהֵינוּ וֵאלֹהֵי אֲבוֹתֵינוּ,
שֶׁנִּשְׁמֹר חֻקֶּיךָ בָּעוֹלָם הַזֶּה, וְנִזְכֶּה וְנִחְיֶה וְנִרְאֶה
וְנִירַשׁ טוֹבָה וּבְרָכָה, לִשְׁנֵי יְמוֹת הַמָּשִׁיחַ וּלְחַיֵּי
תהלים ל הָעוֹלָם הַבָּא. לְמַעַן יְזַמֶּרְךָ כָבוֹד וְלֹא יִדֹּם, יהוה
ירמיה יז אֱלֹהַי, לְעוֹלָם אוֹדֶךָּ: בָּרוּךְ הַגֶּבֶר אֲשֶׁר יִבְטַח
ישעיה כו בַּיהוה, וְהָיָה יהוה מִבְטַחוֹ: בִּטְחוּ בַיהוה עֲדֵי־
תהלים ט עַד, כִּי בְּיָהּ יהוה צוּר עוֹלָמִים: › וְיִבְטְחוּ בְךָ
ישעיה מב יוֹדְעֵי שְׁמֶךָ, כִּי לֹא־עָזַבְתָּ דֹרְשֶׁיךָ, יהוה: יהוה
חָפֵץ לְמַעַן צִדְקוֹ, יַגְדִּיל תּוֹרָה וְיַאְדִּיר:

קדיש שלם

ש״ץ: יִתְגַּדַּל וְיִתְקַדַּשׁ שְׁמֵהּ רַבָּא (קהל: אָמֵן)
בְּעָלְמָא דִּי בְרָא כִרְעוּתֵהּ
וְיַמְלִיךְ מַלְכוּתֵהּ
בְּחַיֵּיכוֹן וּבְיוֹמֵיכוֹן וּבְחַיֵּי דְכָל בֵּית יִשְׂרָאֵל
בַּעֲגָלָא וּבִזְמַן קָרִיב
וְאִמְרוּ אָמֵן. (קהל: אָמֵן)

קהל וש״ץ: יְהֵא שְׁמֵהּ רַבָּא מְבָרַךְ
לְעָלַם וּלְעָלְמֵי עָלְמַיָּא.

ש״ץ: יִתְבָּרַךְ וְיִשְׁתַּבַּח וְיִתְפָּאַר

וְיִתְרוֹמַם וְיִתְנַשֵּׂא וְיִתְהַדָּר וְיִתְעַלֶּה וְיִתְהַלָּל

שְׁמֵהּ דְּקֻדְשָׁא בְּרִיךְ הוּא (קהל: בְּרִיךְ הוּא)

לְעֵֽלָּא מִן כָּל בִּרְכָתָא

/ בעשרת ימי תשובה: לְעֵֽלָּא לְעֵֽלָּא מִכָּל בִּרְכָתָא/

וְשִׁירָתָא, תֻּשְׁבְּחָתָא וְנֶחֱמָתָא

דַּאֲמִירָן בְּעָלְמָא

וְאִמְרוּ אָמֵן. (קהל: אָמֵן)

תִּתְקַבַּל צְלוֹתְהוֹן וּבָעוּתְהוֹן דְּכָל יִשְׂרָאֵל

קֳדָם אֲבוּהוֹן דִּי בִשְׁמַיָּא

וְאִמְרוּ אָמֵן. (קהל: אָמֵן)

יְהֵא שְׁלָמָא רַבָּא מִן שְׁמַיָּא

וְחַיִּים, עָלֵינוּ וְעַל כָּל יִשְׂרָאֵל

וְאִמְרוּ אָמֵן. (קהל: אָמֵן)

כורע ופוסע שלוש פסיעות לאחור. קד לשמאל, לימין ולפנים באמירת:

עֹשֶׂה שָׁלוֹם/ בעשרת ימי תשובה: הַשָּׁלוֹם/ בִּמְרוֹמָיו

הוּא יַעֲשֶׂה שָׁלוֹם עָלֵינוּ וְעַל כָּל יִשְׂרָאֵל

וְאִמְרוּ אָמֵן. (קהל: אָמֵן)

ממוצאי יום טוב ראשון של פסח ועד ערב שבועות סופרים את העומר (עמ׳ 213).

בחנוכה מדליקים כאן נרות בבית הכנסת (עמ׳ 731).

פסוקי ברכה

פסוקי ברכה לקראת השבוע שיבוא. המנהג לאומרם נזכר כבר במחזור ויטרי, ושם הנוסח שונה. יש מקהילות מערב אירופה שאמרו נוסח מקוצר ודילגו על חלק מהפסקאות – אלו הכתובות באות קטנה (עבודת ישראל).

אומרים ׳וְיִתֶּן־לְךָ׳ אף אם אין אומרים ׳וִיהִי נֹעַם׳ (כלבו).

בבתי כנסת המתפללים בנוסח ספרד, אין אומרים ׳וְיִתֶּן־לְךָ׳, משום שהאר״י נהג לאומרו אחרי הבדלה (׳שער הכוונות׳). כיום פשט מנהג זה גם לחלק מהמתפללים בנוסח אשכנז.

בבתי כנסת המתפללים בנוסח ספרד, אומרים כאן ׳שִׁיר לַמַּעֲלוֹת׳ (עמ׳ 563), קדיש יתום, ׳בָּרְכוּ׳, ׳עָלֵינוּ׳ וקדיש יתום.

בראשית כז וְיִתֶּן־לְךָ הָאֱלֹהִים מִטַּל הַשָּׁמַיִם וּמִשְׁמַנֵּי הָאָרֶץ,
וְרֹב דָּגָן וְתִירֹשׁ: יַעַבְדוּךָ עַמִּים וְיִשְׁתַּחֲוֻ לְךָ לְאֻמִּים,
הֱוֵה גְבִיר לְאַחֶיךָ וְיִשְׁתַּחֲווּ לְךָ בְּנֵי אִמֶּךָ, אֹרְרֶיךָ
אָרוּר וּמְבָרֲכֶיךָ בָּרוּךְ:

בראשית כח וְאֵל שַׁדַּי יְבָרֵךְ אֹתְךָ וְיַפְרְךָ וְיַרְבֶּךָ, וְהָיִיתָ לִקְהַל
עַמִּים: וְיִתֶּן־לְךָ אֶת־בִּרְכַּת אַבְרָהָם, לְךָ וּלְזַרְעֲךָ
אִתָּךְ, לְרִשְׁתְּךָ אֶת־אֶרֶץ מְגֻרֶיךָ אֲשֶׁר־נָתַן אֱלֹהִים
בראשית מט לְאַבְרָהָם: מֵאֵל אָבִיךָ וְיַעְזְרֶךָּ וְאֵת שַׁדַּי וִיבָרְכֶךָּ,
בִּרְכֹת שָׁמַיִם מֵעָל בִּרְכֹת תְּהוֹם רֹבֶצֶת תָּחַת, בִּרְכֹת
שָׁדַיִם וָרָחַם: בִּרְכֹת אָבִיךָ גָּבְרוּ עַל־בִּרְכֹת הוֹרַי
עַד־תַּאֲוַת גִּבְעֹת עוֹלָם, תִּהְיֶיןָ לְרֹאשׁ יוֹסֵף וּלְקָדְקֹד
דברים ז נְזִיר אֶחָיו: וַאֲהֵבְךָ וּבֵרַכְךָ וְהִרְבֶּךָ, וּבֵרַךְ פְּרִי־בִטְנְךָ
וּפְרִי־אַדְמָתֶךָ, דְּגָנְךָ וְתִירֹשְׁךָ וְיִצְהָרֶךָ, שְׁגַר־אֲלָפֶיךָ
וְעַשְׁתְּרֹת צֹאנֶךָ, עַל הָאֲדָמָה אֲשֶׁר־נִשְׁבַּע לַאֲבֹתֶיךָ

לָתֶת לָךְ: בָּרוּךְ תִּהְיֶה מִכָּל־הָעַמִּים, לֹא־יִהְיֶה בְךָ עָקָר וַעֲקָרָה וּבִבְהֶמְתֶּךָ: וְהֵסִיר יהוה מִמְּךָ כָּל־חֹלִי, וְכָל־מַדְוֵי מִצְרַיִם הָרָעִים אֲשֶׁר יָדַעְתָּ, לֹא יְשִׂימָם בָּךְ, וּנְתָנָם בְּכָל־שֹׂנְאֶיךָ:

בראשית מח הַמַּלְאָךְ הַגֹּאֵל אֹתִי מִכָּל־רָע יְבָרֵךְ אֶת־הַנְּעָרִים, וְיִקָּרֵא בָהֶם שְׁמִי וְשֵׁם אֲבֹתַי אַבְרָהָם וְיִצְחָק, וְיִדְגּוּ
דברים א לָרֹב בְּקֶרֶב הָאָרֶץ: יהוה אֱלֹהֵיכֶם הִרְבָּה אֶתְכֶם, וְהִנְּכֶם הַיּוֹם כְּכוֹכְבֵי הַשָּׁמַיִם לָרֹב: יהוה אֱלֹהֵי אֲבוֹתֵיכֶם יֹסֵף עֲלֵיכֶם כָּכֶם אֶלֶף פְּעָמִים, וִיבָרֵךְ אֶתְכֶם כַּאֲשֶׁר דִּבֶּר לָכֶם:

דברים כח בָּרוּךְ אַתָּה בָּעִיר, וּבָרוּךְ אַתָּה בַּשָּׂדֶה: בָּרוּךְ אַתָּה בְּבֹאֶךָ, וּבָרוּךְ אַתָּה בְּצֵאתֶךָ: בָּרוּךְ טַנְאֲךָ וּמִשְׁאַרְתֶּךָ: בָּרוּךְ פְּרִי־בִטְנְךָ וּפְרִי אַדְמָתְךָ וּפְרִי בְהֶמְתֶּךָ, שְׁגַר אֲלָפֶיךָ וְעַשְׁתְּרוֹת צֹאנֶךָ: יְצַו יהוה אִתְּךָ אֶת־הַבְּרָכָה בַּאֲסָמֶיךָ וּבְכֹל מִשְׁלַח יָדֶךָ, וּבֵרַכְךָ בָּאָרֶץ אֲשֶׁר־יהוה אֱלֹהֶיךָ נֹתֵן לָךְ: יִפְתַּח יהוה לְךָ אֶת־אוֹצָרוֹ הַטּוֹב אֶת־הַשָּׁמַיִם, לָתֵת מְטַר־אַרְצְךָ בְּעִתּוֹ, וּלְבָרֵךְ אֵת כָּל־מַעֲשֵׂה יָדֶךָ,
דברים טו וְהִלְוִיתָ גּוֹיִם רַבִּים וְאַתָּה לֹא תִלְוֶה: כִּי־יהוה אֱלֹהֶיךָ

בֵּרַכְךָ כַּאֲשֶׁר דִּבֶּר־לָךְ, וְהַעֲבַטְתָּ גּוֹיִם רַבִּים וְאַתָּה
לֹא תַעֲבֹט, וּמָשַׁלְתָּ בְּגוֹיִם רַבִּים וּבְךָ לֹא יִמְשֹׁלוּ:
דברים לג אַשְׁרֶיךָ יִשְׂרָאֵל, מִי כָמְוֹךָ, עַם נוֹשַׁע בַּיהוה, מָגֵן
עֶזְרֶךָ וַאֲשֶׁר־חֶרֶב גַּאֲוָתֶךָ, וְיִכָּחֲשׁוּ אֹיְבֶיךָ לָךְ, וְאַתָּה
עַל־בָּמוֹתֵימוֹ תִדְרֹךְ:

ישעיה מד מָחִיתִי כָעָב פְּשָׁעֶיךָ וְכֶעָנָן חַטֹּאותֶיךָ, שׁוּבָה אֵלַי כִּי
גְאַלְתִּיךָ: רָנּוּ שָׁמַיִם כִּי־עָשָׂה יהוה, הָרִיעוּ תַּחְתִּיּוֹת
אָרֶץ, פִּצְחוּ הָרִים רִנָּה, יַעַר וְכָל־עֵץ בּוֹ, כִּי־גָאַל
ישעיה מז יהוה יַעֲקֹב וּבְיִשְׂרָאֵל יִתְפָּאָר: גֹּאֲלֵנוּ, יהוה צְבָאוֹת
שְׁמוֹ, קְדוֹשׁ יִשְׂרָאֵל:

ישעיה מה יִשְׂרָאֵל נוֹשַׁע בַּיהוה תְּשׁוּעַת עוֹלָמִים, לֹא־תֵבְשׁוּ
יואל ב וְלֹא־תִכָּלְמוּ עַד־עוֹלְמֵי עַד: וַאֲכַלְתֶּם אָכוֹל וְשָׂבְוֹעַ,
וְהִלַּלְתֶּם אֶת־שֵׁם יהוה אֱלֹהֵיכֶם אֲשֶׁר־עָשָׂה עִמָּכֶם
לְהַפְלִיא, וְלֹא־יֵבֹשׁוּ עַמִּי לְעוֹלָם: וִידַעְתֶּם כִּי בְקֶרֶב
יִשְׂרָאֵל אָנִי, וַאֲנִי יהוה אֱלֹהֵיכֶם וְאֵין עוֹד, וְלֹא־יֵבֹשׁוּ
ישעיה נה עַמִּי לְעוֹלָם: כִּי־בְשִׂמְחָה תֵצֵאוּ וּבְשָׁלוֹם תּוּבָלוּן,
הֶהָרִים וְהַגְּבָעוֹת יִפְצְחוּ לִפְנֵיכֶם רִנָּה, וְכָל־עֲצֵי
ישעיה יב הַשָּׂדֶה יִמְחֲאוּ־כָף: הִנֵּה אֵל יְשׁוּעָתִי אֶבְטַח, וְלֹא
אֶפְחָד, כִּי־עָזִּי וְזִמְרָת יָהּ יהוה, וַיְהִי־לִי לִישׁוּעָה:

וּשְׁאַבְתֶּם־מַיִם בְּשָׂשׂוֹן, מִמַּעַיְנֵי הַיְשׁוּעָה: וַאֲמַרְתֶּם
בַּיּוֹם הַהוּא, הוֹדוּ לַיהוה קִרְאוּ בִשְׁמוֹ, הוֹדִיעוּ
בָעַמִּים עֲלִילֹתָיו, הַזְכִּירוּ כִּי נִשְׂגָּב שְׁמוֹ: זַמְּרוּ יהוה
כִּי גֵאוּת עָשָׂה, מוּדַעַת זֹאת בְּכָל־הָאָרֶץ: צַהֲלִי וָרֹנִּי
יוֹשֶׁבֶת צִיּוֹן, כִּי־גָדוֹל בְּקִרְבֵּךְ קְדוֹשׁ יִשְׂרָאֵל: וְאָמַר ישעיה כה
בַּיּוֹם הַהוּא, הִנֵּה אֱלֹהֵינוּ זֶה קִוִּינוּ לוֹ וְיוֹשִׁיעֵנוּ, זֶה
יהוה קִוִּינוּ לוֹ, נָגִילָה וְנִשְׂמְחָה בִּישׁוּעָתוֹ:

בֵּית יַעֲקֹב לְכוּ וְנֵלְכָה בְּאוֹר יהוה: וְהָיָה אֱמוּנַת ישעיה ב / ישעיה לג
עִתֶּיךָ, חֹסֶן יְשׁוּעֹת חָכְמַת וָדָעַת, יִרְאַת יהוה הִיא
אוֹצָרוֹ: וַיְהִי דָוִד לְכָל־דְּרָכָו מַשְׂכִּיל, וַיהוה עִמּוֹ: שמואל א׳ יח

פָּדָה בְשָׁלוֹם נַפְשִׁי מִקְּרָב־לִי, כִּי־בְרַבִּים הָיוּ עִמָּדִי: תהלים נה
וַיֹּאמֶר הָעָם אֶל־שָׁאוּל, הֲיוֹנָתָן יָמוּת אֲשֶׁר עָשָׂה שמואל א׳ יד
הַיְשׁוּעָה הַגְּדוֹלָה הַזֹּאת בְּיִשְׂרָאֵל, חָלִילָה, חַי־יהוה
אִם־יִפֹּל מִשַּׂעֲרַת רֹאשׁוֹ אַרְצָה, כִּי־עִם־אֱלֹהִים
עָשָׂה הַיּוֹם הַזֶּה, וַיִּפְדּוּ הָעָם אֶת־יוֹנָתָן וְלֹא־מֵת:
וּפְדוּיֵי יהוה יְשֻׁבוּן וּבָאוּ צִיּוֹן בְּרִנָּה, וְשִׂמְחַת עוֹלָם ישעיה לה
עַל־רֹאשָׁם, שָׂשׂוֹן וְשִׂמְחָה יַשִּׂיגוּ, וְנָסוּ יָגוֹן וַאֲנָחָה:

הָפַכְתָּ מִסְפְּדִי לְמָחוֹל לִי, פִּתַּחְתָּ שַׂקִּי, וַתְּאַזְּרֵנִי תהלים ל
שִׂמְחָה: וְלֹא־אָבָה יהוה אֱלֹהֶיךָ לִשְׁמֹעַ אֶל־בִּלְעָם, דברים כג

וַיַּהֲפֹךְ יהוה אֱלֹהֶיךָ לְּךָ אֶת־הַקְּלָלָה לִבְרָכָה, כִּי
ירמיה לא אֲהֵבְךָ יהוה אֱלֹהֶיךָ: אָז תִּשְׂמַח בְּתוּלָה בְּמָחוֹל,
וּבַחֻרִים וּזְקֵנִים יַחְדָּו, וְהָפַכְתִּי אֶבְלָם לְשָׂשׂוֹן,
וְנִחַמְתִּים, וְשִׂמַּחְתִּים מִיגוֹנָם:

ישעיה נז בּוֹרֵא נִיב שְׂפָתָיִם, שָׁלוֹם שָׁלוֹם לָרָחוֹק וְלַקָּרוֹב
דברי הימים א׳ יב אָמַר יהוה, וּרְפָאתִיו: וְרוּחַ לָבְשָׁה אֶת־עֲמָשַׂי רֹאשׁ
הַשָּׁלִישִׁים, לְךָ דָוִיד וְעִמְּךָ בֶן־יִשַׁי, שָׁלוֹם שָׁלוֹם
לְךָ וְשָׁלוֹם לְעֹזְרֶךָ, כִּי עֲזָרְךָ אֱלֹהֶיךָ, וַיְקַבְּלֵם דָּוִיד
שמואל א׳ כה וַיִּתְּנֵם בְּרָאשֵׁי הַגְּדוּד: וַאֲמַרְתֶּם כֹּה לֶחָי, וְאַתָּה
תהלים כט שָׁלוֹם וּבֵיתְךָ שָׁלוֹם וְכֹל אֲשֶׁר־לְךָ שָׁלוֹם: יהוה עֹז
לְעַמּוֹ יִתֵּן, יהוה יְבָרֵךְ אֶת־עַמּוֹ בַשָּׁלוֹם:

מגילה לא. אָמַר רַבִּי יוֹחָנָן: בְּכָל מָקוֹם שֶׁאַתָּה מוֹצֵא גְּדֻלָּתוֹ
שֶׁל הַקָּדוֹשׁ בָּרוּךְ הוּא, שָׁם אַתָּה מוֹצֵא עַנְוְתָנוּתוֹ.
דָּבָר זֶה כָּתוּב בַּתּוֹרָה, וְשָׁנוּי בַּנְּבִיאִים, וּמְשֻׁלָּשׁ
דברים י בַּכְּתוּבִים. כָּתוּב בַּתּוֹרָה: כִּי יהוה אֱלֹהֵיכֶם הוּא
אֱלֹהֵי הָאֱלֹהִים וַאֲדֹנֵי הָאֲדֹנִים, הָאֵל הַגָּדֹל הַגִּבֹּר
וְהַנּוֹרָא, אֲשֶׁר לֹא־יִשָּׂא פָנִים וְלֹא יִקַּח שֹׁחַד: וּכְתִיב
בָּתְרֵהּ: עֹשֶׂה מִשְׁפַּט יָתוֹם וְאַלְמָנָה, וְאֹהֵב גֵּר לָתֶת
ישעיה נז לוֹ לֶחֶם וְשִׂמְלָה: שָׁנוּי בַּנְּבִיאִים, דִּכְתִיב: כִּי כֹה

אָמַר רָם וְנִשָּׂא שֹׁכֵן עַד וְקָדוֹשׁ שְׁמוֹ, מָרוֹם וְקָדוֹשׁ
אֶשְׁכּוֹן, וְאֶת־דַּכָּא וּשְׁפַל־רוּחַ, לְהַחֲיוֹת רוּחַ שְׁפָלִים
וּלְהַחֲיוֹת לֵב נִדְכָּאִים: מְשֻׁלָּשׁ בִּכְתוּבִים, דִּכְתִיב:
שִׁירוּ לֵאלֹהִים, זַמְּרוּ שְׁמוֹ, סֹלּוּ לָרֹכֵב בָּעֲרָבוֹת בְּיָהּ תהלים סח
שְׁמוֹ, וְעִלְזוּ לְפָנָיו: וּכְתִיב בַּתְרֵהּ: אֲבִי יְתוֹמִים וְדַיַּן
אַלְמָנוֹת, אֱלֹהִים בִּמְעוֹן קָדְשׁוֹ:

יְהִי יהוה אֱלֹהֵינוּ עִמָּנוּ כַּאֲשֶׁר הָיָה עִם־אֲבֹתֵינוּ, מלכים א׳ ח
אַל־יַעַזְבֵנוּ וְאַל־יִטְּשֵׁנוּ: וְאַתֶּם הַדְּבֵקִים בַּיהוה דברים ד
אֱלֹהֵיכֶם, חַיִּים כֻּלְּכֶם הַיּוֹם: כִּי־נִחַם יהוה צִיּוֹן, ישעיה נא
נִחַם כָּל־חָרְבֹתֶיהָ, וַיָּשֶׂם מִדְבָּרָהּ כְּעֵדֶן וְעַרְבָתָהּ
כְּגַן־יהוה, שָׂשׂוֹן וְשִׂמְחָה יִמָּצֵא בָהּ, תּוֹדָה וְקוֹל
זִמְרָה: יהוה חָפֵץ לְמַעַן צִדְקוֹ, יַגְדִּיל תּוֹרָה וְיַאְדִּיר: ישעיה מב

שִׁיר הַמַּעֲלוֹת, אַשְׁרֵי כָּל־יְרֵא יהוה, הַהֹלֵךְ בִּדְרָכָיו: תהלים קכח
יְגִיעַ כַּפֶּיךָ כִּי תֹאכֵל, אַשְׁרֶיךָ וְטוֹב לָךְ: אֶשְׁתְּךָ כְּגֶפֶן
פֹּרִיָּה בְּיַרְכְּתֵי בֵיתֶךָ, בָּנֶיךָ כִּשְׁתִלֵי זֵיתִים, סָבִיב
לְשֻׁלְחָנֶךָ: הִנֵּה כִי־כֵן יְבֹרַךְ גָּבֶר יְרֵא יהוה: יְבָרֶכְךָ
יהוה מִצִּיּוֹן, וּרְאֵה בְּטוּב יְרוּשָׁלָםִ, כֹּל יְמֵי חַיֶּיךָ:
וּרְאֵה־בָנִים לְבָנֶיךָ, שָׁלוֹם עַל־יִשְׂרָאֵל:

בבתי כנסת רבים נוהגים ששליח הציבור מבדיל על הכוס (עמ׳ 569).
מי שמבדיל בביתו, מוטב שיתכוון שלא לצאת ידי חובתו.

אומרים 'עָלֵינוּ' בעמידה ומשתחווים במקום המסומן ב°.

עָלֵינוּ לְשַׁבֵּחַ לַאֲדוֹן הַכֹּל
לָתֵת גְּדֻלָּה לְיוֹצֵר בְּרֵאשִׁית
שֶׁלֹּא עָשָׂנוּ כְּגוֹיֵי הָאֲרָצוֹת
וְלֹא שָׂמָנוּ כְּמִשְׁפְּחוֹת הָאֲדָמָה
שֶׁלֹּא שָׂם חֶלְקֵנוּ כָּהֶם וְגוֹרָלֵנוּ כְּכָל הֲמוֹנָם.
שֶׁהֵם מִשְׁתַּחֲוִים לְהֶבֶל וָרִיק
וּמִתְפַּלְּלִים אֶל אֵל לֹא יוֹשִׁיעַ.
°וַאֲנַחְנוּ כּוֹרְעִים וּמִשְׁתַּחֲוִים וּמוֹדִים
לִפְנֵי מֶלֶךְ מַלְכֵי הַמְּלָכִים, הַקָּדוֹשׁ בָּרוּךְ הוּא
שֶׁהוּא נוֹטֶה שָׁמַיִם וְיוֹסֵד אָרֶץ
וּמוֹשַׁב יְקָרוֹ בַּשָּׁמַיִם מִמַּעַל
וּשְׁכִינַת עֻזּוֹ בְּגָבְהֵי מְרוֹמִים.
הוּא אֱלֹהֵינוּ, אֵין עוֹד.
אֱמֶת מַלְכֵּנוּ, אֶפֶס זוּלָתוֹ
כַּכָּתוּב בְּתוֹרָתוֹ:
דברים ד וְיָדַעְתָּ הַיּוֹם וַהֲשֵׁבֹתָ אֶל־לְבָבֶךָ
כִּי יהוה הוּא הָאֱלֹהִים
בַּשָּׁמַיִם מִמַּעַל וְעַל־הָאָרֶץ מִתָּחַת, אֵין עוֹד:

עַל כֵּן נְקַוֶּה לְּךָ יהוה אֱלֹהֵינוּ
לִרְאוֹת מְהֵרָה בְּתִפְאֶרֶת עֻזֶּךָ
לְהַעֲבִיר גִּלּוּלִים מִן הָאָרֶץ
וְהָאֱלִילִים כָּרוֹת יִכָּרֵתוּן
לְתַקֵּן עוֹלָם בְּמַלְכוּת שַׁדַּי.
וְכָל בְּנֵי בָשָׂר יִקְרְאוּ בִשְׁמֶךָ
לְהַפְנוֹת אֵלֶיךָ כָּל רִשְׁעֵי אָרֶץ.
יַכִּירוּ וְיֵדְעוּ כָּל יוֹשְׁבֵי תֵבֵל
כִּי לְךָ תִּכְרַע כָּל בֶּרֶךְ, תִּשָּׁבַע כָּל לָשׁוֹן.
לְפָנֶיךָ יהוה אֱלֹהֵינוּ יִכְרְעוּ וְיִפֹּלוּ
וְלִכְבוֹד שִׁמְךָ יְקָר יִתֵּנוּ
וִיקַבְּלוּ כֻלָּם אֶת עֹל מַלְכוּתֶךָ
וְתִמְלֹךְ עֲלֵיהֶם מְהֵרָה לְעוֹלָם וָעֶד.
כִּי הַמַּלְכוּת שֶׁלְּךָ הִיא
וּלְעוֹלְמֵי עַד תִּמְלֹךְ בְּכָבוֹד
כַּכָּתוּב בְּתוֹרָתֶךָ: יהוה יִמְלֹךְ לְעֹלָם וָעֶד: שמות טו
וְנֶאֱמַר: וְהָיָה יהוה לְמֶלֶךְ עַל־כָּל־הָאָרֶץ זכריה יד
בַּיּוֹם הַהוּא יִהְיֶה יהוה אֶחָד וּשְׁמוֹ אֶחָד:

יש מוסיפים:

משלי ג אַל־תִּירָא מִפַּחַד פִּתְאֹם וּמִשֹּׁאַת רְשָׁעִים כִּי תָבֹא:

ישעיה ח עֻצוּ עֵצָה וְתֻפָר, דַּבְּרוּ דָבָר וְלֹא יָקוּם, כִּי עִמָּנוּ אֵל:

ישעיה מו וְעַד־זִקְנָה אֲנִי הוּא, וְעַד־שֵׂיבָה אֲנִי אֶסְבֹּל

אֲנִי עָשִׂיתִי וַאֲנִי אֶשָּׂא וַאֲנִי אֶסְבֹּל וַאֲמַלֵּט:

קדיש יתום

אבל: יִתְגַּדַּל וְיִתְקַדַּשׁ שְׁמֵהּ רַבָּא (קהל: אָמֵן)

בְּעָלְמָא דִּי בְרָא כִרְעוּתֵהּ, וְיַמְלִיךְ מַלְכוּתֵהּ

בְּחַיֵּיכוֹן וּבְיוֹמֵיכוֹן וּבְחַיֵּי דְכָל בֵּית יִשְׂרָאֵל

בַּעֲגָלָא וּבִזְמַן קָרִיב

וְאִמְרוּ אָמֵן. (קהל: אָמֵן)

קהל ואבל: יְהֵא שְׁמֵהּ רַבָּא מְבָרַךְ לְעָלַם וּלְעָלְמֵי עָלְמַיָּא.

אבל: יִתְבָּרַךְ וְיִשְׁתַּבַּח וְיִתְפָּאַר וְיִתְרוֹמַם וְיִתְנַשֵּׂא

וְיִתְהַדָּר וְיִתְעַלֶּה וְיִתְהַלָּל

שְׁמֵהּ דְּקֻדְשָׁא בְּרִיךְ הוּא (קהל: בְּרִיךְ הוּא)

לְעֵלָּא מִן כָּל בִּרְכָתָא

/בעשרת ימי תשובה: לְעֵלָּא לְעֵלָּא מִכָּל בִּרְכָתָא/

וְשִׁירָתָא, תֻּשְׁבְּחָתָא וְנֶחֱמָתָא

דַּאֲמִירָן בְּעָלְמָא

וְאִמְרוּ אָמֵן. (קהל: אָמֵן)

יְהֵא שְׁלָמָא רַבָּא מִן שְׁמַיָּא, וְחַיִּים עָלֵינוּ וְעַל כָּל יִשְׂרָאֵל וְאִמְרוּ אָמֵן. (קהל: אָמֵן)

כורע ופוסע שלוש פסיעות לאחור. קד לשמאל, לימין ולפנים באמירת:

עֹשֶׂה שָׁלוֹם/ בעשרת ימי תשובה: **הַשָּׁלוֹם/ בִּמְרוֹמָיו הוּא יַעֲשֶׂה שָׁלוֹם עָלֵינוּ וְעַל כָּל יִשְׂרָאֵל וְאִמְרוּ אָמֵן.** (קהל: אָמֵן)

אם יש אדם בקהל שלא שמע 'בָּרְכוּ' לפני התפילה, האומר קדיש מוסיף (ריב"ש):

בָּרְכוּ אֶת יהוה הַמְבֹרָךְ.

והקהל עונה:

בָּרוּךְ יהוה הַמְבֹרָךְ לְעוֹלָם וָעֶד.

בבית האבל אומרים כאן 'מִכְתָּם לְדָוִד' (עמ' 881).
בחודש אלול אומרים לאחר 'לְדָוִד ה' אוֹרִי וְיִשְׁעִי'.

ברוב הקהילות נוהגים להוסיף את המזמור 'לְדָוִד ה' אוֹרִי וְיִשְׁעִי'
מר"ח אלול ועד הושענא רבה.

לְדָוִד, יהוה אוֹרִי וְיִשְׁעִי, מִמִּי אִירָא, יהוה מָעוֹז־ תהלים כז
חַיַּי, מִמִּי אֶפְחָד: בִּקְרֹב עָלַי מְרֵעִים לֶאֱכֹל
אֶת־בְּשָׂרִי, צָרַי וְאֹיְבַי לִי, הֵמָּה כָשְׁלוּ וְנָפָלוּ:
אִם־תַּחֲנֶה עָלַי מַחֲנֶה, לֹא־יִירָא לִבִּי, אִם־

תָּקוּם עָלַי מִלְחָמָה, בְּזֹאת אֲנִי בוֹטֵחַ: אַחַת שָׁאַלְתִּי מֵאֵת־יהוה, אוֹתָהּ אֲבַקֵּשׁ, שִׁבְתִּי בְּבֵית־יהוה כָּל־יְמֵי חַיַּי, לַחֲזוֹת בְּנֹעַם־יהוה, וּלְבַקֵּר בְּהֵיכָלוֹ: כִּי יִצְפְּנֵנִי בְּסֻכֹּה בְּיוֹם רָעָה, יַסְתִּרֵנִי בְּסֵתֶר אָהֳלוֹ, בְּצוּר יְרוֹמְמֵנִי: וְעַתָּה יָרוּם רֹאשִׁי עַל אֹיְבַי סְבִיבוֹתַי, וְאֶזְבְּחָה בְאָהֳלוֹ זִבְחֵי תְרוּעָה, אָשִׁירָה וַאֲזַמְּרָה לַיהוה: שְׁמַע־יהוה קוֹלִי אֶקְרָא, וְחָנֵּנִי וַעֲנֵנִי: לְךָ אָמַר לִבִּי בַּקְּשׁוּ פָנָי, אֶת־פָּנֶיךָ יהוה אֲבַקֵּשׁ: אַל־תַּסְתֵּר פָּנֶיךָ מִמֶּנִּי, אַל תַּט־בְּאַף עַבְדֶּךָ, עֶזְרָתִי הָיִיתָ, אַל־תִּטְּשֵׁנִי וְאַל־תַּעַזְבֵנִי, אֱלֹהֵי יִשְׁעִי: כִּי־אָבִי וְאִמִּי עֲזָבוּנִי, וַיהוה יַאַסְפֵנִי: הוֹרֵנִי יהוה דַּרְכֶּךָ, וּנְחֵנִי בְּאֹרַח מִישׁוֹר, לְמַעַן שׁוֹרְרָי: אַל־תִּתְּנֵנִי בְּנֶפֶשׁ צָרָי, כִּי קָמוּ־בִי עֵדֵי־שֶׁקֶר, וִיפֵחַ חָמָס: ◂ לוּלֵא הֶאֱמַנְתִּי לִרְאוֹת בְּטוּב־יהוה בְּאֶרֶץ חַיִּים: קַוֵּה אֶל־יהוה, חֲזַק וְיַאֲמֵץ לִבֶּךָ, וְקַוֵּה אֶל־יהוה:

קדיש יתום (בעמ' 558)

קידוש לבנה

אומרים קידוש לבנה תחת כיפת השמים בזמן שהלבנה נראית,
משלושה ימים לאחר המולד.

תהלים קמח

הַלְלוּיָהּ
הַלְלוּ אֶת־יהוה מִן־הַשָּׁמַיִם
הַלְלוּהוּ בַּמְּרוֹמִים:
הַלְלוּהוּ כָל־מַלְאָכָיו
הַלְלוּהוּ כָּל־צְבָאָו:
הַלְלוּהוּ שֶׁמֶשׁ וְיָרֵחַ
הַלְלוּהוּ כָּל־כּוֹכְבֵי אוֹר:
הַלְלוּהוּ שְׁמֵי הַשָּׁמָיִם, וְהַמַּיִם אֲשֶׁר מֵעַל הַשָּׁמָיִם:
יְהַלְלוּ אֶת־שֵׁם יהוה, כִּי הוּא צִוָּה וְנִבְרָאוּ:
וַיַּעֲמִידֵם לָעַד לְעוֹלָם, חָק־נָתַן וְלֹא יַעֲבוֹר:

יש הנוהגים להוסיף פסוקים אלה, בעקבות מנהג הספרדים.

תהלים ח

כִּי־אֶרְאֶה שָׁמֶיךָ מַעֲשֵׂה אֶצְבְּעֹתֶיךָ
יָרֵחַ וְכוֹכָבִים אֲשֶׁר כּוֹנָנְתָּה:
מָה־אֱנוֹשׁ כִּי־תִזְכְּרֶנּוּ, וּבֶן־אָדָם כִּי תִפְקְדֶנּוּ:

מסתכל בלבנה ומברך:

בָּרוּךְ אַתָּה יהוה אֱלֹהֵינוּ מֶלֶךְ הָעוֹלָם, אֲשֶׁר בְּמַאֲמָרוֹ בָּרָא שְׁחָקִים, וּבְרוּחַ פִּיו כָּל צְבָאָם, חֹק

וּזְמַן נָתַן לָהֶם שֶׁלֹּא יְשַׁנּוּ אֶת תַּפְקִידָם. שָׂשִׂים וּשְׂמֵחִים לַעֲשׂוֹת רְצוֹן קוֹנָם, פּוֹעֵל אֱמֶת שֶׁפְּעֻלָּתוֹ אֱמֶת. וְלַלְּבָנָה אָמַר שֶׁתִּתְחַדֵּשׁ, עֲטֶרֶת תִּפְאֶרֶת לַעֲמוּסֵי בָטֶן, שֶׁהֵם עֲתִידִים לְהִתְחַדֵּשׁ כְּמוֹתָהּ וּלְפָאֵר לְיוֹצְרָם עַל שֵׁם כְּבוֹד מַלְכוּתוֹ. בָּרוּךְ אַתָּה יהוה, מְחַדֵּשׁ חֳדָשִׁים.

אומר שלוש פעמים כל פסוק מן הפסוקים הבאים (מסכת סופרים):

בָּרוּךְ יוֹצְרֵךְ, בָּרוּךְ עוֹשֵׂךְ
בָּרוּךְ קוֹנֵךְ, בָּרוּךְ בּוֹרְאֵךְ.

מרקד כנגד הלבנה שלוש פעמים, ובכל פעם אומר:

כְּשֵׁם שֶׁאֲנִי רוֹקֵד כְּנֶגְדֵּךְ וְאֵינִי יָכוֹל לִנְגֹּעַ בָּךְ
כָּךְ לֹא יוּכְלוּ כָּל אוֹיְבַי לִנְגֹּעַ בִּי לְרָעָה.

תִּפֹּל עֲלֵיהֶם אֵימָתָה וָפַחַד שמות טו
בִּגְדֹל זְרוֹעֲךָ יִדְּמוּ כָּאָבֶן:

אומר את הפסוק הקודם גם בסדר הפוך (סידור הרוקח):

כָּאָבֶן יִדְּמוּ זְרוֹעֲךָ בִּגְדֹל
וָפַחַד אֵימָתָה עֲלֵיהֶם תִּפֹּל.

מזכיר את מלכות דוד שנמשלה ללבנה
(רמ"א תכו, א, על פי רבנו בחיי לבראשית לח, ל):

דָּוִד מֶלֶךְ יִשְׂרָאֵל חַי וְקַיָּם.

מברך שלוש פעמים את חברו או שלושה אנשים שונים (מסכת סופרים):

שָׁלוֹם עֲלֵיכֶם.

ועונים לו:

עֲלֵיכֶם שָׁלוֹם.

ואומר שלוש פעמים:

סִימָן טוֹב וּמַזָּל טוֹב יְהֵא לָנוּ וּלְכָל יִשְׂרָאֵל, אָמֵן.

נהגו להוסיף פסוקים אלה, על פי מנהג ר' יהודה החסיד (מובא במג"א, תכו, י).

קוֹל דּוֹדִי הִנֵּה־זֶה בָּא, מְדַלֵּג עַל־הֶהָרִים, שיר השירים ב
מְקַפֵּץ עַל־הַגְּבָעוֹת: דּוֹמֶה דוֹדִי לִצְבִי אוֹ לְעֹפֶר
הָאַיָּלִים, הִנֵּה־זֶה עוֹמֵד אַחַר כָּתְלֵנוּ, מַשְׁגִּיחַ
מִן־הַחַלֹּנוֹת, מֵצִיץ מִן־הַחֲרַכִּים:

נהגו להוסיף שני מזמורים אלה (מג"א שם בשם השל"ה):

שִׁיר לַמַּעֲלוֹת, אֶשָּׂא עֵינַי אֶל־הֶהָרִים, מֵאַיִן יָבֹא תהלים קכא
עֶזְרִי: עֶזְרִי מֵעִם יהוה, עֹשֵׂה שָׁמַיִם וָאָרֶץ: אַל־
יִתֵּן לַמּוֹט רַגְלֶךָ, אַל־יָנוּם שֹׁמְרֶךָ: הִנֵּה לֹא־יָנוּם
וְלֹא יִישָׁן, שׁוֹמֵר יִשְׂרָאֵל: יהוה שֹׁמְרֶךָ, יהוה
צִלְּךָ עַל־יַד יְמִינֶךָ: יוֹמָם הַשֶּׁמֶשׁ לֹא־יַכֶּכָּה,
וְיָרֵחַ בַּלָּיְלָה: יהוה יִשְׁמָרְךָ מִכָּל־רָע, יִשְׁמֹר
אֶת־נַפְשֶׁךָ: יהוה יִשְׁמָר־צֵאתְךָ וּבוֹאֶךָ, מֵעַתָּה
וְעַד־עוֹלָם:

הַלְלוּיָהּ, הַלְלוּ־אֵל בְּקָדְשׁוֹ, הַלְלוּהוּ בִּרְקִיעַ עֻזּוֹ: הַלְלוּהוּ בִגְבוּרֹתָיו, הַלְלוּהוּ כְּרֹב גֻּדְלוֹ: הַלְלוּהוּ בְּתֵקַע שׁוֹפָר, הַלְלוּהוּ בְּנֵבֶל וְכִנּוֹר: הַלְלוּהוּ בְתֹף וּמָחוֹל, הַלְלוּהוּ בְּמִנִּים וְעֻגָב: הַלְלוּהוּ בְצִלְצְלֵי־שָׁמַע, הַלְלוּהוּ בְּצִלְצְלֵי תְרוּעָה: כֹּל הַנְּשָׁמָה תְּהַלֵּל יָהּ, הַלְלוּיָהּ: תהלים קנ

תָּנָא דְבֵי רַבִּי יִשְׁמָעֵאל: אִלְמָלֵי לֹא זָכוּ יִשְׂרָאֵל אֶלָּא לְהַקְבִּיל פְּנֵי אֲבִיהֶם שֶׁבַּשָּׁמַיִם פַּעַם אַחַת בַּחֹדֶשׁ, דַּיָּם. אָמַר אַבַּיֵי: הִלְכָּךְ צָרִיךְ לְמֵימְרָא מְעֻמָּד. מִי זֹאת עֹלָה מִן־הַמִּדְבָּר, מִתְרַפֶּקֶת עַל־דּוֹדָהּ: סנהדרין מב. שיר השירים ח

וִיהִי רָצוֹן מִלְּפָנֶיךָ יהוה אֱלֹהַי וֵאלֹהֵי אֲבוֹתַי, לְמַלֹּאת פְּגִימַת הַלְּבָנָה וְלֹא יִהְיֶה בָּהּ שׁוּם מִעוּט. וִיהִי אוֹר הַלְּבָנָה כְּאוֹר הַחַמָּה וּכְאוֹר שִׁבְעַת יְמֵי בְרֵאשִׁית, כְּמוֹ שֶׁהָיְתָה קֹדֶם מִעוּטָהּ, שֶׁנֶּאֱמַר: אֶת־שְׁנֵי הַמְּאֹרֹת הַגְּדֹלִים: בראשית א
וְיִתְקַיֵּם בָּנוּ מִקְרָא שֶׁכָּתוּב: וּבִקְשׁוּ אֶת־יהוה אֱלֹהֵיהֶם וְאֵת דָּוִיד מַלְכָּם: אָמֵן. הושע ג

לַמְנַצֵּחַ בִּנְגִינֹת, מִזְמוֹר שִׁיר: אֱלֹהִים יְחָנֵּנוּ וִיבָרְכֵנוּ, יָאֵר פָּנָיו אִתָּנוּ סֶלָה: לָדַעַת בָּאָרֶץ דַּרְכֶּךָ, בְּכָל־גּוֹיִם יְשׁוּעָתֶךָ: יוֹדוּךָ עַמִּים אֱלֹהִים, יוֹדוּךָ עַמִּים כֻּלָּם: יִשְׂמְחוּ וִירַנְּנוּ לְאֻמִּים, כִּי־תִשְׁפֹּט עַמִּים מִישֹׁר, וּלְאֻמִּים בָּאָרֶץ תַּנְחֵם סֶלָה: יוֹדוּךָ עַמִּים אֱלֹהִים, יוֹדוּךָ עַמִּים כֻּלָּם: אֶרֶץ נָתְנָה יְבוּלָהּ, יְבָרְכֵנוּ אֱלֹהִים אֱלֹהֵינוּ: יְבָרְכֵנוּ אֱלֹהִים, וְיִירְאוּ אוֹתוֹ כָּל־אַפְסֵי־אָרֶץ: תהלים סז

אומרים ׳עָלֵינוּ׳ בעמידה ומשתחווים במקום המסומן ב־׳.

עָלֵינוּ לְשַׁבֵּחַ לַאֲדוֹן הַכֹּל, לָתֵת גְּדֻלָּה לְיוֹצֵר בְּרֵאשִׁית, שֶׁלֹּא עָשָׂנוּ כְּגוֹיֵי הָאֲרָצוֹת, וְלֹא שָׂמָנוּ כְּמִשְׁפְּחוֹת הָאֲדָמָה, שֶׁלֹּא שָׂם חֶלְקֵנוּ כָּהֶם וְגוֹרָלֵנוּ כְּכָל הֲמוֹנָם. שֶׁהֵם מִשְׁתַּחֲוִים לְהֶבֶל וָרִיק וּמִתְפַּלְלִים אֶל אֵל לֹא יוֹשִׁיעַ. ׳וַאֲנַחְנוּ כּוֹרְעִים וּמִשְׁתַּחֲוִים וּמוֹדִים, לִפְנֵי מֶלֶךְ מַלְכֵי הַמְּלָכִים, הַקָּדוֹשׁ בָּרוּךְ הוּא, שֶׁהוּא נוֹטֶה שָׁמַיִם וְיוֹסֵד אָרֶץ, וּמוֹשַׁב יְקָרוֹ בַּשָּׁמַיִם מִמַּעַל,

וּשְׁכִינַת עֻזּוֹ בְּגָבְהֵי מְרוֹמִים. הוּא אֱלֹהֵינוּ, אֵין עוֹד. אֱמֶת מַלְכֵּנוּ, אֶפֶס זוּלָתוֹ, כַּכָּתוּב בְּתוֹרָתוֹ,
דברים ד וְיָדַעְתָּ הַיּוֹם וַהֲשֵׁבֹתָ אֶל־לְבָבֶךָ, כִּי יהוה הוּא הָאֱלֹהִים בַּשָּׁמַיִם מִמַּעַל וְעַל־הָאָרֶץ מִתָּחַת, אֵין עוֹד:

עַל כֵּן נְקַוֶּה לְךָ יהוה אֱלֹהֵינוּ, לִרְאוֹת מְהֵרָה בְּתִפְאֶרֶת עֻזֶּךָ, לְהַעֲבִיר גִּלּוּלִים מִן הָאָרֶץ, וְהָאֱלִילִים כָּרוֹת יִכָּרֵתוּן, לְתַקֵּן עוֹלָם בְּמַלְכוּת שַׁדַּי. וְכָל בְּנֵי בָשָׂר יִקְרְאוּ בִשְׁמֶךָ לְהַפְנוֹת אֵלֶיךָ כָּל רִשְׁעֵי אָרֶץ. יַכִּירוּ וְיֵדְעוּ כָּל יוֹשְׁבֵי תֵבֵל, כִּי לְךָ תִּכְרַע כָּל בֶּרֶךְ, תִּשָּׁבַע כָּל לָשׁוֹן. לְפָנֶיךָ יהוה אֱלֹהֵינוּ יִכְרְעוּ וְיִפֹּלוּ, וְלִכְבוֹד שִׁמְךָ יְקָר יִתֵּנוּ, וִיקַבְּלוּ כֻלָּם אֶת עֹל מַלְכוּתֶךָ וְתִמְלֹךְ עֲלֵיהֶם מְהֵרָה לְעוֹלָם וָעֶד. כִּי הַמַּלְכוּת שֶׁלְּךָ הִיא וּלְעוֹלְמֵי עַד תִּמְלֹךְ בְּכָבוֹד, כַּכָּתוּב
שמות טו
זכריה יד בְּתוֹרָתֶךָ, יהוה יִמְלֹךְ לְעֹלָם וָעֶד: ◂ וְנֶאֱמַר, וְהָיָה יהוה לְמֶלֶךְ עַל־כָּל־הָאָרֶץ, בַּיּוֹם הַהוּא יִהְיֶה יהוה אֶחָד וּשְׁמוֹ אֶחָד:

יש מוסיפים:

אַל־תִּירָא מִפַּחַד פִּתְאֹם וּמִשֹּׁאַת רְשָׁעִים כִּי תָבֹא: עֻצוּ משלי ג ישעיה ח
עֵצָה וְתֻפָר, דַּבְּרוּ דָבָר וְלֹא יָקוּם, כִּי עִמָּנוּ אֵל: וְעַד־זִקְנָה ישעיה מו
אֲנִי הוּא, וְעַד־שֵׂיבָה אֲנִי אֶסְבֹּל, אֲנִי עָשִׂיתִי וַאֲנִי אֶשָּׂא
וַאֲנִי אֶסְבֹּל וַאֲמַלֵּט:

קדיש יתום

אבל: יִתְגַּדַּל וְיִתְקַדַּשׁ שְׁמֵהּ רַבָּא (קהל: אָמֵן)
בְּעָלְמָא דִּי בְרָא כִרְעוּתֵהּ
וְיַמְלִיךְ מַלְכוּתֵהּ
בְּחַיֵּיכוֹן וּבְיוֹמֵיכוֹן וּבְחַיֵּי דְכָל בֵּית יִשְׂרָאֵל
בַּעֲגָלָא וּבִזְמַן קָרִיב, וְאִמְרוּ אָמֵן. (קהל: אָמֵן)

קהל ואבל: יְהֵא שְׁמֵהּ רַבָּא מְבָרַךְ
לְעָלַם וּלְעָלְמֵי עָלְמַיָּא.

אבל: יִתְבָּרַךְ וְיִשְׁתַּבַּח וְיִתְפָּאַר וְיִתְרוֹמַם וְיִתְנַשֵּׂא
וְיִתְהַדָּר וְיִתְעַלֶּה וְיִתְהַלָּל
שְׁמֵהּ דְּקֻדְשָׁא בְּרִיךְ הוּא (קהל: בְּרִיךְ הוּא)
לְעֵלָּא מִן כָּל בִּרְכָתָא
/בעשרת ימי תשובה: לְעֵלָּא לְעֵלָּא מִכָּל בִּרְכָתָא/
וְשִׁירָתָא, תֻּשְׁבְּחָתָא וְנֶחֱמָתָא
דַּאֲמִירָן בְּעָלְמָא, וְאִמְרוּ אָמֵן. (קהל: אָמֵן)

יְהֵא שְׁלָמָא רַבָּא מִן שְׁמַיָּא, וְחַיִּים
עָלֵינוּ וְעַל כָּל יִשְׂרָאֵל, וְאִמְרוּ אָמֵן. (קהל: אָמֵן)

כורע ופוסע שלוש פסיעות לאחור. קד לשמאל, לימין ולפנים באמירת:

עֹשֶׂה שָׁלוֹם/ בעשרת ימי תשובה: הַשָּׁלוֹם/ בִּמְרוֹמָיו
הוּא יַעֲשֶׂה שָׁלוֹם
עָלֵינוּ וְעַל כָּל יִשְׂרָאֵל, וְאִמְרוּ אָמֵן. (קהל: אָמֵן)

נוהגים לשיר:

טוֹבִים מְאוֹרוֹת שֶׁבָּרָא אֱלֹהֵינוּ
יְצָרָם בְּדַעַת בְּבִינָה וּבְהַשְׂכֵּל
כֹּחַ וּגְבוּרָה נָתַן בָּהֶם
לִהְיוֹת מוֹשְׁלִים בְּקֶרֶב תֵּבֵל.

מְלֵאִים זִיו וּמְפִיקִים נֹגַהּ
נָאֶה זִיוָם בְּכָל הָעוֹלָם
שְׂמֵחִים בְּצֵאתָם וְשָׂשִׂים בְּבוֹאָם
עוֹשִׂים בְּאֵימָה רְצוֹן קוֹנָם.

פְּאֵר וְכָבוֹד נוֹתְנִים לִשְׁמוֹ
צָהֳלָה וְרִנָּה לְזֵכֶר מַלְכוּתוֹ
קָרָא לַשֶּׁמֶשׁ וַיִּזְרַח אוֹר
רָאָה וְהִתְקִין צוּרַת הַלְּבָנָה.

סדר הבדלה בבית

במוצאי שבת אומרים פסוקי ברכה לפני ההבדלה.

במוצאי יום טוב שאינו מוצאי שבת, אין אומרים פסוקים אלה
ואין מברכים על הנר או על הבשמים.

המבדיל לוקח בידו כוס יין ואומר:

הִנֵּה אֵל יְשׁוּעָתִי אֶבְטַח, וְלֹא אֶפְחָד ישעיה יב
כִּי־עָזִּי וְזִמְרָת יָהּ יהוה, וַיְהִי־לִי לִישׁוּעָה:
וּשְׁאַבְתֶּם־מַיִם בְּשָׂשׂוֹן, מִמַּעַיְנֵי הַיְשׁוּעָה:
לַיהוה הַיְשׁוּעָה, עַל־עַמְּךָ בִרְכָתֶךָ סֶּלָה: תהלים ג
יהוה צְבָאוֹת עִמָּנוּ, מִשְׂגָּב לָנוּ אֱלֹהֵי יַעֲקֹב סֶלָה: תהלים מו
יהוה צְבָאוֹת, אַשְׁרֵי אָדָם בֹּטֵחַ בָּךְ: תהלים פד
יהוה הוֹשִׁיעָה, הַמֶּלֶךְ יַעֲנֵנוּ בְיוֹם־קָרְאֵנוּ: תהלים כ
לַיְּהוּדִים הָיְתָה אוֹרָה וְשִׂמְחָה וְשָׂשֹׂן וִיקָר: אסתר ח
כֵּן תִּהְיֶה לָּנוּ.
כּוֹס־יְשׁוּעוֹת אֶשָּׂא, וּבְשֵׁם יהוה אֶקְרָא: תהלים קטז

המבדיל לאחרים, מוסיף:

סַבְרִי מָרָנָן

בָּרוּךְ אַתָּה יהוה אֱלֹהֵינוּ מֶלֶךְ הָעוֹלָם
בּוֹרֵא פְּרִי הַגָּפֶן.

לוקח בידו את הבשמים ומברך:

בָּרוּךְ אַתָּה יהוה אֱלֹהֵינוּ מֶלֶךְ הָעוֹלָם
בּוֹרֵא מִינֵי בְשָׂמִים.

לאחר שהריח את הבשמים, מברך:

בָּרוּךְ אַתָּה יהוה אֱלֹהֵינוּ מֶלֶךְ הָעוֹלָם
בּוֹרֵא מְאוֹרֵי הָאֵשׁ.

המבדיל מסתכל באצבעותיו לאור האבוקה כדי ליהנות מהאור.
אחר כך חוזר ולוקח את הכוס בידו ומברך:

בָּרוּךְ אַתָּה יהוה אֱלֹהֵינוּ מֶלֶךְ הָעוֹלָם
הַמַּבְדִּיל בֵּין קֹדֶשׁ לְחֹל
בֵּין אוֹר לְחֹשֶׁךְ
בֵּין יִשְׂרָאֵל לָעַמִּים
בֵּין יוֹם הַשְּׁבִיעִי לְשֵׁשֶׁת יְמֵי הַמַּעֲשֶׂה.
בָּרוּךְ אַתָּה יהוה, הַמַּבְדִּיל בֵּין קֹדֶשׁ לְחֹל.

במוצאי שבת חול המועד סוכות מברך:

בָּרוּךְ אַתָּה יהוה אֱלֹהֵינוּ מֶלֶךְ הָעוֹלָם
אֲשֶׁר קִדְּשָׁנוּ בְּמִצְוֹתָיו
וְצִוָּנוּ לֵישֵׁב בַּסֻּכָּה.

פיוט עתיק הנאמר לאחר הבדלה.

הַמַּבְדִּיל בֵּין קֹדֶשׁ לְחֹל, חַטֹּאתֵינוּ הוּא יִמְחֹל
זַרְעֵנוּ וְכַסְפֵּנוּ יַרְבֶּה כַּחוֹל וְכַכּוֹכָבִים בַּלָּיְלָה.

יוֹם פָּנָה כְּצֵל תֹּמֶר, אֶקְרָא לָאֵל עָלַי גּוֹמֵר
אָמַר שֹׁמֵר, אָתָא בֹקֶר וְגַם־לָיְלָה: ישעיה כא

צִדְקָתְךָ כְּהַר תָּבוֹר, עַל חֲטָאַי עָבוֹר תַּעֲבֹר
כְּיוֹם אֶתְמוֹל כִּי יַעֲבֹר, וְאַשְׁמוּרָה בַלָּיְלָה: תהלים צ

חָלְפָה עוֹנַת מִנְחָתִי, מִי יִתֵּן מְנוּחָתִי
יָגַעְתִּי בְאַנְחָתִי, אַשְׂחֶה בְכָל־לַיְלָה: תהלים ו

קוֹלִי בַּל יֻנְטַל, פְּתַח לִי שַׁעַר הַמְנֻטָּל
שֶׁרֹּאשִׁי נִמְלָא טָל, קְוֻצּוֹתַי רְסִיסֵי לָיְלָה: שיר השירים ה

הֵעָתֵר נוֹרָא וְאָיֹם, אֲשַׁוֵּעַ, תְּנָה פִדְיוֹם
בְּנֶשֶׁף־בְּעֶרֶב יוֹם, בְּאִישׁוֹן לָיְלָה: משלי ז

קְרָאתִיךָ יָהּ, הוֹשִׁיעֵנִי, אֹרַח חַיִּים תּוֹדִיעֵנִי
מִדַּלָּה תְבַצְּעֵנִי, מִיּוֹם עַד־לָיְלָה.

טַהֵר טִנּוּף מַעֲשַׂי, פֶּן יֹאמְרוּ מַכְעִיסַי
אַיֵּה אֱלוֹהַּ עֹשָׂי, נֹתֵן זְמִרוֹת בַּלָּיְלָה: איוב לה

נַחְנוּ בְיָדְךָ כַּחֹמֶר, סְלַח נָא עַל קַל וָחֹמֶר
יוֹם לְיוֹם יַבִּיעַ אֹמֶר, וְלַיְלָה לְּלָיְלָה: תהלים יט

חגים ומועדים

סדר נטילת לולב

בכל ימי הסוכות (פרט לשבת) נוטלים את הלולב. נוהגים ליטול את ארבעת המינים קודם ההלל, ולאחוז אותם עד הקדיש שאחרי ההלל.

יש אומרים תחינה זו (מספר ׳שערי ציון׳):

יְהִי רָצוֹן מִלְּפָנֶיךָ יהוה אֱלֹהַי וֵאלֹהֵי אֲבוֹתַי, בִּפְרִי עֵץ הָדָר וְכַפֹּת תְּמָרִים וַעֲנַף עֵץ עָבוֹת וְעַרְבֵי נַחַל, אוֹתִיּוֹת שִׁמְךָ הַמְיֻחָד תְּקָרֵב אֶחָד אֶל אֶחָד וְהָיוּ לַאֲחָדִים בְּיָדִי, וְלֵידַע אֵיךְ שִׁמְךָ נִקְרָא עָלַי וְיִירְאוּ מִגֶּשֶׁת אֵלַי. וּבְנַעֲנוּעִי אוֹתָם תַּשְׁפִּיעַ שֶׁפַע בְּרָכוֹת מִדַּעַת עֶלְיוֹן לִנְוֵה אַפִּרְיוֹן לִמְכוֹן בֵּית אֱלֹהֵינוּ. וּתְהֵא חֲשׁוּבָה לְפָנֶיךָ מִצְוַת אַרְבָּעָה מִינִים אֵלּוּ כְּאִלּוּ קִיַּמְתִּיהָ בְּכָל פְּרָטוֹתֶיהָ וְשָׁרָשֶׁיהָ וְתַרְיַ״ג מִצְוֹת הַתְּלוּיוֹת בָּהּ, כִּי כַוָּנָתִי לְיַחֲדָא שְׁמָא דְּקֻדְשָׁא בְּרִיךְ הוּא וּשְׁכִינְתֵּהּ בִּדְחִילוּ וּרְחִימוּ, לְיַחֵד שֵׁם י״ה בו״ה בְּיִחוּדָא שְׁלִים בְּשֵׁם כָּל יִשְׂרָאֵל, אָמֵן. בָּרוּךְ יהוה לְעוֹלָם, אָמֵן וְאָמֵן: תהלים פט

נוטל שלושה מינים ביד ימינו – הלולב באמצע, ההדסים מימינו והערבות משמאלו. נוטל את האתרוג בשמאלו כשפיטמתו כלפי מטה, ומברך:

בָּרוּךְ אַתָּה יהוה אֱלֹהֵינוּ מֶלֶךְ הָעוֹלָם
אֲשֶׁר קִדְּשָׁנוּ בְּמִצְוֹתָיו וְצִוָּנוּ עַל נְטִילַת לוּלָב.

בפעם הראשונה בשנה, שבה נוטל לולב, מברך:

בָּרוּךְ אַתָּה יהוה אֱלֹהֵינוּ מֶלֶךְ הָעוֹלָם
שֶׁהֶחֱיָנוּ וְקִיְּמָנוּ וְהִגִּיעָנוּ לַזְּמַן הַזֶּה.

הופך את האתרוג כך שפיטמתו למעלה, ומנענע את ארבעת המינים לארבע רוחות השמים (סוכה לז ע״ב). מנענע שלוש פעמים לכל כיוון (ר״ח שם): לכיוון מזרח ולימינו, לאחריו ולשמאלו, למעלה ולמטה (שו״ע תרנא, י).

סדר הלל

"שמונה עשר יום בשנה יחיד גומר בהם את ההלל..." (תענית כח ע"ב).

אלו הימים שגומרים בהם את ההלל: ביום ראשון של פסח, בשבועות, בכל ימי סוכות, בשמיני עצרת ובכל ימי חנוכה.
בארץ ישראל נתקבל המנהג לומר הלל בציבור גם בליל פסח (שו"ע תפז, ד), וכן נוהגים לומר הלל ביום העצמאות וביום ירושלים.
בראש חודש, בחול המועד פסח ובשביעי של פסח קוראים הלל בדילוג.
אין להפסיק בדיבור באמצע הלל פרט לדברים שבקדושה.

בָּרוּךְ אַתָּה יהוה אֱלֹהֵינוּ מֶלֶךְ הָעוֹלָם
אֲשֶׁר קִדְּשָׁנוּ בְּמִצְוֹתָיו
וְצִוָּנוּ לִקְרֹא אֶת הַהַלֵּל.

תהלים קיג הַלְלוּיָהּ, הַלְלוּ עַבְדֵי יהוה, הַלְלוּ אֶת־שֵׁם יהוה: יְהִי שֵׁם יהוה מְבֹרָךְ, מֵעַתָּה וְעַד־עוֹלָם: מִמִּזְרַח־שֶׁמֶשׁ עַד־מְבוֹאוֹ, מְהֻלָּל שֵׁם יהוה: רָם עַל־כָּל־גּוֹיִם יהוה, עַל הַשָּׁמַיִם כְּבוֹדוֹ: מִי כַּיהוה אֱלֹהֵינוּ, הַמַּגְבִּיהִי לָשָׁבֶת: הַמַּשְׁפִּילִי לִרְאוֹת, בַּשָּׁמַיִם וּבָאָרֶץ: › מְקִימִי מֵעָפָר דָּל, מֵאַשְׁפֹּת יָרִים אֶבְיוֹן: לְהוֹשִׁיבִי עִם־נְדִיבִים, עִם נְדִיבֵי עַמּוֹ: מוֹשִׁיבִי עֲקֶרֶת הַבַּיִת, אֵם־הַבָּנִים שְׂמֵחָה, הַלְלוּיָהּ:

בְּצֵאת יִשְׂרָאֵל מִמִּצְרָיִם, בֵּית יַעֲקֹב מֵעַם לֹעֵז: תהלים קיד
הָיְתָה יְהוּדָה לְקָדְשׁוֹ, יִשְׂרָאֵל מַמְשְׁלוֹתָיו:
הַיָּם רָאָה וַיָּנֹס, הַיַּרְדֵּן יִסֹּב לְאָחוֹר: הֶהָרִים
רָקְדוּ כְאֵילִים, גְּבָעוֹת כִּבְנֵי־צֹאן: ‹ מַה־לְּךָ
הַיָּם כִּי תָנוּס, הַיַּרְדֵּן תִּסֹּב לְאָחוֹר: הֶהָרִים
תִּרְקְדוּ כְאֵילִים, גְּבָעוֹת כִּבְנֵי־צֹאן: מִלִּפְנֵי
אָדוֹן חוּלִי אָרֶץ, מִלִּפְנֵי אֱלוֹהַּ יַעֲקֹב: הַהֹפְכִי
הַצּוּר אֲגַם־מָיִם, חַלָּמִישׁ לְמַעְיְנוֹ־מָיִם:

בראש חודש (פרט לראש חודש טבת),
בחול המועד פסח ובשביעי של פסח ממשיכים 'יהוה זְכָרָנוּ יְבָרֵךְ'.

לֹא לָנוּ יהוה לֹא לָנוּ, כִּי־לְשִׁמְךָ תֵּן כָּבוֹד, עַל־ תהלים קטו
חַסְדְּךָ עַל־אֲמִתֶּךָ: לָמָּה יֹאמְרוּ הַגּוֹיִם אַיֵּה־
נָא אֱלֹהֵיהֶם: וֵאלֹהֵינוּ בַשָּׁמָיִם, כֹּל אֲשֶׁר־
חָפֵץ עָשָׂה: עֲצַבֵּיהֶם כֶּסֶף וְזָהָב, מַעֲשֵׂה יְדֵי
אָדָם: פֶּה־לָהֶם וְלֹא יְדַבֵּרוּ, עֵינַיִם לָהֶם וְלֹא
יִרְאוּ: אָזְנַיִם לָהֶם וְלֹא יִשְׁמָעוּ, אַף לָהֶם וְלֹא
יְרִיחוּן: יְדֵיהֶם וְלֹא יְמִישׁוּן, רַגְלֵיהֶם וְלֹא יְהַלֵּכוּ,
לֹא־יֶהְגּוּ בִּגְרוֹנָם: כְּמוֹהֶם יִהְיוּ עֹשֵׂיהֶם, כֹּל
אֲשֶׁר־בֹּטֵחַ בָּהֶם: ‹ יִשְׂרָאֵל בְּטַח בַּיהוה, עֶזְרָם

וּמָגִנָּם הוּא: בֵּית אַהֲרֹן בִּטְחוּ בַיהוה, עֶזְרָם וּמָגִנָּם הוּא: יִרְאֵי יהוה בִּטְחוּ בַיהוה, עֶזְרָם וּמָגִנָּם הוּא:

יהוה זְכָרָנוּ יְבָרֵךְ, יְבָרֵךְ אֶת־בֵּית יִשְׂרָאֵל, יְבָרֵךְ אֶת־בֵּית אַהֲרֹן: יְבָרֵךְ יִרְאֵי יהוה, הַקְּטַנִּים עִם־הַגְּדֹלִים: יֹסֵף יהוה עֲלֵיכֶם, עֲלֵיכֶם וְעַל־בְּנֵיכֶם: בְּרוּכִים אַתֶּם לַיהוה, עֹשֵׂה שָׁמַיִם וָאָרֶץ: ◂ הַשָּׁמַיִם שָׁמַיִם לַיהוה, וְהָאָרֶץ נָתַן לִבְנֵי־אָדָם: לֹא הַמֵּתִים יְהַלְלוּ־יָהּ, וְלֹא כָּל־יֹרְדֵי דוּמָה: וַאֲנַחְנוּ נְבָרֵךְ יָהּ, מֵעַתָּה וְעַד־עוֹלָם, הַלְלוּיָהּ:

בראש חודש (פרט לראש חודש טבת),
בחול המועד פסח ובשביעי של פסח ממשיכים 'מָה־אָשִׁיב לַיהוה'.

תהלים קטז אָהַבְתִּי, כִּי־יִשְׁמַע יהוה, אֶת־קוֹלִי תַּחֲנוּנָי: כִּי־הִטָּה אָזְנוֹ לִי, וּבְיָמַי אֶקְרָא: אֲפָפוּנִי חֶבְלֵי־מָוֶת, וּמְצָרֵי שְׁאוֹל מְצָאוּנִי, צָרָה וְיָגוֹן אֶמְצָא: וּבְשֵׁם־יהוה אֶקְרָא, אָנָּה יהוה מַלְּטָה נַפְשִׁי: חַנּוּן יהוה וְצַדִּיק, וֵאלֹהֵינוּ מְרַחֵם: שֹׁמֵר פְּתָאִים יהוה, דַּלּוֹתִי וְלִי יְהוֹשִׁיעַ: שׁוּבִי נַפְשִׁי

לִמְנוּחָיְכִי, כִּי־יהוה גָּמַל עָלָיְכִי: כִּי חִלַּצְתָּ נַפְשִׁי מִמָּוֶת, אֶת־עֵינִי מִן־דִּמְעָה, אֶת־רַגְלִי מִדֶּחִי: ◂ אֶתְהַלֵּךְ לִפְנֵי יהוה, בְּאַרְצוֹת הַחַיִּים: הֶאֱמַנְתִּי כִּי אֲדַבֵּר, אֲנִי עָנִיתִי מְאֹד: אֲנִי אָמַרְתִּי בְחָפְזִי, כָּל־הָאָדָם כֹּזֵב:

מָה־אָשִׁיב לַיהוה, כָּל־תַּגְמוּלוֹהִי עָלָי: כּוֹס־יְשׁוּעוֹת אֶשָּׂא, וּבְשֵׁם יהוה אֶקְרָא: נְדָרַי לַיהוה אֲשַׁלֵּם, נֶגְדָה־נָּא לְכָל־עַמּוֹ: יָקָר בְּעֵינֵי יהוה, הַמָּוְתָה לַחֲסִידָיו: אָנָּה יהוה כִּי־אֲנִי עַבְדֶּךָ, אֲנִי־עַבְדְּךָ בֶּן־אֲמָתֶךָ, פִּתַּחְתָּ לְמוֹסֵרָי: ◂ לְךָ־אֶזְבַּח זֶבַח תּוֹדָה, וּבְשֵׁם יהוה אֶקְרָא: נְדָרַי לַיהוה אֲשַׁלֵּם, נֶגְדָה־נָּא לְכָל־עַמּוֹ: בְּחַצְרוֹת בֵּית יהוה, בְּתוֹכֵכִי יְרוּשָׁלָםִ, הַלְלוּיָהּ:

תהלים קיז

הַלְלוּ אֶת־יהוה כָּל־גּוֹיִם
שַׁבְּחוּהוּ כָּל־הָאֻמִּים:
כִּי גָבַר עָלֵינוּ חַסְדּוֹ
וֶאֱמֶת־יהוה לְעוֹלָם
הַלְלוּיָהּ:

שליח הציבור אומר את ארבעת הפסוקים הבאים בקול, והקהל עונה אחריו ׳הוֹדוּ לַיהוה כִּי־טוֹב כִּי לְעוֹלָם חַסְדּוֹ׳ (טור, תכב).

בסוכות נוהגים לנענע כאן את ארבעת המינים כסדר שנענעו בשעת הברכה (עמ׳ 575) – שליח הציבור בשני הפסוקים הראשונים, והקהל בכל פעם שאומר ׳הודו׳ (תוספות, סוכה לז ע״ב).

תהלים קיח

הוֹדוּ לַיהוה כִּי־טוֹב כִּי לְעוֹלָם חַסְדּוֹ:
יֹאמַר־נָא יִשְׂרָאֵל כִּי לְעוֹלָם חַסְדּוֹ:
יֹאמְרוּ־נָא בֵית־אַהֲרֹן כִּי לְעוֹלָם חַסְדּוֹ:
יֹאמְרוּ־נָא יִרְאֵי יהוה כִּי לְעוֹלָם חַסְדּוֹ:

מִן־הַמֵּצַר קָרָאתִי יָּהּ, עָנָנִי בַמֶּרְחָב יָהּ: יהוה לִי לֹא אִירָא, מַה־יַּעֲשֶׂה לִי אָדָם: יהוה לִי בְּעֹזְרָי, וַאֲנִי אֶרְאֶה בְשֹׂנְאָי: טוֹב לַחֲסוֹת בַּיהוה, מִבְּטֹחַ בָּאָדָם: טוֹב לַחֲסוֹת בַּיהוה, מִבְּטֹחַ בִּנְדִיבִים: כָּל־גּוֹיִם סְבָבוּנִי, בְּשֵׁם יהוה כִּי אֲמִילַם: סַבּוּנִי גַם־סְבָבוּנִי, בְּשֵׁם יהוה כִּי אֲמִילַם: סַבּוּנִי כִדְבֹרִים, דֹּעֲכוּ כְּאֵשׁ קוֹצִים, בְּשֵׁם יהוה כִּי אֲמִילַם: דָּחֹה דְחִיתַנִי לִנְפֹּל, וַיהוה עֲזָרָנִי: עָזִּי וְזִמְרָת יָהּ, וַיְהִי־לִי לִישׁוּעָה:

קוֹל רִנָּה וִישׁוּעָה בְּאָהֳלֵי צַדִּיקִים, יְמִין יהוה עֹשָׂה חָיִל: יְמִין יהוה רוֹמֵמָה, יְמִין יהוה עֹשָׂה חָיִל: לֹא־אָמוּת כִּי־אֶחְיֶה, וַאֲסַפֵּר מַעֲשֵׂי יָהּ: יַסֹּר יִסְּרַנִּי יָּהּ, וְלַמָּוֶת לֹא נְתָנָנִי: › פִּתְחוּ־לִי שַׁעֲרֵי־צֶדֶק, אָבֹא־בָם אוֹדֶה יָהּ: זֶה־הַשַּׁעַר לַיהוה, צַדִּיקִים יָבֹאוּ בוֹ:

בפסחים קיט ע״א מובא שהפסוקים מ׳אוֹדְךָ׳ ועד סוף הפרק נאמרו כנבואה על מלכות דוד, ומשום כך נוהגים לכפול אותם (אבודרהם בשם רי״ץ גיאת).

אוֹדְךָ כִּי עֲנִיתָנִי, וַתְּהִי־לִי לִישׁוּעָה:
אוֹדְךָ כִּי עֲנִיתָנִי, וַתְּהִי־לִי לִישׁוּעָה:

אֶבֶן מָאֲסוּ הַבּוֹנִים, הָיְתָה לְרֹאשׁ פִּנָּה:
אֶבֶן מָאֲסוּ הַבּוֹנִים, הָיְתָה לְרֹאשׁ פִּנָּה:

מֵאֵת יהוה הָיְתָה זֹּאת, הִיא נִפְלָאת בְּעֵינֵינוּ:
מֵאֵת יהוה הָיְתָה זֹּאת, הִיא נִפְלָאת בְּעֵינֵינוּ:

זֶה־הַיּוֹם עָשָׂה יהוה, נָגִילָה וְנִשְׂמְחָה בוֹ:
זֶה־הַיּוֹם עָשָׂה יהוה, נָגִילָה וְנִשְׂמְחָה בוֹ:

הפסוק 'אָנָּא יהוה הוֹשִׁיעָה נָּא, אָנָּא יהוה הַצְלִיחָה נָּא' מחולק לשניים כמו בגמרא בפסחים (אבודרהם). ונוהגים ששליח הציבור אומרו ואחריו הקהל.

בסוכות מנענעים בלולב כסדר שנענעו בשעת הברכה,
רק ב'אָנָּא יהוה הוֹשִׁיעָה נָּא' (משנה, סוכה לז ע"ב).

אָנָּא יהוה הוֹשִׁיעָה נָּא:

אָנָּא יהוה הוֹשִׁיעָה נָּא:

אָנָּא יהוה הַצְלִיחָה נָּא:

אָנָּא יהוה הַצְלִיחָה נָּא:

בסוכות נוהגים לנענע בלולב כסדר שנענעו בשעת הברכה,
ב'הוֹדוּ לַיהוה כִּי־טוֹב, כִּי לְעוֹלָם חַסְדּוֹ'.

בָּרוּךְ הַבָּא בְּשֵׁם יהוה, בֵּרַכְנוּכֶם מִבֵּית יהוה:

בָּרוּךְ הַבָּא בְּשֵׁם יהוה, בֵּרַכְנוּכֶם מִבֵּית יהוה:

אֵל יהוה וַיָּאֶר לָנוּ

אִסְרוּ־חַג בַּעֲבֹתִים עַד־קַרְנוֹת הַמִּזְבֵּחַ:

אֵל יהוה וַיָּאֶר לָנוּ

אִסְרוּ־חַג בַּעֲבֹתִים עַד־קַרְנוֹת הַמִּזְבֵּחַ:

אֵלִי אַתָּה וְאוֹדֶךָּ, אֱלֹהַי אֲרוֹמְמֶךָּ:

אֵלִי אַתָּה וְאוֹדֶךָּ, אֱלֹהַי אֲרוֹמְמֶךָּ:

הוֹדוּ לַיהוה כִּי־טוֹב, כִּי לְעוֹלָם חַסְדּוֹ:

הוֹדוּ לַיהוה כִּי־טוֹב, כִּי לְעוֹלָם חַסְדּוֹ:

יְהַלְלוּךָ יהוה אֱלֹהֵינוּ כָּל מַעֲשֶׂיךָ
וַחֲסִידֶיךָ צַדִּיקִים עוֹשֵׂי רְצוֹנֶךָ
וְכָל עַמְּךָ בֵּית יִשְׂרָאֵל בְּרִנָּה
יוֹדוּ וִיבָרְכוּ וִישַׁבְּחוּ וִיפָאֲרוּ וִירוֹמְמוּ
וְיַעֲרִיצוּ וְיַקְדִּישׁוּ וְיַמְלִיכוּ אֶת שִׁמְךָ מַלְכֵּנוּ
◂ כִּי לְךָ טוֹב לְהוֹדוֹת וּלְשִׁמְךָ נָאֶה לְזַמֵּר
כִּי מֵעוֹלָם וְעַד עוֹלָם אַתָּה אֵל.
בָּרוּךְ אַתָּה יהוה, מֶלֶךְ מְהֻלָּל בַּתִּשְׁבָּחוֹת.

בשבתות, בימים טובים ובהושענא רבה אומרים קדיש שלם (עמ׳ 367) וממשיכים בהוצאת ספר התורה. בשמיני עצרת עוברים להקפות (עמ׳ 635).

בשבועות, בשבת חול המועד או בשבת שחל בה יום טוב של פסח או של סוכות, קוראים את המגילה המתאימה (עמ׳ 1061) ואומרים אחריה קדיש יתום קודם הוצאת ספר התורה.

בראש חודש ובחול המועד אומרים קדיש שלם (עמ׳ 125) וממשיכים בהוצאת ספר התורה לחול (עמ׳ 111).

בלילה הראשון של פסח אומרים קדיש שלם (עמ׳ 272) וממשיכים בסוף תפילת ערבית ליום טוב.

בחנוכה (פרט לשבת ולראש חודש טבת), וביום ירושלים אומרים חצי קדיש (עמ׳ 110), וממשיכים כסדר התפילה לחול. ביום העצמאות אומרים חצי קדיש וקוראים ׳עוֹד הַיּוֹם בְּנֹב לַעֲמֹד׳ (עמ׳ 747); ואם חל ביום חמישי, מקדימים לכך את קריאת התורה לחול (עמ׳ 111).

בבתי כנסת המתפללים בנוסח ספרד, אומרים בסוכות הושענות (עמ׳ 680) לפני הקדיש, ובכל יום שאומרים קדיש שלם אומרים אחריו שיר של יום (עמ׳ 130). ויש גם מקהילות אשכנז שאימצו מנהגים אלה.

מוסף לראש חודש

עמידה

״המתפלל צריך שיכוין בלבו פירוש המלות שמוציא בשפתיו;
ויחשוב כאלו שכינה כנגדו ויסיר כל המחשבות הטורדות אותו עד
שתשאר מחשבתו וכוונתו זכה בתפלתו״ (שו״ע צח, א).
פוסע שלוש פסיעות לפנים כמי שנכנס לפני המלך. עומד
ומתפלל בלחש מכאן ועד ׳וּכְשָׁנִים קַדְמֹנִיּוֹת׳ בעמ׳ 595.
כורע במקומות המסומנים ב׳, קד לפנים במילה הבאה וזוקף בשם.

כִּי שֵׁם יהוה אֶקְרָא, הָבוּ גֹדֶל לֵאלֹהֵינוּ: דברים לב

אֲדֹנָי, שְׂפָתַי תִּפְתָּח, וּפִי יַגִּיד תְּהִלָּתֶךָ: תהלים נא

אבות

׳בָּרוּךְ אַתָּה יהוה, אֱלֹהֵינוּ וֵאלֹהֵי אֲבוֹתֵינוּ
אֱלֹהֵי אַבְרָהָם, אֱלֹהֵי יִצְחָק, וֵאלֹהֵי יַעֲקֹב
הָאֵל הַגָּדוֹל הַגִּבּוֹר וְהַנּוֹרָא, אֵל עֶלְיוֹן
גּוֹמֵל חֲסָדִים טוֹבִים, וְקֹנֵה הַכֹּל
וְזוֹכֵר חַסְדֵי אָבוֹת
וּמֵבִיא גוֹאֵל לִבְנֵי בְנֵיהֶם
לְמַעַן שְׁמוֹ בְּאַהֲבָה.
מֶלֶךְ עוֹזֵר וּמוֹשִׁיעַ וּמָגֵן.
׳בָּרוּךְ אַתָּה יהוה, מָגֵן אַבְרָהָם.

גבורות

אַתָּה גִּבּוֹר לְעוֹלָם, אֲדֹנָי
מְחַיֵּה מֵתִים אַתָּה, רַב לְהוֹשִׁיעַ

אומרים ׳מַשִּׁיב הָרוּחַ וּמוֹרִיד הַגֶּשֶׁם׳ משמיני עצרת ועד יום טוב ראשון של פסח, ו׳מוֹרִיד הַטָּל׳ מחול המועד פסח ועד הושענא רבה.

בחורף: מַשִּׁיב הָרוּחַ וּמוֹרִיד הַגֶּשֶׁם
בקיץ: מוֹרִיד הַטָּל

מְכַלְכֵּל חַיִּים בְּחֶסֶד
מְחַיֵּה מֵתִים בְּרַחֲמִים רַבִּים
סוֹמֵךְ נוֹפְלִים
וְרוֹפֵא חוֹלִים
וּמַתִּיר אֲסוּרִים
וּמְקַיֵּם אֱמוּנָתוֹ לִישֵׁנֵי עָפָר.
מִי כָמוֹךָ, בַּעַל גְּבוּרוֹת
וּמִי דּוֹמֶה לָּךְ
מֶלֶךְ, מֵמִית וּמְחַיֶּה וּמַצְמִיחַ יְשׁוּעָה.
וְנֶאֱמָן אַתָּה לְהַחֲיוֹת מֵתִים.
בָּרוּךְ אַתָּה יהוה, מְחַיֵּה הַמֵּתִים.

בתפילת לחש ממשיך ׳אַתָּה קָדוֹשׁ׳ בעמ׳ 587.

קדושה

בחזרת הש״ץ הקהל עומד ואומר קדושה.
במקומות המסומנים ב˄, המתפלל מתרומם על קצות אצבעותיו.

קהל ואחריו שליח הציבור:

נְקַדֵּשׁ אֶת שִׁמְךָ בָּעוֹלָם
כְּשֵׁם שֶׁמַּקְדִּישִׁים אוֹתוֹ בִּשְׁמֵי מָרוֹם
כַּכָּתוּב עַל יַד נְבִיאֶךָ, וְקָרָא זֶה אֶל־זֶה וְאָמַר ישעיה ו

קהל ואחריו שליח הציבור:

˄קָדוֹשׁ, ˄קָדוֹשׁ, ˄קָדוֹשׁ, יהוה צְבָאוֹת
מְלֹא כָל־הָאָרֶץ כְּבוֹדוֹ:
לְעֻמָּתָם בָּרוּךְ יֹאמֵרוּ

קהל ואחריו שליח הציבור:

˄בָּרוּךְ כְּבוֹד־יהוה מִמְּקוֹמוֹ: יחזקאל ג
וּבְדִבְרֵי קָדְשְׁךָ כָּתוּב לֵאמֹר

קהל ואחריו שליח הציבור:

˄יִמְלֹךְ יהוה לְעוֹלָם תהלים קמו
אֱלֹהַיִךְ צִיּוֹן לְדֹר וָדֹר, הַלְלוּיָהּ:

שליח הציבור:

לְדוֹר וָדוֹר נַגִּיד גָּדְלֶךָ, וּלְנֵצַח נְצָחִים קְדֻשָּׁתְךָ נַקְדִּישׁ
וְשִׁבְחֲךָ אֱלֹהֵינוּ מִפִּינוּ לֹא יָמוּשׁ לְעוֹלָם וָעֶד
כִּי אֵל מֶלֶךְ גָּדוֹל וְקָדוֹשׁ אָתָּה.
בָּרוּךְ אַתָּה יהוה, הָאֵל הַקָּדוֹשׁ.

שליח הציבור ממשיך ׳רָאשֵׁי חֳדָשִׁים׳ בעמוד הבא.

קדושת השם

אַתָּה קָדוֹשׁ וְשִׁמְךָ קָדוֹשׁ
וּקְדוֹשִׁים בְּכָל יוֹם יְהַלְלוּךָ סֶּלָה.
בָּרוּךְ אַתָּה יהוה, הָאֵל הַקָּדוֹשׁ.

קדושת היום

רָאשֵׁי חֳדָשִׁים לְעַמְּךָ נָתַתָּ
זְמַן כַּפָּרָה לְכָל תּוֹלְדוֹתָם
בִּהְיוֹתָם מַקְרִיבִים לְפָנֶיךָ זִבְחֵי רָצוֹן
וּשְׂעִירֵי חַטָּאת לְכַפֵּר בַּעֲדָם.
זִכָּרוֹן לְכֻלָּם יִהְיוּ, וּתְשׁוּעַת נַפְשָׁם מִיַּד שׂוֹנֵא.
מִזְבֵּחַ חָדָשׁ בְּצִיּוֹן תָּכִין
וְעוֹלַת רֹאשׁ חֹדֶשׁ נַעֲלֶה עָלָיו
וּשְׂעִירֵי עִזִּים נַעֲשֶׂה בְּרָצוֹן
וּבַעֲבוֹדַת בֵּית הַמִּקְדָּשׁ נִשְׂמַח כֻּלָּנוּ
וּבְשִׁירֵי דָוִד עַבְדְּךָ הַנִּשְׁמָעִים בְּעִירֶךָ
הָאֲמוּרִים לִפְנֵי מִזְבְּחֶךָ.
אַהֲבַת עוֹלָם תָּבִיא לָהֶם
וּבְרִית אָבוֹת לַבָּנִים תִּזְכֹּר.

וַהֲבִיאֵנוּ לְצִיּוֹן עִירְךָ בְּרִנָּה
וְלִירוּשָׁלַיִם בֵּית מִקְדָּשְׁךָ בְּשִׂמְחַת עוֹלָם
וְשָׁם נַעֲשֶׂה לְפָנֶיךָ אֶת קָרְבְּנוֹת חוֹבוֹתֵינוּ
תְּמִידִים כְּסִדְרָם וּמוּסָפִים כְּהִלְכָתָם.

וְאֶת מוּסַף יוֹם רֹאשׁ הַחֹדֶשׁ הַזֶּה
נַעֲשֶׂה וְנַקְרִיב לְפָנֶיךָ בְּאַהֲבָה כְּמִצְוַת רְצוֹנֶךָ
כְּמוֹ שֶׁכָּתַבְתָּ עָלֵינוּ בְּתוֹרָתֶךָ
עַל יְדֵי מֹשֶׁה עַבְדֶּךָ מִפִּי כְבוֹדֶךָ
כָּאָמוּר

במדבר כח
וּבְרָאשֵׁי חָדְשֵׁיכֶם תַּקְרִיבוּ עֹלָה לַיהוה
פָּרִים בְּנֵי־בָקָר שְׁנַיִם וְאַיִל אֶחָד
כְּבָשִׂים בְּנֵי־שָׁנָה שִׁבְעָה, תְּמִימִם:

וּמִנְחָתָם וְנִסְכֵּיהֶם כִּמְדֻבָּר
שְׁלֹשָׁה עֶשְׂרֹנִים לַפָּר
וּשְׁנֵי עֶשְׂרֹנִים לָאָיִל
וְעִשָּׂרוֹן לַכֶּבֶשׂ, וְיַיִן כְּנִסְכּוֹ, וְשָׂעִיר לְכַפֵּר
וּשְׁנֵי תְמִידִים כְּהִלְכָתָם.

אֱלֹהֵינוּ וֵאלֹהֵי אֲבוֹתֵינוּ
חַדֵּשׁ עָלֵינוּ אֶת הַחֹדֶשׁ הַזֶּה לְטוֹבָה וְלִבְרָכָה
לְשָׂשׂוֹן וּלְשִׂמְחָה, לִישׁוּעָה וּלְנֶחָמָה
לְפַרְנָסָה וּלְכַלְכָּלָה, לְחַיִּים וּלְשָׁלוֹם
לִמְחִילַת חֵטְא וְלִסְלִיחַת עָוֹן
(בשנת העיבור, בחודשי החורף, מוסיף: וּלְכַפָּרַת פָּשַׁע)
כִּי בְעַמְּךָ יִשְׂרָאֵל בָּחַרְתָּ מִכָּל הָאֻמּוֹת
וְחֻקֵּי רָאשֵׁי חֳדָשִׁים לָהֶם קָבָעְתָּ.
בָּרוּךְ אַתָּה יהוה
מְקַדֵּשׁ יִשְׂרָאֵל וְרָאשֵׁי חֳדָשִׁים.

עבודה
רְצֵה יהוה אֱלֹהֵינוּ בְּעַמְּךָ יִשְׂרָאֵל וּבִתְפִלָּתָם
וְהָשֵׁב אֶת הָעֲבוֹדָה לִדְבִיר בֵּיתֶךָ
וְאִשֵּׁי יִשְׂרָאֵל וּתְפִלָּתָם
בְּאַהֲבָה תְקַבֵּל בְּרָצוֹן
וּתְהִי לְרָצוֹן תָּמִיד עֲבוֹדַת יִשְׂרָאֵל עַמֶּךָ.
וְתֶחֱזֶינָה עֵינֵינוּ בְּשׁוּבְךָ לְצִיּוֹן בְּרַחֲמִים.
בָּרוּךְ אַתָּה יהוה, הַמַּחֲזִיר שְׁכִינָתוֹ לְצִיּוֹן.

בחזרת הש״ץ הקהל אומר 'מוֹדִים' מתחת לקו.
בתפילת הלחש הקהל ממשיך כאן.

הודאה

כורע ב'מוֹדִים' ואינו זוקף עד אמירת השם (סידור השל״ה).

מוֹדִים אֲנַחְנוּ לָךְ.
שָׁאַתָּה הוּא יהוה אֱלֹהֵינוּ וֵאלֹהֵי אֲבוֹתֵינוּ
לְעוֹלָם וָעֶד.
צוּר חַיֵּינוּ, מָגֵן יִשְׁעֵנוּ אַתָּה הוּא לְדוֹר וָדוֹר.
נוֹדֶה לְּךָ וּנְסַפֵּר תְּהִלָּתֶךָ
עַל חַיֵּינוּ הַמְּסוּרִים בְּיָדֶךָ
וְעַל נִשְׁמוֹתֵינוּ הַפְּקוּדוֹת לָךְ.
וְעַל נִסֶּיךָ שֶׁבְּכָל יוֹם עִמָּנוּ
וְעַל נִפְלְאוֹתֶיךָ וְטוֹבוֹתֶיךָ
שֶׁבְּכָל עֵת, עֶרֶב וָבֹקֶר וְצָהֳרָיִם.

כשהש״ץ אומר 'מוֹדִים', הקהל אומר בלחש:

מוֹדִים אֲנַחְנוּ לָךְ, שָׁאַתָּה הוּא יהוה אֱלֹהֵינוּ וֵאלֹהֵי אֲבוֹתֵינוּ, אֱלֹהֵי כָל בָּשָׂר, יוֹצְרֵנוּ, יוֹצֵר בְּרֵאשִׁית. בְּרָכוֹת וְהוֹדָאוֹת, לְשִׁמְךָ הַגָּדוֹל וְהַקָּדוֹשׁ, עַל שֶׁהֶחֱיִיתָנוּ וְקִיַּמְתָּנוּ. כֵּן תְּחַיֵּנוּ וּתְקַיְּמֵנוּ, וְתֶאֱסֹף גָּלֻיּוֹתֵינוּ, לְחַצְרוֹת קָדְשֶׁךָ, לִשְׁמֹר חֻקֶּיךָ וְלַעֲשׂוֹת רְצוֹנֶךָ וּלְעָבְדְּךָ בְּלֵבָב שָׁלֵם, עַל שֶׁאֲנַחְנוּ מוֹדִים לָךְ. בָּרוּךְ אֵל הַהוֹדָאוֹת.

הַטּוֹב, כִּי לֹא כָלוּ רַחֲמֶיךָ
וְהַמְרַחֵם, כִּי לֹא תַמּוּ חֲסָדֶיךָ
מֵעוֹלָם קִוִּינוּ לָךְ.

בחנוכה ממשיכים 'עַל הַנִּסִּים'.
בשאר הימים 'וְעַל כֻּלָּם' בעמוד הבא.

בחנוכה:

עַל הַנִּסִּים וְעַל הַפֻּרְקָן וְעַל הַגְּבוּרוֹת וְעַל הַתְּשׁוּעוֹת וְעַל הַמִּלְחָמוֹת שֶׁעָשִׂיתָ לַאֲבוֹתֵינוּ בַּיָּמִים הָהֵם בַּזְּמַן הַזֶּה.

בִּימֵי מַתִּתְיָהוּ בֶּן יוֹחָנָן כֹּהֵן גָּדוֹל חַשְׁמוֹנַאי וּבָנָיו, כְּשֶׁעָמְדָה מַלְכוּת יָוָן הָרְשָׁעָה עַל עַמְּךָ יִשְׂרָאֵל לְהַשְׁכִּיחָם תּוֹרָתֶךָ וּלְהַעֲבִירָם מֵחֻקֵּי רְצוֹנֶךָ, וְאַתָּה בְּרַחֲמֶיךָ הָרַבִּים עָמַדְתָּ לָהֶם בְּעֵת צָרָתָם, רַבְתָּ אֶת רִיבָם, דַּנְתָּ אֶת דִּינָם, נָקַמְתָּ אֶת נִקְמָתָם, מָסַרְתָּ גִּבּוֹרִים בְּיַד חַלָּשִׁים, וְרַבִּים בְּיַד מְעַטִּים, וּטְמֵאִים בְּיַד טְהוֹרִים, וּרְשָׁעִים בְּיַד צַדִּיקִים, וְזֵדִים בְּיַד עוֹסְקֵי תוֹרָתֶךָ, וּלְךָ עָשִׂיתָ שֵׁם גָּדוֹל וְקָדוֹשׁ בְּעוֹלָמֶךָ, וּלְעַמְּךָ יִשְׂרָאֵל עָשִׂיתָ תְּשׁוּעָה גְדוֹלָה וּפֻרְקָן כְּהַיּוֹם הַזֶּה. וְאַחַר כֵּן בָּאוּ בָנֶיךָ לִדְבִיר בֵּיתֶךָ, וּפִנּוּ אֶת הֵיכָלֶךָ, וְטִהֲרוּ אֶת מִקְדָּשֶׁךָ, וְהִדְלִיקוּ נֵרוֹת בְּחַצְרוֹת קָדְשֶׁךָ, וְקָבְעוּ שְׁמוֹנַת יְמֵי חֲנֻכָּה אֵלּוּ, לְהוֹדוֹת וּלְהַלֵּל לְשִׁמְךָ הַגָּדוֹל.

וממשיך 'וְעַל כֻּלָּם'.

וְעַל כֻּלָּם יִתְבָּרַךְ וְיִתְרוֹמַם שִׁמְךָ מַלְכֵּנוּ
תָּמִיד לְעוֹלָם וָעֶד.
וְכֹל הַחַיִּים יוֹדְוּךָ סֶּלָה
וִיהַלְלוּ אֶת שִׁמְךָ בֶּאֱמֶת
הָאֵל יְשׁוּעָתֵנוּ וְעֶזְרָתֵנוּ סֶלָה.
בָּרוּךְ אַתָּה יהוה
הַטּוֹב שִׁמְךָ וּלְךָ נָאֶה לְהוֹדוֹת.

יחיד ממשיך ׳שִׂים שָׁלוֹם׳ בעמוד הבא.

אם יותר מכוהן אחד עולה לדוכן, הגבאי קורא:

כֹּהֲנִים

הכוהנים מברכים:

בָּרוּךְ אַתָּה יהוה אֱלֹהֵינוּ מֶלֶךְ הָעוֹלָם, אֲשֶׁר קִדְּשָׁנוּ בִּקְדֻשָּׁתוֹ שֶׁל אַהֲרֹן, וְצִוָּנוּ לְבָרֵךְ אֶת עַמּוֹ יִשְׂרָאֵל בְּאַהֲבָה.

הש״ץ מקריא מילה במילה, והכוהנים אחריו:

במדבר ו
יְבָרֶכְךָ יהוה וְיִשְׁמְרֶךָ: קהל: אָמֵן
יָאֵר יהוה פָּנָיו אֵלֶיךָ וִיחֻנֶּךָּ: קהל: אָמֵן
יִשָּׂא יהוה פָּנָיו אֵלֶיךָ וְיָשֵׂם לְךָ שָׁלוֹם: קהל: אָמֵן

שליח הציבור ממשיך ׳שִׂים שָׁלוֹם׳.

הכוהנים אומרים: רִבּוֹנוֹ שֶׁל עוֹלָם, עָשִׂינוּ מַה שֶּׁגָּזַרְתָּ עָלֵינוּ, אַף אַתָּה עֲשֵׂה עִמָּנוּ כְּמוֹ שֶׁהִבְטַחְתָּנוּ. הַשְׁקִיפָה מִמְּעוֹן קָדְשְׁךָ מִן־הַשָּׁמַיִם, וּבָרֵךְ אֶת־עַמְּךָ אֶת־יִשְׂרָאֵל, וְאֵת הָאֲדָמָה אֲשֶׁר נָתַתָּה לָנוּ, כַּאֲשֶׁר נִשְׁבַּעְתָּ לַאֲבֹתֵינוּ, אֶרֶץ זָבַת חָלָב וּדְבָשׁ: דברים כו

הקהל אומר: אַדִּיר בַּמָּרוֹם שׁוֹכֵן בִּגְבוּרָה, אַתָּה שָׁלוֹם וְשִׁמְךָ שָׁלוֹם. יְהִי רָצוֹן שֶׁתָּשִׂים עָלֵינוּ וְעַל כָּל עַמְּךָ בֵּית יִשְׂרָאֵל חַיִּים וּבְרָכָה לְמִשְׁמֶרֶת שָׁלוֹם.

אם אין כוהנים העולים לדוכן, שליח הציבור אומר:

אֱלֹהֵינוּ וֵאלֹהֵי אֲבוֹתֵינוּ, בָּרְכֵנוּ בַּבְּרָכָה הַמְשֻׁלֶּשֶׁת בַּתּוֹרָה, הַכְּתוּבָה עַל יְדֵי מֹשֶׁה עַבְדֶּךָ, הָאֲמוּרָה מִפִּי אַהֲרֹן וּבָנָיו כֹּהֲנִים עַם קְדוֹשֶׁיךָ, כָּאָמוּר

יְבָרֶכְךָ יהוה וְיִשְׁמְרֶךָ: קהל: כֵּן יְהִי רָצוֹן במדבר ו

יָאֵר יהוה פָּנָיו אֵלֶיךָ וִיחֻנֶּךָּ: קהל: כֵּן יְהִי רָצוֹן

יִשָּׂא יהוה פָּנָיו אֵלֶיךָ וְיָשֵׂם לְךָ שָׁלוֹם: קהל: כֵּן יְהִי רָצוֹן

שלום

שִׂים שָׁלוֹם טוֹבָה וּבְרָכָה
חֵן וָחֶסֶד וְרַחֲמִים עָלֵינוּ
וְעַל כָּל יִשְׂרָאֵל עַמֶּךָ.

בָּרְכֵנוּ אָבִינוּ כֻּלָּנוּ כְּאֶחָד בְּאוֹר פָּנֶיךָ
כִּי בְאוֹר פָּנֶיךָ נָתַתָּ לָּנוּ יהוה אֱלֹהֵינוּ
תּוֹרַת חַיִּים וְאַהֲבַת חֶסֶד
וּצְדָקָה וּבְרָכָה וְרַחֲמִים וְחַיִּים וְשָׁלוֹם.
וְטוֹב בְּעֵינֶיךָ לְבָרֵךְ אֶת עַמְּךָ יִשְׂרָאֵל
בְּכָל עֵת וּבְכָל שָׁעָה בִּשְׁלוֹמֶךָ.
בָּרוּךְ אַתָּה יהוה
הַמְבָרֵךְ אֶת עַמּוֹ יִשְׂרָאֵל בַּשָּׁלוֹם.

שליח הציבור מסיים באמירת הפסוק הבא בלחש.
ויש הנוהגים לאומרו גם בסוף תפילת לחש של יחיד.

תהלים יט יִהְיוּ לְרָצוֹן אִמְרֵי־פִי וְהֶגְיוֹן לִבִּי לְפָנֶיךָ, יהוה צוּרִי וְגֹאֲלִי:

ברכות יז. אֱלֹהַי
נְצֹר לְשׁוֹנִי מֵרָע וּשְׂפָתַי מִדַּבֵּר מִרְמָה
וְלִמְקַלְלַי נַפְשִׁי תִדֹּם
וְנַפְשִׁי כֶּעָפָר לַכֹּל תִּהְיֶה.
פְּתַח לִבִּי בְּתוֹרָתֶךָ וּבְמִצְוֹתֶיךָ תִּרְדֹּף נַפְשִׁי.
וְכָל הַחוֹשְׁבִים עָלַי רָעָה
מְהֵרָה הָפֵר עֲצָתָם וְקַלְקֵל מַחֲשַׁבְתָּם.

עֲשֵׂה לְמַעַן שְׁמֶךָ

עֲשֵׂה לְמַעַן יְמִינֶךָ

עֲשֵׂה לְמַעַן קְדֻשָּׁתֶךָ

עֲשֵׂה לְמַעַן תּוֹרָתֶךָ.

לְמַעַן יֵחָלְצוּן יְדִידֶיךָ, הוֹשִׁיעָה יְמִינְךָ וַעֲנֵנִי: תהלים ס

יִהְיוּ לְרָצוֹן אִמְרֵי־פִי וְהֶגְיוֹן לִבִּי לְפָנֶיךָ תהלים יט

יהוה צוּרִי וְגֹאֲלִי:

כורע ופוסע שלוש פסיעות לאחור. קד לשמאל, לימין ולפנים באמירת:

עֹשֶׂה שָׁלוֹם בִּמְרוֹמָיו

הוּא יַעֲשֶׂה שָׁלוֹם עָלֵינוּ וְעַל כָּל יִשְׂרָאֵל

וְאִמְרוּ אָמֵן.

יְהִי רָצוֹן מִלְּפָנֶיךָ יהוה אֱלֹהֵינוּ וֵאלֹהֵי אֲבוֹתֵינוּ

שֶׁיִּבָּנֶה בֵּית הַמִּקְדָּשׁ בִּמְהֵרָה בְיָמֵינוּ

וְתֵן חֶלְקֵנוּ בְּתוֹרָתֶךָ

וְשָׁם נַעֲבָדְךָ בְּיִרְאָה כִּימֵי עוֹלָם וּכְשָׁנִים קַדְמֹנִיּוֹת.

וְעָרְבָה לַיהוה מִנְחַת יְהוּדָה וִירוּשָׁלָיִם מלאכי ג

כִּימֵי עוֹלָם וּכְשָׁנִים קַדְמֹנִיּוֹת:

אחרי חזרת הש״ץ אומרים קדיש שלם (עמ׳ 125)
וממשיכים עד סוף תפילת שחרית לחול.

מוסף לשבת ראש חודש

עמידה

"המתפלל צריך שיכוין בלבו פירוש המלות שמוציא בשפתיו; ויחשוב כאלו שכינה כנגדו ויסיר כל המחשבות הטורדות אותו עד שתשאר מחשבתו וכוונתו זכה בתפלתו" (שו"ע צח, א).

פוסע שלוש פסיעות לפנים כמי שנכנס לפני המלך.

עומד ומתפלל בלחש מכאן ועד 'וּכְשָׁנִים קַדְמֹנִיּוֹת' בעמ' 609.

כורע במקומות המסומנים ב', קד לפנים במילה הבאה וזוקף בשם.

דברים לב כִּי שֵׁם יהוה אֶקְרָא, הָבוּ גֹדֶל לֵאלֹהֵינוּ:

תהלים נא אֲדֹנָי, שְׂפָתַי תִּפְתָּח, וּפִי יַגִּיד תְּהִלָּתֶךָ:

אבות

'בָּרוּךְ אַתָּה יהוה, אֱלֹהֵינוּ וֵאלֹהֵי אֲבוֹתֵינוּ
אֱלֹהֵי אַבְרָהָם, אֱלֹהֵי יִצְחָק, וֵאלֹהֵי יַעֲקֹב
הָאֵל הַגָּדוֹל הַגִּבּוֹר וְהַנּוֹרָא, אֵל עֶלְיוֹן
גּוֹמֵל חֲסָדִים טוֹבִים, וְקוֹנֵה הַכֹּל
וְזוֹכֵר חַסְדֵי אָבוֹת
וּמֵבִיא גוֹאֵל לִבְנֵי בְנֵיהֶם
לְמַעַן שְׁמוֹ בְּאַהֲבָה.
מֶלֶךְ עוֹזֵר וּמוֹשִׁיעַ וּמָגֵן.
'בָּרוּךְ אַתָּה יהוה, מָגֵן אַבְרָהָם.

גבורות

אַתָּה גִּבּוֹר לְעוֹלָם, אֲדֹנָי

מְחַיֵּה מֵתִים אַתָּה, רַב לְהוֹשִׁיעַ

אומרים 'מַשִּׁיב הָרוּחַ וּמוֹרִיד הַגֶּשֶׁם' משמיני עצרת ועד יום טוב ראשון של פסח, ו'מוֹרִיד הַטָּל' מחול המועד פסח ועד הושענא רבה.

בחורף: מַשִּׁיב הָרוּחַ וּמוֹרִיד הַגֶּשֶׁם

בקיץ: מוֹרִיד הַטָּל

מְכַלְכֵּל חַיִּים בְּחֶסֶד

מְחַיֵּה מֵתִים בְּרַחֲמִים רַבִּים

סוֹמֵךְ נוֹפְלִים

וְרוֹפֵא חוֹלִים

וּמַתִּיר אֲסוּרִים

וּמְקַיֵּם אֱמוּנָתוֹ לִישֵׁנֵי עָפָר.

מִי כָמְוֹךָ, בַּעַל גְּבוּרוֹת

וּמִי דְּוֹמֶה לָּךְ

מֶלֶךְ, מֵמִית וּמְחַיֶּה וּמַצְמִיחַ יְשׁוּעָה.

וְנֶאֱמָן אַתָּה לְהַחֲיוֹת מֵתִים.

בָּרוּךְ אַתָּה יהוה, מְחַיֵּה הַמֵּתִים.

בתפילת לחש ממשיך 'אַתָּה קָדוֹשׁ' בעמ' 600.

קדושה

בחזרת הש״ץ הקהל עומד ואומר קדושה.
במקומות המסומנים ב׳, המתפלל מתרומם על קצות אצבעותיו.

קהל ואחריו שליח הציבור:

נַעֲרִיצְךָ וְנַקְדִּישְׁךָ כְּסוֹד שִׂיחַ שַׂרְפֵי קֹדֶשׁ
הַמַּקְדִּישִׁים שִׁמְךָ בַּקֹּדֶשׁ
כַּכָּתוּב עַל יַד נְבִיאֶךָ:
וְקָרָא זֶה אֶל־זֶה וְאָמַר ישעיה ו

קהל ואחריו שליח הציבור:

׳קָדוֹשׁ, ׳קָדוֹשׁ, ׳קָדוֹשׁ, יהוה צְבָאוֹת
מְלֹא כָל הָאָרֶץ כְּבוֹדוֹ:
כְּבוֹדוֹ מָלֵא עוֹלָם
מְשָׁרְתָיו שׁוֹאֲלִים זֶה לָזֶה
אַיֵּה מְקוֹם כְּבוֹדוֹ
לְעֻמָּתָם בָּרוּךְ יֹאמֵרוּ

קהל ואחריו שליח הציבור:

׳בָּרוּךְ כְּבוֹד־יהוה מִמְּקוֹמוֹ: יחזקאל ג
מִמְּקוֹמוֹ הוּא יִפֶן בְּרַחֲמִים
וְיָחֹן עַם הַמְיַחֲדִים שְׁמוֹ
עֶרֶב וָבֹקֶר בְּכָל יוֹם תָּמִיד
פַּעֲמַיִם בְּאַהֲבָה שְׁמַע אוֹמְרִים

קהל ואחריו שליח הציבור:

שְׁמַע יִשְׂרָאֵל, יהוה אֱלֹהֵינוּ, יהוה אֶחָד: דברים ו

הוּא אֱלֹהֵינוּ, הוּא אָבִינוּ

הוּא מַלְכֵּנוּ, הוּא מוֹשִׁיעֵנוּ

וְהוּא יַשְׁמִיעֵנוּ בְּרַחֲמָיו שֵׁנִית לְעֵינֵי כָּל חָי

לִהְיוֹת לָכֶם לֵאלֹהִים במדבר טו

אֲנִי יהוה אֱלֹהֵיכֶם:

שליח הציבור:

וּבְדִבְרֵי קָדְשְׁךָ כָּתוּב לֵאמֹר

קהל ואחריו שליח הציבור:

יִמְלֹךְ יהוה לְעוֹלָם תהלים קמו

אֱלֹהַיִךְ צִיּוֹן לְדֹר וָדֹר, הַלְלוּיָהּ:

שליח הציבור:

לְדוֹר וָדוֹר נַגִּיד גָּדְלֶךָ

וּלְנֵצַח נְצָחִים קְדֻשָּׁתְךָ נַקְדִּישׁ

וְשִׁבְחֲךָ אֱלֹהֵינוּ מִפִּינוּ לֹא יָמוּשׁ לְעוֹלָם וָעֶד

כִּי אֵל מֶלֶךְ גָּדוֹל וְקָדוֹשׁ אָתָּה.

בָּרוּךְ אַתָּה יהוה

הָאֵל הַקָּדוֹשׁ.

שליח הציבור ממשיך ׳אַתָּה יָצַרְתָּ׳ בעמוד הבא.

קדושת השם

אַתָּה קָדוֹשׁ וְשִׁמְךָ קָדוֹשׁ
וּקְדוֹשִׁים בְּכָל יוֹם יְהַלְלוּךָ סֶּלָה.
בָּרוּךְ אַתָּה יהוה, הָאֵל הַקָּדוֹשׁ.

קדושת היום

אַתָּה יָצַרְתָּ עוֹלָמְךָ מִקֶּדֶם
כִּלִּיתָ מְלַאכְתְּךָ בַּיּוֹם הַשְּׁבִיעִי
אָהַבְתָּ אוֹתָנוּ וְרָצִיתָ בָּנוּ
וְרוֹמַמְתָּנוּ מִכָּל הַלְּשׁוֹנוֹת
וְקִדַּשְׁתָּנוּ בְּמִצְוֹתֶיךָ
וְקֵרַבְתָּנוּ מַלְכֵּנוּ לַעֲבוֹדָתֶךָ
וְשִׁמְךָ הַגָּדוֹל וְהַקָּדוֹשׁ עָלֵינוּ קָרָאתָ.
וַתִּתֶּן לָנוּ יהוה אֱלֹהֵינוּ בְּאַהֲבָה
שַׁבָּתוֹת לִמְנוּחָה
וְרָאשֵׁי חֳדָשִׁים לְכַפָּרָה.
וּלְפִי שֶׁחָטָאנוּ לְפָנֶיךָ אֲנַחְנוּ וַאֲבוֹתֵינוּ
חָרְבָה עִירֵנוּ, וְשָׁמֵם בֵּית מִקְדָּשֵׁנוּ
וְגָלָה יְקָרֵנוּ, וְנֻטַּל כָּבוֹד מִבֵּית חַיֵּינוּ

וְאֵין אֲנַחְנוּ יְכוֹלִים לַעֲשׂוֹת חוֹבוֹתֵינוּ
בְּבֵית בְּחִירָתֶךָ
בַּבַּיִת הַגָּדוֹל וְהַקָּדוֹשׁ שֶׁנִּקְרָא שִׁמְךָ עָלָיו
מִפְּנֵי הַיָּד שֶׁנִּשְׁתַּלְּחָה בְּמִקְדָּשֶׁךָ.

יְהִי רָצוֹן מִלְּפָנֶיךָ
יהוה אֱלֹהֵינוּ וֵאלֹהֵי אֲבוֹתֵינוּ
שֶׁתַּעֲלֵנוּ בְשִׂמְחָה לְאַרְצֵנוּ וְתִטָּעֵנוּ בִּגְבוּלֵנוּ
וְשָׁם נַעֲשֶׂה לְפָנֶיךָ אֶת קָרְבְּנוֹת חוֹבוֹתֵינוּ
תְּמִידִים כְּסִדְרָם וּמוּסָפִים כְּהִלְכָתָם.
וְאֶת מוּסְפֵי יוֹם הַשַּׁבָּת הַזֶּה
וְיוֹם רֹאשׁ הַחֹדֶשׁ הַזֶּה
נַעֲשֶׂה וְנַקְרִיב לְפָנֶיךָ בְּאַהֲבָה כְּמִצְוַת רְצוֹנֶךָ
כְּמוֹ שֶׁכָּתַבְתָּ עָלֵינוּ בְּתוֹרָתֶךָ
עַל יְדֵי מֹשֶׁה עַבְדֶּךָ מִפִּי כְבוֹדֶךָ, כָּאָמוּר

וּבְיוֹם הַשַּׁבָּת שְׁנֵי־כְבָשִׂים בְּנֵי־שָׁנָה תְּמִימִם במדבר כח
וּשְׁנֵי עֶשְׂרֹנִים סֹלֶת מִנְחָה בְּלוּלָה בַשֶּׁמֶן וְנִסְכּוֹ:
עֹלַת שַׁבַּת בְּשַׁבַּתּוֹ, עַל־עֹלַת הַתָּמִיד וְנִסְכָּהּ:

במדבר כח
וּבְרָאשֵׁי חָדְשֵׁיכֶם תַּקְרִיבוּ עֹלָה לַיהוה
פָּרִים בְּנֵי־בָקָר שְׁנַיִם, וְאַיִל אֶחָד
כְּבָשִׂים בְּנֵי־שָׁנָה שִׁבְעָה, תְּמִימִם:

וּמִנְחָתָם וְנִסְכֵּיהֶם כִּמְדֻבָּר
שְׁלֹשָׁה עֶשְׂרֹנִים לַפָּר, וּשְׁנֵי עֶשְׂרֹנִים לָאָיִל
וְעִשָּׂרוֹן לַכֶּבֶשׂ, וְיַיִן כְּנִסְכּוֹ, וְשָׂעִיר לְכַפֵּר
וּשְׁנֵי תְמִידִים כְּהִלְכָתָם.

יִשְׂמְחוּ בְמַלְכוּתְךָ שׁוֹמְרֵי שַׁבָּת וְקוֹרְאֵי עֹנֶג
עַם מְקַדְּשֵׁי שְׁבִיעִי
כֻּלָּם יִשְׂבְּעוּ וְיִתְעַנְּגוּ מִטּוּבֶךָ
וּבַשְּׁבִיעִי רָצִיתָ בּוֹ וְקִדַּשְׁתּוֹ
חֶמְדַּת יָמִים אוֹתוֹ קָרָאתָ
זֵכֶר לְמַעֲשֵׂה בְרֵאשִׁית.

אֱלֹהֵינוּ וֵאלֹהֵי אֲבוֹתֵינוּ
רְצֵה בִמְנוּחָתֵנוּ
וְחַדֵּשׁ עָלֵינוּ בְּיוֹם הַשַּׁבָּת הַזֶּה
אֶת הַחֹדֶשׁ הַזֶּה

לְטוֹבָה וְלִבְרָכָה, לְשָׂשׂוֹן וּלְשִׂמְחָה
לִישׁוּעָה וּלְנֶחָמָה, לְפַרְנָסָה וּלְכַלְכָּלָה
לְחַיִּים וּלְשָׁלוֹם
לִמְחִילַת חֵטְא וְלִסְלִיחַת עָוֹן
(בשנת העיבור, בחודשי החורף, מוסיף: וּלְכַפָּרַת פָּשַׁע)
כִּי בְעַמְּךָ יִשְׂרָאֵל בָּחַרְתָּ מִכָּל הָאֻמּוֹת
וְשַׁבַּת קָדְשְׁךָ לָהֶם הוֹדַעְתָּ
וְחֻקֵּי רָאשֵׁי חֳדָשִׁים לָהֶם קָבָעְתָּ.
בָּרוּךְ אַתָּה יהוה
מְקַדֵּשׁ הַשַּׁבָּת וְיִשְׂרָאֵל וְרָאשֵׁי חֳדָשִׁים.

עבודה

רְצֵה יהוה אֱלֹהֵינוּ בְּעַמְּךָ יִשְׂרָאֵל וּבִתְפִלָּתָם
וְהָשֵׁב אֶת הָעֲבוֹדָה לִדְבִיר בֵּיתֶךָ
וְאִשֵּׁי יִשְׂרָאֵל וּתְפִלָּתָם
בְּאַהֲבָה תְקַבֵּל בְּרָצוֹן
וּתְהִי לְרָצוֹן תָּמִיד עֲבוֹדַת יִשְׂרָאֵל עַמֶּךָ.
וְתֶחֱזֶינָה עֵינֵינוּ בְּשׁוּבְךָ לְצִיּוֹן בְּרַחֲמִים.
בָּרוּךְ אַתָּה יהוה, הַמַּחֲזִיר שְׁכִינָתוֹ לְצִיּוֹן.

בחזרת הש״ץ הקהל אומר ׳מוֹדִים׳ מתחת לקו.
בתפילת הלחש הקהל ממשיך כאן.

הודאה

כורע ב׳מוֹדִים׳ ואינו זוקף עד אמירת השם (סידור השל״ה).

ימוֹדִים אֲנַחְנוּ לָךְ
שָׁאַתָּה הוּא יהוה אֱלֹהֵינוּ וֵאלֹהֵי אֲבוֹתֵינוּ
לְעוֹלָם וָעֶד.
צוּר חַיֵּינוּ, מָגֵן יִשְׁעֵנוּ אַתָּה הוּא לְדוֹר וָדוֹר.
נוֹדֶה לְּךָ וּנְסַפֵּר תְּהִלָּתֶךָ
עַל חַיֵּינוּ הַמְּסוּרִים בְּיָדֶךָ
וְעַל נִשְׁמוֹתֵינוּ הַפְּקוּדוֹת לָךְ
וְעַל נִסֶּיךָ שֶׁבְּכָל יוֹם עִמָּנוּ
וְעַל נִפְלְאוֹתֶיךָ וְטוֹבוֹתֶיךָ
שֶׁבְּכָל עֵת, עֶרֶב וָבֹקֶר וְצָהֳרָיִם.

כשהש״ץ אומר ׳מוֹדִים׳, הקהל אומר בלחש:

ימוֹדִים אֲנַחְנוּ לָךְ, שָׁאַתָּה הוּא יהוה אֱלֹהֵינוּ וֵאלֹהֵי אֲבוֹתֵינוּ, אֱלֹהֵי כָל בָּשָׂר, יוֹצְרֵנוּ, יוֹצֵר בְּרֵאשִׁית. בְּרָכוֹת וְהוֹדָאוֹת, לְשִׁמְךָ הַגָּדוֹל וְהַקָּדוֹשׁ, עַל שֶׁהֶחֱיִיתָנוּ וְקִיַּמְתָּנוּ. כֵּן תְּחַיֵּנוּ וּתְקַיְּמֵנוּ, וְתֶאֱסֹף גָּלֻיּוֹתֵינוּ לְחַצְרוֹת קָדְשֶׁךָ, לִשְׁמֹר חֻקֶּיךָ וְלַעֲשׂוֹת רְצוֹנֶךָ וּלְעָבְדְּךָ בְּלֵבָב שָׁלֵם, עַל שֶׁאֲנַחְנוּ מוֹדִים לָךְ. בָּרוּךְ אֵל הַהוֹדָאוֹת.

הַטּוֹב, כִּי לֹא כָלוּ רַחֲמֶיךָ
וְהַמְרַחֵם, כִּי לֹא תַמּוּ חֲסָדֶיךָ
מֵעוֹלָם קִוִּינוּ לָךְ.

בחנוכה ממשיכים 'עַל הַנִּסִּים'.
בשאר הימים 'וְעַל כֻּלָּם' בעמוד הבא.

בחנוכה:

עַל הַנִּסִּים וְעַל הַפֻּרְקָן וְעַל הַגְּבוּרוֹת וְעַל הַתְּשׁוּעוֹת וְעַל הַמִּלְחָמוֹת שֶׁעָשִׂיתָ לַאֲבוֹתֵינוּ בַּיָּמִים הָהֵם בַּזְּמַן הַזֶּה.

בִּימֵי מַתִּתְיָהוּ בֶּן יוֹחָנָן כֹּהֵן גָּדוֹל חַשְׁמוֹנַאי וּבָנָיו, כְּשֶׁעָמְדָה מַלְכוּת יָוָן הָרְשָׁעָה עַל עַמְּךָ יִשְׂרָאֵל לְהַשְׁכִּיחָם תּוֹרָתֶךָ וּלְהַעֲבִירָם מֵחֻקֵּי רְצוֹנֶךָ, וְאַתָּה בְּרַחֲמֶיךָ הָרַבִּים עָמַדְתָּ לָהֶם בְּעֵת צָרָתָם, רַבְתָּ אֶת רִיבָם, דַּנְתָּ אֶת דִּינָם, נָקַמְתָּ אֶת נִקְמָתָם, מָסַרְתָּ גִּבּוֹרִים בְּיַד חַלָּשִׁים, וְרַבִּים בְּיַד מְעַטִּים, וּטְמֵאִים בְּיַד טְהוֹרִים, וּרְשָׁעִים בְּיַד צַדִּיקִים, וְזֵדִים בְּיַד עוֹסְקֵי תוֹרָתֶךָ, וּלְךָ עָשִׂיתָ שֵׁם גָּדוֹל וְקָדוֹשׁ בְּעוֹלָמֶךָ, וּלְעַמְּךָ יִשְׂרָאֵל עָשִׂיתָ תְּשׁוּעָה גְדוֹלָה וּפֻרְקָן כְּהַיּוֹם הַזֶּה. וְאַחַר כֵּן בָּאוּ בָנֶיךָ לִדְבִיר בֵּיתֶךָ, וּפִנּוּ אֶת הֵיכָלֶךָ, וְטִהֲרוּ אֶת מִקְדָּשֶׁךָ, וְהִדְלִיקוּ נֵרוֹת בְּחַצְרוֹת קָדְשֶׁךָ, וְקָבְעוּ שְׁמוֹנַת יְמֵי חֲנֻכָּה אֵלּוּ, לְהוֹדוֹת וּלְהַלֵּל לְשִׁמְךָ הַגָּדוֹל.

וממשיך 'וְעַל כֻּלָּם'.

וְעַל כֻּלָּם יִתְבָּרַךְ וְיִתְרוֹמַם שִׁמְךָ מַלְכֵּנוּ
תָּמִיד לְעוֹלָם וָעֶד.
וְכֹל הַחַיִּים יוֹדְוּךָ סֶּלָה
וִיהַלְלוּ אֶת שִׁמְךָ בֶּאֱמֶת
הָאֵל יְשׁוּעָתֵנוּ וְעֶזְרָתֵנוּ סֶלָה.
ּבָּרוּךְ אַתָּה יהוה
הַטּוֹב שִׁמְךָ וּלְךָ נָאֶה לְהוֹדוֹת.

יחיד ממשיך ׳שִׂים שָׁלוֹם׳ בעמוד הבא.

אם יותר מכוהן אחד עולה לדוכן, הגבאי קורא:

כֹּהֲנִים

הכוהנים מברכים:

בָּרוּךְ אַתָּה יהוה אֱלֹהֵינוּ מֶלֶךְ הָעוֹלָם, אֲשֶׁר קִדְּשָׁנוּ בִּקְדֻשָּׁתוֹ שֶׁל אַהֲרֹן, וְצִוָּנוּ לְבָרֵךְ אֶת עַמּוֹ יִשְׂרָאֵל בְּאַהֲבָה.

הש״ץ מקריא מילה במילה, והכוהנים אחריו:

יְבָרֶכְךָ יהוה וְיִשְׁמְרֶךָ: קהל: אָמֵן במדבר ו
יָאֵר יהוה פָּנָיו אֵלֶיךָ וִיחֻנֶּךָּ: קהל: אָמֵן
יִשָּׂא יהוה פָּנָיו אֵלֶיךָ וְיָשֵׂם לְךָ שָׁלוֹם: קהל: אָמֵן

שליח הציבור ממשיך ׳שִׂים שָׁלוֹם׳.

הכוהנים אומרים: רִבּוֹנוֹ שֶׁל עוֹלָם, עָשִׂינוּ מַה שֶּׁגָּזַרְתָּ עָלֵינוּ, אַף אַתָּה עֲשֵׂה עִמָּנוּ כְּמוֹ שֶׁהִבְטַחְתָּנוּ. הַשְׁקִיפָה מִמְּעוֹן קָדְשְׁךָ מִן־הַשָּׁמַיִם, וּבָרֵךְ אֶת־עַמְּךָ אֶת־יִשְׂרָאֵל, וְאֵת הָאֲדָמָה אֲשֶׁר נָתַתָּה לָנוּ, כַּאֲשֶׁר נִשְׁבַּעְתָּ לַאֲבֹתֵינוּ, אֶרֶץ זָבַת חָלָב וּדְבָשׁ: דברים כו

הקהל אומר: אַדִּיר בַּמָּרוֹם שׁוֹכֵן בִּגְבוּרָה, אַתָּה שָׁלוֹם וְשִׁמְךָ שָׁלוֹם. יְהִי רָצוֹן שֶׁתָּשִׂים עָלֵינוּ וְעַל כָּל עַמְּךָ בֵּית יִשְׂרָאֵל חַיִּים וּבְרָכָה לְמִשְׁמֶרֶת שָׁלוֹם.

אם אין כוהנים העולים לדוכן, שליח הציבור אומר:

אֱלֹהֵינוּ וֵאלֹהֵי אֲבוֹתֵינוּ, בָּרְכֵנוּ בַּבְּרָכָה הַמְשֻׁלֶּשֶׁת בַּתּוֹרָה, הַכְּתוּבָה עַל יְדֵי מֹשֶׁה עַבְדֶּךָ, הָאֲמוּרָה מִפִּי אַהֲרֹן וּבָנָיו כֹּהֲנִים עַם קְדוֹשֶׁיךָ, כָּאָמוּר

יְבָרֶכְךָ יהוה וְיִשְׁמְרֶךָ: קהל: כֵּן יְהִי רָצוֹן במדבר ו

יָאֵר יהוה פָּנָיו אֵלֶיךָ וִיחֻנֶּךָּ: קהל: כֵּן יְהִי רָצוֹן

יִשָּׂא יהוה פָּנָיו אֵלֶיךָ וְיָשֵׂם לְךָ שָׁלוֹם: קהל: כֵּן יְהִי רָצוֹן

שלום

שִׂים שָׁלוֹם טוֹבָה וּבְרָכָה
חֵן וָחֶסֶד וְרַחֲמִים עָלֵינוּ
וְעַל כָּל יִשְׂרָאֵל עַמֶּךָ.

בָּרְכֵנוּ אָבִינוּ כֻּלָּנוּ כְּאֶחָד בְּאוֹר פָּנֶיךָ
כִּי בְאוֹר פָּנֶיךָ נָתַתָּ לָּנוּ יהוה אֱלֹהֵינוּ
תּוֹרַת חַיִּים וְאַהֲבַת חֶסֶד
וּצְדָקָה וּבְרָכָה וְרַחֲמִים וְחַיִּים וְשָׁלוֹם.
וְטוֹב בְּעֵינֶיךָ לְבָרֵךְ אֶת עַמְּךָ יִשְׂרָאֵל
בְּכָל עֵת וּבְכָל שָׁעָה בִּשְׁלוֹמֶךָ.
בָּרוּךְ אַתָּה יהוה
הַמְבָרֵךְ אֶת עַמּוֹ יִשְׂרָאֵל בַּשָּׁלוֹם.

שליח הציבור מסיים באמירת הפסוק הבא בלחש.
ויש הנוהגים לאומרו גם בסוף תפילת לחש של יחיד.

יִהְיוּ לְרָצוֹן אִמְרֵי־פִי וְהֶגְיוֹן לִבִּי לְפָנֶיךָ, יהוה צוּרִי וְגֹאֲלִי: תהלים יט

אֱלֹהַי ברכות יז.
נְצֹר לְשׁוֹנִי מֵרָע וּשְׂפָתַי מִדַּבֵּר מִרְמָה
וְלִמְקַלְלַי נַפְשִׁי תִדֹּם
וְנַפְשִׁי כֶּעָפָר לַכֹּל תִּהְיֶה.
פְּתַח לִבִּי בְּתוֹרָתֶךָ וּבְמִצְוֹתֶיךָ תִּרְדֹּף נַפְשִׁי.
וְכָל הַחוֹשְׁבִים עָלַי רָעָה
מְהֵרָה הָפֵר עֲצָתָם וְקַלְקֵל מַחֲשַׁבְתָּם.

עֲשֵׂה לְמַעַן שְׁמֶךָ
עֲשֵׂה לְמַעַן יְמִינֶךָ
עֲשֵׂה לְמַעַן קְדֻשָּׁתֶךָ
עֲשֵׂה לְמַעַן תּוֹרָתֶךָ.

לְמַעַן יֵחָלְצוּן יְדִידֶיךָ, הוֹשִׁיעָה יְמִינְךָ וַעֲנֵנִי: תהלים ס

יִהְיוּ לְרָצוֹן אִמְרֵי־פִי וְהֶגְיוֹן לִבִּי לְפָנֶיךָ תהלים יט
יהוה צוּרִי וְגֹאֲלִי:

כורע ופוסע שלוש פסיעות לאחור. קד לשמאל, לימין ולפנים באמירת:

עֹשֶׂה שָׁלוֹם בִּמְרוֹמָיו
הוּא יַעֲשֶׂה שָׁלוֹם עָלֵינוּ וְעַל כָּל יִשְׂרָאֵל
וְאִמְרוּ אָמֵן.

יְהִי רָצוֹן מִלְּפָנֶיךָ יהוה אֱלֹהֵינוּ וֵאלֹהֵי אֲבוֹתֵינוּ
שֶׁיִּבָּנֶה בֵּית הַמִּקְדָּשׁ בִּמְהֵרָה בְיָמֵינוּ
וְתֵן חֶלְקֵנוּ בְּתוֹרָתֶךָ
וְשָׁם נַעֲבָדְךָ בְּיִרְאָה כִּימֵי עוֹלָם וּכְשָׁנִים קַדְמֹנִיּוֹת.
וְעָרְבָה לַיהוה מִנְחַת יְהוּדָה וִירוּשָׁלָיִם מלאכי ג
כִּימֵי עוֹלָם וּכְשָׁנִים קַדְמֹנִיּוֹת:

אחרי חזרת הש״ץ אומרים קדיש שלם (עמ׳ 411)
וממשיכים עד סוף תפילת מוסף לשבת.

ביעור חמץ

"אור לארבעה עשר בודקין את החמץ לאור הנר" (פסחים ב ע"א).

נוהגים לבדוק את החמץ מיד לאחר צאת הכוכבים, ואין להפסיק בין הברכה לביטול החמץ שבסוף הבדיקה.

בָּרוּךְ אַתָּה יהוה אֱלֹהֵינוּ מֶלֶךְ הָעוֹלָם
אֲשֶׁר קִדְּשָׁנוּ בְּמִצְוֹתָיו וְצִוָּנוּ עַל בִּעוּר חָמֵץ.

לאחר הבדיקה מבטל את החמץ ואומר:

כָּל חֲמִירָא וַחֲמִיעָא דְּאִכָּא בִרְשׁוּתִי
דְּלָא חֲמִתֵּהּ וּדְלָא בִעַרְתֵּהּ
לִבְטִיל וְלֶהֱוֵי הֶפְקֵר כְּעַפְרָא דְאַרְעָא.

בערב פסח בבוקר לאחר שרפת החמץ מבטל את החמץ שוב ואומר:

כָּל חֲמִירָא וַחֲמִיעָא דְּאִכָּא בִרְשׁוּתִי
דַּחֲמִתֵּהּ וּדְלָא חֲמִתֵּהּ
דְּבִעַרְתֵּהּ וּדְלָא בִעַרְתֵּהּ
לִבְטִיל וְלֶהֱוֵי הֶפְקֵר כְּעַפְרָא דְאַרְעָא.

עירוב תבשילין

אם יום טוב חל בערב שבת (או שראש השנה חל ביום חמישי),
אסור להכין אוכל מיום טוב לשבת, אלא אם כן הניחו 'עירובי תבשילין' (שו"ע תקכז, א).
המערב לוקח בערב יום טוב פת ותבשיל שהוא מייעד לאכלם בשבת, ומברך:

בָּרוּךְ אַתָּה יהוה אֱלֹהֵינוּ מֶלֶךְ הָעוֹלָם
אֲשֶׁר קִדְּשָׁנוּ בְּמִצְוֹתָיו וְצִוָּנוּ עַל מִצְוַת עֵרוּב.

ואומר:

בארמית: **בְּדֵין עֵרוּבָא יְהֵא שְׁרֵא לָנָא**
לְמֵיפֵא וּלְבַשָּׁלָא וּלְאַטְמָנָא
וּלְאַדְלָקָא שְׁרָגָא
וּלְמֶעְבַּד כָּל צָרְכָּנָא מִיּוֹמָא טָבָא לְשַׁבְּתָא
לָנוּ וּלְכָל יִשְׂרָאֵל הַדָּרִים בָּעִיר הַזֹּאת.

או בעברית: **בְּעֵרוּב זֶה יְהֵא מֻתָּר לָנוּ**
לֶאֱפוֹת וּלְבַשֵּׁל וּלְהַטְמִין
וּלְהַדְלִיק נֵר
וּלְהָכִין כָּל צְרָכֵינוּ מִיּוֹם טוֹב לְשַׁבָּת
לָנוּ וּלְכָל יִשְׂרָאֵל הַדָּרִים בָּעִיר הַזֹּאת.

עירוב תחומין בעמ' 231. הדלקת נרות בעמ' 232.

קידוש לליל שלוש רגלים

נוהגים לעמוד בזמן הקידוש.

כשיום טוב חל בשבת, מוסיפים:

בראשית א בלחש: וַיְהִי־עֶרֶב וַיְהִי־בֹקֶר

בראשית ב יוֹם הַשִּׁשִּׁי: וַיְכֻלּוּ הַשָּׁמַיִם וְהָאָרֶץ וְכָל־צְבָאָם: וַיְכַל אֱלֹהִים בַּיּוֹם הַשְּׁבִיעִי מְלַאכְתּוֹ אֲשֶׁר עָשָׂה, וַיִּשְׁבֹּת בַּיּוֹם הַשְּׁבִיעִי מִכָּל־מְלַאכְתּוֹ אֲשֶׁר עָשָׂה: וַיְבָרֶךְ אֱלֹהִים אֶת־יוֹם הַשְּׁבִיעִי, וַיְקַדֵּשׁ אֹתוֹ, כִּי בוֹ שָׁבַת מִכָּל־מְלַאכְתּוֹ, אֲשֶׁר־בָּרָא אֱלֹהִים, לַעֲשׂוֹת:

המקדש לאחרים, מוסיף: סַבְרִי מָרָנָן

בָּרוּךְ אַתָּה יהוה אֱלֹהֵינוּ מֶלֶךְ הָעוֹלָם, בּוֹרֵא פְּרִי הַגָּפֶן.

כשיום טוב חל בשבת, מוסיפים את המילים שבסוגריים.

בָּרוּךְ אַתָּה יהוה אֱלֹהֵינוּ מֶלֶךְ הָעוֹלָם, אֲשֶׁר בָּחַר בָּנוּ מִכָּל עָם, וְרוֹמְמָנוּ מִכָּל לָשׁוֹן, וְקִדְּשָׁנוּ בְּמִצְוֹתָיו, וַתִּתֶּן לָנוּ יהוה אֱלֹהֵינוּ בְּאַהֲבָה (שַׁבָּתוֹת לִמְנוּחָה וּ) מוֹעֲדִים לְשִׂמְחָה, חַגִּים וּזְמַנִּים לְשָׂשׂוֹן, אֶת יוֹם (הַשַּׁבָּת הַזֶּה וְאֶת יוֹם)

בפסח: חַג הַמַּצּוֹת הַזֶּה, זְמַן חֵרוּתֵנוּ

בשבועות: חַג הַשָּׁבוּעוֹת הַזֶּה, זְמַן מַתַּן תּוֹרָתֵנוּ

בסוכות: חַג הַסֻּכּוֹת הַזֶּה, זְמַן שִׂמְחָתֵנוּ

בשמיני עצרת: הַשְּׁמִינִי חַג הָעֲצֶרֶת הַזֶּה, זְמַן שִׂמְחָתֵנוּ (בְּאַהֲבָה) מִקְרָא קֹדֶשׁ, זֵכֶר לִיצִיאַת מִצְרָיִם, כִּי בָנוּ בָחַרְתָּ וְאוֹתָנוּ קִדַּשְׁתָּ מִכָּל הָעַמִּים, (וְשַׁבָּת) וּמוֹעֲדֵי קָדְשֶׁךָ (בְּאַהֲבָה וּבְרָצוֹן) בְּשִׂמְחָה וּבְשָׂשׂוֹן הִנְחַלְתָּנוּ. בָּרוּךְ אַתָּה יהוה, מְקַדֵּשׁ (הַשַּׁבָּת וְ) יִשְׂרָאֵל וְהַזְּמַנִּים.

כשיום טוב חל במוצאי שבת, מבדילים על הנר:

בָּרוּךְ אַתָּה יהוה אֱלֹהֵינוּ מֶלֶךְ הָעוֹלָם, בּוֹרֵא מְאוֹרֵי הָאֵשׁ.

בָּרוּךְ אַתָּה יהוה אֱלֹהֵינוּ מֶלֶךְ הָעוֹלָם, הַמַּבְדִּיל בֵּין קֹדֶשׁ לְחֹל, בֵּין אוֹר לְחֹשֶׁךְ, בֵּין יִשְׂרָאֵל לָעַמִּים, בֵּין יוֹם הַשְּׁבִיעִי לְשֵׁשֶׁת יְמֵי הַמַּעֲשֶׂה. בֵּין קְדֻשַּׁת שַׁבָּת לִקְדֻשַּׁת יוֹם טוֹב הִבְדַּלְתָּ, וְאֶת יוֹם הַשְּׁבִיעִי מִשֵּׁשֶׁת יְמֵי הַמַּעֲשֶׂה קִדַּשְׁתָּ, הִבְדַּלְתָּ וְקִדַּשְׁתָּ אֶת עַמְּךָ יִשְׂרָאֵל בִּקְדֻשָּׁתֶךָ. בָּרוּךְ אַתָּה יהוה, הַמַּבְדִּיל בֵּין קֹדֶשׁ לְקֹדֶשׁ.

בסוכות מוסיף:

בָּרוּךְ אַתָּה יהוה אֱלֹהֵינוּ מֶלֶךְ הָעוֹלָם, אֲשֶׁר קִדְּשָׁנוּ בְּמִצְוֹתָיו וְצִוָּנוּ לֵישֵׁב בַּסֻּכָּה.

בשביעי של פסח אין אומרים 'שֶׁהֶחֱיָנוּ' (סוכה מז ע"א):

בָּרוּךְ אַתָּה יהוה אֱלֹהֵינוּ מֶלֶךְ הָעוֹלָם, שֶׁהֶחֱיָנוּ וְקִיְּמָנוּ וְהִגִּיעָנוּ לַזְּמַן הַזֶּה.

תפילה כשנכנסין לסוכה

בספר הזוהר (אמור, קג ע״ב) מובא שרב המנונא היה נוהג להזמין את האבות ועוד צדיקים לישב עמו בסוכה באמירת 'תֵּיבוּ תֵּיבוּ'. התפילה שלפני הזמנתם וה'יְהִי רָצוֹן' שאחריה לקוחים מסידור השל״ה.

הֲרֵינִי מוּכָן וּמְזֻמָּן לְקַיֵּם מִצְוַת סֻכָּה
כַּאֲשֶׁר צִוַּנִי הַבּוֹרֵא יִתְבָּרֵךְ שְׁמוֹ:
בַּסֻּכֹּת תֵּשְׁבוּ שִׁבְעַת יָמִים ויקרא כג
כָּל־הָאֶזְרָח בְּיִשְׂרָאֵל יֵשְׁבוּ בַּסֻּכֹּת:
לְמַעַן יֵדְעוּ דֹרֹתֵיכֶם
כִּי בַסֻּכּוֹת הוֹשַׁבְתִּי אֶת־בְּנֵי יִשְׂרָאֵל
בְּהוֹצִיאִי אוֹתָם מֵאֶרֶץ מִצְרָיִם:

תֵּיבוּ תֵּיבוּ אֻשְׁפִּיזִין עִלָּאִין
תֵּיבוּ תֵּיבוּ אֻשְׁפִּיזִין קַדִּישִׁין
תֵּיבוּ תֵּיבוּ אֻשְׁפִּיזִין דִּמְהֵימְנוּתָא.
זַכָּאָה חֻלְקְהוֹן דְּיִשְׂרָאֵל, דִּכְתִיב:
כִּי חֵלֶק יהוה עַמּוֹ, יַעֲקֹב חֶבֶל נַחֲלָתוֹ: דברים לב

יְהִי רָצוֹן מִלְּפָנֶיךָ יהוה אֱלֹהַי וֵאלֹהֵי אֲבוֹתַי
שֶׁתַּשְׁרֶה שְׁכִינָתְךָ בֵּינֵינוּ, וְתִפְרֹס עָלֵינוּ סֻכַּת שְׁלוֹמֶךָ
בִּזְכוּת מִצְוַת סֻכָּה שֶׁאֲנַחְנוּ מְקַיְּמִין
לְיַחֲדָא שְׁמָא דְקֻדְשָׁא בְּרִיךְ הוּא וּשְׁכִינְתֵּהּ
בִּדְחִילוּ וּרְחִימוּ

לְיַחֲדָא שֵׁם י״ה בו״ה בְּיִחוּדָא שְׁלִים
בְּשֵׁם כָּל יִשְׂרָאֵל
וּלְהַקִּיף אוֹתָהּ מִזִּיו כְּבוֹדְךָ הַקָּדוֹשׁ וְהַטָּהוֹר
נָטוּי עַל רָאשֵׁיהֶם מִלְמַעְלָה כְּנֶשֶׁר יָעִיר קִנּוֹ
וּמִשָּׁם יַשְׁפִּיעַ שֶׁפַע הַחַיִּים
לְעַבְדְּךָ (פלוני בֶּן פלונית אֲמָתֶךָ).
וּבִזְכוּת צֵאתִי מִבֵּיתִי הַחוּצָה וְדֶרֶךְ מִצְוֹתֶיךָ אָרוּצָה
יֵחָשֵׁב לִי זֹאת כְּאִלּוּ הִרְחַקְתִּי נְדוֹד
וְהֶרֶב כַּבְּסֵנִי מֵעֲוֹנִי וּמֵחַטָּאתִי טַהֲרֵנִי
וּמֵאֻשְׁפִּיזִין עִלָּאִין אֻשְׁפִּיזִין דִּמְהֵימְנוּתָא
תִּהְיֶינָה אָזְנֶיךָ קַשֻּׁבוֹת רַב בְּרָכוֹת
וְלָרְעֵבִים גַּם צְמֵאִים תֶּן לַחְמָם וּמֵימָם הַנֶּאֱמָנִים
וְתִתֶּן לִי זְכוּת לָשֶׁבֶת וְלַחֲסוֹת בְּסֵתֶר צֵל כְּנָפֶיךָ
בְּעֵת פְּטִירָתִי מִן הָעוֹלָם, וְלַחֲסוֹת מִזֶּרֶם וּמִמָּטָר
כִּי תַמְטִיר עַל רְשָׁעִים פַּחִים.
וּתְהֵא חֲשׁוּבָה מִצְוַת סֻכָּה זוֹ שֶׁאֲנִי מְקַיֵּם
כְּאִלּוּ קִיַּמְתִּיהָ בְּכָל פְּרָטֶיהָ וְדִקְדּוּקֶיהָ וּתְנָאֶיהָ
וְכָל מִצְוֹת הַתְּלוּיוֹת בָּהּ.
וְתֵיטִיב לָנוּ הַחֲתִימָה, וּתְזַכֵּנוּ לֵישֵׁב יָמִים רַבִּים
עַל הָאֲדָמָה אַדְמַת קֹדֶשׁ, בַּעֲבוֹדָתְךָ וּבְיִרְאָתֶךָ.
בָּרוּךְ יהוה לְעוֹלָם אָמֵן וְאָמֵן: תהלים פט

לפני הסעודה בכל יום נוהגים להזמין אחד מהצדיקים להיות האורח של אותו היום.

לפי דעת האר״י, סדר האושפיזין הוא: אברהם, יצחק, יעקב, משה, אהרן, יוסף ודוד; אך למנהג אשכנז מזמינים אותם לפי סדר הדורות, כדעת השל״ה.

אֲזַמִּין לִסְעוּדָתִי אֻשְׁפִּיזִין עִלָּאִין
אַבְרָהָם יִצְחָק יַעֲקֹב יוֹסֵף מֹשֶׁה אַהֲרֹן וְדָוִד.

ביום הראשון אומר:

בְּמָטוּ מִנָּךְ אַבְרָהָם אֻשְׁפִּיזִי עִלָּאִי
דְּתֵיתֵב עִמִּי וְעִמָּךְ כָּל אֻשְׁפִּיזֵי עִלָּאֵי:
יִצְחָק יַעֲקֹב יוֹסֵף מֹשֶׁה אַהֲרֹן וְדָוִד.

ביום השני אומר:

בְּמָטוּ מִנָּךְ יִצְחָק אֻשְׁפִּיזִי עִלָּאִי
דְּתֵיתֵב עִמִּי וְעִמָּךְ כָּל אֻשְׁפִּיזֵי עִלָּאֵי:
אַבְרָהָם יַעֲקֹב יוֹסֵף מֹשֶׁה אַהֲרֹן וְדָוִד.

ביום השלישי אומר:

בְּמָטוּ מִנָּךְ יַעֲקֹב אֻשְׁפִּיזִי עִלָּאִי
דְּתֵיתֵב עִמִּי וְעִמָּךְ כָּל אֻשְׁפִּיזֵי עִלָּאֵי:
אַבְרָהָם יִצְחָק יוֹסֵף מֹשֶׁה אַהֲרֹן וְדָוִד.

ביום הרביעי אומר:

בְּמָטוּ מִנָּךְ יוֹסֵף אֻשְׁפִּיזִי עִלָּאִי
דְּתֵיתֵב עִמִּי וְעִמָּךְ כָּל אֻשְׁפִּיזֵי עִלָּאֵי:
אַבְרָהָם יִצְחָק יַעֲקֹב מֹשֶׁה אַהֲרֹן וְדָוִד.

ביום החמישי אומר:

בְּמָטוּ מִנָּךְ מֹשֶׁה אֻשְׁפִּיזִי עִלָּאִי
דְּתֵיתֵב עִמִּי וְעִמָּךְ כָּל אֻשְׁפִּיזֵי עִלָּאֵי:
אַבְרָהָם יִצְחָק יַעֲקֹב יוֹסֵף אַהֲרֹן וְדָוִד.

ביום השישי אומר:

בְּמָטוּ מִנָּךְ אַהֲרֹן אֻשְׁפִּיזִי עִלָּאִי
דְּתֵיתֵב עִמִּי וְעִמָּךְ כָּל אֻשְׁפִּיזֵי עִלָּאֵי:
אַבְרָהָם יִצְחָק יַעֲקֹב יוֹסֵף מֹשֶׁה וְדָוִד.

בהושענא רבה אומר:

בְּמָטוּ מִנָּךְ דָּוִד אֻשְׁפִּיזִי עִלָּאִי
דְּתֵיתֵב עִמִּי וְעִמָּךְ כָּל אֻשְׁפִּיזֵי עִלָּאֵי:
אַבְרָהָם יִצְחָק יַעֲקֹב יוֹסֵף מֹשֶׁה וְאַהֲרֹן.

כשיוצא מן הסוכה אומר (׳כלבו׳ ע בשם מהר״ם):

יְהִי רָצוֹן מִלְּפָנֶיךָ
יהוה אֱלֹהֵינוּ וֵאלֹהֵי אֲבוֹתֵינוּ
כְּשֵׁם שֶׁקִּיַּמְתִּי וְיָשַׁבְתִּי בְּסֻכָּה זוֹ
כֵּן אֶזְכֶּה לַשָּׁנָה הַבָּאָה
לֵישֵׁב בְּסֻכַּת עוֹרוֹ שֶׁל לִוְיָתָן.

קידושא רבה לשלוש רגלים

ביום טוב החל בשבת מתחילים כאן (ויש המתחילים מ׳עַל־כֵּן בֵּרַךְ׳).
בשבת חול המועד אומרים את הקידוש לשבת (עמ׳ 430).

וְשָׁמְרוּ בְנֵי־יִשְׂרָאֵל אֶת־הַשַּׁבָּת שמות לא
לַעֲשׂוֹת אֶת־הַשַּׁבָּת לְדֹרֹתָם בְּרִית עוֹלָם:
בֵּינִי וּבֵין בְּנֵי יִשְׂרָאֵל אוֹת הִוא לְעֹלָם
כִּי־שֵׁשֶׁת יָמִים עָשָׂה יהוה
אֶת־הַשָּׁמַיִם וְאֶת־הָאָרֶץ
וּבַיּוֹם הַשְּׁבִיעִי שָׁבַת וַיִּנָּפַשׁ:

זָכוֹר אֶת־יוֹם הַשַּׁבָּת לְקַדְּשׁוֹ: שמות כ
שֵׁשֶׁת יָמִים תַּעֲבֹד, וְעָשִׂיתָ כָּל־מְלַאכְתֶּךָ:
וְיוֹם הַשְּׁבִיעִי שַׁבָּת לַיהוה אֱלֹהֶיךָ
לֹא־תַעֲשֶׂה כָל־מְלָאכָה
אַתָּה וּבִנְךָ וּבִתֶּךָ
עַבְדְּךָ וַאֲמָתְךָ וּבְהֶמְתֶּךָ, וְגֵרְךָ אֲשֶׁר בִּשְׁעָרֶיךָ:
כִּי שֵׁשֶׁת־יָמִים עָשָׂה יהוה
אֶת־הַשָּׁמַיִם וְאֶת־הָאָרֶץ
אֶת־הַיָּם וְאֶת־כָּל־אֲשֶׁר־בָּם
וַיָּנַח בַּיּוֹם הַשְּׁבִיעִי

ביום טוב החל בשבת, יש המתחילים כאן:

עַל־כֵּן בֵּרַךְ יהוה אֶת־יוֹם הַשַּׁבָּת וַיְקַדְּשֵׁהוּ:

ביום טוב החל בחול, מתחילים כאן:

ויקרא כג

אֵלֶּה מוֹעֲדֵי יהוה מִקְרָאֵי קֹדֶשׁ
אֲשֶׁר־תִּקְרְאוּ אֹתָם בְּמוֹעֲדָם:
וַיְדַבֵּר מֹשֶׁה אֶת־מֹעֲדֵי יהוה
אֶל־בְּנֵי יִשְׂרָאֵל:

המקדש לאחרים, מוסיף:

סַבְרִי מָרָנָן

בָּרוּךְ אַתָּה יהוה אֱלֹהֵינוּ מֶלֶךְ הָעוֹלָם
בּוֹרֵא פְּרִי הַגָּפֶן.

בסוכות מוסיף:

בָּרוּךְ אַתָּה יהוה אֱלֹהֵינוּ מֶלֶךְ הָעוֹלָם
אֲשֶׁר קִדְּשָׁנוּ בְּמִצְוֹתָיו וְצִוָּנוּ לֵישֵׁב בַּסֻּכָּה.

שלוש רגלים

עמידה לשחרית, למנחה ולערבית של יום טוב

"המתפלל צריך שיכוין בלבו פירוש המלות שמוציא בשפתיו;
ויחשוב כאלו שכינה כנגדו ויסיר כל המחשבות הטורדות אותו עד
שתשאר מחשבתו וכוונתו זכה בתפלתו" (שו"ע צח, א).

פוסע שלוש פסיעות לפנים כמי שנכנס לפני המלך.

עומד ומתפלל בלחש מכאן ועד 'וּכְשָׁנִים קַדְמֹנִיּוֹת' בעמ' 634.

כורע במקומות המסומנים ב', קד לפנים במילה הבאה וזוקף בשם.

דברים לב במנחה מוסיף: כִּי שֵׁם יהוה אֶקְרָא, הָבוּ גֹדֶל לֵאלֹהֵינוּ:

תהלים נא אֲדֹנָי, שְׂפָתַי תִּפְתָּח, וּפִי יַגִּיד תְּהִלָּתֶךָ:

אבות

'בָּרוּךְ אַתָּה יהוה, אֱלֹהֵינוּ וֵאלֹהֵי אֲבוֹתֵינוּ
אֱלֹהֵי אַבְרָהָם, אֱלֹהֵי יִצְחָק, וֵאלֹהֵי יַעֲקֹב
הָאֵל הַגָּדוֹל הַגִּבּוֹר וְהַנּוֹרָא, אֵל עֶלְיוֹן
גּוֹמֵל חֲסָדִים טוֹבִים, וְקוֹנֵה הַכֹּל
וְזוֹכֵר חַסְדֵי אָבוֹת
וּמֵבִיא גוֹאֵל לִבְנֵי בְנֵיהֶם
לְמַעַן שְׁמוֹ בְּאַהֲבָה.
מֶלֶךְ עוֹזֵר וּמוֹשִׁיעַ וּמָגֵן.
'בָּרוּךְ אַתָּה יהוה, מָגֵן אַבְרָהָם.

גבורות

אַתָּה גִּבּוֹר לְעוֹלָם, אֲדֹנָי

מְחַיֵּה מֵתִים אַתָּה, רַב לְהוֹשִׁיעַ

במנחה של שמחת תורה ובערבית ובשחרית של יום א׳ של פסח אומר:

מַשִּׁיב הָרְוּחַ וּמוֹרִיד הַגֶּשֶׁם

בשאר המועדים אומר:

מוֹרִיד הַטָּל

מְכַלְכֵּל חַיִּים בְּחֶסֶד

מְחַיֵּה מֵתִים בְּרַחֲמִים רַבִּים

סוֹמֵךְ נוֹפְלִים, וְרוֹפֵא חוֹלִים

וּמַתִּיר אֲסוּרִים

וּמְקַיֵּם אֱמוּנָתוֹ לִישֵׁנֵי עָפָר.

מִי כָמְוֹךָ, בַּעַל גְּבוּרוֹת

וּמִי דּוֹמֶה לָּךְ

מֶלֶךְ, מֵמִית וּמְחַיֶּה וּמַצְמִיחַ יְשׁוּעָה.

וְנֶאֱמָן אַתָּה לְהַחֲיוֹת מֵתִים.

בָּרוּךְ אַתָּה יהוה, מְחַיֵּה הַמֵּתִים.

בתפילת לחש ממשיך ׳אַתָּה קָדוֹשׁ׳ בעמ׳ 624.

בחזרת הש״ץ בשחרית אומר את הקדושה בעמוד הבא, ובמנחה בעמ׳ 623.

קדושה לשחרית

במקומות המסומנים ב˚, המתפלל מתרומם על קצות אצבעותיו.

קהל ואחריו שליח הציבור:

נְקַדֵּשׁ אֶת שִׁמְךָ בָּעוֹלָם
כְּשֵׁם שֶׁמַּקְדִּישִׁים אוֹתוֹ בִּשְׁמֵי מָרוֹם
כַּכָּתוּב עַל יַד נְבִיאֶךָ: וְקָרָא זֶה אֶל־זֶה וְאָמַר ישעיה ו

קהל ואחריו שליח הציבור:

˚קָדוֹשׁ, ˚קָדוֹשׁ, ˚קָדוֹשׁ, יהוה צְבָאוֹת
מְלֹא כָל־הָאָרֶץ כְּבוֹדוֹ:
אָז בְּקוֹל רַעַשׁ גָּדוֹל אַדִּיר וְחָזָק, מַשְׁמִיעִים קוֹל
מִתְנַשְּׂאִים לְעֻמַּת שְׂרָפִים, לְעֻמָּתָם בָּרוּךְ יֹאמֵרוּ

קהל ואחריו שליח הציבור:

˚בָּרוּךְ כְּבוֹד־יהוה מִמְּקוֹמוֹ: יחזקאל ג
מִמְּקוֹמְךָ מַלְכֵּנוּ תוֹפִיעַ וְתִמְלֹךְ עָלֵינוּ
כִּי מְחַכִּים אֲנַחְנוּ לָךְ.
מָתַי תִּמְלֹךְ בְּצִיּוֹן, בְּקָרוֹב בְּיָמֵינוּ לְעוֹלָם וָעֶד תִּשְׁכֹּן
תִּתְגַּדַּל וְתִתְקַדַּשׁ בְּתוֹךְ יְרוּשָׁלַיִם עִירְךָ
לְדוֹר וָדוֹר וּלְנֵצַח נְצָחִים.
וְעֵינֵינוּ תִרְאֶינָה מַלְכוּתֶךָ כַּדָּבָר הָאָמוּר בְּשִׁירֵי עֻזֶּךָ
עַל יְדֵי דָוִד מְשִׁיחַ צִדְקֶךָ.

קהל ואחריו שליח הציבור:

תהלים קמו

יִמְלֹךְ יהוה לְעוֹלָם

אֱלֹהַיִךְ צִיּוֹן לְדֹר וָדֹר, הַלְלוּיָהּ:

שליח הציבור:

לְדוֹר וָדוֹר נַגִּיד גָּדְלֶךָ

וּלְנֵצַח נְצָחִים קְדֻשָּׁתְךָ נַקְדִּישׁ

וְשִׁבְחֲךָ אֱלֹהֵינוּ מִפִּינוּ לֹא יָמוּשׁ לְעוֹלָם וָעֶד

כִּי אֵל מֶלֶךְ גָּדוֹל וְקָדוֹשׁ אָתָּה.

בָּרוּךְ אַתָּה יהוה הָאֵל הַקָּדוֹשׁ.

שליח הציבור ממשיך ׳אַתָּה בְחַרְתָּנוּ׳ בעמ׳ 625.

קדושה למנחה

במקומות המסומנים ב־ ׳, המתפלל מתרומם על קצות אצבעותיו.

קהל ואחריו שליח הציבור:

נְקַדֵּשׁ אֶת שִׁמְךָ בָּעוֹלָם

כְּשֵׁם שֶׁמַּקְדִּישִׁים אוֹתוֹ בִּשְׁמֵי מָרוֹם

ישעיה ו

כַּכָּתוּב עַל יַד נְבִיאֶךָ: וְקָרָא זֶה אֶל־זֶה וְאָמַר

קהל ואחריו שליח הציבור:

׳קָדוֹשׁ, ׳קָדוֹשׁ, ׳קָדוֹשׁ, יהוה צְבָאוֹת

מְלֹא כָל־הָאָרֶץ כְּבוֹדוֹ:

לְעֻמָּתָם בָּרוּךְ יֹאמֵרוּ

קהל ואחריו שליח הציבור:

▲בָּרוּךְ כְּבוֹד־יהוה מִמְּקוֹמוֹ: יחזקאל ג

וּבְדִבְרֵי קָדְשְׁךָ כָּתוּב לֵאמֹר

קהל ואחריו שליח הציבור:

▲יִמְלֹךְ יהוה לְעוֹלָם תהלים קמו

אֱלֹהַיִךְ צִיּוֹן לְדֹר וָדֹר, הַלְלוּיָהּ:

שליח הציבור:

לְדוֹר וָדוֹר נַגִּיד גָּדְלֶךָ

וּלְנֵצַח נְצָחִים קְדֻשָּׁתְךָ נַקְדִּישׁ

וְשִׁבְחֲךָ אֱלֹהֵינוּ מִפִּינוּ לֹא יָמוּשׁ לְעוֹלָם וָעֶד

כִּי אֵל מֶלֶךְ גָּדוֹל וְקָדוֹשׁ אָתָּה.

בָּרוּךְ אַתָּה יהוה

הָאֵל הַקָּדוֹשׁ.

שליח הציבור ממשיך ׳אַתָּה בְחַרְתָּנוּ׳ בעמוד הבא.

קדושת השם

אַתָּה קָדוֹשׁ וְשִׁמְךָ קָדוֹשׁ

וּקְדוֹשִׁים בְּכָל יוֹם יְהַלְלוּךָ סֶּלָה.

בָּרוּךְ אַתָּה יהוה

הָאֵל הַקָּדוֹשׁ.

קדושת היום

בניגוד לשבת, שהתקדשה בששת ימי בראשית, קדושת הרגלים תלויה בקידוש החודשים על ידי ישראל. לכן תפילות החגים פותחות בבחירת ישראל וחותמות 'מְקַדֵּשׁ יִשְׂרָאֵל וְהַזְּמַנִּים' (רש"י, ביצה יז ע"א).

אַתָּה בְחַרְתָּנוּ מִכָּל הָעַמִּים
אָהַבְתָּ אוֹתָנוּ וְרָצִיתָ בָּנוּ
וְרוֹמַמְתָּנוּ מִכָּל הַלְּשׁוֹנוֹת
וְקִדַּשְׁתָּנוּ בְּמִצְוֹתֶיךָ
וְקֵרַבְתָּנוּ מַלְכֵּנוּ לַעֲבוֹדָתֶךָ
וְשִׁמְךָ הַגָּדוֹל וְהַקָּדוֹשׁ עָלֵינוּ קָרָאתָ.

במוצאי שבת מוסיפים (על פי ברכות לג ע"ב):

וַתּוֹדִיעֵנוּ יהוה אֱלֹהֵינוּ אֶת מִשְׁפְּטֵי צִדְקֶךָ, וַתְּלַמְּדֵנוּ לַעֲשׂוֹת חֻקֵּי רְצוֹנֶךָ, וַתִּתֶּן לָנוּ יהוה אֱלֹהֵינוּ מִשְׁפָּטִים יְשָׁרִים וְתוֹרוֹת אֱמֶת, חֻקִּים וּמִצְוֹת טוֹבִים, וַתַּנְחִילֵנוּ זְמַנֵּי שָׂשׂוֹן וּמוֹעֲדֵי קֹדֶשׁ וְחַגֵּי נְדָבָה, וַתּוֹרִישֵׁנוּ קְדֻשַּׁת שַׁבָּת וּכְבוֹד מוֹעֵד וַחֲגִיגַת הָרֶגֶל. וַתַּבְדֵּל יהוה אֱלֹהֵינוּ בֵּין קֹדֶשׁ לְחֹל, בֵּין אוֹר לְחֹשֶׁךְ, בֵּין יִשְׂרָאֵל לָעַמִּים, בֵּין יוֹם הַשְּׁבִיעִי לְשֵׁשֶׁת יְמֵי הַמַּעֲשֶׂה. בֵּין קְדֻשַּׁת שַׁבָּת לִקְדֻשַּׁת יוֹם טוֹב הִבְדַּלְתָּ, וְאֶת יוֹם הַשְּׁבִיעִי

מִשֵּׁשֶׁת יְמֵי הַמַּעֲשֶׂה קִדַּשְׁתָּ, הִבְדַּלְתָּ וְקִדַּשְׁתָּ
אֶת עַמְּךָ יִשְׂרָאֵל בִּקְדֻשָּׁתֶךָ.

בשבת מוסיפים את המילים שבסוגריים:

וַתִּתֶּן לָנוּ יהוה אֱלֹהֵינוּ בְּאַהֲבָה
(שַׁבָּתוֹת לִמְנוּחָה וּ) מוֹעֲדִים לְשִׂמְחָה
חַגִּים וּזְמַנִּים לְשָׂשׂוֹן
אֶת יוֹם (הַשַּׁבָּת הַזֶּה וְאֶת יוֹם)

בפסח: חַג הַמַּצּוֹת הַזֶּה, זְמַן חֵרוּתֵנוּ
בשבועות: חַג הַשָּׁבוּעוֹת הַזֶּה, זְמַן מַתַּן תּוֹרָתֵנוּ
בסוכות: חַג הַסֻּכּוֹת הַזֶּה, זְמַן שִׂמְחָתֵנוּ
בשמע״צ: הַשְּׁמִינִי חַג הָעֲצֶרֶת הַזֶּה, זְמַן שִׂמְחָתֵנוּ

(בְּאַהֲבָה) מִקְרָא קֹדֶשׁ, זֵכֶר לִיצִיאַת מִצְרָיִם.

אֱלֹהֵינוּ וֵאלֹהֵי אֲבוֹתֵינוּ
יַעֲלֶה וְיָבוֹא וְיַגִּיעַ, וְיֵרָאֶה וְיֵרָצֶה וְיִשָּׁמַע
וְיִפָּקֵד וְיִזָּכֵר זִכְרוֹנֵנוּ וּפִקְדוֹנֵנוּ
וְזִכְרוֹן אֲבוֹתֵינוּ

וְזִכְרוֹן מָשִׁיחַ בֶּן דָּוִד עַבְדֶּךָ
וְזִכְרוֹן יְרוּשָׁלַיִם עִיר קָדְשֶׁךָ
וְזִכְרוֹן כָּל עַמְּךָ בֵּית יִשְׂרָאֵל, לְפָנֶיךָ
לִפְלֵיטָה לְטוֹבָה
לְחֵן וּלְחֶסֶד וּלְרַחֲמִים
לְחַיִּים וּלְשָׁלוֹם בְּיוֹם

בפסח: חַג הַמַּצּוֹת הַזֶּה.

בשבועות: חַג הַשָּׁבוּעוֹת הַזֶּה.

בסוכות: חַג הַסֻּכּוֹת הַזֶּה.

בשמע״צ: הַשְּׁמִינִי חַג הָעֲצֶרֶת הַזֶּה.

זָכְרֵנוּ יהוה אֱלֹהֵינוּ בּוֹ לְטוֹבָה
וּפָקְדֵנוּ בוֹ לִבְרָכָה
וְהוֹשִׁיעֵנוּ בוֹ לְחַיִּים.
וּבִדְבַר יְשׁוּעָה וְרַחֲמִים
חוּס וְחָנֵּנוּ, וְרַחֵם עָלֵינוּ וְהוֹשִׁיעֵנוּ
כִּי אֵלֶיךָ עֵינֵינוּ
כִּי אֵל מֶלֶךְ חַנּוּן וְרַחוּם אָתָּה.

בשבת מוסיפים את המילים שבסוגריים:

וְהַשִּׂיאֵנוּ יהוה אֱלֹהֵינוּ אֶת בִּרְכַּת מוֹעֲדֶיךָ
לְחַיִּים וּלְשָׁלוֹם, לְשִׂמְחָה וּלְשָׂשׂוֹן
כַּאֲשֶׁר רָצִיתָ וְאָמַרְתָּ לְבָרְכֵנוּ.
(אֱלֹהֵינוּ וֵאלֹהֵי אֲבוֹתֵינוּ, רְצֵה בִמְנוּחָתֵנוּ)
קַדְּשֵׁנוּ בְּמִצְוֹתֶיךָ
וְתֵן חֶלְקֵנוּ בְּתוֹרָתֶךָ
שַׂבְּעֵנוּ מִטּוּבֶךָ
וְשַׂמְּחֵנוּ בִּישׁוּעָתֶךָ
וְטַהֵר לִבֵּנוּ לְעָבְדְּךָ בֶּאֱמֶת.
וְהַנְחִילֵנוּ יהוה אֱלֹהֵינוּ (בְּאַהֲבָה וּבְרָצוֹן)
בְּשִׂמְחָה וּבְשָׂשׂוֹן (שַׁבָּת וּ) מוֹעֲדֵי קָדְשֶׁךָ
וְיִשְׂמְחוּ בְךָ יִשְׂרָאֵל מְקַדְּשֵׁי שְׁמֶךָ.
בָּרוּךְ אַתָּה יהוה
מְקַדֵּשׁ (הַשַּׁבָּת וְ) יִשְׂרָאֵל וְהַזְּמַנִּים.

עבודה

רְצֵה יהוה אֱלֹהֵינוּ בְּעַמְּךָ יִשְׂרָאֵל וּבִתְפִלָּתָם
וְהָשֵׁב אֶת הָעֲבוֹדָה לִדְבִיר בֵּיתֶךָ

וְאִשֵּׁי יִשְׂרָאֵל וּתְפִלָּתָם
בְּאַהֲבָה תְקַבֵּל בְּרָצוֹן
וּתְהִי לְרָצוֹן תָּמִיד עֲבוֹדַת יִשְׂרָאֵל עַמֶּךָ.
וְתֶחֱזֶינָה עֵינֵינוּ בְּשׁוּבְךָ לְצִיּוֹן בְּרַחֲמִים.
בָּרוּךְ אַתָּה יהוה, הַמַּחֲזִיר שְׁכִינָתוֹ לְצִיּוֹן.

בחזרת הש״ץ הקהל אומר ׳מוֹדִים׳ מתחת לקו.
בתפילת הלחש הקהל ממשיך כאן.

הודאה

כורע ב׳מוֹדִים׳ ואינו זוקף עד אמירת השם (סידור השל״ה).

מוֹדִים אֲנַחְנוּ לָךְ
שָׁאַתָּה הוּא יהוה אֱלֹהֵינוּ וֵאלֹהֵי אֲבוֹתֵינוּ
לְעוֹלָם וָעֶד.

כשהש״ץ אומר ׳מוֹדִים׳, הקהל אומר בלחש:

מוֹדִים אֲנַחְנוּ לָךְ, שָׁאַתָּה הוּא יהוה אֱלֹהֵינוּ וֵאלֹהֵי אֲבוֹתֵינוּ, אֱלֹהֵי כָל בָּשָׂר, יוֹצְרֵנוּ, יוֹצֵר בְּרֵאשִׁית. בְּרָכוֹת וְהוֹדָאוֹת, לְשִׁמְךָ הַגָּדוֹל וְהַקָּדוֹשׁ, עַל שֶׁהֶחֱיִיתָנוּ וְקִיַּמְתָּנוּ. כֵּן תְּחַיֵּנוּ וּתְקַיְּמֵנוּ, וְתֶאֱסֹף גָּלֻיּוֹתֵינוּ, לְחַצְרוֹת קָדְשֶׁךָ, לִשְׁמֹר חֻקֶּיךָ וְלַעֲשׂוֹת רְצוֹנֶךָ וּלְעָבְדְּךָ בְּלֵבָב שָׁלֵם, עַל שֶׁאֲנַחְנוּ מוֹדִים לָךְ. בָּרוּךְ אֵל הַהוֹדָאוֹת.

צוּר חַיֵּינוּ, מָגֵן יִשְׁעֵנוּ אַתָּה הוּא לְדוֹר וָדוֹר.
נוֹדֶה לְּךָ וּנְסַפֵּר תְּהִלָּתֶךָ
עַל חַיֵּינוּ הַמְּסוּרִים בְּיָדֶךָ
וְעַל נִשְׁמוֹתֵינוּ הַפְּקוּדוֹת לָךְ
וְעַל נִסֶּיךָ שֶׁבְּכָל יוֹם עִמָּנוּ
וְעַל נִפְלְאוֹתֶיךָ וְטוֹבוֹתֶיךָ
שֶׁבְּכָל עֵת, עֶרֶב וָבֹקֶר וְצָהֳרָיִם.
הַטּוֹב, כִּי לֹא כָלוּ רַחֲמֶיךָ
וְהַמְרַחֵם, כִּי לֹא תַמּוּ חֲסָדֶיךָ
מֵעוֹלָם קִוִּינוּ לָךְ.
וְעַל כֻּלָּם יִתְבָּרַךְ וְיִתְרוֹמַם שִׁמְךָ מַלְכֵּנוּ
תָּמִיד לְעוֹלָם וָעֶד.
וְכֹל הַחַיִּים יוֹדוּךָ סֶּלָה
וִיהַלְלוּ אֶת שִׁמְךָ בֶּאֱמֶת
הָאֵל יְשׁוּעָתֵנוּ וְעֶזְרָתֵנוּ סֶלָה.
°בָּרוּךְ אַתָּה יהוה
הַטּוֹב שִׁמְךָ וּלְךָ נָאֶה לְהוֹדוֹת.

בתפילת הלחש בשחרית ובמנחה בשבת ממשיכים 'שִׂים שָׁלוֹם',
ובמנחה וערבית 'שָׁלוֹם רָב' בעמ' 632.

אם יותר מכוהן אחד עולה לדוכן, הגבאי קורא:

כֹּהֲנִים

הכוהנים מברכים:

בָּרוּךְ אַתָּה יהוה אֱלֹהֵינוּ מֶלֶךְ הָעוֹלָם, אֲשֶׁר קִדְּשָׁנוּ בִּקְדֻשָּׁתוֹ שֶׁל אַהֲרֹן, וְצִוָּנוּ לְבָרֵךְ אֶת עַמּוֹ יִשְׂרָאֵל בְּאַהֲבָה.

הש״ץ מקריא מילה במילה, והכוהנים אחריו:

יְבָרֶכְךָ יהוה וְיִשְׁמְרֶךָ: קהל: אָמֵן במדבר ו

יָאֵר יהוה פָּנָיו אֵלֶיךָ וִיחֻנֶּךָּ: קהל: אָמֵן

יִשָּׂא יהוה פָּנָיו אֵלֶיךָ וְיָשֵׂם לְךָ שָׁלוֹם: קהל: אָמֵן

שליח הציבור ממשיך ׳שִׂים שָׁלוֹם׳.

הכוהנים אומרים: רִבּוֹנוֹ שֶׁל עוֹלָם, עָשִׂינוּ מַה שֶּׁגָּזַרְתָּ עָלֵינוּ, אַף אַתָּה עֲשֵׂה עִמָּנוּ כְּמוֹ שֶׁהִבְטַחְתָּנוּ. הַשְׁקִיפָה מִמְּעוֹן קָדְשְׁךָ מִן־הַשָּׁמַיִם, וּבָרֵךְ אֶת־עַמְּךָ אֶת־יִשְׂרָאֵל, וְאֵת הָאֲדָמָה אֲשֶׁר נָתַתָּה לָנוּ, כַּאֲשֶׁר נִשְׁבַּעְתָּ לַאֲבֹתֵינוּ, אֶרֶץ זָבַת חָלָב וּדְבָשׁ: דברים כו

הקהל אומר: אַדִּיר בַּמָּרוֹם שׁוֹכֵן בִּגְבוּרָה, אַתָּה שָׁלוֹם וְשִׁמְךָ שָׁלוֹם. יְהִי רָצוֹן שֶׁתָּשִׂים עָלֵינוּ וְעַל כָּל עַמְּךָ בֵּית יִשְׂרָאֵל חַיִּים וּבְרָכָה לְמִשְׁמֶרֶת שָׁלוֹם.

אם אין כוהנים העולים לדוכן, שליח הציבור אומר:

אֱלֹהֵינוּ וֵאלֹהֵי אֲבוֹתֵינוּ, בָּרְכֵנוּ בַּבְּרָכָה הַמְשֻׁלֶּשֶׁת בַּתּוֹרָה, הַכְּתוּבָה עַל יְדֵי מֹשֶׁה עַבְדֶּךָ, הָאֲמוּרָה מִפִּי אַהֲרֹן וּבָנָיו כֹּהֲנִים עַם קְדוֹשֶׁיךָ, כָּאָמוּר

במדבר ו יְבָרֶכְךָ יהוה וְיִשְׁמְרֶךָ: קהל: כֵּן יְהִי רָצוֹן
יָאֵר יהוה פָּנָיו אֵלֶיךָ וִיחֻנֶּךָּ: קהל: כֵּן יְהִי רָצוֹן
יִשָּׂא יהוה פָּנָיו אֵלֶיךָ וְיָשֵׂם לְךָ שָׁלוֹם: קהל: כֵּן יְהִי רָצוֹן

שלום

בשחרית ובמנחה בשבת (למנהג רוב הקהילות):

שִׂים שָׁלוֹם טוֹבָה וּבְרָכָה
חֵן וָחֶסֶד וְרַחֲמִים עָלֵינוּ וְעַל כָּל יִשְׂרָאֵל עַמֶּךָ.
בָּרְכֵנוּ אָבִינוּ כֻּלָּנוּ כְּאֶחָד בְּאוֹר פָּנֶיךָ
כִּי בְאוֹר פָּנֶיךָ נָתַתָּ לָּנוּ, יהוה אֱלֹהֵינוּ
תּוֹרַת חַיִּים וְאַהֲבַת חֶסֶד
וּצְדָקָה וּבְרָכָה וְרַחֲמִים וְחַיִּים וְשָׁלוֹם.
וְטוֹב בְּעֵינֶיךָ לְבָרֵךְ אֶת עַמְּךָ יִשְׂרָאֵל
בְּכָל עֵת וּבְכָל שָׁעָה בִּשְׁלוֹמֶךָ.

במנחה ובערבית:

שָׁלוֹם רָב עַל יִשְׂרָאֵל עַמְּךָ תָּשִׂים לְעוֹלָם
כִּי אַתָּה הוּא מֶלֶךְ אָדוֹן לְכָל הַשָּׁלוֹם.
וְטוֹב בְּעֵינֶיךָ לְבָרֵךְ אֶת עַמְּךָ יִשְׂרָאֵל
בְּכָל עֵת וּבְכָל שָׁעָה בִּשְׁלוֹמֶךָ.

בָּרוּךְ אַתָּה יהוה
הַמְבָרֵךְ אֶת עַמּוֹ יִשְׂרָאֵל בַּשָּׁלוֹם.

שליח הציבור מסיים באמירת הפסוק הבא בלחש,
ויש הנוהגים לאומרו גם בסוף תפילת לחש של יחיד.

יִהְיוּ לְרָצוֹן אִמְרֵי־פִי וְהֶגְיוֹן לִבִּי לְפָנֶיךָ, יהוה צוּרִי וְגֹאֲלִי: תהלים יט

אֱלֹהַי ברכות יז.

נְצֹר לְשׁוֹנִי מֵרָע וּשְׂפָתַי מִדַּבֵּר מִרְמָה
וְלִמְקַלְלַי נַפְשִׁי תִדֹּם, וְנַפְשִׁי כֶּעָפָר לַכֹּל תִּהְיֶה.
פְּתַח לִבִּי בְּתוֹרָתֶךָ, וּבְמִצְוֹתֶיךָ תִּרְדֹּף נַפְשִׁי.
וְכָל הַחוֹשְׁבִים עָלַי רָעָה
מְהֵרָה הָפֵר עֲצָתָם וְקַלְקֵל מַחֲשַׁבְתָּם.
עֲשֵׂה לְמַעַן שְׁמֶךָ
עֲשֵׂה לְמַעַן יְמִינֶךָ
עֲשֵׂה לְמַעַן קְדֻשָּׁתֶךָ
עֲשֵׂה לְמַעַן תּוֹרָתֶךָ.
לְמַעַן יֵחָלְצוּן יְדִידֶיךָ, הוֹשִׁיעָה יְמִינְךָ וַעֲנֵנִי: תהלים ס
יִהְיוּ לְרָצוֹן אִמְרֵי־פִי וְהֶגְיוֹן לִבִּי לְפָנֶיךָ תהלים יט
יהוה צוּרִי וְגֹאֲלִי:

כורע ופוסע שלוש פסיעות לאחור. קד לשמאל, לימין ולפנים באמירת:

עֹשֶׂה שָׁלוֹם בִּמְרוֹמָיו
הוּא יַעֲשֶׂה שָׁלוֹם עָלֵינוּ וְעַל כָּל יִשְׂרָאֵל,
וְאִמְרוּ אָמֵן.

יְהִי רָצוֹן מִלְּפָנֶיךָ יהוה אֱלֹהֵינוּ וֵאלֹהֵי אֲבוֹתֵינוּ
שֶׁיִּבָּנֶה בֵּית הַמִּקְדָּשׁ בִּמְהֵרָה בְיָמֵינוּ
וְתֵן חֶלְקֵנוּ בְּתוֹרָתֶךָ
וְשָׁם נַעֲבָדְךָ בְּיִרְאָה כִּימֵי עוֹלָם וּכְשָׁנִים קַדְמוֹנִיּוֹת.
וְעָרְבָה לַיהוה מִנְחַת יְהוּדָה וִירוּשָׁלָםִ מלאכי ג
כִּימֵי עוֹלָם וּכְשָׁנִים קַדְמוֹנִיּוֹת:

בליל שבת אומרים ׳וַיְכֻלּוּ׳ וברכה מעין שבע (בעמ׳ 270),
ובליל פסח אין אומרים ברכה מעין שבע.

בלילה הראשון של פסח נוהגים לקרוא הלל שלם (בעמ׳ 576) ואחריו קדיש שלם
וממשיכים בתפילת ערבית ליום טוב (בעמ׳ 272).

בשאר ימים טובים ממשיכים בקדיש ובערבית של יום טוב (בעמ׳ 272),
אך בשמיני עצרת, אחרי הקדיש, מתחילים הקפות בעמוד הבא.

בשחרית קוראים כאן את ההלל (בעמ׳ 576).

במנחה ממשיכים בקדיש שלם (בעמ׳ 468) ו׳עָלֵינוּ׳.

סדר הקפות

בערבית ובשחרית של שמיני עצרת אומרים סדר זה לפני ההקפות (רמ"א, תרסט, א). שליח הציבור אומר פסוק פסוק והקהל אחריו:

אַתָּה הָרְאֵתָ לָדַעַת, כִּי יהוה הוּא הָאֱלֹהִים, דברים ד
אֵין עוֹד מִלְּבַדּוֹ:
לְעֹשֵׂה נִפְלָאוֹת גְּדֹלוֹת לְבַדּוֹ תהלים קלו
כִּי לְעוֹלָם חַסְדּוֹ:
אֵין־כָּמְוֹךָ בָאֱלֹהִים, אֲדֹנָי, וְאֵין כְּמַעֲשֶׂיךָ: תהלים פו
יְהִי כְבוֹד יהוה לְעוֹלָם תהלים קד
יִשְׂמַח יהוה בְּמַעֲשָׂיו:
יְהִי שֵׁם יהוה מְבֹרָךְ, מֵעַתָּה וְעַד־עוֹלָם: תהלים קיג
יְהִי יהוה אֱלֹהֵינוּ עִמָּנוּ מלכים א׳ ח
כַּאֲשֶׁר הָיָה עִם־אֲבֹתֵינוּ
אַל־יַעַזְבֵנוּ וְאַל־יִטְּשֵׁנוּ:
וְאִמְרוּ, הוֹשִׁיעֵנוּ אֱלֹהֵי יִשְׁעֵנוּ דברי הימים א׳ טז
וְקַבְּצֵנוּ וְהַצִּילֵנוּ מִן־הַגּוֹיִם
לְהֹדוֹת לְשֵׁם קָדְשֶׁךָ, לְהִשְׁתַּבֵּחַ בִּתְהִלָּתֶךָ:
יהוה מֶלֶךְ, יהוה מָלָךְ
יהוה יִמְלֹךְ לְעֹלָם וָעֶד.

תהלים כט יְהוה עֹז לְעַמּוֹ יִתֵּן
יְהוה יְבָרֵךְ אֶת־עַמּוֹ בַשָּׁלוֹם:
וְיִהְיוּ נָא אֲמָרֵינוּ לְרָצוֹן, לִפְנֵי אֲדוֹן כֹּל.

פותחים את ארון הקודש.

במדבר י וַיְהִי בִּנְסֹעַ הָאָרֹן וַיֹּאמֶר מֹשֶׁה
קוּמָה יהוה וְיָפֻצוּ אֹיְבֶיךָ
וְיָנֻסוּ מְשַׂנְאֶיךָ מִפָּנֶיךָ:
תהלים קלב קוּמָה יהוה לִמְנוּחָתֶךָ, אַתָּה וַאֲרוֹן עֻזֶּךָ:
כֹּהֲנֶיךָ יִלְבְּשׁוּ־צֶדֶק, וַחֲסִידֶיךָ יְרַנֵּנוּ:
בַּעֲבוּר דָּוִד עַבְדֶּךָ, אַל־תָּשֵׁב פְּנֵי מְשִׁיחֶךָ:
ישעיה כה וְאָמַר בַּיּוֹם הַהוּא
הִנֵּה אֱלֹהֵינוּ זֶה קִוִּינוּ לוֹ, וְיוֹשִׁיעֵנוּ
זֶה יהוה קִוִּינוּ לוֹ, נָגִילָה וְנִשְׂמְחָה בִּישׁוּעָתוֹ:
תהלים קמה מַלְכוּתְךָ מַלְכוּת כָּל־עֹלָמִים
וּמֶמְשַׁלְתְּךָ בְּכָל־דּוֹר וָדֹר:
ישעיה ב כִּי מִצִּיּוֹן תֵּצֵא תוֹרָה, וּדְבַר־יהוה מִירוּשָׁלָםִ:
אַב הָרַחֲמִים
תהלים נא הֵיטִיבָה בִרְצוֹנְךָ אֶת־צִיּוֹן, תִּבְנֶה חוֹמוֹת יְרוּשָׁלָםִ:
כִּי בְךָ לְבַד בָּטָחְנוּ, מֶלֶךְ אֵל רָם וְנִשָּׂא, אֲדוֹן עוֹלָמִים.

מוציאים את כל ספרי התורה ומקיפים את הבימה שבע פעמים.

הקפה ראשונה:

אָנָּא יהוה הוֹשִׁיעָה נָּא תהלים קיח

אָנָּא יהוה הַצְלִיחָה נָא:

אָנָּא יהוה עֲנֵנוּ בְיוֹם קָרְאֵנוּ.

אֱלֹהֵי הָרוּחוֹת הוֹשִׁיעָה נָּא

בּוֹחֵן לְבָבוֹת הַצְלִיחָה נָא

גּוֹאֵל חָזָק עֲנֵנוּ בְיוֹם קָרְאֵנוּ.

הקפה שנייה:

דּוֹבֵר צְדָקוֹת הוֹשִׁיעָה נָּא

הָדוּר בִּלְבוּשׁוֹ הַצְלִיחָה נָא

וָתִיק וְחָסִיד עֲנֵנוּ בְיוֹם קָרְאֵנוּ.

הקפה שלישית:

זַךְ וְיָשָׁר הוֹשִׁיעָה נָּא

חַנּוּן וְרַחוּם הַצְלִיחָה נָא

טוֹב וּמֵיטִיב עֲנֵנוּ בְיוֹם קָרְאֵנוּ.

הקפה רביעית:

יוֹדֵעַ מַחֲשָׁבוֹת הוֹשִׁיעָה נָּא

כַּבִּיר כֹּחַ הַצְלִיחָה נָא

לוֹבֵשׁ צְדָקוֹת עֲנֵנוּ בְיוֹם קָרְאֵנוּ.

הקפה חמישית:

מֶלֶךְ עוֹלָמִים הוֹשִׁיעָה נָּא
נָאוֹר וְאַדִּיר הַצְלִיחָה נָא
סוֹמֵךְ וְסוֹעֵד עֲנֵנוּ בְּיוֹם קָרְאֵנוּ.

הקפה שישית:

עוֹזֵר דַּלִּים הוֹשִׁיעָה נָּא
פּוֹדֶה וּמַצִּיל הַצְלִיחָה נָא
צוּר עוֹלָמִים עֲנֵנוּ בְּיוֹם קָרְאֵנוּ.

הקפה שביעית:

קָדוֹשׁ וְנוֹרָא הוֹשִׁיעָה נָּא
רַחוּם וְחַנּוּן הַצְלִיחָה נָא
שׁוֹכֵן שְׁחָקִים עֲנֵנוּ בְּיוֹם קָרְאֵנוּ.

תּוֹמֵךְ תְּמִימִים הוֹשִׁיעָה נָּא
תַּקִּיף לָעַד הַצְלִיחָה נָא
תָּמִים בְּמַעֲשָׂיו עֲנֵנוּ בְּיוֹם קָרְאֵנוּ.

ממשיכים בהוצאת ספר תורה (בערבית, מ׳שְׁמַע יִשְׂרָאֵל׳ בעמ׳ 373; בשחרית החל ביום חול, נוהגים לומר י״ג מידות בעמ׳ 370) ומחזירים את ספרי התורה לארון פרט לאלה שעתידים לקרוא בהם. בערבית המנהג המקובל להעלות שלושה קרואים בפרשת וזאת הברכה (בעמ׳ 1045), ויש המעלים חמישה קרואים. בשחרית נוהגים להעלות את כל המתפללים.

אקדמות

בשבועות, אחרי שקראו לעולה הראשון וקודם שהתחיל את ברכת התורה, אומרים:

ש״ץ: אַקְדָּמוּת מִלִּין וְשָׁרָיוּת שׁוּתָא
אַוְלָא שָׁקֵלְנָא הַרְמָן וּרְשׁוּתָא.

קהל: בְּבָבֵי תְרֵי וּתְלָת דְּאֶפְתַּח בְּנַקְשׁוּתָא
בְּבָרֵי דְבָרֵי וְטָרֵי עֲדֵי לְקַשִּׁישׁוּתָא.

ש״ץ: גְּבוּרָן עָלְמִין לֵהּ, וְלָא סְפֵק פְּרִישׁוּתָא
גְּוִיל אִלּוּ רְקִיעֵי, קְנֵי כָּל חֻרְשָׁתָא.

קהל: דְּיוֹ אִלּוּ יַמֵּי וְכָל מֵי כְנִישׁוּתָא
דָּיְרֵי אַרְעָא סָפְרֵי וְרָשְׁמֵי רַשְׁוָתָא.

ש״ץ: הֲדַר מָרֵי שְׁמַיָּא וְשַׁלִּיט בְּיַבֶּשְׁתָּא
הֲקֵים עָלְמָא יְחִידָאי, וְכַבְּשֵׁהּ בְּכַבְּשׁוּתָא.

קהל: וּבְלָא לֵאוּ שַׁכְלְלֵהּ, וּבְלָא תְשָׁשׁוּתָא
וּבְאָתָא קַלִּילָא דְּלֵית בַּהּ מְשָׁשׁוּתָא.

ש״ץ: זַמֵּן כָּל עֲבִידְתֵּהּ בְּהַךְ יוֹמֵי שִׁתָּא
זְהוֹר יְקָרֵהּ עַלִּי, עֲלֵי כָּרְסְיֵהּ דְאֶשָּׁתָא.

קהל: חֵיל אֶלֶף אַלְפִין וְרִבּוֹא לְשַׁמָּשׁוּתָא
חַדְתִּין נְבוֹט לְצַפְרִין, סַגִּיאָה טָרְשׁוּתָא.

ש״ץ: טְפֵי יְקִידִין שְׂרָפִין, כְּלוֹל גַּפֵּי שִׁתָּא
טְעֵם עַד יִתְיְהֵב לְהוֹן, שְׁתִיקִין בְּאַדִּישְׁתָּא.

קהל: יְקַבְּלוּן דֵּין מִן דֵּין שָׁוֵי דְּלָא בְשַׁשְׁתָּא
יְקָר מְלֵי כָל אַרְעָא לְתַלּוֹתֵי קְדֻשְׁתָּא.

ש"ץ: כְּקָל מִן קֳדָם שַׁדַּי, כְּקָל מֵי נְפִישׁוּתָא
כְּרוּבִין קֳבֵל גַּלְגְּלִין מְרוֹמְמִין בְּאַוְשָׁתָא.

קהל: לְמֶחֱזֵי בְּאַנְפָּא עֵין כְּוָת גִּירֵי קַשְׁתָּא
לְכָל אֲתַר דְּמִשְׁתַּלְּחִין, זְרִיזִין בְּאַשְׁוָתָא.

ש"ץ: מְבָרְכִין בְּרִיךְ יְקָרֵהּ בְּכָל לִשָּׁן לְחִישׁוּתָא
מֵאֲתַר בֵּית שְׁכִינְתֵּהּ, דְּלָא צְרִיךְ בְּחִישׁוּתָא.

קהל: נְהֵם כָּל חֵיל מְרוֹמָא, מְקַלְּסִין בַּחֲשַׁשְׁתָּא
נְהִירָא מַלְכוּתֵהּ לְדָר וְדָר לְאַפְרַשְׁתָּא.

ש"ץ: סְדִירָא בְהוֹן קְדֻשְׁתָּא, וְכַד חָלְפָא שַׁעְתָּא
סִיּוּמָא דִלְעָלַם, וְאוּף לָא לְשַׁבּוּעֲתָא.

קהל: עֲדַב יְקַר אַחְסַנְתֵּהּ חֲבִיבִין, דִּבְקְבַעְתָּא
עֲבִידִין לֵהּ חֲטִיבָא בִּדְנַח וּשְׁקַעְתָּא.

ש"ץ: פְּרִישָׁן לְמָנָתֵהּ לְמֶעְבַּד לֵהּ רְעוּתָא
פְּרִישָׁתֵי שְׁבָחֵהּ יְחַווּן בְּשָׁעוּתָא.

קהל: צְבֵי וְחָמֵד וְרָגֵג דְּיִלְאוּן בְּלָעוּתָא
צְלוֹתְהוֹן בְּכֵן מְקַבֵּל, וְהָנְיָא בָעוּתָא.

ש״ץ: קְטִירָא לְחַי עָלְמָא בְּתָגָא בְּשַׁבְעֲתָא
קָבֵל יְקַר טוֹטֶפְתָּא יְתִיבָא בְקְבִיעֲתָא.

קהל: רְשִׁימָא הִיא גּוּפָא בְּחָכְמְתָא וּבְדַעְתָּא
רְבוּתְהוֹן דְּיִשְׂרָאֵל, קְרָאֵי בְשַׁמַּעְתָּא.

ש״ץ: שְׁבַח רִבּוֹן עָלְמָא, אֲמִירָא דַכְוָתָא
שְׁפַר עֲלַי לְחַוּוֹיֵהּ בְּאַפֵּי מַלְכְוָתָא.

קהל: תָּאִין וּמִתְכַּנְשִׁין כְּחֵזוּ אַדְוָתָא
תְּמֵהִין וְשָׁיְלִין לֵהּ בְּעֵסֶק אָתְוָתָא.

ש״ץ: מְנָן וּמַאן הוּא רְחִימָךְ, שַׁפִּירָא בְּרֵוְתָא
אֲרוּם בְּגִינֵהּ סְפֵית מְדוֹר אַרְיָוָתָא.

קהל: יְקָרָא וְיָאָה אַתְּ, אִין תְּעָרְבִי לְמָרְוָתָא
רְעוּתֵךְ נַעֲבֵד לִיךְ בְּכָל אַתְרְוָתָא.

ש״ץ: בְּחָכְמְתָא מְתִיבְתָּא לְהוֹן, קְצָת לְהוֹדָעוּתָא
יְדַעְתּוּן חַכְּמִין לֵהּ בְּאִשְׁתְּמוֹדָעוּתָא.

קהל: רְבוּתְכוֹן מָה חֲשִׁיבָא קֳבֵל הַהִיא שְׁבַחְתָּא
רְבוּתָא דְיַעֲבֵד לִי, כַּד מָטְיָא יְשׁוּעֲתָא.

ש״ץ: בְּמֵיתֵי לִי נְהוֹרָא, וְתַחֲפֵי לְכוֹן בַּהֲתָא
יְקָרֵהּ כַּד אִתְגְּלֵי בְּתָקְפָּא וּבְגֵיוְתָא.

קהל: יְשַׁלֵּם גִּמְלַיָּא לְשָׂנְאֵי וְנַגְוָתָא
צִדְקָתָא לְעַם חָבִיב וְסַגֵּי זַכְוָתָא.

ש״ץ: חֲדוּ שְׁלֵמָא בְּמֵיתֵי, וּמָנָא דַכְוָתָא
קִרְיְתָא דִירוּשְׁלֵם כַּד יְכַנֵּשׁ גָּלְוָתָא.

קהל: יְקָרֵהּ מַטֵּל עֲלַהּ בְּיוֹמֵי וְלֵילְוָתָא
גְּנוּנֵהּ לְמֶעְבַּד בַּהּ בְּתֻשְׁבְּחָן כְּלִילָתָא.

ש״ץ: דְּזֵהוֹר עֲנָנַיָּא לְמִשְׁפַּר כִּילָתָא
לְפוּמֵהּ דַעֲבִידְתָא עֲבִידָן מְטַלַּלְתָא.

קהל: בְּתַכְתְּקֵי דְהַב פִּזָא, וּשְׁבַע מַעֲלָתָא
תְּחִימִין צַדִּיקֵי קֳדָם רַב פָּעֳלָתָא.

ש״ץ: וְרֵוֵיהוֹן דָּמֵי לְשָׂבְעָא חֶדְוָתָא
רְקִיעָא בְּזֵהוֹרֵהּ וְכוֹכְבֵי זִיוָתָא.

קהל: הֲדָרָא דְּלָא אֶפְשָׁר לְמִפְרַט שִׂפְוָתָא
וְלָא אִשְׁתְּמַע וַחֲמֵי נְבִיאָן חֶזְוָתָא.

ש״ץ: בְּלָא שָׁלְטָא בֵהּ עֵין, בְּגוֹ עֵדֶן גִּנְתָא
מְטַיְּלֵי בֵהּ חִנְגָּא לְבַהֲדֵי דִשְׁכִינְתָא.

קהל: עֲלֵהּ רָמְזֵי דֵין הוּא, בְּרַם בְּאֵימְתָנוּתָא
שַׂבְרְנָא לֵהּ בְּשִׁבְיַן, תְּקוֹף הֵימָנוּתָא.

ש״ץ: יַדִּבֵּר לַן עָלְמִין, עָלְמִין מְדַמּוּתָא
מְנָת דִּילַן דְּמִלְּקַדְמִין פָּרֵשׁ בַּאֲרָמוּתָא.

קהל: טְלוּלָא דְלִוְיָתָן וְתוֹר טוּר רָמוּתָא
וְחַד בְּחַד כִּי סָבֵךְ וְעָבֵד קְרָבוּתָא.

ש״ץ: בְּקַרְנוֹהִי מְנַגַּח בְּהֵמוֹת בִּרְבוּתָא
יְקַרְטַע נוּן לְקִבְלֵהּ בְּצִיצוֹי בִּגְבוּרְתָא.

קהל: מְקָרֵב לֵהּ בָּרְיֵהּ בְּחַרְבֵּהּ בְּרַבְרְבוּתָא
אֲרִסְטוֹן לְצַדִּיקֵי יְתַקֵּן, וְשֵׁרוּתָא.

ש״ץ: מְסַחֲרִין עֲלֵי תַכֵּי דְּכַדְכּוֹד וְגוּמַּרְתָּא
נְגִידִין קָמֵיהוֹן אֲפַרְסְמוֹן נַהֲרָתָא.

קהל: וּמִתְפַּנְּקִין וְרָווּ בְּכָסֵי רְוָיָתָא
חֲמַר מְרַת דְּמִבְּרֵאשִׁית נְטִיר בֵּי נַעֲוָתָא.

ש״ץ: זַכָּאִין, כַּד שְׁמַעְתּוּן שְׁבַח דָּא שִׁירָתָא
קְבִיעִין כֵּן תֶּהֱווּן בְּהַנְהוּ חֲבוּרָתָא.

קהל: וְתִזְכּוּן דִּי תֵיתְבוּן בְּעֵלָּא דָרָתָא
אֲרֵי תְצִיתוּן לְמִלּוֹי, דְּנָפְקִין בְּהַדְרָתָא.

ש״ץ: מְרוֹמַם הוּא אֱלָהִין בְּקַדְמְתָא וּבַתְרַיְתָא
צְבִי וְאִתְרְעִי בַן, וּמְסַר לַן אוֹרַיְתָא.

ממשיכים בקריאת התורה בעמ׳ 1030.

סדר הזכרת נשמות

נהגו באשכנז להזכיר את נשמות המתים ביום טוב אחרון (מחזור ויטרי, שיב).
בארץ ישראל קיבלו מנהג זה, ומזכירים נשמות בשביעי של פסח,
בשבועות ובשמיני עצרת אחרי קריאת התורה.

במקומות רבים נוהגים שמי שהוריו בחיים יוצא מבית
הכנסת בשעת הזכרת נשמות (שערי אפרים).

תהלים קמד יהוה מָה־אָדָם וַתֵּדָעֵהוּ, בֶּן־אֱנוֹשׁ וַתְּחַשְּׁבֵהוּ:
אָדָם לַהֶבֶל דָּמָה, יָמָיו כְּצֵל עוֹבֵר:

תהלים צ בַּבֹּקֶר יָצִיץ וְחָלָף, לָעֶרֶב יְמוֹלֵל וְיָבֵשׁ:
לִמְנוֹת יָמֵינוּ כֵּן הוֹדַע, וְנָבִא לְבַב חָכְמָה:

תהלים לז שְׁמָר־תָּם וּרְאֵה יָשָׁר, כִּי־אַחֲרִית לְאִישׁ שָׁלוֹם:

תהלים מט אַךְ־אֱלֹהִים יִפְדֶּה נַפְשִׁי מִיַּד שְׁאוֹל
כִּי יִקָּחֵנִי סֶלָה:

תהלים עג כָּלָה שְׁאֵרִי וּלְבָבִי
צוּר־לְבָבִי וְחֶלְקִי אֱלֹהִים לְעוֹלָם:

קהלת יב וְיָשֹׁב הֶעָפָר עַל־הָאָרֶץ כְּשֶׁהָיָה
וְהָרְוּחַ תָּשׁוּב אֶל־הָאֱלֹהִים אֲשֶׁר נְתָנָהּ:

תהלים צא יֹשֵׁב בְּסֵתֶר עֶלְיוֹן, בְּצֵל שַׁדַּי יִתְלוֹנָן: אֹמַר לַיהוה
מַחְסִי וּמְצוּדָתִי, אֱלֹהַי אֶבְטַח־בּוֹ: כִּי הוּא יַצִּילְךָ
מִפַּח יָקוּשׁ, מִדֶּבֶר הַוּוֹת: בְּאֶבְרָתוֹ יָסֶךְ לָךְ, וְתַחַת־

כְּנָפָיו תֶּחְסֶה, צִנָּה וְסֹחֵרָה אֲמִתּוֹ: לֹא־תִירָא מִפַּחַד לָיְלָה, מֵחֵץ יָעוּף יוֹמָם: מִדֶּבֶר בָּאֹפֶל יַהֲלֹךְ, מִקֶּטֶב יָשׁוּד צָהֳרָיִם: יִפֹּל מִצִּדְּךָ אֶלֶף, וּרְבָבָה מִימִינֶךָ, אֵלֶיךָ לֹא יִגָּשׁ: רַק בְּעֵינֶיךָ תַבִּיט, וְשִׁלֻּמַת רְשָׁעִים תִּרְאֶה: כִּי־אַתָּה יהוה מַחְסִי, עֶלְיוֹן שַׂמְתָּ מְעוֹנֶךָ: לֹא־תְאֻנֶּה אֵלֶיךָ רָעָה, וְנֶגַע לֹא־יִקְרַב בְּאָהֳלֶךָ: כִּי מַלְאָכָיו יְצַוֶּה־לָּךְ, לִשְׁמָרְךָ בְּכָל־דְּרָכֶיךָ: עַל־כַּפַּיִם יִשָּׂאוּנְךָ, פֶּן־תִּגֹּף בָּאֶבֶן רַגְלֶךָ: עַל־שַׁחַל וָפֶתֶן תִּדְרֹךְ, תִּרְמֹס כְּפִיר וְתַנִּין: כִּי בִי חָשַׁק וַאֲפַלְּטֵהוּ, אֲשַׂגְּבֵהוּ כִּי־יָדַע שְׁמִי: יִקְרָאֵנִי וְאֶעֱנֵהוּ, עִמּוֹ־אָנֹכִי בְצָרָה, אֲחַלְּצֵהוּ וַאֲכַבְּדֵהוּ: אֹרֶךְ יָמִים אַשְׂבִּיעֵהוּ, וְאַרְאֵהוּ בִּישׁוּעָתִי:
אֹרֶךְ יָמִים אַשְׂבִּיעֵהוּ, וְאַרְאֵהוּ בִּישׁוּעָתִי:

לזכרון אב:

יִזְכֹּר אֱלֹהִים נִשְׁמַת אָבִי מוֹרִי (פלוני בֶּן פלוני) שֶׁהָלַךְ לְעוֹלָמוֹ, בַּעֲבוּר שֶׁבְּלִי נֶדֶר אֶתֵּן צְדָקָה בַּעֲדוֹ. בִּשְׂכַר זֶה תְּהֵא נַפְשׁוֹ צְרוּרָה בִּצְרוֹר הַחַיִּים עִם נִשְׁמוֹת אַבְרָהָם יִצְחָק וְיַעֲקֹב, שָׂרָה רִבְקָה רָחֵל וְלֵאָה, וְעִם שְׁאָר צַדִּיקִים וְצִדְקָנִיּוֹת שֶׁבְּגַן עֵדֶן, וְנֹאמַר אָמֵן.

לזכרון אם:

יִזְכֹּר אֱלֹהִים נִשְׁמַת אִמִּי מוֹרָתִי (פלונית בַּת פלוני) שֶׁהָלְכָה לְעוֹלָמָהּ, בַּעֲבוּר שֶׁבְּלִי נֶדֶר אֶתֵּן צְדָקָה בַּעֲדָהּ. בִּשְׂכַר זֶה תְּהֵא נַפְשָׁהּ צְרוּרָה בִּצְרוֹר הַחַיִּים עִם נִשְׁמוֹת אַבְרָהָם יִצְחָק וְיַעֲקֹב, שָׂרָה רִבְקָה רָחֵל וְלֵאָה, וְעִם שְׁאָר צַדִּיקִים וְצִדְקָנִיּוֹת שֶׁבְּגַן עֵדֶן, וְנֹאמַר אָמֵן.

לזכרון קדושים:

יִזְכֹּר אֱלֹהִים נִשְׁמַת (לזכר: פלוני בֶּן פלוני / לנקבה: פלונית בַּת פלוני) וְנִשְׁמוֹת כָּל קְרוֹבַי וּקְרוֹבוֹתַי, הֵן מִצַּד אָבִי הֵן מִצַּד אִמִּי, שֶׁהוּמְתוּ וְשֶׁנֶּהֶרְגוּ וְשֶׁנִּשְׁחֲטוּ וְשֶׁנִּשְׂרְפוּ וְשֶׁנִּטְבְּעוּ וְשֶׁנֶּחְנְקוּ עַל קִדּוּשׁ הַשֵּׁם, בַּעֲבוּר שֶׁבְּלִי נֶדֶר אֶתֵּן צְדָקָה בְּעַד הַזְכָּרַת נִשְׁמוֹתֵיהֶם. בִּשְׂכַר זֶה תִּהְיֶינָה נַפְשׁוֹתֵיהֶם צְרוּרוֹת בִּצְרוֹר הַחַיִּים עִם נִשְׁמוֹת אַבְרָהָם יִצְחָק וְיַעֲקֹב, שָׂרָה רִבְקָה רָחֵל וְלֵאָה, וְעִם שְׁאָר צַדִּיקִים וְצִדְקָנִיּוֹת שֶׁבְּגַן עֵדֶן, וְנֹאמַר אָמֵן.

לזכרון קרוב:

אֵל מָלֵא רַחֲמִים, שׁוֹכֵן בַּמְּרוֹמִים, הַמְצֵא מְנוּחָה נְכוֹנָה עַל כַּנְפֵי הַשְּׁכִינָה, בְּמַעֲלוֹת קְדוֹשִׁים

וּטְהוֹרִים, כְּזֹהַר הָרָקִיעַ מַזְהִירִים, לְנִשְׁמַת (פלוני בֶּן פלוני) שֶׁהָלַךְ לְעוֹלָמוֹ, בַּעֲבוּר שֶׁבְּלִי נֶדֶר אֶתֵּן צְדָקָה בְּעַד הַזְכָּרַת נִשְׁמָתוֹ, בְּגַן עֵדֶן תְּהֵא מְנוּחָתוֹ. לָכֵן, בַּעַל הָרַחֲמִים יַסְתִּירֵהוּ בְּסֵתֶר כְּנָפָיו לְעוֹלָמִים, וְיִצְרֹר בִּצְרוֹר הַחַיִּים אֶת נִשְׁמָתוֹ, יהוה הוּא נַחֲלָתוֹ, וְיָנוּחַ בְּשָׁלוֹם עַל מִשְׁכָּבוֹ, וְנֹאמַר אָמֵן.

לזכרון קרובה:

אֵל מָלֵא רַחֲמִים, שׁוֹכֵן בַּמְּרוֹמִים, הַמְצֵא מְנוּחָה נְכוֹנָה עַל כַּנְפֵי הַשְּׁכִינָה, בְּמַעֲלוֹת קְדוֹשִׁים וּטְהוֹרִים, כְּזֹהַר הָרָקִיעַ מַזְהִירִים, לְנִשְׁמַת (פלונית בַּת פלוני) שֶׁהָלְכָה לְעוֹלָמָהּ, בַּעֲבוּר שֶׁבְּלִי נֶדֶר אֶתֵּן צְדָקָה בְּעַד הַזְכָּרַת נִשְׁמָתָהּ, בְּגַן עֵדֶן תְּהֵא מְנוּחָתָהּ. לָכֵן, בַּעַל הָרַחֲמִים יַסְתִּירֶהָ בְּסֵתֶר כְּנָפָיו לְעוֹלָמִים, וְיִצְרֹר בִּצְרוֹר הַחַיִּים אֶת נִשְׁמָתָהּ, יהוה הוּא נַחֲלָתָהּ, וְתָנוּחַ בְּשָׁלוֹם עַל מִשְׁכָּבָהּ, וְנֹאמַר אָמֵן.

אזכרה לחיילי צה״ל:

אֵל מָלֵא רַחֲמִים, שׁוֹכֵן בַּמְּרוֹמִים, הַמְצֵא מְנוּחָה נְכוֹנָה עַל כַּנְפֵי הַשְּׁכִינָה, בְּמַעֲלוֹת קְדוֹשִׁים טְהוֹרִים וְגִבּוֹרִים, כְּזֹהַר הָרָקִיעַ מַזְהִירִים, לְנִשְׁמוֹת הַקְּדוֹשִׁים

שֶׁנִּלְחֲמוּ בְּכָל מַעַרְכוֹת יִשְׂרָאֵל, בַּמַּחְתֶּרֶת וּבִצְבָא הַהֲגָנָה לְיִשְׂרָאֵל, וְשֶׁנָּפְלוּ בְּמִלְחַמְתָּם וּמָסְרוּ נַפְשָׁם עַל קְדֻשַּׁת הַשֵּׁם, הָעָם וְהָאָרֶץ, בַּעֲבוּר שֶׁאָנוּ מִתְפַּלְּלִים לְעִלּוּי נִשְׁמוֹתֵיהֶם. לָכֵן, בַּעַל הָרַחֲמִים יַסְתִּירֵם בְּסֵתֶר כְּנָפָיו לְעוֹלָמִים, וְיִצְרֹר בִּצְרוֹר הַחַיִּים אֶת נִשְׁמוֹתֵיהֶם, יהוה הוּא נַחֲלָתָם, בְּגַן עֵדֶן תְּהֵא מְנוּחָתָם, וְיָנוּחוּ בְשָׁלוֹם עַל מִשְׁכְּבוֹתֵיהֶם וְתַעֲמֹד לְכָל יִשְׂרָאֵל זְכוּתָם, וְיַעַמְדוּ לְגוֹרָלָם לְקֵץ הַיָּמִין, וְנֹאמַר אָמֵן.

אזכרה לקדושי השואה:

אֵל מָלֵא רַחֲמִים, דַּיַּן אַלְמָנוֹת וַאֲבִי יְתוֹמִים, אַל נָא תֶחֱשֶׁה וְתִתְאַפַּק לְדַם יִשְׂרָאֵל שֶׁנִּשְׁפַּךְ כַּמַּיִם. הַמְצֵא מְנוּחָה נְכוֹנָה עַל כַּנְפֵי הַשְּׁכִינָה, בְּמַעֲלוֹת קְדוֹשִׁים וּטְהוֹרִים, כְּזֹהַר הָרָקִיעַ מְאִירִים וּמַזְהִירִים, לְנִשְׁמוֹתֵיהֶם שֶׁל רִבְבוֹת אַלְפֵי יִשְׂרָאֵל, אֲנָשִׁים וְנָשִׁים, יְלָדִים וִילָדוֹת, שֶׁנֶּהֶרְגוּ וְנִשְׁחֲטוּ וְנִשְׂרְפוּ וְנֶחְנְקוּ וְנִקְבְּרוּ חַיִּים, בַּאֲרָצוֹת אֲשֶׁר נָגְעָה בָּהֶן יַד הַצּוֹרֵר הַגֶּרְמָנִי וּגְרוּרָיו. כֻּלָּם קְדוֹשִׁים וּטְהוֹרִים, וּבָהֶם גְּאוֹנִים וְצַדִּיקִים, אַרְזֵי הַלְּבָנוֹן אַדִּירֵי הַתּוֹרָה. בְּגַן עֵדֶן תְּהֵא מְנוּחָתָם. לָכֵן, בַּעַל הָרַחֲמִים יַסְתִּירֵם בְּסֵתֶר כְּנָפָיו לְעוֹלָמִים, וְיִצְרֹר בִּצְרוֹר הַחַיִּים אֶת

נִשְׁמָתָם, יהוה הוּא נַחֲלָתָם, וְיָנוּחוּ בְּשָׁלוֹם עַל מִשְׁכָּבָם, וְנֹאמַר אָמֵן.

והקהל אומר:

אַב הָרַחֲמִים שׁוֹכֵן מְרוֹמִים, בְּרַחֲמָיו הָעֲצוּמִים הוּא יִפְקֹד בְּרַחֲמִים הַחֲסִידִים וְהַיְשָׁרִים וְהַתְּמִימִים, קְהִלּוֹת הַקֹּדֶשׁ שֶׁמָּסְרוּ נַפְשָׁם עַל קְדֻשַּׁת הַשֵּׁם, הַנֶּאֱהָבִים וְהַנְּעִימִים בְּחַיֵּיהֶם, וּבְמוֹתָם לֹא נִפְרָדוּ, מִנְּשָׁרִים קַלּוּ וּמֵאֲרָיוֹת גָּבֵרוּ לַעֲשׂוֹת רְצוֹן קוֹנָם וְחֵפֶץ צוּרָם. יִזְכְּרֵם אֱלֹהֵינוּ לְטוֹבָה עִם שְׁאָר צַדִּיקֵי עוֹלָם, וְיִנְקֹם לְעֵינֵינוּ נִקְמַת דַּם עֲבָדָיו הַשָּׁפוּךְ, כַּכָּתוּב
בְּתוֹרַת מֹשֶׁה אִישׁ הָאֱלֹהִים, הַרְנִינוּ גוֹיִם עַמּוֹ, כִּי דברים לב
דַם־עֲבָדָיו יִקּוֹם, וְנָקָם יָשִׁיב לְצָרָיו, וְכִפֶּר אַדְמָתוֹ
עַמּוֹ: וְעַל יְדֵי עֲבָדֶיךָ הַנְּבִיאִים כָּתוּב לֵאמֹר, וְנִקֵּיתִי, יואל ד
דָּמָם לֹא־נִקֵּיתִי, וַיהוה שֹׁכֵן בְּצִיּוֹן: וּבְכִתְבֵי הַקֹּדֶשׁ
נֶאֱמַר, לָמָּה יֹאמְרוּ הַגּוֹיִם אַיֵּה אֱלֹהֵיהֶם, יִוָּדַע תהלים עט
בַּגּוֹיִם לְעֵינֵינוּ נִקְמַת דַּם־עֲבָדֶיךָ הַשָּׁפוּךְ: וְאוֹמֵר,
כִּי־דֹרֵשׁ דָּמִים אוֹתָם זָכָר, לֹא־שָׁכַח צַעֲקַת עֲנָוִים: תהלים ט
וְאוֹמֵר, יָדִין בַּגּוֹיִם מָלֵא גְוִיּוֹת, מָחַץ רֹאשׁ עַל־אֶרֶץ תהלים קי
רַבָּה: מִנַּחַל בַּדֶּרֶךְ יִשְׁתֶּה, עַל־כֵּן יָרִים רֹאשׁ:

ממשיכים 'אַשְׁרֵי' (עמ' 392), ומחזירים את ספרי התורה לארון הקודש.

פתיחה לתפילת מוסף לשלוש רגלים שהביא השל״ה.
ברוב הקהילות אין אומרים פיוט זה בימים שמזכירים נשמות,
ויש שאינם אומרים אותו בשבת.

יָהּ אֵלִי וְגוֹאֲלִי, אֶתְיַצְּבָה לִקְרָאתֶךָ
הָיָה וְיִהְיֶה, הָיָה וְהֹוֶה, כָּל גּוֹי אַדְמָתֶךָ.

וְתוֹדָה וְלָעוֹלָה וְלַמִּנְחָה וְלַחַטָּאת וְלָאָשָׁם
וְלַשְּׁלָמִים וְלַמִּלּוּאִים כָּל קָרְבָּנֶךָ.
זְכֹר נִלְאָה אֲשֶׁר נָשְׂאָה וְהָשִׁיבָה לְאַדְמָתֶךָ
סֶלָה אֲהַלֶּלְךָ בְּאַשְׁרֵי יוֹשְׁבֵי בֵיתֶךָ.

דַּק עַל דַּק, עַד אֵין נִבְדַּק, וְלִתְבוּנָתוֹ אֵין חֵקֶר
הָאֵל נוֹרָא, בְּאַחַת סְקִירָה, בֵּין טוֹב לְרַע יְבַקֵּר.

וְתוֹדָה וְלָעוֹלָה וְלַמִּנְחָה וְלַחַטָּאת וְלָאָשָׁם
וְלַשְּׁלָמִים וְלַמִּלּוּאִים כָּל קָרְבָּנֶךָ.
זְכֹר נִלְאָה אֲשֶׁר נָשְׂאָה וְהָשִׁיבָה לְאַדְמָתֶךָ
סֶלָה אֲהַלֶּלְךָ בְּאַשְׁרֵי יוֹשְׁבֵי בֵיתֶךָ.

אֲדוֹן צְבָאוֹת, בְּרֹב פְּלָאוֹת, חִבֵּר כָּל אָהֳלוֹ
בִּנְתִיבוֹת לֵב לִבְלֵב, הַצּוּר תָּמִים פָּעֳלוֹ.

וְתוֹדָה וְלָעוֹלָה וְלַמִּנְחָה וְלַחַטָּאת וְלָאָשָׁם
וְלַשְּׁלָמִים וְלַמִּלּוּאִים כָּל קָרְבָּנֶךָ.
זְכֹר נִלְאָה אֲשֶׁר נָשְׂאָה וְהָשִׁיבָה לְאַדְמָתֶךָ
סֶלָה אֲהַלֶּלְךָ בְּאַשְׁרֵי יוֹשְׁבֵי בֵיתֶךָ.

ממשיכים ׳אַשְׁרֵי׳ (עמ׳ 392), ומחזירים את ספרי התורה לארון הקודש.

תפילת טל

יש האומרים תפילת טל בחזרת הש"ץ.

רבים נוהגים לומר תפילת טל לפני תפילת מוסף, ורק את הפיוט שבעמוד הבא.

פותחים את ארון הקודש.

כִּי שֵׁם יהוה אֶקְרָא, הָבוּ גֹדֶל לֵאלֹהֵינוּ: דברים לב

אֲדֹנָי, שְׂפָתַי תִּפְתָּח, וּפִי יַגִּיד תְּהִלָּתֶךָ: תהלים נא

אבות

בָּרוּךְ אַתָּה יהוה, אֱלֹהֵינוּ וֵאלֹהֵי אֲבוֹתֵינוּ
אֱלֹהֵי אַבְרָהָם, אֱלֹהֵי יִצְחָק, וֵאלֹהֵי יַעֲקֹב
הָאֵל הַגָּדוֹל הַגִּבּוֹר וְהַנּוֹרָא, אֵל עֶלְיוֹן
גּוֹמֵל חֲסָדִים טוֹבִים, וְקוֹנֵה הַכֹּל
וְזוֹכֵר חַסְדֵי אָבוֹת
וּמֵבִיא גוֹאֵל לִבְנֵי בְנֵיהֶם לְמַעַן שְׁמוֹ בְּאַהֲבָה.
מֶלֶךְ עוֹזֵר וּמוֹשִׁיעַ וּמָגֵן.

בְּדַעְתּוֹ אַבִּיעָה חִידוֹת
בְּעַם זוּ בְּזוּ בְּטַל לְהַחֲדוֹת.
טַל גֵּיא וּדְשָׁאֶיהָ לַחֲדוֹת
דָּצִים בְּצִלּוֹ לְהֵחָדוֹת.
אוֹת יַלְדוּת טַל, לְהָגֵן לְתוֹלָדוֹת.

בָּרוּךְ אַתָּה יהוה, מָגֵן אַבְרָהָם.

אַתָּה גִּבּוֹר לְעוֹלָם אֲדֹנָי
מְחַיֵּה מֵתִים אַתָּה, רַב לְהוֹשִׁיעַ

תְּהוֹמוֹת הֲדוֹם לִרְסִיסוֹ כְסוּפִים
וְכָל נְאוֹת דֶּשֶׁא לוֹ נִכְסָפִים.
טַל זִכְרוֹ גְּבוּרוֹת מוֹסִיפִים
חָקוּק בְּגִישַׁת מוּסָפִים
טַל, לְהַחֲיוֹת בּוֹ נְקוּקֵי סְעִיפִים.

ברוב הקהילות שאומרות תפילת טל לפני מוסף, מתחילים כאן:

אֱלֹהֵינוּ וֵאלֹהֵי אֲבוֹתֵינוּ

טַל תֵּן לִרְצוֹת אַרְצָךְ
שִׁיתֵנוּ בְרָכָה בְּדִיצָךְ
רֹב דָּגָן וְתִירוֹשׁ בְּהַפְרִיצָךְ
קוֹמֵם עִיר בָּהּ חֶפְצָךְ בְּטָל.

טַל צַוֵּה שָׁנָה טוֹבָה וּמְעֻטֶּרֶת
פְּרִי הָאָרֶץ לְגָאוֹן וּלְתִפְאֶרֶת
עִיר כַּסֻּכָּה נוֹתֶרֶת
שִׂימָהּ בְּיָדְךָ עֲטֶרֶת בְּטָל.

טַל נוֹפֵף עֲלֵי אֶרֶץ בְּרוּכָה
מִמֶּגֶד שָׁמַיִם שַׂבְּעֵנוּ בְרָכָה
לְהָאִיר מִתּוֹךְ חֲשֵׁכָה
כַּנָּה אַחֲרֶיךָ מְשׁוּכָה בְּטָל.

טַל יַעֲסִיס צוּף הָרִים
טְעֵם בִּמְאוּדֶיךָ מֻבְחָרִים
חֲנוּנֶיךָ חַלֵּץ מִמַּסְגֵּרִים
זִמְרָה נַנְעִים וְקוֹל נָרִים בְּטָל.

טַל וְשֹׂבַע מַלֵּא אֲסָמֵינוּ
הֲכָעֵת תְּחַדֵּשׁ יָמֵינוּ
דּוֹד, כְּעֶרְכְּךָ הַעֲמֵד שְׁמֵנוּ
גַּן רָוֶה שִׂימֵנוּ בְּטָל.

טַל בּוֹ תְּבָרֵךְ מָזוֹן
בְּמַשְׁמַנֵּינוּ אַל יְהִי רָזוֹן
אֲיֻמָּה אֲשֶׁר הִסַּעְתָּ כַּצֹּאן
אָנָּא תָּפֵק לָהּ רָצוֹן בְּטָל.

שליח הציבור:

שָׁאַתָּה הוּא יהוה אֱלֹהֵינוּ
מַשִּׁיב הָרְוּחַ וּמוֹרִיד הַטָּל

קהל ואחריו שליח הציבור:

לִבְרָכָה וְלֹא לִקְלָלָה קהל: **אָמֵן**
לְחַיִּים וְלֹא לְמָוֶת קהל: **אָמֵן**
לְשְׂבַע וְלֹא לְרָזוֹן קהל: **אָמֵן**

סוגרים את ארון הקודש, ושליח הציבור אומר חצי קדיש (בעמ׳ 397)
ואחריו מתפללים מוסף (עמ׳ 659).

אם אמרו תפילת טל בחזרת הש״ץ,
שליח הציבור ממשיך ׳מְכַלְכֵּל חַיִּים בְּחֶסֶד׳ בעמ׳ 660.

תפילת גשם

יש האומרים תפילת גשם בחזרת הש"ץ.

רבים נוהגים לומר תפילת הגשם לפני תפילת מוסף, ואומרים רק את הפיוט שבעמוד הבא.

פותחים את ארון הקודש.

כִּי שֵׁם יהוה אֶקְרָא, הָבוּ גֹדֶל לֵאלֹהֵינוּ: דברים לב

אֲדֹנָי, שְׂפָתַי תִּפְתָּח, וּפִי יַגִּיד תְּהִלָּתֶךָ: תהלים נא

אבות

בָּרוּךְ אַתָּה יהוה, אֱלֹהֵינוּ וֵאלֹהֵי אֲבוֹתֵינוּ
אֱלֹהֵי אַבְרָהָם, אֱלֹהֵי יִצְחָק, וֵאלֹהֵי יַעֲקֹב
הָאֵל הַגָּדוֹל הַגִּבּוֹר וְהַנּוֹרָא, אֵל עֶלְיוֹן
גּוֹמֵל חֲסָדִים טוֹבִים, וְקוֹנֵה הַכֹּל
וְזוֹכֵר חַסְדֵי אָבוֹת
וּמֵבִיא גוֹאֵל לִבְנֵי בְנֵיהֶם לְמַעַן שְׁמוֹ בְּאַהֲבָה.
מֶלֶךְ עוֹזֵר וּמוֹשִׁיעַ וּמָגֵן.

אַף־בְּרִי אֻתַּת שֵׁם שַׂר מָטָר
לְהַעֲבִיב וּלְהַעֲנִין לְהָרִיק וּלְהַמְטַר
מַיִם אִבִּים בָּם גֵּיא לַעֲטַר
לְבַל יֵעָצֵרוּ בְּנִשְׁיוֹן שְׁטָר
אֱמוּנִים גְּנוֹן בָּם, שׁוֹאֲלֵי מָטָר.

בָּרוּךְ אַתָּה יהוה, מָגֵן אַבְרָהָם.

אַתָּה גִּבּוֹר לְעוֹלָם אֲדֹנָי
מְחַיֵּה מֵתִים אַתָּה, רַב לְהוֹשִׁיעַ
יַטְרִיחַ לְפַלֵּג מִפֶּלֶג גֶּשֶׁם
לְמוֹגֵג פְּנֵי נֶשִׁי בְּצַחוּת לֶשֶׁם
מַיִם לְאַדְּרָךְ כִּנִּיתָ בְּרֶשֶׁם
לְהַרְגִּיעַ בְּרַעֲפָם לִנְפוּחֵי נֶשֶׁם
לְהַחֲיוֹת מַזְכִּירִים גְּבוּרוֹת הַגָּשֶׁם.

ברוב הקהילות שאומרות תפילת גשם לפני מוסף, מתחילים כאן:

אֱלֹהֵינוּ וֵאלֹהֵי אֲבוֹתֵינוּ

זְכוֹר אָב נִמְשַׁךְ אַחֲרֶיךָ כַּמַּיִם
בֵּרַכְתּוֹ כְּעֵץ שָׁתוּל עַל פַּלְגֵי מַיִם
גְּנַנְתּוֹ, הִצַּלְתּוֹ מֵאֵשׁ וּמִמַּיִם
דְּרַשְׁתּוֹ בְּזָרְעוֹ עַל כָּל מָיִם.
קהל: בַּעֲבוּרוֹ אַל תִּמְנַע מָיִם.

בראשית יח זְכוֹר הַנּוֹלָד בִּבְשׂוֹרַת יֻקַּח־נָא מְעַט־מַיִם
וְשַׂחְתָּ לְהוֹרוֹ לְשָׁחֲטוֹ לִשְׁפֹּךְ דָּמוֹ כַּמַּיִם
זִהֵר גַּם הוּא לִשְׁפֹּךְ לֵב כַּמַּיִם
חָפַר וּמָצָא בְּאֵרוֹת מָיִם.
קהל: בְּצִדְקוֹ חֹן חַשְׁרַת מָיִם.

זְכוֹר טָעַן מַקְלוֹ וְעָבַר יַרְדֵּן מַיִם
יִחַד לֵב וְגָל אֶבֶן מִפִּי בְאֵר מַיִם
כְּנֶאֱבַק לוֹ שַׂר בָּלוּל מֵאֵשׁ וּמִמַּיִם
לָכֵן הִבְטַחְתּוֹ הֱיוֹת עִמּוֹ בָּאֵשׁ וּבַמָּיִם.
קהל: בַּעֲבוּרוֹ אַל תִּמְנַע מָיִם.

זְכוֹר מָשׁוּי בְּתֵבַת גֹּמֶא מִן הַמַּיִם
נָמוּ דָּלֹה דָלָה וְהִשְׁקָה צֹאן מַיִם
סְגוּלֶיךָ עֵת צָמְאוּ לַמַּיִם
עַל הַסֶּלַע הָךְ, וַיֵּצְאוּ מָיִם.
קהל: בְּצִדְקוֹ חֹן חַשְׁרַת מָיִם.

זְכוֹר פְּקִיד שָׁתוֹת, טוֹבֵל חָמֵשׁ טְבִילוֹת בַּמַּיִם
צוֹעֶה וּמַרְחִיץ כַּפָּיו בְּקִדּוּשׁ מַיִם
קוֹרֵא וּמַזֶּה טָהֳרַת מַיִם
רֻחַק מֵעַם פַּחַז כַּמָּיִם.
קהל: בַּעֲבוּרוֹ אַל תִּמְנַע מָיִם.

זְכוֹר שְׁנֵים עָשָׂר שְׁבָטִים, שֶׁהֶעֱבַרְתָּ בְּגִזְרַת מַיִם
שֶׁהִמְתַּקְתָּ לָמוֹ מְרִירוּת מַיִם
תּוֹלְדוֹתָם נִשְׁפַּךְ דָּמָם עָלֶיךָ כַּמַּיִם
תֵּפֶן, כִּי נַפְשֵׁנוּ אָפְפוּ מָיִם.
קהל: בְּצִדְקָם חֹן חַשְׁרַת מָיִם.

שליח הציבור:

שָׁאַתָּה הוּא יהוה אֱלֹהֵינוּ
מַשִּׁיב הָרְוּחַ וּמוֹרִיד הַגֶּשֶׁם

קהל ואחריו שליח הציבור:

לִבְרָכָה וְלֹא לִקְלָלָה קהל: **אָמֵן**
לְחַיִּים וְלֹא לְמָוֶת קהל: **אָמֵן**
לְשֹׂבַע וְלֹא לְרָזוֹן קהל: **אָמֵן**

סוגרים את ארון הקודש, ושליח הציבור אומר חצי קדיש (בעמ׳ 397) ואחריו מתפללים מוסף (בעמוד הבא).

אם אמרו תפילת גשם בחזרת הש״ץ, שליח הציבור ממשיך ׳מְכַלְכֵּל חַיִּים בְּחֶסֶד׳ בעמ׳ 660.

מוסף לשלוש רגלים

ליום טוב, לחול המועד ולשבת חול המועד

ביום טוב ראשון של פסח אומרים תפילת טל (עמ׳ 651) לפני תפילת מוסף,
ויש האומרים אותה בתחילת חזרת הש״ץ.

בשמיני עצרת אומרים תפילת גשם (עמ׳ 655) לפני תפילת מוסף,
ויש האומרים אותה בתחילת חזרת הש״ץ.

״המתפלל צריך שיכוין בלבו פירוש המלות שמוציא בשפתיו;
ויחשוב כאלו שכינה כנגדו ויסיר כל המחשבות הטורדות אותו עד
שתשאר מחשבתו וכוונתו זכה בתפלתו״ (שו״ע צח, א).

פוסע שלוש פסיעות לפנים כמי שנכנס לפני המלך.

עומד ומתפלל בלחש מכאן ועד ׳וּכְשָׁנִים קַדְמֹנִיּוֹת׳ בעמ׳ 679.

כורע במקומות המסומנים ב׳, קד לפנים מילה הבאה וזוקף בשם.

כִּי שֵׁם יהוה אֶקְרָא, הָבוּ גֹדֶל לֵאלֹהֵינוּ: דברים לב

אֲדֹנָי, שְׂפָתַי תִּפְתָּח, וּפִי יַגִּיד תְּהִלָּתֶךָ: תהלים נא

אבות

׳בָּרוּךְ אַתָּה יהוה, אֱלֹהֵינוּ וֵאלֹהֵי אֲבוֹתֵינוּ
אֱלֹהֵי אַבְרָהָם, אֱלֹהֵי יִצְחָק, וֵאלֹהֵי יַעֲקֹב
הָאֵל הַגָּדוֹל הַגִּבּוֹר וְהַנּוֹרָא, אֵל עֶלְיוֹן
גּוֹמֵל חֲסָדִים טוֹבִים, וְקוֹנֵה הַכֹּל
וְזוֹכֵר חַסְדֵי אָבוֹת
וּמֵבִיא גוֹאֵל לִבְנֵי בְנֵיהֶם לְמַעַן שְׁמוֹ בְּאַהֲבָה.
מֶלֶךְ עוֹזֵר וּמוֹשִׁיעַ וּמָגֵן.
׳בָּרוּךְ אַתָּה יהוה, מָגֵן אַבְרָהָם.

גבורות

אַתָּה גִּבּוֹר לְעוֹלָם, אֲדֹנָי

מְחַיֵּה מֵתִים אַתָּה, רַב לְהוֹשִׁיעַ

בשמיני עצרת:

מַשִּׁיב הָרְוּחַ וּמוֹרִיד הַגֶּשֶׁם

בשאר המועדים:

מוֹרִיד הַטָּל

מְכַלְכֵּל חַיִּים בְּחֶסֶד

מְחַיֵּה מֵתִים בְּרַחֲמִים רַבִּים

סוֹמֵךְ נוֹפְלִים, וְרוֹפֵא חוֹלִים

וּמַתִּיר אֲסוּרִים

וּמְקַיֵּם אֱמוּנָתוֹ לִישֵׁנֵי עָפָר.

מִי כָמְוֹךָ, בַּעַל גְּבוּרוֹת

וּמִי דְּוֹמֶה לָּךְ

מֶלֶךְ, מֵמִית וּמְחַיֶּה וּמַצְמִיחַ יְשׁוּעָה.

וְנֶאֱמָן אַתָּה לְהַחֲיוֹת מֵתִים.

בָּרוּךְ אַתָּה יהוה, מְחַיֵּה הַמֵּתִים.

בתפילת לחש ממשיך ׳אַתָּה קָדוֹשׁ׳ בעמ׳ 664.

קדושה לימים טובים, לשבת חול המועד ולהושענא רבה

במקומות המסומנים ב־˙, המתפלל מתרומם על קצות אצבעותיו.

קהל ואחריו שליח הציבור:

נַעֲרִיצְךָ וְנַקְדִּישְׁךָ כְּסוֹד שִׂיחַ שַׂרְפֵי קֹדֶשׁ
הַמַּקְדִּישִׁים שִׁמְךָ בַּקֹּדֶשׁ, כַּכָּתוּב עַל יַד נְבִיאֶךָ:
וְקָרָא זֶה אֶל־זֶה וְאָמַר ישעיה ו

קהל ואחריו שליח הציבור:

˙קָדוֹשׁ, ˙קָדוֹשׁ, ˙קָדוֹשׁ, יהוה צְבָאוֹת
מְלֹא כָל הָאָרֶץ כְּבוֹדוֹ:
כְּבוֹדוֹ מָלֵא עוֹלָם, מְשָׁרְתָיו שׁוֹאֲלִים זֶה לָזֶה
אַיֵּה מְקוֹם כְּבוֹדוֹ
לְעֻמָּתָם בָּרוּךְ יֹאמֵרוּ

קהל ואחריו שליח הציבור:

˙בָּרוּךְ כְּבוֹד־יהוה מִמְּקוֹמוֹ: יחזקאל ג
מִמְּקוֹמוֹ הוּא יִפֶן בְּרַחֲמִים
וְיָחֹן עַם הַמְיַחֲדִים שְׁמוֹ, עֶרֶב וָבֹקֶר בְּכָל יוֹם תָּמִיד
פַּעֲמַיִם בְּאַהֲבָה שְׁמַע אוֹמְרִים

קהל ואחריו שליח הציבור:

שְׁמַע יִשְׂרָאֵל, יהוה אֱלֹהֵינוּ, יהוה אֶחָד: דברים ו
הוּא אֱלֹהֵינוּ, הוּא אָבִינוּ
הוּא מַלְכֵּנוּ, הוּא מוֹשִׁיעֵנוּ

וְהוּא יַשְׁמִיעֵנוּ בְּרַחֲמָיו שֵׁנִית לְעֵינֵי כָּל חָי
לִהְיוֹת לָכֶם לֵאלֹהִים במדבר טו
אֲנִי יהוה אֱלֹהֵיכֶם:

בשבת חול המועד אין אומרים ׳אַדִּיר אַדִּירֵנוּ׳.

קהל ואחריו שליח הציבור:

אַדִּיר אַדִּירֵנוּ, יהוה אֲדֹנֵינוּ תהלים ח
מָה־אַדִּיר שִׁמְךָ בְּכָל־הָאָרֶץ:
וְהָיָה יהוה לְמֶלֶךְ עַל־כָּל־הָאָרֶץ זכריה יד
בַּיּוֹם הַהוּא יִהְיֶה יהוה אֶחָד וּשְׁמוֹ אֶחָד:

שליח הציבור:

וּבְדִבְרֵי קָדְשְׁךָ כָּתוּב לֵאמֹר

קהל ואחריו שליח הציבור:

יִמְלֹךְ יהוה לְעוֹלָם תהלים קמו
אֱלֹהַיִךְ צִיּוֹן לְדֹר וָדֹר, הַלְלוּיָהּ:

שליח הציבור:

לְדוֹר וָדוֹר נַגִּיד גָּדְלֶךָ
וּלְנֵצַח נְצָחִים קְדֻשָּׁתְךָ נַקְדִּישׁ
וְשִׁבְחֲךָ אֱלֹהֵינוּ מִפִּינוּ לֹא יָמוּשׁ לְעוֹלָם וָעֶד
כִּי אֵל מֶלֶךְ גָּדוֹל וְקָדוֹשׁ אָתָּה.
בָּרוּךְ אַתָּה יהוה, הָאֵל הַקָּדוֹשׁ.

שליח הציבור ממשיך ׳אַתָּה בְחַרְתָּנוּ׳ בעמ׳ 664.

קדושה לחול המועד

במקומות המסומנים ב°, המתפלל מתרומם על קצות אצבעותיו.

קהל ואחריו שליח הציבור:

נְקַדֵּשׁ אֶת שִׁמְךָ בָּעוֹלָם
כְּשֵׁם שֶׁמַּקְדִּישִׁים אוֹתוֹ בִּשְׁמֵי מָרוֹם
כַּכָּתוּב עַל יַד נְבִיאֶךָ: וְקָרָא זֶה אֶל־זֶה וְאָמַר ישעיה ו

קהל ואחריו שליח הציבור:

°קָדוֹשׁ, °קָדוֹשׁ, °קָדוֹשׁ, יהוה צְבָאוֹת
מְלֹא כָל־הָאָרֶץ כְּבוֹדוֹ:
לְעֻמָּתָם בָּרוּךְ יֹאמֵרוּ

קהל ואחריו שליח הציבור:

°בָּרוּךְ כְּבוֹד־יהוה מִמְּקוֹמוֹ: יחזקאל ג
וּבְדִבְרֵי קָדְשְׁךָ כָּתוּב לֵאמֹר

קהל ואחריו שליח הציבור:

°יִמְלֹךְ יהוה לְעוֹלָם, אֱלֹהַיִךְ צִיּוֹן לְדֹר וָדֹר, הַלְלוּיָהּ: תהלים קמו

שליח הציבור:

לְדוֹר וָדוֹר נַגִּיד גָּדְלֶךָ
וּלְנֵצַח נְצָחִים קְדֻשָּׁתְךָ נַקְדִּישׁ
וְשִׁבְחֲךָ אֱלֹהֵינוּ מִפִּינוּ לֹא יָמוּשׁ לְעוֹלָם וָעֶד
כִּי אֵל מֶלֶךְ גָּדוֹל וְקָדוֹשׁ אָתָּה.
בָּרוּךְ אַתָּה יהוה, הָאֵל הַקָּדוֹשׁ.

שליח הציבור ממשיך 'אַתָּה בְחַרְתָּנוּ' בעמוד הבא.

קדושת השם

אַתָּה קָדוֹשׁ וְשִׁמְךָ קָדוֹשׁ
וּקְדוֹשִׁים בְּכָל יוֹם יְהַלְלוּךָ סֶּלָה.
בָּרוּךְ אַתָּה יהוה, הָאֵל הַקָּדוֹשׁ.

קדושת היום

הירושלמי (ברכות פ״ד ה״ו) קובע שצריך אדם לחדש דבר בתפילת מוסף ביחס לשאר התפילות, וכתב ר״ת (הובא באבודרהם) שיש לומר את פסוקי הקרבן של אותו היום, כיוון שתפילת מוסף היא במקום הקרבת קרבן מוסף.

אַתָּה בְחַרְתָּנוּ מִכָּל הָעַמִּים
אָהַבְתָּ אוֹתָנוּ וְרָצִיתָ בָּנוּ
וְרוֹמַמְתָּנוּ מִכָּל הַלְּשׁוֹנוֹת
וְקִדַּשְׁתָּנוּ בְּמִצְוֹתֶיךָ
וְקֵרַבְתָּנוּ מַלְכֵּנוּ לַעֲבוֹדָתֶךָ
וְשִׁמְךָ הַגָּדוֹל וְהַקָּדוֹשׁ עָלֵינוּ קָרָאתָ.

בשבת מוסיפים את המילים שבסוגריים:

וַתִּתֶּן לָנוּ יהוה אֱלֹהֵינוּ בְּאַהֲבָה
(שַׁבָּתוֹת לִמְנוּחָה וּ) מוֹעֲדִים לְשִׂמְחָה, חַגִּים
וּזְמַנִּים לְשָׂשׂוֹן
אֶת יוֹם (הַשַּׁבָּת הַזֶּה וְאֶת יוֹם)

בפסח: חַג הַמַּצּוֹת הַזֶּה, זְמַן חֵרוּתֵנוּ

בשבועות: חַג הַשָּׁבוּעוֹת הַזֶּה, זְמַן מַתַּן תּוֹרָתֵנוּ

בסוכות: חַג הַסֻּכּוֹת הַזֶּה, זְמַן שִׂמְחָתֵנוּ

בשמיני עצרת: הַשְּׁמִינִי חַג הָעֲצֶרֶת הַזֶּה, זְמַן שִׂמְחָתֵנוּ

(בְּאַהֲבָה) מִקְרָא קֹדֶשׁ, זֵכֶר לִיצִיאַת מִצְרָיִם.

וּמִפְּנֵי חֲטָאֵינוּ גָּלִינוּ מֵאַרְצֵנוּ
וְנִתְרַחַקְנוּ מֵעַל אַדְמָתֵנוּ
וְאֵין אֲנַחְנוּ יְכוֹלִים
לַעֲלוֹת וְלֵרָאוֹת וּלְהִשְׁתַּחֲווֹת לְפָנֶיךָ
וְלַעֲשׂוֹת חוֹבוֹתֵינוּ בְּבֵית בְּחִירָתֶךָ
בַּבַּיִת הַגָּדוֹל וְהַקָּדוֹשׁ שֶׁנִּקְרָא שִׁמְךָ עָלָיו
מִפְּנֵי הַיָּד שֶׁנִּשְׁתַּלְּחָה בְּמִקְדָּשֶׁךָ.
יְהִי רָצוֹן מִלְּפָנֶיךָ
יהוה אֱלֹהֵינוּ וֵאלֹהֵי אֲבוֹתֵינוּ, מֶלֶךְ רַחֲמָן
שֶׁתָּשׁוּב וּתְרַחֵם עָלֵינוּ וְעַל מִקְדָּשְׁךָ
בְּרַחֲמֶיךָ הָרַבִּים
וְתִבְנֵהוּ מְהֵרָה וּתְגַדֵּל כְּבוֹדוֹ.

אָבִֽינוּ מַלְכֵּֽנוּ
גַּלֵּה כְּבוֹד מַלְכוּתְךָ עָלֵֽינוּ מְהֵרָה
וְהוֹפַע וְהִנָּשֵׂא עָלֵֽינוּ לְעֵינֵי כׇּל חָי
וְקָרֵב פְּזוּרֵֽינוּ מִבֵּין הַגּוֹיִם
וּנְפוּצוֹתֵֽינוּ כַּנֵּס מִיַּרְכְּתֵי אָֽרֶץ.
וַהֲבִיאֵֽנוּ לְצִיּוֹן עִירְךָ בְּרִנָּה
וְלִירוּשָׁלַֽיִם בֵּית מִקְדָּשְׁךָ בְּשִׂמְחַת עוֹלָם
וְשָׁם נַעֲשֶׂה לְפָנֶֽיךָ אֶת קׇרְבְּנוֹת חוֹבוֹתֵֽינוּ
תְּמִידִים כְּסִדְרָם וּמוּסָפִים כְּהִלְכָתָם
וְאֶת מוּסַף יוֹם

/ שבת: וְאֶת מוּסְפֵי יוֹם הַשַּׁבָּת הַזֶּה וְיוֹם/

בפסח: חַג הַמַּצּוֹת הַזֶּה
בשבועות: חַג הַשָּׁבוּעוֹת הַזֶּה
בסוכות: חַג הַסֻּכּוֹת הַזֶּה
בשמיני עצרת: הַשְּׁמִינִי חַג הָעֲצֶֽרֶת הַזֶּה

נַעֲשֶׂה וְנַקְרִיב לְפָנֶֽיךָ בְּאַהֲבָה
כְּמִצְוַת רְצוֹנֶֽךָ
כְּמוֹ שֶׁכָּתַֽבְתָּ עָלֵֽינוּ בְּתוֹרָתֶֽךָ

עַל יְדֵי מֹשֶׁה עַבְדֶּךָ מִפִּי כְבוֹדֶךָ כָּאָמוּר

בשבת:

במדבר כח
וּבְיוֹם הַשַּׁבָּת, שְׁנֵי־כְבָשִׂים בְּנֵי־שָׁנָה תְּמִימִם, וּשְׁנֵי עֶשְׂרֹנִים סֹלֶת מִנְחָה בְּלוּלָה בַשֶּׁמֶן וְנִסְכּוֹ: עֹלַת שַׁבַּת בְּשַׁבַּתּוֹ, עַל־עֹלַת הַתָּמִיד וְנִסְכָּהּ:

ביום טוב ראשון של פסח:

במדבר כח
וּבַחֹדֶשׁ הָרִאשׁוֹן בְּאַרְבָּעָה עָשָׂר יוֹם לַחֹדֶשׁ, פֶּסַח לַיהוה: וּבַחֲמִשָּׁה עָשָׂר יוֹם לַחֹדֶשׁ הַזֶּה חָג, שִׁבְעַת יָמִים מַצּוֹת יֵאָכֵל: בַּיּוֹם הָרִאשׁוֹן מִקְרָא־קֹדֶשׁ, כָּל־מְלֶאכֶת עֲבֹדָה לֹא תַעֲשׂוּ: וְהִקְרַבְתֶּם אִשֶּׁה עֹלָה לַיהוה, פָּרִים בְּנֵי־בָקָר שְׁנַיִם וְאַיִל אֶחָד, וְשִׁבְעָה כְבָשִׂים בְּנֵי שָׁנָה תְּמִימִם יִהְיוּ לָכֶם: וּמִנְחָתָם וְנִסְכֵּיהֶם כִּמְדֻבָּר, שְׁלֹשָׁה עֶשְׂרֹנִים לַפָּר וּשְׁנֵי עֶשְׂרֹנִים לָאָיִל, וְעִשָּׂרוֹן לַכֶּבֶשׂ, וְיַיִן כְּנִסְכּוֹ, וְשָׂעִיר לְכַפֵּר, וּשְׁנֵי תְמִידִים כְּהִלְכָתָם.

בשבת ממשיכים 'יִשְׂמְחוּ בְמַלְכוּתְךָ' בעמ' 671,
וביום חול ממשיכים 'אֱלֹהֵינוּ וֵאלֹהֵי אֲבוֹתֵינוּ' בעמ' 671.

בשאר ימי הפסח:

במדבר כח
וְהִקְרַבְתֶּם אִשֶּׁה עֹלָה לַיהוה, פָּרִים בְּנֵי־בָקָר שְׁנַיִם וְאַיִל אֶחָד, וְשִׁבְעָה כְבָשִׂים בְּנֵי שָׁנָה, תְּמִימִם יִהְיוּ

לָכֶם: וּמִנְחָתָם וְנִסְכֵּיהֶם כִּמְדֻבָּר, שְׁלֹשָׁה עֶשְׂרֹנִים לַפָּר וּשְׁנֵי עֶשְׂרֹנִים לָאָיִל, וְעִשָּׂרוֹן לַכֶּבֶשׂ, וְיַיִן כְּנִסְכּוֹ, וְשָׂעִיר לְכַפֵּר, וּשְׁנֵי תְמִידִים כְּהִלְכָתָם.

בשבת ממשיכים ׳יִשְׂמְחוּ בְמַלְכוּתְךָ׳ בעמ׳ 671,
וביום חול ממשיכים ׳אֱלֹהֵינוּ וֵאלֹהֵי אֲבוֹתֵינוּ׳ בעמ׳ 671.

בשבועות:

וּבְיוֹם הַבִּכּוּרִים, בְּהַקְרִיבְכֶם מִנְחָה חֲדָשָׁה לַיהוה בְּשָׁבֻעֹתֵיכֶם, מִקְרָא־קֹדֶשׁ יִהְיֶה לָכֶם, כָּל־מְלֶאכֶת עֲבֹדָה לֹא תַעֲשׂוּ: וְהִקְרַבְתֶּם עוֹלָה לְרֵיחַ נִיחֹחַ לַיהוה, פָּרִים בְּנֵי־בָקָר שְׁנַיִם, אַיִל אֶחָד, שִׁבְעָה כְבָשִׂים בְּנֵי שָׁנָה: וּמִנְחָתָם וְנִסְכֵּיהֶם כִּמְדֻבָּר, שְׁלֹשָׁה עֶשְׂרֹנִים לַפָּר וּשְׁנֵי עֶשְׂרֹנִים לָאָיִל, וְעִשָּׂרוֹן לַכֶּבֶשׂ, וְיַיִן כְּנִסְכּוֹ, וְשָׂעִיר לְכַפֵּר, וּשְׁנֵי תְמִידִים כְּהִלְכָתָם. במדבר כח

ממשיכים ׳אֱלֹהֵינוּ וֵאלֹהֵי אֲבוֹתֵינוּ׳ בעמ׳ 671.

ביום טוב ראשון של סוכות:

וּבַחֲמִשָּׁה עָשָׂר יוֹם לַחֹדֶשׁ הַשְּׁבִיעִי, מִקְרָא־קֹדֶשׁ יִהְיֶה לָכֶם, כָּל־מְלֶאכֶת עֲבֹדָה לֹא תַעֲשׂוּ, וְחַגֹּתֶם חַג לַיהוה שִׁבְעַת יָמִים: וְהִקְרַבְתֶּם עֹלָה אִשֵּׁה רֵיחַ נִיחֹחַ לַיהוה, פָּרִים בְּנֵי־בָקָר שְׁלֹשָׁה עָשָׂר, אֵילִם שְׁנָיִם, כְּבָשִׂים בְּנֵי־שָׁנָה אַרְבָּעָה עָשָׂר, תְּמִימִם יִהְיוּ: וּמִנְחָתָם וְנִסְכֵּיהֶם כִּמְדֻבָּר, שְׁלֹשָׁה עֶשְׂרֹנִים לַפָּר וּשְׁנֵי עֶשְׂרֹנִים לָאָיִל, במדבר כט

וְעִשָּׂרוֹן לַכֶּבֶשׂ, וְיַיִן כְּנִסְכּוֹ, וְשָׂעִיר לְכַפֵּר, וּשְׁנֵי תְמִידִים כְּהִלְכָתָם.

בשבת ממשיכים ׳יִשְׂמְחוּ בְמַלְכוּתְךָ׳ בעמ׳ 671,
וביום חול ממשיכים ׳אֱלֹהֵינוּ וֵאלֹהֵי אֲבוֹתֵינוּ׳ בעמ׳ 671.

ביום הראשון של חול המועד סוכות:

וּבַיּוֹם הַשֵּׁנִי, פָּרִים בְּנֵי־בָקָר שְׁנֵים עָשָׂר, אֵילִם שְׁנָיִם, כְּבָשִׂים בְּנֵי־שָׁנָה אַרְבָּעָה עָשָׂר, תְּמִימִם: וּמִנְחָתָם וְנִסְכֵּיהֶם כִּמְדֻבָּר, שְׁלֹשָׁה עֶשְׂרֹנִים לַפָּר, וּשְׁנֵי עֶשְׂרֹנִים לָאָיִל, וְעִשָּׂרוֹן לַכֶּבֶשׂ, וְיַיִן כְּנִסְכּוֹ, וְשָׂעִיר לְכַפֵּר, וּשְׁנֵי תְמִידִים כְּהִלְכָתָם. במדבר כט

ממשיכים ׳אֱלֹהֵינוּ וֵאלֹהֵי אֲבוֹתֵינוּ׳ בעמ׳ 671.

ביום השני של חול המועד סוכות:

וּבַיּוֹם הַשְּׁלִישִׁי, פָּרִים עַשְׁתֵּי־עָשָׂר, אֵילִם שְׁנָיִם, כְּבָשִׂים בְּנֵי־שָׁנָה אַרְבָּעָה עָשָׂר, תְּמִימִם: וּמִנְחָתָם וְנִסְכֵּיהֶם כִּמְדֻבָּר, שְׁלֹשָׁה עֶשְׂרֹנִים לַפָּר, וּשְׁנֵי עֶשְׂרֹנִים לָאָיִל, וְעִשָּׂרוֹן לַכֶּבֶשׂ, וְיַיִן כְּנִסְכּוֹ, וְשָׂעִיר לְכַפֵּר, וּשְׁנֵי תְמִידִים כְּהִלְכָתָם. במדבר כט

בשבת ממשיכים ׳יִשְׂמְחוּ בְמַלְכוּתְךָ׳ בעמ׳ 671,
וביום חול ממשיכים ׳אֱלֹהֵינוּ וֵאלֹהֵי אֲבוֹתֵינוּ׳ בעמ׳ 671.

ביום השלישי של חול המועד סוכות:

וּבַיּוֹם הָרְבִיעִי, פָּרִים עֲשָׂרָה, אֵילִם שְׁנָיִם, כְּבָשִׂים בְּנֵי־שָׁנָה אַרְבָּעָה עָשָׂר, תְּמִימִם: וּמִנְחָתָם וְנִסְכֵּיהֶם במדבר כט

כַּמְדֻבָּר, שְׁלֹשָׁה עֶשְׂרֹנִים לַפָּר, וּשְׁנֵי עֶשְׂרֹנִים לָאָיִל, וְעִשָּׂרוֹן לַכֶּבֶשׂ, וְיַיִן כְּנִסְכּוֹ, וְשָׂעִיר לְכַפֵּר, וּשְׁנֵי תְמִידִים כְּהִלְכָתָם.

ממשיכים ׳אֱלֹהֵינוּ וֵאלֹהֵי אֲבוֹתֵינוּ׳ בעמוד הבא.

ביום הרביעי של חול המועד סוכות:

וּבַיּוֹם הַחֲמִישִׁי, פָּרִים תִּשְׁעָה, אֵילִם שְׁנָיִם, כְּבָשִׂים בְּנֵי־שָׁנָה אַרְבָּעָה עָשָׂר, תְּמִימִם: וּמִנְחָתָם וְנִסְכֵּיהֶם כַּמְדֻבָּר, שְׁלֹשָׁה עֶשְׂרֹנִים לַפָּר, וּשְׁנֵי עֶשְׂרֹנִים לָאָיִל, וְעִשָּׂרוֹן לַכֶּבֶשׂ, וְיַיִן כְּנִסְכּוֹ, וְשָׂעִיר לְכַפֵּר, וּשְׁנֵי תְמִידִים כְּהִלְכָתָם. במדבר כט

בשבת ממשיכים ׳יִשְׂמְחוּ בְמַלְכוּתְךָ׳ בעמוד הבא,
וביום חול ממשיכים ׳אֱלֹהֵינוּ וֵאלֹהֵי אֲבוֹתֵינוּ׳ בעמוד הבא.

ביום החמישי של חול המועד סוכות:

וּבַיּוֹם הַשִּׁשִּׁי, פָּרִים שְׁמֹנָה, אֵילִם שְׁנָיִם, כְּבָשִׂים בְּנֵי־שָׁנָה אַרְבָּעָה עָשָׂר, תְּמִימִם: וּמִנְחָתָם וְנִסְכֵּיהֶם כַּמְדֻבָּר, שְׁלֹשָׁה עֶשְׂרֹנִים לַפָּר, וּשְׁנֵי עֶשְׂרֹנִים לָאָיִל, וְעִשָּׂרוֹן לַכֶּבֶשׂ, וְיַיִן כְּנִסְכּוֹ, וְשָׂעִיר לְכַפֵּר, וּשְׁנֵי תְמִידִים כְּהִלְכָתָם. במדבר כט

בשבת ממשיכים ׳יִשְׂמְחוּ בְמַלְכוּתְךָ׳ בעמוד הבא,
וביום חול ממשיכים ׳אֱלֹהֵינוּ וֵאלֹהֵי אֲבוֹתֵינוּ׳ בעמוד הבא.

בהושענא רבה:

וּבַיּוֹם הַשְּׁבִיעִי, פָּרִים שִׁבְעָה, אֵילִם שְׁנָיִם, כְּבָשִׂים בְּנֵי־שָׁנָה אַרְבָּעָה עָשָׂר, תְּמִימִם: וּמִנְחָתָם וְנִסְכֵּיהֶם במדבר כט

כִּמְדֻבָּר, שְׁלֹשָׁה עֶשְׂרֹנִים לַפָּר, וּשְׁנֵי עֶשְׂרֹנִים לָאָיִל, וְעִשָּׂרוֹן לַכֶּבֶשׂ, וְיַיִן כְּנִסְכּוֹ, וְשָׂעִיר לְכַפֵּר, וּשְׁנֵי תְמִידִים כְּהִלְכָתָם.

ממשיכים ׳אֱלֹהֵינוּ וֵאלֹהֵי אֲבוֹתֵינוּ׳ למטה.

בשמיני עצרת:

בַּיּוֹם הַשְּׁמִינִי, עֲצֶרֶת תִּהְיֶה לָכֶם, כָּל־מְלֶאכֶת עֲבֹדָה לֹא תַעֲשׂוּ: וְהִקְרַבְתֶּם עֹלָה אִשֵּׁה רֵיחַ נִיחֹחַ לַיהוה, פַּר אֶחָד, אַיִל אֶחָד, כְּבָשִׂים בְּנֵי־שָׁנָה שִׁבְעָה, תְּמִימִם: וּמִנְחָתָם וְנִסְכֵּיהֶם כִּמְדֻבָּר, שְׁלֹשָׁה עֶשְׂרֹנִים לַפָּר וּשְׁנֵי עֶשְׂרֹנִים לָאָיִל, וְעִשָּׂרוֹן לַכֶּבֶשׂ, וְיַיִן כְּנִסְכּוֹ, וְשָׂעִיר לְכַפֵּר, וּשְׁנֵי תְמִידִים כְּהִלְכָתָם. במדבר כט

בשבת ממשיכים ׳יִשְׂמְחוּ בְמַלְכוּתְךָ׳ מתחת לקו,
וביום חול ממשיכים ׳אֱלֹהֵינוּ וֵאלֹהֵי אֲבוֹתֵינוּ׳ למטה.

בשבת מוסיפים:

יִשְׂמְחוּ בְמַלְכוּתְךָ שׁוֹמְרֵי שַׁבָּת וְקוֹרְאֵי עֹנֶג. עַם מְקַדְּשֵׁי שְׁבִיעִי כֻּלָּם יִשְׂבְּעוּ וְיִתְעַנְּגוּ מִטּוּבֶךָ, וּבַשְּׁבִיעִי רָצִיתָ בּוֹ וְקִדַּשְׁתּוֹ, חֶמְדַּת יָמִים אוֹתוֹ קָרָאתָ, זֵכֶר לְמַעֲשֵׂה בְרֵאשִׁית.

אֱלֹהֵינוּ וֵאלֹהֵי אֲבוֹתֵינוּ
מֶלֶךְ רַחֲמָן רַחֵם עָלֵינוּ
טוֹב וּמֵטִיב הִדָּרֶשׁ לָנוּ

שׁוּבָה אֵלֵינוּ בַּהֲמוֹן רַחֲמֶיךָ
בִּגְלַל אָבוֹת שֶׁעָשׂוּ רְצוֹנֶךָ.
בְּנֵה בֵיתְךָ כְּבַתְּחִלָּה
וְכוֹנֵן מִקְדָּשְׁךָ עַל מְכוֹנוֹ
וְהַרְאֵנוּ בְּבִנְיָנוֹ, וְשַׂמְּחֵנוּ בְּתִקּוּנוֹ
וְהָשֵׁב כֹּהֲנִים לַעֲבוֹדָתָם
וּלְוִיִּם לְשִׁירָם וּלְזִמְרָם
וְהָשֵׁב יִשְׂרָאֵל לִנְוֵיהֶם.

וְשָׁם נַעֲלֶה וְנֵרָאֶה וְנִשְׁתַּחֲוֶה לְפָנֶיךָ
בְּשָׁלֹשׁ פַּעֲמֵי רְגָלֵינוּ
כַּכָּתוּב בְּתוֹרָתֶךָ

שָׁלוֹשׁ פְּעָמִים בַּשָּׁנָה יֵרָאֶה כָל־זְכוּרְךָ דברים טז
אֶת־פְּנֵי יהוה אֱלֹהֶיךָ
בַּמָּקוֹם אֲשֶׁר יִבְחָר
בְּחַג הַמַּצּוֹת, וּבְחַג הַשָּׁבֻעוֹת, וּבְחַג הַסֻּכּוֹת
וְלֹא יֵרָאֶה אֶת־פְּנֵי יהוה רֵיקָם:
אִישׁ כְּמַתְּנַת יָדוֹ
כְּבִרְכַּת יהוה אֱלֹהֶיךָ אֲשֶׁר נָתַן־לָךְ:

בשבת מוסיפים את המילים שבסוגריים:

וְהַשִּׂיאֵנוּ יהוה אֱלֹהֵינוּ אֶת בִּרְכַּת מוֹעֲדֶיךָ
לְחַיִּים וּלְשָׁלוֹם, לְשִׂמְחָה וּלְשָׂשׂוֹן
כַּאֲשֶׁר רָצִיתָ וְאָמַרְתָּ לְבָרְכֵנוּ.
(אֱלֹהֵינוּ וֵאלֹהֵי אֲבוֹתֵינוּ, רְצֵה בִמְנוּחָתֵנוּ)
קַדְּשֵׁנוּ בְּמִצְוֹתֶיךָ, וְתֵן חֶלְקֵנוּ בְּתוֹרָתֶךָ
שַׂבְּעֵנוּ מִטּוּבֶךָ, וְשַׂמְּחֵנוּ בִּישׁוּעָתֶךָ
וְטַהֵר לִבֵּנוּ לְעָבְדְּךָ בֶּאֱמֶת
וְהַנְחִילֵנוּ יהוה אֱלֹהֵינוּ (בְּאַהֲבָה וּבְרָצוֹן)
בְּשִׂמְחָה וּבְשָׂשׂוֹן (שַׁבָּת וּ) מוֹעֲדֵי קָדְשֶׁךָ
וְיִשְׂמְחוּ בְךָ יִשְׂרָאֵל מְקַדְּשֵׁי שְׁמֶךָ.
בָּרוּךְ אַתָּה יהוה
מְקַדֵּשׁ (הַשַּׁבָּת וְ) יִשְׂרָאֵל וְהַזְּמַנִּים.

עבודה

רְצֵה יהוה אֱלֹהֵינוּ בְּעַמְּךָ יִשְׂרָאֵל וּבִתְפִלָּתָם
וְהָשֵׁב אֶת הָעֲבוֹדָה לִדְבִיר בֵּיתֶךָ
וְאִשֵּׁי יִשְׂרָאֵל וּתְפִלָּתָם
בְּאַהֲבָה תְקַבֵּל בְּרָצוֹן
וּתְהִי לְרָצוֹן תָּמִיד עֲבוֹדַת יִשְׂרָאֵל עַמֶּךָ.

אם כוהנים עולים לברך, אומרים כאן בחזרת הש״ץ ׳וְתֶעֱרַב׳, ואין אומרים ׳וְתֶעֱרַב׳ בחול המועד ובשבת חול המועד. מנהג חו״ל הוא להקדים ׳וְתֶחֱזֶינָה׳ ל׳וְשָׁם נַעֲבָדְךָ׳, ולחתום בברכה ׳שֶׁאוֹתְךָ לְבַדְּךָ בְּיִרְאָה נַעֲבוֹד׳, וכן נוסח ספרד.

קהל וש״ץ: **וְתֶעֱרַב עָלֶיךָ עֲתִירָתֵנוּ כְּעוֹלָה וּכְקָרְבָּן. אָנָּא רַחוּם, בְּרַחֲמֶיךָ הָרַבִּים הָשֵׁב שְׁכִינָתְךָ לְצִיּוֹן עִירֶךָ, וְסֵדֶר הָעֲבוֹדָה לִירוּשָׁלָיִם. וְשָׁם נַעֲבָדְךָ בְּיִרְאָה כִּימֵי עוֹלָם וּכְשָׁנִים קַדְמוֹנִיּוֹת.**

וממשיך ׳וְתֶחֱזֶינָה׳ למטה.

וְתֶחֱזֶינָה עֵינֵינוּ בְּשׁוּבְךָ לְצִיּוֹן בְּרַחֲמִים.
בָּרוּךְ אַתָּה יהוה, הַמַּחֲזִיר שְׁכִינָתוֹ לְצִיּוֹן.

בחזרת הש״ץ הקהל אומר ׳מוֹדִים׳ מתחת לקו למטה.
בתפילת הלחש הקהל ממשיך כאן.

הודאה

כורע ב׳מוֹדִים׳ ואינו זוקף עד אמירת השם (סידור השל״ה).

מוֹדִים אֲנַחְנוּ לָךְ
שָׁאַתָּה הוּא יהוה אֱלֹהֵינוּ וֵאלֹהֵי אֲבוֹתֵינוּ לְעוֹלָם וָעֶד.

כשהש״ץ אומר ׳מוֹדִים׳, הקהל אומר בלחש:

מוֹדִים אֲנַחְנוּ לָךְ, שָׁאַתָּה הוּא יהוה אֱלֹהֵינוּ וֵאלֹהֵי אֲבוֹתֵינוּ, אֱלֹהֵי כָל בָּשָׂר, יוֹצְרֵנוּ, יוֹצֵר בְּרֵאשִׁית.

צוּר חַיֵּינוּ, מָגֵן יִשְׁעֵנוּ אַתָּה הוּא לְדוֹר וָדוֹר.
נוֹדֶה לְּךָ וּנְסַפֵּר תְּהִלָּתֶךָ
עַל חַיֵּינוּ הַמְּסוּרִים בְּיָדֶךָ
וְעַל נִשְׁמוֹתֵינוּ הַפְּקוּדוֹת לָךְ
וְעַל נִסֶּיךָ שֶׁבְּכָל יוֹם עִמָּנוּ
וְעַל נִפְלְאוֹתֶיךָ וְטוֹבוֹתֶיךָ
שֶׁבְּכָל עֵת, עֶרֶב וָבֹקֶר וְצָהֳרָיִם.
הַטּוֹב, כִּי לֹא כָלוּ רַחֲמֶיךָ
וְהַמְרַחֵם, כִּי לֹא תַמּוּ חֲסָדֶיךָ
מֵעוֹלָם קִוִּינוּ לָךְ.
וְעַל כֻּלָּם יִתְבָּרַךְ וְיִתְרוֹמַם שִׁמְךָ מַלְכֵּנוּ
תָּמִיד לְעוֹלָם וָעֶד.

בְּרָכוֹת וְהוֹדָאוֹת, לְשִׁמְךָ הַגָּדוֹל וְהַקָּדוֹשׁ, עַל שֶׁהֶחֱיִיתָנוּ וְקִיַּמְתָּנוּ. כֵּן תְּחַיֵּנוּ וּתְקַיְּמֵנוּ, וְתֶאֱסֹף גָּלֻיּוֹתֵינוּ, לְחַצְרוֹת קָדְשֶׁךָ, לִשְׁמֹר חֻקֶּיךָ וְלַעֲשׂוֹת רְצוֹנֶךָ וּלְעָבְדְּךָ בְּלֵבָב שָׁלֵם, עַל שֶׁאֲנַחְנוּ מוֹדִים לָךְ. בָּרוּךְ אֵל הַהוֹדָאוֹת.

וְכֹל הַחַיִּים יוֹדוּךָ סֶּלָה
וִיהַלְלוּ אֶת שִׁמְךָ בֶּאֱמֶת
הָאֵל יְשׁוּעָתֵנוּ וְעֶזְרָתֵנוּ סֶלָה.
ּבָּרוּךְ אַתָּה יהוה
הַטּוֹב שִׁמְךָ וּלְךָ נָאֶה לְהוֹדוֹת.

אם יותר מכוהן אחד עולה לדוכן, הגבאי קורא:

כֹּהֲנִים

הכוהנים מברכים:

בָּרוּךְ אַתָּה יהוה אֱלֹהֵינוּ מֶלֶךְ הָעוֹלָם, אֲשֶׁר קִדְּשָׁנוּ בִּקְדֻשָּׁתוֹ שֶׁל אַהֲרֹן, וְצִוָּנוּ לְבָרֵךְ אֶת עַמּוֹ יִשְׂרָאֵל בְּאַהֲבָה.

הש״ץ מקריא מילה במילה, והכוהנים אחריו:

במדבר ו
יְבָרֶכְךָ יהוה וְיִשְׁמְרֶךָ: קהל: אָמֵן
יָאֵר יהוה פָּנָיו אֵלֶיךָ וִיחֻנֶּךָּ: קהל: אָמֵן
יִשָּׂא יהוה פָּנָיו אֵלֶיךָ וְיָשֵׂם לְךָ שָׁלוֹם: קהל: אָמֵן

שליח הציבור ממשיך ׳שִׂים שָׁלוֹם׳.

הכוהנים אומרים: רִבּוֹנוֹ שֶׁל עוֹלָם, עָשִׂינוּ מַה שֶּׁגָּזַרְתָּ עָלֵינוּ, אַף אַתָּה עֲשֵׂה עִמָּנוּ כְּמוֹ שֶׁהִבְטַחְתָּנוּ. הַשְׁקִיפָה מִמְּעוֹן קָדְשְׁךָ מִן־הַשָּׁמַיִם, וּבָרֵךְ אֶת־עַמְּךָ אֶת־יִשְׂרָאֵל, וְאֵת הָאֲדָמָה אֲשֶׁר נָתַתָּה לָנוּ, כַּאֲשֶׁר נִשְׁבַּעְתָּ לַאֲבֹתֵינוּ, אֶרֶץ זָבַת חָלָב וּדְבָשׁ: (דברים כו)

הקהל אומר: אַדִּיר בַּמָּרוֹם שׁוֹכֵן בִּגְבוּרָה, אַתָּה שָׁלוֹם וְשִׁמְךָ שָׁלוֹם. יְהִי רָצוֹן שֶׁתָּשִׂים עָלֵינוּ וְעַל כָּל עַמְּךָ בֵּית יִשְׂרָאֵל חַיִּים וּבְרָכָה לְמִשְׁמֶרֶת שָׁלוֹם.

אם אין כוהנים העולים לדוכן, שליח הציבור אומר:

אֱלֹהֵינוּ וֵאלֹהֵי אֲבוֹתֵינוּ, בָּרְכֵנוּ בַּבְּרָכָה הַמְשֻׁלֶּשֶׁת בַּתּוֹרָה, הַכְּתוּבָה עַל יְדֵי מֹשֶׁה עַבְדֶּךָ, הָאֲמוּרָה מִפִּי אַהֲרֹן וּבָנָיו כֹּהֲנִים עַם קְדוֹשֶׁיךָ, כָּאָמוּר

במדבר ו
יְבָרֶכְךָ יהוה וְיִשְׁמְרֶךָ: קהל: כֵּן יְהִי רָצוֹן
יָאֵר יהוה פָּנָיו אֵלֶיךָ וִיחֻנֶּךָּ: קהל: כֵּן יְהִי רָצוֹן
יִשָּׂא יהוה פָּנָיו אֵלֶיךָ וְיָשֵׂם לְךָ שָׁלוֹם: קהל: כֵּן יְהִי רָצוֹן

שלום

שִׂים שָׁלוֹם טוֹבָה וּבְרָכָה
חֵן וָחֶסֶד וְרַחֲמִים
עָלֵינוּ וְעַל כָּל יִשְׂרָאֵל עַמֶּךָ.
בָּרְכֵנוּ אָבִינוּ כֻּלָּנוּ כְּאֶחָד בְּאוֹר פָּנֶיךָ
כִּי בְאוֹר פָּנֶיךָ נָתַתָּ לָּנוּ יהוה אֱלֹהֵינוּ
תּוֹרַת חַיִּים וְאַהֲבַת חֶסֶד
וּצְדָקָה וּבְרָכָה וְרַחֲמִים וְחַיִּים וְשָׁלוֹם.
וְטוֹב בְּעֵינֶיךָ לְבָרֵךְ אֶת עַמְּךָ יִשְׂרָאֵל
בְּכָל עֵת וּבְכָל שָׁעָה בִּשְׁלוֹמֶךָ.

בָּרוּךְ אַתָּה יהוה
הַמְבָרֵךְ אֶת עַמּוֹ יִשְׂרָאֵל בַּשָּׁלוֹם.

שליח הציבור מסיים באמירת הפסוק הבא בלחש,
ויש הנוהגים לאומרו גם בסוף תפילת לחש של יחיד.

תהלים יט יִהְיוּ לְרָצוֹן אִמְרֵי־פִי וְהֶגְיוֹן לִבִּי לְפָנֶיךָ, יהוה צוּרִי וְגוֹאֲלִי:

ברכות יז. אֱלֹהַי
נְצֹר לְשׁוֹנִי מֵרָע וּשְׂפָתַי מִדַּבֵּר מִרְמָה
וְלִמְקַלְלַי נַפְשִׁי תִדֹּם, וְנַפְשִׁי כֶּעָפָר לַכֹּל תִּהְיֶה.
פְּתַח לִבִּי בְּתוֹרָתֶךָ, וּבְמִצְוֹתֶיךָ תִּרְדֹּף נַפְשִׁי.
וְכָל הַחוֹשְׁבִים עָלַי רָעָה
מְהֵרָה הָפֵר עֲצָתָם וְקַלְקֵל מַחֲשַׁבְתָּם.
עֲשֵׂה לְמַעַן שְׁמֶךָ
עֲשֵׂה לְמַעַן יְמִינֶךָ
עֲשֵׂה לְמַעַן קְדֻשָּׁתֶךָ
עֲשֵׂה לְמַעַן תּוֹרָתֶךָ.

תהלים ס לְמַעַן יֵחָלְצוּן יְדִידֶיךָ, הוֹשִׁיעָה יְמִינְךָ וַעֲנֵנִי:

תהלים יט יִהְיוּ לְרָצוֹן אִמְרֵי־פִי וְהֶגְיוֹן לִבִּי לְפָנֶיךָ
יהוה צוּרִי וְגוֹאֲלִי:

כורע ופוסע שלוש פסיעות לאחור. קד לשמאל, לימין ולפנים באמירת:

עֹשֶׂה שָׁלוֹם בִּמְרוֹמָיו

הוּא יַעֲשֶׂה שָׁלוֹם עָלֵינוּ וְעַל כָּל יִשְׂרָאֵל

וְאִמְרוּ אָמֵן.

יְהִי רָצוֹן מִלְּפָנֶיךָ יהוה אֱלֹהֵינוּ וֵאלֹהֵי אֲבוֹתֵינוּ
שֶׁיִּבָּנֶה בֵּית הַמִּקְדָּשׁ בִּמְהֵרָה בְיָמֵינוּ
וְתֵן חֶלְקֵנוּ בְּתוֹרָתֶךָ
וְשָׁם נַעֲבָדְךָ בְּיִרְאָה כִּימֵי עוֹלָם וּכְשָׁנִים קַדְמֹנִיּוֹת.
וְעָרְבָה לַיהוה מִנְחַת יְהוּדָה וִירוּשָׁלָםִ מלאכי ג
כִּימֵי עוֹלָם וּכְשָׁנִים קַדְמֹנִיּוֹת:

בסוכות אומרים כאן הושענות (בעמ׳ 680).

בשאר ימים טובים ובשבת חוה״מ פסח אומרים קדיש שלם (בעמ׳ 411)
וממשיכים בסיום תפילת מוסף לשבת (בעמ׳ 413).

בחול המועד פסח (ובחול המועד סוכות, במקום שאומרים בו הושענות אחרי הלל)
אומרים קדיש שלם (בעמ׳ 125) ומסיימים כבתפילת יום חול (בעמ׳ 127).

הושענות

בשבעת ימי סוכות אומרים הושענות לאחר תפילת מוסף (טור, תרס).
יש קהילות שאימצו את מנהג ספרד, ובהן אומרים הושענות לאחר קריאת ההלל.

בימות החול (פרט להושענא רבה) מוציאים ספר תורה אל הבימה,
והקהל מקיף את הבימה עם ארבעת המינים (ספר הרוקח, רכא).

מי שאין לו ארבעת המינים אינו מקיף את הבימה (רמ״א תרס,
ב בשם רש״י), וכן מי שהוא אבל (שם בשם ה׳כלבו׳).

הושענות לשבת חול המועד בעמ׳ 686. הושענות להושענא רבה בעמ׳ 691.

כשחל א׳ דסוכות	אומרים הושענות בסדר זה: א׳ דסוכות	א׳ דחוה״מ	ב׳ דחוה״מ	ג׳ דחוה״מ	ד׳ דחוה״מ	ה׳ דחוה״מ
ביום ב׳	למען אמתך	אבן שתיה	אערוך שועי	אום אני חומה	אל למושעות	אום נצורה
ביום ג׳	למען אמתך	אבן שתיה	אערוך שועי	אל למושעות	אום נצורה	אדון המושיע
ביום ה׳	למען אמתך	אבן שתיה	אום נצורה	אערוך שועי	אל למושעות	אדון המושיע
בשבת	אום נצורה	למען אמתך	אערוך שועי	אבן שתיה	אל למושעות	אדון המושיע

שליח הציבור ואחריו הקהל:

הוֹשַׁע נָא לְמַעַנְךָ אֱלֹהֵינוּ הוֹשַׁע נָא.

שליח הציבור ואחריו הקהל:

הוֹשַׁע נָא לְמַעַנְךָ בּוֹרְאֵנוּ הוֹשַׁע נָא.

שליח הציבור ואחריו הקהל:

הוֹשַׁע נָא לְמַעַנְךָ גּוֹאֲלֵנוּ הוֹשַׁע נָא.

שליח הציבור ואחריו הקהל:

הוֹשַׁע נָא לְמַעַנְךָ דּוֹרְשֵׁנוּ הוֹשַׁע נָא.

הוֹשַׁע נָא

לְמַעַן אֲמִתָּךְ. לְמַעַן בְּרִיתָךְ. לְמַעַן גָּדְלָךְ וְתִפְאַרְתָּךְ. לְמַעַן דָּתָךְ. לְמַעַן הוֹדָךְ. לְמַעַן וְעוּדָךְ. לְמַעַן זִכְרָךְ. לְמַעַן חַסְדָּךְ. לְמַעַן טוּבָךְ. לְמַעַן יִחוּדָךְ. לְמַעַן כְּבוֹדָךְ. לְמַעַן לִמּוּדָךְ. לְמַעַן מַלְכוּתָךְ. לְמַעַן נִצְחָךְ. לְמַעַן סוֹדָךְ. לְמַעַן עֻזָּךְ. לְמַעַן פְּאֵרָךְ. לְמַעַן צִדְקָתָךְ. לְמַעַן קְדֻשָּׁתָךְ. לְמַעַן רַחֲמֶיךָ הָרַבִּים. לְמַעַן שְׁכִינָתָךְ. לְמַעַן תְּהִלָּתָךְ. הוֹשַׁע נָא.

וממשיך ׳אֲנִי וָהוּ הוֹשִׁיעָה נָּא׳ בעמ׳ 683.

הוֹשַׁע נָא

אֶבֶן שְׁתִיָּה. בֵּית הַבְּחִירָה. גֹּרֶן אָרְנָן. דְּבִיר הַמֻּצְנָע. הַר הַמּוֹרִיָּה. וְהַר יֵרָאֶה. זְבוּל תִּפְאַרְתֶּךָ. חָנָה דָוִד. טוּב הַלְּבָנוֹן. יְפֵה נוֹף מְשׂוֹשׂ כָּל הָאָרֶץ. כְּלִילַת יֹפִי. לִינַת הַצֶּדֶק. מָכוֹן לְשִׁבְתֶּךָ. נָוֶה שַׁאֲנָן. סֻכַּת שָׁלֵם. עֲלִיַּת שְׁבָטִים. פִּנַּת יִקְרַת. צִיּוֹן הַמְצֻיֶּנֶת. קֹדֶשׁ הַקֳּדָשִׁים. רָצוּף אַהֲבָה. שְׁכִינַת כְּבוֹדֶךָ. תֵּל תַּלְפִּיּוֹת. הוֹשַׁע נָא.

וממשיך ׳אֲנִי וָהוּ הוֹשִׁיעָה נָּא׳ בעמ׳ 683.

הוֹשַׁע נָא

אֶעֱרֹךְ שׁוּעִי. בְּבֵית שַׁוְעִי. גִּלִּיתִי בַצּוֹם פִּשְׁעִי. דְּרַשְׁתִּיךָ בּוֹ לְהוֹשִׁיעִי. הַקְשִׁיבָה לְקוֹל שַׁוְעִי. וְקוּמָה וְהוֹשִׁיעִי.

זְכוֹר וְרַחֵם מוֹשִׁיעִי. חַי כֵּן תְּשַׁעְשְׁעִי. טוֹב בְּאֶנֶק שְׁעִי. יוּחַשׁ מוֹשִׁיעִי. כַּלֵּה מַרְשִׁיעִי. לְבַל עוֹד יַרְשִׁיעִי. מַהֵר אֱלֹהֵי יִשְׁעִי. נֶצַח לְהוֹשִׁיעִי. שָׂא נָא עֲוֹן רִשְׁעִי. עֲבוֹר עַל פִּשְׁעִי. פְּנֵה נָא לְהוֹשִׁיעִי. צוּר צַדִּיק מוֹשִׁיעִי. קַבֵּל נָא שַׁוְעִי. רוֹמֵם קֶרֶן יִשְׁעִי. שַׁדַּי מוֹשִׁיעִי. תּוֹפִיעַ וְתוֹשִׁיעִי. הוֹשַׁע נָא.

וממשיך 'אֲנִי וָהוּ הוֹשִׁיעָה נָּא' בעמוד הבא.

הוֹשַׁע נָא

אוֹם אֲנִי חוֹמָה. בָּרָה כַּחַמָּה. גּוֹלָה וְסוּרָה. דָּמְתָה לְתָמָר. הַהֲרוּגָה עָלֶיךָ. וְנֶחְשֶׁבֶת כְּצֹאן טִבְחָה. זְרוּיָה בֵּין מַכְעִיסֶיהָ. חֲבוּקָה וּדְבוּקָה בָּךְ. טוֹעֶנֶת עֻלָּךְ. יְחִידָה לְיַחֲדָךְ. כְּבוּשָׁה בַּגּוֹלָה. לוֹמֶדֶת יִרְאָתָךְ. מְרוּטַת לֶחִי. נְתוּנָה לְמַכִּים. סוֹבֶלֶת סִבְלָךְ. עֲנִיָּה סוֹעֲרָה. פְּדוּיַת טוֹבִיָּה. צֹאן קָדָשִׁים. קְהִלּוֹת יַעֲקֹב. רְשׁוּמִים בִּשְׁמֶךָ. שׁוֹאֲגִים הוֹשַׁע נָא. תְּמוּכִים עָלֶיךָ. הוֹשַׁע נָא.

וממשיך 'אֲנִי וָהוּ הוֹשִׁיעָה נָּא' בעמוד הבא.

הוֹשַׁע נָא

אֵל לְמוֹשָׁעוֹת. בְּאַרְבַּע שְׁבוּעוֹת. גָּשִׁים בְּשַׁוְעוֹת. דּוֹפְקֵי עֶרֶךְ שׁוּעוֹת. הוֹגֵי שַׁעֲשׁוּעוֹת. וְחִידוֹת מִשְׁתַּעַשְׁעוֹת.

זוֹעֲקִים לְהַשְׁעוֹת. חוֹכֵי יְשׁוּעוֹת. טְפוּלִים בְּךָ שְׁעוֹת. יוֹדְעֵי בֵּין שָׁעוֹת. כּוֹרְעֶיךָ בְּשַׁוְעוֹת. לְהָבִין שְׁמוּעוֹת. מְפִיקֶךָ נִשְׁמָעוֹת. נוֹתֵן תְּשׁוּעוֹת. סְפוּרוֹת מַשְׁמָעוֹת. עֵדוּת מַשְׁמִיעוֹת. פּוֹעֵל יְשׁוּעוֹת. צַדִּיק נוֹשָׁעוֹת. קִרְיַת תְּשׁוּעוֹת. רֶגֶשׁ תְּשׁוּאוֹת. שָׁלֹשׁ שָׁעוֹת. תָּחִישׁ לִתְשׁוּעוֹת. הוֹשַׁע נָא.

וממשיך ׳אֲנִי וָהוֹ הוֹשִׁיעָה נָּא׳ למטה.

הוֹשַׁע נָא

אָדוֹן הַמּוֹשִׁיעַ. בִּלְתְּךָ אֵין לְהוֹשִׁיעַ. גִּבּוֹר וְרַב לְהוֹשִׁיעַ. דַּלּוֹתִי וְלִי יְהוֹשִׁיעַ. הָאֵל הַמּוֹשִׁיעַ. וּמַצִּיל וּמוֹשִׁיעַ. זוֹעֲקֶיךָ תּוֹשִׁיעַ. חוֹכֶיךָ הוֹשִׁיעַ. טְלָאֶיךָ תַּשְׂבִּיעַ. יְבוּל לְהַשְׁפִּיעַ. כָּל שִׂיחַ תַּדְשֵׁא וְתוֹשִׁיעַ. לְגֵיא בַּל תַּרְשִׁיעַ. מְגָדִים תַּמְתִּיק וְתוֹשִׁיעַ. נְשִׂיאִים לְהַסִּיעַ. שְׂעִירִים לְהָנִיעַ. עֲנָנִים מִלְּהַמְנִיעַ. פּוֹתֵחַ יָד וּמַשְׂבִּיעַ. צְמֵאֶיךָ תַּשְׂבִּיעַ. קוֹרְאֶיךָ תּוֹשִׁיעַ. רְחוּמֶיךָ תּוֹשִׁיעַ. שׁוֹחֲרֶיךָ הוֹשִׁיעַ. תְּמִימֶיךָ תּוֹשִׁיעַ. הוֹשַׁע נָא.

אֲנִי וָהוֹ הוֹשִׁיעָה נָּא.

כְּהוֹשַׁעְתָּ אֵלִים בְּלוּד עִמָּךְ.
בְּצֵאתְךָ לְיֵשַׁע עַמָּךְ. כֵּן הוֹשַׁע נָא.

כְּהוֹשַֽׁעְתָּ גּוֹי וֵאלֹהִים.
דְּרוּשִׁים לְיֵשַׁע אֱלֹהִים. כֵּן הוֹשַֽׁע נָא.

כְּהוֹשַֽׁעְתָּ הֲמוֹן צְבָאוֹת.
וְעִמָּם מַלְאֲכֵי צְבָאוֹת. כֵּן הוֹשַֽׁע נָא.

כְּהוֹשַֽׁעְתָּ זַכִּים מִבֵּית עֲבָדִים.
חַנּוּן בְּיָדָם מַעֲבִידִים. כֵּן הוֹשַֽׁע נָא.

כְּהוֹשַֽׁעְתָּ טְבוּעִים בְּצוּל גְּזָרִים.
יְקָרְךָ עִמָּם מַעֲבִירִים. כֵּן הוֹשַֽׁע נָא.

כְּהוֹשַֽׁעְתָּ כַּנָּה מְשׁוֹרֶרֶת וַיּֽוֹשַׁע.
לְגוֹחָהּ מְצֻיֶּנֶת וַיִּוָּשַֽׁע. כֵּן הוֹשַֽׁע נָא.

כְּהוֹשַֽׁעְתָּ מַאֲמַר וְהוֹצֵאתִי אֶתְכֶם.
נָקוּב וְהוּצֵאתִי אִתְּכֶם. כֵּן הוֹשַֽׁע נָא.

כְּהוֹשַֽׁעְתָּ סוֹבְבֵי מִזְבֵּֽחַ.
עוֹמְסֵי עֲרָבָה לְהַקִּיף מִזְבֵּֽחַ. כֵּן הוֹשַֽׁע נָא.

כְּהוֹשַֽׁעְתָּ פִּלְאֵי אָרוֹן כְּהֻפְשַׁע.
צִעֵר פְּלֶֽשֶׁת בַּחֲרוֹן אַף, וְנוֹשַֽׁע.
כֵּן הוֹשַֽׁע נָא.

כְּהוֹשַֽׁעְתָּ קְהִלּוֹת בָּבֶֽלָה שִׁלַּֽחְתָּ.
רַחוּם לְמַעֲנָם שֻׁלַּֽחְתָּ. כֵּן הוֹשַֽׁע נָא.

כְּהוֹשַׁעְתָּ שְׁבוּת שִׁבְטֵי יַעֲקֹב.
תָּשׁוּב וְתָשִׁיב שְׁבוּת אָהֳלֵי יַעֲקֹב.
וְהוֹשִׁיעָה נָּא.

כְּהוֹשַׁעְתָּ שׁוֹמְרֵי מִצְוֹת וְחוֹכֵי יְשׁוּעוֹת.
אֵל לְמוֹשָׁעוֹת. וְהוֹשִׁיעָה נָּא.

אֲנִי וָהוֹ הוֹשִׁיעָה נָּא.

מחזירים את ספר התורה לארון הקודש ואומרים (על פי מנהג קדום המופיע במחזור וורמייזא):

הוֹשִׁיעָה אֶת־עַמֶּךָ, וּבָרֵךְ אֶת־נַחֲלָתֶךָ, וּרְעֵם וְנַשְּׂאֵם עַד־הָעוֹלָם: וְיִהְיוּ דְבָרַי אֵלֶּה, אֲשֶׁר הִתְחַנַּנְתִּי לִפְנֵי יהוה, קְרֹבִים אֶל־יהוה אֱלֹהֵינוּ יוֹמָם וָלָיְלָה, לַעֲשׂוֹת מִשְׁפַּט עַבְדּוֹ וּמִשְׁפַּט עַמּוֹ יִשְׂרָאֵל, דְּבַר־יוֹם בְּיוֹמוֹ: לְמַעַן דַּעַת כָּל־עַמֵּי הָאָרֶץ כִּי יהוה הוּא הָאֱלֹהִים, אֵין עוֹד:

תהלים כח
מלכים א׳ ח

סוגרים את ארון הקודש.

ביום טוב שליח הציבור אומר קדיש שלם בעמ׳ 411 וממשיך בתפילת מוסף בעמ׳ 413 (אם אמרו הושענות אחרי הלל, ממשיכים בהוצאת ספר תורה בעמ׳ 369).

בחול המועד ממשיך בסיום תפילת שחרית לחול בעמ׳ 125 (או בהוצאת ספר תורה בעמ׳ 111).

הושענות לשבת

בשבת אומרים הושענות, אך אין מוציאים את ספר התורה ואין מקיפים את הבימה (הכרעת הטור בסימן תרס).

פותחים את ארון הקודש.

שליח הציבור ואחריו הקהל:

הוֹשַׁע נָא לְמַעַנְךָ אֱלֹהֵינוּ הוֹשַׁע נָא.

שליח הציבור ואחריו הקהל:

הוֹשַׁע נָא לְמַעַנְךָ בּוֹרְאֵנוּ הוֹשַׁע נָא.

שליח הציבור ואחריו הקהל:

הוֹשַׁע נָא לְמַעַנְךָ גּוֹאֲלֵנוּ הוֹשַׁע נָא.

שליח הציבור ואחריו הקהל:

הוֹשַׁע נָא לְמַעַנְךָ דּוֹרְשֵׁנוּ הוֹשַׁע נָא.

הוֹשַׁע נָא

אֹם נְצוּרָה כְּבָבַת. בּוֹנֶנֶת בְּדָת נֶפֶשׁ מְשִׁיבַת. גּוֹמֶרֶת הִלְכוֹת שַׁבָּת. דּוֹרֶשֶׁת מַשְׂאַת שַׁבָּת. הַקּוֹבַעַת אַלְפַּיִם תְּחוּם שַׁבָּת. וּמְשִׁיבַת רֶגֶל מִשַּׁבָּת. זָכוֹר וְשָׁמוֹר מְקַיֶּמֶת בַּשַּׁבָּת. חָשָׁה לְמַהֵר בִּיאַת שַׁבָּת. טוֹרַחַת כָּל מִשְׁשָׁה לַשַּׁבָּת. יוֹשֶׁבֶת וּמַמְתֶּנֶת עַד כְּלוֹת שַׁבָּת. כָּבוֹד וָעֹנֶג קוֹרְאָה לַשַּׁבָּת. לְבוּשׁ וּכְסוּת מְחַלֶּפֶת בַּשַּׁבָּת. מַאֲכָל וּמִשְׁתֶּה מְכִינָה לַשַּׁבָּת. נֹעַם מְגָדִים מַנְעֶמֶת לַשַּׁבָּת. סְעוּדוֹת שָׁלֹשׁ מְקַיֶּמֶת בַּשַּׁבָּת. עַל

שְׁתֵּי כִכָּרוֹת בּוֹצַעַת בַּשַּׁבָּת. פּוֹרֶטֶת אַרְבַּע רְשֻׁיּוֹת שַׁבָּת. צִוּוּי הַדְלָקַת נֵר מַדְלֶקֶת בַּשַּׁבָּת. קִדּוּשׁ הַיּוֹם מְקַדֶּשֶׁת בַּשַּׁבָּת. רֶנֶן שֶׁבַע מְפַלֶּלֶת בַּשַּׁבָּת. שִׁבְעָה בַדָּת קוֹרְאָה בַּשַּׁבָּת. תַּנְחִילֶנָּה לְיוֹם שֶׁכֻּלּוֹ שַׁבָּת. הוֹשַׁע נָא.

אֲנִי וָהוּ הוֹשִׁיעָה נָּא.

כְּהוֹשַׁעְתָּ אָדָם יְצִיר כַּפֶּיךָ לְגוֹנְנָה.
בְּשַׁבַּת קֹדֶשׁ הִמְצֵאתוֹ כֹּפֶר וַחֲנִינָה.
כֵּן הוֹשַׁע נָא.

כְּהוֹשַׁעְתָּ גּוֹי מְצֻיָּן מְקַוִּים חֹפֶשׁ.
דֵּעָה כִּוְּנוּ לָבוּר שְׁבִיעִי לְנֹפֶשׁ.
כֵּן הוֹשַׁע נָא.

כְּהוֹשַׁעְתָּ הָעָם נִהַגְתָּ כַּצֹּאן לְהַנְחוֹת.
וְחֹק שַׂמְתָּ בְּמָרָה עַל מֵי מְנוּחוֹת.
כֵּן הוֹשַׁע נָא.

כְּהוֹשַׁעְתָּ זְבוּדֶיךָ בְּמִדְבַּר סִין בַּמַּחֲנֶה.
חָכְמוּ וְלָקְטוּ בַּשִּׁשִּׁי לֶחֶם מִשְׁנֶה.
כֵּן הוֹשַׁע נָא.

כְּהוֹשַׁעְתָּ טְפוּלֶיךָ הוֹרוּ הֲכָנָה בְּמַדָּעָם.
יִשַּׁר כֹּחָם, וְהוֹדָה לָמוֹ רוֹעָם.
כֵּן הוֹשַׁע נָא.

כְּהוֹשַׁעְתָּ כֻּלְכְּלוּ בְּעֹנֶג מָן הַמְשֻׁמָּר.
לֹא הָפַךְ עֵינוֹ וְרֵיחוֹ לֹא נָמָר.
כֵּן הוֹשַׁע נָא.
כְּהוֹשַׁעְתָּ מִשְׁפְּטֵי מַשְׂאוֹת שַׁבָּת גָּמֶרוּ.
נֶחוּ וְשָׁבְתוּ, רְשֻׁיּוֹת וּתְחוּמִים שָׁמֶרוּ.
כֵּן הוֹשַׁע נָא.
כְּהוֹשַׁעְתָּ סִינַי הָשְׁמְעוּ בְּדִבּוּר רְבִיעִי.
עִנְיַן זָכוֹר וְשָׁמוֹר לְקַדֵּשׁ שְׁבִיעִי.
כֵּן הוֹשַׁע נָא.
כְּהוֹשַׁעְתָּ פְּקֻדוּ יְרִיחוֹ שֶׁבַע לְהַקֵּף.
צָרוּ עַד רִדְתָּהּ בַּשַּׁבָּת לְתַקֵּף.
כֵּן הוֹשַׁע נָא.
כְּהוֹשַׁעְתָּ קֹהֶלֶת וְעַמּוֹ בְּבֵית עוֹלָמִים.
רִצּוּךְ בְּחָגְגָם שִׁבְעָה וְשִׁבְעָה יָמִים.
כֵּן הוֹשַׁע נָא.
כְּהוֹשַׁעְתָּ שָׁבִים עוֹלֵי גוֹלָה לְפִדְיוֹם.
תּוֹרָתְךָ בְּקָרְאָם בֶּחָג יוֹם יוֹם.
כֵּן הוֹשַׁע נָא.
כְּהוֹשַׁעְתָּ מְשַׂמְּחֶיךָ בְּבִנְיַן שֵׁנִי הַמְחֻדָּשׁ.
נוֹטְלִין לוּלָב כָּל שִׁבְעָה בַּמִּקְדָּשׁ.
כֵּן הוֹשַׁע נָא.

כְּהוֹשַֽׁעְתָּ חִבּוּט עֲרָבָה שַׁבָּת מַדְחִים.
מְרַבִּיּוֹת מוֹצָא לִיסוֹד מִזְבֵּחַ מַנִּיחִים.
כֵּן הוֹשַׁע נָא.

כְּהוֹשַֽׁעְתָּ בְּרֵכוֹת וַאֲרֻכּוֹת וּגְבוֹהוֹת מְעַלְּסִים.
בִּפְטִירָתָן יֹפִי לְךָ מִזְבֵּחַ מְקַלְּסִים.
כֵּן הוֹשַׁע נָא.

כְּהוֹשַֽׁעְתָּ מוֹדִים וּמְיַחֲלִים וְלֹא מְשַׁנִּים.
כֻּלָּֽנוּ אָֽנוּ לְיָהּ וְעֵינֵֽינוּ לְיָהּ שׁוֹנִים.
כֵּן הוֹשַׁע נָא.

כְּהוֹשַֽׁעְתָּ יֶֽקֶב מֵחֲצֵבֶיךָ סוֹבְבִים בִּרְנָנָה.
רוֹנְנִים אֲנִי וָהוּ הוֹשִֽׁיעָה נָּא.
כֵּן הוֹשַׁע נָא.

כְּהוֹשַֽׁעְתָּ חֵיל זְרִיזִים מְשָׁרְתִים בִּמְנוּחָה.
קָרְבַּן שַׁבָּת כָּפוּל, עוֹלָה וּמִנְחָה.
כֵּן הוֹשַׁע נָא.

כְּהוֹשַֽׁעְתָּ לְוִיֶּֽיךָ עַל דּוּכָנָם לְהַרְבּוֹת.
אוֹמְרִים מִזְמוֹר שִׁיר לְיוֹם הַשַּׁבָּת.
כֵּן הוֹשַׁע נָא.

כְּהוֹשַֽׁעְתָּ נְחוּמֶֽיךָ בְּמִצְוֹתֶֽיךָ תָּמִיד יִשְׁתַּעְשְׁעוּן.
וּרְצֵם וְהַחֲלִיצֵם בְּשׁוּבָה וָנַֽחַת יִוָּשֵֽׁעוּן.
כֵּן הוֹשַׁע נָא.

כְּהוֹשַֽׁעְתָּ שְׁבוּת שִׁבְטֵי יַֽעֲקֹב.
תָּשׁוּב וְתָשִׁיב שְׁבוּת אָהֳלֵי יַֽעֲקֹב.
וְהוֹשִֽׁיעָה נָּא.

כְּהוֹשַֽׁעְתָּ שׁוֹמְרֵי מִצְוֹת וְחוֹכֵי יְשׁוּעוֹת.
אֵל לְמוֹשָׁעוֹת. וְהוֹשִֽׁיעָה נָּא.

אֲנִי וָהוֹ הוֹשִֽׁיעָה נָּא.

תהלים כח הוֹשִֽׁיעָה אֶת־עַמֶּךָ, וּבָרֵךְ אֶת־נַחֲלָתֶךָ, וּרְעֵם וְנַשְּׂאֵם
מלכים א׳ ח עַד־הָעוֹלָם: וְיִהְיוּ דְבָרַי אֵֽלֶּה, אֲשֶׁר הִתְחַנַּֽנְתִּי
לִפְנֵי יהוה, קְרֹבִים אֶל־יהוה אֱלֹהֵֽינוּ יוֹמָם וָלָֽיְלָה,
לַעֲשׂוֹת מִשְׁפַּט עַבְדּוֹ וּמִשְׁפַּט עַמּוֹ יִשְׂרָאֵל, דְּבַר־
יוֹם בְּיוֹמוֹ: לְמַֽעַן דַּֽעַת כָּל־עַמֵּי הָאָֽרֶץ כִּי יהוה הוּא
הָאֱלֹהִים, אֵין עוֹד:

סוגרים את ארון הקודש.

ביום טוב שליח הציבור אומר קדיש שלם בעמ׳ 411 וממשיך בתפילת
מוסף בעמ׳ 413 (אם אומרים הושענות אחרי הלל,
ממשיכים בקריאת מגילת קהלת בעמ׳ 1089).

הושענות להושענא רבה

פותחים את ארון הקודש ומוציאים את כל ספרי התורה אל הבימה (רמ״א תרס, א בשם מהר״י טירנא).

מקיפים את הבימה שבע פעמים, ואחרי כל הקפה מסיימים בפסוק המתייחס לאחת משבע הספירות (סידור השל״ה).

שליח הציבור ואחריו הקהל:

הוֹשַׁע נָא לְמַעַנְךָ אֱלֹהֵינוּ הוֹשַׁע נָא.

שליח הציבור ואחריו הקהל:

הוֹשַׁע נָא לְמַעַנְךָ בּוֹרְאֵנוּ הוֹשַׁע נָא.

שליח הציבור ואחריו הקהל:

הוֹשַׁע נָא לְמַעַנְךָ גּוֹאֲלֵנוּ הוֹשַׁע נָא.

שליח הציבור ואחריו הקהל:

הוֹשַׁע נָא לְמַעַנְךָ דּוֹרְשֵׁנוּ הוֹשַׁע נָא.

הוֹשַׁע נָא

הקפה ראשונה:

לְמַעַן אֲמִתָּךְ. לְמַעַן בְּרִיתָךְ. לְמַעַן גָּדְלָךְ וְתִפְאַרְתָּךְ. לְמַעַן דָּתָךְ. לְמַעַן הוֹדָךְ. לְמַעַן וִעוּדָךְ. לְמַעַן זִכְרָךְ. לְמַעַן חַסְדָּךְ. לְמַעַן טוּבָךְ. לְמַעַן יִחוּדָךְ. לְמַעַן כְּבוֹדָךְ. לְמַעַן לִמּוּדָךְ. לְמַעַן מַלְכוּתָךְ. לְמַעַן נִצְחָךְ. לְמַעַן סוֹדָךְ. לְמַעַן עֻזָּךְ. לְמַעַן פְּאֵרָךְ. לְמַעַן צִדְקָתָךְ. לְמַעַן קְדֻשָּׁתָךְ. לְמַעַן רַחֲמֶיךָ הָרַבִּים. לְמַעַן שְׁכִינָתָךְ. לְמַעַן תְּהִלָּתָךְ. הוֹשַׁע נָא.

תהלים פט **כִּי־אָמַרְתִּי עוֹלָם חֶסֶד יִבָּנֶה:**

הוֹשַׁע נָא

הקפה שנייה:

אֶבֶן שְׁתִיָּה. בֵּית הַבְּחִירָה. גֹּרֶן אָרְנָן. דְּבִיר הַמֻּצְנָע. הַר הַמּוֹרִיָּה. וְהַר יֵרָאֶה. זְבוּל תִּפְאַרְתֶּךָ. חָנָה דָוִד. טוֹב הַלְּבָנוֹן. יְפֵה נוֹף מְשׂוֹשׂ כָּל הָאָרֶץ. כְּלִילַת יֹפִי. לִינַת הַצֶּדֶק. מָכוֹן לְשִׁבְתֶּךָ. נָוֶה שַׁאֲנָן. סֻכַּת שָׁלֵם. עֲלִיַּת שְׁבָטִים. פִּנַּת יִקְרַת. צִיּוֹן הַמְצֻיֶּנֶת. קֹדֶשׁ הַקֳּדָשִׁים. רָצוּף אַהֲבָה. שְׁכִינַת כְּבוֹדֶךָ. תֵּל תַּלְפִּיּוֹת. הוֹשַׁע נָא.

תהלים פט לְךָ זְרוֹעַ עִם־גְּבוּרָה, תָּעֹז יָדְךָ תָּרוּם יְמִינֶךָ:

הוֹשַׁע נָא

הקפה שלישית:

אוֹם אֲנִי חוֹמָה. בָּרָה כַּחַמָּה. גּוֹלָה וְסוּרָה. דָּמְתָה לְתָמָר. הַהֲרוּגָה עָלֶיךָ. וְנֶחְשֶׁבֶת כְּצֹאן טִבְחָה. זְרוּיָה בֵּין מַכְעִיסֶיהָ. חֲבוּקָה וּדְבוּקָה בָךְ. טוֹעֶנֶת עֻלָּךְ. יְחִידָה לְיַחֲדָךְ. כְּבוּשָׁה בַגּוֹלָה. לוֹמֶדֶת יִרְאָתָךְ. מְרוּטַת לֶחִי. נְתוּנָה לְמַכִּים. סוֹבֶלֶת סִבְלָךְ. עֲנִיָּה סוֹעֲרָה. פְּדוּיַת טוֹבִיָּה. צֹאן קָדָשִׁים. קְהִלּוֹת יַעֲקֹב. רְשׁוּמִים בִּשְׁמֶךָ. שׁוֹאֲגִים הוֹשַׁע נָא. תְּמוּכִים עָלֶיךָ. הוֹשַׁע נָא.

מיכה ז תִּתֵּן אֱמֶת לְיַעֲקֹב, חֶסֶד לְאַבְרָהָם:

הוֹשַׁע נָא

הקפה רביעית:

אָדוֹן הַמּוֹשִׁיעַ. בִּלְתְּךָ אֵין לְהוֹשִׁיעַ. גִּבּוֹר וְרַב לְהוֹשִׁיעַ. דַּלּוֹתִי וְלִי יְהוֹשִׁיעַ. הָאֵל הַמּוֹשִׁיעַ. וּמַצִּיל וּמוֹשִׁיעַ. זוֹעֲקֶיךָ תּוֹשִׁיעַ. חוֹכֶיךָ הוֹשִׁיעַ. טְלָאֶיךָ תַּשְׂבִּיעַ. יְבוּל לְהַשְׁפִּיעַ. כָּל שִׂיחַ תַּדְשֵׁא וְתוֹשִׁיעַ. לְגֵיא בַּל תַּרְשִׁיעַ. מְגָדִים תַּמְתִּיק וְתוֹשִׁיעַ. נְשִׂיאִים לְהַסִּיעַ. שְׂעִירִים לְהָנִיעַ. עֲנָנִים מִלְּהַמְנִיעַ. פּוֹתֵחַ יָד וּמַשְׂבִּיעַ. צְמֵאֶיךָ תַּשְׂבִּיעַ. קוֹרְאֶיךָ תּוֹשִׁיעַ. רְחוּמֶיךָ תּוֹשִׁיעַ. שׁוֹחֲרֶיךָ הוֹשִׁיעַ. תְּמִימֶיךָ תּוֹשִׁיעַ. הוֹשַׁע נָא.

נְעִמוֹת בִּימִינְךָ נֶצַח: תהלים טז

הוֹשַׁע נָא

הקפה חמישית:

אָדָם וּבְהֵמָה. בָּשָׂר וְרוּחַ וּנְשָׁמָה. גִּיד וְעֶצֶם וְקָרְמָה. דְּמוּת וְצֶלֶם וְרִקְמָה. הוֹד לַהֶבֶל דָּמָה. וְנִמְשַׁל כַּבְּהֵמוֹת נִדְמָה. זִיו וְתֹאַר וְקוֹמָה. חִדּוּשׁ פְּנֵי אֲדָמָה. טִיעַת עֲצֵי נְשַׁמָּה. יְקָבִים וְקָמָה. כְּרָמִים וְשִׁקְמָה. לְתֵבֵל הַמְסֻיָּמָה. מִטְרוֹת עֹז לְסַמְּמָה. נְשִׁיָּה לְקַיְּמָה. שִׂיחִים לְקוֹמְמָה. עֲדָנִים לְעָצְמָה. פְּרָחִים לְהַעֲצִימָה. צְמָחִים לְגָשְׁמָה.

קָרִים לְזָרְמָה. רְבִיבִים לְשַׁלְּמָה. שְׁתִיָּה לְרוֹמְמָה. תְּלוּיָה עַל בְּלִימָה. הוֹשַׁע נָא.

יהוה אֲדֹנֵינוּ מָה־אַדִּיר שִׁמְךָ בְּכָל־הָאָרֶץ אֲשֶׁר־תְּנָה הוֹדְךָ עַל־הַשָּׁמָיִם: תהלים ח

הוֹשַׁע נָא

הקפה שישית:

אֲדָמָה מֵאֶרֶר. בְּהֵמָה מִמְּשַׁכֶּלֶת. גֹּרֶן מִגָּזָם. דָּגָן מִדַּלֶּקֶת. הוֹן מִמְּאֵרָה. וְאֹכֶל מִמְּהוּמָה. זַיִת מִנֶּשֶׁל. חִטָּה מֵחָגָב. טֶרֶף מִגּוֹבַי. יֶקֶב מִיֶּלֶק. כֶּרֶם מִתּוֹלַעַת. לֶקֶשׁ מֵאַרְבֶּה. מֶגֶד מִצְּלָצַל. נֶפֶשׁ מִבֶּהָלָה. שֹׂבַע מִסָּלְעָם. עֲדָרִים מִדַּלּוּת. פֵּרוֹת מִשִּׁדָּפוֹן. צֹאן מִצְּמִיתוּת. קָצִיר מִקְּלָלָה. רֹב מֵרָזוֹן. שִׁבֹּלֶת מִצִּנָּמוֹן. תְּבוּאָה מֵחָסִיל. הוֹשַׁע נָא.

צַדִּיק יהוה בְּכָל־דְּרָכָיו, וְחָסִיד בְּכָל־מַעֲשָׂיו: תהלים קמה

הוֹשַׁע נָא

הקפה שביעית:

לְמַעַן אֵיתָן הַנִּזְרָק בְּלַהַב אֵשׁ.
לְמַעַן בֵּן הַנֶּעֱקַד עַל עֵצִים וָאֵשׁ.
לְמַעַן גִּבּוֹר הַנֶּאֱבַק עִם שַׂר אֵשׁ.

לְמַעַן דְּגָלִים נָחִיתָ בְּאוֹר וַעֲנַן אֵשׁ.
לְמַעַן הֶעֱלָה לַמָּרוֹם, וְנִתְעַלָּה כְּמַלְאֲכֵי אֵשׁ.
לְמַעַן וְהוּא לָךְ כִּסְגָן בְּאֶרְאֶלֵּי אֵשׁ.
לְמַעַן זֶבֶד דִּבְּרוֹת הַנְּתוּנוֹת מֵאֵשׁ.
לְמַעַן חִפּוּי יְרִיעוֹת וַעֲנַן אֵשׁ.
לְמַעַן טֶכֶס הַר יָרַדְתָּ עָלָיו בָּאֵשׁ.
לְמַעַן יְדִידוּת בַּיִת אֲשֶׁר אָהַבְתָּ מִשְּׁמֵי אֵשׁ.
לְמַעַן כָּמַהּ עַד שָׁקְעָה הָאֵשׁ.
לְמַעַן לָקַח מַחְתַּת אֵשׁ וְהֵסִיר חֲרוֹן אֵשׁ.
לְמַעַן מְקַנֵּא קִנְאָה גְדוֹלָה בָּאֵשׁ.
לְמַעַן נָף יָדוֹ וְיָרְדוּ אַבְנֵי אֵשׁ.
לְמַעַן שָׂם טְלֵה חָלָב כְּלִיל אֵשׁ.
לְמַעַן עָמַד בַּגֹּרֶן וְנִתְרַצָּה בָאֵשׁ.
לְמַעַן פִּלֵּל בָּעֲזָרָה וְיָרְדָה הָאֵשׁ.
לְמַעַן צִיר עָלָה וְנִתְעַלָּה בְּרֶכֶב וְסוּסֵי אֵשׁ.
לְמַעַן קְדוֹשִׁים מֻשְׁלָכִים בָּאֵשׁ.
לְמַעַן רִבּוֹ רִבְבָן חָז וְנַהֲרֵי אֵשׁ.
לְמַעַן שְׁמְמוֹת עִירְךָ הַשְּׂרוּפָה בָאֵשׁ.
לְמַעַן תּוֹלְדוֹת אַלּוּפֵי יְהוּדָה, תָּשִׂים כְּכִיּוֹר אֵשׁ.

הוֹשַׁע נָא.

לְךָ יהוה הַגְּדֻלָּה וְהַגְּבוּרָה וְהַתִּפְאֶרֶת וְהַנֵּצַח וְהַהוֹד, דברי הימים א׳ כט
כִּי־כֹל בַּשָּׁמַיִם וּבָאָרֶץ
לְךָ יהוה הַמַּמְלָכָה וְהַמִּתְנַשֵּׂא לְכֹל לְרֹאשׁ:
וְהָיָה יהוה לְמֶלֶךְ עַל־כָּל־הָאָרֶץ זכריה יד
בַּיּוֹם הַהוּא יִהְיֶה יהוה אֶחָד וּשְׁמוֹ אֶחָד:
וּבְתוֹרָתְךָ כָּתוּב לֵאמֹר: דברים ו
שְׁמַע יִשְׂרָאֵל, יהוה אֱלֹהֵינוּ, יהוה אֶחָד:
בָּרוּךְ שֵׁם כְּבוֹד מַלְכוּתוֹ לְעוֹלָם וָעֶד.

הקהל חוזר למקומו, וממשיכים:

אֲנִי וָהוֹ הוֹשִׁיעָה נָּא.

כְּהוֹשַֽׁעְתָּ אֵלִים בְּלוּד עִמָּךְ.
בְּצֵאתְךָ לְיֵשַׁע עַמָּךְ. כֵּן הוֹשַׁע נָא.

כְּהוֹשַֽׁעְתָּ גּוֹי וֵאלֹהִים.
דְּרוּשִׁים לְיֵשַׁע אֱלֹהִים. כֵּן הוֹשַׁע נָא.

כְּהוֹשַֽׁעְתָּ הֲמוֹן צְבָאוֹת.
וְעִמָּם מַלְאֲכֵי צְבָאוֹת. כֵּן הוֹשַׁע נָא.

כְּהוֹשַֽׁעְתָּ זַכִּים מִבֵּית עֲבָדִים.
חַנּוּן בְּיָדָם מַעֲבִידִים. כֵּן הוֹשַׁע נָא.

כְּהוֹשַֽׁעְתָּ טְבוּעִים בְּצוּל גְּזָרִים.
יְקָרְךָ עִמָּם מַעֲבִירִים. כֵּן הוֹשַֽׁע נָא.

כְּהוֹשַֽׁעְתָּ כַּנָּה מְשׁוֹרֶֽרֶת וַיּֽוֹשַׁע.
לְגוֹחָהּ מְצֻיֶּֽנֶת וַיִּוָּשַׁע. כֵּן הוֹשַֽׁע נָא.

כְּהוֹשַֽׁעְתָּ מַאֲמַר וְהוֹצֵאתִי אֶתְכֶם.
נָקוּב וְהוּצֵאתִי אִתְּכֶם. כֵּן הוֹשַֽׁע נָא.

כְּהוֹשַֽׁעְתָּ סוֹבְבֵי מִזְבֵּֽחַ.
עוֹמְסֵי עֲרָבָה לְהַקִּיף מִזְבֵּֽחַ. כֵּן הוֹשַֽׁע נָא.

כְּהוֹשַֽׁעְתָּ פִּלְאֵי אָרוֹן כְּהֻפְשַׁע.
צִעֵר פְּלֶֽשֶׁת בַּחֲרוֹן אַף, וְנוֹשַׁע.
כֵּן הוֹשַֽׁע נָא.

כְּהוֹשַֽׁעְתָּ קְהִלּוֹת בָּבֶֽלָה שִׁלַּֽחְתָּ.
רַחוּם לְמַעֲנָם שֻׁלַּֽחְתָּ. כֵּן הוֹשַֽׁע נָא.

כְּהוֹשַֽׁעְתָּ שְׁבוּת שִׁבְטֵי יַעֲקֹב.
תָּשׁוּב וְתָשִׁיב שְׁבוּת אָהֳלֵי יַעֲקֹב.
וְהוֹשִֽׁיעָה נָּא.

כְּהוֹשַֽׁעְתָּ שׁוֹמְרֵי מִצְוֹת וְחוֹכֵי יְשׁוּעוֹת.
אֵל לְמוֹשָׁעוֹת. וְהוֹשִֽׁיעָה נָּא.

אֲנִי וָהוֹ הוֹשִֽׁיעָה נָּא.

תְּתְנֵנוּ לְשֵׁם וְלִתְהִלָּה.
תְּשִׁיבֵנוּ אֶל הַחֶבֶל וְאֶל הַנַּחֲלָה.
תְּרוֹמְמֵנוּ לְמַעְלָה לְמָעְלָה.
תְּקַבְּצֵנוּ לְבֵית הַתְּפִלָּה.
תַּצִּיבֵנוּ כְּעֵץ עַל פַּלְגֵי מַיִם שְׁתוּלָה.
תִּפְדֵּנוּ מִכָּל נֶגַע וּמַחֲלָה.
תְּעַטְּרֵנוּ בְּאַהֲבָה כְלוּלָה.
תְּשַׂמְּחֵנוּ בְּבֵית הַתְּפִלָּה.
תְּנַהֲלֵנוּ עַל מֵי מְנוּחוֹת סֶלָה.
תְּמַלְּאֵנוּ חָכְמָה וְשִׂכְלָה.
תַּלְבִּישֵׁנוּ עֹז וּגְדֻלָּה.
תַּכְתִּירֵנוּ בְּכֶתֶר כְּלוּלָה.
תְּיַשְּׁרֵנוּ בְּאֹרַח סְלוּלָה.
תִּטָּעֵנוּ בְּיֹשֶׁר מְסִלָּה.
תְּחָנֵּנוּ בְּרַחֲמִים וּבְחֶמְלָה.
תַּזְכִּירֵנוּ בְּמִי זֹאת עוֹלָה.
תּוֹשִׁיעֵנוּ לְקֵץ הַגְּאֻלָּה.
תְּהַדְּרֵנוּ בְּזִיו הֲמֻלָּה.
תַּדְבִּיקֵנוּ כְּאֵזוֹר חֲתוּלָה.
תְּגַדְּלֵנוּ בְּיָד הַגְּדוֹלָה.
תְּבִיאֵנוּ לְבֵיתְךָ בְּרִנָּה וְצָהֳלָה.

תְּאַדְּרֵנוּ בְּיֶשַׁע וְגִילָה.
תְּאַמְּצֵנוּ בְּרֶוַח וְהַצָּלָה.
תְּלַבְּבֵנוּ בְּבִנְיַן עִירְךָ כְּבַתְּחִלָּה.
תְּעוֹרְרֵנוּ לְצִיּוֹן בְּשִׁכְלוּלָהּ.
תְּזַכֵּנוּ בְּנִבְנְתָה הָעִיר עַל תִּלָּהּ.
תְּרַבִּיצֵנוּ בְּשָׂשׂוֹן וְגִילָה.
תְּחַזְּקֵנוּ אֱלֹהֵי יַעֲקֹב סֶלָה.
הוֹשַׁע נָא.

אָנָּא, הוֹשִׁיעָה נָּא.

אָנָּא אֱזוֹן חִין תְּאֵבֵי יִשְׁעָךְ.
בְּעַרְבֵי נַחַל לְשַׁעְשְׁעָךְ. וְהוֹשִׁיעָה נָּא.
אָנָּא גְּאַל כַּנַּת נִטְעָךְ.
דּוּמָה בְּטַאטְאָךְ. וְהוֹשִׁיעָה נָּא.
אָנָּא הַבֵּט לַבְּרִית טִבְעָךְ.
וּמַחֲשַׁכֵּי אֶרֶץ בְּהַטְבִּיעָךְ. וְהוֹשִׁיעָה נָּא.
אָנָּא זְכָר לָנוּ אָב יְדָעָךְ.
חַסְדְּךָ לָמוֹ בְּהוֹדִיעָךְ. וְהוֹשִׁיעָה נָּא.
אָנָּא טְהוֹרֵי לֵב בְּהַפְלִיאָךְ.
יוֹדַע כִּי הוּא פִלְאָךְ. וְהוֹשִׁיעָה נָּא.

אָנָּא כַּבִּיר כֹּחַ תֶּן לָֽנוּ יִשְׁעָךְ.
לַאֲבוֹתֵֽינוּ כְּהִשָּׁבְעָךְ. וְהוֹשִֽׁיעָה נָּא.

אָנָּא מַלֵּא מִשְׁאֲלוֹת עַם מְשַׁוְעָךְ.
נֶעֱקַד בְּהַר מוֹר כְּמוֹ שַׁוְעָךְ. וְהוֹשִֽׁיעָה נָּא.

אָנָּא סַגֵּב אֶשְׁלֵי נִטְעָךְ.
עָרִיצִים בַּהֲנִיעָךְ. וְהוֹשִֽׁיעָה נָּא.

אָנָּא פְּתַח לָֽנוּ אוֹצְרוֹת רִבְעָךְ.
צִיָּה מֵהֶם בְּהַרְבִּיעָךְ. וְהוֹשִֽׁיעָה נָּא.

אָנָּא קוֹרְאֶֽיךָ אֶֽרֶץ בְּרוֹעֲעָךְ.
רְעֵם בְּטוּב מִרְעָךְ. וְהוֹשִֽׁיעָה נָּא.

אָנָּא שְׁעָרֶֽיךָ תַּעַל מִמְשׁוֹאָךְ.
תֵּל תַּלְפִּיּוֹת בְּהַשִּׂיאָךְ. וְהוֹשִֽׁיעָה נָּא.

אָנָּא, אֵל נָא, הוֹשַֽׁע נָא וְהוֹשִֽׁיעָה נָּא.

אֵל נָא תָּעִֽינוּ כְּשֶׂה אוֹבֵד
שְׁמֵֽנוּ מִסִּפְרְךָ אַל תְּאַבֵּד
הוֹשַֽׁע נָא וְהוֹשִֽׁיעָה נָּא.

אֵל נָא רְעֵה אֶת צֹאן הַהֲרֵגָה
קְצוּפָה, וְעָלֶֽיךָ הֲרוּגָה
הוֹשַֽׁע נָא וְהוֹשִֽׁיעָה נָּא.

אֵל נָא צֹאנְךָ וְצֹאן מַרְעִיתֶךָ
פְּעֻלָּתְךָ וְרַעְיָתֶךָ הוֹשַׁע נָא וְהוֹשִׁיעָה נָּא.

אֵל נָא עֲנִיֵּי הַצֹּאן
שִׂיחָם עֲנֵה בְּעֵת רָצוֹן
הוֹשַׁע נָא וְהוֹשִׁיעָה נָּא.

אֵל נָא נוֹשְׂאֵי לְךָ עַיִן
מִתְקוֹמְמֶיךָ יִהְיוּ כְּאַיִן
הוֹשַׁע נָא וְהוֹשִׁיעָה נָּא.

אֵל נָא לִמְנַסְּכֵי לְךָ מַיִם
כְּמִמַּעַיְנֵי הַיְשׁוּעָה יִשְׁאֲבוּן מַיִם
הוֹשַׁע נָא וְהוֹשִׁיעָה נָּא.

אֵל נָא יַעֲלוּ לְצִיּוֹן מוֹשִׁיעִים
טְפוּלִים בְּךָ וּבְשִׁמְךָ נוֹשָׁעִים
הוֹשַׁע נָא וְהוֹשִׁיעָה נָּא.

אֵל נָא חֲמוּץ בְּגָדִים
זְעֹם לְנַעֵר כָּל בּוֹגְדִים
הוֹשַׁע נָא וְהוֹשִׁיעָה נָּא.

אֵל נָא וְזָכוֹר תִּזְכֹּר
הַנְּכוּרִים בְּלֶתֶךָ וָכֹר הוֹשַׁע נָא וְהוֹשִׁיעָה נָּא.

אֵל נָא דוֹרְשֶׁיךָ בְּעַנְפֵי עֲרָבוֹת
גַּעְיָם שְׁעֵה מֵעֲרָבוֹת הוֹשַׁע נָא וְהוֹשִׁיעָה נָּא.

אֵל נָא בָּרֵךְ בְּעִטּוּר שָׁנָה
אֲמָרַי רְצֵה בְּפִלּוּלִי בְּיוֹם הוֹשַׁעְנָא
הוֹשַׁע נָא וְהוֹשִׁיעָה נָּא.

אָנָּא, אֵל נָא

הוֹשַׁע נָא וְהוֹשִׁיעָה נָּא, אָבִינוּ אָתָּה.

לְמַעַן תָּמִים בְּדוֹרוֹתָיו
הַנִּמְלָט בְּרֹב צִדְקוֹתָיו
מֻצָּל מִשֶּׁטֶף בְּבוֹא מַבּוּל מַיִם.
לְאֹם אֲנִי חוֹמָה
הוֹשַׁע נָא וְהוֹשִׁיעָה נָּא, אָבִינוּ אָתָּה.

לְמַעַן שָׁלֵם בְּכָל מַעֲשִׂים
הַמְנֻסֶּה בַּעֲשָׂרָה נִסִּים
כְּשֶׁר מַלְאָכִים, נָם יֻקַּח נָא מְעַט מַיִם.
לְבָרָה כַּחַמָּה
הוֹשַׁע נָא וְהוֹשִׁיעָה נָּא, אָבִינוּ אָתָּה.

לְמַעַן רַךְ וְיָחִיד נֶחֱנַט פְּרִי לְמֵאָה
זָעַק אַיֵּה הַשֶּׂה לְעֹלָה
בִּשְּׂרוּהוּ עֲבָדָיו מָצָאנוּ מַיִם.
לְגוֹלָה וְסוּרָה
הוֹשַׁע נָא וְהוֹשִׁיעָה נָּא, אָבִינוּ אָתָּה.

לְמַעַן קֹדֶם שְׂאֵת בְּרָכָה
הַנִּשְׁטָם וּלְשִׁמְךָ חִכָּה
מְיַחֵם בְּמַקְלוֹת בְּשִׁקְתוֹת הַמָּיִם.
לְדָמְתָה לְתָמָר
הוֹשַׁע נָא וְהוֹשִׁיעָה נָּא, אָבִינוּ אָתָּה.

לְמַעַן צָדַק הֱיוֹת לְךָ לְכֹהֵן
כְּחָתָן פְּאֵר יְכַהֵן
מְנֻסֶּה בְּמַסָּה בְּמֵי מְרִיבַת מָיִם.
לְהָהָר הַטּוֹב
הוֹשַׁע נָא וְהוֹשִׁיעָה נָּא, אָבִינוּ אָתָּה.

לְמַעַן פְּאֵר הֱיוֹת גְּבִיר לְאֶחָיו
יְהוּדָה אֲשֶׁר גָּבַר בְּאֶחָיו
מִסְפַּר רֹבַע מִדָּלְיָו יִזַּל מָיִם.
לֹא לָנוּ כִּי אִם לְמַעַנְךָ
הוֹשַׁע נָא וְהוֹשִׁיעָה נָּא, אָבִינוּ אָתָּה.

לְמַעַן עָנָו מִכֹּל וְנֶאֱמָן
אֲשֶׁר בְּצִדְקוֹ כִּלְכֵּל הַמָּן
מָשׁוּךְ לְגוֹאֵל וּמָשׁוּי מִמָּיִם.
לְזֹאת הַנִּשְׁקָפָה
הוֹשַׁע נָא וְהוֹשִׁיעָה נָּא, אָבִינוּ אָתָּה.

לְמַעַן שַׁמְתּוֹ כְּמַלְאֲכֵי מְרוֹמִים
הַלּוֹבֵשׁ אוּרִים וְתֻמִּים
מְצֻוֶּה לָבוֹא בַּמִּקְדָּשׁ בְּקִדּוּשׁ יָדַיִם וְרַגְלַיִם
וּרְחִיצַת מָיִם.
לְחוֹלַת אַהֲבָה
הוֹשַׁע נָא וְהוֹשִׁיעָה נָּא, אָבִינוּ אָתָּה.

לְמַעַן נְבִיאָה מְחוֹלַת מַחֲנַיִם
לְכַמֵּהֵי לֵב הוּשְׂמָה עֵינַיִם
לְרַגְלָהּ רָצָה עֲלוֹת וָרֶדֶת בְּאֵר מַיִם.
לְטוֹבוּ אֹהָלָיו
הוֹשַׁע נָא וְהוֹשִׁיעָה נָּא, אָבִינוּ אָתָּה.

לְמַעַן מְשָׁרֵת לֹא מָשׁ מֵאֹהֶל
וְרוּחַ הַקֹּדֶשׁ עָלָיו אִהֵל
בְּעָבְרוֹ בַּיַּרְדֵּן נִכְרְתוּ הַמַּיִם.
לְיָפָה וּבָרָה
הוֹשַׁע נָא וְהוֹשִׁיעָה נָּא, אָבִינוּ אָתָּה.

לְמַעַן לָמַד רְאוֹת לְטוֹבָה אוֹת
זָעַק אַיֵּה נִפְלָאוֹת
מִצָּה טַל מִגִּזָּה מְלֹא הַסֵּפֶל מַיִם.
לְכַלַּת לְבָנוֹן
הוֹשַׁע נָא וְהוֹשִׁיעָה נָּא, אָבִינוּ אָתָּה.

לְמַעַן כְּלוּלֵי עֲשׂוֹת מִלְחַמְתֶּךָ
אֲשֶׁר בְּיָדָם תַּתָּה יְשׁוּעָתֶךָ
צְרוּפֵי מִגּוֹי בִּלְקָקָם בְּיָדָם מָיִם.
לְלֹא בָגְדוּ בָךְ
הוֹשַׁע נָא וְהוֹשִׁיעָה נָּא, אָבִינוּ אָתָּה.

לְמַעַן יָחִיד צוֹרְרִים דָּשׁ
אֲשֶׁר מֵרֶחֶם לְנָזִיר הֻקְדָּשׁ
מִמַּכְתֵּשׁ לֶחִי הִבְקַעְתָּ לּוֹ מָיִם.
לְמַעַן שֵׁם קָדְשָׁךְ
הוֹשַׁע נָא וְהוֹשִׁיעָה נָּא, אָבִינוּ אָתָּה.

לְמַעַן טוֹב הוֹלֵךְ וְגָדֵל
אֲשֶׁר מֵעֹשֶׁק עֵדָה חִדֵּל
בְּשׁוּב עָם מֵחֵטְא צִוָּה שְׁאֹב מָיִם.
לְנָאוָה כִּירוּשָׁלָיִם
הוֹשַׁע נָא וְהוֹשִׁיעָה נָּא, אָבִינוּ אָתָּה.

לְמַעַן חַיָּךְ מְכַרְכֵּר בְּשִׁיר
הַמְלַמֵּד תּוֹרָה בְּכָל כְּלֵי שִׁיר
מְנַסֵּךְ לְפָנֶיךָ כְּתָאֵב שְׁתוֹת מָיִם.
לְשָׁמוּ בְךָ סִבְרָם
הוֹשַׁע נָא וְהוֹשִׁיעָה נָּא, אָבִינוּ אָתָּה.

לְמַעַן זָךְ עָלָה בַּסְּעָרָה
הַמְקַנֵּא וּמֵשִׁיב עֶבְרָה
לִפְלּוּלוֹ יָרְדָה אֵשׁ וְלִחֲכָה עָפָר וּמַיִם.
לְעֵינֶיהָ בְּרֵכוֹת
הוֹשַׁע נָא וְהוֹשִׁיעָה נָּא, אָבִינוּ אָתָּה.

לְמַעַן וְשֵׁרֵת בֶּאֱמֶת לְרַבּוֹ
פִּי שְׁנַיִם בְּרוּחוֹ נֶאֱצַל בּוֹ
בְּקַחְתּוֹ מְנַגֵּן נִתְמַלְאוּ גֵּבִים מַיִם.
לְפָצוּ מִי כָמֹכָה
הוֹשַׁע נָא וְהוֹשִׁיעָה נָּא, אָבִינוּ אָתָּה.

לְמַעַן הִרְהֵר עֲשׂוֹת רְצוֹנֶךָ
הַמַּכְרִיז תְּשׁוּבָה לְצֹאנֶךָ
אָז בְּבוֹא מְחָרֵף סָתַם עֵינוֹת מַיִם.
לְצִיּוֹן מִכְלַל יֹפִי
הוֹשַׁע נָא וְהוֹשִׁיעָה נָּא, אָבִינוּ אָתָּה.

לְמַעַן דָּרְשׁוּךָ בְּתוֹךְ הַגּוֹלָה
וְסוֹדְךָ לָמוֹ נִגְלָה
בְּלִי לְהִתְגָּאֵל דָּרְשׁוּ זֵרְעוֹנִים וּמַיִם.
לְקוֹרְאֶיךָ בַּצָּר
הוֹשַׁע נָא וְהוֹשִׁיעָה נָּא, אָבִינוּ אָתָּה.

לְמַעַן גֹּמֵר חָכְמָה וּבִינָה
סוֹפֵר מָהִיר מְפַלֵּשׁ אֲמָנָה
מַחְכִּימֵנוּ אֲמָרִים הַמְּשׁוּלִים בְּרַחֲבֵי מָיִם.
לְרַבָּתִי עָם
הוֹשַׁע נָא וְהוֹשִׁיעָה נָּא, אָבִינוּ אָתָּה.

לְמַעַן בָּאֵי לְךָ הַיּוֹם בְּכָל לֵב
שׁוֹפְכִים לְךָ שִׂיחַ בְּלֹא לֵב וָלֵב
שׁוֹאֲלִים מִמְּךָ עֹז מִטְרוֹת מָיִם.
לְשׁוֹרְרוּ בַיָּם
הוֹשַׁע נָא וְהוֹשִׁיעָה נָּא, אָבִינוּ אָתָּה.

לְמַעַן אוֹמְרֵי יִגְדַּל שְׁמֶךָ
וְהֵם נַחֲלָתְךָ וְעַמֶּךָ
צְמֵאִים לְיֶשְׁעֲךָ כְּאֶרֶץ עֲיֵפָה לַמָּיִם.
לְתַרְתָּ לָמוֹ מְנוּחָה
הוֹשַׁע נָא וְהוֹשִׁיעָה נָּא, אָבִינוּ אָתָּה.

שליח הציבור ואחריו הקהל:

הוֹשַׁע נָא, אֵל נָא, אָנָּא הוֹשִׁיעָה נָּא.
הוֹשַׁע נָא, סְלַח נָא, וְהַצְלִיחָה נָא
וְהוֹשִׁיעֵנוּ אֵל מָעֻזֵּנוּ.

מניחים את הלולב ואת האתרוג ונוטלים את הערבות (רמ״א תרסד, ז).

תַּעֲנֶה אֱמוּנִים שׁוֹפְכִים לְךָ לֵב כַּמַּיִם וְהוֹשִׁיעָה נָּא.
לְמַעַן בָּא בָאֵשׁ וּבַמַּיִם וְהַצְלִיחָה נָא.
גָּזַר וְנָם יֻקַּח נָא מְעַט מַיִם וְהוֹשִׁיעֵנוּ אֵל מָעֻזֵּנוּ.

תַּעֲנֶה דְגָלִים גָּזוּ גִּזְרֵי מַיִם וְהוֹשִׁיעָה נָּא.
לְמַעַן הַנֶּעֱקַד בְּשַׁעַר הַשָּׁמַיִם וְהַצְלִיחָה נָא.
וְשָׁב וְחָפַר בְּאֵרוֹת מַיִם וְהוֹשִׁיעֵנוּ אֵל מָעֻזֵּנוּ.

תַּעֲנֶה זַכִּים חוֹנִים עֲלֵי מַיִם וְהוֹשִׁיעָה נָּא.
לְמַעַן חָלָק מְפַצֵּל מַקְלוֹת
בְּשִׁקְתוֹת הַמַּיִם וְהַצְלִיחָה נָא.
טָעַן וְגָל אֶבֶן מִבְּאֵר מַיִם וְהוֹשִׁיעֵנוּ אֵל מָעֻזֵּנוּ.

תַּעֲנֶה יְדִידִים נוֹחֲלֵי דָת מְשׁוּלַת מַיִם וְהוֹשִׁיעָה נָּא.
לְמַעַן כָּרוּ בְּמִשְׁעֲנוֹתָם מַיִם וְהַצְלִיחָה נָא.
לְהָכִין לָמוֹ וּלְצֶאֱצָאֵימוֹ מַיִם
וְהוֹשִׁיעֵנוּ אֵל מָעֻזֵּנוּ.

תַּעֲנֶה מִתְחַנְּנִים כְּבִישִׁימוֹן עֲלֵי מַיִם וְהוֹשִׁיעָה נָּא.
לְמַעַן נֶאֱמַן בַּיִת מַסְפִּיק לָעָם מַיִם וְהַצְלִיחָה נָא.
סֶלַע הָךְ וַיָּזוּבוּ מַיִם וְהוֹשִׁיעֵנוּ אֵל מָעֻזֵּנוּ.

תַּעֲנֶה עוֹנִים עֲלֵי בְאֵר מַיִם וְהוֹשִׁיעָה נָּא.
לְמַעַן פָּקַד בְּמֵי מְרִיבַת מַיִם וְהַצְלִיחָה נָא.
צְמֵאִים לְהַשְׁקוֹת מַיִם וְהוֹשִׁיעֵנוּ אֵל מָעֻזֵּנוּ.

תַּעֲנֶה קְדוֹשִׁים מְנַסְּכִים לְךָ מַיִם וְהוֹשִׁיעָה נָּא.
לְמַעַן רֹאשׁ מְשׁוֹרְרִים כְּתָאַב שְׁתוֹת מַיִם
וְהַצְלִיחָה נָא.
שָׁב וְנָסַךְ לְךָ מַיִם וְהוֹשִׁיעֵנוּ אֵל מָעֻזֵּנוּ.

תַּעֲנֶה שׁוֹאֲלִים בִּרְבוּעַ אֶשְׁלֵי מַיִם וְהוֹשִׁיעָה נָּא.
לְמַעַן תֵּל תַּלְפִּיּוֹת מוֹצָא מַיִם וְהַצְלִיחָה נָא.
תִּפְתַּח אֶרֶץ וְתַרְעִיף שָׁמַיִם
וְהוֹשִׁיעֵנוּ אֵל מָעֻזֵּנוּ.

רַחֵם נָא קְהַל עֲדַת יְשׁוּרוּן, סְלַח וּמְחַל עֲוֹנָם וְהוֹשִׁיעֵנוּ אֱלֹהֵי יִשְׁעֵנוּ.

אָז כְּעֵינֵי עֲבָדִים אֶל יַד אֲדוֹנִים
בָּאנוּ לְפָנֶיךָ נִדּוֹנִים. וְהוֹשִׁיעֵנוּ אֱלֹהֵי יִשְׁעֵנוּ.

גֵּאֶה אֲדוֹנֵי הָאֲדוֹנִים, נִתְגָּרוּ בָנוּ מְדָנִים
דְּשׁוּנוּ וּבְעָלוּנוּ זוּלָתְךָ אֲדוֹנִים.
וְהוֹשִׁיעֵנוּ אֱלֹהֵי יִשְׁעֵנוּ.

הֵן גַּשְׁנוּ הַיּוֹם בְּתַחֲנוּן, עָדֶיךָ רַחוּם וְחַנּוּן
וְסִפְּרֵנוּ נִפְלְאוֹתֶיךָ בְּשִׁנּוּן. וְהוֹשִׁיעֵנוּ אֱלֹהֵי יִשְׁעֵנוּ.

זָבַת חָלָב וּדְבָשׁ, נָא אַל תִּיבָשׁ
חַשְׁרַת מַיִם כְּאֵבָה תְּחָבָשׁ. וְהוֹשִׁיעֵנוּ אֱלֹהֵי יִשְׁעֵנוּ.

טְעֻנוּ בַשְּׁמֹנָה, בְּיַד שִׁבְעָה וּשְׁמוֹנָה
יָשָׁר צַדִּיק אֵל אֱמוּנָה. וְהוֹשִׁיעֵנוּ אֱלֹהֵי יִשְׁעֵנוּ.

כָּרַתָּ בְּרִית לָאָרֶץ, עוֹד כָּל יְמֵי הָאָרֶץ
לְבִלְתִּי פְרָץ בָּהּ פָּרֶץ. וְהוֹשִׁיעֵנוּ אֱלֹהֵי יִשְׁעֵנוּ.

מִתְחַנְּנִים עֲלֵי מַיִם, כַּעֲרָבִים עַל יִבְלֵי מַיִם
נָא זְכָר לָמוֹ נִסּוּךְ הַמַּיִם. וְהוֹשִׁיעֵנוּ אֱלֹהֵי יִשְׁעֵנוּ.

שִׂיחִים בְּדֶרֶךְ מַטָּעָתָם, עוֹמְסִים בְּשַׁוְעָתָם
עֲנֵם בְּקוֹל פְּגִיעָתָם. וְהוֹשִׁיעֵנוּ אֱלֹהֵי יִשְׁעֵנוּ.

פּוֹעֵל יְשׁוּעוֹת, פְּנֵה לְפִלּוּלָם שְׁעוֹת
צַדְּקֵם אֵל לְמוֹשָׁעוֹת. וְהוֹשִׁיעֵנוּ אֱלֹהֵי יִשְׁעֵנוּ.

קוֹל רִגְשָׁם תִּשַׁע, תִּפְתַּח אֶרֶץ וְיִפְרוּ יֶשַׁע
רַב לְהוֹשִׁיַע וְלֹא חָפֵץ רֶשַׁע. וְהוֹשִׁיעֵנוּ אֱלֹהֵי יִשְׁעֵנוּ.

שליח הציבור ואחריו הקהל:

שַׁעֲרֵי שָׁמַיִם פְּתַח
וְאוֹצָרְךָ הַטּוֹב לָנוּ תִפְתַּח.
תּוֹשִׁיעֵנוּ וְרִיב אַל תִּמְתַּח.
וְהוֹשִׁיעֵנוּ אֱלֹהֵי יִשְׁעֵנוּ.

שליח הציבור ואחריו הקהל:

קוֹל מְבַשֵּׂר מְבַשֵּׂר וְאוֹמֵר.

אֹמֶן יֶשְׁעֲךָ בָּא
קוֹל דּוֹדִי הִנֵּה זֶה בָּא. מְבַשֵּׂר וְאוֹמֵר.

בָּא בְּרִבְבוֹת כִּתִּים
לַעֲמֹד עַל הַר הַזֵּיתִים. מְבַשֵּׂר וְאוֹמֵר.

גִּשְׁתּוֹ בַּשּׁוֹפָר לִתְקֹעַ
תַּחְתָּיו הַר יִבָּקֵעַ. מְבַשֵּׂר וְאוֹמֵר.

דָּפַק וְהֵצִיץ וְזָרַח
וּמָשׁ חֲצִי הָהָר מִמִּזְרָח. מְבַשֵּׂר וְאוֹמֵר.

הֵקִים מִלּוּל נְאֻמוֹ
וּבָא הוּא וְכָל קְדוֹשָׁיו עִמּוֹ. מְבַשֵּׂר וְאוֹמֵר.

וּלְכָל בָּאֵי הָעוֹלָם
בַּת קוֹל יִשָּׁמַע בָּעוֹלָם. מְבַשֵּׂר וְאוֹמֵר.

זֶרַע עֲמוּסֵי רַחְמוֹ
נוֹלְדוּ כְּיֶלֶד מִמְּעֵי אִמּוֹ. מְבַשֵּׂר וְאוֹמֵר.

חָלָה וְיָלְדָה מִי זֹאת ישעיה סו
מִי־שָׁמַע כָּזֹאת. מְבַשֵּׂר וְאוֹמֵר.

ישעיה סו טָהוֹר פָּעַל כָּל אֵלֶּה
מִי רָאָה כָּאֵלֶּה. מְבַשֵּׂר וְאוֹמֵר.

ישעיה סו יֶשַׁע וּזְמַן הוּחַד
הֲיוּחַל אֶרֶץ בְּיוֹם אֶחָד. מְבַשֵּׂר וְאוֹמֵר.

ישעיה סו כַּבִּיר רוֹם וָתַחַת
אִם־יִוָּלֵד גּוֹי פַּעַם אֶחָת. מְבַשֵּׂר וְאוֹמֵר.

זכריה יד לְעֵת יִגְאַל עַמּוֹ נָאוֹר
וְהָיָה לְעֵת־עֶרֶב יִהְיֶה־אוֹר. מְבַשֵּׂר וְאוֹמֵר.

ישעיה סו מוֹשִׁיעִים יַעֲלוּ לְהַר צִיּוֹן
כִּי־חָלָה גַּם־יָלְדָה צִיּוֹן. מְבַשֵּׂר וְאוֹמֵר.

ישעיה נד נִשְׁמַע בְּכָל גְּבוּלֵךְ
הַרְחִיבִי מְקוֹם אָהֳלֵךְ. מְבַשֵּׂר וְאוֹמֵר.

שִׂימִי עַד דַּמֶּשֶׂק מִשְׁכְּנוֹתַיִךְ
קַבְּלִי בָנַיִךְ וּבְנוֹתַיִךְ. מְבַשֵּׂר וְאוֹמֵר.

עִלְזִי חֲבַצֶּלֶת הַשָּׁרוֹן
כִּי קָמוּ יְשֵׁנֵי חֶבְרוֹן. מְבַשֵּׂר וְאוֹמֵר.

פְּנוּ אֵלַי וְהִוָּשְׁעוּ
הַיּוֹם אִם בְּקוֹלִי תִשְׁמָעוּ. מְבַשֵּׂר וְאוֹמֵר.

צָמַח אִישׁ צֶמַח שְׁמוֹ
הוּא דָוִד בְּעַצְמוֹ. מְבַשֵּׂר וְאוֹמֵר.

קוּמוּ כְּפוּשֵׁי עָפָר ישעיה כו
הָקִיצוּ וְרַנְּנוּ שֹׁכְנֵי עָפָר. מְבַשֵּׂר וְאוֹמֵר.

רַבָּתִי עָם בְּהַמְלִיכוֹ שמואל ב׳ כב
מִגְדּוֹל יְשׁוּעוֹת מַלְכּוֹ. מְבַשֵּׂר וְאוֹמֵר.

שֵׁם רְשָׁעִים לְהַאֲבִיד שמואל ב׳ כב
עֹשֶׂה־חֶסֶד לִמְשִׁיחוֹ לְדָוִד. מְבַשֵּׂר וְאוֹמֵר.

תְּנָה יְשׁוּעוֹת לְעַם עוֹלָם שמואל ב׳ כב
לְדָוִד וּלְזַרְעוֹ עַד־עוֹלָם. מְבַשֵּׂר וְאוֹמֵר.

שליח הציבור אומר שלוש פעמים ואחריו הקהל:

קוֹל מְבַשֵּׂר מְבַשֵּׂר וְאוֹמֵר.

חובטים את הערבות חמש פעמים ואומרים:

הוֹשִׁיעָה אֶת־עַמֶּךָ, וּבָרֵךְ אֶת־נַחֲלָתֶךָ, וּרְעֵם וְנַשְּׂאֵם תהלים כח
עַד־הָעוֹלָם: וְיִהְיוּ דְבָרַי אֵלֶּה, אֲשֶׁר הִתְחַנַּנְתִּי לִפְנֵי מלכים א׳ ח
יהוה, קְרֹבִים אֶל־יהוה אֱלֹהֵינוּ יוֹמָם וָלָיְלָה, לַעֲשׂוֹת
מִשְׁפַּט עַבְדּוֹ וּמִשְׁפַּט עַמּוֹ יִשְׂרָאֵל, דְּבַר־יוֹם בְּיוֹמוֹ:
לְמַעַן דַּעַת כָּל־עַמֵּי הָאָרֶץ, כִּי יהוה הוּא הָאֱלֹהִים,
אֵין עוֹד:

מחזירים את ספרי התורה לארון הקודש ואומרים תחינה זו.
יש האומרים אותה אחר הקדיש.

יְהִי רָצוֹן מִלְּפָנֶיךָ יהוה אֱלֹהֵינוּ וֵאלֹהֵי אֲבוֹתֵינוּ,

הַבּוֹחֵר בִּנְבִיאִים טוֹבִים וּבְמִנְהֲגֵיהֶם הַטּוֹבִים, שֶׁתְּקַבֵּל בְּרַחֲמִים וּבְרָצוֹן אֶת תְּפִלָּתֵנוּ וְהַקָּפוֹתֵינוּ. וּזְכָר לָנוּ זְכוּת שִׁבְעַת תְּמִימֶיךָ, וְתָסִיר מְחִצַּת הַבַּרְזֶל הַמַּפְסֶקֶת בֵּינֵינוּ וּבֵינֶךָ, וְתַאֲזִין שַׁוְעָתֵנוּ, וְתֵיטִיב לָנוּ הַחֲתִימָה, תּוֹלֶה אֶרֶץ עַל בְּלִימָה, וְחָתְמֵנוּ בְּסֵפֶר חַיִּים טוֹבִים.

וְהַיּוֹם הַזֶּה תִּתֵּן בִּשְׁכִינַת עֻזֶּךָ חָמֵשׁ גְּבוּרוֹת מְמֻתָּקוֹת, עַל יְדֵי חֲבִיטַת עֲרָבָה מִנְהַג נְבִיאֶיךָ הַקְּדוֹשִׁים, וְתִתְעוֹרֵר הָאַהֲבָה בֵּינֵיהֶם. וּתְנַשְּׁקֶנּוּ מִנְּשִׁיקוֹת פִּיךָ, מְמַתֶּקֶת כָּל הַגְּבוּרוֹת וְכָל הַדִּינִין. וְתָאִיר לִשְׁכִינַת עֻזֶּךָ בְּשֵׁם יוּ"ד הֵ"א וָא"ו שֶׁהוּא טַל אוֹרוֹת טַלֶּךָ, וּמִשָּׁם תַּשְׁפִּיעַ שֶׁפַע לְעַבְדְּךָ הַמִּתְפַּלֵּל לְפָנֶיךָ, שֶׁתַּאֲרִיךְ יָמָיו וְתִמְחַל לוֹ חֲטָאָיו וַעֲוֹנוֹתָיו וּפְשָׁעָיו. וְתִפְשֹׁט יְמִינְךָ וְיָדְךָ לְקַבְּלוֹ בִּתְשׁוּבָה שְׁלֵמָה לְפָנֶיךָ. וְאוֹצָרְךָ הַטּוֹב תִּפְתַּח לְהַשְׂבִּיעַ מַיִם נֶפֶשׁ שׁוֹקֵקָה, כְּמוֹ שֶׁכָּתוּב: יִפְתַּח יהוה לְךָ אֶת־אוֹצָרוֹ הַטּוֹב אֶת־הַשָּׁמַיִם לָתֵת מְטַר־אַרְצְךָ בְּעִתּוֹ, וּלְבָרֵךְ אֵת כָּל־מַעֲשֵׂה יָדֶךָ: אָמֵן. דברים כח

שליח הציבור אומר קדיש שלם וממשיך בתפילת חול בעמ׳ 125
(ואם אמרו הושענות אחר הלל, ממשיך בהוצאת ספר התורה בעמ׳ 111).

התרת נדרים

נוהגים להתיר נדרים בערב ראש השנה.
המבקש התרה עומד לפני שלושה אנשים ואומר:
יש המשמיטים את המופיע בסוגריים.

שִׁמְעוּ נָא רַבּוֹתַי (דַּיָּנִים מֻמְחִים), כָּל נֶדֶר אוֹ שְׁבוּעָה אוֹ אִסָּר אוֹ קוֹנָם אוֹ חֵרֶם שֶׁנָּדַרְתִּי אוֹ נִשְׁבַּעְתִּי בְּהָקִיץ אוֹ בַחֲלוֹם, אוֹ נִשְׁבַּעְתִּי בְּשֵׁמוֹת הַקְּדוֹשִׁים שֶׁאֵינָם נִמְחָקִים וּבְשֵׁם הוי"ה בָּרוּךְ הוּא, וְכָל מִינֵי נְזִירוּת שֶׁקִּבַּלְתִּי עָלַי (וַאֲפִלּוּ נְזִירוּת שִׁמְשׁוֹן), וְכָל שׁוּם אִסּוּר וַאֲפִלּוּ אִסּוּר הֲנָאָה שֶׁאָסַרְתִּי עָלַי אוֹ עַל אֲחֵרִים בְּכָל לָשׁוֹן שֶׁל אִסּוּר בֵּין בִּלְשׁוֹן אִסּוּר אוֹ חֵרֶם אוֹ קוֹנָם, וְכָל שׁוּם קַבָּלָה אֲפִלּוּ שֶׁל מִצְוָה שֶׁקִּבַּלְתִּי עָלַי בֵּין בִּלְשׁוֹן נֶדֶר בֵּין בִּלְשׁוֹן נְדָבָה בֵּין בִּלְשׁוֹן שְׁבוּעָה בֵּין בִּלְשׁוֹן נְזִירוּת בֵּין בְּכָל לָשׁוֹן, וְגַם הַנַּעֲשֶׂה בִּתְקִיעַת כָּף. בֵּין כָּל נֶדֶר וּבֵין כָּל נְדָבָה וּבֵין שׁוּם מִנְהָג שֶׁל מִצְוָה שֶׁנָּהַגְתִּי אֶת עַצְמִי, וְכָל מוֹצָא שְׂפָתַי שֶׁיָּצָא מִפִּי אוֹ שֶׁנָּדַרְתִּי וְגָמַרְתִּי בְלִבִּי לַעֲשׂוֹת שׁוּם מִצְוָה מֵהַמִּצְוֹת אוֹ אֵיזוֹ הַנְהָגָה טוֹבָה אוֹ אֵיזֶה דָבָר טוֹב שֶׁנָּהַגְתִּי שָׁלֹשׁ פְּעָמִים, וְלֹא הִתְנֵיתִי שֶׁיְּהֵא בְּלִי נֶדֶר. הֵן דָּבָר שֶׁעָשִׂיתִי, הֵן עַל עַצְמִי הֵן עַל אֲחֵרִים, הֵן אוֹתָן הַיְּדוּעִים לִי הֵן

אוֹתָן שֶׁכְּבָר שָׁכַחְתִּי. בְּכֻלְּהוֹן אִתְחֲרַטְנָא בְהוֹן מֵעִקָּרָא, וְשׁוֹאֵל וּמְבַקֵּשׁ אֲנִי מִמַּעֲלַתְכֶם הַתָּרָה עֲלֵיהֶם, כִּי יָרֵאתִי פֶּן אֶכָּשֵׁל וְנִלְכַּדְתִּי, חַס וְשָׁלוֹם, בַּעֲוֹן נְדָרִים וּשְׁבוּעוֹת וּנְזִירוֹת וַחֲרָמוֹת וְאִסּוּרִין וְקוֹנָמוֹת וְהַסְכָּמוֹת. וְאֵין אֲנִי תוֹהֵא, חַס וְשָׁלוֹם, עַל קִיּוּם הַמַּעֲשִׂים הַטּוֹבִים הָהֵם שֶׁעָשִׂיתִי, רַק אֲנִי מִתְחָרֵט עַל קַבָּלַת הָעִנְיָנִים בִּלְשׁוֹן נֶדֶר אוֹ שְׁבוּעָה אוֹ נְזִירוּת אוֹ אִסּוּר אוֹ חֵרֶם אוֹ קוֹנָם אוֹ הַסְכָּמָה אוֹ קַבָּלָה בְלֵב, וּמִתְחָרֵט אֲנִי עַל זֶה שֶׁלֹּא אָמַרְתִּי הִנְנִי עוֹשֶׂה דָבָר זֶה בְּלִי נֶדֶר וּשְׁבוּעָה וּנְזִירוּת וְחֵרֶם וְאִסּוּר וְקוֹנָם וְקַבָּלָה בְלֵב.

לָכֵן אֲנִי שׁוֹאֵל הַתָּרָה בְּכֻלְּהוֹן.

אֲנִי מִתְחָרֵט עַל כָּל הַנִּזְכָּר, בֵּין אִם הָיוּ הַמַּעֲשִׂים מִדְּבָרִים הַנּוֹגְעִים בְּמָמוֹן, בֵּין מֵהַדְּבָרִים הַנּוֹגְעִים בְּגוּף, בֵּין מֵהַדְּבָרִים הַנּוֹגְעִים אֶל הַנְּשָׁמָה.

בְּכֻלְּהוֹן אֲנִי מִתְחָרֵט עַל לְשׁוֹן נֶדֶר וּשְׁבוּעָה וּנְזִירוּת וְאִסּוּר וְחֵרֶם וְקוֹנָם וְקַבָּלָה בְלֵב.

וְהִנֵּה מִצַּד הַדִּין הַמִּתְחָרֵט וְהַמְבַקֵּשׁ הַתָּרָה צָרִיךְ לִפְרֹט הַנֶּדֶר, אַךְ דְּעוּ נָא רַבּוֹתַי, כִּי אִי אֶפְשָׁר

לִפְרָטָם, כִּי רַבִּים הֵם. וְאֵין אֲנִי מְבַקֵּשׁ הַתָּרָה עַל אוֹתָם הַנְּדָרִים שֶׁאֵין לְהַתִּיר אוֹתָם, עַל כֵּן יִהְיוּ נָא בְעֵינֵיכֶם כְּאִלּוּ הָיִיתִי פוֹרְטָם.

הדיינים אומרים שלוש פעמים:

הַכֹּל יִהְיוּ מֻתָּרִים לָךְ, הַכֹּל מְחוּלִים לָךְ, הַכֹּל שְׁרוּיִים לָךְ. אֵין כָּאן לֹא נֶדֶר וְלֹא שְׁבוּעָה וְלֹא נְזִירוּת וְלֹא חֵרֶם וְלֹא אִסּוּר וְלֹא קוֹנָם וְלֹא נִדּוּי וְלֹא שַׁמְתָּא וְלֹא אָרוּר. אֲבָל יֵשׁ כָּאן מְחִילָה וּסְלִיחָה וְכַפָּרָה. וּכְשֵׁם שֶׁמַּתִּירִים בְּבֵית דִּין שֶׁל מַטָּה, כָּךְ יִהְיוּ מֻתָּרִים מִבֵּית דִּין שֶׁל מַעְלָה.

המבקש התרה, אומר:

הֲרֵי אֲנִי מוֹסֵר מוֹדָעָה לִפְנֵיכֶם, וַאֲנִי מְבַטֵּל מִכָּאן וּלְהַבָּא כָּל הַנְּדָרִים וְכָל שְׁבוּעוֹת וּנְזִירוֹת וְאִסּוּרִין וְקוֹנָמוֹת וַחֲרָמוֹת וְהַסְכָּמוֹת וְקַבָּלָה בְּלֵב שֶׁאֲקַבֵּל עָלַי בְּעַצְמִי, הֵן בְּהָקִיץ הֵן בַּחֲלוֹם, חוּץ מִנִּדְרֵי תַעֲנִית בִּשְׁעַת מִנְחָה. וּבְאִם אֶשְׁכַּח לִתְנַאי מוֹדָעָה הַזֹּאת וְאֶדֹּר מֵהַיּוֹם עוֹד, מֵעַתָּה אֲנִי מִתְחָרֵט עֲלֵיהֶם וּמַתְנֶה עֲלֵיהֶם שֶׁיִּהְיוּ כֻּלָּן בְּטֵלִין וּמְבֻטָּלִין, לָא שְׁרִירִין וְלָא קַיָּמִין, וְלָא יְהוֹן חָלִין כְּלָל וּכְלָל. בְּכֻלָּן אִתְחֲרַטְנָא בְּהוֹן מֵעַתָּה וְעַד עוֹלָם.

קידוש לליל ראש השנה

נוהגים לעמוד בזמן הקידוש.

כשראש השנה חל בשבת, מוסיפים:

בלחש: וַיְהִי־עֶרֶב וַיְהִי־בֹקֶר בראשית א

יוֹם הַשִּׁשִּׁי: וַיְכֻלּוּ הַשָּׁמַיִם וְהָאָרֶץ וְכָל־צְבָאָם: וַיְכַל בראשית ב
אֱלֹהִים בַּיּוֹם הַשְּׁבִיעִי מְלַאכְתּוֹ אֲשֶׁר עָשָׂה, וַיִּשְׁבֹּת
בַּיּוֹם הַשְּׁבִיעִי מִכָּל־מְלַאכְתּוֹ אֲשֶׁר עָשָׂה: וַיְבָרֶךְ
אֱלֹהִים אֶת־יוֹם הַשְּׁבִיעִי, וַיְקַדֵּשׁ אֹתוֹ, כִּי בוֹ שָׁבַת
מִכָּל־מְלַאכְתּוֹ, אֲשֶׁר־בָּרָא אֱלֹהִים, לַעֲשׂוֹת:

המקדש לאחרים, מוסיף: סַבְרִי מָרָנָן

בָּרוּךְ אַתָּה יהוה אֱלֹהֵינוּ מֶלֶךְ הָעוֹלָם
בּוֹרֵא פְּרִי הַגָּפֶן.

כשראש השנה חל בשבת, מוסיפים את המילים שבסוגריים.

בָּרוּךְ אַתָּה יהוה אֱלֹהֵינוּ מֶלֶךְ הָעוֹלָם
אֲשֶׁר בָּחַר בָּנוּ מִכָּל עָם
וְרוֹמְמָנוּ מִכָּל לָשׁוֹן, וְקִדְּשָׁנוּ בְּמִצְוֹתָיו
וַתִּתֶּן לָנוּ יהוה אֱלֹהֵינוּ בְּאַהֲבָה
אֶת יוֹם (הַשַּׁבָּת הַזֶּה וְאֶת יוֹם)
הַזִּכָּרוֹן הַזֶּה, יוֹם (זִכְרוֹן) תְּרוּעָה
(בְּאַהֲבָה) מִקְרָא קֹדֶשׁ, זֵכֶר לִיצִיאַת מִצְרָיִם
כִּי בָנוּ בָחַרְתָּ וְאוֹתָנוּ קִדַּשְׁתָּ מִכָּל הָעַמִּים

וּדְבָרְךָ אֱמֶת וְקַיָּם לָעַד.
בָּרוּךְ אַתָּה יהוה, מֶלֶךְ עַל כָּל הָאָרֶץ
מְקַדֵּשׁ (הַשַּׁבָּת וְ) יִשְׂרָאֵל וְיוֹם הַזִּכָּרוֹן.

כשראש השנה חל במוצאי שבת, מבדילים על הנר:

בָּרוּךְ אַתָּה יהוה אֱלֹהֵינוּ מֶלֶךְ הָעוֹלָם, בּוֹרֵא מְאוֹרֵי הָאֵשׁ.

בָּרוּךְ אַתָּה יהוה אֱלֹהֵינוּ מֶלֶךְ הָעוֹלָם, הַמַּבְדִּיל בֵּין קֹדֶשׁ לְחֹל, בֵּין אוֹר לְחֹשֶׁךְ, בֵּין יִשְׂרָאֵל לָעַמִּים, בֵּין יוֹם הַשְּׁבִיעִי לְשֵׁשֶׁת יְמֵי הַמַּעֲשֶׂה. בֵּין קְדֻשַּׁת שַׁבָּת לִקְדֻשַּׁת יוֹם טוֹב הִבְדַּלְתָּ, וְאֶת יוֹם הַשְּׁבִיעִי מִשֵּׁשֶׁת יְמֵי הַמַּעֲשֶׂה קִדַּשְׁתָּ, הִבְדַּלְתָּ וְקִדַּשְׁתָּ אֶת עַמְּךָ יִשְׂרָאֵל בִּקְדֻשָּׁתֶךָ. בָּרוּךְ אַתָּה יהוה, הַמַּבְדִּיל בֵּין קֹדֶשׁ לְקֹדֶשׁ.

מברכים ׳שֶׁהֶחֱיָנוּ׳ בשני הימים, ונוהגים ביום השני ללבוש בגד חדש או להניח פרי חדש על השולחן כדי לכלול אותו בברכה (מהר״ם מרוטנברג).

בָּרוּךְ אַתָּה יהוה אֱלֹהֵינוּ מֶלֶךְ הָעוֹלָם
שֶׁהֶחֱיָנוּ וְקִיְּמָנוּ וְהִגִּיעָנוּ לַזְּמַן הַזֶּה.

בתחילת הסעודה נוהגים לטבול תפוח בדבש ולברך:

בָּרוּךְ אַתָּה יהוה אֱלֹהֵינוּ מֶלֶךְ הָעוֹלָם
בּוֹרֵא פְּרִי הָעֵץ.

ואומרים: יְהִי רָצוֹן מִלְּפָנֶיךָ יהוה אֱלֹהֵינוּ וֵאלֹהֵי אֲבוֹתֵינוּ
שֶׁתְּחַדֵּשׁ עָלֵינוּ שָׁנָה טוֹבָה וּמְתוּקָה.

קידושא רבה לראש השנה

בשבת אומרים ׳וְשָׁמְרוּ׳ ו׳זָכוֹר׳ (עמ׳ 430).

יש המתחילים:

אֵלֶּה מוֹעֲדֵי יהוה מִקְרָאֵי קֹדֶשׁ ויקרא כג
אֲשֶׁר־תִּקְרְאוּ אֹתָם בְּמוֹעֲדָם:
וַיְדַבֵּר מֹשֶׁה אֶת־מֹעֲדֵי יהוה אֶל־בְּנֵי יִשְׂרָאֵל:

תִּקְעוּ בַחֹדֶשׁ שׁוֹפָר תהלים פא
בַּכֶּסֶה לְיוֹם חַגֵּנוּ:
כִּי חֹק לְיִשְׂרָאֵל הוּא
מִשְׁפָּט לֵאלֹהֵי יַעֲקֹב:

המקדש לאחרים, מוסיף: סַבְרִי מָרָנָן

בָּרוּךְ אַתָּה יהוה אֱלֹהֵינוּ מֶלֶךְ הָעוֹלָם
בּוֹרֵא פְּרִי הַגָּפֶן.

סדר תשליך

ביום הראשון של ראש השנה (ואם חל בשבת, ביום השני)
נוהגים לצאת אל הנהר, אל הים או אל בור מים ולומר:

מִי־אֵל כָּמוֹךָ מיכה ז
נֹשֵׂא עָוֹן וְעֹבֵר עַל־פֶּשַׁע לִשְׁאֵרִית נַחֲלָתוֹ
לֹא־הֶחֱזִיק לָעַד אַפּוֹ
כִּי־חָפֵץ חֶסֶד הוּא:
יָשׁוּב יְרַחֲמֵנוּ, יִכְבֹּשׁ עֲוֹנֹתֵינוּ
וְתַשְׁלִיךְ בִּמְצֻלוֹת יָם כָּל־חַטֹּאתָם:
תִּתֵּן אֱמֶת לְיַעֲקֹב, חֶסֶד לְאַבְרָהָם
אֲשֶׁר־נִשְׁבַּעְתָּ לַאֲבֹתֵינוּ מִימֵי קֶדֶם:

מִן־הַמֵּצַר קָרָאתִי יָּהּ, עָנָנִי בַמֶּרְחָב יָהּ: תהלים קיח
יהוה לִי לֹא אִירָא, מַה־יַּעֲשֶׂה לִי אָדָם:
יהוה לִי בְּעֹזְרָי, וַאֲנִי אֶרְאֶה בְשֹׂנְאָי:
טוֹב לַחֲסוֹת בַּיהוה, מִבְּטֹחַ בָּאָדָם:
טוֹב לַחֲסוֹת בַּיהוה, מִבְּטֹחַ בִּנְדִיבִים:

סדר כפרות

בערב יום הכיפורים רבים נוהגים לערוך סדר כפרות (תשובות הגאונים;
לוקחים תרנגול לזכר ותרנגולת לנקבה ואומרים (מהרי״ל):

תהלים קז בְּנֵי אָדָם, יֹשְׁבֵי חֹשֶׁךְ וְצַלְמָוֶת, אֲסִירֵי עֳנִי וּבַרְזֶל: יוֹצִיאֵם מֵחֹשֶׁךְ וְצַלְמָוֶת, וּמוֹסְרוֹתֵיהֶם יְנַתֵּק: אֱוִלִים מִדֶּרֶךְ פִּשְׁעָם, וּמֵעֲוֹנֹתֵיהֶם יִתְעַנּוּ: כָּל־אֹכֶל תְּתַעֵב נַפְשָׁם, וַיַּגִּיעוּ עַד־שַׁעֲרֵי מָוֶת: וַיִּזְעֲקוּ אֶל־יהוה בַּצַּר לָהֶם, מִמְּצֻקוֹתֵיהֶם יוֹשִׁיעֵם: יִשְׁלַח דְּבָרוֹ וְיִרְפָּאֵם, וִימַלֵּט מִשְּׁחִיתוֹתָם: יוֹדוּ לַיהוה חַסְדּוֹ, וְנִפְלְאוֹתָיו לִבְנֵי אָדָם:
איוב לג אִם־יֵשׁ עָלָיו מַלְאָךְ מֵלִיץ אֶחָד מִנִּי־אָלֶף, לְהַגִּיד לְאָדָם יָשְׁרוֹ: וַיְחֻנֶּנּוּ, וַיֹּאמֶר פְּדָעֵהוּ מֵרֶדֶת שַׁחַת, מָצָאתִי כֹפֶר:

מסובב את התרנגול סביב ראשו ואומר:

זֶה חֲלִיפָתִי, זֶה תְּמוּרָתִי, זֶה כַּפָּרָתִי. זֶה הַתַּרְנְגוֹל יֵלֵךְ לְמִיתָה, וַאֲנִי אֵלֵךְ וְאֶכָּנֵס לְחַיִּים טוֹבִים אֲרֻכִּים וּלְשָׁלוֹם.

מסובבת את התרנגולת סביב ראשה ואומרת:

זֹאת חֲלִיפָתִי, זֹאת תְּמוּרָתִי, זֹאת כַּפָּרָתִי. זֹאת הַתַּרְנְגֹלֶת תֵּלֵךְ לְמִיתָה, וַאֲנִי אֵלֵךְ וְאֶכָּנֵס לְחַיִּים טוֹבִים אֲרֻכִּים וּלְשָׁלוֹם.

יש הנוהגים לקיים את סדר הכפרות במעות ולתתם לצדקה (׳חיי אדם׳ קמד, ד). מסובבים את הכסף סביב הראש ואומרים:

אֵלּוּ חֲלִיפָתִי, אֵלּוּ תְּמוּרָתִי, אֵלּוּ כַּפָּרָתִי. אֵלּוּ הַמָּעוֹת יֵלְכוּ לִצְדָקָה, וַאֲנִי אֵלֵךְ וְאֶכָּנֵס לְחַיִּים טוֹבִים אֲרֻכִּים וּלְשָׁלוֹם.

וידוי למנחה בערב יום הכיפורים

בתפילת לחש של מנחה בערב יום הכיפורים, קודם
׳אֱלֹהַי, נְצֹר׳ אומרים וידוי (יומא פז ע״ב).

נוהגים שחתן וכלה מתענים ביום כניסתם לחופה (רמ״א, אבהע״ז סג, א בשם הרוקח)
ומתוודים בתפילת מנחה, ואפילו בימים שאין אומרים בהם תחנון (פת״ש שם, ט).

אֱלֹהֵינוּ וֵאלֹהֵי אֲבוֹתֵינוּ
תָּבוֹא לְפָנֶיךָ תְּפִלָּתֵנוּ, וְאַל תִּתְעַלַּם מִתְּחִנָּתֵנוּ.
שֶׁאֵין אֲנַחְנוּ עַזֵּי פָנִים וּקְשֵׁי עֹרֶף לוֹמַר לְפָנֶיךָ
יהוה אֱלֹהֵינוּ וֵאלֹהֵי אֲבוֹתֵינוּ
צַדִּיקִים אֲנַחְנוּ וְלֹא חָטָאנוּ.
אֲבָל אֲנַחְנוּ וַאֲבוֹתֵינוּ חָטָאנוּ.

כשמתוודה, מכה באגרופו על החזה כנגד הלב (מג״א תרז, ג, בשם מדרש קהלת).

אָשַׁמְנוּ, בָּגַדְנוּ, גָּזַלְנוּ, דִּבַּרְנוּ דֹפִי
הֶעֱוִינוּ, וְהִרְשַׁעְנוּ, זַדְנוּ, חָמַסְנוּ, טָפַלְנוּ שֶׁקֶר
יָעַצְנוּ רָע, כִּזַּבְנוּ, לַצְנוּ, מָרַדְנוּ, נִאַצְנוּ, סָרַרְנוּ
עָוִינוּ, פָּשַׁעְנוּ, צָרַרְנוּ, קִשִּׁינוּ עֹרֶף
רָשַׁעְנוּ, שִׁחַתְנוּ, תִּעַבְנוּ, תָּעִינוּ, תִּעְתָּעְנוּ.

סַרְנוּ מִמִּצְוֹתֶיךָ וּמִמִּשְׁפָּטֶיךָ הַטּוֹבִים
וְלֹא שָׁוָה לָנוּ.
וְאַתָּה צַדִּיק עַל כָּל־הַבָּא עָלֵינוּ נחמיה ט
כִּי־אֱמֶת עָשִׂיתָ, וַאֲנַחְנוּ הִרְשָׁעְנוּ:

מַה נֹּאמַר לְפָנֶיךָ יוֹשֵׁב מָרוֹם
וּמַה נְּסַפֵּר לְפָנֶיךָ שׁוֹכֵן שְׁחָקִים
הֲלֹא כָּל הַנִּסְתָּרוֹת וְהַנִּגְלוֹת אַתָּה יוֹדֵעַ.

אַתָּה יוֹדֵעַ רָזֵי עוֹלָם וְתַעֲלוּמוֹת סִתְרֵי כָּל חָי.
אַתָּה חוֹפֵשׂ כָּל חַדְרֵי בָטֶן וּבוֹחֵן כְּלָיוֹת וָלֵב.
אֵין דָּבָר נֶעְלָם מִמֶּךָּ וְאֵין נִסְתָּר מִנֶּגֶד עֵינֶיךָ.
וּבְכֵן, יְהִי רָצוֹן מִלְּפָנֶיךָ
יהוה אֱלֹהֵינוּ וֵאלֹהֵי אֲבוֹתֵינוּ
שֶׁתִּסְלַח לָנוּ עַל כָּל חַטֹּאתֵינוּ
וְתִמְחַל לָנוּ עַל כָּל עֲוֹנוֹתֵינוּ
וּתְכַפֵּר לָנוּ עַל כָּל פְּשָׁעֵינוּ.

על כל חטא שמונה, מכה באגרופו על החזה כנגד הלב.

עַל חֵטְא שֶׁחָטָאנוּ לְפָנֶיךָ בְּאֹנֶס וּבְרָצוֹן
וְעַל חֵטְא שֶׁחָטָאנוּ לְפָנֶיךָ בְּאִמּוּץ הַלֵּב

עַל חֵטְא שֶׁחָטָאנוּ לְפָנֶיךָ בִּבְלִי דָעַת
וְעַל חֵטְא שֶׁחָטָאנוּ לְפָנֶיךָ בְּבִטּוּי שְׂפָתָיִם

עַל חֵטְא שֶׁחָטָאנוּ לְפָנֶיךָ בְּגִלּוּי עֲרָיוֹת
וְעַל חֵטְא שֶׁחָטָאנוּ לְפָנֶיךָ בְּגָלוּי וּבַסָּתֶר

עַל חֵטְא שֶׁחָטָאנוּ לְפָנֶיךָ בְּדַעַת וּבְמִרְמָה
וְעַל חֵטְא שֶׁחָטָאנוּ לְפָנֶיךָ בְּדִבּוּר פֶּה

עַל חֵטְא שֶׁחָטָאנוּ לְפָנֶיךָ בְּהוֹנָאַת רֵעַ
וְעַל חֵטְא שֶׁחָטָאנוּ לְפָנֶיךָ בְּהִרְהוּר הַלֵּב

עַל חֵטְא שֶׁחָטָאנוּ לְפָנֶיךָ בִּוְעִידַת זְנוּת
וְעַל חֵטְא שֶׁחָטָאנוּ לְפָנֶיךָ בְּוִדּוּי פֶּה

עַל חֵטְא שֶׁחָטָאנוּ לְפָנֶיךָ בְּזִלְזוּל הוֹרִים וּמוֹרִים
וְעַל חֵטְא שֶׁחָטָאנוּ לְפָנֶיךָ בְּזָדוֹן וּבִשְׁגָגָה

עַל חֵטְא שֶׁחָטָאנוּ לְפָנֶיךָ בְּחֹזֶק יָד
וְעַל חֵטְא שֶׁחָטָאנוּ לְפָנֶיךָ בְּחִלּוּל הַשֵּׁם

עַל חֵטְא שֶׁחָטָאנוּ לְפָנֶיךָ בְּטֻמְאַת שְׂפָתָיִם
וְעַל חֵטְא שֶׁחָטָאנוּ לְפָנֶיךָ בְּטִפְשׁוּת פֶּה

עַל חֵטְא שֶׁחָטָאנוּ לְפָנֶיךָ בְּיֵצֶר הָרָע
וְעַל חֵטְא שֶׁחָטָאנוּ לְפָנֶיךָ בְּיוֹדְעִים וּבְלֹא יוֹדְעִים

וְעַל כֻּלָּם אֱלוֹהַּ סְלִיחוֹת
סְלַח לָנוּ, מְחַל לָנוּ, כַּפֶּר לָנוּ.

עַל חֵטְא שֶׁחָטָאנוּ לְפָנֶיךָ בְּכַחַשׁ וּבְכָזָב
וְעַל חֵטְא שֶׁחָטָאנוּ לְפָנֶיךָ בְּכַפַּת שֹׁחַד

עַל חֵטְא שֶׁחָטָאנוּ לְפָנֶיךָ בְּלָצוֹן
וְעַל חֵטְא שֶׁחָטָאנוּ לְפָנֶיךָ בְּלָשׁוֹן הָרָע

עַל חֵטְא שֶׁחָטָאנוּ לְפָנֶיךָ בְּמַשָּׂא וּבְמַתָּן
וְעַל חֵטְא שֶׁחָטָאנוּ לְפָנֶיךָ בְּמַאֲכָל וּבְמִשְׁתֶּה

עַל חֵטְא שֶׁחָטָאנוּ לְפָנֶיךָ בְּנֶשֶׁךְ וּבְמַרְבִּית
וְעַל חֵטְא שֶׁחָטָאנוּ לְפָנֶיךָ בִּנְטִיַּת גָּרוֹן

עַל חֵטְא שֶׁחָטָאנוּ לְפָנֶיךָ בְּשִׂיחַ שִׂפְתוֹתֵינוּ
וְעַל חֵטְא שֶׁחָטָאנוּ לְפָנֶיךָ בְּשִׂקּוּר עָיִן

עַל חֵטְא שֶׁחָטָאנוּ לְפָנֶיךָ בְּעֵינַיִם רָמוֹת
וְעַל חֵטְא שֶׁחָטָאנוּ לְפָנֶיךָ בְּעַזּוּת מֶצַח

וְעַל כֻּלָּם אֱלוֹהַּ סְלִיחוֹת
סְלַח לָנוּ, מְחַל לָנוּ, כַּפֶּר לָנוּ.

עַל חֵטְא שֶׁחָטָאנוּ לְפָנֶיךָ בִּפְרִיקַת עֹל
וְעַל חֵטְא שֶׁחָטָאנוּ לְפָנֶיךָ בִּפְלִילוּת

עַל חֵטְא שֶׁחָטָאנוּ לְפָנֶיךָ בִּצְדִיַּת רֵעַ
וְעַל חֵטְא שֶׁחָטָאנוּ לְפָנֶיךָ בְּצָרוּת עָיִן

עַל חֵטְא שֶׁחָטָאנוּ לְפָנֶיךָ בְּקַלּוּת רֹאשׁ
וְעַל חֵטְא שֶׁחָטָאנוּ לְפָנֶיךָ בְּקַשְׁיוּת עֹרֶף

עַל חֵטְא שֶׁחָטָאנוּ לְפָנֶיךָ בְּרִיצַת רַגְלַיִם לְהָרַע
וְעַל חֵטְא שֶׁחָטָאנוּ לְפָנֶיךָ בִּרְכִילוּת

עַל חֵטְא שֶׁחָטָאנוּ לְפָנֶיךָ בִּשְׁבוּעַת שָׁוְא
וְעַל חֵטְא שֶׁחָטָאנוּ לְפָנֶיךָ בְּשִׂנְאַת חִנָּם

עַל חֵטְא שֶׁחָטָאנוּ לְפָנֶיךָ בִּתְשׂוּמֶת יָד
וְעַל חֵטְא שֶׁחָטָאנוּ לְפָנֶיךָ בְּתִמְהוֹן לֵבָב

וְעַל כֻּלָּם אֱלוֹהַּ סְלִיחוֹת
סְלַח לָנוּ, מְחַל לָנוּ, כַּפֶּר לָנוּ.

וְעַל חֲטָאִים שֶׁאָנוּ חַיָּבִים עֲלֵיהֶם עוֹלָה
וְעַל חֲטָאִים שֶׁאָנוּ חַיָּבִים עֲלֵיהֶם חַטָּאת
וְעַל חֲטָאִים שֶׁאָנוּ חַיָּבִים עֲלֵיהֶם קָרְבָּן עוֹלֶה וְיוֹרֵד
וְעַל חֲטָאִים שֶׁאָנוּ חַיָּבִים עֲלֵיהֶם אָשָׁם וַדַּאי וְתָלוּי

וְעַל חֲטָאִים שֶׁאָנוּ חַיָּבִים עֲלֵיהֶם מַכַּת מַרְדּוּת
וְעַל חֲטָאִים שֶׁאָנוּ חַיָּבִים עֲלֵיהֶם מַלְקוּת
אַרְבָּעִים
וְעַל חֲטָאִים שֶׁאָנוּ חַיָּבִים עֲלֵיהֶם מִיתָה בִּידֵי
שָׁמָיִם
וְעַל חֲטָאִים שֶׁאָנוּ חַיָּבִים עֲלֵיהֶם כָּרֵת וַעֲרִירִי
וְעַל חֲטָאִים שֶׁאָנוּ חַיָּבִים עֲלֵיהֶם אַרְבַּע מִיתוֹת
בֵּית דִּין, סְקִילָה, שְׂרֵפָה, הֶרֶג, וְחֶנֶק.

עַל מִצְוַת עֲשֵׂה וְעַל מִצְוַת לֹא תַעֲשֶׂה.
בֵּין שֶׁיֵּשׁ בָּהּ קוּם עֲשֵׂה וּבֵין שֶׁאֵין בָּהּ קוּם עֲשֵׂה.
אֶת הַגְּלוּיִים לָנוּ
וְאֶת שֶׁאֵינָם גְּלוּיִים לָנוּ
אֶת הַגְּלוּיִים לָנוּ, כְּבָר אֲמַרְנוּם לְפָנֶיךָ
וְהוֹדִינוּ לְךָ עֲלֵיהֶם
וְאֶת שֶׁאֵינָם גְּלוּיִים לָנוּ
לְפָנֶיךָ הֵם גְּלוּיִים וִידוּעִים
כַּדָּבָר שֶׁנֶּאֱמַר
הַנִּסְתָּרֹת לַיהוה אֱלֹהֵינוּ דברים כט
וְהַנִּגְלֹת לָנוּ וּלְבָנֵינוּ עַד־עוֹלָם
לַעֲשׂוֹת אֶת־כָּל־דִּבְרֵי הַתּוֹרָה הַזֹּאת:

כִּי אַתָּה סָלְחָן לְיִשְׂרָאֵל וּמָחֳלָן לְשִׁבְטֵי יְשֻׁרוּן
בְּכָל דּוֹר וָדוֹר
וּמִבַּלְעָדֶיךָ אֵין לָנוּ מֶלֶךְ מוֹחֵל וְסוֹלֵחַ
אֶלָּא אָתָּה.

אֱלֹהַי
עַד שֶׁלֹּא נוֹצַרְתִּי אֵינִי כְדַאי
וְעַכְשָׁיו שֶׁנּוֹצַרְתִּי, כְּאִלּוּ לֹא נוֹצַרְתִּי
עָפָר אֲנִי בְּחַיַּי, קַל וָחֹמֶר בְּמִיתָתִי.
הֲרֵי אֲנִי לְפָנֶיךָ כִּכְלִי מָלֵא בּוּשָׁה וּכְלִמָּה.
יְהִי רָצוֹן מִלְּפָנֶיךָ, יהוה אֱלֹהַי וֵאלֹהֵי אֲבוֹתַי
שֶׁלֹּא אֶחֱטָא עוֹד.
וּמַה שֶּׁחָטָאתִי לְפָנֶיךָ, מְחֹק בְּרַחֲמֶיךָ הָרַבִּים
אֲבָל לֹא עַל יְדֵי יִסּוּרִים וָחֳלָיִם רָעִים.

אֱלֹהַי ברכות יז.
נְצֹר לְשׁוֹנִי מֵרָע וּשְׂפָתַי מִדַּבֵּר מִרְמָה
וְלִמְקַלְלַי נַפְשִׁי תִדֹּם, וְנַפְשִׁי כֶּעָפָר לַכֹּל תִּהְיֶה.
פְּתַח לִבִּי בְּתוֹרָתֶךָ, וּבְמִצְוֹתֶיךָ תִּרְדֹּף נַפְשִׁי.
וְכָל הַחוֹשְׁבִים עָלַי רָעָה
מְהֵרָה הָפֵר עֲצָתָם וְקַלְקֵל מַחֲשַׁבְתָּם.

עֲשֵׂה לְמַעַן שְׁמֶךָ
עֲשֵׂה לְמַעַן יְמִינֶךָ
עֲשֵׂה לְמַעַן קְדֻשָּׁתֶךָ
עֲשֵׂה לְמַעַן תּוֹרָתֶךָ.

תהלים ס לְמַעַן יֵחָלְצוּן יְדִידֶיךָ, הוֹשִׁיעָה יְמִינְךָ וַעֲנֵנִי:

תהלים יט יִהְיוּ לְרָצוֹן אִמְרֵי פִי וְהֶגְיוֹן לִבִּי לְפָנֶיךָ
יהוה צוּרִי וְגֹאֲלִי:

כורע ופוסע שלוש פסיעות לאחור. קד לשמאל, לימין ולפנים באמירת:

עֹשֶׂה שָׁלוֹם/ בעשרת ימי תשובה: הַשָּׁלוֹם/ בִּמְרוֹמָיו
הוּא יַעֲשֶׂה שָׁלוֹם עָלֵינוּ וְעַל כָּל יִשְׂרָאֵל
וְאִמְרוּ אָמֵן.

יְהִי רָצוֹן מִלְּפָנֶיךָ יהוה אֱלֹהֵינוּ וֵאלֹהֵי אֲבוֹתֵינוּ
שֶׁיִּבָּנֶה בֵּית הַמִּקְדָּשׁ בִּמְהֵרָה בְיָמֵינוּ
וְתֵן חֶלְקֵנוּ בְּתוֹרָתֶךָ
וְשָׁם נַעֲבָדְךָ בְּיִרְאָה כִּימֵי עוֹלָם וּכְשָׁנִים קַדְמֹנִיּוֹת.
מלאכי ג וְעָרְבָה לַיהוה מִנְחַת יְהוּדָה וִירוּשָׁלָםִ
כִּימֵי עוֹלָם וּכְשָׁנִים קַדְמֹנִיּוֹת:

סדר הדלקת נרות חנוכה

בשמונת ימי חנוכה מדליקים נרות בערב. בערב הראשון נר אחד, בערב השני שניים, ומוסיף והולך בכל יום – עד שבלילה האחרון מדליק שמונה (שבת כא ע"ב).

לפני ההדלקה מברך:

בָּרוּךְ אַתָּה יהוה אֱלֹהֵינוּ מֶלֶךְ הָעוֹלָם
אֲשֶׁר קִדְּשָׁנוּ בְּמִצְוֹתָיו
וְצִוָּנוּ לְהַדְלִיק נֵר שֶׁל חֲנֻכָּה.

בָּרוּךְ אַתָּה יהוה אֱלֹהֵינוּ מֶלֶךְ הָעוֹלָם
שֶׁעָשָׂה נִסִּים לַאֲבוֹתֵינוּ
בַּיָּמִים הָהֵם בַּזְּמַן הַזֶּה.

בערב הראשון מוסיף:

בָּרוּךְ אַתָּה יהוה אֱלֹהֵינוּ מֶלֶךְ הָעוֹלָם
שֶׁהֶחֱיָנוּ וְקִיְּמָנוּ וְהִגִּיעָנוּ לַזְּמַן הַזֶּה.

אחר ההדלקה אומר:

הַנֵּרוֹת הַלָּלוּ אָנוּ מַדְלִיקִים מסכת סופרים פרק ג
עַל הַנִּסִּים וְעַל הַנִּפְלָאוֹת
וְעַל הַתְּשׁוּעוֹת וְעַל הַמִּלְחָמוֹת
שֶׁעָשִׂיתָ לַאֲבוֹתֵינוּ בַּיָּמִים הָהֵם בַּזְּמַן הַזֶּה
עַל יְדֵי כֹּהֲנֶיךָ הַקְּדוֹשִׁים.

וְכָל שְׁמוֹנַת יְמֵי חֲנֻכָּה
הַנֵּרוֹת הַלָּלוּ קֹדֶשׁ הֵם
וְאֵין לָנוּ רְשׁוּת לְהִשְׁתַּמֵּשׁ בָּהֶם
אֶלָּא לִרְאוֹתָם בִּלְבָד
כְּדֵי לְהוֹדוֹת וּלְהַלֵּל לְשִׁמְךָ הַגָּדוֹל
עַל נִסֶּיךָ וְעַל נִפְלְאוֹתֶיךָ וְעַל יְשׁוּעָתֶךָ.

נוהגים לשיר לאחר הדלקת הנרות פיוט זה (מובא ב'לקט יושר'):

מָעוֹז צוּר יְשׁוּעָתִי לְךָ נָאֶה לְשַׁבֵּחַ
תִּכּוֹן בֵּית תְּפִלָּתִי וְשָׁם תּוֹדָה נְזַבֵּחַ
לְעֵת תָּכִין מַטְבֵּחַ מִצָּר הַמְנַבֵּחַ
אָז אֶגְמֹר בְּשִׁיר מִזְמוֹר חֲנֻכַּת הַמִּזְבֵּחַ.

רָעוֹת שָׂבְעָה נַפְשִׁי בְּיָגוֹן כֹּחִי כָּלָה
חַיַּי מֵרְרוּ בְקֹשִׁי בְּשִׁעְבּוּד מַלְכוּת עֶגְלָה
וּבְיָדוֹ הַגְּדוֹלָה הוֹצִיא אֶת הַסְּגֻלָּה
חֵיל פַּרְעֹה וְכָל זַרְעוֹ יָרְדוּ כְּאֶבֶן מְצוּלָה.

דְּבִיר קָדְשׁוֹ הֱבִיאַנִי וְגַם שָׁם לֹא שָׁקַטְתִּי
וּבָא נוֹגֵשׂ וְהִגְלַנִי כִּי זָרִים עָבַדְתִּי
וְיֵין רַעַל מָסַכְתִּי כִּמְעַט שֶׁעָבַרְתִּי
קֵץ בָּבֶל זְרֻבָּבֶל לְקֵץ שִׁבְעִים נוֹשַׁעְתִּי.

כְּרֹת קוֹמַת בְּרוֹשׁ בִּקֵּשׁ אֲגָגִי בֶּן הַמְּדָתָא
וְנִהְיָתָה לוֹ לְפַח וּלְמוֹקֵשׁ וְגַאֲוָתוֹ נִשְׁבָּתָה
רֹאשׁ יְמִינִי נִשֵּׂאתָ וְאוֹיֵב שְׁמוֹ מָחִיתָ
רֹב בָּנָיו וְקִנְיָנָיו עַל הָעֵץ תָּלִיתָ.

יְוָנִים נִקְבְּצוּ עָלַי אֲזַי בִּימֵי חַשְׁמַנִּים
וּפָרְצוּ חוֹמוֹת מִגְדָּלַי וְטִמְּאוּ כָּל הַשְּׁמָנִים
וּמִנּוֹתַר קַנְקַנִּים נַעֲשָׂה נֵס לַשּׁוֹשַׁנִּים
בְּנֵי בִינָה יְמֵי שְׁמוֹנָה קָבְעוּ שִׁיר וּרְנָנִים.

חֲשׂוֹף זְרוֹעַ קָדְשֶׁךָ וְקָרֵב קֵץ הַיְשׁוּעָה
נְקֹם נִקְמַת עֲבָדֶיךָ מֵאֻמָּה הָרְשָׁעָה
כִּי אָרְכָה לָנוּ הַשָּׁעָה וְאֵין קֵץ לִימֵי הָרָעָה
דְּחֵה אַדְמוֹן בְּצֵל צַלְמוֹן הָקֵם לָנוּ רוֹעִים שִׁבְעָה.

סדר קריאת המגילה בפורים

הקורא מברך שלוש ברכות לפני הקריאה:

בָּרוּךְ אַתָּה יהוה אֱלֹהֵינוּ מֶלֶךְ הָעוֹלָם
אֲשֶׁר קִדְּשָׁנוּ בְּמִצְוֹתָיו
וְצִוָּנוּ עַל מִקְרָא מְגִלָּה.

בָּרוּךְ אַתָּה יהוה אֱלֹהֵינוּ מֶלֶךְ הָעוֹלָם
שֶׁעָשָׂה נִסִּים לַאֲבוֹתֵינוּ
בַּיָּמִים הָהֵם בַּזְּמַן הַזֶּה.

בָּרוּךְ אַתָּה יהוה אֱלֹהֵינוּ מֶלֶךְ הָעוֹלָם
שֶׁהֶחֱיָנוּ וְקִיְּמָנוּ וְהִגִּיעָנוּ לַזְּמַן הַזֶּה.

קוראים מגילת אסתר בעמ׳ 1108.

אחר הקריאה בציבור גוללים את המגילה והקורא מברך:

בָּרוּךְ אַתָּה יהוה אֱלֹהֵינוּ מֶלֶךְ הָעוֹלָם, הָרָב אֶת רִיבֵנוּ, וְהַדָּן אֶת דִּינֵנוּ, וְהַנּוֹקֵם אֶת נִקְמָתֵנוּ, וְהַמְשַׁלֵּם גְּמוּל לְכָל אוֹיְבֵי נַפְשֵׁנוּ, וְהַנִּפְרָע לָנוּ מִצָּרֵינוּ. בָּרוּךְ אַתָּה יהוה, הַנִּפְרָע לְעַמּוֹ יִשְׂרָאֵל מִכָּל צָרֵיהֶם, הָאֵל הַמּוֹשִׁיעַ.

בערב אומרים לאחר הקריאה:

אֲשֶׁר הֵנִיא עֲצַת גּוֹיִם, וַיָּפֶר מַחְשְׁבוֹת עֲרוּמִים.
בְּקוּם עָלֵינוּ אָדָם רָשָׁע, נֵצֶר זָדוֹן מִזֶּרַע עֲמָלֵק.
גָּאָה בְעָשְׁרוֹ וְכָרָה לוֹ בּוֹר, וּגְדֻלָּתוֹ יָקְשָׁה לּוֹ לָכֶד.
דִּמָּה בְנַפְשׁוֹ לִלְכֹּד וְנִלְכַּד, בִּקֵּשׁ לְהַשְׁמִיד וְנִשְׁמַד
מְהֵרָה.
הָמָן הוֹדִיעַ אֵיבַת אֲבוֹתָיו, וְעוֹרֵר שִׂנְאַת אַחִים
לַבָּנִים.
וְלֹא זָכַר רַחֲמֵי שָׁאוּל, כִּי בְחֶמְלָתוֹ עַל אֲגָג נוֹלַד אוֹיֵב.
זָמַם רָשָׁע לְהַכְרִית צַדִּיק, וְנִלְכַּד טָמֵא בִּידֵי טָהוֹר.
חֶסֶד גָּבַר עַל שִׁגְגַת אָב, וְרָשָׁע הוֹסִיף חֵטְא עַל
חֲטָאָיו.
טָמַן בְּלִבּוֹ מַחְשְׁבוֹת עֲרוּמָיו, וַיִּתְמַכֵּר לַעֲשׂוֹת רָעָה.
יָדוֹ שָׁלַח בִּקְדוֹשֵׁי אֵל, כַּסְפּוֹ נָתַן לְהַכְרִית זִכְרָם.
כִּרְאוֹת מָרְדְּכַי כִּי יָצָא קֶצֶף, וְדָתֵי הָמָן נִתְּנוּ בְשׁוּשָׁן.
לָבַשׁ שַׂק וְקָשַׁר מִסְפֵּד וְגָזַר צוֹם וַיֵּשֶׁב עַל הָאֵפֶר.
מִי זֶה יַעֲמֹד לְכַפֵּר שְׁגָגָה, וְלִמְחֹל חַטַּאת עֲוֹן אֲבוֹתֵינוּ.
נֵץ פָּרַח מִלּוּלָב, הֵן הֲדַסָּה עָמְדָה לְעוֹרֵר יְשֵׁנִים.
סָרִיסֶיהָ הִבְהִילוּ לְהָמָן, לְהַשְׁקוֹתוֹ יֵין חֲמַת תַּנִּינִים.
עָמַד בְּעָשְׁרוֹ וְנָפַל בְּרִשְׁעוֹ, עָשָׂה לוֹ עֵץ וְנִתְלָה עָלָיו.

פִּיהֶם פָּתְחוּ כָּל יוֹשְׁבֵי תֵבֵל, כִּי פוּר הָמָן נֶהְפַּךְ לְפוּרֵנוּ.
צַדִּיק נֶחֱלַץ מִיַּד רָשָׁע, אוֹיֵב נִתַּן תַּחַת נַפְשׁוֹ.
קִיְּמוּ עֲלֵיהֶם לַעֲשׂוֹת פּוּרִים וְלִשְׂמֹחַ בְּכָל שָׁנָה וְשָׁנָה.
רָאִיתָ אֶת תְּפִלַּת מָרְדְּכַי וְאֶסְתֵּר, הָמָן וּבָנָיו עַל הָעֵץ תָּלִיתָ.

אחר הקריאה בשחרית מתחילים כאן:

שׁוֹשַׁנַּת יַעֲקֹב צָהֲלָה וְשָׂמֵחָה
בִּרְאוֹתָם יַחַד תְּכֵלֶת מָרְדְּכָי.
תְּשׁוּעָתָם הָיִיתָ לָנֶצַח, וְתִקְוָתָם בְּכָל דּוֹר וָדוֹר.
לְהוֹדִיעַ שֶׁכָּל קוֶֹיךָ לֹא יֵבֹשׁוּ
וְלֹא יִכָּלְמוּ לָנֶצַח כָּל הַחוֹסִים בָּךְ.
אָרוּר הָמָן אֲשֶׁר בִּקֵּשׁ לְאַבְּדִי, בָּרוּךְ מָרְדְּכַי הַיְּהוּדִי.
אֲרוּרָה זֶרֶשׁ אֵשֶׁת מַפְחִידִי, בְּרוּכָה אֶסְתֵּר בַּעֲדִי.
אֲרוּרִים כָּל הָרְשָׁעִים, בְּרוּכִים כָּל יִשְׂרָאֵל,
וְגַם חַרְבוֹנָה זָכוּר לַטּוֹב.

בלילה אומרים ׳וְאַתָּה קָדוֹשׁ׳ בעמ׳ 546 (ואם חל במוצאי שבת מתחילים ׳וִיהִי נֹעַם׳ בעמ׳ 545) וקדיש שלם (עמ׳ 548) בלי השורה ׳תִּתְקַבַּל צְלוֹתְהוֹן׳.
אחר כך ממשיכים ׳עָלֵינוּ׳ (עמ׳ 556) עד סוף התפילה
(ואם חל במוצאי שבת, אומרים ׳וְיִתֶּן־לְךָ׳ בעמ׳ 550 קודם ׳עָלֵינוּ׳).

בשחרית ממשיכים ׳אַשְׁרֵי׳ בעמ׳ 120.

סדר תפילת שחרית ליום הזיכרון

יש נוהגים בתום תפילת שחרית, לאחר קדיש תתקבל,
לפתוח את ארון הקודש ולומר:

לַמְנַצֵּחַ עַל־מוּת לַבֵּן מִזְמוֹר לְדָוִד: אוֹדֶה יהוה בְּכָל־ תהלים ט
לִבִּי, אֲסַפְּרָה כָּל־נִפְלְאוֹתֶיךָ: אֶשְׂמְחָה וְאֶעֶלְצָה בָךְ,
אֲזַמְּרָה שִׁמְךָ עֶלְיוֹן: בְּשׁוּב־אוֹיְבַי אָחוֹר, יִכָּשְׁלוּ וְיֹאבְדוּ
מִפָּנֶיךָ: כִּי־עָשִׂיתָ מִשְׁפָּטִי וְדִינִי, יָשַׁבְתָּ לְכִסֵּא שׁוֹפֵט
צֶדֶק: גָּעַרְתָּ גוֹיִם אִבַּדְתָּ רָשָׁע, שְׁמָם מָחִיתָ לְעוֹלָם
וָעֶד: הָאוֹיֵב תַּמּוּ חֳרָבוֹת לָנֶצַח, וְעָרִים נָתַשְׁתָּ, אָבַד
זִכְרָם הֵמָּה: וַיהוה לְעוֹלָם יֵשֵׁב, כּוֹנֵן לַמִּשְׁפָּט כִּסְאוֹ:
וְהוּא יִשְׁפֹּט־תֵּבֵל בְּצֶדֶק, יָדִין לְאֻמִּים בְּמֵישָׁרִים: וִיהִי
יהוה מִשְׂגָּב לַדָּךְ, מִשְׂגָּב לְעִתּוֹת בַּצָּרָה: וְיִבְטְחוּ בְךָ
יוֹדְעֵי שְׁמֶךָ, כִּי לֹא־עָזַבְתָּ דֹרְשֶׁיךָ, יהוה: זַמְּרוּ לַיהוה
יֹשֵׁב צִיּוֹן, הַגִּידוּ בָעַמִּים עֲלִילוֹתָיו: כִּי־דֹרֵשׁ דָּמִים
אוֹתָם זָכָר, לֹא־שָׁכַח צַעֲקַת עֲנָוִים: חָנְנֵנִי יהוה רְאֵה
עָנְיִי מִשֹּׂנְאָי, מְרוֹמְמִי מִשַּׁעֲרֵי־מָוֶת: לְמַעַן אֲסַפְּרָה כָּל־
תְּהִלָּתֶיךָ, בְּשַׁעֲרֵי בַת־צִיּוֹן אָגִילָה בִּישׁוּעָתֶךָ: טָבְעוּ
גוֹיִם בְּשַׁחַת עָשׂוּ, בְּרֶשֶׁת־זוּ טָמָנוּ נִלְכְּדָה רַגְלָם: נוֹדַע
יהוה מִשְׁפָּט עָשָׂה, בְּפֹעַל כַּפָּיו נוֹקֵשׁ רָשָׁע, הִגָּיוֹן סֶלָה:
יָשׁוּבוּ רְשָׁעִים לִשְׁאוֹלָה, כָּל־גּוֹיִם שְׁכֵחֵי אֱלֹהִים: כִּי לֹא
לָנֶצַח יִשָּׁכַח אֶבְיוֹן, תִּקְוַת עֲנִיִּים תֹּאבַד לָעַד: קוּמָה

יהוה אַל־יָעֹז אֱנוֹשׁ, יִשָּׁפְטוּ גוֹיִם עַל־פָּנֶיךָ: שִׁיתָה יהוה מוֹרָה לָהֶם, יֵדְעוּ גוֹיִם, אֱנוֹשׁ הֵמָּה סֶּלָה:

סוגרים את ארון הקודש.

תפילת אזכרה

אָבִינוּ שֶׁבַּשָּׁמַיִם, אֵל אֱלֹהֵי הָרוּחוֹת לְכָל בָּשָׂר
זְכֹר נָא אֶת הַנְּשָׁמוֹת הַזַּכּוֹת וְהַטְּהוֹרוֹת
שֶׁל בָּנֵינוּ וּבְנוֹתֵינוּ
אֲשֶׁר הֶעֱרוּ אֶת נַפְשָׁם לָמוּת מוֹת גִּבּוֹרִים
בְּהֵחָלְצָם לְעֶזְרַת הָעָם וְהָאָרֶץ.
מִנְּשָׁרִים קַלּוּ מֵאֲרָיוֹת גָּבֵרוּ
בְּמִלְחַמְתָּם לְמַעַן שִׁחְרוּר עַמָּם וּמוֹלַדְתָּם.
בַּעֲלוֹתָם עַל מִזְבַּח תְּקוּמַת יִשְׂרָאֵל בְּאֶרֶץ קָדְשׁוֹ
הֵפִיחוּ רוּחַ עֹז וּגְבוּרָה
בְּכָל בֵּית יִשְׂרָאֵל בָּאָרֶץ וּבַתְּפוּצוֹת
וַיִּתְעוֹרֵר לִקְרַאת גְּאֻלָּתוֹ וּפְדוּת נַפְשׁוֹ.
יִזְכְּרֵם אֱלֹהֵינוּ לְטוֹבָה עִם רִבְבוֹת אַלְפֵי קְדוֹשֵׁי יִשְׂרָאֵל
וְגִבּוֹרָיו מִימֵי עוֹלָם
בִּצְרוֹר הַחַיִּים יִצְרֹר אֶת נִשְׁמָתָם
בְּגַן עֵדֶן תְּהֵא מְנוּחָתָם
וְיָנוּחוּ בְּשָׁלוֹם עַל מִשְׁכְּבָם
וְיַעַמְדוּ לְגוֹרָלָם לְקֵץ הַיָּמִין, אָמֵן.

לְדָוִד בָּרוּךְ יהוה צוּרִי הַמְלַמֵּד יָדַי לַקְרָב, אֶצְבְּעוֹתַי תהלים קמד
לַמִּלְחָמָה: חַסְדִּי וּמְצוּדָתִי מִשְׂגַּבִּי וּמְפַלְטִי לִי מָגִנִּי וּבוֹ
חָסִיתִי הָרוֹדֵד עַמִּי תַחְתָּי: יהוה מָה־אָדָם וַתֵּדָעֵהוּ,
בֶּן־אֱנוֹשׁ וַתְּחַשְּׁבֵהוּ: אָדָם לַהֶבֶל דָּמָה יָמָיו כְּצֵל עוֹבֵר:
יהוה הַט־שָׁמֶיךָ וְתֵרֵד גַּע בֶּהָרִים וְיֶעֱשָׁנוּ: בְּרוֹק בָּרָק
וּתְפִיצֵם, שְׁלַח חִצֶּיךָ וּתְהֻמֵּם: שְׁלַח יָדֶיךָ מִמָּרוֹם פְּצֵנִי
וְהַצִּילֵנִי מִמַּיִם רַבִּים מִיַּד בְּנֵי נֵכָר: אֲשֶׁר פִּיהֶם דִּבֶּר־
שָׁוְא, וִימִינָם יְמִין שָׁקֶר: אֱלֹהִים שִׁיר חָדָשׁ אָשִׁירָה
לָּךְ, בְּנֵבֶל עָשׂוֹר אֲזַמְּרָה־לָּךְ: הַנּוֹתֵן תְּשׁוּעָה לַמְּלָכִים
הַפּוֹצֶה אֶת־דָּוִד עַבְדּוֹ מֵחֶרֶב רָעָה: פְּצֵנִי וְהַצִּילֵנִי מִיַּד
בְּנֵי־נֵכָר אֲשֶׁר־פִּיהֶם דִּבֶּר־שָׁוְא וִימִינָם יְמִין שָׁקֶר:
אֲשֶׁר בָּנֵינוּ כִּנְטִעִים מְגֻדָּלִים בִּנְעוּרֵיהֶם בְּנוֹתֵינוּ כְזָוִיֹּת
מְחֻטָּבוֹת תַּבְנִית הֵיכָל: מְזָוֵינוּ מְלֵאִים מְפִיקִים מִזַּן
אֶל־זַן צֹאונֵנוּ מַאֲלִיפוֹת מְרֻבָּבוֹת בְּחוּצוֹתֵינוּ: אַלּוּפֵינוּ
מְסֻבָּלִים אֵין פֶּרֶץ וְאֵין יוֹצֵאת וְאֵין צְוָחָה בִּרְחֹבֹתֵינוּ:
אַשְׁרֵי הָעָם שֶׁכָּכָה לּוֹ אַשְׁרֵי הָעָם שֶׁיהוה אֱלֹהָיו:

וממשיכים ׳עָלֵינוּ׳ עד סוף התפילה (עמ׳ 127).

ערבית ליום העצמאות

לפני תפילת ערבית נוהגים לומר מזמורים אלה במנגינה של יום טוב:

תהלים קז
הֹדוּ לַיהוה כִּי־טוֹב, כִּי לְעוֹלָם חַסְדּוֹ: יֹאמְרוּ
גְּאוּלֵי יהוה, אֲשֶׁר גְּאָלָם מִיַּד־צָר: וּמֵאֲרָצוֹת
קִבְּצָם, מִמִּזְרָח וּמִמַּעֲרָב, מִצָּפוֹן וּמִיָּם: תָּעוּ
בַמִּדְבָּר, בִּישִׁימוֹן דָּרֶךְ, עִיר מוֹשָׁב לֹא מָצָאוּ:
רְעֵבִים גַּם־צְמֵאִים, נַפְשָׁם בָּהֶם תִּתְעַטָּף:
וַיִּצְעֲקוּ אֶל־יהוה בַּצַּר לָהֶם, מִמְּצוּקוֹתֵיהֶם
יַצִּילֵם: וַיַּדְרִיכֵם בְּדֶרֶךְ יְשָׁרָה, לָלֶכֶת אֶל־עִיר
מוֹשָׁב: יוֹדוּ לַיהוה חַסְדּוֹ, וְנִפְלְאוֹתָיו לִבְנֵי
אָדָם: כִּי־הִשְׂבִּיעַ נֶפֶשׁ שֹׁקֵקָה, וְנֶפֶשׁ רְעֵבָה
מִלֵּא־טוֹב: יֹשְׁבֵי חֹשֶׁךְ וְצַלְמָוֶת, אֲסִירֵי עֳנִי
וּבַרְזֶל: כִּי־הִמְרוּ אִמְרֵי־אֵל, וַעֲצַת עֶלְיוֹן נָאָצוּ:
וַיַּכְנַע בֶּעָמָל לִבָּם, כָּשְׁלוּ וְאֵין עֹזֵר: וַיִּזְעֲקוּ
אֶל־יהוה בַּצַּר לָהֶם, מִמְּצֻקוֹתֵיהֶם יוֹשִׁיעֵם:
יוֹצִיאֵם מֵחֹשֶׁךְ וְצַלְמָוֶת, וּמוֹסְרוֹתֵיהֶם יְנַתֵּק:
יוֹדוּ לַיהוה חַסְדּוֹ, וְנִפְלְאוֹתָיו לִבְנֵי אָדָם: כִּי־
שִׁבַּר דַּלְתוֹת נְחֹשֶׁת, וּבְרִיחֵי בַרְזֶל גִּדֵּעַ: אֱוִלִים

מִדֶּרֶךְ פִּשְׁעָם, וּמֵעֲוֹנֹתֵיהֶם יִתְעַנּוּ: כָּל־אֹכֶל
תְּתַעֵב נַפְשָׁם, וַיַּגִּיעוּ עַד־שַׁעֲרֵי מָוֶת: וַיִּזְעֲקוּ
אֶל־יהוה בַּצַּר לָהֶם, מִמְּצֻקוֹתֵיהֶם יוֹשִׁיעֵם:
יִשְׁלַח דְּבָרוֹ וְיִרְפָּאֵם, וִימַלֵּט מִשְּׁחִיתוֹתָם: יוֹדוּ
לַיהוה חַסְדּוֹ, וְנִפְלְאוֹתָיו לִבְנֵי אָדָם: וְיִזְבְּחוּ
זִבְחֵי תוֹדָה וִיסַפְּרוּ מַעֲשָׂיו בְּרִנָּה: יוֹרְדֵי הַיָּם
בָּאֳנִיּוֹת, עֹשֵׂי מְלָאכָה בְּמַיִם רַבִּים: הֵמָּה רָאוּ
מַעֲשֵׂי יהוה, וְנִפְלְאוֹתָיו בִּמְצוּלָה: וַיֹּאמֶר,
וַיַּעֲמֵד רוּחַ סְעָרָה, וַתְּרוֹמֵם גַּלָּיו: יַעֲלוּ שָׁמַיִם,
יֵרְדוּ תְהוֹמוֹת, נַפְשָׁם בְּרָעָה תִתְמוֹגָג: יָחוֹגּוּ
וְיָנוּעוּ כַּשִּׁכּוֹר, וְכָל־חָכְמָתָם תִּתְבַּלָּע: וַיִּצְעֲקוּ
אֶל־יהוה בַּצַּר לָהֶם, וּמִמְּצוּקֹתֵיהֶם יוֹצִיאֵם:
יָקֵם סְעָרָה לִדְמָמָה, וַיֶּחֱשׁוּ גַּלֵּיהֶם: וַיִּשְׂמְחוּ
כִּי־יִשְׁתֹּקוּ, וַיַּנְחֵם אֶל־מְחוֹז חֶפְצָם: יוֹדוּ
לַיהוה חַסְדּוֹ, וְנִפְלְאוֹתָיו לִבְנֵי אָדָם: וִירֹמְמוּהוּ
בִּקְהַל־עָם, וּבְמוֹשַׁב זְקֵנִים יְהַלְלוּהוּ: יָשֵׂם
נְהָרוֹת לְמִדְבָּר, וּמֹצָאֵי מַיִם לְצִמָּאוֹן: אֶרֶץ
פְּרִי לִמְלֵחָה, מֵרָעַת יוֹשְׁבֵי בָהּ: יָשֵׂם מִדְבָּר

לַאֲגַם־מַיִם, וְאֶרֶץ צִיָּה לְמֹצָאֵי מָיִם: וַיּוֹשֶׁב שָׁם רְעֵבִים, וַיְכוֹנְנוּ עִיר מוֹשָׁב: וַיִּזְרְעוּ שָׂדוֹת, וַיִּטְּעוּ כְרָמִים, וַיַּעֲשׂוּ פְּרִי תְבוּאָה: וַיְבָרְכֵם וַיִּרְבּוּ מְאֹד, וּבְהֶמְתָּם לֹא יַמְעִיט: וַיִּמְעֲטוּ וַיָּשֹׁחוּ, מֵעֹצֶר רָעָה וְיָגוֹן: שֹׁפֵךְ בּוּז עַל־נְדִיבִים, וַיַּתְעֵם בְּתֹהוּ לֹא־דָרֶךְ: ◂ וַיְשַׂגֵּב אֶבְיוֹן מֵעוֹנִי, וַיָּשֶׂם כַּצֹּאן מִשְׁפָּחוֹת: יִרְאוּ יְשָׁרִים וְיִשְׂמָחוּ, וְכָל־עַוְלָה קָפְצָה פִּיהָ: מִי־חָכָם וְיִשְׁמָר־אֵלֶּה, וְיִתְבּוֹנְנוּ חַסְדֵי יהוה:

תהלים צז יהוה מָלָךְ תָּגֵל הָאָרֶץ, יִשְׂמְחוּ אִיִּים רַבִּים: עָנָן וַעֲרָפֶל סְבִיבָיו, צֶדֶק וּמִשְׁפָּט מְכוֹן כִּסְאוֹ: אֵשׁ לְפָנָיו תֵּלֵךְ, וּתְלַהֵט סָבִיב צָרָיו: הֵאִירוּ בְרָקָיו תֵּבֵל, רָאֲתָה וַתָּחֵל הָאָרֶץ: הָרִים כַּדּוֹנַג נָמַסּוּ מִלִּפְנֵי יהוה, מִלִּפְנֵי אֲדוֹן כָּל־הָאָרֶץ: הִגִּידוּ הַשָּׁמַיִם צִדְקוֹ, וְרָאוּ כָל־הָעַמִּים כְּבוֹדוֹ: יֵבֹשׁוּ כָּל־עֹבְדֵי פֶסֶל הַמִּתְהַלְלִים בָּאֱלִילִים, הִשְׁתַּחֲווּ־לוֹ כָּל־אֱלֹהִים: שָׁמְעָה וַתִּשְׂמַח צִיּוֹן,

וְתָגֵלְנָה בְּנוֹת יְהוּדָה, לְמַעַן מִשְׁפָּטֶיךָ יהוה: כִּי־אַתָּה יהוה עֶלְיוֹן עַל־כָּל־הָאָרֶץ, מְאֹד נַעֲלֵיתָ עַל־כָּל־אֱלֹהִים: אֹהֲבֵי יהוה שִׂנְאוּ רָע, שֹׁמֵר נַפְשׁוֹת חֲסִידָיו, מִיַּד רְשָׁעִים יַצִּילֵם: ◂ אוֹר זָרֻעַ לַצַּדִּיק, וּלְיִשְׁרֵי־לֵב שִׂמְחָה: שִׂמְחוּ צַדִּיקִים בַּיהוה, וְהוֹדוּ לְזֵכֶר קָדְשׁוֹ:

מִזְמוֹר, שִׁירוּ לַיהוה שִׁיר חָדָשׁ כִּי־נִפְלָאוֹת עָשָׂה, הוֹשִׁיעָה־לּוֹ יְמִינוֹ וּזְרוֹעַ קָדְשׁוֹ: הוֹדִיעַ יהוה יְשׁוּעָתוֹ, לְעֵינֵי הַגּוֹיִם גִּלָּה צִדְקָתוֹ: זָכַר חַסְדּוֹ וֶאֱמוּנָתוֹ לְבֵית יִשְׂרָאֵל, רָאוּ כָל־אַפְסֵי־אָרֶץ אֵת יְשׁוּעַת אֱלֹהֵינוּ: הָרִיעוּ לַיהוה כָּל־הָאָרֶץ, פִּצְחוּ וְרַנְּנוּ וְזַמֵּרוּ: זַמְּרוּ לַיהוה בְּכִנּוֹר, בְּכִנּוֹר וְקוֹל זִמְרָה: בַּחֲצֹצְרוֹת וְקוֹל שׁוֹפָר, הָרִיעוּ לִפְנֵי הַמֶּלֶךְ יהוה: ◂ יִרְעַם הַיָּם וּמְלֹאוֹ, תֵּבֵל וְיֹשְׁבֵי בָהּ: נְהָרוֹת יִמְחֲאוּ־כָף, יַחַד הָרִים יְרַנֵּנוּ: לִפְנֵי־יהוה כִּי בָא לִשְׁפֹּט הָאָרֶץ, יִשְׁפֹּט־תֵּבֵל בְּצֶדֶק, וְעַמִּים בְּמֵישָׁרִים: תהלים צח

ונוהגים לשיר:

הִתְעוֹרְרִי הִתְעוֹרְרִי
כִּי בָא אוֹרֵךְ קוּמִי אוֹרִי
עוּרִי עוּרִי, שִׁיר דַּבֵּרִי
כְּבוֹד יהוה עָלַיִךְ נִגְלָה.

זֶה־הַיּוֹם עָשָׂה יהוה, נָגִילָה וְנִשְׂמְחָה בוֹ: תהלים קיח

לֹא תֵבֹשִׁי וְלֹא תִכָּלְמִי
מַה תִּשְׁתּוֹחֲחִי וּמַה תֶּהֱמִי
בָּךְ יֶחֱסוּ עֲנִיֵּי עַמִּי
וְנִבְנְתָה עִיר עַל תִּלָּהּ.

זֶה־הַיּוֹם עָשָׂה יהוה, נָגִילָה וְנִשְׂמְחָה בוֹ:

יָמִין וּשְׂמֹאל תִּפְרֹצִי
וְאֶת יהוה תַּעֲרִיצִי
עַל יַד אִישׁ בֶּן פַּרְצִי
וְנִשְׂמְחָה וְנָגִילָה.

זֶה־הַיּוֹם עָשָׂה יהוה, נָגִילָה וְנִשְׂמְחָה בוֹ:

מתפללים תפילת ערבית (עמ׳ 184) במנגינה של יום טוב.

אחרי קדיש תתקבל יש נוהגים לפתוח את ארון הקודש,
ושליח הציבור אומר ואחריו הקהל:

שְׁמַע יִשְׂרָאֵל, יהוה אֱלֹהֵינוּ, יהוה אֶחָד: דברים ו

שלוש פעמים:

יהוה הוּא הָאֱלֹהִים.

שליח הציבור ואחריו הקהל:

מִי שֶׁעָשָׂה נִסִּים לַאֲבוֹתֵינוּ וְלָנוּ
וּגְאָלָנוּ מֵעַבְדוּת לְחֵרוּת
הוּא יִגְאָלֵנוּ גְּאֻלָּה שְׁלֵמָה בְּקָרוֹב
וִיקַבֵּץ נִדָּחֵינוּ מֵאַרְבַּע כַּנְפוֹת הָאָרֶץ
חֲבֵרִים כָּל יִשְׂרָאֵל, וְנֹאמַר אָמֵן.

סוגרים את ארון הקודש.

שליח הציבור אומר:

וְכִי־תָבֹאוּ מִלְחָמָה בְּאַרְצְכֶם עַל־הַצַּר הַצֹּרֵר במדבר י
אֶתְכֶם, וַהֲרֵעֹתֶם בַּחֲצֹצְרֹת, וְנִזְכַּרְתֶּם לִפְנֵי
יהוה אֱלֹהֵיכֶם, וְנוֹשַׁעְתֶּם מֵאֹיְבֵיכֶם: וּבְיוֹם
שִׂמְחַתְכֶם וּבְמוֹעֲדֵיכֶם וּבְרָאשֵׁי חָדְשֵׁכֶם,
וּתְקַעְתֶּם בַּחֲצֹצְרֹת עַל עֹלֹתֵיכֶם וְעַל זִבְחֵי
שַׁלְמֵיכֶם, וְהָיוּ לָכֶם לְזִכָּרוֹן לִפְנֵי אֱלֹהֵיכֶם,
אֲנִי יהוה אֱלֹהֵיכֶם:

תוקעים תקיעה גדולה ואומרים:

לַשָּׁנָה הַבָּאָה בִּירוּשָׁלַיִם הַבְּנוּיָה.

יְהִי רָצוֹן מִלְּפָנֶיךָ יהוה אֱלֹהֵינוּ וֵאלֹהֵי אֲבוֹתֵינוּ
שֶׁכְּשֵׁם שֶׁזָּכִינוּ לְאַתְחַלְתָּא דִגְאֻלָּה
כֵּן נִזְכֶּה לִשְׁמֹעַ קוֹל שׁוֹפָרוֹ שֶׁל מְשִׁיחַ צִדְקֵנוּ
בִּמְהֵרָה בְיָמֵינוּ.

ושרים:

שִׁיר הַמַּעֲלוֹת, בְּשׁוּב יהוה אֶת־שִׁיבַת צִיּוֹן, הָיִינוּ כְּחֹלְמִים: אָז יִמָּלֵא שְׂחוֹק פִּינוּ וּלְשׁוֹנֵנוּ רִנָּה, אָז יֹאמְרוּ בַגּוֹיִם הִגְדִּיל יהוה לַעֲשׂוֹת עִם־אֵלֶּה: הִגְדִּיל יהוה לַעֲשׂוֹת עִמָּנוּ, הָיִינוּ שְׂמֵחִים: שׁוּבָה יהוה אֶת־שְׁבִיתֵנוּ, כַּאֲפִיקִים בַּנֶּגֶב: הַזֹּרְעִים בְּדִמְעָה בְּרִנָּה יִקְצֹרוּ: הָלוֹךְ יֵלֵךְ וּבָכֹה נֹשֵׂא מֶשֶׁךְ־הַזָּרַע, בֹּא־יָבֹא בְרִנָּה נֹשֵׂא אֲלֻמֹּתָיו: תהלים קכו

סופרים את העומר (עמ׳ 213) וממשיכים עד סוף תפילת ערבית.

ושרים:

אֲנִי מַאֲמִין בֶּאֱמוּנָה שְׁלֵמָה בְּבִיאַת הַמָּשִׁיחַ
וְאַף עַל פִּי שֶׁיִּתְמַהְמֵהַּ
עִם כָּל זֶה אֲחַכֶּה לּוֹ בְּכָל יוֹם שֶׁיָּבוֹא.

יש הנוהגים לברך:

מוֹעֲדִים לְשִׂמְחָה לִגְאֻלָּה שְׁלֵמָה

שחרית ליום העצמאות

אומרים פסוקי דזמרה ליום טוב (עמ׳ 299), ומוסיפים ׳מִזְמוֹר לְתוֹדָה׳.
אומרים שירת הים פסוק פסוק (עמ׳ 326). אחר חזרת הש״ץ
קוראים הלל שלם (עמ׳ 576), ואחרי חצי קדיש בעמ׳ 115 (או
אחרי קריאת התורה, אם חל בחמישי) קוראים בלא ברכה:

ישעיה י, לב–יב, ו
עוֹד הַיּוֹם בְּנֹב לַעֲמֹד יְנֹפֵף יָדוֹ הַר בַּת־צִיּוֹן
גִּבְעַת יְרוּשָׁלָםִ׃ הִנֵּה הָאָדוֹן יהוה
צְבָאוֹת מְסָעֵף פֻּארָה בְּמַעֲרָצָה וְרָמֵי הַקּוֹמָה
גְּדֻעִים וְהַגְּבֹהִים יִשְׁפָּלוּ׃ וְנִקַּף סִבְכֵי הַיַּעַר בַּבַּרְזֶל
וְהַלְּבָנוֹן בְּאַדִּיר יִפּוֹל׃ וְיָצָא חֹטֶר
מִגֵּזַע יִשָׁי וְנֵצֶר מִשָּׁרָשָׁיו יִפְרֶה׃ וְנָחָה עָלָיו רוּחַ
יהוה רוּחַ חָכְמָה וּבִינָה רוּחַ עֵצָה וּגְבוּרָה רוּחַ
דַּעַת וְיִרְאַת יהוה׃ וַהֲרִיחוֹ בְּיִרְאַת יהוה וְלֹא־
לְמַרְאֵה עֵינָיו יִשְׁפּוֹט וְלֹא־לְמִשְׁמַע אָזְנָיו יוֹכִיחַ׃
וְשָׁפַט בְּצֶדֶק דַּלִּים וְהוֹכִיחַ בְּמִישׁוֹר לְעַנְוֵי־אָרֶץ
וְהִכָּה־אֶרֶץ בְּשֵׁבֶט פִּיו וּבְרוּחַ שְׂפָתָיו יָמִית רָשָׁע׃
וְהָיָה צֶדֶק אֵזוֹר מָתְנָיו וְהָאֱמוּנָה אֵזוֹר חֲלָצָיו׃
וְגָר זְאֵב עִם־כֶּבֶשׂ וְנָמֵר עִם־גְּדִי יִרְבָּץ וְעֵגֶל
וּכְפִיר וּמְרִיא יַחְדָּו וְנַעַר קָטֹן נֹהֵג בָּם׃ וּפָרָה וָדֹב
תִּרְעֶינָה יַחְדָּו יִרְבְּצוּ יַלְדֵיהֶן וְאַרְיֵה כַּבָּקָר יֹאכַל־

תֶּבֶן׃ וְשִׁעֲשַׁע יוֹנֵק עַל־חֻר פָּתֶן וְעַל מְאוּרַת
צִפְעוֹנִי גָּמוּל יָדוֹ הָדָה׃ לֹא־יָרֵעוּ וְלֹא־יַשְׁחִיתוּ
בְּכָל־הַר קָדְשִׁי כִּי־מָלְאָה הָאָרֶץ דֵּעָה אֶת־יהוה
כַּמַּיִם לַיָּם מְכַסִּים׃ וְהָיָה בַּיּוֹם הַהוּא
שֹׁרֶשׁ יִשַׁי אֲשֶׁר עֹמֵד לְנֵס עַמִּים אֵלָיו גּוֹיִם יִדְרֹשׁוּ
וְהָיְתָה מְנֻחָתוֹ כָּבוֹד׃ וְהָיָה ׀ בַּיּוֹם
הַהוּא יוֹסִיף אֲדֹנָי ׀ שֵׁנִית יָדוֹ לִקְנוֹת אֶת־שְׁאָר
עַמּוֹ אֲשֶׁר יִשָּׁאֵר מֵאַשּׁוּר וּמִמִּצְרַיִם וּמִפַּתְרוֹס
וּמִכּוּשׁ וּמֵעֵילָם וּמִשִּׁנְעָר וּמֵחֲמָת וּמֵאִיֵּי הַיָּם׃
וְנָשָׂא נֵס לַגּוֹיִם וְאָסַף נִדְחֵי יִשְׂרָאֵל וּנְפֻצוֹת
יְהוּדָה יְקַבֵּץ מֵאַרְבַּע כַּנְפוֹת הָאָרֶץ׃ וְסָרָה
קִנְאַת אֶפְרַיִם וְצֹרְרֵי יְהוּדָה יִכָּרֵתוּ אֶפְרַיִם לֹא־
יְקַנֵּא אֶת־יְהוּדָה וִיהוּדָה לֹא־יָצֹר אֶת־אֶפְרָיִם׃
וְעָפוּ בְכָתֵף פְּלִשְׁתִּים יָמָּה יַחְדָּו יָבֹזּוּ אֶת־בְּנֵי־
קֶדֶם אֱדוֹם וּמוֹאָב מִשְׁלוֹחַ יָדָם וּבְנֵי עַמּוֹן
מִשְׁמַעְתָּם׃ וְהֶחֱרִים יהוה אֵת לְשׁוֹן יָם־מִצְרַיִם
וְהֵנִיף יָדוֹ עַל־הַנָּהָר בַּעְיָם רוּחוֹ וְהִכָּהוּ לְשִׁבְעָה
נְחָלִים וְהִדְרִיךְ בַּנְּעָלִים׃ וְהָיְתָה מְסִלָּה לִשְׁאָר
עַמּוֹ אֲשֶׁר יִשָּׁאֵר מֵאַשּׁוּר כַּאֲשֶׁר הָיְתָה לְיִשְׂרָאֵל

בְּיוֹם עֲלֹתוֹ מֵאֶרֶץ מִצְרָיִם: וְאָמַרְתָּ בַּיּוֹם הַהוּא אוֹדְךָ יהוה כִּי אָנַפְתָּ בִּי יָשֹׁב אַפְּךָ וּתְנַחֲמֵנִי: הִנֵּה אֵל יְשׁוּעָתִי אֶבְטַח וְלֹא אֶפְחָד כִּי־עָזִּי וְזִמְרָת יָהּ יהוה וַיְהִי־לִי לִישׁוּעָה: וּשְׁאַבְתֶּם־מַיִם בְּשָׂשׂוֹן מִמַּעַיְנֵי הַיְשׁוּעָה: וַאֲמַרְתֶּם בַּיּוֹם הַהוּא הוֹדוּ לַיהוה קִרְאוּ בִשְׁמוֹ הוֹדִיעוּ בָעַמִּים עֲלִילֹתָיו הַזְכִּירוּ כִּי נִשְׂגָּב שְׁמוֹ: זַמְּרוּ יהוה כִּי גֵאוּת עָשָׂה מוּדַעַת זֹאת בְּכָל־הָאָרֶץ: צַהֲלִי וָרֹנִּי יוֹשֶׁבֶת צִיּוֹן כִּי־גָדוֹל בְּקִרְבֵּךְ קְדוֹשׁ יִשְׂרָאֵל:

אומרים תפילה לשלום המדינה (עמ׳ 386), אזכרה לחללי צה״ל (עמ׳ 738), וממשיכים ׳אַשְׁרֵי׳ (עמ׳ 120) עד סוף התפילה.

יש נוהגים לשיר:

אֲנִי מַאֲמִין בֶּאֱמוּנָה שְׁלֵמָה בְּבִיאַת הַמָּשִׁיחַ
וְאַף עַל פִּי שֶׁיִּתְמַהְמֵהַּ
עִם כָּל זֶה אֲחַכֶּה לוֹ בְּכָל יוֹם שֶׁיָּבוֹא.

יום חירות ירושלים

בערב מתפללים במנגינה של יום טוב, ויש המוסיפים מזמורי הודיה.

בשחרית מתפללים פסוקי דזמרה של יום טוב (עמ׳ 299) ואומרים ׳מִזְמוֹר לְתוֹדָה׳. אחרי חזרת הש״ץ קוראים הלל שלם (עמ׳ 576), וממשיכים את התפילה כרגיל.

סליחות

יש הנוהגים לומר סליחות בימי שני, חמישי ושני שאחריו, בתחילת חודשי חשוון ואייר (טור, תצב).

סליחות לשני קמא

סְלַח לָנוּ, אָבִינוּ, כִּי בְּרֹב אִוַּלְתֵּנוּ שָׁגִינוּ.
מְחַל לָנוּ, מַלְכֵּנוּ, כִּי רַבּוּ עֲוֹנֵינוּ.

אֵל אֶרֶךְ אַפַּיִם אַתָּה. וּבַעַל הָרַחֲמִים נִקְרֵאתָ. וְדֶרֶךְ תְּשׁוּבָה הוֹרֵיתָ. גְּדֻלַּת רַחֲמֶיךָ וַחֲסָדֶיךָ תִּזְכֹּר הַיּוֹם וּבְכָל יוֹם לְזֶרַע יְדִידֶיךָ. תֵּפֶן אֵלֵינוּ בְּרַחֲמִים, כִּי אַתָּה הוּא בַּעַל הָרַחֲמִים. בְּתַחֲנוּן וּבִתְפִלָּה פָּנֶיךָ נְקַדֵּם, כְּהוֹדַעְתָּ לֶעָנָו מִקֶּדֶם. מֵחֲרוֹן אַפְּךָ שׁוּב, כְּמוֹ בְּתוֹרָתְךָ כָּתוּב. וּבְצֵל כְּנָפֶיךָ נֶחֱסֶה וְנִתְלוֹנָן, כְּיוֹם וַיֵּרֶד יהוה בֶּעָנָן. תַּעֲבֹר עַל פֶּשַׁע וְתִמְחֶה אָשָׁם, כְּיוֹם וַיִּתְיַצֵּב עִמּוֹ שָׁם. ◂ תַּאֲזִין שַׁוְעָתֵנוּ וְתַקְשִׁיב מֶנּוּ מַאֲמָר, כְּיוֹם וַיִּקְרָא בְשֵׁם יהוה. וְשָׁם נֶאֱמַר

קהל ואחריו שליח הציבור:

וַיַּעֲבֹר יהוה עַל־פָּנָיו וַיִּקְרָא שמות לד

יהוה, יהוה, אֵל רַחוּם וְחַנּוּן, אֶרֶךְ אַפַּיִם, וְרַב־חֶסֶד וֶאֱמֶת: נֹצֵר חֶסֶד לָאֲלָפִים, נֹשֵׂא עָוֹן וָפֶשַׁע וְחַטָּאָה, וְנַקֵּה: וְסָלַחְתָּ לַעֲוֹנֵנוּ וּלְחַטָּאתֵנוּ וּנְחַלְתָּנוּ:

סְלַח לָנוּ, אָבִינוּ, כִּי חָטָאנוּ. מְחַל לָנוּ, מַלְכֵּנוּ,
כִּי פָשָׁעְנוּ. כִּי־אַתָּה, יהוה, טוֹב וְסַלָּח וְרַב־חֶסֶד תהלים פו
לְכָל־קֹרְאֶיךָ:

הוֹשִׁיעָה יהוה, כִּי־גָמַר חָסִיד, כִּי־פַסּוּ אֱמוּנִים מִבְּנֵי תהלים יב
אָדָם: לוּלֵי יהוה שֶׁהָיָה לָנוּ, בְּקוּם עָלֵינוּ אָדָם: אֲזַי תהלים קכד
חַיִּים בְּלָעוּנוּ, בַּחֲרוֹת אַפָּם בָּנוּ:

כְּרַחֵם אָב עַל בָּנִים, כֵּן תְּרַחֵם יהוה עָלֵינוּ.
לַיהוה הַיְשׁוּעָה, עַל־עַמְּךָ בִרְכָתֶךָ סֶּלָה: תהלים ג
יהוה צְבָאוֹת עִמָּנוּ, מִשְׂגָּב לָנוּ אֱלֹהֵי יַעֲקֹב סֶלָה: תהלים מו
יהוה צְבָאוֹת, אַשְׁרֵי אָדָם בֹּטֵחַ בָּךְ: תהלים פד
יהוה הוֹשִׁיעָה, הַמֶּלֶךְ יַעֲנֵנוּ בְיוֹם־קָרְאֵנוּ: תהלים כ

◂ סְלַח־נָא לַעֲוֹן הָעָם הַזֶּה כְּגֹדֶל חַסְדֶּךָ במדבר יד
וְכַאֲשֶׁר נָשָׂאתָה לָעָם הַזֶּה מִמִּצְרַיִם וְעַד־הֵנָּה:
וְשָׁם נֶאֱמַר

קהל ואחריו שליח הציבור:

וַיֹּאמֶר יהוה, סָלַחְתִּי כִּדְבָרֶךָ:

הַטֵּה אֱלֹהַי אָזְנְךָ וּשְׁמָע, פְּקַח עֵינֶיךָ וּרְאֵה דניאל ט
שֹׁמְמֹתֵינוּ וְהָעִיר אֲשֶׁר־נִקְרָא שִׁמְךָ עָלֶיהָ, כִּי לֹא
עַל־צִדְקֹתֵינוּ אֲנַחְנוּ מַפִּילִים תַּחֲנוּנֵינוּ לְפָנֶיךָ כִּי

עַל־רַחֲמֶיךָ הָרַבִּים: אֲדֹנָי שְׁמָעָה, אֲדֹנָי סְלָחָה, אֲדֹנָי הַקְשִׁיבָה וַעֲשֵׂה אַל תְּאַחַר, לְמַעַנְךָ אֱלֹהַי כִּי־שִׁמְךָ נִקְרָא עַל־עִירְךָ וְעַל־עַמֶּךָ:

אֱלֹהֵינוּ וֵאלֹהֵי אֲבוֹתֵינוּ

יִשְׂרָאֵל עַמְּךָ תְּחִנָּה עוֹרְכִים
שֶׁהֵם מְצֵרִים וּלְהִוָּשֵׁעַ צְרִיכִים
צָרֵיהֶם עֲלֵיהֶם עֹל מַאֲרִיכִים
כָּל זֹאת הַגִּעַתָּם וְשִׁמְךָ מְבָרְכִים.

חֳלִי וּמַכְאוֹב לְהִכָּתֵב לֹא נִמְסַר
עֲלוּבִים מִנֹּעַר וּמֵהֶם לֹא הוּסַר
קָדוֹשׁ בְּיָדְךָ לְפַתֵּחַ מוּסָר
כֶּאֱמָנוּתְךָ הַנְּקִיָּה וְלֹא כֶּאֱמָנוּת בָּשָׂר.

הַלּוֹבֵשׁ צְדָקָה וְלוֹ כַּמְעִיל עֲטוּיָה
וּמִמַּכָּה עַצְמָהּ מְתַקֵּן רְטִיָּה
קוֹמֵם עֲדָתְךָ מִנְּפִילָתָהּ הַמְּטוּיָה
בְּכֹחֲךָ הַגָּדוֹל וּבִזְרוֹעֲךָ הַנְּטוּיָה.

טְמֵאִים אוֹמְרִים נַחֲלָתְךָ לְחַבֵּל
כְּבוֹדְךָ לְהָמִיר וּבְהֶבְלָם לְהִתְהַבֵּל

נֵצֶר נִתְעָב לֶאֱלוֹהַּ לְקַבֵּל
וְיִרְאָתְךָ הַקְּדוֹשָׁה לִנְטֹשׁ וּלְנַבֵּל.

בְּאַהֲבָתְךָ וּבְחֶמְלָתְךָ מְנַשֵּׂא וּמְנַטֵּל
עֲצָתָם תְּסַכֵּל וּמַחְשְׁבֹתָם תְּבַטֵּל
רַבָּה הַמְּהוּמָה בֵּינֵיהֶם הַטֵּל
וּמַלְאָךְ אַכְזָרִי דּוֹחֶה וּמְטַלְטֵל.

בַּעֲבוּר כְּבוֹד שִׁמְךָ שֵׁם קָדְשְׁךָ הַמְּהֻלָּל
נוֹרָאוֹת הַפְלֵא לְבַל בַּגּוֹיִם יִתְחַלָּל
יוֹעֲצֵיהֶם וְאֵיתָנֵיהֶם תּוֹלִיךְ שׁוֹלָל
וּבָהֶם תְּעוֹלֵל כַּאֲשֶׁר בִּי הִתְעוֹלָל.

מֵקִים מֵעָפָר דָּל וְאֶבְיוֹן מֵאַשְׁפָּה
כְּנֶסֶתְךָ בַּל תִּתֵּן לְכָלָה וּלְחֶרְפָּה
אִם בְּפִקּוּדֶיךָ מִתְעַצֶּלֶת וּמַרְפָּה
עַל כָּל פְּשָׁעֶיהָ אַהֲבָתְךָ תְּהֵא מְחַפָּה.

יְתֵרָה חִבָּתָם לְפָנֶיךָ אֲדוֹנֵי הָאֲדוֹנִים
בֵּין כָּךְ וּבֵין כָּךְ קְרוּאִים לְךָ בָּנִים
רַחֲמֶיךָ יְקַדְּמוּנוּ אֱלֹהֵי עֶלְיוֹנִים וְתַחְתּוֹנִים
טֶרֶם יִשְׁטְפוּנוּ הַמַּיִם הַזֵּידוֹנִים.

◂ חֲפֵצִי קִרְבָתְךָ עַל כָּל הַבָּאוֹת
הַחִישָׁה לָמוֹ יְשׁוּעוֹת הַנִּבָּאוֹת
קָדוֹשׁ עֲשֵׂה עִמָּהֶם לְטוֹבָה אוֹת
חָזָק וְאַמִּיץ גּוֹאֲלָם, יהוה צְבָאוֹת.

אֵל מֶלֶךְ יוֹשֵׁב עַל כִּסֵּא רַחֲמִים, מִתְנַהֵג בַּחֲסִידוּת. מוֹחֵל עֲוֹנוֹת עַמּוֹ, מַעֲבִיר רִאשׁוֹן רִאשׁוֹן. מַרְבֶּה מְחִילָה לְחַטָּאִים, וּסְלִיחָה לְפוֹשְׁעִים. עֹשֶׂה צְדָקוֹת עִם כָּל בָּשָׂר וָרוּחַ, לֹא כְרָעָתָם תִּגְמֹל. ◂ אֵל, הוֹרֵיתָ לָּנוּ לוֹמַר שְׁלֹשׁ עֶשְׂרֵה, וּזְכָר לָנוּ הַיּוֹם בְּרִית שְׁלֹשׁ עֶשְׂרֵה, כְּמוֹ שֶׁהוֹדַעְתָּ לֶעָנָו מִקֶּדֶם, כְּמוֹ שֶׁכָּתוּב,
שמות לד וַיֵּרֶד יהוה בֶּעָנָן, וַיִּתְיַצֵּב עִמּוֹ שָׁם, וַיִּקְרָא בְשֵׁם יהוה:

קהל ואחריו שליח הציבור:

שמות לד וַיַּעֲבֹר יהוה עַל־פָּנָיו וַיִּקְרָא

יהוה, יהוה, אֵל רַחוּם וְחַנּוּן, אֶרֶךְ אַפַּיִם, וְרַב־חֶסֶד וֶאֱמֶת: נֹצֵר חֶסֶד לָאֲלָפִים, נֹשֵׂא עָוֹן וָפֶשַׁע וְחַטָּאָה, וְנַקֵּה: וְסָלַחְתָּ לַעֲוֹנֵנוּ וּלְחַטָּאתֵנוּ וּנְחַלְתָּנוּ:

סְלַח לָנוּ, אָבִינוּ, כִּי חָטָאנוּ. מְחַל לָנוּ, מַלְכֵּנוּ, כִּי
תהלים פו פָשָׁעְנוּ. כִּי־אַתָּה, יהוה, טוֹב וְסַלָּח וְרַב־חֶסֶד לְכָל־קֹרְאֶיךָ:

נִשָּׂא לְבָבֵנוּ אֶל־כַּפָּיִם אֶל־אֵל בַּשָּׁמָיִם: איכה ג
תָּבוֹא לְפָנֶיךָ אֶנְקַת אָסִיר תהלים עט
כְּגֹדֶל זְרוֹעֲךָ הוֹתֵר בְּנֵי תְמוּתָה:
לַאדֹנָי אֱלֹהֵינוּ הָרַחֲמִים וְהַסְּלִיחוֹת כִּי מָרַדְנוּ בּוֹ: דניאל ט

כְּרַחֵם אָב עַל בָּנִים, כֵּן תְּרַחֵם יהוה עָלֵינוּ.
לַיהוה הַיְשׁוּעָה, עַל־עַמְּךָ בִרְכָתֶךָ סֶּלָה: תהלים ג
יהוה צְבָאוֹת עִמָּנוּ, מִשְׂגָּב לָנוּ אֱלֹהֵי יַעֲקֹב סֶלָה: תהלים מו
יהוה צְבָאוֹת, אַשְׁרֵי אָדָם בֹּטֵחַ בָּךְ: תהלים פד
יהוה הוֹשִׁיעָה, הַמֶּלֶךְ יַעֲנֵנוּ בְיוֹם־קָרְאֵנוּ: תהלים כ

אֱלֹהִים בְּיִשְׂרָאֵל גָּדוֹל נוֹדַעְתָּ. אַתָּה יהוה אָבִינוּ אָתָּה. בְּכָל קָרְאֵנוּ אֵלֶיךָ קָרַבְנוּ. רָם וְנִשָּׂא אַתָּה בְּקִרְבֵּנוּ. גְּמַלְתָּנוּ הַטּוֹבוֹת גַּם בְּחוֹבֵנוּ. לֹא בְצִדְקוֹתֵינוּ וּבְיֹשֶׁר לְבָבֵנוּ. דּוֹדֵנוּ, גַּם כִּי זְנַחְתָּנוּ. גְּאָלֵנוּ כִּי עֲבָדִים אֲנָחְנוּ. הִנְנוּ בַּעֲוֹנֵינוּ עַד דַּכָּא. וַתִּקְצַר נֶפֶשׁ לְךָ מְחַכָּה. וְאַיֵּה חֲסָדֶיךָ הָרִאשׁוֹנִים עִמָּנוּ. מֵעוֹלָם וְעַד עוֹלָם נֶאֱמָנוּ. זַעַף נָשָׂא וְתַשׁ כֹּחֵנוּ. יהוה, אַל בְּאַפְּךָ תוֹכִיחֵנוּ. חַלְחָלוֹת רַבּוֹת בִּלּוּ בְשָׂרֵנוּ. נָא אַל בַּחֲמָתְךָ תְּיַסְּרֵנוּ. טֹרַח הַצָּרוֹת אֵין לְהִסָּפֵר. אַיֵּה שׁוֹקֵל וְאַיֵּה סוֹפֵר. יָדַעְנוּ רִשְׁעֵנוּ כִּי

פָּשָׁעְנוּ. כִּי אֱמֶת עָשִׂיתָ וַאֲנַחְנוּ הִרְשָׁעְנוּ. כַּעַס וְחָרוֹן מֶנּוּ יֶחְדָּל. כִּי קָטֹן יַעֲקֹב וְדָל. לַחַץ יוּסַר וְעֹל מֶנּוּ יְחֻבָּל. כִּי כָשַׁל כֹּחַ הַסַּבָּל. מְנָת מִדָּתֵנוּ לֹא תִגְבֶּה. כִּי נִשְׁאַרְנוּ מְעַט מֵהַרְבֵּה. נִחַם עַל הָרָעָה לְאֻמָּתֶךָ. מַטֵּה כְּלַפֵּי חֶסֶד אֱמוּנָתֶךָ. סְלִיחָה אִם עֲוֹנֵינוּ עָנוּ בָנוּ. עֲזָרֵנוּ כִּי עָלֶיךָ נִשְׁעָנוּ. עָרְפֵּנוּ כֹּף לְךָ לְהִשְׁתַּעְבֵּד. לְאַהֲבָה וּלְיִרְאָה אוֹתְךָ, וּלְכַבֵּד. פּוֹקְדֶיךָ קִדְּשׁוּ צוֹמוֹת לִקְבֹּעַ. דַּעְתָּם קְצָרָה צָרְכָם לִתְבֹּעַ. צָקוּן לַחֲשָׁם אֵלֶיךָ יָבוֹא. חַתֵּל לְאִישׁ אִישׁ נִגְעוֹ וּמַכְאוֹבוֹ. קוֹל יַעֲקֹב נוֹהֵם מִתְּהוֹמוֹתֶיךָ. תִּשְׁמַע הַשָּׁמַיִם מְכוֹן שִׁבְתֶּךָ. רוֹדֶה רוֹדֵף בְּאַף תְּכַלֶּה. שְׁנַת שִׁלּוּמִים לְרִיב צִיּוֹן תְּגַלֶּה. שֵׂרַתָּ וְרָדִיתָ מִנֹּעַר קְנוּתֵנוּ. וְאַל תַּשְׁלִיכֵנוּ לְעֵת זִקְנָתֵנוּ. תָּעִינוּ לִשְׂמֹאל וִימִינְךָ תְקָרְבֵנוּ. כִּכְלוֹת כֹּחֵנוּ אַל תַּעַזְבֵנוּ. תַּבִּיט וְתָצִיץ וְתַשְׁגִּיחַ לִרְחוּמֶיךָ. ◂ תִּתְאַזֵּר בַּחֲנִינוּתֶךָ, תִּתְלַבֵּשׁ בְּצִדְקוֹתֶיךָ. תִּתְכַּסֶּה בְּרַחֲמֶיךָ וְתִתְעַטֵּף בַּחֲסִידוּתֶךָ. וְתָבוֹא לְפָנֶיךָ מִדַּת טוּבְךָ וְעַנְוְתָנוּתֶךָ.

אֵל מֶלֶךְ יוֹשֵׁב עַל כִּסֵּא רַחֲמִים, מִתְנַהֵג בַּחֲסִידוּת. מוֹחֵל עֲוֹנוֹת עַמּוֹ, מַעֲבִיר רִאשׁוֹן רִאשׁוֹן. מַרְבֶּה

מְחִילָה לְחַטָּאִים, וּסְלִיחָה לְפוֹשְׁעִים. עֹשֶׂה צְדָקוֹת עִם כָּל בָּשָׂר וָרְוּחַ, לֹא כְרָעָתָם תִּגְמֹל. ‹ אֵל, הוֹרֵיתָ לָּנוּ לוֹמַר שְׁלֹשׁ עֶשְׂרֵה, וּזְכָר לָנוּ הַיּוֹם בְּרִית שְׁלֹשׁ עֶשְׂרֵה, כְּמוֹ שֶׁהוֹדַעְתָּ לֶעָנָו מִקֶּדֶם, כְּמוֹ שֶׁכָּתוּב, וַיֵּרֶד יהוה בֶּעָנָן, וַיִּתְיַצֵּב עִמּוֹ שָׁם, וַיִּקְרָא בְשֵׁם יהוה: שמות לד

קהל ואחריו שליח הציבור:

וַיַּעֲבֹר יהוה עַל־פָּנָיו וַיִּקְרָא שמות לד

יהוה, יהוה, אֵל רַחוּם וְחַנּוּן, אֶרֶךְ אַפַּיִם, וְרַב־חֶסֶד וֶאֱמֶת: נֹצֵר חֶסֶד לָאֲלָפִים, נֹשֵׂא עָוֹן וָפֶשַׁע וְחַטָּאָה, וְנַקֵּה: וְסָלַחְתָּ לַעֲוֹנֵנוּ וּלְחַטָּאתֵנוּ וּנְחַלְתָּנוּ:

סְלַח לָנוּ, אָבִינוּ, כִּי חָטָאנוּ. מְחַל לָנוּ, מַלְכֵּנוּ, כִּי פָשָׁעְנוּ. כִּי־אַתָּה, יהוה, טוֹב וְסַלָּח וְרַב־חֶסֶד לְכָל־קֹרְאֶיךָ: תהלים פו

יש קהילות האומרות את הפיוט 'מַלְאֲכֵי רַחֲמִים' (עמ' 765).

הקהל אומר פיוט זה בית בית, ושליח הציבור חוזר אחריו בקול:

יִשְׂרָאֵל נוֹשַׁע בַּיהוה תְּשׁוּעַת עוֹלָמִים ישעיה מה

גַּם הַיּוֹם יִוָּשְׁעוּ מִפִּיךָ, שׁוֹכֵן מְרוֹמִים

כִּי אַתָּה רַב סְלִיחוֹת וּבַעַל הָרַחֲמִים.

שְׁעָרֶיךָ הֵם דּוֹפְקִים כַּעֲנִיִּים וְדַלִּים
צָקוּן לַחֲשָׁם קְשֹׁב יָהּ שׁוֹכֵן מְעָלִים
כִּי אַתָּה רַב סְלִיחוֹת וּבַעַל הָרַחֲמִים.

פְּחוּדִים הֵם מִכָּל צָרוֹת
מִמְּחָרְפֵיהֶם וּמִלּוֹחֲצֵיהֶם
נָא אַל תַּעַזְבֵם יהוה אֱלֹהֵי אֲבוֹתֵיהֶם
כִּי אַתָּה רַב סְלִיחוֹת וּבַעַל הָרַחֲמִים.

טוֹבוֹתֶיךָ יְקַדְּמוּ לָהֶם בְּיוֹם תּוֹכֵחָה
וּמִתּוֹךְ צָרָה הַמְצִיאֵם פְּדוּת וּרְוָחָה
כִּי אַתָּה רַב סְלִיחוֹת וּבַעַל הָרַחֲמִים.

יִוָּשְׁעוּ לְעֵין כֹּל, וְאַל יִמְשְׁלוּ בָם רְשָׁעִים
כַּלֵּה שֵׂעִיר וְחוֹתְנוֹ, וְיַעֲלוּ לְצִיּוֹן מוֹשִׁיעִים
כִּי אַתָּה רַב סְלִיחוֹת וּבַעַל הָרַחֲמִים.

הַקְשִׁיבָה אָדוֹן לְקוֹל שַׁוְעָתָם
וְלִמְכוֹן שִׁבְתְּךָ הַשָּׁמַיִם תַּעֲלֶה תְפִלָּתָם
כִּי אַתָּה רַב סְלִיחוֹת וּבַעַל הָרַחֲמִים.

ממשיכים 'אֵל מֶלֶךְ' בעמ' 806.

סליחות לחמישי

סְלַח לָנוּ, אָבִינוּ, כִּי בְּרֹב אִוַּלְתֵּנוּ שָׁגִינוּ.
מְחַל לָנוּ, מַלְכֵּנוּ, כִּי רַבּוּ עֲוֹנֵינוּ.

אֵל אֶרֶךְ אַפַּיִם אַתָּה. וּבַעַל הָרַחֲמִים נִקְרֵאתָ. וְדֶרֶךְ תְּשׁוּבָה הוֹרֵיתָ. גְּדֻלַּת רַחֲמֶיךָ וַחֲסָדֶיךָ תִּזְכֹּר הַיּוֹם וּבְכָל יוֹם לְזֶרַע יְדִידֶיךָ. תֵּפֶן אֵלֵינוּ בְּרַחֲמִים, כִּי אַתָּה הוּא בַּעַל הָרַחֲמִים. בְּתַחֲנוּן וּבִתְפִלָּה פָּנֶיךָ נְקַדֵּם, כְּהוֹדַעְתָּ לֶעָנָו מִקֶּדֶם. מֵחֲרוֹן אַפְּךָ שׁוּב, כְּמוֹ בְּתוֹרָתְךָ כָּתוּב. וּבְצֵל כְּנָפֶיךָ נֶחֱסֶה וְנִתְלוֹנָן, כְּיוֹם וַיֵּרֶד יהוה בֶּעָנָן. ‹ תַּעֲבֹר עַל פֶּשַׁע וְתִמְחֶה אָשָׁם, כְּיוֹם וַיִּתְיַצֵּב עִמּוֹ שָׁם. תַּאֲזִין שַׁוְעָתֵנוּ וְתַקְשִׁיב מֶנּוּ מַאֲמָר, כְּיוֹם וַיִּקְרָא בְשֵׁם יהוה. וְשָׁם נֶאֱמַר

קהל ואחריו שליח הציבור:

וַיַּעֲבֹר יהוה עַל־פָּנָיו וַיִּקְרָא שמות לד

יהוה, יהוה, אֵל רַחוּם וְחַנּוּן, אֶרֶךְ אַפַּיִם, וְרַב־חֶסֶד וֶאֱמֶת: נֹצֵר חֶסֶד לָאֲלָפִים, נֹשֵׂא עָוֹן וָפֶשַׁע וְחַטָּאָה, וְנַקֵּה: וְסָלַחְתָּ לַעֲוֹנֵנוּ וּלְחַטָּאתֵנוּ וּנְחַלְתָּנוּ:

סְלַח לָנוּ, אָבִינוּ, כִּי חָטָאנוּ. מְחַל לָנוּ, מַלְכֵּנוּ, כִּי

תהלים פו פְּשָׁעֵנוּ. כִּי־אַתָּה, יהוה, טוֹב וְסַלָּח וְרַב־חֶסֶד לְכָל־
קֹרְאֶיךָ:

הַאֲזִינָה יהוה תְּפִלָּתֵנוּ, הַקְשִׁיבָה לְקוֹל תַּחֲנוּנוֹתֵינוּ.
הַקְשִׁיבָה לְקוֹל שַׁוְעֵנוּ מַלְכֵּנוּ וֵאלֹהֵינוּ כִּי אֵלֶיךָ
נִתְפַּלָּל. שְׁמַע יהוה וְחָנֵּנוּ, יהוה הֱיֵה עוֹזֵר לָנוּ.

כְּרַחֵם אָב עַל בָּנִים, כֵּן תְּרַחֵם יהוה עָלֵינוּ.
תהלים ג לַיהוה הַיְשׁוּעָה, עַל־עַמְּךָ בִרְכָתֶךָ סֶּלָה:
תהלים מו יהוה צְבָאוֹת עִמָּנוּ, מִשְׂגָּב לָנוּ אֱלֹהֵי יַעֲקֹב סֶלָה:
תהלים פד יהוה צְבָאוֹת, אַשְׁרֵי אָדָם בֹּטֵחַ בָּךְ:
תהלים כ יהוה הוֹשִׁיעָה, הַמֶּלֶךְ יַעֲנֵנוּ בְיוֹם־קָרְאֵנוּ:

במדבר יד ◄ סְלַח־נָא לַעֲוֹן הָעָם הַזֶּה כְּגֹדֶל חַסְדֶּךָ
וְכַאֲשֶׁר נָשָׂאתָה לָעָם הַזֶּה מִמִּצְרַיִם וְעַד־הֵנָּה:
וְשָׁם נֶאֱמַר

קהל ואחריו שליח הציבור:

וַיֹּאמֶר יהוה, סָלַחְתִּי כִּדְבָרֶךָ:

דניאל ט הַטֵּה אֱלֹהַי אָזְנְךָ וּשֲׁמָע, פְּקַח עֵינֶיךָ וּרְאֵה
שֹׁמְמֹתֵינוּ וְהָעִיר אֲשֶׁר־נִקְרָא שִׁמְךָ עָלֶיהָ, כִּי לֹא
עַל־צִדְקֹתֵינוּ אֲנַחְנוּ מַפִּילִים תַּחֲנוּנֵינוּ לְפָנֶיךָ, כִּי
עַל־רַחֲמֶיךָ הָרַבִּים: אֲדֹנָי שְׁמָעָה, אֲדֹנָי סְלָחָה,

אֲדֹנָי הַקְשִׁיבָה וַעֲשֵׂה אַל תְּאַחַר, לְמַעַנְךָ אֱלֹהַי
כִּי־שִׁמְךָ נִקְרָא עַל־עִירְךָ וְעַל־עַמֶּךָ:

אֱלֹהֵינוּ וֵאלֹהֵי אֲבוֹתֵינוּ

תַּעֲנִית צִבּוּר (תְּפִלָּה) קָבְעוּ תְּבַע צְרָכִים
שׁוּב עָדֶיךָ חַפֵּשׂ וְלַחְקֹר דְּרָכִים
רַךְ לִרְצוֹת בִּשְׁלֹשׁ עֶשְׂרֵה עֲרָכִים
קָשֶׁה לִכְעֹס תֵּת לְאַפַּיִם אֲרֻכִּים.

צְדָדֶיךָ מְקֻשָּׁטִים עֲדָיִם בְּלִי תַפְשִׁיט
פְּאֵר הָרַחֲמִים וְהַסְּלִיחוֹת הוֹד תַּכְשִׁיט
עֶרֶךְ שַׁוְעָתֵנוּ לְךָ לְבַד נוֹשִׁיט
סֵדֶר חַיִּים וּפַרְנָסָה לִיצוּרִים תּוֹשִׁיט.

נִסְתְּמָה הַכִּירָה וְנִתְרוֹקַן טֹהַר הַשֻּׁלְחָן
מֵזִין וּמֵזִיחַ סֻתַּר מֵעֲבוֹדַת פָּלְחָן
לִשְׁפִיכַת הַנֶּפֶשׁ חֲשֹׁב כְּבַשִּׁית זָלְחָן
כִּמְעַטֵּר וּמַשְׂבִּיעַ גּוֹאֵל וְרוֹפֵא וְסָלְחָן.

יָאוּת לְךָ, יַעַן מִמְּנָתְךָ נִשְׁנֶסֶת
טוּב רוּחֲךָ הָיוּת נִזּוֹנֶת וּמִתְפַּרְנֶסֶת
חֵלֶף שׁוֹאֶלֶת קוֹבֶלֶת וּמִתְנוֹסֶסֶת
זֵכֶר דַּאֲגוֹתֶיהָ לְפָנֶיךָ מְשִׂיחָה וּמַכְנֶסֶת.

וְאֵלֶיךָ הִיא נְשׂוּיָה וּבְךָ חֲסוּיָה
הַוּוֹתֶיהָ הַעֲבֵר מִי כָמוֹךָ חֲסִין יָהּ
דֶּרֶךְ אֻמָּנוּתְךָ בְּחֶלְקְךָ לִלְגִיוֹנְךָ אַפְסַנְיָא
גְּמֹל חֶסֶד לַעֲלוּבָה הַלֵּזוּ אַכְסַנְיָא.

בְּקִיאִים וּמְיֻשָּׁבִים לְרַצּוֹתְךָ בִּדְבָרִים עֲרֵבִים
אָפְסוּ פַּסּוּ בְּכֹחָם קַטֵּגוֹר מְעַרְבְּבִים
מְאַהֲבֵי לַאֲבִיהֶם שֶׁבַּשָּׁמַיִם זְרִיזִים וּמְעֻרְבָּבִים
יְרֵאָיו נִדְבָּרִים דָּתוֹ שַׁחֲרִים וַעֲרָבִים.

הִקְדַּשְׁנוּ צוֹם (תְּפִלַּת) עוֹלְלִים וְזִקְנֵי אֲסֻפּוֹת
יִשַּׁרְנוּ רִנָּה וּתְפִלָּה וְשָׁקַדְנוּ סִפּוֹת
חֲשֹׁךְ לְמַטָּה מֵעוֹן וּשְׁלוּמֵנוּ תְּשַׁפֹּת
זְקֹף דַּל מֵעָפָר וְאֶבְיוֹן מֵאַשְׁפּוֹת.

◂ בְּתוֹר הַמַּעֲלָה וּבְמִדּוֹת הֲגוּנוֹת תְּרוּמוֹת
עֲרֵבָתֵנוּ שִׂים לְטוֹב יוֹשֵׁב מְרוֹמוֹת
וּבְמִקְוֵה טֹהַר תָּדִיחַ קַלּוֹת וָרָמוֹת
מְצוֹא תְפִלָּתֵנוּ חֶסֶד לַאֲדֹנֶךָ רוֹמֵמוֹת.

אֵל מֶלֶךְ יוֹשֵׁב עַל כִּסֵּא רַחֲמִים, מִתְנַהֵג בַּחֲסִידוּת. מוֹחֵל עֲוֹנוֹת עַמּוֹ, מַעֲבִיר רִאשׁוֹן רִאשׁוֹן. מַרְבֶּה

מְחִילָה לְחַטָּאִים, וּסְלִיחָה לְפוֹשְׁעִים. עֹשֶׂה צְדָקוֹת
עִם כָּל בָּשָׂר וָרְוּחַ, לֹא כְרָעָתָם תִּגְמֹל. ◁ אֵל, הוֹרֵיתָ
לָּנוּ לוֹמַר שְׁלֹשׁ עֶשְׂרֵה, וּזְכָר לָנוּ הַיּוֹם בְּרִית שְׁלֹשׁ
עֶשְׂרֵה, כְּמוֹ שֶׁהוֹדַעְתָּ לֶעָנָו מִקֶּדֶם, כְּמוֹ שֶׁכָּתוּב,
וַיֵּרֶד יהוה בֶּעָנָן, וַיִּתְיַצֵּב עִמּוֹ שָׁם, וַיִּקְרָא בְשֵׁם שמות לד
יהוה:

קהל ואחריו שליח הציבור:

וַיַּעֲבֹר יהוה עַל־פָּנָיו וַיִּקְרָא שמות לד

יהוה, יהוה, אֵל רַחוּם וְחַנּוּן, אֶרֶךְ אַפַּיִם, וְרַב־חֶסֶד
וֶאֱמֶת: נֹצֵר חֶסֶד לָאֲלָפִים, נֹשֵׂא עָוֹן וָפֶשַׁע וְחַטָּאָה,
וְנַקֵּה: וְסָלַחְתָּ לַעֲוֹנֵנוּ וּלְחַטָּאתֵנוּ וּנְחַלְתָּנוּ:

סְלַח לָנוּ, אָבִינוּ, כִּי חָטָאנוּ. מְחַל לָנוּ, מַלְכֵּנוּ, כִּי
פָשָׁעְנוּ. כִּי־אַתָּה, יהוה, טוֹב וְסַלָּח וְרַב־חֶסֶד לְכָל־ תהלים פו
קֹרְאֶיךָ:

הוֹשִׁיעָה, יהוה, כִּי־גָמַר חָסִיד, כִּי־פַסּוּ אֱמוּנִים תהלים יב
מִבְּנֵי אָדָם: כִּי אָדָם אֵין צַדִּיק בָּאָרֶץ, אֲשֶׁר יַעֲשֶׂה־ קהלת ז
טּוֹב וְלֹא יֶחֱטָא: הוֹשַׁע, יהוה, אֶת־עַמְּךָ, אֵת ירמיה לא
שְׁאֵרִית יִשְׂרָאֵל: יִשְׂרָאֵל נוֹשַׁע בַּיהוה תְּשׁוּעַת ישעיה מה
עוֹלָמִים.

כְּרַחֵם אָב עַל בָּנִים, כֵּן תְּרַחֵם יהוה עָלֵינוּ.

לַיהוה הַיְשׁוּעָה, עַל־עַמְּךָ בִרְכָתֶךָ סֶּלָה: תהלים ג

יהוה צְבָאוֹת עִמָּנוּ, מִשְׂגָּב לָנוּ אֱלֹהֵי יַעֲקֹב סֶלָה: תהלים מו

יהוה צְבָאוֹת, אַשְׁרֵי אָדָם בֹּטֵחַ בָּךְ: תהלים פד

יהוה הוֹשִׁיעָה, הַמֶּלֶךְ יַעֲנֵנוּ בְיוֹם־קָרְאֵנוּ: תהלים כ

אֱלֹהֵינוּ וֵאלֹהֵי אֲבוֹתֵינוּ

אַנְשֵׁי אֲמָנָה אָבָדוּ, בָּאִים בְּכֹחַ מַעֲשֵׂיהֶם.
גִּבּוֹרִים לַעֲמֹד בַּפֶּרֶץ, דּוֹחִים אֶת הַגְּזֵרוֹת.
הָיוּ לָנוּ לְחוֹמָה, וּלְמַחְסֶה בְּיוֹם זָעַם.
זוֹעֲכִים אַף בְּלַחֲשָׁם, חֵמָה עוֹצְרִים בְּשַׁוְעָם.
טֶרֶם קְרָאוּךָ עֲנִיתָם, יוֹדְעִים לַעְתֹּר וּלְרַצֶּךָ.
כְּאָב רִחַמְתָּ לְמַעֲנָם, לֹא הֱשִׁיבוֹתָ פְּנֵיהֶם רֵיקָם.
מֵרֹב עֲוֹנֵינוּ אֲבַדְנוּם, נֶאֶסְפוּ מֶנּוּ בַּחֲטָאֵינוּ.
סָעוּ הֵמָּה לִמְנוּחוֹת, עָזְבוּ אוֹתָנוּ לַאֲנָחוֹת.
פַּסּוּ גוֹדְרֵי פֶרֶץ, צָמְתוּ מְשִׁיבֵי חֵמָה.
קָמִים בַּפֶּרֶץ אַיִן, רְאוּיִם לְרַצּוֹתְךָ בְּעֵתֶר.
◂ שׁוֹטַטְנוּ בְּאַרְבַּע פִּנּוֹת, תְּרוּפָה לֹא מָצָאנוּ
שַׁבְנוּ אֵלֶיךָ בְּבֹשֶׁת פָּנִים
לְשַׁחֶרְךָ אֵל, בְּעֵת צָרוֹתֵינוּ.

אֵל מֶלֶךְ יוֹשֵׁב עַל כִּסֵּא רַחֲמִים, מִתְנַהֵג בַּחֲסִידוּת. מוֹחֵל עֲוֹנוֹת עַמּוֹ, מַעֲבִיר רִאשׁוֹן רִאשׁוֹן. מַרְבֶּה מְחִילָה לְחַטָּאִים, וּסְלִיחָה לְפוֹשְׁעִים. עֹשֶׂה צְדָקוֹת עִם כָּל בָּשָׂר וָרְוּחַ, לֹא כְרָעָתָם תִּגְמֹל. ‹ אֵל, הוֹרֵיתָ לָּנוּ לוֹמַר שְׁלֹשׁ עֶשְׂרֵה, וּזְכָר לָנוּ הַיּוֹם בְּרִית שְׁלֹשׁ עֶשְׂרֵה, כְּמוֹ שֶׁהוֹדַעְתָּ לֶעָנָו מִקֶּדֶם, כְּמוֹ שֶׁכָּתוּב,

וַיֵּרֶד יהוה בֶּעָנָן, וַיִּתְיַצֵּב עִמּוֹ שָׁם, וַיִּקְרָא בְשֵׁם יהוה: שמות לד

קהל ואחריו שליח הציבור:

וַיַּעֲבֹר יהוה עַל־פָּנָיו וַיִּקְרָא שמות לד

יהוה, יהוה, אֵל רַחוּם וְחַנּוּן, אֶרֶךְ אַפַּיִם, וְרַב־חֶסֶד וֶאֱמֶת: נֹצֵר חֶסֶד לָאֲלָפִים, נֹשֵׂא עָוֹן וָפֶשַׁע וְחַטָּאָה, וְנַקֵּה: וְסָלַחְתָּ לַעֲוֹנֵנוּ וּלְחַטָּאתֵנוּ וּנְחַלְתָּנוּ:

סְלַח לָנוּ, אָבִינוּ, כִּי חָטָאנוּ. מְחַל לָנוּ, מַלְכֵּנוּ, כִּי פָשָׁעְנוּ. כִּי־אַתָּה, יהוה, טוֹב וְסַלָּח וְרַב־חֶסֶד לְכָל־קֹרְאֶיךָ: תהלים פו

יש קהילות האומרות בחמישי את הפיוט ״יִשְׂרָאֵל נוֹשַׁע בַּה״ (עמ׳ 757).

הקהל אומר פיוט זה בית בית, ושליח הציבור חוזר אחריו בקול:

מַלְאֲכֵי רַחֲמִים, מְשָׁרְתֵי עֶלְיוֹן
חַלּוּ נָא פְּנֵי אֵל בְּמֵיטַב הִגָּיוֹן
אוּלַי יָחוּס עַם עָנִי וְאֶבְיוֹן, אוּלַי יְרַחֵם.

אוּלַי יְרַחֵם שְׁאֵרִית יוֹסֵף
שְׁפָלִים וּנְבְזִים, פְּשׁוּחֵי שֶׁסֶף
שְׁבוּיֵי חִנָּם, מְכוּרֵי בְלֹא כֶסֶף
שׁוֹאֲגִים בִּתְפִלָּה וּמְבַקְשִׁים רִשְׁיוֹן.
אוּלַי יָחוּס עַם עָנִי וְאֶבְיוֹן, אוּלַי יְרַחֵם.

אוּלַי יְרַחֵם מְעֻנֵּי כֶבֶל
מְלֻמְּדֵי מַכּוֹת בְּעִנּוּי סֵבֶל
מְנוֹד רֹאשׁ נְתוּנִים לְיוֹשְׁבֵי תֵבֵל
מָשָׁל בָּעַמִּים קֶצֶף וּבִזָּיוֹן.
אוּלַי יָחוּס עַם עָנִי וְאֶבְיוֹן, אוּלַי יְרַחֵם.

אוּלַי יְרַחֵם וְיִרְאֶה בָּעֳנִי עַמּוֹ
וְיַקְשִׁיב וְיִשְׁמַע הַצָּגִים לְעֻמּוֹ
וְעוֹדִים בְּלַחַשׁ מוּסָר לָמוֹ
וְעֵינֵיהֶם תּוֹלִים לִמְצוֹא רִצָּיוֹן.
אוּלַי יָחוּס עַם עָנִי וְאֶבְיוֹן, אוּלַי יְרַחֵם.

אוּלַי יְרַחֵם אוֹמְרֵי סְלַח נָא
אוֹמְצֵי שִׁבְחוֹ בְּכָל עֵת וְעוֹנָה
אֲגוּדִים בְּצָרָה לִשְׁפֹּךְ תְּחִנָּה
אֶת פְּנֵי אֱלֹהֵיהֶם שׁוֹפְכִים לֵב דִּוָּיוֹן.
אוּלַי יָחוּס עַם עָנִי וְאֶבְיוֹן, אוּלַי יְרַחֵם.

אוּלַי יְרַחֵם לְקָחָה בְּכִפְלַיִם
לְעוּטָה אֲרָיוֹת כְּמוֹ בְּפִי שַׁחֲלַיִם
לוּקָה וּמִשְׁתַּלֶּמֶת בַּעֲוֹן שׁוּלַיִם
לֹא שָׁכְחָה בְּכָל זֹאת מִכְתַּב עֹז חֶבְיוֹן.
אוּלַי יָחוּס עַם עָנִי וְאֶבְיוֹן, אוּלַי יְרַחֵם.

אוּלַי יְרַחֵם כְּבוּשֵׁי פָנִים
הַשּׁוֹמְעִים חֶרְפָּתָם וְלֹא מְשִׁיבִים וְעוֹנִים
נִצְחָם מְקַוִּים וּלְיִשְׁעוֹ נִשְׁעָנִים
כִּי לֹא כָלוּ רַחֲמָיו בְּכִלָּיוֹן.
אוּלַי יָחוּס עַם עָנִי וְאֶבְיוֹן, אוּלַי יְרַחֵם.

אוּלַי יְרַחֵם יְחַלֵּץ עָנִי בְּעָנְיוֹ
חֲבוּשׁוֹ יַתִּיר מֵאֶרֶץ שִׁבְיוֹ
יֶגְהֶה מְזוֹרוֹ וְיַחְבֹּשׁ חָלְיוֹ
צַעֲקָתוֹ יִשְׁמַע וְיָחִישׁ עֵת פִּדְיוֹן.
אוּלַי יָחוּס עַם עָנִי וְאֶבְיוֹן, אוּלַי יְרַחֵם.

ממשיכים ׳אֵל מֶלֶךְ׳ בעמ׳ 806.

סליחות לשני תנינא

סְלַח לָנוּ, אָבִינוּ, כִּי בְּרֹב אִוַּלְתֵּנוּ שָׁגִינוּ.
מְחַל לָנוּ, מַלְכֵּנוּ, כִּי רַבּוּ עֲוֹנֵינוּ.

אֵל אֶרֶךְ אַפַּיִם אַתָּה. וּבַעַל הָרַחֲמִים נִקְרֵאתָ. וְדֶרֶךְ תְּשׁוּבָה הוֹרֵיתָ. גְּדֻלַּת רַחֲמֶיךָ וַחֲסָדֶיךָ תִּזְכֹּר הַיּוֹם וּבְכָל יוֹם לְזֶרַע יְדִידֶיךָ. תֵּפֶן אֵלֵינוּ בְּרַחֲמִים, כִּי אַתָּה הוּא בַּעַל הָרַחֲמִים. בְּתַחֲנוּן וּבִתְפִלָּה פָּנֶיךָ נְקַדֵּם, כְּהוֹדַעְתָּ לֶעָנָו מִקֶּדֶם. מֵחֲרוֹן אַפְּךָ שׁוּב, כְּמוֹ בְּתוֹרָתְךָ כָּתוּב. וּבְצֵל כְּנָפֶיךָ נֶחֱסֶה וְנִתְלוֹנָן, כְּיוֹם וַיֵּרֶד יהוה בֶּעָנָן. ‹ תַּעֲבֹר עַל פֶּשַׁע וְתִמְחֶה אָשָׁם, כְּיוֹם וַיִּתְיַצֵּב עִמּוֹ שָׁם. תַּאֲזִין שַׁוְעָתֵנוּ וְתַקְשִׁיב מֶנּוּ מַאֲמָר, כְּיוֹם וַיִּקְרָא בְשֵׁם יהוה. וְשָׁם נֶאֱמַר

קהל ואחריו שליח הציבור:

וַיַּעֲבֹר יהוה עַל־פָּנָיו וַיִּקְרָא שמות לד

יהוה, יהוה, אֵל רַחוּם וְחַנּוּן, אֶרֶךְ אַפַּיִם, וְרַב־חֶסֶד וֶאֱמֶת: נֹצֵר חֶסֶד לָאֲלָפִים, נֹשֵׂא עָוֹן וָפֶשַׁע וְחַטָּאָה, וְנַקֵּה: וְסָלַחְתָּ לַעֲוֹנֵנוּ וּלְחַטָּאתֵנוּ וּנְחַלְתָּנוּ:

סְלַח לָנוּ, אָבִינוּ, כִּי חָטָאנוּ. מְחַל לָנוּ, מַלְכֵּנוּ, כִּי

פְּשָׁעֵנוּ. כִּי־אַתָּה, יהוה, טוֹב וְסַלָּח וְרַב־חֶסֶד לְכָל־ תהלים פו
קֹרְאֶיךָ:

אַל־תִּקְצֹף יהוה עַד־מְאֹד, וְאַל־לָעַד תִּזְכֹּר עָוֹן, ישעיה סד
הֵן הַבֶּט־נָא עַמְּךָ כֻלָּנוּ: הַעַל־אֵלֶּה תִתְאַפַּק יהוה,
תֶּחֱשֶׁה וּתְעַנֵּנוּ עַד־מְאֹד: שׁוּבָה יהוה עַד־מָתָי, תהלים צ
וְהִנָּחֵם עַל־עֲבָדֶיךָ:

כְּרַחֵם אָב עַל בָּנִים, כֵּן תְּרַחֵם יהוה עָלֵינוּ.
לַיהוה הַיְשׁוּעָה, עַל־עַמְּךָ בִרְכָתֶךָ סֶּלָה: תהלים ג
יהוה צְבָאוֹת עִמָּנוּ, מִשְׂגָּב לָנוּ אֱלֹהֵי יַעֲקֹב סֶלָה: תהלים מו
יהוה צְבָאוֹת, אַשְׁרֵי אָדָם בֹּטֵחַ בָּךְ: תהלים פד
יהוה הוֹשִׁיעָה, הַמֶּלֶךְ יַעֲנֵנוּ בְיוֹם־קָרְאֵנוּ: תהלים כ

סְלַח־נָא לַעֲוֹן הָעָם הַזֶּה כְּגֹדֶל חַסְדֶּךָ במדבר יד
וְכַאֲשֶׁר נָשָׂאתָה לָעָם הַזֶּה מִמִּצְרַיִם וְעַד־הֵנָּה:
וְשָׁם נֶאֱמַר

קהל ואחריו שליח הציבור:

וַיֹּאמֶר יהוה, סָלַחְתִּי כִּדְבָרֶךָ:

הַטֵּה אֱלֹהַי אָזְנְךָ וּשְׁמָע, פְּקַח עֵינֶיךָ וּרְאֵה דניאל ט
שֹׁמְמֹתֵינוּ וְהָעִיר אֲשֶׁר־נִקְרָא שִׁמְךָ עָלֶיהָ, כִּי לֹא

עַל־צִדְקֹתֵינוּ אֲנַחְנוּ מַפִּילִים תַּחֲנוּנֵינוּ לְפָנֶיךָ, כִּי עַל־רַחֲמֶיךָ הָרַבִּים: אֲדֹנָי שְׁמָעָה, אֲדֹנָי סְלָחָה, אֲדֹנָי הַקְשִׁיבָה וַעֲשֵׂה אַל תְּאַחַר, לְמַעַנְךָ אֱלֹהַי כִּי־שִׁמְךָ נִקְרָא עַל־עִירְךָ וְעַל־עַמֶּךָ:

אֱלֹהֵינוּ וֵאלֹהֵי אֲבוֹתֵינוּ

אֲפָפוּנוּ מַיִם עַד נֶפֶשׁ. / בָּאנוּ בְּעִמְקֵי מְצוּלָה.
גַּלֵּי יָם עָבְרוּ עָלֵינוּ. / דָּכְיוֹת תְּהוֹם כִּסָּתְנוּ.
הוֹדֵנוּ נֶהְפַּךְ לְמַשְׁחִית. / וְעוֹד לֹא עָצַרְנוּ כֹּחַ.
זָלְעֲפוּנוּ עַל חַטֹּאתֵינוּ. / חָלְחַלְנוּ עַל רֹב פְּשָׁעֵינוּ.
טָכַסְנוּ עֵצָה מַה לַּעֲשׂוֹת. / יוֹעֵץ בְּקִרְבֵּנוּ אָיִן.
כּוֹנַנּוּ בְּלֵב מַחֲשָׁבוֹת. / לְמֵרָחוֹק שְׂאֵת דֵּעָה.
מָסֹרֶת בְּיָדֵינוּ מֵאֲבוֹתֵינוּ. / נְאָקָה תְּשׁוּבָה וּצְדָקָה.
סוֹתְרוֹת רֹעַ גְּזֵרוֹת. / עוֹד מַעֲנוֹת עָם.
פַּצְנוּ בְּהַסְכָּמָה אַחַת. / (צוֹם) שֵׁנִי וַחֲמִישִׁי וְשֵׁנִי.
קָדוֹשׁ אוּלַי יַשְׁקִיף. / רַחֲמָיו לְקַדֵּם לְרֹגֶז.
שַׁדַּי עָשִׂינוּ אֶת שֶׁלָּנוּ. / תַּקִּיף עֲשֵׂה אֶת שֶׁלָּךְ.
◂ אַל תֵּשֵׁב עִמָּנוּ בַּדִּין. / מִדֶּבֶר וּמֵחֶרֶב וּמֵרָעָב מַלְּטֵנוּ. / תֵּיקַר נַפְשֵׁנוּ בְּעֵינֶיךָ.
יָהּ, סְלַח לָנוּ, מְחַל לָנוּ, כַּפֶּר לָנוּ, כְּיוֹם רִדְתְּךָ בֶּעָנָן.

אֵל מֶלֶךְ יוֹשֵׁב עַל כִּסֵּא רַחֲמִים, מִתְנַהֵג בַּחֲסִידוּת. מוֹחֵל עֲוֹנוֹת עַמּוֹ, מַעֲבִיר רִאשׁוֹן רִאשׁוֹן. מַרְבֶּה מְחִילָה לְחַטָּאִים, וּסְלִיחָה לְפוֹשְׁעִים. עֹשֶׂה צְדָקוֹת עִם כָּל בָּשָׂר וָרוּחַ, לֹא כְרָעָתָם תִּגְמֹל. ‹ אֵל, הוֹרֵיתָ לָּנוּ לוֹמַר שְׁלֹשׁ עֶשְׂרֵה, וּזְכָר לָנוּ הַיּוֹם בְּרִית שְׁלֹשׁ עֶשְׂרֵה, כְּמוֹ שֶׁהוֹדַעְתָּ לֶעָנָו מִקֶּדֶם, כְּמוֹ שֶׁכָּתוּב, וַיֵּרֶד יהוה בֶּעָנָן, וַיִּתְיַצֵּב עִמּוֹ שָׁם, וַיִּקְרָא בְשֵׁם יהוה: שמות לד

קהל ואחריו שליח הציבור:

וַיַּעֲבֹר יהוה עַל־פָּנָיו וַיִּקְרָא שמות לד

יהוה, יהוה, אֵל רַחוּם וְחַנּוּן, אֶרֶךְ אַפַּיִם, וְרַב־חֶסֶד וֶאֱמֶת: נֹצֵר חֶסֶד לָאֲלָפִים, נֹשֵׂא עָוֹן וָפֶשַׁע וְחַטָּאָה, וְנַקֵּה: וְסָלַחְתָּ לַעֲוֹנֵנוּ וּלְחַטָּאתֵנוּ וּנְחַלְתָּנוּ:

סְלַח לָנוּ, אָבִינוּ, כִּי חָטָאנוּ. מְחַל לָנוּ, מַלְכֵּנוּ, כִּי פָשָׁעְנוּ. כִּי־אַתָּה, יהוה, טוֹב וְסַלָּח וְרַב־חֶסֶד לְכָל־קֹרְאֶיךָ: תהלים פו

הַאֲזִינָה, יהוה, תְּפִלָּתֵנוּ וְהַקְשִׁיבָה בְּקוֹל תַּחֲנוּנוֹתֵינוּ. שְׁמַע, יהוה, קוֹלֵנוּ נִקְרָא וְחָנֵּנוּ וַעֲנֵנוּ. שִׁמְעָה, יהוה, צֶדֶק הַקְשִׁיבָה רִנָּתֵנוּ, הַאֲזִינָה תְּפִלָּתֵנוּ. שְׁמַע, יהוה, וְחָנֵּנוּ. יהוה, הֱיֵה עוֹזֵר לָנוּ.

כְּרַחֵם אָב עַל בָּנִים, כֵּן תְּרַחֵם יהוה עָלֵינוּ.
תהלים ג לַיהוה הַיְשׁוּעָה, עַל־עַמְּךָ בִרְכָתֶךָ סֶּלָה:
תהלים מו יהוה צְבָאוֹת עִמָּנוּ, מִשְׂגָּב לָנוּ אֱלֹהֵי יַעֲקֹב סֶלָה:
תהלים פד יהוה צְבָאוֹת, אַשְׁרֵי אָדָם בֹּטֵחַ בָּךְ:
תהלים כ יהוה הוֹשִׁיעָה, הַמֶּלֶךְ יַעֲנֵנוּ בְיוֹם־קָרְאֵנוּ:

אֱלֹהֵינוּ וֵאלֹהֵי אֲבוֹתֵינוּ

אֹֽזֶן תְּחַן וְהַסְכֵּת עֲתִירָה, אַף הָפֵר וְשַׁכֵּךְ עֶבְרָה. בָּאֵי לְחַלּוֹתְךָ בְּנֶפֶשׁ מָרָה, בְּשִׁמְךָ הַגָּדוֹל יִמְצְאוּ עֶזְרָה. גְּעִית נֶאֱנָחִים וַעֲנוּתָם חֲזֵה, גְּחִינַת קוֹמָתָם נָא לֹא תִבְזֶה. דֹּרֵשׁ עֶלְבּוֹנָם מִצַּר בּוֹזֶה, דְּרֹךְ פּוּרָה וְנִצְחָם יֶזֶּה. הֲלֹא אַתָּה הָיִיתָ וְהִנְּךָ, הָיֹה תִהְיֶה בַּהֲדַר גְּאוֹנֶךָ. וְנֶהֱמַת יִכּוֹן זֶרַע אֱמוּנֶיךָ, וְהִנָּם כָּלִים מִתִּגְרַת חֲרוֹנֶךָ. זֹעֲמוּ בְּעִוּוּיִם וּמִמְּאֻוָּיָם נִסָּחוּ, זֹרוּ בַּאֲפָסִים וְלֹא נָחוּ. חֻבְּלָה רוּחָם וְלֶעָפָר שָׁחוּ, חָרְשׁוּ חוֹרְשִׁים וּמַעֲנִית הִמְתִּיחוּ. טָבְעוּ בַבֹּץ וְאֵין פּוֹצֶה, טוֹרְפֵיהֶם שָׁלוּ מִקָּצֶה אֶל קָצֶה. יוֹם יוֹם לוֹחֲמָם מְנַצֶּה, יַד פּוֹרְשִׂים מִלַּחַץ לֵיצֵא. כָּלוּ חַיֵּיהֶם בְּיָגוֹן וַאֲנָחָה, כּוֹשֵׁל רַבָּה וְעָרְבָה שִׂמְחָה. לְיֵשַׁע חוֹכִים וְהִנֵּה צְוָחָה, לִבְטוֹס קָמִים וְכָרוּ שׁוּחָה. מַעֲרִימִים סוֹד מִמְּךָ לְהַדִּיחָם, מַכְבִּידִים עֹל לְהַכְשִׁיל כֹּחָם.

נוֹאֲקִים אֵלֶיךָ בְּהִתְעַטֵּף רוּחָם, נַחַת מְצוֹא מִכֹּבֶד טָרְחָם. שִׂיחַ צָקִים בְּמַעֲמָד צָפוּף, סְלִיחָה מְבַקְשִׁים בְּקָדְקֹד כָּפוּף. עוֹשְׁקֵיהֶם יַקְנִיאוּם בְּנֶצֶר נַאֲפוּף, עוֹעִים יְמַסְּכוּ וְיִהְיוּ לְסִפּוּף. פְּדֵה דְבֵקֶיךָ מֵחֶרֶץ וְכִלּוּי, פַּלְּטֵם מִצּוֹרֵר וּתְנֵם לְעִלּוּי. צַוֵּה יְשׁוּעוֹת מְשַׁחֲרֶיךָ בְּחִלּוּי, צוּר עוֹלָמִים הוֹשִׁיעֵנוּ בְּגָלוּי. קַנּוֹא וְנוֹקֵם קַנֵּא לִשְׁמֶךָ, קַצֵּץ סִמְלוֹנִים מִצַּוַּאר עַמֶּךָ. רְאֵה עֲמָלֵנוּ וְשׁוּב מִזַּעְמֶךָ, רִיבָה רִיבֵנוּ מֵעַם חֶרְמֶךָ. ‹ שִׁבְעָתַיִם הָשֵׁב לְחֵיק מְאַנְינִי, שַׁבֵּר חִצֶּיךָ מִדַּם מְעַנָּי. תַּטֶּה אָזְנְךָ לְקוֹל תַּחֲנוּנַי, תִּרְצֵנִי בְּקָרְאִי יהוה יהוה.

אֵל מֶלֶךְ יוֹשֵׁב עַל כִּסֵּא רַחֲמִים, מִתְנַהֵג בַּחֲסִידוּת. מוֹחֵל עֲוֹנוֹת עַמּוֹ, מַעֲבִיר רִאשׁוֹן רִאשׁוֹן. מַרְבֶּה מְחִילָה לְחַטָּאִים, וּסְלִיחָה לְפוֹשְׁעִים. עֹשֶׂה צְדָקוֹת עִם כָּל בָּשָׂר וָרוּחַ, לֹא כְרָעָתָם תִּגְמֹל. ‹ אֵל, הוֹרֵיתָ לָּנוּ לוֹמַר שְׁלֹשׁ עֶשְׂרֵה, וּזְכָר לָנוּ הַיּוֹם בְּרִית שְׁלֹשׁ עֶשְׂרֵה, כְּמוֹ שֶׁהוֹדַעְתָּ לֶעָנָו מִקֶּדֶם, כְּמוֹ שֶׁכָּתוּב, וַיֵּרֶד יהוה בֶּעָנָן, וַיִּתְיַצֵּב עִמּוֹ שָׁם, וַיִּקְרָא בְשֵׁם יהוה: שמות לד

קהל ואחריו שליח הציבור:

וַיַּעֲבֹר יהוה עַל־פָּנָיו וַיִּקְרָא שמות לד

יהוה, יהוה, אֵל רַחוּם וְחַנּוּן, אֶרֶךְ אַפַּיִם, וְרַב־חֶסֶד
וֶאֱמֶת: נֹצֵר חֶסֶד לָאֲלָפִים, נֹשֵׂא עָוֹן וָפֶשַׁע וְחַטָּאָה,
וְנַקֵּה: וְסָלַחְתָּ לַעֲוֹנֵנוּ וּלְחַטָּאתֵנוּ וּנְחַלְתָּנוּ:

סְלַח לָנוּ, אָבִינוּ, כִּי חָטָאנוּ. מְחַל לָנוּ, מַלְכֵּנוּ, כִּי
תהלים פו פָשָׁעְנוּ. כִּי־אַתָּה, יהוה, טוֹב וְסַלָּח וְרַב־חֶסֶד לְכָל־
קֹרְאֶיךָ:

הקהל אומר פיוט זה בית בית,
ושליח הציבור חוזר אחריו בקול:

שמות לד יהוה, יהוה, אֵל רַחוּם וְחַנּוּן
אֶרֶךְ אַפַּיִם, וְרַב־חֶסֶד וֶאֱמֶת:
נֹצֵר חֶסֶד לָאֲלָפִים
נֹשֵׂא עָוֹן וָפֶשַׁע וְחַטָּאָה, וְנַקֵּה
וְסָלַחְתָּ לַעֲוֹנֵנוּ וּלְחַטָּאתֵנוּ וּנְחַלְתָּנוּ:

אֶזְכְּרָה אֱלֹהִים וְאֶהֱמָיָה
בִּרְאוֹתִי כָּל עִיר עַל תִּלָּהּ בְּנוּיָה
וְעִיר הָאֱלֹהִים מֻשְׁפֶּלֶת עַד שְׁאוֹל תַּחְתִּיָּה
וּבְכָל זֹאת אָנוּ לְיָהּ וְעֵינֵינוּ לְיָהּ.

מִדַּת הָרַחֲמִים עָלֵינוּ הִתְגַּלְגְּלִי
וְלִפְנֵי קוֹנֵךְ תְּחִנָּתֵנוּ הַפִּילִי
וּבְעַד עַמֵּךְ רַחֲמִים שַׁאֲלִי
כִּי כָל לֵבָב דַּוָּי וְכָל רֹאשׁ לָחֳלִי.

תָּמַכְתִּי יְתֵדוֹתַי בִּשְׁלֹשׁ עֶשְׂרֵה תֵבוֹת
וּבְשַׁעֲרֵי דְמָעוֹת כִּי לֹא נִשְׁלָבוֹת
לָכֵן שָׁפַכְתִּי שִׂיחַ פְּנֵי בּוֹחֵן לִבּוֹת
בָּטוּחַ אֲנִי בְּאֵלֶּה וּבִזְכוּת שְׁלֹשֶׁת אָבוֹת.

יְהִי רָצוֹן מִלְּפָנֶיךָ, שׁוֹמֵעַ קוֹל בְּכִיּוֹת
שֶׁתָּשִׂים דִּמְעוֹתֵינוּ בְּנֹאדְךָ לִהְיוֹת
וְתַצִּילֵנוּ מִכָּל גְּזֵרוֹת אַכְזָרִיּוֹת
כִּי לְךָ לְבַד עֵינֵינוּ תְלוּיוֹת.

ממשיכים 'אֵל מֶלֶךְ' בעמ' 806.

בתעניות ציבור (פרט לצום גדליה ולתשעה באב) אומרים סליחות אחרי חזרת הש״ץ.

סליחות לעשרה בטבת

סְלַח לָנוּ, אָבִינוּ, כִּי בְּרֹב אִוַּלְתֵּנוּ שָׁגִינוּ.
מְחַל לָנוּ, מַלְכֵּנוּ, כִּי רַבּוּ עֲוֹנֵינוּ.

אֵל אֶרֶךְ אַפַּיִם אַתָּה, וּבַעַל הָרַחֲמִים נִקְרֵאתָ, וְדֶרֶךְ תְּשׁוּבָה הוֹרֵיתָ. גְּדֻלַּת רַחֲמֶיךָ וַחֲסָדֶיךָ, תִּזְכֹּר הַיּוֹם וּבְכָל יוֹם לְזֶרַע יְדִידֶיךָ. תֵּפֶן אֵלֵינוּ בְּרַחֲמִים, כִּי אַתָּה הוּא בַּעַל הָרַחֲמִים. בְּתַחֲנוּן וּבִתְפִלָּה פָּנֶיךָ נְקַדֵּם, כְּהוֹדַעְתָּ לֶעָנָו מִקֶּדֶם. מֵחֲרוֹן אַפְּךָ שׁוּב, כְּמוֹ בְּתוֹרָתְךָ כָּתוּב. וּבְצֵל כְּנָפֶיךָ נֶחֱסֶה וְנִתְלוֹנָן, כְּיוֹם וַיֵּרֶד יהוה בֶּעָנָן. ◂ תַּעֲבֹר עַל פֶּשַׁע וְתִמְחֶה אָשָׁם, כְּיוֹם וַיִּתְיַצֵּב עִמּוֹ שָׁם. תַּאֲזִין שַׁוְעָתֵנוּ וְתַקְשִׁיב מֶנּוּ מַאֲמָר, כְּיוֹם וַיִּקְרָא בְשֵׁם יהוה, וְשָׁם נֶאֱמַר

קהל ואחריו שליח הציבור:

וַיַּעֲבֹר יהוה עַל־פָּנָיו וַיִּקְרָא שמות לד

יהוה, יהוה, אֵל רַחוּם וְחַנּוּן, אֶרֶךְ אַפַּיִם, וְרַב־חֶסֶד וֶאֱמֶת: נֹצֵר חֶסֶד לָאֲלָפִים, נֹשֵׂא עָוֹן וָפֶשַׁע וְחַטָּאָה, וְנַקֵּה: וְסָלַחְתָּ לַעֲוֹנֵנוּ וּלְחַטָּאתֵנוּ, וּנְחַלְתָּנוּ:

סְלַח לָנוּ אָבִינוּ כִּי חָטָאנוּ, מְחַל לָנוּ מַלְכֵּנוּ כִּי

פְּשָׁעֵנוּ. כִּי־אַתָּה אֲדֹנָי טוֹב וְסַלָּח, וְרַב־חֶסֶד לְכָל־ תהלים פו
קֹרְאֶיךָ:

כִּי־עִם־יהוה הַחֶסֶד, וְהַרְבֵּה עִמּוֹ פְדוּת: פְּדֵה תהלים קל / תהלים כה
אֱלֹהִים אֶת־יִשְׂרָאֵל מִכֹּל צָרוֹתָיו: וְהוּא יִפְדֶּה אֶת־ תהלים קל
יִשְׂרָאֵל מִכֹּל עֲוֹנוֹתָיו: פּוֹדֶה יהוה נֶפֶשׁ עֲבָדָיו, וְלֹא תהלים לד
יֶאְשְׁמוּ כָּל־הַחֹסִים בּוֹ:

כְּרַחֵם אָב עַל בָּנִים, כֵּן תְּרַחֵם יהוה עָלֵינוּ.
לַיהוה הַיְשׁוּעָה, עַל־עַמְּךָ בִרְכָתֶךָ סֶּלָה: תהלים ג
יהוה צְבָאוֹת עִמָּנוּ, מִשְׂגָּב לָנוּ אֱלֹהֵי יַעֲקֹב סֶלָה: תהלים מו
יהוה צְבָאוֹת, אַשְׁרֵי אָדָם בֹּטֵחַ בָּךְ: תהלים פד
יהוה הוֹשִׁיעָה, הַמֶּלֶךְ יַעֲנֵנוּ בְיוֹם־קָרְאֵנוּ: תהלים כ

סְלַח־נָא לַעֲוֹן הָעָם הַזֶּה כְּגֹדֶל חַסְדֶּךָ במדבר יד
וְכַאֲשֶׁר נָשָׂאתָה לָעָם הַזֶּה מִמִּצְרַיִם וְעַד־הֵנָּה:
וְשָׁם נֶאֱמַר

קהל ואחריו שליח הציבור:

וַיֹּאמֶר יהוה, סָלַחְתִּי כִּדְבָרֶךָ:

הַטֵּה אֱלֹהַי אָזְנְךָ וּשְׁמָע, פְּקַח עֵינֶיךָ וּרְאֵה דניאל ט
שֹׁמְמֹתֵינוּ וְהָעִיר אֲשֶׁר־נִקְרָא שִׁמְךָ עָלֶיהָ, כִּי לֹא
עַל־צִדְקֹתֵינוּ אֲנַחְנוּ מַפִּילִים תַּחֲנוּנֵינוּ לְפָנֶיךָ, כִּי

עַל־רַחֲמֶיךָ הָרַבִּים: אֲדֹנָי שְׁמָעָה, אֲדֹנָי סְלָחָה, אֲדֹנָי הַקְשִׁיבָה וַעֲשֵׂה אַל־תְּאַחַר, לְמַעַנְךָ אֱלֹהַי, כִּי־שִׁמְךָ נִקְרָא עַל־עִירְךָ וְעַל־עַמֶּךָ:

אֱלֹהֵינוּ וֵאלֹהֵי אֲבוֹתֵינוּ

אֶזְכְּרָה מָצוֹק אֲשֶׁר קְרָאַנִי.
בְּשָׁלֹשׁ מַכּוֹת בַּחֹדֶשׁ הַזֶּה הִכַּנִי.
גִּדְּעַנִי הֱנִיאַנִי הִכְאַנִי.
אַךְ־עַתָּה הֶלְאָנִי: איוב טז

דְּעָכַנִי בִּשְׁמוֹנָה בוֹ שְׂמָאלִית וִימָנִית.
הֲלֹא שְׁלָשְׁתָּן קָבַעְתִּי תַעֲנִית.
וּמֶלֶךְ יָוָן אֲנָסַנִי לִכְתֹּב דָּת, יְוָנִית.
עַל גַּבִּי חָרְשׁוּ חוֹרְשִׁים, הֶאֱרִיכוּ מַעֲנִית.

זֹעַמְתִּי בְּתִשְׁעָה בוֹ בִּכְלִמָּה וָחֵפֶר.
חָשַׂךְ מֵעָלַי מְעִיל הוֹד וָצֶפֶר.
טָרֹף טֹרַף בּוֹ הַנּוֹתֵן אִמְרֵי שֶׁפֶר.
הוּא עֶזְרָא הַסּוֹפֵר.

יוֹם עֲשִׂירִי, צֻוָּה בֶן בּוּזִי הַחוֹזֶה.
כְּתָב לְךָ בְּסֵפֶר הַמַּחֲזֶה.

לְזִכָּרוֹן לְעַם נָמֵס וְנִבְזֶה.
אֶת־עֶצֶם הַיּוֹם הַזֶּה: יחזקאל כד

מִנְיַן סֵדֶר חֳדָשִׁים בַּעֲשָׂרָה בוֹ הֵעִיר.
נְהִי וִילֵל בְּמוֹ פִּי אַפְעִיר.
סֵדֶר פֻּרְעָנִיּוֹת בְּתוֹךְ לְבָבִי יַבְעִיר.
בְּבֹא אֵלַי הַפָּלִיט לֵאמֹר הֻכְּתָה הָעִיר.

עַל אֵלֶּה, עַל פְּנֵי אֲבָק זֵרִיתִי.
פַּצְתִּי עַל אַרְבַּעְתָּן, לוּ חֵץ בְּלִבִּי יָרִיתִי.
צָרוֹת עַל אֵלֶּה, קֶבֶר לִי כָּרִיתִי.
צַדִּיק הוּא יהוה, כִּי פִיהוּ מָרִיתִי: איכה א

קָרָאתִי שִׁמְךָ, מִתְנַחֵם עַל רָעָתִי.
רְאֵה עָנְיִי וּשְׁמַע קוֹל פְּגִיעָתִי.
שְׁמַע תְּחִנָּתִי, חִישׁ נָא יְשׁוּעָתִי.
אַל־תַּעְלֵם אָזְנְךָ לְרַוְחָתִי לְשַׁוְעָתִי: איכה ג

◄ יֶרַח טֵבֵת, מְאֹד לָקִיתִי בוֹ.
וְנִשְׁתַּנּוּ עָלַי סִדְרֵי נְתִיבוֹ.
סָרַרְתִּי, פָּשַׁעְתִּי, יִגָּלֶה לִי טוּבוֹ.
הָאוֹמֵר לַיָּם עַד פֹּה תָבוֹא.

אֵל מֶלֶךְ יוֹשֵׁב עַל כִּסֵּא רַחֲמִים, מִתְנַהֵג בַּחֲסִידוּת. מוֹחֵל עֲוֹנוֹת עַמּוֹ, מַעֲבִיר רִאשׁוֹן רִאשׁוֹן. מַרְבֶּה מְחִילָה לְחַטָּאִים, וּסְלִיחָה לְפוֹשְׁעִים. עֹשֶׂה צְדָקוֹת עִם כָּל בָּשָׂר וָרוּחַ, לֹא כְרָעָתָם תִּגְמֹל. › אֵל, הוֹרֵיתָ לָּנוּ לוֹמַר שְׁלֹשׁ עֶשְׂרֵה, וּזְכָר לָנוּ הַיּוֹם בְּרִית שְׁלֹשׁ עֶשְׂרֵה, כְּמוֹ שֶׁהוֹדַעְתָּ לֶעָנָו מִקֶּדֶם, כְּמוֹ שֶׁכָּתוּב:

שמות לד וַיֵּרֶד יהוה בֶּעָנָן, וַיִּתְיַצֵּב עִמּוֹ שָׁם, וַיִּקְרָא בְשֵׁם, יהוה:

קהל ואחריו שליח הציבור:

שמות לד וַיַּעֲבֹר יהוה עַל־פָּנָיו וַיִּקְרָא

יהוה, יהוה, אֵל רַחוּם וְחַנּוּן, אֶרֶךְ אַפַּיִם, וְרַב־חֶסֶד וֶאֱמֶת: נֹצֵר חֶסֶד לָאֲלָפִים, נֹשֵׂא עָוֹן וָפֶשַׁע וְחַטָּאָה, וְנַקֵּה: וְסָלַחְתָּ לַעֲוֹנֵנוּ וּלְחַטָּאתֵנוּ, וּנְחַלְתָּנוּ:

סְלַח לָנוּ אָבִינוּ כִּי חָטָאנוּ, מְחַל לָנוּ מַלְכֵּנוּ כִּי

תהלים פו פָשָׁעְנוּ. כִּי־אַתָּה אֲדֹנָי טוֹב וְסַלָּח, וְרַב־חֶסֶד לְכָל־קֹרְאֶיךָ:

תהלים עט אֱלֹהִים בָּאוּ גוֹיִם בְּנַחֲלָתֶךָ, טִמְּאוּ אֶת־הֵיכַל קָדְשֶׁךָ, שָׂמוּ אֶת־יְרוּשָׁלַ͏ִם לְעִיִּים: אֱלֹהִים, זֵדִים קָמוּ עָלֵינוּ, וַעֲדַת עָרִיצִים בִּקְשׁוּ נַפְשֵׁנוּ, וְלֹא שָׂמוּךָ לְנֶגְדָּם.

כְּרַחֵם אָב עַל בָּנִים, כֵּן תְּרַחֵם יהוה עָלֵינוּ.

לַיהוה הַיְשׁוּעָה, עַל־עַמְּךָ בִרְכָתֶךָ סֶּלָה: תהלים ג

יהוה צְבָאוֹת עִמָּנוּ, מִשְׂגָּב לָנוּ אֱלֹהֵי יַעֲקֹב סֶלָה: תהלים מו

יהוה צְבָאוֹת, אַשְׁרֵי אָדָם בֹּטֵחַ בָּךְ: תהלים פד

יהוה הוֹשִׁיעָה, הַמֶּלֶךְ יַעֲנֵנוּ בְיוֹם־קָרְאֵנוּ: תהלים כ

אֱלֹהֵינוּ וֵאלֹהֵי אֲבוֹתֵינוּ

אֶבֶן הָרֹאשָׁה, לְעִיִּים וְלַחֲרִישָׁה, וְנוּחֲלֵי מוֹרָשָׁה, מְנוֹד רֹאשׁ בַּלְאֻמִּים. בְּקִרְבִּי לֵב נִכְאָב, נִדְוֶה וְנִדְאָב, נִשְׁאַרְנוּ כְּאֵין אָב, וְהָיִינוּ כִּיתוֹמִים. רַכָּה וַעֲנֻגָּה, בַּשּׁוֹשַׁנִּים סוּגָה, וְעַתָּה הִיא נוּגָה, מְסוּרָה בְּיַד קָמִים. הָיְתָה כְּאַלְמָנָה, קִרְיָה נֶאֱמָנָה, וְזֶרַע מִי מָנָה, נִמְכְּרוּ בְּלֹא דָמִים. מְעֻנָּגָה וְרַכָּה, צָלְחָה לִמְלוּכָה, וּמַעֲנִיתָהּ אָרְכָה, זֶה כַּמֶּה שָׁנִים וְיָמִים. בֵּית יַעֲקֹב לְבִזָּה, לְלַעַג וּלְעִזָּה, וְהָעִיר הָעַלִּיזָה, לְמַטָּעֵי כְרָמִים. רְוּוּיָה תַרְעֵלָה, בְּיַד בְּנֵי עַוְלָה, הָרְצוּיָה כְּעוֹלָה, וְכִקְטֹרֶת הַסַּמִּים. מָאֲסָה לִזְנֹחַ, תּוֹרַת אֲבִי זָנוֹחַ, וְלֹא מָצְאָה מָנוֹחַ, לֵילוֹת וְגַם יָמִים. נוֹרָא אֵל עֶלְיוֹן, מִמְּךָ יְהִי צִבְיוֹן, לְהָשִׁיב לְרִיב צִיּוֹן, שְׁנַת שִׁלּוּמִים. חַדֵּשׁ יָמֵינוּ כְּקֶדֶם, מְעוֹנָה אֱלֹהֵי קֶדֶם, וְלַבֵּן כַּצֶּמֶר אֹדֶם, וְכַשֶּׁלֶג

כְּתָמִים. ‹ חַזְּקֵנוּ בְּיִרְאָתֶךָ, וּבְקִיּוּם תּוֹרָתֶךָ, וּפָקְדֵנוּ בִּישׁוּעָתֶךָ, אֵל מָלֵא רַחֲמִים.

אֵל מֶלֶךְ יוֹשֵׁב עַל כִּסֵּא רַחֲמִים, מִתְנַהֵג בַּחֲסִידוּת. מוֹחֵל עֲוֹנוֹת עַמּוֹ, מַעֲבִיר רִאשׁוֹן רִאשׁוֹן. מַרְבֶּה מְחִילָה לְחַטָּאִים, וּסְלִיחָה לְפוֹשְׁעִים. עֹשֶׂה צְדָקוֹת עִם כָּל בָּשָׂר וָרוּחַ, לֹא כְרָעָתָם תִּגְמֹל. ‹ אֵל, הוֹרֵיתָ לָּנוּ לוֹמַר שְׁלֹשׁ עֶשְׂרֵה, וּזְכָר לָנוּ הַיּוֹם בְּרִית שְׁלֹשׁ עֶשְׂרֵה, כְּמוֹ שֶׁהוֹדַעְתָּ לֶעָנָו מִקֶּדֶם, כְּמוֹ שֶׁכָּתוּב:
שמות לד וַיֵּרֶד יהוה בֶּעָנָן, וַיִּתְיַצֵּב עִמּוֹ שָׁם, וַיִּקְרָא בְשֵׁם, יהוה:

קהל ואחריו שליח הציבור:

שמות לד וַיַּעֲבֹר יהוה עַל־פָּנָיו וַיִּקְרָא

יהוה, יהוה, אֵל רַחוּם וְחַנּוּן, אֶרֶךְ אַפַּיִם, וְרַב־חֶסֶד וֶאֱמֶת: נֹצֵר חֶסֶד לָאֲלָפִים, נֹשֵׂא עָוֹן וָפֶשַׁע וְחַטָּאָה, וְנַקֵּה: וְסָלַחְתָּ לַעֲוֹנֵנוּ וּלְחַטָּאתֵנוּ, וּנְחַלְתָּנוּ:

סְלַח לָנוּ אָבִינוּ כִּי חָטָאנוּ, מְחַל לָנוּ מַלְכֵּנוּ כִּי
תהלים פו פָשָׁעְנוּ. כִּי־אַתָּה אֲדֹנָי טוֹב וְסַלָּח, וְרַב־חֶסֶד לְכָל־קֹרְאֶיךָ:

הקהל אומר פיוט זה בית בית, ושליח הציבור חוזר אחריו בקול:

אֲבוֹתַי כִּי בָטְחוּ בְּשֵׁם אֱלֹהֵי צוּרִי
גָּדְלוּ וְהִצְלִיחוּ וְגַם עָשׂוּ פְרִי

וּמֵעֵת הֻדְּחוּ וְהָלְכוּ עִמּוֹ קֶרִי
הָיוּ הָלוֹךְ וְחָסוֹר עַד הַחֹדֶשׁ הָעֲשִׂירִי. בראשית ח

בָּעֲשִׂירִי לַחֹדֶשׁ סָמַךְ מֶלֶךְ בָּבֶל
וְצָר עַל עִיר הַקֹּדֶשׁ, וְנִקְרַב רַב הַחוֹבֵל
נְתַתִּי הָדֵשׁ וְעֻנֵּיתִי בַּכֶּבֶל
וְהָיָה מִדֵּי חֹדֶשׁ לְאֵבֶל כִּנּוֹרִי.

רֵאשִׁית בִּכּוּרָה לְרֵאשִׁית הַחֵרֶם
שֵׂם אֲחֵרִים הִזְכִּירָה, וְהֶעָוֹן גּוֹרֵם
פְּנֵי אֵל לֹא הִכִּירָה, וְשִׁטְפָה בְּזֶרֶם
צָרָה כְּמַבְכִּירָה כָּעֵת בַּמָּרוֹם תַּמְרִיא.

הָאֱלֹהִים הֵבִיא יוֹם רָעָה וּמָצוֹר
צִוָּה צָרַי סְבִיבַי עוֹלָלַי לִבְצֹר
יוֹם הֵרַךְ לְבָבִי וְאֵין כֹּחַ לַעֲצֹר
וְדִבֶּר אֶל נָבִיא, מְשֹׁל אֶל בֵּית הַמֶּרִי.

מִיּוֹשְׁבֵי שַׁעַר הֶעֱבִיר אַדֶּרֶת
חֲמָתוֹ כְּאֵשׁ בָּעַר, וְהֵרִים עֲטֶרֶת
וּמִלְּבָנוֹן יַעַר הִשְׁלִיךְ תִּפְאֶרֶת
וְרוּחַ סוֹעָה וָסַעַר תְּסַמֵּר שַׂעֲרַת בְּשָׂרִי.

יְפֵיפִית נִמְשַׁלְתְּ, וְעַתָּה קְדוֹרַנִּית
בְּעָוֹן כִּי כָשַׁלְתְּ, וְלָבֵן אֲחוֹרַנִּית
זְנִבּוּךְ וְנֶחֱשַׁלְתְּ רִאשׁוֹנָה וְשֵׁנִית
וְהֶחְתֵּל לֹא חֻתַּלְתְּ מְעַט צֳרִי.

צַדִּיק הַצּוּר תָּם, נָשָׂא עָוֹן נִלְאָה
מִכְּרוּב לְמִפְתָּן, לְפִנַּת גַּג דָּאָה
מֵעָוֹן הַנִּכְתָּם, וְצַעֲקָתָם בָּאָה
רַבָּה רָעָתָם כְּעֵץ עֹשֶׂה פֶּרִי.

חִזֵּק כָּל קָמַי, תּוֹכֵן הָעֲלִילוֹת
כִּי מָלְאוּ יָמַי בְּרֹעַ מִפְעָלוֹת
וּמִבֹּשֶׁת עֲלוּמַי שָׁכַחְתִּי גְמוּלוֹת
נוֹתֵן לַחְמִי וּמֵימַי, פִּשְׁתִּי וְצַמְרִי.

קָמַי פִּיהֶם פָּעֲרוּ וְנַחֲלָתִי בִּלֵּעוּ
מְאֹד עָלַי גָּבְרוּ וְדָמִי שָׁתוּ וְלָעוּ
נָכְרִים עָלַי צָרוּ וְאֶת אַחַי הֵרֵעוּ
הָאוֹמְרִים עָרוּ עָרוּ, בְּנֵי שֵׂעִיר הַחֹרִי.

אָמְרוּ לְכוּ נְכַלֵּם, וְנַשְׁבִּיתָה זִכְרָם
אֵל קַנּוֹא וְנוֹקֵם, גָּמְלֵם, יִשְׂאוּ אֶת שִׁבְרָם

כְּמַעֲשֵׂיהֶם שַׁלֵּם וְיֵבוֹשׁוּ מִשִּׁבְרָם
כְּאִישׁ חֲלוֹם חוֹלֵם שְׁלֹשָׁה סַלֵּי חֹרִי.

פִּצְעִי לֹא רֻכְּכָה וְחַבּוּרוֹתַי רֶצַח
וְעֵינִי הִכְהֲתָה, צוֹפָה לְדוֹדִי צַח
הַעוֹד לֹא שָׁכְכָה חֲמָתוֹ לָנֶצַח
עַל מֶה עָשָׂה כָּכָה וּמֶה חֳרִי.

רַחוּם זֶה אֵלִי, אַל לָעַד תִּזְנַח
אָרְכוּ יְמֵי אֶבְלִי וְעוֹד לִבִּי נֶאֱנָח
שׁוּבָה אֵל לְאָהֳלִי, מְקוֹמְךָ אַל תַּנַּח
שַׁלֵּם יְמֵי אֶבְלִי כִּי תָבוֹא עַל שִׁבְרִי.

יהוה מְנָת חֶלְקִי, חוּשָׁה לִּי לְעֶזְרָה
וּפִתַּחְתָּ שַׂקִּי, שִׂמְחָה לִי לְאַזְּרָה
וְתַגִּיהַּ אֶת חָשְׁכִּי בְּאוֹרְךָ לְהָאִירָה
אֶת נֶשֶׁף חִשְׁקִי, כִּי אַתָּה נֵרִי.

מִיָּגוֹן וַאֲנָחָה, פְּדֵה אֵל אֶת נַפְשִׁי
עֲשֵׂה לְעַמְּךָ הֲנָחָה, מַלְכִּי וּקְדוֹשִׁי
תַּהֲפוֹךְ לִרְוָחָה אֶת צוֹם הַחֲמִישִׁי
לְשָׂשׂוֹן וּלְשִׂמְחָה, צוֹם הָרְבִיעִי וְצוֹם הָעֲשִׂירִי.

ממשיכים 'אֵל מֶלֶךְ' בעמ' 806.

סליחות לתענית אסתר

סְלַח לָנוּ, אָבִינוּ, כִּי בְּרֹב אִוַּלְתֵּנוּ שָׁגִינוּ.
מְחַל לָנוּ, מַלְכֵּנוּ, כִּי רַבּוּ עֲוֹנֵינוּ.

אֵל אֶרֶךְ אַפַּיִם אַתָּה, וּבַעַל הָרַחֲמִים נִקְרֵאתָ, וְדֶרֶךְ תְּשׁוּבָה הוֹרֵיתָ. גְּדֻלַּת רַחֲמֶיךָ וַחֲסָדֶיךָ, תִּזְכֹּר הַיּוֹם וּבְכָל יוֹם לְזֶרַע יְדִידֶיךָ. תֵּפֶן אֵלֵינוּ בְּרַחֲמִים, כִּי אַתָּה הוּא בַּעַל הָרַחֲמִים. בְּתַחֲנוּן וּבִתְפִלָּה פָּנֶיךָ נְקַדֵּם, כְּהוֹדַעְתָּ לֶעָנָו מִקֶּדֶם. מֵחֲרוֹן אַפְּךָ שׁוּב, כְּמוֹ בְּתוֹרָתְךָ כָּתוּב. וּבְצֵל כְּנָפֶיךָ נֶחֱסֶה וְנִתְלוֹנָן, כְּיוֹם וַיֵּרֶד יהוה בֶּעָנָן. • תַּעֲבֹר עַל פֶּשַׁע וְתִמְחֶה אָשָׁם, כְּיוֹם וַיִּתְיַצֵּב עִמּוֹ שָׁם. תַּאֲזִין שַׁוְעָתֵנוּ וְתַקְשִׁיב מֶנּוּ מַאֲמָר, כְּיוֹם וַיִּקְרָא בְשֵׁם יהוה, וְשָׁם נֶאֱמַר

קהל ואחריו שליח הציבור:

וַיַּעֲבֹר יהוה עַל־פָּנָיו וַיִּקְרָא שמות לד

יהוה, יהוה, אֵל רַחוּם וְחַנּוּן, אֶרֶךְ אַפַּיִם, וְרַב־חֶסֶד וֶאֱמֶת: נֹצֵר חֶסֶד לָאֲלָפִים, נֹשֵׂא עָוֹן וָפֶשַׁע וְחַטָּאָה, וְנַקֵּה: וְסָלַחְתָּ לַעֲוֹנֵנוּ וּלְחַטָּאתֵנוּ, וּנְחַלְתָּנוּ:

סְלַח לָנוּ אָבִינוּ כִּי חָטָאנוּ, מְחַל לָנוּ מַלְכֵּנוּ כִּי
פָשָׁעְנוּ. כִּי־אַתָּה אֲדֹנָי טוֹב וְסַלָּח, וְרַב־חֶסֶד לְכָל־ תהלים פו
קֹרְאֶיךָ:

קַוֹּה קִוִּינוּ יהוה, וַיֵּט אֵלֵינוּ וַיִּשְׁמַע שַׁוְעָתֵנוּ. אַף ישעיה כו
אֹרַח מִשְׁפָּטֶיךָ יהוה קִוִּינוּךָ, לְשִׁמְךָ וּלְזִכְרְךָ תַּאֲוַת־
נָפֶשׁ:

כְּרַחֵם אָב עַל בָּנִים, כֵּן תְּרַחֵם יהוה עָלֵינוּ.
לַיהוה הַיְשׁוּעָה, עַל־עַמְּךָ בִרְכָתֶךָ סֶּלָה: תהלים ג
יהוה צְבָאוֹת עִמָּנוּ, מִשְׂגָּב לָנוּ אֱלֹהֵי יַעֲקֹב סֶלָה: תהלים מו
יהוה צְבָאוֹת, אַשְׁרֵי אָדָם בֹּטֵחַ בָּךְ: תהלים פד
יהוה הוֹשִׁיעָה, הַמֶּלֶךְ יַעֲנֵנוּ בְיוֹם־קָרְאֵנוּ: תהלים כ

◂ סְלַח־נָא לַעֲוֹן הָעָם הַזֶּה כְּגֹדֶל חַסְדֶּךָ
וְכַאֲשֶׁר נָשָׂאתָה לָעָם הַזֶּה מִמִּצְרַיִם וְעַד־הֵנָּה:
וְשָׁם נֶאֱמַר

קהל ואחריו שליח הציבור:

וַיֹּאמֶר יהוה, סָלַחְתִּי כִּדְבָרֶךָ:

הַטֵּה אֱלֹהַי אָזְנְךָ וּשְׁמָע, פְּקַח עֵינֶיךָ וּרְאֵה דניאל ט
שֹׁמְמֹתֵינוּ וְהָעִיר אֲשֶׁר־נִקְרָא שִׁמְךָ עָלֶיהָ, כִּי לֹא
עַל־צִדְקֹתֵינוּ אֲנַחְנוּ מַפִּילִים תַּחֲנוּנֵינוּ לְפָנֶיךָ, כִּי
עַל־רַחֲמֶיךָ הָרַבִּים: אֲדֹנָי שְׁמָעָה, אֲדֹנָי סְלָחָה,
אֲדֹנָי הַקְשִׁיבָה וַעֲשֵׂה אַל־תְּאַחַר, לְמַעַנְךָ אֱלֹהַי,
כִּי־שִׁמְךָ נִקְרָא עַל־עִירְךָ וְעַל־עַמֶּךָ:

אֱלֹהֵינוּ וֵאלֹהֵי אֲבוֹתֵינוּ

אָדָם בְּקוּם עָלֵינוּ, חִיל אֲחָזַתְנוּ לִרְעֹד. בְּהִסְתַּפְּחוֹ
לְמַלְכוּת חָנֵף, כִּמְעַט כָּשַׁלְנוּ לִמְעֹד. גָּמְרוּ לְמָכְרֵנוּ
כְּתֵל וְחָרִיץ בְּלִי מִסְעוֹד. אָמְרוּ לְכוּ וְנַכְחִידֵם מִגּוֹי, תהלים פג
וְלֹא־יִזָּכֵר שֵׁם־יִשְׂרָאֵל עוֹד: דָּלוּ עֵינַי לַמָּרוֹם,
קְרָאתִיךָ אוֹיְבַי לָקֹב. הַכְרֵת שֵׁם וּשְׁאָר, וּמְחֵה
שֵׁם לִרְקֹב. וְצַר צוֹרְרַי בְּנִכְלֵיהֶם אֲשֶׁר נִכְּלוּ לַעֲקֹב.
וַיֹּאמְרוּ, לֹא יִרְאֶה־יָּהּ, וְלֹא־יָבִין אֱלֹהֵי יַעֲקֹב: זְרוּיִים תהלים צד
עִנָּה וַיַּגֶּה, וְלֹא מִלֵּב לְכַלּוֹתָם. חָבוּ לְפָנִים, וְרָדָם
בַּהֲסָרַת טַבַּעַת לְהַחֲלוֹתָם. טוֹב דְּבָרוֹ הֵקִים לְעֵינֵי
הַגּוֹיִם לְהַעֲלוֹתָם. בְּאֶרֶץ אֹיְבֵיהֶם לֹא־מְאַסְתִּים ויקרא כו
וְלֹא־גְעַלְתִּים לְכַלֹּתָם: יָדַע רֶמֶז הַקּוֹרוֹת לְעַם מְעֻפָּר
וּמְהֻדָּס. כָּתַב הַסְתֵּר אַסְתִּיר וּמָר דְּרוֹר מְפֹרְדָס.
לְשַׁבֹּת הָמָן מִמָּחֳרָת, הֲמִן הָעֵץ קָנְדָס. תַּחַת הַנַּעֲצוּץ ישעיה נה
יַעֲלֶה בְרוֹשׁ וְתַחַת הַסִּרְפַּד יַעֲלֶה הֲדַס: מַקְשִׁיב
דְּבַר שֶׁקֶר כָּתַב שִׂטְנָה וָעֶצֶב. נִתְעַטֵּף בְּבִגְדֵי שְׂרָד
כְּטָעָה בְּמִנְיַן קֶצֶב. סָדַר לְהִשְׁתַּמֵּשׁ בְּשׁוּנִים כְּלֵי
הַמַּחֲצֵב. וַיָּבוֹא גַם־הַשָּׂטָן בְּתֹכָם לְהִתְיַצֵּב: עִם איוב ב
הַנִּמְצָאִים בְּשׁוּשָׁן, בְּאָכְלָם מִזֶּבַח עוֹכְרָם. פָּעַר פִּיו

לְהַשְׁטִינָם, וּלְהַסְגִּירָם בְּיַד נוֹתֵן מִכְרָם. צוּר הִסְכִּים
לִכְתֹּב אִגֶּרֶת לְאַבֵּד שִׁבְרָם. אָמַרְתִּי אַפְאֵיהֶם, דברים לב
אַשְׁבִּיתָה מֵאֱנוֹשׁ זִכְרָם: קְדוֹשִׁים מַלְאֲכֵי שָׁלוֹם
מַר יִבְכָּיוּן בִּצְעָקָה. רַחוּם הַבֵּט לַבְּרִית וְאַל תָּפֵר
לְהַרְחִיקָהּ. שָׁמְעָה מוֹרָשָׁה, וַתִּלְבַּשׁ בִּגְדֵי אַלְמְנוּת
וּמוּעָקָה. וַתָּשֶׂם יָדָהּ עַל־רֹאשָׁהּ, וַתֵּלֶךְ הָלוֹךְ וְזָעָקָה: שמואל ב׳ יג
תִּשְׁבִּי שָׂם אֵזוֹר שַׂק בְּמָתְנָיו תַּחְבֹּשֶׁת. מִהֵר וְהוֹדִיעַ
יְשֵׁנֵי מַכְפֵּל, אָבוֹת שְׁלֹשֶׁת. נָחַץ לְרוֹעֶה, מַה לְּךָ
נִרְדָּם לְהִתְעַשֵּׁת. קוּם קְרָא אֶל־אֱלֹהֶיךָ, אוּלַי יונה א
יִתְעַשֵּׁת: חוֹתָם טִיט אֲשֶׁר נַעֲשָׂה, לְבִלְשָׁן סִפֵּר.
מְנִינֵהוּ לָמְדוּ לְאַחַר גְּזֵרָה כַּעַס לְהָפֵר. בֶּן קִישׁ הִקִּישׁ
דַּלְתוֹת בֵּית הַסֵּפֶר. וַיְכַס שַׂק, וַיֵּשֶׁב עַל־הָאֵפֶר: יונה ג
רִבֵּץ תִּינוֹקוֹת לְפָנָיו יָמִים שְׁלֹשָׁה, צְמֵאִים וּמְכֻפָּנִים.
בְּקוֹל יַעֲקֹב לַחֲלֹשׁ יְדֵי עַז פָּנִים. יָדָיו אֱמוּנָה לָאֵל,
הַצִּילֵנִי נָא מֵעֶלְבּוֹנִים. פֶּן־יָבוֹא וְהִכַּנִי אֵם עַל־ בראשית לב
בָּנִים: מִזֶּה אֵלֶּה וּמִזֶּה אֵלֶּה, בְּנֵי אֵיתָנַי וְרַבָּנַי. כֻּלָּם
צָעֲקוּ, וַתַּעַל שַׁוְעָתָם אֶל יהוה. יָהּ, לְקוֹל רִנּוּן כְּבוֹא,
שָׁאַל לְפָנָי. וּמֶה קוֹל־הַצֹּאן הַזֶּה בְּאָזְנָי: רוֹעֶה שמואל א׳ טו
הֵשִׁיבוֹ, הֵם קְטַנֵּי קֹדֶשׁ זָרַע. יָהּ, הַצֵּל לְקוּחִים לַמָּוֶת

מֵאוֹיֵב הָרָע. חַנּוּן נִכְמְרוּ רַחֲמָיו וַיְבַקֵּשׁ לִבְכּוֹת
הַמְּאֹרָע. וַיְהִי כִּקְרֹא מֶלֶךְ־יִשְׂרָאֵל אֶת־הַסֵּפֶר, מלכים ב׳ ה
וַיִּקְרַע: יְהוּדִי הוֹקִיעַ, יְלָדָיו לְמַטָּה וַאֲבִיהֶם לְמַעְלָה.
אִישׁ אִישׁ בְּשָׁלֹשׁ אַמּוֹת, וְהָרְבִיעִית אֲוִיר מְגֻלָּה.
מִשְׁנֶה נָקָם חָזָה, וְשָׂמַח וְשָׁת תְּהִלָּה. אֹתִי הֵשִׁיב בראשית מא
עַל־כַּנִּי וְאֹתוֹ תָלָה: ‹ וַתִּכְתֹּב אֶסְתֵּר תֹּקֶף, לִקְרֹא
כְּבְהַלֵּל מְהוֹדִים. מִלְמַעְלָה קִיְּמוּ מַה שֶּׁקִּבְּלוּ לְמַטָּה
דוֹדִים. נֵס יְנוֹסֵס לְפַרְסֵם כְּאָז פִּלְאוֹ מַסְהִידִים.
בָּעֵת הַזֹּאת רֶוַח וְהַצָּלָה יַעֲמוֹד לַיְּהוּדִים: אסתר ד

אֵל מֶלֶךְ יוֹשֵׁב עַל כִּסֵּא רַחֲמִים, מִתְנַהֵג בַּחֲסִידוּת.
מוֹחֵל עֲוֹנוֹת עַמּוֹ, מַעֲבִיר רִאשׁוֹן רִאשׁוֹן. מַרְבֶּה
מְחִילָה לְחַטָּאִים, וּסְלִיחָה לְפוֹשְׁעִים. עֹשֶׂה צְדָקוֹת
עִם כָּל בָּשָׂר וָרוּחַ, לֹא כְרָעָתָם תִּגְמֹל. ‹ אֵל, הוֹרֵיתָ
לָּנוּ לוֹמַר שְׁלֹשׁ עֶשְׂרֵה, וּזְכָר לָנוּ הַיּוֹם בְּרִית שְׁלֹשׁ
עֶשְׂרֵה, כְּמוֹ שֶׁהוֹדַעְתָּ לֶעָנָו מִקֶּדֶם, כְּמוֹ שֶׁכָּתוּב:
וַיֵּרֶד יהוה בֶּעָנָן, וַיִּתְיַצֵּב עִמּוֹ שָׁם, וַיִּקְרָא בְשֵׁם,
יהוה:

קהל ואחריו שליח הציבור:

וַיַּעֲבֹר יהוה עַל־פָּנָיו וַיִּקְרָא שמות לד

יהוה, יהוה, אֵל רַחוּם וְחַנּוּן, אֶרֶךְ אַפַּיִם, וְרַב־חֶסֶד וֶאֱמֶת: נֹצֵר חֶסֶד לָאֲלָפִים, נֹשֵׂא עָוֹן וָפֶשַׁע וְחַטָּאָה, וְנַקֵּה: וְסָלַחְתָּ לַעֲוֹנֵנוּ וּלְחַטָּאתֵנוּ, וּנְחַלְתָּנוּ:

סְלַח לָנוּ אָבִינוּ כִּי חָטָאנוּ, מְחַל לָנוּ מַלְכֵּנוּ כִּי פָשָׁעְנוּ. כִּי־אַתָּה אֲדֹנָי טוֹב וְסַלָּח, וְרַב־חֶסֶד לְכָל־ קֹרְאֶיךָ: תהלים פו

כִּי־עִמְּךָ מְקוֹר חַיִּים, בְּאוֹרְךָ נִרְאֶה־אוֹר: בְּקָרְאֵנוּ עֲנֵנוּ אֱלֹהֵי צִדְקֵנוּ, בַּצָּר הִרְחַבְתָּ לָּנוּ, חָנֵּנוּ וּשְׁמַע תְּפִלָּתֵנוּ. וְעַתָּה יִגְדַּל־נָא כֹּחַ אֲדֹנָי, כַּאֲשֶׁר דִּבַּרְתָּ לֵאמֹר: תהלים לו / במדבר יד

כְּרַחֵם אָב עַל בָּנִים, כֵּן תְּרַחֵם יהוה עָלֵינוּ.

לַיהוה הַיְשׁוּעָה, עַל־עַמְּךָ בִרְכָתֶךָ סֶּלָה: תהלים ג

יהוה צְבָאוֹת עִמָּנוּ, מִשְׂגָּב לָנוּ אֱלֹהֵי יַעֲקֹב סֶלָה: תהלים מו

יהוה צְבָאוֹת, אַשְׁרֵי אָדָם בֹּטֵחַ בָּךְ: תהלים פד

יהוה הוֹשִׁיעָה, הַמֶּלֶךְ יַעֲנֵנוּ בְיוֹם־קָרְאֵנוּ: תהלים כ

אֱלֹהֵינוּ וֵאלֹהֵי אֲבוֹתֵינוּ

אַתָּה הָאֵל עוֹשֵׂה פְלָאוֹת, בָּעַמִּים הוֹדַעְתָּ עֹז נוֹרָאוֹת, גָּאַלְתָּ בִּזְרוֹעַ עַמְּךָ מִתְּלָאוֹת, דִּכִּיתָ צָרֵיהֶם

בְּמוֹתֵי תַחֲלוּאוֹת. הָאוֹיֵב בְּקוּמוֹ לְעוֹרֵר מְדָנִים, וְדִמָּה לְהַכְרִית פִּרְחֵי עֲדָנִים, זָמַם לִשְׁקֹל לְגִנְזֵי אֲדוֹנִים, חֲלִיפֵי מְאַת כִּכְּרֵי אֲדָנִים. טְלָאֶיךָ הִזְהַרְתָּ שִׁקְלֵיהֶם לְהַקְדִּים, יָדַעְתָּ הָעֲתִידוֹת וְדָרַשְׁתָּ נִשְׁקָדִים, כִּבּוּי לְהַמְצִיא לְלַהַב יוֹקְדִים, לְקוּחִים לַמָּוֶת לְתֶחִי נִפְקָדִים. מַסֵּכָה צָרָה בְּעָבְדָם לְפָנִים, נִמְסְרוּ לְהָתֵז קְנוּקְנוֹת וּגְפָנִים, סְבָבוּם מוֹקְשִׁים בְּכָל דְּפָנִים, עֵינֵיהֶם לְךָ תּוֹלִים וּבְסִתְרְךָ נִצְפָּנִים. פּוּר נֶהְפַּךְ בְּאוֹיְבִים לִשְׁלֹט, צְלִיבָה הוּכַן אֲגָגִי לִקְלֹט, קָלַע וּבִלַּע פְּנֵי הַלּוֹט הַלּוֹט, רִיבִי עָם בְּאַשְׁמַנִּים לַעֲלֹט. שָׁלוֹם וֶאֱמֶת נִכְתַּב מִכָּל צַד, תְּקֶף יֶשַׁע סֶלַע וּמְצָד, שׁוֹדֵד הַשֹּׁדֵד וּבְרִשְׁתּוֹ נוֹצַד, מִלְּשְׁנִי נִסְחַף נִצְמַת וְנִרְצַד. עָשׂוּ שְׂמָחוֹת וְלַדּוֹרוֹת קְבָעוּם, וּמִקְרָאוֹת שִׁלְּשׁוּם וְלֹא רִבְּעוּם, נִסְכְּמוּ מִמַּעַל וּלְמַטָּה טְבָעוּם, בְּסֵפֶר נֶחֱקַק עַל מָה קְבָעוּם. רָמָה יָדְךָ לִסְלֹחַ לַפּוֹשְׁעִים, יְהוּדִי וַהֲדַסָּה הֵקַמְתָּ מוֹשִׁיעִים, צִדְקָתָם עוֹמֶדֶת לָעַד לְשַׁעֲשׁוּעִים, חֵקֶר כְּבוֹדָם לְהִזָּכֵר לְנוֹשָׁעִים. קַנֵּא לְשִׁמְךָ נוֹרָא וְנִקְדָּשׁ, חֲזֵה כַּרְמְךָ נֶהֱרַס וְנִדָּשׁ, זְרוּיֵינוּ קַבֵּץ וְשִׁיר לְךָ יְחֻדָּשׁ, קַיְּמֵם וְהַחֲיֵם בְּבִנְיַן בֵּית הַמִּקְדָּשׁ.

› וְכַעֲשׂוֹתְךָ נוֹרָאוֹת בְּאוֹתָן הַיָּמִים, אִתָּנוּ הַפְלֵא תְּשׁוּעַת עוֹלָמִים, מְצוֹא לְפָנֶיךָ כֹּפֶר וְתַנְחוּמִים, אֵל מֶלֶךְ יוֹשֵׁב עַל כִּסֵּא רַחֲמִים.

אֵל מֶלֶךְ יוֹשֵׁב עַל כִּסֵּא רַחֲמִים, מִתְנַהֵג בַּחֲסִידוּת. מוֹחֵל עֲוֹנוֹת עַמּוֹ, מַעֲבִיר רִאשׁוֹן רִאשׁוֹן. מַרְבֶּה מְחִילָה לְחַטָּאִים, וּסְלִיחָה לְפוֹשְׁעִים. עֹשֶׂה צְדָקוֹת עִם כָּל בָּשָׂר וָרוּחַ, לֹא כְרָעָתָם תִּגְמֹל. › אֵל, הוֹרֵיתָ לָּנוּ לוֹמַר שְׁלֹשׁ עֶשְׂרֵה, וּזְכָר לָנוּ הַיּוֹם בְּרִית שְׁלֹשׁ עֶשְׂרֵה, כְּמוֹ שֶׁהוֹדַעְתָּ לֶעָנָו מִקֶּדֶם, כְּמוֹ שֶׁכָּתוּב: וַיֵּרֶד יהוה בֶּעָנָן, וַיִּתְיַצֵּב עִמּוֹ שָׁם, וַיִּקְרָא בְשֵׁם, יהוה:

קהל ואחריו שליח הציבור:

וַיַּעֲבֹר יהוה עַל־פָּנָיו וַיִּקְרָא שמות לד

יהוה, יהוה, אֵל רַחוּם וְחַנּוּן, אֶרֶךְ אַפַּיִם, וְרַב־חֶסֶד וֶאֱמֶת: נֹצֵר חֶסֶד לָאֲלָפִים, נֹשֵׂא עָוֹן וָפֶשַׁע וְחַטָּאָה, וְנַקֵּה: וְסָלַחְתָּ לַעֲוֹנֵנוּ וּלְחַטָּאתֵנוּ, וּנְחַלְתָּנוּ:

סְלַח לָנוּ אָבִינוּ כִּי חָטָאנוּ, מְחַל לָנוּ מַלְכֵּנוּ כִּי
פָשָׁעְנוּ. כִּי־אַתָּה אֲדֹנָי טוֹב וְסַלָּח, וְרַב־חֶסֶד לְכָל־ תהלים פו
קֹרְאֶיךָ:

הקהל אומר פיוט זה בית בית, ושליח הציבור חוזר אחריו בקול:

בְּמְתֵי מִסְפָּר חִלִּינוּ פָנֶיךָ.
לְשַׁוְעַת נְכֵאִים אַל תַּעְלֵם אָזְנֶךָ.
הַקְשֵׁב תְּחִנָּתָם מִשְּׁמֵי מְעוֹנֶךָ.
כְּבִימֵי מֹר וַהֲדַס הוֹשַׁעְתָּ בָנֶיךָ.

תְּהִלּוֹת יִשְׂרָאֵל אַתָּה יוֹשֵׁב.
שַׁוְעָתָם מַאֲזִין וְרִנָּתָם קוֹשֵׁב.
רְפָאוּת לְמַחַץ מַקְדִּים וּמְחַשֵּׁב.
קֹוֶיךָ לְהֵיטִיב וּנְוֵיהֶם לְיַשֵּׁב.

צַר וְאוֹיֵב הִלְטִישׁ עֵינָיו.
פִּיהוּ פָּעַר לִשְׁאֹף עָנָו.
עֵשֶׁת בְּשֶׁלוֹ לְהַשְׁמִיד קְהַל הֲמוֹנָיו.
סֶגֶל לְאַבֵּד חָרַת בְּנִשְׁתְּוָנָיו.

נוֹקֵם לְצָרִים וְנוֹטֵר לְאוֹיְבִים.
מְדָדָתָ מִדָּתָם כְּזָדוּ לַאֲהוּבִים.
לוֹחֵם וּבָנָיו הָתְלוּ מְצֻלָּבִים.
כְּבַחֲרֹזֶת דָּגִים חֹרְזוּ תְחוּבִים.

יוֹם אֲשֶׁר שִׁבְּרוּ צוֹרְרִים.
טִבְחָה לָשִׁית בְּעַם נְצוּרִים.
חָלְפָה הַדָּת וְנָפְלוּ פְגָרִים.
זָלְעֲפוּ זַעֲמוּ מוּבָסִים מְגֻרִים.

וּבְכֵן יִתְעַלֶּה שִׁמְךָ וְיִתְנַשָּׂא.
הוֹדְךָ שְׁמֵי שָׁמַיִם כִּסָּה.
דַּכִּים בְּרוֹמְמְךָ נְתוּנִים לִמְשִׁסָּה.
גֵּיא וַאֲפָסֶיהָ תְּהִלָּתְךָ מְכַסָּה.

בִּינָה הֲגִיגֵנוּ עַתָּה, וּרְאֵה בַצָּר.
בְּאַפְּךָ קוּמָה עַל צוֹרֵר הַצָּר.
אָדוֹן, קְרָאנוּךָ מִן הַמֵּצָר.
אָנָּא הוֹצִיאֵנוּ לַמֶּרְחָב וְחַלְּצֵנוּ מִצָּר.

מְאֹד תַּרְבֶּה לָנוּ מְחִילָה.
שְׁמַע תְּפִלָּה, וְהַעֲבֵר תִּפְלָה.
לוֹחֲצֵינוּ הַמְעֵד וּמַלְאֵם חַלְחָלָה.
מִמֶּנּוּ רַחֲמֶיךָ לָעַד לֹא תִכְלָא.

ממשיכים ׳אֵל מֶלֶךְ׳ בעמ׳ 806.

סליחות לשבעה עשר בתמוז

סְלַח לָנוּ, אָבִינוּ, כִּי בְּרֹב אִוַּלְתֵּנוּ שָׁגִינוּ.
מְחַל לָנוּ, מַלְכֵּנוּ, כִּי רַבּוּ עֲוֹנֵינוּ.

אֵל אֶרֶךְ אַפַּיִם אַתָּה, וּבַעַל הָרַחֲמִים נִקְרֵאתָ, וְדֶרֶךְ תְּשׁוּבָה הוֹרֵיתָ. גְּדֻלַּת רַחֲמֶיךָ וַחֲסָדֶיךָ, תִּזְכֹּר הַיּוֹם וּבְכָל יוֹם לְזֶרַע יְדִידֶיךָ. תֵּפֶן אֵלֵינוּ בְּרַחֲמִים, כִּי אַתָּה הוּא בַּעַל הָרַחֲמִים. בְּתַחֲנוּן וּבִתְפִלָּה פָּנֶיךָ נְקַדֵּם, כְּהוֹדַעְתָּ לֶעָנָו מִקֶּדֶם. מֵחֲרוֹן אַפְּךָ שׁוּב, כְּמוֹ בְּתוֹרָתְךָ כָּתוּב. וּבְצֵל כְּנָפֶיךָ נֶחֱסֶה וְנִתְלוֹנָן, כְּיוֹם וַיֵּרֶד יהוה בֶּעָנָן. ◂ תַּעֲבֹר עַל פֶּשַׁע וְתִמְחֶה אָשָׁם, כְּיוֹם וַיִּתְיַצֵּב עִמּוֹ שָׁם. תַּאֲזִין שַׁוְעָתֵנוּ וְתַקְשִׁיב מֶנּוּ מַאֲמָר, כְּיוֹם וַיִּקְרָא בְשֵׁם יהוה, וְשָׁם נֶאֱמַר

קהל ואחריו שליח הציבור:

וַיַּעֲבֹר יהוה עַל־פָּנָיו וַיִּקְרָא שמות לד

יהוה, יהוה, אֵל רַחוּם וְחַנּוּן, אֶרֶךְ אַפַּיִם, וְרַב־חֶסֶד וֶאֱמֶת: נֹצֵר חֶסֶד לָאֲלָפִים, נֹשֵׂא עָוֹן וָפֶשַׁע וְחַטָּאָה, וְנַקֵּה: וְסָלַחְתָּ לַעֲוֹנֵנוּ וּלְחַטָּאתֵנוּ, וּנְחַלְתָּנוּ:

סְלַח לָנוּ אָבִינוּ כִּי חָטָאנוּ, מְחַל לָנוּ מַלְכֵּנוּ כִּי
פָשָׁעְנוּ. כִּי־אַתָּה אֲדֹנָי טוֹב וְסַלָּח, וְרַב־חֶסֶד לְכָל־ תהלים פו
קֹרְאֶיךָ:

וְאַל־תִּתְּנוּ דֳמִי לוֹ ישעיה סב
עַד־יְכוֹנֵן וְעַד־יָשִׂים אֶת־יְרוּשָׁלַםִ תְּהִלָּה בָּאָרֶץ:
כִּי־עִמְּךָ מְקוֹר חַיִּים, בְּאוֹרְךָ נִרְאֶה־אוֹר: תהלים לו
אֱלֹהֵינוּ, בֹּשְׁנוּ בְּמַעֲשֵׂינוּ וְנִכְלַמְנוּ בַּעֲוֹנֵינוּ.

כְּרַחֵם אָב עַל בָּנִים, כֵּן תְּרַחֵם יהוה עָלֵינוּ.
לַיהוה הַיְשׁוּעָה, עַל־עַמְּךָ בִרְכָתֶךָ סֶּלָה: תהלים ג
יהוה צְבָאוֹת עִמָּנוּ, מִשְׂגָּב לָנוּ אֱלֹהֵי יַעֲקֹב סֶלָה: תהלים מו
יהוה צְבָאוֹת, אַשְׁרֵי אָדָם בֹּטֵחַ בָּךְ: תהלים פד
יהוה הוֹשִׁיעָה, הַמֶּלֶךְ יַעֲנֵנוּ בְיוֹם־קָרְאֵנוּ: תהלים כ

◄ סְלַח־נָא לַעֲוֹן הָעָם הַזֶּה כְּגֹדֶל חַסְדֶּךָ במדבר יד
וְכַאֲשֶׁר נָשָׂאתָה לָעָם הַזֶּה מִמִּצְרַיִם וְעַד־הֵנָּה:
וְשָׁם נֶאֱמַר

קהל ואחריו שליח הציבור:

וַיֹּאמֶר יהוה, סָלַחְתִּי כִּדְבָרֶךָ:

הַטֵּה אֱלֹהַי אָזְנְךָ וּשְׁמָע, פְּקַח עֵינֶיךָ וּרְאֵה דניאל ט
שֹׁמְמֹתֵינוּ וְהָעִיר אֲשֶׁר־נִקְרָא שִׁמְךָ עָלֶיהָ, כִּי לֹא
עַל־צִדְקֹתֵינוּ אֲנַחְנוּ מַפִּילִים תַּחֲנוּנֵינוּ לְפָנֶיךָ, כִּי
עַל־רַחֲמֶיךָ הָרַבִּים: אֲדֹנָי שְׁמָעָה, אֲדֹנָי סְלָחָה,
אֲדֹנָי הַקְשִׁיבָה וַעֲשֵׂה אַל־תְּאַחַר, לְמַעַנְךָ אֱלֹהַי,
כִּי־שִׁמְךָ נִקְרָא עַל־עִירְךָ וְעַל־עַמֶּךָ:

אֱלֹהֵינוּ וֵאלֹהֵי אֲבוֹתֵינוּ

אָתָנוּ לְךָ יוֹצֵר רוּחוֹת
בְּרוֹב עֲוֹנֵינוּ כָּבְדוּ אֲנָחוֹת
גְּזֵרוֹת עָצְמוּ וְרַבּוּ צְרִיחוֹת
כִּי בְּשִׁבְעָה עָשָׂר בְּתַמּוּז נִשְׁתַּבְּרוּ הַלֻּחוֹת.

גָּלִינוּ מִבֵּית הַבְּחִירָה
דִּינֵנוּ נֶחְתַּם וְנִגְזְרָה גְזֵרָה
וְחָשַׁךְ בַּעֲדֵנוּ אוֹרָה
כִּי בְּשִׁבְעָה עָשָׂר בְּתַמּוּז נִשְׂרְפָה הַתּוֹרָה.

הָרְסוּ אוֹיְבֵינוּ הַהֵיכָל
וּבָרְחָה שְׁכִינָה מִזָּוִית הֵיכָל
וְנִמְסַרְנוּ בִּידֵי זֵדִים לְהִתְאַכָּל
כִּי בְּשִׁבְעָה עָשָׂר בְּתַמּוּז הָעֳמַד צֶלֶם בַּהֵיכָל.

זֵרוּנוּ מֵעִיר אֶל עִיר
וְנִלְכַּד מִמֶּנּוּ רַב וְצָעִיר
חָרְבָה מְשׂוֹשֵׂנוּ וְאֵשׁ בָּהּ הִבְעִיר
כִּי בְּשִׁבְעָה עָשָׂר בְּתַמּוּז הָבְקְעָה הָעִיר.

טָפַשׁ מִקְדָּשֵׁנוּ צַר הַמַּשְׁמִיד
וְנָטַל מֵחָתָן וְכַלָּה אֶצְעָדָה וְצָמִיד
יַעַן כְּעַסְנוּךָ נִתַּנּוּ לְהַשְׁמִיד
כִּי בְּשִׁבְעָה עָשָׂר בְּתַמּוּז בָּטַל הַתָּמִיד.

כָּלָה מֶנּוּ כָּל הוֹד וָשֶׁבַח
חַרְבּוֹ שָׁלַף אוֹיֵב עָלֵינוּ לָאֶבַח
לִהְיוֹת עוֹלְלִים וְיוֹנְקִים מוּכָנִים לַטֶּבַח
כִּי בְּשִׁבְעָה עָשָׂר בְּתַמּוּז בָּטְלוּ עוֹלָה וָזָבַח.

מָרַדְנוּ לְשׁוֹכֵן מְעוֹנוֹת
לָכֵן נִתְפַּזַּרְנוּ בְּכָל פִּנּוֹת
נֶהְפַּךְ מְחוֹלֵנוּ לְקִינוֹת
כִּי בְּשִׁבְעָה עָשָׂר בְּתַמּוּז בָּטְלוּ קָרְבָּנוֹת.

סָרַרְנוּ לְפָנֶיךָ מֵרִיב לְשׁוֹנוֹת
לָכֵן לָמְדָה לְשׁוֹנֵנוּ לוֹמַר קִינוֹת
עֻזַּבְנוּ בְּלִי לְהִמָּנוֹת
כִּי בְּשִׁבְעָה עָשָׂר בְּתַמּוּז גָּרְמוּ לָנוּ עֲוֹנוֹת.

פֻּזַּרְנוּ בְּלִי מְצוֹא רְוָחָה
לָכֵן רָבְתָה בָּנוּ אֲנָחָה
צוּר רְאֵה נַפְשֵׁנוּ כִּי שָׁחָה
וְשִׁבְעָה עָשָׂר בְּתַמּוּז הֲפָךְ לָנוּ לְשָׂשׂוֹן וּלְשִׂמְחָה.

קִשִּׁינוּ עֹרֶף וְרָבְתָה בָּנוּ אָסוֹן
לָכֵן נִתַּנּוּ לִמְשִׁסָּה וְרִפְשׂוֹן
רְאֵה יהוה וְחַלְּצֵנוּ מֵאָסוֹן
וְשִׁבְעָה עָשָׂר בְּתַמּוּז הֲפָךְ לָנוּ לְשִׂמְחָה וּלְשָׂשׂוֹן.

◂ שְׁעֵנוּ שׁוֹכֵן רוּמָה
וְקַבֵּץ נְפוּצוֹתֵינוּ מִקַּצְוֹות אֲדָמָה
תֹּאמַר לְצִיּוֹן קוּמָה
וְשִׁבְעָה עָשָׂר בְּתַמּוּז הֲפָךְ לָנוּ לְיוֹם יְשׁוּעָה וְנֶחָמָה.

אֵל מֶלֶךְ יוֹשֵׁב עַל כִּסֵּא רַחֲמִים, מִתְנַהֵג בַּחֲסִידוּת. מוֹחֵל עֲוֹנוֹת עַמּוֹ, מַעֲבִיר רִאשׁוֹן רִאשׁוֹן. מַרְבֶּה מְחִילָה לְחַטָּאִים, וּסְלִיחָה לְפוֹשְׁעִים. עֹשֶׂה צְדָקוֹת עִם כָּל בָּשָׂר וָרוּחַ, לֹא כְרָעָתָם תִּגְמֹל. ◂ אֵל, הוֹרֵיתָ לָּנוּ לוֹמַר שְׁלֹשׁ עֶשְׂרֵה, וּזְכָר לָנוּ הַיּוֹם בְּרִית שְׁלֹשׁ עֶשְׂרֵה, כְּמוֹ שֶׁהוֹדַעְתָּ לֶעָנָו מִקֶּדֶם, כְּמוֹ שֶׁכָּתוּב:

וַיֵּרֶד יהוה בֶּעָנָן, וַיִּתְיַצֵּב עִמּוֹ שָׁם, וַיִּקְרָא בְשֵׁם, יהוה:

קהל ואחריו שליח הציבור:

שמות לד וַיַּעֲבֹר יהוה עַל־פָּנָיו וַיִּקְרָא

יהוה, יהוה, אֵל רַחוּם וְחַנּוּן, אֶרֶךְ אַפַּיִם, וְרַב־חֶסֶד וֶאֱמֶת: נֹצֵר חֶסֶד לָאֲלָפִים, נֹשֵׂא עָוֹן וָפֶשַׁע וְחַטָּאָה, וְנַקֵּה: וְסָלַחְתָּ לַעֲוֹנֵנוּ וּלְחַטָּאתֵנוּ, וּנְחַלְתָּנוּ:

סְלַח לָנוּ אָבִינוּ כִּי חָטָאנוּ, מְחַל לָנוּ מַלְכֵּנוּ כִּי
תהלים פו פָּשָׁעְנוּ. כִּי־אַתָּה אֲדֹנָי טוֹב וְסַלָּח, וְרַב־חֶסֶד לְכָל־
קֹרְאֶיךָ:

אֱלֹהִים אַל־דֳּמִי־לָךְ
אַל־תֶּחֱרַשׁ וְאַל־תִּשְׁקֹט אֵל:
תהלים פג כִּי־הִנֵּה אוֹיְבֶיךָ יֶהֱמָיוּן, וּמְשַׂנְאֶיךָ נָשְׂאוּ רֹאשׁ:
תהלים צד אֵל־נְקָמוֹת יהוה, אֵל נְקָמוֹת הוֹפִיעַ:

כְּרַחֵם אָב עַל בָּנִים, כֵּן תְּרַחֵם יהוה עָלֵינוּ.
תהלים ג לַיהוה הַיְשׁוּעָה, עַל־עַמְּךָ בִרְכָתֶךָ סֶּלָה:
תהלים מו יהוה צְבָאוֹת עִמָּנוּ, מִשְׂגָּב לָנוּ אֱלֹהֵי יַעֲקֹב סֶלָה:
תהלים פד יהוה צְבָאוֹת, אַשְׁרֵי אָדָם בֹּטֵחַ בָּךְ:
תהלים כ יהוה הוֹשִׁיעָה, הַמֶּלֶךְ יַעֲנֵנוּ בְיוֹם־קָרְאֵנוּ:

אֱלֹהֵינוּ וֵאלֹהֵי אֲבוֹתֵינוּ

אֲמָרֵר בִּבְכִי מִפְּנֵי יָד שְׁלוּחָה בְּעִי.
בְּנַאֲצִי בְּתוֹךְ בֵּיתוֹ בִּבְגָדִי וְקָבְעִי.
גָּח וּבָרַח וְדָהַר וְנִסַּע עֶשֶׂר וְעָלָה לַשְּׁבִיעִי.
דָּמַנִי הֱצִיקַנִי הִשִּׁיקַנִי בַּחֹדֶשׁ הָרְבִיעִי.
הֵבִיא מוֹעֵד בִּמְלָאתוֹ לִשְׁבֹּר בַּחוּרֵי גְמוּז.
וְרִבָּה בוֹ פְעָמִים בְּמִסְמוּס וּמִזְמוּז.
זְבוּלוֹ כְּשָׂר שֶׁאֲנָנוֹת מְבַכּוֹת אֶת הַתַּמּוּז.
חִיְּבַנִי וְאִיְּבַנִי אֲזַי בְּיֶרַח תַּמּוּז.
טָמְנוּ פַּחִים חֲמִשָּׁה בְּמִקְרָא תְּלָאוֹת מְשֻׁלָּחוֹת.
יָכְלוּ לִי בְּשִׁבְעָה עָשָׂר בּוֹ בַּאֲלִיחוּת.
כִּי נוֹקַשְׁתִּי כְּכַלָּה עֲלוּבָה בְּחֻפַּת שַׁלְוָה וְהַצְלָחוֹת.
לְרוֹעִי לֹא הִמְתַּנְתִּי שֵׁשׁ, וְנִשְׁתַּבְּרוּ הַלֻּחוֹת.
מִיָּדוֹ עָדִיתִי חֲלִי כֶתֶם, אֶצְעָדָה וְצָמִיד.
נִגְּרוֹת בְּיוֹם אַפּוֹ, כְּשִׁחַתִּי דְּרָכַי לְהַשְׁמִיד.
סֵדֶר עֲבוֹדָתוֹ וְקִיץ מִזְבְּחוֹ קַצְתִּי לְהַעֲמִיד.
עַל כֵּן מִלִּשְׁכַּת הַטְּלָאִים בֻּטַּל הַתָּמִיד.
פּוֹר הִתְפּוֹרְרָה וְנִתְפַּזְּרָה סֹעֲרָה עֲנִיָּה.
צִי נִמְשְׁלָה מִבְּלִי חוֹבֵל, וְנִטְרְפָה כָּאֳנִיָּה.
קַחְתָּה בְּחַטָּאתָהּ בְּרֹאשָׁהּ, וּבְכֶפֶל תַּאֲנִיָּה וַאֲנִיָּה.

רִיבוּהָ צָרֶיהָ כְּהַיּוֹם, וְהָבְקְעָה הָעִיר בַּשְּׁנִיָּה.
שָׁלְחָה כִּצְבִי מֻדָּח מֵאֵין דּוֹרֵשׁ לְהַסְתִּירָה.
שָׁנְנוּ לְשׁוֹנָם וּנְתָנוּהָ כְּשֶׂה, צַמְּרָהּ וַחֲלָבָהּ
לְהַתִּירָה.
תִּצְעַק עַל כְּלִי חֶמְדָּה שֶׁבּוֹ נִכְתָּרָה.
תַּחֲמוֹד עֵינֶיהָ נְצַל כְּשָׂרַף אַפּוֹסְטְמוֹס הַתּוֹרָה.
חֵרֵף עֲשׁוּקִים וּרְצוּצִים בַּעֲבוּר הַרְעִימָם סָכָל.
יְרוּדִים בִּזְוָיָה לֶאֱכֹל וּבְהַסְתֵּר פָּנִים מִלְּהִסְתַּכָּל.
יָד הִשְׁלִים מִכְּנַף שִׁקּוּצִים נֶאֱכָל.
עֵת צָרָה כְּהִתְכַּנֵּס וְהָעֳמַד צֶלֶם בְּהֵיכָל.
דְּוּוּיִם סְגוּפִים בָּנִים הָיוּ מִקֶּדֶם רִאשׁוֹנִים.
סְמוּכוֹת צָרוֹתֵיהֶם זוֹ לְזוֹ כַּמָּה שָׁנִים.
לוֹקִים כַּאֲשֶׁר תַּעֲשֶׂינָה הַדְּבוֹרִים, וְהָעַקְרַבִּים
שׁוֹנִים.
הוֹגִים אָבַד שִׂבְרָם וּבָטֵל סִכּוּיָם בְּאִישׁוֹנִים.
אֵל קַנָּא, בְּהִתְאַפֵּק בִּמְקַנְאֶיךָ דְּשֵׁנִים רְטוּבִים.
מְחַכִּים תְּקִים עוֹמְדִים לְעוֹלָמִים, כִּנְטִיעִים
מְחֻטָּבִים בַּאֲהָבִים.
הָאֱמֶת וְהַשָּׁלוֹם בְּצוֹמוֹת חֲטוּבִים.
נֵצַח הֱיוֹתָם לְשִׂמְחָה וּלְשָׂשׂוֹן וּלְמוֹעֲדִים טוֹבִים.

אֵל מֶלֶךְ יוֹשֵׁב עַל כִּסֵּא רַחֲמִים, מִתְנַהֵג בַּחֲסִידוּת. מוֹחֵל עֲוֹנוֹת עַמּוֹ, מַעֲבִיר רִאשׁוֹן רִאשׁוֹן. מַרְבֶּה מְחִילָה לְחַטָּאִים, וּסְלִיחָה לְפוֹשְׁעִים. עֹשֶׂה צְדָקוֹת עִם כָּל בָּשָׂר וָרוּחַ, לֹא כְרָעָתָם תִּגְמֹל. ◂ אֵל, הוֹרֵיתָ לָּנוּ לוֹמַר שְׁלֹשׁ עֶשְׂרֵה, וּזְכָר לָנוּ הַיּוֹם בְּרִית שְׁלֹשׁ עֶשְׂרֵה, כְּמוֹ שֶׁהוֹדַעְתָּ לֶעָנָו מִקֶּדֶם, כְּמוֹ שֶׁכָּתוּב: וַיֵּרֶד יהוה בֶּעָנָן, וַיִּתְיַצֵּב עִמּוֹ שָׁם, וַיִּקְרָא בְשֵׁם, יהוה:

קהל ואחריו שליח הציבור:

וַיַּעֲבֹר יהוה עַל־פָּנָיו וַיִּקְרָא שמות לד

יהוה, יהוה, אֵל רַחוּם וְחַנּוּן, אֶרֶךְ אַפַּיִם, וְרַב־חֶסֶד וֶאֱמֶת: נֹצֵר חֶסֶד לָאֲלָפִים, נֹשֵׂא עָוֹן וָפֶשַׁע וְחַטָּאָה, וְנַקֵּה: וְסָלַחְתָּ לַעֲוֹנֵנוּ וּלְחַטָּאתֵנוּ, וּנְחַלְתָּנוּ:

סְלַח לָנוּ אָבִינוּ כִּי חָטָאנוּ, מְחַל לָנוּ מַלְכֵּנוּ כִּי פָּשָׁעְנוּ. כִּי־אַתָּה אֲדֹנָי טוֹב וְסַלָּח, וְרַב־חֶסֶד לְכָל־ תהלים פו
קֹרְאֶיךָ:

הקהל אומר פיוט זה בית בית, ושליח הציבור חוזר אחריו בקול:

שְׁעֵה נֶאֱסָר, אֲשֶׁר נִמְסַר, בְּיַד בָּבֶל וְגַם שֵׂעִיר.
לְךָ יֶהֱמֶה, זֶה כַּמֶּה, וְיִתְחַנֵּן כְּבֵן צָעִיר.
יוֹם גָּבַר הָאוֹיֵב וַתִּבָּקַע הָעִיר.

לְזֹאת אֶכֹּף, וְאֶסְפֹּק כַּף, בְּיוֹם חֲמֵשׁ פִּזְרוּנִי.
וְעַל רֶגֶל הָעֵגֶל, הַלֻּחוֹת יְצָאוּנִי.
וְגַם הֻשְׁמַד הַתָּמִיד, וּבַסּוּגַר הֱבִיאָנִי.
וְהוּשַׂם אֱלִיל בְּהֵיכַל כְּלִיל, וּמֵעֲצָתוֹ כְּלָאָנִי.
וְהַמִּנְחָה הוּנָחָה, וְדָתְךָ, צָר בָּאֵשׁ הִבְעִיר.

יוֹם גָּבַר הָאוֹיֵב וַתִּבָּקַע הָעִיר.

מְאֹד אֶתְחַל, וְאֶתְחַלְחַל, בְּיוֹם שַׁדַּי דְּחָפָנִי.
וְהַשְּׁפִיפוֹן מִצָּפוֹן, כְּשִׁבֹּלֶת שְׁטָפָנִי.
מְאוֹר חָשַׁךְ, וְגַם שֵׁשַׁךְ, כְּמוֹ כַדּוּר צְנָפָנִי.
וְהַצַּיָּד שָׁלַח יָד, וְהַצָּפִיר וְהַשָּׂעִיר.

יוֹם גָּבַר הָאוֹיֵב וַתִּבָּקַע הָעִיר.

הוֹד לִבִּי וּמִשְׂגַּבִּי, הֲלָעַד אַפְּךָ יֶעְשַׁן.
הֲלֹא תִרְאֶה עַם נִלְאֶה, אֲשֶׁר הֻשְׁחַר כְּמוֹ כִבְשָׁן.
גְּדֹר פִּרְצִי בְּבֶן פַּרְצִי, וּמֵחֵדֶק לְקֹט שׁוֹשָׁן.
בְּנֵה בֵּית זְבוּל, וְהָשֵׁב גְּבוּל הַכַּרְמֶל וְהַבָּשָׁן.
וְעַיִן פְּקַח, וְנָקָם קַח מֵאֵצֶר וּמִדִּישָׁן.
שְׁפֹט אִלֵּם, וְאָז יְשַׁלֵּם הַמַּבְעֶה וְהַמַּבְעִיר.

יוֹם גָּבַר הָאוֹיֵב וַתִּבָּקַע הָעִיר.

מכאן ממשיכים בכל יום שאומרים סליחות:

אֵל מֶלֶךְ יוֹשֵׁב עַל כִּסֵּא רַחֲמִים, מִתְנַהֵג בַּחֲסִידוּת. מוֹחֵל עֲוֹנוֹת עַמּוֹ, מַעֲבִיר רִאשׁוֹן רִאשׁוֹן. מַרְבֶּה מְחִילָה לְחַטָּאִים, וּסְלִיחָה לְפוֹשְׁעִים. עֹשֶׂה צְדָקוֹת עִם כָּל בָּשָׂר וָרוּחַ, לֹא כְרָעָתָם תִּגְמֹל. • אֵל, הוֹרֵיתָ לָּנוּ לוֹמַר שְׁלֹשׁ עֶשְׂרֵה, וּזְכָר לָנוּ הַיּוֹם בְּרִית שְׁלֹשׁ עֶשְׂרֵה, כְּמוֹ שֶׁהוֹדַעְתָּ לֶעָנָו מִקֶּדֶם, כְּמוֹ שֶׁכָּתוּב: וַיֵּרֶד יהוה בֶּעָנָן, וַיִּתְיַצֵּב עִמּוֹ שָׁם, וַיִּקְרָא בְשֵׁם, יהוה:

קהל ואחריו שליח הציבור:

וַיַּעֲבֹר יהוה עַל־פָּנָיו וַיִּקְרָא שמות לד

יהוה, יהוה, אֵל רַחוּם וְחַנּוּן, אֶרֶךְ אַפַּיִם, וְרַב־חֶסֶד וֶאֱמֶת: נֹצֵר חֶסֶד לָאֲלָפִים, נֹשֵׂא עָוֹן וָפֶשַׁע וְחַטָּאָה, וְנַקֵּה: וְסָלַחְתָּ לַעֲוֹנֵנוּ וּלְחַטָּאתֵנוּ, וּנְחַלְתָּנוּ:

סְלַח לָנוּ אָבִינוּ כִּי חָטָאנוּ, מְחַל לָנוּ מַלְכֵּנוּ כִּי פָשָׁעְנוּ. כִּי־אַתָּה אֲדֹנָי טוֹב וְסַלָּח, וְרַב־חֶסֶד לְכָל־ קֹרְאֶיךָ: תהלים פו

זְכֹר־רַחֲמֶיךָ יהוה וַחֲסָדֶיךָ, כִּי מֵעוֹלָם הֵמָּה: זָכְרֵנוּ יהוה בִּרְצוֹן עַמֶּךָ, פָּקְדֵנוּ בִּישׁוּעָתֶךָ. תהלים כה

זְכֹר עֲדָתְךָ קָנִיתָ קֶּדֶם, גָּאַלְתָּ שֵׁבֶט נַחֲלָתֶךָ, הַר־ צִיּוֹן זֶה שָׁכַנְתָּ בּוֹ: תהלים עד

זְכֹר יהוה חִבַּת יְרוּשָׁלָיִם, אַהֲבַת צִיּוֹן אַל תִּשְׁכַּח לָנֶצַח. אַתָּה תָקוּם תְּרַחֵם צִיּוֹן, כִּי־עֵת לְחֶנְנָהּ, כִּי־בָא מוֹעֵד: תהלים קב

זְכֹר יהוה לִבְנֵי אֱדוֹם אֵת יוֹם יְרוּשָׁלָיִם, הָאֹמְרִים עָרוּ עָרוּ, עַד הַיְסוֹד בָּהּ: תהלים קלז

זְכֹר לְאַבְרָהָם לְיִצְחָק וּלְיִשְׂרָאֵל עֲבָדֶיךָ, אֲשֶׁר נִשְׁבַּעְתָּ לָהֶם בָּךְ וַתְּדַבֵּר אֲלֵהֶם, אַרְבֶּה אֶת־ זַרְעֲכֶם כְּכוֹכְבֵי הַשָּׁמָיִם, וְכָל־הָאָרֶץ הַזֹּאת אֲשֶׁר אָמַרְתִּי אֶתֵּן לְזַרְעֲכֶם, וְנָחֲלוּ לְעֹלָם: שמות לב

זְכֹר לַעֲבָדֶיךָ לְאַבְרָהָם לְיִצְחָק וּלְיַעֲקֹב, אַל־תֵּפֶן אֶל־קְשִׁי הָעָם הַזֶּה, וְאֶל־רִשְׁעוֹ וְאֶל־חַטָּאתוֹ: דברים ט

אַל־נָא תָשֵׁת עָלֵינוּ חַטָּאת אֲשֶׁר נוֹאַלְנוּ וַאֲשֶׁר חָטָאנוּ: חָטָאנוּ צוּרֵנוּ, סְלַח לָנוּ יוֹצְרֵנוּ. במדבר יב

יש המוסיפים פיוט זה. הקהל אומר אותו בית בית,
ושליח הציבור חוזר אחריו בקול:

אֵל נָא, רְפָא נָא תַּחֲלוּאֵי גֶּפֶן פּוֹרִיָּה

בּוֹשָׁה וְחָפְרָה, וְאֻמְלַל פִּרְיָהּ

גְּאָלֶנָּה מִשַּׁחַת וּמִמַּכָּה טְרִיָּה.
עֲנֵנוּ כְּשֶׁעָנִיתָ לְאַבְרָהָם אָבִינוּ בְּהַר הַמּוֹרִיָּה.
חָטָאנוּ צוּרֵנוּ, סְלַח לָנוּ יוֹצְרֵנוּ.

דִּגְלֵי עָם, פְּדוּיֵי בִּזְרוֹעַ חָשׂוּף
הַצֵּל מִנֶּגֶף וְאַל יִהְיוּ לְשִׁסּוּף
וְתַעֲנֶה קְרִיאָתֵנוּ וּלְמַעֲשֵׂה יָדֶיךָ תִּכְסֹף
עֲנֵנוּ כְּשֶׁעָנִיתָ לַאֲבוֹתֵינוּ עַל יַם סוּף.
חָטָאנוּ צוּרֵנוּ, סְלַח לָנוּ יוֹצְרֵנוּ.

זְכוּת צוּר חֻצַּב הַיּוֹם לָנוּ תְגַל
חֲשָׂכֵנוּ מֵאֶנֶף וְנַחֵנוּ בְּיֹשֶׁר מַעְגָּל
טַהֵר טֻמְאָתֵנוּ וְלִמְאוֹר תּוֹרָתְךָ עֵינֵינוּ גַּל
עֲנֵנוּ כְּשֶׁעָנִיתָ לִיהוֹשֻׁעַ בַּגִּלְגָּל.
חָטָאנוּ צוּרֵנוּ, סְלַח לָנוּ יוֹצְרֵנוּ.

יָהּ, רְאֵה דֶּשֶׁן עָקוּד, וְהַצְמַח לָנוּ תְרוּפָה
כַּלֵּה שֹׁד וָשֶׁבֶר, סַעַר וְסוּפָה
לַמְּדֵנוּ וְחַכְּמֵנוּ אִמְרָתְךָ הַצְּרוּפָה
עֲנֵנוּ כְּשֶׁעָנִיתָ לִשְׁמוּאֵל בַּמִּצְפָּה.
חָטָאנוּ צוּרֵנוּ, סְלַח לָנוּ יוֹצְרֵנוּ.

מְתֹמָם מְרַחֵם, שָׁרָשָׁיו אַל תַּקְמֵל
נַקֵּנוּ מִכֶּתֶם וְשֶׁמֶץ, וְלֹא נֵאָמֵל

סְעָדֵנוּ וְנִוָּשֵׁעָה, וְאָרְחוֹת חֲסָדֶיךָ נִגָּמֵל
עֲנֵנוּ כְּשֶׁעָנִיתָ לְאֵלִיָּהוּ בְּהַר הַכַּרְמֶל.
חָטָאנוּ צוּרֵנוּ, סְלַח לָנוּ יוֹצְרֵנוּ.

עוֹדְדֵנוּ בְּצֶדֶק מָשׁוּי מִמַּיִם, וְכַפֵּר זָדוֹן וּמְשׁוּגָה
פְּדֵנוּ מִמְּהוּמַת מָוֶת, וְאָחוֹר כָּל נְסוֹגָה
צַוֵּה יְשׁוּעָתֵנוּ, וּבַעֲוֹנוֹתֵינוּ אַל נִתְמוֹגְגָה
עֲנֵנוּ כְּשֶׁעָנִיתָ לְיוֹנָה בִּמְעֵי הַדָּגָה.
חָטָאנוּ צוּרֵנוּ, סְלַח לָנוּ יוֹצְרֵנוּ.

קְדֻשַּׁת אִישׁ חֲסִידֶךָ זְכוֹר לִיפַת פַּעֲמַיִם
רַחֲמֶיךָ תְּעוֹרֵר כִּי לָקִינוּ בְּכִפְלַיִם
שׁוּבֵנוּ תֹּקֶף לְיִרְאָתֶךָ וְלֹא נֵחָשֵׁף שׁוּלַיִם
עֲנֵנוּ כְּשֶׁעָנִיתָ לְדָוִד וְלִשְׁלֹמֹה בְנוֹ בִּירוּשָׁלָיִם.
חָטָאנוּ צוּרֵנוּ, סְלַח לָנוּ יוֹצְרֵנוּ.

בתענית אסתר נוהגים להוסיף:

תַּעֲנֶה לְקוֹרְאֶיךָ, וְהַסְכֵּת מִמְּעוֹנִים
תִּשְׁמַע שַׁוְעַת צוֹעֲקֶיךָ, שׁוֹמֵעַ אֶל אֶבְיוֹנִים
תְּרַחֵם עַל בָּנֶיךָ כְּרַחֵם אָב עַל בָּנִים
עֲנֵנוּ כְּמוֹ שֶׁעָנִיתָ לְמָרְדְּכַי וְאֶסְתֵּר
וְתָלוּ עַל עֵץ־חֲמִשִּׁים הָאָב עִם בָּנִים.
חָטָאנוּ צוּרֵנוּ, סְלַח לָנוּ יוֹצְרֵנוּ.

זְכֹר לָנוּ בְּרִית אָבוֹת כַּאֲשֶׁר אָמַרְתָּ: ויקרא כו
וְזָכַרְתִּי אֶת־בְּרִיתִי יַעֲקוֹב, וְאַף אֶת־בְּרִיתִי
יִצְחָק וְאַף אֶת־בְּרִיתִי אַבְרָהָם אֶזְכֹּר, וְהָאָרֶץ
אֶזְכֹּר:

זְכֹר לָנוּ בְּרִית רִאשׁוֹנִים כַּאֲשֶׁר אָמַרְתָּ:
וְזָכַרְתִּי לָהֶם בְּרִית רִאשֹׁנִים אֲשֶׁר הוֹצֵאתִי־ ויקרא כו
אֹתָם מֵאֶרֶץ מִצְרַיִם לְעֵינֵי הַגּוֹיִם, לִהְיוֹת לָהֶם
לֵאלֹהִים, אֲנִי יהוה:

עֲשֵׂה עִמָּנוּ כְּמָה שֶּׁהִבְטַחְתָּנוּ: וְאַף גַּם־זֹאת ויקרא כו
בִּהְיוֹתָם בְּאֶרֶץ אֹיְבֵיהֶם, לֹא־מְאַסְתִּים וְלֹא־
גְעַלְתִּים לְכַלֹּתָם, לְהָפֵר בְּרִיתִי אִתָּם, כִּי אֲנִי יהוה
אֱלֹהֵיהֶם: הָשֵׁב שְׁבוּתֵנוּ וְרַחֲמֵנוּ כְּמָה שֶּׁכָּתוּב:
וְשָׁב יהוה אֱלֹהֶיךָ אֶת־שְׁבוּתְךָ וְרִחֲמֶךָ, וְשָׁב וְקִבֶּצְךָ דברים ל
מִכָּל־הָעַמִּים אֲשֶׁר הֱפִיצְךָ יהוה אֱלֹהֶיךָ שָׁמָּה:
קַבֵּץ נִדָּחֵינוּ כְּמָה שֶּׁכָּתוּב: אִם־יִהְיֶה נִדַּחֲךָ בִּקְצֵה דברים ל
הַשָּׁמָיִם, מִשָּׁם יְקַבֶּצְךָ יהוה אֱלֹהֶיךָ וּמִשָּׁם יִקָּחֶךָ:
מְחֵה פְשָׁעֵינוּ כָּעָב וְכֶעָנָן כְּמָה שֶּׁכָּתוּב: מָחִיתִי כָעָב ישעיה מד
פְּשָׁעֶיךָ וְכֶעָנָן חַטֹּאותֶיךָ, שׁוּבָה אֵלַי כִּי גְאַלְתִּיךָ:
מְחֵה פְשָׁעֵינוּ לְמַעַנְךָ כַּאֲשֶׁר אָמַרְתָּ: אָנֹכִי אָנֹכִי ישעיה מג

הוּא מֹחֶה פְשָׁעֶיךָ לְמַעֲנִי, וְחַטֹּאתֶיךָ לֹא אֶזְכֹּר:
הַלְבֵּן חֲטָאֵינוּ כַּשֶּׁלֶג וְכַצֶּמֶר כְּמָה שֶׁכָּתוּב: לְכוּ־ ישעיה א
נָא וְנִוָּכְחָה יֹאמַר יהוה, אִם־יִהְיוּ חֲטָאֵיכֶם כַּשָּׁנִים
כַּשֶּׁלֶג יַלְבִּינוּ, אִם־יַאְדִּימוּ כַתּוֹלָע כַּצֶּמֶר יִהְיוּ: זְרֹק
עָלֵינוּ מַיִם טְהוֹרִים וְטַהֲרֵנוּ כְּמָה שֶׁכָּתוּב: וְזָרַקְתִּי יחזקאל לו
עֲלֵיכֶם מַיִם טְהוֹרִים וּטְהַרְתֶּם, מִכֹּל טֻמְאוֹתֵיכֶם
וּמִכָּל־גִּלּוּלֵיכֶם אֲטַהֵר אֶתְכֶם: רַחֵם עָלֵינוּ וְאַל
תַּשְׁחִיתֵנוּ כְּמָה שֶׁכָּתוּב: כִּי אֵל רַחוּם יהוה אֱלֹהֶיךָ, דברים ד
לֹא יַרְפְּךָ וְלֹא יַשְׁחִיתֶךָ, וְלֹא יִשְׁכַּח אֶת־בְּרִית
אֲבוֹתֶיךָ אֲשֶׁר נִשְׁבַּע לָהֶם: מוֹל אֶת לְבָבֵנוּ לְאַהֲבָה
אֶת שְׁמֶךָ כְּמָה שֶׁכָּתוּב: וּמָל יהוה אֱלֹהֶיךָ אֶת־ דברים ל
לְבָבְךָ וְאֶת־לְבַב זַרְעֶךָ, לְאַהֲבָה אֶת־יהוה אֱלֹהֶיךָ
בְּכָל־לְבָבְךָ וּבְכָל־נַפְשְׁךָ, לְמַעַן חַיֶּיךָ: הִמָּצֵא לָנוּ
בְּבַקָּשָׁתֵנוּ כְּמָה שֶׁכָּתוּב: וּבִקַּשְׁתֶּם מִשָּׁם אֶת־ דברים ד
יהוה אֱלֹהֶיךָ וּמָצָאתָ, כִּי תִדְרְשֶׁנּוּ בְּכָל־לְבָבְךָ
וּבְכָל־נַפְשֶׁךָ: תְּבִיאֵנוּ אֶל הַר קָדְשֶׁךָ וְשַׂמְּחֵנוּ בְּבֵית
תְּפִלָּתֶךָ כְּמָה שֶׁכָּתוּב: וַהֲבִיאוֹתִים אֶל־הַר קָדְשִׁי ישעיה נו
וְשִׂמַּחְתִּים בְּבֵית תְּפִלָּתִי, עוֹלֹתֵיהֶם וְזִבְחֵיהֶם לְרָצוֹן
עַל־מִזְבְּחִי, כִּי בֵיתִי בֵּית־תְּפִלָּה יִקָּרֵא לְכָל־הָעַמִּים:

פותחים את ארון הקודש ואומרים פסוק פסוק עד 'אַל תַּעַזְבֵנוּ'.
יש קהילות האומרות את הפסוקים בסדר אחר: 'שְׁמַע קוֹלֵנוּ', 'הֲשִׁיבֵנוּ', 'אֲמָרֵינוּ הַאֲזִינָה' (בקול), 'יִהְיוּ לְרָצוֹן' (בלחש), 'אַל תַּשְׁלִיכֵנוּ מִלְּפָנֶיךָ' וממשיכים כרגיל.
הקהל ואחריו שליח הציבור בקול.

שְׁמַע קוֹלֵנוּ, יהוה אֱלֹהֵינוּ, חוּס וְרַחֵם עָלֵינוּ
וְקַבֵּל בְּרַחֲמִים וּבְרָצוֹן אֶת תְּפִלָּתֵנוּ.

הֲשִׁיבֵנוּ יהוה אֵלֶיךָ וְנָשׁוּבָה, חַדֵּשׁ יָמֵינוּ כְּקֶדֶם: איכה ה

אַל תַּשְׁלִיכֵנוּ מִלְּפָנֶיךָ
וְרוּחַ קָדְשְׁךָ אַל תִּקַּח מִמֶּנּוּ.
אַל תַּשְׁלִיכֵנוּ לְעֵת זִקְנָה
כִּכְלוֹת כֹּחֵנוּ אַל תַּעַזְבֵנוּ.

אַל תַּעַזְבֵנוּ יהוה, אֱלֹהֵינוּ אַל תִּרְחַק מִמֶּנּוּ.

עֲשֵׂה עִמָּנוּ אוֹת לְטוֹבָה, וְיִרְאוּ שׂוֹנְאֵינוּ וְיֵבֹשׁוּ
כִּי אַתָּה יהוה עֲזַרְתָּנוּ וְנִחַמְתָּנוּ.

אֲמָרֵינוּ הַאֲזִינָה יהוה, בִּינָה הֲגִיגֵנוּ.

יִהְיוּ לְרָצוֹן אִמְרֵי פִינוּ וְהֶגְיוֹן לִבֵּנוּ לְפָנֶיךָ
יהוה צוּרֵנוּ וְגוֹאֲלֵנוּ.

כִּי לְךָ יהוה הוֹחָלְנוּ, אַתָּה תַעֲנֶה אֲדֹנָי אֱלֹהֵינוּ.

סוגרים את ארון הקודש.

וידוי

אֱלֹהֵינוּ וֵאלֹהֵי אֲבוֹתֵינוּ
תָּבֹא לְפָנֶיךָ תְּפִלָּתֵנוּ, וְאַל תִּתְעַלַּם מִתְּחִנָּתֵנוּ.
שֶׁאֵין אָנוּ עַזֵּי פָנִים וּקְשֵׁי עֹרֶף לוֹמַר לְפָנֶיךָ
יהוה אֱלֹהֵינוּ וֵאלֹהֵי אֲבוֹתֵינוּ
צַדִּיקִים אֲנַחְנוּ וְלֹא חָטָאנוּ.
אֲבָל אֲנַחְנוּ וַאֲבוֹתֵינוּ חָטָאנוּ.

כשמתוודה, מכה באגרופו על החזה כנגד הלב בכל חטא שמזכיר.

אָשַׁמְנוּ, בָּגַדְנוּ, גָּזַלְנוּ, דִּבַּרְנוּ דֹפִי.
הֶעֱוִינוּ, וְהִרְשַׁעְנוּ, זַדְנוּ, חָמַסְנוּ, טָפַלְנוּ שֶׁקֶר.
יָעַצְנוּ רָע, כִּזַּבְנוּ, לַצְנוּ, מָרַדְנוּ, נִאַצְנוּ, סָרַרְנוּ
עָוִינוּ, פָּשַׁעְנוּ, צָרַרְנוּ, קִשִּׁינוּ עֹרֶף.
רָשַׁעְנוּ, שִׁחַתְנוּ, תִּעַבְנוּ, תָּעִינוּ, תִּעְתָּעְנוּ.

סַרְנוּ מִמִּצְוֹתֶיךָ וּמִמִּשְׁפָּטֶיךָ הַטּוֹבִים, וְלֹא שָׁוָה לָנוּ.
וְאַתָּה צַדִּיק עַל כָּל־הַבָּא עָלֵינוּ, כִּי־אֱמֶת עָשִׂיתָ נחמיה ט
וַאֲנַחְנוּ הִרְשָׁעְנוּ.

הִרְשַׁעְנוּ וּפָשַׁעְנוּ לָכֵן לֹא נוֹשָׁעְנוּ. וְתֵן בְּלִבֵּנוּ לַעֲזֹב
דֶּרֶךְ רֶשַׁע, וְחִישׁ לָנוּ יֶשַׁע, כַּכָּתוּב עַל יַד נְבִיאֶךָ:

ישעיה נה
יַעֲזֹב רָשָׁע דַּרְכּוֹ וְאִישׁ אָוֶן מַחְשְׁבֹתָיו, וְיָשֹׁב אֶל־יהוה וִירַחֲמֵהוּ וְאֶל־אֱלֹהֵינוּ כִּי־יַרְבֶּה לִסְלוֹחַ:

תהלים יט
מְשִׁיחַ צִדְקֶךָ אָמַר לְפָנֶיךָ: שְׁגִיאוֹת מִי־יָבִין, מִנִּסְתָּרוֹת נַקֵּנִי: נַקֵּנוּ יהוה אֱלֹהֵינוּ מִכָּל פְּשָׁעֵינוּ וְטַהֲרֵנוּ מִכָּל טֻמְאוֹתֵינוּ וּזְרֹק עָלֵינוּ מַיִם טְהוֹרִים

יחזקאל לו
וְטַהֲרֵנוּ, כַּכָּתוּב עַל יַד נְבִיאֶךָ: וְזָרַקְתִּי עֲלֵיכֶם מַיִם טְהוֹרִים וּטְהַרְתֶּם, מִכֹּל טֻמְאוֹתֵיכֶם וּמִכָּל־גִּלּוּלֵיכֶם אֲטַהֵר אֶתְכֶם: עַמְּךָ וְנַחֲלָתְךָ רְעֵבֵי טוּבְךָ, צְמֵאֵי חַסְדְּךָ, תְּאֵבֵי יִשְׁעֶךָ. יַכִּירוּ וְיֵדְעוּ, כִּי לַיהוה אֱלֹהֵינוּ הָרַחֲמִים וְהַסְּלִיחוֹת.

אם אין אומרים תחנון, כגון שיש חתן או בעל ברית, מפסיקים את הסליחות כאן ואומרים ׳אָבִינוּ מַלְכֵּנוּ׳ (עמ׳ 96) וחצי קדיש (עמ׳ 110).

אֵל רַחוּם שְׁמֶךָ. אֵל חַנּוּן שְׁמֶךָ. בָּנוּ נִקְרָא שְׁמֶךָ. יהוה עֲשֵׂה לְמַעַן שְׁמֶךָ. עֲשֵׂה לְמַעַן אֲמִתָּךְ. עֲשֵׂה לְמַעַן בְּרִיתָךְ. עֲשֵׂה לְמַעַן גָּדְלָךְ וְתִפְאַרְתָּךְ. עֲשֵׂה לְמַעַן דָּתָךְ. עֲשֵׂה לְמַעַן הוֹדָךְ. עֲשֵׂה לְמַעַן וְעוּדָךְ. עֲשֵׂה לְמַעַן זִכְרָךְ. עֲשֵׂה לְמַעַן חַסְדָּךְ. עֲשֵׂה לְמַעַן טוּבָךְ. עֲשֵׂה לְמַעַן יִחוּדָךְ. עֲשֵׂה לְמַעַן כְּבוֹדָךְ. עֲשֵׂה לְמַעַן לִמּוּדָךְ. עֲשֵׂה לְמַעַן מַלְכוּתָךְ. עֲשֵׂה לְמַעַן נִצְחָךְ. עֲשֵׂה לְמַעַן סוֹדָךְ. עֲשֵׂה לְמַעַן עֻזָּךְ.

עֲשֵׂה לְמַעַן פְּאֵרָךְ. עֲשֵׂה לְמַעַן צִדְקָתָךְ. עֲשֵׂה לְמַעַן קְדֻשָּׁתָךְ. עֲשֵׂה לְמַעַן רַחֲמֶיךָ הָרַבִּים. עֲשֵׂה לְמַעַן שְׁכִינָתָךְ. עֲשֵׂה לְמַעַן תְּהִלָּתָךְ. עֲשֵׂה לְמַעַן אוֹהֲבֶיךָ שׁוֹכְנֵי עָפָר. עֲשֵׂה לְמַעַן אַבְרָהָם יִצְחָק וְיַעֲקֹב. עֲשֵׂה לְמַעַן מֹשֶׁה וְאַהֲרֹן. עֲשֵׂה לְמַעַן דָּוִד וּשְׁלֹמֹה. עֲשֵׂה לְמַעַן יְרוּשָׁלַיִם עִיר קָדְשֶׁךָ. עֲשֵׂה לְמַעַן צִיּוֹן מִשְׁכַּן כְּבוֹדֶךָ. עֲשֵׂה לְמַעַן שִׁמְמוֹת הֵיכָלֶךָ. עֲשֵׂה לְמַעַן הֲרִיסוּת מִזְבְּחֶךָ. עֲשֵׂה לְמַעַן הֲרוּגִים עַל שֵׁם קָדְשֶׁךָ. עֲשֵׂה לְמַעַן טְבוּחִים עַל יִחוּדֶךָ. עֲשֵׂה לְמַעַן בָּאֵי בָאֵשׁ וּבַמַּיִם עַל קִדּוּשׁ שְׁמֶךָ. עֲשֵׂה לְמַעַן יוֹנְקֵי שָׁדַיִם שֶׁלֹּא חָטְאוּ. עֲשֵׂה לְמַעַן גְּמוּלֵי חָלָב שֶׁלֹּא פָשְׁעוּ. עֲשֵׂה לְמַעַן תִּינוֹקוֹת שֶׁל בֵּית רַבָּן. עֲשֵׂה לְמַעַנְךָ אִם לֹא לְמַעֲנֵנוּ. עֲשֵׂה לְמַעַנְךָ וְהוֹשִׁיעֵנוּ.

עֲנֵנוּ יהוה עֲנֵנוּ. עֲנֵנוּ אֱלֹהֵינוּ עֲנֵנוּ. עֲנֵנוּ אָבִינוּ עֲנֵנוּ. עֲנֵנוּ בּוֹרְאֵנוּ עֲנֵנוּ. עֲנֵנוּ גּוֹאֲלֵנוּ עֲנֵנוּ. עֲנֵנוּ דּוֹרְשֵׁנוּ עֲנֵנוּ. עֲנֵנוּ הָאֵל הַנֶּאֱמָן עֲנֵנוּ. עֲנֵנוּ וָתִיק וְחָסִיד עֲנֵנוּ. עֲנֵנוּ זַךְ וְיָשָׁר עֲנֵנוּ. עֲנֵנוּ חַי וְקַיָּם עֲנֵנוּ. עֲנֵנוּ טוֹב וּמֵטִיב עֲנֵנוּ. עֲנֵנוּ יוֹדֵעַ יֵצֶר עֲנֵנוּ. עֲנֵנוּ כּוֹבֵשׁ כְּעָסִים עֲנֵנוּ. עֲנֵנוּ לוֹבֵשׁ צְדָקוֹת עֲנֵנוּ. עֲנֵנוּ מֶלֶךְ מַלְכֵי הַמְּלָכִים עֲנֵנוּ. עֲנֵנוּ נוֹרָא וְנִשְׂגָּב עֲנֵנוּ. עֲנֵנוּ

סוֹלֵחַ וּמוֹחֵל עֲנֵנוּ. עֲנֵנוּ עוֹנֶה בְּעֵת צָרָה עֲנֵנוּ. עֲנֵנוּ פּוֹדֶה וּמַצִּיל עֲנֵנוּ. עֲנֵנוּ צַדִּיק וְיָשָׁר עֲנֵנוּ. עֲנֵנוּ קָרוֹב לְקוֹרְאָיו עֲנֵנוּ. עֲנֵנוּ רַחוּם וְחַנּוּן עֲנֵנוּ. עֲנֵנוּ שׁוֹמֵעַ אֶל אֶבְיוֹנִים עֲנֵנוּ. עֲנֵנוּ תּוֹמֵךְ תְּמִימִים עֲנֵנוּ. עֲנֵנוּ אֱלֹהֵי אֲבוֹתֵינוּ עֲנֵנוּ. עֲנֵנוּ אֱלֹהֵי אַבְרָהָם עֲנֵנוּ. עֲנֵנוּ פַּחַד יִצְחָק עֲנֵנוּ. עֲנֵנוּ אֲבִיר יַעֲקֹב עֲנֵנוּ. עֲנֵנוּ עֶזְרַת הַשְּׁבָטִים עֲנֵנוּ. עֲנֵנוּ מִשְׂגַּב אִמָּהוֹת עֲנֵנוּ. עֲנֵנוּ קָשֶׁה לִכְעֹס עֲנֵנוּ. עֲנֵנוּ רַךְ לִרְצוֹת עֲנֵנוּ. עֲנֵנוּ עוֹנֶה בְּעֵת רָצוֹן עֲנֵנוּ. עֲנֵנוּ אֲבִי יְתוֹמִים עֲנֵנוּ. עֲנֵנוּ דַּיַּן אַלְמָנוֹת עֲנֵנוּ.

מִי שֶׁעָנָה לְאַבְרָהָם אָבִינוּ בְּהַר הַמּוֹרִיָּה, הוּא יַעֲנֵנוּ. מִי שֶׁעָנָה לְיִצְחָק בְּנוֹ כְּשֶׁנֶּעֱקַד עַל גַּבֵּי הַמִּזְבֵּחַ, הוּא יַעֲנֵנוּ. מִי שֶׁעָנָה לְיַעֲקֹב בְּבֵית אֵל, הוּא יַעֲנֵנוּ. מִי שֶׁעָנָה לְיוֹסֵף בְּבֵית הָאֲסוּרִים, הוּא יַעֲנֵנוּ. מִי שֶׁעָנָה לַאֲבוֹתֵינוּ עַל יַם סוּף, הוּא יַעֲנֵנוּ. מִי שֶׁעָנָה לְמֹשֶׁה בְּחוֹרֵב, הוּא יַעֲנֵנוּ. מִי שֶׁעָנָה לְאַהֲרֹן בַּמַּחְתָּה, הוּא יַעֲנֵנוּ. מִי שֶׁעָנָה לְפִינְחָס בְּקוּמוֹ מִתּוֹךְ הָעֵדָה, הוּא יַעֲנֵנוּ. מִי שֶׁעָנָה לִיהוֹשֻׁעַ בַּגִּלְגָּל, הוּא יַעֲנֵנוּ. מִי שֶׁעָנָה לִשְׁמוּאֵל בַּמִּצְפָּה,

הוּא יַעֲנֵנוּ. מִי שֶׁעָנָה לְדָוִד וּשְׁלֹמֹה בְנוֹ בִּירוּשָׁלָיִם, הוּא יַעֲנֵנוּ. מִי שֶׁעָנָה לְאֵלִיָּהוּ בְּהַר הַכַּרְמֶל, הוּא יַעֲנֵנוּ. מִי שֶׁעָנָה לֶאֱלִישָׁע בִּירִיחוֹ, הוּא יַעֲנֵנוּ. מִי שֶׁעָנָה לְיוֹנָה בִּמְעֵי הַדָּגָה, הוּא יַעֲנֵנוּ. מִי שֶׁעָנָה לְחִזְקִיָּהוּ מֶלֶךְ יְהוּדָה בְּחָלְיוֹ, הוּא יַעֲנֵנוּ. מִי שֶׁעָנָה לַחֲנַנְיָה מִישָׁאֵל וַעֲזַרְיָה בְּתוֹךְ כִּבְשַׁן הָאֵשׁ, הוּא יַעֲנֵנוּ. מִי שֶׁעָנָה לְדָנִיֵּאל בְּגוֹב הָאֲרָיוֹת, הוּא יַעֲנֵנוּ. מִי שֶׁעָנָה לְמָרְדְּכַי וְאֶסְתֵּר בְּשׁוּשַׁן הַבִּירָה, הוּא יַעֲנֵנוּ. מִי שֶׁעָנָה לְעֶזְרָא בַּגּוֹלָה, הוּא יַעֲנֵנוּ. מִי שֶׁעָנָה לְכָל הַצַּדִּיקִים וְהַחֲסִידִים וְהַתְּמִימִים וְהַיְשָׁרִים, הוּא יַעֲנֵנוּ.

רַחֲמָנָא דְּעָנֵי לַעֲנִיֵּי עֲנֵינָן.
רַחֲמָנָא דְּעָנֵי לִתְבִירֵי לִבָּא עֲנֵינָן.
רַחֲמָנָא דְּעָנֵי לְמַכִּיכֵי רוּחָא עֲנֵינָן.
רַחֲמָנָא עֲנֵינָן.
רַחֲמָנָא חוּס, רַחֲמָנָא פְּרֹק, רַחֲמָנָא שֵׁיזִב.
רַחֲמָנָא רַחֵם עֲלָן, הַשְׁתָּא בַּעֲגָלָא וּבִזְמַן קָרִיב.

ממשיכים 'אָבִינוּ מַלְכֵּנוּ' בעמ' 96.

בשני ובחמישי אומרים 'וְהוּא רַחוּם' (עמ' 100), ובשאר הימים נפילת אפיים (עמ' 106).

ברכות

סדר סעודה וברכותיה

לפני נטילת ידיים לסעודה יש אומרים (כף החיים):

שְׂאוּ־יְדֵכֶם קֹדֶשׁ, וּבָרְכוּ אֶת־יהוה: תהלים קלד

כשנוטל את ידיו לפני הסעודה, מברך:

בָּרוּךְ אַתָּה יהוה אֱלֹהֵינוּ מֶלֶךְ הָעוֹלָם
אֲשֶׁר קִדְּשָׁנוּ בְּמִצְוֹתָיו וְצִוָּנוּ עַל נְטִילַת יָדָיִם.

על אכילת לחם מברך:

בָּרוּךְ אַתָּה יהוה אֱלֹהֵינוּ מֶלֶךְ הָעוֹלָם
הַמּוֹצִיא לֶחֶם מִן הָאָרֶץ.

ברכת המזון

גם כאשר אדם אוכל ושבע, עליו לזכור את החורבן ואת הצורך בתיקון העולם.
משום כך נוהגים לומר ביום חול קודם ברכת המזון מזמור זה (סידור השל"ה):

עַל־נַהֲרוֹת בָּבֶל, שָׁם יָשַׁבְנוּ גַּם־בָּכִינוּ, בְּזָכְרֵנוּ תהלים קלז
אֶת־צִיּוֹן: עַל־עֲרָבִים בְּתוֹכָהּ תָּלִינוּ כִּנֹּרוֹתֵינוּ: כִּי
שָׁם שְׁאֵלוּנוּ שׁוֹבֵינוּ דִּבְרֵי־שִׁיר וְתוֹלָלֵינוּ שִׂמְחָה,
שִׁירוּ לָנוּ מִשִּׁיר צִיּוֹן: אֵיךְ נָשִׁיר אֶת־שִׁיר־יהוה
עַל אַדְמַת נֵכָר: אִם־אֶשְׁכָּחֵךְ יְרוּשָׁלָםִ, תִּשְׁכַּח
יְמִינִי: תִּדְבַּק לְשׁוֹנִי לְחִכִּי אִם־לֹא אֶזְכְּרֵכִי, אִם־

לֹא אַעֲלֶה אֶת־יְרוּשָׁלִַם עַל רֹאשׁ שִׂמְחָתִי: זְכֹר
יהוה לִבְנֵי אֱדוֹם אֵת יוֹם יְרוּשָׁלָםִ, הָאֹמְרִים עָרוּ
עָרוּ עַד הַיְסוֹד בָּהּ: בַּת־בָּבֶל הַשְּׁדוּדָה, אַשְׁרֵי
שֶׁיְשַׁלֶּם־לָךְ אֶת־גְּמוּלֵךְ שֶׁגָּמַלְתְּ לָנוּ: אַשְׁרֵי
שֶׁיֹּאחֵז, וְנִפֵּץ אֶת־עֹלָלַיִךְ אֶל־הַסָּלַע:

בשבתות ובימים טובים, שאין מתאבלים בהם על החורבן,
נוהגים לומר מזמור זה (שם):

תהלים קכו שִׁיר הַמַּעֲלוֹת, בְּשׁוּב יהוה אֶת־שִׁיבַת צִיּוֹן, הָיִינוּ
כְּחֹלְמִים: אָז יִמָּלֵא שְׂחוֹק פִּינוּ וּלְשׁוֹנֵנוּ רִנָּה, אָז
יֹאמְרוּ בַגּוֹיִם הִגְדִּיל יהוה לַעֲשׂוֹת עִם־אֵלֶּה:
הִגְדִּיל יהוה לַעֲשׂוֹת עִמָּנוּ, הָיִינוּ שְׂמֵחִים: שׁוּבָה
יהוה אֶת־שְׁבִיתֵנוּ, כַּאֲפִיקִים בַּנֶּגֶב: הַזֹּרְעִים
בְּדִמְעָה בְּרִנָּה יִקְצֹרוּ: הָלוֹךְ יֵלֵךְ וּבָכֹה נֹשֵׂא
מֶשֶׁךְ־הַזָּרַע, בֹּא־יָבֹא בְרִנָּה נֹשֵׂא אֲלֻמֹּתָיו:

יש נוהגים להוסיף פסוקים אלה, שלדעת האר״י הם פתיחה לברכת המזון:

תהלים קמה תְּהִלַּת יהוה יְדַבֶּר פִּי, וִיבָרֵךְ כָּל־בָּשָׂר שֵׁם קָדְשׁוֹ
תהלים קטו לְעוֹלָם וָעֶד: וַאֲנַחְנוּ נְבָרֵךְ יָהּ מֵעַתָּה וְעַד־עוֹלָם,
תהלים קלו הַלְלוּיָהּ: הוֹדוּ לַיהוה כִּי־טוֹב, כִּי לְעוֹלָם חַסְדּוֹ:
תהלים קו מִי יְמַלֵּל גְּבוּרוֹת יהוה, יַשְׁמִיעַ כָּל־תְּהִלָּתוֹ:

סדר הזימון

שלושה שאכלו כאחד חייבים לזמן (משנה, ברכות מה ע״א).

אם עשרה אכלו יחד, מזכירים את השם בזימון.

זימון בסעודת ברית מילה בעמ׳ 859,

בסעודת שבע ברכות בעמ׳ 872, ובבית האבל בעמ׳ 886.

המזמן אומר: **רַבּוֹתַי, נְבָרֵךְ.**

המסובין: **יְהִי שֵׁם יהוה מְבֹרָךְ מֵעַתָּה וְעַד־עוֹלָם:** תהלים קיג

המזמן חוזר: **יְהִי שֵׁם יהוה מְבֹרָךְ מֵעַתָּה וְעַד־עוֹלָם:**

בִּרְשׁוּת (אָבִי מוֹרִי / אִמִּי מוֹרָתִי / כֹּהֲנִים /
מוֹרֵנוּ הָרַב / בַּעַל הַבַּיִת הַזֶּה /
בַּעֲלַת הַבַּיִת הַזֶּה)

מָרָנָן וְרַבָּנָן וְרַבּוֹתַי
נְבָרֵךְ (במניין: **אֱלֹהֵינוּ**) **שֶׁאָכַלְנוּ מִשֶּׁלּוֹ.**

המסובין: **בָּרוּךְ** (במניין: **אֱלֹהֵינוּ**) **שֶׁאָכַלְנוּ מִשֶּׁלּוֹ**
וּבְטוּבוֹ חָיִינוּ.

מי שלא אכל, אומר:

בָּרוּךְ וּמְבֹרָךְ שְׁמוֹ תָּמִיד לְעוֹלָם וָעֶד.

המזמן חוזר: **בָּרוּךְ** (במניין: **אֱלֹהֵינוּ**) **שֶׁאָכַלְנוּ מִשֶּׁלּוֹ**
וּבְטוּבוֹ חָיִינוּ.

בָּרוּךְ הוּא וּבָרוּךְ שְׁמוֹ.

ברכת הזן

בָּרוּךְ אַתָּה יהוה אֱלֹהֵינוּ מֶלֶךְ הָעוֹלָם
הַזָּן אֶת הָעוֹלָם כֻּלּוֹ בְּטוּבוֹ
בְּחֵן בְּחֶסֶד וּבְרַחֲמִים
הוּא נוֹתֵן לֶחֶם לְכָל בָּשָׂר
כִּי לְעוֹלָם חַסְדּוֹ.
וּבְטוּבוֹ הַגָּדוֹל, תָּמִיד לֹא חָסַר לָנוּ
וְאַל יֶחְסַר לָנוּ מָזוֹן לְעוֹלָם וָעֶד
בַּעֲבוּר שְׁמוֹ הַגָּדוֹל.
כִּי הוּא אֵל זָן וּמְפַרְנֵס לַכֹּל וּמֵטִיב לַכֹּל
וּמֵכִין מָזוֹן לְכָל בְּרִיּוֹתָיו אֲשֶׁר בָּרָא.
בָּרוּךְ אַתָּה יהוה, הַזָּן אֶת הַכֹּל.

ברכת הארץ

נוֹדֶה לְךָ, יהוה אֱלֹהֵינוּ
עַל שֶׁהִנְחַלְתָּ לַאֲבוֹתֵינוּ
אֶרֶץ חֶמְדָּה טוֹבָה וּרְחָבָה
וְעַל שֶׁהוֹצֵאתָנוּ יהוה אֱלֹהֵינוּ מֵאֶרֶץ מִצְרַיִם
וּפְדִיתָנוּ מִבֵּית עֲבָדִים

וְעַל בְּרִיתְךָ שֶׁחָתַמְתָּ בִּבְשָׂרֵנוּ
וְעַל תּוֹרָתְךָ שֶׁלִּמַּדְתָּנוּ
וְעַל חֻקֶּיךָ שֶׁהוֹדַעְתָּנוּ
וְעַל חַיִּים חֵן וָחֶסֶד שֶׁחוֹנַנְתָּנוּ
וְעַל אֲכִילַת מָזוֹן
שָׁאַתָּה זָן וּמְפַרְנֵס אוֹתָנוּ תָּמִיד
בְּכָל יוֹם וּבְכָל עֵת וּבְכָל שָׁעָה.

בחנוכה:

עַל הַנִּסִּים וְעַל הַפֻּרְקָן וְעַל הַגְּבוּרוֹת וְעַל הַתְּשׁוּעוֹת וְעַל הַמִּלְחָמוֹת שֶׁעָשִׂיתָ לַאֲבוֹתֵינוּ בַּיָּמִים הָהֵם בַּזְּמַן הַזֶּה.

בִּימֵי מַתִּתְיָהוּ בֶּן יוֹחָנָן כֹּהֵן גָּדוֹל חַשְׁמוֹנַאי וּבָנָיו, כְּשֶׁעָמְדָה מַלְכוּת יָוָן הָרְשָׁעָה עַל עַמְּךָ יִשְׂרָאֵל לְהַשְׁכִּיחָם תּוֹרָתֶךָ וּלְהַעֲבִירָם מֵחֻקֵּי רְצוֹנֶךָ, וְאַתָּה בְּרַחֲמֶיךָ הָרַבִּים עָמַדְתָּ לָהֶם בְּעֵת צָרָתָם, רַבְתָּ אֶת רִיבָם, דַּנְתָּ אֶת דִּינָם, נָקַמְתָּ אֶת נִקְמָתָם, מָסַרְתָּ גִּבּוֹרִים בְּיַד חַלָּשִׁים, וְרַבִּים בְּיַד מְעַטִּים, וּטְמֵאִים בְּיַד

טְהוֹרִים, וּרְשָׁעִים בְּיַד צַדִּיקִים, וְזֵדִים בְּיַד עוֹסְקֵי תוֹרָתֶךָ, וּלְךָ עָשִׂיתָ שֵׁם גָּדוֹל וְקָדוֹשׁ בְּעוֹלָמֶךָ, וּלְעַמְּךָ יִשְׂרָאֵל עָשִׂיתָ תְּשׁוּעָה גְדוֹלָה וּפֻרְקָן כְּהַיּוֹם הַזֶּה. וְאַחַר כֵּן בָּאוּ בָנֶיךָ לִדְבִיר בֵּיתֶךָ, וּפִנּוּ אֶת הֵיכָלֶךָ, וְטִהֲרוּ אֶת מִקְדָּשֶׁךָ, וְהִדְלִיקוּ נֵרוֹת בְּחַצְרוֹת קָדְשֶׁךָ, וְקָבְעוּ שְׁמוֹנַת יְמֵי חֲנֻכָּה אֵלּוּ, לְהוֹדוֹת וּלְהַלֵּל לְשִׁמְךָ הַגָּדוֹל.

וממשיך 'וְעַל הַכֹּל'.

בפורים:

עַל הַנִּסִּים וְעַל הַפֻּרְקָן וְעַל הַגְּבוּרוֹת וְעַל הַתְּשׁוּעוֹת וְעַל הַמִּלְחָמוֹת שֶׁעָשִׂיתָ לַאֲבוֹתֵינוּ בַּיָּמִים הָהֵם בַּזְּמַן הַזֶּה.

בִּימֵי מָרְדְּכַי וְאֶסְתֵּר בְּשׁוּשַׁן הַבִּירָה, כְּשֶׁעָמַד
עֲלֵיהֶם הָמָן הָרָשָׁע, בִּקֵּשׁ לְהַשְׁמִיד לַהֲרֹג אסתר ג
וּלְאַבֵּד אֶת־כָּל־הַיְּהוּדִים מִנַּעַר וְעַד־זָקֵן טַף
וְנָשִׁים בְּיוֹם אֶחָד, בִּשְׁלוֹשָׁה עָשָׂר לְחֹדֶשׁ
שְׁנֵים־עָשָׂר, הוּא־חֹדֶשׁ אֲדָר, וּשְׁלָלָם לָבוֹז:
וְאַתָּה בְּרַחֲמֶיךָ הָרַבִּים הֵפַרְתָּ אֶת עֲצָתוֹ,
וְקִלְקַלְתָּ אֶת מַחֲשַׁבְתּוֹ, וַהֲשֵׁבוֹתָ לּוֹ גְּמוּלוֹ
בְּרֹאשׁוֹ, וְתָלוּ אוֹתוֹ וְאֶת בָּנָיו עַל הָעֵץ.

וממשיך 'וְעַל הַכֹּל'.

וְעַל הַכֹּל, יהוה אֱלֹהֵינוּ
אֲנַחְנוּ מוֹדִים לָךְ וּמְבָרְכִים אוֹתָךְ
יִתְבָּרַךְ שִׁמְךָ בְּפִי כָּל חַי תָּמִיד לְעוֹלָם וָעֶד
כַּכָּתוּב:
וְאָכַלְתָּ וְשָׂבָעְתָּ, וּבֵרַכְתָּ אֶת־יהוה אֱלֹהֶיךָ דברים ח
עַל־הָאָרֶץ הַטֹּבָה אֲשֶׁר נָתַן־לָךְ:
בָּרוּךְ אַתָּה יהוה, עַל הָאָרֶץ וְעַל הַמָּזוֹן.

ברכת ירושלים

רַחֵם נָא, יהוה אֱלֹהֵינוּ
עַל יִשְׂרָאֵל עַמֶּךָ
וְעַל יְרוּשָׁלַיִם עִירֶךָ
וְעַל צִיּוֹן מִשְׁכַּן כְּבוֹדֶךָ
וְעַל מַלְכוּת בֵּית דָּוִד מְשִׁיחֶךָ
וְעַל הַבַּיִת הַגָּדוֹל וְהַקָּדוֹשׁ שֶׁנִּקְרָא שִׁמְךָ עָלָיו.
אֱלֹהֵינוּ, אָבִינוּ
רְעֵנוּ, זוּנֵנוּ, פַּרְנְסֵנוּ וְכַלְכְּלֵנוּ
וְהַרְוִיחֵנוּ, וְהַרְוַח לָנוּ יהוה אֱלֹהֵינוּ
מְהֵרָה מִכָּל צָרוֹתֵינוּ.

וְנָא אַל תַּצְרִיכֵנוּ, יהוה אֱלֹהֵינוּ
לֹא לִידֵי מַתְּנַת בָּשָׂר וָדָם
וְלֹא לִידֵי הַלְוָאָתָם
כִּי אִם לְיָדְךָ
הַמְּלֵאָה, הַפְּתוּחָה, הַקְּדוֹשָׁה וְהָרְחָבָה
שֶׁלֹּא נֵבוֹשׁ וְלֹא נִכָּלֵם לְעוֹלָם וָעֶד.

בשבת:

רְצֵה וְהַחֲלִיצֵנוּ, יהוה אֱלֹהֵינוּ, בְּמִצְוֹתֶיךָ
וּבְמִצְוַת יוֹם הַשְּׁבִיעִי
הַשַּׁבָּת הַגָּדוֹל וְהַקָּדוֹשׁ הַזֶּה
כִּי יוֹם זֶה גָּדוֹל וְקָדוֹשׁ הוּא לְפָנֶיךָ
לִשְׁבָּת בּוֹ, וְלָנוּחַ בּוֹ בְּאַהֲבָה כְּמִצְוַת רְצוֹנֶךָ
וּבִרְצוֹנְךָ הָנִיחַ לָנוּ, יהוה אֱלֹהֵינוּ
שֶׁלֹּא תְהֵא צָרָה וְיָגוֹן וַאֲנָחָה בְּיוֹם מְנוּחָתֵנוּ
וְהַרְאֵנוּ, יהוה אֱלֹהֵינוּ
בְּנֶחָמַת צִיּוֹן עִירֶךָ
וּבְבִנְיַן יְרוּשָׁלַיִם עִיר קָדְשֶׁךָ
כִּי אַתָּה הוּא בַּעַל הַיְשׁוּעוֹת
וּבַעַל הַנֶּחָמוֹת.

בחגים, בחול המועד ובראש חודש:

אֱלֹהֵינוּ וֵאלֹהֵי אֲבוֹתֵינוּ

יַעֲלֶה וְיָבוֹא וְיַגִּיעַ וְיֵרָאֶה וְיֵרָצֶה וְיִשָּׁמַע

וְיִפָּקֵד וְיִזָּכֵר זִכְרוֹנֵנוּ וּפִקְדוֹנֵנוּ, וְזִכְרוֹן אֲבוֹתֵינוּ

וְזִכְרוֹן מָשִׁיחַ בֶּן דָּוִד עַבְדֶּךָ

וְזִכְרוֹן יְרוּשָׁלַיִם עִיר קָדְשֶׁךָ

וְזִכְרוֹן כָּל עַמְּךָ בֵּית יִשְׂרָאֵל

לְפָנֶיךָ, לִפְלֵיטָה לְטוֹבָה, לְחֵן וּלְחֶסֶד וּלְרַחֲמִים

לְחַיִּים וּלְשָׁלוֹם בְּיוֹם

בראש חודש: רֹאשׁ הַחֹדֶשׁ הַזֶּה.

בראש השנה: הַזִּכָּרוֹן הַזֶּה.

בפסח: חַג הַמַּצּוֹת הַזֶּה.

בשבועות: חַג הַשָּׁבוּעוֹת הַזֶּה.

בסוכות: חַג הַסֻּכּוֹת הַזֶּה.

בשמיני עצרת: הַשְּׁמִינִי חַג הָעֲצֶרֶת הַזֶּה.

זָכְרֵנוּ יהוה אֱלֹהֵינוּ בּוֹ לְטוֹבָה

וּפָקְדֵנוּ בוֹ לִבְרָכָה, וְהוֹשִׁיעֵנוּ בוֹ לְחַיִּים.

וּבִדְבַר יְשׁוּעָה וְרַחֲמִים

חוּס וְחָנֵּנוּ וְרַחֵם עָלֵינוּ, וְהוֹשִׁיעֵנוּ

כִּי אֵלֶיךָ עֵינֵינוּ

כִּי אֵל (בראש השנה: מֶלֶךְ) חַנּוּן וְרַחוּם אָתָּה.

בבית האבל אומרים כאן 'נַחֵם' בעמ' 886.

וּבְנֵה יְרוּשָׁלַיִם עִיר הַקֹּדֶשׁ בִּמְהֵרָה בְיָמֵינוּ.
בָּרוּךְ אַתָּה יהוה
בּוֹנֶה בְרַחֲמָיו יְרוּשָׁלָיִם, אָמֵן.

ברכת הטוב והמטיב

בָּרוּךְ אַתָּה יהוה אֱלֹהֵינוּ מֶלֶךְ הָעוֹלָם
הָאֵל אָבִינוּ, מַלְכֵּנוּ, אַדִּירֵנוּ
בּוֹרְאֵנוּ, גּוֹאֲלֵנוּ, יוֹצְרֵנוּ, קְדוֹשֵׁנוּ, קְדוֹשׁ יַעֲקֹב
רוֹעֵנוּ, רוֹעֵה יִשְׂרָאֵל
הַמֶּלֶךְ הַטּוֹב וְהַמֵּיטִיב לַכֹּל, שֶׁבְּכָל יוֹם וָיוֹם
הוּא הֵיטִיב, הוּא מֵיטִיב, הוּא יֵיטִיב לָנוּ
הוּא גְמָלָנוּ, הוּא גוֹמְלֵנוּ, הוּא יִגְמְלֵנוּ לָעַד
לְחֵן וּלְחֶסֶד וּלְרַחֲמִים, וּלְרֶוַח, הַצָּלָה וְהַצְלָחָה
בְּרָכָה וִישׁוּעָה, נֶחָמָה, פַּרְנָסָה וְכַלְכָּלָה
וְרַחֲמִים וְחַיִּים וְשָׁלוֹם וְכָל טוֹב
וּמִכָּל טוּב לְעוֹלָם אַל יְחַסְּרֵנוּ.

בקשות נוספות

הָרַחֲמָן הוּא יִמְלֹךְ עָלֵינוּ לְעוֹלָם וָעֶד.
הָרַחֲמָן הוּא יִתְבָּרַךְ בַּשָּׁמַיִם וּבָאָרֶץ.

הָרַחֲמָן הוּא יִשְׁתַּבַּח לְדוֹר דּוֹרִים
וְיִתְפָּאַר בָּנוּ לָעַד וּלְנֵצַח נְצָחִים
וְיִתְהַדַּר בָּנוּ לָעַד וּלְעוֹלְמֵי עוֹלָמִים.

הָרַחֲמָן הוּא יְפַרְנְסֵנוּ בְּכָבוֹד.

הָרַחֲמָן הוּא יִשְׁבֹּר עֻלֵּנוּ מֵעַל צַוָּארֵנוּ
וְהוּא יוֹלִיכֵנוּ קוֹמְמִיּוּת לְאַרְצֵנוּ.

הָרַחֲמָן הוּא יִשְׁלַח לָנוּ בְּרָכָה מְרֻבָּה
בַּבַּיִת הַזֶּה וְעַל שֻׁלְחָן זֶה
שֶׁאָכַלְנוּ עָלָיו.

הָרַחֲמָן הוּא יִשְׁלַח לָנוּ
אֶת אֵלִיָּהוּ הַנָּבִיא זָכוּר לַטּוֹב
וִיבַשֶּׂר לָנוּ בְּשׂוֹרוֹת טוֹבוֹת
יְשׁוּעוֹת וְנֶחָמוֹת.

הָרַחֲמָן הוּא יְבָרֵךְ אֶת מְדִינַת יִשְׂרָאֵל
רֵאשִׁית צְמִיחַת גְּאֻלָּתֵנוּ.

הָרַחֲמָן הוּא יְבָרֵךְ אֶת
חַיָּלֵי צְבָא הַהֲגָנָה לְיִשְׂרָאֵל
הָעוֹמְדִים עַל מִשְׁמַר אַרְצֵנוּ.

ברכת האורח:

יְהִי רָצוֹן שֶׁלֹּא יֵבוֹשׁ בַּעַל הַבַּיִת בָּעוֹלָם הַזֶּה, וְלֹא יִכָּלֵם לָעוֹלָם הַבָּא, וְיַצְלִיחַ מְאֹד בְּכָל נְכָסָיו, וְיִהְיוּ נְכָסָיו וּנְכָסֵינוּ מֻצְלָחִים וּקְרוֹבִים לָעִיר, וְאַל יִשְׁלֹט שָׂטָן לֹא בְּמַעֲשֵׂה יָדָיו וְלֹא בְּמַעֲשֵׂה יָדֵינוּ. וְאַל יִזְדַּקֵּק לֹא לְפָנָיו וְלֹא לְפָנֵינוּ שׁוּם דְּבַר הִרְהוּר חֵטְא, עֲבֵרָה וְעָוֹן, מֵעַתָּה וְעַד עוֹלָם.

הָרַחֲמָן הוּא יְבָרֵךְ

אם סמוך על שולחן עצמו, אומר:

אוֹתִי (וְאֶת אִשְׁתִּי / וְאֶת בַּעֲלִי / וְאֶת אָבִי מוֹרִי / וְאֶת אִמִּי מוֹרָתִי / וְאֶת זַרְעִי) וְאֶת כָּל אֲשֶׁר לִי.

אורח אומר:

אֶת בַּעַל הַבַּיִת הַזֶּה, אוֹתוֹ (וְאֶת אִשְׁתּוֹ בַּעֲלַת הַבַּיִת הַזֶּה / וְאֶת זַרְעוֹ) וְאֶת כָּל אֲשֶׁר לוֹ.

אם אכל על שולחן הוריו אומר:

אֶת אָבִי מוֹרִי (בַּעַל הַבַּיִת הַזֶּה), וְאֶת אִמִּי מוֹרָתִי (בַּעֲלַת הַבַּיִת הַזֶּה), אוֹתָם וְאֶת בֵּיתָם וְאֶת זַרְעָם וְאֶת כָּל אֲשֶׁר לָהֶם

אם יש אורחים נוספים, מוסיף:

וְאֶת כָּל הַמְּסֻבִּין כָּאן

אוֹתָנוּ וְאֶת כָּל אֲשֶׁר לָנוּ
כְּמוֹ שֶׁנִּתְבָּרְכוּ אֲבוֹתֵינוּ
אַבְרָהָם יִצְחָק וְיַעֲקֹב, בַּכֹּל, מִכֹּל, כֹּל
כֵּן יְבָרֵךְ אוֹתָנוּ כֻּלָּנוּ יַחַד בִּבְרָכָה שְׁלֵמָה
וְנֹאמַר אָמֵן.

בַּמָּרוֹם יְלַמְּדוּ עֲלֵיהֶם וְעָלֵינוּ זְכוּת
שֶׁתְּהֵא לְמִשְׁמֶרֶת שָׁלוֹם
וְנִשָּׂא בְרָכָה מֵאֵת יהוה
וּצְדָקָה מֵאֱלֹהֵי יִשְׁעֵנוּ
וְנִמְצָא חֵן וְשֵׂכֶל טוֹב בְּעֵינֵי אֱלֹהִים וְאָדָם.

בסעודת ברית מוסיפים: ׳הָרַחֲמָן הוּא יְבָרֵךְ אֲבִי הַיֶּלֶד׳ בעמ׳ 861.

בשבת: הָרַחֲמָן הוּא יַנְחִילֵנוּ
יוֹם שֶׁכֻּלּוֹ שַׁבָּת וּמְנוּחָה לְחַיֵּי הָעוֹלָמִים.

בראש חודש: הָרַחֲמָן הוּא יְחַדֵּשׁ עָלֵינוּ
אֶת הַחֹדֶשׁ הַזֶּה לְטוֹבָה וְלִבְרָכָה.

בראש השנה: הָרַחֲמָן הוּא יְחַדֵּשׁ עָלֵינוּ
אֶת הַשָּׁנָה הַזֹּאת לְטוֹבָה וְלִבְרָכָה.

ביום טוב: הָרַחֲמָן הוּא יַנְחִילֵנוּ יוֹם שֶׁכֻּלּוֹ טוֹב.

בסוכות: הָרַחֲמָן הוּא יָקִים לָנוּ אֶת סֻכַּת דָּוִד הַנּוֹפֶלֶת.

הָרַחֲמָן הוּא יְזַכֵּנוּ לִימוֹת הַמָּשִׁיחַ
וּלְחַיֵּי הָעוֹלָם הַבָּא

שמואל ב׳ כב
מַגְדִּל/ בשבת, במועדים ובראש חודש: מִגְדּוֹל/ יְשׁוּעוֹת מַלְכּוֹ
וְעֹשֶׂה־חֶסֶד לִמְשִׁיחוֹ, לְדָוִד וּלְזַרְעוֹ עַד־עוֹלָם:
עֹשֶׂה שָׁלוֹם בִּמְרוֹמָיו
הוּא יַעֲשֶׂה שָׁלוֹם עָלֵינוּ וְעַל כָּל יִשְׂרָאֵל
וְאִמְרוּ אָמֵן.

תהלים לד
יְראוּ אֶת־יהוה קְדשָׁיו, כִּי־אֵין מַחְסוֹר לִירֵאָיו:
כְּפִירִים רָשׁוּ וְרָעֵבוּ, וְדֹרְשֵׁי יהוה לֹא־יַחְסְרוּ
תהלים קלו
כָל־טוֹב: הוֹדוּ לַיהוה כִּי־טוֹב, כִּי לְעוֹלָם חַסְדּוֹ:
תהלים קמה ירמיה יז
פּוֹתֵחַ אֶת־יָדֶךָ, וּמַשְׂבִּיעַ לְכָל־חַי רָצוֹן: בָּרוּךְ
הַגֶּבֶר אֲשֶׁר יִבְטַח בַּיהוה, וְהָיָה יהוה מִבְטַחוֹ:
תהלים לז
נַעַר הָיִיתִי גַּם־זָקַנְתִּי, וְלֹא־רָאִיתִי צַדִּיק נֶעֱזָב
תהלים כט
וְזַרְעוֹ מְבַקֶּשׁ־לָחֶם: יהוה עֹז לְעַמּוֹ יִתֵּן, יהוה
יְבָרֵךְ אֶת־עַמּוֹ בַשָּׁלוֹם:

אם בירך ברכת המזון על כוס יין, מברך אחריה ׳בּוֹרֵא פְּרִי הַגָּפֶן׳,
שותה רביעית ומברך ברכה מעין שלוש בעמ׳ 836.

בסעודת נישואין או בשבעת ימי המשתה מברכים
אחר ברכת המזון ׳שבע ברכות׳ (עמ׳ 870).

על תבשיל או על מאפה (חוץ מלחם או מצה) מחמשת מיני דגן
או מאורז מברך:

**בָּרוּךְ אַתָּה יהוה אֱלֹהֵינוּ מֶלֶךְ הָעוֹלָם
בּוֹרֵא מִינֵי מְזוֹנוֹת.**

על יין (או על מיץ ענבים) מברך:

**בָּרוּךְ אַתָּה יהוה אֱלֹהֵינוּ מֶלֶךְ הָעוֹלָם
בּוֹרֵא פְּרִי הַגָּפֶן.**

על פרי העץ (מעצים רב־שנתיים) מברך:

**בָּרוּךְ אַתָּה יהוה אֱלֹהֵינוּ מֶלֶךְ הָעוֹלָם
בּוֹרֵא פְּרִי הָעֵץ.**

על ירקות (ועל פירות שאינם כלולים בברכה שלמעלה) מברך:

**בָּרוּךְ אַתָּה יהוה אֱלֹהֵינוּ מֶלֶךְ הָעוֹלָם
בּוֹרֵא פְּרִי הָאֲדָמָה.**

על משקה חוץ מן היין ועל אוכל שאינו מן הצומח, מברך:

**בָּרוּךְ אַתָּה יהוה אֱלֹהֵינוּ מֶלֶךְ הָעוֹלָם
שֶׁהַכֹּל נִהְיָה בִּדְבָרוֹ.**

כשאוכלים בפעם הראשונה פירות חדשים של השנה,
מוסיפים לאחר הברכה על הפרי:

**בָּרוּךְ אַתָּה יהוה אֱלֹהֵינוּ מֶלֶךְ הָעוֹלָם
שֶׁהֶחֱיָנוּ וְקִיְּמָנוּ וְהִגִּיעָנוּ לַזְּמַן הַזֶּה.**

ברכה מעין שלוש

אחרי אכילת מזונות מחמשת מיני דגן, שתיית יין או
אכילת פירות משבעת המינים מברך:

בָּרוּךְ אַתָּה יהוה אֱלֹהֵינוּ מֶלֶךְ הָעוֹלָם, עַל

על מזונות:	על יין:	על פירות משבעת המינים:
הַמִּחְיָה וְעַל הַכַּלְכָּלָה	הַגֶּפֶן וְעַל פְּרִי הַגֶּפֶן	הָעֵץ וְעַל פְּרִי הָעֵץ

על יין ומזונות יחד:

הַמִּחְיָה וְעַל הַכַּלְכָּלָה וְעַל הַגֶּפֶן וְעַל פְּרִי הַגֶּפֶן

וְעַל תְּנוּבַת הַשָּׂדֶה
וְעַל אֶרֶץ חֶמְדָּה טוֹבָה וּרְחָבָה
שֶׁרָצִיתָ וְהִנְחַלְתָּ לַאֲבוֹתֵינוּ
לֶאֱכֹל מִפִּרְיָהּ וְלִשְׂבֹּעַ מִטּוּבָהּ.
רַחֶם נָא יהוה אֱלֹהֵינוּ עַל יִשְׂרָאֵל עַמֶּךָ
וְעַל יְרוּשָׁלַיִם עִירֶךָ
וְעַל צִיּוֹן מִשְׁכַּן כְּבוֹדֶךָ
וְעַל מִזְבְּחֶךָ וְעַל הֵיכָלֶךָ.
וּבְנֵה יְרוּשָׁלַיִם עִיר הַקֹּדֶשׁ בִּמְהֵרָה בְיָמֵינוּ
וְהַעֲלֵנוּ לְתוֹכָהּ וְשַׂמְּחֵנוּ בְּבִנְיָנָהּ

וְנֹאכַל מִפִּרְיָהּ וְנִשְׂבַּע מִטּוּבָהּ
וּנְבָרֶכְךָ עָלֶיהָ בִּקְדֻשָּׁה וּבְטָהֳרָה.

בשבת: וּרְצֵה וְהַחֲלִיצֵנוּ בְּיוֹם הַשַּׁבָּת הַזֶּה

בראש חודש: וְזָכְרֵנוּ לְטוֹבָה בְּיוֹם רֹאשׁ הַחֹדֶשׁ הַזֶּה

בראש השנה: וְזָכְרֵנוּ לְטוֹבָה בְּיוֹם הַזִּכָּרוֹן הַזֶּה

בפסח: וְשַׂמְּחֵנוּ בְּיוֹם חַג הַמַּצּוֹת הַזֶּה

בשבועות: וְשַׂמְּחֵנוּ בְּיוֹם חַג הַשָּׁבוּעוֹת הַזֶּה

בסוכות: וְשַׂמְּחֵנוּ בְּיוֹם חַג הַסֻּכּוֹת הַזֶּה

בשמיני עצרת: וְשַׂמְּחֵנוּ בְּיוֹם הַשְּׁמִינִי חַג הָעֲצֶרֶת הַזֶּה

כִּי אַתָּה יהוה טוֹב וּמֵטִיב לַכֹּל
וְנוֹדֶה לְּךָ עַל הָאָרֶץ

על מזונות:

וְעַל הַמִּחְיָה.
בָּרוּךְ אַתָּה
יהוה עַל הָאָרֶץ
וְעַל הַמִּחְיָה.

על יין:

וְעַל פְּרִי גַפְנָהּ.*
בָּרוּךְ אַתָּה יהוה
עַל הָאָרֶץ וְעַל
פְּרִי גַפְנָהּ.*

על פירות משבעת המינים:

וְעַל פֵּרוֹתֶיהָ.**
בָּרוּךְ אַתָּה יהוה
עַל הָאָרֶץ וְעַל
פֵּרוֹתֶיהָ.**

על יין ומזונות יחד:

וְעַל הַמִּחְיָה וְעַל פְּרִי גַפְנָהּ.* בָּרוּךְ אַתָּה יהוה
עַל הָאָרֶץ וְעַל הַמִּחְיָה וְעַל פְּרִי גַפְנָהּ.*

*על יין מחו״ל אומרים: **הַגָּפֶן.** / **על פירות מחו״ל אומרים: **הַפֵּרוֹת.**

בורא נפשות

אחרי אכילת פירות האדמה, פירות העץ שאינם משבעת המינים או מזון שאינו מן הצומח, וכן אחרי שתיית משקה חוץ מיין מברך:

בָּרוּךְ אַתָּה יהוה אֱלֹהֵינוּ מֶלֶךְ הָעוֹלָם
בּוֹרֵא נְפָשׁוֹת רַבּוֹת וְחֶסְרוֹנָן
עַל כָּל מַה שֶּׁבָּרָאתָ
לְהַחֲיוֹת בָּהֶם נֶפֶשׁ כָּל חָי.
בָּרוּךְ חֵי הָעוֹלָמִים.

ברכות

ברכות המצוות

על הפרשת תרומה ומעשר ראשון (ואם יש ספק אם הפירות מעושרים, לא יברך):

בָּרוּךְ אַתָּה יהוה אֱלֹהֵינוּ מֶלֶךְ הָעוֹלָם
אֲשֶׁר קִדְּשָׁנוּ בְּמִצְוֹתָיו
וְצִוָּנוּ לְהַפְרִישׁ תְּרוּמוֹת וּמַעַשְׂרוֹת.

מַה שֶּׁהוּא יוֹתֵר מֵאֶחָד מִמֵּאָה מִן הַכֹּל שֶׁיֵּשׁ כָּאן, הֲרֵי הוּא תְּרוּמָה גְּדוֹלָה בִּצְפוֹנוֹ, וְהָאֶחָד מִמֵּאָה שֶׁנִּשְׁאַר כָּאן עִם תִּשְׁעָה חֲלָקִים כָּמוֹהוּ בְּצַד הָעֶלְיוֹן שֶׁל הַפֵּרוֹת הַלָּלוּ, הֲרֵי הֵם מַעֲשֵׂר רִאשׁוֹן. אוֹתוֹ הָאֶחָד מִמֵּאָה שֶׁעֲשִׂיתִיו מַעֲשֵׂר רִאשׁוֹן הֲרֵי הוּא תְּרוּמַת מַעֲשֵׂר. עוֹד תִּשְׁעָה חֲלָקִים כָּאֵלֶּה בְּצַד הַתַּחְתּוֹן שֶׁל הַפֵּרוֹת הֲרֵי הֵם מַעֲשֵׂר שֵׁנִי, וְאִם הֵם חַיָּבִים בְּמַעֲשַׂר עָנִי, הֲרֵי הֵם מַעֲשַׂר עָנִי.

על פדיון מעשר שני מברך (ואם יש ספק אם הפירות מעושרים, לא יברך):

בָּרוּךְ אַתָּה יהוה אֱלֹהֵינוּ מֶלֶךְ הָעוֹלָם
אֲשֶׁר קִדְּשָׁנוּ בְּמִצְוֹתָיו וְצִוָּנוּ עַל פִּדְיוֹן מַעֲשֵׂר שֵׁנִי.

מַעֲשֵׂר שֵׁנִי זֶה, הוּא וְחֻמְשׁוֹ, הֲרֵי הוּא מְחֻלָּל עַל פְּרוּטָה
אַחַת מִן הַמַּטְבֵּעַ שֶׁיִּחַדְתִּי לְפִדְיוֹן מַעֲשֵׂר שֵׁנִי.

המפריש חלה, מברך:

בָּרוּךְ אַתָּה יהוה אֱלֹהֵינוּ מֶלֶךְ הָעוֹלָם
אֲשֶׁר קִדְּשָׁנוּ בְּמִצְוֹתָיו
וְצִוָּנוּ לְהַפְרִישׁ חַלָּה מִן הָעִסָּה.

הפודה פירות מנטע רבעי, מברך:

בָּרוּךְ אַתָּה יהוה אֱלֹהֵינוּ מֶלֶךְ הָעוֹלָם
אֲשֶׁר קִדְּשָׁנוּ בְּמִצְוֹתָיו וְצִוָּנוּ עַל פִּדְיוֹן נֶטַע רְבָעִי.

הקובע מזוזה בפתחו, מברך:

בָּרוּךְ אַתָּה יהוה אֱלֹהֵינוּ מֶלֶךְ הָעוֹלָם
אֲשֶׁר קִדְּשָׁנוּ בְּמִצְוֹתָיו וְצִוָּנוּ לִקְבֹּעַ מְזוּזָה.

הבונה מעקה לגגו וגדר לבורו, מברך:

בָּרוּךְ אַתָּה יהוה אֱלֹהֵינוּ מֶלֶךְ הָעוֹלָם
אֲשֶׁר קִדְּשָׁנוּ בְּמִצְוֹתָיו וְצִוָּנוּ לַעֲשׂוֹת מַעֲקֶה.

אישה המיטהרת וגר הטובל בעת גיורו, מברכים:

בָּרוּךְ אַתָּה יהוה אֱלֹהֵינוּ מֶלֶךְ הָעוֹלָם
אֲשֶׁר קִדְּשָׁנוּ בְּמִצְוֹתָיו וְצִוָּנוּ עַל הַטְּבִילָה.

הטובל כלים חדשים שעשאם נכרי, מברך (ואם אינם כלי מתכת או זכוכית, טובל בלא ברכה):

בָּרוּךְ אַתָּה יהוה אֱלֹהֵינוּ מֶלֶךְ הָעוֹלָם
אֲשֶׁר קִדְּשָׁנוּ בְּמִצְוֹתָיו
וְצִוָּנוּ עַל טְבִילַת כְּלִי (כֵּלִים).

ברכות הנהנין, הראייה והשמיעה

על כלים ועל בגדים חדשים מברך:

בָּרוּךְ אַתָּה יהוה אֱלֹהֵינוּ מֶלֶךְ הָעוֹלָם, שֶׁהֶחֱיָנוּ
וְקִיְּמָנוּ וְהִגִּיעָנוּ לַזְּמַן הַזֶּה.

הלובש מלבוש חדש, מברך:

בָּרוּךְ אַתָּה יהוה אֱלֹהֵינוּ מֶלֶךְ הָעוֹלָם
מַלְבִּישׁ עֲרֻמִּים.

על ריח טוב של אילנות ושיחים מברך:

בָּרוּךְ אַתָּה יהוה אֱלֹהֵינוּ מֶלֶךְ הָעוֹלָם
בּוֹרֵא עֲצֵי בְשָׂמִים.

על ריח טוב של עשבים מברך:

בָּרוּךְ אַתָּה יהוה אֱלֹהֵינוּ מֶלֶךְ הָעוֹלָם
בּוֹרֵא עִשְׂבֵי בְשָׂמִים.

על ריח טוב של פירות מברך:

בָּרוּךְ אַתָּה יהוה אֱלֹהֵינוּ מֶלֶךְ הָעוֹלָם
הַנּוֹתֵן רֵיחַ טוֹב בַּפֵּרוֹת.

על שמן אפרסמון מברך:

בָּרוּךְ אַתָּה יהוה אֱלֹהֵינוּ מֶלֶךְ הָעוֹלָם
בּוֹרֵא שֶׁמֶן עָרֵב.

על שאר בשמים מברך:

בָּרוּךְ אַתָּה יהוה אֱלֹהֵינוּ מֶלֶךְ הָעוֹלָם
בּוֹרֵא מִינֵי בְשָׂמִים.

הרואה ברק ותופעות טבע שאינן רגילות, או המברך ברכת החמה, מברך:

בָּרוּךְ אַתָּה יהוה אֱלֹהֵינוּ מֶלֶךְ הָעוֹלָם
עוֹשֶׂה מַעֲשֵׂה בְרֵאשִׁית.

השומע קול רעם, מברך:

בָּרוּךְ אַתָּה יהוה אֱלֹהֵינוּ מֶלֶךְ הָעוֹלָם
שֶׁכֹּחוֹ וּגְבוּרָתוֹ מָלֵא עוֹלָם.

הרואה קשת בענן, מברך:

בָּרוּךְ אַתָּה יהוה אֱלֹהֵינוּ מֶלֶךְ הָעוֹלָם
זוֹכֵר הַבְּרִית וְנֶאֱמָן בִּבְרִיתוֹ וְקַיָּם בְּמַאֲמָרוֹ.

הרואה את הים התיכון (שו״ע רכח, א) או את האוקיינוס (משנ״ב שם, ב), מברך:

בָּרוּךְ אַתָּה יהוה אֱלֹהֵינוּ מֶלֶךְ הָעוֹלָם
שֶׁעָשָׂה אֶת הַיָּם הַגָּדוֹל.

הרואה בפעם הראשונה אילנות בפריחתם בחודש ניסן, מברך:

בָּרוּךְ אַתָּה יהוה אֱלֹהֵינוּ מֶלֶךְ הָעוֹלָם
שֶׁלֹּא חִסַּר בְּעוֹלָמוֹ כְּלוּם

וּבָרָא בוֹ בְּרִיּוֹת טוֹבוֹת וְאִילָנוֹת טוֹבִים לְהֲנוֹת בָּהֶם בְּנֵי אָדָם.

הרואה מראות טבע יפים ביותר, מברך:

בָּרוּךְ אַתָּה יהוה אֱלֹהֵינוּ מֶלֶךְ הָעוֹלָם שֶׁכָּכָה לּוֹ בְּעוֹלָמוֹ.

הרואה אדם (או ברייה אחרת) משונה ביותר, מברך:

בָּרוּךְ אַתָּה יהוה אֱלֹהֵינוּ מֶלֶךְ הָעוֹלָם מְשַׁנֶּה הַבְּרִיּוֹת.

על שמועות טובות לו ולאחרים, מברך:

בָּרוּךְ אַתָּה יהוה אֱלֹהֵינוּ מֶלֶךְ הָעוֹלָם הַטּוֹב וְהַמֵּטִיב.

אם הן טובות רק לו, מברך ׳שֶׁהֶחֱיָנוּ׳ (עמ׳ 840).

על שמועות רעות רח״ל (וכן אבל קודם הקריעה) מברך:

בָּרוּךְ אַתָּה יהוה אֱלֹהֵינוּ מֶלֶךְ הָעוֹלָם דַּיַּן הָאֱמֶת.

הרואה גדול בתורה, מברך:

בָּרוּךְ אַתָּה יהוה אֱלֹהֵינוּ מֶלֶךְ הָעוֹלָם שֶׁחָלַק מֵחָכְמָתוֹ לִירֵאָיו.

הרואה חכם גדול בשאר חכמות, מברך:

בָּרוּךְ אַתָּה יהוה אֱלֹהֵינוּ מֶלֶךְ הָעוֹלָם שֶׁנָּתַן מֵחָכְמָתוֹ לְבָשָׂר וָדָם.

הרואה מלך מאומות העולם, מברך:

בָּרוּךְ אַתָּה יהוה אֱלֹהֵינוּ מֶלֶךְ הָעוֹלָם שֶׁנָּתַן מִכְּבוֹדוֹ לְבָשָׂר וָדָם.

הרואה שישים ריבוא מישראל ביחד בארץ ישראל, מברך:

בָּרוּךְ אַתָּה יהוה אֱלֹהֵינוּ מֶלֶךְ הָעוֹלָם חֲכַם הָרָזִים.

הרואה בתי ישראל ביישובם בארץ ישראל, מברך:

בָּרוּךְ אַתָּה יהוה אֱלֹהֵינוּ מֶלֶךְ הָעוֹלָם מַצִּיב גְּבוּל אַלְמָנָה.

הרואה מקום שנעשו בו נסים לישראל, מברך:

בָּרוּךְ אַתָּה יהוה אֱלֹהֵינוּ מֶלֶךְ הָעוֹלָם שֶׁעָשָׂה נִסִּים לַאֲבוֹתֵינוּ בַּמָּקוֹם הַזֶּה.

הרואה מקום שנעשה לו (או לאבותיו) בו נס, מברך:

בָּרוּךְ אַתָּה יהוה אֱלֹהֵינוּ מֶלֶךְ הָעוֹלָם שֶׁעָשָׂה לִי (לְאָבִי/לְאִמִּי/לַאֲבוֹתַי) נֵס בַּמָּקוֹם הַזֶּה.

ברכות נוספות

הרואה קברי ישראל (שלא ראם שלושים יום), מברך:

בָּרוּךְ אַתָּה יהוה אֱלֹהֵינוּ מֶלֶךְ הָעוֹלָם, אֲשֶׁר יָצַר אֶתְכֶם בַּדִּין, וְזָן וְכִלְכֵּל אֶתְכֶם בַּדִּין, וְהֵמִית אֶתְכֶם בַּדִּין, וְיוֹדֵעַ מִסְפַּר כֻּלְּכֶם בַּדִּין, וְהוּא עָתִיד

לְהַחֲיוֹתְכֶם וּלְקַיֵּם אֶתְכֶם בַּדִּין. בָּרוּךְ אַתָּה יהוה, מְחַיֵּה הַמֵּתִים.

אַתָּה גִּבּוֹר לְעוֹלָם אֲדֹנָי, מְחַיֵּה מֵתִים אַתָּה, רַב לְהוֹשִׁיעַ, מְכַלְכֵּל חַיִּים בְּחֶסֶד, מְחַיֵּה מֵתִים בְּרַחֲמִים רַבִּים, סוֹמֵךְ נוֹפְלִים, וְרוֹפֵא חוֹלִים, וּמַתִּיר אֲסוּרִים, וּמְקַיֵּם אֱמוּנָתוֹ לִישֵׁנֵי עָפָר. מִי כָמוֹךָ בַּעַל גְּבוּרוֹת וּמִי דּוֹמֶה לָּךְ, מֶלֶךְ מֵמִית וּמְחַיֶּה וּמַצְמִיחַ יְשׁוּעָה, וְנֶאֱמָן אַתָּה לְהַחֲיוֹת מֵתִים.

בחו״ל, לאחר ברכת ׳הַשְׁכִּיבֵנוּ׳, נוהגים להוסיף את הפסוקים ׳בָּרוּךְ ה׳ לְעוֹלָם׳ ואת ברכת ׳יִרְאוּ עֵינֵינוּ׳, וברוב הקהילות אין מוסיפים אותם במוצאי שבת.

בָּרוּךְ יהוה לְעוֹלָם, אָמֵן וְאָמֵן: בָּרוּךְ יהוה מִצִּיּוֹן, תהלים פט תהלים קלה
שֹׁכֵן יְרוּשָׁלָםִ, הַלְלוּיָהּ: בָּרוּךְ יהוה אֱלֹהִים אֱלֹהֵי תהלים עב
יִשְׂרָאֵל, עֹשֵׂה נִפְלָאוֹת לְבַדּוֹ: וּבָרוּךְ שֵׁם כְּבוֹדוֹ
לְעוֹלָם, וְיִמָּלֵא כְבוֹדוֹ אֶת־כָּל־הָאָרֶץ, אָמֵן וְאָמֵן:
יְהִי כְבוֹד יהוה לְעוֹלָם, יִשְׂמַח יהוה בְּמַעֲשָׂיו: יְהִי תהלים קד תהלים קיג
שֵׁם יהוה מְבֹרָךְ מֵעַתָּה וְעַד־עוֹלָם: כִּי לֹא־יִטֹּשׁ שמואל א׳ יב
יהוה אֶת־עַמּוֹ בַּעֲבוּר שְׁמוֹ הַגָּדוֹל, כִּי הוֹאִיל יהוה
לַעֲשׂוֹת אֶתְכֶם לוֹ לְעָם: וַיַּרְא כָּל־הָעָם וַיִּפְּלוּ עַל־ מלכים א׳ יח
פְּנֵיהֶם, וַיֹּאמְרוּ, יהוה הוּא הָאֱלֹהִים, יהוה הוּא
הָאֱלֹהִים: וְהָיָה יהוה לְמֶלֶךְ עַל־כָּל־הָאָרֶץ, בַּיּוֹם זכריה יד

הַהוּא יִהְיֶה יהוה אֶחָד וּשְׁמוֹ אֶחָד: יְהִי־חַסְדְּךָ יהוה תהלים לג
עָלֵינוּ, כַּאֲשֶׁר יִחַלְנוּ לָךְ: הוֹשִׁיעֵנוּ יהוה אֱלֹהֵינוּ, תהלים קו
וְקַבְּצֵנוּ מִן־הַגּוֹיִם, לְהוֹדוֹת לְשֵׁם קָדְשֶׁךָ, לְהִשְׁתַּבֵּחַ
בִּתְהִלָּתֶךָ: כָּל־גּוֹיִם אֲשֶׁר עָשִׂיתָ, יָבוֹאוּ וְיִשְׁתַּחֲווּ תהלים פו
לְפָנֶיךָ, אֲדֹנָי וִיכַבְּדוּ לִשְׁמֶךָ: כִּי־גָדוֹל אַתָּה וְעֹשֵׂה
נִפְלָאוֹת, אַתָּה אֱלֹהִים לְבַדֶּךָ: וַאֲנַחְנוּ עַמְּךָ וְצֹאן תהלים עט
מַרְעִיתֶךָ, נוֹדֶה לְּךָ לְעוֹלָם לְדוֹר וָדֹר נְסַפֵּר תְּהִלָּתֶךָ:

בָּרוּךְ יהוה בַּיּוֹם, בָּרוּךְ יהוה בַּלָּיְלָה, בָּרוּךְ יהוה
בְּשָׁכְבֵנוּ, בָּרוּךְ יהוה בְּקוּמֵנוּ. כִּי בְיָדְךָ נַפְשׁוֹת
הַחַיִּים וְהַמֵּתִים. אֲשֶׁר בְּיָדוֹ נֶפֶשׁ כָּל־חָי, וְרוּחַ כָּל־ איוב יב
בְּשַׂר־אִישׁ: בְּיָדְךָ אַפְקִיד רוּחִי, פָּדִיתָה אוֹתִי יהוה תהלים לא
אֵל אֱמֶת: אֱלֹהֵינוּ שֶׁבַּשָּׁמַיִם, יַחֵד שִׁמְךָ וְקַיֵּם
מַלְכוּתְךָ תָּמִיד, וּמְלֹךְ עָלֵינוּ לְעוֹלָם וָעֶד.

יִרְאוּ עֵינֵינוּ וְיִשְׂמַח לִבֵּנוּ, וְתָגֵל נַפְשֵׁנוּ בִּישׁוּעָתְךָ
בֶּאֱמֶת, בֶּאֱמֹר לְצִיּוֹן מָלַךְ אֱלֹהָיִךְ. יהוה מֶלֶךְ, יהוה
מָלָךְ, יהוה יִמְלֹךְ לְעֹלָם וָעֶד. ◂ כִּי הַמַּלְכוּת שֶׁלְּךָ
הִיא, וּלְעוֹלְמֵי עַד תִּמְלֹךְ בְּכָבוֹד, כִּי אֵין לָנוּ מֶלֶךְ
אֶלָּא אָתָּה. בָּרוּךְ אַתָּה יהוה, הַמֶּלֶךְ בִּכְבוֹדוֹ תָּמִיד,
יִמְלֹךְ עָלֵינוּ לְעוֹלָם וָעֶד וְעַל כָּל מַעֲשָׂיו.

ממשיכים בחצי קדיש (עמ׳ 192).

תפילה קצרה לשעת הדחק

בשעת הדחק רשאי אדם להתפלל תפילה קצרה במקום שמונה עשרה ברכות שלמות. אומר שלוש ברכות ראשונות עד ׳הָאֵל הַקָּדוֹשׁ׳ (עמ׳ 75–78), אחר כך אומר:

הֲבִינֵנוּ יהוה אֱלֹהֵינוּ לָדַעַת דְּרָכֶיךָ, וּמוֹל אֶת לְבָבֵנוּ לְיִרְאָתֶךָ, וְתִסְלַח לָנוּ לִהְיוֹת גְּאוּלִים, וְרַחֲקֵנוּ מִמַּכְאוֹב, וְדַשְּׁנֵנוּ בִּנְאוֹת אַרְצֶךָ, וּנְפוּצוֹתֵינוּ מֵאַרְבַּע תְּקַבֵּץ, וְהַתּוֹעִים עַל דַּעְתְּךָ יִשָּׁפֵטוּ, וְעַל הָרְשָׁעִים תָּנִיף יָדֶךָ, וְיִשְׂמְחוּ צַדִּיקִים בְּבִנְיַן עִירֶךָ וּבְתִקּוּן הֵיכָלֶךָ, וּבִצְמִיחַת קֶרֶן לְדָוִד עַבְדֶּךָ וּבַעֲרִיכַת נֵר לְבֶן יִשַׁי מְשִׁיחֶךָ, טֶרֶם נִקְרָא אַתָּה תַעֲנֶה. בָּרוּךְ אַתָּה יהוה, שׁוֹמֵעַ תְּפִלָּה.

וממשיך בשלוש הברכות האחרונות מ׳רְצֵה׳ (עמ׳ 85) ועד הסוף.

מי שאינו יכול לומר תפילה קצרה, אומר את הבקשה הבאה:

צָרְכֵי עַמְּךָ יִשְׂרָאֵל מְרֻבִּים וְדַעְתָּם קְצָרָה. יְהִי רָצוֹן מִלְּפָנֶיךָ יהוה אֱלֹהֵינוּ וֵאלֹהֵי אֲבוֹתֵינוּ, שֶׁתִּתֵּן לְכָל אֶחָד וְאֶחָד כְּדֵי פַּרְנָסָתוֹ, וּלְכָל גְּוִיָּה וּגְוִיָּה דֵּי מַחְסוֹרָהּ, וְהַטּוֹב בְּעֵינֶיךָ עֲשֵׂה. בָּרוּךְ אַתָּה יהוה, שׁוֹמֵעַ תְּפִלָּה.

ואם יכול להתפלל אחר כך, מתפלל תפילה מלאה.

סדר חנוכת הבית

מִזְמוֹר שִׁיר־חֲנֻכַּת הַבַּיִת לְדָוִד: אֲרוֹמִמְךָ יהוה תהלים ל
כִּי דִלִּיתָנִי, וְלֹא־שִׂמַּחְתָּ אֹיְבַי לִי: יהוה אֱלֹהָי,
שִׁוַּעְתִּי אֵלֶיךָ וַתִּרְפָּאֵנִי: יהוה, הֶעֱלִיתָ מִן־
שְׁאוֹל נַפְשִׁי, חִיִּיתַנִי מִיָּרְדִי־בוֹר: זַמְּרוּ לַיהוה
חֲסִידָיו, וְהוֹדוּ לְזֵכֶר קָדְשׁוֹ: כִּי רֶגַע בְּאַפּוֹ,
חַיִּים בִּרְצוֹנוֹ, בָּעֶרֶב יָלִין בֶּכִי וְלַבֹּקֶר רִנָּה:
וַאֲנִי אָמַרְתִּי בְשַׁלְוִי, בַּל־אֶמּוֹט לְעוֹלָם: יהוה,
בִּרְצוֹנְךָ הֶעֱמַדְתָּה לְהַרְרִי עֹז, הִסְתַּרְתָּ פָנֶיךָ
הָיִיתִי נִבְהָל: אֵלֶיךָ יהוה אֶקְרָא, וְאֶל־אֲדֹנָי
אֶתְחַנָּן: מַה־בֶּצַע בְּדָמִי, בְּרִדְתִּי אֶל שָׁחַת,
הֲיוֹדְךָ עָפָר, הֲיַגִּיד אֲמִתֶּךָ: שְׁמַע־יהוה וְחָנֵּנִי,
יהוה הֱיֵה־עֹזֵר לִי: הָפַכְתָּ מִסְפְּדִי לְמָחוֹל לִי,
פִּתַּחְתָּ שַׂקִּי, וַתְּאַזְּרֵנִי שִׂמְחָה: לְמַעַן יְזַמֶּרְךָ
כָבוֹד וְלֹא יִדֹּם, יהוה אֱלֹהַי, לְעוֹלָם אוֹדֶךָּ:

מִזְמוֹר לְדָוִד, יהוה מִי־יָגוּר בְּאָהֳלֶךָ, מִי־יִשְׁכֹּן תהלים טו
בְּהַר קָדְשֶׁךָ: הוֹלֵךְ תָּמִים וּפֹעֵל צֶדֶק, וְדֹבֵר

אֱמֶת בִּלְבָבוֹ: לֹא־רָגַל עַל־לְשֹׁנוֹ, לֹא־עָשָׂה לְרֵעֵהוּ רָעָה, וְחֶרְפָּה לֹא־נָשָׂא עַל־קְרֹבוֹ: נִבְזֶה בְּעֵינָיו נִמְאָס, וְאֶת־יִרְאֵי יהוה יְכַבֵּד, נִשְׁבַּע לְהָרַע וְלֹא יָמִר: כַּסְפּוֹ לֹא־נָתַן בְּנֶשֶׁךְ, וְשֹׁחַד עַל־נָקִי לֹא־לָקָח, עֹשֵׂה אֵלֶּה, לֹא יִמּוֹט לְעוֹלָם:

רִבּוֹן הָעוֹלָם, הַשְׁקִיפָה מִמְּעוֹן קָדְשְׁךָ, וְקַבֵּל בְּרַחֲמִים וּבְרָצוֹן אֶת תְּפִלַּת בָּנֶיךָ וְתַחֲנוּנָם, אֲשֶׁר הִתְאַסְּפוּ פֹּה לַחֲנֹךְ אֶת הַבַּיִת הַזֶּה וּלְהַקְרִיב לְפָנֶיךָ אֶת תּוֹדָתָם עַל כָּל הַחֶסֶד וְהָאֱמֶת אֲשֶׁר עָשִׂיתָ אִתָּם. אָנָּא חַסְדְּךָ מֵאִתָּם אַל יָמוּשׁ, וּבְרִית שְׁלוֹמְךָ אַל תָּמוּט. הָגֵן בְּעַד בֵּית מְגוּרֵיהֶם, לֹא תְאֻנֶּה אֵלָיו רָעָה, וְנֶגַע וְצַעַר לֹא יִקְרְבוּ אֵלָיו, וְלֹא יִשָּׁמַע קוֹל צְוָחָה בְּתוֹכוֹ. זַכֵּה אֶת בְּנֵי הַבַּיִת לָשֶׁבֶת בְּמִשְׁכָּנָם בְּאַחֲוָה וְרֵעוּת, לְאַהֲבָה וּלְיִרְאָה אוֹתְךָ וּלְדָבְקָה בְךָ, לַהֲגוֹת בְּתוֹרָתְךָ וּלְקַיֵּם מִצְוֹתֶיךָ.

אם יש לבני הזוג ילדים, מוסיפים את המילים שבסוגריים.

הָרֵק בִּרְכוֹתֶיךָ עַל בַּעַל הַבַּיִת. דברים לג

בָּרֵךְ יהוה חֵילוֹ, וּפֹעַל יָדָיו תִּרְצֶה:

הַרְחִיקֵהוּ מִידֵי עֲבֵרָה וְעָוֹן, וִיהִי נֹעַם יְיָ עָלָיו

וּמַעֲשֵׂה יָדָיו כּוֹנְנֵהוּ.

יְהִי נָא חַסְדְּךָ אֶת אִשְׁתּוֹ

צוֹפִיָּה הֲלִיכוֹת בֵּיתָהּ:

וְתֵדַע כִּי, אִשָּׁה יִרְאַת־יהוה הִיא תִתְהַלָּל: משלי לא

(הוֹפַע עַל בְּנֵיהֶם וּבְנוֹתֵיהֶם רוּחַ חָכְמָה וּבִינָה

הַדְרִיכֵם בִּנְתִיב מִצְוֹתֶיךָ

וְכָל־רֹאֵיהֶם יַכִּירוּם כִּי הֵם זֶרַע בֵּרַךְ יהוה ישעיה סא

בְּרוּכִים בַּתּוֹרָה וּבְיִרְאַת שָׁמָיִם.)

שָׁמְרֵם מִכָּל רָע, שְׁמֹר אֶת נַפְשָׁם, וִיקַיֵּם בָּהֶם:

בָּרוּךְ אַתָּה בְּבֹאֶךָ, וּבָרוּךְ אַתָּה בְּצֵאתֶךָ: דברים כח

וְכַאֲשֶׁר זָכִינוּ לַחֲנֹךְ אֶת הַבַּיִת הַזֶּה עַתָּה

כֵּן נִזְכֶּה גַּם יַחַד לִרְאוֹת חֲנֻכַּת הַבַּיִת

הַגָּדוֹל וְהַקָּדוֹשׁ בִּירוּשָׁלַיִם עִירְךָ

קִרְיַת מוֹעֲדֵינוּ, בִּמְהֵרָה בְיָמֵינוּ, אָמֵן.

תפילת הדרך

היוצא לדרך אומר תפילה זו (ברכות כט ע"ב).
ואם בדעתו לחזור באותו היום, אומר את המילים שבסוגריים (הגר"א).

יְהִי רָצוֹן מִלְּפָנֶיךָ
יהוה אֱלֹהֵינוּ וֵאלֹהֵי אֲבוֹתֵינוּ
שֶׁתּוֹלִיכֵנוּ לְשָׁלוֹם
וְתַצְעִידֵנוּ לְשָׁלוֹם
וְתַדְרִיכֵנוּ לְשָׁלוֹם
וְתַגִּיעֵנוּ לִמְחוֹז חֶפְצֵנוּ
לְחַיִּים וּלְשִׂמְחָה וּלְשָׁלוֹם
(וְתַחֲזִירֵנוּ לְבֵיתֵנוּ לְשָׁלוֹם)
וְתַצִּילֵנוּ מִכַּף כָּל אוֹיֵב וְאוֹרֵב בַּדֶּרֶךְ
וּמִכָּל מִינֵי פֻּרְעָנֻיּוֹת הַמִּתְרַגְּשׁוֹת לָבוֹא לָעוֹלָם
וְתִשְׁלַח בְּרָכָה בְּמַעֲשֵׂה יָדֵינוּ
וְתִתְּנֵנוּ לְחֵן וּלְחֶסֶד וּלְרַחֲמִים בְּעֵינֶיךָ
וּבְעֵינֵי כָל רוֹאֵינוּ
וְתִשְׁמַע קוֹל תַּחֲנוּנֵינוּ
כִּי אֵל שׁוֹמֵעַ תְּפִלָּה וְתַחֲנוּן אָתָּה.
בָּרוּךְ אַתָּה יהוה, שׁוֹמֵעַ תְּפִלָּה.

לאחר תפילת הדרך נוהגים להוסיף פסוקים לברכה (׳אליה רבה׳ קי, ח).

יהוה יִשְׁמָר־צֵאתְךָ וּבוֹאֶךָ תהלים קכא
מֵעַתָּה וְעַד־עוֹלָם:

אומר שלוש פעמים:

וְיַעֲקֹב הָלַךְ לְדַרְכּוֹ בראשית לב
וַיִּפְגְּעוּ־בוֹ מַלְאֲכֵי אֱלֹהִים:
וַיֹּאמֶר יַעֲקֹב כַּאֲשֶׁר רָאָם
מַחֲנֵה אֱלֹהִים זֶה
וַיִּקְרָא שֵׁם־הַמָּקוֹם הַהוּא מַחֲנָיִם:

אומר שלוש פעמים:

יְבָרֶכְךָ יהוה וְיִשְׁמְרֶךָ: במדבר ו
יָאֵר יהוה פָּנָיו אֵלֶיךָ וִיחֻנֶּךָּ:
יִשָּׂא יהוה פָּנָיו אֵלֶיךָ וְיָשֵׂם לְךָ שָׁלוֹם:

שִׁיר לַמַּעֲלוֹת, אֶשָּׂא עֵינַי אֶל־הֶהָרִים, מֵאַיִן יָבֹא תהלים קכא
עֶזְרִי: עֶזְרִי מֵעִם יהוה, עֹשֵׂה שָׁמַיִם וָאָרֶץ: אַל־יִתֵּן
לַמּוֹט רַגְלֶךָ, אַל־יָנוּם שֹׁמְרֶךָ: הִנֵּה לֹא־יָנוּם וְלֹא
יִישָׁן, שׁוֹמֵר יִשְׂרָאֵל: יהוה שֹׁמְרֶךָ, יהוה צִלְּךָ עַל־יַד
יְמִינֶךָ: יוֹמָם הַשֶּׁמֶשׁ לֹא־יַכֶּכָּה, וְיָרֵחַ בַּלָּיְלָה: יהוה
יִשְׁמָרְךָ מִכָּל־רָע, יִשְׁמֹר אֶת־נַפְשֶׁךָ: יהוה יִשְׁמָר־
צֵאתְךָ וּבוֹאֶךָ, מֵעַתָּה וְעַד־עוֹלָם:

מעגל החיים

סדר ברית מילה

כשמביאים את הילד, הקהל עומד על רגליו
ואומר (ספר המנהיג):

בָּרוּךְ הַבָּא.

פסוק זה נדרש בזוהר (לך לך, עו ע"ב)
על הבחירה בישראל הבאה לידי ביטוי בברית המילה.

המוהל: **אַשְׁרֵי תִּבְחַר וּתְקָרֵב, יִשְׁכֹּן חֲצֵרֶיךָ** תהלים סה

הקהל: **נִשְׂבְּעָה בְּטוּב בֵּיתֶךָ, קְדֹשׁ הֵיכָלֶךָ:**

האב לוקח את בנו ואומר בלחש:

אִם־אֶשְׁכָּחֵךְ יְרוּשָׁלָםִ, תִּשְׁכַּח יְמִינִי: תהלים קלז
תִּדְבַּק לְשׁוֹנִי לְחִכִּי אִם־לֹא אֶזְכְּרֵכִי
אִם־לֹא אַעֲלֶה אֶת־יְרוּשָׁלַםִ
עַל רֹאשׁ שִׂמְחָתִי:

מנהג ארץ ישראל הוא שהאב אומר את הפסוקים הבאים בקול רם,
והקהל אחריו:

שְׁמַע יִשְׂרָאֵל, יהוה אֱלֹהֵינוּ, יהוה אֶחָד: דברים ו

פעמיים: **יהוה מֶלֶךְ, יהוה מָלָךְ**
יהוה יִמְלֹךְ לְעוֹלָם וָעֶד.

פעמיים: **אָנָּא יהוה הוֹשִׁיעָה נָּא** תהלים קיח

פעמיים: **אָנָּא יהוה הַצְלִיחָה נָּא:**

לאחר שאליהו הנביא קינא לקיום ברית המילה,
שנאמר "קַנֹּא קִנֵּאתִי לַה' אֱלֹהֵי צְבָאוֹת, כִּי־עָזְבוּ בְרִיתְךָ בְּנֵי יִשְׂרָאֵל" (מל"א יט, יד),
הקב"ה ציווה עליו שיהא נוכח בכל טקס מילה (שיבולי הלקט).

מניחים את הילד על כיסא אליהו, והמוהל אומר:

זֶה הַכִּסֵּא שֶׁל אֵלִיָּהוּ הַנָּבִיא זָכוּר לַטּוֹב.

בראשית מט תהלים קיט
לִישׁוּעָתְךָ קִוִּיתִי יהוה: שִׂבַּרְתִּי לִישׁוּעָתְךָ יהוה,
וּמִצְוֹתֶיךָ עָשִׂיתִי: אֵלִיָּהוּ מַלְאַךְ הַבְּרִית, הִנֵּה
תהלים קיט
שֶׁלְּךָ לְפָנֶיךָ, עֲמֹד עַל יְמִינִי וְסָמְכֵנִי. שִׂבַּרְתִּי
לִישׁוּעָתְךָ יהוה: שָׂשׂ אָנֹכִי עַל־אִמְרָתֶךָ, כְּמוֹצֵא
שָׁלָל רָב: שָׁלוֹם רָב לְאֹהֲבֵי תוֹרָתֶךָ, וְאֵין־לָמוֹ
תהלים סה
מִכְשׁוֹל: אַשְׁרֵי תִּבְחַר וּתְקָרֵב, יִשְׁכֹּן חֲצֵרֶיךָ

והקהל עונה:

נִשְׂבְּעָה בְּטוּב בֵּיתֶךָ, קְדֹשׁ הֵיכָלֶךָ:

הסנדק מקבל את הילד על ברכיו, והמוהל מברך:

בָּרוּךְ אַתָּה יהוה אֱלֹהֵינוּ מֶלֶךְ הָעוֹלָם
אֲשֶׁר קִדְּשָׁנוּ בְּמִצְוֹתָיו וְצִוָּנוּ עַל הַמִּילָה.

ומיד אבי הבן מברך:

בָּרוּךְ אַתָּה יהוה אֱלֹהֵינוּ מֶלֶךְ הָעוֹלָם
אֲשֶׁר קִדְּשָׁנוּ בְּמִצְוֹתָיו
וְצִוָּנוּ לְהַכְנִיסוֹ בִּבְרִיתוֹ שֶׁל אַבְרָהָם אָבִינוּ.

בארץ ישראל נוהגים שהאב מברך 'שֶׁהֶחֱיָנוּ' (רמב"ם):

בָּרוּךְ אַתָּה יהוה אֱלֹהֵינוּ מֶלֶךְ הָעוֹלָם שֶׁהֶחֱיָנוּ וְקִיְּמָנוּ וְהִגִּיעָנוּ לַזְּמַן הַזֶּה.

הקהל עונה:

אָמֵן. כְּשֵׁם שֶׁנִּכְנַס לַבְּרִית כֵּן יִכָּנֵס לְתוֹרָה וּלְחֻפָּה וּלְמַעֲשִׂים טוֹבִים.

אחר המילה מברך (שבת קלז ע"ב):

בָּרוּךְ אַתָּה יהוה אֱלֹהֵינוּ מֶלֶךְ הָעוֹלָם, בּוֹרֵא פְּרִי הַגָּפֶן.

בָּרוּךְ אַתָּה יהוה אֱלֹהֵינוּ מֶלֶךְ הָעוֹלָם, אֲשֶׁר קִדַּשׁ יְדִיד מִבֶּטֶן, וְחֹק בִּשְׁאֵרוֹ שָׂם, וְצֶאֱצָאָיו חָתַם בְּאוֹת בְּרִית קֹדֶשׁ. עַל כֵּן בִּשְׂכַר זֹאת, אֵל חַי חֶלְקֵנוּ צוּרֵנוּ צִוָּה לְהַצִּיל יְדִידוּת שְׁאֵרֵנוּ מִשַּׁחַת, לְמַעַן בְּרִיתוֹ אֲשֶׁר שָׂם בִּבְשָׂרֵנוּ. בָּרוּךְ אַתָּה יהוה, כּוֹרֵת הַבְּרִית.

המברך אומר:

אֱלֹהֵינוּ וֵאלֹהֵי אֲבוֹתֵינוּ, קַיֵּם אֶת הַיֶּלֶד הַזֶּה לְאָבִיו וּלְאִמּוֹ, וְיִקָּרֵא שְׁמוֹ בְּיִשְׂרָאֵל (פלוני בֶּן

פלוני). יִשְׂמַח הָאָב בְּיוֹצֵא חֲלָצָיו וְתָגֵל אִמּוֹ
בִּפְרִי בִטְנָהּ, כַּכָּתוּב: יִשְׂמַח־אָבִיךָ וְאִמֶּךָ, משלי כג
וְתָגֵל יוֹלַדְתֶּךָ: וְנֶאֱמַר: וָאֶעֱבֹר עָלַיִךְ וָאֶרְאֵךְ יחזקאל טז
מִתְבּוֹסֶסֶת בְּדָמָיִךְ, וָאֹמַר לָךְ בְּדָמַיִךְ חֲיִי,
וָאֹמַר לָךְ בְּדָמַיִךְ חֲיִי: וְנֶאֱמַר: זָכַר לְעוֹלָם תהלים קה
בְּרִיתוֹ, דָּבָר צִוָּה לְאֶלֶף דּוֹר: אֲשֶׁר כָּרַת אֶת־
אַבְרָהָם, וּשְׁבוּעָתוֹ לְיִשְׂחָק: וַיַּעֲמִידֶהָ לְיַעֲקֹב
לְחֹק, לְיִשְׂרָאֵל בְּרִית עוֹלָם: וְנֶאֱמַר: וַיָּמָל בראשית כא
אַבְרָהָם אֶת־יִצְחָק בְּנוֹ בֶּן־שְׁמֹנַת יָמִים, כַּאֲשֶׁר
צִוָּה אֹתוֹ אֱלֹהִים: הוֹדוּ לַיהוה כִּי־טוֹב, כִּי תהלים קיח
לְעוֹלָם חַסְדּוֹ:

הקהל עונה:

הוֹדוּ לַיהוה כִּי־טוֹב, כִּי לְעוֹלָם חַסְדּוֹ:

המברך ממשיך:

(פלוני בֶּן פלוני) זֶה הַקָּטֹן גָּדוֹל יִהְיֶה, כְּשֵׁם שֶׁנִּכְנַס לַבְּרִית, כֵּן יִכָּנֵס לְתוֹרָה וּלְחֻפָּה וּלְמַעֲשִׂים טוֹבִים.

נותנים מעט מהיין לתינוק, לסנדק ולאם.

אומרים 'עָלֵינוּ' (עמ' 127), ואחריו קדיש יתום (עמ' 129).

ברכת המזון לברית מילה

המזמן אומר: רַבּוֹתַי, נְבָרֵךְ.

המסובין: יְהִי שֵׁם יהוה מְבֹרָךְ מֵעַתָּה וְעַד־עוֹלָם: תהלים קיג

המזמן חוזר: יְהִי שֵׁם יהוה מְבֹרָךְ מֵעַתָּה וְעַד־עוֹלָם:

המזמן ואחריו המסובין: נוֹדֶה לְשִׁמְךָ בְּתוֹךְ אֱמוּנַי
בְּרוּכִים אַתֶּם לַיהוה.

המזמן: בִּרְשׁוּת אֵל אָיֹם וְנוֹרָא
מִשְׂגָּב לְעִתּוֹת בַּצָּרָה
אֵל נֶאְזָר בִּגְבוּרָה
אַדִּיר בַּמָּרוֹם יהוה.

המסובין: נוֹדֶה לְשִׁמְךָ בְּתוֹךְ אֱמוּנַי
בְּרוּכִים אַתֶּם לַיהוה.

המזמן: בִּרְשׁוּת הַתּוֹרָה הַקְּדוֹשָׁה
טְהוֹרָה הִיא וְגַם פְּרוּשָׁה
צִוָּה לָנוּ מוֹרָשָׁה
מֹשֶׁה עֶבֶד יהוה.

המסובין: נוֹדֶה לְשִׁמְךָ בְּתוֹךְ אֱמוּנַי
בְּרוּכִים אַתֶּם לַיהוה.

המזמן: בִּרְשׁוּת הַכֹּהֲנִים וְהַלְוִיִּם
אֶקְרָא לֵאלֹהֵי הָעִבְרִיִּים
אֲהוֹדֶנּוּ בְּכָל אִיִּים
אֲבָרְכָה אֶת יהוה.

המסובין: נוֹדֶה לְשִׁמְךָ בְּתוֹךְ אֱמוּנַי
בְּרוּכִים אַתֶּם לַיהוה.

המזמן: בִּרְשׁוּת מָרָנָן וְרַבָּנָן וְרַבּוֹתַי
אֶפְתְּחָה בְּשִׁיר פִּי וּשְׂפָתַי
וְתֹאמַרְנָה עַצְמוֹתַי
בָּרוּךְ הַבָּא בְּשֵׁם יהוה.

המסובין: נוֹדֶה לְשִׁמְךָ בְּתוֹךְ אֱמוּנַי
בְּרוּכִים אַתֶּם לַיהוה.

המזמן אומר: בִּרְשׁוּת מָרָנָן וְרַבָּנָן וְרַבּוֹתַי
נְבָרֵךְ (במניין: אֱלֹהֵינוּ) שֶׁאָכַלְנוּ מִשֶּׁלוֹ.

המסובין: בָּרוּךְ (במניין: אֱלֹהֵינוּ) שֶׁאָכַלְנוּ מִשֶּׁלוֹ
וּבְטוּבוֹ חָיִינוּ.

המזמן חוזר: בָּרוּךְ (במניין: אֱלֹהֵינוּ) שֶׁאָכַלְנוּ מִשֶּׁלוֹ
וּבְטוּבוֹ חָיִינוּ.
בָּרוּךְ הוּא וּבָרוּךְ שְׁמוֹ.

מברכים ברכת המזון (עמ׳ 824) עד ׳בְּעֵינֵי אֱלֹהִים וְאָדָם׳ בעמ׳ 833, וממשיכים:

הָרַחֲמָן הוּא יְבָרֵךְ אֲבִי הַיֶּלֶד וְאִמּוֹ
וְיִזְכּוּ לְגַדְּלוֹ וּלְחַנְּכוֹ וּלְחַכְּמוֹ
מִיּוֹם הַשְּׁמִינִי וָהָלְאָה יֵרָצֶה דָמוֹ
וִיהִי יהוה אֱלֹהָיו עִמּוֹ.

הָרַחֲמָן הוּא יְבָרֵךְ בַּעַל בְּרִית הַמִּילָה
אֲשֶׁר שָׂשׂ לַעֲשׂוֹת צֶדֶק בְּגִילָה
וִישַׁלֵּם פָּעֳלוֹ וּמַשְׂכֻּרְתּוֹ כְּפוּלָה
וְיִתְּנֵהוּ לְמַעְלָה לְמָעְלָה.

הָרַחֲמָן הוּא יְבָרֵךְ רַךְ הַנִּמּוֹל לִשְׁמוֹנָה
וְיִהְיוּ יָדָיו וְלִבּוֹ לָאֵל אֱמוּנָה
וְיִזְכֶּה לִרְאוֹת פְּנֵי הַשְּׁכִינָה
שָׁלֹשׁ פְּעָמִים בַּשָּׁנָה.

הָרַחֲמָן הוּא יְבָרֵךְ הַמָּל בְּשַׂר הָעָרְלָה
וּפָרַע וּמָצַץ דְּמֵי הַמִּילָה
אִישׁ הַיָּרֵא וְרַךְ הַלֵּבָב עֲבוֹדָתוֹ פְּסוּלָה
אִם שְׁלָשׁ אֵלֶּה לֹא יַעֲשֶׂה לָהּ.

הָרַחֲמָן הוּא יִשְׁלַח לָנוּ מְשִׁיחוֹ הוֹלֵךְ תָּמִים
בִּזְכוּת חֲתַן לַמּוּלוֹת דָּמִים
לְבַשֵּׂר בְּשׂוֹרוֹת טוֹבוֹת וְנִחוּמִים
לְעַם אֶחָד מְפֻזָּר וּמְפֹרָד בֵּין הָעַמִּים.

הָרַחֲמָן הוּא יִשְׁלַח לָנוּ כֹּהֵן צֶדֶק
אֲשֶׁר לֻקַּח לְעֵילוֹם
עַד הוּכַן כִּסְאוֹ כַּשֶּׁמֶשׁ וְיַהֲלֹם
וַיָּלֶט פָּנָיו בְּאַדַּרְתּוֹ וַיִּגְלֹם
בְּרִיתִי הָיְתָה אִתּוֹ הַחַיִּים וְהַשָּׁלוֹם.

ממשיכים 'הָרַחֲמָן הוּא יְזַכֵּנוּ' (עמ' 834) עד סוף הברכה
(בשבת, במועד או בראש חודש אומר את 'הָרַחֲמָן' המתאים).

סדר פדיון הבן

האב מביא את הבכור לכוהן ואומר:

זֶה בְּנִי בְכוֹרִי הוּא פֶּטֶר רֶחֶם לְאִמּוֹ
וְהַקָּדוֹשׁ בָּרוּךְ הוּא צִוָּה לִפְדּוֹתוֹ
שֶׁנֶּאֱמַר, וּפְדוּיָו מִבֶּן־חֹדֶשׁ תִּפְדֶּה, בְּעֶרְכְּךָ כֶּסֶף במדבר יח
חֲמֵשֶׁת שְׁקָלִים בְּשֶׁקֶל הַקֹּדֶשׁ, עֶשְׂרִים
גֵּרָה הוּא:
וְנֶאֱמַר, קַדֶּשׁ־לִי כָל־בְּכוֹר פֶּטֶר כָּל־רֶחֶם, בִּבְנֵי שמות יג
יִשְׂרָאֵל בָּאָדָם וּבַבְּהֵמָה, לִי הוּא:

הכוהן שואל את אם הילד, שמא ילדה או הפילה קודם. אם אמרה לא, שואל את האב:

***מַאי בָּעֵית טְפֵי**
לִתֵּן לִי בִּנְךָ בְּכוֹרְךָ שֶׁהוּא פֶּטֶר רֶחֶם לְאִמּוֹ
אוֹ בָּעֵית לִפְדּוֹתוֹ בְּעַד חָמֵשׁ סְלָעִים
כִּדְמִחַיַּבְתְּ מִדְּאוֹרַיְתָא.

יש אומרים:

אֵיזֶה תִּרְצֶה יוֹתֵר, בִּנְךָ בְּכוֹרְךָ זֶה
אוֹ חֲמִשָּׁה סְלָעִים, שֶׁנִּתְחַיַּבְתָּ בְּפִדְיוֹנוֹ.

האב אומר:

חָפֵץ אֲנִי לִפְדּוֹת אֶת בְּנִי
וְהֵילָךְ דְּמֵי פִדְיוֹנוֹ כִּדְמִחַיַּבְנָא מִדְּאוֹרַיְתָא.

האב נוטל את כסף הפדיון ומברך:

בָּרוּךְ אַתָּה יהוה אֱלֹהֵינוּ מֶלֶךְ הָעוֹלָם
אֲשֶׁר קִדְּשָׁנוּ בְּמִצְוֹתָיו
וְצִוָּנוּ עַל פִּדְיוֹן הַבֵּן.

בָּרוּךְ אַתָּה יהוה אֱלֹהֵינוּ מֶלֶךְ הָעוֹלָם
שֶׁהֶחֱיָנוּ וְקִיְּמָנוּ וְהִגִּיעָנוּ לַזְּמַן הַזֶּה.

האב מוסר את הכסף לכוהן ומקבל ממנו את הילד.
הכוהן מברך על הכוס:

בָּרוּךְ אַתָּה יהוה אֱלֹהֵינוּ מֶלֶךְ הָעוֹלָם
בּוֹרֵא פְּרִי הַגָּפֶן.

הכוהן מניח את ידיו על ראש הילד ומברכו:

יְשִׂמְךָ אֱלֹהִים כְּאֶפְרַיִם וְכִמְנַשֶּׁה: בראשית מח
יְבָרֶכְךָ יהוה וְיִשְׁמְרֶךָ: במדבר ו
יָאֵר יהוה פָּנָיו אֵלֶיךָ וִיחֻנֶּךָּ:
יִשָּׂא יהוה פָּנָיו אֵלֶיךָ וְיָשֵׂם לְךָ שָׁלוֹם:
יהוה שֹׁמְרֶךָ, יהוה צִלְּךָ עַל־יַד יְמִינֶךָ: תהלים קכא
יהוה יִשְׁמָרְךָ מִכָּל־רָע, יִשְׁמֹר אֶת־נַפְשֶׁךָ:
כִּי אֹרֶךְ יָמִים וּשְׁנוֹת חַיִּים וְשָׁלוֹם יוֹסִיפוּ לָךְ: משלי ג

סדר תפילה ליולדת

כשהיולדת באה לבית הכנסת, היא אומרת:

וַאֲנִי בְּרֹב חַסְדְּךָ אָבוֹא בֵיתֶךָ תהלים ה
אֶשְׁתַּחֲוֶה אֶל־הֵיכַל־קָדְשְׁךָ בְּיִרְאָתֶךָ:

אָהַבְתִּי, כִּי־יִשְׁמַע יהוה, אֶת־קוֹלִי תַּחֲנוּנָי: תהלים קטז
כִּי־הִטָּה אָזְנוֹ לִי, וּבְיָמַי אֶקְרָא:
אֲפָפוּנִי חֶבְלֵי־מָוֶת, וּמְצָרֵי שְׁאוֹל מְצָאוּנִי
צָרָה וְיָגוֹן אֶמְצָא:
וּבְשֵׁם־יהוה אֶקְרָא, אָנָּה יהוה מַלְּטָה נַפְשִׁי:
חַנּוּן יהוה וְצַדִּיק, וֵאלֹהֵינוּ מְרַחֵם:
שֹׁמֵר פְּתָאִים יהוה, דַּלּוֹתִי וְלִי יְהוֹשִׁיעַ:
שׁוּבִי נַפְשִׁי לִמְנוּחָיְכִי, כִּי־יהוה גָּמַל עָלָיְכִי:
כִּי חִלַּצְתָּ נַפְשִׁי מִמָּוֶת
אֶת־עֵינִי מִן־דִּמְעָה, אֶת־רַגְלִי מִדֶּחִי:
אֶתְהַלֵּךְ לִפְנֵי יהוה, בְּאַרְצוֹת הַחַיִּים:
הֶאֱמַנְתִּי כִּי אֲדַבֵּר, אֲנִי עָנִיתִי מְאֹד:
אֲנִי אָמַרְתִּי בְחָפְזִי, כָּל־הָאָדָם כֹּזֵב:
מָה־אָשִׁיב לַיהוה, כָּל־תַּגְמוּלוֹהִי עָלָי:

לְךָ־אֶזְבַּח זֶבַח תּוֹדָה, וּבְשֵׁם יהוה אֶקְרָא: נְדָרַי לַיהוה אֲשַׁלֵּם, נֶגְדָה־נָּא לְכָל־עַמּוֹ: בְּחַצְרוֹת בֵּית יהוה, בְּתוֹכֵכִי יְרוּשָׁלָםִ הַלְלוּיָהּ:

היולדת מברכת במניין:

בָּרוּךְ אַתָּה יהוה אֱלֹהֵינוּ מֶלֶךְ הָעוֹלָם הַגּוֹמֵל לְחַיָּבִים טוֹבוֹת, שֶׁגְּמָלַנִי כָּל טוֹב.

והקהל עונה:

אָמֵן. מִי שֶׁגְּמָלֵךְ כָּל טוֹב
הוּא יִגְמְלֵךְ כָּל טוֹב, סֶלָה.

סדר זבד הבת

לסעודת הודיה לכבוד הולדת בת לא נתקבל נוסח אחיד.
את הנוסח שלהלן הציע הרב זקס:

אחד ההורים אומר:

יוֹנָתִי בְּחַגְוֵי הַסֶּלַע, בְּסֵתֶר הַמַּדְרֵגָה שיר השירים ב
הַרְאִינִי אֶת־מַרְאַיִךְ, הַשְׁמִיעִנִי אֶת־קוֹלֵךְ
כִּי־קוֹלֵךְ עָרֵב וּמַרְאֵיךְ נָאוֶה:

אם הבת בכורה לאמה, מוסיפים:

אַחַת הִיא יוֹנָתִי תַמָּתִי שיר השירים ו
אַחַת הִיא לְאִמָּהּ, בָּרָה הִיא לְיוֹלַדְתָּהּ
רָאוּהָ בָנוֹת וַיְאַשְּׁרוּהָ, מְלָכוֹת וּפִילַגְשִׁים וַיְהַלְלוּהָ:

מי שבירך ליולדת:

מִי שֶׁבֵּרַךְ אֲבוֹתֵינוּ אַבְרָהָם יִצְחָק וְיַעֲקֹב, מֹשֶׁה וְאַהֲרֹן דָּוִד וּשְׁלֹמֹה, שָׂרָה רִבְקָה רָחֵל וְלֵאָה, הוּא יְבָרֵךְ אֶת הָאִשָּׁה הַיּוֹלֶדֶת (פלונית בַּת פלונית)

וְאֶת בִּתָּהּ (פלונית בַּת פלוני) **שֶׁנּוֹלְדָה לָהּ בְּמַזָּל טוֹב.**

אם עדיין לא קראו לילדה שם, אומרים:

וְאֶת בִּתָּהּ שֶׁנּוֹלְדָה לָהּ בְּמַזָּל טוֹב
וְיִקָּרֵא שְׁמָהּ בְּיִשְׂרָאֵל (פלונית בַּת פלוני).

אָנָּא בָּרֵךְ אֶת אָבִיהָ וְאֶת אִמָּהּ, וְיִזְכּוּ לְגַדְּלָהּ לְתוֹרָה וּלְחֻפָּה וּלְמַעֲשִׂים טוֹבִים, וְנֹאמַר אָמֵן.

האב מברך את בתו:

יְשִׂמֵךְ אֱלֹהִים כְּשָׂרָה רִבְקָה רָחֵל וְלֵאָה.

במדבר ו יְבָרֶכְךָ יהוה וְיִשְׁמְרֶךָ:

יָאֵר יהוה פָּנָיו אֵלֶיךָ וִיחֻנֶּךָּ:

יִשָּׂא יהוה פָּנָיו אֵלֶיךָ, וְיָשֵׂם לְךָ שָׁלוֹם:

נוסח 'ברכת הבנים' לערב יום הכיפורים (חיי אדם):

וִיהִי רָצוֹן מִלִּפְנֵי אָבִינוּ שֶׁבַּשָּׁמַיִם, שֶׁיִּתֵּן בְּלִבֵּךְ אַהֲבָתוֹ וְיִרְאָתוֹ, וְתִהְיֶה יִרְאַת יהוה עַל פָּנַיִךְ כָּל יָמַיִךְ שֶׁלֹּא תֶחֱטָאִי, וִיהִי חֶשְׁקֵךְ בַּתּוֹרָה וּבַמִּצְוֹת. עֵינַיִךְ לְנֹכַח יַבִּיטוּ, פִּיךְ יְדַבֵּר חָכְמוֹת וְלִבֵּךְ יֶהְגֶּה אֵימוֹת, יָדַיִךְ יַעַסְקוּ בְּמִצְוֹת, וְרַגְלַיִךְ יָרוּצוּ לַעֲשׂוֹת רְצוֹן אָבִיךְ שֶׁבַּשָּׁמַיִם.

אם הסבים או הסבתות נוכחים, הם אומרים:

בראשית מח הָאֱלֹהִים אֲשֶׁר הִתְהַלְּכוּ אֲבֹתַי לְפָנָיו, אַבְרָהָם וְיִצְחָק, הָאֱלֹהִים הָרֹעֶה אֹתִי, מֵעוֹדִי עַד־הַיּוֹם הַזֶּה: הַמַּלְאָךְ הַגֹּאֵל אֹתִי מִכָּל־רָע, יְבָרֵךְ אֶת־הַנְּעָרִים, וְיִקָּרֵא בָהֶם שְׁמִי, וְשֵׁם אֲבֹתַי אַבְרָהָם וְיִצְחָק, וְיִדְגּוּ לָרֹב בְּקֶרֶב הָאָרֶץ:

הקהל אומר:

בראשית כד אֲחֹתֵנוּ, אַתְּ הֲיִי לְאַלְפֵי רְבָבָה:

סדר קידושין ונישואין

ברכות האירוסין

מסדר הקידושין נוטל כוס יין בידו ומברך:

בָּרוּךְ אַתָּה יהוה אֱלֹהֵינוּ מֶלֶךְ הָעוֹלָם
בּוֹרֵא פְּרִי הַגָּפֶן.

בָּרוּךְ אַתָּה יהוה אֱלֹהֵינוּ מֶלֶךְ הָעוֹלָם
אֲשֶׁר קִדְּשָׁנוּ בְּמִצְוֹתָיו, וְצִוָּנוּ עַל הָעֲרָיוֹת
וְאָסַר לָנוּ אֶת הָאֲרוּסוֹת
וְהִתִּיר לָנוּ אֶת הַנְּשׂוּאוֹת לָנוּ
עַל יְדֵי חֻפָּה וְקִדּוּשִׁין.
בָּרוּךְ אַתָּה יהוה
מְקַדֵּשׁ עַמּוֹ יִשְׂרָאֵל עַל יְדֵי חֻפָּה וְקִדּוּשִׁין.

החתן והכלה שותים מן היין.

החתן אומר:

הֲרֵי אַתְּ מְקֻדֶּשֶׁת לִי בְּטַבַּעַת זוֹ
כְּדָת מֹשֶׁה וְיִשְׂרָאֵל.

החתן עונד את הטבעת על אצבע הכלה.

הרב (או אחד המוזמנים) קורא את הכתובה
והחתן מוסר אותה לכלה. אחר כך מברכים שבע ברכות.

שבע ברכות הנישואין

בָּרוּךְ אַתָּה יהוה אֱלֹהֵינוּ מֶלֶךְ הָעוֹלָם
בּוֹרֵא פְּרִי הַגָּפֶן.

בָּרוּךְ אַתָּה יהוה אֱלֹהֵינוּ מֶלֶךְ הָעוֹלָם
שֶׁהַכֹּל בָּרָא לִכְבוֹדוֹ.

בָּרוּךְ אַתָּה יהוה אֱלֹהֵינוּ מֶלֶךְ הָעוֹלָם
יוֹצֵר הָאָדָם.

בָּרוּךְ אַתָּה יהוה אֱלֹהֵינוּ מֶלֶךְ הָעוֹלָם
אֲשֶׁר יָצַר אֶת הָאָדָם בְּצַלְמוֹ
בְּצֶלֶם דְּמוּת תַּבְנִיתוֹ
וְהִתְקִין לוֹ מִמֶּנּוּ בִּנְיַן עֲדֵי עַד.
בָּרוּךְ אַתָּה יהוה, יוֹצֵר הָאָדָם.

שׂוֹשׂ תָּשִׂישׂ וְתָגֵל הָעֲקָרָה
בְּקִבּוּץ בָּנֶיהָ לְתוֹכָהּ בְּשִׂמְחָה.
בָּרוּךְ אַתָּה יהוה, מְשַׂמֵּחַ צִיּוֹן בְּבָנֶיהָ.

שַׂמֵּחַ תְּשַׂמַּח רֵעִים הָאֲהוּבִים
כְּשַׂמֵּחֲךָ יְצִירְךָ בְּגַן עֵדֶן מִקֶּדֶם.
בָּרוּךְ אַתָּה יהוה, מְשַׂמֵּחַ חָתָן וְכַלָּה.

בָּרוּךְ אַתָּה יהוה אֱלֹהֵינוּ מֶלֶךְ הָעוֹלָם
אֲשֶׁר בָּרָא שָׂשׂוֹן וְשִׂמְחָה, חָתָן וְכַלָּה
גִּילָה, רִנָּה, דִּיצָה וְחֶדְוָה
אַהֲבָה וְאַחֲוָה וְשָׁלוֹם וְרֵעוּת.
מְהֵרָה יהוה אֱלֹהֵינוּ
יִשָּׁמַע בְּעָרֵי יְהוּדָה וּבְחוּצוֹת יְרוּשָׁלָיִם
קוֹל שָׂשׂוֹן וְקוֹל שִׂמְחָה
קוֹל חָתָן וְקוֹל כַּלָּה
קוֹל מִצְהֲלוֹת חֲתָנִים מֵחֻפָּתָם
וּנְעָרִים מִמִּשְׁתֵּה נְגִינָתָם.
בָּרוּךְ אַתָּה יהוה
מְשַׂמֵּחַ הֶחָתָן עִם הַכַּלָּה.

החתן והכלה שותים מן היין.

לפני שבירת הכוס נוהגים שהחתן אומר:

אִם־אֶשְׁכָּחֵךְ יְרוּשָׁלָםִ, תִּשְׁכַּח יְמִינִי: תהלים קלז
תִּדְבַּק לְשׁוֹנִי לְחִכִּי אִם־לֹא אֶזְכְּרֵכִי
אִם־לֹא אַעֲלֶה אֶת־יְרוּשָׁלַםִ
עַל רֹאשׁ שִׂמְחָתִי:

זימון לסעודת שבע ברכות

המזמן נוטל את כוס היין בידו ואומר:

רַבּוֹתַי, נְבָרֵךְ.

תהלים קיג המסובין: יְהִי שֵׁם יהוה מְבֹרָךְ מֵעַתָּה וְעַד־עוֹלָם:

המזמן חוזר: יְהִי שֵׁם יהוה מְבֹרָךְ מֵעַתָּה וְעַד־עוֹלָם:

דְּוַי הָסֵר וְגַם חָרוֹן
וְאָז אִלֵּם בְּשִׁיר יָרֹן.
נְחֵנוּ בְּמַעְגְּלֵי צֶדֶק
שְׁעֵה בִּרְכַּת בְּנֵי אַהֲרֹן.

בִּרְשׁוּת (אָבִי מוֹרִי / אִמִּי מוֹרָתִי / כֹּהֲנִים / מוֹרֵנוּ הָרַב / בַּעַל הַבַּיִת הַזֶּה / בַּעֲלַת הַבַּיִת הַזֶּה)

מָרָנָן וְרַבָּנָן וְרַבּוֹתַי, נְבָרֵךְ אֱלֹהֵינוּ שֶׁהַשִּׂמְחָה בִּמְעוֹנוֹ, וְשֶׁאָכַלְנוּ מִשֶּׁלּוֹ.

המסובין: בָּרוּךְ אֱלֹהֵינוּ שֶׁהַשִּׂמְחָה בִּמְעוֹנוֹ שֶׁאָכַלְנוּ מִשֶּׁלּוֹ וּבְטוּבוֹ חָיִינוּ.

המזמן: בָּרוּךְ אֱלֹהֵינוּ שֶׁהַשִּׂמְחָה בִּמְעוֹנוֹ שֶׁאָכַלְנוּ מִשֶּׁלּוֹ וּבְטוּבוֹ חָיִינוּ.
בָּרוּךְ הוּא וּבָרוּךְ שְׁמוֹ.

מברכים ברכת המזון (עמ׳ 824), אחריה מברכים שבע ברכות (עמ׳ 870) על כוס יין שנייה ומתחילים ׳שֶׁהַכֹּל בָּרָא לִכְבוֹדוֹ׳. אחר כך מברכים ׳בּוֹרֵא פְּרִי הַגָּפֶן׳ על הכוס שזימנו עליה, ונותנים לחתן ולכלה לשתות מהיין.

וידוי שכיב מרע

"נטה למות, אומרים לו: התוַדה. ואומרים לו: הרבה התוַדו ולא מתו, והרבה שלא התודו, מתו, ובשכר שאתה מתודה אתה חי, וכל המתודה יש לו חלק לעולם הבא. ואם אינו יכול להתודות בפיו, יתודה בלבו" (שו"ע, יו"ד שלח, א, על פי הרמב"ן).

מוֹדֶה אֲנִי לְפָנֶיךָ, יהוה אֱלֹהַי וֵאלֹהֵי אֲבוֹתַי, שֶׁרְפוּאָתִי וּמִיתָתִי בְּיָדֶךָ. יְהִי רָצוֹן מִלְּפָנֶיךָ, שֶׁתִּרְפָּאֵנִי רְפוּאָה שְׁלֵמָה, וְאִם אָמוּת, תְּהִי מִיתָתִי כַּפָּרָה עַל כָּל חֲטָאִים וַעֲוֹנוֹת וּפְשָׁעִים שֶׁחָטָאתִי וְשֶׁעָוִיתִי וְשֶׁפָּשַׁעְתִּי לְפָנֶיךָ. וְזַכֵּנִי לָעוֹלָם הַבָּא הַצָּפוּן לַצַּדִּיקִים. תּוֹדִיעֵנִי אֹרַח חַיִּים, שֹׂבַע שְׂמָחוֹת אֶת־פָּנֶיךָ, נְעִימוֹת בִּימִינְךָ נֶצַח: אֲבִי יְתוֹמִים וְדַיַּן אַלְמָנוֹת, הָגֵן בְּעַד קְרוֹבַי הַיְקָרִים, אֲשֶׁר נַפְשִׁי קְשׁוּרָה בְּנַפְשָׁם. (תהלים טז)

אומר וידוי (עמ' 723), ואם יכול, טוב לומר גם 'עַל חֵטְא' (עמ' 724) (רמ"א שם, ב, על פי ה'כלבו'). אחר כך אומר (על פי 'תוצאות חיים'):

(עמ' 723)

בְּיָדְךָ אַפְקִיד רוּחִי, פָּדִיתָה אוֹתִי יהוה אֵל אֱמֶת: אָמֵן וְאָמֵן. שְׁמַע יִשְׂרָאֵל, יהוה אֱלֹהֵינוּ, יהוה אֶחָד: בָּרוּךְ שֵׁם כְּבוֹד מַלְכוּתוֹ לְעוֹלָם וָעֶד. (תהלים לא) (דברים ו)

פעמיים:

יהוה מֶלֶךְ, יהוה מָלָךְ, יהוה יִמְלֹךְ לְעוֹלָם וָעֶד.

שלוש פעמים:

יהוה הוּא הָאֱלֹהִים: (מלכים א' יח)

הוּא אֱלֹהֵינוּ, אֵין עוֹד.

יש המשתדלים לומר עם הגוסס 'שְׁמַע יִשְׂרָאֵל' סמוך ככל האפשר ליציאת הנשמה ('מעבר יבוק', על פי ברכות סא ע"ב).

לוויית המת

משנה אבות ג, א

עֲקַבְיָא בֶּן מַהֲלַלְאֵל אוֹמֵר: הִסְתַּכֵּל בִּשְׁלֹשָׁה דְבָרִים, וְאֵין אַתָּה בָא לִידֵי עֲבֵרָה. דַּע מֵאַיִן בָּאתָ, וּלְאָן אַתָּה הוֹלֵךְ, וְלִפְנֵי מִי אַתָּה עָתִיד לִתֵּן דִּין וְחֶשְׁבּוֹן. מֵאַיִן בָּאתָ, מִטִּפָּה סְרוּחָה. וּלְאָן אַתָּה הוֹלֵךְ, לִמְקוֹם עָפָר, רִמָּה וְתוֹלֵעָה. וְלִפְנֵי מִי אַתָּה עָתִיד לִתֵּן דִּין וְחֶשְׁבּוֹן, לִפְנֵי מֶלֶךְ מַלְכֵי הַמְּלָכִים, הַקָּדוֹשׁ בָּרוּךְ הוּא.

בדרך לבית העלמין אומרים:

תהלים צא

יֹשֵׁב בְּסֵתֶר עֶלְיוֹן, בְּצֵל שַׁדַּי יִתְלוֹנָן: אֹמַר לַיהוה מַחְסִי וּמְצוּדָתִי, אֱלֹהַי אֶבְטַח־בּוֹ: כִּי הוּא יַצִּילְךָ מִפַּח יָקוּשׁ, מִדֶּבֶר הַוּוֹת: בְּאֶבְרָתוֹ יָסֶךְ לָךְ, וְתַחַת־כְּנָפָיו תֶּחְסֶה, צִנָּה וְסֹחֵרָה אֲמִתּוֹ: לֹא־תִירָא מִפַּחַד לָיְלָה, מֵחֵץ יָעוּף יוֹמָם: מִדֶּבֶר בָּאֹפֶל יַהֲלֹךְ, מִקֶּטֶב יָשׁוּד צָהֳרָיִם: יִפֹּל מִצִּדְּךָ אֶלֶף, וּרְבָבָה מִימִינֶךָ, אֵלֶיךָ לֹא יִגָּשׁ: רַק בְּעֵינֶיךָ תַבִּיט, וְשִׁלֻּמַת רְשָׁעִים תִּרְאֶה: כִּי־אַתָּה יהוה מַחְסִי, עֶלְיוֹן שַׂמְתָּ מְעוֹנֶךָ: לֹא־תְאֻנֶּה אֵלֶיךָ רָעָה, וְנֶגַע לֹא־יִקְרַב

בְּאָהֳלֶךָ: כִּי מַלְאָכָיו יְצַוֶּה־לָּךְ, לִשְׁמָרְךָ בְּכָל־
דְּרָכֶיךָ: עַל־כַּפַּיִם יִשָּׂאוּנְךָ, פֶּן־תִּגֹּף בָּאֶבֶן רַגְלֶךָ:
עַל־שַׁחַל וָפֶתֶן תִּדְרֹךְ, תִּרְמֹס כְּפִיר וְתַנִּין: כִּי בִי
חָשַׁק וַאֲפַלְּטֵהוּ, אֲשַׂגְּבֵהוּ כִּי־יָדַע שְׁמִי: יִקְרָאֵנִי
וְאֶעֱנֵהוּ, עִמּוֹ אָנֹכִי בְצָרָה, אֲחַלְּצֵהוּ וַאֲכַבְּדֵהוּ:
אֹרֶךְ יָמִים אַשְׂבִּיעֵהוּ, וְאַרְאֵהוּ בִּישׁוּעָתִי:
אֹרֶךְ יָמִים אַשְׂבִּיעֵהוּ, וְאַרְאֵהוּ בִּישׁוּעָתִי:

לאחר הלוויה אומרים צידוק הדין (ויש האומרים אותו מיד כשהמת נפטר).

נחלקו הראשונים אם אומרים צידוק הדין בימים שאין אומרים בהם תחנון (עמ׳ 100), ולהלכה אין אומרים אותו (רמ״א, יו״ד תא, ו על פי רי״ץ גיאת), וכן אין אומרים אותו בלילה (שם בשם ה׳כלבו׳).

צידוק הדין

הַצּוּר תָּמִים פָּעֳלוֹ דברים לב
כִּי כָל־דְּרָכָיו מִשְׁפָּט
אֵל אֱמוּנָה וְאֵין עָוֶל
צַדִּיק וְיָשָׁר הוּא:

הַצּוּר תָּמִים בְּכָל פֹּעַל
מִי יֹאמַר לוֹ מַה תִּפְעַל
הַשַּׁלִּיט בְּמַטָּה וּבְמַעַל.
מֵמִית וּמְחַיֶּה, מוֹרִיד שְׁאוֹל וַיָּעַל: שמואל א׳ ב

הַצּוּר תָּמִים בְּכָל מַעֲשֶׂה
מִי יֹאמַר לוֹ מַה תַּעֲשֶׂה
הָאוֹמֵר וְעוֹשֶׂה, חֶסֶד חִנָּם לָנוּ תַעֲשֶׂה
וּבִזְכוּת הַנֶּעֱקַד כְּשֶׂה, הַקְשִׁיבָה וַעֲשֵׂה.

צַדִּיק בְּכָל דְּרָכָיו הַצּוּר תָּמִים
אֶרֶךְ אַפַּיִם וּמָלֵא רַחֲמִים
חֲמָל נָא וְחוּס נָא עַל אָבוֹת וּבָנִים
כִּי לְךָ אָדוֹן הַסְּלִיחוֹת וְהָרַחֲמִים.

צַדִּיק אַתָּה יהוה לְהָמִית וּלְהַחֲיוֹת
אֲשֶׁר בְּיָדְךָ פִּקְדוֹן כָּל רוּחוֹת
חָלִילָה לְּךָ זִכְרוֹנֵנוּ לִמְחוֹת
וְיִהְיוּ נָא עֵינֶיךָ בְּרַחֲמִים עָלֵינוּ פְקוּחוֹת
כִּי לְךָ אָדוֹן הָרַחֲמִים וְהַסְּלִיחוֹת.

אָדָם אִם בֶּן שָׁנָה יִהְיֶה, אוֹ אֶלֶף שָׁנִים יִחְיֶה
מַה יִּתְרוֹן לוֹ, כְּלֹא הָיָה יִהְיֶה
בָּרוּךְ דַּיַּן הָאֱמֶת, מֵמִית וּמְחַיֶּה.

בָּרוּךְ הוּא כִּי אֱמֶת דִּינוֹ, וּמְשׁוֹטֵט הַכֹּל בְּעֵינוֹ
וּמְשַׁלֵּם לְאָדָם חֶשְׁבּוֹנוֹ וְדִינוֹ
וְהַכֹּל לִשְׁמוֹ הוֹדָיָה יִתֵּנוּ.

יָדַעְנוּ יהוה כִּי צֶדֶק מִשְׁפָּטֶךָ
תִּצְדַּק בְּדָבְרֶךָ וְתִזְכֶּה בְשָׁפְטֶךָ
וְאֵין לְהַרְהֵר אַחַר מִדַּת שָׁפְטֶךָ.
צַדִּיק אַתָּה יהוה, וְיָשָׁר מִשְׁפָּטֶיךָ: תהלים קיט

דַּיַּן אֱמֶת, שׁוֹפֵט צֶדֶק וֶאֱמֶת
בָּרוּךְ דַּיַּן הָאֱמֶת
שֶׁכָּל מִשְׁפָּטָיו צֶדֶק וֶאֱמֶת.

נֶפֶשׁ כָּל חַי בְּיָדֶךָ
צֶדֶק מָלְאָה יְמִינְךָ וְיָדֶךָ
רַחֵם עַל פְּלֵטַת צֹאן עֲבָדֶיךָ
וְתֹאמַר לַמַּלְאָךְ הֶרֶף יָדֶךָ.

גְּדֹל הָעֵצָה וְרַב הָעֲלִילִיָּה ירמיה לב
אֲשֶׁר־עֵינֶיךָ פְקֻחוֹת עַל־כָּל־דַּרְכֵי בְּנֵי אָדָם
לָתֵת לְאִישׁ כִּדְרָכָיו, וְכִפְרִי מַעֲלָלָיו:

לְהַגִּיד כִּי־יָשָׁר יהוה, צוּרִי וְלֹא־עַוְלָתָה בּוֹ: תהלים צב

יהוה נָתַן וַיהוה לָקָח, יְהִי שֵׁם יהוה מְבֹרָךְ: איוב א

וְהוּא רַחוּם, יְכַפֵּר עָוֹן וְלֹא־יַשְׁחִית תהלים עח
וְהִרְבָּה לְהָשִׁיב אַפּוֹ, וְלֹא־יָעִיר כָּל־חֲמָתוֹ:

קדיש הגדול

האבלים אומרים:

אבל: יִתְגַּדַּל וְיִתְקַדַּשׁ שְׁמֵהּ רַבָּא (קהל: אָמֵן)
בְּעָלְמָא דְּהוּא עָתִיד לְאִתְחַדָּתָא
וּלְאַחֲיָאָה מֵתַיָּא, וּלְאַסָּקָא יָתְהוֹן לְחַיֵּי עָלְמָא
וּלְמִבְנֵא קַרְתָּא דִּירוּשְׁלֵם
וּלְשַׁכְלָלָא הֵיכְלֵהּ בְּגַוַּהּ
וּלְמֶעְקַר פָּלְחָנָא נֻכְרָאָה מֵאַרְעָא
וְלַאֲתָבָא פָּלְחָנָא דִשְׁמַיָּא לְאַתְרֵהּ
וְיַמְלִיךְ קֻדְשָׁא בְּרִיךְ הוּא בְּמַלְכוּתֵהּ וִיקָרֵהּ
בְּחַיֵּיכוֹן וּבְיוֹמֵיכוֹן וּבְחַיֵּי דְכָל בֵּית יִשְׂרָאֵל
בַּעֲגָלָא וּבִזְמַן קָרִיב, וְאִמְרוּ אָמֵן. (קהל: אָמֵן)

קהל ואבל: יְהֵא שְׁמֵהּ רַבָּא מְבָרַךְ לְעָלַם וּלְעָלְמֵי עָלְמַיָּא.

אבל: יִתְבָּרַךְ וְיִשְׁתַּבַּח וְיִתְפָּאַר
וְיִתְרוֹמַם וְיִתְנַשֵּׂא וְיִתְהַדָּר וְיִתְעַלֶּה וְיִתְהַלָּל
שְׁמֵהּ דְּקֻדְשָׁא בְּרִיךְ הוּא (קהל: בְּרִיךְ הוּא)
לְעֵלָּא מִן כָּל בִּרְכָתָא
/בעשרת ימי תשובה: לְעֵלָּא לְעֵלָּא מִכָּל בִּרְכָתָא/
וְשִׁירָתָא, תֻּשְׁבְּחָתָא וְנֶחֱמָתָא
דַּאֲמִירָן בְּעָלְמָא, וְאִמְרוּ אָמֵן. (קהל: אָמֵן)

יְהֵא שְׁלָמָא רַבָּא מִן שְׁמַיָּא, וְחַיִּים עָלֵינוּ וְעַל כָּל יִשְׂרָאֵל, וְאִמְרוּ אָמֵן. (קהל: **אָמֵן**)

כורע ופוסע שלוש פסיעות לאחור. קד לשמאל, לימין ולפנים באמירת:

עֹשֶׂה שָׁלוֹם/ בעשרת ימי תשובה: **הַשָּׁלוֹם/ בִּמְרוֹמָיו הוּא יַעֲשֶׂה שָׁלוֹם**
עָלֵינוּ וְעַל כָּל יִשְׂרָאֵל, וְאִמְרוּ אָמֵן. (קהל: **אָמֵן**)

לאחר הלוויה המנחמים עומדים בשורה. האבלים
עוברים על פניהם, והמנחמים אומרים:

הַמָּקוֹם יְנַחֵם אוֹתְךָ/אוֹתָךְ/אֶתְכֶם בְּתוֹךְ שְׁאָר אֲבֵלֵי צִיּוֹן וִירוּשָׁלָיִם.

ויש מוסיפים:

וְלֹא תוֹסִיפוּ לְדַאֲבָה עוֹד.

נוהגים ללקט עשבים סביבות הקבר
כרמז לתחיית המתים ולומר (סידור הרוקח):

וְיָצִיצוּ מֵעִיר כְּעֵשֶׂב הָאָרֶץ: תהלים עב

או להניח רגב עפר על הקבר ולומר (מטה משה):

זָכוּר כִּי־עָפָר אֲנָחְנוּ: תהלים קג

כשיוצאים מבית הקברות, נוהגים ליטול ידיים ולומר (רמב״ן):

בִּלַּע הַמָּוֶת לָנֶצַח, וּמָחָה אֲדֹנָי יֱהֹוִה דִּמְעָה מֵעַל כָּל־פָּנִים, וְחֶרְפַּת עַמּוֹ יָסִיר מֵעַל כָּל־הָאָרֶץ, כִּי יהוה דִּבֵּר: ישעיה כה

תפילה בבית האבל

בבית האבל נוהגים לאחר תפילת שחרית וערבית (למנהג ספרד,
שחרית ומנחה) לומר מזמור מט, ובימים שאין אומרים בהם תחנון
(ראה עמ׳ 100), את מזמור טז (קיצור שו״ע, קצט, ט):

תהלים מט
לַמְנַצֵּחַ לִבְנֵי־קֹרַח מִזְמוֹר: שִׁמְעוּ־זֹאת כָּל־הָעַמִּים,
הַאֲזִינוּ כָּל־יֹשְׁבֵי חָלֶד: גַּם־בְּנֵי אָדָם, גַּם־בְּנֵי־אִישׁ,
יַחַד עָשִׁיר וְאֶבְיוֹן: פִּי יְדַבֵּר חָכְמוֹת, וְהָגוּת לִבִּי
תְבוּנוֹת: אַטֶּה לְמָשָׁל אָזְנִי, אֶפְתַּח בְּכִנּוֹר חִידָתִי:
לָמָּה אִירָא בִּימֵי רָע, עֲוֹן עֲקֵבַי יְסֻבֵּנִי: הַבֹּטְחִים
עַל־חֵילָם, וּבְרֹב עָשְׁרָם יִתְהַלָּלוּ: אָח לֹא־פָדֹה יִפְדֶּה
אִישׁ, לֹא־יִתֵּן לֵאלֹהִים כָּפְרוֹ: וְיֵקַר פִּדְיוֹן נַפְשָׁם,
וְחָדַל לְעוֹלָם: וִיחִי־עוֹד לָנֶצַח, לֹא יִרְאֶה הַשָּׁחַת: כִּי
יִרְאֶה חֲכָמִים יָמוּתוּ, יַחַד כְּסִיל וָבַעַר יֹאבֵדוּ, וְעָזְבוּ
לַאֲחֵרִים חֵילָם: קִרְבָּם בָּתֵּימוֹ לְעוֹלָם, מִשְׁכְּנֹתָם
לְדוֹר וָדֹר, קָרְאוּ בִשְׁמוֹתָם עֲלֵי אֲדָמוֹת: וְאָדָם בִּיקָר
בַּל־יָלִין, נִמְשַׁל כַּבְּהֵמוֹת נִדְמוּ: זֶה דַרְכָּם, כֵּסֶל לָמוֹ,
וְאַחֲרֵיהֶם בְּפִיהֶם יִרְצוּ סֶלָה: כַּצֹּאן לִשְׁאוֹל שַׁתּוּ,
מָוֶת יִרְעֵם, וַיִּרְדּוּ בָם יְשָׁרִים לַבֹּקֶר, וְצוּרָם לְבַלּוֹת
שְׁאוֹל מִזְּבֻל לוֹ: אַךְ־אֱלֹהִים יִפְדֶּה נַפְשִׁי מִיַּד שְׁאוֹל,
כִּי יִקָּחֵנִי סֶלָה: אַל־תִּירָא כִּי־יַעֲשִׁר אִישׁ, כִּי־יִרְבֶּה

כְּבוֹד בֵּיתוֹ: כִּי לֹא בְמוֹתוֹ יִקַּח הַכֹּל, לֹא־יֵרֵד אַחֲרָיו
כְּבוֹדוֹ: כִּי־נַפְשׁוֹ בְּחַיָּיו יְבָרֵךְ, וְיוֹדֻךָ כִּי־תֵיטִיב לָךְ:
תָּבוֹא עַד־דּוֹר אֲבוֹתָיו, עַד־נֵצַח לֹא יִרְאוּ־אוֹר:
אָדָם בִּיקָר וְלֹא יָבִין, נִמְשַׁל כַּבְּהֵמוֹת נִדְמוּ:

קדיש יתום (עמ׳ 885).

בימים שאין אומרים בהם תחנון:

מִכְתָּם לְדָוִד, שָׁמְרֵנִי אֵל כִּי־חָסִיתִי בָךְ: אָמַרְתְּ תהלים טז
לַיהוה, אֲדֹנָי אָתָּה, טוֹבָתִי בַּל־עָלֶיךָ: לִקְדוֹשִׁים
אֲשֶׁר־בָּאָרֶץ הֵמָּה, וְאַדִּירֵי כָּל־חֶפְצִי־בָם: יִרְבּוּ
עַצְּבוֹתָם אַחֵר מָהָרוּ, בַּל־אַסִּיךְ נִסְכֵּיהֶם מִדָּם, וּבַל־
אֶשָּׂא אֶת־שְׁמוֹתָם עַל־שְׂפָתָי: יהוה, מְנָת־חֶלְקִי
וְכוֹסִי, אַתָּה תּוֹמִיךְ גּוֹרָלִי: חֲבָלִים נָפְלוּ־לִי בַּנְּעִמִים,
אַף־נַחֲלָת שָׁפְרָה עָלָי: אֲבָרֵךְ אֶת־יהוה אֲשֶׁר יְעָצָנִי,
אַף־לֵילוֹת יִסְּרוּנִי כִלְיוֹתָי: שִׁוִּיתִי יהוה לְנֶגְדִּי תָמִיד,
כִּי מִימִינִי בַּל־אֶמּוֹט: לָכֵן שָׂמַח לִבִּי וַיָּגֶל כְּבוֹדִי,
אַף־בְּשָׂרִי יִשְׁכֹּן לָבֶטַח: כִּי לֹא־תַעֲזֹב נַפְשִׁי לִשְׁאוֹל,
לֹא־תִתֵּן חֲסִידְךָ לִרְאוֹת שָׁחַת: תּוֹדִיעֵנִי אֹרַח חַיִּים,
שֹׂבַע שְׂמָחוֹת אֶת־פָּנֶיךָ, נְעִמוֹת בִּימִינְךָ נֶצַח:

קדיש יתום (עמ׳ 885).

אזכרה

אָנָּא יהוה מֶלֶךְ מָלֵא רַחֲמִים, אֱלֹהֵי הָרוּחוֹת לְכָל בָּשָׂר, אֲשֶׁר בְּיָדְךָ נַפְשׁוֹת הַחַיִּים וְהַמֵּתִים, אָנָּא קַבֵּל בְּחַסְדְּךָ הַגָּדוֹל אֶת נִשְׁמַת

לזכר:

(פלוני בֶּן פלוני) אֲשֶׁר נֶאֱסַף אֶל עַמָּיו. חוּס וַחֲמֹל
עָלָיו, סְלַח וּמְחַל לְכָל פְּשָׁעָיו. כִּי אָדָם אֵין קהלת ז
צַדִּיק בָּאָרֶץ, אֲשֶׁר יַעֲשֶׂה־טּוֹב וְלֹא יֶחֱטָא:
זְכֹר לוֹ צִדְקָתוֹ אֲשֶׁר עָשָׂה, וִיהִי שְׂכָרוֹ אִתּוֹ, וּפְעֻלָּתוֹ לְפָנָיו. אָנָּא הַסְתֵּר אֶת נִשְׁמָתוֹ בְּצֵל כְּנָפֶיךָ, הוֹדִיעֵהוּ אֹרַח חַיִּים, שֹׂבַע שְׂמָחוֹת אֶת פָּנֶיךָ, נְעִימוֹת בִּימִינְךָ נֶצַח, וְתַשְׁפִּיעַ לוֹ מֵרֹב טוּב הַצָּפוּן לַצַּדִּיקִים.

לנקבה:

(פלונית בַּת פלוני) אֲשֶׁר נֶאֶסְפָה אֶל עַמֶּיהָ. חוּס
וַחֲמֹל עָלֶיהָ, סְלַח וּמְחַל לְכָל פְּשָׁעֶיהָ. כִּי קהלת ז
אָדָם אֵין צַדִּיק בָּאָרֶץ, אֲשֶׁר יַעֲשֶׂה־טּוֹב וְלֹא
יֶחֱטָא: זְכֹר לָהּ צִדְקָתָהּ אֲשֶׁר עָשְׂתָה, וִיהִי שְׂכָרָהּ אִתָּהּ, וּפְעֻלָּתָהּ לְפָנֶיהָ. אָנָּא הַסְתֵּר

אֶת נִשְׁמָתָהּ בְּצֵל כְּנָפֶיךָ, הוֹדִיעֶהָ אֹרַח חַיִּים, שֹׂבַע שְׂמָחוֹת אֶת פָּנֶיךָ, נְעִימוֹת בִּימִינְךָ נֶצַח, וְתַשְׁפִּיעַ לָהּ מֵרֹב טוּב הַצָּפוּן לַצַּדִּיקִים.

לילד:

(פלוני בֶּן פלוני) אֲשֶׁר נֶאֱסַף אֶל עַמָּיו. זְכֹר לוֹ צִדְקָתוֹ אֲשֶׁר עָשָׂה, וִיהִי שְׂכָרוֹ אִתּוֹ, וּפְעֻלָּתוֹ לְפָנָיו. אָנָּא הַסְתֵּר אֶת נִשְׁמָתוֹ בְּצֵל כְּנָפֶיךָ, הוֹדִיעֵהוּ אֹרַח חַיִּים, שֹׂבַע שְׂמָחוֹת אֶת פָּנֶיךָ, נְעִימוֹת בִּימִינְךָ נֶצַח, וְתַשְׁפִּיעַ לוֹ מֵרֹב טוּב הַצָּפוּן לַצַּדִּיקִים.

לילדה:

(פלונית בַּת פלוני) אֲשֶׁר נֶאֶסְפָה אֶל עַמֶּיהָ. זְכֹר לָהּ צִדְקָתָהּ אֲשֶׁר עָשְׂתָה, וִיהִי שְׂכָרָהּ אִתָּהּ, וּפְעֻלָּתָהּ לְפָנֶיהָ. אָנָּא הַסְתֵּר אֶת נִשְׁמָתָהּ בְּצֵל כְּנָפֶיךָ, הוֹדִיעֶהָ אֹרַח חַיִּים, שֹׂבַע שְׂמָחוֹת אֶת פָּנֶיךָ, נְעִימוֹת בִּימִינְךָ נֶצַח, וְתַשְׁפִּיעַ לָהּ מֵרֹב טוּב הַצָּפוּן לַצַּדִּיקִים.

כְּמוֹ שֶׁכָּתוּב: מָה רַב טוּבְךָ אֲשֶׁר־צָפַנְתָּ לִּירֵאֶיךָ, פָּעַלְתָּ לַחוֹסִים בָּךְ נֶגֶד בְּנֵי אָדָם: תהלים לא

אָנָּא יהוה, הָרוֹפֵא לִשְׁבוּרֵי לֵב וּמְחַבֵּשׁ לְעַצְּבוֹתָם שַׁלֵּם נִחוּמִים לָאֲבֵלִים. תהלים קמז

לילד:

וּתְהִי פְּטִירַת הַיֶּלֶד הַזֶּה קֵץ לְכָל צָרָה וְצוּקָה לְאָבִיו וּלְאִמּוֹ.

לילדה:

וּתְהִי פְּטִירַת הַיַּלְדָּה הַזֹּאת קֵץ לְכָל צָרָה וְצוּקָה לְאָבִיהָ וּלְאִמָּהּ.

אם הנפטרים הותירו ילדים מוסיפים את המילים שבסוגריים.

חַזְּקֵם וְאַמְּצֵם בְּיוֹם אֶבְלָם וִיגוֹנָם, וְזָכְרֵם (וּזְכֹר אֶת בְּנֵי בֵיתָם) לְחַיִּים טוֹבִים וַאֲרֻכִּים. תֵּן בְּלִבָּם יִרְאָתְךָ וְאַהֲבָתְךָ לְעָבְדְךָ בְּלֵבָב שָׁלֵם, וּתְהִי אַחֲרִיתָם שָׁלוֹם, אָמֵן.

כְּאִישׁ אֲשֶׁר אִמּוֹ תְּנַחֲמֶנּוּ ישעיה סו
כֵּן אָנֹכִי אֲנַחֶמְכֶם, וּבִירוּשָׁלַםִ תְּנֻחָמוּ:
לֹא־יָבוֹא עוֹד שִׁמְשֵׁךְ, וִירֵחֵךְ לֹא יֵאָסֵף ישעיה ס
כִּי יהוה יִהְיֶה־לָּךְ לְאוֹר עוֹלָם, וְשָׁלְמוּ יְמֵי אֶבְלֵךְ:
בִּלַּע הַמָּוֶת לָנֶצַח ישעיה כה
וּמָחָה אֲדֹנָי יֱהֹוִה דִּמְעָה מֵעַל כָּל־פָּנִים
וְחֶרְפַּת עַמּוֹ יָסִיר מֵעַל כָּל־הָאָרֶץ, כִּי יהוה דִּבֵּר:

קדיש יתום

אבל: יִתְגַּדַּל וְיִתְקַדַּשׁ שְׁמֵהּ רַבָּא (קהל: אָמֵן)
בְּעָלְמָא דִּי בְרָא כִרְעוּתֵהּ
וְיַמְלִיךְ מַלְכוּתֵהּ
בְּחַיֵּיכוֹן וּבְיוֹמֵיכוֹן וּבְחַיֵּי דְכָל בֵּית יִשְׂרָאֵל
בַּעֲגָלָא וּבִזְמַן קָרִיב, וְאִמְרוּ אָמֵן. (קהל: אָמֵן)

קהל ואבל: יְהֵא שְׁמֵהּ רַבָּא מְבָרַךְ לְעָלַם וּלְעָלְמֵי עָלְמַיָּא.

אבל: יִתְבָּרַךְ וְיִשְׁתַּבַּח וְיִתְפָּאַר וְיִתְרוֹמַם וְיִתְנַשֵּׂא
וְיִתְהַדָּר וְיִתְעַלֶּה וְיִתְהַלָּל
שְׁמֵהּ דְּקֻדְשָׁא בְּרִיךְ הוּא (קהל: בְּרִיךְ הוּא)
לְעֵלָּא מִן כָּל בִּרְכָתָא
/בעשרת ימי תשובה: לְעֵלָּא לְעֵלָּא מִכָּל בִּרְכָתָא/
וְשִׁירָתָא, תֻּשְׁבְּחָתָא וְנֶחֱמָתָא
דַּאֲמִירָן בְּעָלְמָא, וְאִמְרוּ אָמֵן. (קהל: אָמֵן)

יְהֵא שְׁלָמָא רַבָּא מִן שְׁמַיָּא, וְחַיִּים
עָלֵינוּ וְעַל כָּל יִשְׂרָאֵל, וְאִמְרוּ אָמֵן. (קהל: אָמֵן)

כורע ופוסע שלוש פסיעות לאחור. קד לשמאל, לימין ולפנים באמירת:
עֹשֶׂה שָׁלוֹם/ בעשרת ימי תשובה: הַשָּׁלוֹם/ בִּמְרוֹמָיו
הוּא יַעֲשֶׂה שָׁלוֹם
עָלֵינוּ וְעַל כָּל יִשְׂרָאֵל, וְאִמְרוּ אָמֵן. (קהל: אָמֵן)

ברכת המזון בבית האבל

המזמן אומר: רַבּוֹתַי, נְבָרֵךְ.

תהלים קיג המסובין: יְהִי שֵׁם יהוה מְבֹרָךְ מֵעַתָּה וְעַד־עוֹלָם:

המזמן חוזר: יְהִי שֵׁם יהוה מְבֹרָךְ מֵעַתָּה וְעַד־עוֹלָם:

בִּרְשׁוּת רַבּוֹתַי

נְבָרֵךְ מְנַחֵם אֲבֵלִים שֶׁאָכַלְנוּ מִשֶּׁלּוֹ.

המסובין: בָּרוּךְ מְנַחֵם אֲבֵלִים

שֶׁאָכַלְנוּ מִשֶּׁלּוֹ וּבְטוּבוֹ חָיִינוּ.

מי שלא אכל, אומר:

בָּרוּךְ מְנַחֵם אֲבֵלִים

וּמְבֹרָךְ שְׁמוֹ תָּמִיד לְעוֹלָם וָעֶד.

המזמן חוזר: בָּרוּךְ מְנַחֵם אֲבֵלִים

שֶׁאָכַלְנוּ מִשֶּׁלּוֹ וּבְטוּבוֹ חָיִינוּ.

בָּרוּךְ הוּא וּבָרוּךְ שְׁמוֹ.

מברכים ברכת המזון (עמ׳ 824). לפני ׳וּבְנֵה יְרוּשָׁלַיִם׳ (עמ׳ 830) מוסיפים:

נַחֵם יהוה אֱלֹהֵינוּ אֶת אֲבֵלֵי יְרוּשָׁלַיִם

וְאֶת הָאֲבֵלִים הַמִּתְאַבְּלִים בָּאֵבֶל הַזֶּה.

נַחֲמֵם מֵאֶבְלָם וְשַׂמְּחֵם מִיגוֹנָם, כָּאָמוּר:

כְּאִישׁ אֲשֶׁר אִמּוֹ תְּנַחֲמֶנּוּ ישעיה סו

כֵּן אָנֹכִי אֲנַחֶמְכֶם וּבִירוּשָׁלַםִ תְּנֻחָמוּ:

בָּרוּךְ אַתָּה יהוה

מְנַחֵם צִיּוֹן בְּבִנְיַן יְרוּשָׁלָיִם. אָמֵן.

בָּרוּךְ אַתָּה יהוה אֱלֹהֵינוּ מֶלֶךְ הָעוֹלָם

הָאֵל אָבִינוּ מַלְכֵּנוּ אַדִּירֵנוּ

בּוֹרְאֵנוּ גּוֹאֲלֵנוּ יוֹצְרֵנוּ קְדוֹשֵׁנוּ קְדוֹשׁ יַעֲקֹב

רוֹעֵנוּ רוֹעֵה יִשְׂרָאֵל, הַמֶּלֶךְ הַחַי, הַטּוֹב וְהַמֵּטִיב.

אֵל אֱמֶת, דַּיַּן אֱמֶת, שׁוֹפֵט צֶדֶק

לוֹקֵחַ נְפָשׁוֹת בְּמִשְׁפָּט

וְשַׁלִּיט בְּעוֹלָמוֹ לַעֲשׂוֹת בּוֹ כִּרְצוֹנוֹ

כִּי כָל דְּרָכָיו מִשְׁפָּט, וַאֲנַחְנוּ עַמּוֹ וַעֲבָדָיו

וְעַל הַכֹּל אֲנַחְנוּ חַיָּבִים לְהוֹדוֹת לוֹ וּלְבָרְכוֹ.

גּוֹדֵר פִּרְצוֹת יִשְׂרָאֵל

הוּא יִגְדֹּר אֶת הַפִּרְצָה הַזֹּאת מֵעָלֵינוּ

לְחַיִּים וּלְשָׁלוֹם.

הוּא יִגְמְלֵנוּ לָעַד חֵן וָחֶסֶד וְרַחֲמִים וְכָל טוֹב

וּמִכָּל טוּב לְעוֹלָם אַל יְחַסְּרֵנוּ.

ממשיכים ׳הָרַחֲמָן הוּא יִמְלֹךְ׳ (עמ׳ 830).

קריאת התורה

קריאת התורה לימי שני וחמישי ולמנחה של שבת

בראשית

בְּרֵאשִׁ֖ית בָּרָ֣א אֱלֹהִ֑ים אֵ֥ת הַשָּׁמַ֖יִם וְאֵ֥ת הָאָֽרֶץ׃ בראשית א,א–כג
וְהָאָ֗רֶץ הָיְתָ֥ה תֹ֙הוּ֙ וָבֹ֔הוּ וְחֹ֖שֶׁךְ עַל־פְּנֵ֣י תְה֑וֹם
וְר֣וּחַ אֱלֹהִ֔ים מְרַחֶ֖פֶת עַל־פְּנֵ֥י הַמָּֽיִם׃ וַיֹּ֥אמֶר אֱלֹהִ֖ים
יְהִ֣י א֑וֹר וַֽיְהִי־אֽוֹר׃ וַיַּ֧רְא אֱלֹהִ֛ים אֶת־הָא֖וֹר כִּי־
ט֑וֹב וַיַּבְדֵּ֣ל אֱלֹהִ֔ים בֵּ֥ין הָא֖וֹר וּבֵ֥ין הַחֹֽשֶׁךְ׃ וַיִּקְרָ֨א
אֱלֹהִ֤ים ׀ לָאוֹר֙ י֔וֹם וְלַחֹ֖שֶׁךְ קָ֣רָא לָ֑יְלָה וַֽיְהִי־עֶ֥רֶב
וַֽיְהִי־בֹ֖קֶר י֥וֹם אֶחָֽד׃

וַיֹּ֣אמֶר אֱלֹהִ֔ים יְהִ֥י רָקִ֖יעַ בְּת֣וֹךְ הַמָּ֑יִם וִיהִ֣י מַבְדִּ֔יל לוי
בֵּ֥ין מַ֖יִם לָמָֽיִם׃ וַיַּ֣עַשׂ אֱלֹהִים֮ אֶת־הָרָקִ֒יעַ֒ וַיַּבְדֵּ֗ל
בֵּ֤ין הַמַּ֙יִם֙ אֲשֶׁר֙ מִתַּ֣חַת לָרָקִ֔יעַ וּבֵ֣ין הַמַּ֔יִם אֲשֶׁ֖ר
מֵעַ֣ל לָרָקִ֑יעַ וַֽיְהִי־כֵֽן׃ וַיִּקְרָ֧א אֱלֹהִ֛ים לָֽרָקִ֖יעַ שָׁמָ֑יִם
וַֽיְהִי־עֶ֥רֶב וַֽיְהִי־בֹ֖קֶר י֥וֹם שֵׁנִֽי׃

וַיֹּ֣אמֶר אֱלֹהִ֗ים יִקָּו֨וּ הַמַּ֜יִם מִתַּ֤חַת הַשָּׁמַ֙יִם֙ אֶל־ ישראל
מָק֣וֹם אֶחָ֔ד וְתֵרָאֶ֖ה הַיַּבָּשָׁ֑ה וַֽיְהִי־כֵֽן׃ וַיִּקְרָ֨א
אֱלֹהִ֤ים ׀ לַיַּבָּשָׁה֙ אֶ֔רֶץ וּלְמִקְוֵ֥ה הַמַּ֖יִם קָרָ֣א יַמִּ֑ים
וַיַּ֥רְא אֱלֹהִ֖ים כִּי־טֽוֹב׃ וַיֹּ֣אמֶר אֱלֹהִ֗ים תַּֽדְשֵׁ֤א הָאָ֙רֶץ֙

דֶּשֶׁא עֵשֶׂב מַזְרִיעַ זֶרַע עֵץ פְּרִי עֹשֶׂה פְּרִי לְמִינוֹ
אֲשֶׁר זַרְעוֹ־בוֹ עַל־הָאָרֶץ וַיְהִי־כֵן׃ וַתּוֹצֵא הָאָרֶץ
דֶּשֶׁא עֵשֶׂב מַזְרִיעַ זֶרַע לְמִינֵהוּ וְעֵץ עֹשֶׂה־פְּרִי
אֲשֶׁר זַרְעוֹ־בוֹ לְמִינֵהוּ וַיַּרְא אֱלֹהִים כִּי־טוֹב׃ וַיְהִי־
עֶרֶב וַיְהִי־בֹקֶר יוֹם שְׁלִישִׁי׃

כשקוראים בתורה ביום חמישי,
יש הנוהגים להאריך את הקריאה לשלישי (יעב"ץ, הגר"א):

וַיֹּאמֶר אֱלֹהִים יְהִי מְאֹרֹת בִּרְקִיעַ הַשָּׁמַיִם לְהַבְדִּיל
בֵּין הַיּוֹם וּבֵין הַלָּיְלָה וְהָיוּ לְאֹתֹת וּלְמוֹעֲדִים וּלְיָמִים
וְשָׁנִים׃ וְהָיוּ לִמְאוֹרֹת בִּרְקִיעַ הַשָּׁמַיִם לְהָאִיר עַל־
הָאָרֶץ וַיְהִי־כֵן׃ וַיַּעַשׂ אֱלֹהִים אֶת־שְׁנֵי הַמְּאֹרֹת
הַגְּדֹלִים אֶת־הַמָּאוֹר הַגָּדֹל לְמֶמְשֶׁלֶת הַיּוֹם וְאֶת־
הַמָּאוֹר הַקָּטֹן לְמֶמְשֶׁלֶת הַלַּיְלָה וְאֵת הַכּוֹכָבִים׃
וַיִּתֵּן אֹתָם אֱלֹהִים בִּרְקִיעַ הַשָּׁמָיִם לְהָאִיר עַל־
הָאָרֶץ׃ וְלִמְשֹׁל בַּיּוֹם וּבַלַּיְלָה וּלְהַבְדִּיל בֵּין הָאוֹר
וּבֵין הַחֹשֶׁךְ וַיַּרְא אֱלֹהִים כִּי־טוֹב׃ וַיְהִי־עֶרֶב וַיְהִי־
בֹקֶר יוֹם רְבִיעִי׃

וַיֹּאמֶר אֱלֹהִים יִשְׁרְצוּ הַמַּיִם שֶׁרֶץ נֶפֶשׁ חַיָּה וְעוֹף
יְעוֹפֵף עַל־הָאָרֶץ עַל־פְּנֵי רְקִיעַ הַשָּׁמָיִם׃ וַיִּבְרָא
אֱלֹהִים אֶת־הַתַּנִּינִם הַגְּדֹלִים וְאֵת כָּל־נֶפֶשׁ הַחַיָּה

הָֽרֹמֶ֡שֶׂת אֲשֶׁר֩ שָׁרְצ֨וּ הַמַּ֜יִם לְמִֽינֵהֶ֗ם וְאֵ֨ת כָּל־
ע֤וֹף כָּנָף֙ לְמִינֵ֔הוּ וַיַּ֥רְא אֱלֹהִ֖ים כִּי־טֽוֹב׃ וַיְבָ֧רֶךְ
אֹתָ֛ם אֱלֹהִ֖ים לֵאמֹ֑ר פְּר֣וּ וּרְב֗וּ וּמִלְא֤וּ אֶת־הַמַּ֙יִם֙
בַּיַּמִּ֔ים וְהָע֖וֹף יִ֥רֶב בָּאָֽרֶץ׃ וַֽיְהִי־עֶ֥רֶב וַֽיְהִי־בֹ֖קֶר י֥וֹם
חֲמִישִֽׁי׃

נח

בראשית ו,ט–כב

אֵ֚לֶּה תּוֹלְדֹ֣ת נֹ֔חַ נֹ֗חַ אִ֥ישׁ צַדִּ֛יק תָּמִ֥ים הָיָ֖ה בְּדֹֽרֹתָ֑יו
אֶת־הָֽאֱלֹהִ֖ים הִֽתְהַלֶּךְ־נֹֽחַ׃ וַיּ֥וֹלֶד נֹ֖חַ שְׁלֹשָׁ֣ה בָנִ֑ים
אֶת־שֵׁ֖ם אֶת־חָ֥ם וְאֶת־יָֽפֶת׃ וַתִּשָּׁחֵ֥ת הָאָ֖רֶץ לִפְנֵ֣י
הָאֱלֹהִ֑ים וַתִּמָּלֵ֥א הָאָ֖רֶץ חָמָֽס׃ וַיַּ֧רְא אֱלֹהִ֛ים אֶת־
הָאָ֖רֶץ וְהִנֵּ֣ה נִשְׁחָ֑תָה כִּֽי־הִשְׁחִ֧ית כָּל־בָּשָׂ֛ר אֶת־
דַּרְכּ֖וֹ עַל־הָאָֽרֶץ׃ וַיֹּ֨אמֶר אֱלֹהִ֜ים לְנֹ֗חַ קֵ֤ץ
כָּל־בָּשָׂר֙ בָּ֣א לְפָנַ֔י כִּֽי־מָלְאָ֥ה הָאָ֛רֶץ חָמָ֖ס מִפְּנֵיהֶ֑ם
וְהִנְנִ֥י מַשְׁחִיתָ֖ם אֶת־הָאָֽרֶץ׃ עֲשֵׂ֤ה לְךָ֙ תֵּבַ֣ת עֲצֵי־
גֹ֔פֶר קִנִּ֖ים תַּעֲשֶׂ֣ה אֶת־הַתֵּבָ֑ה וְכָֽפַרְתָּ֥ אֹתָ֛הּ מִבַּ֥יִת
וּמִח֖וּץ בַּכֹּֽפֶר׃ וְזֶ֕ה אֲשֶׁ֥ר תַּעֲשֶׂ֖ה אֹתָ֑הּ שְׁלֹ֧שׁ מֵא֣וֹת
אַמָּ֗ה אֹ֚רֶךְ הַתֵּבָ֔ה חֲמִשִּׁ֤ים אַמָּה֙ רָחְבָּ֔הּ וּשְׁלֹשִׁ֥ים
אַמָּ֖ה קוֹמָתָֽהּ׃ צֹ֣הַר ׀ תַּעֲשֶׂ֣ה לַתֵּבָ֗ה וְאֶל־אַמָּה֙
תְּכַלֶּ֣נָּה מִלְמַ֔עְלָה וּפֶ֖תַח הַתֵּבָ֑ה בְּצִדָּ֣הּ תָּשִׂ֑ים

לוי תַּחְתִּיִּם שְׁנִיִּם וּשְׁלִשִׁים תַּעֲשֶׂהָ: *וַאֲנִי הִנְנִי מֵבִיא
אֶת־הַמַּבּוּל מַיִם עַל־הָאָרֶץ לְשַׁחֵת כָּל־בָּשָׂר אֲשֶׁר־
בּוֹ רוּחַ חַיִּים מִתַּחַת הַשָּׁמָיִם כֹּל אֲשֶׁר־בָּאָרֶץ יִגְוָע:
וַהֲקִמֹתִי אֶת־בְּרִיתִי אִתָּךְ וּבָאתָ אֶל־הַתֵּבָה אַתָּה
וּבָנֶיךָ וְאִשְׁתְּךָ וּנְשֵׁי־בָנֶיךָ אִתָּךְ: וּמִכָּל־הָחַי מִכָּל־
בָּשָׂר שְׁנַיִם מִכֹּל תָּבִיא אֶל־הַתֵּבָה לְהַחֲיֹת אִתָּךְ
ישראל זָכָר וּנְקֵבָה יִהְיוּ: *מֵהָעוֹף לְמִינֵהוּ וּמִן־הַבְּהֵמָה
לְמִינָהּ מִכֹּל רֶמֶשׂ הָאֲדָמָה לְמִינֵהוּ שְׁנַיִם מִכֹּל יָבֹאוּ
אֵלֶיךָ לְהַחֲיוֹת: וְאַתָּה קַח־לְךָ מִכָּל־מַאֲכָל אֲשֶׁר
יֵאָכֵל וְאָסַפְתָּ אֵלֶיךָ וְהָיָה לְךָ וְלָהֶם לְאָכְלָה: וַיַּעַשׂ
נֹחַ כְּכֹל אֲשֶׁר צִוָּה אֹתוֹ אֱלֹהִים כֵּן עָשָׂה:

לך לך

בראשית יב,א–יג וַיֹּאמֶר יהוה אֶל־אַבְרָם לֶךְ־לְךָ מֵאַרְצְךָ וּמִמּוֹלַדְתְּךָ
וּמִבֵּית אָבִיךָ אֶל־הָאָרֶץ אֲשֶׁר אַרְאֶךָּ: וְאֶעֶשְׂךָ
לְגוֹי גָּדוֹל וַאֲבָרֶכְךָ וַאֲגַדְּלָה שְׁמֶךָ וֶהְיֵה בְּרָכָה:
וַאֲבָרְכָה מְבָרְכֶיךָ וּמְקַלֶּלְךָ אָאֹר וְנִבְרְכוּ בְךָ כֹּל
לוי מִשְׁפְּחֹת הָאֲדָמָה: *וַיֵּלֶךְ אַבְרָם כַּאֲשֶׁר דִּבֶּר אֵלָיו
יהוה וַיֵּלֶךְ אִתּוֹ לוֹט וְאַבְרָם בֶּן־חָמֵשׁ שָׁנִים וְשִׁבְעִים
שָׁנָה בְּצֵאתוֹ מֵחָרָן: וַיִּקַּח אַבְרָם אֶת־שָׂרַי אִשְׁתּוֹ

ואת־לוט בן־אחיו ואת־כל־רכושם אשר רכשו
ואת־הנפש אשר־עשו בחרן ויצאו ללכת ארצה
כנען ויבאו ארצה כנען: ויעבר אברם בארץ עד
מקום שכם עד אלון מורה והכנעני אז בארץ: וירא
יהוה אל־אברם ויאמר לזרעך אתן את־הארץ
הזאת ויבן שם מזבח ליהוה הנראה אליו: ויעתק
משם ההרה מקדם לבית־אל ויט אהלה בית־אל
מים והעי מקדם ויבן־שם מזבח ליהוה ויקרא בשם
יהוה: ויסע אברם הלוך ונסוע הנגבה:

ויהי רעב בארץ וירד אברם מצרימה לגור שם ישראל
כי־כבד הרעב בארץ: ויהי כאשר הקריב לבוא
מצרימה ויאמר אל־שרי אשתו הנה־נא ידעתי
כי אשה יפת־מראה את: והיה כי־יראו אתך
המצרים ואמרו אשתו זאת והרגו אתי ואתך
יחיו: אמרי־נא אחתי את למען ייטב־לי בעבורך
וחיתה נפשי בגללך:

וירא

וירא אליו יהוה באלני ממרא והוא ישב פתח־ בראשית יח,א–יד
האהל כחם היום: וישא עיניו וירא והנה שלשה

אֲנָשִׁ֔ים נִצָּבִ֖ים עָלָ֑יו וַיַּ֗רְא וַיָּ֤רָץ לִקְרָאתָם֙ מִפֶּ֣תַח
הָאֹ֔הֶל וַיִּשְׁתַּ֖חוּ אָֽרְצָה׃ וַיֹּאמַ֑ר אֲדֹנָ֗י אִם־נָ֨א מָצָ֤אתִי
חֵן֙ בְּעֵינֶ֔יךָ אַל־נָ֥א תַעֲבֹ֖ר מֵעַ֥ל עַבְדֶּֽךָ׃ יֻקַּֽח־נָ֣א
מְעַט־מַ֔יִם וְרַחֲצ֖וּ רַגְלֵיכֶ֑ם וְהִֽשָּׁעֲנ֖וּ תַּ֥חַת הָעֵֽץ׃
וְאֶקְחָ֨ה פַת־לֶ֜חֶם וְסַעֲד֤וּ לִבְּכֶם֙ אַחַ֣ר תַּעֲבֹ֔רוּ כִּֽי־עַל־
כֵּ֥ן עֲבַרְתֶּ֖ם עַֽל־עַבְדְּכֶ֑ם וַיֹּ֣אמְר֔וּ כֵּ֥ן תַּעֲשֶׂ֖ה כַּאֲשֶׁ֥ר
דִּבַּֽרְתָּ׃ ★וַיְמַהֵ֧ר אַבְרָהָ֛ם הָאֹ֖הֱלָה אֶל־שָׂרָ֑ה וַיֹּ֗אמֶר לוי
מַהֲרִ֞י שְׁלֹ֤שׁ סְאִים֙ קֶ֣מַח סֹ֔לֶת ל֖וּשִׁי וַעֲשִׂ֥י עֻגֽוֹת׃
וְאֶל־הַבָּקָ֖ר רָ֣ץ אַבְרָהָ֑ם וַיִּקַּ֨ח בֶּן־בָּקָ֜ר רַ֤ךְ וָטוֹב֙
וַיִּתֵּ֣ן אֶל־הַנַּ֔עַר וַיְמַהֵ֖ר לַעֲשׂ֥וֹת אֹתֽוֹ׃ וַיִּקַּ֨ח חֶמְאָ֜ה
וְחָלָ֗ב וּבֶן־הַבָּקָר֙ אֲשֶׁ֣ר עָשָׂ֔ה וַיִּתֵּ֖ן לִפְנֵיהֶ֑ם וְהֽוּא
עֹמֵ֧ד עֲלֵיהֶ֛ם תַּ֥חַת הָעֵ֖ץ וַיֹּאכֵֽלוּ׃ ★וַיֹּאמְר֣וּ אֵלָ֔יו ישראל
אַיֵּ֖ה שָׂרָ֣ה אִשְׁתֶּ֑ךָ וַיֹּ֖אמֶר הִנֵּ֥ה בָאֹֽהֶל׃ וַיֹּ֗אמֶר שׁ֣וֹב
אָשׁ֤וּב אֵלֶ֙יךָ֙ כָּעֵ֣ת חַיָּ֔ה וְהִנֵּה־בֵ֖ן לְשָׂרָ֣ה אִשְׁתֶּ֑ךָ
וְשָׂרָ֥ה שֹׁמַ֛עַת פֶּ֥תַח הָאֹ֖הֶל וְה֥וּא אַחֲרָֽיו׃ וְאַבְרָהָ֤ם
וְשָׂרָה֙ זְקֵנִ֔ים בָּאִ֖ים בַּיָּמִ֑ים חָדַל֙ לִהְי֣וֹת לְשָׂרָ֔ה
אֹ֖רַח כַּנָּשִֽׁים׃ וַתִּצְחַ֥ק שָׂרָ֖ה בְּקִרְבָּ֣הּ לֵאמֹ֑ר אַחֲרֵ֤י
בְלֹתִי֙ הָֽיְתָה־לִּ֣י עֶדְנָ֔ה וַאדֹנִ֖י זָקֵֽן׃ וַיֹּ֥אמֶר יְהוָ֖ה אֶל־
אַבְרָהָ֑ם לָ֣מָּה זֶּ֗ה צָֽחֲקָה֙ שָׂרָ֔ה לֵאמֹ֗ר הַאַ֥ף אֻמְנָ֛ם

אֵלֵד וַאֲנִי זָקַנְתִּי׃ הֲיִפָּלֵא מֵיְהוָה דָּבָר לַמּוֹעֵד אָשׁוּב
אֵלֶיךָ כָּעֵת חַיָּה וּלְשָׂרָה בֵן׃

חיי שרה

וַיִּהְיוּ חַיֵּי שָׂרָה מֵאָה שָׁנָה וְעֶשְׂרִים שָׁנָה וְשֶׁבַע בראשית כג, א–טז
שָׁנִים שְׁנֵי חַיֵּי שָׂרָה׃ וַתָּמָת שָׂרָה בְּקִרְיַת אַרְבַּע
הִוא חֶבְרוֹן בְּאֶרֶץ כְּנָעַן וַיָּבֹא אַבְרָהָם לִסְפֹּד לְשָׂרָה
וְלִבְכֹּתָהּ׃ וַיָּקָם אַבְרָהָם מֵעַל פְּנֵי מֵתוֹ וַיְדַבֵּר אֶל־
בְּנֵי־חֵת לֵאמֹר׃ גֵּר־וְתוֹשָׁב אָנֹכִי עִמָּכֶם תְּנוּ לִי
אֲחֻזַּת־קֶבֶר עִמָּכֶם וְאֶקְבְּרָה מֵתִי מִלְּפָנָי׃ וַיַּעֲנוּ
בְנֵי־חֵת אֶת־אַבְרָהָם לֵאמֹר לוֹ׃ שְׁמָעֵנוּ ׀ אֲדֹנִי
נְשִׂיא אֱלֹהִים אַתָּה בְּתוֹכֵנוּ בְּמִבְחַר קְבָרֵינוּ קְבֹר
אֶת־מֵתֶךָ אִישׁ מִמֶּנּוּ אֶת־קִבְרוֹ לֹא־יִכְלֶה מִמְּךָ
מִקְּבֹר מֵתֶךָ׃ וַיָּקָם אַבְרָהָם וַיִּשְׁתַּחוּ לְעַם־הָאָרֶץ
לִבְנֵי־חֵת׃ *וַיְדַבֵּר אִתָּם לֵאמֹר אִם־יֵשׁ אֶת־נַפְשְׁכֶם לוי
לִקְבֹּר אֶת־מֵתִי מִלְּפָנַי שְׁמָעוּנִי וּפִגְעוּ־לִי בְּעֶפְרוֹן
בֶּן־צֹחַר׃ וְיִתֶּן־לִי אֶת־מְעָרַת הַמַּכְפֵּלָה אֲשֶׁר־לוֹ
אֲשֶׁר בִּקְצֵה שָׂדֵהוּ בְּכֶסֶף מָלֵא יִתְּנֶנָּה לִּי בְּתוֹכְכֶם
לַאֲחֻזַּת־קָבֶר׃ וְעֶפְרוֹן יֹשֵׁב בְּתוֹךְ בְּנֵי־חֵת וַיַּעַן
עֶפְרוֹן הַחִתִּי אֶת־אַבְרָהָם בְּאָזְנֵי בְנֵי־חֵת לְכֹל

בָּאֵ֥י שַֽׁעַר־עִיר֖וֹ לֵאמֹֽר׃ לֹֽא־אֲדֹנִ֣י שְׁמָעֵ֔נִי הַשָּׂדֶה֙
נָתַ֣תִּי לָ֔ךְ וְהַמְּעָרָ֥ה אֲשֶׁר־בּ֖וֹ לְךָ֣ נְתַתִּ֑יהָ לְעֵינֵ֧י בְנֵי־
עַמִּ֛י נְתַתִּ֥יהָ לָּ֖ךְ קְבֹ֥ר מֵתֶֽךָ׃ וַיִּשְׁתַּ֙חוּ֙ אַבְרָהָ֔ם לִפְנֵ֖י
עַ֥ם הָאָֽרֶץ׃ *וַיְדַבֵּ֨ר אֶל־עֶפְר֜וֹן בְּאָזְנֵ֤י עַם־הָאָ֙רֶץ֙ ישראל
לֵאמֹ֔ר אַ֛ךְ אִם־אַתָּ֥ה ל֖וּ שְׁמָעֵ֑נִי נָתַ֜תִּי כֶּ֤סֶף הַשָּׂדֶה֙
קַ֣ח מִמֶּ֔נִּי וְאֶקְבְּרָ֥ה אֶת־מֵתִ֖י שָֽׁמָּה׃ וַיַּ֧עַן עֶפְר֛וֹן
אֶת־אַבְרָהָ֖ם לֵאמֹ֥ר לֽוֹ׃ אֲדֹנִ֣י שְׁמָעֵ֔נִי אֶ֠רֶץ אַרְבַּ֨ע
מֵאֹ֧ת שֶֽׁקֶל־כֶּ֛סֶף בֵּינִ֥י וּבֵינְךָ֖ מַה־הִ֑וא וְאֶת־מֵתְךָ֖
קְבֹֽר׃ וַיִּשְׁמַ֣ע אַבְרָהָם֮ אֶל־עֶפְרוֹן֒ וַיִּשְׁקֹ֤ל אַבְרָהָם֙
לְעֶפְרֹ֔ן אֶת־הַכֶּ֕סֶף אֲשֶׁ֥ר דִּבֶּ֖ר בְּאָזְנֵ֣י בְנֵי־חֵ֑ת אַרְבַּ֤ע
מֵאוֹת֙ שֶׁ֣קֶל כֶּ֔סֶף עֹבֵ֖ר לַסֹּחֵֽר׃

תולדות

וְאֵ֛לֶּה תּוֹלְדֹ֥ת יִצְחָ֖ק בֶּן־אַבְרָהָ֑ם אַבְרָהָ֖ם הוֹלִ֥יד בראשית כה,יט-כו,ה
אֶת־יִצְחָֽק׃ וַיְהִ֤י יִצְחָק֙ בֶּן־אַרְבָּעִ֣ים שָׁנָ֔ה בְּקַחְתּ֣וֹ
אֶת־רִבְקָ֗ה בַּת־בְּתוּאֵל֙ הָֽאֲרַמִּ֔י מִפַּדַּ֖ן אֲרָ֑ם אֲח֛וֹת
לָבָ֥ן הָאֲרַמִּ֖י ל֥וֹ לְאִשָּֽׁה׃ וַיֶּעְתַּ֨ר יִצְחָ֤ק לַֽיהוָה֙ לְנֹ֣כַח
אִשְׁתּ֔וֹ כִּ֥י עֲקָרָ֖ה הִ֑וא וַיֵּעָ֤תֶר לוֹ֙ יְהוָ֔ה וַתַּ֖הַר רִבְקָ֥ה
אִשְׁתּֽוֹ׃ וַיִּתְרֹֽצְﬞצ֤וּ הַבָּנִים֙ בְּקִרְבָּ֔הּ וַתֹּ֣אמֶר אִם־כֵּ֔ן
לָ֥מָּה זֶּ֖ה אָנֹ֑כִי וַתֵּ֖לֶךְ לִדְרֹ֥שׁ אֶת־יְהוָֽה׃ *וַיֹּ֨אמֶר יְהוָ֜ה לוי

לָ֜הּ שְׁנֵ֤י גֹייִם֙ בְּבִטְנֵ֔ךְ וּשְׁנֵ֣י לְאֻמִּ֔ים מִמֵּעַ֖יִךְ יִפָּרֵ֑דוּ גוים
וּלְאֹם֙ מִלְאֹ֣ם יֶֽאֱמָ֔ץ וְרַ֖ב יַעֲבֹ֥ד צָעִֽיר׃ וַיִּמְלְא֥וּ יָמֶ֖יהָ
לָלֶ֑דֶת וְהִנֵּ֥ה תוֹמִ֖ם בְּבִטְנָֽהּ׃ וַיֵּצֵ֤א הָֽרִאשׁוֹן֙ אַדְמוֹנִ֔י
כֻּלּ֖וֹ כְּאַדֶּ֣רֶת שֵׂעָ֑ר וַיִּקְרְא֥וּ שְׁמ֖וֹ עֵשָֽׂו׃ וְאַֽחֲרֵי־כֵ֞ן
יָצָ֣א אָחִ֗יו וְיָד֤וֹ אֹחֶ֙זֶת֙ בַּעֲקֵ֣ב עֵשָׂ֔ו וַיִּקְרָ֥א שְׁמ֖וֹ
יַעֲקֹ֑ב וְיִצְחָ֛ק בֶּן־שִׁשִּׁ֥ים שָׁנָ֖ה בְּלֶ֥דֶת אֹתָֽם׃ *וַֽיִּגְדְּלוּ֙ ישראל
הַנְּעָרִ֔ים וַיְהִ֣י עֵשָׂ֗ו אִ֛ישׁ יֹדֵ֥עַ צַ֖יִד אִ֣ישׁ שָׂדֶ֑ה וְיַעֲקֹב֙
אִ֣ישׁ תָּ֔ם יֹשֵׁ֖ב אֹהָלִֽים׃ וַיֶּאֱהַ֥ב יִצְחָ֛ק אֶת־עֵשָׂ֖ו כִּי־
צַ֣יִד בְּפִ֑יו וְרִבְקָ֖ה אֹהֶ֥בֶת אֶֽת־יַעֲקֹֽב׃ וַיָּ֥זֶד יַעֲקֹ֖ב נָזִ֑יד
וַיָּבֹ֥א עֵשָׂ֛ו מִן־הַשָּׂדֶ֖ה וְה֥וּא עָיֵֽף׃ וַיֹּ֨אמֶר עֵשָׂ֜ו אֶֽל־
יַעֲקֹ֗ב הַלְעִיטֵ֤נִי נָא֙ מִן־הָאָדֹ֤ם הָאָדֹם֙ הַזֶּ֔ה כִּ֥י עָיֵ֖ף
אָנֹ֑כִי עַל־כֵּ֥ן קָרָֽא־שְׁמ֖וֹ אֱדֽוֹם׃ וַיֹּ֖אמֶר יַעֲקֹ֑ב מִכְרָ֥ה
כַיּ֛וֹם אֶת־בְּכֹֽרָתְךָ֖ לִֽי׃ וַיֹּ֣אמֶר עֵשָׂ֔ו הִנֵּ֛ה אָנֹכִ֥י הוֹלֵ֖ךְ
לָמ֑וּת וְלָמָּה־זֶּ֥ה לִ֖י בְּכֹרָֽה׃ וַיֹּ֣אמֶר יַעֲקֹ֗ב הִשָּׁ֤בְעָה לִּי֙
כַּיּ֔וֹם וַיִּשָּׁבַ֖ע ל֑וֹ וַיִּמְכֹּ֥ר אֶת־בְּכֹרָת֖וֹ לְיַעֲקֹֽב׃ וְיַעֲקֹ֞ב
נָתַ֣ן לְעֵשָׂ֗ו לֶ֚חֶם וּנְזִ֣יד עֲדָשִׁ֔ים וַיֹּ֣אכַל וַיֵּ֔שְׁתְּ וַיָּ֖קָם
וַיֵּלַ֑ךְ וַיִּ֥בֶז עֵשָׂ֖ו אֶת־הַבְּכֹרָֽה׃

וַיְהִ֤י רָעָב֙ בָּאָ֔רֶץ מִלְּבַד֙ הָרָעָ֣ב הָרִאשׁ֔וֹן אֲשֶׁ֥ר
הָיָ֖ה בִּימֵ֣י אַבְרָהָ֑ם וַיֵּ֧לֶךְ יִצְחָ֛ק אֶל־אֲבִימֶּ֥לֶךְ מֶֽלֶךְ־
פְּלִשְׁתִּ֖ים גְּרָֽרָה׃ וַיֵּרָ֤א אֵלָיו֙ יהוה וַיֹּ֖אמֶר אַל־תֵּרֵ֣ד

מִצְרָ֑יְמָה שְׁכֹ֣ן בָּאָ֔רֶץ אֲשֶׁ֖ר אֹמַ֥ר אֵלֶֽיךָ׃ גּ֚וּר בָּאָ֣רֶץ
הַזֹּ֔את וְאֶהְיֶ֥ה עִמְּךָ֖ וַאֲבָרְכֶ֑ךָּ כִּֽי־לְךָ֣ וּֽלְזַרְעֲךָ֗ אֶתֵּן֙
אֶת־כָּל־הָֽאֲרָצֹ֣ת הָאֵ֔ל וַהֲקִמֹתִי֙ אֶת־הַשְּׁבֻעָ֔ה אֲשֶׁ֥ר
נִשְׁבַּ֖עְתִּי לְאַבְרָהָ֥ם אָבִֽיךָ׃ וְהִרְבֵּיתִ֤י אֶֽת־זַרְעֲךָ֙
כְּכוֹכְבֵ֣י הַשָּׁמַ֔יִם וְנָתַתִּ֣י לְזַרְעֲךָ֔ אֵ֖ת כָּל־הָאֲרָצֹ֣ת
הָאֵ֑ל וְהִתְבָּרֲכ֣וּ בְזַרְעֲךָ֔ כֹּ֖ל גּוֹיֵ֥י הָאָֽרֶץ׃ עֵ֕קֶב אֲשֶׁר־
שָׁמַ֥ע אַבְרָהָ֖ם בְּקֹלִ֑י וַיִּשְׁמֹר֙ מִשְׁמַרְתִּ֔י מִצְוֺתַ֖י
חֻקּוֹתַ֥י וְתוֹרֹתָֽי׃

ויצא

וַיֵּצֵ֥א יַעֲקֹ֖ב מִבְּאֵ֣ר שָׁ֑בַע וַיֵּ֖לֶךְ חָרָֽנָה׃ וַיִּפְגַּ֨ע בַּמָּק֜וֹם בראשית כח, י–כב
וַיָּ֤לֶן שָׁם֙ כִּי־בָ֣א הַשֶּׁ֔מֶשׁ וַיִּקַּח֙ מֵאַבְנֵ֣י הַמָּק֔וֹם וַיָּ֖שֶׂם
מְרַֽאֲשֹׁתָ֑יו וַיִּשְׁכַּ֖ב בַּמָּק֥וֹם הַהֽוּא׃ וַיַּחֲלֹ֗ם וְהִנֵּ֤ה
סֻלָּם֙ מֻצָּ֣ב אַ֔רְצָה וְרֹאשׁ֖וֹ מַגִּ֣יעַ הַשָּׁמָ֑יְמָה וְהִנֵּה֙
מַלְאֲכֵ֣י אֱלֹהִ֔ים עֹלִ֥ים וְיֹרְדִ֖ים בּֽוֹ׃ *וְהִנֵּ֨ה יְהוָ֜ה נִצָּ֣ב לוי
עָלָיו֮ וַיֹּאמַר֒ אֲנִ֣י יְהוָ֗ה אֱלֹהֵי֙ אַבְרָהָ֣ם אָבִ֔יךָ וֵאלֹהֵ֖י
יִצְחָ֑ק הָאָ֗רֶץ אֲשֶׁ֤ר אַתָּה֙ שֹׁכֵ֣ב עָלֶ֔יהָ לְךָ֥ אֶתְּנֶ֖נָּה
וּלְזַרְעֶֽךָ׃ וְהָיָ֤ה זַרְעֲךָ֙ כַּעֲפַ֣ר הָאָ֔רֶץ וּפָרַצְתָּ֛ יָ֥מָּה
וָקֵ֖דְמָה וְצָפֹ֣נָה וָנֶ֑גְבָּה וְנִבְרְכ֥וּ בְךָ֛ כָּל־מִשְׁפְּחֹ֥ת
הָאֲדָמָ֖ה וּבְזַרְעֶֽךָ׃ וְהִנֵּ֨ה אָנֹכִ֜י עִמָּ֗ךְ וּשְׁמַרְתִּ֙יךָ֙

בְּכֹל אֲשֶׁר־תֵּלֵךְ וַהֲשִׁבֹתִיךָ אֶל־הָאֲדָמָה הַזֹּאת
כִּי לֹא אֶעֱזָבְךָ עַד אֲשֶׁר אִם־עָשִׂיתִי אֵת אֲשֶׁר־
דִּבַּרְתִּי לָךְ׃ וַיִּיקַץ יַעֲקֹב מִשְּׁנָתוֹ וַיֹּאמֶר אָכֵן יֵשׁ
יְהוָה בַּמָּקוֹם הַזֶּה וְאָנֹכִי לֹא יָדָעְתִּי׃ וַיִּירָא וַיֹּאמַר
מַה־נּוֹרָא הַמָּקוֹם הַזֶּה אֵין זֶה כִּי אִם־בֵּית אֱלֹהִים
וְזֶה שַׁעַר הַשָּׁמָיִם׃ *וַיַּשְׁכֵּם יַעֲקֹב בַּבֹּקֶר וַיִּקַּח ישראל
אֶת־הָאֶבֶן אֲשֶׁר־שָׂם מְרַאֲשֹׁתָיו וַיָּשֶׂם אֹתָהּ מַצֵּבָה
וַיִּצֹק שֶׁמֶן עַל־רֹאשָׁהּ׃ וַיִּקְרָא אֶת־שֵׁם־הַמָּקוֹם
הַהוּא בֵּית־אֵל וְאוּלָם לוּז שֵׁם־הָעִיר לָרִאשֹׁנָה׃
וַיִּדַּר יַעֲקֹב נֶדֶר לֵאמֹר אִם־יִהְיֶה אֱלֹהִים עִמָּדִי
וּשְׁמָרַנִי בַּדֶּרֶךְ הַזֶּה אֲשֶׁר אָנֹכִי הוֹלֵךְ וְנָתַן־לִי לֶחֶם
לֶאֱכֹל וּבֶגֶד לִלְבֹּשׁ׃ וְשַׁבְתִּי בְשָׁלוֹם אֶל־בֵּית אָבִי
וְהָיָה יְהוָה לִי לֵאלֹהִים׃ וְהָאֶבֶן הַזֹּאת אֲשֶׁר־שַׂמְתִּי
מַצֵּבָה יִהְיֶה בֵּית אֱלֹהִים וְכֹל אֲשֶׁר תִּתֶּן־לִי עַשֵּׂר
אֲעַשְּׂרֶנּוּ לָךְ׃

וישלח

וַיִּשְׁלַח יַעֲקֹב מַלְאָכִים לְפָנָיו אֶל־עֵשָׂו אָחִיו אַרְצָה בראשית לב,ג–יב
שֵׂעִיר שְׂדֵה אֱדוֹם׃ וַיְצַו אֹתָם לֵאמֹר כֹּה תֹאמְרוּן
לַאדֹנִי לְעֵשָׂו כֹּה אָמַר עַבְדְּךָ יַעֲקֹב עִם־לָבָן גַּרְתִּי

ואחר עד־עתה: ויהי־לי שור וחמור צאן ועבד
ושפחה ואשלחה להגיד לאדני למצא־חן בעיניך:
לוי *וישבו המלאכים אל־יעקב לאמר באנו אל־
אחיך אל־עשו וגם הלך לקראתך וארבע־מאות
איש עמו: ויירא יעקב מאד ויצר לו ויחץ את־
העם אשר־אתו ואת־הצאן ואת־הבקר והגמלים
לשני מחנות: ויאמר אם־יבוא עשו אל־המחנה
האחת והכהו והיה המחנה הנשאר לפליטה:
ישראל *ויאמר יעקב אלהי אבי אברהם ואלהי אבי יצחק
יהוה האמר אלי שוב לארצך ולמולדתך ואיטיבה
עמך: קטנתי מכל החסדים ומכל־האמת אשר
עשית את־עבדך כי במקלי עברתי את־הירדן
הזה ועתה הייתי לשני מחנות: הצילני נא מיד
אחי מיד עשו כי־ירא אנכי אתו פן־יבוא והכני אם
על־בנים: ואתה אמרת היטב איטיב עמך ושמתי
את־זרעך כחול הים אשר לא־יספר מרב:

וישב

בראשית לז, א–יא וישב יעקב בארץ מגורי אביו בארץ כנען: אלה
תלדות יעקב יוסף בן־שבע־עשרה שנה היה רעה

אֶת־אֶחָיו֙ בַּצֹּ֔אן וְה֣וּא נַ֗עַר אֶת־בְּנֵ֥י בִלְהָ֛ה וְאֶת־
בְּנֵ֥י זִלְפָּ֖ה נְשֵׁ֣י אָבִ֑יו וַיָּבֵ֥א יוֹסֵ֛ף אֶת־דִּבָּתָ֥ם רָעָ֖ה
אֶל־אֲבִיהֶֽם׃ וְיִשְׂרָאֵ֗ל אָהַ֤ב אֶת־יוֹסֵף֙ מִכׇּל־בָּנָ֔יו כִּי־
בֶן־זְקֻנִ֥ים ה֖וּא ל֑וֹ וְעָ֥שָׂה ל֖וֹ כְּתֹ֥נֶת פַּסִּֽים׃ *וַיִּרְא֣וּ לוי
אֶחָ֗יו כִּֽי־אֹת֞וֹ אָהַ֤ב אֲבִיהֶם֙ מִכׇּל־אֶחָ֔יו וַיִּשְׂנְא֖וּ
אֹת֑וֹ וְלֹ֥א יָכְל֖וּ דַּבְּר֥וֹ לְשָׁלֹֽם׃ וַיַּחֲלֹ֤ם יוֹסֵף֙ חֲל֔וֹם
וַיַּגֵּ֖ד לְאֶחָ֑יו וַיּוֹסִ֥פוּ ע֖וֹד שְׂנֹ֥א אֹתֽוֹ׃ וַיֹּ֖אמֶר אֲלֵיהֶ֑ם
שִׁמְעוּ־נָ֕א הַחֲל֥וֹם הַזֶּ֖ה אֲשֶׁ֥ר חָלָֽמְתִּי׃ וְ֠הִנֵּה אֲנַ֜חְנוּ
מְאַלְּמִ֤ים אֲלֻמִּים֙ בְּת֣וֹךְ הַשָּׂדֶ֔ה וְהִנֵּ֛ה קָ֥מָה אֲלֻמָּתִ֖י
וְגַם־נִצָּ֑בָה וְהִנֵּ֤ה תְסֻבֶּ֙ינָה֙ אֲלֻמֹּ֣תֵיכֶ֔ם וַתִּֽשְׁתַּחֲוֶ֖יןָ
לַאֲלֻמָּתִֽי׃ *וַיֹּ֤אמְרוּ לוֹ֙ אֶחָ֔יו הֲמָלֹ֤ךְ תִּמְלֹךְ֙ עָלֵ֔ינוּ ישראל
אִם־מָשׁ֥וֹל תִּמְשֹׁ֖ל בָּ֑נוּ וַיּוֹסִ֤פוּ עוֹד֙ שְׂנֹ֣א אֹת֔וֹ עַל־
חֲלֹמֹתָ֖יו וְעַל־דְּבָרָֽיו׃ וַיַּחֲלֹ֥ם עוֹד֙ חֲל֣וֹם אַחֵ֔ר וַיְסַפֵּ֥ר
אֹת֖וֹ לְאֶחָ֑יו וַיֹּ֗אמֶר הִנֵּ֨ה חָלַ֤מְתִּי חֲלוֹם֙ ע֔וֹד וְהִנֵּ֧ה
הַשֶּׁ֣מֶשׁ וְהַיָּרֵ֗חַ וְאַחַ֤ד עָשָׂר֙ כּֽוֹכָבִ֔ים מִֽשְׁתַּחֲוִ֖ים לִֽי׃
וַיְסַפֵּ֣ר אֶל־אָבִיו֮ וְאֶל־אֶחָיו֒ וַיִּגְעַר־בּ֣וֹ אָבִ֔יו וַיֹּ֣אמֶר
ל֔וֹ מָ֛ה הַחֲל֥וֹם הַזֶּ֖ה אֲשֶׁ֣ר חָלָ֑מְתָּ הֲב֣וֹא נָב֗וֹא אֲנִי֙
וְאִמְּךָ֣ וְאַחֶ֔יךָ לְהִשְׁתַּחֲוֺ֥ת לְךָ֖ אָֽרְצָה׃ וַיְקַנְאוּ־ב֖וֹ
אֶחָ֑יו וְאָבִ֖יו שָׁמַ֥ר אֶת־הַדָּבָֽר׃

מקץ

בראשית מא,א–יד וַיְהִ֕י מִקֵּ֖ץ שְׁנָתַ֣יִם יָמִ֑ים וּפַרְעֹ֣ה חֹלֵ֔ם וְהִנֵּ֖ה עֹמֵ֥ד
עַל־הַיְאֹֽר׃ וְהִנֵּ֣ה מִן־הַיְאֹ֗ר עֹלֹת֙ שֶׁ֣בַע פָּר֔וֹת יְפ֥וֹת
מַרְאֶ֖ה וּבְרִיאֹ֣ת בָּשָׂ֑ר וַתִּרְעֶ֖ינָה בָּאָֽחוּ׃ וְהִנֵּ֞ה שֶׁ֧בַע
פָּר֣וֹת אֲחֵר֗וֹת עֹל֤וֹת אַחֲרֵיהֶן֙ מִן־הַיְאֹ֔ר רָע֥וֹת
מַרְאֶ֖ה וְדַקּ֣וֹת בָּשָׂ֑ר וַֽתַּעֲמֹ֛דְנָה אֵ֥צֶל הַפָּר֖וֹת עַל־
שְׂפַ֥ת הַיְאֹֽר׃ וַתֹּאכַ֣לְנָה הַפָּר֗וֹת רָע֤וֹת הַמַּרְאֶה֙
וְדַקֹּ֣ת הַבָּשָׂ֔ר אֵ֚ת שֶׁ֣בַע הַפָּר֔וֹת יְפֹ֥ת הַמַּרְאֶ֖ה
לוי וְהַבְּרִיאֹ֑ת וַיִּיקַ֖ץ פַּרְעֹֽה׃ *וַיִּישָׁ֕ן וַֽיַּחֲלֹ֖ם שֵׁנִ֑ית
וְהִנֵּ֣ה ׀ שֶׁ֣בַע שִׁבֳּלִ֗ים עֹל֛וֹת בְּקָנֶ֥ה אֶחָ֖ד בְּרִיא֥וֹת
וְטֹבֽוֹת׃ וְהִנֵּה֙ שֶׁ֣בַע שִׁבֳּלִ֔ים דַּקּ֖וֹת וּשְׁדוּפֹ֣ת קָדִ֑ים
צֹמְח֖וֹת אַחֲרֵיהֶֽן׃ וַתִּבְלַ֙עְנָה֙ הַשִּׁבֳּלִ֣ים הַדַּקּ֔וֹת אֵ֚ת
שֶׁ֣בַע הַשִּׁבֳּלִ֔ים הַבְּרִיא֖וֹת וְהַמְּלֵא֑וֹת וַיִּיקַ֥ץ פַּרְעֹ֖ה
ישראל וְהִנֵּ֥ה חֲלֽוֹם׃ *וַיְהִ֤י בַבֹּ֙קֶר֙ וַתִּפָּ֣עֶם רוּח֔וֹ וַיִּשְׁלַ֗ח
וַיִּקְרָ֛א אֶת־כָּל־חַרְטֻמֵּ֥י מִצְרַ֖יִם וְאֶת־כָּל־חֲכָמֶ֑יהָ
וַיְסַפֵּ֨ר פַּרְעֹ֤ה לָהֶם֙ אֶת־חֲלֹמ֔וֹ וְאֵין־פּוֹתֵ֥ר אוֹתָ֖ם
לְפַרְעֹֽה׃ וַיְדַבֵּר֙ שַׂ֣ר הַמַּשְׁקִ֔ים אֶת־פַּרְעֹ֖ה לֵאמֹ֑ר
אֶת־חֲטָאַ֕י אֲנִ֖י מַזְכִּ֥יר הַיּֽוֹם׃ פַּרְעֹ֖ה קָצַ֣ף עַל־עֲבָדָ֑יו
וַיִּתֵּ֨ן אֹתִ֜י בְּמִשְׁמַ֗ר בֵּ֚ית שַׂ֣ר הַטַּבָּחִ֔ים אֹתִ֕י וְאֵ֖ת

שַׂ֥ר הָאֹפִֽים׃ וַנַּֽחַלְמָ֥ה חֲל֛וֹם בְּלַ֥יְלָה אֶחָ֖ד אֲנִ֣י וָה֑וּא
אִ֛ישׁ כְּפִתְר֥וֹן חֲלֹמ֖וֹ חָלָֽמְנוּ׃ וְשָׁ֨ם אִתָּ֜נוּ נַ֣עַר עִבְרִ֗י
עֶ֚בֶד לְשַׂ֣ר הַטַּבָּחִ֔ים וַנְּסַפֶּר־ל֕וֹ וַיִּפְתָּר־לָ֖נוּ אֶת־
חֲלֹמֹתֵ֑ינוּ אִ֥ישׁ כַּחֲלֹמ֖וֹ פָּתָֽר׃ וַיְהִ֛י כַּאֲשֶׁ֥ר פָּֽתַר־לָ֖נוּ
כֵּ֣ן הָיָ֑ה אֹתִ֛י הֵשִׁ֥יב עַל־כַּנִּ֖י וְאֹת֥וֹ תָלָֽה׃ וַיִּשְׁלַ֤ח
פַּרְעֹה֙ וַיִּקְרָ֣א אֶת־יוֹסֵ֔ף וַיְרִיצֻ֖הוּ מִן־הַבּ֑וֹר וַיְגַלַּח֙
וַיְחַלֵּ֣ף שִׂמְלֹתָ֔יו וַיָּבֹ֖א אֶל־פַּרְעֹֽה׃

ויגש

וַיִּגַּ֨שׁ אֵלָ֜יו יְהוּדָ֗ה וַיֹּאמֶר֮ בִּ֣י אֲדֹנִי֒ יְדַבֶּר־נָ֨א עַבְדְּךָ֤ בראשית מד, יח-ל
דָבָר֙ בְּאָזְנֵ֣י אֲדֹנִ֔י וְאַל־יִ֥חַר אַפְּךָ֖ בְּעַבְדֶּ֑ךָ כִּ֥י כָמ֖וֹךָ
כְּפַרְעֹֽה׃ אֲדֹנִ֣י שָׁאַ֔ל אֶת־עֲבָדָ֖יו לֵאמֹ֑ר הֲיֵשׁ־לָכֶ֥ם
אָ֖ב אוֹ־אָֽח׃ וַנֹּ֙אמֶר֙ אֶל־אֲדֹנִ֔י יֶשׁ־לָ֙נוּ֙ אָ֣ב זָקֵ֔ן
וְיֶ֥לֶד זְקֻנִ֖ים קָטָ֑ן וְאָחִ֣יו מֵ֗ת וַיִּוָּתֵ֨ר ה֧וּא לְבַדּ֛וֹ לְאִמּ֖וֹ
וְאָבִ֥יו אֲהֵבֽוֹ׃ *וַתֹּ֙אמֶר֙ אֶל־עֲבָדֶ֔יךָ הוֹרִדֻ֖הוּ אֵלָ֑י לוי
וְאָשִׂ֥ימָה עֵינִ֖י עָלָֽיו׃ וַנֹּ֙אמֶר֙ אֶל־אֲדֹנִ֔י לֹא־יוּכַ֥ל
הַנַּ֖עַר לַעֲזֹ֣ב אֶת־אָבִ֑יו וְעָזַ֥ב אֶת־אָבִ֖יו וָמֵֽת׃ וַתֹּ֙אמֶר֙
אֶל־עֲבָדֶ֔יךָ אִם־לֹ֥א יֵרֵ֛ד אֲחִיכֶ֥ם הַקָּטֹ֖ן אִתְּכֶ֑ם לֹ֥א
תֹסִפ֖וּן לִרְא֥וֹת פָּנָֽי׃ וַיְהִי֙ כִּ֣י עָלִ֔ינוּ אֶֽל־עַבְדְּךָ֖ אָבִ֑י
וַנַּ֨גֶּד־ל֔וֹ אֵ֖ת דִּבְרֵ֥י אֲדֹנִֽי׃ *וַיֹּ֖אמֶר אָבִ֑ינוּ שֻׁ֖בוּ שִׁבְרוּ־ ישראל

לָנוּ מְעַט־אֹכֶל׃ וַנֹּאמֶר לֹא נוּכַל לָרֶדֶת אִם־יֵשׁ
אָחִינוּ הַקָּטֹן אִתָּנוּ וְיָרַדְנוּ כִּי־לֹא נוּכַל לִרְאוֹת פְּנֵי
הָאִישׁ וְאָחִינוּ הַקָּטֹן אֵינֶנּוּ אִתָּנוּ׃ וַיֹּאמֶר עַבְדְּךָ
אָבִי אֵלֵינוּ אַתֶּם יְדַעְתֶּם כִּי שְׁנַיִם יָלְדָה־לִּי אִשְׁתִּי׃
וַיֵּצֵא הָאֶחָד מֵאִתִּי וָאֹמַר אַךְ טָרֹף טֹרָף וְלֹא רְאִיתִיו
עַד־הֵנָּה׃ וּלְקַחְתֶּם גַּם־אֶת־זֶה מֵעִם פָּנַי וְקָרָהוּ
אָסוֹן וְהוֹרַדְתֶּם אֶת־שֵׂיבָתִי בְּרָעָה שְׁאֹלָה׃ וְעַתָּה
כְּבֹאִי אֶל־עַבְדְּךָ אָבִי וְהַנַּעַר אֵינֶנּוּ אִתָּנוּ וְנַפְשׁוֹ
קְשׁוּרָה בְנַפְשׁוֹ׃

ויחי

וַיְחִי יַעֲקֹב בְּאֶרֶץ מִצְרַיִם שְׁבַע עֶשְׂרֵה שָׁנָה וַיְהִי בראשית מז, כח–מח, ט
יְמֵי־יַעֲקֹב שְׁנֵי חַיָּיו שֶׁבַע שָׁנִים וְאַרְבָּעִים וּמְאַת
שָׁנָה׃ וַיִּקְרְבוּ יְמֵי־יִשְׂרָאֵל לָמוּת וַיִּקְרָא ׀ לִבְנוֹ
לְיוֹסֵף וַיֹּאמֶר לוֹ אִם־נָא מָצָאתִי חֵן בְּעֵינֶיךָ שִׂים־
נָא יָדְךָ תַּחַת יְרֵכִי וְעָשִׂיתָ עִמָּדִי חֶסֶד וֶאֱמֶת אַל־
נָא תִקְבְּרֵנִי בְּמִצְרָיִם׃ וְשָׁכַבְתִּי עִם־אֲבֹתַי וּנְשָׂאתַנִי
מִמִּצְרַיִם וּקְבַרְתַּנִי בִּקְבֻרָתָם וַיֹּאמַר אָנֹכִי אֶעֱשֶׂה
כִדְבָרֶךָ׃ וַיֹּאמֶר הִשָּׁבְעָה לִי וַיִּשָּׁבַע לוֹ וַיִּשְׁתַּחוּ
יִשְׂרָאֵל עַל־רֹאשׁ הַמִּטָּה׃

וַיְהִ֗י אַחֲרֵי֙ הַדְּבָרִ֣ים הָאֵ֔לֶּה וַיֹּ֣אמֶר לְיוֹסֵ֔ף הִנֵּ֥ה אָבִ֖יךָ לוי
חֹלֶ֑ה וַיִּקַּ֞ח אֶת־שְׁנֵ֤י בָנָיו֙ עִמּ֔וֹ אֶת־מְנַשֶּׁ֖ה וְאֶת־
אֶפְרָֽיִם׃ וַיַּגֵּ֣ד לְיַעֲקֹ֔ב וַיֹּ֕אמֶר הִנֵּ֛ה בִּנְךָ֥ יוֹסֵ֖ף בָּ֣א
אֵלֶ֑יךָ וַיִּתְחַזֵּק֙ יִשְׂרָאֵ֔ל וַיֵּ֖שֶׁב עַל־הַמִּטָּֽה׃ וַיֹּ֤אמֶר
יַעֲקֹב֙ אֶל־יוֹסֵ֔ף אֵ֥ל שַׁדַּ֛י נִרְאָֽה־אֵלַ֥י בְּל֖וּז בְּאֶ֣רֶץ
כְּנָ֑עַן וַיְבָ֖רֶךְ אֹתִֽי׃ *וַיֹּ֣אמֶר אֵלַ֗י הִנְנִ֤י מַפְרְךָ֙ וְהִרְבִּיתִ֔ךָ ישראל
וּנְתַתִּ֖יךָ לִקְהַ֣ל עַמִּ֑ים וְנָ֨תַתִּ֜י אֶת־הָאָ֧רֶץ הַזֹּ֛את
לְזַרְעֲךָ֥ אַחֲרֶ֖יךָ אֲחֻזַּ֥ת עוֹלָֽם׃ וְעַתָּ֡ה שְׁנֵֽי־בָנֶ֩יךָ֩
הַנּוֹלָדִ֨ים לְךָ֜ בְּאֶ֣רֶץ מִצְרַ֗יִם עַד־בֹּאִ֥י אֵלֶ֛יךָ מִצְרַ֖יְמָה
לִי־הֵ֑ם אֶפְרַ֙יִם֙ וּמְנַשֶּׁ֔ה כִּרְאוּבֵ֥ן וְשִׁמְע֖וֹן יִֽהְיוּ־לִֽי׃
וּמוֹלַדְתְּךָ֛ אֲשֶׁר־הוֹלַ֥דְתָּ אַחֲרֵיהֶ֖ם לְךָ֣ יִהְי֑וּ עַ֣ל שֵׁ֧ם
אֲחֵיהֶ֛ם יִקָּרְא֖וּ בְּנַחֲלָתָֽם׃ וַאֲנִ֣י ׀ בְּבֹאִ֣י מִפַּדָּ֗ן מֵ֩תָה֩
עָלַ֨י רָחֵ֜ל בְּאֶ֤רֶץ כְּנַ֙עַן֙ בַּדֶּ֔רֶךְ בְּע֥וֹד כִּבְרַת־אֶ֖רֶץ לָבֹ֣א
אֶפְרָ֑תָה וָאֶקְבְּרֶ֤הָ שָּׁם֙ בְּדֶ֣רֶךְ אֶפְרָ֔ת הִ֖וא בֵּ֥ית לָֽחֶם׃
וַיַּ֥רְא יִשְׂרָאֵ֖ל אֶת־בְּנֵ֣י יוֹסֵ֑ף וַיֹּ֖אמֶר מִי־אֵֽלֶּה׃ וַיֹּ֤אמֶר
יוֹסֵף֙ אֶל־אָבִ֔יו בָּנַ֣י הֵ֔ם אֲשֶׁר־נָֽתַן־לִ֥י אֱלֹהִ֖ים בָּזֶ֑ה
וַיֹּאמַ֕ר קָֽחֶם־נָ֥א אֵלַ֖י וַאֲבָרְכֵֽם׃

שמות

שמות א,א-יז וְאֵ֗לֶּה שְׁמוֹת֙ בְּנֵ֣י יִשְׂרָאֵ֔ל הַבָּאִ֖ים מִצְרָ֑יְמָה אֵ֣ת
יַעֲקֹ֔ב אִ֥ישׁ וּבֵית֖וֹ בָּֽאוּ׃ רְאוּבֵ֣ן שִׁמְע֔וֹן לֵוִ֖י וִיהוּדָֽה׃
יִשָּׂשכָ֥ר זְבוּלֻ֖ן וּבִנְיָמִֽן׃ דָּ֥ן וְנַפְתָּלִ֖י גָּ֥ד וְאָשֵֽׁר׃ וַֽיְהִ֗י
כָּל־נֶ֛פֶשׁ יֹצְאֵ֥י יֶֽרֶךְ־יַעֲקֹ֖ב שִׁבְעִ֣ים נָ֑פֶשׁ וְיוֹסֵ֖ף הָיָ֥ה
בְמִצְרָֽיִם׃ וַיָּ֤מָת יוֹסֵף֙ וְכָל־אֶחָ֔יו וְכֹ֖ל הַדּ֥וֹר הַהֽוּא׃
וּבְנֵ֣י יִשְׂרָאֵ֗ל פָּר֧וּ וַֽיִּשְׁרְצ֛וּ וַיִּרְבּ֥וּ וַיַּֽעַצְמ֖וּ בִּמְאֹ֣ד מְאֹ֑ד
וַתִּמָּלֵ֥א הָאָ֖רֶץ אֹתָֽם׃

לוי וַיָּ֥קָם מֶֽלֶךְ־חָדָ֖שׁ עַל־מִצְרָ֑יִם אֲשֶׁ֥ר לֹֽא־יָדַ֖ע אֶת־
יוֹסֵֽף׃ וַיֹּ֖אמֶר אֶל־עַמּ֑וֹ הִנֵּ֗ה עַ֚ם בְּנֵ֣י יִשְׂרָאֵ֔ל רַ֥ב
וְעָצ֖וּם מִמֶּֽנּוּ׃ הָ֥בָה נִֽתְחַכְּמָ֖ה ל֑וֹ פֶּן־יִרְבֶּ֗ה וְהָיָ֞ה
כִּֽי־תִקְרֶ֤אנָה מִלְחָמָה֙ וְנוֹסַ֤ף גַּם־הוּא֙ עַל־שֹׂ֣נְאֵ֔ינוּ
וְנִלְחַם־בָּ֖נוּ וְעָלָ֥ה מִן־הָאָֽרֶץ׃ וַיָּשִׂ֤ימוּ עָלָיו֙ שָׂרֵ֣י
מִסִּ֔ים לְמַ֥עַן עַנֹּת֖וֹ בְּסִבְלֹתָ֑ם וַיִּ֜בֶן עָרֵ֤י מִסְכְּנוֹת֙
לְפַרְעֹ֔ה אֶת־פִּתֹ֖ם וְאֶת־רַעַמְסֵֽס׃ וְכַאֲשֶׁר֙ יְעַנּ֣וּ אֹת֔וֹ
ישראל כֵּ֥ן יִרְבֶּ֖ה וְכֵ֣ן יִפְרֹ֑ץ וַיָּקֻ֕צוּ מִפְּנֵ֖י בְּנֵ֥י יִשְׂרָאֵֽל׃ *וַיַּעֲבִ֧דוּ
מִצְרַ֛יִם אֶת־בְּנֵ֥י יִשְׂרָאֵ֖ל בְּפָֽרֶךְ׃ וַיְמָרְר֨וּ אֶת־חַיֵּיהֶ֜ם
בַּעֲבֹדָ֣ה קָשָׁ֗ה בְּחֹ֙מֶר֙ וּבִלְבֵנִ֔ים וּבְכָל־עֲבֹדָ֖ה בַּשָּׂדֶ֑ה
אֵ֚ת כָּל־עֲבֹ֣דָתָ֔ם אֲשֶׁר־עָבְד֥וּ בָהֶ֖ם בְּפָֽרֶךְ׃ וַיֹּ֙אמֶר֙
מֶ֣לֶךְ מִצְרַ֔יִם לַֽמְיַלְּדֹ֖ת הָֽעִבְרִיֹּ֑ת אֲשֶׁ֨ר שֵׁ֤ם הָֽאַחַת֙

שִׁפְרָ֔ה וְשֵׁ֥ם הַשֵּׁנִ֖ית פּוּעָֽה׃ וַיֹּ֗אמֶר בְּיַלֶּדְכֶן֙ אֶת־
הָֽעִבְרִיּ֔וֹת וּרְאִיתֶ֖ן עַל־הָאׇבְנָ֑יִם אִם־בֵּ֥ן הוּא֙ וַהֲמִתֶּ֣ן
אֹת֔וֹ וְאִם־בַּ֥ת הִ֖וא וָחָֽיָה׃ וַתִּירֶ֤אןָ הַמְיַלְּדֹת֙ אֶת־
הָ֣אֱלֹהִ֔ים וְלֹ֣א עָשׂ֔וּ כַּאֲשֶׁ֛ר דִּבֶּ֥ר אֲלֵיהֶ֖ן מֶ֣לֶךְ מִצְרָ֑יִם
וַתְּחַיֶּ֖יןָ אֶת־הַיְלָדִֽים׃

וארא

וַיְדַבֵּ֥ר אֱלֹהִ֖ים אֶל־מֹשֶׁ֑ה וַיֹּ֥אמֶר אֵלָ֖יו אֲנִ֥י יְהֹוָֽה׃ שמות ו,ב–יג
וָאֵרָ֗א אֶל־אַבְרָהָ֛ם אֶל־יִצְחָ֥ק וְאֶֽל־יַעֲקֹ֖ב בְּאֵ֣ל
שַׁדָּ֑י וּשְׁמִ֣י יְהֹוָ֔ה לֹ֥א נוֹדַ֖עְתִּי לָהֶֽם׃ וְגַ֨ם הֲקִמֹ֤תִי
אֶת־בְּרִיתִי֙ אִתָּ֔ם לָתֵ֥ת לָהֶ֖ם אֶת־אֶ֣רֶץ כְּנָ֑עַן אֵ֛ת
אֶ֥רֶץ מְגֻרֵיהֶ֖ם אֲשֶׁר־גָּ֥רוּ בָֽהּ׃ וְגַ֣ם ׀ אֲנִ֣י שָׁמַ֗עְתִּי
אֶֽת־נַאֲקַת֙ בְּנֵ֣י יִשְׂרָאֵ֔ל אֲשֶׁ֥ר מִצְרַ֖יִם מַעֲבִדִ֣ים
אֹתָ֑ם וָאֶזְכֹּ֖ר אֶת־בְּרִיתִֽי׃ *לָכֵ֞ן אֱמֹ֥ר לִבְנֵֽי־יִשְׂרָאֵל֮ לוי
אֲנִ֣י יְהֹוָה֒ וְהוֹצֵאתִ֣י אֶתְכֶ֗ם מִתַּ֙חַת֙ סִבְלֹ֣ת מִצְרַ֔יִם
וְהִצַּלְתִּ֥י אֶתְכֶ֖ם מֵעֲבֹדָתָ֑ם וְגָאַלְתִּ֤י אֶתְכֶם֙ בִּזְר֣וֹעַ
נְטוּיָ֔ה וּבִשְׁפָטִ֖ים גְּדֹלִֽים׃ וְלָקַחְתִּ֨י אֶתְכֶ֥ם לִי֙
לְעָ֔ם וְהָיִ֥יתִי לָכֶ֖ם לֵאלֹהִ֑ים וִֽידַעְתֶּ֗ם כִּ֣י אֲנִ֤י יְהֹוָה֙
אֱלֹ֣הֵיכֶ֔ם הַמּוֹצִ֣יא אֶתְכֶ֔ם מִתַּ֖חַת סִבְל֥וֹת מִצְרָֽיִם׃
וְהֵבֵאתִ֤י אֶתְכֶם֙ אֶל־הָאָ֔רֶץ אֲשֶׁ֤ר נָשָׂ֙אתִי֙ אֶת־יָדִ֔י

לָתֵ֣ת אֹתָ֔הּ לְאַבְרָהָ֥ם לְיִצְחָ֖ק וּֽלְיַעֲקֹ֑ב וְנָתַתִּ֨י אֹתָ֥הּ
לָכֶ֛ם מוֹרָשָׁ֖ה אֲנִ֥י יְהֹוָֽה׃ וַיְדַבֵּ֥ר מֹשֶׁ֛ה כֵּ֖ן אֶל־בְּנֵ֣י
יִשְׂרָאֵ֑ל וְלֹ֤א שָֽׁמְעוּ֙ אֶל־מֹשֶׁ֔ה מִקֹּ֣צֶר ר֔וּחַ וּמֵעֲבֹדָ֖ה
קָשָֽׁה׃

ישראל וַיְדַבֵּ֥ר יְהֹוָ֖ה אֶל־מֹשֶׁ֥ה לֵּאמֹֽר׃ בֹּ֣א דַבֵּ֔ר אֶל־פַּרְעֹ֖ה
מֶ֣לֶךְ מִצְרָ֑יִם וִֽישַׁלַּ֥ח אֶת־בְּנֵֽי־יִשְׂרָאֵ֖ל מֵֽאַרְצֽוֹ׃ וַיְדַבֵּ֣ר
מֹשֶׁ֔ה לִפְנֵ֥י יְהֹוָ֖ה לֵאמֹ֑ר הֵ֤ן בְּנֵֽי־יִשְׂרָאֵל֙ לֹא־שָׁמְע֣וּ
אֵלַ֔י וְאֵיךְ֙ יִשְׁמָעֵ֣נִי פַרְעֹ֔ה וַאֲנִ֖י עֲרַ֥ל שְׂפָתָֽיִם׃
וַיְדַבֵּ֣ר יְהֹוָה֮ אֶל־מֹשֶׁ֣ה וְאֶֽל־אַהֲרֹן֒ וַיְצַוֵּם֙ אֶל־בְּנֵ֣י
יִשְׂרָאֵ֔ל וְאֶל־פַּרְעֹ֖ה מֶ֣לֶךְ מִצְרָ֑יִם לְהוֹצִ֥יא אֶת־בְּנֵֽי־
יִשְׂרָאֵ֖ל מֵאֶ֥רֶץ מִצְרָֽיִם׃

בא

שמות י,א-יא וַיֹּ֤אמֶר יְהֹוָה֙ אֶל־מֹשֶׁ֔ה בֹּ֖א אֶל־פַּרְעֹ֑ה כִּֽי־אֲנִ֞י
הִכְבַּ֤דְתִּי אֶת־לִבּוֹ֙ וְאֶת־לֵ֣ב עֲבָדָ֔יו לְמַ֗עַן שִׁתִ֛י אֹתֹתַ֥י
אֵ֖לֶּה בְּקִרְבּֽוֹ׃ וּלְמַ֡עַן תְּסַפֵּר֩ בְּאׇזְנֵ֨י בִנְךָ֜ וּבֶן־בִּנְךָ֗ אֵ֣ת
אֲשֶׁ֤ר הִתְעַלַּ֙לְתִּי֙ בְּמִצְרַ֔יִם וְאֶת־אֹתֹתַ֖י אֲשֶׁר־שַׂ֣מְתִּי
בָ֑ם וִידַעְתֶּ֖ם כִּֽי־אֲנִ֥י יְהֹוָֽה׃ וַיָּבֹ֨א מֹשֶׁ֣ה וְאַהֲרֹן֮ אֶל־
פַּרְעֹה֒ וַיֹּאמְר֣וּ אֵלָ֗יו כֹּֽה־אָמַ֤ר יְהֹוָה֙ אֱלֹהֵ֣י הָֽעִבְרִ֔ים
עַד־מָתַ֣י מֵאַ֔נְתָּ לֵעָנֹ֖ת מִפָּנָ֑י שַׁלַּ֥ח עַמִּ֖י וְיַֽעַבְדֻֽנִי׃

★כִּי אִם־מָאֵן אַתָּה לְשַׁלֵּחַ אֶת־עַמִּי הִנְנִי מֵבִיא לוי
מָחָר אַרְבֶּה בִּגְבֻלֶךָ׃ וְכִסָּה אֶת־עֵין הָאָרֶץ וְלֹא
יוּכַל לִרְאֹת אֶת־הָאָרֶץ וְאָכַל ׀ אֶת־יֶתֶר הַפְּלֵטָה
הַנִּשְׁאֶרֶת לָכֶם מִן־הַבָּרָד וְאָכַל אֶת־כָּל־הָעֵץ
הַצֹּמֵחַ לָכֶם מִן־הַשָּׂדֶה׃ וּמָלְאוּ בָתֶּיךָ וּבָתֵּי כָל־
עֲבָדֶיךָ וּבָתֵּי כָל־מִצְרַיִם אֲשֶׁר לֹא־רָאוּ אֲבֹתֶיךָ
וַאֲבוֹת אֲבֹתֶיךָ מִיּוֹם הֱיוֹתָם עַל־הָאֲדָמָה עַד הַיּוֹם
הַזֶּה וַיִּפֶן וַיֵּצֵא מֵעִם פַּרְעֹה׃ ★וַיֹּאמְרוּ עַבְדֵי פַרְעֹה ישראל
אֵלָיו עַד־מָתַי יִהְיֶה זֶה לָנוּ לְמוֹקֵשׁ שַׁלַּח אֶת־
הָאֲנָשִׁים וְיַעַבְדוּ אֶת־יְהוָה אֱלֹהֵיהֶם הֲטֶרֶם תֵּדַע
כִּי אָבְדָה מִצְרָיִם׃ וַיּוּשַׁב אֶת־מֹשֶׁה וְאֶת־אַהֲרֹן אֶל־
פַּרְעֹה וַיֹּאמֶר אֲלֵהֶם לְכוּ עִבְדוּ אֶת־יְהוָה אֱלֹהֵיכֶם
מִי וָמִי הַהֹלְכִים׃ וַיֹּאמֶר מֹשֶׁה בִּנְעָרֵינוּ וּבִזְקֵנֵינוּ
נֵלֵךְ בְּבָנֵינוּ וּבִבְנוֹתֵנוּ בְּצֹאנֵנוּ וּבִבְקָרֵנוּ נֵלֵךְ כִּי
חַג־יְהוָה לָנוּ׃ וַיֹּאמֶר אֲלֵהֶם יְהִי כֵן יְהוָה עִמָּכֶם
כַּאֲשֶׁר אֲשַׁלַּח אֶתְכֶם וְאֶת־טַפְּכֶם רְאוּ כִּי רָעָה
נֶגֶד פְּנֵיכֶם׃ לֹא כֵן לְכוּ־נָא הַגְּבָרִים וְעִבְדוּ אֶת־
יְהוָה כִּי אֹתָהּ אַתֶּם מְבַקְשִׁים וַיְגָרֶשׁ אֹתָם מֵאֵת
פְּנֵי פַרְעֹה׃

בשלח

שמות יג,יז–יד,ח וַיְהִי בְּשַׁלַּח פַּרְעֹה אֶת־הָעָם וְלֹא־נָחָם אֱלֹהִים דֶּרֶךְ
אֶרֶץ פְּלִשְׁתִּים כִּי קָרוֹב הוּא כִּי ׀ אָמַר אֱלֹהִים פֶּן־
יִנָּחֵם הָעָם בִּרְאֹתָם מִלְחָמָה וְשָׁבוּ מִצְרָיְמָה: וַיַּסֵּב
אֱלֹהִים ׀ אֶת־הָעָם דֶּרֶךְ הַמִּדְבָּר יַם־סוּף וַחֲמֻשִׁים
עָלוּ בְנֵי־יִשְׂרָאֵל מֵאֶרֶץ מִצְרָיִם: וַיִּקַּח מֹשֶׁה אֶת־
עַצְמוֹת יוֹסֵף עִמּוֹ כִּי הַשְׁבֵּעַ הִשְׁבִּיעַ אֶת־בְּנֵי יִשְׂרָאֵל
לֵאמֹר פָּקֹד יִפְקֹד אֱלֹהִים אֶתְכֶם וְהַעֲלִיתֶם אֶת־
עַצְמֹתַי מִזֶּה אִתְּכֶם: וַיִּסְעוּ מִסֻּכֹּת וַיַּחֲנוּ בְאֵתָם
בִּקְצֵה הַמִּדְבָּר: וַיהוָה הֹלֵךְ לִפְנֵיהֶם יוֹמָם בְּעַמּוּד
עָנָן לַנְחֹתָם הַדֶּרֶךְ וְלַיְלָה בְּעַמּוּד אֵשׁ לְהָאִיר לָהֶם
לָלֶכֶת יוֹמָם וָלָיְלָה: לֹא־יָמִישׁ עַמּוּד הֶעָנָן יוֹמָם
וְעַמּוּד הָאֵשׁ לָיְלָה לִפְנֵי הָעָם:

לוי וַיְדַבֵּר יְהוָה אֶל־מֹשֶׁה לֵּאמֹר: דַּבֵּר אֶל־בְּנֵי יִשְׂרָאֵל
וְיָשֻׁבוּ וְיַחֲנוּ לִפְנֵי פִּי הַחִירֹת בֵּין מִגְדֹּל וּבֵין הַיָּם לִפְנֵי
בַּעַל צְפֹן נִכְחוֹ תַחֲנוּ עַל־הַיָּם: וְאָמַר פַּרְעֹה לִבְנֵי
יִשְׂרָאֵל נְבֻכִים הֵם בָּאָרֶץ סָגַר עֲלֵיהֶם הַמִּדְבָּר:
וְחִזַּקְתִּי אֶת־לֵב־פַּרְעֹה וְרָדַף אַחֲרֵיהֶם וְאִכָּבְדָה
בְּפַרְעֹה וּבְכָל־חֵילוֹ וְיָדְעוּ מִצְרַיִם כִּי־אֲנִי יְהוָה
ישראל וַיַּעֲשׂוּ־כֵן: *וַיֻּגַּד לְמֶלֶךְ מִצְרַיִם כִּי בָרַח הָעָם וַיֵּהָפֵךְ

לְבַ֣ב פַּרְעֹ֤ה וַעֲבָדָיו֙ אֶל־הָעָ֔ם וַיֹּֽאמְרוּ֙ מַה־זֹּ֣את
עָשִׂ֔ינוּ כִּֽי־שִׁלַּ֥חְנוּ אֶת־יִשְׂרָאֵ֖ל מֵעָבְדֵֽנוּ׃ וַיֶּאְסֹ֖ר
אֶת־רִכְבּ֑וֹ וְאֶת־עַמּ֖וֹ לָקַ֥ח עִמּֽוֹ׃ וַיִּקַּ֗ח שֵׁשׁ־מֵא֥וֹת
רֶ֙כֶב֙ בָּח֔וּר וְכֹ֖ל רֶ֣כֶב מִצְרָ֑יִם וְשָׁלִשִׁ֖ם עַל־כֻּלּֽוֹ׃ וַיְחַזֵּ֣ק
יְהוָ֗ה אֶת־לֵ֤ב פַּרְעֹה֙ מֶ֣לֶךְ מִצְרַ֔יִם וַיִּרְדֹּ֕ף אַחֲרֵ֖י בְּנֵ֣י
יִשְׂרָאֵ֑ל וּבְנֵ֣י יִשְׂרָאֵ֔ל יֹצְאִ֖ים בְּיָ֥ד רָמָֽה׃

יתרו

וַיִּשְׁמַ֞ע יִתְר֨וֹ כֹהֵ֤ן מִדְיָן֙ חֹתֵ֣ן מֹשֶׁ֔ה אֵת֩ כָּל־אֲשֶׁ֨ר שמות יח, א-יב
עָשָׂ֤ה אֱלֹהִים֙ לְמֹשֶׁ֔ה וּלְיִשְׂרָאֵ֖ל עַמּ֑וֹ כִּֽי־הוֹצִ֧יא יְהוָ֛ה
אֶת־יִשְׂרָאֵ֖ל מִמִּצְרָֽיִם׃ וַיִּקַּ֗ח יִתְרוֹ֙ חֹתֵ֣ן מֹשֶׁ֔ה אֶת־
צִפֹּרָ֖ה אֵ֣שֶׁת מֹשֶׁ֑ה אַחַ֖ר שִׁלּוּחֶֽיהָ׃ וְאֵ֖ת שְׁנֵ֣י בָנֶ֑יהָ
אֲשֶׁ֨ר שֵׁ֤ם הָֽאֶחָד֙ גֵּֽרְשֹׁ֔ם כִּ֣י אָמַ֔ר גֵּ֣ר הָיִ֔יתִי בְּאֶ֖רֶץ
נָכְרִיָּֽה׃ וְשֵׁ֥ם הָאֶחָ֖ד אֱלִיעֶ֑זֶר כִּֽי־אֱלֹהֵ֤י אָבִי֙ בְּעֶזְרִ֔י
וַיַּצִּלֵ֖נִי מֵחֶ֥רֶב פַּרְעֹֽה׃ *וַיָּבֹ֞א יִתְר֨וֹ חֹתֵ֥ן מֹשֶׁ֛ה וּבָנָ֥יו לוי
וְאִשְׁתּ֖וֹ אֶל־מֹשֶׁ֑ה אֶל־הַמִּדְבָּ֕ר אֲשֶׁר־ה֛וּא חֹנֶ֥ה
שָׁ֖ם הַ֥ר הָאֱלֹהִֽים׃ וַיֹּ֙אמֶר֙ אֶל־מֹשֶׁ֔ה אֲנִ֛י חֹתֶנְךָ֥
יִתְר֖וֹ בָּ֣א אֵלֶ֑יךָ וְאִ֨שְׁתְּךָ֔ וּשְׁנֵ֥י בָנֶ֖יהָ עִמָּֽהּ׃ וַיֵּצֵ֨א
מֹשֶׁ֜ה לִקְרַ֣את חֹֽתְנ֗וֹ וַיִּשְׁתַּ֙חוּ֙ וַיִּשַּׁק־ל֔וֹ וַיִּשְׁאֲל֥וּ
אִישׁ־לְרֵעֵ֖הוּ לְשָׁל֑וֹם וַיָּבֹ֖אוּ הָאֹֽהֱלָה׃ וַיְסַפֵּ֤ר

מֹשֶׁה֙ לְחֹ֣תְנ֔וֹ אֵת֩ כׇּל־אֲשֶׁ֨ר עָשָׂ֤ה יהוה֙ לְפַרְעֹ֣ה
וּלְמִצְרַ֔יִם עַ֖ל אוֹדֹ֣ת יִשְׂרָאֵ֑ל אֵ֤ת כׇּל־הַתְּלָאָה֙ אֲשֶׁ֣ר
ישראל מְצָאָ֣תַם בַּדֶּ֔רֶךְ וַיַּצִּלֵ֖ם יהוה׃ ⋆וַיִּ֣חַדְּ יִתְר֔וֹ עַ֚ל כׇּל־
הַטּוֹבָ֔ה אֲשֶׁר־עָשָׂ֥ה יהוה לְיִשְׂרָאֵ֑ל אֲשֶׁ֥ר הִצִּיל֖וֹ
מִיַּ֥ד מִצְרָֽיִם׃ וַיֹּאמֶר֮ יִתְרוֹ֒ בָּר֣וּךְ יהוה אֲשֶׁ֨ר הִצִּ֥יל
אֶתְכֶ֛ם מִיַּ֥ד מִצְרַ֖יִם וּמִיַּ֣ד פַּרְעֹ֑ה אֲשֶׁ֤ר הִצִּיל֙ אֶת־
הָעָ֔ם מִתַּ֖חַת יַד־מִצְרָֽיִם׃ עַתָּ֣ה יָדַ֔עְתִּי כִּֽי־גָד֥וֹל יהוה
מִכׇּל־הָאֱלֹהִ֑ים כִּ֣י בַדָּבָ֔ר אֲשֶׁ֥ר זָד֖וּ עֲלֵיהֶֽם׃ וַיִּקַּ֞ח
יִתְר֨וֹ חֹתֵ֥ן מֹשֶׁ֛ה עֹלָ֥ה וּזְבָחִ֖ים לֵאלֹהִ֑ים וַיָּבֹ֨א אַהֲרֹ֜ן
וְכֹ֣ל ׀ זִקְנֵ֣י יִשְׂרָאֵ֗ל לֶאֱכׇל־לֶ֛חֶם עִם־חֹתֵ֥ן מֹשֶׁ֖ה לִפְנֵ֥י
הָאֱלֹהִֽים׃

משפטים

שמות כא, א–יט וְאֵ֙לֶּה֙ הַמִּשְׁפָּטִ֔ים אֲשֶׁ֥ר תָּשִׂ֖ים לִפְנֵיהֶֽם׃ כִּ֤י תִקְנֶה֙
עֶ֣בֶד עִבְרִ֔י שֵׁ֥שׁ שָׁנִ֖ים יַעֲבֹ֑ד וּבַ֨שְּׁבִעִ֔ת יֵצֵ֥א לַֽחׇפְשִׁ֖י
חִנָּֽם׃ אִם־בְּגַפּ֥וֹ יָבֹ֖א בְּגַפּ֣וֹ יֵצֵ֑א אִם־בַּ֤עַל אִשָּׁה֙ ה֔וּא
וְיָצְאָ֥ה אִשְׁתּ֖וֹ עִמּֽוֹ׃ אִם־אֲדֹנָיו֙ יִתֶּן־ל֣וֹ אִשָּׁ֔ה וְיָלְדָה־
ל֥וֹ בָנִ֖ים א֣וֹ בָנ֑וֹת הָאִשָּׁ֣ה וִילָדֶ֗יהָ תִּהְיֶ֙ה לַֽאדֹנֶ֔יהָ
וְה֖וּא יֵצֵ֥א בְגַפּֽוֹ׃ וְאִם־אָמֹ֤ר יֹאמַר֙ הָעֶ֔בֶד אָהַ֙בְתִּי֙
אֶת־אֲדֹנִ֔י אֶת־אִשְׁתִּ֖י וְאֶת־בָּנָ֑י לֹ֥א אֵצֵ֖א חׇפְשִֽׁי׃

וְהִגִּישׁוֹ אֲדֹנָיו אֶל־הָאֱלֹהִים וְהִגִּישׁוֹ אֶל־הַדֶּלֶת אוֹ
אֶל־הַמְּזוּזָה וְרָצַע אֲדֹנָיו אֶת־אָזְנוֹ בַּמַּרְצֵעַ וַעֲבָדוֹ
לְעֹלָם׃ ★וְכִי־יִמְכֹּר אִישׁ אֶת־בִּתּוֹ לְאָמָה לוי
לֹא תֵצֵא כְּצֵאת הָעֲבָדִים׃ אִם־רָעָה בְּעֵינֵי אֲדֹנֶיהָ
אֲשֶׁר־לֹא יְעָדָהּ וְהֶפְדָּהּ לְעַם נָכְרִי לֹא־יִמְשֹׁל לְמָכְרָהּ לוֹ
בְּבִגְדוֹ־בָהּ׃ וְאִם־לִבְנוֹ יִיעָדֶנָּה כְּמִשְׁפַּט הַבָּנוֹת
יַעֲשֶׂה־לָּהּ׃ אִם־אַחֶרֶת יִקַּח־לוֹ שְׁאֵרָהּ כְּסוּתָהּ
וְעֹנָתָהּ לֹא יִגְרָע׃ וְאִם־שְׁלָשׁ־אֵלֶּה לֹא יַעֲשֶׂה לָהּ
וְיָצְאָה חִנָּם אֵין כָּסֶף׃ ★מַכֵּה אִישׁ וָמֵת ישראל
מוֹת יוּמָת׃ וַאֲשֶׁר לֹא צָדָה וְהָאֱלֹהִים אִנָּה לְיָדוֹ
וְשַׂמְתִּי לְךָ מָקוֹם אֲשֶׁר יָנוּס שָׁמָּה׃ וְכִי־
יָזִד אִישׁ עַל־רֵעֵהוּ לְהָרְגוֹ בְעָרְמָה מֵעִם מִזְבְּחִי
תִּקָּחֶנּוּ לָמוּת׃ וּמַכֵּה אָבִיו וְאִמּוֹ מוֹת
יוּמָת׃ וְגֹנֵב אִישׁ וּמְכָרוֹ וְנִמְצָא בְיָדוֹ
מוֹת יוּמָת׃ וּמְקַלֵּל אָבִיו וְאִמּוֹ מוֹת
יוּמָת׃ וְכִי־יְרִיבֻן אֲנָשִׁים וְהִכָּה־אִישׁ אֶת־
רֵעֵהוּ בְּאֶבֶן אוֹ בְאֶגְרֹף וְלֹא יָמוּת וְנָפַל לְמִשְׁכָּב׃
אִם־יָקוּם וְהִתְהַלֵּךְ בַּחוּץ עַל־מִשְׁעַנְתּוֹ וְנִקָּה
הַמַּכֶּה רַק שִׁבְתּוֹ יִתֵּן וְרַפֹּא יְרַפֵּא׃

תרומה

וַיְדַבֵּ֥ר יְהוָ֖ה אֶל־מֹשֶׁ֥ה לֵּאמֹֽר׃ דַּבֵּר֙ אֶל־בְּנֵ֣י יִשְׂרָאֵ֔ל שמות כה, א–טז
וְיִקְחוּ־לִ֖י תְּרוּמָ֑ה מֵאֵ֤ת כָּל־אִישׁ֙ אֲשֶׁ֣ר יִדְּבֶ֣נּוּ לִבּ֔וֹ
תִּקְח֖וּ אֶת־תְּרוּמָתִֽי׃ וְזֹאת֙ הַתְּרוּמָ֔ה אֲשֶׁ֥ר תִּקְח֖וּ
מֵאִתָּ֑ם זָהָ֥ב וָכֶ֖סֶף וּנְחֹֽשֶׁת׃ וּתְכֵ֧לֶת וְאַרְגָּמָ֛ן וְתוֹלַ֥עַת
שָׁנִ֖י וְשֵׁ֥שׁ וְעִזִּֽים׃ וְעֹרֹ֨ת אֵילִ֧ם מְאָדָּמִ֛ים וְעֹרֹ֥ת תְּחָשִׁ֖ים
וַעֲצֵ֥י שִׁטִּֽים׃ *שֶׁ֖מֶן לַמָּאֹ֑ר בְּשָׂמִים֙ לְשֶׁ֣מֶן הַמִּשְׁחָ֔ה לוי
וְלִקְטֹ֖רֶת הַסַּמִּֽים׃ אַבְנֵי־שֹׁ֕הַם וְאַבְנֵ֖י מִלֻּאִ֑ים לָאֵפֹ֖ד
וְלַחֹֽשֶׁן׃ וְעָ֥שׂוּ לִ֖י מִקְדָּ֑שׁ וְשָׁכַנְתִּ֖י בְּתוֹכָֽם׃ כְּכֹ֗ל
אֲשֶׁ֤ר אֲנִי֙ מַרְאֶ֣ה אוֹתְךָ֔ אֵ֚ת תַּבְנִ֣ית הַמִּשְׁכָּ֔ן וְאֵ֖ת
תַּבְנִ֣ית כָּל־כֵּלָ֑יו וְכֵ֖ן תַּעֲשֽׂוּ׃ *וְעָשׂ֖וּ אֲר֑וֹן ישראל
עֲצֵ֣י שִׁטִּ֑ים אַמָּתַ֨יִם וָחֵ֜צִי אָרְכּ֗וֹ וְאַמָּ֤ה וָחֵ֙צִי֙ רָחְבּ֔וֹ
וְאַמָּ֥ה וָחֵ֖צִי קֹמָתֽוֹ׃ וְצִפִּיתָ֤ אֹתוֹ֙ זָהָ֣ב טָה֔וֹר מִבַּ֥יִת
וּמִח֖וּץ תְּצַפֶּ֑נּוּ וְעָשִׂ֧יתָ עָלָ֛יו זֵ֥ר זָהָ֖ב סָבִֽיב׃ וְיָצַ֣קְתָּ
לּ֗וֹ אַרְבַּע֙ טַבְּעֹ֣ת זָהָ֔ב וְנָתַתָּ֕ה עַ֖ל אַרְבַּ֣ע פַּעֲמֹתָ֑יו
וּשְׁתֵּ֣י טַבָּעֹ֗ת עַל־צַלְעוֹ֙ הָֽאֶחָ֔ת וּשְׁתֵּי֙ טַבָּעֹ֔ת עַל־
צַלְע֖וֹ הַשֵּׁנִֽית׃ וְעָשִׂ֥יתָ בַדֵּ֖י עֲצֵ֣י שִׁטִּ֑ים וְצִפִּיתָ֥ אֹתָ֖ם
זָהָֽב׃ וְהֵבֵאתָ֤ אֶת־הַבַּדִּים֙ בַּטַּבָּעֹ֔ת עַ֖ל צַלְעֹ֣ת הָאָרֹ֑ן
לָשֵׂ֥את אֶת־הָאָרֹ֖ן בָּהֶֽם׃ בְּטַבְּעֹת֙ הָאָרֹ֔ן יִהְי֖וּ הַבַּדִּ֑ים

לֹ֥א יָסֻ֖רוּ מִמֶּֽנּוּ׃ וְנָתַתָּ֖ אֶל־הָאָרֹ֑ן אֵ֚ת הָעֵדֻ֔ת אֲשֶׁ֥ר
אֶתֵּ֖ן אֵלֶֽיךָ׃

תצוה

וְאַתָּ֞ה תְּצַוֶּ֣ה ׀ אֶת־בְּנֵ֣י יִשְׂרָאֵ֗ל וְיִקְח֨וּ אֵלֶ֜יךָ שֶׁ֣מֶן זַ֥יִת שמות כז,כ–כח,יב
זָ֛ךְ כָּתִ֖ית לַמָּא֑וֹר לְהַעֲלֹ֥ת נֵ֖ר תָּמִֽיד׃ בְּאֹ֣הֶל מוֹעֵ֡ד
מִח֣וּץ לַפָּרֹ֜כֶת אֲשֶׁ֣ר עַל־הָעֵדֻ֗ת יַעֲרֹךְ֩ אֹת֨וֹ אַהֲרֹ֧ן
וּבָנָ֛יו מֵעֶ֥רֶב עַד־בֹּ֖קֶר לִפְנֵ֣י יְהוָ֑ה חֻקַּ֤ת עוֹלָם֙ לְדֹ֣רֹתָ֔ם
מֵאֵ֖ת בְּנֵ֥י יִשְׂרָאֵֽל׃ וְאַתָּ֡ה הַקְרֵ֣ב אֵלֶ֩יךָ֩
אֶת־אַהֲרֹ֨ן אָחִ֜יךָ וְאֶת־בָּנָ֣יו אִתּ֗וֹ מִתּ֛וֹךְ בְּנֵ֥י יִשְׂרָאֵ֖ל
לְכַהֲנוֹ־לִ֑י אַהֲרֹ֕ן נָדָ֧ב וַאֲבִיה֛וּא אֶלְעָזָ֥ר וְאִֽיתָמָ֖ר
בְּנֵ֥י אַהֲרֹֽן׃ וְעָשִׂ֥יתָ בִגְדֵי־קֹ֖דֶשׁ לְאַהֲרֹ֣ן אָחִ֑יךָ לְכָב֖וֹד
וּלְתִפְאָֽרֶת׃ וְאַתָּ֗ה תְּדַבֵּר֙ אֶל־כָּל־חַכְמֵי־לֵ֔ב אֲשֶׁ֥ר
מִלֵּאתִ֖יו ר֣וּחַ חָכְמָ֑ה וְעָשׂ֞וּ אֶת־בִּגְדֵ֧י אַהֲרֹ֛ן לְקַדְּשׁ֖וֹ
לְכַהֲנוֹ־לִֽי׃ וְאֵ֨לֶּה הַבְּגָדִ֜ים אֲשֶׁ֣ר יַעֲשׂ֗וּ חֹ֤שֶׁן וְאֵפוֹד֙
וּמְעִ֔יל וּכְתֹ֥נֶת תַּשְׁבֵּ֖ץ מִצְנֶ֣פֶת וְאַבְנֵ֑ט וְעָשׂ֨וּ בִגְדֵי־
קֹ֜דֶשׁ לְאַהֲרֹ֥ן אָחִ֛יךָ וּלְבָנָ֖יו לְכַהֲנוֹ־לִֽי׃ וְהֵם֙ יִקְח֣וּ
אֶת־הַזָּהָ֔ב וְאֶת־הַתְּכֵ֖לֶת וְאֶת־הָֽאַרְגָּמָ֑ן וְאֶת־
תּוֹלַ֥עַת הַשָּׁנִ֖י וְאֶת־הַשֵּֽׁשׁ׃

וְעָשׂ֖וּ אֶת־הָאֵפֹ֑ד זָהָ֡ב תְּכֵ֨לֶת וְאַרְגָּמָ֜ן תּוֹלַ֧עַת שָׁנִ֛י לוי

וְשֵׁשׁ מָשְׁזָר מַעֲשֵׂה חֹשֵׁב: שְׁתֵּי כְתֵפֹת חֹבְרֹת
יִהְיֶה־לּוֹ אֶל־שְׁנֵי קְצוֹתָיו וְחֻבָּר: וְחֵשֶׁב אֲפֻדָּתוֹ
אֲשֶׁר עָלָיו כְּמַעֲשֵׂהוּ מִמֶּנּוּ יִהְיֶה זָהָב תְּכֵלֶת וְאַרְגָּמָן
וְתוֹלַעַת שָׁנִי וְשֵׁשׁ מָשְׁזָר: וְלָקַחְתָּ אֶת־שְׁתֵּי אַבְנֵי־
ישראל שֹׁהַם וּפִתַּחְתָּ עֲלֵיהֶם שְׁמוֹת בְּנֵי יִשְׂרָאֵל: *שִׁשָּׁה
מִשְּׁמֹתָם עַל הָאֶבֶן הָאֶחָת וְאֶת־שְׁמוֹת הַשִּׁשָּׁה
הַנּוֹתָרִים עַל־הָאֶבֶן הַשֵּׁנִית כְּתוֹלְדֹתָם: מַעֲשֵׂה
חָרַשׁ אֶבֶן פִּתּוּחֵי חֹתָם תְּפַתַּח אֶת־שְׁתֵּי הָאֲבָנִים
עַל־שְׁמֹת בְּנֵי יִשְׂרָאֵל מֻסַבֹּת מִשְׁבְּצוֹת זָהָב תַּעֲשֶׂה
אֹתָם: וְשַׂמְתָּ אֶת־שְׁתֵּי הָאֲבָנִים עַל כִּתְפֹת הָאֵפֹד
אַבְנֵי זִכָּרֹן לִבְנֵי יִשְׂרָאֵל וְנָשָׂא אַהֲרֹן אֶת־שְׁמוֹתָם
לִפְנֵי יְהוָה עַל־שְׁתֵּי כְתֵפָיו לְזִכָּרֹן:

כי תשא

שמות ל,יא–כא וַיְדַבֵּר יְהוָה אֶל־מֹשֶׁה לֵּאמֹר: כִּי תִשָּׂא אֶת־רֹאשׁ
בְּנֵי־יִשְׂרָאֵל לִפְקֻדֵיהֶם וְנָתְנוּ אִישׁ כֹּפֶר נַפְשׁוֹ לַיהוָה
בִּפְקֹד אֹתָם וְלֹא־יִהְיֶה בָהֶם נֶגֶף בִּפְקֹד אֹתָם: זֶה ׀
יִתְּנוּ כָּל־הָעֹבֵר עַל־הַפְּקֻדִים מַחֲצִית הַשֶּׁקֶל בְּשֶׁקֶל
הַקֹּדֶשׁ עֶשְׂרִים גֵּרָה הַשֶּׁקֶל מַחֲצִית הַשֶּׁקֶל תְּרוּמָה
לוי לַיהוָה: *כֹּל הָעֹבֵר עַל־הַפְּקֻדִים מִבֶּן עֶשְׂרִים שָׁנָה

וּמַעֲלָה יִתֵּן תְּרוּמַת יְהוָה׃ הֶעָשִׁיר לֹא־יַרְבֶּה וְהַדַּל
לֹא יַמְעִיט מִמַּחֲצִית הַשָּׁקֶל לָתֵת אֶת־תְּרוּמַת יְהוָה
לְכַפֵּר עַל־נַפְשֹׁתֵיכֶם׃ וְלָקַחְתָּ אֶת־כֶּסֶף הַכִּפֻּרִים
מֵאֵת בְּנֵי יִשְׂרָאֵל וְנָתַתָּ אֹתוֹ עַל־עֲבֹדַת אֹהֶל
מוֹעֵד וְהָיָה לִבְנֵי יִשְׂרָאֵל לְזִכָּרוֹן לִפְנֵי יְהוָה לְכַפֵּר
עַל־נַפְשֹׁתֵיכֶם׃

וַיְדַבֵּר יְהוָה אֶל־מֹשֶׁה לֵּאמֹר׃ וְעָשִׂיתָ כִּיּוֹר נְחֹשֶׁת ישראל
וְכַנּוֹ נְחֹשֶׁת לְרָחְצָה וְנָתַתָּ אֹתוֹ בֵּין־אֹהֶל מוֹעֵד
וּבֵין הַמִּזְבֵּחַ וְנָתַתָּ שָׁמָּה מָיִם׃ וְרָחֲצוּ אַהֲרֹן וּבָנָיו
מִמֶּנּוּ אֶת־יְדֵיהֶם וְאֶת־רַגְלֵיהֶם׃ בְּבֹאָם אֶל־אֹהֶל
מוֹעֵד יִרְחֲצוּ־מַיִם וְלֹא יָמֻתוּ אוֹ בְגִשְׁתָּם אֶל־
הַמִּזְבֵּחַ לְשָׁרֵת לְהַקְטִיר אִשֶּׁה לַיהוָה׃ וְרָחֲצוּ
יְדֵיהֶם וְרַגְלֵיהֶם וְלֹא יָמֻתוּ וְהָיְתָה לָהֶם חָק־עוֹלָם
לוֹ וּלְזַרְעוֹ לְדֹרֹתָם׃

ויקהל

וַיַּקְהֵל מֹשֶׁה אֶת־כָּל־עֲדַת בְּנֵי יִשְׂרָאֵל וַיֹּאמֶר שמות לה, א–כ
אֲלֵהֶם אֵלֶּה הַדְּבָרִים אֲשֶׁר־צִוָּה יְהוָה לַעֲשֹׂת
אֹתָם׃ שֵׁשֶׁת יָמִים תֵּעָשֶׂה מְלָאכָה וּבַיּוֹם הַשְּׁבִיעִי
יִהְיֶה לָכֶם קֹדֶשׁ שַׁבַּת שַׁבָּתוֹן לַיהוָה כָּל־הָעֹשֶׂה

בּ֥וֹ מְלָאכָ֖ה יוּמָֽת׃ לֹא־תְבַעֲר֣וּ אֵ֔שׁ בְּכֹ֖ל מֹשְׁבֹֽתֵיכֶ֑ם
בְּי֖וֹם הַשַּׁבָּֽת׃

לוי וַיֹּ֣אמֶר מֹשֶׁ֔ה אֶל־כָּל־עֲדַ֥ת בְּנֵֽי־יִשְׂרָאֵ֖ל לֵאמֹ֑ר זֶ֣ה
הַדָּבָ֔ר אֲשֶׁר־צִוָּ֥ה יְהוָ֖ה לֵאמֹֽר׃ קְח֨וּ מֵֽאִתְּכֶ֤ם תְּרוּמָה֙
לַֽיהוָ֔ה כֹּ֚ל נְדִ֣יב לִבּ֔וֹ יְבִיאֶ֕הָ אֵ֖ת תְּרוּמַ֣ת יְהוָ֑ה זָהָ֥ב
וָכֶ֖סֶף וּנְחֹֽשֶׁת׃ וּתְכֵ֧לֶת וְאַרְגָּמָ֛ן וְתוֹלַ֥עַת שָׁנִ֖י וְשֵׁ֥שׁ
וְעִזִּֽים׃ וְעֹרֹ֨ת אֵילִ֧ם מְאָדָּמִ֛ים וְעֹרֹ֥ת תְּחָשִׁ֖ים וַעֲצֵ֥י
שִׁטִּֽים׃ וְשֶׁ֖מֶן לַמָּא֑וֹר וּבְשָׂמִים֙ לְשֶׁ֣מֶן הַמִּשְׁחָ֔ה
וְלִקְטֹ֖רֶת הַסַּמִּֽים׃ וְאַבְנֵי־שֹׁ֕הַם וְאַבְנֵ֖י מִלֻּאִ֑ים
לָאֵפ֖וֹד וְלַחֹֽשֶׁן׃ וְכָל־חֲכַם־לֵ֖ב בָּכֶ֑ם יָבֹ֣אוּ וְיַעֲשׂ֔וּ
ישראל אֵ֛ת כָּל־אֲשֶׁ֥ר צִוָּ֖ה יְהוָֽה׃ *אֶת־הַמִּשְׁכָּ֕ן אֶֽת־אָהֳל֖וֹ
וְאֶת־מִכְסֵ֑הוּ אֶת־קְרָסָיו֙ וְאֶת־קְרָשָׁ֔יו אֶת־בְּרִיחָ֕ו
אֶת־עַמֻּדָ֖יו וְאֶת־אֲדָנָֽיו׃ אֶת־הָאָרֹ֥ן וְאֶת־בַּדָּ֖יו אֶת־
הַכַּפֹּ֑רֶת וְאֵ֖ת פָּרֹ֥כֶת הַמָּסָֽךְ׃ אֶת־הַשֻּׁלְחָ֥ן וְאֶת־בַּדָּ֖יו
וְאֶת־כָּל־כֵּלָ֑יו וְאֵ֖ת לֶ֥חֶם הַפָּנִֽים׃ וְאֶת־מְנֹרַ֧ת הַמָּא֛וֹר
וְאֶת־כֵּלֶ֖יהָ וְאֶת־נֵרֹתֶ֑יהָ וְאֵ֖ת שֶׁ֥מֶן הַמָּאֽוֹר׃ וְאֶת־
מִזְבַּ֣ח הַקְּטֹ֗רֶת וְאֶת־בַּדָּ֔יו וְאֵת֙ שֶׁ֣מֶן הַמִּשְׁחָ֔ה וְאֵ֖ת
קְטֹ֣רֶת הַסַּמִּ֑ים וְאֶת־מָסַ֥ךְ הַפֶּ֖תַח לְפֶ֥תַח הַמִּשְׁכָּֽן׃
אֵ֣ת ׀ מִזְבַּ֣ח הָעֹלָ֗ה וְאֶת־מִכְבַּ֤ר הַנְּחֹ֙שֶׁת֙ אֲשֶׁר־ל֔וֹ

אֶת־בַּדָּיו וְאֶת־כָּל־כֵּלָיו אֶת־הַכִּיֹּר וְאֶת־כַּנּוֹ: אֵת
קַלְעֵי הֶחָצֵר אֶת־עַמֻּדָיו וְאֶת־אֲדָנֶיהָ וְאֵת מָסַךְ
שַׁעַר הֶחָצֵר: אֶת־יִתְדֹת הַמִּשְׁכָּן וְאֶת־יִתְדֹת הֶחָצֵר
וְאֶת־מֵיתְרֵיהֶם: אֶת־בִּגְדֵי הַשְּׂרָד לְשָׁרֵת בַּקֹּדֶשׁ
אֶת־בִּגְדֵי הַקֹּדֶשׁ לְאַהֲרֹן הַכֹּהֵן וְאֶת־בִּגְדֵי בָנָיו
לְכַהֵן: וַיֵּצְאוּ כָּל־עֲדַת בְּנֵי־יִשְׂרָאֵל מִלִּפְנֵי מֹשֶׁה:

פקודי

אֵלֶּה פְקוּדֵי הַמִּשְׁכָּן מִשְׁכַּן הָעֵדֻת אֲשֶׁר פֻּקַּד עַל־ שמות לח, כא–לט, א
פִּי מֹשֶׁה עֲבֹדַת הַלְוִיִּם בְּיַד אִיתָמָר בֶּן־אַהֲרֹן הַכֹּהֵן:
וּבְצַלְאֵל בֶּן־אוּרִי בֶן־חוּר לְמַטֵּה יְהוּדָה עָשָׂה
אֵת כָּל־אֲשֶׁר־צִוָּה יְהוָה אֶת־מֹשֶׁה: וְאִתּוֹ אָהֳלִיאָב
בֶּן־אֲחִיסָמָךְ לְמַטֵּה־דָן חָרָשׁ וְחֹשֵׁב וְרֹקֵם בַּתְּכֵלֶת
וּבָאַרְגָּמָן וּבְתוֹלַעַת הַשָּׁנִי וּבַשֵּׁשׁ: *כָּל־ לוי
הַזָּהָב הֶעָשׂוּי לַמְּלָאכָה בְּכֹל מְלֶאכֶת הַקֹּדֶשׁ וַיְהִי ׀
זְהַב הַתְּנוּפָה תֵּשַׁע וְעֶשְׂרִים כִּכָּר וּשְׁבַע מֵאוֹת
וּשְׁלֹשִׁים שֶׁקֶל בְּשֶׁקֶל הַקֹּדֶשׁ: וְכֶסֶף פְּקוּדֵי הָעֵדָה
מְאַת כִּכָּר וְאֶלֶף וּשְׁבַע מֵאוֹת וַחֲמִשָּׁה וְשִׁבְעִים
שֶׁקֶל בְּשֶׁקֶל הַקֹּדֶשׁ: בֶּקַע לַגֻּלְגֹּלֶת מַחֲצִית הַשֶּׁקֶל
בְּשֶׁקֶל הַקֹּדֶשׁ לְכֹל הָעֹבֵר עַל־הַפְּקֻדִים מִבֶּן עֶשְׂרִים

שָׁנָה וָמַעְלָה לְשֵׁשׁ־מֵאוֹת אֶלֶף וּשְׁלֹשֶׁת אֲלָפִים
וַחֲמֵשׁ מֵאוֹת וַחֲמִשִּׁים׃ וַיְהִי מְאַת כִּכַּר הַכֶּסֶף
לָצֶקֶת אֵת אַדְנֵי הַקֹּדֶשׁ וְאֵת אַדְנֵי הַפָּרֹכֶת מְאַת
אֲדָנִים לִמְאַת הַכִּכָּר כִּכָּר לָאָדֶן׃ *וְאֶת־הָאֶלֶף וּשְׁבַע ישראל
הַמֵּאוֹת וַחֲמִשָּׁה וְשִׁבְעִים עָשָׂה וָוִים לָעַמּוּדִים
וְצִפָּה רָאשֵׁיהֶם וְחִשַּׁק אֹתָם׃ וּנְחֹשֶׁת הַתְּנוּפָה
שִׁבְעִים כִּכָּר וְאַלְפַּיִם וְאַרְבַּע־מֵאוֹת שָׁקֶל׃ וַיַּעַשׂ
בָּהּ אֶת־אַדְנֵי פֶּתַח אֹהֶל מוֹעֵד וְאֵת מִזְבַּח הַנְּחֹשֶׁת
וְאֶת־מִכְבַּר הַנְּחֹשֶׁת אֲשֶׁר־לוֹ וְאֵת כָּל־כְּלֵי הַמִּזְבֵּחַ׃
וְאֶת־אַדְנֵי הֶחָצֵר סָבִיב וְאֶת־אַדְנֵי שַׁעַר הֶחָצֵר וְאֵת
כָּל־יִתְדֹת הַמִּשְׁכָּן וְאֶת־כָּל־יִתְדֹת הֶחָצֵר סָבִיב׃
וּמִן־הַתְּכֵלֶת וְהָאַרְגָּמָן וְתוֹלַעַת הַשָּׁנִי עָשׂוּ בִגְדֵי־
שְׂרָד לְשָׁרֵת בַּקֹּדֶשׁ וַיַּעֲשׂוּ אֶת־בִּגְדֵי הַקֹּדֶשׁ אֲשֶׁר
לְאַהֲרֹן כַּאֲשֶׁר צִוָּה יְהוָה אֶת־מֹשֶׁה׃

ויקרא

וַיִּקְרָא אֶל־מֹשֶׁה וַיְדַבֵּר יְהוָה אֵלָיו מֵאֹהֶל מוֹעֵד ויקרא א,א–ג
לֵאמֹר׃ דַּבֵּר אֶל־בְּנֵי יִשְׂרָאֵל וְאָמַרְתָּ אֲלֵהֶם אָדָם
כִּי־יַקְרִיב מִכֶּם קָרְבָּן לַיהוָה מִן־הַבְּהֵמָה מִן־הַבָּקָר
וּמִן־הַצֹּאן תַּקְרִיבוּ אֶת־קָרְבַּנְכֶם׃ אִם־עֹלָה קָרְבָּנוֹ

מִן־הַבָּקָר זָכָר תָּמִים יַקְרִיבֶנּוּ אֶל־פֶּתַח אֹהֶל
מוֹעֵד יַקְרִיב אֹתוֹ לִרְצֹנוֹ לִפְנֵי יְהוָה׃ וְסָמַךְ יָדוֹ עַל
רֹאשׁ הָעֹלָה וְנִרְצָה לוֹ לְכַפֵּר עָלָיו׃ *וְשָׁחַט אֶת־ לוי
בֶּן הַבָּקָר לִפְנֵי יְהוָה וְהִקְרִיבוּ בְּנֵי אַהֲרֹן הַכֹּהֲנִים
אֶת־הַדָּם וְזָרְקוּ אֶת־הַדָּם עַל־הַמִּזְבֵּחַ סָבִיב אֲשֶׁר־
פֶּתַח אֹהֶל מוֹעֵד׃ וְהִפְשִׁיט אֶת־הָעֹלָה וְנִתַּח אֹתָהּ
לִנְתָחֶיהָ׃ וְנָתְנוּ בְּנֵי אַהֲרֹן הַכֹּהֵן אֵשׁ עַל־הַמִּזְבֵּחַ
וְעָרְכוּ עֵצִים עַל־הָאֵשׁ׃ וְעָרְכוּ בְּנֵי אַהֲרֹן הַכֹּהֲנִים
אֵת הַנְּתָחִים אֶת־הָרֹאשׁ וְאֶת־הַפָּדֶר עַל־הָעֵצִים
אֲשֶׁר עַל־הָאֵשׁ אֲשֶׁר עַל־הַמִּזְבֵּחַ׃ וְקִרְבּוֹ וּכְרָעָיו
יִרְחַץ בַּמָּיִם וְהִקְטִיר הַכֹּהֵן אֶת־הַכֹּל הַמִּזְבֵּחָה עֹלָה
אִשֵּׁה רֵיחַ־נִיחוֹחַ לַיהוָה׃ *וְאִם־מִן־ ישראל
הַצֹּאן קָרְבָּנוֹ מִן־הַכְּשָׂבִים אוֹ מִן־הָעִזִּים לְעֹלָה
זָכָר תָּמִים יַקְרִיבֶנּוּ׃ וְשָׁחַט אֹתוֹ עַל יֶרֶךְ הַמִּזְבֵּחַ
צָפֹנָה לִפְנֵי יְהוָה וְזָרְקוּ בְּנֵי אַהֲרֹן הַכֹּהֲנִים אֶת־דָּמוֹ
עַל־הַמִּזְבֵּחַ סָבִיב׃ וְנִתַּח אֹתוֹ לִנְתָחָיו וְאֶת־רֹאשׁוֹ
וְאֶת־פִּדְרוֹ וְעָרַךְ הַכֹּהֵן אֹתָם עַל־הָעֵצִים אֲשֶׁר עַל־
הָאֵשׁ אֲשֶׁר עַל־הַמִּזְבֵּחַ׃ וְהַקֶּרֶב וְהַכְּרָעַיִם יִרְחַץ
בַּמָּיִם וְהִקְרִיב הַכֹּהֵן אֶת־הַכֹּל וְהִקְטִיר הַמִּזְבֵּחָה
עֹלָה הוּא אִשֵּׁה רֵיחַ נִיחֹחַ לַיהוָה׃

צו

ויקרא ו,א–יא
וַיְדַבֵּר יְהוָה אֶל־מֹשֶׁה לֵּאמֹר: צַו אֶת־אַהֲרֹן וְאֶת־
בָּנָיו לֵאמֹר זֹאת תּוֹרַת הָעֹלָה הִוא הָעֹלָה עַל
מוֹקְדָה עַל־הַמִּזְבֵּחַ כָּל־הַלַּיְלָה עַד־הַבֹּקֶר וְאֵשׁ
הַמִּזְבֵּחַ תּוּקַד בּוֹ: וְלָבַשׁ הַכֹּהֵן מִדּוֹ בַד וּמִכְנְסֵי־בַד
יִלְבַּשׁ עַל־בְּשָׂרוֹ וְהֵרִים אֶת־הַדֶּשֶׁן אֲשֶׁר תֹּאכַל
הָאֵשׁ אֶת־הָעֹלָה עַל־הַמִּזְבֵּחַ וְשָׂמוֹ אֵצֶל הַמִּזְבֵּחַ:
לוי *וּפָשַׁט אֶת־בְּגָדָיו וְלָבַשׁ בְּגָדִים אֲחֵרִים וְהוֹצִיא אֶת־
הַדֶּשֶׁן אֶל־מִחוּץ לַמַּחֲנֶה אֶל־מָקוֹם טָהוֹר: וְהָאֵשׁ
עַל־הַמִּזְבֵּחַ תּוּקַד־בּוֹ לֹא תִכְבֶּה וּבִעֵר עָלֶיהָ הַכֹּהֵן
עֵצִים בַּבֹּקֶר בַּבֹּקֶר וְעָרַךְ עָלֶיהָ הָעֹלָה וְהִקְטִיר
עָלֶיהָ חֶלְבֵי הַשְּׁלָמִים: אֵשׁ תָּמִיד תּוּקַד עַל־הַמִּזְבֵּחַ
ישראל לֹא תִכְבֶּה: *וְזֹאת תּוֹרַת הַמִּנְחָה הַקְרֵב
אֹתָהּ בְּנֵי־אַהֲרֹן לִפְנֵי יְהוָה אֶל־פְּנֵי הַמִּזְבֵּחַ: וְהֵרִים
מִמֶּנּוּ בְּקֻמְצוֹ מִסֹּלֶת הַמִּנְחָה וּמִשַּׁמְנָהּ וְאֵת כָּל־
הַלְּבֹנָה אֲשֶׁר עַל־הַמִּנְחָה וְהִקְטִיר הַמִּזְבֵּחַ רֵיחַ
נִיחֹחַ אַזְכָּרָתָהּ לַיהוָה: וְהַנּוֹתֶרֶת מִמֶּנָּה יֹאכְלוּ
אַהֲרֹן וּבָנָיו מַצּוֹת תֵּאָכֵל בְּמָקוֹם קָדֹשׁ בַּחֲצַר אֹהֶל־
מוֹעֵד יֹאכְלוּהָ: לֹא תֵאָפֶה חָמֵץ חֶלְקָם נָתַתִּי אֹתָהּ
מֵאִשָּׁי קֹדֶשׁ קָדָשִׁים הִוא כַּחַטָּאת וְכָאָשָׁם: כָּל־

זָכָ֞ר בִּבְנֵ֤י אַהֲרֹן֙ יֹֽאכְלֶ֔נָּה חָק־עוֹלָם֙ לְדֹרֹ֣תֵיכֶ֔ם מֵאִשֵּׁ֖י
יְהוָ֑ה כֹּ֛ל אֲשֶׁר־יִגַּ֥ע בָּהֶ֖ם יִקְדָּֽשׁ׃

שמיני

וַיְהִי֙ בַּיּ֣וֹם הַשְּׁמִינִ֔י קָרָ֣א מֹשֶׁ֔ה לְאַהֲרֹ֖ן וּלְבָנָ֑יו וּלְזִקְנֵ֖י ויקרא ט,א–טז
יִשְׂרָאֵֽל׃ וַיֹּ֣אמֶר אֶֽל־אַהֲרֹ֗ן קַח־לְ֠ךָ֠ עֵ֣גֶל בֶּן־בָּקָ֧ר
לְחַטָּ֛את וְאַ֥יִל לְעֹלָ֖ה תְּמִימִ֑ם וְהַקְרֵ֖ב לִפְנֵ֥י יְהוָֽה׃
וְאֶל־בְּנֵ֥י יִשְׂרָאֵ֖ל תְּדַבֵּ֣ר לֵאמֹ֑ר קְח֤וּ שְׂעִיר־עִזִּים֙
לְחַטָּ֔את וְעֵ֨גֶל וָכֶ֧בֶשׂ בְּנֵי־שָׁנָ֛ה תְּמִימִ֖ם לְעֹלָֽה׃
וְשׁ֨וֹר וָאַ֜יִל לִשְׁלָמִ֗ים לִזְבֹּ֙חַ֙ לִפְנֵ֣י יְהוָ֔ה וּמִנְחָ֖ה
בְּלוּלָ֣ה בַשָּׁ֑מֶן כִּ֣י הַיּ֔וֹם יְהוָ֖ה נִרְאָ֥ה אֲלֵיכֶֽם׃ וַיִּקְח֗וּ
אֵ֚ת אֲשֶׁ֣ר צִוָּ֣ה מֹשֶׁ֔ה אֶל־פְּנֵ֖י אֹ֣הֶל מוֹעֵ֑ד וַיִּקְרְבוּ֙
כָּל־הָ֣עֵדָ֔ה וַיַּֽעַמְד֖וּ לִפְנֵ֥י יְהוָֽה׃ וַיֹּ֣אמֶר מֹשֶׁ֔ה זֶ֧ה
הַדָּבָ֛ר אֲשֶׁר־צִוָּ֥ה יְהוָ֖ה תַּעֲשׂ֑וּ וְיֵרָ֥א אֲלֵיכֶ֖ם כְּב֥וֹד
יְהוָֽה׃ *וַיֹּ֨אמֶר מֹשֶׁ֜ה אֶֽל־אַהֲרֹ֗ן קְרַ֤ב אֶל־הַמִּזְבֵּ֙חַ֙ לוי
וַעֲשֵׂ֞ה אֶת־חַטָּֽאתְךָ֙ וְאֶת־עֹ֣לָתֶ֔ךָ וְכַפֵּ֥ר בַּֽעַדְךָ֖ וּבְעַ֣ד
הָעָ֑ם וַעֲשֵׂ֞ה אֶת־קָרְבַּ֤ן הָעָם֙ וְכַפֵּ֣ר בַּעֲדָ֔ם כַּאֲשֶׁ֖ר
צִוָּ֥ה יְהוָֽה׃ וַיִּקְרַ֥ב אַהֲרֹ֖ן אֶל־הַמִּזְבֵּ֑חַ וַיִּשְׁחַ֛ט אֶת־
עֵ֥גֶל הַֽחַטָּ֖את אֲשֶׁר־לֽוֹ׃ וַ֠יַּקְרִבוּ בְּנֵ֨י אַהֲרֹ֣ן אֶת־
הַדָּם֮ אֵלָיו֒ וַיִּטְבֹּ֤ל אֶצְבָּעוֹ֙ בַּדָּ֔ם וַיִּתֵּ֖ן עַל־קַרְנ֣וֹת

המזבח ואת־הדם יצק אל־יסוד המזבח: ואת־
החלב ואת־הכלית ואת־היתרת מן־הכבד מן־
החטאת הקטיר המזבחה כאשר צוה יהוה את־
ישראל משה: *ואת־הבשר ואת־העור שרף באש מחוץ
למחנה: וישחט את־העלה וימצאו בני אהרן
אליו את־הדם ויזרקהו על־המזבח סביב: ואת־
העלה המציאו אליו לנתחיה ואת־הראש ויקטר
על־המזבח: וירחץ את־הקרב ואת־הכרעים
ויקטר על־העלה המזבחה: ויקרב את קרבן העם
ויקח את־שעיר החטאת אשר לעם וישחטהו
ויחטאהו כראשון: ויקרב את־העלה ויעשה
כמשפט:

תזריע

ויקרא יב,א–יג,ה וידבר יהוה אל־משה לאמר: דבר אל־בני ישראל
לאמר אשה כי תזריע וילדה זכר וטמאה שבעת
ימים כימי נדת דותה תטמא: וביום השמיני ימול
בשר ערלתו: ושלשים יום ושלשת ימים תשב
בדמי טהרה בכל־קדש לא־תגע ואל־המקדש
לוי לא תבא עד־מלאת ימי טהרה: *ואם־נקבה תלד

וְטָמְאָ֥ה שְׁבֻעַ֖יִם כְּנִדָּתָ֑הּ וְשִׁשִּׁ֥ים יוֹם֙ וְשֵׁ֣שֶׁת יָמִ֔ים
תֵּשֵׁ֖ב עַל־דְּמֵ֥י טָהֳרָֽה׃ וּבִמְלֹ֣את ׀ יְמֵ֣י טָהֳרָ֗הּ לְבֵן֙
א֣וֹ לְבַ֔ת תָּבִ֞יא כֶּ֤בֶשׂ בֶּן־שְׁנָתוֹ֙ לְעֹלָ֔ה וּבֶן־יוֹנָ֥ה
אוֹ־תֹ֖ר לְחַטָּ֑את אֶל־פֶּ֥תַח אֹֽהֶל־מוֹעֵ֖ד אֶל־הַכֹּהֵֽן׃
וְהִקְרִיב֞וֹ לִפְנֵ֤י יְהוָה֙ וְכִפֶּ֣ר עָלֶ֔יהָ וְטָהֲרָ֖ה מִמְּקֹ֣ר
דָּמֶ֑יהָ זֹ֤את תּוֹרַת֙ הַיֹּלֶ֔דֶת לַזָּכָ֖ר א֥וֹ לַנְּקֵבָֽה׃ וְאִם־
לֹ֨א תִמְצָ֣א יָדָהּ֮ דֵּ֣י שֶׂה֒ וְלָקְחָ֣ה שְׁתֵּֽי־תֹרִ֗ים א֤וֹ שְׁנֵי֙
בְּנֵ֣י יוֹנָ֔ה אֶחָ֥ד לְעֹלָ֖ה וְאֶחָ֣ד לְחַטָּ֑את וְכִפֶּ֥ר עָלֶ֛יהָ
הַכֹּהֵ֖ן וְטָהֵֽרָה׃
ישראל וַיְדַבֵּ֣ר יְהוָ֔ה אֶל־מֹשֶׁ֥ה וְאֶֽל־אַהֲרֹ֖ן לֵאמֹֽר׃ אָדָ֗ם
כִּֽי־יִהְיֶ֤ה בְעוֹר־בְּשָׂרוֹ֙ שְׂאֵ֤ת אֽוֹ־סַפַּ֙חַת֙ א֣וֹ בַהֶ֔רֶת
וְהָיָ֥ה בְעוֹר־בְּשָׂר֖וֹ לְנֶ֣גַע צָרָ֑עַת וְהוּבָא֙ אֶל־אַהֲרֹ֣ן
הַכֹּהֵ֔ן א֛וֹ אֶל־אַחַ֥ד מִבָּנָ֖יו הַכֹּהֲנִֽים׃ וְרָאָ֣ה הַכֹּהֵ֣ן
אֶת־הַנֶּ֣גַע בְּעֽוֹר־הַ֠בָּשָׂר וְשֵׂעָ֨ר בַּנֶּ֜גַע הָפַ֣ךְ ׀ לָבָ֗ן
וּמַרְאֵ֤ה הַנֶּ֙גַע֙ עָמֹק֙ מֵע֣וֹר בְּשָׂר֔וֹ נֶ֥גַע צָרַ֖עַת ה֑וּא
וְרָאָ֥הוּ הַכֹּהֵ֖ן וְטִמֵּ֥א אֹתֽוֹ׃ וְאִם־בַּהֶ֩רֶת֩ לְבָנָ֨ה הִ֜וא
בְּע֣וֹר בְּשָׂר֗וֹ וְעָמֹק֙ אֵין־מַרְאֶ֣הָ מִן־הָע֔וֹר וּשְׂעָרָ֖הּ
לֹא־הָפַ֣ךְ לָבָ֑ן וְהִסְגִּ֧יר הַכֹּהֵ֛ן אֶת־הַנֶּ֖גַע שִׁבְעַ֥ת
יָמִֽים׃ וְרָאָ֣הוּ הַכֹּהֵן֮ בַּיּ֣וֹם הַשְּׁבִיעִי֒ וְהִנֵּ֤ה הַנֶּ֙גַע֙ עָמַ֣ד

בְּעֵינָ֔יו לֹֽא־פָשָׂ֥ה הַנֶּ֖גַע בָּע֑וֹר וְהִסְגִּיר֧וֹ הַכֹּהֵ֛ן שִׁבְעַ֥ת
יָמִ֖ים שֵׁנִֽית׃

מצורע

ויקרא יד,א–יב וַיְדַבֵּ֥ר יְהוָ֖ה אֶל־מֹשֶׁ֥ה לֵּאמֹֽר׃ זֹ֤את תִּֽהְיֶה֙ תּוֹרַ֣ת
הַמְּצֹרָ֔ע בְּי֖וֹם טָהֳרָת֑וֹ וְהוּבָ֖א אֶל־הַכֹּהֵֽן׃ וְיָצָא֙ הַכֹּהֵ֔ן
אֶל־מִח֖וּץ לַֽמַּחֲנֶ֑ה וְרָאָה֙ הַכֹּהֵ֔ן וְהִנֵּ֛ה נִרְפָּ֥א נֶֽגַע־
הַצָּרַ֖עַת מִן־הַצָּרֽוּעַ׃ וְצִוָּה֙ הַכֹּהֵ֔ן וְלָקַ֧ח לַמִּטַּהֵ֛ר
שְׁתֵּֽי־צִפֳּרִ֥ים חַיּ֖וֹת טְהֹר֑וֹת וְעֵ֣ץ אֶ֔רֶז וּשְׁנִ֥י תוֹלַ֖עַת
וְאֵזֹֽב׃ וְצִוָּה֙ הַכֹּהֵ֔ן וְשָׁחַ֖ט אֶת־הַצִּפּ֣וֹר הָאֶחָ֑ת אֶל־
לוי כְּלִי־חֶ֖רֶשׂ עַל־מַ֥יִם חַיִּֽים׃ *אֶת־הַצִּפֹּ֤ר הַֽחַיָּה֙ יִקַּ֣ח
אֹתָ֔הּ וְאֶת־עֵ֥ץ הָאֶ֖רֶז וְאֶת־שְׁנִ֣י הַתּוֹלַ֑עַת וְאֶת־
הָאֵזֹ֑ב וְטָבַ֨ל אוֹתָ֜ם וְאֵ֣ת ׀ הַצִּפֹּ֣ר הַחַיָּ֗ה בְּדַם֙ הַצִּפֹּ֣ר
הַשְּׁחֻטָ֔ה עַ֖ל הַמַּ֥יִם הַחַיִּֽים׃ וְהִזָּ֗ה עַ֧ל הַמִּטַּהֵ֛ר מִן־
הַצָּרַ֖עַת שֶׁ֣בַע פְּעָמִ֑ים וְטִהֲר֕וֹ וְשִׁלַּ֛ח אֶת־הַצִּפֹּ֥ר
הַחַיָּ֖ה עַל־פְּנֵ֥י הַשָּׂדֶֽה׃ וְכִבֶּס֩ הַמִּטַּהֵ֨ר אֶת־בְּגָדָ֜יו
וְגִלַּ֣ח אֶת־כָּל־שְׂעָר֗וֹ וְרָחַ֤ץ בַּמַּ֨יִם֙ וְטָהֵ֔ר וְאַחַ֖ר יָב֣וֹא
אֶל־הַֽמַּחֲנֶ֑ה וְיָשַׁ֛ב מִח֥וּץ לְאָהֳל֖וֹ שִׁבְעַ֥ת יָמִֽים׃
וְהָיָה֩ בַיּ֨וֹם הַשְּׁבִיעִ֜י יְגַלַּ֣ח אֶת־כָּל־שְׂעָר֗וֹ אֶת־רֹאשׁ֤וֹ
וְאֶת־זְקָנוֹ֙ וְאֵת֙ גַּבֹּ֣ת עֵינָ֔יו וְאֶת־כָּל־שְׂעָר֖וֹ יְגַלֵּ֑חַ

וְכִבֶּ֣ס אֶת־בְּגָדָ֗יו וְרָחַ֧ץ אֶת־בְּשָׂר֛וֹ בַּמַּ֖יִם וְטָהֵֽר׃
*וּבַיּ֣וֹם הַשְּׁמִינִ֗י יִקַּ֤ח שְׁנֵֽי־כְבָשִׂים֙ תְּמִימִ֔ם וְכַבְשָׂ֥ה ישראל
אַחַ֛ת בַּת־שְׁנָתָ֖הּ תְּמִימָ֑ה וּשְׁלֹשָׁ֣ה עֶשְׂרֹנִ֗ים סֹ֤לֶת
מִנְחָה֙ בְּלוּלָ֣ה בַשֶּׁ֔מֶן וְלֹ֥ג אֶחָ֖ד שָֽׁמֶן׃ וְהֶעֱמִ֞יד הַכֹּהֵ֣ן
הַֽמְטַהֵ֗ר אֵ֛ת הָאִ֥ישׁ הַמִּטַּהֵ֖ר וְאֹתָ֑ם לִפְנֵ֣י יהוה
פֶּ֖תַח אֹ֥הֶל מוֹעֵֽד׃ וְלָקַ֨ח הַכֹּהֵ֜ן אֶת־הַכֶּ֣בֶשׂ הָאֶחָ֗ד
וְהִקְרִ֥יב אֹת֛וֹ לְאָשָׁ֖ם וְאֶת־לֹ֣ג הַשָּׁ֑מֶן וְהֵנִ֥יף אֹתָ֛ם
תְּנוּפָ֖ה לִפְנֵ֥י יהוה׃

אחרי מות

וַיְדַבֵּ֤ר יהוה֙ אֶל־מֹשֶׁ֔ה אַחֲרֵ֣י מ֔וֹת שְׁנֵ֖י בְּנֵ֣י אַהֲרֹ֑ן ויקרא טז, א–יז
בְּקָרְבָתָ֥ם לִפְנֵֽי־יהוה וַיָּמֻֽתוּ׃ וַיֹּ֨אמֶר יהוה אֶל־
מֹשֶׁ֗ה דַּבֵּר֮ אֶל־אַהֲרֹ֣ן אָחִ֒יךָ֒ וְאַל־יָבֹ֤א בְכָל־עֵת֙ אֶל־
הַקֹּ֔דֶשׁ מִבֵּ֖ית לַפָּרֹ֑כֶת אֶל־פְּנֵ֨י הַכַּפֹּ֜רֶת אֲשֶׁ֤ר עַל־
הָאָרֹן֙ וְלֹ֣א יָמ֔וּת כִּ֚י בֶּֽעָנָ֔ן אֵרָאֶ֖ה עַל־הַכַּפֹּֽרֶת׃ בְּזֹ֛את
יָבֹ֥א אַהֲרֹ֖ן אֶל־הַקֹּ֑דֶשׁ בְּפַ֧ר בֶּן־בָּקָ֛ר לְחַטָּ֖את וְאַ֥יִל
לְעֹלָֽה׃ כְּתֹֽנֶת־בַּ֨ד קֹ֜דֶשׁ יִלְבָּ֗שׁ וּמִֽכְנְסֵי־בַד֮ יִהְי֣וּ
עַל־בְּשָׂרוֹ֒ וּבְאַבְנֵ֥ט בַּד֙ יַחְגֹּ֔ר וּבְמִצְנֶ֥פֶת בַּ֖ד יִצְנֹ֑ף
בִּגְדֵי־קֹ֣דֶשׁ הֵ֔ם וְרָחַ֥ץ בַּמַּ֛יִם אֶת־בְּשָׂר֖וֹ וּלְבֵשָֽׁם׃
וּמֵאֵ֗ת עֲדַת֙ בְּנֵ֣י יִשְׂרָאֵ֔ל יִקַּ֛ח שְׁנֵֽי־שְׂעִירֵ֥י עִזִּ֖ים

לְחַטָּאת וְאַיִל אֶחָד לְעֹלָה: וְהִקְרִיב אַהֲרֹן אֶת־
פַּר הַחַטָּאת אֲשֶׁר־לוֹ וְכִפֶּר בַּעֲדוֹ וּבְעַד בֵּיתוֹ:
לוי *וְלָקַח אֶת־שְׁנֵי הַשְּׂעִירִם וְהֶעֱמִיד אֹתָם לִפְנֵי יְהוָה
פֶּתַח אֹהֶל מוֹעֵד: וְנָתַן אַהֲרֹן עַל־שְׁנֵי הַשְּׂעִירִם
גֹּרָלוֹת גּוֹרָל אֶחָד לַיהוָה וְגוֹרָל אֶחָד לַעֲזָאזֵל:
וְהִקְרִיב אַהֲרֹן אֶת־הַשָּׂעִיר אֲשֶׁר עָלָה עָלָיו הַגּוֹרָל
לַיהוָה וְעָשָׂהוּ חַטָּאת: וְהַשָּׂעִיר אֲשֶׁר עָלָה עָלָיו
הַגּוֹרָל לַעֲזָאזֵל יָעֳמַד־חַי לִפְנֵי יְהוָה לְכַפֵּר עָלָיו
לְשַׁלַּח אֹתוֹ לַעֲזָאזֵל הַמִּדְבָּרָה: וְהִקְרִיב אַהֲרֹן אֶת־
פַּר הַחַטָּאת אֲשֶׁר־לוֹ וְכִפֶּר בַּעֲדוֹ וּבְעַד בֵּיתוֹ וְשָׁחַט
ישראל אֶת־פַּר הַחַטָּאת אֲשֶׁר־לוֹ: *וְלָקַח מְלֹא־הַמַּחְתָּה
גַּחֲלֵי־אֵשׁ מֵעַל הַמִּזְבֵּחַ מִלִּפְנֵי יְהוָה וּמְלֹא חָפְנָיו
קְטֹרֶת סַמִּים דַּקָּה וְהֵבִיא מִבֵּית לַפָּרֹכֶת: וְנָתַן אֶת־
הַקְּטֹרֶת עַל־הָאֵשׁ לִפְנֵי יְהוָה וְכִסָּה | עֲנַן הַקְּטֹרֶת
אֶת־הַכַּפֹּרֶת אֲשֶׁר עַל־הָעֵדוּת וְלֹא יָמוּת: וְלָקַח
מִדַּם הַפָּר וְהִזָּה בְאֶצְבָּעוֹ עַל־פְּנֵי הַכַּפֹּרֶת קֵדְמָה
וְלִפְנֵי הַכַּפֹּרֶת יַזֶּה שֶׁבַע־פְּעָמִים מִן־הַדָּם בְּאֶצְבָּעוֹ:
וְשָׁחַט אֶת־שְׂעִיר הַחַטָּאת אֲשֶׁר לָעָם וְהֵבִיא אֶת־
דָּמוֹ אֶל־מִבֵּית לַפָּרֹכֶת וְעָשָׂה אֶת־דָּמוֹ כַּאֲשֶׁר עָשָׂה

לְדַ֣ם הַפָּ֔ר וְהִזָּ֥ה אֹת֛וֹ עַל־הַכַּפֹּ֖רֶת וְלִפְנֵ֥י הַכַּפֹּֽרֶת׃
וְכִפֶּ֣ר עַל־הַקֹּ֗דֶשׁ מִטֻּמְאֹת֙ בְּנֵ֣י יִשְׂרָאֵ֔ל וּמִפִּשְׁעֵיהֶ֖ם
לְכָל־חַטֹּאתָ֑ם וְכֵ֤ן יַעֲשֶׂה֙ לְאֹ֣הֶל מוֹעֵ֔ד הַשֹּׁכֵ֣ן אִתָּ֔ם
בְּת֖וֹךְ טֻמְאֹתָֽם׃ וְכָל־אָדָ֞ם לֹא־יִהְיֶ֣ה ׀ בְּאֹ֣הֶל מוֹעֵ֗ד
בְּבֹא֛וֹ לְכַפֵּ֥ר בַּקֹּ֖דֶשׁ עַד־צֵאת֑וֹ וְכִפֶּ֤ר בַּעֲדוֹ֙ וּבְעַ֣ד
בֵּית֔וֹ וּבְעַ֖ד כָּל־קְהַ֥ל יִשְׂרָאֵֽל׃

קדושים

וַיְדַבֵּ֥ר יְהוָ֖ה אֶל־מֹשֶׁ֥ה לֵּאמֹֽר׃ דַּבֵּ֞ר אֶל־כָּל־עֲדַ֧ת ויקרא יט, א–יד
בְּנֵי־יִשְׂרָאֵ֛ל וְאָמַרְתָּ֥ אֲלֵהֶ֖ם קְדֹשִׁ֣ים תִּהְי֑וּ כִּ֣י קָד֔וֹשׁ
אֲנִ֖י יְהוָ֥ה אֱלֹהֵיכֶֽם׃ אִ֣ישׁ אִמּ֤וֹ וְאָבִיו֙ תִּירָ֔אוּ וְאֶת־
שַׁבְּתֹתַ֖י תִּשְׁמֹ֑רוּ אֲנִ֖י יְהוָ֥ה אֱלֹהֵיכֶֽם׃ אַל־תִּפְנוּ֙ אֶל־
הָ֣אֱלִילִ֔ם וֵאלֹהֵי֙ מַסֵּכָ֔ה לֹ֥א תַעֲשׂ֖וּ לָכֶ֑ם אֲנִ֖י יְהוָ֥ה
אֱלֹהֵיכֶֽם׃ *וְכִ֥י תִזְבְּח֛וּ זֶ֥בַח שְׁלָמִ֖ים לַיהוָ֑ה לִֽרְצֹנְכֶ֖ם לוי
תִּזְבָּחֻֽהוּ׃ בְּי֧וֹם זִבְחֲכֶ֛ם יֵאָכֵ֖ל וּמִֽמָּחֳרָ֑ת וְהַנּוֹתָר֙
עַד־י֣וֹם הַשְּׁלִישִׁ֔י בָּאֵ֖שׁ יִשָּׂרֵֽף׃ וְאִ֛ם הֵאָכֹ֥ל יֵאָכֵ֖ל
בַּיּ֣וֹם הַשְּׁלִישִׁ֑י פִּגּ֥וּל ה֖וּא לֹ֥א יֵרָצֶֽה׃ וְאֹֽכְלָיו֙ עֲוֺנ֣וֹ
יִשָּׂ֔א כִּֽי־אֶת־קֹ֥דֶשׁ יְהוָ֖ה חִלֵּ֑ל וְנִכְרְתָ֛ה הַנֶּ֥פֶשׁ הַהִ֖וא
מֵעַמֶּֽיהָ׃ וּֽבְקֻצְרְכֶם֙ אֶת־קְצִ֣יר אַרְצְכֶ֔ם לֹ֧א תְכַלֶּ֛ה
פְּאַ֥ת שָׂדְךָ֖ לִקְצֹ֑ר וְלֶ֥קֶט קְצִֽירְךָ֖ לֹ֥א תְלַקֵּֽט׃ וְכַרְמְךָ֙

לֹא תְעוֹלֵל וּפֶרֶט כַּרְמְךָ לֹא תְלַקֵּט לֶעָנִי וְלַגֵּר תַּעֲזֹב
אֹתָם אֲנִי יְהוָה אֱלֹהֵיכֶם: *לֹא תִּגְנֹבוּ וְלֹא־תְכַחֲשׁוּ ישראל
וְלֹא־תְשַׁקְּרוּ אִישׁ בַּעֲמִיתוֹ: וְלֹא־תִשָּׁבְעוּ בִשְׁמִי
לַשָּׁקֶר וְחִלַּלְתָּ אֶת־שֵׁם אֱלֹהֶיךָ אֲנִי יְהוָה: לֹא־
תַעֲשֹׁק אֶת־רֵעֲךָ וְלֹא תִגְזֹל לֹא־תָלִין פְּעֻלַּת שָׂכִיר
אִתְּךָ עַד־בֹּקֶר: לֹא־תְקַלֵּל חֵרֵשׁ וְלִפְנֵי עִוֵּר לֹא תִתֵּן
מִכְשֹׁל וְיָרֵאתָ מֵּאֱלֹהֶיךָ אֲנִי יְהוָה:

אמור

וַיֹּאמֶר יְהוָה אֶל־מֹשֶׁה אֱמֹר אֶל־הַכֹּהֲנִים בְּנֵי אַהֲרֹן ויקרא כא,א-טו
וְאָמַרְתָּ אֲלֵהֶם לְנֶפֶשׁ לֹא־יִטַּמָּא בְּעַמָּיו: כִּי אִם־
לִשְׁאֵרוֹ הַקָּרֹב אֵלָיו לְאִמּוֹ וּלְאָבִיו וְלִבְנוֹ וּלְבִתּוֹ
וּלְאָחִיו: וְלַאֲחֹתוֹ הַבְּתוּלָה הַקְּרוֹבָה אֵלָיו אֲשֶׁר
לֹא־הָיְתָה לְאִישׁ לָהּ יִטַּמָּא: לֹא יִטַּמָּא בַּעַל בְּעַמָּיו
לְהֵחַלּוֹ: לֹא־יקרחה קָרְחָה בְּרֹאשָׁם וּפְאַת זְקָנָם יִקְרְחוּ
לֹא יְגַלֵּחוּ וּבִבְשָׂרָם לֹא יִשְׂרְטוּ שָׂרָטֶת: קְדֹשִׁים יִהְיוּ
לֵאלֹהֵיהֶם וְלֹא יְחַלְּלוּ שֵׁם אֱלֹהֵיהֶם כִּי אֶת־אִשֵּׁי
יְהוָה לֶחֶם אֱלֹהֵיהֶם הֵם מַקְרִיבִם וְהָיוּ קֹדֶשׁ: *אִשָּׁה לוי
זֹנָה וַחֲלָלָה לֹא יִקָּחוּ וְאִשָּׁה גְּרוּשָׁה מֵאִישָׁהּ לֹא
יִקָּחוּ כִּי־קָדֹשׁ הוּא לֵאלֹהָיו: וְקִדַּשְׁתּוֹ כִּי־אֶת־לֶחֶם

אֱלֹהֶ֖יךָ ה֣וּא מַקְרִ֑יב קָדֹשׁ֙ יִֽהְיֶה־לָּ֔ךְ כִּ֣י קָד֔וֹשׁ אֲנִ֥י
יְהֹוָ֖ה מְקַדִּשְׁכֶֽם׃ וּבַת֙ אִ֣ישׁ כֹּהֵ֔ן כִּ֥י תֵחֵ֖ל לִזְנ֑וֹת אֶת־
אָבִ֙יהָ֙ הִ֣יא מְחַלֶּ֔לֶת בָּאֵ֖שׁ תִּשָּׂרֵֽף׃ וְהַכֹּהֵן֩
הַגָּד֨וֹל מֵאֶחָ֜יו אֲשֶׁר־יוּצַ֥ק עַל־רֹאשׁ֣וֹ ׀ שֶׁ֤מֶן הַמִּשְׁחָה֙
וּמִלֵּ֣א אֶת־יָד֔וֹ לִלְבֹּ֖שׁ אֶת־הַבְּגָדִ֑ים אֶת־רֹאשׁוֹ֙ לֹ֣א
יִפְרָ֔ע וּבְגָדָ֖יו לֹ֥א יִפְרֹֽם׃ וְעַ֛ל כָּל־נַפְשֹׁ֥ת מֵ֖ת לֹ֣א יָבֹ֑א
לְאָבִ֥יו וּלְאִמּ֖וֹ לֹ֥א יִטַּמָּֽא׃ וּמִן־הַמִּקְדָּשׁ֙ לֹ֣א יֵצֵ֔א
וְלֹ֣א יְחַלֵּ֔ל אֵ֖ת מִקְדַּ֣שׁ אֱלֹהָ֑יו כִּ֡י נֵ֠זֶר שֶׁ֣מֶן מִשְׁחַ֧ת
אֱלֹהָ֛יו עָלָ֖יו אֲנִ֥י יְהֹוָֽה׃ ★וְה֕וּא אִשָּׁ֥ה בִבְתוּלֶ֖יהָ יִקָּֽח׃ ישראל
אַלְמָנָ֤ה וּגְרוּשָׁה֙ וַחֲלָלָ֣ה זֹנָ֔ה אֶת־אֵ֖לֶּה לֹ֣א יִקָּ֑ח כִּ֛י
אִם־בְּתוּלָ֥ה מֵעַמָּ֖יו יִקַּ֥ח אִשָּֽׁה׃ וְלֹֽא־יְחַלֵּ֥ל זַרְע֖וֹ
בְּעַמָּ֑יו כִּ֛י אֲנִ֥י יְהֹוָ֖ה מְקַדְּשֽׁוֹ׃

בהר סיני

וַיְדַבֵּ֤ר יְהֹוָה֙ אֶל־מֹשֶׁ֔ה בְּהַ֥ר סִינַ֖י לֵאמֹֽר׃ דַּבֵּ֞ר אֶל־ ויקרא כה, א–יג
בְּנֵ֤י יִשְׂרָאֵל֙ וְאָמַרְתָּ֣ אֲלֵהֶ֔ם כִּ֤י תָבֹ֙אוּ֙ אֶל־הָאָ֔רֶץ
אֲשֶׁ֥ר אֲנִ֖י נֹתֵ֣ן לָכֶ֑ם וְשָֽׁבְתָ֣ה הָאָ֔רֶץ שַׁבָּ֖ת לַיהֹוָֽה׃
שֵׁ֤שׁ שָׁנִים֙ תִּזְרַ֣ע שָׂדֶ֔ךָ וְשֵׁ֥שׁ שָׁנִ֖ים תִּזְמֹ֣ר כַּרְמֶ֑ךָ
וְאָסַפְתָּ֖ אֶת־תְּבוּאָתָֽהּ׃ ★וּבַשָּׁנָ֣ה הַשְּׁבִיעִ֗ת שַׁבַּ֤ת לוי
שַׁבָּתוֹן֙ יִהְיֶ֣ה לָאָ֔רֶץ שַׁבָּ֖ת לַיהֹוָ֑ה שָֽׂדְךָ֙ לֹ֣א תִזְרָ֔ע

וְכַרְמְךָ֖ לֹ֥א תִזְמֹֽר׃ אֵ֣ת סְפִ֤יחַ קְצִֽירְךָ֙ לֹ֣א תִקְצ֔וֹר
וְאֶת־עִנְּבֵ֥י נְזִירֶ֖ךָ לֹ֣א תִבְצֹ֑ר שְׁנַ֥ת שַׁבָּת֖וֹן יִהְיֶ֥ה
לָאָֽרֶץ׃ וְֽהָיְתָה֩ שַׁבַּ֨ת הָאָ֤רֶץ לָכֶם֙ לְאָכְלָ֔ה לְךָ֖
וּלְעַבְדְּךָ֣ וְלַאֲמָתֶ֑ךָ וְלִשְׂכִֽירְךָ֙ וּלְתוֹשָׁ֣בְךָ֔ הַגָּרִ֖ים
עִמָּֽךְ׃ וְלִ֨בְהֶמְתְּךָ֔ וְלַֽחַיָּ֖ה אֲשֶׁ֣ר בְּאַרְצֶ֑ךָ תִּהְיֶ֥ה כָל־
תְּבוּאָתָ֖הּ לֶאֱכֹֽל׃ *וְסָפַרְתָּ֣ לְךָ֗ שֶׁ֚בַע ישראל
שַׁבְּתֹ֣ת שָׁנִ֔ים שֶׁ֥בַע שָׁנִ֖ים שֶׁ֣בַע פְּעָמִ֑ים וְהָי֣וּ לְךָ֗
יְמֵי֙ שֶׁ֚בַע שַׁבְּתֹ֣ת הַשָּׁנִ֔ים תֵּ֥שַׁע וְאַרְבָּעִ֖ים שָׁנָֽה׃
וְהַֽעֲבַרְתָּ֞ שׁוֹפַ֤ר תְּרוּעָה֙ בַּחֹ֣דֶשׁ הַשְּׁבִעִ֔י בֶּעָשׂ֖וֹר
לַחֹ֑דֶשׁ בְּיוֹם֙ הַכִּפֻּרִ֔ים תַּעֲבִ֥ירוּ שׁוֹפָ֖ר בְּכָל־אַרְצְכֶֽם׃
וְקִדַּשְׁתֶּ֗ם אֵ֣ת שְׁנַ֤ת הַחֲמִשִּׁים֙ שָׁנָ֔ה וּקְרָאתֶ֥ם דְּר֛וֹר
בָּאָ֖רֶץ לְכָל־יֹשְׁבֶ֑יהָ יוֹבֵ֥ל הִוא֙ תִּהְיֶ֣ה לָכֶ֔ם וְשַׁבְתֶּ֗ם
אִ֚ישׁ אֶל־אֲחֻזָּת֔וֹ וְאִ֥ישׁ אֶל־מִשְׁפַּחְתּ֖וֹ תָּשֻֽׁבוּ׃ יוֹבֵ֣ל
הִ֗וא שְׁנַ֛ת הַחֲמִשִּׁ֥ים שָׁנָ֖ה תִּהְיֶ֣ה לָכֶ֑ם לֹ֣א תִזְרָ֔עוּ
וְלֹ֤א תִקְצְרוּ֙ אֶת־סְפִיחֶ֔יהָ וְלֹ֥א תִבְצְר֖וּ אֶת־נְזִרֶֽיהָ׃
כִּ֚י יוֹבֵ֣ל הִ֔וא קֹ֖דֶשׁ תִּהְיֶ֣ה לָכֶ֑ם מִ֨ן־הַשָּׂדֶ֔ה תֹּאכְל֖וּ
אֶת־תְּבוּאָתָֽהּ׃ בִּשְׁנַ֥ת הַיּוֹבֵ֖ל הַזֹּ֑את תָּשֻׁ֕בוּ אִ֖ישׁ
אֶל־אֲחֻזָּתֽוֹ׃

בחוקותי

אִם־בְּחֻקֹּתַי תֵּלֵכוּ וְאֶת־מִצְוֺתַי תִּשְׁמְרוּ וַעֲשִׂיתֶם ויקרא כו, ג–יג
אֹתָם׃ וְנָתַתִּי גִשְׁמֵיכֶם בְּעִתָּם וְנָתְנָה הָאָרֶץ יְבוּלָהּ
וְעֵץ הַשָּׂדֶה יִתֵּן פִּרְיוֹ׃ וְהִשִּׂיג לָכֶם דַּיִשׁ אֶת־בָּצִיר
וּבָצִיר יַשִּׂיג אֶת־זָרַע וַאֲכַלְתֶּם לַחְמְכֶם לָשֹׂבַע
וִישַׁבְתֶּם לָבֶטַח בְּאַרְצְכֶם׃ *וְנָתַתִּי שָׁלוֹם בָּאָרֶץ לוי
וּשְׁכַבְתֶּם וְאֵין מַחֲרִיד וְהִשְׁבַּתִּי חַיָּה רָעָה מִן־הָאָרֶץ
וְחֶרֶב לֹא־תַעֲבֹר בְּאַרְצְכֶם׃ וּרְדַפְתֶּם אֶת־אֹיְבֵיכֶם
וְנָפְלוּ לִפְנֵיכֶם לֶחָרֶב׃ וְרָדְפוּ מִכֶּם חֲמִשָּׁה מֵאָה
וּמֵאָה מִכֶּם רְבָבָה יִרְדֹּפוּ וְנָפְלוּ אֹיְבֵיכֶם לִפְנֵיכֶם
לֶחָרֶב׃ וּפָנִיתִי אֲלֵיכֶם וְהִפְרֵיתִי אֶתְכֶם וְהִרְבֵּיתִי
אֶתְכֶם וַהֲקִימֹתִי אֶת־בְּרִיתִי אִתְּכֶם׃ *וַאֲכַלְתֶּם ישראל
יָשָׁן נוֹשָׁן וְיָשָׁן מִפְּנֵי חָדָשׁ תּוֹצִיאוּ׃ וְנָתַתִּי מִשְׁכָּנִי
בְּתוֹכְכֶם וְלֹא־תִגְעַל נַפְשִׁי אֶתְכֶם׃ וְהִתְהַלַּכְתִּי
בְּתוֹכְכֶם וְהָיִיתִי לָכֶם לֵאלֹהִים וְאַתֶּם תִּהְיוּ־לִי
לְעָם׃ אֲנִי יְהוָה אֱלֹהֵיכֶם אֲשֶׁר הוֹצֵאתִי אֶתְכֶם
מֵאֶרֶץ מִצְרַיִם מִהְיֹת לָהֶם עֲבָדִים וָאֶשְׁבֹּר מֹטֹת
עֻלְּכֶם וָאוֹלֵךְ אֶתְכֶם קוֹמְמִיּוּת׃

במדבר

במדבר א,א–יט וַיְדַבֵּר יְהוָה אֶל־מֹשֶׁה בְּמִדְבַּר סִינַי בְּאֹהֶל מוֹעֵד
בְּאֶחָד לַחֹדֶשׁ הַשֵּׁנִי בַּשָּׁנָה הַשֵּׁנִית לְצֵאתָם מֵאֶרֶץ
מִצְרַיִם לֵאמֹר: שְׂאוּ אֶת־רֹאשׁ כָּל־עֲדַת בְּנֵי־יִשְׂרָאֵל
לְמִשְׁפְּחֹתָם לְבֵית אֲבֹתָם בְּמִסְפַּר שֵׁמוֹת כָּל־זָכָר
לְגֻלְגְּלֹתָם: מִבֶּן עֶשְׂרִים שָׁנָה וָמַעְלָה כָּל־יֹצֵא צָבָא
בְּיִשְׂרָאֵל תִּפְקְדוּ אֹתָם לְצִבְאֹתָם אַתָּה וְאַהֲרֹן:
וְאִתְּכֶם יִהְיוּ אִישׁ אִישׁ לַמַּטֶּה אִישׁ רֹאשׁ לְבֵית־
לוי אֲבֹתָיו הוּא: *וְאֵלֶּה שְׁמוֹת הָאֲנָשִׁים אֲשֶׁר יַעַמְדוּ
אִתְּכֶם לִרְאוּבֵן אֱלִיצוּר בֶּן־שְׁדֵיאוּר: לְשִׁמְעוֹן
שְׁלֻמִיאֵל בֶּן־צוּרִישַׁדָּי: לִיהוּדָה נַחְשׁוֹן בֶּן־עַמִּינָדָב:
לְיִשָּׂשכָר נְתַנְאֵל בֶּן־צוּעָר: לִזְבוּלֻן אֱלִיאָב בֶּן־
חֵלֹן: לִבְנֵי יוֹסֵף לְאֶפְרַיִם אֱלִישָׁמָע בֶּן־עַמִּיהוּד
לִמְנַשֶּׁה גַּמְלִיאֵל בֶּן־פְּדָהצוּר: לְבִנְיָמִן אֲבִידָן בֶּן־
גִּדְעֹנִי: לְדָן אֲחִיעֶזֶר בֶּן־עַמִּישַׁדָּי: לְאָשֵׁר פַּגְעִיאֵל
בֶּן־עָכְרָן: לְגָד אֶלְיָסָף בֶּן־דְּעוּאֵל: לְנַפְתָּלִי אֲחִירַע
קְרוּאֵי בֶּן־עֵינָן: אֵלֶּה קריאי הָעֵדָה נְשִׂיאֵי מַטּוֹת אֲבוֹתָם
ישראל רָאשֵׁי אַלְפֵי יִשְׂרָאֵל הֵם: *וַיִּקַּח מֹשֶׁה וְאַהֲרֹן אֵת
הָאֲנָשִׁים הָאֵלֶּה אֲשֶׁר נִקְּבוּ בְּשֵׁמוֹת: וְאֵת כָּל־

הָֽעֵדָ֗ה הִקְהִ֙ילוּ֙ בְּאֶחָד֙ לַחֹ֣דֶשׁ הַשֵּׁנִ֔י וַיִּתְיַלְד֥וּ
עַל־מִשְׁפְּחֹתָ֖ם לְבֵ֣ית אֲבֹתָ֑ם בְּמִסְפַּ֣ר שֵׁמ֗וֹת מִבֶּ֨ן
עֶשְׂרִ֥ים שָׁנָ֛ה וָמַ֖עְלָה לְגֻלְגְּלֹתָֽם׃ כַּאֲשֶׁ֛ר צִוָּ֥ה יְהוָ֖ה
אֶת־מֹשֶׁ֑ה וַֽיִּפְקְדֵ֖ם בְּמִדְבַּ֥ר סִינָֽי׃

נשא

וַיְדַבֵּ֥ר יְהוָ֖ה אֶל־מֹשֶׁ֥ה לֵּאמֹֽר׃ נָשֹׂ֗א אֶת־רֹ֛אשׁ בְּנֵ֥י במדבר ד,כא–לז
גֵרְשׁ֖וֹן גַּם־הֵ֑ם לְבֵ֥ית אֲבֹתָ֖ם לְמִשְׁפְּחֹתָֽם׃ מִבֶּן֩
שְׁלֹשִׁ֨ים שָׁנָ֜ה וָמַ֗עְלָה עַ֛ד בֶּן־חֲמִשִּׁ֥ים שָׁנָ֖ה תִּפְקֹ֣ד
אוֹתָ֑ם כָּל־הַבָּא֙ לִצְבֹ֣א צָבָ֔א לַעֲבֹ֥ד עֲבֹדָ֖ה בְּאֹ֥הֶל
מוֹעֵֽד׃ זֹ֣את עֲבֹדַ֔ת מִשְׁפְּחֹ֖ת הַגֵּרְשֻׁנִּ֑י לַעֲבֹ֖ד
וּלְמַשָּֽׂא׃ *וְנָ֨שְׂא֜וּ אֶת־יְרִיעֹ֤ת הַמִּשְׁכָּן֙ וְאֶת־אֹ֣הֶל לוי
מוֹעֵ֔ד מִכְסֵ֕הוּ וּמִכְסֵ֥ה הַתַּ֛חַשׁ אֲשֶׁר־עָלָ֖יו מִלְמָ֑עְלָה
וְאֶ֨ת־מָסַ֔ךְ פֶּ֖תַח אֹ֥הֶל מוֹעֵֽד׃ וְאֵת֩ קַלְעֵ֨י הֶחָצֵ֜ר
וְאֶת־מָסַ֣ךְ ׀ פֶּ֣תַח ׀ שַׁ֣עַר הֶחָצֵ֗ר אֲשֶׁ֨ר עַל־הַמִּשְׁכָּ֤ן
וְעַל־הַמִּזְבֵּ֙חַ֙ סָבִ֔יב וְאֵת֙ מֵֽיתְרֵיהֶ֔ם וְאֶת־כָּל־כְּלֵ֖י
עֲבֹדָתָ֑ם וְאֵ֨ת כָּל־אֲשֶׁ֧ר יֵעָשֶׂ֛ה לָהֶ֖ם וְעָבָֽדוּ׃ עַל־פִּי֩
אַהֲרֹ֨ן וּבָנָ֜יו תִּֽהְיֶ֗ה כָּל־עֲבֹדַת֙ בְּנֵ֣י הַגֵּרְשֻׁנִּ֔י לְכָל־
מַשָּׂאָ֔ם וּלְכֹ֖ל עֲבֹדָתָ֑ם וּפְקַדְתֶּ֤ם עֲלֵהֶם֙ בְּמִשְׁמֶ֔רֶת
אֵ֖ת כָּל־מַשָּׂאָֽם׃ זֹ֣את עֲבֹדַ֗ת מִשְׁפְּחֹ֛ת בְּנֵ֥י הַגֵּרְשֻׁנִּ֖י

בְּאֹ֖הֶל מוֹעֵ֑ד וּמִ֨שְׁמַרְתָּ֔ם בְּיַד֙ אִֽיתָמָ֔ר בֶּֽן־אַהֲרֹ֖ן
הַכֹּהֵֽן׃ ★בְּנֵ֖י מְרָרִ֑י לְמִשְׁפְּחֹתָ֥ם לְבֵית־ ישראל
אֲבֹתָ֖ם תִּפְקֹ֥ד אֹתָֽם׃ מִבֶּ֨ן שְׁלֹשִׁ֜ים שָׁנָ֣ה וָמַ֗עְלָה וְעַ֛ד
בֶּן־חֲמִשִּׁ֥ים שָׁנָ֖ה תִּפְקְדֵ֑ם כָּל־הַבָּא֙ לַצָּבָ֔א לַעֲבֹ֕ד
אֶת־עֲבֹדַ֖ת אֹ֥הֶל מוֹעֵֽד׃ וְזֹאת֙ מִשְׁמֶ֣רֶת מַשָּׂאָ֔ם
לְכָל־עֲבֹדָתָ֖ם בְּאֹ֣הֶל מוֹעֵ֑ד קַרְשֵׁי֙ הַמִּשְׁכָּ֔ן וּבְרִיחָ֖יו
וְעַמּוּדָ֥יו וַאֲדָנָֽיו׃ וְעַמּוּדֵ֨י הֶחָצֵ֜ר סָבִ֗יב וְאַדְנֵיהֶם֙
וִיתֵדֹתָם֙ וּמֵ֣יתְרֵיהֶ֔ם לְֽכָל־כְּלֵיהֶ֔ם וּלְכֹ֖ל עֲבֹדָתָ֑ם
וּבְשֵׁמֹ֣ת תִּפְקְד֔וּ אֶת־כְּלֵ֖י מִשְׁמֶ֥רֶת מַשָּׂאָֽם׃ זֹ֣את
עֲבֹדַ֗ת מִשְׁפְּחֹת֙ בְּנֵ֣י מְרָרִ֔י לְכָל־עֲבֹדָתָ֖ם בְּאֹ֣הֶל
מוֹעֵ֑ד בְּיַד֙ אִֽיתָמָ֔ר בֶּֽן־אַהֲרֹ֖ן הַכֹּהֵֽן׃

יש המאריכים את קריאת השלישי, כדי לסיים בסוף פרשייה (סידור יעב״ץ).

וַיִּפְקֹ֨ד מֹשֶׁ֧ה וְאַהֲרֹ֛ן וּנְשִׂיאֵ֥י הָעֵדָ֖ה אֶת־בְּנֵ֣י הַקְּהָתִ֑י
לְמִשְׁפְּחֹתָ֖ם וּלְבֵ֥ית אֲבֹתָֽם׃ מִבֶּ֨ן שְׁלֹשִׁ֤ים שָׁנָה֙
וָמַ֔עְלָה וְעַ֖ד בֶּן־חֲמִשִּׁ֣ים שָׁנָ֑ה כָּל־הַבָּא֙ לַצָּבָ֔א
לַעֲבֹדָ֖ה בְּאֹ֥הֶל מוֹעֵֽד׃ וַיִּהְי֥וּ פְקֻדֵיהֶ֖ם לְמִשְׁפְּחֹתָ֑ם
אַלְפַּ֕יִם שְׁבַ֥ע מֵא֖וֹת וַחֲמִשִּֽׁים׃ אֵ֣לֶּה פְקוּדֵי֙ מִשְׁפְּחֹ֣ת
הַקְּהָתִ֔י כָּל־הָעֹבֵ֖ד בְּאֹ֣הֶל מוֹעֵ֑ד אֲשֶׁ֨ר פָּקַ֤ד מֹשֶׁה֙
וְאַהֲרֹ֔ן עַל־פִּ֥י יְהוָ֖ה בְּיַד־מֹשֶֽׁה׃

בהעלותך

וַיְדַבֵּר יְהוָה אֶל־מֹשֶׁה לֵּאמֹר: דַּבֵּר אֶל־אַהֲרֹן במדבר ח,א-יד
וְאָמַרְתָּ אֵלָיו בְּהַעֲלֹתְךָ אֶת־הַנֵּרֹת אֶל־מוּל פְּנֵי
הַמְּנוֹרָה יָאִירוּ שִׁבְעַת הַנֵּרוֹת: וַיַּעַשׂ כֵּן אַהֲרֹן אֶל־
מוּל פְּנֵי הַמְּנוֹרָה הֶעֱלָה נֵרֹתֶיהָ כַּאֲשֶׁר צִוָּה יְהוָה
אֶת־מֹשֶׁה: וְזֶה מַעֲשֵׂה הַמְּנֹרָה מִקְשָׁה זָהָב עַד־
יְרֵכָהּ עַד־פִּרְחָהּ מִקְשָׁה הִוא כַּמַּרְאֶה אֲשֶׁר הֶרְאָה
יְהוָה אֶת־מֹשֶׁה כֵּן עָשָׂה אֶת־הַמְּנֹרָה:
וַיְדַבֵּר יְהוָה אֶל־מֹשֶׁה לֵּאמֹר: קַח אֶת־הַלְוִיִּם לוי
מִתּוֹךְ בְּנֵי יִשְׂרָאֵל וְטִהַרְתָּ אֹתָם: וְכֹה־תַעֲשֶׂה לָהֶם
לְטַהֲרָם הַזֵּה עֲלֵיהֶם מֵי חַטָּאת וְהֶעֱבִירוּ תַעַר
עַל־כָּל־בְּשָׂרָם וְכִבְּסוּ בִגְדֵיהֶם וְהִטֶּהָרוּ: וְלָקְחוּ
פַּר בֶּן־בָּקָר וּמִנְחָתוֹ סֹלֶת בְּלוּלָה בַשָּׁמֶן וּפַר־
שֵׁנִי בֶן־בָּקָר תִּקַּח לְחַטָּאת: וְהִקְרַבְתָּ אֶת־הַלְוִיִּם
לִפְנֵי אֹהֶל מוֹעֵד וְהִקְהַלְתָּ אֶת־כָּל־עֲדַת בְּנֵי
יִשְׂרָאֵל: *וְהִקְרַבְתָּ אֶת־הַלְוִיִּם לִפְנֵי יְהוָה וְסָמְכוּ ישראל
בְנֵי־יִשְׂרָאֵל אֶת־יְדֵיהֶם עַל־הַלְוִיִּם: וְהֵנִיף אַהֲרֹן
אֶת־הַלְוִיִּם תְּנוּפָה לִפְנֵי יְהוָה מֵאֵת בְּנֵי יִשְׂרָאֵל וְהָיוּ
לַעֲבֹד אֶת־עֲבֹדַת יְהוָה: וְהַלְוִיִּם יִסְמְכוּ אֶת־יְדֵיהֶם

עַל֙ רֹ֣אשׁ הַפָּרִ֑ים וַעֲשֵׂ֞ה אֶת־הָאֶחָ֣ד חַטָּ֗את וְאֶת־
הָאֶחָ֤ד עֹלָה֙ לַֽיהוָ֔ה לְכַפֵּ֖ר עַל־הַלְוִיִּֽם׃ וְהַֽעֲמַדְתָּ֙
אֶת־הַלְוִיִּ֔ם לִפְנֵ֥י אַהֲרֹ֖ן וְלִפְנֵ֣י בָנָ֑יו וְהֵנַפְתָּ֥ אֹתָ֛ם
תְּנוּפָ֖ה לַֽיהוָֽה׃ וְהִבְדַּלְתָּ֙ אֶת־הַלְוִיִּ֔ם מִתּ֖וֹךְ בְּנֵ֣י
יִשְׂרָאֵ֑ל וְהָ֥יוּ לִ֖י הַלְוִיִּֽם׃

שלח

במדבר יג,א–כ
וַיְדַבֵּ֥ר יְהוָ֖ה אֶל־מֹשֶׁ֥ה לֵּאמֹֽר׃ שְׁלַח־לְךָ֣ אֲנָשִׁ֗ים
וְיָתֻ֙רוּ֙ אֶת־אֶ֣רֶץ כְּנַ֔עַן אֲשֶׁר־אֲנִ֥י נֹתֵ֖ן לִבְנֵ֣י יִשְׂרָאֵ֑ל
אִ֨ישׁ אֶחָ֜ד אִ֣ישׁ אֶחָ֤ד לְמַטֵּ֣ה אֲבֹתָיו֙ תִּשְׁלָ֔חוּ כֹּ֖ל
נָשִׂ֥יא בָהֶֽם׃ וַיִּשְׁלַ֨ח אֹתָ֥ם מֹשֶׁ֛ה מִמִּדְבַּ֥ר פָּארָ֖ן עַל־פִּ֣י
לוי יְהוָ֑ה כֻּלָּ֣ם אֲנָשִׁ֔ים רָאשֵׁ֥י בְנֵֽי־יִשְׂרָאֵ֖ל הֵֽמָּה׃ ★וְאֵ֖לֶּה
שְׁמוֹתָ֑ם לְמַטֵּ֣ה רְאוּבֵ֔ן שַׁמּ֖וּעַ בֶּן־זַכּֽוּר׃ לְמַטֵּ֣ה
שִׁמְע֔וֹן שָׁפָ֖ט בֶּן־חוֹרִֽי׃ לְמַטֵּ֣ה יְהוּדָ֔ה כָּלֵ֖ב בֶּן־יְפֻנֶּֽה׃
לְמַטֵּ֣ה יִשָּׂשכָ֔ר יִגְאָ֖ל בֶּן־יוֹסֵֽף׃ לְמַטֵּ֥ה אֶפְרָ֖יִם הוֹשֵׁ֥עַ
בִּן־נֽוּן׃ לְמַטֵּ֣ה בִנְיָמִ֔ן פַּלְטִ֖י בֶּן־רָפֽוּא׃ לְמַטֵּ֣ה זְבוּלֻ֔ן
גַּדִּיאֵ֖ל בֶּן־סוֹדִֽי׃ לְמַטֵּ֥ה יוֹסֵ֖ף לְמַטֵּ֣ה מְנַשֶּׁ֑ה גַּדִּ֖י
בֶּן־סוּסִֽי׃ לְמַטֵּ֣ה דָ֔ן עַמִּיאֵ֖ל בֶּן־גְּמַלִּֽי׃ לְמַטֵּ֣ה אָשֵׁ֔ר
סְת֖וּר בֶּן־מִיכָאֵֽל׃ לְמַטֵּ֣ה נַפְתָּלִ֔י נַחְבִּ֖י בֶּן־וָפְסִֽי׃
לְמַטֵּ֣ה גָ֔ד גְּאוּאֵ֖ל בֶּן־מָכִֽי׃ אֵ֚לֶּה שְׁמ֣וֹת הָֽאֲנָשִׁ֔ים

אֲשֶׁר־שָׁלַ֥ח מֹשֶׁ֖ה לָת֣וּר אֶת־הָאָ֑רֶץ וַיִּקְרָ֥א מֹשֶׁ֛ה
לְהוֹשֵׁ֥עַ בִּן־נ֖וּן יְהוֹשֻֽׁעַ׃ *וַיִּשְׁלַ֤ח אֹתָם֙ מֹשֶׁ֔ה לָת֖וּר ישראל
אֶת־אֶ֣רֶץ כְּנָ֑עַן וַיֹּ֣אמֶר אֲלֵהֶ֗ם עֲל֥וּ זֶה֙ בַּנֶּ֔גֶב וַעֲלִיתֶ֖ם
אֶת־הָהָֽר׃ וּרְאִיתֶ֥ם אֶת־הָאָ֖רֶץ מַה־הִ֑וא וְאֶת־הָעָם֙
הַיֹּשֵׁ֣ב עָלֶ֔יהָ הֶחָזָ֥ק הוּא֙ הֲרָפֶ֔ה הַמְעַ֥ט ה֖וּא אִם־רָֽב׃
וּמָ֣ה הָאָ֗רֶץ אֲשֶׁר־הוּא֙ יֹשֵׁ֣ב בָּ֔הּ הֲטוֹבָ֥ה הִ֖וא אִם־
רָעָ֑ה וּמָ֣ה הֶעָרִ֗ים אֲשֶׁר־הוּא֙ יוֹשֵׁ֣ב בָּהֵ֔נָּה הַבְּמַֽחֲנִ֖ים
אִ֥ם בְּמִבְצָרִֽים׃ וּמָ֣ה הָ֠אָרֶץ הַשְּׁמֵנָ֨ה הִ֜וא אִם־רָזָ֗ה
הֲיֵֽשׁ־בָּ֥הּ עֵץ֙ אִם־אַ֔יִן וְהִ֨תְחַזַּקְתֶּ֔ם וּלְקַחְתֶּ֖ם מִפְּרִ֣י
הָאָ֑רֶץ וְהַ֨יָּמִ֔ים יְמֵ֖י בִּכּוּרֵ֥י עֲנָבִֽים׃

קורח

וַיִּקַּ֣ח קֹ֔רַח בֶּן־יִצְהָ֥ר בֶּן־קְהָ֖ת בֶּן־לֵוִ֑י וְדָתָ֨ן וַאֲבִירָ֜ם במדבר טז, א–יג
בְּנֵ֧י אֱלִיאָ֛ב וְא֥וֹן בֶּן־פֶּ֖לֶת בְּנֵ֥י רְאוּבֵֽן׃ וַיָּקֻ֙מוּ֙ לִפְנֵ֣י
מֹשֶׁ֔ה וַאֲנָשִׁ֥ים מִבְּנֵֽי־יִשְׂרָאֵ֖ל חֲמִשִּׁ֣ים וּמָאתָ֑יִם
נְשִׂיאֵ֥י עֵדָ֛ה קְרִאֵ֥י מוֹעֵ֖ד אַנְשֵׁי־שֵֽׁם׃ וַיִּֽקָּהֲל֞וּ עַל־
מֹשֶׁ֣ה וְעַֽל־אַהֲרֹ֗ן וַיֹּאמְר֣וּ אֲלֵהֶם֮ רַב־לָכֶם֒ כִּ֤י כָל־
הָֽעֵדָה֙ כֻּלָּ֣ם קְדֹשִׁ֔ים וּבְתוֹכָ֖ם יְהוָ֑ה וּמַדּ֥וּעַ תִּֽתְנַשְּׂא֖וּ
עַל־קְהַ֥ל יְהוָֽה׃ *וַיִּשְׁמַ֣ע מֹשֶׁ֔ה וַיִּפֹּ֖ל עַל־פָּנָֽיו׃ וַיְדַבֵּ֨ר לוי
אֶל־קֹ֜רַח וְאֶל־כָּל־עֲדָתוֹ֮ לֵאמֹר֒ בֹּ֠קֶר וְיֹדַ֨ע יְהוָ֧ה

אֶת־אֲשֶׁר־לוֹ וְאֶת־הַקָּדוֹשׁ וְהִקְרִיב אֵלָיו וְאֵת
אֲשֶׁר יִבְחַר־בּוֹ יַקְרִיב אֵלָיו׃ זֹאת עֲשׂוּ קְחוּ־לָכֶם
מַחְתּוֹת קֹרַח וְכָל־עֲדָתוֹ׃ וּתְנוּ־בָהֵן ׀ אֵשׁ וְשִׂימוּ
עֲלֵיהֶן ׀ קְטֹרֶת לִפְנֵי יהוה מָחָר וְהָיָה הָאִישׁ אֲשֶׁר־
יִבְחַר יהוה הוּא הַקָּדוֹשׁ רַב־לָכֶם בְּנֵי לֵוִי׃ *וַיֹּאמֶר ישראל
מֹשֶׁה אֶל־קֹרַח שִׁמְעוּ־נָא בְּנֵי לֵוִי׃ הַמְעַט מִכֶּם
כִּי־הִבְדִּיל אֱלֹהֵי יִשְׂרָאֵל אֶתְכֶם מֵעֲדַת יִשְׂרָאֵל
לְהַקְרִיב אֶתְכֶם אֵלָיו לַעֲבֹד אֶת־עֲבֹדַת מִשְׁכַּן
יהוה וְלַעֲמֹד לִפְנֵי הָעֵדָה לְשָׁרְתָם׃ וַיַּקְרֵב אֹתְךָ
וְאֶת־כָּל־אַחֶיךָ בְנֵי־לֵוִי אִתָּךְ וּבִקַּשְׁתֶּם גַּם־כְּהֻנָּה׃
לָכֵן אַתָּה וְכָל־עֲדָתְךָ הַנֹּעָדִים עַל־יהוה וְאַהֲרֹן
מַה־הוּא כִּי תלונו עָלָיו׃ וַיִּשְׁלַח מֹשֶׁה לִקְרֹא לְדָתָן תַּלִּינוּ
וְלַאֲבִירָם בְּנֵי אֱלִיאָב וַיֹּאמְרוּ לֹא נַעֲלֶה׃ הַמְעַט כִּי
הֶעֱלִיתָנוּ מֵאֶרֶץ זָבַת חָלָב וּדְבַשׁ לַהֲמִיתֵנוּ בַּמִּדְבָּר
כִּי־תִשְׂתָּרֵר עָלֵינוּ גַּם־הִשְׂתָּרֵר׃

חוקת

וַיְדַבֵּר יהוה אֶל־מֹשֶׁה וְאֶל־אַהֲרֹן לֵאמֹר׃ זֹאת במדבר יט, א–יז
חֻקַּת הַתּוֹרָה אֲשֶׁר־צִוָּה יהוה לֵאמֹר דַּבֵּר ׀ אֶל־
בְּנֵי יִשְׂרָאֵל וְיִקְחוּ אֵלֶיךָ פָרָה אֲדֻמָּה תְּמִימָה אֲשֶׁר

אֵֽין־בָּהּ֙ מ֔וּם אֲשֶׁ֛ר לֹא־עָלָ֥ה עָלֶ֖יהָ עֹֽל׃ וּנְתַתֶּ֣ם
אֹתָ֔הּ אֶל־אֶלְעָזָ֖ר הַכֹּהֵ֑ן וְהוֹצִ֤יא אֹתָהּ֙ אֶל־מִח֣וּץ
לַֽמַּחֲנֶ֔ה וְשָׁחַ֥ט אֹתָ֖הּ לְפָנָֽיו׃ וְלָקַ֞ח אֶלְעָזָ֧ר הַכֹּהֵ֛ן
מִדָּמָ֖הּ בְּאֶצְבָּע֑וֹ וְהִזָּ֞ה אֶל־נֹ֨כַח֙ פְּנֵ֣י אֹֽהֶל־מוֹעֵ֔ד
מִדָּמָ֖הּ שֶׁ֥בַע פְּעָמִֽים׃ וְשָׂרַ֥ף אֶת־הַפָּרָ֖ה לְעֵינָ֑יו אֶת־
עֹרָ֤הּ וְאֶת־בְּשָׂרָהּ֙ וְאֶת־דָּמָ֔הּ עַל־פִּרְשָׁ֖הּ יִשְׂרֹֽף׃
וְלָקַ֣ח הַכֹּהֵ֗ן עֵ֥ץ אֶ֛רֶז וְאֵז֖וֹב וּשְׁנִ֣י תוֹלָ֑עַת וְהִשְׁלִ֕יךְ
אֶל־תּ֖וֹךְ שְׂרֵפַ֥ת הַפָּרָֽה׃ *וְכִבֶּ֨ס בְּגָדָ֜יו הַכֹּהֵ֗ן וְרָחַ֤ץ לוי
בְּשָׂרוֹ֙ בַּמַּ֔יִם וְאַחַ֖ר יָבֹ֣א אֶל־הַֽמַּחֲנֶ֑ה וְטָמֵ֥א הַכֹּהֵ֖ן
עַד־הָעָֽרֶב׃ וְהַשֹּׂרֵ֣ף אֹתָ֔הּ יְכַבֵּ֤ס בְּגָדָיו֙ בַּמַּ֔יִם וְרָחַ֥ץ
בְּשָׂר֖וֹ בַּמָּ֑יִם וְטָמֵ֖א עַד־הָעָֽרֶב׃ וְאָסַ֣ף ׀ אִ֣ישׁ טָה֗וֹר
אֵ֚ת אֵ֣פֶר הַפָּרָ֔ה וְהִנִּ֛יחַ מִח֥וּץ לַֽמַּחֲנֶ֖ה בְּמָק֣וֹם טָה֑וֹר
וְ֠הָיְתָה לַעֲדַ֨ת בְּנֵֽי־יִשְׂרָאֵ֧ל לְמִשְׁמֶ֛רֶת לְמֵ֥י נִדָּ֖ה
חַטָּ֥את הִֽוא׃ *וְכִבֶּ֨ס הָאֹסֵ֜ף אֶת־אֵ֣פֶר הַפָּרָ֗ה אֶת־ ישראל
בְּגָדָ֔יו וְטָמֵ֖א עַד־הָעָ֑רֶב וְהָֽיְתָ֞ה לִבְנֵ֣י יִשְׂרָאֵ֗ל וְלַגֵּ֛ר
הַגָּ֥ר בְּתוֹכָ֖ם לְחֻקַּ֥ת עוֹלָֽם׃ הַנֹּגֵ֥עַ בְּמֵ֖ת לְכָל־נֶ֣פֶשׁ
אָדָ֑ם וְטָמֵ֖א שִׁבְעַ֥ת יָמִֽים׃ ה֣וּא יִתְחַטָּא־ב֞וֹ בַּיּ֧וֹם
הַשְּׁלִישִׁ֛י וּבַיּ֥וֹם הַשְּׁבִיעִ֖י יִטְהָ֑ר וְאִם־לֹ֨א יִתְחַטָּ֜א
בַּיּ֧וֹם הַשְּׁלִישִׁ֛י וּבַיּ֥וֹם הַשְּׁבִיעִ֖י לֹ֥א יִטְהָֽר׃ כָּל־הַנֹּגֵ֨עַ
בְּמֵ֜ת בְּנֶ֣פֶשׁ הָֽאָדָם֩ אֲשֶׁר־יָמ֗וּת וְלֹ֣א יִתְחַטָּ֔א אֶת־

מִשְׁכַּן יהוה טִמֵּא וְנִכְרְתָה הַנֶּפֶשׁ הַהִוא מִיִּשְׂרָאֵל
כִּי מֵי נִדָּה לֹא־זֹרַק עָלָיו טָמֵא יִהְיֶה עוֹד טֻמְאָתוֹ
בוֹ: זֹאת הַתּוֹרָה אָדָם כִּי־יָמוּת בְּאֹהֶל כָּל־הַבָּא
אֶל־הָאֹהֶל וְכָל־אֲשֶׁר בָּאֹהֶל יִטְמָא שִׁבְעַת יָמִים:
וְכֹל כְּלִי פָתוּחַ אֲשֶׁר אֵין־צָמִיד פָּתִיל עָלָיו טָמֵא
הוּא: וְכֹל אֲשֶׁר־יִגַּע עַל־פְּנֵי הַשָּׂדֶה בַּחֲלַל־חֶרֶב
אוֹ בְמֵת אוֹ־בְעֶצֶם אָדָם אוֹ בְקָבֶר יִטְמָא שִׁבְעַת
יָמִים: וְלָקְחוּ לַטָּמֵא מֵעֲפַר שְׂרֵפַת הַחַטָּאת וְנָתַן
עָלָיו מַיִם חַיִּים אֶל־כֶּלִי:

בלק

במדבר כב,ב–יב וַיַּרְא בָּלָק בֶּן־צִפּוֹר אֵת כָּל־אֲשֶׁר־עָשָׂה יִשְׂרָאֵל
לָאֱמֹרִי: וַיָּגָר מוֹאָב מִפְּנֵי הָעָם מְאֹד כִּי רַב־הוּא
וַיָּקָץ מוֹאָב מִפְּנֵי בְּנֵי יִשְׂרָאֵל: וַיֹּאמֶר מוֹאָב אֶל־
זִקְנֵי מִדְיָן עַתָּה יְלַחֲכוּ הַקָּהָל אֶת־כָּל־סְבִיבֹתֵינוּ
כִּלְחֹךְ הַשּׁוֹר אֵת יֶרֶק הַשָּׂדֶה וּבָלָק בֶּן־צִפּוֹר מֶלֶךְ
לוי לְמוֹאָב בָּעֵת הַהִוא: *וַיִּשְׁלַח מַלְאָכִים אֶל־בִּלְעָם
בֶּן־בְּעֹר פְּתוֹרָה אֲשֶׁר עַל־הַנָּהָר אֶרֶץ בְּנֵי־עַמּוֹ
לִקְרֹא־לוֹ לֵאמֹר הִנֵּה עַם יָצָא מִמִּצְרַיִם הִנֵּה כִסָּה

אֶת־עֵין הָאָרֶץ וְהוּא יֹשֵׁב מִמֻּלִי׃ וְעַתָּה לְכָה־נָּא
אָרָה־לִּי אֶת־הָעָם הַזֶּה כִּי־עָצוּם הוּא מִמֶּנִּי אוּלַי
אוּכַל נַכֶּה־בּוֹ וַאֲגָרְשֶׁנּוּ מִן־הָאָרֶץ כִּי יָדַעְתִּי אֵת
אֲשֶׁר־תְּבָרֵךְ מְבֹרָךְ וַאֲשֶׁר תָּאֹר יוּאָר׃ וַיֵּלְכוּ זִקְנֵי
מוֹאָב וְזִקְנֵי מִדְיָן וּקְסָמִים בְּיָדָם וַיָּבֹאוּ אֶל־בִּלְעָם
וַיְדַבְּרוּ אֵלָיו דִּבְרֵי בָלָק׃ *וַיֹּאמֶר אֲלֵיהֶם לִינוּ פֹה ישראל
הַלַּיְלָה וַהֲשִׁבֹתִי אֶתְכֶם דָּבָר כַּאֲשֶׁר יְדַבֵּר יְהוָה
אֵלָי וַיֵּשְׁבוּ שָׂרֵי־מוֹאָב עִם־בִּלְעָם׃ וַיָּבֹא אֱלֹהִים
אֶל־בִּלְעָם וַיֹּאמֶר מִי הָאֲנָשִׁים הָאֵלֶּה עִמָּךְ׃ וַיֹּאמֶר
בִּלְעָם אֶל־הָאֱלֹהִים בָּלָק בֶּן־צִפֹּר מֶלֶךְ מוֹאָב שָׁלַח
אֵלָי׃ הִנֵּה הָעָם הַיֹּצֵא מִמִּצְרַיִם וַיְכַס אֶת־עֵין הָאָרֶץ
עַתָּה לְכָה קָבָה־לִּי אֹתוֹ אוּלַי אוּכַל לְהִלָּחֶם בּוֹ
וְגֵרַשְׁתִּיו׃ וַיֹּאמֶר אֱלֹהִים אֶל־בִּלְעָם לֹא תֵלֵךְ עִמָּהֶם
לֹא תָאֹר אֶת־הָעָם כִּי בָרוּךְ הוּא׃

פינחס

וַיְדַבֵּר יְהוָה אֶל־מֹשֶׁה לֵּאמֹר׃ פִּינְחָס בֶּן־אֶלְעָזָר במדבר כה, י–כו, ד
בֶּן־אַהֲרֹן הַכֹּהֵן הֵשִׁיב אֶת־חֲמָתִי מֵעַל בְּנֵי־יִשְׂרָאֵל
בְּקַנְאוֹ אֶת־קִנְאָתִי בְּתוֹכָם וְלֹא־כִלִּיתִי אֶת־בְּנֵי־

יִשְׂרָאֵ֖ל בְּקִנְאָתִֽי׃ לָכֵ֖ן אֱמֹ֑ר הִנְנִ֨י נֹתֵ֥ן ל֛וֹ אֶת־בְּרִיתִ֖י
לוי שָׁלֽוֹם׃ *וְהָ֤יְתָה לּוֹ֙ וּלְזַרְע֣וֹ אַחֲרָ֔יו בְּרִ֖ית כְּהֻנַּ֣ת עוֹלָ֑ם
תַּ֗חַת אֲשֶׁ֤ר קִנֵּא֙ לֵֽאלֹהָ֔יו וַיְכַפֵּ֖ר עַל־בְּנֵ֥י יִשְׂרָאֵֽל׃
וְשֵׁ֡ם אִ֣ישׁ יִשְׂרָאֵ֩ל הַמֻּכֶּ֨ה אֲשֶׁ֤ר הֻכָּה֙ אֶת־הַמִּדְיָנִ֔ית
זִמְרִ֖י בֶּן־סָל֑וּא נְשִׂ֥יא בֵֽית־אָ֖ב לַשִּׁמְעֹנִֽי׃ וְשֵׁ֨ם הָֽאִשָּׁ֤ה
הַמֻּכָּה֙ הַמִּדְיָנִ֔ית כָּזְבִּ֖י בַת־צ֑וּר רֹ֣אשׁ אֻמּ֥וֹת בֵּֽית־
אָ֛ב בְּמִדְיָ֖ן הֽוּא׃

ישראל וַיְדַבֵּ֥ר יְהוָ֖ה אֶל־מֹשֶׁ֥ה לֵּאמֹֽר׃ צָר֖וֹר אֶת־הַמִּדְיָנִ֑ים
וְהִכִּיתֶ֖ם אוֹתָֽם׃ כִּ֣י צֹרְרִ֥ים הֵם֙ לָכֶ֔ם בְּנִכְלֵיהֶ֛ם
אֲשֶׁר־נִכְּל֥וּ לָכֶ֖ם עַל־דְּבַר־פְּע֑וֹר וְעַל־דְּבַ֞ר כָּזְבִּ֨י בַת־
נְשִׂ֤יא מִדְיָן֙ אֲחֹתָ֔ם הַמֻּכָּ֥ה בְיוֹם־הַמַּגֵּפָ֖ה עַל־דְּבַר־
פְּעֽוֹר׃ וַיְהִ֖י אַחֲרֵ֣י הַמַּגֵּפָ֑ה

וַיֹּ֤אמֶר יְהוָה֙ אֶל־מֹשֶׁ֔ה וְאֶ֧ל אֶלְעָזָ֛ר בֶּן־אַהֲרֹ֥ן הַכֹּהֵ֖ן
לֵאמֹֽר׃ שְׂא֞וּ אֶת־רֹ֣אשׁ ׀ כָּל־עֲדַ֣ת בְּנֵֽי־יִשְׂרָאֵ֗ל מִבֶּ֨ן
עֶשְׂרִ֥ים שָׁנָ֛ה וָמַ֖עְלָה לְבֵ֣ית אֲבֹתָ֑ם כָּל־יֹצֵ֥א צָבָ֖א
בְּיִשְׂרָאֵֽל׃ וַיְדַבֵּ֨ר מֹשֶׁ֜ה וְאֶלְעָזָ֧ר הַכֹּהֵ֛ן אֹתָ֖ם בְּעַֽרְבֹ֣ת
מוֹאָ֑ב עַל־יַרְדֵּ֥ן יְרֵח֖וֹ לֵאמֹֽר׃ מִבֶּ֛ן עֶשְׂרִ֥ים שָׁנָ֖ה
וָמָ֑עְלָה כַּאֲשֶׁ֨ר צִוָּ֤ה יְהוָה֙ אֶת־מֹשֶׁה֙ וּבְנֵ֣י יִשְׂרָאֵ֔ל
הַיֹּצְאִ֖ים מֵאֶ֥רֶץ מִצְרָֽיִם׃

מטות

וַיְדַבֵּ֤ר מֹשֶׁה֙ אֶל־רָאשֵׁ֣י הַמַּטּ֔וֹת לִבְנֵ֥י יִשְׂרָאֵ֖ל במדבר ל,ב–יז
לֵאמֹ֑ר זֶ֣ה הַדָּבָ֔ר אֲשֶׁ֖ר צִוָּ֥ה יְהוָֽה׃ אִ֣ישׁ כִּֽי־יִדֹּ֨ר נֶ֜דֶר
לַֽיהוָ֗ה אֽוֹ־הִשָּׁ֤בַע שְׁבֻעָה֙ לֶאְסֹ֣ר אִסָּ֔ר עַל־נַפְשׁ֑וֹ לֹ֤א
יַחֵל֙ דְּבָר֔וֹ כְּכָל־הַיֹּצֵ֥א מִפִּ֖יו יַעֲשֶֽׂה׃ וְאִשָּׁ֕ה כִּֽי־תִדֹּ֥ר
נֶ֖דֶר לַֽיהוָ֑ה וְאָסְרָ֥ה אִסָּ֛ר בְּבֵ֥ית אָבִ֖יהָ בִּנְעֻרֶֽיהָ׃
וְשָׁמַ֨ע אָבִ֜יהָ אֶת־נִדְרָ֗הּ וֶֽאֱסָרָהּ֙ אֲשֶׁ֣ר אָסְרָ֣ה עַל־
נַפְשָׁ֔הּ וְהֶחֱרִ֥ישׁ לָ֖הּ אָבִ֑יהָ וְקָ֙מוּ֙ כָּל־נְדָרֶ֔יהָ וְכָל־
אִסָּ֛ר אֲשֶׁר־אָסְרָ֥ה עַל־נַפְשָׁ֖הּ יָקֽוּם׃ וְאִם־הֵנִ֨יא
אָבִ֣יהָ אֹתָהּ֮ בְּי֣וֹם שָׁמְעוֹ֒ כָּל־נְדָרֶ֗יהָ וֶֽאֱסָרֶ֛יהָ אֲשֶׁר־
אָסְרָ֥ה עַל־נַפְשָׁ֖הּ לֹ֣א יָק֑וּם וַֽיהוָה֙ יִסְלַח־לָ֔הּ כִּֽי־
הֵנִ֥יא אָבִ֖יהָ אֹתָֽהּ׃ וְאִם־הָי֤וֹ תִֽהְיֶה֙ לְאִ֔ישׁ וּנְדָרֶ֖יהָ
עָלֶ֑יהָ א֚וֹ מִבְטָ֣א שְׂפָתֶ֔יהָ אֲשֶׁ֥ר אָסְרָ֖ה עַל־נַפְשָֽׁהּ׃
וְשָׁמַ֥ע אִישָׁ֛הּ בְּי֥וֹם שָׁמְע֖וֹ וְהֶחֱרִ֣ישׁ לָ֑הּ וְקָ֙מוּ֙ נְדָרֶ֔יהָ
וֶֽאֱסָרֶ֛הָ אֲשֶׁר־אָסְרָ֥ה עַל־נַפְשָׁ֖הּ יָקֻֽמוּ׃ וְ֠אִם בְּי֨וֹם
שְׁמֹ֣עַ אִישָׁהּ֮ יָנִ֣יא אוֹתָהּ֒ וְהֵפֵ֗ר אֶת־נִדְרָהּ֙ אֲשֶׁ֣ר
עָלֶ֔יהָ וְאֵת֙ מִבְטָ֣א שְׂפָתֶ֔יהָ אֲשֶׁ֥ר אָסְרָ֖ה עַל־נַפְשָׁ֑הּ
וַיהוָ֖ה יִֽסְלַח־לָֽהּ׃ *וְנֵ֥דֶר אַלְמָנָ֖ה וּגְרוּשָׁ֑ה כֹּ֛ל אֲשֶׁר־ לוי
אָסְרָ֥ה עַל־נַפְשָׁ֖הּ יָק֥וּם עָלֶֽיהָ׃ וְאִם־בֵּ֥ית אִישָׁ֖הּ

נָדָ֑רָה אוֹ־אָסְרָ֥ה אִסָּ֛ר עַל־נַפְשָׁ֖הּ בִּשְׁבֻעָֽה׃ וְשָׁמַ֤ע
אִישָׁהּ֙ וְהֶחֱרִ֣שׁ לָ֔הּ לֹ֖א הֵנִ֣יא אֹתָ֑הּ וְקָ֙מוּ֙ כָּל־נְדָרֶ֔יהָ
וְכָל־אִסָּ֛ר אֲשֶׁר־אָסְרָ֥ה עַל־נַפְשָׁ֖הּ יָקֽוּם׃ וְאִם־הָפֵר֩
יָפֵ֨ר אֹתָ֥ם ׀ אִישָׁהּ֮ בְּי֣וֹם שָׁמְעוֹ֒ כָּל־מוֹצָ֨א שְׂפָתֶ֧יהָ
לִנְדָרֶ֛יהָ וּלְאִסַּ֥ר נַפְשָׁ֖הּ לֹ֣א יָק֑וּם אִישָׁ֣הּ הֲפֵרָ֔ם
וַיהוָ֖ה יִֽסְלַֽח־לָֽהּ׃ *כָּל־נֵ֛דֶר וְכָל־שְׁבֻעַ֥ת אִסָּ֖ר לְעַנֹּ֣ת ישראל
נָ֑פֶשׁ אִישָׁ֥הּ יְקִימֶ֖נּוּ וְאִישָׁ֥הּ יְפֵרֶֽנּוּ׃ וְאִם־הַחֲרֵשׁ֩
יַחֲרִ֨ישׁ לָ֥הּ אִישָׁהּ֮ מִיּ֣וֹם אֶל־יוֹם֒ וְהֵקִים֙ אֶת־כָּל־
נְדָרֶ֔יהָ א֥וֹ אֶת־כָּל־אֱסָרֶ֖יהָ אֲשֶׁ֣ר עָלֶ֑יהָ הֵקִ֣ים אֹתָ֔ם
כִּי־הֶחֱרִ֥שׁ לָ֖הּ בְּי֥וֹם שָׁמְעֽוֹ׃ וְאִם־הָפֵ֥ר יָפֵ֛ר אֹתָ֖ם
אַחֲרֵ֣י שָׁמְע֑וֹ וְנָשָׂ֖א אֶת־עֲוֺנָֽהּ׃ אֵ֣לֶּה הַחֻקִּ֗ים אֲשֶׁ֨ר
צִוָּ֤ה יְהוָה֙ אֶת־מֹשֶׁ֔ה בֵּ֥ין אִ֖ישׁ לְאִשְׁתּ֑וֹ בֵּין־אָ֣ב
לְבִתּ֔וֹ בִּנְעֻרֶ֖יהָ בֵּ֥ית אָבִֽיהָ׃

מסעי

אֵ֜לֶּה מַסְעֵ֣י בְנֵֽי־יִשְׂרָאֵ֗ל אֲשֶׁ֥ר יָצְא֛וּ מֵאֶ֥רֶץ מִצְרַ֖יִם במדבר לג, א–נג
לְצִבְאֹתָ֑ם בְּיַד־מֹשֶׁ֖ה וְאַהֲרֹֽן׃ וַיִּכְתֹּ֨ב מֹשֶׁ֜ה אֶת־
מוֹצָאֵיהֶ֛ם לְמַסְעֵיהֶ֖ם עַל־פִּ֣י יְהוָ֑ה וְאֵ֥לֶּה מַסְעֵיהֶ֖ם
לְמוֹצָאֵיהֶֽם׃ וַיִּסְע֤וּ מֵרַעְמְסֵס֙ בַּחֹ֣דֶשׁ הָרִאשׁ֔וֹן

בַּחֲמִשָּׁ֥ה עָשָׂ֛ר י֖וֹם לַחֹ֣דֶשׁ הָרִאשׁ֑וֹן מִֽמָּחֳרַ֣ת הַפֶּ֗סַח
יָצְא֤וּ בְנֵֽי־יִשְׂרָאֵל֙ בְּיָ֣ד רָמָ֔ה לְעֵינֵ֖י כָּל־מִצְרָֽיִם׃
*וּמִצְרַ֣יִם מְקַבְּרִ֗ים אֵת֩ אֲשֶׁ֨ר הִכָּ֧ה יְהוָ֛ה בָּהֶ֖ם לוי
כָּל־בְּכ֑וֹר וּבֵאלֹ֣הֵיהֶ֔ם עָשָׂ֥ה יְהוָ֖ה שְׁפָטִֽים׃ וַיִּסְע֥וּ
בְנֵֽי־יִשְׂרָאֵ֖ל מֵרַעְמְסֵ֑ס וַֽיַּחֲנ֖וּ בְּסֻכֹּֽת׃ וַיִּסְע֖וּ מִסֻּכֹּ֑ת
וַיַּחֲנ֣וּ בְאֵתָ֔ם אֲשֶׁ֖ר בִּקְצֵ֥ה הַמִּדְבָּֽר׃ *וַיִּסְעוּ֙ מֵאֵתָ֔ם ישראל
וַיָּ֙שָׁב֙ עַל־פִּ֣י הַחִירֹ֔ת אֲשֶׁ֥ר עַל־פְּנֵ֖י בַּ֣עַל צְפ֑וֹן וַֽיַּחֲנ֖וּ
לִפְנֵ֥י מִגְדֹּֽל׃ וַיִּסְעוּ֙ מִפְּנֵ֣י הַחִירֹ֔ת וַיַּעַבְר֥וּ בְתוֹךְ־הַיָּ֖ם
הַמִּדְבָּ֑רָה וַיֵּ֨לְכ֜וּ דֶּ֣רֶךְ שְׁלֹ֤שֶׁת יָמִים֙ בְּמִדְבַּ֣ר אֵתָ֔ם
וַֽיַּחֲנ֖וּ בְּמָרָֽה׃ וַיִּסְעוּ֙ מִמָּרָ֔ה וַיָּבֹ֖אוּ אֵילִ֑מָה וּבְאֵילִ֡ם
שְׁתֵּ֣ים עֶשְׂרֵ֞ה עֵינֹ֥ת מַ֛יִם וְשִׁבְעִ֥ים תְּמָרִ֖ים וַיַּֽחֲנוּ־
שָֽׁם׃ וַיִּסְע֖וּ מֵאֵילִ֑ם וַיַּחֲנ֖וּ עַל־יַם־סֽוּף׃

יש המאריכים את הקריאה ללוי, כדי שלא להפסיק באמצע רשימת המסעות (מג״א תכח, ח בשם ׳צרור המור׳).

וַיִּסְע֖וּ מִיַּם־ס֑וּף וַֽיַּחֲנ֖וּ בְּמִדְבַּר־סִֽין׃ וַיִּסְע֖וּ מִמִּדְבַּר־
סִ֑ין וַֽיַּחֲנ֖וּ בְּדָפְקָֽה׃ וַיִּסְע֖וּ מִדָּפְקָ֑ה וַֽיַּחֲנ֖וּ בְּאָלֽוּשׁ׃
וַיִּסְע֖וּ מֵאָל֑וּשׁ וַֽיַּחֲנוּ֙ בִּרְפִידִ֔ם וְלֹא־הָ֨יָה שָׁ֥ם מַ֛יִם
לָעָ֖ם לִשְׁתּֽוֹת׃ וַיִּסְע֖וּ מֵרְפִידִ֑ם וַֽיַּחֲנ֖וּ בְּמִדְבַּ֥ר סִינָֽי׃
וַיִּסְע֖וּ מִמִּדְבַּ֣ר סִינָ֑י וַֽיַּחֲנ֖וּ בְּקִבְרֹ֥ת הַֽתַּאֲוָֽה׃ וַיִּסְע֖וּ
מִקִּבְרֹ֣ת הַֽתַּאֲוָ֑ה וַֽיַּחֲנ֖וּ בַּחֲצֵרֹֽת׃ וַיִּסְע֖וּ מֵחֲצֵרֹ֑ת

וַיַּחֲנוּ בְּרִתְמָה: וַיִּסְעוּ מֵרִתְמָה וַיַּחֲנוּ בְּרִמֹּן פָּרֶץ:
וַיִּסְעוּ מֵרִמֹּן פָּרֶץ וַיַּחֲנוּ בְּלִבְנָה: וַיִּסְעוּ מִלִּבְנָה
וַיַּחֲנוּ בְּרִסָּה: וַיִּסְעוּ מֵרִסָּה וַיַּחֲנוּ בִּקְהֵלָתָה: וַיִּסְעוּ
מִקְּהֵלָתָה וַיַּחֲנוּ בְּהַר־שָׁפֶר: וַיִּסְעוּ מֵהַר־שָׁפֶר
וַיַּחֲנוּ בַּחֲרָדָה: וַיִּסְעוּ מֵחֲרָדָה וַיַּחֲנוּ בְּמַקְהֵלֹת:
וַיִּסְעוּ מִמַּקְהֵלֹת וַיַּחֲנוּ בְּתָחַת: וַיִּסְעוּ מִתָּחַת
וַיַּחֲנוּ בְּתָרַח: וַיִּסְעוּ מִתָּרַח וַיַּחֲנוּ בְּמִתְקָה: וַיִּסְעוּ
מִמִּתְקָה וַיַּחֲנוּ בְּחַשְׁמֹנָה: וַיִּסְעוּ מֵחַשְׁמֹנָה וַיַּחֲנוּ
בְּמֹסֵרוֹת: וַיִּסְעוּ מִמֹּסֵרוֹת וַיַּחֲנוּ בִּבְנֵי יַעֲקָן: וַיִּסְעוּ
מִבְּנֵי יַעֲקָן וַיַּחֲנוּ בְּחֹר הַגִּדְגָּד: וַיִּסְעוּ מֵחֹר הַגִּדְגָּד
וַיַּחֲנוּ בְּיָטְבָתָה: וַיִּסְעוּ מִיָּטְבָתָה וַיַּחֲנוּ בְּעַבְרֹנָה:
וַיִּסְעוּ מֵעַבְרֹנָה וַיַּחֲנוּ בְּעֶצְיֹן גָּבֶר: וַיִּסְעוּ מֵעֶצְיֹן
גָּבֶר וַיַּחֲנוּ בְמִדְבַּר־צִן הִוא קָדֵשׁ: וַיִּסְעוּ מִקָּדֵשׁ
וַיַּחֲנוּ בְּהֹר הָהָר בִּקְצֵה אֶרֶץ אֱדוֹם: וַיַּעַל אַהֲרֹן
הַכֹּהֵן אֶל־הֹר הָהָר עַל־פִּי יְהוָה וַיָּמָת שָׁם בִּשְׁנַת
הָאַרְבָּעִים לְצֵאת בְּנֵי־יִשְׂרָאֵל מֵאֶרֶץ מִצְרַיִם בַּחֹדֶשׁ
הַחֲמִישִׁי בְּאֶחָד לַחֹדֶשׁ: וְאַהֲרֹן בֶּן־שָׁלֹשׁ וְעֶשְׂרִים
וּמְאַת שָׁנָה בְּמֹתוֹ בְּהֹר הָהָר: וַיִּשְׁמַע
הַכְּנַעֲנִי מֶלֶךְ עֲרָד וְהוּא־יֹשֵׁב בַּנֶּגֶב בְּאֶרֶץ כְּנַעַן
בְּבֹא בְּנֵי יִשְׂרָאֵל: וַיִּסְעוּ מֵהֹר הָהָר וַיַּחֲנוּ בְּצַלְמֹנָה:

וַיִּסְעוּ מִצַּלְמֹנָה וַיַּחֲנוּ בְּפוּנֹן׃ וַיִּסְעוּ מִפּוּנֹן וַיַּחֲנוּ
בְּאֹבֹת׃ וַיִּסְעוּ מֵאֹבֹת וַיַּחֲנוּ בְּעִיֵּי הָעֲבָרִים בִּגְבוּל
מוֹאָב׃ וַיִּסְעוּ מֵעִיִּים וַיַּחֲנוּ בְּדִיבֹן גָּד׃ וַיִּסְעוּ
מִדִּיבֹן גָּד וַיַּחֲנוּ בְּעַלְמֹן דִּבְלָתָיְמָה׃ וַיִּסְעוּ מֵעַלְמֹן
דִּבְלָתָיְמָה וַיַּחֲנוּ בְּהָרֵי הָעֲבָרִים לִפְנֵי נְבוֹ׃ וַיִּסְעוּ
מֵהָרֵי הָעֲבָרִים וַיַּחֲנוּ בְּעַרְבֹת מוֹאָב עַל יַרְדֵּן יְרֵחוֹ׃
וַיַּחֲנוּ עַל־הַיַּרְדֵּן מִבֵּית הַיְשִׁמֹת עַד אָבֵל הַשִּׁטִּים
בְּעַרְבֹת מוֹאָב׃ *וַיְדַבֵּר יְהוָה אֶל־מֹשֶׁה ישראל
בְּעַרְבֹת מוֹאָב עַל־יַרְדֵּן יְרֵחוֹ לֵאמֹר׃ דַּבֵּר אֶל־בְּנֵי
יִשְׂרָאֵל וְאָמַרְתָּ אֲלֵהֶם כִּי אַתֶּם עֹבְרִים אֶת־הַיַּרְדֵּן
אֶל־אֶרֶץ כְּנָעַן׃ וְהוֹרַשְׁתֶּם אֶת־כָּל־יֹשְׁבֵי הָאָרֶץ
מִפְּנֵיכֶם וְאִבַּדְתֶּם אֵת כָּל־מַשְׂכִּיֹּתָם וְאֵת כָּל־
צַלְמֵי מַסֵּכֹתָם תְּאַבֵּדוּ וְאֵת כָּל־בָּמוֹתָם תַּשְׁמִידוּ׃
וְהוֹרַשְׁתֶּם אֶת־הָאָרֶץ וִישַׁבְתֶּם־בָּהּ כִּי לָכֶם נָתַתִּי
אֶת־הָאָרֶץ לָרֶשֶׁת אֹתָהּ׃

דברים

אֵלֶּה הַדְּבָרִים אֲשֶׁר דִּבֶּר מֹשֶׁה אֶל־כָּל־יִשְׂרָאֵל דברים א,א–יא
בְּעֵבֶר הַיַּרְדֵּן בַּמִּדְבָּר בָּעֲרָבָה מוֹל סוּף בֵּין־
פָּארָן וּבֵין־תֹּפֶל וְלָבָן וַחֲצֵרֹת וְדִי זָהָב׃ אַחַד עָשָׂר

יוֹם מֵחֹרֵב דֶּרֶךְ הַר־שֵׂעִיר עַד קָדֵשׁ בַּרְנֵעַ׃ וַיְהִי
בְּאַרְבָּעִים שָׁנָה בְּעַשְׁתֵּי־עָשָׂר חֹדֶשׁ בְּאֶחָד לַחֹדֶשׁ
דִּבֶּר מֹשֶׁה אֶל־בְּנֵי יִשְׂרָאֵל כְּכֹל אֲשֶׁר צִוָּה יְהוָה
אֹתוֹ אֲלֵהֶם׃ *אַחֲרֵי הַכֹּתוֹ אֵת סִיחֹן מֶלֶךְ הָאֱמֹרִי לוי
אֲשֶׁר יוֹשֵׁב בְּחֶשְׁבּוֹן וְאֵת עוֹג מֶלֶךְ הַבָּשָׁן אֲשֶׁר־
יוֹשֵׁב בְּעַשְׁתָּרֹת בְּאֶדְרֶעִי׃ בְּעֵבֶר הַיַּרְדֵּן בְּאֶרֶץ
מוֹאָב הוֹאִיל מֹשֶׁה בֵּאֵר אֶת־הַתּוֹרָה הַזֹּאת לֵאמֹר׃
יְהוָה אֱלֹהֵינוּ דִּבֶּר אֵלֵינוּ בְּחֹרֵב לֵאמֹר רַב־לָכֶם
שֶׁבֶת בָּהָר הַזֶּה׃ פְּנוּ ׀ וּסְעוּ לָכֶם וּבֹאוּ הַר הָאֱמֹרִי
וְאֶל־כָּל־שְׁכֵנָיו בָּעֲרָבָה בָהָר וּבַשְּׁפֵלָה וּבַנֶּגֶב וּבְחוֹף
הַיָּם אֶרֶץ הַכְּנַעֲנִי וְהַלְּבָנוֹן עַד־הַנָּהָר הַגָּדֹל נְהַר־
פְּרָת׃ *רְאֵה נָתַתִּי לִפְנֵיכֶם אֶת־הָאָרֶץ בֹּאוּ וּרְשׁוּ ישראל
אֶת־הָאָרֶץ אֲשֶׁר נִשְׁבַּע יְהוָה לַאֲבֹתֵיכֶם לְאַבְרָהָם
לְיִצְחָק וּלְיַעֲקֹב לָתֵת לָהֶם וּלְזַרְעָם אַחֲרֵיהֶם׃ וָאֹמַר
אֲלֵכֶם בָּעֵת הַהִוא לֵאמֹר לֹא־אוּכַל לְבַדִּי שְׂאֵת
אֶתְכֶם׃ יְהוָה אֱלֹהֵיכֶם הִרְבָּה אֶתְכֶם וְהִנְּכֶם הַיּוֹם
כְּכוֹכְבֵי הַשָּׁמַיִם לָרֹב׃ יְהוָה אֱלֹהֵי אֲבוֹתֵכֶם יֹסֵף
עֲלֵיכֶם כָּכֶם אֶלֶף פְּעָמִים וִיבָרֵךְ אֶתְכֶם כַּאֲשֶׁר
דִּבֶּר לָכֶם׃

ואתחנן

וָאֶתְחַנַּן אֶל־יְהוָה בָּעֵת הַהִוא לֵאמֹר׃ אֲדֹנָי יֱהוִה דברים ג,כג-ד,ח
אַתָּה הַחִלּוֹתָ לְהַרְאוֹת אֶת־עַבְדְּךָ אֶת־גָּדְלְךָ וְאֶת־
יָדְךָ הַחֲזָקָה אֲשֶׁר מִי־אֵל בַּשָּׁמַיִם וּבָאָרֶץ אֲשֶׁר־
יַעֲשֶׂה כְמַעֲשֶׂיךָ וְכִגְבוּרֹתֶךָ׃ אֶעְבְּרָה־נָּא וְאֶרְאֶה
אֶת־הָאָרֶץ הַטּוֹבָה אֲשֶׁר בְּעֵבֶר הַיַּרְדֵּן הָהָר הַטּוֹב
הַזֶּה וְהַלְּבָנֹן׃ *וַיִּתְעַבֵּר יְהוָה בִּי לְמַעַנְכֶם וְלֹא לוי
שָׁמַע אֵלָי וַיֹּאמֶר יְהוָה אֵלַי רַב־לָךְ אַל־תּוֹסֶף דַּבֵּר
אֵלַי עוֹד בַּדָּבָר הַזֶּה׃ עֲלֵה ׀ רֹאשׁ הַפִּסְגָּה וְשָׂא
עֵינֶיךָ יָמָּה וְצָפֹנָה וְתֵימָנָה וּמִזְרָחָה וּרְאֵה בְעֵינֶיךָ
כִּי־לֹא תַעֲבֹר אֶת־הַיַּרְדֵּן הַזֶּה׃ וְצַו אֶת־יְהוֹשֻׁעַ
וְחַזְּקֵהוּ וְאַמְּצֵהוּ כִּי־הוּא יַעֲבֹר לִפְנֵי הָעָם הַזֶּה וְהוּא
יַנְחִיל אוֹתָם אֶת־הָאָרֶץ אֲשֶׁר תִּרְאֶה׃ וַנֵּשֶׁב בַּגָּיְא
מוּל בֵּית פְּעוֹר׃

וְעַתָּה יִשְׂרָאֵל שְׁמַע אֶל־הַחֻקִּים וְאֶל־הַמִּשְׁפָּטִים
אֲשֶׁר אָנֹכִי מְלַמֵּד אֶתְכֶם לַעֲשׂוֹת לְמַעַן תִּחְיוּ
וּבָאתֶם וִירִשְׁתֶּם אֶת־הָאָרֶץ אֲשֶׁר יְהוָה אֱלֹהֵי
אֲבֹתֵיכֶם נֹתֵן לָכֶם׃ לֹא תֹסִפוּ עַל־הַדָּבָר אֲשֶׁר אָנֹכִי
מְצַוֶּה אֶתְכֶם וְלֹא תִגְרְעוּ מִמֶּנּוּ לִשְׁמֹר אֶת־מִצְוֺת

יְהוָה אֱלֹהֵיכֶם אֲשֶׁר אָנֹכִי מְצַוֶּה אֶתְכֶם: עֵינֵיכֶם
הָרֹאוֹת אֵת אֲשֶׁר־עָשָׂה יְהוָה בְּבַעַל פְּעוֹר כִּי כָל־
הָאִישׁ אֲשֶׁר הָלַךְ אַחֲרֵי בַעַל־פְּעוֹר הִשְׁמִידוֹ יְהוָה
אֱלֹהֶיךָ מִקִּרְבֶּךָ: וְאַתֶּם הַדְּבֵקִים בַּיהוָה אֱלֹהֵיכֶם
חַיִּים כֻּלְּכֶם הַיּוֹם: ★רְאֵה | לִמַּדְתִּי אֶתְכֶם חֻקִּים ישראל
וּמִשְׁפָּטִים כַּאֲשֶׁר צִוַּנִי יְהוָה אֱלֹהָי לַעֲשׂוֹת כֵּן בְּקֶרֶב
הָאָרֶץ אֲשֶׁר אַתֶּם בָּאִים שָׁמָּה לְרִשְׁתָּהּ: וּשְׁמַרְתֶּם
וַעֲשִׂיתֶם כִּי הִוא חָכְמַתְכֶם וּבִינַתְכֶם לְעֵינֵי הָעַמִּים
אֲשֶׁר יִשְׁמְעוּן אֵת כָּל־הַחֻקִּים הָאֵלֶּה וְאָמְרוּ רַק
עַם־חָכָם וְנָבוֹן הַגּוֹי הַגָּדוֹל הַזֶּה: כִּי מִי־גוֹי גָּדוֹל
אֲשֶׁר־לוֹ אֱלֹהִים קְרֹבִים אֵלָיו כַּיהוָה אֱלֹהֵינוּ בְּכָל־
קָרְאֵנוּ אֵלָיו: וּמִי גּוֹי גָּדוֹל אֲשֶׁר־לוֹ חֻקִּים וּמִשְׁפָּטִים
צַדִּיקִם כְּכֹל הַתּוֹרָה הַזֹּאת אֲשֶׁר אָנֹכִי נֹתֵן לִפְנֵיכֶם
הַיּוֹם:

עקב

וְהָיָה | עֵקֶב תִּשְׁמְעוּן אֵת הַמִּשְׁפָּטִים הָאֵלֶּה דברים ז,יב–ח,י
וּשְׁמַרְתֶּם וַעֲשִׂיתֶם אֹתָם וְשָׁמַר יְהוָה אֱלֹהֶיךָ לְךָ
אֶת־הַבְּרִית וְאֶת־הַחֶסֶד אֲשֶׁר נִשְׁבַּע לַאֲבֹתֶיךָ:
וַאֲהֵבְךָ וּבֵרַכְךָ וְהִרְבֶּךָ וּבֵרַךְ פְּרִי־בִטְנְךָ וּפְרִי־אַדְמָתֶךָ

דְּגָנְךָ֙ וְתִירֹשְׁךָ֣ וְיִצְהָרֶ֔ךָ שְׁגַר־אֲלָפֶ֙יךָ֙ וְעַשְׁתְּרֹ֣ת צֹאנֶ֔ךָ
עַ֚ל הָאֲדָמָ֔ה אֲשֶׁר־נִשְׁבַּ֥ע לַאֲבֹתֶ֖יךָ לָ֥תֶת לָֽךְ׃ בָּר֥וּךְ
תִּהְיֶ֖ה מִכָּל־הָעַמִּ֑ים לֹא־יִהְיֶ֥ה בְךָ֛ עָקָ֥ר וַעֲקָרָ֖ה
וּבִבְהֶמְתֶּֽךָ׃ וְהֵסִ֧יר יְהוָ֛ה מִמְּךָ֖ כָּל־חֹ֑לִי וְכָל־מַדְוֵ֨י
מִצְרַ֜יִם הָרָעִ֗ים אֲשֶׁ֣ר יָדַ֘עְתָּ֒ לֹ֤א יְשִׂימָם֙ בָּ֔ךְ וּנְתָנָ֖ם
בְּכָל־שֹׂנְאֶֽיךָ׃ וְאָכַלְתָּ֣ אֶת־כָּל־הָעַמִּ֗ים אֲשֶׁ֨ר יְהוָ֤ה
אֱלֹהֶ֙יךָ֙ נֹתֵ֣ן לָ֔ךְ לֹא־תָח֥וֹס עֵינְךָ֖ עֲלֵיהֶ֑ם וְלֹ֤א תַעֲבֹד֙
אֶת־אֱלֹ֣הֵיהֶ֔ם כִּֽי־מוֹקֵ֥שׁ ה֖וּא לָֽךְ׃ כִּ֤י
תֹאמַר֙ בִּלְבָ֣בְךָ֔ רַבִּ֛ים הַגּוֹיִ֥ם הָאֵ֖לֶּה מִמֶּ֑נִּי אֵיכָ֥ה
אוּכַ֖ל לְהוֹרִישָֽׁם׃ לֹ֥א תִירָ֖א מֵהֶ֑ם זָכֹ֣ר תִּזְכֹּ֗ר אֵ֤ת
אֲשֶׁר־עָשָׂה֙ יְהוָ֣ה אֱלֹהֶ֔יךָ לְפַרְעֹ֖ה וּלְכָל־מִצְרָֽיִם׃
הַמַּסֹּ֨ת הַגְּדֹלֹ֜ת אֲשֶׁר־רָא֣וּ עֵינֶ֗יךָ וְהָאֹתֹ֣ת וְהַמֹּפְתִ֡ים
וְהַיָּ֣ד הַחֲזָקָה֩ וְהַזְּרֹ֨עַ הַנְּטוּיָ֔ה אֲשֶׁ֥ר הוֹצִאֲךָ֖ יְהוָ֣ה
אֱלֹהֶ֑יךָ כֵּֽן־יַעֲשֶׂ֞ה יְהוָ֤ה אֱלֹהֶ֙יךָ֙ לְכָל־הָ֣עַמִּ֔ים אֲשֶׁר־
אַתָּ֥ה יָרֵ֖א מִפְּנֵיהֶֽם׃ וְגַם֙ אֶת־הַצִּרְעָ֔ה יְשַׁלַּ֛ח יְהוָ֥ה
אֱלֹהֶ֖יךָ בָּ֑ם עַד־אֲבֹ֗ד הַנִּשְׁאָרִ֛ים וְהַנִּסְתָּרִ֖ים מִפָּנֶֽיךָ׃
לֹ֥א תַעֲרֹ֖ץ מִפְּנֵיהֶ֑ם כִּֽי־יְהוָ֤ה אֱלֹהֶ֙יךָ֙ בְּקִרְבֶּ֔ךָ אֵ֥ל
גָּד֖וֹל וְנוֹרָֽא׃ *וְנָשַׁל֩ יְהוָ֨ה אֱלֹהֶ֜יךָ אֶת־הַגּוֹיִ֥ם הָאֵ֛ל לוי
מִפָּנֶ֖יךָ מְעַ֣ט מְעָ֑ט לֹ֤א תוּכַל֙ כַּלֹּתָ֣ם מַהֵ֔ר פֶּן־תִּרְבֶּ֥ה
עָלֶ֖יךָ חַיַּ֥ת הַשָּׂדֶֽה׃ וּנְתָנָ֛ם יְהוָ֥ה אֱלֹהֶ֖יךָ לְפָנֶ֑יךָ וְהָמָם֙

מְהוּמָ֣ה גְדֹלָ֔ה עַ֖ד הִשָּׁמְדָֽם׃ וְנָתַ֤ן מַלְכֵיהֶם֙ בְּיָדֶ֔ךָ
וְהַאֲבַדְתָּ֣ אֶת־שְׁמָ֔ם מִתַּ֖חַת הַשָּׁמָ֑יִם לֹֽא־יִתְיַצֵּ֥ב אִישׁ֙
בְּפָנֶ֔יךָ עַ֥ד הִשְׁמִדְךָ֖ אֹתָֽם׃ פְּסִילֵ֥י אֱלֹהֵיהֶ֖ם תִּשְׂרְפ֣וּן
בָּאֵ֑שׁ לֹֽא־תַחְמֹד֩ כֶּ֨סֶף וְזָהָ֤ב עֲלֵיהֶם֙ וְלָקַחְתָּ֣ לָ֔ךְ
פֶּ֚ן תִּוָּקֵ֣שׁ בּ֔וֹ כִּ֧י תוֹעֲבַ֛ת יְהוָ֥ה אֱלֹהֶ֖יךָ הֽוּא׃ וְלֹא־
תָבִ֤יא תוֹעֵבָה֙ אֶל־בֵּיתֶ֔ךָ וְהָיִ֥יתָ חֵ֖רֶם כָּמֹ֑הוּ שַׁקֵּ֧ץ ׀
תְּשַׁקְּצֶ֛נּוּ וְתַעֵ֥ב ׀ תְּֽתַעֲבֶ֖נּוּ כִּֽי־חֵ֥רֶם הֽוּא׃
כָּל־הַמִּצְוָ֗ה אֲשֶׁ֨ר אָנֹכִ֜י מְצַוְּךָ֥ הַיּ֛וֹם תִּשְׁמְר֥וּן לַעֲשׂ֑וֹת
לְמַ֨עַן תִּֽחְי֜וּן וּרְבִיתֶ֗ם וּבָאתֶם֙ וִֽירִשְׁתֶּ֣ם אֶת־הָאָ֔רֶץ
אֲשֶׁר־נִשְׁבַּ֥ע יְהוָ֖ה לַאֲבֹתֵיכֶֽם׃ וְזָכַרְתָּ֣ אֶת־כָּל־
הַדֶּ֗רֶךְ אֲשֶׁ֨ר הוֹלִֽיכְךָ֜ יְהוָ֧ה אֱלֹהֶ֛יךָ זֶ֛ה אַרְבָּעִ֥ים
שָׁנָ֖ה בַּמִּדְבָּ֑ר לְמַ֨עַן עַנֹּֽתְךָ֜ לְנַסֹּֽתְךָ֗ לָדַ֜עַת אֶת־אֲשֶׁ֧ר
בִּֽלְבָבְךָ֛ הֲתִשְׁמֹ֥ר מִצְוֺתָ֖ו אִם־לֹֽא׃ וַיְעַנְּךָ֮ וַיַּרְעִבֶ֒ךָ֒
וַיַּאֲכִֽלְךָ֤ אֶת־הַמָּן֙ אֲשֶׁ֣ר לֹא־יָדַ֔עְתָּ וְלֹ֥א יָדְע֖וּן אֲבֹתֶ֑יךָ
לְמַ֣עַן הוֹדִֽעֲךָ֗ כִּ֠י לֹ֣א עַל־הַלֶּ֤חֶם לְבַדּוֹ֙ יִחְיֶ֣ה הָֽאָדָ֔ם
כִּ֛י עַל־כָּל־מוֹצָ֥א פִֽי־יְהוָ֖ה יִחְיֶ֥ה הָאָדָֽם׃ *שִׂמְלָ֨תְךָ֜ ישראל
לֹ֤א בָֽלְתָה֙ מֵֽעָלֶ֔יךָ וְרַגְלְךָ֖ לֹ֣א בָצֵ֑קָה זֶ֖ה אַרְבָּעִ֥ים
שָׁנָֽה׃ וְיָדַעְתָּ֖ עִם־לְבָבֶ֑ךָ כִּ֗י כַּאֲשֶׁ֨ר יְיַסֵּ֥ר אִישׁ֙ אֶת־
בְּנ֔וֹ יְהוָ֥ה אֱלֹהֶ֖יךָ מְיַסְּרֶֽךָּ׃ וְשָׁמַרְתָּ֔ אֶת־מִצְוֺ֖ת
יְהוָ֣ה אֱלֹהֶ֑יךָ לָלֶ֥כֶת בִּדְרָכָ֖יו וּלְיִרְאָ֥ה אֹתֽוֹ׃ כִּ֚י יְהוָ֣ה

אֱלֹהֶיךָ מְבִיאֲךָ אֶל־אֶרֶץ טוֹבָה אֶרֶץ נַחֲלֵי מָיִם
עֲיָנֹת וּתְהֹמֹת יֹצְאִים בַּבִּקְעָה וּבָהָר: אֶרֶץ חִטָּה
וּשְׂעֹרָה וְגֶפֶן וּתְאֵנָה וְרִמּוֹן אֶרֶץ־זֵית שֶׁמֶן וּדְבָשׁ:
אֶרֶץ אֲשֶׁר לֹא בְמִסְכֵּנֻת תֹּאכַל־בָּהּ לֶחֶם לֹא־תֶחְסַר
כֹּל בָּהּ אֶרֶץ אֲשֶׁר אֲבָנֶיהָ בַרְזֶל וּמֵהֲרָרֶיהָ תַּחְצֹב
נְחֹשֶׁת: וְאָכַלְתָּ וְשָׂבָעְתָּ וּבֵרַכְתָּ אֶת־יְהוָה אֱלֹהֶיךָ
עַל־הָאָרֶץ הַטֹּבָה אֲשֶׁר נָתַן־לָךְ:

ראה

רְאֵה אָנֹכִי נֹתֵן לִפְנֵיכֶם הַיּוֹם בְּרָכָה וּקְלָלָה: אֶת־ דברים יא,כו–יב,י
הַבְּרָכָה אֲשֶׁר תִּשְׁמְעוּ אֶל־מִצְוֺת יְהוָה אֱלֹהֵיכֶם
אֲשֶׁר אָנֹכִי מְצַוֶּה אֶתְכֶם הַיּוֹם: וְהַקְּלָלָה אִם־לֹא
תִשְׁמְעוּ אֶל־מִצְוֺת יְהוָה אֱלֹהֵיכֶם וְסַרְתֶּם מִן־
הַדֶּרֶךְ אֲשֶׁר אָנֹכִי מְצַוֶּה אֶתְכֶם הַיּוֹם לָלֶכֶת אַחֲרֵי
אֱלֹהִים אֲחֵרִים אֲשֶׁר לֹא־יְדַעְתֶּם: וְהָיָה
כִּי יְבִיאֲךָ יְהוָה אֱלֹהֶיךָ אֶל־הָאָרֶץ אֲשֶׁר־אַתָּה בָא־
שָׁמָּה לְרִשְׁתָּהּ וְנָתַתָּה אֶת־הַבְּרָכָה עַל־הַר גְּרִזִים
וְאֶת־הַקְּלָלָה עַל־הַר עֵיבָל: הֲלֹא־הֵמָּה בְּעֵבֶר
הַיַּרְדֵּן אַחֲרֵי דֶּרֶךְ מְבוֹא הַשֶּׁמֶשׁ בְּאֶרֶץ הַכְּנַעֲנִי
הַיֹּשֵׁב בָּעֲרָבָה מוּל הַגִּלְגָּל אֵצֶל אֵלוֹנֵי מֹרֶה: כִּי

אַתֶּם עֹבְרִים אֶת־הַיַּרְדֵּן לָבֹא לָרֶשֶׁת אֶת־הָאָרֶץ
אֲשֶׁר־יְהוָה אֱלֹהֵיכֶם נֹתֵן לָכֶם וִירִשְׁתֶּם אֹתָהּ
וִישַׁבְתֶּם־בָּהּ: *וּשְׁמַרְתֶּם לַעֲשׂוֹת אֵת כָּל־הַחֻקִּים לוי
וְאֶת־הַמִּשְׁפָּטִים אֲשֶׁר אָנֹכִי נֹתֵן לִפְנֵיכֶם הַיּוֹם:
אֵלֶּה הַחֻקִּים וְהַמִּשְׁפָּטִים אֲשֶׁר תִּשְׁמְרוּן לַעֲשׂוֹת
בָּאָרֶץ אֲשֶׁר נָתַן יְהוָה אֱלֹהֵי אֲבֹתֶיךָ לְךָ לְרִשְׁתָּהּ
כָּל־הַיָּמִים אֲשֶׁר־אַתֶּם חַיִּים עַל־הָאֲדָמָה: אַבֵּד
תְּאַבְּדוּן אֶת־כָּל־הַמְּקֹמוֹת אֲשֶׁר עָבְדוּ־שָׁם הַגּוֹיִם
אֲשֶׁר אַתֶּם יֹרְשִׁים אֹתָם אֶת־אֱלֹהֵיהֶם עַל־הֶהָרִים
הָרָמִים וְעַל־הַגְּבָעוֹת וְתַחַת כָּל־עֵץ רַעֲנָן: וְנִתַּצְתֶּם
אֶת־מִזְבְּחֹתָם וְשִׁבַּרְתֶּם אֶת־מַצֵּבֹתָם וַאֲשֵׁרֵיהֶם
תִּשְׂרְפוּן בָּאֵשׁ וּפְסִילֵי אֱלֹהֵיהֶם תְּגַדֵּעוּן וְאִבַּדְתֶּם
אֶת־שְׁמָם מִן־הַמָּקוֹם הַהוּא: לֹא־תַעֲשׂוּן כֵּן
לַיהוָה אֱלֹהֵיכֶם: כִּי אִם־אֶל־הַמָּקוֹם אֲשֶׁר־יִבְחַר
יְהוָה אֱלֹהֵיכֶם מִכָּל־שִׁבְטֵיכֶם לָשׂוּם אֶת־שְׁמוֹ
שָׁם לְשִׁכְנוֹ תִדְרְשׁוּ וּבָאתָ שָּׁמָּה: *וַהֲבֵאתֶם שָׁמָּה ישראל
עֹלֹתֵיכֶם וְזִבְחֵיכֶם וְאֵת מַעְשְׂרֹתֵיכֶם וְאֵת תְּרוּמַת
יֶדְכֶם וְנִדְרֵיכֶם וְנִדְבֹתֵיכֶם וּבְכֹרֹת בְּקַרְכֶם וְצֹאנְכֶם:
וַאֲכַלְתֶּם־שָׁם לִפְנֵי יְהוָה אֱלֹהֵיכֶם וּשְׂמַחְתֶּם בְּכֹל
מִשְׁלַח יֶדְכֶם אַתֶּם וּבָתֵּיכֶם אֲשֶׁר בֵּרַכְךָ יְהוָה

אֱלֹהֶיךָ: לֹא תַעֲשׂוּן כְּכֹל אֲשֶׁר אֲנַחְנוּ עֹשִׂים פֹּה
הַיּוֹם אִישׁ כָּל־הַיָּשָׁר בְּעֵינָיו: כִּי לֹא־בָאתֶם עַד־
עָתָּה אֶל־הַמְּנוּחָה וְאֶל־הַנַּחֲלָה אֲשֶׁר־יְהוָה אֱלֹהֶיךָ
נֹתֵן לָךְ: וַעֲבַרְתֶּם אֶת־הַיַּרְדֵּן וִישַׁבְתֶּם בָּאָרֶץ אֲשֶׁר־
יְהוָה אֱלֹהֵיכֶם מַנְחִיל אֶתְכֶם וְהֵנִיחַ לָכֶם מִכָּל־
אֹיְבֵיכֶם מִסָּבִיב וִישַׁבְתֶּם־בֶּטַח:

שופטים

שֹׁפְטִים וְשֹׁטְרִים תִּתֶּן־לְךָ בְּכָל־שְׁעָרֶיךָ אֲשֶׁר יְהוָה דברים טז, יח–יז, יג
אֱלֹהֶיךָ נֹתֵן לְךָ לִשְׁבָטֶיךָ וְשָׁפְטוּ אֶת־הָעָם מִשְׁפַּט־
צֶדֶק: לֹא־תַטֶּה מִשְׁפָּט לֹא תַכִּיר פָּנִים וְלֹא־תִקַּח
שֹׁחַד כִּי הַשֹּׁחַד יְעַוֵּר עֵינֵי חֲכָמִים וִיסַלֵּף דִּבְרֵי
צַדִּיקִם: צֶדֶק צֶדֶק תִּרְדֹּף לְמַעַן תִּחְיֶה וְיָרַשְׁתָּ אֶת־
הָאָרֶץ אֲשֶׁר־יְהוָה אֱלֹהֶיךָ נֹתֵן לָךְ: *לֹא־ לוי
תִטַּע לְךָ אֲשֵׁרָה כָּל־עֵץ אֵצֶל מִזְבַּח יְהוָה אֱלֹהֶיךָ
אֲשֶׁר תַּעֲשֶׂה־לָּךְ: וְלֹא־תָקִים לְךָ מַצֵּבָה אֲשֶׁר שָׂנֵא
יְהוָה אֱלֹהֶיךָ: לֹא־תִזְבַּח לַיהוָה אֱלֹהֶיךָ
שׁוֹר וָשֶׂה אֲשֶׁר יִהְיֶה בוֹ מוּם כֹּל דָּבָר רָע כִּי תוֹעֲבַת
יְהוָה אֱלֹהֶיךָ הוּא: כִּי־יִמָּצֵא בְקִרְבְּךָ
בְּאַחַד שְׁעָרֶיךָ אֲשֶׁר־יְהוָה אֱלֹהֶיךָ נֹתֵן לָךְ אִישׁ

אוֹ־אִשָּׁ֗ה אֲשֶׁ֨ר יַעֲשֶׂ֧ה אֶת־הָרַ֛ע בְּעֵינֵ֥י יְהוָֽה־אֱלֹהֶ֖יךָ
לַעֲבֹ֥ר בְּרִיתֽוֹ׃ וַיֵּ֗לֶךְ וַיַּֽעֲבֹד֙ אֱלֹהִ֣ים אֲחֵרִ֔ים וַיִּשְׁתַּ֖חוּ
לָהֶ֑ם וְלַשֶּׁ֣מֶשׁ ׀ א֣וֹ לַיָּרֵ֗חַ א֛וֹ לְכָל־צְבָ֥א הַשָּׁמַ֖יִם
אֲשֶׁ֥ר לֹֽא־צִוִּֽיתִי׃ וְהֻֽגַּד־לְךָ֖ וְשָׁמָ֑עְתָּ וְדָרַשְׁתָּ֣ הֵיטֵ֔ב
וְהִנֵּ֤ה אֱמֶת֙ נָכ֣וֹן הַדָּבָ֔ר נֶעֶשְׂתָ֛ה הַתּוֹעֵבָ֥ה הַזֹּ֖את
בְּיִשְׂרָאֵֽל׃ וְהוֹצֵאתָ֣ אֶת־הָאִ֣ישׁ הַה֡וּא א֣וֹ אֶת־
הָאִשָּׁ֣ה הַהִוא֩ אֲשֶׁ֨ר עָשׂ֜וּ אֶת־הַדָּבָ֨ר הָרָ֤ע הַזֶּה֙
אֶל־שְׁעָרֶ֔יךָ אֶת־הָאִ֕ישׁ א֖וֹ אֶת־הָֽאִשָּׁ֑ה וּסְקַלְתָּ֥ם
בָּאֲבָנִ֖ים וָמֵֽתוּ׃ עַל־פִּ֣י ׀ שְׁנַ֣יִם עֵדִ֗ים א֛וֹ שְׁלֹשָׁ֥ה עֵדִ֖ים
יוּמַ֣ת הַמֵּ֑ת לֹ֣א יוּמַ֔ת עַל־פִּ֖י עֵ֥ד אֶחָֽד׃ יַ֣ד הָעֵדִ֞ים
תִּֽהְיֶה־בּ֤וֹ בָרִאשֹׁנָה֙ לַהֲמִית֔וֹ וְיַ֥ד כָּל־הָעָ֖ם בָּאַחֲרֹנָ֑ה
וּבִֽעַרְתָּ֥ הָרָ֖ע מִקִּרְבֶּֽךָ׃

כִּ֣י יִפָּלֵא֩ מִמְּךָ֨ דָבָ֜ר לַמִּשְׁפָּ֗ט בֵּֽין־דָּ֨ם ׀ לְדָ֜ם בֵּֽין־
דִּ֣ין לְדִ֗ין וּבֵ֥ין נֶ֙גַע֙ לָנֶ֔גַע דִּבְרֵ֥י רִיבֹ֖ת בִּשְׁעָרֶ֑יךָ וְקַמְתָּ֣
וְעָלִ֔יתָ אֶ֨ל־הַמָּק֔וֹם אֲשֶׁ֥ר יִבְחַ֛ר יְהוָ֥ה אֱלֹהֶ֖יךָ בּֽוֹ׃
וּבָאתָ֗ אֶל־הַכֹּהֲנִים֙ הַלְוִיִּ֔ם וְאֶ֨ל־הַשֹּׁפֵ֔ט אֲשֶׁ֥ר יִהְיֶ֖ה
בַּיָּמִ֣ים הָהֵ֑ם וְדָרַשְׁתָּ֙ וְהִגִּ֣ידוּ לְךָ֔ אֵ֖ת דְּבַ֥ר הַמִּשְׁפָּֽט׃
וְעָשִׂ֗יתָ עַל־פִּ֤י הַדָּבָר֙ אֲשֶׁ֣ר יַגִּ֣ידוּ לְךָ֔ מִן־הַמָּק֣וֹם
הַה֔וּא אֲשֶׁ֖ר יִבְחַ֣ר יְהוָ֑ה וְשָׁמַרְתָּ֣ לַעֲשׂ֔וֹת כְּכֹ֖ל אֲשֶׁ֥ר
יוֹרֽוּךָ׃ *עַל־פִּ֨י הַתּוֹרָ֜ה אֲשֶׁ֣ר יוֹר֗וּךָ וְעַל־הַמִּשְׁפָּ֛ט ישראל

אֲשֶׁר־יֹאמְרוּ לְךָ תַּעֲשֶׂה לֹא תָסוּר מִן־הַדָּבָר אֲשֶׁר־
יַגִּידוּ לְךָ יָמִין וּשְׂמֹאל: וְהָאִישׁ אֲשֶׁר־יַעֲשֶׂה בְזָדוֹן
לְבִלְתִּי שְׁמֹעַ אֶל־הַכֹּהֵן הָעֹמֵד לְשָׁרֶת שָׁם אֶת־
יְהוָה אֱלֹהֶיךָ אוֹ אֶל־הַשֹּׁפֵט וּמֵת הָאִישׁ הַהוּא
וּבִעַרְתָּ הָרָע מִיִּשְׂרָאֵל: וְכָל־הָעָם יִשְׁמְעוּ וְיִרָאוּ
וְלֹא יְזִידוּן עוֹד:

כי תצא

כִּי־תֵצֵא לַמִּלְחָמָה עַל־אֹיְבֶיךָ וּנְתָנוֹ יְהוָה אֱלֹהֶיךָ דברים כא, י–כא
בְּיָדֶךָ וְשָׁבִיתָ שִׁבְיוֹ: וְרָאִיתָ בַּשִּׁבְיָה אֵשֶׁת יְפַת־
תֹּאַר וְחָשַׁקְתָּ בָהּ וְלָקַחְתָּ לְךָ לְאִשָּׁה: וַהֲבֵאתָהּ
אֶל־תּוֹךְ בֵּיתֶךָ וְגִלְּחָה אֶת־רֹאשָׁהּ וְעָשְׂתָה אֶת־
צִפָּרְנֶיהָ: וְהֵסִירָה אֶת־שִׂמְלַת שִׁבְיָהּ מֵעָלֶיהָ וְיָשְׁבָה
בְּבֵיתֶךָ וּבָכְתָה אֶת־אָבִיהָ וְאֶת־אִמָּהּ יֶרַח יָמִים
וְאַחַר כֵּן תָּבוֹא אֵלֶיהָ וּבְעַלְתָּהּ וְהָיְתָה לְךָ לְאִשָּׁה:
וְהָיָה אִם־לֹא חָפַצְתָּ בָּהּ וְשִׁלַּחְתָּהּ לְנַפְשָׁהּ וּמָכֹר
לֹא־תִמְכְּרֶנָּה בַּכָּסֶף לֹא־תִתְעַמֵּר בָּהּ תַּחַת אֲשֶׁר
עִנִּיתָהּ: *כִּי־תִהְיֶיןָ לְאִישׁ שְׁתֵּי נָשִׁים לוי
הָאַחַת אֲהוּבָה וְהָאַחַת שְׂנוּאָה וְיָלְדוּ־לוֹ בָנִים
הָאֲהוּבָה וְהַשְּׂנוּאָה וְהָיָה הַבֵּן הַבְּכֹר לַשְּׂנִיאָה:

וְהָיָ֗ה בְּיוֹם֙ הַנְחִיל֣וֹ אֶת־בָּנָ֔יו אֵ֥ת אֲשֶׁר־יִהְיֶ֖ה ל֑וֹ לֹ֣א
יוּכַ֗ל לְבַכֵּר֙ אֶת־בֶּן־הָ֣אֲהוּבָ֔ה עַל־פְּנֵ֥י בֶן־הַשְּׂנוּאָ֖ה
הַבְּכֹֽר׃ כִּי֩ אֶת־הַבְּכֹ֨ר בֶּן־הַשְּׂנוּאָ֜ה יַכִּ֗יר לָ֤תֶת לוֹ֙
פִּ֣י שְׁנַ֔יִם בְּכֹ֥ל אֲשֶׁר־יִמָּצֵ֖א ל֑וֹ כִּי־הוּא֙ רֵאשִׁ֣ית אֹנ֔וֹ
ל֖וֹ מִשְׁפַּ֥ט הַבְּכֹרָֽה׃ *כִּֽי־יִהְיֶ֣ה לְאִ֗ישׁ בֵּ֚ן ישראל
סוֹרֵ֣ר וּמוֹרֶ֔ה אֵינֶ֣נּוּ שֹׁמֵ֔עַ בְּק֥וֹל אָבִ֖יו וּבְק֣וֹל אִמּ֑וֹ
וְיִסְּר֣וּ אֹת֔וֹ וְלֹ֥א יִשְׁמַ֖ע אֲלֵיהֶֽם׃ וְתָ֥פְשׂוּ ב֖וֹ אָבִ֣יו
וְאִמּ֑וֹ וְהוֹצִ֧יאוּ אֹת֛וֹ אֶל־זִקְנֵ֥י עִיר֖וֹ וְאֶל־שַׁ֥עַר מְקֹמֽוֹ׃
וְאָמְר֞וּ אֶל־זִקְנֵ֣י עִיר֗וֹ בְּנֵ֤נוּ זֶה֙ סוֹרֵ֣ר וּמֹרֶ֔ה אֵינֶ֥נּוּ
שֹׁמֵ֖עַ בְּקֹלֵ֑נוּ זוֹלֵ֖ל וְסֹבֵֽא׃ וּ֠רְגָמֻהוּ כָּל־אַנְשֵׁ֨י עִיר֤וֹ
בָֽאֲבָנִים֙ וָמֵ֔ת וּבִֽעַרְתָּ֥ הָרָ֖ע מִקִּרְבֶּ֑ךָ וְכָל־יִשְׂרָאֵ֖ל
יִשְׁמְע֥וּ וְיִרָֽאוּ׃

כי תבוא

וְהָיָה֙ כִּֽי־תָב֣וֹא אֶל־הָאָ֔רֶץ אֲשֶׁר֙ יְהוָ֣ה אֱלֹהֶ֔יךָ נֹתֵ֥ן דברים כו, א–טו
לְךָ֖ נַחֲלָ֑ה וִירִשְׁתָּ֖הּ וְיָשַׁ֥בְתָּ בָּֽהּ׃ וְלָקַחְתָּ֞ מֵרֵאשִׁ֣ית ׀
כָּל־פְּרִ֣י הָאֲדָמָ֗ה אֲשֶׁ֨ר תָּבִ֧יא מֵֽאַרְצְךָ֛ אֲשֶׁ֨ר יְהוָ֧ה
אֱלֹהֶ֛יךָ נֹתֵ֥ן לָ֖ךְ וְשַׂמְתָּ֣ בַטֶּ֑נֶא וְהָֽלַכְתָּ֙ אֶל־הַמָּק֔וֹם
אֲשֶׁ֤ר יִבְחַר֙ יְהוָ֣ה אֱלֹהֶ֔יךָ לְשַׁכֵּ֥ן שְׁמ֖וֹ שָֽׁם׃ וּבָאתָ֙
אֶל־הַכֹּהֵ֔ן אֲשֶׁ֥ר יִהְיֶ֖ה בַּיָּמִ֣ים הָהֵ֑ם וְאָמַרְתָּ֣ אֵלָ֔יו

הִגַּ֤דְתִּי הַיּוֹם֙ לַיהוָ֣ה אֱלֹהֶ֔יךָ כִּי־בָ֙אתִי֙ אֶל־הָאָ֔רֶץ
אֲשֶׁ֨ר נִשְׁבַּ֧ע יְהוָ֛ה לַאֲבֹתֵ֖ינוּ לָ֥תֶת לָֽנוּ׃ ★וְלָקַ֧ח הַכֹּהֵ֛ן לוי
הַטֶּ֖נֶא מִיָּדֶ֑ךָ וְהִ֨נִּיח֔וֹ לִפְנֵ֕י מִזְבַּ֖ח יְהוָ֥ה אֱלֹהֶֽיךָ׃
וְעָנִ֨יתָ וְאָמַרְתָּ֜ לִפְנֵ֣י ׀ יְהוָ֣ה אֱלֹהֶ֗יךָ אֲרַמִּי֙ אֹבֵ֣ד אָבִ֔י
וַיֵּ֣רֶד מִצְרַ֔יְמָה וַיָּ֥גָר שָׁ֖ם בִּמְתֵ֣י מְעָ֑ט וַֽיְהִי־שָׁ֕ם לְג֥וֹי
גָּד֖וֹל עָצ֥וּם וָרָֽב׃ וַיָּרֵ֧עוּ אֹתָ֛נוּ הַמִּצְרִ֖ים וַיְעַנּ֑וּנוּ
וַיִּתְּנ֥וּ עָלֵ֖ינוּ עֲבֹדָ֥ה קָשָֽׁה׃ וַנִּצְעַ֕ק אֶל־יְהוָ֖ה אֱלֹהֵ֣י
אֲבֹתֵ֑ינוּ וַיִּשְׁמַ֤ע יְהוָה֙ אֶת־קֹלֵ֔נוּ וַיַּ֧רְא אֶת־עָנְיֵ֛נוּ
וְאֶת־עֲמָלֵ֖נוּ וְאֶת־לַחֲצֵֽנוּ׃ וַיּוֹצִאֵ֤נוּ יְהוָה֙ מִמִּצְרַ֔יִם
בְּיָ֤ד חֲזָקָה֙ וּבִזְרֹ֣עַ נְטוּיָ֔ה וּבְמֹרָ֖א גָּדֹ֑ל וּבְאֹת֖וֹת
וּבְמֹפְתִֽים׃ וַיְבִאֵ֖נוּ אֶל־הַמָּק֣וֹם הַזֶּ֑ה וַיִּתֶּן־לָ֙נוּ֙ אֶת־
הָאָ֣רֶץ הַזֹּ֔את אֶ֛רֶץ זָבַ֥ת חָלָ֖ב וּדְבָֽשׁ׃ וְעַתָּ֗ה הִנֵּ֤ה
הֵבֵ֙אתִי֙ אֶת־רֵאשִׁית֙ פְּרִ֣י הָאֲדָמָ֔ה אֲשֶׁר־נָתַ֥תָּה
לִּ֖י יְהוָ֑ה וְהִנַּחְתּ֗וֹ לִפְנֵי֙ יְהוָ֣ה אֱלֹהֶ֔יךָ וְהִֽשְׁתַּחֲוִ֔יתָ
לִפְנֵ֖י יְהוָ֥ה אֱלֹהֶֽיךָ׃ וְשָׂמַחְתָּ֣ בְכָל־הַטּ֗וֹב אֲשֶׁ֧ר נָֽתַן־
לְךָ֛ יְהוָ֥ה אֱלֹהֶ֖יךָ וּלְבֵיתֶ֑ךָ אַתָּה֙ וְהַלֵּוִ֔י וְהַגֵּ֖ר אֲשֶׁ֥ר
בְּקִרְבֶּֽךָ׃ ★כִּ֣י תְכַלֶּ֞ה לַ֠עְשֵׂר אֶת־כָּל־ ישראל
מַעְשַׂ֧ר תְּבוּאָתְךָ֛ בַּשָּׁנָ֥ה הַשְּׁלִישִׁ֖ת שְׁנַ֣ת הַֽמַּעֲשֵׂ֑ר
וְנָתַתָּ֣ה לַלֵּוִ֗י לַגֵּר֙ לַיָּת֣וֹם וְלָֽאַלְמָנָ֔ה וְאָכְל֥וּ בִשְׁעָרֶ֖יךָ
וְשָׂבֵֽעוּ׃ וְאָמַרְתָּ֡ לִפְנֵי֩ יְהוָ֨ה אֱלֹהֶ֜יךָ בִּעַ֧רְתִּי הַקֹּ֣דֶשׁ

מִן־הַבַּיִת וְגַם נְתַתִּיו לַלֵּוִי וְלַגֵּר לַיָּתוֹם וְלָאַלְמָנָה
כְּכָל־מִצְוָתְךָ אֲשֶׁר צִוִּיתָנִי לֹא־עָבַרְתִּי מִמִּצְוֺתֶיךָ
וְלֹא שָׁכָחְתִּי: לֹא־אָכַלְתִּי בְאֹנִי מִמֶּנּוּ וְלֹא־בִעַרְתִּי
מִמֶּנּוּ בְּטָמֵא וְלֹא־נָתַתִּי מִמֶּנּוּ לְמֵת שָׁמַעְתִּי בְּקוֹל
יְהוָה אֱלֹהָי עָשִׂיתִי כְּכֹל אֲשֶׁר צִוִּיתָנִי: הַשְׁקִיפָה
מִמְּעוֹן קָדְשְׁךָ מִן־הַשָּׁמַיִם וּבָרֵךְ אֶת־עַמְּךָ אֶת־
יִשְׂרָאֵל וְאֵת הָאֲדָמָה אֲשֶׁר נָתַתָּה לָנוּ כַּאֲשֶׁר
נִשְׁבַּעְתָּ לַאֲבֹתֵינוּ אֶרֶץ זָבַת חָלָב וּדְבָשׁ:

נצבים

אַתֶּם נִצָּבִים הַיּוֹם כֻּלְּכֶם לִפְנֵי יְהוָה אֱלֹהֵיכֶם דברים כט,ט–כח
רָאשֵׁיכֶם שִׁבְטֵיכֶם זִקְנֵיכֶם וְשֹׁטְרֵיכֶם כֹּל אִישׁ
יִשְׂרָאֵל: טַפְּכֶם נְשֵׁיכֶם וְגֵרְךָ אֲשֶׁר בְּקֶרֶב מַחֲנֶיךָ
מֵחֹטֵב עֵצֶיךָ עַד שֹׁאֵב מֵימֶיךָ: לְעָבְרְךָ בִּבְרִית יְהוָה
אֱלֹהֶיךָ וּבְאָלָתוֹ אֲשֶׁר יְהוָה אֱלֹהֶיךָ כֹּרֵת עִמְּךָ הַיּוֹם:
*לְמַעַן הָקִים־אֹתְךָ הַיּוֹם ׀ לוֹ לְעָם וְהוּא יִהְיֶה־לְּךָ לוי
לֵאלֹהִים כַּאֲשֶׁר דִּבֶּר־לָךְ וְכַאֲשֶׁר נִשְׁבַּע לַאֲבֹתֶיךָ
לְאַבְרָהָם לְיִצְחָק וּלְיַעֲקֹב: וְלֹא אִתְּכֶם לְבַדְּכֶם אָנֹכִי
כֹּרֵת אֶת־הַבְּרִית הַזֹּאת וְאֶת־הָאָלָה הַזֹּאת: כִּי אֶת־
אֲשֶׁר יֶשְׁנוֹ פֹּה עִמָּנוּ עֹמֵד הַיּוֹם לִפְנֵי יְהוָה אֱלֹהֵינוּ

וְאֵ֨ת אֲשֶׁ֥ר אֵינֶ֛נּוּ פֹּ֖ה עִמָּ֑נוּ הַיּֽוֹם׃ *כִּֽי־אַתֶּ֣ם יְדַעְתֶּ֔ם ישראל
אֵ֥ת אֲשֶׁר־יָשַׁ֖בְנוּ בְּאֶ֣רֶץ מִצְרָ֑יִם וְאֵ֧ת אֲשֶׁר־עָבַ֛רְנוּ
בְּקֶ֥רֶב הַגּוֹיִ֖ם אֲשֶׁ֥ר עֲבַרְתֶּֽם׃ וַתִּרְאוּ֙ אֶת־שִׁקּ֣וּצֵיהֶ֔ם
וְאֵ֖ת גִּלֻּלֵיהֶ֑ם עֵ֣ץ וָאֶ֔בֶן כֶּ֥סֶף וְזָהָ֖ב אֲשֶׁ֥ר עִמָּהֶֽם׃
פֶּן־יֵ֣שׁ בָּ֠כֶ֠ם אִ֣ישׁ אוֹ־אִשָּׁ֞ה א֣וֹ מִשְׁפָּחָ֧ה אוֹ־שֵׁ֗בֶט
אֲשֶׁר֩ לְבָב֨וֹ פֹנֶ֤ה הַיּוֹם֙ מֵעִם֙ יְהוָ֣ה אֱלֹהֵ֔ינוּ לָלֶ֣כֶת
לַעֲבֹ֔ד אֶת־אֱלֹהֵ֖י הַגּוֹיִ֣ם הָהֵ֑ם פֶּן־יֵ֣שׁ בָּכֶ֗ם שֹׁ֛רֶשׁ פֹּרֶ֥ה
רֹ֖אשׁ וְלַעֲנָֽה׃ וְהָיָ֡ה בְּשָׁמְעוֹ֩ אֶת־דִּבְרֵ֨י הָאָלָ֜ה הַזֹּ֗את
וְהִתְבָּרֵ֨ךְ בִּלְבָב֤וֹ לֵאמֹר֙ שָׁל֣וֹם יִֽהְיֶה־לִּ֔י כִּ֛י בִּשְׁרִר֥וּת
לִבִּ֖י אֵלֵ֑ךְ לְמַ֛עַן סְפ֥וֹת הָרָוָ֖ה אֶת־הַצְּמֵאָֽה׃ לֹֽא־
יֹאבֶ֣ה יְהוָה֮ סְלֹ֣חַ לוֹ֒ כִּ֣י אָ֠ז יֶעְשַׁ֨ן אַף־יְהוָ֤ה וְקִנְאָתוֹ֙
בָּאִ֣ישׁ הַה֔וּא וְרָ֤בְצָה בּוֹ֙ כָּל־הָ֣אָלָ֔ה הַכְּתוּבָ֖ה בַּסֵּ֣פֶר
הַזֶּ֑ה וּמָחָ֤ה יְהוָה֙ אֶת־שְׁמ֔וֹ מִתַּ֖חַת הַשָּׁמָֽיִם׃ וְהִבְדִּיל֤וֹ
יְהוָה֙ לְרָעָ֔ה מִכֹּ֖ל שִׁבְטֵ֣י יִשְׂרָאֵ֑ל כְּכֹל֙ אָל֣וֹת הַבְּרִ֔ית
הַכְּתוּבָ֕ה בְּסֵ֥פֶר הַתּוֹרָ֖ה הַזֶּֽה׃ וְאָמַ֞ר הַדּ֣וֹר הָאַחֲר֗וֹן
בְּנֵיכֶם֙ אֲשֶׁ֤ר יָק֙וּמוּ֙ מֵאַ֣חֲרֵיכֶ֔ם וְהַ֨נָּכְרִ֔י אֲשֶׁ֥ר יָבֹ֖א
מֵאֶ֣רֶץ רְחוֹקָ֑ה וְ֠רָאוּ אֶת־מַכּ֞וֹת הָאָ֤רֶץ הַהִוא֙ וְאֶת־
תַּ֣חֲלֻאֶ֔יהָ אֲשֶׁר־חִלָּ֥ה יְהוָ֖ה בָּֽהּ׃ גָּפְרִ֣ית וָמֶלַח֮ שְׂרֵפָ֣ה
כָל־אַרְצָהּ֒ לֹ֤א תִזָּרַע֙ וְלֹ֣א תַצְמִ֔חַ וְלֹא־יַעֲלֶ֥ה בָ֖הּ
כָּל־עֵ֑שֶׂב כְּמַהְפֵּכַ֞ת סְדֹ֤ם וַעֲמֹרָה֙ אַדְמָ֣ה וצביים וּצְבוֹיִם

אֲשֶׁר֙ הָפַ֣ךְ יְהוָ֔ה בְּאַפּ֖וֹ וּבַחֲמָתֽוֹ׃ וְאָֽמְרוּ֙ כָּל־הַגּוֹיִ֔ם
עַל־מֶ֗ה עָשָׂ֧ה יְהוָ֛ה כָּ֖כָה לָאָ֣רֶץ הַזֹּ֑את מֶ֥ה חֳרִ֛י
הָאַ֥ף הַגָּד֖וֹל הַזֶּֽה׃ וְאָ֣מְר֔וּ עַ֚ל אֲשֶׁ֣ר עָֽזְב֔וּ אֶת־בְּרִ֥ית
יְהוָ֖ה אֱלֹהֵ֣י אֲבֹתָ֑ם אֲשֶׁר֙ כָּרַ֣ת עִמָּ֔ם בְּהוֹצִיא֥וֹ אֹתָ֖ם
מֵאֶ֥רֶץ מִצְרָֽיִם׃ וַיֵּלְכ֗וּ וַיַּֽעַבְדוּ֙ אֱלֹהִ֣ים אֲחֵרִ֔ים
וַיִּֽשְׁתַּחֲו֖וּ לָהֶ֑ם אֱלֹהִים֙ אֲשֶׁ֣ר לֹֽא־יְדָע֔וּם וְלֹ֥א חָלַ֖ק
לָהֶֽם׃ וַיִּחַר־אַ֥ף יְהוָ֖ה בָּאָ֣רֶץ הַהִ֑וא לְהָבִ֤יא עָלֶ֙יהָ֙
אֶת־כָּל־הַקְּלָלָ֔ה הַכְּתוּבָ֖ה בַּסֵּ֥פֶר הַזֶּֽה׃ וַיִּתְּשֵׁ֤ם יְהוָה֙
מֵעַ֣ל אַדְמָתָ֔ם בְּאַ֥ף וּבְחֵמָ֖ה וּבְקֶ֣צֶף גָּד֑וֹל וַיַּשְׁלִכֵ֛ם
אֶל־אֶ֥רֶץ אַחֶ֖רֶת כַּיּ֥וֹם הַזֶּֽה׃ הַנִּ֨סְתָּרֹ֔ת לַיהוָ֖ה
אֱלֹהֵ֑ינוּ וְהַנִּגְלֹ֞ת לָ֤נוּ וּלְבָנֵ֙ינוּ֙ עַד־עוֹלָ֔ם לַעֲשׂ֕וֹת
אֶת־כָּל־דִּבְרֵ֖י הַתּוֹרָ֥ה הַזֹּֽאת׃

וילך

וַיֵּ֖לֶךְ מֹשֶׁ֑ה וַיְדַבֵּ֛ר אֶת־הַדְּבָרִ֥ים הָאֵ֖לֶּה אֶל־כָּל־ דברים לא,א-יג
יִשְׂרָאֵֽל׃ וַיֹּ֣אמֶר אֲלֵהֶ֗ם בֶּן־מֵאָה֩ וְעֶשְׂרִ֨ים שָׁנָ֤ה
אָנֹכִי֙ הַיּ֔וֹם לֹא־אוּכַ֥ל ע֖וֹד לָצֵ֣את וְלָב֑וֹא וַֽיהוָה֙
אָמַ֣ר אֵלַ֔י לֹ֥א תַעֲבֹ֖ר אֶת־הַיַּרְדֵּ֥ן הַזֶּֽה׃ יְהוָ֨ה אֱלֹהֶ֜יךָ
ה֣וּא ׀ עֹבֵ֣ר לְפָנֶ֗יךָ הֽוּא־יַשְׁמִ֞יד אֶת־הַגּוֹיִ֥ם הָאֵ֛לֶּה
מִלְּפָנֶ֖יךָ וִירִשְׁתָּ֑ם יְהוֹשֻׁ֗עַ ה֚וּא עֹבֵ֣ר לְפָנֶ֔יךָ כַּאֲשֶׁ֖ר

דִּבֶּר יְהוָה: *וְעָשָׂה יְהוָה לָהֶם כַּאֲשֶׁר עָשָׂה לְסִיחוֹן לוי
וּלְעוֹג מַלְכֵי הָאֱמֹרִי וּלְאַרְצָם אֲשֶׁר הִשְׁמִיד אֹתָם:
וּנְתָנָם יְהוָה לִפְנֵיכֶם וַעֲשִׂיתֶם לָהֶם כְּכָל־הַמִּצְוָה
אֲשֶׁר צִוִּיתִי אֶתְכֶם: חִזְקוּ וְאִמְצוּ אַל־תִּירְאוּ וְאַל־
תַּעַרְצוּ מִפְּנֵיהֶם כִּי ׀ יְהוָה אֱלֹהֶיךָ הוּא הַהֹלֵךְ עִמָּךְ
לֹא יַרְפְּךָ וְלֹא יַעַזְבֶךָּ: *וַיִּקְרָא מֹשֶׁה ישראל
לִיהוֹשֻׁעַ וַיֹּאמֶר אֵלָיו לְעֵינֵי כָל־יִשְׂרָאֵל חֲזַק וֶאֱמָץ
כִּי אַתָּה תָּבוֹא אֶת־הָעָם הַזֶּה אֶל־הָאָרֶץ אֲשֶׁר
נִשְׁבַּע יְהוָה לַאֲבֹתָם לָתֵת לָהֶם וְאַתָּה תַּנְחִילֶנָּה
אוֹתָם: וַיהוָה הוּא ׀ הַהֹלֵךְ לְפָנֶיךָ הוּא יִהְיֶה עִמָּךְ
לֹא יַרְפְּךָ וְלֹא יַעַזְבֶךָּ לֹא תִירָא וְלֹא תֵחָת: וַיִּכְתֹּב
מֹשֶׁה אֶת־הַתּוֹרָה הַזֹּאת וַיִּתְּנָהּ אֶל־הַכֹּהֲנִים בְּנֵי
לֵוִי הַנֹּשְׂאִים אֶת־אֲרוֹן בְּרִית יְהוָה וְאֶל־כָּל־זִקְנֵי
יִשְׂרָאֵל: וַיְצַו מֹשֶׁה אוֹתָם לֵאמֹר מִקֵּץ ׀ שֶׁבַע שָׁנִים
בְּמֹעֵד שְׁנַת הַשְּׁמִטָּה בְּחַג הַסֻּכּוֹת: בְּבוֹא כָל־
יִשְׂרָאֵל לֵרָאוֹת אֶת־פְּנֵי יְהוָה אֱלֹהֶיךָ בַּמָּקוֹם אֲשֶׁר
יִבְחָר תִּקְרָא אֶת־הַתּוֹרָה הַזֹּאת נֶגֶד כָּל־יִשְׂרָאֵל
בְּאָזְנֵיהֶם: הַקְהֵל אֶת־הָעָם הָאֲנָשִׁים וְהַנָּשִׁים וְהַטַּף
וְגֵרְךָ אֲשֶׁר בִּשְׁעָרֶיךָ לְמַעַן יִשְׁמְעוּ וּלְמַעַן יִלְמְדוּ
וְיָרְאוּ אֶת־יְהוָה אֱלֹהֵיכֶם וְשָׁמְרוּ לַעֲשׂוֹת אֶת־

כָּל־דִּבְרֵי הַתּוֹרָה הַזֹּאת׃ וּבְנֵיהֶם אֲשֶׁר לֹא־יָדְעוּ
יִשְׁמְעוּ וְלָמְדוּ לְיִרְאָה אֶת־יְהוָה אֱלֹהֵיכֶם כָּל־
הַיָּמִים אֲשֶׁר אַתֶּם חַיִּים עַל־הָאֲדָמָה אֲשֶׁר אַתֶּם
עֹבְרִים אֶת־הַיַּרְדֵּן שָׁמָּה לְרִשְׁתָּהּ׃

האזינו

דברים לב, א–יח
הַאֲזִינוּ הַשָּׁמַיִם וַאֲדַבֵּרָה   וְתִשְׁמַע הָאָרֶץ אִמְרֵי־פִי׃
יַעֲרֹף כַּמָּטָר לִקְחִי   תִּזַּל כַּטַּל אִמְרָתִי
כִּשְׂעִירִם עֲלֵי־דֶשֶׁא   וְכִרְבִיבִים עֲלֵי־עֵשֶׂב׃
כִּי שֵׁם יְהוָה אֶקְרָא   הָבוּ גֹדֶל לֵאלֹהֵינוּ׃
לוי ★הַצּוּר תָּמִים פָּעֳלוֹ   כִּי כָל־דְּרָכָיו מִשְׁפָּט
אֵל אֱמוּנָה וְאֵין עָוֶל   צַדִּיק וְיָשָׁר הוּא׃
שִׁחֵת לוֹ לֹא בָּנָיו מוּמָם   דּוֹר עִקֵּשׁ וּפְתַלְתֹּל׃
הַ לַיהוָה תִּגְמְלוּ־זֹאת   עַם נָבָל וְלֹא חָכָם
הֲלוֹא־הוּא אָבִיךָ קָּנֶךָ   הוּא עָשְׂךָ וַיְכֹנְנֶךָ׃

יש המתחילים כאן את הקריאה ללוי.

ישראל ★זְכֹר יְמוֹת עוֹלָם   בִּינוּ שְׁנוֹת דֹּר־וָדֹר
שְׁאַל אָבִיךָ וְיַגֵּדְךָ   זְקֵנֶיךָ וְיֹאמְרוּ לָךְ׃
בְּהַנְחֵל עֶלְיוֹן גּוֹיִם   בְּהַפְרִידוֹ בְּנֵי אָדָם

יַצֵּב֙ גְּבֻלֹ֣ת עַמִּ֔ים   לְמִסְפַּ֖ר בְּנֵ֥י יִשְׂרָאֵֽל׃
כִּ֛י חֵ֥לֶק יהוה עַמּ֑וֹ   יַעֲקֹ֖ב חֶ֥בֶל נַחֲלָתֽוֹ׃
יִמְצָאֵ֙הוּ֙ בְּאֶ֣רֶץ מִדְבָּ֔ר   וּבְתֹ֖הוּ יְלֵ֣ל יְשִׁמֹ֑ן
יְסֹֽבְבֶ֙נְהוּ֙ יְב֣וֹנְנֵ֔הוּ   יִצְּרֶ֖נְהוּ כְּאִישׁ֥וֹן עֵינֽוֹ׃
כְּנֶ֙שֶׁר֙ יָעִ֣יר קִנּ֔וֹ   עַל־גּוֹזָלָ֖יו יְרַחֵ֑ף
יִפְרֹ֤שׂ כְּנָפָיו֙ יִקָּחֵ֔הוּ   יִשָּׂאֵ֖הוּ עַל־אֶבְרָתֽוֹ׃
יהוה בָּדָ֣ד יַנְחֶ֑נּוּ   וְאֵ֥ין עִמּ֖וֹ אֵ֥ל נֵכָֽר׃

עד כאן ברוב הקהילות. יש המתחילים כאן את הקריאה לישראל כדי לקרוא כסדר הנזכר בראש השנה לא ע״א (שו״ע תכח, ה).

*יַרְכִּבֵ֙הוּ֙ עַל־במותי אָ֔רֶץ   וַיֹּאכַ֖ל תְּנוּבֹ֣ת שָׂדָ֑י   בָּ֣מֳתֵ֔י
וַיֵּנִקֵ֤הוּ דְבַשׁ֙ מִסֶּ֔לַע   וְשֶׁ֖מֶן מֵחַלְמִ֥ישׁ צֽוּר׃
חֶמְאַ֨ת בָּקָ֜ר וַחֲלֵ֣ב צֹ֗אן   עִם־חֵ֨לֶב כָּרִ֜ים
וְאֵילִ֤ים בְּנֵֽי־בָשָׁן֙ וְעַתּוּדִ֔ים   עִם־חֵ֖לֶב כִּלְי֣וֹת חִטָּ֑ה
וְדַם־עֵנָ֖ב תִּשְׁתֶּה־חָֽמֶר׃   וַיִּשְׁמַ֤ן יְשֻׁרוּן֙ וַיִּבְעָ֔ט
שָׁמַ֖נְתָּ עָבִ֣יתָ כָּשִׂ֑יתָ   וַיִּטֹּשׁ֙ אֱל֣וֹהַ עָשָׂ֔הוּ
וַיְנַבֵּ֖ל צ֥וּר יְשֻׁעָתֽוֹ׃   יַקְנִאֻ֖הוּ בְּזָרִ֑ים
בְּתוֹעֵבֹ֖ת יַכְעִיסֻֽהוּ׃   יִזְבְּח֗וּ לַשֵּׁדִים֙ לֹ֣א אֱלֹ֔הַ
אֱלֹהִ֖ים לֹ֣א יְדָע֑וּם   חֲדָשִׁים֙ מִקָּרֹ֣ב בָּ֔אוּ
לֹ֥א שְׂעָר֖וּם אֲבֹתֵיכֶֽם׃   צ֥וּר יְלָדְךָ֖ תֶּ֑שִׁי
וַתִּשְׁכַּ֖ח אֵ֥ל מְחֹלְלֶֽךָ׃

וזאת הברכה

דברים לג,א–יז

וְזֹאת הַבְּרָכָה אֲשֶׁר בֵּרַךְ מֹשֶׁה אִישׁ הָאֱלֹהִים אֶת־
בְּנֵי יִשְׂרָאֵל לִפְנֵי מוֹתוֹ׃ וַיֹּאמַר יהוה מִסִּינַי בָּא וְזָרַח
מִשֵּׂעִיר לָמוֹ הוֹפִיעַ מֵהַר פָּארָן וְאָתָה מֵרִבְבֹת קֹדֶשׁ
אֵשׁ דָּת מִימִינוֹ אֵשְׁדָּת לָמוֹ׃ אַף חֹבֵב עַמִּים כָּל־קְדֹשָׁיו
בְּיָדֶךָ וְהֵם תֻּכּוּ לְרַגְלֶךָ יִשָּׂא מִדַּבְּרֹתֶיךָ׃ תּוֹרָה
צִוָּה־לָנוּ מֹשֶׁה מוֹרָשָׁה קְהִלַּת יַעֲקֹב׃ וַיְהִי בִישֻׁרוּן
מֶלֶךְ בְּהִתְאַסֵּף רָאשֵׁי עָם יַחַד שִׁבְטֵי יִשְׂרָאֵל׃ יְחִי
רְאוּבֵן וְאַל־יָמֹת וִיהִי מְתָיו מִסְפָּר׃ וְזֹאת
לִיהוּדָה וַיֹּאמַר שְׁמַע יהוה קוֹל יְהוּדָה וְאֶל־עַמּוֹ
תְּבִיאֶנּוּ יָדָיו רָב לוֹ וְעֵזֶר מִצָּרָיו תִּהְיֶה׃
לוי וּלְלֵוִי אָמַר תֻּמֶּיךָ וְאוּרֶיךָ לְאִישׁ חֲסִידֶךָ אֲשֶׁר
נִסִּיתוֹ בְּמַסָּה תְּרִיבֵהוּ עַל־מֵי מְרִיבָה׃ הָאֹמֵר
לְאָבִיו וּלְאִמּוֹ לֹא רְאִיתִיו וְאֶת־אֶחָיו לֹא הִכִּיר
וְאֶת־בָּנָו לֹא יָדָע כִּי שָׁמְרוּ אִמְרָתֶךָ וּבְרִיתְךָ יִנְצֹרוּ׃
יוֹרוּ מִשְׁפָּטֶיךָ לְיַעֲקֹב וְתוֹרָתְךָ לְיִשְׂרָאֵל יָשִׂימוּ
קְטוֹרָה בְּאַפֶּךָ וְכָלִיל עַל־מִזְבְּחֶךָ׃ בָּרֵךְ יהוה חֵילוֹ
וּפֹעַל יָדָיו תִּרְצֶה מְחַץ מָתְנַיִם קָמָיו וּמְשַׂנְאָיו
מִן־יְקוּמוּן׃ לְבִנְיָמִן אָמַר יְדִיד יהוה

יִשְׁכֹּ֥ן לָבֶ֖טַח עָלָ֑יו חֹפֵ֤ף עָלָיו֙ כָּל־הַיּ֔וֹם וּבֵ֥ין כְּתֵפָ֖יו
שָׁכֵֽן׃ *וּלְיוֹסֵ֣ף אָמַ֔ר מְבֹרֶ֥כֶת יְהוָ֖ה אַרְצ֑וֹ ישראל
מִמֶּ֤גֶד שָׁמַ֙יִם֙ מִטָּ֔ל וּמִתְּה֖וֹם רֹבֶ֥צֶת תָּֽחַת׃ וּמִמֶּ֕גֶד
תְּבוּאֹ֖ת שָׁ֑מֶשׁ וּמִמֶּ֖גֶד גֶּ֥רֶשׁ יְרָחִֽים׃ וּמֵרֹ֖אשׁ הַרְרֵי־
קֶ֑דֶם וּמִמֶּ֖גֶד גִּבְע֥וֹת עוֹלָֽם׃ וּמִמֶּ֗גֶד אֶ֚רֶץ וּמְלֹאָ֔הּ
וּרְצ֥וֹן שֹׁכְנִ֖י סְנֶ֑ה תָּב֙וֹאתָה֙ לְרֹ֣אשׁ יוֹסֵ֔ף וּלְקָדְקֹ֖ד
נְזִ֥יר אֶחָֽיו׃ בְּכ֨וֹר שׁוֹר֜וֹ הָדָ֣ר ל֗וֹ וְקַרְנֵ֤י רְאֵם֙ קַרְנָ֔יו
בָּהֶ֗ם עַמִּ֛ים יְנַגַּ֥ח יַחְדָּ֖ו אַפְסֵי־אָ֑רֶץ וְהֵם֙ רִבְב֣וֹת
אֶפְרַ֔יִם וְהֵ֖ם אַלְפֵ֥י מְנַשֶּֽׁה׃

קריאת התורה לראש חודש, לתעניות ציבור, לחנוכה ולפורים

קריאה לראש חודש

בראש חודש המנהג המקובל הוא לקרוא לכוהן שלושה פסוקים עד ׳עֹלָה תָּמִיד׳, ללוי לחזור על הפסוק שלפניו ׳וְאָמַרְתָּ לָהֶם׳, לקרוא עד ׳רְבִיעִת הַהִין׳ ולהמשיך כרגיל.

הנוהגים כמנהג הגר״א משנים את הקריאה ללוי – מתחילים ׳אֶת־הַכֶּבֶשׂ׳ וקוראים עד ׳רֵיחַ נִיחֹחַ לַה׳׳, ולשלישי חוזרים שלושה פסוקים לאחור ומתחילים ׳עֹלַת תָּמִיד׳.

בראש חודש טבת הכוהן קורא עד ׳רְבִיעִת הַהִין׳, הלוי קורא את הקריאה לשלישי, השלישי קורא את הקריאה לרביעי, והרביעי קורא את הקריאה לחנוכה המתאימה לאותו יום בעמ׳ 982.

במדבר כח, א–טו וַיְדַבֵּ֥ר יְהֹוָ֖ה אֶל־מֹשֶׁ֥ה לֵּאמֹֽר׃ צַ֚ו אֶת־בְּנֵ֣י יִשְׂרָאֵ֔ל
וְאָמַרְתָּ֖ אֲלֵהֶ֑ם אֶת־קָרְבָּנִ֨י לַחְמִ֜י לְאִשַּׁ֗י רֵ֚יחַ נִיחֹחִ֔י
לוי תִּשְׁמְר֕וּ לְהַקְרִ֥יב לִ֖י בְּמוֹעֲדֽוֹ׃ ★וְאָמַרְתָּ֣ לָהֶ֔ם זֶ֚ה
הָֽאִשֶּׁ֔ה אֲשֶׁ֥ר תַּקְרִ֖יבוּ לַֽיהֹוָ֑ה כְּבָשִׂ֨ים בְּנֵֽי־שָׁנָ֧ה
עד כאן לכהן תְמִימִ֛ם שְׁנַ֥יִם לַיּ֖וֹם עֹלָ֥ה תָמִֽיד׃★ אֶת־הַכֶּ֥בֶשׂ
אֶחָ֖ד תַּעֲשֶׂ֣ה בַבֹּ֑קֶר וְאֵת֙ הַכֶּ֣בֶשׂ הַשֵּׁנִ֔י תַּעֲשֶׂ֖ה בֵּ֥ין
הָעַרְבָּֽיִם׃ וַעֲשִׂירִ֧ית הָאֵיפָ֛ה סֹ֖לֶת לְמִנְחָ֑ה בְּלוּלָ֛ה
שלישי בְּשֶׁ֥מֶן כָּתִ֖ית רְבִיעִ֥ת הַהִֽין׃ ★עֹלַ֖ת תָּמִ֑יד הָעֲשֻׂיָה֙
בְּהַ֣ר סִינַ֔י לְרֵ֣יחַ נִיחֹ֔חַ אִשֶּׁ֖ה לַֽיהֹוָֽה׃ וְנִסְכּוֹ֙ רְבִיעִ֣ת
הַהִ֔ין לַכֶּ֖בֶשׂ הָאֶחָ֑ד בַּקֹּ֗דֶשׁ הַסֵּ֛ךְ נֶ֥סֶךְ שֵׁכָ֖ר לַֽיהֹוָֽה׃
וְאֵת֙ הַכֶּ֣בֶשׂ הַשֵּׁנִ֔י תַּעֲשֶׂ֖ה בֵּ֣ין הָעַרְבָּ֑יִם כְּמִנְחַ֨ת
הַבֹּ֤קֶר וּכְנִסְכּוֹ֙ תַּעֲשֶׂ֔ה אִשֵּׁ֛ה רֵ֥יחַ נִיחֹ֖חַ לַֽיהֹוָֽה׃

וּבְיוֹם֙ הַשַּׁבָּ֔ת שְׁנֵֽי־כְבָשִׂ֥ים בְּנֵֽי־שָׁנָ֖ה תְּמִימִ֑ם וּשְׁנֵ֣י עֶשְׂרֹנִ֗ים סֹ֛לֶת מִנְחָ֛ה בְּלוּלָ֥ה בַשֶּׁ֖מֶן וְנִסְכּֽוֹ׃ עֹלַ֥ת שַׁבַּ֖ת בְּשַׁבַּתּ֑וֹ עַל־עֹלַ֥ת הַתָּמִ֖יד וְנִסְכָּֽהּ׃

וּבְרָאשֵׁי֙ חָדְשֵׁיכֶ֔ם תַּקְרִ֥יבוּ עֹלָ֖ה לַיהוָ֑ה פָּרִ֨ים בְּנֵֽי־ רביעי
בָקָ֤ר שְׁנַ֙יִם֙ וְאַ֣יִל אֶחָ֔ד כְּבָשִׂ֧ים בְּנֵֽי־שָׁנָ֛ה שִׁבְעָ֖ה תְּמִימִֽם׃ וּשְׁלֹשָׁ֣ה עֶשְׂרֹנִ֗ים סֹ֤לֶת מִנְחָה֙ בְּלוּלָ֣ה בַשֶּׁ֔מֶן לַפָּ֖ר הָאֶחָ֑ד וּשְׁנֵ֣י עֶשְׂרֹנִ֗ים סֹ֤לֶת מִנְחָה֙ בְּלוּלָ֣ה בַשֶּׁ֔מֶן לָאַ֖יִל הָאֶחָֽד׃ וְעִשָּׂרֹ֣ן עִשָּׂר֗וֹן סֹ֤לֶת מִנְחָה֙ בְּלוּלָ֣ה בַשֶּׁ֔מֶן לַכֶּ֖בֶשׂ הָאֶחָ֑ד עֹלָה֙ רֵ֣יחַ נִיחֹ֔חַ אִשֶּׁ֖ה לַיהוָֽה׃ וְנִסְכֵּיהֶ֗ם חֲצִ֣י הַהִין֩ יִהְיֶ֨ה לַפָּ֜ר וּשְׁלִישִׁ֧ת הַהִ֣ין לָאַ֗יִל וּרְבִיעִ֥ת הַהִ֛ין לַכֶּ֖בֶשׂ יָ֑יִן זֹ֣את עֹלַ֥ת חֹ֙דֶשׁ֙ בְּחָדְשׁ֔וֹ לְחָדְשֵׁ֖י הַשָּׁנָֽה׃ וּשְׂעִ֨יר עִזִּ֥ים אֶחָ֛ד לְחַטָּ֖את לַיהוָ֑ה עַל־עֹלַ֧ת הַתָּמִ֛יד יֵעָשֶׂ֖ה וְנִסְכּֽוֹ׃

קריאה לתענית ציבור

קוראים פרשה זו בתענית ציבור בשחרית, במנחה ובמנחה לתשעה באב.
במנחה השלישי קורא גם את ההפטרה.

נוהגים שהקהל קורא בקול רם את קטעי התחנונים שבקריאה, ושליח הציבור חוזר אחריו. פסוקים אלה מסומנים ב▸ לפניהם וב◂ בסופם.

וַיְחַ֣ל מֹשֶׁ֔ה אֶת־פְּנֵ֖י יְהוָ֣ה אֱלֹהָ֑יו וַיֹּ֗אמֶר לָמָ֤ה יְהוָה֙ שמות לב, יא–יד
יֶחֱרֶ֤ה אַפְּךָ֙ בְּעַמֶּ֔ךָ אֲשֶׁ֤ר הוֹצֵ֙אתָ֙ מֵאֶ֣רֶץ מִצְרַ֔יִם בְּכֹ֥חַ גָּד֖וֹל וּבְיָ֥ד חֲזָקָֽה׃ לָ֩מָּה֩ יֹאמְר֨וּ מִצְרַ֜יִם לֵאמֹ֗ר

בְּרָעָה הוֹצִיאָם לַהֲרֹג אֹתָם בֶּהָרִים וּלְכַלֹּתָם מֵעַל
פְּנֵי הָאֲדָמָה · שׁוּב מֵחֲרוֹן אַפֶּךָ וְהִנָּחֵם עַל־הָרָעָה
לְעַמֶּךָ: · זְכֹר לְאַבְרָהָם לְיִצְחָק וּלְיִשְׂרָאֵל עֲבָדֶיךָ
אֲשֶׁר נִשְׁבַּעְתָּ לָהֶם בָּךְ וַתְּדַבֵּר אֲלֵהֶם אַרְבֶּה אֶת־
זַרְעֲכֶם כְּכוֹכְבֵי הַשָּׁמָיִם וְכָל־הָאָרֶץ הַזֹּאת אֲשֶׁר
אָמַרְתִּי אֶתֵּן לְזַרְעֲכֶם וְנָחֲלוּ לְעֹלָם: וַיִּנָּחֶם יְהוָה
עַל־הָרָעָה אֲשֶׁר דִּבֶּר לַעֲשׂוֹת לְעַמּוֹ:

שמות לד, א–י

לוי

וַיֹּאמֶר יְהוָה אֶל־מֹשֶׁה פְּסָל־לְךָ שְׁנֵי־לֻחֹת אֲבָנִים
כָּרִאשֹׁנִים וְכָתַבְתִּי עַל־הַלֻּחֹת אֶת־הַדְּבָרִים אֲשֶׁר
הָיוּ עַל־הַלֻּחֹת הָרִאשֹׁנִים אֲשֶׁר שִׁבַּרְתָּ: וֶהְיֵה נָכוֹן
לַבֹּקֶר וְעָלִיתָ בַבֹּקֶר אֶל־הַר סִינַי וְנִצַּבְתָּ לִי שָׁם
עַל־רֹאשׁ הָהָר: וְאִישׁ לֹא־יַעֲלֶה עִמָּךְ וְגַם־אִישׁ אַל־
יֵרָא בְּכָל־הָהָר גַּם־הַצֹּאן וְהַבָּקָר אַל־יִרְעוּ אֶל־מוּל
הָהָר הַהוּא: *וַיִּפְסֹל שְׁנֵי־לֻחֹת אֲבָנִים כָּרִאשֹׁנִים ישראל
וַיַּשְׁכֵּם מֹשֶׁה בַבֹּקֶר וַיַּעַל אֶל־הַר סִינַי כַּאֲשֶׁר צִוָּה
יְהוָה אֹתוֹ וַיִּקַּח בְּיָדוֹ שְׁנֵי לֻחֹת אֲבָנִים: וַיֵּרֶד יְהוָה
בֶּעָנָן וַיִּתְיַצֵּב עִמּוֹ שָׁם וַיִּקְרָא בְשֵׁם יְהוָה: וַיַּעֲבֹר
יְהוָה ׀ עַל־פָּנָיו וַיִּקְרָא · יְהוָה ׀ יְהוָה אֵל רַחוּם וְחַנּוּן
אֶרֶךְ אַפַּיִם וְרַב־חֶסֶד וֶאֱמֶת: נֹצֵר חֶסֶד לָאֲלָפִים
נֹשֵׂא עָוֹן וָפֶשַׁע וְחַטָּאָה וְנַקֵּה · לֹא יְנַקֶּה פֹּקֵד ׀ עֲוֹן

אָבוֹת עַל־בָּנִים וְעַל־בְּנֵי בָנִים עַל־שִׁלֵּשִׁים וְעַל־
רִבֵּעִים: וַיְמַהֵר מֹשֶׁה וַיִּקֹּד אַרְצָה וַיִּשְׁתָּחוּ: וַיֹּאמֶר
אִם־נָא מָצָאתִי חֵן בְּעֵינֶיךָ אֲדֹנָי יֵלֶךְ־נָא אֲדֹנָי
בְּקִרְבֵּנוּ כִּי עַם־קְשֵׁה־עֹרֶף הוּא • וְסָלַחְתָּ לַעֲוֺנֵנוּ
וּלְחַטָּאתֵנוּ וּנְחַלְתָּנוּ: • וַיֹּאמֶר הִנֵּה אָנֹכִי כֹּרֵת בְּרִית
נֶגֶד כָּל־עַמְּךָ אֶעֱשֶׂה נִפְלָאֹת אֲשֶׁר לֹא־נִבְרְאוּ בְכָל־
הָאָרֶץ וּבְכָל־הַגּוֹיִם וְרָאָה כָל־הָעָם אֲשֶׁר־אַתָּה
בְקִרְבּוֹ אֶת־מַעֲשֵׂה יהוה כִּי־נוֹרָא הוּא אֲשֶׁר אֲנִי
עֹשֶׂה עִמָּךְ:

הפטרה לתענית ציבור

לפני ההפטרה קוראים את הברכה בעמ׳ 381.

דִּרְשׁוּ יהוה בְּהִמָּצְאוֹ קְרָאֻהוּ בִּהְיוֹתוֹ קָרוֹב: ישעיה נה,ו–נו,ח
יַעֲזֹב רָשָׁע דַּרְכּוֹ וְאִישׁ אָוֶן מַחְשְׁבֹתָיו וְיָשֹׁב אֶל־
יהוה וִירַחֲמֵהוּ וְאֶל־אֱלֹהֵינוּ כִּי־יַרְבֶּה לִסְלוֹחַ: כִּי
לֹא מַחְשְׁבוֹתַי מַחְשְׁבוֹתֵיכֶם וְלֹא דַרְכֵיכֶם דְּרָכָי
נְאֻם יהוה: כִּי־גָבְהוּ שָׁמַיִם מֵאָרֶץ כֵּן גָּבְהוּ דְרָכַי
מִדַּרְכֵיכֶם וּמַחְשְׁבֹתַי מִמַּחְשְׁבֹתֵיכֶם: כִּי כַּאֲשֶׁר
יֵרֵד הַגֶּשֶׁם וְהַשֶּׁלֶג מִן־הַשָּׁמַיִם וְשָׁמָּה לֹא יָשׁוּב
כִּי אִם־הִרְוָה אֶת־הָאָרֶץ וְהוֹלִידָהּ וְהִצְמִיחָהּ וְנָתַן
זֶרַע לַזֹּרֵעַ וְלֶחֶם לָאֹכֵל: כֵּן יִהְיֶה דְבָרִי אֲשֶׁר יֵצֵא

מִפִּי לֹא־יָשׁוּב אֵלַי רֵיקָם כִּי אִם־עָשָׂה אֶת־אֲשֶׁר
חָפַצְתִּי וְהִצְלִיחַ אֲשֶׁר שְׁלַחְתִּיו: כִּי־בְשִׂמְחָה תֵצֵאוּ
וּבְשָׁלוֹם תּוּבָלוּן הֶהָרִים וְהַגְּבָעוֹת יִפְצְחוּ לִפְנֵיכֶם
רִנָּה וְכָל־עֲצֵי הַשָּׂדֶה יִמְחֲאוּ־כָף: תַּחַת הַנַּעֲצוּץ
יַעֲלֶה בְרוֹשׁ תחת הַסִּרְפַּד יַעֲלֶה הֲדַס וְהָיָה לַיהוה וְתַחַת
לְשֵׁם לְאוֹת עוֹלָם לֹא יִכָּרֵת: כֹּה אָמַר
יהוה שִׁמְרוּ מִשְׁפָּט וַעֲשׂוּ צְדָקָה כִּי־קְרוֹבָה יְשׁוּעָתִי
לָבוֹא וְצִדְקָתִי לְהִגָּלוֹת: אַשְׁרֵי אֱנוֹשׁ יַעֲשֶׂה־זֹּאת
וּבֶן־אָדָם יַחֲזִיק בָּהּ שֹׁמֵר שַׁבָּת מֵחַלְּלוֹ וְשֹׁמֵר יָדוֹ
מֵעֲשׂוֹת כָּל־רָע: וְאַל־יֹאמַר בֶּן־הַנֵּכָר הַנִּלְוָה אֶל־
יהוה לֵאמֹר הַבְדֵּל יַבְדִּילַנִי יהוה מֵעַל עַמּוֹ וְאַל־
יֹאמַר הַסָּרִיס הֵן אֲנִי עֵץ יָבֵשׁ: כִּי־כֹה ׀
אָמַר יהוה לַסָּרִיסִים אֲשֶׁר יִשְׁמְרוּ אֶת־שַׁבְּתוֹתַי
וּבָחֲרוּ בַּאֲשֶׁר חָפָצְתִּי וּמַחֲזִיקִים בִּבְרִיתִי: וְנָתַתִּי
לָהֶם בְּבֵיתִי וּבְחוֹמֹתַי יָד וָשֵׁם טוֹב מִבָּנִים וּמִבָּנוֹת
שֵׁם עוֹלָם אֶתֶּן־לוֹ אֲשֶׁר לֹא יִכָּרֵת: וּבְנֵי
הַנֵּכָר הַנִּלְוִים עַל־יהוה לְשָׁרְתוֹ וּלְאַהֲבָה אֶת־שֵׁם
יהוה לִהְיוֹת לוֹ לַעֲבָדִים כָּל־שֹׁמֵר שַׁבָּת מֵחַלְּלוֹ
וּמַחֲזִיקִים בִּבְרִיתִי: וַהֲבִיאוֹתִים אֶל־הַר קָדְשִׁי
וְשִׂמַּחְתִּים בְּבֵית תְּפִלָּתִי עוֹלֹתֵיהֶם וְזִבְחֵיהֶם לְרָצוֹן

עַל־מִזְבְּחִי כִּי בֵיתִי בֵּית־תְּפִלָּה יִקָּרֵא לְכָל־הָעַמִּים׃
נְאֻם אֲדֹנָי יֱהֹוִה מְקַבֵּץ נִדְחֵי יִשְׂרָאֵל עוֹד אֲקַבֵּץ
עָלָיו לְנִקְבָּצָיו׃

אחרי ההפטרה קוראים את שלוש הברכות הראשונות בעמ׳ 381 עד ׳מָגֵן דָּוִד׳.

קריאה לתשעה באב

בשחרית לתשעה באב קוראים ׳כִּי־תוֹלִיד׳. השלישי קורא גם את ההפטרה בעמ׳ 979. במנחה קוראים כבשאר תעניות ציבור.

כִּי־תוֹלִיד בָּנִים וּבְנֵי בָנִים וְנוֹשַׁנְתֶּם בָּאָרֶץ וְהִשְׁחַתֶּם דברים ד, כה–מ
וַעֲשִׂיתֶם פֶּסֶל תְּמוּנַת כֹּל וַעֲשִׂיתֶם הָרַע בְּעֵינֵי־יְהֹוָה
אֱלֹהֶיךָ לְהַכְעִיסוֹ׃ הַעִידֹתִי בָכֶם הַיּוֹם אֶת־הַשָּׁמַיִם
וְאֶת־הָאָרֶץ כִּי־אָבֹד תֹּאבֵדוּן מַהֵר מֵעַל הָאָרֶץ
אֲשֶׁר אַתֶּם עֹבְרִים אֶת־הַיַּרְדֵּן שָׁמָּה לְרִשְׁתָּהּ לֹא־
תַאֲרִיכֻן יָמִים עָלֶיהָ כִּי הִשָּׁמֵד תִּשָּׁמֵדוּן׃ וְהֵפִיץ
יְהֹוָה אֶתְכֶם בָּעַמִּים וְנִשְׁאַרְתֶּם מְתֵי מִסְפָּר בַּגּוֹיִם
אֲשֶׁר יְנַהֵג יְהֹוָה אֶתְכֶם שָׁמָּה׃ וַעֲבַדְתֶּם־שָׁם אֱלֹהִים
מַעֲשֵׂה יְדֵי אָדָם עֵץ וָאֶבֶן אֲשֶׁר לֹא־יִרְאוּן וְלֹא
יִשְׁמְעוּן וְלֹא יֹאכְלוּן וְלֹא יְרִיחֻן׃ וּבִקַּשְׁתֶּם מִשָּׁם
אֶת־יְהֹוָה אֱלֹהֶיךָ וּמָצָאתָ כִּי תִדְרְשֶׁנּוּ בְּכָל־לְבָבְךָ
וּבְכָל־נַפְשֶׁךָ׃ ★בַּצַּר לְךָ וּמְצָאוּךָ כֹּל הַדְּבָרִים הָאֵלֶּה לוי
בְּאַחֲרִית הַיָּמִים וְשַׁבְתָּ עַד־יְהֹוָה אֱלֹהֶיךָ וְשָׁמַעְתָּ

בְּקֹלוֹ: כִּי אֵל רַחוּם יְהוָה אֱלֹהֶיךָ לֹא יַרְפְּךָ וְלֹא
יַשְׁחִיתֶךָ וְלֹא יִשְׁכַּח אֶת־בְּרִית אֲבֹתֶיךָ אֲשֶׁר נִשְׁבַּע
לָהֶם: כִּי שְׁאַל־נָא לְיָמִים רִאשֹׁנִים אֲשֶׁר־הָיוּ לְפָנֶיךָ
לְמִן־הַיּוֹם אֲשֶׁר בָּרָא אֱלֹהִים ׀ אָדָם עַל־הָאָרֶץ
וּלְמִקְצֵה הַשָּׁמַיִם וְעַד־קְצֵה הַשָּׁמָיִם הֲנִהְיָה כַּדָּבָר
הַגָּדוֹל הַזֶּה אוֹ הֲנִשְׁמַע כָּמֹהוּ: הֲשָׁמַע עָם קוֹל
אֱלֹהִים מְדַבֵּר מִתּוֹךְ־הָאֵשׁ כַּאֲשֶׁר־שָׁמַעְתָּ אַתָּה
וַיֶּחִי: אוֹ ׀ הֲנִסָּה אֱלֹהִים לָבוֹא לָקַחַת לוֹ גוֹי מִקֶּרֶב
גּוֹי בְּמַסֹּת בְּאֹתֹת וּבְמוֹפְתִים וּבְמִלְחָמָה וּבְיָד חֲזָקָה
וּבִזְרוֹעַ נְטוּיָה וּבְמוֹרָאִים גְּדֹלִים כְּכֹל אֲשֶׁר־עָשָׂה
לָכֶם יְהוָה אֱלֹהֵיכֶם בְּמִצְרַיִם לְעֵינֶיךָ: אַתָּה הָרְאֵתָ
לָדַעַת כִּי יְהוָה הוּא הָאֱלֹהִים אֵין עוֹד מִלְבַדּוֹ:
ישראל ★מִן־הַשָּׁמַיִם הִשְׁמִיעֲךָ אֶת־קֹלוֹ לְיַסְּרֶךָּ וְעַל־הָאָרֶץ
הֶרְאֲךָ אֶת־אִשּׁוֹ הַגְּדוֹלָה וּדְבָרָיו שָׁמַעְתָּ מִתּוֹךְ
הָאֵשׁ: וְתַחַת כִּי אָהַב אֶת־אֲבֹתֶיךָ וַיִּבְחַר בְּזַרְעוֹ
אַחֲרָיו וַיּוֹצִאֲךָ בְּפָנָיו בְּכֹחוֹ הַגָּדֹל מִמִּצְרָיִם: לְהוֹרִישׁ
גּוֹיִם גְּדֹלִים וַעֲצֻמִים מִמְּךָ מִפָּנֶיךָ לַהֲבִיאֲךָ לָתֶת־לְךָ
אֶת־אַרְצָם נַחֲלָה כַּיּוֹם הַזֶּה: וְיָדַעְתָּ הַיּוֹם וַהֲשֵׁבֹתָ
אֶל־לְבָבֶךָ כִּי יְהוָה הוּא הָאֱלֹהִים בַּשָּׁמַיִם מִמַּעַל
וְעַל־הָאָרֶץ מִתָּחַת אֵין עוֹד: וְשָׁמַרְתָּ אֶת־חֻקָּיו

וְאֶת־מִצְוֺתָיו אֲשֶׁר אָנֹכִי מְצַוְּךָ הַיּוֹם אֲשֶׁר יִיטַב לְךָ
וּלְבָנֶיךָ אַחֲרֶיךָ וּלְמַעַן תַּאֲרִיךְ יָמִים עַל־הָאֲדָמָה
אֲשֶׁר יְהוָה אֱלֹהֶיךָ נֹתֵן לְךָ כָּל־הַיָּמִים׃

הפטרה לתשעה באב

לפני ההפטרה קוראים את הברכה בעמ׳ 381

ירמיהו ח,יג–ט,כג

אָסֹף אֲסִיפֵם נְאֻם־יְהוָה אֵין עֲנָבִים בַּגֶּפֶן וְאֵין
תְּאֵנִים בַּתְּאֵנָה וְהֶעָלֶה נָבֵל וָאֶתֵּן לָהֶם יַעַבְרוּם׃
עַל־מָה אֲנַחְנוּ יֹשְׁבִים הֵאָסְפוּ וְנָבוֹא אֶל־עָרֵי
הַמִּבְצָר וְנִדְּמָה־שָּׁם כִּי יְהוָה אֱלֹהֵינוּ הֲדִמָּנוּ וַיַּשְׁקֵנוּ
מֵי־רֹאשׁ כִּי חָטָאנוּ לַיהוָה׃ קַוֵּה לְשָׁלוֹם וְאֵין טוֹב
לְעֵת מַרְפֵּה וְהִנֵּה בְעָתָה׃ מִדָּן נִשְׁמַע נַחְרַת סוּסָיו
מִקּוֹל מִצְהֲלוֹת אַבִּירָיו רָעֲשָׁה כָּל־הָאָרֶץ וַיָּבוֹאוּ
וַיֹּאכְלוּ אֶרֶץ וּמְלוֹאָהּ עִיר וְיֹשְׁבֵי בָהּ׃ כִּי הִנְנִי
מְשַׁלֵּחַ בָּכֶם נְחָשִׁים צִפְעֹנִים אֲשֶׁר אֵין־לָהֶם לָחַשׁ
וְנִשְּׁכוּ אֶתְכֶם נְאֻם־יְהוָה׃ מַבְלִיגִיתִי
עֲלֵי יָגוֹן עָלַי לִבִּי דַוָּי׃ הִנֵּה־קוֹל שַׁוְעַת בַּת־עַמִּי
מֵאֶרֶץ מַרְחַקִּים הַיהוָה אֵין בְּצִיּוֹן אִם־מַלְכָּהּ אֵין
בָּהּ מַדּוּעַ הִכְעִסוּנִי בִּפְסִלֵיהֶם בְּהַבְלֵי נֵכָר׃ עָבַר
קָצִיר כָּלָה קָיִץ וַאֲנַחְנוּ לוֹא נוֹשָׁעְנוּ׃ עַל־שֶׁבֶר
בַּת־עַמִּי הָשְׁבָּרְתִּי קָדַרְתִּי שַׁמָּה הֶחֱזִקָתְנִי׃ הַצֳּרִי

אֵ֣ין בְּגִלְעָ֔ד אִם־רֹפֵ֖א אֵ֣ין שָׁ֑ם כִּ֗י מַדּ֙וּעַ֙ לֹ֣א עָֽלְתָ֔ה
אֲרֻכַ֖ת בַּת־עַמִּֽי׃ מִי־יִתֵּ֤ן רֹאשִׁי֙ מַ֔יִם
וְעֵינִ֖י מְק֣וֹר דִּמְעָ֑ה וְאֶבְכֶּה֙ יוֹמָ֣ם וָלַ֔יְלָה אֵ֖ת חַלְלֵ֥י
בַת־עַמִּֽי׃ מִֽי־יִתְּנֵ֣נִי בַמִּדְבָּ֗ר מְלוֹן֙ אֹֽרְחִ֔ים וְאֶֽעֶזְבָה֙
אֶת־עַמִּ֔י וְאֵלְכָ֖ה מֵאִתָּ֑ם כִּ֤י כֻלָּם֙ מְנָ֣אֲפִ֔ים עֲצֶ֖רֶת
בֹּגְדִֽים׃ וַיַּדְרְכ֤וּ אֶת־לְשׁוֹנָם֙ קַשְׁתָּ֣ם שֶׁ֔קֶר וְלֹ֥א
לֶאֱמוּנָ֖ה גָּבְר֣וּ בָאָ֑רֶץ כִּי֩ מֵרָעָ֨ה אֶל־רָעָ֧ה ׀ יָצָ֛אוּ
וְאֹתִ֥י לֹֽא־יָדָ֖עוּ נְאֻם־יְהוָֽה׃ אִ֤ישׁ מֵרֵעֵ֙הוּ֙ הִשָּׁמֵ֔רוּ
וְעַל־כָּל־אָ֖ח אַל־תִּבְטָ֑חוּ כִּ֤י כָל־אָח֙ עָק֣וֹב יַעְקֹ֔ב
וְכָל־רֵ֖עַ רָכִ֥יל יַהֲלֹֽךְ׃ וְאִ֤ישׁ בְּרֵעֵ֙הוּ֙ יְהָתֵ֔לּוּ וֶאֱמֶ֖ת
לֹ֣א יְדַבֵּ֑רוּ לִמְּד֧וּ לְשׁוֹנָ֛ם דַּבֶּר־שֶׁ֖קֶר הַעֲוֵ֥ה נִלְאֽוּ׃
שִׁבְתְּךָ֖ בְּת֣וֹךְ מִרְמָ֑ה בְּמִרְמָ֛ה מֵאֲנ֥וּ דַעַת־אוֹתִ֖י
נְאֻם־יְהוָֽה׃ לָכֵ֗ן כֹּ֤ה אָמַר֙ יְהוָ֣ה צְבָא֔וֹת
הִנְנִ֥י צוֹרְפָ֖ם וּבְחַנְתִּ֑ים כִּי־אֵ֣יךְ אֶֽעֱשֶׂ֔ה מִפְּנֵ֖י בַּת־
עַמִּֽי׃ חֵ֥ץ שוחֵ֛ט לְשׁוֹנָ֖ם מִרְמָ֣ה דִבֵּ֑ר בְּפִ֗יו שָׁל֤וֹם שָׁח֛וּט
אֶת־רֵעֵ֙הוּ֙ יְדַבֵּ֔ר וּבְקִרְבּ֖וֹ יָשִׂ֥ים אָרְבּֽוֹ׃ הַעַל־אֵ֥לֶּה
לֹֽא־אֶפְקָד־בָּ֖ם נְאֻם־יְהוָ֑ה אִ֚ם בְּג֣וֹי אֲשֶׁר־כָּזֶ֔ה לֹ֥א
תִתְנַקֵּ֖ם נַפְשִֽׁי׃ עַל־הֶהָרִ֞ים אֶשָּׂ֤א בְכִי֙
וָנֶ֔הִי וְעַל־נְא֤וֹת מִדְבָּר֙ קִינָ֔ה כִּ֣י נִצְּת֔וּ מִבְּלִי־אִ֖ישׁ
עֹבֵ֑ר וְלֹ֥א שָׁמְע֖וּ ק֣וֹל מִקְנֶ֑ה מֵע֤וֹף הַשָּׁמַ֙יִם֙ וְעַד־

בְּהֵמָה נָדְדוּ הָלָכוּ׃ וְנָתַתִּי אֶת־יְרוּשָׁלִַם לְגַלִּים
מְעוֹן תַּנִּים וְאֶת־עָרֵי יְהוּדָה אֶתֵּן שְׁמָמָה מִבְּלִי
יוֹשֵׁב׃ מִי־הָאִישׁ הֶחָכָם וְיָבֵן אֶת־זֹאת
וַאֲשֶׁר דִּבֶּר פִּי־יְהוָה אֵלָיו וְיַגִּדָהּ עַל־מָה אָבְדָה
הָאָרֶץ נִצְּתָה כַמִּדְבָּר מִבְּלִי עֹבֵר׃ וַיֹּאמֶר
יְהוָה עַל־עָזְבָם אֶת־תּוֹרָתִי אֲשֶׁר נָתַתִּי לִפְנֵיהֶם
וְלֹא־שָׁמְעוּ בְקוֹלִי וְלֹא־הָלְכוּ בָהּ׃ וַיֵּלְכוּ אַחֲרֵי
שְׁרִרוּת לִבָּם וְאַחֲרֵי הַבְּעָלִים אֲשֶׁר לִמְּדוּם
אֲבוֹתָם׃ לָכֵן כֹּה־אָמַר יְהוָה צְבָאוֹת
אֱלֹהֵי יִשְׂרָאֵל הִנְנִי מַאֲכִילָם אֶת־הָעָם הַזֶּה לַעֲנָה
וְהִשְׁקִיתִים מֵי־רֹאשׁ׃ וַהֲפִצוֹתִים בַּגּוֹיִם אֲשֶׁר
לֹא יָדְעוּ הֵמָּה וַאֲבוֹתָם וְשִׁלַּחְתִּי אַחֲרֵיהֶם אֶת־
הַחֶרֶב עַד כַּלּוֹתִי אוֹתָם׃ כֹּה אָמַר יְהוָה
צְבָאוֹת הִתְבּוֹנְנוּ וְקִרְאוּ לַמְקוֹנְנוֹת וּתְבוֹאֶינָה וְאֶל־
הַחֲכָמוֹת שִׁלְחוּ וְתָבוֹאנָה׃ וּתְמַהֵרְנָה וְתִשֶּׂנָה עָלֵינוּ
נֶהִי וְתֵרַדְנָה עֵינֵינוּ דִּמְעָה וְעַפְעַפֵּינוּ יִזְּלוּ־מָיִם׃ כִּי
קוֹל נְהִי נִשְׁמַע מִצִּיּוֹן אֵיךְ שֻׁדָּדְנוּ בֹּשְׁנוּ מְאֹד כִּי־
עָזַבְנוּ אָרֶץ כִּי הִשְׁלִיכוּ מִשְׁכְּנוֹתֵינוּ׃ כִּי־
שְׁמַעְנָה נָשִׁים דְּבַר־יְהוָה וְתִקַּח אָזְנְכֶם דְּבַר־פִּיו
וְלַמֵּדְנָה בְנוֹתֵיכֶם נֶהִי וְאִשָּׁה רְעוּתָהּ קִינָה׃ כִּי־

עָלָה מָוֶת בְּחַלּוֹנֵינוּ בָּא בְּאַרְמְנוֹתֵינוּ לְהַכְרִית עוֹלָל
מִחוּץ בַּחוּרִים מֵרְחֹבוֹת: דַּבֵּר כֹּה נְאֻם־יְהוָה וְנָפְלָה
נִבְלַת הָאָדָם כְּדֹמֶן עַל־פְּנֵי הַשָּׂדֶה וּכְעָמִיר מֵאַחֲרֵי
הַקֹּצֵר וְאֵין מְאַסֵּף: כֹּה | אָמַר יְהוָה
אַל־יִתְהַלֵּל חָכָם בְּחָכְמָתוֹ וְאַל־יִתְהַלֵּל הַגִּבּוֹר
בִּגְבוּרָתוֹ אַל־יִתְהַלֵּל עָשִׁיר בְּעָשְׁרוֹ: כִּי אִם־בְּזֹאת
יִתְהַלֵּל הַמִּתְהַלֵּל הַשְׂכֵּל וְיָדֹעַ אוֹתִי כִּי אֲנִי יְהוָה
עֹשֶׂה חֶסֶד מִשְׁפָּט וּצְדָקָה בָּאָרֶץ כִּי־בְאֵלֶּה חָפַצְתִּי
נְאֻם־יְהוָה:

אחרי ההפטרה קוראים את שלוש הברכות הראשונות בעמ' 381 עד 'מָגֵן דָּוִד'.

קריאה ליום הראשון של חנוכה

יש המתחילים:

במדבר ו, כב–ז, יז
וַיְדַבֵּר יְהוָה אֶל־מֹשֶׁה לֵּאמֹר: דַּבֵּר אֶל־אַהֲרֹן וְאֶל־
בָּנָיו לֵאמֹר כֹּה תְבָרְכוּ אֶת־בְּנֵי יִשְׂרָאֵל אָמוֹר
לָהֶם: יְבָרֶכְךָ יְהוָה וְיִשְׁמְרֶךָ: יָאֵר
יְהוָה | פָּנָיו אֵלֶיךָ וִיחֻנֶּךָּ: יִשָּׂא יְהוָה | פָּנָיו
אֵלֶיךָ וְיָשֵׂם לְךָ שָׁלוֹם: וְשָׂמוּ אֶת־שְׁמִי
עַל־בְּנֵי יִשְׂרָאֵל וַאֲנִי אֲבָרְכֵם:

ברוב הקהילות מתחילים:

וַיְהִי בְּיוֹם כַּלּוֹת מֹשֶׁה לְהָקִים אֶת־הַמִּשְׁכָּן וַיִּמְשַׁח

אֹת֗וֹ וַיְקַדֵּ֤שׁ אֹתוֹ֙ וְאֶת־כׇּל־כֵּלָ֔יו וְאֶת־הַמִּזְבֵּ֖חַ וְאֶת־
כׇּל־כֵּלָ֑יו וַיִּמְשָׁחֵ֖ם וַיְקַדֵּ֥שׁ אֹתָֽם׃ וַיַּקְרִ֙יבוּ֙ נְשִׂיאֵ֣י
יִשְׂרָאֵ֔ל רָאשֵׁ֖י בֵּ֣ית אֲבֹתָ֑ם הֵ֚ם נְשִׂיאֵ֣י הַמַּטֹּ֔ת הֵ֥ם
הָעֹמְדִ֖ים עַל־הַפְּקֻדִֽים׃ וַיָּבִ֨יאוּ אֶת־קׇרְבָּנָ֜ם לִפְנֵ֣י
יהוה שֵׁשׁ־עֶגְלֹ֥ת צָב֙ וּשְׁנֵ֣י־עָשָׂ֣ר בָּקָ֔ר עֲגָלָ֛ה עַל־שְׁנֵ֥י
הַנְּשִׂאִ֖ים וְשׁ֣וֹר לְאֶחָ֑ד וַיַּקְרִ֥יבוּ אוֹתָ֖ם לִפְנֵ֥י הַמִּשְׁכָּֽן׃
וַיֹּ֥אמֶר יהוה אֶל־מֹשֶׁ֥ה לֵּאמֹֽר׃ קַ֚ח מֵֽאִתָּ֔ם וְהָי֕וּ
לַעֲבֹ֕ד אֶת־עֲבֹדַ֖ת אֹ֣הֶל מוֹעֵ֑ד וְנָתַתָּ֤ה אוֹתָם֙ אֶל־
הַלְוִיִּ֔ם אִ֖ישׁ כְּפִ֥י עֲבֹדָתֽוֹ׃ וַיִּקַּ֣ח מֹשֶׁ֔ה אֶת־הָעֲגָלֹ֖ת
וְאֶת־הַבָּקָ֑ר וַיִּתֵּ֥ן אוֹתָ֖ם אֶל־הַלְוִיִּֽם׃ אֵ֣ת ׀ שְׁתֵּ֣י
הָעֲגָל֗וֹת וְאֵת֙ אַרְבַּ֣עַת הַבָּקָ֔ר נָתַ֖ן לִבְנֵ֣י גֵרְשׁ֑וֹן
כְּפִ֖י עֲבֹדָתָֽם׃ וְאֵ֣ת ׀ אַרְבַּ֣ע הָעֲגָלֹ֗ת וְאֵת֙ שְׁמֹנַ֣ת
הַבָּקָ֔ר נָתַ֖ן לִבְנֵ֣י מְרָרִ֑י כְּפִי֙ עֲבֹ֣דָתָ֔ם בְּיַד֙ אִֽיתָמָ֔ר בֶּן־
אַהֲרֹ֖ן הַכֹּהֵֽן׃ וְלִבְנֵ֥י קְהָ֖ת לֹ֣א נָתָ֑ן כִּֽי־עֲבֹדַ֤ת הַקֹּ֙דֶשׁ֙
עֲלֵהֶ֔ם בַּכָּתֵ֖ף יִשָּֽׂאוּ׃ וַיַּקְרִ֣יבוּ הַנְּשִׂאִ֗ים אֵ֚ת חֲנֻכַּ֣ת
הַמִּזְבֵּ֔חַ בְּי֖וֹם הִמָּשַׁ֣ח אֹת֑וֹ וַיַּקְרִ֧יבוּ הַנְּשִׂיאִ֛ם אֶת־
קׇרְבָּנָ֖ם לִפְנֵ֥י הַמִּזְבֵּֽחַ׃ וַיֹּ֖אמֶר יהוה אֶל־מֹשֶׁ֑ה נָשִׂ֨יא
אֶחָ֜ד לַיּ֗וֹם נָשִׂ֤יא אֶחָד֙ לַיּ֔וֹם יַקְרִ֙יבוּ֙ אֶת־קׇרְבָּנָ֔ם
לַחֲנֻכַּ֖ת הַמִּזְבֵּֽחַ׃ *וַיְהִ֗י הַמַּקְרִ֛יב בַּיּ֥וֹם לוי
הָרִאשׁ֖וֹן אֶת־קׇרְבָּנ֑וֹ נַחְשׁ֥וֹן בֶּן־עַמִּֽינָדָ֖ב לְמַטֵּ֥ה

יְהוּדָה: וְקָרְבָּנוֹ קַעֲרַת־כֶּסֶף אַחַת שְׁלֹשִׁים וּמֵאָה
מִשְׁקָלָהּ מִזְרָק אֶחָד כֶּסֶף שִׁבְעִים שֶׁקֶל בְּשֶׁקֶל
הַקֹּדֶשׁ שְׁנֵיהֶם ׀ מְלֵאִים סֹלֶת בְּלוּלָה בַשֶּׁמֶן לְמִנְחָה:
כַּף אַחַת עֲשָׂרָה זָהָב מְלֵאָה קְטֹרֶת: *פַּר אֶחָד ישראל
בֶּן־בָּקָר אַיִל אֶחָד כֶּבֶשׂ־אֶחָד בֶּן־שְׁנָתוֹ לְעֹלָה:
שְׂעִיר־עִזִּים אֶחָד לְחַטָּאת: וּלְזֶבַח הַשְּׁלָמִים בָּקָר
שְׁנַיִם אֵילִם חֲמִשָּׁה עַתּוּדִים חֲמִשָּׁה כְּבָשִׂים בְּנֵי־
שָׁנָה חֲמִשָּׁה זֶה קָרְבַּן נַחְשׁוֹן בֶּן־עַמִּינָדָב:

קריאה ליום השני של חנוכה

השלישי חוזר וקורא את כל הפרשה מ׳בַּיּוֹם הַשֵּׁנִי׳ ועד ׳נְתַנְאֵל בֶּן־צוּעָר׳.

בַּיּוֹם הַשֵּׁנִי הִקְרִיב נְתַנְאֵל בֶּן־צוּעָר נְשִׂיא יִשָּׂשכָר: במדבר ז, יח–כט
הִקְרִב אֶת־קָרְבָּנוֹ קַעֲרַת־כֶּסֶף אַחַת שְׁלֹשִׁים וּמֵאָה
מִשְׁקָלָהּ מִזְרָק אֶחָד כֶּסֶף שִׁבְעִים שֶׁקֶל בְּשֶׁקֶל
הַקֹּדֶשׁ שְׁנֵיהֶם ׀ מְלֵאִים סֹלֶת בְּלוּלָה בַשֶּׁמֶן לְמִנְחָה:
כַּף אַחַת עֲשָׂרָה זָהָב מְלֵאָה קְטֹרֶת: *פַּר אֶחָד לוי
בֶּן־בָּקָר אַיִל אֶחָד כֶּבֶשׂ־אֶחָד בֶּן־שְׁנָתוֹ לְעֹלָה:
שְׂעִיר־עִזִּים אֶחָד לְחַטָּאת: וּלְזֶבַח הַשְּׁלָמִים בָּקָר
שְׁנַיִם אֵילִם חֲמִשָּׁה עַתֻּדִים חֲמִשָּׁה כְּבָשִׂים בְּנֵי־
שָׁנָה חֲמִשָּׁה זֶה קָרְבַּן נְתַנְאֵל בֶּן־צוּעָר:

קריאה ליום השלישי של חנוכה

השלישי חוזר וקורא את כל הפרשה מ׳בַּיּוֹם הַשְּׁלִישִׁי׳ ועד ׳אֱלִיאָב בֶּן־חֵלֹן׳.

בַּיּוֹם֙ הַשְּׁלִישִׁ֔י נָשִׂ֖יא לִבְנֵ֣י זְבוּלֻ֑ן אֱלִיאָ֖ב בֶּן־חֵלֹֽן׃ במדבר ז, כד–לה
קָרְבָּנ֞וֹ קַֽעֲרַת־כֶּ֣סֶף אַחַ֗ת שְׁלֹשִׁ֣ים וּמֵאָה֮ מִשְׁקָלָהּ֒
מִזְרָ֤ק אֶחָד֙ כֶּ֔סֶף שִׁבְעִ֥ים שֶׁ֖קֶל בְּשֶׁ֣קֶל הַקֹּ֑דֶשׁ
שְׁנֵיהֶ֣ם ׀ מְלֵאִ֗ים סֹ֛לֶת בְּלוּלָ֥ה בַשֶּׁ֖מֶן לְמִנְחָֽה׃ כַּ֥ף
אַחַ֛ת עֲשָׂרָ֥ה זָהָ֖ב מְלֵאָ֥ה קְטֹֽרֶת׃ ★פַּ֣ר אֶחָ֞ד בֶּן־בָּקָ֗ר לוי
אַ֧יִל אֶחָ֛ד כֶּֽבֶשׂ־אֶחָ֥ד בֶּן־שְׁנָת֖וֹ לְעֹלָֽה׃ שְׂעִיר־עִזִּ֥ים
אֶחָ֖ד לְחַטָּֽאת׃ וּלְזֶ֣בַח הַשְּׁלָמִים֮ בָּקָ֣ר שְׁנַ֒יִם֒ אֵילִ֤ם
חֲמִשָּׁה֙ עַתֻּדִ֣ים חֲמִשָּׁ֔ה כְּבָשִׂ֥ים בְּנֵֽי־שָׁנָ֖ה חֲמִשָּׁ֑ה
זֶ֛ה קָרְבַּ֥ן אֱלִיאָ֖ב בֶּן־חֵלֹֽן׃

קריאה ליום הרביעי של חנוכה

השלישי חוזר וקורא את כל הפרשה מ׳בַּיּוֹם הָרְבִיעִי׳ ועד ׳אֱלִיצוּר בֶּן־שְׁדֵיאוּר׳.

בַּיּוֹם֙ הָֽרְבִיעִ֔י נָשִׂ֖יא לִבְנֵ֣י רְאוּבֵ֑ן אֱלִיצ֖וּר בֶּן־שְׁדֵיאֽוּר׃ במדבר ז, ל–מא
קָרְבָּנ֞וֹ קַֽעֲרַת־כֶּ֣סֶף אַחַ֗ת שְׁלֹשִׁ֣ים וּמֵאָה֮ מִשְׁקָלָהּ֒
מִזְרָ֤ק אֶחָד֙ כֶּ֔סֶף שִׁבְעִ֥ים שֶׁ֖קֶל בְּשֶׁ֣קֶל הַקֹּ֑דֶשׁ
שְׁנֵיהֶ֣ם ׀ מְלֵאִ֗ים סֹ֛לֶת בְּלוּלָ֥ה בַשֶּׁ֖מֶן לְמִנְחָֽה׃ כַּ֥ף
אַחַ֛ת עֲשָׂרָ֥ה זָהָ֖ב מְלֵאָ֥ה קְטֹֽרֶת׃ ★פַּ֣ר אֶחָ֞ד בֶּן־בָּקָ֗ר לוי
אַ֧יִל אֶחָ֛ד כֶּֽבֶשׂ־אֶחָ֥ד בֶּן־שְׁנָת֖וֹ לְעֹלָֽה׃ שְׂעִיר־עִזִּ֥ים

אֶחָד לְחַטָּאת: וּלְזֶבַח הַשְּׁלָמִים בָּקָר שְׁנַיִם אֵילִם
חֲמִשָּׁה עַתֻּדִים חֲמִשָּׁה כְּבָשִׂים בְּנֵי־שָׁנָה חֲמִשָּׁה
זֶה קָרְבַּן אֱלִיצוּר בֶּן־שְׁדֵיאוּר:

קריאה ליום החמישי של חנוכה

השלישי חוזר וקורא את כל הפרשה מ׳בַּיּוֹם הַחֲמִישִׁי׳ ועד ׳שְׁלֻמִיאֵל בֶּן־צוּרִישַׁדָּי׳.

במדבר ז, לו–מז בַּיּוֹם הַחֲמִישִׁי נָשִׂיא לִבְנֵי שִׁמְעוֹן שְׁלֻמִיאֵל בֶּן־
צוּרִישַׁדָּי: קָרְבָּנוֹ קַעֲרַת־כֶּסֶף אַחַת שְׁלֹשִׁים וּמֵאָה
מִשְׁקָלָהּ מִזְרָק אֶחָד כֶּסֶף שִׁבְעִים שֶׁקֶל בְּשֶׁקֶל
הַקֹּדֶשׁ שְׁנֵיהֶם ׀ מְלֵאִים סֹלֶת בְּלוּלָה בַשֶּׁמֶן לְמִנְחָה:
לוי כַּף אַחַת עֲשָׂרָה זָהָב מְלֵאָה קְטֹרֶת: *פַּר אֶחָד
בֶּן־בָּקָר אַיִל אֶחָד כֶּבֶשׂ־אֶחָד בֶּן־שְׁנָתוֹ לְעֹלָה:
שְׂעִיר־עִזִּים אֶחָד לְחַטָּאת: וּלְזֶבַח הַשְּׁלָמִים בָּקָר
שְׁנַיִם אֵילִם חֲמִשָּׁה עַתֻּדִים חֲמִשָּׁה כְּבָשִׂים בְּנֵי־
שָׁנָה חֲמִשָּׁה זֶה קָרְבַּן שְׁלֻמִיאֵל בֶּן־צוּרִישַׁדָּי:

קריאה ליום השישי של חנוכה

היום השישי לחנוכה הוא ראש חודש טבת. מוציאים שני ספרי תורה
מארון הקודש וקוראים לשלושה עולים את קריאת ראש חודש
(עמ׳ 972). לרביעי קוראים מהספר השני ׳בַּיּוֹם הַשִּׁשִּׁי׳:

במדבר ז, מב–מז בַּיּוֹם הַשִּׁשִּׁי נָשִׂיא לִבְנֵי גָד אֶלְיָסָף בֶּן־דְּעוּאֵל:
קָרְבָּנוֹ קַעֲרַת־כֶּסֶף אַחַת שְׁלֹשִׁים וּמֵאָה מִשְׁקָלָהּ

מִזְרָק אֶחָד כֶּסֶף שִׁבְעִים שֶׁקֶל בְּשֶׁקֶל הַקֹּדֶשׁ שְׁנֵיהֶם ׀ מְלֵאִים סֹלֶת בְּלוּלָה בַשֶּׁמֶן לְמִנְחָה׃ כַּף אַחַת עֲשָׂרָה זָהָב מְלֵאָה קְטֹרֶת׃ פַּר אֶחָד בֶּן־בָּקָר אַיִל אֶחָד כֶּבֶשׂ־אֶחָד בֶּן־שְׁנָתוֹ לְעֹלָה׃ שְׂעִיר־עִזִּים אֶחָד לְחַטָּאת׃ וּלְזֶבַח הַשְּׁלָמִים בָּקָר שְׁנַיִם אֵילִם חֲמִשָּׁה עַתֻּדִים חֲמִשָּׁה כְּבָשִׂים בְּנֵי־שָׁנָה חֲמִשָּׁה זֶה קָרְבַּן אֶלְיָסָף בֶּן־דְּעוּאֵל׃

קריאה ליום השביעי של חנוכה

השלישי חוזר וקורא את כל הפרשה מ׳בַּיּוֹם הַשְּׁבִיעִי׳ ועד ׳אֱלִישָׁמָע בֶּן־עַמִּיהוּד׳.

אם היום השביעי לחנוכה הוא ראש חודש טבת, מוציאים שני ספרי תורה מארון הקודש, וקוראים לשלושה עולים את קריאת ראש חודש (עמ׳ 972). לרביעי קוראים מהספר השני ׳בַּיּוֹם הַשְּׁבִיעִי׳:

במדבר ז, מח–נג בַּיּוֹם הַשְּׁבִיעִי נָשִׂיא לִבְנֵי אֶפְרָיִם אֱלִישָׁמָע בֶּן־עַמִּיהוּד׃ קָרְבָּנוֹ קַעֲרַת־כֶּסֶף אַחַת שְׁלֹשִׁים וּמֵאָה מִשְׁקָלָהּ מִזְרָק אֶחָד כֶּסֶף שִׁבְעִים שֶׁקֶל בְּשֶׁקֶל הַקֹּדֶשׁ שְׁנֵיהֶם ׀ מְלֵאִים סֹלֶת בְּלוּלָה בַשֶּׁמֶן לְמִנְחָה׃

לוי כַּף אַחַת עֲשָׂרָה זָהָב מְלֵאָה קְטֹרֶת׃ *פַּר אֶחָד בֶּן־בָּקָר אַיִל אֶחָד כֶּבֶשׂ־אֶחָד בֶּן־שְׁנָתוֹ לְעֹלָה׃ שְׂעִיר־עִזִּים אֶחָד לְחַטָּאת׃ וּלְזֶבַח הַשְּׁלָמִים בָּקָר שְׁנַיִם אֵילִם חֲמִשָּׁה עַתֻּדִים חֲמִשָּׁה כְּבָשִׂים בְּנֵי־שָׁנָה חֲמִשָּׁה זֶה קָרְבַּן אֱלִישָׁמָע בֶּן־עַמִּיהוּד׃

קריאה ליום השמיני של חנוכה

במדבר ז,נד–ח,ד בַּיּוֹם הַשְּׁמִינִי נָשִׂיא לִבְנֵי מְנַשֶּׁה גַּמְלִיאֵל בֶּן־
פְּדָהצוּר׃ קָרְבָּנוֹ קַעֲרַת־כֶּסֶף אַחַת שְׁלֹשִׁים וּמֵאָה
מִשְׁקָלָהּ מִזְרָק אֶחָד כֶּסֶף שִׁבְעִים שֶׁקֶל בְּשֶׁקֶל
הַקֹּדֶשׁ שְׁנֵיהֶם ׀ מְלֵאִים סֹלֶת בְּלוּלָה בַשֶּׁמֶן לְמִנְחָה׃
לוי כַּף אַחַת עֲשָׂרָה זָהָב מְלֵאָה קְטֹרֶת׃ *פַּר אֶחָד
בֶּן־בָּקָר אַיִל אֶחָד כֶּבֶשׂ־אֶחָד בֶּן־שְׁנָתוֹ לְעֹלָה׃
שְׂעִיר־עִזִּים אֶחָד לְחַטָּאת׃ וּלְזֶבַח הַשְּׁלָמִים בָּקָר
שְׁנַיִם אֵילִם חֲמִשָּׁה עַתֻּדִים חֲמִשָּׁה כְּבָשִׂים בְּנֵי־
שָׁנָה חֲמִשָּׁה זֶה קָרְבַּן גַּמְלִיאֵל בֶּן־פְּדָהצוּר׃

ישראל בַּיּוֹם הַתְּשִׁיעִי נָשִׂיא לִבְנֵי בִנְיָמִן אֲבִידָן בֶּן־גִּדְעֹנִי׃
קָרְבָּנוֹ קַעֲרַת־כֶּסֶף אַחַת שְׁלֹשִׁים וּמֵאָה מִשְׁקָלָהּ
מִזְרָק אֶחָד כֶּסֶף שִׁבְעִים שֶׁקֶל בְּשֶׁקֶל הַקֹּדֶשׁ
שְׁנֵיהֶם ׀ מְלֵאִים סֹלֶת בְּלוּלָה בַשֶּׁמֶן לְמִנְחָה׃ כַּף
אַחַת עֲשָׂרָה זָהָב מְלֵאָה קְטֹרֶת׃ פַּר אֶחָד בֶּן־בָּקָר
אַיִל אֶחָד כֶּבֶשׂ־אֶחָד בֶּן־שְׁנָתוֹ לְעֹלָה׃ שְׂעִיר־עִזִּים
אֶחָד לְחַטָּאת׃ וּלְזֶבַח הַשְּׁלָמִים בָּקָר שְׁנַיִם אֵילִם
חֲמִשָּׁה עַתֻּדִים חֲמִשָּׁה כְּבָשִׂים בְּנֵי־שָׁנָה חֲמִשָּׁה
זֶה קָרְבַּן אֲבִידָן בֶּן־גִּדְעֹנִי׃

בַּיּוֹם֙ הָֽעֲשִׂירִ֔י נָשִׂ֖יא לִבְנֵ֣י דָ֑ן אֲחִיעֶ֖זֶר בֶּן־עַמִּישַׁדָּֽי׃ קָרְבָּנ֞וֹ קַֽעֲרַת־כֶּ֣סֶף אַחַ֗ת שְׁלֹשִׁ֣ים וּמֵאָה֮ מִשְׁקָלָהּ֒ מִזְרָ֤ק אֶחָד֙ כֶּ֔סֶף שִׁבְעִ֥ים שֶׁ֖קֶל בְּשֶׁ֣קֶל הַקֹּ֑דֶשׁ שְׁנֵיהֶ֣ם ׀ מְלֵאִ֗ים סֹ֛לֶת בְּלוּלָ֥ה בַשֶּׁ֖מֶן לְמִנְחָֽה׃ כַּ֥ף אַחַ֛ת עֲשָׂרָ֥ה זָהָ֖ב מְלֵאָ֥ה קְטֹֽרֶת׃ פַּ֣ר אֶחָ֞ד בֶּן־בָּקָ֗ר אַ֧יִל אֶחָ֛ד כֶּֽבֶשׂ־אֶחָ֥ד בֶּן־שְׁנָת֖וֹ לְעֹלָֽה׃ שְׂעִיר־עִזִּ֥ים אֶחָ֖ד לְחַטָּֽאת׃ וּלְזֶ֣בַח הַשְּׁלָמִים֮ בָּקָ֣ר שְׁנַ֒יִם֒ אֵילִ֤ם חֲמִשָּׁה֙ עַתֻּדִ֣ים חֲמִשָּׁ֔ה כְּבָשִׂ֥ים בְּנֵֽי־שָׁנָ֖ה חֲמִשָּׁ֑ה זֶ֛ה קָרְבַּ֥ן אֲחִיעֶ֖זֶר בֶּן־עַמִּישַׁדָּֽי׃

בְּיוֹם֙ עַשְׁתֵּ֣י עָשָׂ֣ר י֔וֹם נָשִׂ֖יא לִבְנֵ֣י אָשֵׁ֑ר פַּגְעִיאֵ֖ל בֶּן־עָכְרָֽן׃ קָרְבָּנ֞וֹ קַֽעֲרַת־כֶּ֣סֶף אַחַ֗ת שְׁלֹשִׁ֣ים וּמֵאָה֮ מִשְׁקָלָהּ֒ מִזְרָ֤ק אֶחָד֙ כֶּ֔סֶף שִׁבְעִ֥ים שֶׁ֖קֶל בְּשֶׁ֣קֶל הַקֹּ֑דֶשׁ שְׁנֵיהֶ֣ם ׀ מְלֵאִ֗ים סֹ֛לֶת בְּלוּלָ֥ה בַשֶּׁ֖מֶן לְמִנְחָֽה׃ כַּ֥ף אַחַ֛ת עֲשָׂרָ֥ה זָהָ֖ב מְלֵאָ֥ה קְטֹֽרֶת׃ פַּ֣ר אֶחָ֞ד בֶּן־בָּקָ֗ר אַ֧יִל אֶחָ֛ד כֶּֽבֶשׂ־אֶחָ֥ד בֶּן־שְׁנָת֖וֹ לְעֹלָֽה׃ שְׂעִיר־עִזִּ֥ים אֶחָ֖ד לְחַטָּֽאת׃ וּלְזֶ֣בַח הַשְּׁלָמִים֮ בָּקָ֣ר שְׁנַ֒יִם֒ אֵילִ֤ם חֲמִשָּׁה֙ עַתֻּדִ֣ים חֲמִשָּׁ֔ה כְּבָשִׂ֥ים בְּנֵֽי־שָׁנָ֖ה חֲמִשָּׁ֑ה זֶ֛ה קָרְבַּ֥ן פַּגְעִיאֵ֖ל בֶּן־עָכְרָֽן׃

בַּיּוֹם֙ שְׁנֵ֣ים עָשָׂ֣ר י֔וֹם נָשִׂ֖יא לִבְנֵ֣י נַפְתָּלִ֑י אֲחִירַ֖ע

בֶּן־עֵינָן׃ קָרְבָּנוֹ קְעָרַת־כֶּסֶף אַחַת שְׁלֹשִׁים וּמֵאָה
מִשְׁקָלָהּ מִזְרָק אֶחָד כֶּסֶף שִׁבְעִים שֶׁקֶל בְּשֶׁקֶל
הַקֹּדֶשׁ שְׁנֵיהֶם ׀ מְלֵאִים סֹלֶת בְּלוּלָה בַשֶּׁמֶן לְמִנְחָה׃
כַּף אַחַת עֲשָׂרָה זָהָב מְלֵאָה קְטֹרֶת׃ פַּר אֶחָד בֶּן־
בָּקָר אַיִל אֶחָד כֶּבֶשׂ־אֶחָד בֶּן־שְׁנָתוֹ לְעֹלָה׃ שְׂעִיר־
עִזִּים אֶחָד לְחַטָּאת׃ וּלְזֶבַח הַשְּׁלָמִים בָּקָר שְׁנַיִם
אֵילִם חֲמִשָּׁה עַתֻּדִים חֲמִשָּׁה כְּבָשִׂים בְּנֵי־שָׁנָה
חֲמִשָּׁה זֶה קָרְבַּן אֲחִירַע בֶּן־עֵינָן׃
זֹאת ׀ חֲנֻכַּת הַמִּזְבֵּחַ בְּיוֹם הִמָּשַׁח אֹתוֹ מֵאֵת
נְשִׂיאֵי יִשְׂרָאֵל קַעֲרֹת כֶּסֶף שְׁתֵּים עֶשְׂרֵה מִזְרְקֵי־
כֶסֶף שְׁנֵים עָשָׂר כַּפּוֹת זָהָב שְׁתֵּים עֶשְׂרֵה׃ שְׁלֹשִׁים
וּמֵאָה הַקְּעָרָה הָאַחַת כֶּסֶף וְשִׁבְעִים הַמִּזְרָק הָאֶחָד
כֹּל כֶּסֶף הַכֵּלִים אַלְפַּיִם וְאַרְבַּע־מֵאוֹת בְּשֶׁקֶל
הַקֹּדֶשׁ׃ כַּפּוֹת זָהָב שְׁתֵּים־עֶשְׂרֵה מְלֵאֹת קְטֹרֶת
עֲשָׂרָה עֲשָׂרָה הַכַּף בְּשֶׁקֶל הַקֹּדֶשׁ כָּל־זְהַב הַכַּפּוֹת
עֶשְׂרִים וּמֵאָה׃ כָּל־הַבָּקָר לָעֹלָה שְׁנֵים עָשָׂר פָּרִים
אֵילִם שְׁנֵים־עָשָׂר כְּבָשִׂים בְּנֵי־שָׁנָה שְׁנֵים עָשָׂר
וּמִנְחָתָם וּשְׂעִירֵי עִזִּים שְׁנֵים עָשָׂר לְחַטָּאת׃ וְכֹל
בְּקַר ׀ זֶבַח הַשְּׁלָמִים עֶשְׂרִים וְאַרְבָּעָה פָּרִים אֵילִם

שִׁשִּׁים עַתֻּדִים שִׁשִּׁים כְּבָשִׂים בְּנֵי־שָׁנָה שִׁשִּׁים זֹאת
חֲנֻכַּת הַמִּזְבֵּחַ אַחֲרֵי הִמָּשַׁח אֹתוֹ׃ וּבְבֹא מֹשֶׁה אֶל־
אֹהֶל מוֹעֵד לְדַבֵּר אִתּוֹ וַיִּשְׁמַע אֶת־הַקּוֹל מִדַּבֵּר
אֵלָיו מֵעַל הַכַּפֹּרֶת אֲשֶׁר עַל־אֲרֹן הָעֵדֻת מִבֵּין שְׁנֵי
הַכְּרֻבִים וַיְדַבֵּר אֵלָיו׃
וַיְדַבֵּר יהוה אֶל־מֹשֶׁה לֵּאמֹר׃ דַּבֵּר אֶל־אַהֲרֹן
וְאָמַרְתָּ אֵלָיו בְּהַעֲלֹתְךָ אֶת־הַנֵּרֹת אֶל־מוּל פְּנֵי
הַמְּנוֹרָה יָאִירוּ שִׁבְעַת הַנֵּרוֹת׃ וַיַּעַשׂ כֵּן אַהֲרֹן אֶל־
מוּל פְּנֵי הַמְּנוֹרָה הֶעֱלָה נֵרֹתֶיהָ כַּאֲשֶׁר צִוָּה יהוה
אֶת־מֹשֶׁה׃ וְזֶה מַעֲשֵׂה הַמְּנֹרָה מִקְשָׁה זָהָב עַד־
יְרֵכָהּ עַד־פִּרְחָהּ מִקְשָׁה הִוא כַּמַּרְאֶה אֲשֶׁר הֶרְאָה
יהוה אֶת־מֹשֶׁה כֵּן עָשָׂה אֶת־הַמְּנֹרָה׃

קריאה לפורים

וַיָּבֹא עֲמָלֵק וַיִּלָּחֶם עִם־יִשְׂרָאֵל בִּרְפִידִם׃ וַיֹּאמֶר שמות יז, ח–טז
מֹשֶׁה אֶל־יְהוֹשֻׁעַ בְּחַר־לָנוּ אֲנָשִׁים וְצֵא הִלָּחֵם
בַּעֲמָלֵק מָחָר אָנֹכִי נִצָּב עַל־רֹאשׁ הַגִּבְעָה וּמַטֵּה
הָאֱלֹהִים בְּיָדִי׃ וַיַּעַשׂ יְהוֹשֻׁעַ כַּאֲשֶׁר אָמַר־לוֹ מֹשֶׁה
לְהִלָּחֵם בַּעֲמָלֵק וּמֹשֶׁה אַהֲרֹן וְחוּר עָלוּ רֹאשׁ

לוי הַגִּבְעָֽה׃ *וְהָיָ֗ה כַּאֲשֶׁ֨ר יָרִ֥ים מֹשֶׁ֛ה יָד֖וֹ וְגָבַ֣ר יִשְׂרָאֵ֑ל
וְכַאֲשֶׁ֥ר יָנִ֛יחַ יָד֖וֹ וְגָבַ֥ר עֲמָלֵֽק׃ וִידֵ֤י מֹשֶׁה֙ כְּבֵדִ֔ים
וַיִּקְחוּ־אֶ֛בֶן וַיָּשִׂ֥ימוּ תַחְתָּ֖יו וַיֵּ֣שֶׁב עָלֶ֑יהָ וְאַהֲרֹ֨ן וְח֜וּר
תָּֽמְכ֣וּ בְיָדָ֗יו מִזֶּ֤ה אֶחָד֙ וּמִזֶּ֣ה אֶחָ֔ד וַיְהִ֥י יָדָ֛יו אֱמוּנָ֖ה
עַד־בֹּ֥א הַשָּֽׁמֶשׁ׃ וַיַּחֲלֹ֧שׁ יְהוֹשֻׁ֛עַ אֶת־עֲמָלֵ֥ק וְאֶת־
עַמּ֖וֹ לְפִי־חָֽרֶב׃

ישראל וַיֹּ֨אמֶר יְהוָ֜ה אֶל־מֹשֶׁ֗ה כְּתֹ֨ב זֹ֤את זִכָּרוֹן֙ בַּסֵּ֔פֶר וְשִׂ֕ים
בְּאָזְנֵ֖י יְהוֹשֻׁ֑עַ כִּֽי־מָחֹ֤ה אֶמְחֶה֙ אֶת־זֵ֣כֶר עֲמָלֵ֔ק
מִתַּ֖חַת הַשָּׁמָֽיִם׃ וַיִּ֥בֶן מֹשֶׁ֖ה מִזְבֵּ֑חַ וַיִּקְרָ֥א שְׁמ֖וֹ
יְהוָ֥ה ׀ נִסִּֽי׃ וַיֹּ֗אמֶר כִּֽי־יָד֙ עַל־כֵּ֣ס יָ֔הּ מִלְחָמָ֖ה לַֽיהוָ֑ה
בַּעֲמָלֵ֖ק מִדֹּ֥ר דֹּֽר׃

קריאת התורה לשלוש רגלים:
פסח, שבועות וסוכות

קריאה ליום הראשון של פסח

וַיִּקְרָא מֹשֶׁה לְכָל־זִקְנֵי יִשְׂרָאֵל וַיֹּאמֶר אֲלֵהֶם מִשְׁכוּ שמות יב, כא–נא
וּקְחוּ לָכֶם צֹאן לְמִשְׁפְּחֹתֵיכֶם וְשַׁחֲטוּ הַפָּסַח׃
וּלְקַחְתֶּם אֲגֻדַּת אֵזוֹב וּטְבַלְתֶּם בַּדָּם אֲשֶׁר־בַּסַּף
וְהִגַּעְתֶּם אֶל־הַמַּשְׁקוֹף וְאֶל־שְׁתֵּי הַמְּזוּזֹת מִן־הַדָּם
אֲשֶׁר בַּסָּף וְאַתֶּם לֹא תֵצְאוּ אִישׁ מִפֶּתַח־בֵּיתוֹ עַד־
בֹּקֶר׃ וְעָבַר יהוה לִנְגֹּף אֶת־מִצְרַיִם וְרָאָה אֶת־הַדָּם
עַל־הַמַּשְׁקוֹף וְעַל שְׁתֵּי הַמְּזוּזֹת וּפָסַח יהוה עַל־
הַפֶּתַח וְלֹא יִתֵּן הַמַּשְׁחִית לָבֹא אֶל־בָּתֵּיכֶם לִנְגֹּף׃
וּשְׁמַרְתֶּם אֶת־הַדָּבָר הַזֶּה לְחָק־לְךָ וּלְבָנֶיךָ עַד־
עוֹלָם׃ *וְהָיָה כִּי־תָבֹאוּ אֶל־הָאָרֶץ אֲשֶׁר יִתֵּן יהוה לוי
לָכֶם כַּאֲשֶׁר דִּבֵּר וּשְׁמַרְתֶּם אֶת־הָעֲבֹדָה הַזֹּאת׃
וְהָיָה כִּי־יֹאמְרוּ אֲלֵיכֶם בְּנֵיכֶם מָה הָעֲבֹדָה הַזֹּאת
לָכֶם׃ וַאֲמַרְתֶּם זֶבַח־פֶּסַח הוּא לַיהוה אֲשֶׁר פָּסַח
עַל־בָּתֵּי בְנֵי־יִשְׂרָאֵל בְּמִצְרַיִם בְּנָגְפּוֹ אֶת־מִצְרַיִם
וְאֶת־בָּתֵּינוּ הִצִּיל וַיִּקֹּד הָעָם וַיִּשְׁתַּחֲווּ׃ וַיֵּלְכוּ וַיַּעֲשׂוּ

בְּנֵי יִשְׂרָאֵל כַּאֲשֶׁר צִוָּה יְהוָה אֶת־מֹשֶׁה וְאַהֲרֹן כֵּן
עָשׂוּ׃ *וַיְהִי ׀ בַּחֲצִי הַלַּיְלָה וַיהוָה הִכָּה שלישי
כָל־בְּכוֹר בְּאֶרֶץ מִצְרַיִם מִבְּכֹר פַּרְעֹה הַיֹּשֵׁב עַל־
כִּסְאוֹ עַד בְּכוֹר הַשְּׁבִי אֲשֶׁר בְּבֵית הַבּוֹר וְכֹל בְּכוֹר
בְּהֵמָה׃ וַיָּקָם פַּרְעֹה לַיְלָה הוּא וְכָל־עֲבָדָיו וְכָל־
מִצְרַיִם וַתְּהִי צְעָקָה גְדֹלָה בְּמִצְרָיִם כִּי־אֵין בַּיִת
אֲשֶׁר אֵין־שָׁם מֵת׃ וַיִּקְרָא לְמֹשֶׁה וּלְאַהֲרֹן לַיְלָה
וַיֹּאמֶר קוּמוּ צְּאוּ מִתּוֹךְ עַמִּי גַּם־אַתֶּם גַּם־בְּנֵי
יִשְׂרָאֵל וּלְכוּ עִבְדוּ אֶת־יְהוָה כְּדַבֶּרְכֶם׃ גַּם־צֹאנְכֶם
גַּם־בְּקַרְכֶם קְחוּ כַּאֲשֶׁר דִּבַּרְתֶּם וָלֵכוּ וּבֵרַכְתֶּם גַּם־
אֹתִי׃ *וַתֶּחֱזַק מִצְרַיִם עַל־הָעָם לְמַהֵר לְשַׁלְּחָם (בשבת רביעי)
מִן־הָאָרֶץ כִּי אָמְרוּ כֻּלָּנוּ מֵתִים׃ וַיִּשָּׂא הָעָם אֶת־
בְּצֵקוֹ טֶרֶם יֶחְמָץ מִשְׁאֲרֹתָם צְרֻרֹת בְּשִׂמְלֹתָם עַל־
שִׁכְמָם׃ וּבְנֵי־יִשְׂרָאֵל עָשׂוּ כִּדְבַר מֹשֶׁה וַיִּשְׁאֲלוּ
מִמִּצְרַיִם כְּלֵי־כֶסֶף וּכְלֵי זָהָב וּשְׂמָלֹת׃ וַיהוָה נָתַן
אֶת־חֵן הָעָם בְּעֵינֵי מִצְרַיִם וַיַּשְׁאִלוּם וַיְנַצְּלוּ אֶת־
מִצְרָיִם׃

וַיִּסְעוּ בְנֵי־יִשְׂרָאֵל מֵרַעְמְסֵס סֻכֹּתָה כְּשֵׁשׁ־מֵאוֹת רביעי (בשבת
אֶלֶף רַגְלִי הַגְּבָרִים לְבַד מִטָּף׃ וְגַם־עֵרֶב רַב עָלָה חמישי)

אֹתָם וְצֹאן וּבָקָר מִקְנֶה כָּבֵד מְאֹד: וַיֹּאפוּ אֶת־
הַבָּצֵק אֲשֶׁר הוֹצִיאוּ מִמִּצְרַיִם עֻגֹת מַצּוֹת כִּי לֹא
חָמֵץ כִּי־גֹרְשׁוּ מִמִּצְרַיִם וְלֹא יָכְלוּ לְהִתְמַהְמֵהַּ וְגַם־
צֵדָה לֹא־עָשׂוּ לָהֶם: וּמוֹשַׁב בְּנֵי יִשְׂרָאֵל אֲשֶׁר יָשְׁבוּ
בְּמִצְרָיִם שְׁלֹשִׁים שָׁנָה וְאַרְבַּע מֵאוֹת שָׁנָה: וַיְהִי
מִקֵּץ שְׁלֹשִׁים שָׁנָה וְאַרְבַּע מֵאוֹת שָׁנָה וַיְהִי בְּעֶצֶם
הַיּוֹם הַזֶּה יָצְאוּ כָּל־צִבְאוֹת יְהוָה מֵאֶרֶץ מִצְרָיִם:
לֵיל שִׁמֻּרִים הוּא לַיהוָה לְהוֹצִיאָם מֵאֶרֶץ מִצְרָיִם
הוּא־הַלַּיְלָה הַזֶּה לַיהוָה שִׁמֻּרִים לְכָל־בְּנֵי יִשְׂרָאֵל
לְדֹרֹתָם:

וַיֹּאמֶר יְהוָה אֶל־מֹשֶׁה וְאַהֲרֹן זֹאת חֻקַּת הַפָּסַח חמישי (בשבת שישי)
כָּל־בֶּן־נֵכָר לֹא־יֹאכַל בּוֹ: וְכָל־עֶבֶד אִישׁ מִקְנַת־
כָּסֶף וּמַלְתָּה אֹתוֹ אָז יֹאכַל בּוֹ: תּוֹשָׁב וְשָׂכִיר
לֹא־יֹאכַל בּוֹ: בְּבַיִת אֶחָד יֵאָכֵל לֹא־תוֹצִיא מִן־
הַבַּיִת מִן־הַבָּשָׂר חוּצָה וְעֶצֶם לֹא תִשְׁבְּרוּ־בוֹ:
כָּל־עֲדַת יִשְׂרָאֵל יַעֲשׂוּ אֹתוֹ: *וְכִי־יָגוּר אִתְּךָ גֵּר (בשבת שביעי)
וְעָשָׂה פֶסַח לַיהוָה הִמּוֹל לוֹ כָל־זָכָר וְאָז יִקְרַב
לַעֲשֹׂתוֹ וְהָיָה כְּאֶזְרַח הָאָרֶץ וְכָל־עָרֵל לֹא־יֹאכַל
בּוֹ: תּוֹרָה אַחַת יִהְיֶה לָאֶזְרָח וְלַגֵּר הַגָּר בְּתוֹכְכֶם:

וַיַּֽעֲשׂ֖וּ כׇּל־בְּנֵ֣י יִשְׂרָאֵ֑ל כַּאֲשֶׁ֨ר צִוָּ֧ה יְהֹוָ֛ה אֶת־מֹשֶׁ֥ה וְאֶֽת־אַהֲרֹ֖ן כֵּ֥ן עָשֽׂוּ׃ וַיְהִ֕י בְּעֶ֖צֶם הַיּ֣וֹם הַזֶּ֑ה הוֹצִ֨יא יְהֹוָ֜ה אֶת־בְּנֵ֧י יִשְׂרָאֵ֛ל מֵאֶ֥רֶץ מִצְרַ֖יִם עַל־צִבְאֹתָֽם׃

אומרים חצי קדיש (בעמ׳ 380), וקוראים למפטיר מספר התורה השני:

במדבר כח, טז–כה

וּבַחֹ֣דֶשׁ הָֽרִאשׁ֗וֹן בְּאַרְבָּעָ֥ה עָשָׂ֛ר י֖וֹם לַחֹ֑דֶשׁ פֶּ֖סַח לַֽיהֹוָֽה׃ וּבַחֲמִשָּׁ֨ה עָשָׂ֥ר י֛וֹם לַחֹ֥דֶשׁ הַזֶּ֖ה חָ֑ג שִׁבְעַ֣ת יָמִ֔ים מַצּ֖וֹת יֵאָכֵֽל׃ בַּיּ֥וֹם הָֽרִאשׁ֖וֹן מִקְרָא־קֹ֑דֶשׁ כׇּל־מְלֶ֥אכֶת עֲבֹדָ֖ה לֹ֥א תַעֲשֽׂוּ׃ וְהִקְרַבְתֶּ֨ם אִשֶּׁ֥ה עֹלָ֛ה לַֽיהֹוָ֖ה פָּרִ֧ים בְּנֵֽי־בָקָ֛ר שְׁנַ֖יִם וְאַ֣יִל אֶחָ֑ד וְשִׁבְעָ֤ה כְבָשִׂים֙ בְּנֵ֣י שָׁנָ֔ה תְּמִימִ֖ם יִהְי֥וּ לָכֶֽם׃ וּמִ֨נְחָתָ֔ם סֹ֖לֶת בְּלוּלָ֣ה בַשָּׁ֑מֶן שְׁלֹשָׁ֨ה עֶשְׂרֹנִ֜ים לַפָּ֗ר וּשְׁנֵ֧י עֶשְׂרֹנִ֛ים לָאַ֖יִל תַּעֲשֽׂוּ׃ עִשָּׂר֤וֹן עִשָּׂרוֹן֙ תַּעֲשֶׂ֔ה לַכֶּ֖בֶשׂ הָאֶחָ֑ד לְשִׁבְעַ֖ת הַכְּבָשִֽׂים׃ וּשְׂעִ֥יר חַטָּ֖את אֶחָ֑ד לְכַפֵּ֖ר עֲלֵיכֶֽם׃ מִלְּבַד֙ עֹלַ֣ת הַבֹּ֔קֶר אֲשֶׁ֖ר לְעֹלַ֣ת הַתָּמִ֑יד תַּעֲשׂ֖וּ אֶת־אֵֽלֶּה׃ כָּאֵ֜לֶּה תַּעֲשׂ֤וּ לַיּוֹם֙ שִׁבְעַ֣ת יָמִ֔ים לֶ֛חֶם אִשֵּׁ֥ה רֵֽיחַ־נִיחֹ֖חַ לַֽיהֹוָ֑ה עַל־עוֹלַ֧ת הַתָּמִ֛יד יֵעָשֶׂ֖ה וְנִסְכּֽוֹ׃ וּבַיּוֹם֙ הַשְּׁבִיעִ֔י מִקְרָא־קֹ֖דֶשׁ יִהְיֶ֣ה לָכֶ֑ם כׇּל־מְלֶ֥אכֶת עֲבֹדָ֖ה לֹ֥א תַעֲשֽׂוּ׃

הפטרה ליום הראשון של פסח

יש מתחילים (סדר רב עמרם גאון):

וַיֹּאמֶר יְהוֹשֻׁעַ אֶל־הָעָם הִתְקַדָּשׁוּ כִּי מָחָר יַעֲשֶׂה יְהוָה בְּקִרְבְּכֶם נִפְלָאוֹת׃ וַיֹּאמֶר יְהוֹשֻׁעַ אֶל־הַכֹּהֲנִים לֵאמֹר שְׂאוּ אֶת־אֲרוֹן הַבְּרִית וְעִבְרוּ לִפְנֵי הָעָם וַיִּשְׂאוּ אֶת־אֲרוֹן הַבְּרִית וַיֵּלְכוּ לִפְנֵי הָעָם׃ וַיֹּאמֶר יְהוָה אֶל־יְהוֹשֻׁעַ הַיּוֹם הַזֶּה אָחֵל גַּדֶּלְךָ בְּעֵינֵי כָּל־יִשְׂרָאֵל אֲשֶׁר יֵדְעוּן כִּי כַּאֲשֶׁר הָיִיתִי עִם־מֹשֶׁה אֶהְיֶה עִמָּךְ׃ יהושע ג,ה–ז

ברוב הקהילות מתחילים (רב האי גאון):

בָּעֵת הַהִיא אָמַר יְהוָה אֶל־יְהוֹשֻׁעַ עֲשֵׂה לְךָ חַרְבוֹת צֻרִים וְשׁוּב מֹל אֶת־בְּנֵי־יִשְׂרָאֵל שֵׁנִית׃ וַיַּעַשׂ־לוֹ יְהוֹשֻׁעַ חַרְבוֹת צֻרִים וַיָּמָל אֶת־בְּנֵי יִשְׂרָאֵל אֶל־גִּבְעַת הָעֲרָלוֹת׃ וְזֶה הַדָּבָר אֲשֶׁר־מָל יְהוֹשֻׁעַ כָּל־הָעָם הַיֹּצֵא מִמִּצְרַיִם הַזְּכָרִים כֹּל ׀ אַנְשֵׁי הַמִּלְחָמָה מֵתוּ בַמִּדְבָּר בַּדֶּרֶךְ בְּצֵאתָם מִמִּצְרָיִם׃ כִּי־מֻלִים הָיוּ כָּל־הָעָם הַיֹּצְאִים וְכָל־הָעָם הַיִּלֹּדִים בַּמִּדְבָּר בַּדֶּרֶךְ בְּצֵאתָם מִמִּצְרַיִם לֹא־מָלוּ׃ כִּי ׀ אַרְבָּעִים שָׁנָה הָלְכוּ בְנֵי־יִשְׂרָאֵל בַּמִּדְבָּר עַד־תֹּם כָּל־הַגּוֹי יהושע ה,ב–ו,א

אַנְשֵׁי הַמִּלְחָמָה הַיֹּצְאִים מִמִּצְרַיִם אֲשֶׁר לֹא־שָׁמְעוּ
בְּקוֹל יְהוָה אֲשֶׁר נִשְׁבַּע יְהוָה לָהֶם לְבִלְתִּי הַרְאוֹתָם
אֶת־הָאָרֶץ אֲשֶׁר נִשְׁבַּע יְהוָה לַאֲבוֹתָם לָתֶת לָנוּ
אֶרֶץ זָבַת חָלָב וּדְבָשׁ׃ וְאֶת־בְּנֵיהֶם הֵקִים תַּחְתָּם
אֹתָם מָל יְהוֹשֻׁעַ כִּי־עֲרֵלִים הָיוּ כִּי לֹא־מָלוּ אוֹתָם
בַּדָּרֶךְ׃ וַיְהִי כַּאֲשֶׁר־תַּמּוּ כָל־הַגּוֹי לְהִמּוֹל וַיֵּשְׁבוּ
תַחְתָּם בַּמַּחֲנֶה עַד חֲיוֹתָם׃ וַיֹּאמֶר יְהוָה
אֶל־יְהוֹשֻׁעַ הַיּוֹם גַּלּוֹתִי אֶת־חֶרְפַּת מִצְרַיִם מֵעֲלֵיכֶם
וַיִּקְרָא שֵׁם הַמָּקוֹם הַהוּא גִּלְגָּל עַד הַיּוֹם הַזֶּה׃ וַיַּחֲנוּ
בְנֵי־יִשְׂרָאֵל בַּגִּלְגָּל וַיַּעֲשׂוּ אֶת־הַפֶּסַח בְּאַרְבָּעָה
עָשָׂר יוֹם לַחֹדֶשׁ בָּעֶרֶב בְּעַרְבוֹת יְרִיחוֹ׃ וַיֹּאכְלוּ
מֵעֲבוּר הָאָרֶץ מִמָּחֳרַת הַפֶּסַח מַצּוֹת וְקָלוּי בְּעֶצֶם
הַיּוֹם הַזֶּה׃ וַיִּשְׁבֹּת הַמָּן מִמָּחֳרָת בְּאָכְלָם מֵעֲבוּר
הָאָרֶץ וְלֹא־הָיָה עוֹד לִבְנֵי יִשְׂרָאֵל מָן וַיֹּאכְלוּ
מִתְּבוּאַת אֶרֶץ כְּנַעַן בַּשָּׁנָה הַהִיא׃ וַיְהִי
בִּהְיוֹת יְהוֹשֻׁעַ בִּירִיחוֹ וַיִּשָּׂא עֵינָיו וַיַּרְא וְהִנֵּה־אִישׁ
עֹמֵד לְנֶגְדּוֹ וְחַרְבּוֹ שְׁלוּפָה בְּיָדוֹ וַיֵּלֶךְ יְהוֹשֻׁעַ אֵלָיו
וַיֹּאמֶר לוֹ הֲלָנוּ אַתָּה אִם־לְצָרֵינוּ׃ וַיֹּאמֶר ׀ לֹא כִּי
אֲנִי שַׂר־צְבָא־יְהוָה עַתָּה בָאתִי וַיִּפֹּל יְהוֹשֻׁעַ אֶל־
פָּנָיו אַרְצָה וַיִּשְׁתָּחוּ וַיֹּאמֶר לוֹ מָה אֲדֹנִי מְדַבֵּר אֶל־

עַבְדּוֹ: וַיֹּאמֶר שַׂר־צְבָא יְהוָה אֶל־יְהוֹשֻׁעַ שַׁל־נַעַלְךָ
מֵעַל רַגְלֶךָ כִּי הַמָּקוֹם אֲשֶׁר אַתָּה עֹמֵד עָלָיו קֹדֶשׁ
הוּא וַיַּעַשׂ יְהוֹשֻׁעַ כֵּן: וִירִיחוֹ סֹגֶרֶת וּמְסֻגֶּרֶת מִפְּנֵי
בְּנֵי יִשְׂרָאֵל אֵין יוֹצֵא וְאֵין בָּא:

יש מוסיפים (רי״ץ גיאת):

וַיְהִי יְהוָה אֶת־יְהוֹשֻׁעַ וַיְהִי שָׁמְעוֹ בְּכָל־הָאָרֶץ: יהושע ו, כז

קריאה ליום השני של פסח, וכן ליום הראשון של סוכות

וַיְדַבֵּר יְהוָה אֶל־מֹשֶׁה לֵּאמֹר: שׁוֹר אוֹ־כֶשֶׂב אוֹ־ ויקרא כב, כו–כג, מד
עֵז כִּי יִוָּלֵד וְהָיָה שִׁבְעַת יָמִים תַּחַת אִמּוֹ וּמִיּוֹם
הַשְּׁמִינִי וָהָלְאָה יֵרָצֶה לְקָרְבַּן אִשֶּׁה לַיהוָה: וְשׁוֹר
אוֹ־שֶׂה אֹתוֹ וְאֶת־בְּנוֹ לֹא תִשְׁחֲטוּ בְּיוֹם אֶחָד: וְכִי־
תִזְבְּחוּ זֶבַח־תּוֹדָה לַיהוָה לִרְצֹנְכֶם תִּזְבָּחוּ: בַּיּוֹם
הַהוּא יֵאָכֵל לֹא־תוֹתִירוּ מִמֶּנּוּ עַד־בֹּקֶר אֲנִי יְהוָה:
וּשְׁמַרְתֶּם מִצְוֺתַי וַעֲשִׂיתֶם אֹתָם אֲנִי יְהוָה: וְלֹא
תְחַלְּלוּ אֶת־שֵׁם קָדְשִׁי וְנִקְדַּשְׁתִּי בְּתוֹךְ בְּנֵי יִשְׂרָאֵל
אֲנִי יְהוָה מְקַדִּשְׁכֶם: הַמּוֹצִיא אֶתְכֶם מֵאֶרֶץ מִצְרַיִם
לִהְיוֹת לָכֶם לֵאלֹהִים אֲנִי יְהוָה:

וַיְדַבֵּר יְהוָה אֶל־מֹשֶׁה לֵּאמֹר: דַּבֵּר אֶל־בְּנֵי יִשְׂרָאֵל (בשבת לוי)
וְאָמַרְתָּ אֲלֵהֶם מוֹעֲדֵי יְהוָה אֲשֶׁר־תִּקְרְאוּ אֹתָם

מִקְרָאֵי קֹדֶשׁ אֵלֶּה הֵם מוֹעֲדָי: שֵׁשֶׁת יָמִים תֵּעָשֶׂה
מְלָאכָה וּבַיּוֹם הַשְּׁבִיעִי שַׁבַּת שַׁבָּתוֹן מִקְרָא־קֹדֶשׁ
כָּל־מְלָאכָה לֹא תַעֲשׂוּ שַׁבָּת הִוא לַיהוָה בְּכֹל
מוֹשְׁבֹתֵיכֶם:

לוי (בשבת שלישי)

אֵלֶּה מוֹעֲדֵי יְהוָה מִקְרָאֵי קֹדֶשׁ אֲשֶׁר־תִּקְרְאוּ
אֹתָם בְּמוֹעֲדָם: בַּחֹדֶשׁ הָרִאשׁוֹן בְּאַרְבָּעָה עָשָׂר
לַחֹדֶשׁ בֵּין הָעַרְבָּיִם פֶּסַח לַיהוָה: וּבַחֲמִשָּׁה עָשָׂר
יוֹם לַחֹדֶשׁ הַזֶּה חַג הַמַּצּוֹת לַיהוָה שִׁבְעַת יָמִים
מַצּוֹת תֹּאכֵלוּ: בַּיּוֹם הָרִאשׁוֹן מִקְרָא־קֹדֶשׁ יִהְיֶה
לָכֶם כָּל־מְלֶאכֶת עֲבֹדָה לֹא תַעֲשׂוּ: וְהִקְרַבְתֶּם
אִשֶּׁה לַיהוָה שִׁבְעַת יָמִים בַּיּוֹם הַשְּׁבִיעִי מִקְרָא־
קֹדֶשׁ כָּל־מְלֶאכֶת עֲבֹדָה לֹא תַעֲשׂוּ:

(בשבת רביעי לוי בחוה"מ פסח)

וַיְדַבֵּר יְהוָה אֶל־מֹשֶׁה לֵּאמֹר: דַּבֵּר אֶל־בְּנֵי יִשְׂרָאֵל
וְאָמַרְתָּ אֲלֵהֶם כִּי־תָבֹאוּ אֶל־הָאָרֶץ אֲשֶׁר אֲנִי
נֹתֵן לָכֶם וּקְצַרְתֶּם אֶת־קְצִירָהּ וַהֲבֵאתֶם אֶת־
עֹמֶר רֵאשִׁית קְצִירְכֶם אֶל־הַכֹּהֵן: וְהֵנִיף אֶת־
הָעֹמֶר לִפְנֵי יְהוָה לִרְצֹנְכֶם מִמָּחֳרַת הַשַּׁבָּת יְנִיפֶנּוּ
הַכֹּהֵן: וַעֲשִׂיתֶם בְּיוֹם הֲנִיפְכֶם אֶת־הָעֹמֶר כֶּבֶשׂ
תָּמִים בֶּן־שְׁנָתוֹ לְעֹלָה לַיהוָה: וּמִנְחָתוֹ שְׁנֵי
עֶשְׂרֹנִים סֹלֶת בְּלוּלָה בַשֶּׁמֶן אִשֶּׁה לַיהוָה רֵיחַ

נִיחֹחַ וְנִסְכֹּה יַיִן רְבִיעִת הַהִין׃ וְלֶחֶם וְקָלִי וְכַרְמֶל
לֹא תֹאכְלוּ עַד־עֶצֶם הַיּוֹם הַזֶּה עַד הֲבִיאֲכֶם
אֶת־קָרְבַּן אֱלֹהֵיכֶם חֻקַּת עוֹלָם לְדֹרֹתֵיכֶם בְּכֹל
מֹשְׁבֹתֵיכֶם׃ *וּסְפַרְתֶּם לָכֶם מִמָּחֳרַת שלישי ביו"ט ובחוה"מ (בשבת חמישי)
הַשַּׁבָּת מִיּוֹם הֲבִיאֲכֶם אֶת־עֹמֶר הַתְּנוּפָה שֶׁבַע
שַׁבָּתוֹת תְּמִימֹת תִּהְיֶינָה׃ עַד מִמָּחֳרַת הַשַּׁבָּת
הַשְּׁבִיעִת תִּסְפְּרוּ חֲמִשִּׁים יוֹם וְהִקְרַבְתֶּם מִנְחָה
חֲדָשָׁה לַיהוָה׃ מִמּוֹשְׁבֹתֵיכֶם תָּבִיאוּ ׀ לֶחֶם תְּנוּפָה
שְׁתַּיִם שְׁנֵי עֶשְׂרֹנִים סֹלֶת תִּהְיֶינָה חָמֵץ תֵּאָפֶינָה
בִּכּוּרִים לַיהוָה׃ וְהִקְרַבְתֶּם עַל־הַלֶּחֶם שִׁבְעַת
כְּבָשִׂים תְּמִימִם בְּנֵי שָׁנָה וּפַר בֶּן־בָּקָר אֶחָד וְאֵילִם
שְׁנָיִם יִהְיוּ עֹלָה לַיהוָה וּמִנְחָתָם וְנִסְכֵּיהֶם אִשֵּׁה
רֵיחַ־נִיחֹחַ לַיהוָה׃ וַעֲשִׂיתֶם שְׂעִיר־עִזִּים אֶחָד
לְחַטָּאת וּשְׁנֵי כְבָשִׂים בְּנֵי שָׁנָה לְזֶבַח שְׁלָמִים׃
וְהֵנִיף הַכֹּהֵן ׀ אֹתָם עַל לֶחֶם הַבִּכֻּרִים תְּנוּפָה לִפְנֵי
יְהוָה עַל־שְׁנֵי כְּבָשִׂים קֹדֶשׁ יִהְיוּ לַיהוָה לַכֹּהֵן׃
וּקְרָאתֶם בְּעֶצֶם ׀ הַיּוֹם הַזֶּה מִקְרָא־קֹדֶשׁ יִהְיֶה
לָכֶם כָּל־מְלֶאכֶת עֲבֹדָה לֹא תַעֲשׂוּ חֻקַּת עוֹלָם
בְּכָל־מוֹשְׁבֹתֵיכֶם לְדֹרֹתֵיכֶם׃ וּבְקֻצְרְכֶם אֶת־קְצִיר
אַרְצְכֶם לֹא־תְכַלֶּה פְּאַת שָׂדְךָ בְּקֻצְרֶךָ וְלֶקֶט

קְצִֽירְךָ֔ לֹ֥א תְלַקֵּ֖ט לֶֽעָנִ֣י וְלַגֵּר֙ תַּעֲזֹ֣ב אֹתָ֔ם אֲנִ֖י יְהוָ֥ה
אֱלֹהֵיכֶֽם׃

רביעי (בשבת שישי)

וַיְדַבֵּ֥ר יְהוָ֖ה אֶל־מֹשֶׁ֥ה לֵּאמֹֽר׃ דַּבֵּ֛ר אֶל־בְּנֵ֥י
יִשְׂרָאֵ֖ל לֵאמֹ֑ר בַּחֹ֨דֶשׁ הַשְּׁבִיעִ֜י בְּאֶחָ֣ד לַחֹ֗דֶשׁ
יִהְיֶ֤ה לָכֶם֙ שַׁבָּת֔וֹן זִכְר֥וֹן תְּרוּעָ֖ה מִקְרָא־קֹֽדֶשׁ׃
כָּל־מְלֶ֥אכֶת עֲבֹדָ֖ה לֹ֣א תַעֲשׂ֑וּ וְהִקְרַבְתֶּ֥ם אִשֶּׁ֖ה
לַֽיהוָֽה׃ וַיְדַבֵּ֥ר יְהוָ֖ה אֶל־מֹשֶׁ֥ה לֵּאמֹֽר׃
אַ֡ךְ בֶּעָשׂ֣וֹר לַחֹדֶשׁ֩ הַשְּׁבִיעִ֨י הַזֶּ֜ה י֧וֹם הַכִּפֻּרִ֣ים ה֗וּא
מִֽקְרָא־קֹ֙דֶשׁ֙ יִהְיֶ֣ה לָכֶ֔ם וְעִנִּיתֶ֖ם אֶת־נַפְשֹׁתֵיכֶ֑ם
וְהִקְרַבְתֶּ֥ם אִשֶּׁ֖ה לַֽיהוָֽה׃ וְכָל־מְלָאכָה֙ לֹ֣א תַעֲשׂ֔וּ
בְּעֶ֖צֶם הַיּ֣וֹם הַזֶּ֑ה כִּ֣י י֤וֹם כִּפֻּרִים֙ ה֔וּא לְכַפֵּ֣ר עֲלֵיכֶ֔ם
לִפְנֵ֖י יְהוָ֥ה אֱלֹהֵיכֶֽם׃ כִּ֤י כָל־הַנֶּ֙פֶשׁ֙ אֲשֶׁ֣ר לֹֽא־תְעֻנֶּ֔ה
בְּעֶ֖צֶם הַיּ֣וֹם הַזֶּ֑ה וְנִכְרְתָ֖ה מֵעַמֶּֽיהָ׃ וְכָל־הַנֶּ֗פֶשׁ אֲשֶׁ֤ר
תַּעֲשֶׂה֙ כָּל־מְלָאכָ֔ה בְּעֶ֖צֶם הַיּ֣וֹם הַזֶּ֑ה וְהַאֲבַדְתִּ֛י
אֶת־הַנֶּ֥פֶשׁ הַהִ֖וא מִקֶּ֥רֶב עַמָּֽהּ׃ כָּל־מְלָאכָ֖ה לֹ֣א
תַעֲשׂ֑וּ חֻקַּ֤ת עוֹלָם֙ לְדֹרֹ֣תֵיכֶ֔ם בְּכֹ֖ל מֹשְׁבֹתֵיכֶֽם׃
שַׁבַּ֨ת שַׁבָּת֥וֹן הוּא֙ לָכֶ֔ם וְעִנִּיתֶ֖ם אֶת־נַפְשֹֽׁתֵיכֶ֑ם
בְּתִשְׁעָ֤ה לַחֹ֙דֶשׁ֙ בָּעֶ֔רֶב מֵעֶ֣רֶב עַד־עֶ֔רֶב תִּשְׁבְּת֖וּ
שַׁבַּתְּכֶֽם׃

חמישי (בשבת שביעי)

וַיְדַבֵּר יְהֹוָה אֶל־מֹשֶׁה לֵּאמֹר׃ דַּבֵּר אֶל־בְּנֵי יִשְׂרָאֵל
לֵאמֹר בַּחֲמִשָּׁה עָשָׂר יוֹם לַחֹדֶשׁ הַשְּׁבִיעִי הַזֶּה חַג
הַסֻּכּוֹת שִׁבְעַת יָמִים לַיהֹוָה׃ בַּיּוֹם הָרִאשׁוֹן מִקְרָא־
קֹדֶשׁ כׇּל־מְלֶאכֶת עֲבֹדָה לֹא תַעֲשׂוּ׃ שִׁבְעַת יָמִים
תַּקְרִיבוּ אִשֶּׁה לַיהֹוָה בַּיּוֹם הַשְּׁמִינִי מִקְרָא־קֹדֶשׁ
יִהְיֶה לָכֶם וְהִקְרַבְתֶּם אִשֶּׁה לַיהֹוָה עֲצֶרֶת הִוא
כׇּל־מְלֶאכֶת עֲבֹדָה לֹא תַעֲשׂוּ׃ אֵלֶּה מוֹעֲדֵי יְהֹוָה
אֲשֶׁר־תִּקְרְאוּ אֹתָם מִקְרָאֵי קֹדֶשׁ לְהַקְרִיב אִשֶּׁה
לַיהֹוָה עֹלָה וּמִנְחָה זֶבַח וּנְסָכִים דְּבַר־יוֹם בְּיוֹמוֹ׃
מִלְּבַד שַׁבְּתֹת יְהֹוָה וּמִלְּבַד מַתְּנוֹתֵיכֶם וּמִלְּבַד
כׇּל־נִדְרֵיכֶם וּמִלְּבַד כׇּל־נִדְבֹתֵיכֶם אֲשֶׁר תִּתְּנוּ
לַיהֹוָה׃ אַךְ בַּחֲמִשָּׁה עָשָׂר יוֹם לַחֹדֶשׁ הַשְּׁבִיעִי
בְּאׇסְפְּכֶם אֶת־תְּבוּאַת הָאָרֶץ תָּחֹגּוּ אֶת־חַג־יְהֹוָה
שִׁבְעַת יָמִים בַּיּוֹם הָרִאשׁוֹן שַׁבָּתוֹן וּבַיּוֹם הַשְּׁמִינִי
שַׁבָּתוֹן׃ וּלְקַחְתֶּם לָכֶם בַּיּוֹם הָרִאשׁוֹן פְּרִי עֵץ
הָדָר כַּפֹּת תְּמָרִים וַעֲנַף עֵץ־עָבֹת וְעַרְבֵי־נָחַל
וּשְׂמַחְתֶּם לִפְנֵי יְהֹוָה אֱלֹהֵיכֶם שִׁבְעַת יָמִים׃ וְחַגֹּתֶם
אֹתוֹ חַג לַיהֹוָה שִׁבְעַת יָמִים בַּשָּׁנָה חֻקַּת עוֹלָם
לְדֹרֹתֵיכֶם בַּחֹדֶשׁ הַשְּׁבִיעִי תָּחֹגּוּ אֹתוֹ׃ בַּסֻּכֹּת

תֵּשְׁבוּ שִׁבְעַת יָמִים כָּל־הָאֶזְרָח בְּיִשְׂרָאֵל יֵשְׁבוּ
בַּסֻּכֹּת: לְמַעַן יֵדְעוּ דֹרֹתֵיכֶם כִּי בַסֻּכּוֹת הוֹשַׁבְתִּי
אֶת־בְּנֵי יִשְׂרָאֵל בְּהוֹצִיאִי אוֹתָם מֵאֶרֶץ מִצְרָיִם אֲנִי
יהוה אֱלֹהֵיכֶם: וַיְדַבֵּר מֹשֶׁה אֶת־מֹעֲדֵי יהוה אֶל־
בְּנֵי יִשְׂרָאֵל:

בסוכות אומרים חצי קדיש (בעמ׳ 380), וקוראים למפטיר מספר התורה השני ׳וּבַחֲמִשָּׁה עָשָׂר יוֹם׳ (עמ׳ 1038). בחול המועד פסח קוראים לרביעי מהספר השני ׳וְהִקְרַבְתֶּם׳ למטה ואומרים חצי קדיש אחריו.

קריאה ליום השלישי של פסח

אם היום השלישי של פסח חל בשבת, קוראים את הקריאה לשבת חול המועד (עמ׳ 1014).

וַיְדַבֵּר יהוה אֶל־מֹשֶׁה לֵּאמֹר: קַדֶּשׁ־לִי כָל־בְּכוֹר שמות יג, א–טז
פֶּטֶר כָּל־רֶחֶם בִּבְנֵי יִשְׂרָאֵל בָּאָדָם וּבַבְּהֵמָה לִי
הוּא: וַיֹּאמֶר מֹשֶׁה אֶל־הָעָם זָכוֹר אֶת־הַיּוֹם הַזֶּה
אֲשֶׁר יְצָאתֶם מִמִּצְרַיִם מִבֵּית עֲבָדִים כִּי בְּחֹזֶק יָד
הוֹצִיא יהוה אֶתְכֶם מִזֶּה וְלֹא יֵאָכֵל חָמֵץ: הַיּוֹם
אַתֶּם יֹצְאִים בְּחֹדֶשׁ הָאָבִיב: *וְהָיָה כִי־יְבִיאֲךָ לוי
יהוה אֶל־אֶרֶץ הַכְּנַעֲנִי וְהַחִתִּי וְהָאֱמֹרִי וְהַחִוִּי
וְהַיְבוּסִי אֲשֶׁר נִשְׁבַּע לַאֲבֹתֶיךָ לָתֶת לָךְ אֶרֶץ זָבַת
חָלָב וּדְבָשׁ וְעָבַדְתָּ אֶת־הָעֲבֹדָה הַזֹּאת בַּחֹדֶשׁ
הַזֶּה: שִׁבְעַת יָמִים תֹּאכַל מַצֹּת וּבַיּוֹם הַשְּׁבִיעִי חַג

לַיהוָֽה׃ מַצּוֹת֙ יֵאָכֵ֔ל אֵ֖ת שִׁבְעַ֣ת הַיָּמִ֑ים וְלֹֽא־יֵרָאֶ֨ה לְךָ֜ חָמֵ֗ץ וְלֹֽא־יֵרָאֶ֥ה לְךָ֛ שְׂאֹ֖ר בְּכָל־גְּבֻלֶֽךָ׃ וְהִגַּדְתָּ֣ לְבִנְךָ֔ בַּיּ֥וֹם הַה֖וּא לֵאמֹ֑ר בַּעֲב֣וּר זֶ֗ה עָשָׂ֤ה יהוה֙ לִ֔י בְּצֵאתִ֖י מִמִּצְרָֽיִם׃ וְהָיָה֩ לְךָ֨ לְא֜וֹת עַל־יָדְךָ֗ וּלְזִכָּרוֹן֙ בֵּ֣ין עֵינֶ֔יךָ לְמַ֗עַן תִּהְיֶ֛ה תּוֹרַ֥ת יהוה֖ בְּפִ֑יךָ כִּ֚י בְּיָ֣ד חֲזָקָ֔ה הוֹצִֽאֲךָ֥ יהוה֖ מִמִּצְרָֽיִם׃ וְשָׁמַרְתָּ֛ אֶת־הַחֻקָּ֥ה הַזֹּ֖את לְמוֹעֲדָ֑הּ מִיָּמִ֖ים יָמִֽימָה׃

שלישי

וְהָיָ֞ה כִּֽי־יְבִאֲךָ֤ יהוה֙ אֶל־אֶ֣רֶץ הַֽכְּנַעֲנִ֔י כַּאֲשֶׁ֛ר נִשְׁבַּ֥ע לְךָ֖ וְלַאֲבֹתֶ֑יךָ וּנְתָנָ֖הּ לָֽךְ׃ וְהַעֲבַרְתָּ֥ כָל־פֶּֽטֶר־רֶ֖חֶם לַֽיהוָ֑ה וְכָל־פֶּ֣טֶר ׀ שֶׁ֣גֶר בְּהֵמָ֗ה אֲשֶׁ֨ר יִהְיֶ֥ה לְךָ֛ הַזְּכָרִ֖ים לַֽיהוָֽה׃ וְכָל־פֶּ֤טֶר חֲמֹר֙ תִּפְדֶּ֣ה בְשֶׂ֔ה וְאִם־לֹ֥א תִפְדֶּ֖ה וַעֲרַפְתּ֑וֹ וְכֹ֨ל בְּכ֥וֹר אָדָ֛ם בְּבָנֶ֖יךָ תִּפְדֶּֽה׃ וְהָיָ֞ה כִּֽי־יִשְׁאָלְךָ֥ בִנְךָ֛ מָחָ֖ר לֵאמֹ֣ר מַה־זֹּ֑את וְאָמַרְתָּ֣ אֵלָ֔יו בְּחֹ֣זֶק יָ֔ד הוֹצִיאָ֧נוּ יהוה֛ מִמִּצְרַ֖יִם מִבֵּ֥ית עֲבָדִֽים׃ וַיְהִ֗י כִּֽי־הִקְשָׁ֣ה פַרְעֹה֮ לְשַׁלְּחֵ֒נוּ֒ וַיַּהֲרֹ֨ג יהוה֤ כָּל־בְּכוֹר֙ בְּאֶ֣רֶץ מִצְרַ֔יִם מִבְּכֹ֥ר אָדָ֖ם וְעַד־בְּכ֣וֹר בְּהֵמָ֑ה עַל־כֵּן֩ אֲנִ֨י זֹבֵ֜חַ לַֽיהוָ֗ה כָּל־פֶּ֤טֶר רֶ֙חֶם֙ הַזְּכָרִ֔ים וְכָל־בְּכ֥וֹר בָּנַ֖י אֶפְדֶּֽה׃ וְהָיָ֤ה לְאוֹת֙ עַל־יָ֣דְכָ֔ה וּלְטוֹטָפֹ֖ת בֵּ֣ין עֵינֶ֑יךָ כִּ֚י בְּחֹ֣זֶק יָ֔ד הוֹצִיאָ֥נוּ יהוה֖ מִמִּצְרָֽיִם׃

לרביעי קוראים מספר התורה השני:

במדבר כח, יט–כה

וְהִקְרַבְתֶּ֨ם אִשֶּׁ֥ה עֹלָה֙ לַֽיהוָֹ֔ה פָּרִ֧ים בְּנֵֽי־בָקָ֛ר שְׁנַ֖יִם
וְאַ֣יִל אֶחָ֑ד וְשִׁבְעָ֤ה כְבָשִׂים֙ בְּנֵ֣י שָׁנָ֔ה תְּמִימִ֖ם יִהְי֥וּ
לָכֶֽם׃ וּמִ֨נְחָתָ֔ם סֹ֖לֶת בְּלוּלָ֣ה בַשָּׁ֑מֶן שְׁלֹשָׁ֨ה עֶשְׂרֹנִ֜ים
לַפָּ֗ר וּשְׁנֵ֧י עֶשְׂרֹנִ֛ים לָאַ֖יִל תַּעֲשֽׂוּ׃ עִשָּׂר֣וֹן עִשָּׂר֔וֹן
תַּעֲשֶׂ֖ה לַכֶּ֣בֶשׂ הָאֶחָ֑ד לְשִׁבְעַ֖ת הַכְּבָשִֽׂים׃ וּשְׂעִ֥יר
חַטָּ֖את אֶחָ֑ד לְכַפֵּ֖ר עֲלֵיכֶֽם׃ מִלְּבַד֙ עֹלַ֣ת הַבֹּ֔קֶר
אֲשֶׁ֖ר לְעֹלַ֣ת הַתָּמִ֑יד תַּעֲשׂ֖וּ אֶת־אֵֽלֶּה׃ כָּאֵ֜לֶּה תַּעֲשׂ֤וּ
לַיּוֹם֙ שִׁבְעַ֣ת יָמִ֔ים לֶ֛חֶם אִשֵּׁ֥ה רֵֽיחַ־נִיחֹ֖חַ לַֽיהוָֹ֑ה
עַל־עוֹלַ֧ת הַתָּמִ֛יד יֵעָשֶׂ֖ה וְנִסְכּֽוֹ׃ וּבַיּוֹם֙ הַשְּׁבִיעִ֔י
מִקְרָא־קֹ֖דֶשׁ יִהְיֶ֣ה לָכֶ֑ם כָּל־מְלֶ֥אכֶת עֲבֹדָ֖ה לֹ֥א
תַעֲשֽׂוּ׃

קריאה ליום הרביעי של פסח

אם היום הרביעי של פסח חל ביום ראשון, קוראים ׳וַיְדַבֵּר ה׳׳ בעמ׳ 1004.

שמות כב, כד–כג, יט

אִם־כֶּ֣סֶף ׀ תַּלְוֶ֣ה אֶת־עַמִּ֗י אֶת־הֶֽעָנִי֙ עִמָּ֔ךְ לֹא־
תִהְיֶ֥ה ל֖וֹ כְּנֹשֶׁ֑ה לֹֽא־תְשִׂימ֥וּן עָלָ֖יו נֶֽשֶׁךְ׃ אִם־חָבֹ֥ל
תַּחְבֹּ֖ל שַׂלְמַ֣ת רֵעֶ֑ךָ עַד־בֹּ֥א הַשֶּׁ֖מֶשׁ תְּשִׁיבֶ֥נּוּ לֽוֹ׃
כִּ֣י הִ֤וא כְסוּתֹה֙ לְבַדָּ֔הּ הִ֥וא שִׂמְלָת֖וֹ לְעֹר֑וֹ בַּמֶּ֣ה
יִשְׁכָּ֔ב וְהָיָה֙ כִּֽי־יִצְעַ֣ק אֵלַ֔י וְשָׁמַעְתִּ֖י כִּֽי־חַנּ֥וּן
לוי אָֽנִי׃ *אֱלֹהִ֖ים לֹ֣א תְקַלֵּ֑ל וְנָשִׂ֥יא בְעַמְּךָ֖

לֹא תָאֹר׃ מְלֵאָתְךָ וְדִמְעֲךָ לֹא תְאַחֵר בְּכוֹר בָּנֶיךָ
תִּתֶּן־לִי׃ כֵּן־תַּעֲשֶׂה לְשֹׁרְךָ לְצֹאנֶךָ שִׁבְעַת יָמִים
יִהְיֶה עִם־אִמּוֹ בַּיּוֹם הַשְּׁמִינִי תִּתְּנוֹ־לִי׃ וְאַנְשֵׁי־
קֹדֶשׁ תִּהְיוּן לִי וּבָשָׂר בַּשָּׂדֶה טְרֵפָה לֹא תֹאכֵלוּ
לַכֶּלֶב תַּשְׁלִכוּן אֹתוֹ׃ לֹא תִשָּׂא שֵׁמַע
שָׁוְא אַל־תָּשֶׁת יָדְךָ עִם־רָשָׁע לִהְיֹת עֵד חָמָס׃
לֹא־תִהְיֶה אַחֲרֵי־רַבִּים לְרָעֹת וְלֹא־תַעֲנֶה עַל־
רִב לִנְטֹת אַחֲרֵי רַבִּים לְהַטֹּת׃ וְדָל לֹא תֶהְדַּר
בְּרִיבוֹ׃ כִּי תִפְגַּע שׁוֹר אֹיִבְךָ אוֹ חֲמֹרוֹ
תֹּעֶה הָשֵׁב תְּשִׁיבֶנּוּ לוֹ׃ כִּי־תִרְאֶה חֲמוֹר
שֹׂנַאֲךָ רֹבֵץ תַּחַת מַשָּׂאוֹ וְחָדַלְתָּ מֵעֲזֹב לוֹ עָזֹב
תַּעֲזֹב עִמּוֹ׃ *לֹא תַטֶּה מִשְׁפַּט אֶבְיֹנְךָ שלישי
בְּרִיבוֹ׃ מִדְּבַר־שֶׁקֶר תִּרְחָק וְנָקִי וְצַדִּיק אַל־תַּהֲרֹג
כִּי לֹא־אַצְדִּיק רָשָׁע׃ וְשֹׁחַד לֹא תִקָּח כִּי הַשֹּׁחַד
יְעַוֵּר פִּקְחִים וִיסַלֵּף דִּבְרֵי צַדִּיקִים׃ וְגֵר לֹא תִלְחָץ
וְאַתֶּם יְדַעְתֶּם אֶת־נֶפֶשׁ הַגֵּר כִּי־גֵרִים הֱיִיתֶם בְּאֶרֶץ
מִצְרָיִם׃ וְשֵׁשׁ שָׁנִים תִּזְרַע אֶת־אַרְצֶךָ וְאָסַפְתָּ אֶת־
תְּבוּאָתָהּ׃ וְהַשְּׁבִיעִת תִּשְׁמְטֶנָּה וּנְטַשְׁתָּהּ וְאָכְלוּ
אֶבְיֹנֵי עַמֶּךָ וְיִתְרָם תֹּאכַל חַיַּת הַשָּׂדֶה כֵּן־תַּעֲשֶׂה
לְכַרְמְךָ לְזֵיתֶךָ׃ שֵׁשֶׁת יָמִים תַּעֲשֶׂה מַעֲשֶׂיךָ וּבַיּוֹם

הַשְּׁבִיעִי תִּשְׁבֹּת לְמַעַן יָנוּחַ שׁוֹרְךָ וַחֲמֹרֶךָ וְיִנָּפֵשׁ
בֶּן־אֲמָתְךָ וְהַגֵּר: וּבְכֹל אֲשֶׁר־אָמַרְתִּי אֲלֵיכֶם
תִּשָּׁמֵרוּ וְשֵׁם אֱלֹהִים אֲחֵרִים לֹא תַזְכִּירוּ לֹא יִשָּׁמַע
עַל־פִּיךָ: שָׁלֹשׁ רְגָלִים תָּחֹג לִי בַּשָּׁנָה: אֶת־חַג
הַמַּצּוֹת תִּשְׁמֹר שִׁבְעַת יָמִים תֹּאכַל מַצּוֹת כַּאֲשֶׁר
צִוִּיתִךָ לְמוֹעֵד חֹדֶשׁ הָאָבִיב כִּי־בוֹ יָצָאתָ מִמִּצְרָיִם
וְלֹא־יֵרָאוּ פָנַי רֵיקָם: וְחַג הַקָּצִיר בִּכּוּרֵי מַעֲשֶׂיךָ
אֲשֶׁר תִּזְרַע בַּשָּׂדֶה וְחַג הָאָסִף בְּצֵאת הַשָּׁנָה
בְּאָסְפְּךָ אֶת־מַעֲשֶׂיךָ מִן־הַשָּׂדֶה: שָׁלֹשׁ פְּעָמִים
בַּשָּׁנָה יֵרָאֶה כָּל־זְכוּרְךָ אֶל־פְּנֵי הָאָדֹן ׀ יְהוָה: לֹא־
תִזְבַּח עַל־חָמֵץ דַּם־זִבְחִי וְלֹא־יָלִין חֵלֶב־חַגִּי עַד־
בֹּקֶר: רֵאשִׁית בִּכּוּרֵי אַדְמָתְךָ תָּבִיא בֵּית יְהוָה
אֱלֹהֶיךָ לֹא־תְבַשֵּׁל גְּדִי בַּחֲלֵב אִמּוֹ:

לרביעי קוראים מספר התורה השני:

וְהִקְרַבְתֶּם אִשֶּׁה עֹלָה לַיהוָה פָּרִים בְּנֵי־בָקָר שְׁנַיִם במדבר כח, יט-כה
וְאַיִל אֶחָד וְשִׁבְעָה כְבָשִׂים בְּנֵי שָׁנָה תְּמִימִם יִהְיוּ
לָכֶם: וּמִנְחָתָם סֹלֶת בְּלוּלָה בַשָּׁמֶן שְׁלֹשָׁה עֶשְׂרֹנִים
לַפָּר וּשְׁנֵי עֶשְׂרֹנִים לָאַיִל תַּעֲשׂוּ: עִשָּׂרוֹן עִשָּׂרוֹן
תַּעֲשֶׂה לַכֶּבֶשׂ הָאֶחָד לְשִׁבְעַת הַכְּבָשִׂים: וּשְׂעִיר

חַטָּ֖את אֶחָ֑ד לְכַפֵּ֖ר עֲלֵיכֶֽם׃ מִלְּבַד֙ עֹלַ֣ת הַבֹּ֔קֶר
אֲשֶׁ֖ר לְעֹלַ֣ת הַתָּמִ֑יד תַּֽעֲשׂ֖וּ אֶת־אֵֽלֶּה׃ כָּאֵ֜לֶּה תַּעֲשׂ֤וּ
לַיּוֹם֙ שִׁבְעַ֣ת יָמִ֔ים לֶ֛חֶם אִשֵּׁ֥ה רֵֽיחַ־נִיחֹ֖חַ לַֽיהוָ֑ה
עַל־עוֹלַ֧ת הַתָּמִ֛יד יֵעָשֶׂ֖ה וְנִסְכּֽוֹ׃ וּבַיּוֹם֙ הַשְּׁבִיעִ֔י
מִקְרָא־קֹ֖דֶשׁ יִהְיֶ֣ה לָכֶ֑ם כָּל־מְלֶ֥אכֶת עֲבֹדָ֖ה לֹ֥א
תַעֲשֽׂוּ׃

קריאה ליום החמישי של פסח

אם היום החמישי של פסח חל בשבת, קוראים את הקריאה לשבת חול המועד (עמ׳ 1014). ואם חל ביום שני קוראים ׳אִם־כֶּסֶף׳ בעמ׳ 1006.

שמות לד, א–כו וַיֹּ֤אמֶר יהוה֙ אֶל־מֹשֶׁ֔ה פְּסָל־לְךָ֛ שְׁנֵֽי־לֻחֹ֥ת אֲבָנִ֖ים
כָּרִאשֹׁנִ֑ים וְכָתַבְתִּי֙ עַל־הַלֻּחֹ֔ת אֶת־הַדְּבָרִ֔ים אֲשֶׁ֥ר
הָי֛וּ עַל־הַלֻּחֹ֥ת הָרִאשֹׁנִ֖ים אֲשֶׁ֥ר שִׁבַּֽרְתָּ׃ וֶהְיֵ֥ה נָכ֖וֹן
לַבֹּ֑קֶר וְעָלִ֤יתָ בַבֹּ֙קֶר֙ אֶל־הַ֣ר סִינַ֔י וְנִצַּבְתָּ֥ לִ֛י שָׁ֖ם
עַל־רֹ֥אשׁ הָהָֽר׃ וְאִישׁ֙ לֹא־יַעֲלֶ֣ה עִמָּ֔ךְ וְגַם־אִ֥ישׁ
אַל־יֵרָ֖א בְּכָל־הָהָ֑ר גַּם־הַצֹּ֤אן וְהַבָּקָר֙ אַל־יִרְע֔וּ
לוי אֶל־מ֖וּל הָהָ֥ר הַהֽוּא׃ *וַיִּפְסֹ֡ל שְׁנֵֽי־לֻחֹ֨ת אֲבָנִ֜ים
כָּרִאשֹׁנִ֗ים וַיַּשְׁכֵּ֨ם מֹשֶׁ֤ה בַבֹּ֙קֶר֙ וַיַּ֙עַל֙ אֶל־הַ֣ר סִינַ֔י
כַּאֲשֶׁ֛ר צִוָּ֥ה יהוה אֹת֑וֹ וַיִּקַּ֣ח בְּיָד֔וֹ שְׁנֵ֖י לֻחֹ֥ת אֲבָנִֽים׃
וַיֵּ֤רֶד יהוה֙ בֶּֽעָנָ֔ן וַיִּתְיַצֵּ֥ב עִמּ֖וֹ שָׁ֑ם וַיִּקְרָ֥א בְשֵׁ֖ם

יְהוָה׃ וַיַּעֲבֹר יְהוָה ׀ עַל־פָּנָיו וַיִּקְרָא יְהוָה ׀ יְהוָה
אֵל רַחוּם וְחַנּוּן אֶרֶךְ אַפַּיִם וְרַב־חֶסֶד וֶאֱמֶת׃ נֹצֵר
חֶסֶד לָאֲלָפִים נֹשֵׂא עָוֺן וָפֶשַׁע וְחַטָּאָה וְנַקֵּה לֹא
יְנַקֶּה פֹּקֵד ׀ עֲוֺן אָבוֹת עַל־בָּנִים וְעַל־בְּנֵי בָנִים עַל־
שִׁלֵּשִׁים וְעַל־רִבֵּעִים׃ וַיְמַהֵר מֹשֶׁה וַיִּקֹּד אַרְצָה
וַיִּשְׁתָּחוּ׃ וַיֹּאמֶר אִם־נָא מָצָאתִי חֵן בְּעֵינֶיךָ אֲדֹנָי
יֵלֶךְ־נָא אֲדֹנָי בְּקִרְבֵּנוּ כִּי עַם־קְשֵׁה־עֹרֶף הוּא
וְסָלַחְתָּ לַעֲוֺנֵנוּ וּלְחַטָּאתֵנוּ וּנְחַלְתָּנוּ׃ וַיֹּאמֶר הִנֵּה
אָנֹכִי כֹּרֵת בְּרִית נֶגֶד כָּל־עַמְּךָ אֶעֱשֶׂה נִפְלָאֹת אֲשֶׁר
לֹא־נִבְרְאוּ בְכָל־הָאָרֶץ וּבְכָל־הַגּוֹיִם וְרָאָה כָל־
הָעָם אֲשֶׁר־אַתָּה בְקִרְבּוֹ אֶת־מַעֲשֵׂה יְהוָה כִּי־נוֹרָא
שלישי הוּא אֲשֶׁר אֲנִי עֹשֶׂה עִמָּךְ׃ *שְׁמָר־לְךָ אֵת אֲשֶׁר
אָנֹכִי מְצַוְּךָ הַיּוֹם הִנְנִי גֹרֵשׁ מִפָּנֶיךָ אֶת־הָאֱמֹרִי
וְהַכְּנַעֲנִי וְהַחִתִּי וְהַפְּרִזִּי וְהַחִוִּי וְהַיְבוּסִי׃ הִשָּׁמֶר
לְךָ פֶּן־תִּכְרֹת בְּרִית לְיוֹשֵׁב הָאָרֶץ אֲשֶׁר אַתָּה בָּא
עָלֶיהָ פֶּן־יִהְיֶה לְמוֹקֵשׁ בְּקִרְבֶּךָ׃ כִּי אֶת־מִזְבְּחֹתָם
תִּתֹּצוּן וְאֶת־מַצֵּבֹתָם תְּשַׁבֵּרוּן וְאֶת־אֲשֵׁרָיו תִּכְרֹתוּן׃
כִּי לֹא תִשְׁתַּחֲוֶה לְאֵל אַחֵר כִּי יְהוָה קַנָּא שְׁמוֹ אֵל
קַנָּא הוּא׃ פֶּן־תִּכְרֹת בְּרִית לְיוֹשֵׁב הָאָרֶץ וְזָנוּ ׀

אַחֲרֵי֙ אֱלֹ֣הֵיהֶ֔ם וְזָֽבְחוּ֙ לֵאלֹ֣הֵיהֶ֔ם וְקָרָ֣א לְךָ֔ וְאָכַלְתָּ֖
מִזִּבְחֽוֹ׃ וְלָקַחְתָּ֥ מִבְּנֹתָ֖יו לְבָנֶ֑יךָ וְזָנ֣וּ בְנֹתָ֗יו אַחֲרֵי֙
אֱלֹ֣הֵיהֶ֔ן וְהִזְנוּ֙ אֶת־בָּנֶ֔יךָ אַחֲרֵ֖י אֱלֹהֵיהֶֽן׃ אֱלֹהֵ֥י
מַסֵּכָ֖ה לֹ֥א תַעֲשֶׂה־לָּֽךְ׃ אֶת־חַ֣ג הַמַּצּוֹת֮ תִּשְׁמֹר֒
שִׁבְעַ֨ת יָמִ֜ים תֹּאכַ֤ל מַצּוֹת֙ אֲשֶׁ֣ר צִוִּיתִ֔ךָ לְמוֹעֵ֖ד
חֹ֣דֶשׁ הָֽאָבִ֑יב כִּ֚י בְּחֹ֣דֶשׁ הָֽאָבִ֔יב יָצָ֖אתָ מִמִּצְרָֽיִם׃
כָּל־פֶּ֥טֶר רֶ֖חֶם לִ֑י וְכָל־מִקְנְךָ֙ תִּזָּכָ֔ר פֶּ֖טֶר שׁ֥וֹר וָשֶֽׂה׃
וּפֶ֤טֶר חֲמוֹר֙ תִּפְדֶּ֣ה בְשֶׂ֔ה וְאִם־לֹ֥א תִפְדֶּ֖ה וַעֲרַפְתּ֑וֹ
כֹּ֣ל בְּכ֤וֹר בָּנֶ֙יךָ֙ תִּפְדֶּ֔ה וְלֹא־יֵרָא֥וּ פָנַ֖י רֵיקָֽם׃ שֵׁ֤שֶׁת
יָמִים֙ תַּעֲבֹ֔ד וּבַיּ֥וֹם הַשְּׁבִיעִ֖י תִּשְׁבֹּ֑ת בֶּחָרִ֥ישׁ וּבַקָּצִ֖יר
תִּשְׁבֹּֽת׃ וְחַ֤ג שָׁבֻעֹת֙ תַּעֲשֶׂ֣ה לְךָ֔ בִּכּוּרֵ֖י קְצִ֣יר חִטִּ֑ים
וְחַג֙ הָֽאָסִ֔יף תְּקוּפַ֖ת הַשָּׁנָֽה׃ שָׁלֹ֥שׁ פְּעָמִ֖ים בַּשָּׁנָ֑ה
יֵרָאֶה֙ כָּל־זְכ֣וּרְךָ֔ אֶת־פְּנֵ֛י הָאָדֹ֥ן ׀ יְהוָ֖ה אֱלֹהֵ֥י
יִשְׂרָאֵֽל׃ כִּֽי־אוֹרִ֤ישׁ גּוֹיִם֙ מִפָּנֶ֔יךָ וְהִרְחַבְתִּ֖י אֶת־גְּבֻלֶ֑ךָ
וְלֹא־יַחְמֹ֥ד אִישׁ֙ אֶת־אַרְצְךָ֔ בַּעֲלֹֽתְךָ֗ לֵרָאוֹת֙ אֶת־
פְּנֵי֙ יְהוָ֣ה אֱלֹהֶ֔יךָ שָׁלֹ֥שׁ פְּעָמִ֖ים בַּשָּׁנָֽה׃ לֹֽא־תִשְׁחַ֥ט
עַל־חָמֵ֖ץ דַּם־זִבְחִ֑י וְלֹֽא־יָלִ֣ין לַבֹּ֔קֶר זֶ֖בַח חַ֥ג הַפָּֽסַח׃
רֵאשִׁ֗ית בִּכּוּרֵי֙ אַדְמָ֣תְךָ֔ תָּבִ֕יא בֵּ֖ית יְהוָ֣ה אֱלֹהֶ֑יךָ
לֹֽא־תְבַשֵּׁ֥ל גְּדִ֖י בַּחֲלֵ֥ב אִמּֽוֹ׃

לרביעי קוראים מספר התורה השני:

במדבר כח, יט-כה וְהִקְרַבְתֶּ֨ם אִשֶּׁ֤ה עֹלָה֙ לַֽיהוָ֔ה פָּרִ֥ים בְּנֵֽי־בָקָ֖ר שְׁנָ֑יִם
וְאַ֣יִל אֶחָ֔ד וְשִׁבְעָ֤ה כְבָשִׂים֙ בְּנֵ֣י שָׁנָ֔ה תְּמִימִ֖ם יִהְי֥וּ
לָכֶֽם׃ וּ֨מִנְחָתָ֔ם סֹ֖לֶת בְּלוּלָ֣ה בַשָּׁ֑מֶן שְׁלֹשָׁ֨ה עֶשְׂרֹנִ֜ים
לַפָּ֗ר וּשְׁנֵ֧י עֶשְׂרֹנִ֛ים לָאַ֖יִל תַּעֲשֽׂוּ׃ עִשָּׂר֣וֹן עִשָּׂר֔וֹן
תַּעֲשֶׂ֕ה לַכֶּ֖בֶשׂ הָאֶחָ֑ד לְשִׁבְעַ֖ת הַכְּבָשִֽׂים׃ וּשְׂעִ֥יר
חַטָּ֖את אֶחָ֑ד לְכַפֵּ֖ר עֲלֵיכֶֽם׃ מִלְּבַד֙ עֹלַ֣ת הַבֹּ֔קֶר
אֲשֶׁ֖ר לְעֹלַ֣ת הַתָּמִ֑יד תַּעֲשׂ֖וּ אֶת־אֵֽלֶּה׃ כָּאֵ֜לֶּה תַּעֲשׂ֤וּ
לַיּוֹם֙ שִׁבְעַ֣ת יָמִ֔ים לֶ֛חֶם אִשֵּׁ֥ה רֵֽיחַ־נִיחֹ֖חַ לַֽיהוָ֑ה
עַל־עוֹלַ֧ת הַתָּמִ֛יד יֵעָשֶׂ֖ה וְנִסְכּֽוֹ׃ וּבַיּוֹם֙ הַשְּׁבִיעִ֔י
מִקְרָא־קֹ֖דֶשׁ יִהְיֶ֣ה לָכֶ֑ם כָּל־מְלֶ֥אכֶת עֲבֹדָ֖ה לֹ֥א
תַעֲשֽׂוּ׃

קריאה ליום השישי של פסח

במדבר ט, א-יד וַיְדַבֵּ֨ר יְהוָ֤ה אֶל־מֹשֶׁה֙ בְמִדְבַּר־סִ֜ינַי בַּשָּׁנָ֨ה הַשֵּׁנִ֜ית
לְצֵאתָ֨ם מֵאֶ֧רֶץ מִצְרַ֛יִם בַּחֹ֥דֶשׁ הָרִאשׁ֖וֹן לֵאמֹֽר׃
וְיַעֲשׂ֧וּ בְנֵֽי־יִשְׂרָאֵ֛ל אֶת־הַפָּ֖סַח בְּמוֹעֲדֽוֹ׃ בְּאַרְבָּעָ֣ה
עָשָֽׂר־י֠וֹם בַּחֹ֨דֶשׁ הַזֶּ֜ה בֵּ֧ין הָֽעֲרְבַּ֛יִם תַּעֲשׂ֥וּ אֹת֖וֹ
בְּמֹעֲד֑וֹ כְּכָל־חֻקֹּתָ֥יו וּכְכָל־מִשְׁפָּטָ֖יו תַּעֲשׂ֥וּ אֹתֽוֹ׃
וַיְדַבֵּ֥ר מֹשֶׁ֖ה אֶל־בְּנֵ֣י יִשְׂרָאֵ֑ל לַעֲשֹׂ֖ת הַפָּֽסַח׃ וַיַּעֲשׂ֣וּ

אֶת־הַפֶּסַח בָּרִאשׁוֹן בְּאַרְבָּעָה עָשָׂר יוֹם לַחֹדֶשׁ בֵּין
הָעַרְבַּיִם בְּמִדְבַּר סִינָי כְּכֹל אֲשֶׁר צִוָּה יהוה אֶת־
מֹשֶׁה כֵּן עָשׂוּ בְּנֵי יִשְׂרָאֵל׃ *וַיְהִי אֲנָשִׁים אֲשֶׁר הָיוּ לוי
טְמֵאִים לְנֶפֶשׁ אָדָם וְלֹא־יָכְלוּ לַעֲשֹׂת־הַפֶּסַח בַּיּוֹם
הַהוּא וַיִּקְרְבוּ לִפְנֵי מֹשֶׁה וְלִפְנֵי אַהֲרֹן בַּיּוֹם הַהוּא׃
וַיֹּאמְרוּ הָאֲנָשִׁים הָהֵמָּה אֵלָיו אֲנַחְנוּ טְמֵאִים לְנֶפֶשׁ
אָדָם לָמָּה נִגָּרַע לְבִלְתִּי הַקְרִיב אֶת־קָרְבַּן יהוה
בְּמֹעֲדוֹ בְּתוֹךְ בְּנֵי יִשְׂרָאֵל׃ וַיֹּאמֶר אֲלֵהֶם מֹשֶׁה
עִמְדוּ וְאֶשְׁמְעָה מַה־יְצַוֶּה יהוה לָכֶם׃

וַיְדַבֵּר יהוה אֶל־מֹשֶׁה לֵּאמֹר׃ דַּבֵּר אֶל־בְּנֵי יִשְׂרָאֵל שלישי
לֵאמֹר אִישׁ אִישׁ כִּי־יִהְיֶה טָמֵא ׀ לָנֶפֶשׁ אוֹ בְדֶרֶךְ
רְחֹקָה לָכֶם אוֹ לְדֹרֹתֵיכֶם וְעָשָׂה פֶסַח לַיהוה׃
בַּחֹדֶשׁ הַשֵּׁנִי בְּאַרְבָּעָה עָשָׂר יוֹם בֵּין הָעַרְבַּיִם יַעֲשׂוּ
אֹתוֹ עַל־מַצּוֹת וּמְרֹרִים יֹאכְלֻהוּ׃ לֹא־יַשְׁאִירוּ מִמֶּנּוּ
עַד־בֹּקֶר וְעֶצֶם לֹא יִשְׁבְּרוּ־בוֹ כְּכָל־חֻקַּת הַפֶּסַח
יַעֲשׂוּ אֹתוֹ׃ וְהָאִישׁ אֲשֶׁר־הוּא טָהוֹר וּבְדֶרֶךְ לֹא־
הָיָה וְחָדַל לַעֲשׂוֹת הַפֶּסַח וְנִכְרְתָה הַנֶּפֶשׁ הַהִוא
מֵעַמֶּיהָ כִּי ׀ קָרְבַּן יהוה לֹא הִקְרִיב בְּמֹעֲדוֹ חֶטְאוֹ
יִשָּׂא הָאִישׁ הַהוּא׃ וְכִי־יָגוּר אִתְּכֶם גֵּר וְעָשָׂה פֶסַח

לַיהֹוָה כְּחֻקַּת הַפֶּסַח וּכְמִשְׁפָּטוֹ כֵּן יַעֲשֶׂה חֻקָּה
אַחַת יִהְיֶה לָכֶם וְלַגֵּר וּלְאֶזְרַח הָאָרֶץ׃

לרביעי קוראים מספר התורה השני:

במדבר כח, יט–כה
וְהִקְרַבְתֶּם אִשֶּׁה עֹלָה לַיהֹוָה פָּרִים בְּנֵי־בָקָר שְׁנַיִם
וְאַיִל אֶחָד וְשִׁבְעָה כְבָשִׂים בְּנֵי שָׁנָה תְּמִימִם יִהְיוּ
לָכֶם׃ וּמִנְחָתָם סֹלֶת בְּלוּלָה בַשָּׁמֶן שְׁלֹשָׁה עֶשְׂרֹנִים
לַפָּר וּשְׁנֵי עֶשְׂרֹנִים לָאַיִל תַּעֲשׂוּ׃ עִשָּׂרוֹן עִשָּׂרוֹן
תַּעֲשֶׂה לַכֶּבֶשׂ הָאֶחָד לְשִׁבְעַת הַכְּבָשִׂים׃ וּשְׂעִיר
חַטָּאת אֶחָד לְכַפֵּר עֲלֵיכֶם׃ מִלְּבַד עֹלַת הַבֹּקֶר
אֲשֶׁר לְעֹלַת הַתָּמִיד תַּעֲשׂוּ אֶת־אֵלֶּה׃ כָּאֵלֶּה תַּעֲשׂוּ
לַיּוֹם שִׁבְעַת יָמִים לֶחֶם אִשֵּׁה רֵיחַ־נִיחֹחַ לַיהֹוָה
עַל־עוֹלַת הַתָּמִיד יֵעָשֶׂה וְנִסְכּוֹ׃ וּבַיּוֹם הַשְּׁבִיעִי
מִקְרָא־קֹדֶשׁ יִהְיֶה לָכֶם כָּל־מְלֶאכֶת עֲבֹדָה לֹא
תַעֲשׂוּ׃

קריאה לשבת חול המועד פסח וסוכות

שמות לג, יב–לד, כו
וַיֹּאמֶר מֹשֶׁה אֶל־יְהֹוָה רְאֵה אַתָּה אֹמֵר אֵלַי הַעַל
אֶת־הָעָם הַזֶּה וְאַתָּה לֹא הוֹדַעְתַּנִי אֵת אֲשֶׁר־
תִּשְׁלַח עִמִּי וְאַתָּה אָמַרְתָּ יְדַעְתִּיךָ בְשֵׁם וְגַם־מָצָאתָ
חֵן בְּעֵינָי׃ וְעַתָּה אִם־נָא מָצָאתִי חֵן בְּעֵינֶיךָ הוֹדִעֵנִי

נָא אֶת־דְּרָכֶךָ וְאֵדָעֲךָ לְמַעַן אֶמְצָא־חֵן בְּעֵינֶיךָ
וּרְאֵה כִּי עַמְּךָ הַגּוֹי הַזֶּה: וַיֹּאמַר פָּנַי יֵלֵכוּ וַהֲנִחֹתִי
לָךְ: וַיֹּאמֶר אֵלָיו אִם־אֵין פָּנֶיךָ הֹלְכִים אַל־תַּעֲלֵנוּ
מִזֶּה: וּבַמֶּה ׀ יִוָּדַע אֵפוֹא כִּי־מָצָאתִי חֵן בְּעֵינֶיךָ אֲנִי
וְעַמֶּךָ הֲלוֹא בְּלֶכְתְּךָ עִמָּנוּ וְנִפְלֵינוּ אֲנִי וְעַמְּךָ מִכָּל־
הָעָם אֲשֶׁר עַל־פְּנֵי הָאֲדָמָה:

לוי וַיֹּאמֶר יְהוָה אֶל־מֹשֶׁה גַּם אֶת־הַדָּבָר הַזֶּה אֲשֶׁר
דִּבַּרְתָּ אֶעֱשֶׂה כִּי־מָצָאתָ חֵן בְּעֵינַי וָאֵדָעֲךָ בְּשֵׁם:
וַיֹּאמַר הַרְאֵנִי נָא אֶת־כְּבֹדֶךָ: וַיֹּאמֶר אֲנִי אַעֲבִיר
כָּל־טוּבִי עַל־פָּנֶיךָ וְקָרָאתִי בְשֵׁם יְהוָה לְפָנֶיךָ וְחַנֹּתִי
שלישי אֶת־אֲשֶׁר אָחֹן וְרִחַמְתִּי אֶת־אֲשֶׁר אֲרַחֵם: *וַיֹּאמֶר
לֹא תוּכַל לִרְאֹת אֶת־פָּנָי כִּי לֹא־יִרְאַנִי הָאָדָם וָחָי:
וַיֹּאמֶר יְהוָה הִנֵּה מָקוֹם אִתִּי וְנִצַּבְתָּ עַל־הַצּוּר:
וְהָיָה בַּעֲבֹר כְּבֹדִי וְשַׂמְתִּיךָ בְּנִקְרַת הַצּוּר וְשַׂכֹּתִי
כַפִּי עָלֶיךָ עַד־עָבְרִי: וַהֲסִרֹתִי אֶת־כַּפִּי וְרָאִיתָ אֶת־
אֲחֹרָי וּפָנַי לֹא יֵרָאוּ:

רביעי וַיֹּאמֶר יְהוָה אֶל־מֹשֶׁה פְּסָל־לְךָ שְׁנֵי־לֻחֹת אֲבָנִים
כָּרִאשֹׁנִים וְכָתַבְתִּי עַל־הַלֻּחֹת אֶת־הַדְּבָרִים אֲשֶׁר
הָיוּ עַל־הַלֻּחֹת הָרִאשֹׁנִים אֲשֶׁר שִׁבַּרְתָּ: וֶהְיֵה נָכוֹן
לַבֹּקֶר וְעָלִיתָ בַבֹּקֶר אֶל־הַר סִינַי וְנִצַּבְתָּ לִי שָׁם

עַל־רֹ֥אשׁ הָהָֽר׃ וְאִישׁ֙ לֹא־יַעֲלֶ֣ה עִמָּ֔ךְ וְגַם־אִ֥ישׁ אַל־
יֵרָ֖א בְּכָל־הָהָ֑ר גַּם־הַצֹּ֤אן וְהַבָּקָר֙ אַל־יִרְע֔וּ אֶל־מ֖וּל
חמישי הָהָ֥ר הַהֽוּא׃ ★וַיִּפְסֹ֞ל שְׁנֵֽי־לֻחֹ֣ת אֲבָנִים֮ כָּרִאשֹׁנִים֒
וַיַּשְׁכֵּ֨ם מֹשֶׁ֜ה בַבֹּ֗קֶר וַיַּ֙עַל֙ אֶל־הַ֣ר סִינַ֔י כַּאֲשֶׁ֛ר צִוָּ֥ה
יְהוָ֖ה אֹת֑וֹ וַיִּקַּ֣ח בְּיָד֔וֹ שְׁנֵ֖י לֻחֹ֥ת אֲבָנִֽים׃ וַיֵּ֤רֶד יְהוָה֙
בֶּֽעָנָ֔ן וַיִּתְיַצֵּ֥ב עִמּ֖וֹ שָׁ֑ם וַיִּקְרָ֥א בְשֵׁ֖ם יְהוָֽה׃ וַיַּעֲבֹ֨ר
יְהוָ֥ה ׀ עַל־פָּנָיו֮ וַיִּקְרָא֒ יְהוָ֣ה ׀ יְהוָ֔ה אֵ֥ל רַח֖וּם וְחַנּ֑וּן
אֶ֥רֶךְ אַפַּ֖יִם וְרַב־חֶ֥סֶד וֶאֱמֶֽת׃ נֹצֵ֥ר חֶ֙סֶד֙ לָאֲלָפִ֔ים
נֹשֵׂ֥א עָוֺ֛ן וָפֶ֖שַׁע וְחַטָּאָ֑ה וְנַקֵּה֙ לֹ֣א יְנַקֶּ֔ה פֹּקֵ֣ד ׀ עֲוֺ֣ן
אָב֗וֹת עַל־בָּנִים֙ וְעַל־בְּנֵ֣י בָנִ֔ים עַל־שִׁלֵּשִׁ֖ים וְעַל־
רִבֵּעִֽים׃ וַיְמַהֵ֖ר מֹשֶׁ֑ה וַיִּקֹּ֥ד אַ֖רְצָה וַיִּשְׁתָּֽחוּ׃ וַיֹּ֡אמֶר
אִם־נָא֩ מָצָ֨אתִי חֵ֤ן בְּעֵינֶ֙יךָ֙ אֲדֹנָ֔י יֵֽלֶךְ־נָ֥א אֲדֹנָ֖י
בְּקִרְבֵּ֑נוּ כִּ֤י עַם־קְשֵׁה־עֹ֙רֶף֙ ה֔וּא וְסָלַחְתָּ֛ לַעֲוֺנֵ֥נוּ
וּלְחַטָּאתֵ֖נוּ וּנְחַלְתָּֽנוּ׃ וַיֹּ֗אמֶר הִנֵּ֣ה אָנֹכִי֮ כֹּרֵ֣ת בְּרִית֒
נֶ֤גֶד כָּֽל־עַמְּךָ֙ אֶעֱשֶׂ֣ה נִפְלָאֹ֔ת אֲשֶׁ֛ר לֹא־נִבְרְא֥וּ
בְכָל־הָאָ֖רֶץ וּבְכָל־הַגּוֹיִ֑ם וְרָאָ֣ה כָל־הָ֠עָם אֲשֶׁר־
אַתָּ֨ה בְקִרְבּ֜וֹ אֶת־מַעֲשֵׂ֤ה יְהוָה֙ כִּֽי־נוֹרָ֣א ה֔וּא
שישי אֲשֶׁ֥ר אֲנִ֖י עֹשֶׂ֥ה עִמָּֽךְ׃ ★שְׁמָ֨ר־לְךָ֔ אֵ֛ת אֲשֶׁ֥ר אָנֹכִ֖י
מְצַוְּךָ֣ הַיּ֑וֹם הִנְנִ֧י גֹרֵ֣שׁ מִפָּנֶ֗יךָ אֶת־הָֽאֱמֹרִי֙ וְהַֽכְּנַעֲנִ֔י
וְהַֽחִתִּי֙ וְהַפְּרִזִּ֔י וְהַֽחִוִּ֖י וְהַיְבוּסִֽי׃ הִשָּׁ֣מֶר לְךָ֔ פֶּן־

תִּכְרֹת בְּרִית לְיוֹשֵׁב הָאָרֶץ אֲשֶׁר אַתָּה בָּא עָלֶיהָ
פֶּן־יִהְיֶה לְמוֹקֵשׁ בְּקִרְבֶּךָ׃ כִּי אֶת־מִזְבְּחֹתָם תִּתֹּצוּן
וְאֶת־מַצֵּבֹתָם תְּשַׁבֵּרוּן וְאֶת־אֲשֵׁרָיו תִּכְרֹתוּן׃ כִּי
לֹא תִשְׁתַּחֲוֶה לְאֵל אַחֵר כִּי יְהוָה קַנָּא שְׁמוֹ אֵל
קַנָּא הוּא׃ פֶּן־תִּכְרֹת בְּרִית לְיוֹשֵׁב הָאָרֶץ וְזָנוּ ׀
אַחֲרֵי אֱלֹהֵיהֶם וְזָבְחוּ לֵאלֹהֵיהֶם וְקָרָא לְךָ וְאָכַלְתָּ
מִזִּבְחוֹ׃ וְלָקַחְתָּ מִבְּנֹתָיו לְבָנֶיךָ וְזָנוּ בְנֹתָיו אַחֲרֵי
אֱלֹהֵיהֶן וְהִזְנוּ אֶת־בָּנֶיךָ אַחֲרֵי אֱלֹהֵיהֶן׃ אֱלֹהֵי
מַסֵּכָה לֹא תַעֲשֶׂה־לָּךְ׃ *אֶת־חַג הַמַּצּוֹת תִּשְׁמֹר שביעי
שִׁבְעַת יָמִים תֹּאכַל מַצּוֹת אֲשֶׁר צִוִּיתִךָ לְמוֹעֵד
חֹדֶשׁ הָאָבִיב כִּי בְּחֹדֶשׁ הָאָבִיב יָצָאתָ מִמִּצְרָיִם׃
כָּל־פֶּטֶר רֶחֶם לִי וְכָל־מִקְנְךָ תִּזָּכָר פֶּטֶר שׁוֹר וָשֶׂה׃
וּפֶטֶר חֲמוֹר תִּפְדֶּה בְשֶׂה וְאִם־לֹא תִפְדֶּה וַעֲרַפְתּוֹ
כֹּל בְּכוֹר בָּנֶיךָ תִּפְדֶּה וְלֹא־יֵרָאוּ פָנַי רֵיקָם׃ שֵׁשֶׁת
יָמִים תַּעֲבֹד וּבַיּוֹם הַשְּׁבִיעִי תִּשְׁבֹּת בֶּחָרִישׁ וּבַקָּצִיר
תִּשְׁבֹּת׃ וְחַג שָׁבֻעֹת תַּעֲשֶׂה לְךָ בִּכּוּרֵי קְצִיר חִטִּים
וְחַג הָאָסִיף תְּקוּפַת הַשָּׁנָה׃ שָׁלֹשׁ פְּעָמִים בַּשָּׁנָה
יֵרָאֶה כָּל־זְכוּרְךָ אֶת־פְּנֵי הָאָדֹן ׀ יְהוָה אֱלֹהֵי
יִשְׂרָאֵל׃ כִּי־אוֹרִישׁ גּוֹיִם מִפָּנֶיךָ וְהִרְחַבְתִּי אֶת־גְּבֻלֶךָ
וְלֹא־יַחְמֹד אִישׁ אֶת־אַרְצְךָ בַּעֲלֹתְךָ לֵרָאוֹת אֶת־

פְּנֵי יְהוָה אֱלֹהֶיךָ שָׁלֹשׁ פְּעָמִים בַּשָּׁנָה׃ לֹא־תִשְׁחַט
עַל־חָמֵץ דַּם־זִבְחִי וְלֹא־יָלִין לַבֹּקֶר זֶבַח חַג הַפָּסַח׃
רֵאשִׁית בִּכּוּרֵי אַדְמָתְךָ תָּבִיא בֵּית יְהוָה אֱלֹהֶיךָ
לֹא־תְבַשֵּׁל גְּדִי בַּחֲלֵב אִמּוֹ׃

בשבת חול המועד פסח קוראים למפטיר ׳וְהִקְרַבְתֶּם׳ כבשאר ימי המועד (עמ׳ 1006).
בשבת חול המועד סוכות קוראים את הקריאה ליום המתאים (עמ׳ 1041).

הפטרה לשבת חול המועד פסח

יחזקאל לז, א–יד
הָיְתָה עָלַי יַד־יְהוָה וַיּוֹצִאֵנִי בְרוּחַ יְהוָה וַיְנִיחֵנִי בְּתוֹךְ
הַבִּקְעָה וְהִיא מְלֵאָה עֲצָמוֹת׃ וְהֶעֱבִירַנִי עֲלֵיהֶם
סָבִיב ׀ סָבִיב וְהִנֵּה רַבּוֹת מְאֹד עַל־פְּנֵי הַבִּקְעָה
וְהִנֵּה יְבֵשׁוֹת מְאֹד׃ וַיֹּאמֶר אֵלַי בֶּן־אָדָם הֲתִחְיֶינָה
הָעֲצָמוֹת הָאֵלֶּה וָאֹמַר אֲדֹנָי יְהוִה אַתָּה יָדָעְתָּ׃
וַיֹּאמֶר אֵלַי הִנָּבֵא עַל־הָעֲצָמוֹת הָאֵלֶּה וְאָמַרְתָּ
אֲלֵיהֶם הָעֲצָמוֹת הַיְבֵשׁוֹת שִׁמְעוּ דְּבַר־יְהוָה׃ כֹּה
אָמַר אֲדֹנָי יְהוִה לָעֲצָמוֹת הָאֵלֶּה הִנֵּה אֲנִי מֵבִיא
בָכֶם רוּחַ וִחְיִיתֶם׃ וְנָתַתִּי עֲלֵיכֶם גִּידִים וְהַעֲלֵתִי
עֲלֵיכֶם בָּשָׂר וְקָרַמְתִּי עֲלֵיכֶם עוֹר וְנָתַתִּי בָכֶם רוּחַ
וִחְיִיתֶם וִידַעְתֶּם כִּי־אֲנִי יְהוָה׃ וְנִבֵּאתִי כַּאֲשֶׁר צֻוֵּיתִי
וַיְהִי־קוֹל כְּהִנָּבְאִי וְהִנֵּה־רַעַשׁ וַתִּקְרְבוּ עֲצָמוֹת
עֶצֶם אֶל־עַצְמוֹ׃ וְרָאִיתִי וְהִנֵּה־עֲלֵיהֶם גִּדִים וּבָשָׂר

עָלָה וַיִּקְרַם עֲלֵיהֶם עוֹר מִלְמָעְלָה וְרוּחַ אֵין בָּהֶם:
וַיֹּאמֶר אֵלַי הִנָּבֵא אֶל־הָרוּחַ הִנָּבֵא בֶן־אָדָם וְאָמַרְתָּ
אֶל־הָרוּחַ כֹּה־אָמַר ׀ אֲדֹנָי יֱהֹוִה מֵאַרְבַּע רוּחוֹת
בֹּאִי הָרוּחַ וּפְחִי בַּהֲרוּגִים הָאֵלֶּה וְיִחְיוּ: וְהִנַּבֵּאתִי
כַּאֲשֶׁר צִוָּנִי וַתָּבוֹא בָהֶם הָרוּחַ וַיִּחְיוּ וַיַּעַמְדוּ עַל־
רַגְלֵיהֶם חַיִל גָּדוֹל מְאֹד מְאֹד: וַיֹּאמֶר אֵלַי בֶּן־אָדָם
הָעֲצָמוֹת הָאֵלֶּה כָּל־בֵּית יִשְׂרָאֵל הֵמָּה הִנֵּה אֹמְרִים
יָבְשׁוּ עַצְמוֹתֵינוּ וְאָבְדָה תִקְוָתֵנוּ נִגְזַרְנוּ לָנוּ: לָכֵן
הִנָּבֵא וְאָמַרְתָּ אֲלֵיהֶם כֹּה־אָמַר אֲדֹנָי יֱהֹוִה הִנֵּה אֲנִי
פֹתֵחַ אֶת־קִבְרוֹתֵיכֶם וְהַעֲלֵיתִי אֶתְכֶם מִקִּבְרוֹתֵיכֶם
עַמִּי וְהֵבֵאתִי אֶתְכֶם אֶל־אַדְמַת יִשְׂרָאֵל: וִידַעְתֶּם
כִּי־אֲנִי יְהוָה בְּפִתְחִי אֶת־קִבְרוֹתֵיכֶם וּבְהַעֲלוֹתִי
אֶתְכֶם מִקִּבְרוֹתֵיכֶם עַמִּי: וְנָתַתִּי רוּחִי בָכֶם וִחְיִיתֶם
וְהִנַּחְתִּי אֶתְכֶם עַל־אַדְמַתְכֶם וִידַעְתֶּם כִּי אֲנִי יְהוָה
דִּבַּרְתִּי וְעָשִׂיתִי נְאֻם־יְהוָה:

קריאה לשביעי של פסח

שמות יג, יז–טו, כו

וַיְהִי בְּשַׁלַּח פַּרְעֹה אֶת־הָעָם וְלֹא־נָחָם אֱלֹהִים דֶּרֶךְ
אֶרֶץ פְּלִשְׁתִּים כִּי קָרוֹב הוּא כִּי ׀ אָמַר אֱלֹהִים פֶּן־
יִנָּחֵם הָעָם בִּרְאֹתָם מִלְחָמָה וְשָׁבוּ מִצְרָיְמָה: וַיַּסֵּב

אֱלֹהִים ׀ אֶת־הָעָם דֶּרֶךְ הַמִּדְבָּר יַם־סוּף וַחֲמֻשִׁים
עָלוּ בְנֵי־יִשְׂרָאֵל מֵאֶרֶץ מִצְרָיִם: וַיִּקַּח מֹשֶׁה אֶת־
עַצְמוֹת יוֹסֵף עִמּוֹ כִּי הַשְׁבֵּעַ הִשְׁבִּיעַ אֶת־בְּנֵי יִשְׂרָאֵל
לֵאמֹר פָּקֹד יִפְקֹד אֱלֹהִים אֶתְכֶם וְהַעֲלִיתֶם אֶת־
(בשבת לוי) עַצְמֹתַי מִזֶּה אִתְּכֶם: ★וַיִּסְעוּ מִסֻּכֹּת וַיַּחֲנוּ בְאֵתָם
בִּקְצֵה הַמִּדְבָּר: וַיהוה הֹלֵךְ לִפְנֵיהֶם יוֹמָם בְּעַמּוּד
עָנָן לַנְחֹתָם הַדֶּרֶךְ וְלַיְלָה בְּעַמּוּד אֵשׁ לְהָאִיר לָהֶם
לָלֶכֶת יוֹמָם וָלָיְלָה: לֹא־יָמִישׁ עַמּוּד הֶעָנָן יוֹמָם
וְעַמּוּד הָאֵשׁ לָיְלָה לִפְנֵי הָעָם:

לוי (בשבת שלישי) וַיְדַבֵּר יהוה אֶל־מֹשֶׁה לֵּאמֹר: דַּבֵּר אֶל־בְּנֵי יִשְׂרָאֵל
וְיָשֻׁבוּ וְיַחֲנוּ לִפְנֵי פִּי הַחִירֹת בֵּין מִגְדֹּל וּבֵין הַיָּם לִפְנֵי
בַּעַל צְפֹן נִכְחוֹ תַחֲנוּ עַל־הַיָּם: וְאָמַר פַּרְעֹה לִבְנֵי
יִשְׂרָאֵל נְבֻכִים הֵם בָּאָרֶץ סָגַר עֲלֵיהֶם הַמִּדְבָּר:
וְחִזַּקְתִּי אֶת־לֵב־פַּרְעֹה וְרָדַף אַחֲרֵיהֶם וְאִכָּבְדָה
בְּפַרְעֹה וּבְכָל־חֵילוֹ וְיָדְעוּ מִצְרַיִם כִּי־אֲנִי יהוה
(בשבת רביעי) וַיַּעֲשׂוּ־כֵן: ★וַיֻּגַּד לְמֶלֶךְ מִצְרַיִם כִּי בָרַח הָעָם וַיֵּהָפֵךְ
לְבַב פַּרְעֹה וַעֲבָדָיו אֶל־הָעָם וַיֹּאמְרוּ מַה־זֹּאת
עָשִׂינוּ כִּי־שִׁלַּחְנוּ אֶת־יִשְׂרָאֵל מֵעָבְדֵנוּ: וַיֶּאְסֹר
אֶת־רִכְבּוֹ וְאֶת־עַמּוֹ לָקַח עִמּוֹ: וַיִּקַּח שֵׁשׁ־מֵאוֹת
רֶכֶב בָּחוּר וְכֹל רֶכֶב מִצְרָיִם וְשָׁלִשִׁם עַל־כֻּלּוֹ: וַיְחַזֵּק

יְהוָה אֶת־לֵב פַּרְעֹה מֶלֶךְ מִצְרַיִם וַיִּרְדֹּף אַחֲרֵי בְּנֵי
שלישי (בשבת חמישי) יִשְׂרָאֵל וּבְנֵי יִשְׂרָאֵל יֹצְאִים בְּיָד רָמָה: ★וַיִּרְדְּפוּ
מִצְרַיִם אַחֲרֵיהֶם וַיַּשִּׂיגוּ אוֹתָם חֹנִים עַל־הַיָּם כָּל־
סוּס רֶכֶב פַּרְעֹה וּפָרָשָׁיו וְחֵילוֹ עַל־פִּי הַחִירֹת
לִפְנֵי בַּעַל צְפֹן: וּפַרְעֹה הִקְרִיב וַיִּשְׂאוּ בְנֵי־יִשְׂרָאֵל
אֶת־עֵינֵיהֶם וְהִנֵּה מִצְרַיִם ׀ נֹסֵעַ אַחֲרֵיהֶם וַיִּירְאוּ
מְאֹד וַיִּצְעֲקוּ בְנֵי־יִשְׂרָאֵל אֶל־יְהוָה: וַיֹּאמְרוּ אֶל־
מֹשֶׁה הֲמִבְּלִי אֵין־קְבָרִים בְּמִצְרַיִם לְקַחְתָּנוּ לָמוּת
בַּמִּדְבָּר מַה־זֹּאת עָשִׂיתָ לָּנוּ לְהוֹצִיאָנוּ מִמִּצְרָיִם:
הֲלֹא־זֶה הַדָּבָר אֲשֶׁר דִּבַּרְנוּ אֵלֶיךָ בְמִצְרַיִם לֵאמֹר
חֲדַל מִמֶּנּוּ וְנַעַבְדָה אֶת־מִצְרָיִם כִּי טוֹב לָנוּ עֲבֹד
אֶת־מִצְרַיִם מִמֻּתֵנוּ בַּמִּדְבָּר: וַיֹּאמֶר מֹשֶׁה אֶל־
הָעָם אַל־תִּירָאוּ הִתְיַצְּבוּ וּרְאוּ אֶת־יְשׁוּעַת יְהוָה
אֲשֶׁר־יַעֲשֶׂה לָכֶם הַיּוֹם כִּי אֲשֶׁר רְאִיתֶם אֶת־מִצְרַיִם
הַיּוֹם לֹא תֹסִפוּ לִרְאֹתָם עוֹד עַד־עוֹלָם: יְהוָה יִלָּחֵם
לָכֶם וְאַתֶּם תַּחֲרִשׁוּן:

רביעי (בשבת שישי) וַיֹּאמֶר יְהוָה אֶל־מֹשֶׁה מַה־תִּצְעַק אֵלָי דַּבֵּר אֶל־
בְּנֵי־יִשְׂרָאֵל וְיִסָּעוּ: וְאַתָּה הָרֵם אֶת־מַטְּךָ וּנְטֵה
אֶת־יָדְךָ עַל־הַיָּם וּבְקָעֵהוּ וְיָבֹאוּ בְנֵי־יִשְׂרָאֵל בְּתוֹךְ
הַיָּם בַּיַּבָּשָׁה: וַאֲנִי הִנְנִי מְחַזֵּק אֶת־לֵב מִצְרַיִם

וְיָבֹאוּ אַחֲרֵיהֶם וְאִכָּבְדָה בְּפַרְעֹה וּבְכָל־חֵילוֹ בְּרִכְבּוֹ
וּבְפָרָשָׁיו׃ וְיָדְעוּ מִצְרַיִם כִּי־אֲנִי יְהוָה בְּהִכָּבְדִי
בְּפַרְעֹה בְּרִכְבּוֹ וּבְפָרָשָׁיו׃ וַיִּסַּע מַלְאַךְ הָאֱלֹהִים
הַהֹלֵךְ לִפְנֵי מַחֲנֵה יִשְׂרָאֵל וַיֵּלֶךְ מֵאַחֲרֵיהֶם וַיִּסַּע
עַמּוּד הֶעָנָן מִפְּנֵיהֶם וַיַּעֲמֹד מֵאַחֲרֵיהֶם׃ וַיָּבֹא בֵּין ׀
מַחֲנֵה מִצְרַיִם וּבֵין מַחֲנֵה יִשְׂרָאֵל וַיְהִי הֶעָנָן וְהַחֹשֶׁךְ
וַיָּאֶר אֶת־הַלָּיְלָה וְלֹא־קָרַב זֶה אֶל־זֶה כָּל־הַלָּיְלָה׃
וַיֵּט מֹשֶׁה אֶת־יָדוֹ עַל־הַיָּם וַיּוֹלֶךְ יְהוָה ׀ אֶת־הַיָּם
בְּרוּחַ קָדִים עַזָּה כָּל־הַלַּיְלָה וַיָּשֶׂם אֶת־הַיָּם לֶחָרָבָה
וַיִּבָּקְעוּ הַמָּיִם׃ וַיָּבֹאוּ בְנֵי־יִשְׂרָאֵל בְּתוֹךְ הַיָּם
בַּיַּבָּשָׁה וְהַמַּיִם לָהֶם חוֹמָה מִימִינָם וּמִשְּׂמֹאלָם׃
וַיִּרְדְּפוּ מִצְרַיִם וַיָּבֹאוּ אַחֲרֵיהֶם כֹּל סוּס פַּרְעֹה רִכְבּוֹ
וּפָרָשָׁיו אֶל־תּוֹךְ הַיָּם׃ וַיְהִי בְּאַשְׁמֹרֶת הַבֹּקֶר וַיַּשְׁקֵף
יְהוָה אֶל־מַחֲנֵה מִצְרַיִם בְּעַמּוּד אֵשׁ וְעָנָן וַיָּהָם אֵת
מַחֲנֵה מִצְרָיִם׃ וַיָּסַר אֵת אֹפַן מַרְכְּבֹתָיו וַיְנַהֲגֵהוּ
בִּכְבֵדֻת וַיֹּאמֶר מִצְרַיִם אָנוּסָה מִפְּנֵי יִשְׂרָאֵל כִּי
יְהוָה נִלְחָם לָהֶם בְּמִצְרָיִם׃

חמישי (בשבת שביעי)

וַיֹּאמֶר יְהוָה אֶל־מֹשֶׁה נְטֵה אֶת־יָדְךָ עַל־הַיָּם וְיָשֻׁבוּ
הַמַּיִם עַל־מִצְרַיִם עַל־רִכְבּוֹ וְעַל־פָּרָשָׁיו׃ וַיֵּט מֹשֶׁה
אֶת־יָדוֹ עַל־הַיָּם וַיָּשָׁב הַיָּם לִפְנוֹת בֹּקֶר לְאֵיתָנוֹ

וּמִצְרַיִם נָסִים לִקְרָאתוֹ וַיְנַעֵר יְהוָה אֶת־מִצְרַיִם
בְּתוֹךְ הַיָּם: וַיָּשֻׁבוּ הַמַּיִם וַיְכַסּוּ אֶת־הָרֶכֶב וְאֶת־
הַפָּרָשִׁים לְכֹל חֵיל פַּרְעֹה הַבָּאִים אַחֲרֵיהֶם בַּיָּם לֹא־
נִשְׁאַר בָּהֶם עַד־אֶחָד: וּבְנֵי יִשְׂרָאֵל הָלְכוּ בַיַּבָּשָׁה
בְּתוֹךְ הַיָּם וְהַמַּיִם לָהֶם חֹמָה מִימִינָם וּמִשְּׂמֹאלָם:
וַיּוֹשַׁע יְהוָה בַּיּוֹם הַהוּא אֶת־יִשְׂרָאֵל מִיַּד מִצְרָיִם
וַיַּרְא יִשְׂרָאֵל אֶת־מִצְרַיִם מֵת עַל־שְׂפַת הַיָּם: וַיַּרְא
יִשְׂרָאֵל אֶת־הַיָּד הַגְּדֹלָה אֲשֶׁר עָשָׂה יְהוָה בְּמִצְרַיִם
וַיִּירְאוּ הָעָם אֶת־יְהוָה וַיַּאֲמִינוּ בַּיהוָה וּבְמֹשֶׁה עַבְדּוֹ:

אָז יָשִׁיר־מֹשֶׁה וּבְנֵי יִשְׂרָאֵל אֶת־
הַשִּׁירָה הַזֹּאת לַיהוָה וַיֹּאמְרוּ
לֵאמֹר אָשִׁירָה לַיהוָה כִּי־גָאֹה גָּאָה סוּס
וְרֹכְבוֹ רָמָה בַיָּם: עָזִּי וְזִמְרָת יָהּ וַיְהִי־לִי
לִישׁוּעָה זֶה אֵלִי וְאַנְוֵהוּ אֱלֹהֵי
אָבִי וַאֲרֹמְמֶנְהוּ: יְהוָה אִישׁ מִלְחָמָה יְהוָה
שְׁמוֹ: מַרְכְּבֹת פַּרְעֹה וְחֵילוֹ יָרָה בַיָּם וּמִבְחַר
שָׁלִשָׁיו טֻבְּעוּ בְיַם־סוּף:
תְּהֹמֹת יְכַסְיֻמוּ יָרְדוּ בִמְצוֹלֹת כְּמוֹ־
אָבֶן: יְמִינְךָ יְהוָה נֶאְדָּרִי בַּכֹּחַ יְמִינְךָ

יְהֹוָ֔ה תִּֽרְעַ֖ץ אוֹיֵֽב׃ וּבְרֹ֤ב גְּאוֹנְךָ֙ תַּהֲרֹ֣ס
קָמֶ֑יךָ תְּשַׁלַּח֙ חֲרֹ֣נְךָ֔ יֹאכְלֵ֖מוֹ כַּקַּֽשׁ׃ וּבְר֤וּחַ
אַפֶּ֙יךָ֙ נֶ֣עֶרְמוּ מַ֔יִם נִצְּב֥וּ כְמוֹ־נֵ֖ד
נֹזְלִ֑ים קָֽפְא֥וּ תְהֹמֹ֖ת בְּלֶב־יָֽם׃ אָמַ֥ר
אוֹיֵ֛ב אֶרְדֹּ֥ף אַשִּׂ֖יג אֲחַלֵּ֣ק שָׁלָ֑ל תִּמְלָאֵ֣מוֹ
נַפְשִׁ֔י אָרִ֣יק חַרְבִּ֔י תּוֹרִישֵׁ֖מוֹ יָדִֽי׃ נָשַׁ֥פְתָּ
בְרוּחֲךָ֖ כִּסָּ֣מוֹ יָ֑ם צָֽלְלוּ֙ כַּֽעוֹפֶ֔רֶת בְּמַ֖יִם
אַדִּירִֽים׃ מִֽי־כָמֹ֤כָה בָּֽאֵלִם֙ יְהֹוָ֔ה מִ֖י
כָּמֹ֣כָה נֶאְדָּ֣ר בַּקֹּ֑דֶשׁ נוֹרָ֥א תְהִלֹּ֖ת עֹ֥שֵׂה
פֶֽלֶא׃ נָטִ֙יתָ֙ יְמִ֣ינְךָ֔ תִּבְלָעֵ֖מוֹ אָֽרֶץ׃ נָחִ֥יתָ
בְחַסְדְּךָ֖ עַם־ז֣וּ גָּאָ֑לְתָּ נֵהַ֥לְתָּ בְעָזְּךָ֖ אֶל־נְוֵ֥ה
קָדְשֶֽׁךָ׃ שָֽׁמְע֥וּ עַמִּ֖ים יִרְגָּז֑וּן חִ֣יל
אָחַ֔ז יֹשְׁבֵ֖י פְּלָֽשֶׁת׃ אָ֤ז נִבְהֲלוּ֙ אַלּוּפֵ֣י
אֱד֔וֹם אֵילֵ֣י מוֹאָ֔ב יֹֽאחֲזֵ֖מוֹ רָ֑עַד נָמֹ֕גוּ
כֹּ֖ל יֹשְׁבֵ֥י כְנָֽעַן׃ תִּפֹּ֨ל עֲלֵיהֶ֤ם אֵימָ֙תָה֙
וָפַ֔חַד בִּגְדֹ֥ל זְרוֹעֲךָ֖ יִדְּמ֣וּ כָּאָ֑בֶן עַֽד־
יַעֲבֹ֤ר עַמְּךָ֙ יְהֹוָ֔ה עַֽד־יַעֲבֹ֖ר עַם־ז֥וּ
קָנִֽיתָ׃ תְּבִאֵ֗מוֹ וְתִטָּעֵ֙מוֹ֙ בְּהַ֣ר נַחֲלָֽתְךָ֔ מָכ֧וֹן
לְשִׁבְתְּךָ֛ פָּעַ֖לְתָּ יְהֹוָ֑ה מִקְּדָ֕שׁ אֲדֹנָ֖י כּוֹנְנ֥וּ

יָדֶיךָ׃ יְהוָה ׀ יִמְלֹךְ לְעֹלָם וָעֶד׃ כִּי
בָא סוּס פַּרְעֹה בְּרִכְבּוֹ וּבְפָרָשָׁיו בַּיָּם
וַיָּשֶׁב יְהוָה עֲלֵהֶם אֶת־מֵי
הַיָּם וּבְנֵי יִשְׂרָאֵל הָלְכוּ בַיַּבָּשָׁה בְּתוֹךְ הַיָּם׃

וַתִּקַּח מִרְיָם הַנְּבִיאָה אֲחוֹת אַהֲרֹן אֶת־הַתֹּף בְּיָדָהּ
וַתֵּצֶאןָ כָל־הַנָּשִׁים אַחֲרֶיהָ בְּתֻפִּים וּבִמְחֹלֹת׃ וַתַּעַן
לָהֶם מִרְיָם שִׁירוּ לַיהוָה כִּי־גָאֹה גָּאָה סוּס וְרֹכְבוֹ
רָמָה בַיָּם׃ וַיַּסַּע מֹשֶׁה אֶת־יִשְׂרָאֵל
מִיַּם־סוּף וַיֵּצְאוּ אֶל־מִדְבַּר־שׁוּר וַיֵּלְכוּ שְׁלֹשֶׁת־יָמִים
בַּמִּדְבָּר וְלֹא־מָצְאוּ מָיִם׃ וַיָּבֹאוּ מָרָתָה וְלֹא יָכְלוּ
לִשְׁתֹּת מַיִם מִמָּרָה כִּי מָרִים הֵם עַל־כֵּן קָרָא־שְׁמָהּ
מָרָה׃ וַיִּלֹּנוּ הָעָם עַל־מֹשֶׁה לֵּאמֹר מַה־נִּשְׁתֶּה׃
וַיִּצְעַק אֶל־יְהוָה וַיּוֹרֵהוּ יְהוָה עֵץ וַיַּשְׁלֵךְ אֶל־הַמַּיִם
וַיִּמְתְּקוּ הַמָּיִם שָׁם שָׂם לוֹ חֹק וּמִשְׁפָּט וְשָׁם נִסָּהוּ׃
וַיֹּאמֶר אִם־שָׁמוֹעַ תִּשְׁמַע לְקוֹל ׀ יְהוָה אֱלֹהֶיךָ
וְהַיָּשָׁר בְּעֵינָיו תַּעֲשֶׂה וְהַאֲזַנְתָּ לְמִצְוֹתָיו וְשָׁמַרְתָּ
כָּל־חֻקָּיו כָּל־הַמַּחֲלָה אֲשֶׁר־שַׂמְתִּי בְמִצְרַיִם לֹא־
אָשִׂים עָלֶיךָ כִּי אֲנִי יְהוָה רֹפְאֶךָ׃

למפטיר קוראים מספר התורה השני:

במדבר כח, יט–כה
וְהִקְרַבְתֶּם אִשֶּׁה עֹלָה לַיהוָה פָּרִים בְּנֵי־בָקָר שְׁנַיִם
וְאַיִל אֶחָד וְשִׁבְעָה כְבָשִׂים בְּנֵי שָׁנָה תְּמִימִם יִהְיוּ
לָכֶם׃ וּמִנְחָתָם סֹלֶת בְּלוּלָה בַשָּׁמֶן שְׁלֹשָׁה עֶשְׂרֹנִים
לַפָּר וּשְׁנֵי עֶשְׂרֹנִים לָאַיִל תַּעֲשׂוּ׃ עִשָּׂרוֹן עִשָּׂרוֹן
תַּעֲשֶׂה לַכֶּבֶשׂ הָאֶחָד לְשִׁבְעַת הַכְּבָשִׂים׃ וּשְׂעִיר
חַטָּאת אֶחָד לְכַפֵּר עֲלֵיכֶם׃ מִלְּבַד עֹלַת הַבֹּקֶר
אֲשֶׁר לְעֹלַת הַתָּמִיד תַּעֲשׂוּ אֶת־אֵלֶּה׃ כָּאֵלֶּה תַּעֲשׂוּ
לַיּוֹם שִׁבְעַת יָמִים לֶחֶם אִשֵּׁה רֵיחַ־נִיחֹחַ לַיהוָה
עַל־עוֹלַת הַתָּמִיד יֵעָשֶׂה וְנִסְכּוֹ׃ וּבַיּוֹם הַשְּׁבִיעִי
מִקְרָא־קֹדֶשׁ יִהְיֶה לָכֶם כָּל־מְלֶאכֶת עֲבֹדָה לֹא
תַעֲשׂוּ׃

הפטרה לשביעי של פסח

שמואל ב׳ כב, א–נא
וַיְדַבֵּר דָּוִד לַיהוָה אֶת־דִּבְרֵי הַשִּׁירָה הַזֹּאת בְּיוֹם
הִצִּיל יְהוָה אֹתוֹ מִכַּף כָּל־אֹיְבָיו וּמִכַּף שָׁאוּל׃
וַיֹּאמַר יְהוָה סַלְעִי וּמְצֻדָתִי וּמְפַלְטִי־לִי׃ אֱלֹהֵי
צוּרִי אֶחֱסֶה־בּוֹ מָגִנִּי וְקֶרֶן יִשְׁעִי מִשְׂגַּבִּי
וּמְנוּסִי מֹשִׁעִי מֵחָמָס תֹּשִׁעֵנִי׃ מְהֻלָּל
אֶקְרָא יְהוָה וּמֵאֹיְבַי אִוָּשֵׁעַ׃ כִּי אֲפָפֻנִי מִשְׁבְּרֵי־

מָ֑וֶת   נַחֲלֵ֥י בְלִיַּ֖עַל יְבַעֲתֻֽנִי׃   חֶבְלֵ֥י
שְׁא֖וֹל סַבֻּ֑נִי   קִדְּמֻ֖נִי מֹ֥קְשֵׁי־
מָֽוֶת׃   בַּצַּר־לִי֙ אֶקְרָ֣א יְהוָ֔ה   וְאֶל־
אֱלֹהַ֖י אֶקְרָ֑א   וַיִּשְׁמַ֤ע מֵהֵיכָלוֹ֙
קוֹלִ֔י   וְשַׁוְעָתִ֖י בְּאָזְנָֽיו׃   ותגעש   וַיִּתְגָּעַ֤שׁ
וַתִּרְעַשׁ֙ הָאָ֔רֶץ   מוֹסְד֥וֹת הַשָּׁמַ֖יִם
יִרְגָּ֑זוּ   וַיִּֽתְגָּעֲשׁ֖וּ כִּי־חָ֥רָה לֽוֹ׃   עָלָ֤ה
עָשָׁן֙ בְּאַפּ֔וֹ   וְאֵ֥שׁ מִפִּ֖יו
תֹּאכֵ֑ל   גֶּחָלִ֖ים בָּעֲר֥וּ מִמֶּֽנּוּ׃   וַיֵּ֥ט
שָׁמַ֖יִם וַיֵּרַ֑ד   וַעֲרָפֶ֖ל תַּ֥חַת
רַגְלָֽיו׃   וַיִּרְכַּ֥ב עַל־כְּר֖וּב וַיָּעֹ֑ף   וַיֵּרָ֖א
עַל־כַּנְפֵי־רֽוּחַ׃   וַיָּ֥שֶׁת חֹ֛שֶׁךְ סְבִיבֹתָ֖יו
סֻכּ֑וֹת   חַֽשְׁרַת־מַ֖יִם עָבֵ֥י שְׁחָקִֽים׃   מִנֹּ֖גַהּ
נֶגְדּ֑וֹ בָּעֲר֖וּ גַּחֲלֵי־אֵֽשׁ׃   יַרְעֵ֥ם מִן־שָׁמַ֖יִם
יְהוָ֑ה   וְעֶלְי֖וֹן יִתֵּ֥ן קוֹלֽוֹ׃   וַיִּשְׁלַ֥ח
חִצִּ֖ים וַיְפִיצֵ֑ם בָּרָ֖ק ויהמם׃   וַיָּהֹֽם   וַיֵּֽרָאוּ֙ אֲפִ֣קֵי
יָ֔ם   יִגָּל֖וּ מֹסְד֣וֹת תֵּבֵ֑ל   בְּגַעֲרַ֣ת
יְהוָ֔ה מִנִּשְׁמַ֖ת ר֥וּחַ אַפּֽוֹ׃   יִשְׁלַ֥ח מִמָּר֖וֹם
יִקָּחֵ֑נִי   יַמְשֵׁ֖נִי מִמַּ֥יִם רַבִּֽים׃   יַצִּילֵ֕נִי
מֵאֹיְבִ֖י עָ֑ז   מִשֹּׂנְאַ֕י כִּ֥י אָמְצ֖וּ

מִמֶּֽנִּי׃ יְקַדְּמֻ֖נִי בְּי֣וֹם אֵידִ֑י וַיְהִ֧י
יְהוָ֛ה מִשְׁעָ֖ן לִֽי׃ וַיֹּצֵ֥א לַמֶּרְחָ֖ב
אֹתִ֑י יְחַלְּצֵ֖נִי כִּֽי־חָ֥פֵֽץ בִּֽי׃ יִגְמְלֵ֥נִי
יְהוָ֖ה כְּצִדְקָתִ֑י כְּבֹ֥ר יָדַ֖י יָשִׁ֥יב
לִֽי׃ כִּ֥י שָׁמַ֖רְתִּי דַּרְכֵ֣י יְהוָ֑ה וְלֹ֥א
רָשַׁ֖עְתִּי מֵאֱלֹהָֽי׃ כִּ֥י כָל־מִשְׁפָּטָ֖ו
לְנֶגְדִּ֑י וְחֻקֹּתָ֖יו לֹא־אָס֥וּר מִמֶּֽנָּה׃ וָאֶהְיֶ֥ה
תָמִ֖ים ל֑וֹ וָאֶשְׁתַּמְּרָ֖ה מֵעֲוֺנִֽי׃ וַיָּ֧שֶׁב יְהוָ֛ה לִ֖י
כְּצִדְקָתִ֑י כְּבֹרִ֖י לְנֶ֥גֶד עֵינָֽיו׃ עִם־
חָסִ֖יד תִּתְחַסָּ֑ד עִם־גְּב֥וֹר תָּמִ֖ים
תִּתַּמָּֽם׃ עִם־נָבָ֖ר תִּתָּבָ֑ר וְעִם־
עִקֵּ֖שׁ תִּתַּפָּֽל׃ וְאֶת־עַ֥ם עָנִ֖י
תּוֹשִׁ֑יעַ וְעֵינֶ֖יךָ עַל־רָמִ֥ים תַּשְׁפִּֽיל׃ כִּֽי־
אַתָּ֥ה נֵירִ֖י יְהוָ֑ה וַיהוָ֖ה יַגִּ֥יהַּ
חָשְׁכִּֽי׃ כִּ֥י בְכָ֖ה אָר֣וּץ גְּד֑וּד בֵּאלֹהַ֖י
אֲדַלֶּג־שֽׁוּר׃ הָאֵ֖ל תָּמִ֣ים
דַּרְכּ֑וֹ אִמְרַ֤ת יְהוָה֙ צְרוּפָ֔ה מָגֵ֣ן
ה֔וּא לְכֹ֖ל הַחֹסִ֥ים בּֽוֹ׃ כִּ֥י מִי־אֵ֖ל מִבַּלְעֲדֵ֣י
יְהוָ֑ה וּמִ֥י צ֖וּר מִבַּלְעֲדֵ֥י אֱלֹהֵֽינוּ׃ הָאֵ֕ל
מָעוּזִּ֖י חָ֑יִל וַיַּתֵּ֥ר תָּמִ֖ים

דרכו: מְשַׁוֶּה רגליו כָּאַיָּלוֹת וְעַל־ דַּרְכִּי רַגְלַי
בָּמוֹתַי יַעֲמִידֵנִי: מְלַמֵּד יָדַי
לַמִּלְחָמָה וְנִחַת קֶשֶׁת־נְחוּשָׁה זְרֹעֹתָי: וַתִּתֶּן־
לִי מָגֵן יִשְׁעֶךָ וַעֲנֹתְךָ תַּרְבֵּנִי: תַּרְחִיב צַעֲדִי
תַּחְתֵּנִי וְלֹא מָעֲדוּ קַרְסֻלָּי: אֶרְדְּפָה
אֹיְבַי וָאַשְׁמִידֵם וְלֹא אָשׁוּב עַד־
כַּלּוֹתָם: וָאֲכַלֵּם וָאֶמְחָצֵם וְלֹא יְקוּמוּן וַיִּפְּלוּ
תַּחַת רַגְלָי: וַתַּזְרֵנִי חַיִל
לַמִּלְחָמָה תַּכְרִיעַ קָמַי תַּחְתֵּנִי: וְאֹיְבַי
תַּתָּה לִּי עֹרֶף מְשַׂנְאַי וָאַצְמִיתֵם: יִשְׁעוּ וְאֵין
מֹשִׁיעַ אֶל־יְהוָה וְלֹא עָנָם: וְאֶשְׁחָקֵם
כַּעֲפַר־אָרֶץ כְּטִיט־חוּצוֹת אֲדִקֵּם
אֶרְקָעֵם: וַתְּפַלְּטֵנִי מֵרִיבֵי עַמִּי תִּשְׁמְרֵנִי
לְרֹאשׁ גּוֹיִם עַם לֹא־יָדַעְתִּי
יַעַבְדֻנִי: בְּנֵי נֵכָר יִתְכַּחֲשׁוּ־לִי לִשְׁמוֹעַ
אֹזֶן יִשָּׁמְעוּ לִי: בְּנֵי נֵכָר יִבֹּלוּ וְיַחְגְּרוּ
מִמִּסְגְּרוֹתָם: חַי־יְהוָה וּבָרוּךְ צוּרִי וְיָרֻם
אֱלֹהֵי צוּר יִשְׁעִי: הָאֵל הַנֹּתֵן נְקָמֹת
לִי וּמוֹרִיד עַמִּים תַּחְתֵּנִי: וּמוֹצִיאִי
מֵאֹיְבָי וּמִקָּמַי תְּרוֹמְמֵנִי מֵאִישׁ חֲמָסִים

תַּצִּילֵנִי׃ עַל־כֵּן אוֹדְךָ יְהוָה בַּגּוֹיִם וּלְשִׁמְךָ

מִגְדּוֹל אֲזַמֵּר׃ מִגְדִּיל יְשׁוּעוֹת

מַלְכּוֹ וְעֹשֶׂה־חֶסֶד לִמְשִׁיחוֹ

לְדָוִד וּלְזַרְעוֹ עַד־עוֹלָם׃

קריאה לשבועות

לפני קריאת התורה נוהגים לומר 'אַקְדָּמוּת' בעמ' 639.

שמות יט, א–כ, כג

בַּחֹדֶשׁ הַשְּׁלִישִׁי לְצֵאת בְּנֵי־יִשְׂרָאֵל מֵאֶרֶץ מִצְרָיִם
בַּיּוֹם הַזֶּה בָּאוּ מִדְבַּר סִינָי׃ וַיִּסְעוּ מֵרְפִידִים וַיָּבֹאוּ
מִדְבַּר סִינַי וַיַּחֲנוּ בַּמִּדְבָּר וַיִּחַן־שָׁם יִשְׂרָאֵל נֶגֶד
הָהָר׃ וּמֹשֶׁה עָלָה אֶל־הָאֱלֹהִים וַיִּקְרָא אֵלָיו יְהוָה
מִן־הָהָר לֵאמֹר כֹּה תֹאמַר לְבֵית יַעֲקֹב וְתַגֵּיד
לִבְנֵי יִשְׂרָאֵל׃ אַתֶּם רְאִיתֶם אֲשֶׁר עָשִׂיתִי לְמִצְרָיִם
וָאֶשָּׂא אֶתְכֶם עַל־כַּנְפֵי נְשָׁרִים וָאָבִא אֶתְכֶם אֵלָי׃
וְעַתָּה אִם־שָׁמוֹעַ תִּשְׁמְעוּ בְּקֹלִי וּשְׁמַרְתֶּם אֶת־
בְּרִיתִי וִהְיִיתֶם לִי סְגֻלָּה מִכָּל־הָעַמִּים כִּי־לִי כָּל־
הָאָרֶץ׃ וְאַתֶּם תִּהְיוּ־לִי מַמְלֶכֶת כֹּהֲנִים וְגוֹי קָדוֹשׁ
לוי אֵלֶּה הַדְּבָרִים אֲשֶׁר תְּדַבֵּר אֶל־בְּנֵי יִשְׂרָאֵל׃ *וַיָּבֹא
מֹשֶׁה וַיִּקְרָא לְזִקְנֵי הָעָם וַיָּשֶׂם לִפְנֵיהֶם אֵת כָּל־
הַדְּבָרִים הָאֵלֶּה אֲשֶׁר צִוָּהוּ יְהוָה׃ וַיַּעֲנוּ כָל־הָעָם

יַחְדָּו וַיֹּאמְרוּ כֹּל אֲשֶׁר־דִּבֶּר יְהוָה נַעֲשֶׂה וַיָּשֶׁב מֹשֶׁה
אֶת־דִּבְרֵי הָעָם אֶל־יְהוָה׃ וַיֹּאמֶר יְהוָה אֶל־מֹשֶׁה
הִנֵּה אָנֹכִי בָּא אֵלֶיךָ בְּעַב הֶעָנָן בַּעֲבוּר יִשְׁמַע הָעָם
בְּדַבְּרִי עִמָּךְ וְגַם־בְּךָ יַאֲמִינוּ לְעוֹלָם וַיַּגֵּד מֹשֶׁה אֶת־
דִּבְרֵי הָעָם אֶל־יְהוָה׃ וַיֹּאמֶר יְהוָה אֶל־מֹשֶׁה לֵךְ
אֶל־הָעָם וְקִדַּשְׁתָּם הַיּוֹם וּמָחָר וְכִבְּסוּ שִׂמְלֹתָם׃
וְהָיוּ נְכֹנִים לַיּוֹם הַשְּׁלִישִׁי כִּי ׀ בַּיּוֹם הַשְּׁלִשִׁי יֵרֵד
יְהוָה לְעֵינֵי כָל־הָעָם עַל־הַר סִינָי׃ וְהִגְבַּלְתָּ אֶת־
הָעָם סָבִיב לֵאמֹר הִשָּׁמְרוּ לָכֶם עֲלוֹת בָּהָר וּנְגֹעַ
בְּקָצֵהוּ כָּל־הַנֹּגֵעַ בָּהָר מוֹת יוּמָת׃ לֹא־תִגַּע בּוֹ
יָד כִּי־סָקוֹל יִסָּקֵל אוֹ־יָרֹה יִיָּרֶה אִם־בְּהֵמָה אִם־
אִישׁ לֹא יִחְיֶה בִּמְשֹׁךְ הַיֹּבֵל הֵמָּה יַעֲלוּ בָהָר׃ *וַיֵּרֶד שלישי
מֹשֶׁה מִן־הָהָר אֶל־הָעָם וַיְקַדֵּשׁ אֶת־הָעָם וַיְכַבְּסוּ
שִׂמְלֹתָם׃ וַיֹּאמֶר אֶל־הָעָם הֱיוּ נְכֹנִים לִשְׁלֹשֶׁת
יָמִים אַל־תִּגְּשׁוּ אֶל־אִשָּׁה׃ וַיְהִי בַיּוֹם הַשְּׁלִישִׁי
בִּהְיֹת הַבֹּקֶר וַיְהִי קֹלֹת וּבְרָקִים וְעָנָן כָּבֵד עַל־
הָהָר וְקֹל שֹׁפָר חָזָק מְאֹד וַיֶּחֱרַד כָּל־הָעָם אֲשֶׁר
בַּמַּחֲנֶה׃ וַיּוֹצֵא מֹשֶׁה אֶת־הָעָם לִקְרַאת הָאֱלֹהִים
מִן־הַמַּחֲנֶה וַיִּתְיַצְּבוּ בְּתַחְתִּית הָהָר׃ וְהַר סִינַי עָשַׁן
כֻּלּוֹ מִפְּנֵי אֲשֶׁר יָרַד עָלָיו יְהוָה בָּאֵשׁ וַיַּעַל עֲשָׁנוֹ

כְּעֶשֶׁן הַכִּבְשָׁן וַיֶּחֱרַד כָּל־הָהָר מְאֹד׃ וַיְהִי קוֹל
הַשֹּׁפָר הוֹלֵךְ וְחָזֵק מְאֹד מֹשֶׁה יְדַבֵּר וְהָאֱלֹהִים
רביעי יַעֲנֶנּוּ בְקוֹל׃ *וַיֵּרֶד יְהוָה עַל־הַר סִינַי אֶל־רֹאשׁ הָהָר
וַיִּקְרָא יְהוָה לְמֹשֶׁה אֶל־רֹאשׁ הָהָר וַיַּעַל מֹשֶׁה׃
וַיֹּאמֶר יְהוָה אֶל־מֹשֶׁה רֵד הָעֵד בָּעָם פֶּן־יֶהֶרְסוּ
אֶל־יְהוָה לִרְאוֹת וְנָפַל מִמֶּנּוּ רָב׃ וְגַם הַכֹּהֲנִים
הַנִּגָּשִׁים אֶל־יְהוָה יִתְקַדָּשׁוּ פֶּן־יִפְרֹץ בָּהֶם יְהוָה׃
וַיֹּאמֶר מֹשֶׁה אֶל־יְהוָה לֹא־יוּכַל הָעָם לַעֲלֹת אֶל־
הַר סִינָי כִּי־אַתָּה הַעֵדֹתָה בָּנוּ לֵאמֹר הַגְבֵּל אֶת־
הָהָר וְקִדַּשְׁתּוֹ׃ וַיֹּאמֶר אֵלָיו יְהוָה לֶךְ־רֵד וְעָלִיתָ
אַתָּה וְאַהֲרֹן עִמָּךְ וְהַכֹּהֲנִים וְהָעָם אַל־יֶהֶרְסוּ לַעֲלֹת
אֶל־יְהוָה פֶּן־יִפְרָץ־בָּם׃ וַיֵּרֶד מֹשֶׁה אֶל־הָעָם וַיֹּאמֶר
אֲלֵהֶם׃ וַיְדַבֵּר אֱלֹהִים אֵת כָּל־הַדְּבָרִים
הָאֵלֶּה לֵאמֹר׃ אָנֹכִי יְהוָה אֱלֹהֶיךָ אֲשֶׁר
הוֹצֵאתִיךָ מֵאֶרֶץ מִצְרַיִם מִבֵּית עֲבָדִים׃ לֹא־יִהְיֶה
לְךָ אֱלֹהִים אֲחֵרִים עַל־פָּנָי לֹא תַעֲשֶׂה־לְךָ פֶסֶל ׀
וְכָל־תְּמוּנָה אֲשֶׁר בַּשָּׁמַיִם ׀ מִמַּעַל וַאֲשֶׁר בָּאָרֶץ
מִתַּחַת וַאֲשֶׁר בַּמַּיִם ׀ מִתַּחַת לָאָרֶץ לֹא־תִשְׁתַּחֲוֶה
לָהֶם וְלֹא תָעָבְדֵם כִּי אָנֹכִי יְהוָה אֱלֹהֶיךָ אֵל קַנָּא
פֹּקֵד עֲוֺן אָבֹת עַל־בָּנִים עַל־שִׁלֵּשִׁים וְעַל־רִבֵּעִים

לְשֹׂנְאָי וְעֹשֶׂה חֶסֶד לַאֲלָפִים לְאֹהֲבַי וּלְשֹׁמְרֵי
מִצְוֺתָי׃ לֹא תִשָּׂא אֶת־שֵׁם־יְהֹוָה אֱלֹהֶיךָ
לַשָּׁוְא כִּי לֹא יְנַקֶּה יְהֹוָה אֵת אֲשֶׁר־יִשָּׂא אֶת־שְׁמוֹ
לַשָּׁוְא׃

זָכוֹר אֶת־יוֹם הַשַּׁבָּת לְקַדְּשׁוֹ שֵׁשֶׁת יָמִים תַּעֲבֹד
וְעָשִׂיתָ כָּל־מְלַאכְתֶּךָ וְיוֹם הַשְּׁבִיעִי שַׁבָּת ׀ לַיהֹוָה
אֱלֹהֶיךָ לֹא תַעֲשֶׂה כָל־מְלָאכָה אַתָּה וּבִנְךָ וּבִתֶּךָ
עַבְדְּךָ וַאֲמָתְךָ וּבְהֶמְתֶּךָ וְגֵרְךָ אֲשֶׁר בִּשְׁעָרֶיךָ
כִּי שֵׁשֶׁת־יָמִים עָשָׂה יְהֹוָה אֶת־הַשָּׁמַיִם וְאֶת־
הָאָרֶץ אֶת־הַיָּם וְאֶת־כָּל־אֲשֶׁר־בָּם וַיָּנַח בַּיּוֹם
הַשְּׁבִיעִי עַל־כֵּן בֵּרַךְ יְהֹוָה אֶת־יוֹם הַשַּׁבָּת
וַיְקַדְּשֵׁהוּ׃ כַּבֵּד אֶת־אָבִיךָ וְאֶת־אִמֶּךָ
לְמַעַן יַאֲרִכוּן יָמֶיךָ עַל הָאֲדָמָה אֲשֶׁר־יְהֹוָה אֱלֹהֶיךָ
נֹתֵן לָךְ׃ לֹא תִרְצָח׃ לֹא
תִנְאָף׃ לֹא תִגְנֹב׃ לֹא־
תַעֲנֶה בְרֵעֲךָ עֵד שָׁקֶר׃ לֹא
תַחְמֹד בֵּית רֵעֶךָ לֹא־
תַחְמֹד אֵשֶׁת רֵעֶךָ וְעַבְדּוֹ וַאֲמָתוֹ וְשׁוֹרוֹ וַחֲמֹרוֹ וְכֹל
אֲשֶׁר לְרֵעֶךָ׃

וְכָל־הָעָם רֹאִים אֶת־הַקּוֹלֹת וְאֶת־הַלַּפִּידִם וְאֵת חמישי

קוֹל הַשֹּׁפָר וְאֶת־הָהָר עָשֵׁן וַיַּרְא הָעָם וַיָּנֻעוּ וַיַּעַמְדוּ מֵרָחֹק׃ וַיֹּאמְרוּ אֶל־מֹשֶׁה דַּבֵּר־אַתָּה עִמָּנוּ וְנִשְׁמָעָה וְאַל־יְדַבֵּר עִמָּנוּ אֱלֹהִים פֶּן־נָמוּת׃ וַיֹּאמֶר מֹשֶׁה אֶל־הָעָם אַל־תִּירָאוּ כִּי לְבַעֲבוּר נַסּוֹת אֶתְכֶם בָּא הָאֱלֹהִים וּבַעֲבוּר תִּהְיֶה יִרְאָתוֹ עַל־פְּנֵיכֶם לְבִלְתִּי תֶחֱטָאוּ׃ וַיַּעֲמֹד הָעָם מֵרָחֹק וּמֹשֶׁה נִגַּשׁ אֶל־הָעֲרָפֶל אֲשֶׁר־שָׁם הָאֱלֹהִים׃ וַיֹּאמֶר יהוה אֶל־מֹשֶׁה כֹּה תֹאמַר אֶל־בְּנֵי יִשְׂרָאֵל אַתֶּם רְאִיתֶם כִּי מִן־הַשָּׁמַיִם דִּבַּרְתִּי עִמָּכֶם׃ לֹא תַעֲשׂוּן אִתִּי אֱלֹהֵי כֶסֶף וֵאלֹהֵי זָהָב לֹא תַעֲשׂוּ לָכֶם׃ מִזְבַּח אֲדָמָה תַּעֲשֶׂה־לִּי וְזָבַחְתָּ עָלָיו אֶת־עֹלֹתֶיךָ וְאֶת־שְׁלָמֶיךָ אֶת־צֹאנְךָ וְאֶת־בְּקָרֶךָ בְּכָל־הַמָּקוֹם אֲשֶׁר אַזְכִּיר אֶת־שְׁמִי אָבוֹא אֵלֶיךָ וּבֵרַכְתִּיךָ׃ וְאִם־מִזְבַּח אֲבָנִים תַּעֲשֶׂה־לִּי לֹא־תִבְנֶה אֶתְהֶן גָּזִית כִּי חַרְבְּךָ הֵנַפְתָּ עָלֶיהָ וַתְּחַלְלֶהָ׃ וְלֹא־תַעֲלֶה בְמַעֲלֹת עַל־מִזְבְּחִי אֲשֶׁר לֹא־תִגָּלֶה עֶרְוָתְךָ עָלָיו׃

למפטיר קוראים מספר התורה השני:

במדבר כח, כו-לא וּבְיוֹם הַבִּכּוּרִים בְּהַקְרִיבְכֶם מִנְחָה חֲדָשָׁה לַיהוה בְּשָׁבֻעֹתֵיכֶם מִקְרָא־קֹדֶשׁ יִהְיֶה לָכֶם כָּל־מְלֶאכֶת עֲבֹדָה לֹא תַעֲשׂוּ׃ וְהִקְרַבְתֶּם עוֹלָה לְרֵיחַ נִיחֹחַ

לַיהוָֹה פָּרִים בְּנֵי־בָקָר שְׁנַיִם אַיִל אֶחָד שִׁבְעָה
כְבָשִׂים בְּנֵי שָׁנָה׃ וּמִנְחָתָם סֹלֶת בְּלוּלָה בַשָּׁמֶן
שְׁלֹשָׁה עֶשְׂרֹנִים לַפָּר הָאֶחָד שְׁנֵי עֶשְׂרֹנִים לָאַיִל
הָאֶחָד׃ עִשָּׂרוֹן עִשָּׂרוֹן לַכֶּבֶשׂ הָאֶחָד לְשִׁבְעַת
הַכְּבָשִׂים׃ שְׂעִיר עִזִּים אֶחָד לְכַפֵּר עֲלֵיכֶם׃ מִלְּבַד
עֹלַת הַתָּמִיד וּמִנְחָתוֹ תַּעֲשׂוּ תְּמִימִם יִהְיוּ־לָכֶם
וְנִסְכֵּיהֶם׃

הפטרה לשבועות

וַיְהִי ׀ בִּשְׁלֹשִׁים שָׁנָה בָּרְבִיעִי בַּחֲמִשָּׁה לַחֹדֶשׁ יחזקאל א,א–כח
וַאֲנִי בְתוֹךְ־הַגּוֹלָה עַל־נְהַר־כְּבָר נִפְתְּחוּ הַשָּׁמַיִם
וָאֶרְאֶה מַרְאוֹת אֱלֹהִים׃ בַּחֲמִשָּׁה לַחֹדֶשׁ הִיא
הַשָּׁנָה הַחֲמִישִׁית לְגָלוּת הַמֶּלֶךְ יוֹיָכִין׃ הָיֹה הָיָה
דְבַר־יְהוָֹה אֶל־יְחֶזְקֵאל בֶּן־בּוּזִי הַכֹּהֵן בְּאֶרֶץ
כַּשְׂדִּים עַל־נְהַר־כְּבָר וַתְּהִי עָלָיו שָׁם יַד־יְהוָה׃
וָאֵרֶא וְהִנֵּה רוּחַ סְעָרָה בָּאָה מִן־הַצָּפוֹן עָנָן גָּדוֹל
וְאֵשׁ מִתְלַקַּחַת וְנֹגַהּ לוֹ סָבִיב וּמִתּוֹכָהּ כְּעֵין
הַחַשְׁמַל מִתּוֹךְ הָאֵשׁ׃ וּמִתּוֹכָהּ דְּמוּת אַרְבַּע
חַיּוֹת וְזֶה מַרְאֵיהֶן דְּמוּת אָדָם לָהֵנָּה׃ וְאַרְבָּעָה
פָנִים לְאֶחָת וְאַרְבַּע כְּנָפַיִם לְאַחַת לָהֶם׃ וְרַגְלֵיהֶם

רֶגֶל יְשָׁרָה וְכַף רַגְלֵיהֶם כְּכַף רֶגֶל עֵגֶל וְנֹצְצִים כְּעֵין
וִידֵי נְחֹשֶׁת קָלָל׃ וידו אָדָם מִתַּחַת כַּנְפֵיהֶם עַל אַרְבַּעַת
רִבְעֵיהֶם וּפְנֵיהֶם וְכַנְפֵיהֶם לְאַרְבַּעְתָּם׃ חֹבְרֹת
אִשָּׁה אֶל־אֲחוֹתָהּ כַּנְפֵיהֶם לֹא־יִסַּבּוּ בְלֶכְתָּן אִישׁ
אֶל־עֵבֶר פָּנָיו יֵלֵכוּ׃ וּדְמוּת פְּנֵיהֶם פְּנֵי אָדָם וּפְנֵי
אַרְיֵה אֶל־הַיָּמִין לְאַרְבַּעְתָּם וּפְנֵי־שׁוֹר מֵהַשְּׂמֹאול
לְאַרְבַּעְתָּן וּפְנֵי־נֶשֶׁר לְאַרְבַּעְתָּן׃ וּפְנֵיהֶם וְכַנְפֵיהֶם
פְּרֻדוֹת מִלְמָעְלָה לְאִישׁ שְׁתַּיִם חֹבְרוֹת אִישׁ וּשְׁתַּיִם
מְכַסּוֹת אֵת גְּוִיֹּתֵיהֶנָה׃ וְאִישׁ אֶל־עֵבֶר פָּנָיו יֵלֵכוּ
אֶל אֲשֶׁר יִהְיֶה־שָּׁמָּה הָרוּחַ לָלֶכֶת יֵלֵכוּ לֹא יִסַּבּוּ
בְּלֶכְתָּן׃ וּדְמוּת הַחַיּוֹת מַרְאֵיהֶם כְּגַחֲלֵי־אֵשׁ בֹּעֲרוֹת
כְּמַרְאֵה הַלַּפִּדִים הִיא מִתְהַלֶּכֶת בֵּין הַחַיּוֹת וְנֹגַהּ
לָאֵשׁ וּמִן־הָאֵשׁ יוֹצֵא בָרָק׃ וְהַחַיּוֹת רָצוֹא וָשׁוֹב
כְּמַרְאֵה הַבָּזָק׃ וָאֵרֶא הַחַיּוֹת וְהִנֵּה אוֹפַן אֶחָד
בָּאָרֶץ אֵצֶל הַחַיּוֹת לְאַרְבַּעַת פָּנָיו׃ מַרְאֵה הָאוֹפַנִּים
וּמַעֲשֵׂיהֶם כְּעֵין תַּרְשִׁישׁ וּדְמוּת אֶחָד לְאַרְבַּעְתָּן
וּמַרְאֵיהֶם וּמַעֲשֵׂיהֶם כַּאֲשֶׁר יִהְיֶה הָאוֹפַן בְּתוֹךְ
הָאוֹפָן׃ עַל־אַרְבַּעַת רִבְעֵיהֶן בְּלֶכְתָּם יֵלֵכוּ לֹא יִסַּבּוּ
בְּלֶכְתָּן׃ וְגַבֵּיהֶן וְגֹבַהּ לָהֶם וְיִרְאָה לָהֶם וְגַבֹּתָם

מְלֵאֹת עֵינַיִם סָבִיב לְאַרְבַּעְתָּן: וּבְלֶכֶת הַחַיּוֹת
יֵלְכוּ הָאוֹפַנִּים אֶצְלָם וּבְהִנָּשֵׂא הַחַיּוֹת מֵעַל הָאָרֶץ
יִנָּשְׂאוּ הָאוֹפַנִּים: עַל אֲשֶׁר יִהְיֶה־שָּׁם הָרוּחַ לָלֶכֶת
יֵלֵכוּ שָׁמָּה הָרוּחַ לָלֶכֶת וְהָאוֹפַנִּים יִנָּשְׂאוּ לְעֻמָּתָם
כִּי רוּחַ הַחַיָּה בָּאוֹפַנִּים: בְּלֶכְתָּם יֵלֵכוּ וּבְעָמְדָם
יַעֲמֹדוּ וּבְהִנָּשְׂאָם מֵעַל הָאָרֶץ יִנָּשְׂאוּ הָאוֹפַנִּים
לְעֻמָּתָם כִּי רוּחַ הַחַיָּה בָּאוֹפַנִּים: וּדְמוּת עַל־רָאשֵׁי
הַחַיָּה רָקִיעַ כְּעֵין הַקֶּרַח הַנּוֹרָא נָטוּי עַל־רָאשֵׁיהֶם
מִלְמָעְלָה: וְתַחַת הָרָקִיעַ כַּנְפֵיהֶם יְשָׁרוֹת אִשָּׁה
אֶל־אֲחוֹתָהּ לְאִישׁ שְׁתַּיִם מְכַסּוֹת לָהֵנָּה וּלְאִישׁ
שְׁתַּיִם מְכַסּוֹת לָהֵנָּה אֵת גְּוִיֹּתֵיהֶם: וָאֶשְׁמַע אֶת־
קוֹל כַּנְפֵיהֶם כְּקוֹל מַיִם רַבִּים כְּקוֹל־שַׁדַּי בְּלֶכְתָּם
קוֹל הֲמֻלָּה כְּקוֹל מַחֲנֶה בְּעָמְדָם תְּרַפֶּינָה כַנְפֵיהֶן:
וַיְהִי־קוֹל מֵעַל לָרָקִיעַ אֲשֶׁר עַל־רֹאשָׁם בְּעָמְדָם
תְּרַפֶּינָה כַנְפֵיהֶן: וּמִמַּעַל לָרָקִיעַ אֲשֶׁר עַל־רֹאשָׁם
כְּמַרְאֵה אֶבֶן־סַפִּיר דְּמוּת כִּסֵּא וְעַל דְּמוּת הַכִּסֵּא
דְּמוּת כְּמַרְאֵה אָדָם עָלָיו מִלְמָעְלָה: וָאֵרֶא ׀ כְּעֵין
חַשְׁמַל כְּמַרְאֵה־אֵשׁ בֵּית־לָהּ סָבִיב מִמַּרְאֵה מָתְנָיו
וּלְמָעְלָה וּמִמַּרְאֵה מָתְנָיו וּלְמַטָּה רָאִיתִי כְּמַרְאֵה־

אֵשׁ וְנֹגַהּ לוֹ סָבִיב׃ כְּמַרְאֵה הַקֶּשֶׁת אֲשֶׁר יִהְיֶה
בֶעָנָן בְּיוֹם הַגֶּשֶׁם כֵּן מַרְאֵה הַנֹּגַהּ סָבִיב הוּא מַרְאֵה
דְּמוּת כְּבוֹד־יְהוָה וָאֶרְאֶה וָאֶפֹּל עַל־פָּנַי וָאֶשְׁמַע
קוֹל מְדַבֵּר׃

ומוסיפים (סדר רב עמרם גאון):

וַתִּשָּׂאֵנִי רוּחַ וָאֶשְׁמַע אַחֲרַי קוֹל רַעַשׁ גָּדוֹל בָּרוּךְ יחזקאל ג, יב
כְּבוֹד־יְהוָה מִמְּקוֹמוֹ׃

מפטיר ליום הראשון של סוכות

קריאת התורה היא כביום השני של פסח (עמ' 999).
למפטיר קוראים מספר התורה השני:

וּבַחֲמִשָּׁה עָשָׂר יוֹם לַחֹדֶשׁ הַשְּׁבִיעִי מִקְרָא־קֹדֶשׁ במדבר כט, יב–טז
יִהְיֶה לָכֶם כָּל־מְלֶאכֶת עֲבֹדָה לֹא תַעֲשׂוּ וְחַגֹּתֶם
חַג לַיהוָה שִׁבְעַת יָמִים׃ וְהִקְרַבְתֶּם עֹלָה אִשֵּׁה רֵיחַ
נִיחֹחַ לַיהוָה פָּרִים בְּנֵי־בָקָר שְׁלֹשָׁה עָשָׂר אֵילִם
שְׁנָיִם כְּבָשִׂים בְּנֵי־שָׁנָה אַרְבָּעָה עָשָׂר תְּמִימִם יִהְיוּ׃
וּמִנְחָתָם סֹלֶת בְּלוּלָה בַשָּׁמֶן שְׁלֹשָׁה עֶשְׂרֹנִים לַפָּר
הָאֶחָד לִשְׁלֹשָׁה עָשָׂר פָּרִים שְׁנֵי עֶשְׂרֹנִים לָאַיִל
הָאֶחָד לִשְׁנֵי הָאֵילִם׃ וְעִשָּׂרוֹן עִשָּׂרוֹן לַכֶּבֶשׂ הָאֶחָד
לְאַרְבָּעָה עָשָׂר כְּבָשִׂים׃ וּשְׂעִיר־עִזִּים אֶחָד חַטָּאת
מִלְּבַד עֹלַת הַתָּמִיד מִנְחָתָהּ וְנִסְכָּהּ׃

הפטרה ליום הראשון של סוכות

הִנֵּה יוֹם־בָּא לַיהוָה וְחֻלַּק שְׁלָלֵךְ בְּקִרְבֵּךְ׃ וְאָסַפְתִּי זכריה יד,א–כא
אֶת־כָּל־הַגּוֹיִם ׀ אֶל־יְרוּשָׁלִַם לַמִּלְחָמָה וְנִלְכְּדָה
הָעִיר וְנָשַׁסּוּ הַבָּתִּים וְהַנָּשִׁים תשגלנה וְיָצָא חֲצִי תִּשָּׁכַבְנָה
הָעִיר בַּגּוֹלָה וְיֶתֶר הָעָם לֹא יִכָּרֵת מִן־הָעִיר׃ וְיָצָא
יְהוָה וְנִלְחַם בַּגּוֹיִם הָהֵם כְּיוֹם הִלָּחֲמוֹ בְּיוֹם קְרָב׃
וְעָמְדוּ רַגְלָיו בַּיּוֹם־הַהוּא עַל־הַר הַזֵּיתִים אֲשֶׁר
עַל־פְּנֵי יְרוּשָׁלִַם מִקֶּדֶם וְנִבְקַע הַר הַזֵּיתִים מֵחֶצְיוֹ
מִזְרָחָה וָיָמָּה גֵּיא גְּדוֹלָה מְאֹד וּמָשׁ חֲצִי הָהָר צָפוֹנָה
וְחֶצְיוֹ נֶגְבָּה׃ וְנַסְתֶּם גֵּיא־הָרַי כִּי־יַגִּיעַ גֵּי־הָרִים אֶל־
אָצַל וְנַסְתֶּם כַּאֲשֶׁר נַסְתֶּם מִפְּנֵי הָרַעַשׁ בִּימֵי עֻזִּיָּה
מֶלֶךְ־יְהוּדָה וּבָא יְהוָה אֱלֹהַי כָּל־קְדֹשִׁים עִמָּךְ׃
וְהָיָה בַּיּוֹם הַהוּא לֹא־יִהְיֶה אוֹר יְקָרוֹת יקפאון׃ וְקִפָּאוֹן
וְהָיָה יוֹם־אֶחָד הוּא יִוָּדַע לַיהוָה לֹא־יוֹם וְלֹא־
לָיְלָה וְהָיָה לְעֵת־עֶרֶב יִהְיֶה־אוֹר׃ וְהָיָה ׀ בַּיּוֹם
הַהוּא יֵצְאוּ מַיִם־חַיִּים מִירוּשָׁלִַם חֶצְיָם אֶל־הַיָּם
הַקַּדְמוֹנִי וְחֶצְיָם אֶל־הַיָּם הָאַחֲרוֹן בַּקַּיִץ וּבָחֹרֶף
יִהְיֶה׃ וְהָיָה יְהוָה לְמֶלֶךְ עַל־כָּל־הָאָרֶץ בַּיּוֹם הַהוּא
יִהְיֶה יְהוָה אֶחָד וּשְׁמוֹ אֶחָד׃ יִסּוֹב כָּל־הָאָרֶץ
כָּעֲרָבָה מִגֶּבַע לְרִמּוֹן נֶגֶב יְרוּשָׁלִָם וְרָאֲמָה וְיָשְׁבָה

תַחְתֶּיהָ לְמִשַּׁעַר בִּנְיָמִן עַד־מְקוֹם שַׁעַר הָרִאשׁוֹן
עַד־שַׁעַר הַפִּנִּים וּמִגְדַּל חֲנַנְאֵל עַד יִקְבֵי הַמֶּלֶךְ׃
וְיָשְׁבוּ בָהּ וְחֵרֶם לֹא יִהְיֶה־עוֹד וְיָשְׁבָה יְרוּשָׁלַםִ
לָבֶטַח׃ וְזֹאת ׀ תִּהְיֶה הַמַּגֵּפָה אֲשֶׁר יִגֹּף
יְהוָה אֶת־כָּל־הָעַמִּים אֲשֶׁר צָבְאוּ עַל־יְרוּשָׁלָםִ
הָמֵק ׀ בְּשָׂרוֹ וְהוּא עֹמֵד עַל־רַגְלָיו וְעֵינָיו תִּמַּקְנָה
בְחֹרֵיהֶן וּלְשׁוֹנוֹ תִּמַּק בְּפִיהֶם׃ וְהָיָה בַּיּוֹם הַהוּא
תִּהְיֶה מְהוּמַת־יְהוָה רַבָּה בָּהֶם וְהֶחֱזִיקוּ אִישׁ יַד
רֵעֵהוּ וְעָלְתָה יָדוֹ עַל־יַד רֵעֵהוּ׃ וְגַם־יְהוּדָה תִּלָּחֵם
בִּירוּשָׁלָםִ וְאֻסַּף חֵיל כָּל־הַגּוֹיִם סָבִיב זָהָב וָכֶסֶף
וּבְגָדִים לָרֹב מְאֹד׃ וְכֵן תִּהְיֶה מַגֵּפַת הַסּוּס הַפֶּרֶד
הַגָּמָל וְהַחֲמוֹר וְכָל־הַבְּהֵמָה אֲשֶׁר יִהְיֶה בַּמַּחֲנוֹת
הָהֵמָּה כַּמַּגֵּפָה הַזֹּאת׃ וְהָיָה כָּל־הַנּוֹתָר מִכָּל־
הַגּוֹיִם הַבָּאִים עַל־יְרוּשָׁלָםִ וְעָלוּ מִדֵּי שָׁנָה בְשָׁנָה
לְהִשְׁתַּחֲוֺת לְמֶלֶךְ יְהוָה צְבָאוֹת וְלָחֹג אֶת־חַג
הַסֻּכּוֹת׃ וְהָיָה אֲשֶׁר לֹא־יַעֲלֶה מֵאֵת מִשְׁפְּחוֹת
הָאָרֶץ אֶל־יְרוּשָׁלַםִ לְהִשְׁתַּחֲוֺת לְמֶלֶךְ יְהוָה צְבָאוֹת
וְלֹא עֲלֵיהֶם יִהְיֶה הַגָּשֶׁם׃ וְאִם־מִשְׁפַּחַת מִצְרַיִם לֹא־
תַעֲלֶה וְלֹא בָאָה וְלֹא עֲלֵיהֶם תִּהְיֶה הַמַּגֵּפָה אֲשֶׁר
יִגֹּף יְהוָה אֶת־הַגּוֹיִם אֲשֶׁר לֹא יַעֲלוּ לָחֹג אֶת־חַג

הַסֻּכּוֹת׃ זֹאת תִּהְיֶה חַטַּאת מִצְרָיִם וְחַטַּאת כָּל־הַגּוֹיִם אֲשֶׁר לֹא יַעֲלוּ לָחֹג אֶת־חַג הַסֻּכּוֹת׃ בַּיּוֹם הַהוּא יִהְיֶה עַל־מְצִלּוֹת הַסּוּס קֹדֶשׁ לַיהוָה וְהָיָה הַסִּירוֹת בְּבֵית יהוה כַּמִּזְרָקִים לִפְנֵי הַמִּזְבֵּחַ׃ וְהָיָה כָּל־סִיר בִּירוּשָׁלִַם וּבִיהוּדָה קֹדֶשׁ לַיהוָה צְבָאוֹת וּבָאוּ כָּל־הַזֹּבְחִים וְלָקְחוּ מֵהֶם וּבִשְּׁלוּ בָהֶם וְלֹא־יִהְיֶה כְנַעֲנִי עוֹד בְּבֵית־יהוה צְבָאוֹת בַּיּוֹם הַהוּא׃

קריאה לחול המועד סוכות

בחול המועד סוכות מעלים לתורה ארבעה קרואים,
וקוראים לכל אחד מהם את מוסף אותו היום.

בשבת חול המועד מוציאים שני ספרי תורה. בראשון קוראים לשבעה עולים כבחול המועד פסח (עמ׳ 1014), ובאחר קוראים למפטיר את הקריאה ליום המתאים.

ביום ראשון דחוה״מ קוראים:

במדבר כט, יז–יט

וּבַיּוֹם הַשֵּׁנִי פָּרִים בְּנֵי־בָקָר שְׁנֵים עָשָׂר אֵילִם שְׁנָיִם כְּבָשִׂים בְּנֵי־שָׁנָה אַרְבָּעָה עָשָׂר תְּמִימִם׃ וּמִנְחָתָם וְנִסְכֵּיהֶם לַפָּרִים לָאֵילִם וְלַכְּבָשִׂים בְּמִסְפָּרָם כַּמִּשְׁפָּט׃ וּשְׂעִיר־עִזִּים אֶחָד חַטָּאת מִלְּבַד עֹלַת הַתָּמִיד וּמִנְחָתָהּ וְנִסְכֵּיהֶם׃

ביום שני דחוה״מ קוראים:

במדבר כט, כ–כב

וּבַיּוֹם הַשְּׁלִישִׁי פָּרִים עַשְׁתֵּי־עָשָׂר אֵילִם שְׁנָיִם כְּבָשִׂים בְּנֵי־שָׁנָה אַרְבָּעָה עָשָׂר תְּמִימִם׃ וּמִנְחָתָם

וְנִסְכֵּיהֶ֡ם לַ֠פָּרִ֠ים לָאֵילִ֧ם וְלַכְּבָשִׂ֛ים בְּמִסְפָּרָ֖ם
כַּמִּשְׁפָּֽט׃ וּשְׂעִ֥יר חַטָּ֖את אֶחָ֑ד מִלְּבַד֙ עֹלַ֣ת הַתָּמִ֔יד
וּמִנְחָתָ֖הּ וְנִסְכָּֽהּ׃

ביום שלישי דחוה"מ קוראים:

במדבר כט,כג-כה
וּבַיּ֧וֹם הָרְבִיעִ֛י פָּרִ֥ים עֲשָׂרָ֖ה אֵילִ֣ם שְׁנָ֑יִם כְּבָשִׂ֧ים
בְּנֵֽי־שָׁנָ֛ה אַרְבָּעָ֥ה עָשָׂ֖ר תְּמִימִֽם׃ מִנְחָתָ֣ם וְנִסְכֵּיהֶ֡ם
לַ֠פָּרִ֠ים לָאֵילִ֧ם וְלַכְּבָשִׂ֛ים בְּמִסְפָּרָ֖ם כַּמִּשְׁפָּֽט׃
וּשְׂעִיר־עִזִּ֥ים אֶחָ֖ד חַטָּ֑את מִלְּבַד֙ עֹלַ֣ת הַתָּמִ֔יד
מִנְחָתָ֖הּ וְנִסְכָּֽהּ׃

ביום רביעי דחוה"מ קוראים:

במדבר כט,כו-כח
וּבַיּ֧וֹם הַחֲמִישִׁ֛י פָּרִ֥ים תִּשְׁעָ֖ה אֵילִ֣ם שְׁנָ֑יִם כְּבָשִׂ֧ים
בְּנֵֽי־שָׁנָ֛ה אַרְבָּעָ֥ה עָשָׂ֖ר תְּמִימִֽם׃ וּמִנְחָתָ֣ם וְנִסְכֵּיהֶ֡ם
לַ֠פָּרִ֠ים לָאֵילִ֧ם וְלַכְּבָשִׂ֛ים בְּמִסְפָּרָ֖ם כַּמִּשְׁפָּֽט׃
וּשְׂעִ֥יר חַטָּ֖את אֶחָ֑ד מִלְּבַד֙ עֹלַ֣ת הַתָּמִ֔יד וּמִנְחָתָ֖הּ
וְנִסְכָּֽהּ׃

ביום חמישי דחוה"מ קוראים:

במדבר כט,כט-לא
וּבַיּ֧וֹם הַשִּׁשִּׁ֛י פָּרִ֥ים שְׁמֹנָ֖ה אֵילִ֣ם שְׁנָ֑יִם כְּבָשִׂ֧ים בְּנֵֽי־
שָׁנָ֛ה אַרְבָּעָ֥ה עָשָׂ֖ר תְּמִימִֽם׃ וּמִנְחָתָ֣ם וְנִסְכֵּיהֶ֡ם
לַ֠פָּרִ֠ים לָאֵילִ֧ם וְלַכְּבָשִׂ֛ים בְּמִסְפָּרָ֖ם כַּמִּשְׁפָּֽט׃

וּשְׂעִ֥יר חַטָּ֖את אֶחָ֑ד מִלְּבַד֙ עֹלַ֣ת הַתָּמִ֔יד מִנְחָתָ֖הּ
וְנִסְכֶּֽהָ׃

בהושענא רבה קוראים:

במדבר כט, לב–לד
וּבַיּ֧וֹם הַשְּׁבִיעִ֛י פָּרִ֥ים שִׁבְעָ֖ה אֵילִ֣ם שְׁנָ֑יִם כְּבָשִׂ֧ים
בְּנֵֽי־שָׁנָ֛ה אַרְבָּעָ֥ה עָשָׂ֖ר תְּמִימִֽם׃ וּמִנְחָתָ֣ם וְנִסְכֵּהֶ֡ם
לַ֠פָּרִים לָאֵילִ֧ם וְלַכְּבָשִׂ֛ים בְּמִסְפָּרָ֖ם כְּמִשְׁפָּטָֽם׃
וּשְׂעִ֥יר חַטָּ֖את אֶחָ֑ד מִלְּבַד֙ עֹלַ֣ת הַתָּמִ֔יד מִנְחָתָ֖הּ
וְנִסְכָּֽהּ׃

הפטרה לשבת חול המועד סוכות

יחזקאל לח, יח–לט, טז
וְהָיָ֣ה ׀ בַּיּ֣וֹם הַה֗וּא בְּי֨וֹם בּ֥וֹא גוֹג֙ עַל־אַדְמַ֣ת יִשְׂרָאֵ֔ל
נְאֻ֖ם אֲדֹנָ֣י יֱהֹוִ֑ה תַּעֲלֶ֥ה חֲמָתִ֖י בְּאַפִּֽי׃ וּבְקִנְאָתִ֥י
בְאֵשׁ־עֶבְרָתִ֖י דִּבַּ֑רְתִּי אִם־לֹ֣א ׀ בַּיּ֣וֹם הַה֗וּא יִֽהְיֶה֙
רַ֣עַשׁ גָּד֔וֹל עַ֖ל אַדְמַ֥ת יִשְׂרָאֵֽל׃ וְרָעֲשׁ֣וּ מִ֠פָּנַי דְּגֵ֨י
הַיָּ֜ם וְע֣וֹף הַשָּׁמַ֗יִם וְחַיַּ֤ת הַשָּׂדֶה֙ וְכָל־הָרֶ֙מֶשׂ֙ הָרֹמֵ֣שׂ
עַל־הָאֲדָמָ֔ה וְכֹל֙ הָֽאָדָ֔ם אֲשֶׁ֖ר עַל־פְּנֵ֣י הָאֲדָמָ֑ה
וְנֶהֶרְס֣וּ הֶֽהָרִ֗ים וְנָֽפְלוּ֙ הַמַּדְרֵג֔וֹת וְכָל־חוֹמָ֖ה לָאָ֥רֶץ
תִּפּֽוֹל׃ וְקָרָ֨אתִי עָלָ֤יו לְכָל־הָרַי֙ חֶ֔רֶב נְאֻ֖ם אֲדֹנָ֣י יֱהֹוִ֑ה
חֶ֥רֶב אִ֖ישׁ בְּאָחִ֥יו תִּהְיֶֽה׃ וְנִשְׁפַּטְתִּ֥י אִתּ֖וֹ בְּדֶ֣בֶר

וּבְדָ֑ם וְגֶ֨שֶׁם שׁוֹטֵ֜ף וְאַבְנֵ֣י אֶלְגָּבִ֗ישׁ אֵ֚שׁ וְגָפְרִ֔ית
אַמְטִ֣יר עָלָ֔יו וְעַל־אֲגַפָּ֔יו וְעַל־עַמִּ֥ים רַבִּ֖ים אֲשֶׁ֥ר
אִתּֽוֹ׃ וְהִתְגַּדִּלְתִּי֙ וְהִתְקַדִּשְׁתִּ֔י וְנ֣וֹדַעְתִּ֔י לְעֵינֵ֖י גּוֹיִ֣ם
רַבִּ֑ים וְיָדְע֖וּ כִּֽי־אֲנִ֥י יְהוָֽה׃ וְאַתָּ֤ה בֶן־
אָדָם֙ הִנָּבֵ֣א עַל־גּ֔וֹג וְאָ֣מַרְתָּ֔ כֹּ֥ה אָמַ֖ר אֲדֹנָ֣י יְהֹוִ֑ה
הִנְנִ֤י אֵלֶ֙יךָ֙ גּ֔וֹג נְשִׂ֕יא רֹ֖אשׁ מֶ֥שֶׁךְ וְתֻבָֽל׃ וְשֹׁבַבְתִּ֙יךָ֙
וְשִׁשֵּׁאתִ֔יךָ וְהַעֲלִיתִ֖יךָ מִיַּרְכְּתֵ֣י צָפ֑וֹן וַהֲבִאוֹתִ֖ךָ עַל־
הָרֵ֥י יִשְׂרָאֵֽל׃ וְהִכֵּיתִ֥י קַשְׁתְּךָ֖ מִיַּ֣ד שְׂמֹאולֶ֑ךָ וְחִצֶּ֕יךָ
מִיַּ֥ד יְמִינְךָ֖ אַפִּֽיל׃ עַל־הָרֵ֨י יִשְׂרָאֵ֜ל תִּפּ֗וֹל אַתָּה֙
וְכָל־אֲגַפֶּ֔יךָ וְעַמִּ֖ים אֲשֶׁ֣ר אִתָּ֑ךְ לְעֵ֨יט צִפּ֧וֹר כָּל־כָּנָ֛ף
וְחַיַּ֥ת הַשָּׂדֶ֖ה נְתַתִּ֥יךָ לְאָכְלָֽה׃ עַל־פְּנֵ֥י הַשָּׂדֶ֖ה תִּפּ֑וֹל
כִּ֚י אֲנִ֣י דִבַּ֔רְתִּי נְאֻ֖ם אֲדֹנָ֥י יְהֹוִֽה׃ וְשִׁלַּחְתִּי־אֵ֣שׁ בְּמָג֔וֹג
וּבְיֹשְׁבֵ֥י הָאִיִּ֖ים לָבֶ֑טַח וְיָדְע֖וּ כִּֽי־אֲנִ֥י יְהוָֽה׃ וְאֶת־שֵׁ֨ם
קָדְשִׁ֜י אוֹדִ֗יעַ בְּתוֹךְ֙ עַמִּ֣י יִשְׂרָאֵ֔ל וְלֹא־אַחֵ֥ל אֶת־
שֵׁם־קָדְשִׁ֖י ע֑וֹד וְיָדְע֣וּ הַגּוֹיִ֔ם כִּֽי־אֲנִ֣י יְהוָ֔ה קָד֖וֹשׁ
בְּיִשְׂרָאֵֽל׃ הִנֵּ֤ה בָאָה֙ וְנִֽהְיָ֔תָה נְאֻ֖ם אֲדֹנָ֣י יְהֹוִ֑ה ה֥וּא
הַיּ֖וֹם אֲשֶׁ֥ר דִּבַּֽרְתִּי׃ וְיָצְא֞וּ יֹשְׁבֵ֣י ׀ עָרֵ֣י יִשְׂרָאֵ֗ל וּבִ֨עֲר֜וּ
וְהִשִּׂ֗יקוּ בְּנֶ֨שֶׁק וּמָגֵ֤ן וְצִנָּה֙ בְּקֶ֣שֶׁת וּבְחִצִּ֔ים וּבְמַקֵּ֥ל
יָ֖ד וּבְרֹ֑מַח וּבִעֲר֥וּ בָהֶ֛ם אֵ֖שׁ שֶׁ֥בַע שָׁנִֽים׃ וְלֹ֨א־יִשְׂא֜וּ

עֵצִים מִן־הַשָּׂדֶה וְלֹא יַחְטְבוּ מִן־הַיְּעָרִים כִּי בַנֶּשֶׁק
יְבַעֲרוּ־אֵשׁ וְשָׁלְלוּ אֶת־שֹׁלְלֵיהֶם וּבָזְזוּ אֶת־בֹּזְזֵיהֶם
נְאֻם אֲדֹנָי יְהוִה׃ וְהָיָה בַיּוֹם הַהוּא אֶתֵּן
לְגוֹג ׀ מְקוֹם־שָׁם קֶבֶר בְּיִשְׂרָאֵל גֵּי הָעֹבְרִים קִדְמַת
הַיָּם וְחֹסֶמֶת הִיא אֶת־הָעֹבְרִים וְקָבְרוּ שָׁם אֶת־גּוֹג
וְאֶת־כָּל־הֲמוֹנֹה וְקָרְאוּ גֵּיא הֲמוֹן גּוֹג׃ וּקְבָרוּם בֵּית
יִשְׂרָאֵל לְמַעַן טַהֵר אֶת־הָאָרֶץ שִׁבְעָה חֳדָשִׁים׃
וְקָבְרוּ כָּל־עַם הָאָרֶץ וְהָיָה לָהֶם לְשֵׁם יוֹם הִכָּבְדִי
נְאֻם אֲדֹנָי יְהוִה׃ וְאַנְשֵׁי תָמִיד יַבְדִּילוּ עֹבְרִים בָּאָרֶץ
מְקַבְּרִים אֶת־הָעֹבְרִים אֶת־הַנּוֹתָרִים עַל־פְּנֵי הָאָרֶץ
לְטַהֲרָהּ מִקְצֵה שִׁבְעָה־חֳדָשִׁים יַחְקֹרוּ׃ וְעָבְרוּ
הָעֹבְרִים בָּאָרֶץ וְרָאָה עֶצֶם אָדָם וּבָנָה אֶצְלוֹ צִיּוּן
עַד קָבְרוּ אֹתוֹ הַמְקַבְּרִים אֶל־גֵּיא הֲמוֹן גּוֹג׃ וְגַם
שֶׁם־עִיר הֲמוֹנָה וְטִהֲרוּ הָאָרֶץ׃

קריאה לשמיני עצרת

אם שמיני עצרת חל בשבת, רבים נוהגים לקרוא לראשון עד 'יִשָּׂא מִדַּבְּרֹתֶיךָ', להמשיך כרגיל ולקרוא לשביעי את שלושת הפסוקים הראשונים מהקריאה לחתן תורה (עמ' 1049), מ'מְעֹנָה אֱלֹהֵי קֶדֶם' עד 'עַל־בָּמוֹתֵימוֹ תִדְרֹךְ'.

וְזֹאת הַבְּרָכָה אֲשֶׁר בֵּרַךְ מֹשֶׁה אִישׁ הָאֱלֹהִים דברים לג, א–כו
אֶת־בְּנֵי יִשְׂרָאֵל לִפְנֵי מוֹתוֹ׃ וַיֹּאמַר יְהוָה מִסִּינַי

בָּא וְזָרַח מִשֵּׂעִיר לָמוֹ הוֹפִיעַ מֵהַר פָּארָן וְאָתָה
מֵרִבְבֹת קֹדֶשׁ מִימִינוֹ אשדת לָמוֹ: אַף חֹבֵב אֵשׁ דָּת
עַמִּים כָּל־קְדֹשָׁיו בְּיָדֶךָ וְהֵם תֻּכּוּ לְרַגְלֶךָ יִשָּׂא
מִדַּבְּרֹתֶיךָ: תּוֹרָה צִוָּה־לָנוּ מֹשֶׁה מוֹרָשָׁה קְהִלַּת
יַעֲקֹב: וַיְהִי בִישֻׁרוּן מֶלֶךְ בְּהִתְאַסֵּף רָאשֵׁי עָם
יַחַד שִׁבְטֵי יִשְׂרָאֵל: יְחִי רְאוּבֵן וְאַל־יָמֹת וִיהִי מְתָיו
מִסְפָּר: וְזֹאת לִיהוּדָה וַיֹּאמַר שְׁמַע
יהוה קוֹל יְהוּדָה וְאֶל־עַמּוֹ תְּבִיאֶנּוּ יָדָיו רָב לוֹ וְעֵזֶר
מִצָּרָיו תִּהְיֶה:

וּלְלֵוִי אָמַר תֻּמֶּיךָ וְאוּרֶיךָ לְאִישׁ חֲסִידֶךָ אֲשֶׁר נִסִּיתוֹ לוי
בְּמַסָּה תְּרִיבֵהוּ עַל־מֵי מְרִיבָה: הָאֹמֵר לְאָבִיו וּלְאִמּוֹ
לֹא רְאִיתִיו וְאֶת־אֶחָיו לֹא הִכִּיר וְאֶת־בָּנָו לֹא יָדָע כִּי
שָׁמְרוּ אִמְרָתֶךָ וּבְרִיתְךָ יִנְצֹרוּ: יוֹרוּ מִשְׁפָּטֶיךָ לְיַעֲקֹב
וְתוֹרָתְךָ לְיִשְׂרָאֵל יָשִׂימוּ קְטוֹרָה בְּאַפֶּךָ וְכָלִיל עַל־
מִזְבְּחֶךָ: בָּרֵךְ יהוה חֵילוֹ וּפֹעַל יָדָיו תִּרְצֶה מְחַץ
מָתְנַיִם קָמָיו וּמְשַׂנְאָיו מִן־יְקוּמוּן: לְבִנְיָמִן
אָמַר יְדִיד יהוה יִשְׁכֹּן לָבֶטַח עָלָיו חֹפֵף עָלָיו כָּל־
הַיּוֹם וּבֵין כְּתֵפָיו שָׁכֵן: *וּלְיוֹסֵף אָמַר שלישי
מְבֹרֶכֶת יהוה אַרְצוֹ מִמֶּגֶד שָׁמַיִם מִטָּל וּמִתְּהוֹם

רֹבֶצֶת תָּחַת׃ וּמִמֶּגֶד תְּבוּאֹת שָׁמֶשׁ וּמִמֶּגֶד
גֶּרֶשׁ יְרָחִים׃ וּמֵרֹאשׁ הַרְרֵי־קֶדֶם וּמִמֶּגֶד גִּבְעוֹת
עוֹלָם׃ וּמִמֶּגֶד אֶרֶץ וּמְלֹאָהּ וּרְצוֹן שֹׁכְנִי סְנֶה
תָּבוֹאתָה לְרֹאשׁ יוֹסֵף וּלְקָדְקֹד נְזִיר אֶחָיו׃ בְּכוֹר
שׁוֹרוֹ הָדָר לוֹ וְקַרְנֵי רְאֵם קַרְנָיו בָּהֶם עַמִּים יְנַגַּח
יַחְדָּו אַפְסֵי־אָרֶץ וְהֵם רִבְבוֹת אֶפְרַיִם וְהֵם אַלְפֵי
מְנַשֶּׁה׃ *וְלִזְבוּלֻן אָמַר שְׂמַח זְבוּלֻן רביעי
בְּצֵאתֶךָ וְיִשָּׂשכָר בְּאֹהָלֶיךָ׃ עַמִּים הַר־יִקְרָאוּ שָׁם
יִזְבְּחוּ זִבְחֵי־צֶדֶק כִּי שֶׁפַע יַמִּים יִינָקוּ וּשְׂפֻנֵי טְמוּנֵי
חוֹל׃ וּלְגָד אָמַר בָּרוּךְ מַרְחִיב גָּד כְּלָבִיא
שָׁכֵן וְטָרַף זְרוֹעַ אַף־קָדְקֹד׃ וַיַּרְא רֵאשִׁית לוֹ כִּי־
שָׁם חֶלְקַת מְחֹקֵק סָפוּן וַיֵּתֵא רָאשֵׁי עָם צִדְקַת
יְהוָה עָשָׂה וּמִשְׁפָּטָיו עִם־יִשְׂרָאֵל׃ *וּלְדָן חמישי
אָמַר דָּן גּוּר אַרְיֵה יְזַנֵּק מִן־הַבָּשָׁן׃ וּלְנַפְתָּלִי אָמַר
נַפְתָּלִי שְׂבַע רָצוֹן וּמָלֵא בִּרְכַּת יְהוָה יָם וְדָרוֹם
יְרָשָׁה׃ וּלְאָשֵׁר אָמַר בָּרוּךְ מִבָּנִים אָשֵׁר
יְהִי רְצוּי אֶחָיו וְטֹבֵל בַּשֶּׁמֶן רַגְלוֹ׃ בַּרְזֶל וּנְחֹשֶׁת
מִנְעָלֶךָ וּכְיָמֶיךָ דָּבְאֶךָ׃ אֵין כָּאֵל יְשֻׁרוּן רֹכֵב שָׁמַיִם
בְּעֶזְרֶךָ וּבְגַאֲוָתוֹ שְׁחָקִים׃

רשות לחתן תורה

לפני שקוראים לחתן התורה, הגבאי אומר:

מֵרְשׁוּת הָאֵל הַגָּדוֹל הַגִּבּוֹר וְהַנּוֹרָא, וּמֵרְשׁוּת מִפָּז וּמִפְּנִינִים יְקָרָה, וּמֵרְשׁוּת סַנְהֶדְרִין הַקְּדוֹשָׁה וְהַבְּחוּרָה, וּמֵרְשׁוּת רָאשֵׁי יְשִׁיבוֹת וְאַלּוּפֵי תוֹרָה, וּמֵרְשׁוּת זְקֵנִים וּנְעָרִים יוֹשְׁבֵי שׁוּרָה, אֶפְתַּח פִּי בְּשִׁיר וּבְזִמְרָה, לְהוֹדוֹת לְהַלֵּל לְדָר בִּנְהוֹרָא, שֶׁהֶחֱיָנוּ וְקִיְּמָנוּ בְּיִרְאָתוֹ הַטְּהוֹרָה, וְהִגִּיעָנוּ לִשְׂמֹחַ בְּשִׂמְחַת הַתּוֹרָה, הַמְשַׂמַּחַת לֵב וְעֵינַיִם מְאִירָה, הַנּוֹתֶנֶת חַיִּים וְעֹשֶׁר וְכָבוֹד וְתִפְאָרָה, הַמְאַשֶּׁרֶת הוֹלְכִים בְּדֶרֶךְ הַטּוֹבָה וְהַיְשָׁרָה, הַמַּאֲרֶכֶת יָמִים וּמוֹסֶפֶת גְּבוּרָה, לְאוֹהֲבֶיהָ וּלְשׁוֹמְרֶיהָ בְּצִוּוּי וְאַזְהָרָה, לְעוֹסְקֶיהָ וּלְנוֹצְרֶיהָ בְּאַהַב וּבְמוֹרָא. וּבְכֵן יְהִי רָצוֹן מִלִּפְנֵי הַגְּבוּרָה, לָתֵת חֵן וָחֶסֶד וְחַיִּים וְנֵזֶר וַעֲטָרָה, לְרַבִּי (פלוני ב״ר פלוני) הַנִּבְחָר לְהַשְׁלִים הַתּוֹרָה, לְאַמְּצוֹ לְבָרְכוֹ לְגַדְּלוֹ בְּתַלְמוּד תּוֹרָה, לְדָרְשׁוֹ לְהַדְּרוֹ לְוַעֲדוֹ בַּחֲבוּרָה, לְזַכּוֹתוֹ לְחַיּוֹתוֹ לְטַכְּסוֹ בְּטֶכֶס אוֹרָה, לְיַשְּׁרוֹ לְכַלְּלוֹ לְלַמְּדוֹ לֶקַח וּסְבָרָה, לְמַלְּטוֹ לְנַשְּׂאוֹ לְסַעֲדוֹ בְּסַעַד בְּרוּרָה, לְעָדְנוֹ לְפַרְנְסוֹ לְצַדְּקוֹ בְּעַם נִבְרָא, לְקָרְבוֹ לְרַחֲמוֹ לְשָׁמְרוֹ מִכָּל צוּקָה וְצָרָה, לְתַקְּפוֹ לְתָמְכוֹ לְתוֹמְמוֹ בְּרוּחַ נִשְׁבָּרָה. עֲמֹד עֲמֹד

עֲמֹד רַבִּי (פלוני ב״ר פלוני) חֲתַן הַתּוֹרָה, וְתֵן כָּבוֹד לָאֵל
גָּדוֹל וְנוֹרָא, וּבִשְׂכַר זֶה תִּזְכֶּה מֵאֵל נוֹרָא, לִרְאוֹת
בָּנִים וּבְנֵי בָנִים עוֹסְקִים בַּתּוֹרָה, וּמְקַיְּמֵי מִצְוֹת
בְּתוֹךְ עַם יָפָה וּבָרָה, וְתִזְכֶּה לִשְׂמֹחַ בְּשִׂמְחַת
בֵּית הַבְּחִירָה, וּפָנֶיךָ לְהָאִיר בִּצְדָקָה כְּאִסְפַּקְלַרְיָא
הַמְּאִירָה, כִּנְבָא יְשַׁעְיָהוּ מָלֵא רוּחַ עֵצָה וּגְבוּרָה,
שִׂמְחוּ אֶת יְרוּשָׁלַיִם וְגִילוּ בָהּ מְהֵרָה, שִׂישׂוּ אִתָּהּ
מָשׂוֹשׂ כָּל הַמִּתְאַבְּלִים בַּאֲבֵלָה וְצָרָה, עֲמֹד עֲמֹד
עֲמֹד רַבִּי (פלוני ב״ר פלוני) חֲתַן הַתּוֹרָה, מֵרְשׁוּת כָּל
הַקָּהָל הַקָּדוֹשׁ הַזֶּה וְהַשְׁלֵם הַתּוֹרָה. יַעֲמֹד רַבִּי (פלוני
ב״ר פלוני) חֲתַן הַתּוֹרָה.

קריאה לחתן תורה

דברים לג, כז–לד, יב
מְעֹנָה אֱלֹהֵי קֶדֶם וּמִתַּחַת זְרֹעֹת עוֹלָם וַיְגָרֶשׁ
מִפָּנֶיךָ אוֹיֵב וַיֹּאמֶר הַשְׁמֵד׃ וַיִּשְׁכֹּן יִשְׂרָאֵל בֶּטַח
בָּדָד עֵין יַעֲקֹב אֶל־אֶרֶץ דָּגָן וְתִירוֹשׁ אַף־שָׁמָיו
יַעַרְפוּ־טָל׃ אַשְׁרֶיךָ יִשְׂרָאֵל מִי כָמוֹךָ עַם נוֹשַׁע
בַּיהֹוָה מָגֵן עֶזְרֶךָ וַאֲשֶׁר־חֶרֶב גַּאֲוָתֶךָ וְיִכָּחֲשׁוּ אֹיְבֶיךָ
לָךְ וְאַתָּה עַל־בָּמוֹתֵימוֹ תִדְרֹךְ׃ וַיַּעַל מֹשֶׁה
מֵעַרְבֹת מוֹאָב אֶל־הַר נְבוֹ רֹאשׁ הַפִּסְגָּה אֲשֶׁר עַל־

פְּנֵי יְרֵחוֹ וַיַּרְאֵהוּ יְהוָה אֶת־כָּל־הָאָרֶץ אֶת־הַגִּלְעָד
עַד־דָּן׃ וְאֵת כָּל־נַפְתָּלִי וְאֶת־אֶרֶץ אֶפְרַיִם וּמְנַשֶּׁה
וְאֵת כָּל־אֶרֶץ יְהוּדָה עַד הַיָּם הָאַחֲרוֹן׃ וְאֶת־הַנֶּגֶב
וְאֶת־הַכִּכָּר בִּקְעַת יְרֵחוֹ עִיר הַתְּמָרִים עַד־צֹעַר׃
וַיֹּאמֶר יְהוָה אֵלָיו זֹאת הָאָרֶץ אֲשֶׁר נִשְׁבַּעְתִּי
לְאַבְרָהָם לְיִצְחָק וּלְיַעֲקֹב לֵאמֹר לְזַרְעֲךָ אֶתְּנֶנָּה
הֶרְאִיתִיךָ בְעֵינֶיךָ וְשָׁמָּה לֹא תַעֲבֹר׃ וַיָּמָת שָׁם מֹשֶׁה
עֶבֶד־יְהוָה בְּאֶרֶץ מוֹאָב עַל־פִּי יְהוָה׃ וַיִּקְבֹּר אֹתוֹ
בַגַּי בְּאֶרֶץ מוֹאָב מוּל בֵּית פְּעוֹר וְלֹא־יָדַע אִישׁ
אֶת־קְבֻרָתוֹ עַד הַיּוֹם הַזֶּה׃ וּמֹשֶׁה בֶּן־מֵאָה וְעֶשְׂרִים
שָׁנָה בְּמֹתוֹ לֹא־כָהֲתָה עֵינוֹ וְלֹא־נָס לֵחֹה׃ וַיִּבְכּוּ
בְנֵי יִשְׂרָאֵל אֶת־מֹשֶׁה בְּעַרְבֹת מוֹאָב שְׁלֹשִׁים יוֹם
וַיִּתְּמוּ יְמֵי בְכִי אֵבֶל מֹשֶׁה׃ וִיהוֹשֻׁעַ בִּן־נוּן מָלֵא רוּחַ
חָכְמָה כִּי־סָמַךְ מֹשֶׁה אֶת־יָדָיו עָלָיו וַיִּשְׁמְעוּ אֵלָיו
בְּנֵי־יִשְׂרָאֵל וַיַּעֲשׂוּ כַּאֲשֶׁר צִוָּה יְהוָה אֶת־מֹשֶׁה׃
וְלֹא־קָם נָבִיא עוֹד בְּיִשְׂרָאֵל כְּמֹשֶׁה אֲשֶׁר יְדָעוֹ יְהוָה
פָּנִים אֶל־פָּנִים׃ לְכָל־הָאֹתֹת וְהַמּוֹפְתִים אֲשֶׁר שְׁלָחוֹ
יְהוָה לַעֲשׂוֹת בְּאֶרֶץ מִצְרָיִם לְפַרְעֹה וּלְכָל־עֲבָדָיו
וּלְכָל־אַרְצוֹ׃ וּלְכֹל הַיָּד הַחֲזָקָה וּלְכֹל הַמּוֹרָא הַגָּדוֹל
אֲשֶׁר עָשָׂה מֹשֶׁה לְעֵינֵי כָּל־יִשְׂרָאֵל׃

רשות לחתן בראשית

לפני שקוראים לחתן בראשית, הגבאי אומר:

מֵרְשׁוּת מְרוֹמָם עַל כָּל בְּרָכָה וְשִׁירָה, נוֹרָא עַל כָּל תְּהִלָּה וְזִמְרָה, חֲכַם לֵבָב וְאַמִּיץ כֹּחַ וּגְבוּרָה, מוֹשֵׁל עוֹלָם אֲדוֹן כָּל יְצִירָה, וּמֵרְשׁוּת כְּבוּדָה בַּת מֶלֶךְ פְּנִימָה וַעֲצוּרָה, רֵאשִׁית קִנְיָנָהּ אֱלֹהִים אֲצוּרָה, בָּרָה תְּמִימָה מְשִׁיבַת נֶפֶשׁ וּמַחֲזִירָה, יְשֻׁרוּן נִתְּנָה מוֹרָשָׁה לְעָבְדָהּ וּלְשָׁמְרָהּ, מְלַמְּדֶיהָ גְּאוֹנֵי יַעֲקֹב לְפָתְחָהּ וּלְסָגְרָהּ, כְּלִיל הוֹד נָשִׂיא מַרְבֵּה הַמִּשְׂרָה, יוֹשְׁבֵי מַדִּין מְשִׁיבֵי מִלְחָמָה שַׁעְרָה, רָאשֵׁי יְשִׁיבוֹת רָאשֵׁי גוֹלָה פְּזוּרָה, וּמֵרְשׁוּת חֲבוּרַת צֶדֶק עֵדָה זוֹ הַמְאֻשָּׁרָה, זְקֵנִים וּנְעָרִים יַחַד בְּכָל שׁוּרָה, קְבוּצִים פֹּה הַיּוֹם לְשִׂמְחַת תּוֹרָה, וְנֶעֱצָרִים לְסַיֵּם וּלְהָחֵל בְּגִיל וּבְמוֹרָא, אוֹתָהּ מְחַבְּבִים כְּיוֹם נְתִינָתָהּ בַּהֲדָרָהּ, מְסַלְסְלִים בָּהּ כַּחֲדָשָׁה וְלֹא כִּישָׁנָה שֶׁעָבְרָה, צְמֵאִים לָמֹץ וּלְהִתְעַנֵּג מִזִּיו יְקָרָהּ, בְּיַעַן מְשַׂמַּחַת לֵב וְעֶצֶב מְסִירָה, תַּנְחוּמֶיהָ יְשַׁעַשְׁעוּ נַפְשָׁם בָּהּ לְהִתְפָּאֲרָה, וְהוֹגִים בְּמִקְרָא וְהַגָּדָה בְּמִשְׁנָה וּגְמָרָא, רָצִים וּמְבִיאִים טַפָּם לְבֵית הָעֲתִירָה, הוֹלְכִים וְעוֹשִׂים לְהַזְהִירָה, לָכֵן גָּדוֹל שְׂכָרָם מֵאֵת הַגְּבוּרָה, עַל רֹאשָׁם שִׂמְחַת עוֹלָם קְשׁוּרָה, דָּאִים לִרְאוֹת

בְּבֵית הַבְּחִירָה, וּבְכֵן נִסְמַכְתִּי דַּעַת כֻּלָּם לְבָרְרָה,
בָּחוּר הֲרִימוֹתִי מֵעָם תּוֹךְ הַחֲבוּרָה, מְצָאתִיו לֵב
נָבוֹן לְהַסְבִּירָה, צֶדֶק וְחֶסֶד רוֹדֵף בְּאֹרַח יְשָׁרָה,
וּנְשָׂאוֹ לִבּוֹ וְנָדְבָה רוּחוֹ לְהִתְעוֹרְרָה, תְּחִלָּה וְרִאשׁוֹן
הֱיוֹת לְהַתְחִיל הַתּוֹרָה. וְעַתָּה קוּם רַבִּי (פלוני ב״ר
פלוני) עֲמֹד לְהִתְאַזְּרָה, בֹּא וְהִתְיַצֵּב וַעֲמֹד לִימִינִי
וּקְרָא, מַעֲשֵׂה בְרֵאשִׁית לִכְבוֹדוֹ צוּר בָּרָא, עַל זֹאת
מַתְכִּיפִין הַתְחָלָה לְהַשְׁלָמָה בִּתְדִירָה, שָׂטָן שֶׁלֹּא
יְרַגֵּל בְּעַם זוּ לְשַׁקְּרָה, יַעַן נַעֲשֵׂית רִאשׁוֹן לְמִצְוָה
גְּמוּרָה, מָה רַב טוּבְךָ וּמַשְׂכֻּרְתְּךָ יְתֵרָה, טוֹב עַיִן
תְּבֹרַךְ בְּנִדְבָתְךָ מִלְּעָצְרָה, וּמִבִּרְכַּת בּוֹרַאֲךָ תְּדוֹר
יָדְךָ מִלְּקַצְּרָה, בַּעֲבוּר שֶׁכָּל הַמְכַבֵּד תּוֹרָה בִּצְפִירָה,
יְהֵא גוּפוֹ מְכֻבָּד לְהִתְאַשְּׁרָה. מַהֵר עֲמֹד עֲמֹד עֲמֹד
רַבִּי (פלוני ב״ר פלוני) חֲתַן בְּרֵאשִׁית בָּרָא, מֵרְשׁוּת הַקָּהָל
הַקָּדוֹשׁ הַזֶּה וּבָרֵךְ אֵל גָּדוֹל וְנוֹרָא, אָמֵן יַעֲנוּ אַחֲרֶיךָ
הַכֹּל מְהֵרָה. יַעֲמֹד רַבִּי (פלוני ב״ר פלוני) חֲתַן בְּרֵאשִׁית.

קריאה לחתן בראשית

בְּרֵאשִׁית בָּרָא אֱלֹהִים אֵת הַשָּׁמַיִם וְאֵת הָאָרֶץ: בראשית א,א–ב,ג
וְהָאָרֶץ הָיְתָה תֹהוּ וָבֹהוּ וְחֹשֶׁךְ עַל־פְּנֵי תְהוֹם וְרוּחַ
אֱלֹהִים מְרַחֶפֶת עַל־פְּנֵי הַמָּיִם: וַיֹּאמֶר אֱלֹהִים

יְהִי־א֑וֹר וַֽיְהִי־אֽוֹר׃ וַיַּ֧רְא אֱלֹהִ֛ים אֶת־הָא֖וֹר כִּי־ט֑וֹב וַיַּבְדֵּ֣ל אֱלֹהִ֔ים בֵּ֥ין הָא֖וֹר וּבֵ֥ין הַחֹֽשֶׁךְ׃ וַיִּקְרָ֨א אֱלֹהִ֤ים ׀ לָאוֹר֙ י֔וֹם וְלַחֹ֖שֶׁךְ קָ֣רָא לָ֑יְלָה וַֽיְהִי־עֶ֥רֶב וַֽיְהִי־בֹ֖קֶר י֥וֹם אֶחָֽד׃

וַיֹּ֣אמֶר אֱלֹהִ֔ים יְהִ֥י רָקִ֖יעַ בְּת֣וֹךְ הַמָּ֑יִם וִיהִ֣י מַבְדִּ֔יל בֵּ֥ין מַ֖יִם לָמָֽיִם׃ וַיַּ֣עַשׂ אֱלֹהִים֮ אֶת־הָרָקִיעַ֒ וַיַּבְדֵּ֗ל בֵּ֤ין הַמַּ֙יִם֙ אֲשֶׁר֙ מִתַּ֣חַת לָרָקִ֔יעַ וּבֵ֣ין הַמַּ֔יִם אֲשֶׁ֖ר מֵעַ֣ל לָרָקִ֑יעַ וַֽיְהִי־כֵֽן׃ וַיִּקְרָ֧א אֱלֹהִ֛ים לָרָקִ֖יעַ שָׁמָ֑יִם וַֽיְהִי־עֶ֥רֶב וַֽיְהִי־בֹ֖קֶר י֥וֹם שֵׁנִֽי׃

וַיֹּ֣אמֶר אֱלֹהִ֗ים יִקָּו֨וּ הַמַּ֜יִם מִתַּ֤חַת הַשָּׁמַ֙יִם֙ אֶל־מָק֣וֹם אֶחָ֔ד וְתֵרָאֶ֖ה הַיַּבָּשָׁ֑ה וַֽיְהִי־כֵֽן׃ וַיִּקְרָ֨א אֱלֹהִ֤ים ׀ לַיַּבָּשָׁה֙ אֶ֔רֶץ וּלְמִקְוֵ֥ה הַמַּ֖יִם קָרָ֣א יַמִּ֑ים וַיַּ֥רְא אֱלֹהִ֖ים כִּי־טֽוֹב׃ וַיֹּ֣אמֶר אֱלֹהִ֗ים תַּֽדְשֵׁ֤א הָאָ֙רֶץ֙ דֶּ֔שֶׁא עֵ֚שֶׂב מַזְרִ֣יעַ זֶ֔רַע עֵ֣ץ פְּרִ֞י עֹ֤שֶׂה פְּרִי֙ לְמִינ֔וֹ אֲשֶׁ֥ר זַרְעוֹ־ב֖וֹ עַל־הָאָ֑רֶץ וַֽיְהִי־כֵֽן׃ וַתּוֹצֵ֨א הָאָ֜רֶץ דֶּ֠שֶׁא עֵ֣שֶׂב מַזְרִ֤יעַ זֶ֙רַע֙ לְמִינֵ֔הוּ וְעֵ֧ץ עֹֽשֶׂה־פְּרִ֛י אֲשֶׁ֥ר זַרְעוֹ־ב֖וֹ לְמִינֵ֑הוּ וַיַּ֥רְא אֱלֹהִ֖ים כִּי־טֽוֹב׃ וַֽיְהִי־עֶ֥רֶב וַֽיְהִי־בֹ֖קֶר י֥וֹם שְׁלִישִֽׁי׃

וַיֹּ֣אמֶר אֱלֹהִ֗ים יְהִ֤י מְאֹרֹת֙ בִּרְקִ֣יעַ הַשָּׁמַ֔יִם לְהַבְדִּ֕יל בֵּ֥ין הַיּ֖וֹם וּבֵ֣ין הַלָּ֑יְלָה וְהָי֤וּ לְאֹתֹת֙ וּלְמ֣וֹעֲדִ֔ים וּלְיָמִ֖ים

וְשָׁנִֽים׃ וְהָי֤וּ לִמְאוֹרֹת֙ בִּרְקִ֣יעַ הַשָּׁמַ֔יִם לְהָאִ֖יר עַל־
הָאָ֑רֶץ וַֽיְהִי־כֵֽן׃ וַיַּ֣עַשׂ אֱלֹהִ֔ים אֶת־שְׁנֵ֥י הַמְּאֹרֹ֖ת
הַגְּדֹלִ֑ים אֶת־הַמָּא֤וֹר הַגָּדֹל֙ לְמֶמְשֶׁ֣לֶת הַיּ֔וֹם וְאֶת־
הַמָּא֤וֹר הַקָּטֹן֙ לְמֶמְשֶׁ֣לֶת הַלַּ֔יְלָה וְאֵ֖ת הַכּוֹכָבִֽים׃
וַיִּתֵּ֥ן אֹתָ֛ם אֱלֹהִ֖ים בִּרְקִ֣יעַ הַשָּׁמָ֑יִם לְהָאִ֖יר עַל־
הָאָֽרֶץ׃ וְלִמְשֹׁל֙ בַּיּ֣וֹם וּבַלַּ֔יְלָה וּֽלֲהַבְדִּ֔יל בֵּ֥ין הָא֖וֹר
וּבֵ֣ין הַחֹ֑שֶׁךְ וַיַּ֥רְא אֱלֹהִ֖ים כִּי־טֽוֹב׃ וַֽיְהִי־עֶ֥רֶב וַֽיְהִי־
בֹ֖קֶר י֥וֹם רְבִיעִֽי׃

וַיֹּ֣אמֶר אֱלֹהִ֔ים יִשְׁרְצ֣וּ הַמַּ֔יִם שֶׁ֖רֶץ נֶ֣פֶשׁ חַיָּ֑ה וְעוֹף֙
יְעוֹפֵ֣ף עַל־הָאָ֔רֶץ עַל־פְּנֵ֖י רְקִ֥יעַ הַשָּׁמָֽיִם׃ וַיִּבְרָ֣א
אֱלֹהִ֔ים אֶת־הַתַּנִּינִ֖ם הַגְּדֹלִ֑ים וְאֵ֣ת כׇּל־נֶ֣פֶשׁ
הַֽחַיָּ֣ה ׀ הָֽרֹמֶ֡שֶׂת אֲשֶׁר֩ שָׁרְצ֨וּ הַמַּ֜יִם לְמִֽינֵהֶ֗ם וְאֵ֨ת
כׇּל־ע֤וֹף כָּנָף֙ לְמִינֵ֔הוּ וַיַּ֥רְא אֱלֹהִ֖ים כִּי־טֽוֹב׃ וַיְבָ֧רֶךְ
אֹתָ֛ם אֱלֹהִ֖ים לֵאמֹ֑ר פְּר֣וּ וּרְב֗וּ וּמִלְא֤וּ אֶת־הַמַּ֙יִם֙
בַּיַּמִּ֔ים וְהָע֖וֹף יִ֥רֶב בָּאָֽרֶץ׃ וַֽיְהִי־עֶ֥רֶב וַֽיְהִי־בֹ֖קֶר י֥וֹם
חֲמִישִֽׁי׃

וַיֹּ֣אמֶר אֱלֹהִ֗ים תּוֹצֵ֨א הָאָ֜רֶץ נֶ֤פֶשׁ חַיָּה֙ לְמִינָ֔הּ בְּהֵמָ֥ה
וָרֶ֛מֶשׂ וְחַֽיְתוֹ־אֶ֖רֶץ לְמִינָ֑הּ וַֽיְהִי־כֵֽן׃ וַיַּ֣עַשׂ אֱלֹהִים֩
אֶת־חַיַּ֨ת הָאָ֜רֶץ לְמִינָ֗הּ וְאֶת־הַבְּהֵמָה֙ לְמִינָ֔הּ וְאֵ֛ת
כׇּל־רֶ֥מֶשׂ הָֽאֲדָמָ֖ה לְמִינֵ֑הוּ וַיַּ֥רְא אֱלֹהִ֖ים כִּי־טֽוֹב׃

וַיֹּאמֶר אֱלֹהִים נַעֲשֶׂה אָדָם בְּצַלְמֵנוּ כִּדְמוּתֵנוּ
וְיִרְדּוּ בִדְגַת הַיָּם וּבְעוֹף הַשָּׁמַיִם וּבַבְּהֵמָה וּבְכָל־
הָאָרֶץ וּבְכָל־הָרֶמֶשׂ הָרֹמֵשׂ עַל־הָאָרֶץ׃ וַיִּבְרָא
אֱלֹהִים ׀ אֶת־הָאָדָם בְּצַלְמוֹ בְּצֶלֶם אֱלֹהִים בָּרָא
אֹתוֹ זָכָר וּנְקֵבָה בָּרָא אֹתָם׃ וַיְבָרֶךְ אֹתָם אֱלֹהִים
וַיֹּאמֶר לָהֶם אֱלֹהִים פְּרוּ וּרְבוּ וּמִלְאוּ אֶת־הָאָרֶץ
וְכִבְשֻׁהָ וּרְדוּ בִּדְגַת הַיָּם וּבְעוֹף הַשָּׁמַיִם וּבְכָל־חַיָּה
הָרֹמֶשֶׂת עַל־הָאָרֶץ׃ וַיֹּאמֶר אֱלֹהִים הִנֵּה נָתַתִּי
לָכֶם אֶת־כָּל־עֵשֶׂב ׀ זֹרֵעַ זֶרַע אֲשֶׁר עַל־פְּנֵי כָל־
הָאָרֶץ וְאֶת־כָּל־הָעֵץ אֲשֶׁר־בּוֹ פְרִי־עֵץ זֹרֵעַ זָרַע
לָכֶם יִהְיֶה לְאָכְלָה׃ וּלְכָל־חַיַּת הָאָרֶץ וּלְכָל־עוֹף
הַשָּׁמַיִם וּלְכֹל ׀ רוֹמֵשׂ עַל־הָאָרֶץ אֲשֶׁר־בּוֹ נֶפֶשׁ חַיָּה
אֶת־כָּל־יֶרֶק עֵשֶׂב לְאָכְלָה וַיְהִי־כֵן׃ וַיַּרְא אֱלֹהִים
אֶת־כָּל־אֲשֶׁר עָשָׂה וְהִנֵּה־טוֹב מְאֹד וַיְהִי־עֶרֶב וַיְהִי־
בֹקֶר יוֹם הַשִּׁשִּׁי׃

וַיְכֻלּוּ הַשָּׁמַיִם וְהָאָרֶץ וְכָל־צְבָאָם׃ וַיְכַל אֱלֹהִים
בַּיּוֹם הַשְּׁבִיעִי מְלַאכְתּוֹ אֲשֶׁר עָשָׂה וַיִּשְׁבֹּת בַּיּוֹם
הַשְּׁבִיעִי מִכָּל־מְלַאכְתּוֹ אֲשֶׁר עָשָׂה׃ וַיְבָרֶךְ אֱלֹהִים
אֶת־יוֹם הַשְּׁבִיעִי וַיְקַדֵּשׁ אֹתוֹ כִּי בוֹ שָׁבַת מִכָּל־
מְלַאכְתּוֹ אֲשֶׁר־בָּרָא אֱלֹהִים לַעֲשׂוֹת׃

מפטיר לשמיני עצרת

למפטיר קוראים מספר התורה השלישי:

בַּיּוֹם הַשְּׁמִינִי עֲצֶרֶת תִּהְיֶה לָכֶם כָּל־מְלֶאכֶת עֲבֹדָה במדבר כט,לה–ל,א
לֹא תַעֲשׂוּ: וְהִקְרַבְתֶּם עֹלָה אִשֵּׁה רֵיחַ נִיחֹחַ לַיהוָה
פַּר אֶחָד אַיִל אֶחָד כְּבָשִׂים בְּנֵי־שָׁנָה שִׁבְעָה תְּמִימִם:
מִנְחָתָם וְנִסְכֵּיהֶם לַפָּר לָאַיִל וְלַכְּבָשִׂים בְּמִסְפָּרָם
כַּמִּשְׁפָּט: וּשְׂעִיר חַטָּאת אֶחָד מִלְּבַד עֹלַת הַתָּמִיד
וּמִנְחָתָהּ וְנִסְכָּהּ: אֵלֶּה תַּעֲשׂוּ לַיהוָה בְּמוֹעֲדֵיכֶם
לְבַד מִנִּדְרֵיכֶם וְנִדְבֹתֵיכֶם לְעֹלֹתֵיכֶם וּלְמִנְחֹתֵיכֶם
וּלְנִסְכֵּיכֶם וּלְשַׁלְמֵיכֶם: וַיֹּאמֶר מֹשֶׁה אֶל־בְּנֵי יִשְׂרָאֵל
כְּכֹל אֲשֶׁר־צִוָּה יְהוָה אֶת־מֹשֶׁה:

הפטרה לשמיני עצרת

וַיְהִי אַחֲרֵי מוֹת מֹשֶׁה עֶבֶד יְהוָה וַיֹּאמֶר יְהוָה אֶל־ יהושע א,א–יח
יְהוֹשֻׁעַ בִּן־נוּן מְשָׁרֵת מֹשֶׁה לֵאמֹר: מֹשֶׁה עַבְדִּי
מֵת וְעַתָּה קוּם עֲבֹר אֶת־הַיַּרְדֵּן הַזֶּה אַתָּה וְכָל־
הָעָם הַזֶּה אֶל־הָאָרֶץ אֲשֶׁר אָנֹכִי נֹתֵן לָהֶם לִבְנֵי
יִשְׂרָאֵל: כָּל־מָקוֹם אֲשֶׁר תִּדְרֹךְ כַּף־רַגְלְכֶם בּוֹ לָכֶם
נְתַתִּיו כַּאֲשֶׁר דִּבַּרְתִּי אֶל־מֹשֶׁה: מֵהַמִּדְבָּר וְהַלְּבָנוֹן
הַזֶּה וְעַד־הַנָּהָר הַגָּדוֹל נְהַר־פְּרָת כֹּל אֶרֶץ הַחִתִּים

וְעַד־הַיָּם הַגָּדוֹל מְבוֹא הַשָּׁמֶשׁ יִהְיֶה גְּבוּלְכֶם׃ לֹא־
יִתְיַצֵּב אִישׁ לְפָנֶיךָ כֹּל יְמֵי חַיֶּיךָ כַּאֲשֶׁר הָיִיתִי עִם־
מֹשֶׁה אֶהְיֶה עִמָּךְ לֹא אַרְפְּךָ וְלֹא אֶעֶזְבֶךָּ׃ חֲזַק
וֶאֱמָץ כִּי אַתָּה תַּנְחִיל אֶת־הָעָם הַזֶּה אֶת־הָאָרֶץ
אֲשֶׁר־נִשְׁבַּעְתִּי לַאֲבוֹתָם לָתֵת לָהֶם׃ רַק חֲזַק וֶאֱמַץ
מְאֹד לִשְׁמֹר לַעֲשׂוֹת כְּכָל־הַתּוֹרָה אֲשֶׁר צִוְּךָ מֹשֶׁה
עַבְדִּי אַל־תָּסוּר מִמֶּנּוּ יָמִין וּשְׂמֹאול לְמַעַן תַּשְׂכִּיל
בְּכֹל אֲשֶׁר תֵּלֵךְ׃ לֹא־יָמוּשׁ סֵפֶר הַתּוֹרָה הַזֶּה מִפִּיךָ
וְהָגִיתָ בּוֹ יוֹמָם וָלַיְלָה לְמַעַן תִּשְׁמֹר לַעֲשׂוֹת כְּכָל־
הַכָּתוּב בּוֹ כִּי־אָז תַּצְלִיחַ אֶת־דְּרָכֶךָ וְאָז תַּשְׂכִּיל׃
הֲלוֹא צִוִּיתִיךָ חֲזַק וֶאֱמָץ אַל־תַּעֲרֹץ וְאַל־תֵּחָת כִּי
עִמְּךָ יְהוָה אֱלֹהֶיךָ בְּכֹל אֲשֶׁר תֵּלֵךְ׃ וַיְצַו
יְהוֹשֻׁעַ אֶת־שֹׁטְרֵי הָעָם לֵאמֹר׃ עִבְרוּ ׀ בְּקֶרֶב
הַמַּחֲנֶה וְצַוּוּ אֶת־הָעָם לֵאמֹר הָכִינוּ לָכֶם צֵידָה כִּי
בְּעוֹד ׀ שְׁלֹשֶׁת יָמִים אַתֶּם עֹבְרִים אֶת־הַיַּרְדֵּן הַזֶּה
לָבוֹא לָרֶשֶׁת אֶת־הָאָרֶץ אֲשֶׁר יְהוָה אֱלֹהֵיכֶם נֹתֵן
לָכֶם לְרִשְׁתָּהּ׃ וְלָרֻאוּבֵנִי וְלַגָּדִי וְלַחֲצִי
שֵׁבֶט הַמְנַשֶּׁה אָמַר יְהוֹשֻׁעַ לֵאמֹר׃ זָכוֹר אֶת־הַדָּבָר
אֲשֶׁר צִוָּה אֶתְכֶם מֹשֶׁה עֶבֶד־יְהוָה לֵאמֹר יְהוָה

אֱלֹהֵיכֶם֙ מֵנִ֣יחַ לָכֶ֔ם וְנָתַ֣ן לָכֶ֔ם אֶת־הָאָ֖רֶץ הַזֹּֽאת׃
נְשֵׁיכֶ֣ם טַפְּכֶם֮ וּמִקְנֵיכֶם֒ יֵשְׁב֔וּ בָּאָ֕רֶץ אֲשֶׁ֨ר נָתַ֥ן
לָכֶ֛ם מֹשֶׁ֖ה בְּעֵ֣בֶר הַיַּרְדֵּ֑ן וְאַתֶּם֩ תַּעַבְר֨וּ חֲמֻשִׁ֜ים
לִפְנֵ֣י אֲחֵיכֶ֗ם כֹּ֚ל גִּבּוֹרֵ֣י הַחַ֔יִל וַעֲזַרְתֶּ֖ם אוֹתָֽם׃ עַ֠ד
אֲשֶׁר־יָנִ֨יחַ יְהוָ֥ה ׀ לַאֲחֵיכֶם֮ כָּכֶם֒ וְיָרְשׁ֣וּ גַם־הֵ֔מָּה
אֶת־הָאָ֕רֶץ אֲשֶׁר־יְהוָ֥ה אֱלֹהֵיכֶ֖ם נֹתֵ֣ן לָהֶ֑ם וְשַׁבְתֶּ֞ם
לְאֶ֤רֶץ יְרֻשַּׁתְכֶם֙ וִירִשְׁתֶּ֣ם אוֹתָ֔הּ אֲשֶׁ֣ר ׀ נָתַ֣ן לָכֶ֗ם
מֹשֶׁה֙ עֶ֣בֶד יְהוָ֔ה בְּעֵ֥בֶר הַיַּרְדֵּ֖ן מִזְרַ֥ח הַשָּֽׁמֶשׁ׃ וַֽיַּעֲנ֔וּ
אֶת־יְהוֹשֻׁ֖עַ לֵאמֹ֑ר כֹּ֤ל אֲשֶׁר־צִוִּיתָ֙נוּ֙ נַעֲשֶׂ֔ה וְאֶל־
כָּל־אֲשֶׁ֥ר תִּשְׁלָחֵ֖נוּ נֵלֵֽךְ׃ כְּכֹ֤ל אֲשֶׁר־שָׁמַ֙עְנוּ֙ אֶל־
מֹשֶׁ֔ה כֵּ֖ן נִשְׁמַ֣ע אֵלֶ֑יךָ רַ֠ק יִהְיֶ֞ה יְהוָ֤ה אֱלֹהֶ֙יךָ֙ עִמָּ֔ךְ
כַּאֲשֶׁ֥ר הָיָ֖ה עִם־מֹשֶֽׁה׃ כָּל־אִ֞ישׁ אֲשֶׁר־יַמְרֶ֣ה אֶת־
פִּ֗יךָ וְלֹֽא־יִשְׁמַ֧ע אֶת־דְּבָרֶ֛יךָ לְכֹ֥ל אֲשֶׁר־תְּצַוֶּ֖נּוּ יוּמָ֑ת
רַ֖ק חֲזַ֥ק וֶאֱמָֽץ׃

מגילות

שיר השירים

א שִׁיר הַשִּׁירִים אֲשֶׁר לִשְׁלֹמֹה: יִשָּׁקֵנִי מִנְּשִׁיקוֹת
פִּיהוּ כִּי־טוֹבִים דֹּדֶיךָ מִיָּיִן: לְרֵיחַ שְׁמָנֶיךָ טוֹבִים
שֶׁמֶן תּוּרַק שְׁמֶךָ עַל־כֵּן עֲלָמוֹת אֲהֵבוּךָ: מָשְׁכֵנִי
אַחֲרֶיךָ נָּרוּצָה הֱבִיאַנִי הַמֶּלֶךְ חֲדָרָיו נָגִילָה
וְנִשְׂמְחָה בָּךְ נַזְכִּירָה דֹדֶיךָ מִיַּיִן מֵישָׁרִים
אֲהֵבוּךָ: שְׁחוֹרָה אֲנִי וְנָאוָה בְּנוֹת
יְרוּשָׁלִָם כְּאָהֳלֵי קֵדָר כִּירִיעוֹת שְׁלֹמֹה: אַל־
תִּרְאוּנִי שֶׁאֲנִי שְׁחַרְחֹרֶת שֶׁשְּׁזָפַתְנִי הַשָּׁמֶשׁ בְּנֵי אִמִּי
נִחֲרוּ־בִי שָׂמֻנִי נֹטֵרָה אֶת־הַכְּרָמִים כַּרְמִי שֶׁלִּי לֹא
נָטָרְתִּי: הַגִּידָה לִּי שֶׁאָהֲבָה נַפְשִׁי אֵיכָה תִרְעֶה
אֵיכָה תַּרְבִּיץ בַּצָּהֳרָיִם שַׁלָּמָה אֶהְיֶה כְּעֹטְיָה עַל
עֶדְרֵי חֲבֵרֶיךָ: אִם־לֹא תֵדְעִי לָךְ הַיָּפָה בַּנָּשִׁים
צְאִי־לָךְ בְּעִקְבֵי הַצֹּאן וּרְעִי אֶת־גְּדִיֹּתַיִךְ עַל
מִשְׁכְּנוֹת הָרֹעִים: לְסֻסָתִי בְּרִכְבֵי פַרְעֹה
דִּמִּיתִיךְ רַעְיָתִי: נָאווּ לְחָיַיִךְ בַּתֹּרִים צַוָּארֵךְ
בַּחֲרוּזִים: תּוֹרֵי זָהָב נַעֲשֶׂה־לָּךְ עִם נְקֻדּוֹת הַכָּסֶף:
עַד־שֶׁהַמֶּלֶךְ בִּמְסִבּוֹ נִרְדִּי נָתַן רֵיחוֹ: צְרוֹר הַמֹּר ׀
דּוֹדִי לִי בֵּין שָׁדַי יָלִין: אֶשְׁכֹּל הַכֹּפֶר ׀ דּוֹדִי לִי

בְּכַרְמֵ֖י עֵ֥ין גֶּֽדִי׃ הִנָּ֤ךְ יָפָה֙ רַעְיָתִ֔י הִנָּ֖ךְ
יָפָ֥ה עֵינַ֖יִךְ יוֹנִֽים׃ הִנְּךָ֨ יָפֶ֤ה דוֹדִי֙ אַ֣ף נָעִ֔ים אַף־עַרְשֵׂ֖נוּ
ב רַעֲנָנָֽה׃ קֹר֤וֹת בָּתֵּ֨ינוּ֙ אֲרָזִ֔ים רחיטְנו בְּרוֹתִֽים׃ אֲנִי֙ רָהִיטֵ֖נוּ
חֲבַצֶּ֣לֶת הַשָּׁר֔וֹן שֽׁוֹשַׁנַּ֖ת הָעֲמָקִֽים׃ כְּשֽׁוֹשַׁנָּה֙ בֵּ֣ין
הַחוֹחִ֔ים כֵּ֥ן רַעְיָתִ֖י בֵּ֥ין הַבָּנֽוֹת׃ כְּתַפּ֨וּחַ֙ בַּעֲצֵ֣י הַיַּ֔עַר
כֵּ֥ן דּוֹדִ֖י בֵּ֣ין הַבָּנִ֑ים בְּצִלּוֹ֙ חִמַּ֣דְתִּי וְיָשַׁ֔בְתִּי וּפִרְי֖וֹ
מָת֥וֹק לְחִכִּֽי׃ הֱבִיאַ֨נִי֙ אֶל־בֵּ֣ית הַיָּ֔יִן וְדִגְל֥וֹ עָלַ֖י
אַהֲבָֽה׃ סַמְּכ֨וּנִי֙ בָּאֲשִׁישׁ֔וֹת רַפְּד֖וּנִי בַּתַּפּוּחִ֑ים כִּֽי־
חוֹלַ֥ת אַהֲבָ֖ה אָֽנִי׃ שְׂמֹאלוֹ֙ תַּ֣חַת לְרֹאשִׁ֔י וִימִינ֖וֹ
תְּחַבְּקֵֽנִי׃ הִשְׁבַּ֨עְתִּי אֶתְכֶ֜ם בְּנ֤וֹת יְרוּשָׁלִַ֨ם֙ בִּצְבָא֔וֹת
א֖וֹ בְּאַיְל֣וֹת הַשָּׂדֶ֑ה אִם־תָּעִ֧ירוּ ׀ וְֽאִם־תְּעוֹרְר֛וּ אֶת־
הָאַהֲבָ֖ה עַ֥ד שֶׁתֶּחְפָּֽץ׃ ק֣וֹל דּוֹדִ֔י הִנֵּה־
זֶ֖ה בָּ֑א מְדַלֵּג֙ עַל־הֶ֣הָרִ֔ים מְקַפֵּ֖ץ עַל־הַגְּבָעֽוֹת׃
דּוֹמֶ֤ה דוֹדִי֙ לִצְבִ֔י א֖וֹ לְעֹ֣פֶר הָֽאַיָּלִ֑ים הִנֵּה־זֶ֤ה
עוֹמֵד֙ אַחַ֣ר כָּתְלֵ֔נוּ מַשְׁגִּ֨יחַ֙ מִן־הַֽחַלֹּנ֔וֹת מֵצִ֖יץ מִן־
הַֽחֲרַכִּֽים׃ עָנָ֥ה דוֹדִ֖י וְאָ֣מַר לִ֑י ק֥וּמִי לָ֛ךְ רַעְיָתִ֥י יָפָתִ֖י
וּלְכִי־לָֽךְ׃ כִּֽי־הִנֵּ֥ה הַסְּתָ֖ו עָבָ֑ר הַגֶּ֕שֶׁם חָלַ֖ף הָלַ֥ךְ לֽוֹ׃
הַנִּצָּנִים֙ נִרְא֣וּ בָאָ֔רֶץ עֵ֥ת הַזָּמִ֖יר הִגִּ֑יעַ וְק֥וֹל הַתּ֖וֹר
נִשְׁמַ֥ע בְּאַרְצֵֽנוּ׃ הַתְּאֵנָה֙ חָנְטָ֣ה פַגֶּ֔יהָ וְהַגְּפָנִ֥ים ׀
סְמָדַ֖ר נָ֣תְנוּ רֵ֑יחַ ק֥וּמִי לכִי רַעְיָתִ֛י יָפָתִ֖י וּלְכִי־ לָֽךְ

לָֽךְ׃ יוֹנָתִי בְּחַגְוֵי הַסֶּלַע בְּסֵתֶר הַמַּדְרֵגָה
הַרְאִינִי אֶת־מַרְאַיִךְ הַשְׁמִיעִינִי אֶת־קוֹלֵךְ כִּי־קוֹלֵךְ
עָרֵב וּמַרְאֵיךְ נָאוֶה׃ אֶחֱזוּ־לָנוּ שׁוּעָלִים
שֻׁעָלִים קְטַנִּים מְחַבְּלִים כְּרָמִים וּכְרָמֵינוּ סְמָדַר׃
דּוֹדִי לִי וַאֲנִי לוֹ הָרֹעֶה בַּשּׁוֹשַׁנִּים׃ עַד שֶׁיָּפוּחַ הַיּוֹם
וְנָסוּ הַצְּלָלִים סֹב דְּמֵה־לְךָ דוֹדִי לִצְבִי אוֹ לְעֹפֶר
הָאַיָּלִים עַל־הָרֵי בָתֶר׃ עַל־מִשְׁכָּבִי ג
בַּלֵּילוֹת בִּקַּשְׁתִּי אֵת שֶׁאָהֲבָה נַפְשִׁי בִּקַּשְׁתִּיו וְלֹא
מְצָאתִיו׃ אָקוּמָה נָּא וַאֲסוֹבְבָה בָעִיר בַּשְּׁוָקִים
וּבָרְחֹבוֹת אֲבַקְשָׁה אֵת שֶׁאָהֲבָה נַפְשִׁי בִּקַּשְׁתִּיו
וְלֹא מְצָאתִיו׃ מְצָאוּנִי הַשֹּׁמְרִים הַסֹּבְבִים בָּעִיר
אֵת שֶׁאָהֲבָה נַפְשִׁי רְאִיתֶם׃ כִּמְעַט שֶׁעָבַרְתִּי מֵהֶם
עַד שֶׁמָּצָאתִי אֵת שֶׁאָהֲבָה נַפְשִׁי אֲחַזְתִּיו וְלֹא
אַרְפֶּנּוּ עַד־שֶׁהֲבֵיאתִיו אֶל־בֵּית אִמִּי וְאֶל־חֶדֶר
הוֹרָתִי׃ הִשְׁבַּעְתִּי אֶתְכֶם בְּנוֹת יְרוּשָׁלִַם בִּצְבָאוֹת
אוֹ בְּאַיְלוֹת הַשָּׂדֶה אִם־תָּעִירוּ ׀ וְאִם־תְּעוֹרְרוּ
אֶת־הָאַהֲבָה עַד שֶׁתֶּחְפָּץ׃ מִי זֹאת
עֹלָה מִן־הַמִּדְבָּר כְּתִימְרוֹת עָשָׁן מְקֻטֶּרֶת מוֹר
וּלְבוֹנָה מִכֹּל אַבְקַת רוֹכֵל׃ הִנֵּה מִטָּתוֹ שֶׁלִּשְׁלֹמֹה
שִׁשִּׁים גִּבֹּרִים סָבִיב לָהּ מִגִּבֹּרֵי יִשְׂרָאֵל׃ כֻּלָּם אֲחֻזֵי

חֶ֣רֶב מְלֻמְּדֵ֣י מִלְחָמָ֑ה אִ֤ישׁ חַרְבּוֹ֙ עַל־יְרֵכ֔וֹ מִפַּ֖חַד
בַּלֵּילֽוֹת׃ אַפִּרְי֗וֹן עָ֤שָׂה לוֹ֙ הַמֶּ֣לֶךְ שְׁלֹמֹ֔ה
מֵעֲצֵ֖י הַלְּבָנֽוֹן׃ עַמּוּדָיו֙ עָ֣שָׂה כֶ֔סֶף רְפִידָת֣וֹ זָהָ֔ב
מֶרְכָּב֖וֹ אַרְגָּמָ֑ן תּוֹכוֹ֙ רָצ֣וּף אַהֲבָ֔ה מִבְּנ֖וֹת יְרוּשָׁלִָֽם׃
צְאֶ֧ינָה ׀ וּרְאֶ֛ינָה בְּנ֥וֹת צִיּ֖וֹן בַּמֶּ֣לֶךְ שְׁלֹמֹ֑ה בָּעֲטָרָ֗ה
שֶׁעִטְּרָה־לּ֤וֹ אִמּוֹ֙ בְּי֣וֹם חֲתֻנָּת֔וֹ וּבְי֖וֹם שִׂמְחַ֥ת
ד לִבּֽוֹ׃ הִנָּ֨ךְ יָפָ֤ה רַעְיָתִי֙ הִנָּ֣ךְ יָפָ֔ה עֵינַ֣יִךְ
יוֹנִ֔ים מִבַּ֖עַד לְצַמָּתֵ֑ךְ שַׂעְרֵךְ֙ כְּעֵ֣דֶר הָֽעִזִּ֔ים שֶׁגָּלְשׁ֖וּ
מֵהַ֥ר גִּלְעָֽד׃ שִׁנַּ֙יִךְ֙ כְּעֵ֣דֶר הַקְּצוּב֔וֹת שֶׁעָל֖וּ מִן־
הָֽרַחְצָ֑ה שֶׁכֻּלָּם֙ מַתְאִימ֔וֹת וְשַׁכֻּלָ֖ה אֵ֥ין בָּהֶֽם׃ כְּח֤וּט
הַשָּׁנִי֙ שִׂפְתֹתַ֔יִךְ וּמִדְבָּרֵ֖ךְ נָאוֶ֑ה כְּפֶ֤לַח הָֽרִמּוֹן֙
רַקָּתֵ֔ךְ מִבַּ֖עַד לְצַמָּתֵֽךְ׃ כְּמִגְדַּ֤ל דָּוִיד֙ צַוָּארֵ֔ךְ בָּנ֖וּי
לְתַלְפִּיּ֑וֹת אֶ֤לֶף הַמָּגֵן֙ תָּל֣וּי עָלָ֔יו כֹּ֖ל שִׁלְטֵ֥י הַגִּבֹּרִֽים׃
שְׁנֵ֥י שָׁדַ֛יִךְ כִּשְׁנֵ֥י עֳפָרִ֖ים תְּאוֹמֵ֣י צְבִיָּ֑ה הָרוֹעִ֖ים
בַּשּׁוֹשַׁנִּֽים׃ עַ֤ד שֶׁיָּפ֙וּחַ֙ הַיּ֔וֹם וְנָ֖סוּ הַצְּלָלִ֑ים אֵ֤לֶךְ
לִי֙ אֶל־הַ֣ר הַמּ֔וֹר וְאֶל־גִּבְעַ֖ת הַלְּבוֹנָֽה׃ כֻּלָּ֤ךְ יָפָה֙
רַעְיָתִ֔י וּמ֖וּם אֵ֥ין בָּֽךְ׃ אִתִּ֤י מִלְּבָנוֹן֙ כַּלָּ֔ה
אִתִּ֖י מִלְּבָנ֣וֹן תָּב֑וֹאִי תָּשׁ֣וּרִי ׀ מֵרֹ֣אשׁ אֲמָנָ֗ה מֵרֹ֤אשׁ
שְׂנִיר֙ וְחֶרְמ֔וֹן מִמְּעֹנ֣וֹת אֲרָי֔וֹת מֵֽהַרְרֵ֖י נְמֵרִֽים׃
לִבַּבְתִּ֖נִי אֲחֹתִ֣י כַלָּ֑ה לִבַּבְתִּ֙ינִי֙ באחד מֵעֵינַ֔יִךְ בְּאַחַ֥ד בְּאַחַ֥ת

עֲנָק מִצַּוְּרֹנָיִךְ׃ מַה־יָּפוּ דֹדַיִךְ אֲחֹתִי כַלָּה מַה־טֹּבוּ
דֹדַיִךְ מִיַּיִן וְרֵיחַ שְׁמָנַיִךְ מִכָּל־בְּשָׂמִים׃ נֹפֶת תִּטֹּפְנָה
שִׂפְתוֹתַיִךְ כַּלָּה דְּבַשׁ וְחָלָב תַּחַת לְשׁוֹנֵךְ וְרֵיחַ
שַׂלְמֹתַיִךְ כְּרֵיחַ לְבָנוֹן׃ גַּן ׀ נָעוּל אֲחֹתִי
כַלָּה גַּל נָעוּל מַעְיָן חָתוּם׃ שְׁלָחַיִךְ פַּרְדֵּס רִמּוֹנִים
עִם פְּרִי מְגָדִים כְּפָרִים עִם־נְרָדִים׃ נֵרְדְּ ׀ וְכַרְכֹּם
קָנֶה וְקִנָּמוֹן עִם כָּל־עֲצֵי לְבוֹנָה מֹר וַאֲהָלוֹת עִם
כָּל־רָאשֵׁי בְשָׂמִים׃ מַעְיַן גַּנִּים בְּאֵר מַיִם חַיִּים
וְנֹזְלִים מִן־לְבָנוֹן׃ עוּרִי צָפוֹן וּבוֹאִי תֵימָן הָפִיחִי גַנִּי
יִזְּלוּ בְשָׂמָיו יָבֹא דוֹדִי לְגַנּוֹ וְיֹאכַל פְּרִי מְגָדָיו׃ בָּאתִי ה
לְגַנִּי אֲחֹתִי כַלָּה אָרִיתִי מוֹרִי עִם־בְּשָׂמִי אָכַלְתִּי
יַעְרִי עִם־דִּבְשִׁי שָׁתִיתִי יֵינִי עִם־חֲלָבִי אִכְלוּ רֵעִים
שְׁתוּ וְשִׁכְרוּ דּוֹדִים׃ אֲנִי יְשֵׁנָה וְלִבִּי עֵר
קוֹל ׀ דּוֹדִי דוֹפֵק פִּתְחִי־לִי אֲחֹתִי רַעְיָתִי יוֹנָתִי
תַמָּתִי שֶׁרֹּאשִׁי נִמְלָא־טָל קְוֻצּוֹתַי רְסִיסֵי לָיְלָה׃
פָּשַׁטְתִּי אֶת־כֻּתָּנְתִּי אֵיכָכָה אֶלְבָּשֶׁנָּה רָחַצְתִּי אֶת־
רַגְלַי אֵיכָכָה אֲטַנְּפֵם׃ דּוֹדִי שָׁלַח יָדוֹ מִן־הַחֹר
וּמֵעַי הָמוּ עָלָיו׃ קַמְתִּי אֲנִי לִפְתֹּחַ לְדוֹדִי וְיָדַי
נָטְפוּ־מוֹר וְאֶצְבְּעֹתַי מוֹר עֹבֵר עַל כַּפּוֹת הַמַּנְעוּל׃
פָּתַחְתִּי אֲנִי לְדוֹדִי וְדוֹדִי חָמַק עָבָר נַפְשִׁי יָצְאָה

בְּדַבְּר֔וֹ בִּקַּשְׁתִּ֙יהוּ֙ וְלֹ֣א מְצָאתִ֔יהוּ קְרָאתִ֖יו וְלֹ֥א
עָנָֽנִי׃ מְצָאֻ֧נִי הַשֹּׁמְרִ֛ים הַסֹּבְבִ֥ים בָּעִ֖יר הִכּ֣וּנִי
פְצָע֑וּנִי נָשְׂא֤וּ אֶת־רְדִידִי֙ מֵֽעָלַ֔י שֹׁמְרֵ֖י הַחֹמֽוֹת׃
הִשְׁבַּ֥עְתִּי אֶתְכֶ֖ם בְּנ֣וֹת יְרוּשָׁלִָ֑ם אִֽם־תִּמְצְאוּ֙ אֶת־
דּוֹדִ֔י מַה־תַּגִּ֣ידוּ ל֔וֹ שֶׁחוֹלַ֥ת אַהֲבָ֖ה אָֽנִי׃ מַה־דּוֹדֵ֣ךְ
מִדּ֔וֹד הַיָּפָ֖ה בַּנָּשִׁ֑ים מַה־דּוֹדֵ֣ךְ מִדּ֔וֹד שֶׁכָּ֖כָה
הִשְׁבַּעְתָּֽנוּ׃ דּוֹדִ֥י צַח֙ וְאָד֔וֹם דָּג֖וּל מֵרְבָבָֽה׃ רֹאשׁ֖וֹ
כֶּ֣תֶם פָּ֑ז קְוֻצּוֹתָיו֙ תַּלְתַּלִּ֔ים שְׁחֹר֖וֹת כָּעוֹרֵֽב׃ עֵינָ֕יו
כְּיוֹנִ֖ים עַל־אֲפִ֣יקֵי מָ֑יִם רֹֽחֲצוֹת֙ בֶּֽחָלָ֔ב יֹשְׁב֖וֹת עַל־
מִלֵּֽאת׃ לְחָיָו֙ כַּעֲרוּגַ֣ת הַבֹּ֔שֶׂם מִגְדְּל֖וֹת מֶרְקָחִ֑ים
שִׂפְתוֹתָיו֙ שֽׁוֹשַׁנִּ֔ים נֹטְפ֖וֹת מ֥וֹר עֹבֵֽר׃ יָדָיו֙ גְּלִילֵ֣י
זָהָ֔ב מְמֻלָּאִ֖ים בַּתַּרְשִׁ֑ישׁ מֵעָיו֙ עֶ֣שֶׁת שֵׁ֔ן מְעֻלֶּ֖פֶת
סַפִּירִֽים׃ שׁוֹקָיו֙ עַמּ֣וּדֵי שֵׁ֔שׁ מְיֻסָּדִ֖ים עַל־אַדְנֵי־
פָ֑ז מַרְאֵ֙הוּ֙ כַּלְּבָנ֔וֹן בָּח֖וּר כָּאֲרָזִֽים׃ חִכּוֹ֙ מַֽמְתַקִּ֔ים
וְכֻלּ֖וֹ מַחֲמַדִּ֑ים זֶ֤ה דוֹדִי֙ וְזֶ֣ה רֵעִ֔י בְּנ֖וֹת יְרוּשָׁלִָֽם׃
ו אָ֚נָה הָלַ֣ךְ דּוֹדֵ֔ךְ הַיָּפָ֖ה בַּנָּשִׁ֑ים אָ֚נָה פָּנָ֣ה דוֹדֵ֔ךְ
וּנְבַקְשֶׁ֖נּוּ עִמָּֽךְ׃ דּוֹדִי֙ יָרַ֣ד לְגַנּ֔וֹ לַעֲרוּג֖וֹת הַבֹּ֑שֶׂם
לִרְעוֹת֙ בַּגַּנִּ֔ים וְלִלְקֹ֖ט שׁוֹשַׁנִּֽים׃ אֲנִ֤י לְדוֹדִי֙ וְדוֹדִ֣י
לִ֔י הָרֹעֶ֖ה בַּשּׁוֹשַׁנִּֽים׃

יָפָ֨ה אַ֤תְּ רַעְיָתִי֙ כְּתִרְצָ֔ה נָאוָ֖ה כִּירוּשָׁלִָ֑ם אֲיֻמָּ֖ה

כַּנִּדְגָּלוֹת׃ הָסֵבִּי עֵינַיִךְ מִנֶּגְדִּי שֶׁהֵם הִרְהִיבֻנִי שַׂעְרֵךְ
כְּעֵדֶר הָעִזִּים שֶׁגָּלְשׁוּ מִן־הַגִּלְעָד׃ שִׁנַּיִךְ כְּעֵדֶר
הָרְחֵלִים שֶׁעָלוּ מִן־הָרַחְצָה שֶׁכֻּלָּם מַתְאִימוֹת
וְשַׁכֻּלָה אֵין בָּהֶם׃ כְּפֶלַח הָרִמּוֹן רַקָּתֵךְ מִבַּעַד
לְצַמָּתֵךְ׃ שִׁשִּׁים הֵמָּה מְלָכוֹת וּשְׁמֹנִים פִּילַגְשִׁים
וַעֲלָמוֹת אֵין מִסְפָּר׃ אַחַת הִיא יוֹנָתִי תַמָּתִי אַחַת
הִיא לְאִמָּהּ בָּרָה הִיא לְיוֹלַדְתָּהּ רָאוּהָ בָנוֹת
וַיְאַשְּׁרוּהָ מְלָכוֹת וּפִילַגְשִׁים וַיְהַלְלוּהָ׃ מִי־
זֹאת הַנִּשְׁקָפָה כְּמוֹ־שָׁחַר יָפָה כַלְּבָנָה בָּרָה כַּחַמָּה
אֲיֻמָּה כַּנִּדְגָּלוֹת׃ אֶל־גִּנַּת אֱגוֹז יָרַדְתִּי לִרְאוֹת בְּאִבֵּי
הַנָּחַל לִרְאוֹת הֲפָרְחָה הַגֶּפֶן הֵנֵצוּ הָרִמֹּנִים׃ לֹא
יָדַעְתִּי נַפְשִׁי שָׂמַתְנִי מַרְכְּבוֹת עַמִּי נָדִיב׃ שׁוּבִי ז
שׁוּבִי הַשּׁוּלַמִּית שׁוּבִי שׁוּבִי וְנֶחֱזֶה־בָּךְ מַה־תֶּחֱזוּ
בַּשּׁוּלַמִּית כִּמְחֹלַת הַמַּחֲנָיִם׃ מַה־יָּפוּ פְעָמַיִךְ
בַּנְּעָלִים בַּת־נָדִיב חַמּוּקֵי יְרֵכַיִךְ כְּמוֹ חֲלָאִים מַעֲשֵׂה
יְדֵי אָמָּן׃ שָׁרְרֵךְ אַגַּן הַסַּהַר אַל־יֶחְסַר הַמָּזֶג בִּטְנֵךְ
עֲרֵמַת חִטִּים סוּגָה בַּשּׁוֹשַׁנִּים׃ שְׁנֵי שָׁדַיִךְ כִּשְׁנֵי
עֳפָרִים תָּאֳמֵי צְבִיָּה׃ צַוָּארֵךְ כְּמִגְדַּל הַשֵּׁן עֵינַיִךְ
בְּרֵכוֹת בְּחֶשְׁבּוֹן עַל־שַׁעַר בַּת־רַבִּים אַפֵּךְ כְּמִגְדַּל
הַלְּבָנוֹן צוֹפֶה פְּנֵי דַמָּשֶׂק׃ רֹאשֵׁךְ עָלַיִךְ כַּכַּרְמֶל

וְדַלַּת רֹאשֵׁךְ כָּאַרְגָּמָן מֶלֶךְ אָסוּר בָּרְהָטִים׃ מַה־
יָּפִית וּמַה־נָּעַמְתְּ אַהֲבָה בַּתַּעֲנוּגִים׃ זֹאת קוֹמָתֵךְ
דָּמְתָה לְתָמָר וְשָׁדַיִךְ לְאַשְׁכֹּלוֹת׃ אָמַרְתִּי אֶעֱלֶה
בְתָמָר אֹחֲזָה בְּסַנְסִנָּיו וְיִהְיוּ־נָא שָׁדַיִךְ כְּאֶשְׁכְּלוֹת
הַגֶּפֶן וְרֵיחַ אַפֵּךְ כַּתַּפּוּחִים׃ וְחִכֵּךְ כְּיֵין הַטּוֹב הוֹלֵךְ
לְדוֹדִי לְמֵישָׁרִים דּוֹבֵב שִׂפְתֵי יְשֵׁנִים׃ אֲנִי לְדוֹדִי
וְעָלַי תְּשׁוּקָתוֹ׃ לְכָה דוֹדִי נֵצֵא הַשָּׂדֶה נָלִינָה
בַּכְּפָרִים׃ נַשְׁכִּימָה לַכְּרָמִים נִרְאֶה אִם־פָּרְחָה הַגֶּפֶן
פִּתַּח הַסְּמָדַר הֵנֵצוּ הָרִמּוֹנִים שָׁם אֶתֵּן אֶת־דֹּדַי
לָךְ׃ הַדּוּדָאִים נָתְנוּ־רֵיחַ וְעַל־פְּתָחֵינוּ כָּל־מְגָדִים
ח חֲדָשִׁים גַּם־יְשָׁנִים דּוֹדִי צָפַנְתִּי לָךְ׃ מִי יִתֶּנְךָ כְּאָח
לִי יוֹנֵק שְׁדֵי אִמִּי אֶמְצָאֲךָ בַחוּץ אֶשָּׁקְךָ גַּם לֹא־
יָבֻזוּ לִי׃ אֶנְהָגְךָ אֲבִיאֲךָ אֶל־בֵּית אִמִּי תְּלַמְּדֵנִי
אַשְׁקְךָ מִיַּיִן הָרֶקַח מֵעֲסִיס רִמֹּנִי׃ שְׂמֹאלוֹ תַּחַת
רֹאשִׁי וִימִינוֹ תְּחַבְּקֵנִי׃ הִשְׁבַּעְתִּי אֶתְכֶם בְּנוֹת
יְרוּשָׁלָ͏ִם מַה־תָּעִירוּ ׀ וּמַה־תְּעֹרְרוּ אֶת־הָאַהֲבָה
עַד שֶׁתֶּחְפָּץ׃ מִי זֹאת עֹלָה מִן־הַמִּדְבָּר
מִתְרַפֶּקֶת עַל־דּוֹדָהּ תַּחַת הַתַּפּוּחַ עוֹרַרְתִּיךָ שָׁמָּה
חִבְּלַתְךָ אִמֶּךָ שָׁמָּה חִבְּלָה יְלָדַתְךָ׃ שִׂימֵנִי כַחוֹתָם

עַל־לִבֶּ֗ךָ כַּֽחוֹתָם֙ עַל־זְרוֹעֶ֔ךָ כִּֽי־עַזָּ֤ה כַמָּ֙וֶת֙ אַהֲבָ֔ה
קָשָׁ֥ה כִשְׁא֖וֹל קִנְאָ֑ה רְשָׁפֶ֕יהָ רִשְׁפֵּ֕י אֵ֖שׁ שַׁלְהֶ֥בֶתְיָֽה׃
מַ֣יִם רַבִּ֗ים לֹ֤א יֽוּכְלוּ֙ לְכַבּ֣וֹת אֶת־הָֽאַהֲבָ֔ה וּנְהָר֖וֹת
לֹ֣א יִשְׁטְפ֑וּהָ אִם־יִתֵּ֨ן אִ֜ישׁ אֶת־כָּל־ה֤וֹן בֵּיתוֹ֙
בָּאַהֲבָ֔ה בּ֖וֹז יָב֥וּזוּ לֽוֹ׃ אָח֥וֹת לָ֙נוּ֙ קְטַנָּ֔ה
וְשָׁדַ֖יִם אֵ֣ין לָ֑הּ מַֽה־נַּעֲשֶׂה֙ לַאֲחוֹתֵ֔נוּ בַּיּ֖וֹם שֶׁיְּדֻבַּר־
בָּֽהּ׃ אִם־חוֹמָ֣ה הִ֔יא נִבְנֶ֥ה עָלֶ֖יהָ טִ֣ירַת כָּ֑סֶף וְאִם־
דֶּ֣לֶת הִ֔יא נָצ֥וּר עָלֶ֖יהָ ל֥וּחַ אָֽרֶז׃ אֲנִ֣י חוֹמָ֔ה וְשָׁדַ֖י
כַּמִּגְדָּל֑וֹת אָ֛ז הָיִ֥יתִי בְעֵינָ֖יו כְּמוֹצְאֵ֥ת שָׁלֽוֹם׃ כֶּ֣רֶם
הָיָ֤ה לִשְׁלֹמֹה֙ בְּבַ֣עַל הָמ֔וֹן נָתַ֥ן אֶת־הַכֶּ֖רֶם לַנֹּטְרִ֑ים
אִ֚ישׁ יָבִ֣א בְּפִרְי֔וֹ אֶ֖לֶף כָּֽסֶף׃ כַּרְמִ֥י שֶׁלִּ֖י לְפָנָ֑י הָאֶ֤לֶף
לְךָ֙ שְׁלֹמֹ֔ה וּמָאתַ֖יִם לְנֹטְרִ֥ים אֶת־פִּרְיֽוֹ׃ הַיּוֹשֶׁ֣בֶת
בַּגַּנִּ֗ים חֲבֵרִ֛ים מַקְשִׁיבִ֥ים לְקוֹלֵ֖ךְ הַשְׁמִיעִֽינִי׃ בְּרַ֣ח ׀
דּוֹדִ֗י וּֽדְמֵה־לְךָ֤ לִצְבִי֙ א֚וֹ לְעֹ֣פֶר הָֽאַיָּלִ֔ים עַ֖ל הָרֵ֥י
בְשָׂמִֽים׃

רות

א וַיְהִ֗י בִּימֵי֙ שְׁפֹ֣ט הַשֹּׁפְטִ֔ים וַיְהִ֥י רָעָ֖ב בָּאָ֑רֶץ וַיֵּ֨לֶךְ
אִ֜ישׁ מִבֵּ֧ית לֶ֣חֶם יְהוּדָ֗ה לָגוּר֙ בִּשְׂדֵ֣י מוֹאָ֔ב ה֥וּא
וְאִשְׁתּ֖וֹ וּשְׁנֵ֥י בָנָֽיו׃ וְשֵׁ֣ם הָאִ֣ישׁ אֱ֠לִימֶלֶךְ וְשֵׁ֨ם אִשְׁתּ֜וֹ
נָעֳמִ֗י וְשֵׁ֥ם שְׁנֵֽי־בָנָ֣יו ׀ מַחְל֤וֹן וְכִלְיוֹן֙ אֶפְרָתִ֔ים מִבֵּ֥ית
לֶ֖חֶם יְהוּדָ֑ה וַיָּבֹ֥אוּ שְׂדֵי־מוֹאָ֖ב וַיִּֽהְיוּ־שָֽׁם׃ וַיָּ֥מָת
אֱלִימֶ֖לֶךְ אִ֣ישׁ נָעֳמִ֑י וַתִּשָּׁאֵ֥ר הִ֖יא וּשְׁנֵ֥י בָנֶֽיהָ׃ וַיִּשְׂא֣וּ
לָהֶ֗ם נָשִׁים֙ מֹֽאֲבִיּ֔וֹת שֵׁ֤ם הָֽאַחַת֙ עָרְפָּ֔ה וְשֵׁ֥ם הַשֵּׁנִ֖ית
ר֑וּת וַיֵּ֥שְׁבוּ שָׁ֖ם כְּעֶ֥שֶׂר שָׁנִֽים׃ וַיָּמ֥וּתוּ גַם־שְׁנֵיהֶ֖ם
מַחְל֣וֹן וְכִלְי֑וֹן וַתִּשָּׁאֵר֙ הָֽאִשָּׁ֔ה מִשְּׁנֵ֥י יְלָדֶ֖יהָ
וּמֵאִישָֽׁהּ׃ וַתָּ֤קָם הִיא֙ וְכַלֹּתֶ֔יהָ וַתָּ֖שָׁב מִשְּׂדֵ֣י מוֹאָ֑ב
כִּ֤י שָֽׁמְעָה֙ בִּשְׂדֵ֣ה מוֹאָ֔ב כִּי־פָקַ֤ד יהוה֙ אֶת־עַמּ֔וֹ
לָתֵ֥ת לָהֶ֖ם לָֽחֶם׃ וַתֵּצֵ֗א מִן־הַמָּקוֹם֙ אֲשֶׁ֣ר הָיְתָה־
שָׁ֔מָּה וּשְׁתֵּ֥י כַלֹּתֶ֖יהָ עִמָּ֑הּ וַתֵּלַ֣כְנָה בַדֶּ֔רֶךְ לָשׁ֖וּב
אֶל־אֶ֥רֶץ יְהוּדָֽה׃ וַתֹּ֤אמֶר נָעֳמִי֙ לִשְׁתֵּ֣י כַלֹּתֶ֔יהָ לֵ֣כְנָה
שֹּׁ֔בְנָה אִשָּׁ֖ה לְבֵ֣ית אִמָּ֑הּ יעשה יהוה֙ עִמָּכֶם֙ חֶ֔סֶד יַעַשׂ
כַּאֲשֶׁ֧ר עֲשִׂיתֶ֛ם עִם־הַמֵּתִ֖ים וְעִמָּדִֽי׃ יִתֵּ֤ן יהוה֙ לָכֶ֔ם
וּמְצֶ֣אןָ מְנוּחָ֔ה אִשָּׁ֖ה בֵּ֣ית אִישָׁ֑הּ וַתִּשַּׁ֣ק לָהֶ֔ן

וַתִּשֶּׂאנָה קוֹלָן וַתִּבְכֶּינָה׃ וַתֹּאמַרְנָה־לָּהּ כִּי־אִתָּךְ
נָשׁוּב לְעַמֵּךְ׃ וַתֹּאמֶר נָעֳמִי שֹׁבְנָה בְנֹתַי לָמָּה
תֵלַכְנָה עִמִּי הַעוֹד־לִי בָנִים בְּמֵעַי וְהָיוּ לָכֶם
לַאֲנָשִׁים׃ שֹׁבְנָה בְנֹתַי לֵכְןָ כִּי זָקַנְתִּי מִהְיוֹת לְאִישׁ
כִּי אָמַרְתִּי יֶשׁ־לִי תִקְוָה גַּם הָיִיתִי הַלַּיְלָה לְאִישׁ
וְגַם יָלַדְתִּי בָנִים׃ הֲלָהֵן ׀ תְּשַׂבֵּרְנָה עַד אֲשֶׁר יִגְדָּלוּ
הֲלָהֵן תֵּעָגֵנָה לְבִלְתִּי הֱיוֹת לְאִישׁ אַל בְּנֹתַי כִּי־מַר־
לִי מְאֹד מִכֶּם כִּי־יָצְאָה בִי יַד־יְהוָה׃ וַתִּשֶּׂנָה קוֹלָן
וַתִּבְכֶּינָה עוֹד וַתִּשַּׁק עָרְפָּה לַחֲמוֹתָהּ וְרוּת דָּבְקָה
בָּהּ׃ וַתֹּאמֶר הִנֵּה שָׁבָה יְבִמְתֵּךְ אֶל־עַמָּהּ וְאֶל־
אֱלֹהֶיהָ שׁוּבִי אַחֲרֵי יְבִמְתֵּךְ׃ וַתֹּאמֶר רוּת אַל־
תִּפְגְּעִי־בִי לְעָזְבֵךְ לָשׁוּב מֵאַחֲרָיִךְ כִּי אֶל־אֲשֶׁר
תֵּלְכִי אֵלֵךְ וּבַאֲשֶׁר תָּלִינִי אָלִין עַמֵּךְ עַמִּי וֵאלֹהַיִךְ
אֱלֹהָי׃ בַּאֲשֶׁר תָּמוּתִי אָמוּת וְשָׁם אֶקָּבֵר כֹּה יַעֲשֶׂה
יְהוָה לִי וְכֹה יוֹסִיף כִּי הַמָּוֶת יַפְרִיד בֵּינִי וּבֵינֵךְ׃
וַתֵּרֶא כִּי־מִתְאַמֶּצֶת הִיא לָלֶכֶת אִתָּהּ וַתֶּחְדַּל
לְדַבֵּר אֵלֶיהָ׃ וַתֵּלַכְנָה שְׁתֵּיהֶם עַד־בֹּאָנָה בֵּית
לָחֶם וַיְהִי כְּבֹאָנָה בֵּית לֶחֶם וַתֵּהֹם כָּל־הָעִיר
עֲלֵיהֶן וַתֹּאמַרְנָה הֲזֹאת נָעֳמִי׃ וַתֹּאמֶר אֲלֵיהֶן

אַל־תִּקְרֶ֥אנָה לִ֖י נָעֳמִ֑י קְרֶ֤אןָ לִי֙ מָרָ֔א כִּֽי־הֵמַ֥ר שַׁדַּ֛י
לִ֖י מְאֹֽד׃ אֲנִי֙ מְלֵאָ֣ה הָלַ֔כְתִּי וְרֵיקָ֖ם הֱשִׁיבַ֣נִי יְהוָ֑ה
לָ֣מָּה תִקְרֶ֤אנָה לִי֙ נָעֳמִ֔י וַֽיהוָה֙ עָ֣נָה בִ֔י וְשַׁדַּ֖י הֵ֥רַֽע־
לִֽי׃ וַתָּ֣שָׇׁב נָעֳמִ֗י וְר֨וּת הַמּוֹאֲבִיָּ֤ה כַלָּתָהּ֙ עִמָּ֔הּ
הַשָּׁ֖בָה מִשְּׂדֵ֣י מוֹאָ֑ב וְהֵ֗מָּה בָּ֚אוּ בֵּ֣ית לֶ֔חֶם בִּתְחִלַּ֖ת
ב קְצִ֥יר שְׂעֹרִֽים׃ וּֽלְנָעֳמִ֞י מידע לְאִישָׁ֗הּ אִ֚ישׁ גִּבּ֣וֹר מוֹדַ֣ע
חַ֣יִל מִמִּשְׁפַּ֖חַת אֱלִימֶ֑לֶךְ וּשְׁמ֖וֹ בֹּֽעַז׃ וַתֹּאמֶר֩ ר֨וּת
הַמּוֹאֲבִיָּ֜ה אֶֽל־נָעֳמִ֗י אֵֽלְכָה־נָּ֤א הַשָּׂדֶה֙ וַאֲלַקֳטָ֣ה
בַשִּׁבֳּלִ֔ים אַחַ֕ר אֲשֶׁ֥ר אֶמְצָא־חֵ֖ן בְּעֵינָ֑יו וַתֹּ֥אמֶר לָ֖הּ
לְכִ֥י בִתִּֽי׃ וַתֵּ֤לֶךְ וַתָּבוֹא֙ וַתְּלַקֵּ֣ט בַּשָּׂדֶ֔ה אַחֲרֵ֖י
הַקֹּצְרִ֑ים וַיִּ֣קֶר מִקְרֶ֔הָ חֶלְקַ֤ת הַשָּׂדֶה֙ לְבֹ֔עַז אֲשֶׁ֖ר
מִמִּשְׁפַּ֥חַת אֱלִימֶֽלֶךְ׃ וְהִנֵּה־בֹ֗עַז בָּ֚א מִבֵּ֣ית לֶ֔חֶם
וַיֹּ֥אמֶר לַקּוֹצְרִ֖ים יְהוָ֣ה עִמָּכֶ֑ם וַיֹּ֥אמְרוּ ל֖וֹ יְבָרֶכְךָ֥
יְהוָֽה׃ וַיֹּ֤אמֶר בֹּ֙עַז֙ לְנַעֲר֔וֹ הַנִּצָּ֖ב עַל־הַקּוֹצְרִ֑ים לְמִ֖י
הַנַּעֲרָ֥ה הַזֹּֽאת׃ וַיַּ֗עַן הַנַּ֛עַר הַנִּצָּ֥ב עַל־הַקּוֹצְרִ֖ים
וַיֹּאמַ֑ר נַעֲרָ֤ה מֽוֹאֲבִיָּה֙ הִ֔יא הַשָּׁ֥בָה עִֽם־נָעֳמִ֖י מִשְּׂדֵ֥ה
מוֹאָֽב׃ וַתֹּ֗אמֶר אֲלַקֳטָה־נָּא֙ וְאָסַפְתִּ֣י בָֽעֳמָרִ֔ים
אַחֲרֵ֖י הַקּוֹצְרִ֑ים וַתָּב֣וֹא וַֽתַּעֲמ֗וֹד מֵאָ֤ז הַבֹּ֙קֶר֙ וְעַד־
עַ֔תָּה זֶ֛ה שִׁבְתָּ֥הּ הַבַּ֖יִת מְעָֽט׃ וַיֹּ֨אמֶר בֹּ֜עַז אֶל־ר֗וּת

הֲלֹ֧א שָׁמַ֣עַתְּ בִּתִּ֗י אַל־תֵּלְכִי֙ לִלְקֹט֙ בְּשָׂדֶ֣ה אַחֵ֔ר
וְגַ֛ם לֹ֥א תַעֲבוּרִ֖י מִזֶּ֑ה וְכֹ֥ה תִדְבָּקִ֖ין עִם־נַעֲרֹתָֽי׃
עֵינַ֜יִךְ בַּשָּׂדֶ֣ה אֲשֶׁר־יִקְצֹר֗וּן וְהָלַ֙כְתְּ֙ אַחֲרֵיהֶ֔ן הֲל֥וֹא
צִוִּ֛יתִי אֶת־הַנְּעָרִ֖ים לְבִלְתִּ֣י נָגְעֵ֑ךְ וְצָמִ֗ת וְהָלַכְתְּ֙
אֶל־הַכֵּלִ֔ים וְשָׁתִ֕ית מֵאֲשֶׁ֥ר יִשְׁאֲב֖וּן הַנְּעָרִֽים׃ וַתִּפֹּל֙
עַל־פָּנֶ֔יהָ וַתִּשְׁתַּ֖חוּ אָ֑רְצָה וַתֹּ֣אמֶר אֵלָ֗יו מַדּ֨וּעַ
מָצָ֤אתִי חֵן֙ בְּעֵינֶ֙יךָ֙ לְהַכִּירֵ֔נִי וְאָנֹכִ֖י נָכְרִיָּֽה׃ וַיַּ֤עַן בֹּ֙עַז֙
וַיֹּ֣אמֶר לָ֔הּ הֻגֵּ֨ד הֻגַּ֜ד לִ֗י כֹּ֤ל אֲשֶׁר־עָשִׂית֙ אֶת־
חֲמוֹתֵ֔ךְ אַחֲרֵ֖י מ֣וֹת אִישֵׁ֑ךְ וַתַּעַזְבִ֞י אָבִ֣יךְ וְאִמֵּ֗ךְ
וְאֶ֙רֶץ֙ מוֹלַדְתֵּ֔ךְ וַתֵּ֣לְכִ֔י אֶל־עַ֕ם אֲשֶׁ֥ר לֹא־יָדַ֖עַתְּ
תְּמ֥וֹל שִׁלְשֽׁוֹם׃ יְשַׁלֵּ֥ם יְהוָ֖ה פָּעֳלֵ֑ךְ וּתְהִ֨י מַשְׂכֻּרְתֵּ֜ךְ
שְׁלֵמָ֗ה מֵעִ֤ם יְהוָה֙ אֱלֹהֵ֣י יִשְׂרָאֵ֔ל אֲשֶׁר־בָּ֖את
לַחֲס֥וֹת תַּֽחַת־כְּנָפָֽיו׃ וַ֠תֹּאמֶר אֶמְצָא־חֵ֨ן בְּעֵינֶ֤יךָ
אֲדֹנִי֙ כִּ֣י נִֽחַמְתָּ֔נִי וְכִ֥י דִבַּ֖רְתָּ עַל־לֵ֣ב שִׁפְחָתֶ֑ךָ וְאָנֹכִי֙
לֹ֣א אֶֽהְיֶ֔ה כְּאַחַ֖ת שִׁפְחֹתֶֽיךָ׃ וַיֹּאמֶר֩ לָ֨ה בֹ֜עַז לְעֵ֣ת
הָאֹ֗כֶל גֹּ֤שִֽׁי הֲלֹם֙ וְאָכַ֣לְתְּ מִן־הַלֶּ֔חֶם וְטָבַ֥לְתְּ פִּתֵּ֖ךְ
בַּחֹ֑מֶץ וַתֵּ֙שֶׁב֙ מִצַּ֣ד הַקֹּֽצְרִ֔ים וַיִּצְבָּט־לָ֣הּ קָלִ֔י וַתֹּ֥אכַל
וַתִּשְׂבַּ֖ע וַתֹּתַֽר׃ וַתָּ֖קָם לְלַקֵּ֑ט וַיְצַו֩ בֹּ֨עַז אֶת־נְעָרָ֜יו
לֵאמֹ֗ר גַּ֣ם בֵּ֧ין הָעֳמָרִ֛ים תְּלַקֵּ֖ט וְלֹ֥א תַכְלִימֽוּהָ׃ וְגַ֛ם

שֹׁל־תָּשֹׁלּוּ לָהּ מִן־הַצְּבָתִים וַעֲזַבְתֶּם וְלִקְּטָה וְלֹא
תִגְעֲרוּ־בָהּ׃ וַתְּלַקֵּט בַּשָּׂדֶה עַד־הָעָרֶב וַתַּחְבֹּט
אֵת אֲשֶׁר־לִקֵּטָה וַיְהִי כְּאֵיפָה שְׂעֹרִים׃ וַתִּשָּׂא
וַתָּבוֹא הָעִיר וַתֵּרֶא חֲמוֹתָהּ אֵת אֲשֶׁר־לִקֵּטָה
וַתּוֹצֵא וַתִּתֶּן־לָהּ אֵת אֲשֶׁר־הוֹתִרָה מִשָּׂבְעָהּ׃
וַתֹּאמֶר לָהּ חֲמוֹתָהּ אֵיפֹה לִקַּטְתְּ הַיּוֹם וְאָנָה עָשִׂית
יְהִי מַכִּירֵךְ בָּרוּךְ וַתַּגֵּד לַחֲמוֹתָהּ אֵת אֲשֶׁר־עָשְׂתָה
עִמּוֹ וַתֹּאמֶר שֵׁם הָאִישׁ אֲשֶׁר עָשִׂיתִי עִמּוֹ הַיּוֹם
בֹּעַז׃ וַתֹּאמֶר נָעֳמִי לְכַלָּתָהּ בָּרוּךְ הוּא לַיהוָה אֲשֶׁר
לֹא־עָזַב חַסְדּוֹ אֶת־הַחַיִּים וְאֶת־הַמֵּתִים וַתֹּאמֶר
לָהּ נָעֳמִי קָרוֹב לָנוּ הָאִישׁ מִגֹּאֲלֵנוּ הוּא׃ וַתֹּאמֶר
רוּת הַמּוֹאֲבִיָּה גַּם ׀ כִּי־אָמַר אֵלַי עִם־הַנְּעָרִים
אֲשֶׁר־לִי תִּדְבָּקִין עַד אִם־כִּלּוּ אֵת כָּל־הַקָּצִיר
אֲשֶׁר־לִי׃ וַתֹּאמֶר נָעֳמִי אֶל־רוּת כַּלָּתָהּ טוֹב בִּתִּי
כִּי תֵצְאִי עִם־נַעֲרוֹתָיו וְלֹא יִפְגְּעוּ־בָךְ בְּשָׂדֶה אַחֵר׃
וַתִּדְבַּק בְּנַעֲרוֹת בֹּעַז לְלַקֵּט עַד־כְּלוֹת קְצִיר־
הַשְּׂעֹרִים וּקְצִיר הַחִטִּים וַתֵּשֶׁב אֶת־חֲמוֹתָהּ׃
ג וַתֹּאמֶר לָהּ נָעֳמִי חֲמוֹתָהּ בִּתִּי הֲלֹא אֲבַקֶּשׁ־לָךְ
מָנוֹחַ אֲשֶׁר יִיטַב־לָךְ׃ וְעַתָּה הֲלֹא בֹעַז מֹדַעְתָּנוּ

אֲשֶׁר הָיִית אֶת־נַעֲרוֹתָיו הִנֵּה־הוּא זֹרֶה אֶת־גֹּרֶן
הַשְּׂעֹרִים הַלָּיְלָה׃ וְרָחַצְתְּ ׀ וָסַכְתְּ וְשַׂמְתְּ שמלתך   שִׂמְלֹתַיִךְ
עָלַיִךְ וירדתי הַגֹּרֶן אַל־תִּוָּדְעִי לָאִישׁ עַד כַּלֹּתוֹ   וְיָרָדְתְּ
לֶאֱכֹל וְלִשְׁתּוֹת׃ וִיהִי בְשָׁכְבוֹ וְיָדַעַתְּ אֶת־הַמָּקוֹם
אֲשֶׁר יִשְׁכַּב־שָׁם וּבָאת וְגִלִּית מַרְגְּלֹתָיו ושכבתי   וְשָׁכָבְתְּ
וְהוּא יַגִּיד לָךְ אֵת אֲשֶׁר תַּעֲשִׂין׃ וַתֹּאמֶר אֵלֶיהָ כֹּל
אֲשֶׁר־תֹּאמְרִי   אֶעֱשֶׂה׃ וַתֵּרֶד הַגֹּרֶן וַתַּעַשׂ כְּכֹל   אֵלַי
אֲשֶׁר־צִוַּתָּה חֲמוֹתָהּ׃ וַיֹּאכַל בֹּעַז וַיֵּשְׁתְּ וַיִּיטַב לִבּוֹ
וַיָּבֹא לִשְׁכַּב בִּקְצֵה הָעֲרֵמָה וַתָּבֹא בַלָּט וַתְּגַל
מַרְגְּלֹתָיו וַתִּשְׁכָּב׃ וַיְהִי בַּחֲצִי הַלַּיְלָה וַיֶּחֱרַד הָאִישׁ
וַיִּלָּפֵת וְהִנֵּה אִשָּׁה שֹׁכֶבֶת מַרְגְּלֹתָיו׃ וַיֹּאמֶר מִי־אָתְּ
וַתֹּאמֶר אָנֹכִי רוּת אֲמָתֶךָ וּפָרַשְׂתָּ כְנָפֶךָ עַל־אֲמָתְךָ
כִּי גֹאֵל אָתָּה׃ וַיֹּאמֶר בְּרוּכָה אַתְּ לַיהוָה בִּתִּי
הֵיטַבְתְּ חַסְדֵּךְ הָאַחֲרוֹן מִן־הָרִאשׁוֹן לְבִלְתִּי־לֶכֶת
אַחֲרֵי הַבַּחוּרִים אִם־דַּל וְאִם־עָשִׁיר׃ וְעַתָּה בִּתִּי
אַל־תִּירְאִי כֹּל אֲשֶׁר־תֹּאמְרִי אֶעֱשֶׂה־לָּךְ כִּי יוֹדֵעַ
כָּל־שַׁעַר עַמִּי כִּי אֵשֶׁת חַיִל אָתְּ׃ וְעַתָּה כִּי אָמְנָם
כִּי אם גֹאֵל אָנֹכִי וְגַם יֵשׁ גֹּאֵל קָרוֹב מִמֶּנִּי׃ לִינִי ׀
הַלַּיְלָה וְהָיָה בַבֹּקֶר אִם־יִגְאָלֵךְ טוֹב יִגְאָל וְאִם־לֹא

יְחָפֵ֥ץ לְגָֽאֳלֵ֛ךְ וּגְאַלְתִּ֥יךְ אָנֹ֖כִי חַי־יְהוָ֑ה שִׁכְבִ֖י עַד־
הַבֹּֽקֶר׃ וַתִּשְׁכַּ֤ב מַרְגְּלוֹתָו֙ עַד־הַבֹּ֔קֶר וַתָּ֕קָם בטרום בְּטֶ֥רֶם
יַכִּ֥יר אִ֖ישׁ אֶת־רֵעֵ֑הוּ וַיֹּ֙אמֶר֙ אַל־יִוָּדַ֔ע כִּי־בָ֥אָה
הָאִשָּׁ֖ה הַגֹּֽרֶן׃ וַיֹּ֗אמֶר הָ֠בִי הַמִּטְפַּ֧חַת אֲשֶׁר־עָלַ֛יִךְ
וְאֶֽחֳזִי־בָ֖הּ וַתֹּ֣אחֶז בָּ֑הּ וַיָּ֤מָד שֵׁשׁ־שְׂעֹרִים֙ וַיָּ֣שֶׁת
עָלֶ֔יהָ וַיָּבֹ֖א הָעִֽיר׃ וַתָּבוֹא֙ אֶל־חֲמוֹתָ֔הּ וַתֹּ֖אמֶר
מִי־אַ֣תְּ בִּתִּ֑י וַתַּ֨גֶּד־לָ֔הּ אֵ֛ת כָּל־אֲשֶׁ֥ר עָֽשָׂה־לָ֖הּ
הָאִֽישׁ׃ וַתֹּ֕אמֶר שֵׁשׁ־הַשְּׂעֹרִ֥ים הָאֵ֖לֶּה נָ֣תַן לִ֑י כִּ֚י
אָמַ֣ר ֔ אַל־תָּב֥וֹאִי רֵיקָ֖ם אֶל־חֲמוֹתֵֽךְ׃ וַתֹּ֙אמֶר֙ אֵלַ֔י
שְׁבִ֣י בִתִּ֔י עַ֚ד אֲשֶׁ֣ר תֵּֽדְעִ֔ין אֵ֖יךְ יִפֹּ֣ל דָּבָ֑ר כִּ֣י לֹ֤א
ד יִשְׁקֹט֙ הָאִ֔ישׁ כִּֽי־אִם־כִּלָּ֥ה הַדָּבָ֖ר הַיּֽוֹם׃ וּבֹ֨עַז עָלָ֣ה
הַשַּׁ֘עַר֮ וַיֵּ֣שֶׁב שָׁם֒ וְהִנֵּ֨ה הַגֹּאֵ֤ל עֹבֵר֙ אֲשֶׁ֣ר דִּבֶּר־בֹּ֔עַז
וַיֹּ֛אמֶר ס֥וּרָה שְׁבָה־פֹּ֖ה פְּלֹנִ֣י אַלְמֹנִ֑י וַיָּ֖סַר וַיֵּשֵֽׁב׃
וַיִּקַּ֞ח עֲשָׂרָ֧ה אֲנָשִׁ֛ים מִזִּקְנֵ֥י הָעִ֖יר וַיֹּ֣אמֶר שְׁבוּ־פֹ֑ה
וַיֵּשֵֽׁבוּ׃ וַיֹּ֙אמֶר֙ לַגֹּאֵ֔ל חֶלְקַת֙ הַשָּׂדֶ֔ה אֲשֶׁ֥ר לְאָחִ֖ינוּ
לֶאֱלִימֶ֑לֶךְ מָכְרָ֣ה נָעֳמִ֔י הַשָּׁ֖בָה מִשְּׂדֵ֥ה מוֹאָֽב׃ וַאֲנִ֨י
אָמַ֜רְתִּי אֶגְלֶ֣ה אָזְנְךָ֮ לֵאמֹר֒ קְ֠נֵה נֶ֣גֶד הַיֹּשְׁבִ֞ים וְנֶ֥גֶד
זִקְנֵ֣י עַמִּ֗י אִם־תִּגְאַל֙ גְּאָ֔ל וְאִם־לֹ֨א יִגְאַ֜ל הַגִּ֣ידָה לִּ֗י
וְאֵדַע֙ כִּ֣י אֵ֤ין זוּלָֽתְךָ֙ לִגְא֔וֹל וְאָנֹכִ֖י אַחֲרֶ֑יךָ וַיֹּ֖אמֶר

אָנֹכִ֥י אֶגְאָֽל׃ וַיֹּ֣אמֶר בֹּ֔עַז בְּיוֹם־קְנוֹתְךָ֥ הַשָּׂדֶ֖ה מִיַּ֣ד
נָעֳמִ֑י וּ֠מֵאֵת ר֨וּת הַמּוֹאֲבִיָּ֤ה אֵֽשֶׁת־הַמֵּת֙ קניתי קָנִ֔יתָ
לְהָקִ֥ים שֵֽׁם־הַמֵּ֖ת עַל־נַחֲלָתֽוֹ׃ וַיֹּ֣אמֶר הַגֹּאֵ֗ל לֹ֤א
אוּכַל֙ לגאול־לִ֔י פֶּן־אַשְׁחִ֖ית אֶת־נַחֲלָתִ֑י גְּאַל־לְךָ֤ לִגְאָל־
אַתָּה֙ אֶת־גְּאֻלָּתִ֔י כִּ֥י לֹא־אוּכַ֖ל לִגְאֹֽל׃ וְזֹאת֩ לְפָנִ֨ים
בְּיִשְׂרָאֵ֜ל עַל־הַגְּאוּלָּ֣ה וְעַל־הַתְּמוּרָ֗ה לְקַיֵּ֣ם כָּל־
דָּבָ֔ר שָׁלַ֥ף אִ֛ישׁ נַעֲל֖וֹ וְנָתַ֣ן לְרֵעֵ֑הוּ וְזֹ֥את הַתְּעוּדָ֖ה
בְּיִשְׂרָאֵֽל׃ וַיֹּ֧אמֶר הַגֹּאֵ֛ל לְבֹ֖עַז קְנֵה־לָ֑ךְ וַיִּשְׁלֹ֖ף
נַעֲלֽוֹ׃ וַיֹּאמֶר֩ בֹּ֨עַז לַזְּקֵנִ֜ים וְכָל־הָעָ֗ם עֵדִ֤ים אַתֶּם֙
הַיּ֔וֹם כִּ֤י קָנִ֙יתִי֙ אֶת־כָּל־אֲשֶׁ֣ר לֶאֱלִימֶ֔לֶךְ וְאֵ֛ת כָּל־
אֲשֶׁ֥ר לְכִלְי֖וֹן וּמַחְל֑וֹן מִיַּ֖ד נָעֳמִֽי׃ וְגַ֣ם אֶת־ר֣וּת
הַמֹּאֲבִיָּה֩ אֵ֨שֶׁת מַחְל֜וֹן קָנִ֧יתִי לִ֣י לְאִשָּׁ֗ה לְהָקִ֤ים
שֵׁם־הַמֵּת֙ עַל־נַ֣חֲלָת֔וֹ וְלֹא־יִכָּרֵ֧ת שֵׁם־הַמֵּ֛ת מֵעִ֥ם
אֶחָ֖יו וּמִשַּׁ֣עַר מְקוֹמ֑וֹ עֵדִ֥ים אַתֶּ֖ם הַיּֽוֹם׃ וַיֹּ֨אמְר֜וּ
כָּל־הָעָ֧ם אֲשֶׁר־בַּשַּׁ֛עַר וְהַזְּקֵנִ֖ים עֵדִ֑ים יִתֵּן֩ יהוה
אֶת־הָאִשָּׁ֜ה הַבָּאָ֣ה אֶל־בֵּיתֶ֗ךָ כְּרָחֵ֤ל ׀ וּכְלֵאָה֙
אֲשֶׁ֨ר בָּנ֤וּ שְׁתֵּיהֶם֙ אֶת־בֵּ֣ית יִשְׂרָאֵ֔ל וַעֲשֵׂה־חַ֣יִל
בְּאֶפְרָ֔תָה וּקְרָא־שֵׁ֖ם בְּבֵ֥ית לָֽחֶם׃ וִיהִ֤י בֵֽיתְךָ֙ כְּבֵ֣ית
פֶּ֔רֶץ אֲשֶׁר־יָלְדָ֥ה תָמָ֖ר לִֽיהוּדָ֑ה מִן־הַזֶּ֗רַע אֲשֶׁ֨ר

יִתֵּ֤ן יהוה֙ לְךָ֔ מִן־הַֽנַּעֲרָ֖ה הַזֹּֽאת׃ וַיִּקַּ֨ח בֹּ֤עַז אֶת־
רוּת֙ וַתְּהִי־ל֣וֹ לְאִשָּׁ֔ה וַיָּבֹ֖א אֵלֶ֑יהָ וַיִּתֵּ֨ן יהו֥ה לָ֛הּ
הֵרָי֖וֹן וַתֵּ֥לֶד בֵּֽן׃ וַתֹּאמַ֤רְנָה הַנָּשִׁים֙ אֶֽל־נָעֳמִ֔י בָּר֣וּךְ
יהו֔ה אֲשֶׁר֙ לֹ֣א הִשְׁבִּ֥ית לָ֛ךְ גֹּאֵ֖ל הַיּ֑וֹם וְיִקָּרֵ֥א שְׁמ֖וֹ
בְּיִשְׂרָאֵֽל׃ וְהָ֤יָה לָךְ֙ לְמֵשִׁ֣יב נֶ֔פֶשׁ וּלְכַלְכֵּ֖ל אֶת־
שֵׂיבָתֵ֑ךְ כִּ֤י כַלָּתֵךְ֙ אֲשֶׁר־אֲהֵבַ֣תֶךְ יְלָדַ֔תּוּ אֲשֶׁר־הִיא֙
ט֣וֹבָה לָ֔ךְ מִשִּׁבְעָ֖ה בָּנִֽים׃ וַתִּקַּ֨ח נָעֳמִ֤י אֶת־הַיֶּ֙לֶד֙
וַתְּשִׁתֵ֣הוּ בְחֵיקָ֔הּ וַתְּהִי־ל֖וֹ לְאֹמֶֽנֶת׃ וַתִּקְרֶאנָה֩
ל֨וֹ הַשְּׁכֵנ֥וֹת שֵׁם֙ לֵאמֹ֔ר יֻלַּד־בֵּ֖ן לְנָעֳמִ֑י וַתִּקְרֶ֤אנָה
שְׁמוֹ֙ עוֹבֵ֔ד ה֥וּא אֲבִי־יִשַׁ֖י אֲבִ֥י דָוִֽד׃
וְאֵ֙לֶּה֙ תּוֹלְד֣וֹת פָּ֔רֶץ פֶּ֖רֶץ הוֹלִ֥יד אֶת־חֶצְרֽוֹן׃
וְחֶצְרוֹן֙ הוֹלִ֣יד אֶת־רָ֔ם וְרָ֖ם הוֹלִ֥יד אֶת־עַמִּֽינָדָֽב׃
וְעַמִּֽינָדָב֙ הוֹלִ֣יד אֶת־נַחְשׁ֔וֹן וְנַחְשׁ֖וֹן הוֹלִ֥יד אֶת־
שַׂלְמָֽה׃ וְשַׂלְמוֹן֙ הוֹלִ֣יד אֶת־בֹּ֔עַז וּבֹ֖עַז הוֹלִ֥יד אֶת־
עוֹבֵֽד׃ וְעֹבֵד֙ הוֹלִ֣יד אֶת־יִשָׁ֔י וְיִשַׁ֖י הוֹלִ֥יד אֶת־דָּוִֽד׃

איכה

א אֵיכָ֣ה ׀ יָשְׁבָ֣ה בָדָ֗ד הָעִיר֙ רַבָּ֣תִי עָ֔ם הָיְתָ֖ה כְּאַלְמָנָ֑ה
רַבָּ֣תִי בַגּוֹיִ֗ם שָׂרָ֙תִי֙ בַּמְּדִינ֔וֹת הָיְתָ֖ה לָמַֽס׃ בָּכ֨וֹ
תִבְכֶּ֜ה בַּלַּ֗יְלָה וְדִמְעָתָהּ֙ עַ֣ל לֶֽחֱיָ֔הּ אֵֽין־לָ֥הּ מְנַחֵ֖ם
מִכָּל־אֹהֲבֶ֑יהָ כָּל־רֵעֶ֙יהָ֙ בָּ֣גְדוּ בָ֔הּ הָ֥יוּ לָ֖הּ לְאֹיְבִֽים׃
גָּֽלְתָ֨ה יְהוּדָ֤ה מֵעֹ֙נִי֙ וּמֵרֹ֣ב עֲבֹדָ֔ה הִ֚יא יָשְׁבָ֣ה בַגּוֹיִ֔ם
לֹ֥א מָצְאָ֖ה מָנ֑וֹחַ כָּל־רֹדְפֶ֥יהָ הִשִּׂיג֖וּהָ בֵּ֥ין הַמְּצָרִֽים׃
דַּרְכֵ֨י צִיּ֜וֹן אֲבֵל֗וֹת מִבְּלִי֙ בָּאֵ֣י מוֹעֵ֔ד כָּל־שְׁעָרֶ֙יהָ֙
שֽׁוֹמֵמִ֔ין כֹּהֲנֶ֖יהָ נֶאֱנָחִ֑ים בְּתוּלֹתֶ֥יהָ נּוּג֖וֹת וְהִ֥יא
מַר־לָֽהּ׃ הָי֨וּ צָרֶ֤יהָ לְרֹאשׁ֙ אֹיְבֶ֣יהָ שָׁל֔וּ כִּֽי־יְהוָ֥ה
הוֹגָ֖הּ עַל־רֹ֣ב פְּשָׁעֶ֑יהָ עוֹלָלֶ֛יהָ הָלְכ֥וּ שְׁבִ֖י לִפְנֵי־צָֽר׃
וַיֵּצֵ֥א מן בת־צִיּ֖וֹן כָּל־הֲדָרָ֑הּ הָי֣וּ שָׂרֶ֗יהָ כְּאַיָּלִים֙ מִבַּת־
לֹא־מָצְא֣וּ מִרְעֶ֔ה וַיֵּלְכ֥וּ בְלֹא־כֹ֖חַ לִפְנֵ֥י רוֹדֵֽף׃ זָֽכְרָ֣ה
יְרוּשָׁלִַ֗ם יְמֵ֤י עָנְיָהּ֙ וּמְרוּדֶ֔יהָ כֹּ֣ל מַחֲמֻדֶ֔יהָ אֲשֶׁ֥ר הָי֖וּ
מִ֣ימֵי קֶ֑דֶם בִּנְפֹ֧ל עַמָּ֣הּ בְּיַד־צָ֗ר וְאֵ֤ין עוֹזֵר֙ לָ֔הּ רָא֣וּהָ
צָרִ֔ים שָׂחֲק֖וּ עַ֥ל מִשְׁבַּתֶּֽהָ׃ חֵ֤טְא חָֽטְאָה֙ יְר֣וּשָׁלִַ֔ם
עַל־כֵּ֖ן לְנִידָ֣ה הָיָ֑תָה כָּֽל־מְכַבְּדֶ֤יהָ הִזִּיל֙וּהָ֙ כִּֽי־רָא֣וּ
עֶרְוָתָ֔הּ גַּם־הִ֥יא נֶאֶנְחָ֖ה וַתָּ֥שָׁב אָחֽוֹר׃ טֻמְאָתָ֣הּ
בְּשׁוּלֶ֗יהָ לֹ֤א זָֽכְרָה֙ אַחֲרִיתָ֔הּ וַתֵּ֣רֶד פְּלָאִ֔ים אֵ֥ין

מְנַחֵם לָהּ רְאֵה יְהוָה אֶת־עָנְיִי כִּי הִגְדִּיל אוֹיֵב׃
יָדוֹ פָּרַשׂ צָר עַל כָּל־מַחֲמַדֶּיהָ כִּי־רָאֲתָה גוֹיִם בָּאוּ
מִקְדָּשָׁהּ אֲשֶׁר צִוִּיתָה לֹא־יָבֹאוּ בַקָּהָל לָךְ׃ כָּל־
עַמָּהּ נֶאֱנָחִים מְבַקְּשִׁים לֶחֶם נָתְנוּ מחמודיהם מַחֲמַדֵּיהֶם
בְּאֹכֶל לְהָשִׁיב נָפֶשׁ רְאֵה יְהוָה וְהַבִּיטָה כִּי הָיִיתִי
זוֹלֵלָה׃ לוֹא אֲלֵיכֶם כָּל־עֹבְרֵי דֶרֶךְ הַבִּיטוּ וּרְאוּ
אִם־יֵשׁ מַכְאוֹב כְּמַכְאֹבִי אֲשֶׁר עוֹלַל לִי אֲשֶׁר
הוֹגָה יְהוָה בְּיוֹם חֲרוֹן אַפּוֹ׃ מִמָּרוֹם שָׁלַח־אֵשׁ
בְּעַצְמֹתַי וַיִּרְדֶּנָּה פָּרַשׂ רֶשֶׁת לְרַגְלַי הֱשִׁיבַנִי אָחוֹר
נְתָנַנִי שֹׁמֵמָה כָּל־הַיּוֹם דָּוָה׃ נִשְׂקַד עֹל פְּשָׁעַי
בְּיָדוֹ יִשְׂתָּרְגוּ עָלוּ עַל־צַוָּארִי הִכְשִׁיל כֹּחִי נְתָנַנִי
אֲדֹנָי בִּידֵי לֹא־אוּכַל קוּם׃ סִלָּה כָל־אַבִּירַי ׀ אֲדֹנָי
בְּקִרְבִּי קָרָא עָלַי מוֹעֵד לִשְׁבֹּר בַּחוּרָי גַּת דָּרַךְ
אֲדֹנָי לִבְתוּלַת בַּת־יְהוּדָה׃ עַל־אֵלֶּה ׀ אֲנִי בוֹכִיָּה
עֵינִי ׀ עֵינִי יֹרְדָה מַּיִם כִּי־רָחַק מִמֶּנִּי מְנַחֵם מֵשִׁיב
נַפְשִׁי הָיוּ בָנַי שׁוֹמֵמִים כִּי גָבַר אוֹיֵב׃ פֵּרְשָׂה צִיּוֹן
בְּיָדֶיהָ אֵין מְנַחֵם לָהּ צִוָּה יְהוָה לְיַעֲקֹב סְבִיבָיו צָרָיו
הָיְתָה יְרוּשָׁלַםִ לְנִדָּה בֵּינֵיהֶם׃ צַדִּיק הוּא יְהוָה
כִּי פִיהוּ מָרִיתִי שִׁמְעוּ־נָא כָל־עַמִּים וּרְאוּ מַכְאֹבִי הָעַמִּים
בְּתוּלֹתַי וּבַחוּרַי הָלְכוּ בַשֶּׁבִי׃ קָרָאתִי לַמְאַהֲבַי

הַמָּה רִמּוּנִי כֹּהֲנַי וּזְקֵנַי בָּעִיר גָּוָעוּ כִּי־בִקְשׁוּ אֹכֶל
לָמוֹ וְיָשִׁיבוּ אֶת־נַפְשָׁם׃ רְאֵה יְהוָה כִּי־צַר־לִי מֵעַי
חֳמַרְמָרוּ נֶהְפַּךְ לִבִּי בְּקִרְבִּי כִּי מָרוֹ מָרִיתִי מִחוּץ
שִׁכְּלָה־חֶרֶב בַּבַּיִת כַּמָּוֶת׃ שָׁמְעוּ כִּי נֶאֱנָחָה אָנִי
אֵין מְנַחֵם לִי כָּל־אֹיְבַי שָׁמְעוּ רָעָתִי שָׂשׂוּ כִּי אַתָּה
עָשִׂיתָ הֵבֵאתָ יוֹם־קָרָאתָ וְיִהְיוּ כָמוֹנִי׃ תָּבֹא כָל־
רָעָתָם לְפָנֶיךָ וְעוֹלֵל לָמוֹ כַּאֲשֶׁר עוֹלַלְתָּ לִי עַל
כָּל־פְּשָׁעָי כִּי־רַבּוֹת אַנְחֹתַי וְלִבִּי דַוָּי׃

ב אֵיכָה יָעִיב בְּאַפּוֹ ׀ אֲדֹנָי אֶת־בַּת־צִיּוֹן הִשְׁלִיךְ
מִשָּׁמַיִם אֶרֶץ תִּפְאֶרֶת יִשְׂרָאֵל וְלֹא־זָכַר הֲדֹם־רַגְלָיו
בְּיוֹם אַפּוֹ׃ בִּלַּע אֲדֹנָי לא חָמַל אֵת כָּל־נְאוֹת יַעֲקֹב וְלֹא
הָרַס בְּעֶבְרָתוֹ מִבְצְרֵי בַת־יְהוּדָה הִגִּיעַ לָאָרֶץ חִלֵּל
מַמְלָכָה וְשָׂרֶיהָ׃ גָּדַע בָּחֳרִי־אַף כֹּל קֶרֶן יִשְׂרָאֵל
הֵשִׁיב אָחוֹר יְמִינוֹ מִפְּנֵי אוֹיֵב וַיִּבְעַר בְּיַעֲקֹב כְּאֵשׁ
לֶהָבָה אָכְלָה סָבִיב׃ דָּרַךְ קַשְׁתּוֹ כְּאוֹיֵב נִצָּב יְמִינוֹ
כְּצָר וַיַּהֲרֹג כֹּל מַחֲמַדֵּי־עָיִן בְּאֹהֶל בַּת־צִיּוֹן שָׁפַךְ
כָּאֵשׁ חֲמָתוֹ׃ הָיָה אֲדֹנָי ׀ כְּאוֹיֵב בִּלַּע יִשְׂרָאֵל בִּלַּע
כָּל־אַרְמְנוֹתֶיהָ שִׁחֵת מִבְצָרָיו וַיֶּרֶב בְּבַת־יְהוּדָה
תַּאֲנִיָּה וַאֲנִיָּה׃ וַיַּחְמֹס כַּגַּן שֻׂכּוֹ שִׁחֵת מֹעֲדוֹ שִׁכַּח
יְהוָה ׀ בְּצִיּוֹן מוֹעֵד וְשַׁבָּת וַיִּנְאַץ בְּזַעַם־אַפּוֹ מֶלֶךְ

וְכֹהֵן׃ זָנַח אֲדֹנָי ׀ מִזְבְּחוֹ נִאֵר מִקְדָּשׁוֹ הִסְגִּיר בְּיַד־
אוֹיֵב חוֹמֹת אַרְמְנוֹתֶיהָ קוֹל נָתְנוּ בְּבֵית־יְהוָה כְּיוֹם
מוֹעֵד׃ חָשַׁב יְהוָה ׀ לְהַשְׁחִית חוֹמַת בַּת־צִיּוֹן נָטָה
קָו לֹא־הֵשִׁיב יָדוֹ מִבַּלֵּעַ וַיַּאֲבֶל־חֵל וְחוֹמָה יַחְדָּו
אֻמְלָלוּ׃ טָבְעוּ בָאָרֶץ שְׁעָרֶיהָ אִבַּד וְשִׁבַּר בְּרִיחֶיהָ
מַלְכָּהּ וְשָׂרֶיהָ בַגּוֹיִם אֵין תּוֹרָה גַּם־נְבִיאֶיהָ לֹא־
מָצְאוּ חָזוֹן מֵיְהוָה׃ יֵשְׁבוּ לָאָרֶץ יִדְּמוּ זִקְנֵי בַת־צִיּוֹן
הֶעֱלוּ עָפָר עַל־רֹאשָׁם חָגְרוּ שַׂקִּים הוֹרִידוּ לָאָרֶץ
רֹאשָׁן בְּתוּלֹת יְרוּשָׁלָםִ׃ כָּלוּ בַדְּמָעוֹת עֵינַי חֳמַרְמְרוּ
מֵעַי נִשְׁפַּךְ לָאָרֶץ כְּבֵדִי עַל־שֶׁבֶר בַּת־עַמִּי בֵּעָטֵף
עוֹלֵל וְיוֹנֵק בִּרְחֹבוֹת קִרְיָה׃ לְאִמֹּתָם יֹאמְרוּ אַיֵּה
דָּגָן וָיָיִן בְּהִתְעַטְּפָם כֶּחָלָל בִּרְחֹבוֹת עִיר בְּהִשְׁתַּפֵּךְ
נַפְשָׁם אֶל־חֵיק אִמֹּתָם׃ מָה־אעודך מָה אֲדַמֶּה־לָּךְ אֲעִידֵךְ
הַבַּת יְרוּשָׁלַםִ מָה אַשְׁוֶה־לָּךְ וַאֲנַחֲמֵךְ בְּתוּלַת בַּת־
צִיּוֹן כִּי־גָדוֹל כַּיָּם שִׁבְרֵךְ מִי יִרְפָּא־לָךְ׃ נְבִיאַיִךְ חָזוּ
לָךְ שָׁוְא וְתָפֵל וְלֹא־גִלּוּ עַל־עֲוֺנֵךְ לְהָשִׁיב שביתך שְׁבוּתֵךְ
וַיֶּחֱזוּ לָךְ מַשְׂאוֹת שָׁוְא וּמַדּוּחִים׃ סָפְקוּ עָלַיִךְ
כַּפַּיִם כָּל־עֹבְרֵי דֶרֶךְ שָׁרְקוּ וַיָּנִעוּ רֹאשָׁם עַל־בַּת
יְרוּשָׁלָםִ הֲזֹאת הָעִיר שֶׁיֹּאמְרוּ כְּלִילַת יֹפִי מָשׂוֹשׂ
לְכָל־הָאָרֶץ׃ פָּצוּ עָלַיִךְ פִּיהֶם כָּל־אֹיְבַיִךְ שָׁרְקוּ

וַיַּחַרְקוּ־שֵׁן אָמְרוּ בִּלָּעְנוּ אַךְ זֶה הַיּוֹם שֶׁקִּוִּינֻהוּ
מָצָאנוּ רָאִינוּ׃ עָשָׂה יְהוָה אֲשֶׁר זָמָם בִּצַּע אֶמְרָתוֹ
אֲשֶׁר צִוָּה מִימֵי־קֶדֶם הָרַס וְלֹא חָמָל וַיְשַׂמַּח עָלַיִךְ
אוֹיֵב הֵרִים קֶרֶן צָרָיִךְ׃ צָעַק לִבָּם אֶל־אֲדֹנָי חוֹמַת
בַּת־צִיּוֹן הוֹרִידִי כַנַּחַל דִּמְעָה יוֹמָם וָלַיְלָה אַל־
תִּתְּנִי פוּגַת לָךְ אַל־תִּדֹּם בַּת־עֵינֵךְ׃ קוּמִי ׀ רֹנִּי
בַלַּיִל לְרֹאשׁ אַשְׁמֻרוֹת שִׁפְכִי כַמַּיִם לִבֵּךְ נֹכַח פְּנֵי
אֲדֹנָי שְׂאִי אֵלָיו כַּפַּיִךְ עַל־נֶפֶשׁ עוֹלָלַיִךְ הָעֲטוּפִים
בְּרָעָב בְּרֹאשׁ כָּל־חוּצוֹת׃ רְאֵה יְהוָה וְהַבִּיטָה לְמִי
עוֹלַלְתָּ כֹּה אִם־תֹּאכַלְנָה נָשִׁים פִּרְיָם עֹלֲלֵי טִפֻּחִים
אִם־יֵהָרֵג בְּמִקְדַּשׁ אֲדֹנָי כֹּהֵן וְנָבִיא׃ שָׁכְבוּ לָאָרֶץ
חוּצוֹת נַעַר וְזָקֵן בְּתוּלֹתַי וּבַחוּרַי נָפְלוּ בֶחָרֶב הָרַגְתָּ
בְּיוֹם אַפֶּךָ טָבַחְתָּ לֹא חָמָלְתָּ׃ תִּקְרָא כְיוֹם מוֹעֵד
מְגוּרַי מִסָּבִיב וְלֹא הָיָה בְּיוֹם אַף־יְהוָה פָּלִיט וְשָׂרִיד
אֲשֶׁר־טִפַּחְתִּי וְרִבִּיתִי אֹיְבִי כִלָּם׃

ג אֲנִי הַגֶּבֶר רָאָה עֳנִי בְּשֵׁבֶט עֶבְרָתוֹ׃ אוֹתִי נָהַג
וַיֹּלַךְ חֹשֶׁךְ וְלֹא־אוֹר׃ אַךְ בִּי יָשֻׁב יַהֲפֹךְ יָדוֹ כָּל־
הַיּוֹם׃ בִּלָּה בְשָׂרִי וְעוֹרִי שִׁבַּר עַצְמוֹתָי׃ בָּנָה עָלַי
וַיַּקַּף רֹאשׁ וּתְלָאָה׃ בְּמַחֲשַׁכִּים הוֹשִׁיבַנִי כְּמֵתֵי
עוֹלָם׃ גָּדַר בַּעֲדִי וְלֹא אֵצֵא הִכְבִּיד נְחָשְׁתִּי׃ גַּם

כִּי אֶזְעַק וַאֲשַׁוֵּעַ שָׂתַם תְּפִלָּתִי׃ גָּדַר דְּרָכַי בְּגָזִית
נְתִיבֹתַי עִוָּה׃ דֹּב אֹרֵב הוּא לִי אריה בְּמִסְתָּרִים׃ אֲרִי
דְּרָכַי סוֹרֵר וַיְפַשְּׁחֵנִי שָׂמַנִי שֹׁמֵם׃ דָּרַךְ קַשְׁתּוֹ
וַיַּצִּיבֵנִי כַּמַּטָּרָא לַחֵץ׃ הֵבִיא בְּכִלְיוֹתָי בְּנֵי אַשְׁפָּתוֹ׃
הָיִיתִי שְּׂחֹק לְכָל־עַמִּי נְגִינָתָם כָּל־הַיּוֹם׃ הִשְׂבִּיעַנִי
בַמְּרוֹרִים הִרְוַנִי לַעֲנָה׃ וַיַּגְרֵס בֶּחָצָץ שִׁנָּי הִכְפִּישַׁנִי
בָּאֵפֶר׃ וַתִּזְנַח מִשָּׁלוֹם נַפְשִׁי נָשִׁיתִי טוֹבָה׃ וָאֹמַר
אָבַד נִצְחִי וְתוֹחַלְתִּי מֵיְהוָה׃ זְכָר־עָנְיִי וּמְרוּדִי לַעֲנָה
וָרֹאשׁ׃ זָכוֹר תִּזְכּוֹר ותשיח עָלַי נַפְשִׁי׃ זֹאת אָשִׁיב וְתָשׁוֹחַ
אֶל־לִבִּי עַל־כֵּן אוֹחִיל׃ חַסְדֵי יהוה כִּי לֹא־תָמְנוּ כִּי
לֹא־כָלוּ רַחֲמָיו׃ חֲדָשִׁים לַבְּקָרִים רַבָּה אֱמוּנָתֶךָ׃
חֶלְקִי יהוה אָמְרָה נַפְשִׁי עַל־כֵּן אוֹחִיל לוֹ׃ טוֹב
יהוה לְקֹוָו לְנֶפֶשׁ תִּדְרְשֶׁנּוּ׃ טוֹב וְיָחִיל וְדוּמָם
לִתְשׁוּעַת יהוה׃ טוֹב לַגֶּבֶר כִּי־יִשָּׂא עֹל בִּנְעוּרָיו׃
יֵשֵׁב בָּדָד וְיִדֹּם כִּי נָטַל עָלָיו׃ יִתֵּן בֶּעָפָר פִּיהוּ אוּלַי
יֵשׁ תִּקְוָה׃ יִתֵּן לְמַכֵּהוּ לֶחִי יִשְׂבַּע בְּחֶרְפָּה׃ כִּי לֹא
יִזְנַח לְעוֹלָם אֲדֹנָי׃ כִּי אִם־הוֹגָה וְרִחַם כְּרֹב חֲסָדָו׃
כִּי לֹא עִנָּה מִלִּבּוֹ וַיַּגֶּה בְּנֵי־אִישׁ׃ לְדַכֵּא תַּחַת רַגְלָיו
כֹּל אֲסִירֵי אָרֶץ׃ לְהַטּוֹת מִשְׁפַּט־גָּבֶר נֶגֶד פְּנֵי עֶלְיוֹן׃
לְעַוֵּת אָדָם בְּרִיבוֹ אֲדֹנָי לֹא רָאָה׃ מִי זֶה אָמַר וַתֶּהִי

אֲדֹנָי לֹא צִוָּה׃ מִפִּי עֶלְיוֹן לֹא תֵצֵא הָרָעוֹת וְהַטּוֹב׃
מַה־יִּתְאוֹנֵן אָדָם חָי גֶּבֶר עַל־חֲטָאָו׃ נַחְפְּשָׂה
דְרָכֵינוּ וְנַחְקֹרָה וְנָשׁוּבָה עַד־יְהוָה׃ נִשָּׂא לְבָבֵנוּ
אֶל־כַּפָּיִם אֶל־אֵל בַּשָּׁמָיִם׃ נַחְנוּ פָשַׁעְנוּ וּמָרִינוּ
אַתָּה לֹא סָלָחְתָּ׃ סַכֹּתָה בָאַף וַתִּרְדְּפֵנוּ הָרַגְתָּ
לֹא חָמָלְתָּ׃ סַכּוֹתָה בֶעָנָן לָךְ מֵעֲבוֹר תְּפִלָּה׃ סְחִי
וּמָאוֹס תְּשִׂימֵנוּ בְּקֶרֶב הָעַמִּים׃ פָּצוּ עָלֵינוּ פִּיהֶם
כָּל־אֹיְבֵינוּ׃ פַּחַד וָפַחַת הָיָה לָנוּ הַשֵּׁאת וְהַשָּׁבֶר׃
פַּלְגֵי־מַיִם תֵּרַד עֵינִי עַל־שֶׁבֶר בַּת־עַמִּי׃ עֵינִי נִגְּרָה
וְלֹא תִדְמֶה מֵאֵין הֲפֻגוֹת׃ עַד־יַשְׁקִיף וְיֵרֶא יְהוָה
מִשָּׁמָיִם׃ עֵינִי עוֹלְלָה לְנַפְשִׁי מִכֹּל בְּנוֹת עִירִי׃ צוֹד
צָדוּנִי כַּצִּפּוֹר אֹיְבַי חִנָּם׃ צָמְתוּ בַבּוֹר חַיָּי וַיַּדּוּ־אֶבֶן
בִּי׃ צָפוּ־מַיִם עַל־רֹאשִׁי אָמַרְתִּי נִגְזָרְתִּי׃ קָרָאתִי
שִׁמְךָ יְהוָה מִבּוֹר תַּחְתִּיּוֹת׃ קוֹלִי שָׁמָעְתָּ אַל־
תַּעְלֵם אָזְנְךָ לְרַוְחָתִי לְשַׁוְעָתִי׃ קָרַבְתָּ בְּיוֹם אֶקְרָאֶךָּ
אָמַרְתָּ אַל־תִּירָא׃ רַבְתָּ אֲדֹנָי רִיבֵי נַפְשִׁי גָּאַלְתָּ
חַיָּי׃ רָאִיתָה יְהוָה עַוָּתָתִי שָׁפְטָה מִשְׁפָּטִי׃ רָאִיתָה
כָּל־נִקְמָתָם כָּל־מַחְשְׁבֹתָם לִי׃ שָׁמַעְתָּ חֶרְפָּתָם
יְהוָה כָּל־מַחְשְׁבֹתָם עָלָי׃ שִׂפְתֵי קָמַי וְהֶגְיוֹנָם עָלַי
כָּל־הַיּוֹם׃ שִׁבְתָּם וְקִימָתָם הַבִּיטָה אֲנִי מַנְגִּינָתָם׃

תָּשִׁיב לָהֶם גְּמוּל יְהוָה כְּמַעֲשֵׂה יְדֵיהֶם: תִּתֵּן לָהֶם
מְגִנַּת־לֵב תַּאֲלָתְךָ לָהֶם: תִּרְדֹּף בְּאַף וְתַשְׁמִידֵם
מִתַּחַת שְׁמֵי יְהוָה:
ד אֵיכָה יוּעַם זָהָב יִשְׁנֶא הַכֶּתֶם הַטּוֹב תִּשְׁתַּפֵּכְנָה
אַבְנֵי־קֹדֶשׁ בְּרֹאשׁ כָּל־חוּצוֹת: בְּנֵי צִיּוֹן הַיְקָרִים
הַמְסֻלָּאִים בַּפָּז אֵיכָה נֶחְשְׁבוּ לְנִבְלֵי־חֶרֶשׂ מַעֲשֵׂה
יְדֵי יוֹצֵר: גַּם־תנין חָלְצוּ שַׁד הֵינִיקוּ גּוּרֵיהֶן בַּת־ תַּנִּים
עַמִּי לְאַכְזָר כי ענים בַּמִּדְבָּר: דָּבַק לְשׁוֹן יוֹנֵק כַּיְעֵנִים
אֶל־חִכּוֹ בַּצָּמָא עוֹלָלִים שָׁאֲלוּ לֶחֶם פֹּרֵשׂ אֵין
לָהֶם: הָאֹכְלִים לְמַעֲדַנִּים נָשַׁמּוּ בַּחוּצוֹת הָאֱמֻנִים
עֲלֵי תוֹלָע חִבְּקוּ אַשְׁפַּתּוֹת: וַיִּגְדַּל עֲוֺן בַּת־עַמִּי
מֵחַטַּאת סְדֹם הַהֲפוּכָה כְמוֹ־רָגַע וְלֹא־חָלוּ בָהּ
יָדָיִם: זַכּוּ נְזִירֶיהָ מִשֶּׁלֶג צַחוּ מֵחָלָב אָדְמוּ עֶצֶם
מִפְּנִינִים סַפִּיר גִּזְרָתָם: חָשַׁךְ מִשְּׁחוֹר תָּאֳרָם לֹא
נִכְּרוּ בַּחוּצוֹת צָפַד עוֹרָם עַל־עַצְמָם יָבֵשׁ הָיָה
כָעֵץ: טוֹבִים הָיוּ חַלְלֵי־חֶרֶב מֵחַלְלֵי רָעָב שֶׁהֵם
יָזֻבוּ מְדֻקָּרִים מִתְּנוּבוֹת שָׂדָי: יְדֵי נָשִׁים רַחֲמָנִיּוֹת
בִּשְּׁלוּ יַלְדֵיהֶן הָיוּ לְבָרוֹת לָמוֹ בְּשֶׁבֶר בַּת־עַמִּי:
כִּלָּה יְהוָה אֶת־חֲמָתוֹ שָׁפַךְ חֲרוֹן אַפּוֹ וַיַּצֶּת־אֵשׁ
בְּצִיּוֹן וַתֹּאכַל יְסֹדֹתֶיהָ: לֹא הֶאֱמִינוּ מַלְכֵי־אֶרֶץ

וכל יֹשְׁבֵי תֵבֵל כִּי יָבֹא צַר וְאוֹיֵב בְּשַׁעֲרֵי יְרוּשָׁלָֽםִ׃ כֹּל
מֵחַטֹּאת נְבִיאֶיהָ עֲוֺנוֹת כֹּהֲנֶיהָ הַשֹּׁפְכִים בְּקִרְבָּהּ
דַּם צַדִּיקִֽים׃ נָעוּ עִוְרִים בַּחוּצוֹת נְגֹאֲלוּ בַּדָּם בְּלֹא
יוּכְלוּ יִגְּעוּ בִּלְבֻשֵׁיהֶֽם׃ סוּרוּ טָמֵא קָרְאוּ לָמוֹ סוּרוּ
סוּרוּ אַל־תִּגָּעוּ כִּי נָצוּ גַּם־נָעוּ אָמְרוּ בַּגּוֹיִם לֹא
יוֹסִפוּ לָגֽוּר׃ פְּנֵי יהוה חִלְּקָם לֹא יוֹסִיף לְהַבִּיטָם פְּנֵי
כֹהֲנִים לֹא נָשָׂאוּ זקנים לֹא חָנָֽנוּ׃ עודינה תִּכְלֶינָה וּזְקֵנִים עוֹדֵינוּ
עֵינֵינוּ אֶל־עֶזְרָתֵנוּ הָבֶל בְּצִפִּיָּתֵנוּ צִפִּינוּ אֶל־גּוֹי לֹא
יוֹשִֽׁעַ׃ צָדוּ צְעָדֵינוּ מִלֶּכֶת בִּרְחֹבֹתֵינוּ קָרַב קִצֵּנוּ
מָלְאוּ יָמֵינוּ כִּי־בָא קִצֵּֽנוּ׃ קַלִּים הָיוּ רֹדְפֵינוּ מִנִּשְׁרֵי
שָׁמָיִם עַל־הֶהָרִים דְּלָקֻנוּ בַּמִּדְבָּר אָרְבוּ לָֽנוּ׃ רוּחַ
אַפֵּינוּ מְשִׁיחַ יהוה נִלְכַּד בִּשְׁחִיתוֹתָם אֲשֶׁר אָמַרְנוּ
בְּצִלּוֹ נִחְיֶה בַגּוֹיִֽם׃ שִׂישִׂי וְשִׂמְחִי בַּת־אֱדוֹם יושבתי יוֹשֶׁבֶת
בְּאֶרֶץ עוּץ גַּם־עָלַיִךְ תַּעֲבָר־כּוֹס תִּשְׁכְּרִי וְתִתְעָרִֽי׃
תַּם־עֲוֺנֵךְ בַּת־צִיּוֹן לֹא יוֹסִיף לְהַגְלוֹתֵךְ פָּקַד עֲוֺנֵךְ
בַּת־אֱדוֹם גִּלָּה עַל־חַטֹּאתָֽיִךְ׃

ה זְכֹר יהוה מֶה־הָיָה לָנוּ הַבִּיטָה וּרְאֵה אֶת־חֶרְפָּתֵֽנוּ׃
נַחֲלָתֵנוּ נֶהֶפְכָה לְזָרִים בָּתֵּינוּ לְנָכְרִֽים׃ יְתוֹמִים
הָיִינוּ אין אָב אִמֹּתֵינוּ כְּאַלְמָנֽוֹת׃ מֵימֵינוּ בְּכֶסֶף וְאֵין
שָׁתִינוּ עֵצֵינוּ בִּמְחִיר יָבֹֽאוּ׃ עַל צַוָּארֵנוּ נִרְדָּפְנוּ

יָגַעְנוּ לֹא הֽוּנַח־לָֽנוּ׃ מִצְרַיִם נָתַנּוּ יָד אַשּׁוּר לִשְׂבֹּעַ וְלֹא
לָֽחֶם׃ אֲבֹתֵינוּ חָֽטְאוּ אֵינָם אֲנַחְנוּ עֲוֺנֹתֵיהֶם סָבָֽלְנוּ׃ וְאֵינָם וַאֲנַחְנוּ
עֲבָדִים מָשְׁלוּ בָנוּ פֹּרֵק אֵין מִיָּדָֽם׃ בְּנַפְשֵׁנוּ נָבִיא
לַחְמֵנוּ מִפְּנֵי חֶרֶב הַמִּדְבָּֽר׃ עוֹרֵנוּ כְּתַנּוּר נִכְמָרוּ
מִפְּנֵי זַלְעֲפוֹת רָעָֽב׃ נָשִׁים בְּצִיּוֹן עִנּוּ בְּתֻלֹת בְּעָרֵי
יְהוּדָֽה׃ שָׂרִים בְּיָדָם נִתְלוּ פְּנֵי זְקֵנִים לֹא נֶהְדָּֽרוּ׃
בַּחוּרִים טְחוֹן נָשָׂאוּ וּנְעָרִים בָּעֵץ כָּשָֽׁלוּ׃ זְקֵנִים
מִשַּׁעַר שָׁבָתוּ בַּחוּרִים מִנְּגִינָתָֽם׃ שָׁבַת מְשׂוֹשׂ
לִבֵּנוּ נֶהְפַּךְ לְאֵבֶל מְחוֹלֵֽנוּ׃ נָֽפְלָה עֲטֶרֶת רֹאשֵׁנוּ
אֽוֹי־נָא לָנוּ כִּי חָטָֽאנוּ׃ עַל־זֶה הָיָה דָוֶה לִבֵּנוּ עַל־
אֵלֶּה חָשְׁכוּ עֵינֵֽינוּ׃ עַל הַר־צִיּוֹן שֶׁשָּׁמֵם שׁוּעָלִים
הִלְּכוּ־בֽוֹ׃ אַתָּה יְהוָה לְעוֹלָם תֵּשֵׁב כִּסְאֲךָ לְדוֹר
וָדֽוֹר׃ לָמָּה לָנֶצַח תִּשְׁכָּחֵנוּ תַּֽעַזְבֵנוּ לְאֹרֶךְ יָמִֽים׃
הֲשִׁיבֵנוּ יְהוָה ׀ אֵלֶיךָ וְנָשׁוּבָ חַדֵּשׁ יָמֵינוּ כְּקֶֽדֶם׃
כִּי אִם־מָאֹס מְאַסְתָּנוּ קָצַפְתָּ עָלֵינוּ עַד־מְאֹֽד׃

השיבנו יהוה אליך ונשובה
חדש ימינו כקדם

קהלת

א דִּבְרֵי קֹהֶלֶת בֶּן־דָּוִד מֶלֶךְ בִּירוּשָׁלָֽםִ׃ הֲבֵל הֲבָלִים
אָמַר קֹהֶלֶת הֲבֵל הֲבָלִים הַכֹּל הָֽבֶל׃ מַה־יִּתְרוֹן
לָֽאָדָם בְּכָל־עֲמָלוֹ שֶׁיַּעֲמֹל תַּחַת הַשָּֽׁמֶשׁ׃ דּוֹר
הֹלֵךְ וְדוֹר בָּא וְהָאָרֶץ לְעוֹלָם עֹמָֽדֶת׃ וְזָרַח הַשֶּׁמֶשׁ
וּבָא הַשָּׁמֶשׁ וְאֶל־מְקוֹמוֹ שׁוֹאֵף זוֹרֵחַ הוּא שָֽׁם׃
הוֹלֵךְ אֶל־דָּרוֹם וְסוֹבֵב אֶל־צָפוֹן סוֹבֵב ׀ סֹבֵב הוֹלֵךְ
הָרוּחַ וְעַל־סְבִיבֹתָיו שָׁב הָרֽוּחַ׃ כָּל־הַנְּחָלִים הֹלְכִים
אֶל־הַיָּם וְהַיָּם אֵינֶנּוּ מָלֵא אֶל־מְקוֹם שֶׁהַנְּחָלִים
הֹלְכִים שָׁם הֵם שָׁבִים לָלָֽכֶת׃ כָּל־הַדְּבָרִים יְגֵעִים
לֹא־יוּכַל אִישׁ לְדַבֵּר לֹא־תִשְׂבַּע עַיִן לִרְאוֹת
וְלֹא־תִמָּלֵא אֹזֶן מִשְּׁמֹֽעַ׃ מַה־שֶּֽׁהָיָה הוּא שֶׁיִּהְיֶה
וּמַה־שֶּׁנַּעֲשָׂה הוּא שֶׁיֵּעָשֶׂה וְאֵין כָּל־חָדָשׁ תַּחַת
הַשָּֽׁמֶשׁ׃ יֵשׁ דָּבָר שֶׁיֹּאמַר רְאֵה־זֶה חָדָשׁ הוּא
כְּבָר הָיָה לְעֹלָמִים אֲשֶׁר הָיָה מִלְּפָנֵֽנוּ׃ אֵין זִכְרוֹן
לָרִאשֹׁנִים וְגַם לָאַחֲרֹנִים שֶׁיִּהְיוּ לֹא־יִהְיֶה לָהֶם
זִכָּרוֹן עִם שֶׁיִּהְיוּ לָאַחֲרֹנָֽה׃

אֲנִי קֹהֶלֶת הָיִיתִי מֶלֶךְ עַל־יִשְׂרָאֵל בִּירוּשָׁלָֽםִ׃
וְנָתַתִּי אֶת־לִבִּי לִדְרוֹשׁ וְלָתוּר בַּחָכְמָה עַל כָּל־

אֲשֶׁר נַעֲשָׂה תַּחַת הַשָּׁמָיִם הוּא ׀ עִנְיַן רָע נָתַן
אֱלֹהִים לִבְנֵי הָאָדָם לַעֲנוֹת בּוֹ: רָאִיתִי אֶת־כָּל־
הַמַּעֲשִׂים שֶׁנַּעֲשׂוּ תַּחַת הַשָּׁמֶשׁ וְהִנֵּה הַכֹּל הֶבֶל
וּרְעוּת רוּחַ: מְעֻוָּת לֹא־יוּכַל לִתְקֹן וְחֶסְרוֹן לֹא־
יוּכַל לְהִמָּנוֹת: דִּבַּרְתִּי אֲנִי עִם־לִבִּי לֵאמֹר אֲנִי
הִנֵּה הִגְדַּלְתִּי וְהוֹסַפְתִּי חָכְמָה עַל כָּל־אֲשֶׁר־הָיָה
לְפָנַי עַל־יְרוּשָׁלִָם וְלִבִּי רָאָה הַרְבֵּה חָכְמָה וָדָעַת:
וָאֶתְּנָה לִבִּי לָדַעַת חָכְמָה וְדַעַת הֹלֵלוֹת וְשִׂכְלוּת
יָדַעְתִּי שֶׁגַּם־זֶה הוּא רַעְיוֹן רוּחַ: כִּי בְּרֹב חָכְמָה
רָב־כָּעַס וְיוֹסִיף דַּעַת יוֹסִיף מַכְאוֹב: אָמַרְתִּי אֲנִי ב
בְּלִבִּי לְכָה־נָּא אֲנַסְּכָה בְשִׂמְחָה וּרְאֵה בְטוֹב וְהִנֵּה
גַם־הוּא הָבֶל: לִשְׂחוֹק אָמַרְתִּי מְהוֹלָל וּלְשִׂמְחָה
מַה־זֹּה עֹשָׂה: תַּרְתִּי בְלִבִּי לִמְשׁוֹךְ בַּיַּיִן אֶת־
בְּשָׂרִי וְלִבִּי נֹהֵג בַּחָכְמָה וְלֶאֱחֹז בְּסִכְלוּת עַד אֲשֶׁר־
אֶרְאֶה אֵי־זֶה טוֹב לִבְנֵי הָאָדָם אֲשֶׁר יַעֲשׂוּ תַּחַת
הַשָּׁמַיִם מִסְפַּר יְמֵי חַיֵּיהֶם: הִגְדַּלְתִּי מַעֲשָׂי בָּנִיתִי לִי
בָּתִּים נָטַעְתִּי לִי כְּרָמִים: עָשִׂיתִי לִי גַּנּוֹת וּפַרְדֵּסִים
וְנָטַעְתִּי בָהֶם עֵץ כָּל־פֶּרִי: עָשִׂיתִי לִי בְּרֵכוֹת מָיִם
לְהַשְׁקוֹת מֵהֶם יַעַר צוֹמֵחַ עֵצִים: קָנִיתִי עֲבָדִים
וּשְׁפָחוֹת וּבְנֵי־בַיִת הָיָה לִי גַּם מִקְנֶה בָקָר וָצֹאן

הַרְבֵּה הָיָה לִי מִכֹּל שֶׁהָיוּ לְפָנַי בִּירוּשָׁלִָם׃ כָּנַסְתִּי
לִי גַּם־כֶּסֶף וְזָהָב וּסְגֻלַּת מְלָכִים וְהַמְּדִינוֹת עָשִׂיתִי
לִי שָׁרִים וְשָׁרוֹת וְתַעֲנֻגוֹת בְּנֵי הָאָדָם שִׁדָּה וְשִׁדּוֹת׃
וְגָדַלְתִּי וְהוֹסַפְתִּי מִכֹּל שֶׁהָיָה לְפָנַי בִּירוּשָׁלִָם
אַף חָכְמָתִי עָמְדָה לִּי׃ וְכֹל אֲשֶׁר שָׁאֲלוּ עֵינַי לֹא
אָצַלְתִּי מֵהֶם לֹא־מָנַעְתִּי אֶת־לִבִּי מִכָּל־שִׂמְחָה
כִּי־לִבִּי שָׂמֵחַ מִכָּל־עֲמָלִי וְזֶה־הָיָה חֶלְקִי מִכָּל־
עֲמָלִי׃ וּפָנִיתִי אֲנִי בְּכָל־מַעֲשַׂי שֶׁעָשׂוּ יָדַי וּבֶעָמָל
שֶׁעָמַלְתִּי לַעֲשׂוֹת וְהִנֵּה הַכֹּל הֶבֶל וּרְעוּת רוּחַ וְאֵין
יִתְרוֹן תַּחַת הַשָּׁמֶשׁ׃ וּפָנִיתִי אֲנִי לִרְאוֹת חָכְמָה
וְהוֹלֵלוֹת וְסִכְלוּת כִּי ׀ מֶה הָאָדָם שֶׁיָּבוֹא אַחֲרֵי
הַמֶּלֶךְ אֵת אֲשֶׁר־כְּבָר עָשׂוּהוּ׃ וְרָאִיתִי אָנִי שֶׁיֵּשׁ
יִתְרוֹן לַחָכְמָה מִן־הַסִּכְלוּת כִּיתְרוֹן הָאוֹר מִן־
הַחֹשֶׁךְ׃ הֶחָכָם עֵינָיו בְּרֹאשׁוֹ וְהַכְּסִיל בַּחֹשֶׁךְ הוֹלֵךְ
וְיָדַעְתִּי גַם־אָנִי שֶׁמִּקְרֶה אֶחָד יִקְרֶה אֶת־כֻּלָּם׃
וְאָמַרְתִּי אֲנִי בְּלִבִּי כְּמִקְרֵה הַכְּסִיל גַּם־אֲנִי יִקְרֵנִי
וְלָמָּה חָכַמְתִּי אֲנִי אָז יֹתֵר וְדִבַּרְתִּי בְלִבִּי שֶׁגַּם־
זֶה הָבֶל׃ כִּי אֵין זִכְרוֹן לֶחָכָם עִם־הַכְּסִיל לְעוֹלָם
בְּשֶׁכְּבָר הַיָּמִים הַבָּאִים הַכֹּל נִשְׁכָּח וְאֵיךְ יָמוּת
הֶחָכָם עִם־הַכְּסִיל׃ וְשָׂנֵאתִי אֶת־הַחַיִּים כִּי רַע

עָלַי הַמַּעֲשֶׂה שֶׁנַּעֲשָׂה תַּחַת הַשָּׁמֶשׁ כִּי־הַכֹּל הֶבֶל
וּרְעוּת רוּחַ: וְשָׂנֵאתִי אֲנִי אֶת־כָּל־עֲמָלִי שֶׁאֲנִי
עָמֵל תַּחַת הַשָּׁמֶשׁ שֶׁאַנִּיחֶנּוּ לָאָדָם שֶׁיִּהְיֶה אַחֲרָי:
וּמִי יוֹדֵעַ הֶחָכָם יִהְיֶה אוֹ סָכָל וְיִשְׁלַט בְּכָל־עֲמָלִי
שֶׁעָמַלְתִּי וְשֶׁחָכַמְתִּי תַּחַת הַשָּׁמֶשׁ גַּם־זֶה הָבֶל:
וְסַבּוֹתִי אֲנִי לְיַאֵשׁ אֶת־לִבִּי עַל כָּל־הֶעָמָל שֶׁעָמַלְתִּי
תַּחַת הַשָּׁמֶשׁ: כִּי־יֵשׁ אָדָם שֶׁעֲמָלוֹ בְּחָכְמָה וּבְדַעַת
וּבְכִשְׁרוֹן וּלְאָדָם שֶׁלֹּא עָמַל־בּוֹ יִתְּנֶנּוּ חֶלְקוֹ גַּם־זֶה
הֶבֶל וְרָעָה רַבָּה: כִּי מֶה־הֹוֶה לָאָדָם בְּכָל־עֲמָלוֹ
וּבְרַעְיוֹן לִבּוֹ שֶׁהוּא עָמֵל תַּחַת הַשָּׁמֶשׁ: כִּי כָל־
יָמָיו מַכְאֹבִים וָכַעַס עִנְיָנוֹ גַּם־בַּלַּיְלָה לֹא־שָׁכַב
לִבּוֹ גַּם־זֶה הֶבֶל הוּא: אֵין־טוֹב בָּאָדָם שֶׁיֹּאכַל
וְשָׁתָה וְהֶרְאָה אֶת־נַפְשׁוֹ טוֹב בַּעֲמָלוֹ גַּם־זֹה רָאִיתִי
אָנִי כִּי מִיַּד הָאֱלֹהִים הִיא: כִּי מִי יֹאכַל וּמִי יָחוּשׁ
חוּץ מִמֶּנִּי: כִּי לְאָדָם שֶׁטּוֹב לְפָנָיו נָתַן חָכְמָה
וְדַעַת וְשִׂמְחָה וְלַחוֹטֶא נָתַן עִנְיָן לֶאֱסֹף וְלִכְנוֹס
לָתֵת לְטוֹב לִפְנֵי הָאֱלֹהִים גַּם־זֶה הֶבֶל וּרְעוּת
רוּחַ: לַכֹּל זְמָן וְעֵת לְכָל־חֵפֶץ תַּחַת הַשָּׁמָיִם: ג
עֵת לָלֶדֶת   וְעֵת לָמוּת
עֵת לָטַעַת   וְעֵת לַעֲקוֹר נָטוּעַ:

עֵת לַהֲרוֹג   וְעֵת לִרְפּוֹא
עֵת לִפְרוֹץ   וְעֵת לִבְנוֹת:
עֵת לִבְכּוֹת   וְעֵת לִשְׂחוֹק
עֵת סְפוֹד   וְעֵת רְקוֹד:
עֵת לְהַשְׁלִיךְ אֲבָנִים   וְעֵת כְּנוֹס אֲבָנִים
עֵת לַחֲבוֹק   וְעֵת לִרְחֹק מֵחַבֵּק:
עֵת לְבַקֵּשׁ   וְעֵת לְאַבֵּד
עֵת לִשְׁמוֹר   וְעֵת לְהַשְׁלִיךְ:
עֵת לִקְרוֹעַ   וְעֵת לִתְפּוֹר
עֵת לַחֲשׁוֹת   וְעֵת לְדַבֵּר:
עֵת לֶאֱהֹב   וְעֵת לִשְׂנֹא
עֵת מִלְחָמָה   וְעֵת שָׁלוֹם:
מַה־יִּתְרוֹן הָעוֹשֶׂה בַּאֲשֶׁר הוּא עָמֵל: רָאִיתִי אֶת־
הָעִנְיָן אֲשֶׁר נָתַן אֱלֹהִים לִבְנֵי הָאָדָם לַעֲנוֹת בּוֹ:
אֶת־הַכֹּל עָשָׂה יָפֶה בְעִתּוֹ גַּם אֶת־הָעֹלָם נָתַן
בְּלִבָּם מִבְּלִי אֲשֶׁר לֹא־יִמְצָא הָאָדָם אֶת־הַמַּעֲשֶׂה
אֲשֶׁר־עָשָׂה הָאֱלֹהִים מֵרֹאשׁ וְעַד־סוֹף: יָדַעְתִּי כִּי
אֵין טוֹב בָּם כִּי אִם־לִשְׂמוֹחַ וְלַעֲשׂוֹת טוֹב בְּחַיָּיו:
וְגַם כָּל־הָאָדָם שֶׁיֹּאכַל וְשָׁתָה וְרָאָה טוֹב בְּכָל־
עֲמָלוֹ מַתַּת אֱלֹהִים הִיא: יָדַעְתִּי כִּי כָּל־אֲשֶׁר יַעֲשֶׂה

הָֽאֱלֹהִים֙ ה֚וּא יִהְיֶ֣ה לְעוֹלָ֔ם עָלָיו֙ אֵ֣ין לְהוֹסִ֔יף וּמִמֶּ֖נּוּ
אֵ֣ין לִגְר֑וֹעַ וְהָאֱלֹהִ֣ים עָשָׂ֔ה שֶׁיִּֽרְא֖וּ מִלְּפָנָֽיו׃ מַה־
שֶּֽׁהָיָה֙ כְּבָ֣ר ה֔וּא וַאֲשֶׁ֥ר לִהְי֖וֹת כְּבָ֣ר הָיָ֑ה וְהָאֱלֹהִ֖ים
יְבַקֵּ֥שׁ אֶת־נִרְדָּֽף׃ וְע֥וֹד רָאִ֖יתִי תַּ֣חַת הַשָּׁ֑מֶשׁ מְק֤וֹם
הַמִּשְׁפָּט֙ שָׁ֣מָּה הָרֶ֔שַׁע וּמְק֥וֹם הַצֶּ֖דֶק שָׁ֥מָּה הָרָֽשַׁע׃
אָמַ֤רְתִּֽי אֲנִי֙ בְּלִבִּ֔י אֶת־הַצַּדִּיק֙ וְאֶת־הָ֣רָשָׁ֔ע יִשְׁפֹּ֖ט
הָאֱלֹהִ֑ים כִּי־עֵ֣ת לְכָל־חֵ֔פֶץ וְעַ֥ל כָּל־הַֽמַּעֲשֶׂ֖ה שָֽׁם׃
אָמַ֤רְתִּֽי אֲנִי֙ בְּלִבִּ֔י עַל־דִּבְרַת֙ בְּנֵ֣י הָאָדָ֔ם לְבָרָ֖ם
הָאֱלֹהִ֑ים וְלִרְא֕וֹת שְׁהֶם־בְּהֵמָ֥ה הֵ֖מָּה לָהֶֽם׃ כִּי֩
מִקְרֶ֨ה בְנֵי־הָאָדָ֜ם וּמִקְרֶ֣ה הַבְּהֵמָ֗ה וּמִקְרֶ֤ה אֶחָד֙
לָהֶ֔ם כְּמ֥וֹת זֶה֙ כֵּ֣ן מ֣וֹת זֶ֔ה וְר֥וּחַ אֶחָ֖ד לַכֹּ֑ל וּמוֹתַ֨ר
הָאָדָ֤ם מִן־הַבְּהֵמָה֙ אָ֔יִן כִּ֥י הַכֹּ֖ל הָֽבֶל׃ הַכֹּ֥ל הוֹלֵ֖ךְ
אֶל־מָק֣וֹם אֶחָ֑ד הַכֹּל֙ הָיָ֣ה מִן־הֶֽעָפָ֔ר וְהַכֹּ֖ל שָׁ֥ב
אֶל־הֶעָפָֽר׃ מִ֣י יוֹדֵ֗עַ ר֚וּחַ בְּנֵ֣י הָֽאָדָ֔ם הָעֹלָ֥ה הִ֖יא
לְמָ֑עְלָה וְר֙וּחַ֙ הַבְּהֵמָ֔ה הַיֹּרֶ֥דֶת הִ֖יא לְמַ֥טָּה לָאָֽרֶץ׃
וְרָאִ֗יתִי כִּ֣י אֵ֥ין טוֹב֙ מֵאֲשֶׁ֨ר יִשְׂמַ֤ח הָאָדָם֙ בְּמַ֣עֲשָׂ֔יו
כִּי־ה֖וּא חֶלְק֑וֹ כִּ֣י מִ֤י יְבִיאֶ֙נּוּ֙ לִרְא֔וֹת בְּמֶ֖ה שֶׁיִּהְיֶ֥ה
אַחֲרָֽיו׃ וְשַׁ֣בְתִּֽי אֲנִ֗י וָאֶרְאֶה֙ אֶת־כָּל־הָ֣עֲשׁוּקִ֔ים ד
אֲשֶׁ֥ר נַעֲשִׂ֖ים תַּ֣חַת הַשָּׁ֑מֶשׁ וְהִנֵּ֣ה ׀ דִּמְעַ֣ת הָעֲשׁוּקִ֗ים
וְאֵ֤ין לָהֶם֙ מְנַחֵ֔ם וּמִיַּ֤ד עֹֽשְׁקֵיהֶם֙ כֹּ֔חַ וְאֵ֥ין לָהֶ֖ם

מְנַחֵֽם׃ וְשַׁבֵּ֥חַ אֲנִ֛י אֶת־הַמֵּתִ֖ים שֶׁכְּבָ֣ר מֵ֑תוּ מִן־
הַחַיִּ֔ים אֲשֶׁ֛ר הֵ֥מָּה חַיִּ֖ים עֲדֶֽנָה׃ וְטוֹב֙ מִשְּׁנֵיהֶ֔ם אֵ֥ת
אֲשֶׁר־עֲדֶ֖ן לֹ֣א הָיָ֑ה אֲשֶׁ֤ר לֹֽא־רָאָה֙ אֶת־הַמַּעֲשֶׂ֣ה
הָרָ֔ע אֲשֶׁ֥ר נַעֲשָׂ֖ה תַּ֥חַת הַשָּֽׁמֶשׁ׃ וְרָאִ֨יתִֽי אֲנִ֜י אֶת־
כָּל־עָמָ֗ל וְאֵת֙ כָּל־כִּשְׁר֣וֹן הַֽמַּעֲשֶׂ֔ה כִּ֛י הִ֥יא קִנְאַת־
אִ֖ישׁ מֵרֵעֵ֑הוּ גַּם־זֶ֥ה הֶ֖בֶל וּרְע֥וּת רֽוּחַ׃ הַכְּסִיל֙ חֹבֵ֣ק
אֶת־יָדָ֔יו וְאֹכֵ֖ל אֶת־בְּשָׂרֽוֹ׃ ט֕וֹב מְלֹ֥א כַ֖ף נָ֑חַת
מִמְּלֹ֥א חָפְנַ֛יִם עָמָ֖ל וּרְע֥וּת רֽוּחַ׃ וְשַׁ֥בְתִּֽי אֲנִ֛י וָאֶרְאֶ֥ה
הֶ֖בֶל תַּ֥חַת הַשָּֽׁמֶשׁ׃ יֵ֣שׁ אֶחָד֩ וְאֵ֨ין שֵׁנִ֜י גַּ֣ם בֵּ֤ן וָאָח֙
אֵֽין־ל֔וֹ וְאֵ֥ין קֵץ֙ לְכָל־עֲמָל֔וֹ גַּם־עֵינָ֖יו לֹא־תִשְׂבַּ֣ע עֵינ֑וֹ
עֹ֑שֶׁר וּלְמִ֣י ׀ אֲנִ֣י עָמֵ֗ל וּמְחַסֵּ֤ר אֶת־נַפְשִׁי֙ מִטּוֹבָ֔ה
גַּם־זֶ֥ה הֶ֛בֶל וְעִנְיַ֥ן רָ֖ע הֽוּא׃ טוֹבִ֥ים הַשְּׁנַ֖יִם מִן־
הָאֶחָ֑ד אֲשֶׁ֧ר יֵשׁ־לָהֶ֛ם שָׂכָ֥ר ט֖וֹב בַּעֲמָלָֽם׃ כִּ֤י אִם־
יִפֹּ֔לוּ הָאֶחָ֖ד יָקִ֣ים אֶת־חֲבֵר֑וֹ וְאִ֣ילוֹ הָֽאֶחָד֙ שֶׁיִּפֹּ֔ל
וְאֵ֥ין שֵׁנִ֖י לַהֲקִימֽוֹ׃ גַּ֛ם אִם־יִשְׁכְּב֥וּ שְׁנַ֖יִם וְחַ֣ם
לָהֶ֑ם וּלְאֶחָ֖ד אֵ֥יךְ יֵחָֽם׃ וְאִֽם־יִתְקְפוֹ֙ הָאֶחָ֔ד הַשְּׁנַ֖יִם
יַעַמְד֣וּ נֶגְדּ֑וֹ וְהַחוּט֙ הַֽמְשֻׁלָּ֔שׁ לֹ֥א בִמְהֵרָ֖ה יִנָּתֵֽק׃
ט֛וֹב יֶ֥לֶד מִסְכֵּ֖ן וְחָכָ֑ם מִמֶּ֤לֶךְ זָקֵן֙ וּכְסִ֔יל אֲשֶׁ֛ר לֹא־
יָדַ֥ע לְהִזָּהֵ֖ר עֽוֹד׃ כִּֽי־מִבֵּ֥ית הָסוּרִ֖ים יָצָ֣א לִמְלֹ֑ךְ כִּ֛י
גַּ֥ם בְּמַלְכוּת֖וֹ נוֹלַ֥ד רָֽשׁ׃ רָאִ֙יתִי֙ אֶת־כָּל־הַחַיִּ֔ים

הַֽמְהַלְּכִ֖ים תַּ֣חַת הַשָּׁ֑מֶשׁ עִ֚ם הַיֶּ֣לֶד הַשֵּׁנִ֔י אֲשֶׁ֥ר
יַעֲמֹ֖ד תַּחְתָּֽיו׃ אֵֽין־קֵ֣ץ לְכָל־הָעָ֗ם לְכֹ֤ל אֲשֶׁר־הָיָה֙
לִפְנֵיהֶ֔ם גַּ֥ם הָאַחֲרוֹנִ֖ים לֹ֣א יִשְׂמְחוּ־ב֑וֹ כִּֽי־גַם־זֶ֥ה
הֶ֖בֶל וְרַעְי֥וֹן רֽוּחַ׃ שְׁמֹ֣ר רגליך כַּאֲשֶׁ֤ר תֵּלֵךְ֙ אֶל־ רַגְלְךָ
בֵּ֣ית הָאֱלֹהִ֔ים וְקָר֣וֹב לִשְׁמֹ֔עַ מִתֵּ֥ת הַכְּסִילִ֖ים זָ֑בַח
ה כִּֽי־אֵינָ֥ם יוֹדְעִ֖ים לַעֲשׂ֥וֹת רָֽע׃ אַל־תְּבַהֵ֨ל עַל־פִּ֜יךָ
וְלִבְּךָ֛ אַל־יְמַהֵ֥ר לְהוֹצִ֥יא דָבָ֖ר לִפְנֵ֣י הָאֱלֹהִ֑ים כִּ֣י
הָאֱלֹהִ֤ים בַּשָּׁמַ֙יִם֙ וְאַתָּ֣ה עַל־הָאָ֔רֶץ עַל־כֵּ֛ן יִהְי֥וּ
דְבָרֶ֖יךָ מְעַטִּֽים׃ כִּ֣י בָּ֥א הַחֲל֖וֹם בְּרֹ֣ב עִנְיָ֑ן וְק֥וֹל כְּסִ֖יל
בְּרֹ֥ב דְּבָרִֽים׃ כַּאֲשֶׁ֩ר תִּדֹּ֨ר נֶ֜דֶר לֵֽאלֹהִ֗ים אַל־תְּאַחֵר֙
לְשַׁלְּמ֔וֹ כִּ֛י אֵ֥ין חֵ֖פֶץ בַּכְּסִילִ֑ים אֵ֥ת אֲשֶׁר־תִּדֹּ֖ר שַׁלֵּֽם׃
ט֖וֹב אֲשֶׁ֣ר לֹֽא־תִדֹּ֑ר מִשֶּׁתִּדּ֖וֹר וְלֹ֥א תְשַׁלֵּֽם׃ אַל־
תִּתֵּ֤ן אֶת־פִּ֙יךָ֙ לַחֲטִ֣יא אֶת־בְּשָׂרֶ֔ךָ וְאַל־תֹּאמַר֙ לִפְנֵ֣י
הַמַּלְאָ֔ךְ כִּ֥י שְׁגָגָ֖ה הִ֑יא לָ֣מָּה יִקְצֹ֤ף הָאֱלֹהִים֙ עַל־
קוֹלֶ֔ךָ וְחִבֵּ֖ל אֶת־מַעֲשֵׂ֥ה יָדֶֽיךָ׃ כִּ֣י בְרֹ֤ב חֲלֹמוֹת֙
וַהֲבָלִ֔ים וּדְבָרִ֖ים הַרְבֵּ֑ה כִּ֥י אֶת־הָאֱלֹהִ֖ים יְרָֽא׃ אִם־
עֹ֣שֶׁק רָ֠שׁ וְגֵ֨זֶל מִשְׁפָּ֤ט וָצֶ֙דֶק֙ תִּרְאֶ֣ה בַמְּדִינָ֔ה אַל־
תִּתְמַ֖הּ עַל־הַחֵ֑פֶץ כִּ֣י גָ֜בֹהַּ מֵעַ֤ל גָּבֹ֙הַּ֙ שֹׁמֵ֔ר וּגְבֹהִ֖ים
עֲלֵיהֶֽם׃ וְיִתְר֥וֹן אֶ֖רֶץ בַּכֹּ֣ל היא מֶ֥לֶךְ לְשָׂדֶ֖ה נֶעֱבָֽד׃ הוּא
אֹהֵ֥ב כֶּ֙סֶף֙ לֹא־יִשְׂבַּ֣ע כֶּ֔סֶף וּמִֽי־אֹהֵ֥ב בֶּהָמ֖וֹן לֹ֣א

תְּבוּאָה גַּם־זֶה הָבֶל׃ בִּרְבוֹת הַטּוֹבָה רַבּוּ אוֹכְלֶיהָ
וּמַה־כִּשְׁרוֹן לִבְעָלֶיהָ כִּי אִם־ראִית עֵינָיו׃ מְתוּקָה רְאוּת
שְׁנַת הָעֹבֵד אִם־מְעַט וְאִם־הַרְבֵּה יֹאכֵל וְהַשָּׂבָע
לֶעָשִׁיר אֵינֶנּוּ מַנִּיחַ לוֹ לִישׁוֹן׃ יֵשׁ רָעָה חוֹלָה רָאִיתִי
תַּחַת הַשָּׁמֶשׁ עֹשֶׁר שָׁמוּר לִבְעָלָיו לְרָעָתוֹ׃ וְאָבַד
הָעֹשֶׁר הַהוּא בְּעִנְיַן רָע וְהוֹלִיד בֵּן וְאֵין בְּיָדוֹ
מְאוּמָה׃ כַּאֲשֶׁר יָצָא מִבֶּטֶן אִמּוֹ עָרוֹם יָשׁוּב לָלֶכֶת
כְּשֶׁבָּא וּמְאוּמָה לֹא־יִשָּׂא בַעֲמָלוֹ שֶׁיֹּלֵךְ בְּיָדוֹ׃ וְגַם־
זֹה רָעָה חוֹלָה כָּל־עֻמַּת שֶׁבָּא כֵּן יֵלֵךְ וּמַה־יִּתְרוֹן
לוֹ שֶׁיַּעֲמֹל לָרוּחַ׃ גַּם כָּל־יָמָיו בַּחֹשֶׁךְ יֹאכֵל וְכָעַס
הַרְבֵּה וְחָלְיוֹ וָקָצֶף׃ הִנֵּה אֲשֶׁר־רָאִיתִי אָנִי טוֹב
אֲשֶׁר־יָפֶה לֶאֱכוֹל וְלִשְׁתּוֹת וְלִרְאוֹת טוֹבָה בְּכָל־
עֲמָלוֹ ׀ שֶׁיַּעֲמֹל תַּחַת־הַשֶּׁמֶשׁ מִסְפַּר יְמֵי־חַיָּו אֲשֶׁר־
נָתַן־לוֹ הָאֱלֹהִים כִּי־הוּא חֶלְקוֹ׃ גַּם כָּל־הָאָדָם
אֲשֶׁר נָתַן־לוֹ הָאֱלֹהִים עֹשֶׁר וּנְכָסִים וְהִשְׁלִיטוֹ
לֶאֱכֹל מִמֶּנּוּ וְלָשֵׂאת אֶת־חֶלְקוֹ וְלִשְׂמֹחַ בַּעֲמָלוֹ
זֹה מַתַּת אֱלֹהִים הִיא׃ כִּי לֹא הַרְבֵּה יִזְכֹּר אֶת־
יְמֵי חַיָּיו כִּי הָאֱלֹהִים מַעֲנֶה בְּשִׂמְחַת לִבּוֹ׃ יֵשׁ ו
רָעָה אֲשֶׁר רָאִיתִי תַּחַת הַשָּׁמֶשׁ וְרַבָּה הִיא עַל־
הָאָדָם׃ אִישׁ אֲשֶׁר יִתֶּן־לוֹ הָאֱלֹהִים עֹשֶׁר וּנְכָסִים

וְכָבוֹד וְאֵינֶנּוּ חָסֵר לְנַפְשׁוֹ ׀ מִכֹּל אֲשֶׁר־יִתְאַוֶּה
וְלֹא־יַשְׁלִיטֶנּוּ הָאֱלֹהִים לֶאֱכֹל מִמֶּנּוּ כִּי אִישׁ נָכְרִי
יֹאכְלֶנּוּ זֶה הֶבֶל וָחֳלִי רָע הוּא׃ אִם־יוֹלִיד אִישׁ
מֵאָה וְשָׁנִים רַבּוֹת יִחְיֶה וְרַב ׀ שֶׁיִּהְיוּ יְמֵי־שָׁנָיו
וְנַפְשׁוֹ לֹא־תִשְׂבַּע מִן־הַטּוֹבָה וְגַם־קְבוּרָה לֹא־
הָיְתָה לּוֹ אָמַרְתִּי טוֹב מִמֶּנּוּ הַנָּפֶל׃ כִּי־בַהֶבֶל בָּא
וּבַחֹשֶׁךְ יֵלֵךְ וּבַחֹשֶׁךְ שְׁמוֹ יְכֻסֶּה׃ גַּם־שֶׁמֶשׁ לֹא־
רָאָה וְלֹא יָדָע נַחַת לָזֶה מִזֶּה׃ וְאִלּוּ חָיָה אֶלֶף שָׁנִים
פַּעֲמַיִם וְטוֹבָה לֹא רָאָה הֲלֹא אֶל־מָקוֹם אֶחָד
הַכֹּל הוֹלֵךְ׃ כָּל־עֲמַל הָאָדָם לְפִיהוּ וְגַם־הַנֶּפֶשׁ
לֹא תִמָּלֵא׃ כִּי מַה־יּוֹתֵר לֶחָכָם מִן־הַכְּסִיל מַה־
לֶּעָנִי יוֹדֵעַ לַהֲלֹךְ נֶגֶד הַחַיִּים׃ טוֹב מַרְאֵה עֵינַיִם
מֵהֲלָךְ־נָפֶשׁ גַּם־זֶה הֶבֶל וּרְעוּת רוּחַ׃ מַה־שֶּׁהָיָה
כְּבָר נִקְרָא שְׁמוֹ וְנוֹדָע אֲשֶׁר־הוּא אָדָם וְלֹא־יוּכַל
לָדִין עִם שהתקיף מִמֶּנּוּ׃ כִּי יֵשׁ־דְּבָרִים הַרְבֵּה שֶׁתַּקִּיף
מַרְבִּים הָבֶל מַה־יֹּתֵר לָאָדָם׃ כִּי מִי־יוֹדֵעַ מַה־
טּוֹב לָאָדָם בַּחַיִּים מִסְפַּר יְמֵי־חַיֵּי הֶבְלוֹ וְיַעֲשֵׂם
כַּצֵּל אֲשֶׁר מִי־יַגִּיד לָאָדָם מַה־יִּהְיֶה אַחֲרָיו תַּחַת
הַשָּׁמֶשׁ׃ טוֹב שֵׁם מִשֶּׁמֶן טוֹב וְיוֹם ז
הַמָּוֶת מִיּוֹם הִוָּלְדוֹ׃ טוֹב לָלֶכֶת אֶל־בֵּית־אֵבֶל

מִלֶּכֶת אֶל־בֵּית מִשְׁתֶּה בַּאֲשֶׁר הוּא סוֹף כָּל־הָאָדָם
וְהַחַי יִתֵּן אֶל־לִבּוֹ: טוֹב כַּעַס מִשְּׂחוֹק כִּי־בְרֹעַ פָּנִים
יִיטַב לֵב: לֵב חֲכָמִים בְּבֵית אֵבֶל וְלֵב כְּסִילִים בְּבֵית
שִׂמְחָה: טוֹב לִשְׁמוֹעַ גַּעֲרַת חָכָם מֵאִישׁ שֹׁמֵעַ שִׁיר
כְּסִילִים: כִּי כְקוֹל הַסִּירִים תַּחַת הַסִּיר כֵּן שְׂחֹק
הַכְּסִיל וְגַם־זֶה הָבֶל: כִּי הָעֹשֶׁק יְהוֹלֵל חָכָם וִיאַבֵּד
אֶת־לֵב מַתָּנָה: טוֹב אַחֲרִית דָּבָר מֵרֵאשִׁיתוֹ טוֹב
אֶרֶךְ־רוּחַ מִגְּבַהּ רוּחַ: אַל־תְּבַהֵל בְּרוּחֲךָ לִכְעוֹס
כִּי כַעַס בְּחֵיק כְּסִילִים יָנוּחַ: אַל־תֹּאמַר מֶה הָיָה
שֶׁהַיָּמִים הָרִאשֹׁנִים הָיוּ טוֹבִים מֵאֵלֶּה כִּי לֹא
מֵחָכְמָה שָׁאַלְתָּ עַל־זֶה: טוֹבָה חָכְמָה עִם־נַחֲלָה
וְיֹתֵר לְרֹאֵי הַשָּׁמֶשׁ: כִּי בְּצֵל הַחָכְמָה בְּצֵל הַכָּסֶף
וְיִתְרוֹן דַּעַת הַחָכְמָה תְּחַיֶּה בְעָלֶיהָ: רְאֵה אֶת־
מַעֲשֵׂה הָאֱלֹהִים כִּי מִי יוּכַל לְתַקֵּן אֵת אֲשֶׁר עִוְּתוֹ:
בְּיוֹם טוֹבָה הֱיֵה בְטוֹב וּבְיוֹם רָעָה רְאֵה גַּם אֶת־זֶה
לְעֻמַּת־זֶה עָשָׂה הָאֱלֹהִים עַל־דִּבְרַת שֶׁלֹּא יִמְצָא
הָאָדָם אַחֲרָיו מְאוּמָה: אֶת־הַכֹּל רָאִיתִי בִּימֵי הֶבְלִי
יֵשׁ צַדִּיק אֹבֵד בְּצִדְקוֹ וְיֵשׁ רָשָׁע מַאֲרִיךְ בְּרָעָתוֹ:
אַל־תְּהִי צַדִּיק הַרְבֵּה וְאַל־תִּתְחַכַּם יוֹתֵר לָמָּה
תִּשּׁוֹמֵם: אַל־תִּרְשַׁע הַרְבֵּה וְאַל־תְּהִי סָכָל לָמָּה

תָּמוּת בְּלֹא עִתֶּךָ׃ טוֹב אֲשֶׁר תֶּאֱחֹז בָּזֶה וְגַם־מִזֶּה
אַל־תַּנַּח אֶת־יָדֶךָ כִּי־יְרֵא אֱלֹהִים יֵצֵא אֶת־כֻּלָּם׃
הַחָכְמָה תָּעֹז לֶחָכָם מֵעֲשָׂרָה שַׁלִּיטִים אֲשֶׁר הָיוּ
בָּעִיר׃ כִּי אָדָם אֵין צַדִּיק בָּאָרֶץ אֲשֶׁר יַעֲשֶׂה־טּוֹב
וְלֹא יֶחֱטָא׃ גַּם לְכָל־הַדְּבָרִים אֲשֶׁר יְדַבֵּרוּ אַל־תִּתֵּן
לִבֶּךָ אֲשֶׁר לֹא־תִשְׁמַע אֶת־עַבְדְּךָ מְקַלְלֶךָ׃ כִּי
גַּם־פְּעָמִים רַבּוֹת יָדַע לִבֶּךָ אֲשֶׁר גַּם־אַתָּ קִלַּלְתָּ
אֲחֵרִים׃ כָּל־זֹה נִסִּיתִי בַחָכְמָה אָמַרְתִּי אֶחְכָּמָה
וְהִיא רְחוֹקָה מִמֶּנִּי׃ רָחוֹק מַה־שֶּׁהָיָה וְעָמֹק ׀ עָמֹק
מִי יִמְצָאֶנּוּ׃ סַבּוֹתִי אֲנִי וְלִבִּי לָדַעַת וְלָתוּר וּבַקֵּשׁ
חָכְמָה וְחֶשְׁבּוֹן וְלָדַעַת רֶשַׁע כֶּסֶל וְהַסִּכְלוּת
הוֹלֵלוֹת׃ וּמוֹצֶא אֲנִי מַר מִמָּוֶת אֶת־הָאִשָּׁה אֲשֶׁר־
הִיא מְצוֹדִים וַחֲרָמִים לִבָּהּ אֲסוּרִים יָדֶיהָ טוֹב לִפְנֵי
הָאֱלֹהִים יִמָּלֵט מִמֶּנָּה וְחוֹטֵא יִלָּכֶד בָּהּ׃ רְאֵה זֶה
מָצָאתִי אָמְרָה קֹהֶלֶת אַחַת לְאַחַת לִמְצֹא חֶשְׁבּוֹן׃
אֲשֶׁר עוֹד־בִּקְשָׁה נַפְשִׁי וְלֹא מָצָאתִי אָדָם אֶחָד
מֵאֶלֶף מָצָאתִי וְאִשָּׁה בְכָל־אֵלֶּה לֹא מָצָאתִי׃ לְבַד
רְאֵה־זֶה מָצָאתִי אֲשֶׁר עָשָׂה הָאֱלֹהִים אֶת־הָאָדָם
יָשָׁר וְהֵמָּה בִקְשׁוּ חִשְּׁבֹנוֹת רַבִּים׃ מִי כְּהֶחָכָם וּמִי ח
יוֹדֵעַ פֵּשֶׁר דָּבָר חָכְמַת אָדָם תָּאִיר פָּנָיו וְעֹז פָּנָיו

יְשֻׁנֶּא: אֲנִי֙ פִּי־מֶ֣לֶךְ שְׁמ֔וֹר וְעַ֕ל דִּבְרַ֖ת שְׁבוּעַ֥ת אֱלֹהִֽים: אַל־תִּבָּהֵ֤ל מִפָּנָיו֙ תֵּלֵ֔ךְ אַל־תַּעֲמֹ֖ד בְּדָבָ֣ר רָ֑ע כִּ֛י כָּל־אֲשֶׁ֥ר יַחְפֹּ֖ץ יַעֲשֶֽׂה: בַּאֲשֶׁ֥ר דְּבַר־מֶ֖לֶךְ שִׁלְט֑וֹן וּמִ֥י יֹֽאמַר־ל֖וֹ מַה־תַּעֲשֶֽׂה: שׁוֹמֵ֣ר מִצְוָ֔ה לֹ֥א יֵדַ֖ע דָּבָ֣ר רָ֑ע וְעֵ֣ת וּמִשְׁפָּ֔ט יֵדַ֖ע לֵ֥ב חָכָֽם: כִּ֚י לְכָל־חֵ֔פֶץ יֵ֖שׁ עֵ֣ת וּמִשְׁפָּ֑ט כִּֽי־רָעַ֥ת הָאָדָ֖ם רַבָּ֥ה עָלָֽיו: כִּֽי־אֵינֶ֥נּוּ יֹדֵ֖עַ מַה־שֶּׁיִּֽהְיֶ֑ה כִּ֚י כַּאֲשֶׁ֣ר יִֽהְיֶ֔ה מִ֖י יַגִּ֥יד לֽוֹ: אֵ֣ין אָדָ֞ם שַׁלִּ֤יט בָּר֙וּחַ֙ לִכְל֣וֹא אֶת־הָר֔וּחַ וְאֵ֤ין שִׁלְטוֹן֙ בְּי֣וֹם הַמָּ֔וֶת וְאֵ֥ין מִשְׁלַ֖חַת בַּמִּלְחָמָ֑ה וְלֹֽא־יְמַלֵּ֥ט רֶ֖שַׁע אֶת־בְּעָלָֽיו: אֶת־כָּל־זֶ֣ה רָאִ֗יתִי וְנָת֙וֹן֙ אֶת־לִבִּ֔י לְכָל־מַעֲשֶׂ֔ה אֲשֶׁ֥ר נַעֲשָׂ֖ה תַּ֣חַת הַשָּׁ֑מֶשׁ עֵ֗ת אֲשֶׁ֨ר שָׁלַ֧ט הָאָדָ֛ם בְּאָדָ֖ם לְרַ֥ע לֽוֹ: וּבְכֵ֡ן רָאִיתִי֩ רְשָׁעִ֨ים קְבֻרִ֜ים וָבָ֗אוּ וּמִמְּק֤וֹם קָדוֹשׁ֙ יְהַלֵּ֔כוּ וְיִֽשְׁתַּכְּח֥וּ בָעִ֖יר אֲשֶׁ֣ר כֵּן־עָשׂ֑וּ גַּם־זֶ֖ה הָֽבֶל: אֲשֶׁר֙ אֵין־נַעֲשָׂ֣ה פִתְגָ֔ם מַעֲשֵׂ֥ה הָרָעָ֖ה מְהֵרָ֑ה עַל־כֵּ֡ן מָלֵ֞א לֵ֧ב בְּנֵֽי־הָאָדָ֛ם בָּהֶ֖ם לַעֲשׂ֥וֹת רָֽע: אֲשֶׁ֣ר חֹטֶ֗א עֹשֶׂ֥ה רָ֛ע מְאַ֖ת וּמַאֲרִ֣יךְ ל֑וֹ כִּ֚י גַּם־יוֹדֵ֣עַ אָ֔נִי אֲשֶׁ֤ר יִֽהְיֶה־טּוֹב֙ לְיִרְאֵ֣י הָאֱלֹהִ֔ים אֲשֶׁ֥ר יִֽירְא֖וּ מִלְּפָנָֽיו: וְטוֹב֙ לֹא־יִהְיֶ֣ה לָֽרָשָׁ֔ע וְלֹֽא־יַאֲרִ֥יךְ יָמִ֖ים כַּצֵּ֑ל אֲשֶׁ֛ר אֵינֶ֥נּוּ יָרֵ֖א מִלִּפְנֵ֥י אֱלֹהִֽים: יֶשׁ־הֶ֘בֶל

אֲשֶׁ֣ר נַעֲשָׂ֣ה עַל־הָאָרֶץ֒ אֲשֶׁ֣ר ׀ יֵ֣שׁ צַדִּיקִ֗ים אֲשֶׁ֨ר
מַגִּ֤יעַ אֲלֵהֶם֙ כְּמַעֲשֵׂ֣ה הָרְשָׁעִ֔ים וְיֵ֣שׁ רְשָׁעִ֔ים שֶׁמַּגִּ֥יעַ
אֲלֵהֶ֖ם כְּמַעֲשֵׂ֣ה הַצַּדִּיקִ֑ים אָמַ֕רְתִּי שֶׁגַּם־זֶ֖ה הָֽבֶל׃
וְשִׁבַּ֤חְתִּֽי אֲנִי֙ אֶת־הַשִּׂמְחָ֔ה אֲשֶׁ֨ר אֵֽין־ט֤וֹב לָֽאָדָם֙
תַּ֣חַת הַשֶּׁ֔מֶשׁ כִּ֛י אִם־לֶאֱכֹ֥ל וְלִשְׁתּ֖וֹת וְלִשְׂמ֑וֹחַ
וְה֞וּא יִלְוֶ֣נּוּ בַעֲמָל֗וֹ יְמֵ֥י חַיָּ֛יו אֲשֶׁר־נָֽתַן־ל֥וֹ הָאֱלֹהִ֖ים
תַּ֥חַת הַשָּֽׁמֶשׁ׃ כַּאֲשֶׁ֨ר נָתַ֤תִּי אֶת־לִבִּי֙ לָדַ֣עַת חָכְמָ֔ה
וְלִרְאוֹת֙ אֶת־הָ֣עִנְיָ֔ן אֲשֶׁ֥ר נַעֲשָׂ֖ה עַל־הָאָ֑רֶץ כִּ֣י גַ֤ם
בַּיּוֹם֙ וּבַלַּ֔יְלָה שֵׁנָ֕ה בְּעֵינָ֖יו אֵינֶ֥נּוּ רֹאֶֽה׃ וְרָאִ֘יתִי֮ אֶת־
כָּל־מַעֲשֵׂ֣ה הָאֱלֹהִים֒ כִּי֩ לֹ֨א יוּכַ֜ל הָאָדָ֗ם לִמְצוֹא֙
אֶת־הַֽמַּעֲשֶׂה֙ אֲשֶׁ֣ר נַעֲשָׂ֣ה תַֽחַת־הַשֶּׁ֔מֶשׁ בְּשֶׁל֩
אֲשֶׁ֨ר יַעֲמֹ֧ל הָאָדָ֛ם לְבַקֵּ֖שׁ וְלֹ֣א יִמְצָ֑א וְגַ֨ם אִם־
יֹאמַ֤ר הֶֽחָכָם֙ לָדַ֔עַת לֹ֥א יוּכַ֖ל לִמְצֹֽא׃ כִּ֣י אֶת־כָּל־זֶ֞ה ט
נָתַ֣תִּי אֶל־לִבִּי֮ וְלָב֣וּר אֶת־כָּל־זֶה֒ אֲשֶׁ֨ר הַצַּדִּיקִ֧ים
וְהַחֲכָמִ֛ים וַעֲבָדֵיהֶ֖ם בְּיַ֣ד הָאֱלֹהִ֑ים גַּם־אַהֲבָ֣ה גַם־
שִׂנְאָ֗ה אֵ֚ין יוֹדֵ֣עַ הָֽאָדָ֔ם הַכֹּ֖ל לִפְנֵיהֶֽם׃ הַכֹּ֞ל כַּאֲשֶׁ֣ר
לַכֹּ֗ל מִקְרֶ֨ה אֶחָ֜ד לַצַּדִּ֣יק וְלָרָשָׁע֮ לַטּ֣וֹב וְלַטָּה֣וֹר
וְלַטָּמֵא֒ וְלַזֹּבֵ֔חַ וְלַאֲשֶׁ֖ר אֵינֶ֣נּוּ זֹבֵ֑חַ כַּטּוֹב֙ כַּֽחֹטֶ֔א
הַנִּשְׁבָּ֕ע כַּאֲשֶׁ֖ר שְׁבוּעָ֥ה יָרֵֽא׃ זֶ֣ה ׀ רָ֗ע בְּכֹ֤ל אֲשֶֽׁר־
נַעֲשָׂה֙ תַּ֣חַת הַשֶּׁ֔מֶשׁ כִּֽי־מִקְרֶ֥ה אֶחָ֖ד לַכֹּ֑ל וְגַ֣ם לֵ֣ב

בְּנֵי־הָאָדָם מָלֵא־רָע וְהוֹלֵלוֹת בִּלְבָבָם בְּחַיֵּיהֶם
וְאַחֲרָיו אֶל־הַמֵּתִים׃ כִּי־מִי אֲשֶׁר יבחר אֶל כָּל־ יְחֻבַּר
הַחַיִּים יֵשׁ בִּטָּחוֹן כִּי־לְכֶלֶב חַי הוּא טוֹב מִן־הָאַרְיֵה
הַמֵּת׃ כִּי הַחַיִּים יוֹדְעִים שֶׁיָּמֻתוּ וְהַמֵּתִים אֵינָם
יוֹדְעִים מְאוּמָה וְאֵין־עוֹד לָהֶם שָׂכָר כִּי נִשְׁכַּח
זִכְרָם׃ גַּם אַהֲבָתָם גַּם־שִׂנְאָתָם גַּם־קִנְאָתָם כְּבָר
אָבָדָה וְחֵלֶק אֵין־לָהֶם עוֹד לְעוֹלָם בְּכֹל אֲשֶׁר־
נַעֲשָׂה תַּחַת הַשָּׁמֶשׁ׃ לֵךְ אֱכֹל בְּשִׂמְחָה לַחְמֶךָ
וּשְׁתֵה בְלֶב־טוֹב יֵינֶךָ כִּי כְבָר רָצָה הָאֱלֹהִים אֶת־
מַעֲשֶׂיךָ׃ בְּכָל־עֵת יִהְיוּ בְגָדֶיךָ לְבָנִים וְשֶׁמֶן עַל־
רֹאשְׁךָ אַל־יֶחְסָר׃ רְאֵה חַיִּים עִם־אִשָּׁה אֲשֶׁר־
אָהַבְתָּ כָּל־יְמֵי חַיֵּי הֶבְלֶךָ אֲשֶׁר נָתַן־לְךָ תַּחַת
הַשֶּׁמֶשׁ כֹּל יְמֵי הֶבְלֶךָ כִּי הוּא חֶלְקְךָ בַּחַיִּים
וּבַעֲמָלְךָ אֲשֶׁר־אַתָּה עָמֵל תַּחַת הַשָּׁמֶשׁ׃ כֹּל אֲשֶׁר
תִּמְצָא יָדְךָ לַעֲשׂוֹת בְּכֹחֲךָ עֲשֵׂה כִּי אֵין מַעֲשֶׂה
וְחֶשְׁבּוֹן וְדַעַת וְחָכְמָה בִּשְׁאוֹל אֲשֶׁר אַתָּה הֹלֵךְ
שָׁמָּה׃ שַׁבְתִּי וְרָאֹה תַחַת־הַשֶּׁמֶשׁ כִּי לֹא לַקַּלִּים
הַמֵּרוֹץ וְלֹא לַגִּבּוֹרִים הַמִּלְחָמָה וְגַם לֹא לַחֲכָמִים
לֶחֶם וְגַם לֹא לַנְּבֹנִים עֹשֶׁר וְגַם לֹא לַיֹּדְעִים חֵן כִּי־
עֵת וָפֶגַע יִקְרֶה אֶת־כֻּלָּם׃ כִּי גַּם לֹא־יֵדַע הָאָדָם

אֶת־עִתּ֗וֹ כַּדָּגִים֙ שֶׁנֶּֽאֱחָזִים֙ בִּמְצוֹדָ֣ה רָעָ֔ה וְכַ֨צִּפֳּרִ֔ים
הָאֲחֻז֖וֹת בַּפָּ֑ח כָּהֵ֗ם יֽוּקָשִׁים֙ בְּנֵ֣י הָֽאָדָ֔ם לְעֵ֣ת רָעָ֔ה
כְּשֶׁתִּפּ֥וֹל עֲלֵיהֶ֖ם פִּתְאֹֽם׃ גַּם־זֹ֛ה רָאִ֥יתִי חָכְמָ֖ה
תַּ֣חַת הַשָּׁ֑מֶשׁ וּגְדוֹלָ֥ה הִ֖יא אֵלָֽי׃ עִ֣יר קְטַנָּ֔ה וַאֲנָשִׁ֥ים
בָּ֖הּ מְעָ֑ט וּבָֽא־אֵלֶ֜יהָ מֶ֤לֶךְ גָּדוֹל֙ וְסָבַ֣ב אֹתָ֔הּ וּבָנָ֣ה
עָלֶ֔יהָ מְצוֹדִ֖ים גְּדֹלִֽים׃ וּמָ֣צָא בָ֗הּ אִ֤ישׁ מִסְכֵּן֙ חָכָ֔ם
וּמִלַּט־ה֥וּא אֶת־הָעִ֖יר בְּחָכְמָת֑וֹ וְאָדָם֙ לֹ֣א זָכַ֔ר
אֶת־הָאִ֥ישׁ הַמִּסְכֵּ֖ן הַהֽוּא׃ וְאָמַ֣רְתִּי אָ֔נִי טוֹבָ֥ה
חָכְמָ֖ה מִגְּבוּרָ֑ה וְחָכְמַ֤ת הַמִּסְכֵּן֙ בְּזוּיָ֔ה וּדְבָרָ֖יו אֵינָ֥ם
נִשְׁמָעִֽים׃ דִּבְרֵ֣י חֲכָמִ֔ים בְּנַ֖חַת נִשְׁמָעִ֑ים מִזַּעֲקַ֥ת
מוֹשֵׁ֖ל בַּכְּסִילִֽים׃ טוֹבָ֥ה חָכְמָ֖ה מִכְּלֵ֣י קְרָ֑ב וְחוֹטֶ֣א
י אֶחָ֔ד יְאַבֵּ֖ד טוֹבָ֥ה הַרְבֵּֽה׃ זְב֣וּבֵי מָ֔וֶת יַבְאִ֥ישׁ יַבִּ֖יעַ
שֶׁ֣מֶן רוֹקֵ֑חַ יָקָ֛ר מֵחָכְמָ֥ה מִכָּב֖וֹד סִכְל֥וּת מְעָֽט׃
לֵ֤ב חָכָם֙ לִֽימִינ֔וֹ וְלֵ֥ב כְּסִ֖יל לִשְׂמֹאלֽוֹ׃ וְגַם־בַּדֶּ֛רֶךְ
כשהסכל הֹלֵ֖ךְ לִבּ֣וֹ חָסֵ֑ר וְאָמַ֥ר לַכֹּ֖ל סָכָ֥ל הֽוּא׃ כְּשֶׁסָּכָ֥ל
אִם־ר֤וּחַ הַמּוֹשֵׁל֙ תַּעֲלֶ֣ה עָלֶ֔יךָ מְקוֹמְךָ֖ אַל־תַּנַּ֑ח כִּ֣י
מַרְפֵּ֔א יַנִּ֖יחַ חֲטָאִ֥ים גְּדוֹלִֽים׃ יֵ֣שׁ רָעָ֔ה רָאִ֖יתִי תַּ֣חַת
הַשָּׁ֑מֶשׁ כִּשְׁגָגָ֕ה שֶׁיֹּצָ֖א מִלִּפְנֵ֥י הַשַּׁלִּֽיט׃ נִתַּ֣ן הַסֶּ֔כֶל
בַּמְּרוֹמִ֖ים רַבִּ֑ים וַעֲשִׁירִ֖ים בַּשֵּׁ֥פֶל יֵשֵֽׁבוּ׃ רָאִ֥יתִי
עֲבָדִ֖ים עַל־סוּסִ֑ים וְשָׂרִ֛ים הֹלְכִ֥ים כַּעֲבָדִ֖ים עַל־

הָאָרֶץ: חֹפֵר גּוּמָּץ בּוֹ יִפּוֹל וּפֹרֵץ גָּדֵר יִשְּׁכֶנּוּ נָחָשׁ:
מַסִּיעַ אֲבָנִים יֵעָצֵב בָּהֶם בּוֹקֵעַ עֵצִים יִסָּכֶן בָּם:
אִם־קֵהָה הַבַּרְזֶל וְהוּא לֹא־פָנִים קִלְקַל וַחֲיָלִים
יְגַבֵּר וְיִתְרוֹן הַכְשֵׁיר חָכְמָה: אִם־יִשֹּׁךְ הַנָּחָשׁ
בְּלוֹא־לָחַשׁ וְאֵין יִתְרוֹן לְבַעַל הַלָּשׁוֹן: דִּבְרֵי פִי־
חָכָם חֵן וְשִׂפְתוֹת כְּסִיל תְּבַלְּעֶנּוּ: תְּחִלַּת דִּבְרֵי־
פִיהוּ סִכְלוּת וְאַחֲרִית פִּיהוּ הוֹלֵלוּת רָעָה: וְהַסָּכָל
יַרְבֶּה דְבָרִים לֹא־יֵדַע הָאָדָם מַה־שֶּׁיִּהְיֶה וַאֲשֶׁר
יִהְיֶה מֵאַחֲרָיו מִי יַגִּיד לוֹ: עֲמַל הַכְּסִילִים תְּיַגְּעֶנּוּ
אֲשֶׁר לֹא־יָדַע לָלֶכֶת אֶל־עִיר: אִי־לָךְ אֶרֶץ שֶׁמַּלְכֵּךְ
נָעַר וְשָׂרַיִךְ בַּבֹּקֶר יֹאכֵלוּ: אַשְׁרֵיךְ אֶרֶץ שֶׁמַּלְכֵּךְ
בֶּן־חוֹרִים וְשָׂרַיִךְ בָּעֵת יֹאכֵלוּ בִּגְבוּרָה וְלֹא בַשְּׁתִי:
בַּעֲצַלְתַּיִם יִמַּךְ הַמְּקָרֶה וּבְשִׁפְלוּת יָדַיִם יִדְלֹף
הַבָּיִת: לִשְׂחוֹק עֹשִׂים לֶחֶם וְיַיִן יְשַׂמַּח חַיִּים וְהַכֶּסֶף
יַעֲנֶה אֶת־הַכֹּל: גַּם בְּמַדָּעֲךָ מֶלֶךְ אַל־תְּקַלֵּל
וּבְחַדְרֵי מִשְׁכָּבְךָ אַל־תְּקַלֵּל עָשִׁיר כִּי עוֹף הַשָּׁמַיִם
א יוֹלִיךְ אֶת־הַקּוֹל וּבַעַל הכנפים יַגֵּיד דָּבָר: שַׁלַּח כְּנָפָיִם
לַחְמְךָ עַל־פְּנֵי הַמָּיִם כִּי־בְרֹב הַיָּמִים תִּמְצָאֶנּוּ:
תֶּן־חֵלֶק לְשִׁבְעָה וְגַם לִשְׁמוֹנָה כִּי לֹא תֵדַע מַה־
יִהְיֶה רָעָה עַל־הָאָרֶץ: אִם־יִמָּלְאוּ הֶעָבִים גֶּשֶׁם

עַל־הָאָרֶץ יָרִיקוּ וְאִם־יִפּוֹל עֵץ בַּדָּרוֹם וְאִם בַּצָּפוֹן
מְקוֹם שֶׁיִּפּוֹל הָעֵץ שָׁם יְהוּא: שֹׁמֵר רוּחַ לֹא יִזְרָע
וְרֹאֶה בֶעָבִים לֹא יִקְצוֹר: כַּאֲשֶׁר אֵינְךָ יוֹדֵעַ מַה־
דֶּרֶךְ הָרוּחַ כַּעֲצָמִים בְּבֶטֶן הַמְּלֵאָה כָּכָה לֹא תֵדַע
אֶת־מַעֲשֵׂה הָאֱלֹהִים אֲשֶׁר יַעֲשֶׂה אֶת־הַכֹּל: בַּבֹּקֶר
זְרַע אֶת־זַרְעֶךָ וְלָעֶרֶב אַל־תַּנַּח יָדֶךָ כִּי אֵינְךָ יוֹדֵעַ
אֵי זֶה יִכְשָׁר הֲזֶה אוֹ־זֶה וְאִם־שְׁנֵיהֶם כְּאֶחָד טוֹבִים:
וּמָתוֹק הָאוֹר וְטוֹב לַעֵינַיִם לִרְאוֹת אֶת־הַשָּׁמֶשׁ:
כִּי אִם־שָׁנִים הַרְבֵּה יִחְיֶה הָאָדָם בְּכֻלָּם יִשְׂמָח וְיִזְכֹּר
אֶת־יְמֵי הַחֹשֶׁךְ כִּי־הַרְבֵּה יִהְיוּ כָּל־שֶׁבָּא הָבֶל:
שְׂמַח בָּחוּר בְּיַלְדוּתֶךָ וִיטִיבְךָ לִבְּךָ בִּימֵי בְחוּרוֹתֶךָ
וְהַלֵּךְ בְּדַרְכֵי לִבְּךָ ובמראי עֵינֶיךָ וְדָע כִּי עַל־כָּל־ וּבְמַרְאֵה
אֵלֶּה יְבִיאֲךָ הָאֱלֹהִים בַּמִּשְׁפָּט: וְהָסֵר כַּעַס מִלִּבֶּךָ
וְהַעֲבֵר רָעָה מִבְּשָׂרֶךָ כִּי־הַיַּלְדוּת וְהַשַּׁחֲרוּת הָבֶל:
וּזְכֹר אֶת־בּוֹרְאֶיךָ בִּימֵי בְּחוּרֹתֶיךָ עַד אֲשֶׁר לֹא־ יב
יָבֹאוּ יְמֵי הָרָעָה וְהִגִּיעוּ שָׁנִים אֲשֶׁר תֹּאמַר אֵין־לִי
בָהֶם חֵפֶץ: עַד אֲשֶׁר לֹא־תֶחְשַׁךְ הַשֶּׁמֶשׁ וְהָאוֹר
וְהַיָּרֵחַ וְהַכּוֹכָבִים וְשָׁבוּ הֶעָבִים אַחַר הַגָּשֶׁם: בַּיּוֹם
שֶׁיָּזֻעוּ שֹׁמְרֵי הַבַּיִת וְהִתְעַוְּתוּ אַנְשֵׁי הֶחָיִל וּבָטְלוּ
הַטֹּחֲנוֹת כִּי מִעֵטוּ וְחָשְׁכוּ הָרֹאוֹת בָּאֲרֻבּוֹת: וְסֻגְּרוּ

דְלָתַ֙יִם֙ בַּשּׁ֔וּק בִּשְׁפַ֖ל ק֣וֹל הַֽטַּחֲנָ֑ה וְיָקוּם֙ לְק֣וֹל
הַצִּפּ֔וֹר וְיִשַּׁ֖חוּ כׇּל־בְּנ֥וֹת הַשִּֽׁיר׃ גַּ֣ם מִגָּבֹ֤הַּ יִרָ֙אוּ֙
וְחַתְחַתִּ֣ים בַּדֶּ֔רֶךְ וְיָנֵ֤אץ הַשָּׁקֵד֙ וְיִסְתַּבֵּ֣ל הֶֽחָגָ֔ב
וְתָפֵ֖ר הָאֲבִיּוֹנָ֑ה כִּֽי־הֹלֵ֤ךְ הָאָדָם֙ אֶל־בֵּ֣ית עוֹלָמ֔וֹ
וְסָבְב֥וּ בַשּׁ֖וּק הַסֹּפְדִֽים׃ עַ֣ד אֲשֶׁ֤ר לֹֽא־ירחק֙ חֶ֣בֶל יֵרָתֵק֙
הַכֶּ֔סֶף וְתָרֻ֖ץ גֻּלַּ֣ת הַזָּהָ֑ב וְתִשָּׁ֤בֶר כַּד֙ עַל־הַמַּבּ֔וּעַ
וְנָרֹ֥ץ הַגַּלְגַּ֖ל אֶל־הַבּֽוֹר׃ וְיָשֹׁ֧ב הֶעָפָ֛ר עַל־הָאָ֖רֶץ
כְּשֶֽׁהָיָ֑ה וְהָר֣וּחַ תָּשׁ֔וּב אֶל־הָאֱלֹהִ֖ים אֲשֶׁ֥ר נְתָנָֽהּ׃
הֲבֵ֧ל הֲבָלִ֛ים אָמַ֥ר הַקּוֹהֶ֖לֶת הַכֹּ֥ל הָֽבֶל׃ וְיֹתֵ֕ר
שֶׁהָיָ֥ה קֹהֶ֖לֶת חָכָ֑ם ע֗וֹד לִמַּד־דַּ֙עַת֙ אֶת־הָעָ֔ם וְאִזֵּ֣ן
וְחִקֵּ֔ר תִּקֵּ֖ן מְשָׁלִ֥ים הַרְבֵּֽה׃ בִּקֵּ֣שׁ קֹהֶ֔לֶת לִמְצֹ֖א
דִּבְרֵי־חֵ֑פֶץ וְכָת֥וּב יֹ֖שֶׁר דִּבְרֵ֥י אֱמֶֽת׃ דִּבְרֵ֤י חֲכָמִים֙
כַּדָּ֣רְבֹנ֔וֹת וּֽכְמַשְׂמְרֹ֥ת נְטוּעִ֖ים בַּעֲלֵ֣י אֲסֻפּ֑וֹת נִתְּנ֖וּ
מֵרֹעֶ֥ה אֶחָֽד׃ וְיֹתֵ֥ר מֵהֵ֖מָּה בְּנִ֣י הִזָּהֵ֑ר עֲשׂ֨וֹת סְפָרִ֤ים
הַרְבֵּה֙ אֵ֣ין קֵ֔ץ וְלַ֥הַג הַרְבֵּ֖ה יְגִעַ֥ת בָּשָֽׂר׃ ס֥וֹף דָּבָ֖ר
הַכֹּ֣ל נִשְׁמָ֑ע אֶת־הָאֱלֹהִ֤ים יְרָא֙ וְאֶת־מִצְוֺתָ֣יו שְׁמ֔וֹר
כִּי־זֶ֖ה כׇּל־הָאָדָֽם׃ כִּ֤י אֶת־כׇּל־מַעֲשֶׂ֔ה הָאֱלֹהִ֛ים יָבִ֥א
בְמִשְׁפָּ֖ט עַ֣ל כׇּל־נֶעְלָ֑ם אִם־ט֖וֹב וְאִם־רָֽע׃

סוף דבר הכל נשמע
את האלהים ירא ואת מצותיו שמור כי זה כל האדם

אסתר

נוהגים שהקהל קורא בקול רם פסוקים אחדים מהמגילה, ושליח הציבור
חוזר אחריו. פסוקים אלה מסומנים ב◂ לפניהם וב▸ בסופם.

א וַיְהִ֖י בִּימֵ֣י אֲחַשְׁוֵר֑וֹשׁ ה֣וּא אֲחַשְׁוֵר֗וֹשׁ הַמֹּלֵךְ֙ מֵהֹ֣דּוּ
וְעַד־כּ֔וּשׁ שֶׁ֛בַע וְעֶשְׂרִ֥ים וּמֵאָ֖ה מְדִינָֽה׃ בַּיָּמִ֖ים הָהֵ֑ם
כְּשֶׁ֣בֶת ׀ הַמֶּ֣לֶךְ אֲחַשְׁוֵר֗וֹשׁ עַ֚ל כִּסֵּ֣א מַלְכוּת֔וֹ אֲשֶׁ֖ר
בְּשׁוּשַׁ֥ן הַבִּירָֽה׃ בִּשְׁנַ֤ת שָׁלוֹשׁ֙ לְמָלְכ֔וֹ עָשָׂ֣ה מִשְׁתֶּ֔ה
לְכָל־שָׂרָ֖יו וַעֲבָדָ֑יו חֵ֣יל ׀ פָּרַ֣ס וּמָדַ֗י הַֽפַּרְתְּמִ֛ים וְשָׂרֵ֥י
הַמְּדִינ֖וֹת לְפָנָֽיו׃ בְּהַרְאֹת֗וֹ אֶת־עֹ֙שֶׁר֙ כְּב֣וֹד מַלְכוּת֔וֹ
וְאֶ֨ת־יְקָ֔ר תִּפְאֶ֖רֶת גְּדוּלָּת֑וֹ יָמִ֣ים רַבִּ֔ים שְׁמוֹנִ֥ים
וּמְאַ֖ת יֽוֹם׃ וּבִמְל֣וֹאת ׀ הַיָּמִ֣ים הָאֵ֗לֶּה עָשָׂ֣ה הַמֶּ֡לֶךְ
לְכָל־הָעָ֣ם הַנִּמְצְאִים֩ בְּשׁוּשַׁ֨ן הַבִּירָ֜ה לְמִגָּ֧דוֹל וְעַד־
קָטָ֛ן מִשְׁתֶּ֖ה שִׁבְעַ֣ת יָמִ֑ים בַּחֲצַ֕ר גִּנַּ֖ת בִּיתַ֥ן הַמֶּֽלֶךְ׃
ח֣וּר ׀ כַּרְפַּ֣ס וּתְכֵ֗לֶת אָחוּז֙ בְּחַבְלֵי־ב֣וּץ וְאַרְגָּמָ֔ן
עַל־גְּלִ֥ילֵי כֶ֖סֶף וְעַמּ֣וּדֵי שֵׁ֑שׁ מִטּ֣וֹת ׀ זָהָ֣ב וָכֶ֗סֶף עַ֛ל
רִֽצְפַ֥ת בַּהַט־וָשֵׁ֖שׁ וְדַ֥ר וְסֹחָֽרֶת׃ וְהַשְׁקוֹת֙ בִּכְלֵ֣י
זָהָ֔ב וְכֵלִ֖ים מִכֵּלִ֣ים שׁוֹנִ֑ים וְיֵ֥ין מַלְכ֛וּת רָ֖ב כְּיַ֥ד
הַמֶּֽלֶךְ׃ וְהַשְּׁתִיָּ֣ה כַדָּ֔ת אֵ֣ין אֹנֵ֑ס כִּי־כֵ֣ן ׀ יִסַּ֣ד
הַמֶּ֗לֶךְ עַ֚ל כָּל־רַ֣ב בֵּית֔וֹ לַעֲשׂ֖וֹת כִּרְצ֥וֹן אִישׁ־
וָאִֽישׁ׃ גַּ֚ם וַשְׁתִּ֣י הַמַּלְכָּ֔ה עָשְׂתָ֖ה מִשְׁתֵּ֣ה

נָשִׁ֔ים בֵּ֚ית הַמַּלְכ֔וּת אֲשֶׁ֖ר לַמֶּ֥לֶךְ אֲחַשְׁוֵרֽוֹשׁ׃ בַּיּוֹם֙
הַשְּׁבִיעִ֔י כְּט֥וֹב לֵב־הַמֶּ֖לֶךְ בַּיָּ֑יִן אָמַ֡ר לִ֠מְהוּמָ֠ן בִּזְּתָ֨א
חַ֜רְבוֹנָ֤א בִּגְתָא֙ וַאֲבַגְתָ֔א זֵתַ֣ר וְכַרְכַּ֔ס שִׁבְעַת֙
הַסָּ֣רִיסִ֔ים הַמְשָׁ֣רְתִ֔ים אֶת־פְּנֵ֖י הַמֶּ֥לֶךְ אֲחַשְׁוֵרֽוֹשׁ׃
לְ֠הָבִיא אֶת־וַשְׁתִּ֧י הַמַּלְכָּ֛ה לִפְנֵ֥י הַמֶּ֖לֶךְ בְּכֶ֣תֶר
מַלְכ֑וּת לְהַרְא֨וֹת הָעַמִּ֤ים וְהַשָּׂרִים֙ אֶת־יָפְיָ֔הּ כִּֽי־
טוֹבַ֥ת מַרְאֶ֖ה הִֽיא׃ וַתְּמָאֵ֞ן הַמַּלְכָּ֣ה וַשְׁתִּ֗י לָבוֹא֙
בִּדְבַ֣ר הַמֶּ֔לֶךְ אֲשֶׁ֖ר בְּיַ֣ד הַסָּרִיסִ֑ים וַיִּקְצֹ֤ף הַמֶּ֙לֶךְ֙
מְאֹ֔ד וַחֲמָת֖וֹ בָּעֲרָ֥ה בֽוֹ׃ וַיֹּ֣אמֶר הַמֶּ֔לֶךְ
לַחֲכָמִ֖ים יֹדְעֵ֣י הָעִתִּ֑ים כִּי־כֵן֙ דְּבַ֣ר הַמֶּ֔לֶךְ לִפְנֵ֕י כָּל־
יֹדְעֵ֖י דָּ֥ת וָדִֽין׃ וְהַקָּרֹ֣ב אֵלָ֗יו כַּרְשְׁנָ֤א שֵׁתָר֙ אַדְמָ֣תָא
תַרְשִׁ֔ישׁ מֶ֥רֶס מַרְסְנָ֖א מְמוּכָ֑ן שִׁבְעַ֞ת שָׂרֵ֣י ׀ פָּרַ֣ס
וּמָדַ֗י רֹאֵי֙ פְּנֵ֣י הַמֶּ֔לֶךְ הַיֹּשְׁבִ֥ים רִאשֹׁנָ֖ה בַּמַּלְכֽוּת׃
כְּדָת֙ מַה־לַּעֲשׂ֔וֹת בַּמַּלְכָּ֖ה וַשְׁתִּ֑י עַ֣ל ׀ אֲשֶׁ֣ר
לֹֽא־עָשְׂתָ֗ה אֶת־מַאֲמַר֙ הַמֶּ֣לֶךְ אֲחַשְׁוֵר֔וֹשׁ בְּיַ֖ד
הַסָּרִיסִֽים׃ וַיֹּ֣אמֶר מומכן לִפְנֵ֤י הַמֶּ֙לֶךְ֙ מְמוּכָ֑ן
וְהַשָּׂרִ֔ים לֹ֤א עַל־הַמֶּ֙לֶךְ֙ לְבַדּ֔וֹ עָוְתָ֖ה וַשְׁתִּ֣י הַמַּלְכָּ֑ה
כִּ֤י עַל־כָּל־הַשָּׂרִים֙ וְעַל־כָּל־הָ֣עַמִּ֔ים אֲשֶׁ֕ר בְּכָל־
מְדִינ֖וֹת הַמֶּ֥לֶךְ אֲחַשְׁוֵרֽוֹשׁ׃ כִּֽי־יֵצֵ֤א דְבַר־הַמַּלְכָּה֙
עַל־כָּל־הַנָּשִׁ֔ים לְהַבְז֥וֹת בַּעְלֵיהֶ֖ן בְּעֵינֵיהֶ֑ן בְּאָמְרָ֗ם

הַמֶּ֣לֶךְ אֲחַשְׁוֵר֡וֹשׁ אָמַ֞ר לְהָבִ֨יא אֶת־וַשְׁתִּ֧י הַמַּלְכָּ֛ה
לְפָנָ֖יו וְלֹא־בָֽאָה׃ וְֽהַיּ֨וֹם הַזֶּ֜ה תֹּאמַ֣רְנָה ׀ שָׂר֣וֹת
פָּֽרַס־וּמָדַ֗י אֲשֶׁ֤ר שָֽׁמְעוּ֙ אֶת־דְּבַ֣ר הַמַּלְכָּ֔ה לְכֹ֖ל שָׂרֵ֣י
הַמֶּ֑לֶךְ וּכְדַ֖י בִּזָּי֥וֹן וָקָֽצֶף׃ אִם־עַל־הַמֶּ֣לֶךְ ט֗וֹב יֵצֵ֤א
דְבַר־מַלְכוּת֙ מִלְּפָנָ֔יו וְיִכָּתֵ֛ב בְּדָתֵ֥י פָֽרַס־וּמָדַ֖י וְלֹ֣א
יַעֲב֑וֹר אֲשֶׁ֨ר לֹא־תָב֜וֹא וַשְׁתִּ֗י לִפְנֵי֙ הַמֶּ֣לֶךְ אֲחַשְׁוֵר֔וֹשׁ
וּמַלְכוּתָהּ֙ יִתֵּ֣ן הַמֶּ֔לֶךְ לִרְעוּתָ֖הּ הַטּוֹבָ֥ה מִמֶּֽנָּה׃
וְנִשְׁמַע֩ פִּתְגָ֨ם הַמֶּ֤לֶךְ אֲשֶׁר־יַעֲשֶׂה֙ בְּכָל־מַלְכוּת֔וֹ
כִּ֥י רַבָּ֖ה הִ֑יא וְכָל־הַנָּשִׁ֗ים יִתְּנ֤וּ יְקָר֙ לְבַ֣עְלֵיהֶ֔ן
לְמִגָּד֖וֹל וְעַד־קָטָֽן׃ וַיִּיטַב֙ הַדָּבָ֔ר בְּעֵינֵ֥י הַמֶּ֖לֶךְ
וְהַשָּׂרִ֑ים וַיַּ֥עַשׂ הַמֶּ֖לֶךְ כִּדְבַ֥ר מְמוּכָֽן׃ וַיִּשְׁלַ֤ח סְפָרִים֙
אֶל־כָּל־מְדִינ֣וֹת הַמֶּ֔לֶךְ אֶל־מְדִינָ֤ה וּמְדִינָה֙ כִּכְתָבָ֔הּ
וְאֶל־עַ֥ם וָעָ֖ם כִּלְשׁוֹנ֑וֹ לִהְי֤וֹת כָּל־אִישׁ֙ שֹׂרֵ֣ר בְּבֵית֔וֹ
וּמְדַבֵּ֖ר כִּלְשׁ֥וֹן עַמּֽוֹ׃ אַחַר֙ הַדְּבָרִ֣ים ב
הָאֵ֔לֶּה כְּשֹׁ֕ךְ חֲמַ֖ת הַמֶּ֣לֶךְ אֲחַשְׁוֵר֑וֹשׁ זָכַ֤ר אֶת־
וַשְׁתִּי֙ וְאֵ֣ת אֲשֶׁר־עָשָׂ֔תָה וְאֵ֥ת אֲשֶׁר־נִגְזַ֖ר עָלֶֽיהָ׃
וַיֹּאמְר֥וּ נַעֲרֵֽי־הַמֶּ֖לֶךְ מְשָׁרְתָ֑יו יְבַקְשׁ֥וּ לַמֶּ֛לֶךְ נְעָר֥וֹת
בְּתוּל֖וֹת טוֹב֥וֹת מַרְאֶֽה׃ וְיַפְקֵ֨ד הַמֶּ֣לֶךְ פְּקִידִים֮
בְּכָל־מְדִינ֣וֹת מַלְכוּתוֹ֒ וְיִקְבְּצ֣וּ אֶת־כָּל־נַעֲרָֽה־
בְ֠תוּלָה טוֹבַ֨ת מַרְאֶ֜ה אֶל־שׁוּשַׁ֤ן הַבִּירָה֙ אֶל־בֵּ֣ית

הַנָּשִׁים אֶל־יַד הֵגֶא סְרִיס הַמֶּלֶךְ שֹׁמֵר הַנָּשִׁים וְנָתוֹן
תַּמְרוּקֵיהֶן׃ וְהַנַּעֲרָה אֲשֶׁר תִּיטַב בְּעֵינֵי הַמֶּלֶךְ
תִּמְלֹךְ תַּחַת וַשְׁתִּי וַיִּיטַב הַדָּבָר בְּעֵינֵי הַמֶּלֶךְ וַיַּעַשׂ
כֵּן׃ ◂ אִישׁ יְהוּדִי הָיָה בְּשׁוּשַׁן הַבִּירָה וּשְׁמוֹ
מָרְדֳּכַי בֶּן יָאִיר בֶּן־שִׁמְעִי בֶּן־קִישׁ אִישׁ יְמִינִי׃ ◂
אֲשֶׁר הָגְלָה מִירוּשָׁלַיִם עִם־הַגֹּלָה אֲשֶׁר הָגְלְתָה
עִם יְכָנְיָה מֶלֶךְ־יְהוּדָה אֲשֶׁר הֶגְלָה נְבוּכַדְנֶאצַּר מֶלֶךְ
בָּבֶל׃ וַיְהִי אֹמֵן אֶת־הֲדַסָּה הִיא אֶסְתֵּר בַּת־דֹּדוֹ
כִּי אֵין לָהּ אָב וָאֵם וְהַנַּעֲרָה יְפַת־תֹּאַר וְטוֹבַת
מַרְאֶה וּבְמוֹת אָבִיהָ וְאִמָּהּ לְקָחָהּ מָרְדֳּכַי לוֹ לְבַת׃
וַיְהִי בְּהִשָּׁמַע דְּבַר־הַמֶּלֶךְ וְדָתוֹ וּבְהִקָּבֵץ נְעָרוֹת
רַבּוֹת אֶל־שׁוּשַׁן הַבִּירָה אֶל־יַד הֵגָי וַתִּלָּקַח אֶסְתֵּר
אֶל־בֵּית הַמֶּלֶךְ אֶל־יַד הֵגַי שֹׁמֵר הַנָּשִׁים׃ וַתִּיטַב
הַנַּעֲרָה בְעֵינָיו וַתִּשָּׂא חֶסֶד לְפָנָיו וַיְבַהֵל אֶת־
תַּמְרוּקֶיהָ וְאֶת־מָנוֹתֶהָ לָתֵת לָהּ וְאֵת שֶׁבַע
הַנְּעָרוֹת הָרְאֻיוֹת לָתֶת־לָהּ מִבֵּית הַמֶּלֶךְ וַיְשַׁנֶּהָ
וְאֶת־נַעֲרוֹתֶיהָ לְטוֹב בֵּית הַנָּשִׁים׃ לֹא־הִגִּידָה
אֶסְתֵּר אֶת־עַמָּהּ וְאֶת־מוֹלַדְתָּהּ כִּי מָרְדֳּכַי צִוָּה
עָלֶיהָ אֲשֶׁר לֹא־תַגִּיד׃ וּבְכָל־יוֹם וָיוֹם מָרְדֳּכַי
מִתְהַלֵּךְ לִפְנֵי חֲצַר בֵּית־הַנָּשִׁים לָדַעַת אֶת־שְׁלוֹם

אֶסְתֵּ֔ר וּמַה־יֵּעָשֶׂ֖ה בָּֽהּ׃ וּבְהַגִּ֡יעַ תֹּר֩ נַעֲרָ֨ה וְנַעֲרָ֜ה
לָב֣וֹא ׀ אֶל־הַמֶּ֣לֶךְ אֲחַשְׁוֵר֗וֹשׁ מִקֵּץ֙ הֱי֨וֹת לָ֜הּ כְּדָ֤ת
הַנָּשִׁים֙ שְׁנֵ֣ים עָשָׂ֣ר חֹ֔דֶשׁ כִּ֛י כֵּ֥ן יִמְלְא֖וּ יְמֵ֣י מְרוּקֵיהֶ֑ן
שִׁשָּׁ֤ה חֳדָשִׁים֙ בְּשֶׁ֣מֶן הַמֹּ֔ר וְשִׁשָּׁ֤ה חֳדָשִׁים֙ בַּבְּשָׂמִ֔ים
וּבְתַמְרוּקֵ֖י הַנָּשִֽׁים׃ וּבָזֶ֕ה הַנַּעֲרָ֖ה בָּאָ֣ה אֶל־הַמֶּ֑לֶךְ
אֵת֩ כָּל־אֲשֶׁ֨ר תֹּאמַ֜ר יִנָּ֤תֵֽן לָהּ֙ לָב֣וֹא עִמָּ֔הּ מִבֵּ֥ית
הַנָּשִׁ֖ים עַד־בֵּ֥ית הַמֶּֽלֶךְ׃ בָּעֶ֣רֶב ׀ הִ֣יא בָאָ֗ה וּ֠בַבֹּקֶר
הִ֣יא שָׁבָ֞ה אֶל־בֵּ֤ית הַנָּשִׁים֙ שֵׁנִ֔י אֶל־יַ֛ד שַֽׁעַשְׁגַ֥ז
סְרִ֥יס הַמֶּ֖לֶךְ שֹׁמֵ֣ר הַפִּֽילַגְשִׁ֑ים לֹא־תָב֥וֹא עוֹד֙ אֶל־
הַמֶּ֔לֶךְ כִּ֣י אִם־חָפֵ֥ץ בָּ֛הּ הַמֶּ֖לֶךְ וְנִקְרְאָ֥ה בְשֵֽׁם׃
וּבְהַגִּ֣יעַ תֹּר־אֶסְתֵּ֣ר בַּת־אֲבִיחַ֣יִל ׀ דֹּ֣ד מָרְדֳּכַ֡י אֲשֶׁר֩
לָֽקַֽח־ל֨וֹ לְבַ֜ת לָב֣וֹא אֶל־הַמֶּ֗לֶךְ לֹ֤א בִקְשָׁה֙ דָּבָ֔ר כִּ֠י
אִ֣ם אֶת־אֲשֶׁ֥ר יֹאמַ֛ר הֵגַ֥י סְרִיס־הַמֶּ֖לֶךְ שֹׁמֵ֣ר הַנָּשִׁ֑ים
וַתְּהִ֤י אֶסְתֵּר֙ נֹשֵׂ֣את חֵ֔ן בְּעֵינֵ֖י כָּל־רֹאֶֽיהָ׃ וַתִּלָּקַ֨ח
אֶסְתֵּ֜ר אֶל־הַמֶּ֤לֶךְ אֲחַשְׁוֵרוֹשׁ֙ אֶל־בֵּ֣ית מַלְכוּת֔וֹ
בַּחֹ֥דֶשׁ הָעֲשִׂירִ֖י הוּא־חֹ֣דֶשׁ טֵבֵ֑ת בִּשְׁנַת־שֶׁ֖בַע
לְמַלְכוּתֽוֹ׃ וַיֶּאֱהַ֨ב הַמֶּ֤לֶךְ אֶת־אֶסְתֵּר֙ מִכָּל־הַנָּשִׁ֔ים
וַתִּשָּׂא־חֵ֥ן וָחֶ֛סֶד לְפָנָ֖יו מִכָּל־הַבְּתוּלוֹת֑ וַיָּ֤שֶׂם כֶּֽתֶר־
מַלְכוּת֙ בְּרֹאשָׁ֔הּ וַיַּמְלִיכֶ֖הָ תַּ֥חַת וַשְׁתִּֽי׃ וַיַּ֨עַשׂ
הַמֶּ֜לֶךְ מִשְׁתֶּ֣ה גָד֗וֹל לְכָל־שָׂרָיו֙ וַעֲבָדָ֔יו אֵ֖ת

מִשְׁתֵּה אֶסְתֵּר וַהֲנָחָה לַמְּדִינוֹת עָשָׂה וַיִּתֵּן מַשְׂאֵת
כְּיַד הַמֶּלֶךְ׃ וּבְהִקָּבֵץ בְּתוּלוֹת שֵׁנִית וּמָרְדֳּכַי
יֹשֵׁב בְּשַׁעַר־הַמֶּלֶךְ׃ אֵין אֶסְתֵּר מַגֶּדֶת מוֹלַדְתָּהּ
וְאֶת־עַמָּהּ כַּאֲשֶׁר צִוָּה עָלֶיהָ מָרְדֳּכָי וְאֶת־
מַאֲמַר מָרְדֳּכַי אֶסְתֵּר עֹשָׂה כַּאֲשֶׁר הָיְתָה בְאָמְנָה
אִתּוֹ׃ בַּיָּמִים הָהֵם וּמָרְדֳּכַי יֹשֵׁב בְּשַׁעַר־
הַמֶּלֶךְ קָצַף בִּגְתָן וָתֶרֶשׁ שְׁנֵי־סָרִיסֵי הַמֶּלֶךְ מִשֹּׁמְרֵי
הַסַּף וַיְבַקְשׁוּ לִשְׁלֹחַ יָד בַּמֶּלֶךְ אֲחַשְׁוֵרֹשׁ׃ וַיִּוָּדַע
הַדָּבָר לְמָרְדֳּכַי וַיַּגֵּד לְאֶסְתֵּר הַמַּלְכָּה וַתֹּאמֶר
אֶסְתֵּר לַמֶּלֶךְ בְּשֵׁם מָרְדֳּכָי׃ וַיְבֻקַּשׁ הַדָּבָר וַיִּמָּצֵא
וַיִּתָּלוּ שְׁנֵיהֶם עַל־עֵץ וַיִּכָּתֵב בְּסֵפֶר דִּבְרֵי הַיָּמִים
ג לִפְנֵי הַמֶּלֶךְ׃ אַחַר ׀ הַדְּבָרִים הָאֵלֶּה גִּדַּל
הַמֶּלֶךְ אֲחַשְׁוֵרוֹשׁ אֶת־הָמָן בֶּן־הַמְּדָתָא הָאֲגָגִי
וַיְנַשְּׂאֵהוּ וַיָּשֶׂם אֶת־כִּסְאוֹ מֵעַל כָּל־הַשָּׂרִים אֲשֶׁר
אִתּוֹ׃ וְכָל־עַבְדֵי הַמֶּלֶךְ אֲשֶׁר־בְּשַׁעַר הַמֶּלֶךְ כֹּרְעִים
וּמִשְׁתַּחֲוִים לְהָמָן כִּי־כֵן צִוָּה־לוֹ הַמֶּלֶךְ וּמָרְדֳּכַי לֹא
יִכְרַע וְלֹא יִשְׁתַּחֲוֶה׃ וַיֹּאמְרוּ עַבְדֵי הַמֶּלֶךְ אֲשֶׁר־
בְּשַׁעַר הַמֶּלֶךְ לְמָרְדֳּכָי מַדּוּעַ אַתָּה עוֹבֵר אֵת מִצְוַת
הַמֶּלֶךְ׃ וַיְהִי באמרם אֵלָיו יוֹם וָיוֹם וְלֹא שָׁמַע כְּאָמְרָם
אֲלֵיהֶם וַיַּגִּידוּ לְהָמָן לִרְאוֹת הֲיַעַמְדוּ דִּבְרֵי מָרְדֳּכַי

כִּי־הִגִּיד לָהֶם אֲשֶׁר־הוּא יְהוּדִי׃ וַיַּרְא הָמָן כִּי־אֵין
מָרְדֳּכַי כֹּרֵעַ וּמִשְׁתַּחֲוֶה לוֹ וַיִּמָּלֵא הָמָן חֵמָה׃ וַיִּבֶז
בְּעֵינָיו לִשְׁלֹחַ יָד בְּמָרְדֳּכַי לְבַדּוֹ כִּי־הִגִּידוּ לוֹ אֶת־
עַם מָרְדֳּכָי וַיְבַקֵּשׁ הָמָן לְהַשְׁמִיד אֶת־כָּל־הַיְּהוּדִים
אֲשֶׁר בְּכָל־מַלְכוּת אֲחַשְׁוֵרוֹשׁ עַם מָרְדֳּכָי׃ בַּחֹדֶשׁ
הָרִאשׁוֹן הוּא־חֹדֶשׁ נִיסָן בִּשְׁנַת שְׁתֵּים עֶשְׂרֵה
לַמֶּלֶךְ אֲחַשְׁוֵרוֹשׁ הִפִּיל פּוּר הוּא הַגּוֹרָל לִפְנֵי הָמָן
מִיּוֹם ׀ לְיוֹם וּמֵחֹדֶשׁ לְחֹדֶשׁ שְׁנֵים־עָשָׂר הוּא־חֹדֶשׁ
אֲדָר׃ וַיֹּאמֶר הָמָן לַמֶּלֶךְ אֲחַשְׁוֵרוֹשׁ
יֶשְׁנוֹ עַם־אֶחָד מְפֻזָּר וּמְפֹרָד בֵּין הָעַמִּים בְּכֹל
מְדִינוֹת מַלְכוּתֶךָ וְדָתֵיהֶם שֹׁנוֹת מִכָּל־עָם וְאֶת־
דָּתֵי הַמֶּלֶךְ אֵינָם עֹשִׂים וְלַמֶּלֶךְ אֵין־שֹׁוֶה לְהַנִּיחָם׃
אִם־עַל־הַמֶּלֶךְ טוֹב יִכָּתֵב לְאַבְּדָם וַעֲשֶׂרֶת אֲלָפִים
כִּכַּר־כֶּסֶף אֶשְׁקוֹל עַל־יְדֵי עֹשֵׂי הַמְּלָאכָה לְהָבִיא
אֶל־גִּנְזֵי הַמֶּלֶךְ׃ וַיָּסַר הַמֶּלֶךְ אֶת־טַבַּעְתּוֹ מֵעַל יָדוֹ
וַיִּתְּנָהּ לְהָמָן בֶּן־הַמְּדָתָא הָאֲגָגִי צֹרֵר הַיְּהוּדִים׃
וַיֹּאמֶר הַמֶּלֶךְ לְהָמָן הַכֶּסֶף נָתוּן לָךְ וְהָעָם לַעֲשׂוֹת
בּוֹ כַּטּוֹב בְּעֵינֶיךָ׃ וַיִּקָּרְאוּ סֹפְרֵי הַמֶּלֶךְ בַּחֹדֶשׁ
הָרִאשׁוֹן בִּשְׁלוֹשָׁה עָשָׂר יוֹם בּוֹ וַיִּכָּתֵב כְּכָל־אֲשֶׁר־
צִוָּה הָמָן אֶל אֲחַשְׁדַּרְפְּנֵי־הַמֶּלֶךְ וְאֶל־הַפַּחוֹת

אֲשֶׁר ׀ עַל־מְדִינָה וּמְדִינָה וְאֶל־שָׂרֵי עַם וָעָם
מְדִינָה וּמְדִינָה כִּכְתָבָהּ וְעַם וָעָם כִּלְשׁוֹנוֹ בְּשֵׁם
הַמֶּלֶךְ אֲחַשְׁוֵרֹשׁ נִכְתָּב וְנֶחְתָּם בְּטַבַּעַת הַמֶּלֶךְ׃
וְנִשְׁלוֹחַ סְפָרִים בְּיַד הָרָצִים אֶל־כָּל־מְדִינוֹת הַמֶּלֶךְ
לְהַשְׁמִיד לַהֲרֹג וּלְאַבֵּד אֶת־כָּל־הַיְּהוּדִים מִנַּעַר
וְעַד־זָקֵן טַף וְנָשִׁים בְּיוֹם אֶחָד בִּשְׁלוֹשָׁה עָשָׂר
לְחֹדֶשׁ שְׁנֵים־עָשָׂר הוּא־חֹדֶשׁ אֲדָר וּשְׁלָלָם לָבוֹז׃
פַּתְשֶׁגֶן הַכְּתָב לְהִנָּתֵן דָּת בְּכָל־מְדִינָה וּמְדִינָה גָּלוּי
לְכָל־הָעַמִּים לִהְיוֹת עֲתִדִים לַיּוֹם הַזֶּה׃ הָרָצִים
יָצְאוּ דְחוּפִים בִּדְבַר הַמֶּלֶךְ וְהַדָּת נִתְּנָה בְּשׁוּשַׁן
הַבִּירָה וְהַמֶּלֶךְ וְהָמָן יָשְׁבוּ לִשְׁתּוֹת וְהָעִיר שׁוּשָׁן
ד נָבוֹכָה׃ וּמָרְדֳּכַי יָדַע אֶת־כָּל־אֲשֶׁר
נַעֲשָׂה וַיִּקְרַע מָרְדֳּכַי אֶת־בְּגָדָיו וַיִּלְבַּשׁ שַׂק וָאֵפֶר
וַיֵּצֵא בְּתוֹךְ הָעִיר וַיִּזְעַק זְעָקָה גְדוֹלָה וּמָרָה׃ וַיָּבוֹא
עַד לִפְנֵי שַׁעַר־הַמֶּלֶךְ כִּי אֵין לָבוֹא אֶל־שַׁעַר הַמֶּלֶךְ
בִּלְבוּשׁ שָׂק׃ וּבְכָל־מְדִינָה וּמְדִינָה מְקוֹם אֲשֶׁר
דְּבַר־הַמֶּלֶךְ וְדָתוֹ מַגִּיעַ אֵבֶל גָּדוֹל לַיְּהוּדִים וְצוֹם
וּבְכִי וּמִסְפֵּד שַׂק וָאֵפֶר יֻצַּע לָרַבִּים׃ ותבואינה (וַתָּבוֹאנָה)
נַעֲרוֹת אֶסְתֵּר וְסָרִיסֶיהָ וַיַּגִּידוּ לָהּ וַתִּתְחַלְחַל
הַמַּלְכָּה מְאֹד וַתִּשְׁלַח בְּגָדִים לְהַלְבִּישׁ אֶת־מָרְדֳּכַי

וּלְהָסִ֥יר שַׂקּ֛וֹ מֵעָלָ֖יו וְלֹ֥א קִבֵּֽל׃ וַתִּקְרָא֩ אֶסְתֵּ֨ר
לַהֲתָ֜ךְ מִסָּרִיסֵ֤י הַמֶּ֙לֶךְ֙ אֲשֶׁ֣ר הֶעֱמִ֣יד לְפָנֶ֔יהָ וַתְּצַוֵּ֖הוּ
עַֽל־מָרְדֳּכָ֑י לָדַ֥עַת מַה־זֶּ֖ה וְעַל־מַה־זֶּֽה׃ וַיֵּצֵ֥א הֲתָ֖ךְ
אֶל־מָרְדֳּכָ֑י אֶל־רְח֣וֹב הָעִ֔יר אֲשֶׁ֖ר לִפְנֵ֥י שַֽׁעַר־
הַמֶּֽלֶךְ׃ וַיַּגֶּד־ל֣וֹ מָרְדֳּכַ֔י אֵ֖ת כָּל־אֲשֶׁ֣ר קָרָ֑הוּ וְאֵ֣ת ׀
פָּרָשַׁ֣ת הַכֶּ֗סֶף אֲשֶׁ֨ר אָמַ֤ר הָמָן֙ לִשְׁק֛וֹל עַל־גִּנְזֵ֥י
הַמֶּ֛לֶךְ ביהודיים לְאַבְּדָֽם׃ וְאֶת־פַּתְשֶׁ֣גֶן כְּתָֽב־הַדָּ֡ת בַּיְּהוּדִ֖ים
אֲשֶׁר־נִתַּ֨ן בְּשׁוּשָׁ֤ן לְהַשְׁמִידָם֙ נָ֣תַן ל֔וֹ לְהַרְא֥וֹת
אֶת־אֶסְתֵּ֖ר וּלְהַגִּ֣יד לָ֑הּ וּלְצַוּ֣וֹת עָלֶ֗יהָ לָב֨וֹא אֶל־
הַמֶּ֧לֶךְ לְהִֽתְחַנֶּן־ל֛וֹ וּלְבַקֵּ֥שׁ מִלְּפָנָ֖יו עַל־עַמָּֽהּ׃
וַיָּב֖וֹא הֲתָ֑ךְ וַיַּגֵּ֣ד לְאֶסְתֵּ֔ר אֵ֖ת דִּבְרֵ֥י מָרְדֳּכָֽי׃ וַתֹּ֤אמֶר
אֶסְתֵּר֙ לַהֲתָ֔ךְ וַתְּצַוֵּ֖הוּ אֶֽל־מָרְדֳּכָֽי׃ כָּל־עַבְדֵ֨י הַמֶּ֜לֶךְ
וְעַם־מְדִינ֣וֹת הַמֶּ֗לֶךְ יֹֽדְעִים֙ אֲשֶׁ֣ר כָּל־אִ֣ישׁ וְאִשָּׁ֡ה
אֲשֶׁ֣ר יָבֽוֹא־אֶל־הַמֶּלֶךְ֩ אֶל־הֶחָצֵ֨ר הַפְּנִימִ֜ית אֲשֶׁ֣ר
לֹֽא־יִקָּרֵ֗א אַחַ֤ת דָּתוֹ֙ לְהָמִ֔ית לְ֠בַד מֵאֲשֶׁ֨ר יֽוֹשִׁיט־
ל֥וֹ הַמֶּ֛לֶךְ אֶת־שַׁרְבִ֥יט הַזָּהָ֖ב וְחָיָ֑ה וַאֲנִ֗י לֹ֤א נִקְרֵ֙אתִי֙
לָב֣וֹא אֶל־הַמֶּ֔לֶךְ זֶ֖ה שְׁלוֹשִׁ֥ים יֽוֹם׃ וַיַּגִּ֣ידוּ לְמָרְדֳּכָ֔י
אֵ֖ת דִּבְרֵ֥י אֶסְתֵּֽר׃ וַיֹּ֥אמֶר מָרְדֳּכַ֖י לְהָשִׁ֣יב אֶל־
אֶסְתֵּ֑ר אַל־תְּדַמִּ֣י בְנַפְשֵׁ֔ךְ לְהִמָּלֵ֥ט בֵּית־הַמֶּ֖לֶךְ
מִכָּל־הַיְּהוּדִֽים׃ כִּ֣י אִם־הַחֲרֵ֣שׁ תַּחֲרִ֘ישִׁי֮ בָּעֵ֣ת

הַזֹּאת רֶוַח וְהַצָּלָה יַעֲמוֹד לַיְּהוּדִים מִמָּקוֹם אַחֵר
וְאַתְּ וּבֵית־אָבִיךְ תֹּאבֵדוּ וּמִי יוֹדֵעַ אִם־לְעֵת כָּזֹאת
הִגַּעַתְּ לַמַּלְכוּת: וַתֹּאמֶר אֶסְתֵּר לְהָשִׁיב אֶל־
מָרְדֳּכָי: לֵךְ כְּנוֹס אֶת־כָּל־הַיְּהוּדִים הַנִּמְצְאִים
בְּשׁוּשָׁן וְצוּמוּ עָלַי וְאַל־תֹּאכְלוּ וְאַל־תִּשְׁתּוּ שְׁלֹשֶׁת
יָמִים לַיְלָה וָיוֹם גַּם־אֲנִי וְנַעֲרֹתַי אָצוּם כֵּן וּבְכֵן אָבוֹא
אֶל־הַמֶּלֶךְ אֲשֶׁר לֹא־כַדָּת וְכַאֲשֶׁר אָבַדְתִּי אָבָדְתִּי:
וַיַּעֲבֹר מָרְדֳּכָי וַיַּעַשׂ כְּכֹל אֲשֶׁר־צִוְּתָה עָלָיו אֶסְתֵּר:
ה וַיְהִי ׀ בַּיּוֹם הַשְּׁלִישִׁי וַתִּלְבַּשׁ אֶסְתֵּר מַלְכוּת וַתַּעֲמֹד
בַּחֲצַר בֵּית־הַמֶּלֶךְ הַפְּנִימִית נֹכַח בֵּית הַמֶּלֶךְ
וְהַמֶּלֶךְ יוֹשֵׁב עַל־כִּסֵּא מַלְכוּתוֹ בְּבֵית הַמַּלְכוּת
נֹכַח פֶּתַח הַבָּיִת: וַיְהִי כִרְאוֹת הַמֶּלֶךְ אֶת־אֶסְתֵּר
הַמַּלְכָּה עֹמֶדֶת בֶּחָצֵר נָשְׂאָה חֵן בְּעֵינָיו וַיּוֹשֶׁט
הַמֶּלֶךְ לְאֶסְתֵּר אֶת־שַׁרְבִיט הַזָּהָב אֲשֶׁר בְּיָדוֹ
וַתִּקְרַב אֶסְתֵּר וַתִּגַּע בְּרֹאשׁ הַשַּׁרְבִיט: וַיֹּאמֶר לָהּ
הַמֶּלֶךְ מַה־לָּךְ אֶסְתֵּר הַמַּלְכָּה וּמַה־בַּקָּשָׁתֵךְ עַד־
חֲצִי הַמַּלְכוּת וְיִנָּתֵן לָךְ: וַתֹּאמֶר אֶסְתֵּר אִם־עַל־
הַמֶּלֶךְ טוֹב יָבוֹא הַמֶּלֶךְ וְהָמָן הַיּוֹם אֶל־הַמִּשְׁתֶּה
אֲשֶׁר־עָשִׂיתִי לוֹ: וַיֹּאמֶר הַמֶּלֶךְ מַהֲרוּ אֶת־הָמָן
לַעֲשׂוֹת אֶת־דְּבַר אֶסְתֵּר וַיָּבֹא הַמֶּלֶךְ וְהָמָן אֶל־

הַמִּשְׁתֶּה אֲשֶׁר־עָשְׂתָה אֶסְתֵּר׃ וַיֹּאמֶר הַמֶּלֶךְ
לְאֶסְתֵּר בְּמִשְׁתֵּה הַיַּיִן מַה־שְּׁאֵלָתֵךְ וְיִנָּתֵן לָךְ וּמַה־
בַּקָּשָׁתֵךְ עַד־חֲצִי הַמַּלְכוּת וְתֵעָשׂ׃ וַתַּעַן אֶסְתֵּר
וַתֹּאמַר שְׁאֵלָתִי וּבַקָּשָׁתִי׃ אִם־מָצָאתִי חֵן בְּעֵינֵי
הַמֶּלֶךְ וְאִם־עַל־הַמֶּלֶךְ טוֹב לָתֵת אֶת־שְׁאֵלָתִי
וְלַעֲשׂוֹת אֶת־בַּקָּשָׁתִי יָבוֹא הַמֶּלֶךְ וְהָמָן אֶל־
הַמִּשְׁתֶּה אֲשֶׁר אֶעֱשֶׂה לָהֶם וּמָחָר אֶעֱשֶׂה כִּדְבַר
הַמֶּלֶךְ׃ וַיֵּצֵא הָמָן בַּיּוֹם הַהוּא שָׂמֵחַ וְטוֹב לֵב
וְכִרְאוֹת הָמָן אֶת־מָרְדֳּכַי בְּשַׁעַר הַמֶּלֶךְ וְלֹא־קָם
וְלֹא־זָע מִמֶּנּוּ וַיִּמָּלֵא הָמָן עַל־מָרְדֳּכַי חֵמָה׃
וַיִּתְאַפַּק הָמָן וַיָּבוֹא אֶל־בֵּיתוֹ וַיִּשְׁלַח וַיָּבֵא אֶת־
אֹהֲבָיו וְאֶת־זֶרֶשׁ אִשְׁתּוֹ׃ וַיְסַפֵּר לָהֶם הָמָן אֶת־
כְּבוֹד עָשְׁרוֹ וְרֹב בָּנָיו וְאֵת כָּל־אֲשֶׁר גִּדְּלוֹ הַמֶּלֶךְ
וְאֵת אֲשֶׁר נִשְּׂאוֹ עַל־הַשָּׂרִים וְעַבְדֵי הַמֶּלֶךְ׃ וַיֹּאמֶר
הָמָן אַף לֹא־הֵבִיאָה אֶסְתֵּר הַמַּלְכָּה עִם־הַמֶּלֶךְ
אֶל־הַמִּשְׁתֶּה אֲשֶׁר־עָשָׂתָה כִּי אִם־אוֹתִי וְגַם־לְמָחָר
אֲנִי קָרוּא־לָהּ עִם־הַמֶּלֶךְ׃ וְכָל־זֶה אֵינֶנּוּ שֹׁוֶה
לִי בְּכָל־עֵת אֲשֶׁר אֲנִי רֹאֶה אֶת־מָרְדֳּכַי הַיְּהוּדִי
יוֹשֵׁב בְּשַׁעַר הַמֶּלֶךְ׃ וַתֹּאמֶר לוֹ זֶרֶשׁ אִשְׁתּוֹ וְכָל־
אֹהֲבָיו יַעֲשׂוּ־עֵץ גָּבֹהַּ חֲמִשִּׁים אַמָּה וּבַבֹּקֶר ׀ אֱמֹר

לַמֶּלֶךְ וְיִתְלוּ אֶת־מׇרְדֳּכַי עָלָיו וּבֹא עִם־הַמֶּלֶךְ
אֶל־הַמִּשְׁתֶּה שָׂמֵחַ וַיִּיטַב הַדָּבָר לִפְנֵי הָמָן וַיַּעַשׂ
הָעֵץ׃ ו בַּלַּיְלָה הַהוּא נָדְדָה שְׁנַת הַמֶּלֶךְ
וַיֹּאמֶר לְהָבִיא אֶת־סֵפֶר הַזִּכְרֹנוֹת דִּבְרֵי הַיָּמִים
וַיִּהְיוּ נִקְרָאִים לִפְנֵי הַמֶּלֶךְ׃ וַיִּמָּצֵא כָתוּב אֲשֶׁר
הִגִּיד מׇרְדֳּכַי עַל־בִּגְתָנָא וָתֶרֶשׁ שְׁנֵי סָרִיסֵי הַמֶּלֶךְ
מִשֹּׁמְרֵי הַסַּף אֲשֶׁר בִּקְשׁוּ לִשְׁלֹחַ יָד בַּמֶּלֶךְ
אֲחַשְׁוֵרוֹשׁ׃ וַיֹּאמֶר הַמֶּלֶךְ מַה־נַּעֲשָׂה יְקָר וּגְדוּלָּה
לְמׇרְדֳּכַי עַל־זֶה וַיֹּאמְרוּ נַעֲרֵי הַמֶּלֶךְ מְשָׁרְתָיו לֹא־
נַעֲשָׂה עִמּוֹ דָּבָר׃ וַיֹּאמֶר הַמֶּלֶךְ מִי בֶחָצֵר וְהָמָן
בָּא לַחֲצַר בֵּית־הַמֶּלֶךְ הַחִיצוֹנָה לֵאמֹר לַמֶּלֶךְ
לִתְלוֹת אֶת־מׇרְדֳּכַי עַל־הָעֵץ אֲשֶׁר־הֵכִין לוֹ׃
וַיֹּאמְרוּ נַעֲרֵי הַמֶּלֶךְ אֵלָיו הִנֵּה הָמָן עֹמֵד בֶּחָצֵר
וַיֹּאמֶר הַמֶּלֶךְ יָבוֹא׃ וַיָּבוֹא הָמָן וַיֹּאמֶר לוֹ הַמֶּלֶךְ
מַה־לַּעֲשׂוֹת בָּאִישׁ אֲשֶׁר הַמֶּלֶךְ חָפֵץ בִּיקָרוֹ וַיֹּאמֶר
הָמָן בְּלִבּוֹ לְמִי יַחְפֹּץ הַמֶּלֶךְ לַעֲשׂוֹת יְקָר יוֹתֵר
מִמֶּנִּי׃ וַיֹּאמֶר הָמָן אֶל־הַמֶּלֶךְ אִישׁ אֲשֶׁר הַמֶּלֶךְ
חָפֵץ בִּיקָרוֹ׃ יָבִיאוּ לְבוּשׁ מַלְכוּת אֲשֶׁר לָבַשׁ־בּוֹ
הַמֶּלֶךְ וְסוּס אֲשֶׁר רָכַב עָלָיו הַמֶּלֶךְ וַאֲשֶׁר נִתַּן כֶּתֶר
מַלְכוּת בְּרֹאשׁוֹ׃ וְנָתוֹן הַלְּבוּשׁ וְהַסּוּס עַל־יַד־אִישׁ

מִשָּׂרֵי֮ הַמֶּ֒לֶךְ֒ הַֽפַּרְתְּמִ֔ים וְהִלְבִּ֙ישׁוּ֙ אֶת־הָאִ֔ישׁ אֲשֶׁ֥ר
הַמֶּ֖לֶךְ חָפֵ֣ץ בִּיקָר֑וֹ וְהִרְכִּיבֻ֤הוּ עַל־הַסּוּס֙ בִּרְח֣וֹב
הָעִ֔יר וְקָרְא֣וּ לְפָנָ֔יו כָּ֗כָה יֵעָשֶׂ֣ה לָאִ֔ישׁ אֲשֶׁ֥ר הַמֶּ֖לֶךְ
חָפֵ֥ץ בִּיקָרֽוֹ׃ וַיֹּ֨אמֶר הַמֶּ֜לֶךְ לְהָמָ֗ן מַ֠הֵר קַ֣ח אֶת־
הַלְּב֤וּשׁ וְאֶת־הַסּוּס֙ כַּאֲשֶׁ֣ר דִּבַּ֔רְתָּ וַֽעֲשֵׂה־כֵן֙
לְמָרְדֳּכַ֣י הַיְּהוּדִ֔י הַיּוֹשֵׁ֖ב בְּשַׁ֣עַר הַמֶּ֑לֶךְ אַל־תַּפֵּ֣ל
דָּבָ֔ר מִכֹּ֖ל אֲשֶׁ֥ר דִּבַּֽרְתָּ׃ וַיִּקַּ֤ח הָמָן֙ אֶת־הַלְּב֣וּשׁ
וְאֶת־הַסּ֔וּס וַיַּלְבֵּ֖שׁ אֶֽת־מָרְדֳּכָ֑י וַיַּרְכִּיבֵ֙הוּ֙ בִּרְח֣וֹב
הָעִ֔יר וַיִּקְרָ֣א לְפָנָ֔יו כָּ֚כָה יֵעָשֶׂ֣ה לָאִ֔ישׁ אֲשֶׁ֥ר הַמֶּ֖לֶךְ
חָפֵ֥ץ בִּיקָרֽוֹ׃ וַיָּ֥שָׁב מָרְדֳּכַ֖י אֶל־שַׁ֣עַר הַמֶּ֑לֶךְ וְהָמָן֙
נִדְחַ֣ף אֶל־בֵּית֔וֹ אָבֵ֖ל וַחֲפ֥וּי רֹֽאשׁ׃ וַיְסַפֵּ֨ר הָמָ֜ן
לְזֶ֤רֶשׁ אִשְׁתּוֹ֙ וּלְכָל־אֹ֣הֲבָ֔יו אֵ֖ת כָּל־אֲשֶׁ֣ר קָרָ֑הוּ
וַיֹּ֩אמְרוּ֩ ל֨וֹ חֲכָמָ֜יו וְזֶ֣רֶשׁ אִשְׁתּ֗וֹ אִ֣ם מִזֶּ֣רַע הַיְּהוּדִ֡ים
מָרְדֳּכַ֞י אֲשֶׁר֩ הַחִלּ֨וֹתָ לִנְפֹּ֤ל לְפָנָיו֙ לֹא־תוּכַ֣ל ל֔וֹ כִּֽי־
נָפ֥וֹל תִּפּ֖וֹל לְפָנָֽיו׃ עוֹדָם֙ מְדַבְּרִ֣ים עִמּ֔וֹ וְסָרִיסֵ֥י
הַמֶּ֖לֶךְ הִגִּ֑יעוּ וַיַּבְהִ֙לוּ֙ לְהָבִ֣יא אֶת־הָמָ֔ן אֶל־הַמִּשְׁתֶּ֖ה
אֲשֶׁר־עָשְׂתָ֥ה אֶסְתֵּֽר׃ וַיָּבֹ֤א הַמֶּ֙לֶךְ֙ וְהָמָ֔ן לִשְׁתּ֖וֹת ז
עִם־אֶסְתֵּ֥ר הַמַּלְכָּֽה׃ וַיֹּ֩אמֶר֩ הַמֶּ֨לֶךְ לְאֶסְתֵּ֜ר גַּ֣ם
בַּיּ֣וֹם הַשֵּׁנִ֗י בְּמִשְׁתֵּ֤ה הַיַּ֙יִן֙ מַה־שְּׁאֵלָתֵ֛ךְ אֶסְתֵּ֥ר
הַמַּלְכָּ֖ה וְתִנָּ֣תֵֽן לָ֑ךְ וּמַה־בַּקָּשָׁתֵ֛ךְ עַד־חֲצִ֥י הַמַּלְכ֖וּת

וְתֵעָשׂ׃ וַתַּעַן אֶסְתֵּר הַמַּלְכָּה וַתֹּאמַר אִם־מָצָאתִי
חֵן בְּעֵינֶיךָ הַמֶּלֶךְ וְאִם־עַל־הַמֶּלֶךְ טוֹב תִּנָּתֶן־לִי
נַפְשִׁי בִּשְׁאֵלָתִי וְעַמִּי בְּבַקָּשָׁתִי׃ כִּי נִמְכַּרְנוּ אֲנִי
וְעַמִּי לְהַשְׁמִיד לַהֲרוֹג וּלְאַבֵּד וְאִלּוּ לַעֲבָדִים
וְלִשְׁפָחוֹת נִמְכַּרְנוּ הֶחֱרַשְׁתִּי כִּי אֵין הַצָּר שֹׁוֶה בְּנֵזֶק
הַמֶּלֶךְ׃ וַיֹּאמֶר הַמֶּלֶךְ אֲחַשְׁוֵרוֹשׁ וַיֹּאמֶר
לְאֶסְתֵּר הַמַּלְכָּה מִי הוּא זֶה וְאֵי־זֶה הוּא אֲשֶׁר־
מְלָאוֹ לִבּוֹ לַעֲשׂוֹת כֵּן׃ וַתֹּאמֶר אֶסְתֵּר אִישׁ צַר
וְאוֹיֵב הָמָן הָרָע הַזֶּה וְהָמָן נִבְעַת מִלִּפְנֵי הַמֶּלֶךְ
וְהַמַּלְכָּה׃ וְהַמֶּלֶךְ קָם בַּחֲמָתוֹ מִמִּשְׁתֵּה הַיַּיִן אֶל־
גִּנַּת הַבִּיתָן וְהָמָן עָמַד לְבַקֵּשׁ עַל־נַפְשׁוֹ מֵאֶסְתֵּר
הַמַּלְכָּה כִּי רָאָה כִּי־כָלְתָה אֵלָיו הָרָעָה מֵאֵת
הַמֶּלֶךְ׃ וְהַמֶּלֶךְ שָׁב מִגִּנַּת הַבִּיתָן אֶל־בֵּית ׀ מִשְׁתֵּה
הַיַּיִן וְהָמָן נֹפֵל עַל־הַמִּטָּה אֲשֶׁר אֶסְתֵּר עָלֶיהָ
וַיֹּאמֶר הַמֶּלֶךְ הֲגַם לִכְבּוֹשׁ אֶת־הַמַּלְכָּה עִמִּי בַּבָּיִת
הַדָּבָר יָצָא מִפִּי הַמֶּלֶךְ וּפְנֵי הָמָן חָפוּ׃ וַיֹּאמֶר
חַרְבוֹנָה אֶחָד מִן־הַסָּרִיסִים לִפְנֵי הַמֶּלֶךְ גַּם
הִנֵּה־הָעֵץ אֲשֶׁר־עָשָׂה הָמָן לְמָרְדֳּכַי אֲשֶׁר דִּבֶּר־
טוֹב עַל־הַמֶּלֶךְ עֹמֵד בְּבֵית הָמָן גָּבֹהַּ חֲמִשִּׁים
אַמָּה וַיֹּאמֶר הַמֶּלֶךְ תְּלֻהוּ עָלָיו׃ וַיִּתְלוּ אֶת־הָמָן

עַל־הָעֵץ אֲשֶׁר־הֵכִין לְמָרְדֳּכָי וַחֲמַת הַמֶּלֶךְ
שָׁכָכָה׃ בַּיּוֹם הַהוּא נָתַן הַמֶּלֶךְ אֲחַשְׁוֵרוֹשׁ ח
לְאֶסְתֵּר הַמַּלְכָּה אֶת־בֵּית הָמָן צֹרֵר היהודיים הַיְּהוּדִים
וּמָרְדֳּכַי בָּא לִפְנֵי הַמֶּלֶךְ כִּי־הִגִּידָה אֶסְתֵּר מַה הוּא־
לָהּ׃ וַיָּסַר הַמֶּלֶךְ אֶת־טַבַּעְתּוֹ אֲשֶׁר הֶעֱבִיר מֵהָמָן
וַיִּתְּנָהּ לְמָרְדֳּכָי וַתָּשֶׂם אֶסְתֵּר אֶת־מָרְדֳּכַי עַל־בֵּית
הָמָן׃ וַתּוֹסֶף אֶסְתֵּר וַתְּדַבֵּר לִפְנֵי הַמֶּלֶךְ
וַתִּפֹּל לִפְנֵי רַגְלָיו וַתֵּבְךְּ וַתִּתְחַנֶּן־לוֹ לְהַעֲבִיר אֶת־
רָעַת הָמָן הָאֲגָגִי וְאֵת מַחֲשַׁבְתּוֹ אֲשֶׁר חָשַׁב עַל־
הַיְּהוּדִים׃ וַיּוֹשֶׁט הַמֶּלֶךְ לְאֶסְתֵּר אֵת שַׁרְבִט הַזָּהָב
וַתָּקָם אֶסְתֵּר וַתַּעֲמֹד לִפְנֵי הַמֶּלֶךְ׃ וַתֹּאמֶר אִם־
עַל־הַמֶּלֶךְ טוֹב וְאִם־מָצָאתִי חֵן לְפָנָיו וְכָשֵׁר הַדָּבָר
לִפְנֵי הַמֶּלֶךְ וְטוֹבָה אֲנִי בְּעֵינָיו יִכָּתֵב לְהָשִׁיב אֶת־
הַסְּפָרִים מַחֲשֶׁבֶת הָמָן בֶּן־הַמְּדָתָא הָאֲגָגִי
אֲשֶׁר כָּתַב לְאַבֵּד אֶת־הַיְּהוּדִים אֲשֶׁר בְּכָל־מְדִינוֹת
הַמֶּלֶךְ׃ כִּי אֵיכָכָה אוּכַל וְרָאִיתִי בָּרָעָה אֲשֶׁר־
יִמְצָא אֶת־עַמִּי וְאֵיכָכָה אוּכַל וְרָאִיתִי בְּאָבְדַן
מוֹלַדְתִּי׃ וַיֹּאמֶר הַמֶּלֶךְ אֲחַשְׁוֵרֹשׁ
לְאֶסְתֵּר הַמַּלְכָּה וּלְמָרְדֳּכַי הַיְּהוּדִי הִנֵּה בֵית־הָמָן
נָתַתִּי לְאֶסְתֵּר וְאֹתוֹ תָּלוּ עַל־הָעֵץ עַל אֲשֶׁר־שָׁלַח

יָדוֹ בַּיְּהוּדִיים׃ וְאַתֶּם כִּתְבוּ עַל־הַיְּהוּדִים כַּטּוֹב בַּיְּהוּדִים
בְּעֵינֵיכֶם בְּשֵׁם הַמֶּלֶךְ וְחִתְמוּ בְּטַבַּעַת הַמֶּלֶךְ כִּי־
כְתָב אֲשֶׁר־נִכְתָּב בְּשֵׁם־הַמֶּלֶךְ וְנַחְתּוֹם בְּטַבַּעַת
הַמֶּלֶךְ אֵין לְהָשִׁיב׃ וַיִּקָּרְאוּ סֹפְרֵי־הַמֶּלֶךְ בָּעֵת־
הַהִיא בַּחֹדֶשׁ הַשְּׁלִישִׁי הוּא־חֹדֶשׁ סִיוָן בִּשְׁלוֹשָׁה
וְעֶשְׂרִים בּוֹ וַיִּכָּתֵב כְּכָל־אֲשֶׁר־צִוָּה מָרְדֳּכַי אֶל־
הַיְּהוּדִים וְאֶל הָאֲחַשְׁדַּרְפְּנִים וְהַפַּחוֹת וְשָׂרֵי
הַמְּדִינוֹת אֲשֶׁר ׀ מֵהֹדּוּ וְעַד־כּוּשׁ שֶׁבַע וְעֶשְׂרִים
וּמֵאָה מְדִינָה מְדִינָה וּמְדִינָה כִּכְתָבָהּ וְעַם וָעָם
כִּלְשֹׁנוֹ וְאֶל־הַיְּהוּדִים כִּכְתָבָם וְכִלְשׁוֹנָם׃ וַיִּכְתֹּב
בְּשֵׁם הַמֶּלֶךְ אֲחַשְׁוֵרֹשׁ וַיַּחְתֹּם בְּטַבַּעַת הַמֶּלֶךְ
וַיִּשְׁלַח סְפָרִים בְּיַד הָרָצִים בַּסּוּסִים רֹכְבֵי הָרֶכֶשׁ
הָאֲחַשְׁתְּרָנִים בְּנֵי הָרַמָּכִים׃ אֲשֶׁר נָתַן הַמֶּלֶךְ
לַיְּהוּדִים ׀ אֲשֶׁר ׀ בְּכָל־עִיר וָעִיר לְהִקָּהֵל וְלַעֲמֹד
עַל־נַפְשָׁם לְהַשְׁמִיד וְלַהֲרֹג וּלְאַבֵּד אֶת־כָּל־
חֵיל עַם וּמְדִינָה הַצָּרִים אֹתָם טַף וְנָשִׁים וּשְׁלָלָם
לָבוֹז׃ בְּיוֹם אֶחָד בְּכָל־מְדִינוֹת הַמֶּלֶךְ אֲחַשְׁוֵרוֹשׁ
בִּשְׁלוֹשָׁה עָשָׂר לְחֹדֶשׁ שְׁנֵים־עָשָׂר הוּא־חֹדֶשׁ
אֲדָר׃ פַּתְשֶׁגֶן הַכְּתָב לְהִנָּתֵן דָּת בְּכָל־מְדִינָה
וּמְדִינָה גָּלוּי לְכָל־הָעַמִּים וְלִהְיוֹת היהודיים הַיְּהוּדִים

עֲתִידִים עתודים לַיּוֹם הַזֶּה לְהִנָּקֵם מֵאֹיְבֵיהֶם׃ הָרָצִים
רֹכְבֵי הָרֶכֶשׁ הָאֲחַשְׁתְּרָנִים יָצְאוּ מְבֹהָלִים
וּדְחוּפִים בִּדְבַר הַמֶּלֶךְ וְהַדָּת נִתְּנָה בְּשׁוּשַׁן
הַבִּירָה׃ וּמָרְדֳּכַי יָצָא ׀ מִלִּפְנֵי הַמֶּלֶךְ
בִּלְבוּשׁ מַלְכוּת תְּכֵלֶת וָחוּר וַעֲטֶרֶת זָהָב גְּדוֹלָה
וְתַכְרִיךְ בּוּץ וְאַרְגָּמָן וְהָעִיר שׁוּשָׁן צָהֲלָה וְשָׂמֵחָה׃
לַיְּהוּדִים הָיְתָה אוֹרָה וְשִׂמְחָה וְשָׂשֹׂן וִיקָר׃
וּבְכָל־מְדִינָה וּמְדִינָה וּבְכָל־עִיר וָעִיר מְקוֹם אֲשֶׁר
דְּבַר־הַמֶּלֶךְ וְדָתוֹ מַגִּיעַ שִׂמְחָה וְשָׂשׂוֹן לַיְּהוּדִים
מִשְׁתֶּה וְיוֹם טוֹב וְרַבִּים מֵעַמֵּי הָאָרֶץ מִתְיַהֲדִים
כִּי־נָפַל פַּחַד־הַיְּהוּדִים עֲלֵיהֶם׃ וּבִשְׁנֵים עָשָׂר חֹדֶשׁ ט
הוּא־חֹדֶשׁ אֲדָר בִּשְׁלוֹשָׁה עָשָׂר יוֹם בּוֹ אֲשֶׁר הִגִּיעַ
דְּבַר־הַמֶּלֶךְ וְדָתוֹ לְהֵעָשׂוֹת בַּיּוֹם אֲשֶׁר שִׂבְּרוּ
אֹיְבֵי הַיְּהוּדִים לִשְׁלוֹט בָּהֶם וְנַהֲפוֹךְ הוּא אֲשֶׁר
יִשְׁלְטוּ הַיְּהוּדִים הֵמָּה בְּשֹׂנְאֵיהֶם׃ נִקְהֲלוּ הַיְּהוּדִים
בְּעָרֵיהֶם בְּכָל־מְדִינוֹת הַמֶּלֶךְ אֲחַשְׁוֵרוֹשׁ לִשְׁלֹחַ
יָד בִּמְבַקְשֵׁי רָעָתָם וְאִישׁ לֹא־עָמַד לִפְנֵיהֶם כִּי־
נָפַל פַּחְדָּם עַל־כָּל־הָעַמִּים׃ וְכָל־שָׂרֵי הַמְּדִינוֹת
וְהָאֲחַשְׁדַּרְפְּנִים וְהַפַּחוֹת וְעֹשֵׂי הַמְּלָאכָה אֲשֶׁר
לַמֶּלֶךְ מְנַשְּׂאִים אֶת־הַיְּהוּדִים כִּי־נָפַל פַּחַד־מָרְדֳּכַי

עֲלֵיהֶם: כִּי־גָדוֹל מָרְדֳּכַי בְּבֵית הַמֶּלֶךְ וְשָׁמְעוֹ
הוֹלֵךְ בְּכָל־הַמְּדִינוֹת כִּי־הָאִישׁ מָרְדֳּכַי הוֹלֵךְ
וְגָדוֹל: וַיַּכּוּ הַיְּהוּדִים בְּכָל־אֹיְבֵיהֶם מַכַּת־חֶרֶב
וְהֶרֶג וְאַבְדָן וַיַּעֲשׂוּ בְשֹׂנְאֵיהֶם כִּרְצוֹנָם: וּבְשׁוּשַׁן
הַבִּירָה הָרְגוּ הַיְּהוּדִים וְאַבֵּד ׀ חֲמֵשׁ מֵאוֹת
אִישׁ: וְאֵת ׀
פַּרְשַׁנְדָּתָא וְאֵת ׀
דַּלְפוֹן וְאֵת ׀
אַסְפָּתָא: וְאֵת ׀
פּוֹרָתָא וְאֵת ׀
אֲדַלְיָא וְאֵת ׀
אֲרִידָתָא: וְאֵת ׀
פַּרְמַשְׁתָּא וְאֵת ׀
אֲרִיסַי וְאֵת ׀
אֲרִדַי וְאֵת ׀
וַיְזָתָא: עֲשֶׂרֶת ׀
בְּנֵי הָמָן בֶּן־הַמְּדָתָא צֹרֵר הַיְּהוּדִים הָרָגוּ וּבַבִּזָּה
לֹא שָׁלְחוּ אֶת־יָדָם: בַּיּוֹם הַהוּא בָּא מִסְפַּר הַהֲרוּגִים
בְּשׁוּשַׁן הַבִּירָה לִפְנֵי הַמֶּלֶךְ: וַיֹּאמֶר הַמֶּלֶךְ לְאֶסְתֵּר
הַמַּלְכָּה בְּשׁוּשַׁן הַבִּירָה הָרְגוּ הַיְּהוּדִים וְאַבֵּד חֲמֵשׁ

מֵאוֹת אִישׁ וְאֵת עֲשֶׂרֶת בְּנֵי־הָמָן בִּשְׁאָר מְדִינוֹת
הַמֶּלֶךְ מֶה עָשׂוּ וּמַה־שְּׁאֵלָתֵךְ וְיִנָּתֵן לָךְ וּמַה־
בַּקָּשָׁתֵךְ עוֹד וְתֵעָשׂ׃ וַתֹּאמֶר אֶסְתֵּר אִם־עַל־הַמֶּלֶךְ
טוֹב יִנָּתֵן גַּם־מָחָר לַיְּהוּדִים אֲשֶׁר בְּשׁוּשָׁן לַעֲשׂוֹת
כְּדָת הַיּוֹם וְאֵת עֲשֶׂרֶת בְּנֵי־הָמָן יִתְלוּ עַל־הָעֵץ׃
וַיֹּאמֶר הַמֶּלֶךְ לְהֵעָשׂוֹת כֵּן וַתִּנָּתֵן דָּת בְּשׁוּשָׁן וְאֵת
עֲשֶׂרֶת בְּנֵי־הָמָן תָּלוּ׃ וַיִּקָּהֲלוּ היהודיים אֲשֶׁר־ הַיְּהוּדִים
בְּשׁוּשָׁן גַּם בְּיוֹם אַרְבָּעָה עָשָׂר לְחֹדֶשׁ אֲדָר וַיַּהַרְגוּ
בְשׁוּשָׁן שְׁלֹשׁ מֵאוֹת אִישׁ וּבַבִּזָּה לֹא שָׁלְחוּ אֶת־
יָדָם׃ וּשְׁאָר הַיְּהוּדִים אֲשֶׁר בִּמְדִינוֹת הַמֶּלֶךְ נִקְהֲלוּ ׀
וְעָמֹד עַל־נַפְשָׁם וְנוֹחַ מֵאֹיְבֵיהֶם וְהָרוֹג בְּשֹׂנְאֵיהֶם
חֲמִשָּׁה וְשִׁבְעִים אָלֶף וּבַבִּזָּה לֹא שָׁלְחוּ אֶת־יָדָם׃
בְּיוֹם־שְׁלוֹשָׁה עָשָׂר לְחֹדֶשׁ אֲדָר וְנוֹחַ בְּאַרְבָּעָה
עָשָׂר בּוֹ וְעָשֹׂה אֹתוֹ יוֹם מִשְׁתֶּה וְשִׂמְחָה׃ והיהודיים וְהַיְּהוּדִים
אֲשֶׁר־בְּשׁוּשָׁן נִקְהֲלוּ בִּשְׁלוֹשָׁה עָשָׂר בּוֹ וּבְאַרְבָּעָה
עָשָׂר בּוֹ וְנוֹחַ בַּחֲמִשָּׁה עָשָׂר בּוֹ וְעָשֹׂה אֹתוֹ יוֹם
מִשְׁתֶּה וְשִׂמְחָה׃ עַל־כֵּן הַיְּהוּדִים הפרוזים הַפְּרָזִים
הַיֹּשְׁבִים בְּעָרֵי הַפְּרָזוֹת עֹשִׂים אֵת יוֹם אַרְבָּעָה
עָשָׂר לְחֹדֶשׁ אֲדָר שִׂמְחָה וּמִשְׁתֶּה וְיוֹם טוֹב וּמִשְׁלֹחַ
מָנוֹת אִישׁ לְרֵעֵהוּ׃ וַיִּכְתֹּב מָרְדֳּכַי אֶת־הַדְּבָרִים

הָאֵ֑לֶּה וַיִּשְׁלַ֨ח סְפָרִ֜ים אֶל־כָּל־הַיְּהוּדִ֗ים אֲשֶׁר֙ בְּכָל־
מְדִינוֹת֙ הַמֶּ֣לֶךְ אֲחַשְׁוֵר֔וֹשׁ הַקְּרוֹבִ֖ים וְהָרְחוֹקִֽים׃
לְקַיֵּם֮ עֲלֵיהֶם֒ לִהְי֣וֹת עֹשִׂ֗ים אֵ֣ת י֤וֹם אַרְבָּעָה֙ עָשָׂר֙
לְחֹ֣דֶשׁ אֲדָ֔ר וְאֵ֛ת יוֹם־חֲמִשָּׁ֥ה עָשָׂ֖ר בּ֑וֹ בְּכָל־שָׁנָ֖ה
וְשָׁנָֽה׃ כַּיָּמִ֗ים אֲשֶׁר־נָ֨חוּ בָהֶ֤ם הַיְּהוּדִים֙ מֵאַ֣יְבֵיהֶ֔ם
וְהַחֹ֗דֶשׁ אֲשֶׁר֩ נֶהְפַּ֨ךְ לָהֶ֤ם מִיָּגוֹן֙ לְשִׂמְחָ֔ה וּמֵאֵ֖בֶל
לְי֣וֹם ט֑וֹב לַעֲשׂ֣וֹת אוֹתָ֗ם יְמֵי֙ מִשְׁתֶּ֣ה וְשִׂמְחָ֔ה
וּמִשְׁלֹ֤חַ מָנוֹת֙ אִ֣ישׁ לְרֵעֵ֔הוּ וּמַתָּנ֖וֹת לָאֶבְיֹנִֽים׃ וְקִבֵּל֙
הַיְּהוּדִ֔ים אֵ֥ת אֲשֶׁר־הֵחֵ֖לּוּ לַעֲשׂ֑וֹת וְאֵ֛ת אֲשֶׁר־כָּתַ֥ב
מָרְדֳּכַ֖י אֲלֵיהֶֽם׃ כִּי֩ הָמָ֨ן בֶּֽן־הַמְּדָ֜תָא הָאֲגָגִ֗י צֹרֵר֙
כָּל־הַיְּהוּדִ֔ים חָשַׁ֥ב עַל־הַיְּהוּדִ֖ים לְאַבְּדָ֑ם וְהִפִּ֥ל פּוּר֙
ה֣וּא הַגּוֹרָ֔ל לְהֻמָּ֖ם וּֽלְאַבְּדָֽם׃ וּבְבֹאָהּ֮ לִפְנֵ֣י הַמֶּלֶךְ֒
אָמַ֣ר עִם־הַסֵּ֔פֶר יָשׁ֞וּב מַחֲשַׁבְתּ֧וֹ הָרָעָ֛ה אֲשֶׁר־
חָשַׁ֥ב עַל־הַיְּהוּדִ֖ים עַל־רֹאשׁ֑וֹ וְתָל֥וּ אֹת֛וֹ וְאֶת־
בָּנָ֖יו עַל־הָעֵֽץ׃ עַל־כֵּ֡ן קָֽרְאוּ֩ לַיָּמִ֨ים הָאֵ֤לֶּה פוּרִים֙
עַל־שֵׁ֣ם הַפּ֔וּר עַל־כֵּ֕ן עַל־כָּל־דִּבְרֵ֖י הָאִגֶּ֣רֶת הַזֹּ֑את
וּמָֽה־רָא֣וּ עַל־כָּ֔כָה וּמָ֖ה הִגִּ֥יעַ אֲלֵיהֶֽם׃ קִיְּמ֣וּ וְקִבְּלֻ֣
הַיְּהוּדִים֩ ׀ עֲלֵיהֶ֨ם ׀ וְעַל־זַרְעָ֜ם וְעַ֨ל כָּל־הַנִּלְוִ֤ים
עֲלֵיהֶם֙ וְלֹ֣א יַעֲב֔וֹר לִהְי֣וֹת עֹשִׂ֗ים אֵ֣ת שְׁנֵ֤י הַיָּמִים֙
הָאֵ֔לֶּה כִּכְתָבָ֖ם וְכִזְמַנָּ֑ם בְּכָל־שָׁנָ֖ה וְשָׁנָֽה׃ וְהַיָּמִ֣ים

הָאֵלֶּה נִזְכָּרִים וְנַעֲשִׂים בְּכָל־דּוֹר וָדוֹר מִשְׁפָּחָה
וּמִשְׁפָּחָה מְדִינָה וּמְדִינָה וְעִיר וָעִיר וִימֵי הַפּוּרִים
הָאֵלֶּה לֹא יַעַבְרוּ מִתּוֹךְ הַיְּהוּדִים וְזִכְרָם לֹא־יָסוּף
מִזַּרְעָם׃ וַתִּכְתֹּב אֶסְתֵּר הַמַּלְכָּה בַת־
אֲבִיחַיִל וּמָרְדֳּכַי הַיְּהוּדִי אֶת־כָּל־תֹּקֶף לְקַיֵּם אֵת
אִגֶּרֶת הַפֻּרִים הַזֹּאת הַשֵּׁנִית׃ וַיִּשְׁלַח סְפָרִים אֶל־
כָּל־הַיְּהוּדִים אֶל־שֶׁבַע וְעֶשְׂרִים וּמֵאָה מְדִינָה
מַלְכוּת אֲחַשְׁוֵרוֹשׁ דִּבְרֵי שָׁלוֹם וֶאֱמֶת׃ לְקַיֵּם אֶת־
יְמֵי הַפֻּרִים הָאֵלֶּה בִּזְמַנֵּיהֶם כַּאֲשֶׁר קִיַּם עֲלֵיהֶם
מָרְדֳּכַי הַיְּהוּדִי וְאֶסְתֵּר הַמַּלְכָּה וְכַאֲשֶׁר קִיְּמוּ
עַל־נַפְשָׁם וְעַל־זַרְעָם דִּבְרֵי הַצּוֹמוֹת וְזַעֲקָתָם׃
וּמַאֲמַר אֶסְתֵּר קִיַּם דִּבְרֵי הַפֻּרִים הָאֵלֶּה וְנִכְתָּב
אֲחַשְׁוֵרוֹשׁ בַּסֵּפֶר׃ וַיָּשֶׂם הַמֶּלֶךְ אחשרש ׀ מַס י
עַל־הָאָרֶץ וְאִיֵּי הַיָּם׃ וְכָל־מַעֲשֵׂה תָקְפּוֹ וּגְבוּרָתוֹ
וּפָרָשַׁת גְּדֻלַּת מָרְדֳּכַי אֲשֶׁר גִּדְּלוֹ הַמֶּלֶךְ הֲלוֹא־הֵם
כְּתוּבִים עַל־סֵפֶר דִּבְרֵי הַיָּמִים לְמַלְכֵי מָדַי וּפָרָס׃
• כִּי ׀ מָרְדֳּכַי הַיְּהוּדִי מִשְׁנֶה לַמֶּלֶךְ אֲחַשְׁוֵרוֹשׁ וְגָדוֹל
לַיְּהוּדִים וְרָצוּי לְרֹב אֶחָיו דֹּרֵשׁ טוֹב לְעַמּוֹ וְדֹבֵר
שָׁלוֹם לְכָל־זַרְעוֹ׃ •

אחר הקריאה בציבור גוללים את המגילה והקורא מברך את הברכות שבעמוד 734.

קורן ירושלים